Sud-Ouest américain

3e édition

No man's imagination, with all the aids of description that can be given to it, can ever picture the beauty and wildness of scenes that may be daily witnessed in this romantic country.

Le peintre américain George Catlin, en 1830

Nulle imagination humaine, même nourrie de toutes sortes de descriptions, ne peut se représenter la beauté et le caractère sauvage des scènes qui se présentent quotidiennement sous nos yeux dans ces contrées romantiques.

ULYSSE

Le plaisir de mieux voyager

Californie

1. Situé dans la superbe Casa de Balboa, le Museum of Photographic Arts de San Diego est dédié à la photographie et au film d'art. (page 91)
©Vlad Turchenko/Dreamstime.com

2. Le Golden Gate Bridge, l'icône emblématique de San Francisco. (page 278)
©Christophe Michot/Dreamstime.com

3. Le Griffith Observatory, avec Los Angeles en arrière-plan. (page 137)
©iStockPhoto.com/S. Greg Panosian

4. Le Hollywood Walk of Fame, où sont immortalisées quelque 2 400 vedettes du cinéma, de la télévision et de l'industrie musicale. (page 133)
©iStockPhoto.com/Jabiru

3

4

Californie *(suite)*

1. Le célèbre Half Dome du Yosemite National Park est visible de plusieurs points d'observation de la vallée. (page 214)
   ©Dreamstime.com/Chee-onn Leong
2. Le calme bucolique d'un vignoble de la vallée de Napa. (page 324)
   ©iStockphoto.com/Andrew Zarivny
3. L'escalade des monolithes de granit est fort prisée dans le Joshua Tree National Park. (page 199)
   ©Dreamstime.com/Sburel
4. Scotty's Castle, le «château» de Death Valley Scotty. (page 207)
   ©Dreamstime.com/Jens Peermann
5. Spectaculaire avec ses falaises dramatiques, la côte de Big Sur a inspiré l'un de ses plus célèbres résidents, l'écrivain Henry Miller. (page 237)
   ©Dreamstime.com/Photoquest

4
5

HOTEL
1
2

3

Arizona

1. Ville fantôme pour certains, havre de paix isolé du monde pour d'autres, l'ancienne ville minière de Jerome vaut un détour pour son atmosphère unique. (page 388)
   ©Dreamstime.com/Desertgirl
2. Le plus vieux rodéo du monde a vu sa première édition se dérouler à Prescott en 1888. (page 422)
   ©iStockPhoto.com/Juan Monino
3. Une route menant vers le décor mythique de la Monument Valley. (page 397)
   ©iStockPhoto.com/Jeremy Edwards
4. Joyau le plus réputé de l'Arizona, le Grand Canyon ne cesse de fasciner les visiteurs. (page 427)
   ©PhotoDisc

1
3
2

Nouveau-Mexique

Gros plan d'une fascinante habitation troglodytique du Bandelier National Monument. (page 461)
©Dreamstime.com/Ken Cole

À l'ouest d'Albuquerque, les Sandia Mountains demeurent un paradis pour les amateurs de plein air. (page 456)
©iStockphoto.com

Le Santuario de Chimayo, une petite chapelle en adobe construite en 1816, est surnommé la «Lourdes des Amériques», car de nombreuses guérisons miraculeuses s'y seraient produites. (page 463)
©Dreamstime.com/Stephanie Coffman

À Santa Fe, détail d'une façade d'établissement en adobe qui arbore des colliers de piments rouges séchant au soleil. (page 459)
©Dreamstime.com/Sigen

Un véhicule tout-terrain dans l'immensité de gypse étincelant du White Sands National Monument. (page 469)
©Dreamstime.com/Diademimages

5

1

2

3

4

Utah

1. Du Dead Horse Point Overlook, on contemple un lever de soleil sur les splendeurs naturelles du Canyonlands National Park. (page 536)
©iStockphoto.com/Oleksandr Buzko

2. Vue nocturne de Salt Lake City, premier centre urbain de l'Utah. (page 528)
©Dreamstime.com/Phdpsx

3. À Moab, le vélo de montagne règne en roi et maître. (page 539)
©iStockphoto.com/Ben Blankenburg

4. Un randonneur devant quelques-unes des centaines de cheminées des fées (*hoodoos*) du Bryce Canyon National Park. (page 545)
©Dreamstime.com/Can Balcioglu

1

2

3

Nevada

1. *Welcome to Fabulous Las Vegas*: l'enseigne lumineuse, symbole de la ville. (page 574)
©iStockphoto.com/John Eklund

2. Les splendides Fountains of Bellagio offrent tous les soirs un spectacle qui marie habilement eau, musique et lumières. (page 576)
©Dreamstime.com/Helen Filatova

3. Morceau d'Italie transposé à Las Vegas, The Venetian se démarque par son pont enjambant un canal où circulent des gondoles. (page 576)
©Dreamstime.com/Photoquest

4. Dès la tombée du jour, le *Strip* de Las Vegas s'illumine de tous ses feux. (page 572)
©Las Vegas News Bureau

5. Le Hoover Dam, l'une des œuvres de génie civil les plus remarquables du XXe siècle. (page 578)
©Dreamstime.com/Chee-onn Leong

4

5

Colorado

1. Les saillies géantes de grès rouge du splendide parc urbain Garden of the Gods, près de Colorado Springs. (page 491)
   ©iStockphoto.com/John Hoffman

2. L'intérieur du Denver Art Museum, dont l'édifice fut dessiné par l'architecte italien de renom Gio Ponti. (page 488)
   ©Steve Crecelius for the Denver Metro Convention & Visitors Bureau

3. Un planchiste dévale les pentes enneigées d'Aspen. (page 500)
   ©iStockphoto.com/Kayce Baker

4. Une maison construite à même la falaise dans le magnifique Mesa Verde National Park. (page 508)
   ©iStockphoto.com/David Morgan

LE SUD-OUEST AMÉRICAIN

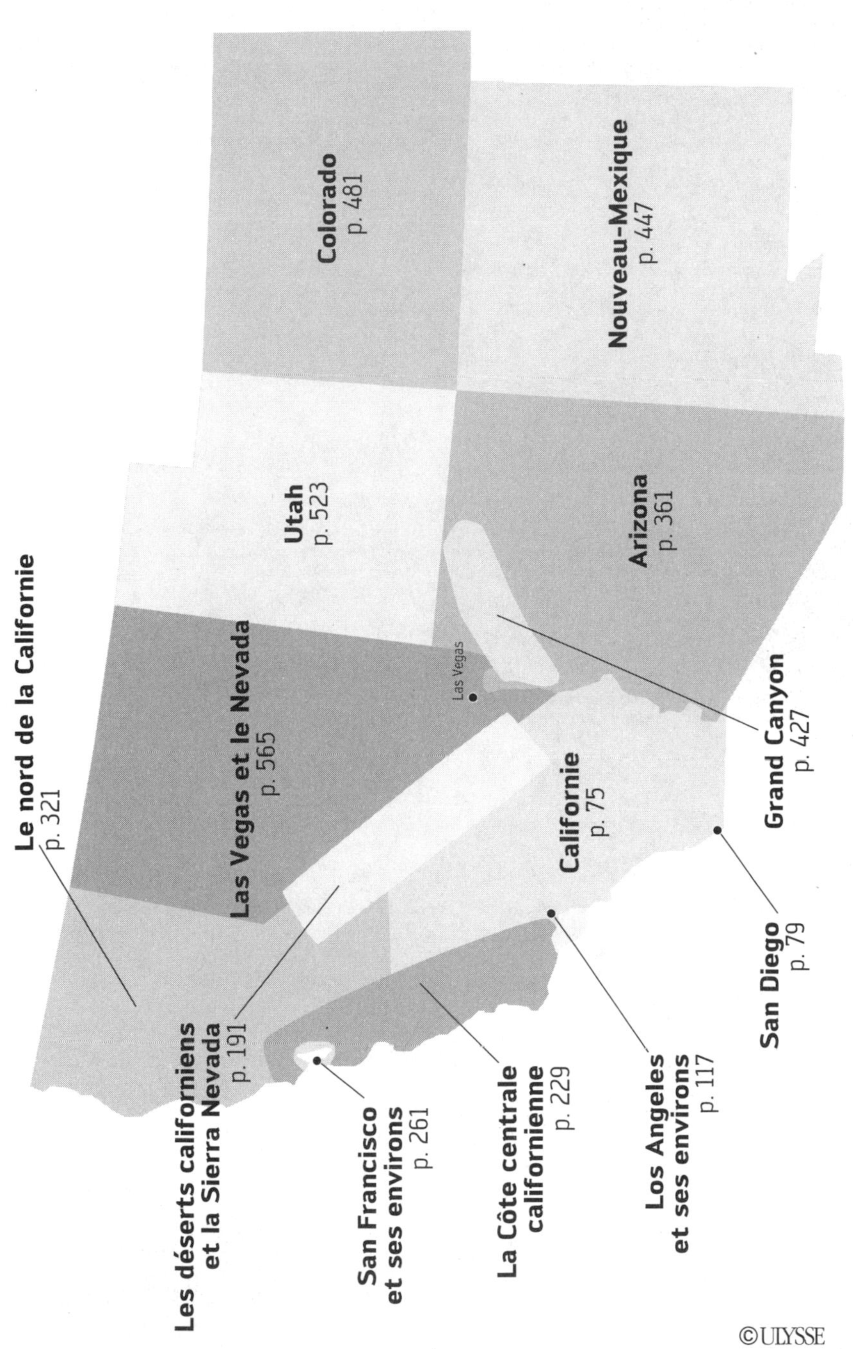

Le nord de la Californie
p. 321
Las Vegas et le Nevada
p. 565
Utah
p. 523
Colorado
p. 481
Nouveau-Mexique
p. 447
Arizona
p. 361
Las Vegas
Californie
p. 75
Grand Canyon
p. 427
San Diego
p. 79
Los Angeles
et ses environs
p. 117
La Côte centrale
californienne
p. 229
San Francisco
et ses environs
p. 261
Les déserts californiens
et la Sierra Nevada
p. 191

Mise à jour de la 3e édition : Jean-Luc Brébant, Alain Legault (Las Vegas et San Francisco)
Éditeur : Pierre Ledoux
Correcteur : Pierre Daveluy
Infographistes : Pascal Biet, Philippe Thomas
Adjointes à l'édition : Annie Gilbert, Nadège Picard
Recherche, rédaction et collaboration aux éditions antérieures : Taly Alfaro, Clayton Anderson, Caroline Béliveau, Eric Hamovitch, François Hénault, Olivier Jacques, Jenny Jasper, Rodolphe Lasnes, Alain Legault, Oriane Lemaire, Alexis Mantha, Lorette Pierson, François Rémillard, Yves Séguin, Chantal Tranchemontagne, Marcel Verrault, Matthew Von Baeyer
Photographies : Page couverture, Antelope Canyon en Arizona : © J. A. Kraulis/Masterfile; Page de titre, Les grands espaces de la Monument Valley : © Sigen/Dreamstime.com; Un surfeur à Malibu : © Heather Craig/Dreamstime.com

Cet ouvrage a été réalisé sous la direction d'Olivier Gougeon.

Remerciements:

Merci à Tanya Houseman du San Francisco Convention & Visitors Bureau, Amy Anderson du West Hollywood Marketing & Visitors Bureau, Jacki Lenners du Flagstaff Convention & Visitors Bureau, Isela Cano du Metropolitan Tucson Convention & Visitors Bureau, Carrina Junge du Denver Convention & Visitors Bureau, Nicolas Bérubé, Annick St-Laurent, Megan Johnson, Lorraine Bittles, Marissa Oakeley et Tacey G. Leckwold pour leur aide.

Guides de voyage Ulysse reconnaît l'aide financière du gouvernement du Canada par l'entremise du Programme d'aide au développement de l'industrie de l'édition (PADIÉ) pour ses activités d'édition.

Guides de voyage Ulysse tient également à remercier le gouvernement du Québec – Programme de crédit d'impôt pour l'édition de livres – Gestion SODEC.

Guides de voyage Ulysse est membre de l'Association nationale des éditeurs de livres.

Note aux lecteurs

Tous les moyens possibles ont été pris pour que les renseignements contenus dans ce guide soient exacts au moment de mettre sous presse. Toutefois, des erreurs peuvent toujours se glisser, des omissions sont toujours possibles, des adresses peuvent disparaître, etc.; la responsabilité de l'éditeur ou des auteurs ne pourrait s'engager en cas de perte ou de dommage qui serait causé par une erreur ou une omission.

Écrivez-nous

Nous apprécions au plus haut point vos commentaires, précisions et suggestions, qui permettent l'amélioration constante de nos publications. Il nous fera plaisir d'offrir un de nos guides aux auteurs des meilleures contributions. Écrivez-nous à l'une des adresses suivantes, et indiquez le titre qu'il vous plairait de recevoir.

Guides de voyage Ulysse
4176, rue Saint-Denis, Montréal (Québec), Canada H2W 2M5, www.guidesulysse.com
texte@ulysse.ca

Les Guides de voyage Ulysse, sarl
127, rue Amelot, 75011 Paris, France
voyage@ulysse.ca

Catalogage avant publication de Bibliothèque et Archives nationales du Québec et Bibliothèque et Archives Canada
Vedette principale au titre :
Sud-Ouest américain
3e éd.
(Guides de voyage Ulysse)
Comprend un index.
ISBN 978-2-89464-952-7
1. États-Unis (Sud-Ouest) - Guides. I. Collection: Guide de voyage Ulysse.
F785.3.S82 2010 917.804'34 C2010-941876-X

Bibliothèque et Archives nationales du Québec
Dépôt légal – Premier trimestre 2011
ISBN 978-2-89464-952-7 (version imprimée)
ISBN 978-2-89665-019-4 (version numérique)
Imprimé au Canada

À moi... Le Sud-Ouest américain!

Vivez à fond la folie urbaine de Los Angeles ou de Las Vegas, appréciez le silence des grands parcs nationaux, dégustez la cuisine et les vins californiens, traversez les déserts, suivez les traces des Amérindiens... Soyez le bienvenu dans le Sud-Ouest américain, où tout semble possible! Quelles que soient vos préférences ou la durée de votre séjour, cette sélection d'attraits saura personnaliser votre découverte du Sud-Ouest américain, pour que vous puissiez vivre votre propre conquête de l'Ouest.

Le meilleur du Sud-Ouest américain

Pour explorer les fabuleux parcs nationaux

- Contempler ce miracle de la nature qu'est le **Grand Canyon** p. 427
- Partir à la découverte du **Yosemite National Park**, aux vastes forêts, aux lacs glacés et aux parois rocheuses vertigineuses p. 212
- Se perdre dans le **Sequoia National Park** (p. 210) ou le **Kings Canyon National Park** (p. 212), où la faune, les séquoias géants et les canyons sont époustouflants de beauté
- Goûter le vide absolu dans le mythique **Death Valley National Park** p. 203
- Se pâmer d'admiration devant la plus fine et la plus belle des arches de l'**Arches National Park** p. 534
- S'émerveiller dans le **Canyonlands National Park** face à l'un des paysages les plus spectaculaires du Sud-Ouest américain p. 536
- Découvrir le **Mesa Verde National Park**, un remarquable regroupement d'habitations troglodytiques construites à même la falaise, il y a plus de 700 ans, par les ancêtres des Pueblos p. 508

Pour découvrir une faune et une flore d'exception

- Observer les mammifères marins de la côte californienne, entre autres au **Point Reyes National Seashore** (p. 336), sur la **17-Mile Drive** (p. 244) de Monterey, au **Whale Overlook** de San Diego (p. 94) et au **Point Fermin Park** de San Pedro (p. 146)
- Photographier les pélicans, les cormorans et les phoques qui se prélassent au soleil au **La Jolla Cove** de San Diego p. 95
- Admirer les superbes séquoias au **Sequoia National Park** p. 210
- Découvrir la riche diversité de la faune et la flore du **Zion National Park** p. 547
- Apprendre à distinguer les espèces marines au **Birch Aquarium at Scripps** (p. 95) de San Diego et au **Monterey Bay Aquarium** (p. 242) de Monterey
- Visiter le parc marin du **Channel Islands National Marine Sanctuary** p. 232
- Admirer des séquoias géants en parcourant les sentiers du **Redwood National Park** p. 343

- Observer une colonie d'éléphants de mer qui a élu domicile sur la longue plage de **Piedras Blancas**, sur la côte de Big Sur p. 237
- Découvrir la faune et la flore des déserts californiens et de la Sierra Nevada au **Yosemite National Park** (p. 212), à la **Mojave National Preserve** (p. 200) et au **Palm Springs Desert Museum** (p. 194)

Pour les passionnés d'art et de science

- Découvrir le cinéma indépendant américain au **Sundance Film Festival** p. 562
- Visiter cette merveille d'ingénierie qu'est la gigantesque sphère tropicale de **Biosphere 2** p. 382
- Vivre la reconstitution de climats extrêmes et de phénomènes écologiques uniques au **California Science Center** p. 132
- Visiter le **Palace of the Governors** à Santa Fe, et son musée qui retrace les 400 ans d'histoire de l'État du Nouveau-Mexique p. 460
- S'initier au fascinant monde de la science à l'**Arizona Science Center** de Phoenix p. 366
- Admirer l'art de l'Asie, des Amériques et de l'Europe au **Phoenix Art Museum** p. 368
- Visiter les grandes institutions muséales de la région de Los Angeles: le **Museum of Contemporary Art (MOCA)** (p. 127), le **Getty Center** (p. 142), le **Los Angeles County Museum of Art (LACMA)** (p. 140) et les **Huntington Library, Art Collections and Botanical Gardens** (p. 153)
- Admirer les expositions du **M.H. de Young Museum** (p. 283), du **San Francisco Museum of Modern Art** (p. 286) et de la **California Academy of Sciences** (p. 283), à San Francisco

Pour profiter de la plage ou de l'eau

- Admirer le bord de mer du haut des promontoires rocheux répartis tout le long de la côte californienne, notamment le long de la côte de **Big Sur** (p. 237) ou à la **Point Lobos State Reserve** (p. 240)
- Bronzer sur unes des plages ensoleillées de la région de Los Angeles: **Malibu** (p. 143), **Santa Monica** (p. 143), **Venice** (p. 145), **Laguna Beach** (p. 160) ou **Huntington Beach** (p. 160)
- Rêver devant la vue unique qu'offre la longue **Coronado Central Beach** p. 88
- Se promener sur la plage de **Carmel-by-the-Sea**, bordée de magnifiques arbres p. 239
- Rejoindre en bateau **Catalina Island** pour découvrir ses côtes aux falaises abruptes et ses plages préservées p. 148

- Faire une croisière sur le gigantesque **Lake Powell** (p. 541), sur la **baie de San Francisco** (p. 276) ou sur les eaux émeraude du bien nommé **Emerald Bay State Park** (p. 347)

Pour les familles

- Retomber en enfance dans la région d'Anaheim, avec le **Disneyland Resort** (p. 157) et la **Knott's Berry Farm** (p. 160)
- Faire plaisir aux enfants dans la région de San Diego au **San Diego Zoo** (p. 93), à **SeaWorld** (p.94), au **San Diego Zoo Safari Park** (p. 97) ou à **Legoland** (p. 97)
- Initier vos enfants aux nouvelles technologies et aux sciences à l'**Exploratorium** (p. 277) et à la **California Academy of Sciences** (p. 283) de San Francisco

Pour faire des *road trips* inoubliables

- Longer la côte californienne sur la sinueuse et spectaculaire **Pacific Coast Highway** p. 237
- Parcourir la **Mulholland Drive**, qui serpente les hauteurs de Los Angeles p. 125
- Découvrir le sud de l'Utah en roulant sur la **Scenic Byway 12** p. 543
- Parcourir la **route 89A** entre les montagnes rougeoyantes de Sedona et Flagstaff, dans le centre-nord de l'Arizona p. 387
- Parcourir le **Turquoise Trail** et ses villes minières abandonnées, entre Albuquerque et Santa Fe p. 457
- Sillonner le dépaysant **Malibu Canyon** p. 125

Pour prendre des photos mémorables

- Du **Cabrillo National Monument**, avec Coronado Island et San Diego en arrière-plan p. 93
- Du **Griffith Park**, avec Los Angeles derrière p. 137
- Dans le splendide **Emerald Bay State Park**, dans la région de Lake Tahoe p. 347
- Sur le ***Strip*** de **Las Vegas**, la nuit p. 572
- Dans un saloon ou une rue de **Tombstone** p. 384
- Dans le spectaculaire **Taos Pueblo** p. 464
- Sous une arche de l'**Arches National Park** p. 534
- Sur un cheval à **Monument Valley** p.397
- Du **Yavapai Point Observation Station**, dans le **Grand Canyon** p. 433

- Dans un vignoble des vallées de **Napa** (p. 324) ou de **Sonoma** (p. 330)
- Du **Golden Gate Bridge** (p. 278) ou sur **Postcard Row** (p. 282), à San Francisco
- Au pied d'**El Capitan** ou à **Tunnel View**, dans le **Yosemite National Park** p. 212
- Dans les secteurs de **Badwater**, **Dante's View** et **Zabriskie Point** du **Death Valley National Park** p. 203

Pour les sportifs

- Surfer sur la côte californienne, notamment à **Santa Cruz** (p. 246) ou à **Huntington Beach** (p. 163)
- Pédaler sur les routes de la **Napa Valley** (p. 333) ou dans la plupart des parcs nationaux. Les fanas de vélos tout-terrains, eux, iront à **Moab**, la Mecque du vélo de montagne p. 538
- Partir en randonnée pédestre dans les parcs nationaux de **Yosemite** (p. 218), **Zion** (p. 549), **Canyonlands** (p. 536) ou du **Grand Canyon** (p. 438)
- Skier à **Salt Lake City** (p. 532), **Lake Tahoe** (p. 348) ou **Taos** (p. 466). Ceux qui préfèrent dévaler les pistes aux côtés des stars d'Hollywood préfèreront les stations huppées de **Vail** (p. 499) ou d'**Aspen** (p. 501)
- Descendre des rivières endiablées à **Moab** (p. 538), à **Durango** (p. 507) ou à **Taos** (p. 466): émotions fortes garanties!

Pour se replonger dans l'époque western

- Parcourir à cheval les fabuleux paysages désertiques du **Grand Canyon** (p. 436), de **Monument Valley** (p. 397), du désert de **Mojave** (p. 200) ou des parcs nationaux de **Canyonlands** (p. 536), **Bryce Canyon** (p. 545) ou **Arches** (p. 534)
- Flâner dans la petite ville de **Durango** (p. 506), avec ses vieux bâtiments parfaitement conservés et surtout le vieux train à vapeur de la **Durango & Silverton Narrow Gauge Railroad** (p. 507)
- Revivre l'histoire des desperados et des prospecteurs à **Tombstone** p. 384

Pour découvrir les cultures amérindiennes

- Apprendre l'histoire des populations autochtones, notamment celle du peuple Pueblo, dans le **Mesa Verde National Park** p. 508
- Visiter le **Taos Pueblo**, qui représente le plus vieil établissement humain habité sans interruption en Amérique du Nord p. 464
- S'évader à **Gallup** (p. 467), la capitale autochtone du Sud-Ouest, avec le **Chaco Culture National Historical Park** (p. 467) ainsi que les nombreux villages amérindiens des alentours, notamment l'**Acoma Pueblo** (p. 457) sur la route d'Albuquerque

- S'initier à l'univers amérindien dans le fascinant **Indian Pueblo Cultural Center** d'Albuquerque p. 456
- Admirer l'art autochtone à l'**Institute of American Indian Arts Museum** (p. 460) de Santa Fe et au **Heard Museum** (p. 368) de Phoenix
- Sillonner les spectaculaires sites archéologiques du **Bandelier National Monument**, dans la région de Santa Fe p. 461

Pour goûter à l'*American way of life*

- Marcher sur les traces de vos stars préférées à **Los Angeles** (p. 117), **Santa Barbara** (p. 233) ou **Carmel-by-the-Sea** (p. 239) et visiter l'envers du décor de l'usine à rêves d'Hollywood aux **Universal Studios** (p. 154)
- Faire la fête à **Las Vegas** (p. 565), temple du jeu, du spectacle et du vice
- Écumer les librairies et les bars de North Beach, à **San Francisco**, berceau de la contre-culture américaine des années 1960 p. 271
- Sentir également les effluves de ces années en vous promenant dans les charmantes petites communautés de **Berkeley** (p. 288), **Sausalito** (p. 288) et **Bolinas** (p. 336) ou, plus au sud, en longeant la côte de **Big Sur** (p. 237), qui a inspiré de nombreux artistes de cette époque, dont Henry Miller
- Apprécier l'art de vivre à la californienne dans les bons restaurants et vignobles de la **vallée de Napa** p. 324

Pour vivre des expériences uniques

- Découvrir les grandes maisons américaines du siècle dernier: le **Riordan Mansion** (p. 389) à Flagstaff, la **Vikingsholm** (p. 347) dans la région de Lake Tahoe, ***Taliesin West*** (p. 371) dans les environs de Scottsdale et le **Hearst Castle** (p. 236) à Cambria
- Déguster des *tacos* en écoutant des mariachis dans l'**Old Town** de San Diego p. 108
- Prendre un verre au coucher du soleil au **Rooftop Bar** du Standard Hotel de Los Angeles p. 186
- Manger une chaudrée de palourdes ou un poisson grillé au sympathique **Reel Inn**, sur la Pacific Coast Highway à Malibu p. 182
- Faire une randonnée dans le **Griffith Park** de Los Angeles jusqu'au Griffith Observatory p. 162
- Louer un vélo à **Venice** et pédaler le long de la piste cyclable jusqu'à Santa Monica p. 163
- Apprécier la rusticité désertique et l'impression de bout-du-monde du petit village de **Mexican Hat** p. 539

- S'évader du quotidien en séjournant dans le vaste **Arizona Inn**, à Tucson p. 404
- Frissonner en dormant au milieu des fantômes de l'**Hotel Monte Vista** de Flagstaff p. 406
- Atteindre les sommets du kitsch en séjournant au **Madonna Inn** de San Luis Obispo p. 248
- Monter à bord du **Durango & Silverton Narrow Gauge Railroad**, un train à vapeur qui mène de Durango à Silverston p. 507
- Prendre un bateau à San Francisco pour aller visiter la prison d'**Alcatraz** p. 276

Le Sud-Ouest américain en temps et lieux

Une semaine

Longer la côte Pacifique, traverser les déserts, explorer les parcs nationaux, visiter les grandes villes, tenter votre chance dans les casinos, profiter de l'art de vivre californien, bref, tout cela est possible dans le Sud-Ouest américain. Ainsi, pour bien profiter d'un voyage d'une semaine, nous vous conseillons de combiner deux ou trois destinations rapprochées les unes des autres.

Au départ de San Francisco

Il vous faudra consacrer au moins deux jours à la splendide ville de **San Francisco** pour vous imprégner de sa douceur de vivre et profiter de ses nombreux attraits culturels. Ensuite, vous devrez choisir entre plusieurs options. Au nord de San Francisco, passé le **Golden Gate Bridge**, ce sont des falaises escarpées que vous longerez jusqu'au **Point Reyes National Seashore**, où vous pourrez observer de nombreux mammifères marins, avant de bifurquer vers les vallées de **Napa** et de **Sonoma** pour aller déguster des vins mondialement reconnus; pour finir en beauté, vous pourrez rejoindre le **Yosemite National Park**, en ayant pris soin de réserver à l'avance votre hébergement. Si vous êtes plutôt attiré par le sud, c'est la fameuse **Côte centrale californienne** qui vous attend, parsemée de véritables joyaux tels que la côte de **Big Sur** et **Monterey**, avec son incontournable aquarium. Les amateurs de grandes villes pourront continuer leur voyage en direction de la trépidante **Los Angeles**, alors que les amants de la nature préféreront se rendre au **Sequoia National Park** pour admirer ses impressionnants arbres géants.

Au départ de Los Angeles

Los Angeles, **Hollywood** et **Beverly Hills** sont autant de noms mythiques que les amateurs de culture américaine ne voudront pas manquer. Prévoyez y passer au moins deux jours. Après cette immersion dans la capitale mondiale du divertissement, vous pourrez continuer à vous prendre pour une star des années 1950 en séjournant dans l'un des hôtels Art déco de l'oasis de **Palm Springs**; juste à côté, ne manquez pas de profiter des splendides panoramas du **Joshua Tree National Park**. Au retour, un crochet par **San Diego** comblera les petits et les grands avec sa richesse culturelle, son environnement naturel et son incontournable parc d'attractions qu'est **SeaWorld**, sans oublier le **Balboa Park**, qui, en plus d'un zoo de renommée internationale, recèle de magnifiques bâtiments coloniaux.

Au départ de Las Vegas

Après être passé par «Paris», «Venise» et «New York» dans la même journée et avant d'épuiser vos finances, allez vous ressourcer dans les parcs nationaux aux alentours de Las Vegas. Parmi les trois parcs situés dans les environs, sélectionnez-en deux, voire un seul si vous comptez profiter des nombreuses possibilités de randonnées. Le **Grand Canyon National Park** n'a plus besoin de présentation et, malgré l'afflux de touristes, il est toujours possible de sortir des sentiers battus pour admirer une nature grandiose. Le mythique **Death Valley National Park** attirera les passionnés de désert, mais les possibilités de randonnées sont ici moins nombreuses et plutôt éprouvantes en raison de la chaleur. Enfin, moins couru que ses voisins, le **Zion National Park** est peut-être moins impressionnant que le Grand Canyon, mais il offre d'excellentes randonnées pour tous les niveaux, et ce, dans un décor unique.

Deux semaines

Il est possible en deux semaines de combiner les circuits précédents pour faire le tour de la Californie, au départ de **San Francisco** ou de **Los Angeles**.

Si ce sont plutôt les paysages désertiques qui vous attirent, vous pourrez, au départ de **Las Vegas**, visiter les nombreux parcs nationaux du sud de l'Utah (**Zion**, **Bryce Canyon**, **Capitol Reef**, **Arches**, **Canyonlands**), puis les spectaculaires habitations troglodytiques construites à même la falaise du **Mesa Verde National Park**, au Colorado. Ensuite, cap sur le sud et l'Arizona pour une inoubliable traversée de **Monument Valley**, qui vous rappellera de nombreux décors de westerns, avant de finir en beauté par l'exploration du **Grand Canyon National Park**. Un conseil: mieux vaut limiter le nombre de parcs que vous visiterez plutôt que de vouloir tous les voir en quelques jours, vous pourrez ainsi sortir des sentiers battus et profiter de la nature à son meilleur.

En optant pour un circuit au départ de **Denver**, les amants de la montagne et les amateurs d'activités de plein air seront comblés. Après avoir admiré les cimes enneigées du **Rocky Mountain National Park**, vous pourrez profiter des nombreuses activités de plein air, tant en hiver qu'en été, des centres de villégiature huppés que sont **Vail** et **Aspen**. Dirigez-vous ensuite vers **Durango**, dans le sud-ouest du Colorado, une petite ville qui a gardé tout le charme de ses origines, où vous ne manquerez pas de monter à bord du vieux train à vapeur de la **Durango & Silverton Narrow Gauge Railroad**. Ensuite, votre trajet vous mènera sur les traces des premiers habitants de la région, sur les terres ancestrales des Navajos, des Pueblos ou des Apaches. Le **Mesa Verde National Park**, à 60 km à l'ouest de Durango, constitue une excellente initiation à ces cultures historiques. En arrivant au Nouveau-Mexique, vous remarquerez que la présence autochtone est encore très visible, notamment autour de **Gallup**. Vous poursuivrez votre route en direction d'**Albuquerque** avec sa vieille ville coloniale, puis le **Turquoise Trail** vous conduira à la célèbre – à juste titre – **Santa Fe**, une ville riche en histoire et en culture. Encore plus authentique, **Taos** se laisse découvrir tranquillement: ne manquez pas son **Taos Pueblo**, un village traditionnel amérindien avec des constructions en adobe encore habitées. Pour boucler la boucle, vous repasserez par le Colorado, où vous verrez d'impressionnantes dunes dans le **Great Sand Dunes National Park**. Vous pourrez ensuite prendre un dernier bol d'air frais à **Colorado Springs**, avant de retourner à Denver.

Trois semaines et plus

Au départ de **San Francisco**, **Los Angeles** ou **Las Vegas**, vous pouvez facilement combiner plusieurs des circuits précédents. Cette grande aventure vous permettra de profiter autant de la côte californienne que des déserts de la Sierra Nevada, des parcs nationaux du sud de l'Utah et du Grand Canyon.

Conseil pour les voyageurs au long cours: sachez qu'il n'est généralement pas avantageux de louer une voiture à un endroit pour ensuite la rendre à un autre, les grandes agences de location de la région faisant souvent payer les frais de rapatriement des véhicules vers leur point d'origine (par exemple, environ 200$ entre Phoenix et L.A.). Pensez donc à planifier un circuit en boucle qui vous permettra de remettre la voiture à votre point de départ. Sinon, n'oubliez pas d'intégrer ces frais supplémentaires à votre budget de voyage.

Sommaire

Liste des encadrés

Liste des cartes

Légende des cartes

- ★ Attraits
- ▲ Hébergement
- ● Restaurants
- Mer, lac, rivière
- Forêt ou parc
- Place
- Capitale de pays
- Capitale d'État
- Frontière internationale
- Frontière inter-États
- Chemin de fer
- Tunnel
- Aéroport international
- Aéroport régional
- Aire de pique-nique
- Base aérienne militaire
- Bâtiment / Point d'intérêt
- Église
- Gare ferroviaire
- Gare routière
- Hôpital
- Information touristique
- Civic Center Métro
- Montagne
- Musée
- Parc et/ ou réserve
- Phare
- Plage
- Point de vue
- Ruines
- Sentier de randonnée pédestre
- Stationnement
- Station-service
- Terrain de camping
- Terrain de golf
- Traversier (ferry)
- Traversier (navette)

10 Autoroute — 101 Route principale — 134 Route secondaire

Symboles utilisés dans ce guide

- @ Accès Internet
- Accessibilité totale ou partielle aux personnes à mobilité réduite
- ≡ Air conditionné
- Animaux domestiques admis
- Baignoire à remous
- ♠ Casino
- Centre de conditionnement physique
- Coffret de sûreté
- Cuisinette
- Foyer
- Label Ulysse pour les qualités particulières d'un établissement
- Petit déjeuner inclus dans le prix de la chambre
- Piscine
- Réfrigérateur
- Restaurant
- bc Salle de bain commune
- bc/bp Salle de bain privée ou commune
- Sauna
- Spa
- P Stationnement
- Téléphone
- tlj Tous les jours
- Ventilateur

Classification des attraits touristiques

- ★★★ À ne pas manquer
- ★★ Vaut le détour
- ★ Intéressant

Classification de l'hébergement

L'échelle utilisée donne des indications de prix pour une chambre standard pour deux personnes, avant taxe, en vigueur durant la haute saison.

- $ moins de 75$
- $$ de 75$ à 125$
- $$$ de 126$ à 200$
- $$$$ plus de 200$

Classification des restaurants

L'échelle utilisée dans ce guide donne des indications de prix pour un repas complet pour une personne, avant les boissons, les taxes et le pourboire.

- $ moins de 15$
- $$ de 15$ à 25$
- $$$ de 26$ à 40$
- $$$$ plus de 40$

Tous les prix mentionnés dans ce guide sont en dollars américains.

Les sections pratiques aux bordures grises répertorient toutes les adresses utiles. Repérez ces pictogrammes pour mieux vous orienter:

- Hébergement
- Restaurants
- Sorties
- Achats

Situation géographique dans le monde

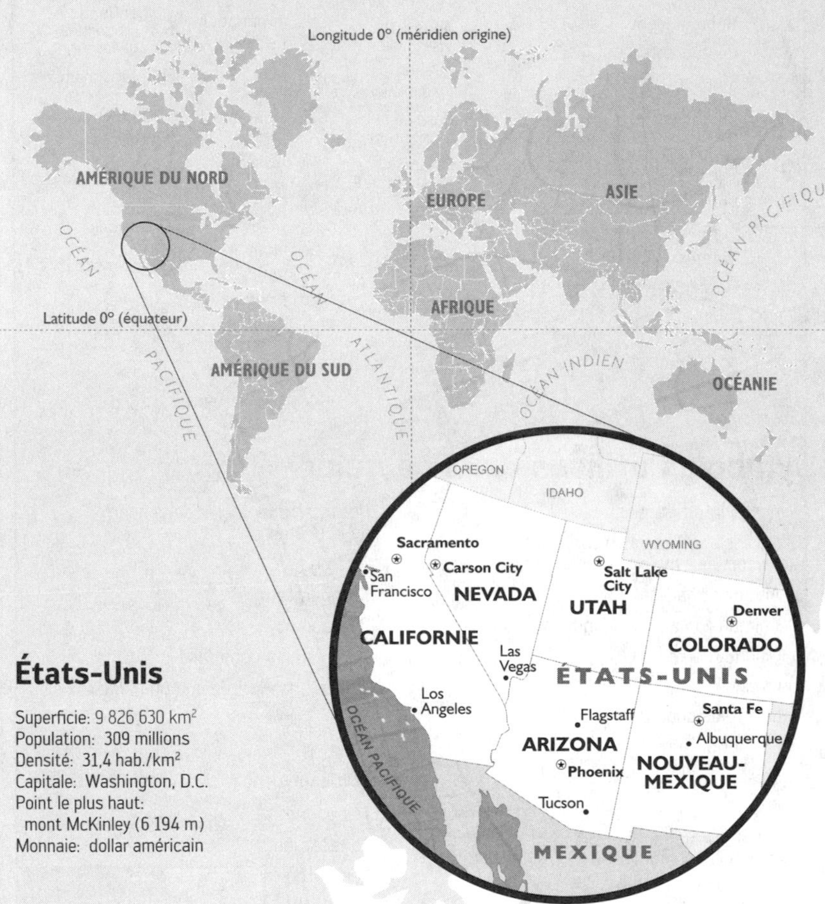

États-Unis

Superficie: 9 826 630 km²
Population: 309 millions
Densité: 31,4 hab./km²
Capitale: Washington, D.C.
Point le plus haut: mont McKinley (6 194 m)
Monnaie: dollar américain

Nevada

Superficie: 284 613 km²
Population: 2,6 millions
Densité: 9,1 hab./km²
Capitale: Carson City
Fuseau horaire: UTC −8 et UTC −7
Point le plus haut: Boundary Peak (4 005 m)

Utah

Superficie: 212 816 km²
Population: 2,8 millions
Densité: 13,2 hab./km²
Capitale: Salt Lake City
Fuseau horaire: UTC −7
Point le plus haut: Kings Peak (4 123 m)

Colorado

Superficie: 268 658 km²
Population: 5 millions
Densité: 18,6 hab./km²
Capitale: Denver
Fuseau horaire: UTC −7
Point le plus haut: mont Elbert (4 401 m)

Californie

Superficie: 423 970 km²
Population: 37 millions
Densité: 87 hab./km²
Capitale: Sacramento
Fuseau horaire: UTC −8
Point le plus haut: mont Whitney (4 421 m)

Arizona

Superficie: 295 254 km²
Population: 6,6 millions
Densité: 22,3 hab./km²
Capitale: Phoenix
Fuseau horaire: UTC −7
Point le plus haut: Humpreys Peak (3 851 m)

Nouveau-Mexique

Superficie: 314 334 km²
Population: 2 millions
Densité: 6,3 hab./km²
Capitale: Santa Fe
Fuseau horaire: UTC −7
Point le plus haut: Wheeler Peak (4 011 m)

Portrait

Les États-Unis, terre de tous les contrastes, de toutes les promesses et de toutes les démesures, avec leurs paysages grandioses, ont été et sont toujours le théâtre d'une expérience humaine unique et légendaire.

Grande puissance économique, politique et culturelle, symbole de la réussite et des libertés individuelles, les États-Unis attirent irrésistiblement chaque année des millions d'immigrants et de touristes voulant goûter qui le rêve américain, qui les paysages époustouflants de magnificence de ce pays.

Les États-Unis ne constituent en rien un bloc géographique, culturel et démographique monolithique; leur immense territoire aux reliefs et aux climats des plus contrastés accueille une population diversifiée dont le style de vie varie considérablement selon les régions et le niveau socioéconomique.

Comment décrire cet immense pays constitué de 50 États? Tâche des plus ardues et des plus délicates s'il en est, car il s'agit de rendre compte de réalités physiques, démographiques et culturelles variées, voire souvent diamétralement opposées. Offrant aux voyageurs la meilleure approche possible de ce vaste et fabuleux pays de manière à leur permettre d'établir un itinéraire cohérent et de vivre une expérience riche de sens et de sensations, le présent ouvrage couvre la grande région du Sud-Ouest américain.

L'Ouest représente et constitue une entité en soi, une contrée gigantesque et hétérogène, qui partage les mêmes mythes fondateurs et fait miroiter les mêmes perspectives et aspirations d'une Amérique regorgeant de mille et une possibilités. La seule mention de cet Ouest américain légendaire n'évoque-t-elle pas chez tout un chacun une multitude d'images puissantes bien ancrées dans les esprits?

Que ce soit les grands espaces vierges, les phénomènes géomorphologiques stupéfiants comme le Grand Canyon, l'histoire exceptionnelle de ses colons téméraires, l'extermination des Amérindiens, les aventures des cowboys et des hors-la-loi, la ruée vers l'or, la route 66, la Hollywood des stars, le clinquant kitsch de Las Vegas ou la contre-culture san-franciscaine, l'Ouest américain est porteur de nombreux et éloquents mythes et représentations.

Cette terre d'aventures, de défis et de conquêtes a, depuis sa découverte, repoussé les limites de notre conception du possible, stimulé rêves fabuleux et espérances en un monde libre et meilleur, et fortement influé sur la destinée de la nation américaine. C'est cette contrée fascinante, magique et surprenante, qui dépasse largement tous les stéréotypes, que nous vous proposons de découvrir et de savourer, le cœur empli de cette soif de vivre et de liberté qu'inspirent ses paysages majestueux et son aventure humaine épique et exceptionnelle.

Géographie et population

Deux caractéristiques essentielles marquent la géographie physique et humaine des États-Unis, soit l'immensité du territoire et la variété des paysages. Les 50 États du pays couvrent une superficie de 9 826 630 km² qui les place au troisième rang mondial. L'étendue considérable des espaces américains va de pair avec une diversité géographique et humaine que l'on ne saurait perdre de vue ni traduire en quelques clichés réducteurs.

L'Amérique des mégalopoles au rythme de vie effréné, l'Amérique des déserts, l'Amérique des forêts, l'Amérique des grandes plaines, des geysers et des canyons, l'Amérique des montagnes et l'Amérique maritime, pour ne nommer que celles-ci, forment un pays magnifique où l'hétérogénéité de la morphologie physique a grandement influencé la répartition inégale de la population, le développement économique, les modes de vie et la culture.

Terre d'immigration et forts d'une population estimée à quelque 309 millions d'habitants, les États-Unis constituent ce qu'il convient d'appeler un *melting-pot*, c'est-à-dire une nation pluriethnique et multiculturelle qui, malgré ses dissemblances, partage un sentiment d'ap-

L'art de vivre dans le Sud-Ouest

Tout au long de ce guide, on aborde aussi bien des sujets comme l'architecture et l'art du Sud-Ouest que la nourriture et les éléments décoratifs de cette magnifique région. De fait, le Sud-Ouest américain a inventé de toutes pièces son propre style de vie, qui emprunte abondamment aux riches traditions amérindiennes, aux couleurs terreuses du désert environnant et à l'influence toujours grandissante du Mexique tout proche.

L'architecture est dominée par l'adobe, une construction de sable et de terre aux lignes organiques caractéristique de ce coin de pays depuis plus de 1 400 ans. Les aménagements intérieurs font appel à une palette de teintes qui reflètent les paysages avoisinants, dans des tons chauds et invitants rehaussés de motifs empruntés à de nombreux peuples amérindiens, notamment les Navajos, les Hopis et les Pimas. Le mobilier se veut rustique et pourtant confortable. Quant aux œuvres d'art, elles rendent également hommage aux traditions autochtones, mais aussi à l'héritage des pionniers, et présentent de riches couleurs qui contrastent harmonieusement avec les sobres panoramas sur lesquelles elles se posent.

La cuisine du Sud-Ouest a d'abord été conçue par les Amérindiens, dont les goûts variaient grandement au gré des saisons. Puis s'y sont mêlées des influences mexicaines, espagnoles et européennes, jusqu'à créer toute une gamme de mets originaux, des simples plats maison aux créations les plus fines. Les ingrédients de base que sont les haricots, les piments et le maïs s'y allient volontiers à des substances uniques et accompagnent souvent de généreuses portions de bœuf, de poulet ou de gibier grillé.

partenance nationale hors du commun et les mêmes symboles et référents culturels liés à la célèbre *American way of life*.

Cette profonde identité nationale ne saurait toutefois faire oublier que d'importants caractères régionaux différencient l'Ouest américain de l'Est traditionnel.

› Vue d'ensemble du Sud-Ouest américain

On entend par «Sud-Ouest américain» le territoire formé par les États de la Californie à l'ouest, du Colorado et du Nouveau-Mexique à l'est, et du Nevada, de l'Arizona et de l'Utah au centre. Avec sa superficie de quelque 1,8 million de kilomètres carrés et ses quelque 56 millions d'habitants, le Sud-Ouest couvre environ 18% du territoire national et accueille également près de 18% de la population américaine.

Le Sud-Ouest américain présente une altitude moyenne élevée, une structure fortement hétérogène et bouleversée et une activité tectonique importante. Trois chaînes de montagnes orientées nord-sud dominent sa physiologie, les deux cordillères pacifiques [la chaîne Côtière (Coast Range) et les hauts massifs de la Sierra Nevada] et les Rocheuses.

Des plateaux intramontagnards comblent l'espace entre les Rocheuses et la Sierra Nevada. S'y profilent nombre de bassins et surfaces tabulaires, et s'y dressent chaînons et hautes montagnes. Entre les cordillères pacifiques s'étend une dépression irrégulière et discontinue qui se déploie notamment au niveau de la Vallée centrale de la Californie. En général, la côte du Pacifique, qui s'étire en une bande étroite, présente un relief accidenté d'altitude relativement élevée.

Plusieurs éléments physiques confèrent à cette vaste région son caractère grandiose et pittoresque. Les vallées en gorges, dont le célèbre et spectaculaire Grand Canyon, procurent des expériences inoubliables. L'ampleur des dénivellations à pic, comme le mont Telescope, qui surplombe avec ses 3 368 m la Vallée de la Mort (86 m au-dessous du niveau de la mer), ne peut que laisser bouche bée le voyageur sidéré par la démesure de cette nature indomptable.

Au sud des plateaux se déploient des régions désertiques et désolées. De splendides formations géologiques sculptent des paysages des plus étonnants qui défient les limites du possible et de l'imaginaire. Des océans multicolores de sable et de pierre d'où émergent mesas, colonnes et falaises insolites, comme ciselées par un esprit génial et halluciné, confèrent à ces contrées magnifiques une puissance mystique et unique.

On ne saurait négliger, dans ce tableau des merveilles géographiques du Sud-Ouest, les impressionnants cirques glaciaires des plus hautes cimes montagneuses, les riches et verdoyantes forêts et le fleuve Colorado, ce cours d'eau géant long de 2 317 km dont le bassin accidenté couvre près d'un douzième du territoire national et se fond dans le grand désert américain.

Depuis les rivages tempérés du Pacifique jusqu'aux rudes et sauvages hauteurs des Rocheuses, en passant par les dunes brûlées par le soleil du désert, le visiteur qui traverse cette immense région ne peut qu'être stupéfait par la multitude de paysages et d'univers qui se présentent à lui.

De par la formidable complexité des formations géographiques du territoire, le climat présente d'extrêmes contrastes. Celui du Pacifique, de type tempéré maritime, n'influence qu'une mince lisière de littoral sur la Côte Ouest, car la Sierra Nevada forme une sorte de barrière climatique.

En Californie, le climat est tempéré et très doux toute l'année au nord-ouest, très chaud en été au sud, doux en hiver et caniculaire en été dans les déserts du sud-est (record mondial absolu: 56,7°C dans la Vallée de la Mort). Très peu exposés aux influences océaniques, les plateaux intérieurs et les Grandes Plaines sont désertiques dans le Sud, où les températures sont très élevées. Les hautes montagnes reçoivent de substantielles précipitations, ce qui en fait les pourvoyeurs d'eau de ces territoires arides.

Le problème de l'approvisionnement en eau est majeur dans ces contrées de steppes et de déserts. Le fleuve Colorado est l'unique réservoir d'eau de la vaste étendue désertique que se partagent sept des États de l'Ouest.

Indispensable, le fleuve Colorado a été soumis à une domestication et une exploitation si intensives que son embouchure mexicaine est aujourd'hui quasi à sec. Il n'en reste pas moins que l'aridité demeure un facteur déterminant de l'activité humaine et économique du Sud-Ouest. L'eau est une denrée rarissime qu'on s'arrache à prix d'or, et les efforts entrepris pour l'irrigation et la production d'énergie ont créé d'inquiétants problèmes écologiques.

Pour des raisons économiques et historiques mais principalement géographiques, les quelque 56 millions d'habitants du Sud-Ouest sont répartis très inégalement sur le territoire. Si la riche Californie présente une densité de 83 habitants par km², les âpres contrées du Nouveau-Mexique et du Nevada n'accueillent en moyenne que 6 hab./km² et 7 hab./km² respectivement.

Le Sud-Ouest américain connaît globalement depuis les années 1950 et 1960 un important essor démographique qui ne cesse de prendre de l'ampleur. Bien que la population américaine ait, depuis le début du XXe siècle, suivi un schème constant de redistribution vers l'ouest et le sud, la vague migratoire contemporaine constitue, de par son ampleur et de par les facteurs qui la sous-tendent, un phénomène particulier qui a profondément modifié la configuration démographique, économique et politique des États-Unis.

Plusieurs facteurs importants ont concouru et continuent de participer à la croissance démographique de la désormais célèbre *Sunbelt* (la «ceinture de soleil») à laquelle appartiennent les États du Sud-Ouest.

Le développement et l'amélioration des transports et la révolution dans les télécommunications qui ont réduit les distances, parallèlement à la crise profonde de la traditionnelle industrie lourde du Nord, ont permis aux États du Sud de rapidement tirer parti de la

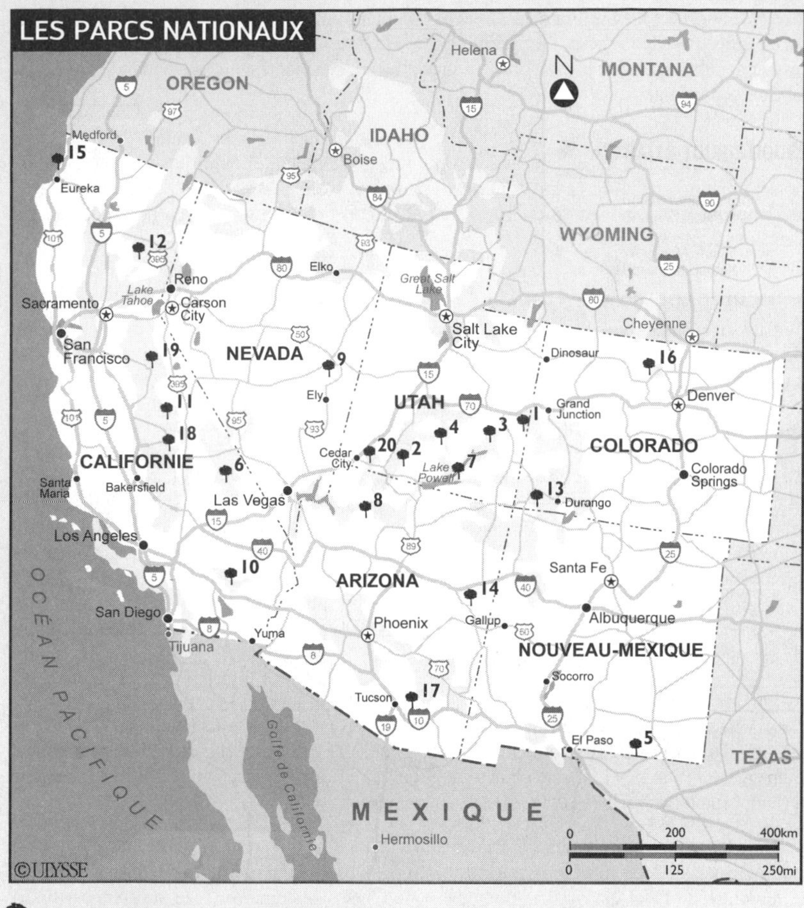

Parcs nationaux

1. Arches National Park (UT)
2. Bryce Canyon National Park (UT)
3. Canyonlands National Park (UT)
4. Capitol Reef National Park (UT)
5. Carlsbad Caverns National Park (NM)
6. Death Valley National Park (CA)
7. Glen Canyon National Park (UT)
8. Grand Canyon National Park (AZ)
9. Great Bassin National Park (NV)
10. Joshua Tree National Park (CA)
11. Kings Canyon National Park (CA)
12. Lassen Volcanic National Park (CA)
13. Mesa Verde National Park (CO)
14. Petrified Forest National Park (AZ)
15. Redwood National Park (CA)
16. Rocky Mountain National Park (CO)
17. Saguaro National Park (AZ)
18. Sequoia National Park (CA)
19. Yosemite National Park (CA)
20. Zion National Park (UT)

situation en faisant la promotion de leur main-d'œuvre à bas salaire et de leurs faibles taux de taxation et de syndicalisation.

La relocalisation des industries dans le Sud-Ouest attirées par ce climat *pro-business*, l'ouverture d'occasions d'emplois, le changement de mode de vie que la génération des *baby-boomers* apportait, la multiplication des développements résidentiels pour retraités attirés par leur bas coût, le doux climat et une panoplie d'installations, la détérioration des conditions de vie urbaines dans les métropoles du Nord-Est, la beauté de la vaste région, l'essor des systèmes de climatisation, comme les innovations en matière de construction hydraulique qui ont permis de développer l'agriculture même dans les régions les plus arides et de fournir une énergie électrique peu dispendieuse, sont autant d'éléments qui expliquent en grande partie l'attrait que le Sud-Ouest a eu et continue d'avoir pour des millions d'Américains.

Outre l'important flux migratoire interne, l'immigration étrangère (légale ou illégale), en provenance principalement d'Amérique latine (surtout du Mexique) et d'Asie, a toujours eu un impact important sur la croissance régionale, tout comme les taux de natalité supérieurs aux moyennes nationales.

La composition ethnique et culturelle de la population du Sud-Ouest est très diversifiée. La région, en particulier les États frontaliers du Sud, accueille en effet la plus forte concentration d'Amérindiens et de Latino-Américains du pays. Noirs et Asiatiques sont, quant à eux, essentiellement regroupés en Californie, dont ils constituent respectivement 6% et 12% de la population.

› Un bref aperçu par État du territoire et de la population

La **Californie**, surnommée le *Golden State* («État doré»), recèle une richesse géographique, démographique et économique des plus stupéfiantes. Troisième État du pays de par sa superficie (423 970 km^2), elle est traversée sur son flanc est par la Sierra Nevada et sur son flanc ouest par la Coast Range. Ces deux cordillères enserrent la Vallée centrale, une région agricole immensément fertile.

Au nord de la Californie se trouvent des régions montagneuses boisées et, au sud, de vastes et torrides déserts comme le désert de Mojave. Le visiteur ne peut qu'être ébloui par les charmes extraordinaires et sauvages des parcs nationaux comme ceux de Yosemite, de la Vallée de la Mort et des volcans Lassen. Les côtes océaniques accueillent, quant à elles, les principales agglomérations urbaines de la Californie, où vivent plus de 90% des 37 millions de Californiens. Ces mégalopoles où les autoroutes et l'automobile sont reines (à l'exception de San Francisco) connaissent de très sérieux et croissants problèmes d'étalement urbain, de circulation, de surpeuplement et de pollution.

Malgré son intense activité tectonique qui menace à tout moment de provoquer un désastreux cataclysme naturel, le *Golden State* continue d'être un des plus puissants pôles d'attraction dans le monde. De loin l'État le plus peuplé, la Californie regroupe une population ethniquement mixte, et l'on ne saurait négliger le fait qu'il y existe de fortes tensions liées à d'importantes inégalités sociales et économiques.

Le **Nevada** fait essentiellement partie du Grand Bassin, une région d'altitude élevée où alternent parallèlement chaînons de montagnes aux sommets aplanis et bassins arides. Si le centre de l'État est occupé par une zone d'herbage semi-aride, le sud fait partie du désert de Mojave. Comme les précipitations venant du Pacifique sont arrêtées par la Sierra Nevada à l'ouest, le Nevada constitue l'État le plus sec du pays. Il connaît une situation démographique des plus particulières.

D'une part, alors que la majeure partie du territoire est vide de toute population, près de la moitié des habitants demeurent dans les seules villes de Las Vegas et de Reno. D'autre part, l'État a connu depuis 1960 le plus grand essor démographique du pays (plus de 66% entre 1990 et 2000 et près de 25% entre 2000 et 2010) et compte aujourd'hui quelque 2,6 millions d'habitants.

Que de contrastes entre la débauche clinquante de Las Vegas et le conservatisme religieux de l'**Utah**, son voisin! La jeune population en pleine croissance de 2,8 millions d'habitants de l'Utah est en effet à quelque 60% de confession mormone, ce qui explique, entre autres, qu'elle présente les plus hauts taux de natalité et de mariage. Le tiers occidental de l'Utah appartient au Grand Bassin. On y trouve le Grand Lac Salé et le désert qui l'entoure, qui ont été formés par l'évaporation d'une mer préhistorique.

Le nord de l'État est occupé par les Rocheuses, tandis qu'au sud et à l'est s'étend le plateau du Colorado, avec ses grandioses canyons et ses spectaculaires formations géologiques. La nature y a fait des chefs-d'œuvre en travaillant le roc sous toutes ses formes (arches, colonnes, aiguilles, amphithéâtres de pitons élancés, rochers suspendus, grottes, colosses et monolithes). L'Utah a un climat généralement aride avec de fortes précipitations de neige en montagne.

Son voisin oriental, le **Colorado**, est surnommé le «toit de la nation», car la majorité de ses sommets montagneux s'élèvent au-dessus de 3 000 m. Deux branches de la cordillère des Rocheuses traversent parallèlement l'État en son centre du nord au sud.

L'État est formé à l'est par un haut plateau de steppes et à l'ouest par un plateau aux multiples ravins et gorges qui, à la frontière avec le Nouveau-Mexique, débouche sur la Mesa Verde. Au Colorado, dont le climat continental varie considérablement, se côtoient les versants enneigés des hautes montagnes (paradis des skieurs), les forêts, les déserts et les prairies.

L'État compte aujourd'hui une population de quelque 5 millions d'habitants (1,1 million en 1940). Plus de 80% de la population, qui comprend un fort taux d'Hispaniques, habite le versant du Front Range, où sont érigées les principales villes de l'État.

L'**Arizona** du Grand Canyon, du désert de Sonora, des colosses de Monument Valley et des grands espaces a été immortalisé dans les westerns de John Ford et nombre d'autres films. L'État est coupé en diagonale par les Hautes Terres mexicaines, une contrée où se succèdent monts et vallées. Dans le quadrant sud-ouest s'étend le désert de Sonora; dans la partie nord-est sont campés les mesas et les canyons du plateau du Colorado, notamment le célèbre Grand Canyon.

Alors que l'Arizona était à peine peuplée avant 1945, cet État compte aujourd'hui une population d'environ 6,6 millions d'habitants, dont plus de 30% est d'origine hispanique. La plupart des nouveaux arrivants se sont installés dans les grands centres urbains comme Phoenix et Tucson.

Au cœur du plateau du Colorado, la plus grande communauté amérindienne du pays regroupe près de 150 000 Navajos. L'Arizona connaît en moyenne 306 jours de soleil par année, et la température y est souvent caniculaire (plus de 40°C) sauf dans les montagnes, où il neige généralement en hiver dans cet État prédominé par la sécheresse, le peu de ressources hydrauliques ne parvenant que bien difficilement à combler les besoins.

Au sud, le **Nouveau-Mexique** (surnommé le «pays de l'enchantement») est traversé du nord au sud par le Rio Grande. Le tiers oriental de l'État appartient aux Grandes Plaines. Le reste du territoire se partage entre le plateau du Colorado au nord-ouest avec ses canyons et mesas, une région aride où s'entremêlent bassins et massifs montagneux au sud-ouest, et les montagnes Rocheuses, qui occupent le nord et le centre de l'État.

Près d'un quart de la superficie du Nouveau-Mexique est couvert de forêts. La majorité de ses 2 millions d'habitants est concentrée dans la partie centrale de l'État, où les villes d'Albuquerque et de Santa Fe se sont considérablement développées depuis une quarantaine d'années. Il convient de souligner que le Nouveau-Mexique bénéficie d'une forte présence amérindienne (10% de la population) et hispanique (l'espagnol est parlé dans 45% des foyers).

Faune et flore

Le Sud-Ouest américain regorge d'une flore et d'une faune d'une richesse et d'une diversité inouïes. Afin de protéger ces merveilles naturelles, les États-Unis ont inventé au XIXe siècle le concept des parcs nationaux qui vise à assurer la conservation de la nature sur de très vastes territoires.

Ces parcs, qui combinent une vocation écologique et touristique, sont généralement aménagés dans le souci didactique de sensibiliser les citoyens au respect de l'environnement, ce qui présente toutefois d'importants inconvénients et paradoxes.

Alors qu'ils ont pour objectif premier de garder intacts les écosystèmes, ils ont, pour attirer et protéger le public, excessivement couvé et favorisé les animaux spectaculaires (bisons, wapitis) et procédé à l'élimination d'animaux dangereux (loups, grizzlis, couguars, lynx). Sévèrement critiqués, les administrateurs des parcs nationaux revoient désormais de plus en plus leur manière de faire.

➤ Faune

La région de la côte Pacifique est le paradis des oiseaux. On en dénombre pas moins de 400 espèces, comme les pélicans, les hérons, les cormorans, les charognards (tel le condor de Californie) et les rapaces. Plusieurs espèces d'oiseaux ont elles aussi failli disparaître, comme l'aigrette blanche, la grue américaine et l'aigle à tête blanche (*bald eagle*), animal emblématique du pouvoir fédéral des États-Unis.

Une multitude d'espèces ont choisi comme lieu de résidence les contrées à première vue inhospitalières des déserts. Autour des cactus (comme le célèbre saguaro), entre autres, se côtoient une multitude d'oiseaux, de rongeurs (souris des cactus et pécaris), de serpents (serpents à sonnette) et de tortues du désert.

➤ Flore

Le Sud-Ouest abrite non seulement une flore des plus riches et diversifiées, mais aussi des espèces végétales fascinantes et exceptionnelles.

Les forêts couvrent une importante superficie dans les États du Sud-Ouest américain et, selon leur emplacement et leur altitude, elles regroupent différentes espèces d'arbres. Les parcs nationaux ont d'ailleurs cherché à en préserver les divers types pour les sauver de la coupe forestière, une activité économique importante dans la région.

Les plus gros arbres au monde poussent sur le versant ouest de la Coast Range en Californie. Les séquoias géants, qui vivent plus de 3 000 ans, atteignent en général une hauteur de 90 m, un diamètre de 10 m et un poids de plus de 6 000 t. Le *Sequoia sempervirens* ou *redwood*, qui pousse aussi en Californie, est, quant à lui, l'espèce végétale la plus haute au monde (jusqu'à 112 m). Le Grand Bassin du Colorado compte, quant à lui, les arbres les plus anciens de la planète, soit les pins à cônes épineux des Rocheuses (jusqu'à 5 000 ans).

Emblème du Sud-Ouest et du désert, le cactus se décline en plus de 1 500 espèces, dont les plus célèbres sont le saguaro (jusqu'à 17 m de hauteur et 10 t, il peut vivre plus de 150 ans et passer deux années sans eau), le cactus tuyaux d'orgues (bouquets hauts de 6 m), l'arbre de Josué (en forme d'arbre torturé, ce yucca peut atteindre plus de 10 m) et le figuier de Barbarie (aux feuilles larges et plates avec épines).

Parfaitement adaptés aux contrées les plus désertes, ces cactus sont ingénieusement conçus pour emmagasiner la moindre goutte d'eau. Arborant de magnifiques fleurs au printemps, ils sont recouverts d'épines qui leur servent à contrôler l'évaporation et à éloigner les indésirables.

Les pentes des plus hauts sommets des Rocheuses du Colorado sont, quant à elles, recouvertes d'un tapis floral miniature et délicat. Cette toundra des Rocheuses, où poussent avec une lenteur infinie des fleurs aux noms mélodieux (comme le pinceau des Indiens, le myosotis en coussinet, l'ancolie, le lupin rabougri, l'arnica, la saxifrage des torrents, la renoncule naine et l'androsace petit-jasmin), émeut par sa fragilité, sa finesse et sa joliesse.

Pour l'amoureux de la nature, le Sud-Ouest représente, de par la variété et l'abondance de sa faune et de sa flore, une fascinante contrée encore largement sauvage. Le voyageur veillera néanmoins à respecter l'environnement qu'il visite, car l'équilibre des écosystèmes n'en demeure pas moins précaire, et une vigilance de tout instant est nécessaire à leur préservation.

Histoire des États-Unis

› Colonisation britannique de l'Amérique du Nord

À l'exception de l'expédition de John Cabot en 1497 à Terre-Neuve et à l'embouchure du fleuve Saint-Laurent, les Britanniques arrivent en Amérique plus d'un siècle après la découverte officielle du Nouveau Monde par Christophe Colomb en 1492, un retard qui s'explique en partie par les nombreuses querelles religieuses et politiques régnant à cette époque en Angleterre.

Si le XVIe siècle est essentiellement une période d'exploration, le XVIIe siècle est celle de la colonisation, et les Britanniques, malgré leur arrivée tardive au Nouveau Monde et leurs premières tentatives avortées, se montrent beaucoup plus efficaces dans cette entreprise que leurs concurrents (Espagnols, Français et Hollandais).

Animés par l'espoir de s'enrichir, quelque 150 colons remontent la rivière James en 1607 et fondent le premier établissement de la colonie de la Virginie. La vie se révèle toutefois très difficile dans ces contrées lointaines au climat inhospitalier, et ce n'est que grâce à l'aide autochtone que quelques colons survivront, notamment avec l'apprentissage de la culture du maïs et du tabac.

Peu à peu, la colonie s'adapte au nouvel environnement, et l'économie se développe rapidement, en particulier grâce au tabac, objet d'une forte demande en Europe. Voyant l'occasion de se refaire une vie, plusieurs Britanniques émigrent en Virginie, autour de laquelle naîtront les États du Maryland, des Carolines et de la Géorgie. La vie s'organise autour de grandes propriétés terriennes qui misent sur la culture tropicale et sur les premiers esclaves africains arrivés en 1620 pour s'occuper des tâches les plus ingrates, la base de l'économie sudiste étant fondée sur les inégalités.

Mais les premiers colons n'étaient pas tous animés par le seul espoir de s'enrichir. Ainsi, 36 calvinistes puritains persécutés en Angleterre, accompagnés de 67 marchands aventuriers, embarquent sur le *Mayflower* en 1620 en direction de la Virginie afin de pouvoir vivre une foi plus pure, et ce, en toute liberté. Une violente tempête fait dévier cependant l'embarcation sur les côtes du Massachusetts. Ils y fondent Plymouth et, pour survivre, les colons ont besoin de l'aide des Autochtones qui les approvisionnent en maïs et en dindes sauvages.

L'Action de grâce (*Thanksgiving*), que les familles américaines célèbrent encore aujourd'hui avec un copieux repas de volaille, tire son origine de cette pénible époque des débuts de la colonisation.

Rapidement, l'objectif de la nouvelle colonie du Massachusetts consiste à accueillir d'autres puritains ainsi que des dissidents politiques du Vieux Continent qui vont commencer à arriver massivement à partir de 1630, pour constituer une population de 20 000 habitants en 1660. Plusieurs de ces immigrants sont éduqués, tenaces, austères, et frôlent souvent le fanatisme religieux, comme en témoigne l'épisode de Salem, où 150 personnes furent emprisonnées et 20 pendues pour sorcellerie entre 1689 et 1692.

› Affirmation des Britanniques

Au début du XVIIIe siècle, la population américaine ne cesse de s'accroître, et elle atteint en 1760 plus de 2 millions d'habitants répartis en 13 colonies se côtoyant de façon plus ou moins continue sur une mince bande de terre longeant la côte Atlantique, de la Floride au Maine d'aujourd'hui. Se sentant de plus en plus à l'étroit, les colons manifestent progressivement le désir de s'enfoncer vers l'Ouest pour y défricher et y cultiver les terres.

Hormis les groupes autochtones qu'ils repoussent sans cesse par la guerre depuis les débuts de l'occupation européenne, les sujets britanniques se heurtent, au fil des décennies, aux Français, dont les missionnaires et coureurs des bois se sont emparés, au nom du roi de France, d'un immense territoire s'étendant de la baie d'Hudson à La Nouvelle-Orléans, dans l'axe nord-sud, et du Mississippi jusqu'aux Rocheuses, dans l'axe est-ouest, pour former un empire couvrant des milliers de kilomètres qui coince et asphyxie littéralement les Treize Colonies anglaises.

Les propensions expansionnistes des Anglais aux dépens des Français se traduisent à l'origine par différentes situations conflictuelles qui ont cependant tôt fait de se transformer en guerre systématique chaque fois que surviennent des conflits mettant aux prises les deux grandes puissances européennes sur le Vieux Continent.

Avantagés par leur poids démographique et par un meilleur soutien de la métropole anglaise, les colons britanniques s'emparent progressivement du territoire français faiblement peuplé en commençant par Terre-Neuve, l'Acadie et la baie d'Hudson en 1713 (traité d'Utrecht). C'est toutefois à la ratification du traité de Paris (1763) mettant un terme à la guerre de Sept Ans, qui fait rage en Europe depuis 1756, que Louis XV cède à l'Angleterre toutes ses colonies nord-américaines, à l'exception du gigantesque territoire de la Louisiane.

› Naissance d'une nation

Les victoires militaires successives des Britanniques en Amérique du Nord contre les Autochtones, les Français et même les Hollandais font progressivement naître un puissant sentiment de solidarité et de nationalisme au sein des Treize Colonies.

Ainsi, lorsque le roi d'Angleterre George III entend faire participer les colonies aux remboursements de l'importante dette contractée lors de la guerre de Sept Ans en imposant des taxes sur divers produits ainsi qu'en votant une série de mesures impopulaires, notamment l'interdiction de coloniser l'Ouest, les Américains s'insurgent contre la métropole en faisant valoir qu'elle viole leurs droits et libertés.

Le mécontentement culminera le 16 décembre 1773 avec le *Boston Tea Party*, épisode durant lequel quelques Américains jettent à la mer la cargaison de thé appartenant à la Compagnie des Indes orientales, une entreprise anglaise qui détient le monopole officiel du thé.

Avisé en janvier 1774, George III fulmine et décide de punir les Américains, devenus beaucoup trop désobéissants envers la Couronne. Il ferme, entre autres, le port de Boston et met sous tutelle la colonie du Massachusetts.

Pour les Américains, ces sanctions, qui représentent une entrave à leur prospérité, correspondent à une véritable déclaration de guerre. La riposte ne tarde pas à venir; en 1775 surviennent plusieurs escarmouches entre Britanniques et Américains qui débouchent le 4 juillet 1776 sur la Déclaration d'indépendance rédigée par Thomas Jefferson et entérinée par 12 des 13 colonies. Le texte légitimait en droit l'insurrection américaine et énonçait des principes philosophiques sur lesquels repose encore le système politique américain.

Une fois l'indépendance déclarée, il restait toutefois à la gagner. À en juger par les forces militaires en présence, les Américains sont nettement inférieurs puisqu'ils ne possèdent ni marine, ni armée, ni argent. Mais au-delà des forces militaires, les Américains se montrent dangereusement efficaces sur le plan psychologique, stratégique et diplomatique, notamment en signant une alliance avec la France, elle-même alliée à l'Espagne, qui leur apporte l'appui logistique nécessaire à un rapport de force égal avec celui de l'Angleterre.

Après six années de guerre, les Anglais signent le traité de Versailles (1783) consacrant l'indépendance des États-Unis et abandonnant les territoires convoités par les Américains, c'est-à-dire le corridor compris entre la Floride et le Canada.

› Constitutions de 1777 et de 1788

Une fois libéré du joug de l'Angleterre, l'État-nation américain restait toutefois à construire. Comment allait-on organiser le nouveau territoire, quel système politique devait-on adopter, comment stabiliser la monnaie et assurer la prospérité de la nation? Le défi était de taille puisque l'unité du pays découlait essentiellement d'une coalition en temps de guerre entre des colonies autonomes qui n'étaient cependant pas prêtes à renoncer à leur indépendance fraîchement acquise au bénéfice d'un gouvernement fédéral centralisateur pourtant nécessaire à la cohésion nationale aux lendemains d'une indépendance toute théorique.

Les articles de la Confédération rédigés en 1777 reflètent la méfiance des États, puisqu'elle ne permettait pas au gouvernement fédéral de lever des impôts, de recruter des soldats et de passer des lois relatives au commerce, sans compter que le nouveau pays ne présentait nul système judiciaire commun. Bref, les 13 États bénéficiaient en pratique d'une indépendance quasi totale.

L'impuissance des articles de la Confédération à régler les problèmes du jeune pays, ainsi qu'à lui assurer la prospérité, conduit à la convention constitutionnelle de Philadelphie réunissant 42 des esprits les plus brillants de l'époque. Les discussions souvent virulentes débouchèrent sur une nouvelle constitution résultant d'un compromis entre les partisans du *statu quo* et ceux favorables à une plus grande centralisation du fédéral.

Ratifié par les États en 1787 et 1788, le texte constitutionnel consacrait le nouveau pays en république et distinguait trois ordres de pouvoir fédéraux aussi indépendants que possible les uns des autres (l'exécutif, le législatif et le judiciaire). Outre la séparation des pouvoirs sur laquelle repose la démocratie américaine, la constitution comprend une mesure d'amendements qui la rend très flexible et adaptable, deux qualités qui lui ont permis de se perpétuer jusqu'à aujourd'hui.

› Expansion territoriale vers l'ouest

Les années comprises entre 1789 et 1860 correspondent à l'organisation du nouveau pays. Les premiers présidents (George Washington est le premier élu en 1789) désirent peu intervenir dans la vie des Américains et croient plutôt aux vertus de l'entreprise privée orientée vers la petite propriété terrienne. Mais cette philosophie de développement ne peut être mise en branle sans s'accompagner d'une expansion territoriale, et c'est pourquoi l'exploration, la conquête et la colonisation de nouvelles terres représentent un objectif capital pour les premiers gouvernements.

Le troisième président des États-Unis, Thomas Jefferson, s'attelle le premier à repousser la frontière vers l'ouest, en doublant du jour au lendemain le territoire national par l'achat pour la somme de 15 millions de dollars de la Louisiane en 1803, une immense région rétrocédée à la France en 1800 à la suite d'une transaction tenue secrète avec l'Espagne. Jefferson mandate aussitôt le duo Lewis-Clark pour remonter le réseau fluvial à l'ouest du Mississippi afin de rendre compte de l'état de la nouvelle possession.

Guidés par des Canadiens français, les deux hommes partis de Saint Louis remontent le Missouri, franchissent les Rocheuses, atteignent l'océan Pacifique et mettent le pied sur le territoire de l'Oregon (futurs États de Washington, d'Idaho et d'Oregon), déjà convoité par les Anglais et les Espagnols, mais qui devient possession américaine en 1845 par voie de négociation.

Après l'achat de la Louisiane, les Américains tournent leur avidité territoriale au sud en commençant par persuader les Espagnols de leur vendre la Floride pour la somme de 5 millions de dollars en 1819. Ces derniers exigent toutefois du président Monroe de renoncer au Texas, appartenant alors à la Nouvelle-Espagne. Malgré cet accord, des colons américains s'y installent dès 1821 et, lorsque le Mexique gagne son indépendance face à l'Espagne en 1823, la tension monte entre les deux nations voisines qui finissent par se déclarer la guerre en 1836.

Après avoir perdu la célèbre bataille de Fort Alamo, où le légendaire Davy Crockett (David de Croquetagne, né au Tennessee) trouva la mort, les Américains auront finalement raison des Mexicains à la suite d'une autre guerre déclenchée en 1846 qui se solde en 1848 par la ratification du traité Guadalupe Hidalgo, par lequel le Mexique cède la moitié de son territoire aux Américains. Il s'agit de l'immense région composée des États actuels du Texas, de la Californie, du Nevada, de l'Utah et d'une partie de l'Arizona, du Nouveau-Mexique, du Colorado et du Wyoming.

La conquête de l'Ouest, pacifique ou militaire, s'accompagne simultanément d'une vaste campagne publicitaire intitulée *Go West*, qui répand l'idée selon laquelle l'Ouest est synonyme de prospérité économique pour tous.

C'est ainsi qu'en 1870 les 13 États fondateurs ont vu naître en moins d'un siècle 24 nouveaux États grâce entre autres au flot constant d'immigrants européens s'installant généralement dans les villes de la Côte Est, mais qui vont néanmoins favoriser l'enclenchement de plusieurs mouvements migratoires successifs vers l'ouest. Estimée à 4 millions d'habitants en 1790, la population nationale atteint les 30 millions en 1860.

Ayant légué à l'histoire les héros dont elle avait besoin, aventuriers, coureurs des bois, trappeurs et cowboys ouvrent la voie aux grandes migrations qui s'amorcent timidement dans la première moitié du XIXe siècle pour prendre plus d'ampleur à partir de 1850, période durant laquelle fermiers, boutiquiers, artisans, médecins, prédicateurs, bandits et hommes de loi se lancent à l'aventure de l'Ouest mythique.

C'est également l'époque où John Marshall découvre des quantités d'or faramineuses dans l'American River, un événement qui entraîne une véritable ruée vers la Californie qui se trouve du jour au lendemain envahie par des milliers de prospecteurs d'or chérissant l'espoir de faire fortune le plus rapidement possible.

Encouragés par le gouvernement à coloniser les terres vierges, les pionniers américains arrivent pourtant sur des territoires déjà occupés depuis des siècles par des groupes autochtones.

À cette époque, plusieurs Américains, particulièrement dans le Sud, sont convaincus non seulement d'être supérieurs génétiquement aux peuples non anglo-saxons, mais se croient également investis d'une mission divine les exhortant à conquérir toute l'Amérique du Nord ainsi qu'à imposer leur système culturel hiérarchiquement supérieur à ceux des Amérindiens et des esclaves africains.

Cautionnées par la Constitution américaine, qui traite les Autochtones comme des nations étrangères, les colons blancs n'auront donc que très peu de remords à livrer de sanglantes batailles aux Amérindiens afin de les déplacer vers des terres inhospitalières et même, dans certains cas, de les éliminer tout simplement.

Ces événements «héroïques», largement mythifiés par les westerns hollywoodiens dans lesquels les courageux pionniers repoussent les assauts successifs des «Sauvages», ont pendant longtemps participé énergiquement au nationalisme américain.

› Nord et Sud: deux mondes distincts

Hormis les qualités (dynamisme, courage, héroïsme, etc.) généralement associées à la conquête de l'Ouest, la colonisation fait aussi surgir plus explicitement qu'auparavant les contradictions fondamentales entre les sociétés du Nord et du Sud tant sur les plans économique, social que culturel. En effet, vers 1850, le nord-est du pays amorce un décollage industriel dans les domaines du textile, de l'alimentation, de la chaussure, de la métallurgie, de la machinerie ainsi que de la transformation du bois.

La Nouvelle-Angleterre, particulièrement dynamique, voit sa population urbaine se gonfler considérablement avec, entre autres, la naissance d'une importante classe ouvrière, notamment dans les villes de New York (813 000 habitants en 1860), de Philadelphie (565 000 habitants en 1860) et de Boston (178 000 habitants en 1860).

Contrairement au Nord, l'économie du Sud se fonde entièrement sur les grandes plantations et la monoculture du coton, qui a peu à peu supplanté les autres cultures en raison de sa forte demande en Europe. La société n'a guère changé depuis le début de l'époque coloniale, et l'élite profondément attachée à sa terre jouit d'une vie d'abondance qui fait l'envie de tous.

Mais la prospérité économique de la minorité n'est possible que grâce à la servitude des Noirs qui travaillent comme des bêtes de somme dans les champs. Bien que la traite des esclaves noirs ait été abolie en 1808 dans l'espoir que l'esclavagisme s'éteigne de lui-même, il a repris de plus belle avec l'essor de la culture du coton nécessitant une importante main-d'œuvre servile.

Au départ, les différences de développement entre le Nord et le Sud engendrent des conflits d'ordre économique. Le Nord industriel ne peut rivaliser avec les produits européens vendus à des prix moindres. À la suite des pressions d'industriels influents, le Nord obtient du gouvernement des mesures protectionnistes en levant des tarifs douaniers sur les biens étrangers qui permettent aux industries de la Nouvelle-Angleterre d'accaparer le monopole du marché à l'échelle nationale.

L'intérêt du Sud se situe aux antipodes: le coton est le principal produit d'exportation des États-Unis vers l'Europe, et les planteurs se trouvent donc en état de dépendance face au commerce extérieur. Aimant le luxe auquel ils sont accoutumés depuis des générations, les grands planteurs préfèrent de loin les biens européens, de qualité supérieure à la production américaine. Ils se sentent donc lésés par le gouvernement, qui favorise, par son protectionnisme, les industries du Nord.

Tranquillement, la discorde économique se transpose sur le plan social, et le sujet en est l'esclavage. Le vent de la Révolution française, avec ses idéaux de liberté et d'égalité, souffle sur le nord du pays. Pour plusieurs, l'esclavage va à l'encontre de la Constitution américaine, qui stipule que tous les hommes sont égaux.

En Europe, dans la première moitié du XIXe siècle, les voix contre l'esclavage débordent du cadre politique pour devenir un sujet à la mode. L'écho de la contestation se répand progressivement à partir de 1850 dans l'opinion publique des États du Nord, et les campagnes abolitionnistes ne cessent de gagner du terrain.

Au Sud, leur survie étant en jeu, les planteurs restent sourds aux protestations, car l'abolition de l'esclavage signifierait pour eux le morcellement de leurs terres, la faillite et la mort d'un mode de vie auxquels ils tiennent si fermement.

Une série de compromis entre le Sud et le Nord avait permis jusqu'alors d'éviter de débattre formellement de la question de l'esclavage, mais la création de nouveaux États issus de la conquête de l'Ouest vient menacer cette éphémère harmonie. En effet, chaque nouvel État doit se prononcer en faveur ou contre la servitude.

L'admission simultanée dans l'Union des États du Maine non esclavagiste (nord) et du Missouri esclavagiste (sud) provoque un dernier compromis politique: les nouveaux États du Sud pourront maintenir la servitude alors qu'elle sera interdite dans ceux du Nord.

› La guerre de Sécession

L'élection d'Abraham Lincoln, qui a réaffirmé sa promesse d'abolir l'esclavage au cours de la campagne à la présidence de 1860, déclenche la grogne dans les États du Sud, qui feront sécession de l'Union les uns après les autres et formeront une confédération indépendante de 11 États esclavagistes totalisant 9 millions d'habitants incluant les esclaves. Face à la situation, les 23 États du Nord (22 millions d'habitants) se donnent comme objectif de maintenir intacte l'Union sans pour autant renoncer au projet abolitionniste.

Inévitablement, la guerre de Sécession éclate le 12 avril 1861. Lincoln prévoyait une victoire rapide et facile, tant la supériorité industrielle et démographique du Nord est flagrante, mais les sudistes comptent d'excellents stratèges et feront subir plusieurs défaites aux nordistes. Après quatre années de guerre extrêmement sanglante, durant lesquelles plus de 600 000 soldats trouvent la mort, Lincoln et ses troupes auront finalement raison des sécessionnistes décimés et à bout de ressources matérielles.

La victoire du Nord marque, d'une part, le triomphe de l'Amérique puritaine, démocratique, urbaine et industrielle, et d'autre part, la mort de la société sudiste fondée sur l'aristocratie, les grandes plantations rurales et les inégalités. L'humiliation du Sud est profonde; la gouverne du pays passe irrémédiablement au Nord, et les troupes fédérales occupent pendant des années le Sud, dont l'économie s'effondre subitement à la suite de la suppression de l'esclavage qui conduit au morcellement des grandes plantations.

Lincoln respecte sa promesse avant de mourir assassiné en 1865: il abolit l'esclavage dans toute l'Union. En réalité, l'affranchissement des esclaves ne fait que déplacer le problème. Sans ressources, ne sachant pas comment prendre en main leur destinée, plusieurs d'entre eux retournent sur les plantations comme péons ou métayers; d'autres migrent en ville où ils vivent dans des conditions des plus misérables. Ils sont libres, certes, mais, dans les faits, les Blancs du Nord et du Sud refusent de reconnaître leur citoyenneté et s'arrangent pour que leur vie soit la plus misérable possible en les ségréguant du reste de la société.

› De l'après-guerre de Sécession à la fin de la Première Guerre mondiale (1870-1918)

À partir de 1870, les États-Unis connaissent une poussée industrielle phénoménale grâce à la mainmise des gens d'affaires sur le pouvoir politique. Tous les moyens sont mis en branle pour accaparer le pouvoir: pots-de-vin, groupes de pression (lobbys), concessions de terres et contrôle de la presse écrite, pour ne mentionner que ceux-là. Les présidents ayant gouverné entre 1870 et 1914 partagent l'idée selon laquelle il faut intervenir le moins possible dans les sphères économiques, sociales et culturelles; c'est l'époque du capitalisme sauvage.

Pour les gens d'affaires, seule la fin justifie les moyens, et le gouvernement ferme les yeux sur les méthodes employées pour autant que les entreprises atteignent le succès. Les résultats des politiques économiques hissent les États-Unis au statut de première nation industrielle et agricole.

Marqués par une poussée démographique phénoménale, les États-Unis voient en effet leur population passer de 30 millions en 1860 à 95 millions en 1914. La croissance de la nation bénéficie énormément de cet apport migratoire de plus en plus diversifié: il fournit la main-d'œuvre aux industries, permet d'occuper les territoires encore vierges de l'Ouest grâce au développement du chemin de fer, procure des consommateurs à la production nationale et offre nombre d'exemples confirmant le rêve américain, selon lequel il est possible de se construire une vie plus qu'enviable à partir de moyens extrêmement limités.

Derrière le triomphe d'une poignée d'hommes d'affaires (Rockefeller, Morgan, Carnegie), se cache une réalité beaucoup plus sordide. Dans les usines, la mécanisation de la séquence de production a pour effet d'abrutir et de déshumaniser les ouvriers; les journées de travail frôlent les 12 heures; des enfants travaillent dans les mines; les fermiers s'appauvrissent, la chute des prix les étouffent, et ils s'endettent pour acquérir de la machinerie agricole.

Bien que des syndicats s'organisent pour lutter contre l'exploitation (Knights of Labor en 1869; American Federation of Labor en 1886) et que des écrivains tels Frank Norris et Upton Sinclair s'insurgent en dépeignant dans leurs romans la perversion sociale issue du décollage économique, il faudra attendre les premières années du XXe siècle pour que la présidence américaine décide d'agir en faveur des laissés-pour-compte avec la prise de pouvoir de Theodore Roosevelt (1901-1909).

Ce dernier sera entre autres le premier à se ranger du côté des mineurs en grève, à réglementer l'industrie sauvage des conserves alimentaires de Chicago et à s'engager fermement contre les trusts. Son programme réformiste visant à rétablir les fondements démocratiques se poursuit sous la présidence de son successeur, Woodrow Wilson (1913-1916), qui ne connaîtra jamais la popularité de Roosevelt.

Sur le plan international, les États-Unis, après avoir acheté l'Alaska aux Russes en 1867, achèvent la conquête territoriale du continent et tournent alors leur regard impérialiste sur le reste de l'Amérique. Suivant les principes de la doctrine Monroe (1823), selon laquelle l'Amérique appartient aux Américains, les États-Unis sont décidés à établir leur hégémonie économique en Amérique latine ainsi qu'à repousser une fois pour toutes les visées européennes sur le Nouveau Monde.

En 1898, la destruction d'un cuirassé américain par les Espagnols entraînant la mort de 260 matelots dans le port de La Havane fournit au gouvernement un prétexte inespéré de faire valoir ses prétentions impérialistes. Au terme de la guerre hispano-américaine, l'Espagne cède en 1898 Puerto Rico, les Philippines ainsi que l'île de Guam et, du même coup, consacre symboliquement les États-Unis comme puissance internationale.

Quelque 20 ans plus tard, en 1917, bien qu'essentiellement motivés par des motifs économiques, les Américains ne calculeront pas leurs efforts militaires et industriels pour mener les Alliés à la victoire lors de la Première Guerre mondiale, pour ressortir encore grandis sur le plan international.

› Des années folles à la Seconde Guerre mondiale

Après quelques années difficiles où chômage et faillites croissent, la prospérité revient en force à partir de 1920, et les États-Unis deviennent incontestablement la première puissance économique du globe. Jouissant de son succès, l'Amérique des années 1920 déborde d'énergie et vibre à la cadence des années folles. Persuadés de l'éternité de l'aisance matérielle, les Américains s'en donnent à cœur joie au rythme du charleston et du jazz.

Les femmes connaissent une première émancipation: elles abandonnent leurs corsets et troquent leurs longues jupes pour des tenues plus dépouillées; elles fument, boivent, dansent en public et acquièrent le droit de vote en 1920, soit 20 ans avant les Québécoises et 25 ans avant les Françaises.

Les États-Unis se dirigent tranquillement vers une société de loisirs. La semaine de travail diminue; le niveau de vie augmente; des centres touristiques voient le jour; la pratique du sport se répand; la radio et le cinéma se popularisent; et de plus en plus d'Américains possèdent une voiture, accroissant par le fait même la liberté de mouvement.

Mais à côté de cette Amérique éprise de liberté, partagée, disons-le, par une minorité de citoyens, cohabite une Amérique puritaine, moralisatrice, intolérante, conservatrice, anticommuniste, raciste et ségrégationniste, symbolisée, entre autres, par la prohibition de l'alcool en 1919, qui engendre la prolifération du gangstérisme des Al Capone et qui fait la fortune des Kennedy (et des Bronfman au Canada), ainsi que par la recrudescence du lynchage de Noirs perpétré par le Ku Klux Klan.

Les années folles prennent fin abruptement le Jeudi noir, soit le 24 octobre 1929, alors que la Bourse de New York s'effondre subitement, entraînant dans sa chute une crise économique et sociale sans précédent. Plusieurs banques ferment; les prix chutent; l'industrie tourne au ralenti; les faillites d'entreprises font légion, et des millions de travailleurs se retrouvent sur le pavé.

Persuadé que la crise sera de courte durée et qu'elle se résorbera d'elle-même par l'entremise de l'investissement privé, le président Herbert Hoover intervient peu dans la crise, et le chômage continue de progresser, passant de 3,2% en 1929 à 23,6% en 1932.

Élu à l'automne 1932, Franklin D. Roosevelt propose le *New Deal* aux Américains, un programme comprenant une série de mesures destinées à venir à bout de la Grande Dépression et à redonner foi aux citoyens. Au cours des 100 premiers jours de son mandat, le gouvernement fédéral adopte 20 lois à saveur interventionniste qui bouleversent la politique économique traditionnelle du laisser-faire.

Ces mesures visent à redresser l'économie: réorganisation bancaire et financière, aide aux fermiers, restructuration de la production industrielle, formation d'agences pour l'emploi des chômeurs, fixation d'un salaire minimum, injection de fonds publiques (WPA) dans la réalisation de grands travaux (hôpitaux, ponts, tunnels, routes, barrages, etc.) qui donnent de l'emploi à des centaines de milliers de chômeurs. Les efforts de Roosevelt ne parviendront pas à résoudre la crise, tant elle est profonde, mais ils inspireront suffisamment confiance aux citoyens pour leur laisser entrevoir la lumière au bout du tunnel.

› La Seconde Guerre mondiale

Au déclenchement de la Seconde Guerre mondiale en 1939, les Américains ont la même attitude que pendant la Première Guerre mondiale: neutralité politique et opportunisme économique. Le bombardement soudain de la base de Pearl Harbor en 1941 par les Japonais vient changer la donne: les États-Unis déclarent alors la guerre aux forces de l'Axe (Allemagne, Italie et Japon).

L'effort de guerre américain se met aussitôt en branle sous la direction du *War Production Board*, directement supervisé par le président. La demande en armement du côté des Alliés est énorme, et les Américains fourniront 86% des besoins militaires sur le front Pacifique et 35% sur celui d'Europe, principalement en Angleterre.

Tous les secteurs de la société sont mis à contribution: l'armée mobilise 16 millions d'hommes, et l'on double l'embauche des femmes, qui vont occuper des emplois traditionnellement réservés aux hommes. Les effets pervers de la crise de 1929 s'estompent complètement, et les États-Unis renouent avec la prospérité.

La participation américaine sur le front est déterminante pour la victoire des Alliés, tant du côté européen, avec le débarquement de Normandie et de Provence en 1944, que du côté asiatique, avec le largage des deux bombes atomiques sur Hiroshima et Nagasaki en 1945. Le 31 décembre 1945, le président Truman annonce officiellement la fin de la guerre.

L'Amérique en sort la grande gagnante: en 1945, sa production industrielle surpasse celle de tous les pays confondus, et elle devient le modèle et le bouclier du monde occidental. Mais la guerre consacre également une autre puissance mondiale, l'URSS. À la suite de la conférence de Yalta en 1945, le monde se trouve désormais coupé en deux, l'un épousant l'idéologie communiste et l'autre, le modèle capitaliste.

› Guerre froide et mouvement hippie

Face à la menace communiste qui plane sur l'Europe aux lendemains de la seconde grande guerre, les États-Unis renoncent à leur politique isolationniste traditionnelle. Truman annonce dès 1947 qu'il apportera une aide économique massive aux pays dévastés par la guerre.

Le plan Marshall consacre l'assistance économique en Europe occidentale et la sauve du marasme, du chaos social et de la menace subversive du bloc communiste. De l'aide économique, les États-Unis passent à l'appui militaire en créant de concert avec les pays européens l'Organisation du traité de l'Atlantique Nord (OTAN en 1949). Les soldats américains débarquent pour la troisième fois en Europe depuis le début du siècle, mais cette fois-ci à titre préventif.

Sur le plan intérieur, les États-Unis craignent obsessionnellement l'infiltration des communistes. La chasse aux «rouges» entamée timidement à la fin des années 1940 prend de l'ampleur à partir de 1950; c'est l'époque du maccarthysme, où l'hystérie anticommuniste conduit à la révocation de milliers de fonctionnaires; le milieu du cinéma est particulièrement touché, alors que des centaines d'artistes figurant sur la liste noire voient leur carrière et leur vie anéanties par la délation.

Sur le plan international, les États-Unis interviennent partout où ils entrevoient une menace rouge. En 1959, le gouvernement révolutionnaire de Fidel Castro prend le pouvoir à Cuba et, face à l'intransigeance des Américains, demande l'appui des Soviétiques. En 1961, pour refouler la menace, Kennedy autorise le débarquement de Cubains exilés à la baie des Cochons, qui se révèle être un échec total. En 1962, les Russes acheminent des missiles nucléaires à Cuba qui font planer l'ombre d'une troisième guerre mondiale; le monde entier retient son souffle. *In extremis*, Kennedy convainc Khrouchtchev de retirer ses missiles de l'île le 2 novembre 1962.

En Asie, à la suite de la guerre de Corée (1950-1953), qui a entraîné la mort de 55 000 soldats américains, la menace communiste se déplace au Vietnam. Les présidents Dwight D. Eisenhower (1952-1961) et John F. Kennedy (1961-1963) appuieront le Sud-Vietnam pendant 10 ans en envoyant de l'aide matérielle et des conseillers militaires. En 1964, sous la présidence de Lyndon B. Johnson (1963-1969), les Américains s'impliquent directement sur le terrain, où seront acheminés quelque 700 000 soldats.

Ce sera la première guerre couverte par les médias électroniques: les Américains accrochés à leur téléviseur en voient chaque jour les atrocités; l'opinion publique est scandalisée, et la popularité de Johnson chute dramatiquement. Le président Nixon (1969-1974) se charge de négocier la paix en 1973, qui se solde par la plus humiliante débâcle militaire américaine de l'histoire.

Socialement, malgré des contrastes extrêmes, les États-Unis de l'après-guerre mondiale comptent de moins en moins de pauvres, en raison de la croissance phénoménale de la classe moyenne à laquelle appartient désormais 57% de la population (1960).

Les *WASP* (White Anglo-Saxon Protestants), principale composante de la classe moyenne, incarnent, de par leur poids démographique, les valeurs américaines des années 1950 et 1960: progrès, travail, discipline, morale sexuelle très stricte, prédominance de la religion, importance de la famille dominée par l'autorité du père, liberté individuelle, démocratie, rejet du socialisme et de l'athéisme…

Un nouveau vent politique souffle aux États-Unis en 1961, alors que la nation porte J.F. Kennedy à la présidence. Jeune, séduisant et sûr de lui, il invite la jeunesse à se ranger à ses côtés afin de mener de grandes réformes sociales et à lutter énergiquement contre la ségrégation. Assassiné à Dallas en 1963, il entraîne, par sa mort, le désarroi de toute une génération assoiffée de changements.

Dans les années 1960, les jeunes issus du *baby-boom* commencent à remettre en question les valeurs puritaines de leurs parents ainsi que la société de consommation dans laquelle s'est plongée la classe moyenne. En 1958, de plus en plus de jeunes adhèrent au mouvement *beat*. Ils rejettent les valeurs traditionnelles, bousculent les conventions sociales, négligent leur apparence et consomment alcool et drogues. Les hippies des années 1960 prennent la relève du mouvement qui se veut une sévère critique de l'*American way of life*.

Les universités catalysent l'élan contestataire qui fuse de partout: on proteste contre la pollution, la course à l'armement, la surconsommation, la religion, le capitalisme, la guerre du Vietnam, le racisme, l'injustice; et les femmes multiplient les rassemblements réclamant l'égalité des sexes. Tous ces mouvements généralement pacifiques ouvrent la porte à d'autres mouvements de contestation sociale, notamment parmi la communauté noire, qui plonge dans de violentes émeutes des villes comme New York (1964), Los Angeles (1965) et Detroit (1967).

Mais au-delà de ces révoltes spontanées ou orchestrées par le *Black Power*, d'autres groupes plus structurés, prônant la non-violence dans la lutte contre la ségrégation, jouissent d'une grande popularité chez les Afro-Américains, dont les plus illustres sont les mouvements organisés par Martin Luther King et les Black Muslims de Malcolm X.

> La période contemporaine

Vice-président sous le règne de Reagan (1981-1989), George Bush père (1989-1993) gagne les élections présidentielles de 1988. En 1989, la chute du mur de Berlin, consacrant l'éclatement de l'URSS, laisse les États-Unis seuls au sommet de la hiérarchie des superpuissances. Sur le plan international, Bush saura concilier prudence envers l'effondrement de l'Empire soviétique et agressivité à l'égard de l'Irak, qui représente l'archétype des dictatures militaires et qui surtout empiète sur les intérêts économiques des Américains (pétrole). La guerre du Golfe, qui éclate en janvier 1991, permet aux Américains d'afficher leur suprématie militaire aux yeux du monde.

Affaibli par une récession amorcée à la fin des années 1980 et par son approche de la politique intérieure, George Bush est battu par le jeune démocrate Bill Clinton (1993-2001) aux présidentielles de 1992. Issu de la génération des *baby-boomers*, Clinton ne ressemble en rien aux Reagan et Bush appartenant à la vieille garde républicaine. Sans offrir de promesses trop généreuses, il a toutefois à cœur les problèmes sociaux de son pays et fait campagne pour réduire les inégalités en proposant un projet de sécurité sociale et un programme s'attaquant à la discrimination envers les homosexuels et les minorités culturelles. Malheureusement, des contraintes budgétaires et l'hostilité du congrès, formé par une majorité républicaine, forcent Clinton à renoncer à ses ambitions.

Un changement de régime a lieu en novembre 2000, alors que les Républicains reprennent la Maison-Blanche avec l'élection de George W. Bush (fils de l'ex-président George Bush). Son élection est extrêmement controversée et n'est confirmée que le 12 décembre 2000, plus d'un mois après la tenue du scrutin et à la suite d'un laborieux recomptage des votes de l'État de la Floride demandé par le candidat démocrate Al Gore, qui ne prend fin qu'en raison d'un arrêt de la Cour suprême fédérale.

Les mesures adoptées par le nouveau gouvernement Bush, sur le plan de sa politique intérieure aussi bien qu'étrangère, divisent le peuple américain et isolent le pays sur le plan international. Les attentats terroristes du 11 septembre 2001 viennent changer toute la morphologie politique des États-Unis. Les conséquences de cet événement malheureux sont nombreuses, et le gouvernement en profite pour sabrer les droits des citoyens de son pays et imposer sa volonté dans le monde.

À la suite d'une campagne militaire en Afghanistan qui ne réussit pas à réaliser son objectif premier de capturer ou d'éliminer le présumé responsable des attaques du 11 septembre 2001, Oussama Ben Laden, les États-Unis désignent l'Irak comme le nouvel ennemi du «monde libre». Prétextant un lien entre le gouvernement irakien et l'organisation terroriste Al-Qaida ainsi que la présence d'armes biologiques et de destruction massive (allégations réfutées par les inspecteurs de l'ONU et, plus tard, par une commission d'enquête américaine), le gouvernement Bush tente en vain de convaincre les Nations Unies et la communauté internationale de se résoudre à utiliser la force pour sortir Saddam Hussein d'Irak. Le 17 mars 2003, Bush lance un ultimatum à Hussein, lui donnant 48 heures pour quitter le pays. Trois jours plus tard, la campagne militaire «Liberté de l'Irak», menée par les États-Unis et la Grande-Bretagne sans l'approbation des Nations Unies, est mise en branle et fait rapidement tomber le gouvernement de Saddam Hussein. Malgré l'annonce de la fin des opérations militaires en Irak le 1er mai 2003 et la capture de Saddam Hussein en décembre de la même année, cette histoire ne s'arrête pas là.

Allant de scandale en débâcle en territoire irakien, le gouvernement Bush est accusé par plusieurs d'avoir conduit son pays à la guerre sous de faux prétextes. Tout laissait croire que les élections de novembre 2004 verraient un changement de gouvernement à la Maison-Blanche. Pourtant, ce n'est pas ce qui s'est passé. À la suite d'une campagne électorale serrée portant surtout sur la défense du pays et l'importance de poursuivre les opérations militaires, Bush fut réélu avec une majorité importante et, qui plus est, avec une participation électorale qui dépassait les 56%, pourcentage le plus élevé depuis 1968. Malgré tout, comme on pouvait s'y attendre, George W. Bush termine son second mandat en battant des records d'impopularité.

En pleine crise financière mondiale, l'élection du jeune président démocrate Barack Obama soulève, en cette fin d'année 2008, beaucoup d'espoir aux États-Unis et dans le monde entier. Pendant ses deux premières années à la présidence, il confirme la volonté des Américains de combattre les réseaux terroristes internationaux, avec l'aide de leurs alliés occidentaux. Pour ce faire, Barack Obama va renforcer les opérations militaires en Afghanistan. L'avenir, seul, dira si cette obstination apportera la stabilité politique dans la région.

Le jeune président veut aussi marquer son mandat par des réformes de taille. Il lance ainsi le pays vers une réforme historique de son système de santé, en faisant adopter le «Health Care and Education Reconciliation Act of 2010», qui divise l'opinion publique. Les circonstances économiques du pays poussent aussi le président à tenter de réformer le système financier américain et à engager des dépenses colossales, près d'un trillion de dollars, pour stimuler l'économie américaine.

Ces choix et ces orientations ouvriront-ils des perspectives d'avenir plus optimistes pour les foyers américains, ou plomberont-ils les finances du pays pour des générations? Barack Obama poursuivra-t-il sa présidence, plus sereinement, vers une réélection en 2012, ou sera-t-il victime d'un durcissement de l'électorat enclin, plus par pragmatisme que par idéologie, à lui préférer un candidat comme Mitt Romney, cet homme d'affaires mormon devenu gouverneur du Massachusetts en 2003, qui, selon plusieurs, deviendra le candidat républicain aux élections de 2012?

Culture et société

Tout un chacun a été exposé à la culture de masse américaine et en connaît les grands pans. En effet, rares sont ceux qui ont pu éviter la déferlante (impérialiste) américaine, quand près de 75% du marché international de l'audiovisuel dans le monde est contrôlé par des firmes américaines (cinéma et télévision réunis). On ne saurait pourtant réduire la culture américaine à ces images et propos souvent édulcorés et tape-à-l'œil qui exaltent les grands mythes américains grâce généralement à de colossaux moyens financiers.

Certes, les États-Unis ont développé une culture de masse largement diffusée sur le territoire et aux quatre coins du monde, mais cette dernière, que l'on a par ailleurs tendance à discréditer trop facilement, ne représente qu'un faisceau du spectre culturel multidimensionnel de la nation. L'Ouest américain a toujours occupé une part active dans l'évolution et les orientations des arts et de la culture du pays, tant comme sujet que comme objet.

Non seulement l'histoire et le développement de l'Ouest ont-ils fortement imprégné les fondements de l'identité nationale et fait naître nombre de mythes et d'images qui ont même dépassé les frontières du pays, mais la région, qui continue fièrement de revendiquer son passé, vit aussi un dynamique brassage des populations et des cultures qui en fait un berceau et un pôle de l'avant-garde culturelle et artistique dans le monde.

Tantôt incarnation de la modernité, tantôt empreinte de traditions voire de conservatisme, cette magnifique contrée propose une vie culturelle et artistique aux mille facettes.

› L'Ouest mythique de la *Frontier*

La conquête de l'Ouest, avec l'histoire de ses pionniers, de ses justiciers et de la ruée vers l'or, a profondément forgé le caractère et les mentalités du peuple américain. L'immensité et la rudesse des territoires à conquérir et à coloniser auraient, en confrontant l'individu à son environnement, fait se développer chez les Américains les concepts inaliénables d'individualisme, d'égalitarisme, de dépassement de soi par le travail et de démocratie locale.

L'Ouest a été construit autour de l'idée d'un éden mythique où pourrait s'édifier une société différente qui offrirait aux hommes courageux de bonne volonté la possibilité d'aspirer à la liberté et à une vie nouvelle. La conquête de l'Ouest a donc permis aux États-Unis de se targuer d'avoir une histoire héroïque hors du commun et de s'être bâtis grâce au courage de *self-made men*.

Cette image de l'Amérique épique a été sublimée et véhiculée par les westerns. Aujourd'hui encore, le cowboy perpétue cet Ouest idéalisé, en personnifiant l'individu valeureux et solitaire au milieu des grands espaces souvent hostiles. Archétype du héros, ce vacher symbolise le patrimoine et les valeurs de la *Frontier* auxquels sont très attachés nombre d'Américains qui les voient comme les derniers retranchements de la «Vraie Amérique».

Les ranchs, la musique country, les rodéos et la mode vestimentaire western continuent ainsi d'être très prisés, car ils illustrent un mode de vie idéalisé. Par ailleurs, nul ne doit mésestimer la déviante politique et sociale qu'a empruntée l'imagerie des «valeurs» de la *Frontier*. S'articulant autour de l'idée magnifiée d'un individu solitaire s'étant acharné pour assurer sa survie et sa liberté, s'est développée une grande méfiance (voire une haine) face au politique et au gouvernement fédéral en particulier.

On ne saurait oublier que cet Ouest traditionnel est un monde d'hommes, et que son histoire a été intrinsèquement violente. Si le mythe glorifié de la «Vraie Amérique» est bâti autour de la trilogie nature–cowboys–Amérindiens, on oublie trop souvent le sort qui a été réservé à ces derniers. La «marche vers l'Ouest» s'est effectivement accompagnée d'un véritable génocide culturel des Indiens d'Amérique.

D'abord décimée par les armes à feu et les maladies européennes, la population autochtone a été par la suite confrontée à une politique d'acculturation et de mise à l'écart (réduction). Si le système des réserves amérindiennes peut à divers égards être critiqué (ghettoïsation et pauvreté), il a néanmoins permis aux communautés de se perpétuer démographiquement et de préserver une part de leur culture.

Grâce à un long et intense effort politique, éducatif et social de la part des groupes amérindiens, on assiste aujourd'hui à une revitalisation de leurs identités, langues et traditions artistiques. L'héritage amérindien (ruines, architecture d'adobe, artisanat traditionnel, vie dans les réserves, etc.) est visible et maintenant mis en valeur.

Objets de fierté, les cultures autochtones ont su ainsi renaître de leurs cendres et vivent actuellement un véritable essor grâce à la combativité des communautés. On ne saurait toutefois oublier les graves problèmes socioéconomiques et politiques auxquels les Amérindiens sont toujours confrontés, tout comme d'ailleurs les citoyens d'origine hispanique dont le mythe de l'Ouest nie, en partie, aussi l'héritage historique et culturel.

De l'architecture coloniale espagnole aux quartiers latinos de Los Angeles, l'empreinte hispanique est omniprésente dans l'Ouest. Ayant suivi des vagues migratoires constantes depuis le XVIIe siècle, les Hispaniques (principalement d'origine mexicaine) constituent un large pan de la population de la région. Dans le Sud, l'usage de la langue espagnole est si répandu qu'il concurrence sérieusement l'emploi de l'anglais. Que ce soit au niveau de l'architecture, de la cuisine, de la musique et des arts décoratifs, l'influence hispanique est extrêmement importante dans la vie quotidienne de l'Ouest. Si des États comme le Nouveau-Mexique se targue de cet héritage, les Latinos subissent trop souvent le mépris, voire le rejet de la majorité anglo-saxonne.

Non seulement la population hispanique fait-elle l'objet de préjugés et de sérieuses réactions xénophobes, à cause, entre autres, de sa forte croissance démographique (importante immigration illégale) qui inquiète, mais elle connaît aussi de graves problèmes d'iniquités sociales, de pauvreté et d'exploitation. La culture hispanique, heureusement, ne peut que continuer à s'implanter et à prendre la place qui lui revient comme composante majeure de la société de l'Ouest américain.

Si le mythe fondateur de l'Ouest, lié à l'aventure de ses pionniers et à la beauté de ses paysages, demeure fondamental dans la culture américaine et l'imaginaire collectif universel, il est de plus en plus soumis à une révision historique, moins linéaire, moins symbolique et moins simpliste. On cherche enfin à prendre en compte les injustices et les différents apports culturels sur lesquels se sont véritablement fondés les États-Unis.

› Ambiguïtés de l'Ouest contemporain: de l'avant-gardisme au puritanisme

L'Ouest a été le berceau d'importants et révolutionnaires mouvements culturels qui ont profondément marqué le siècle dernier. Les courants beatnik et hippie, la révolution sexuelle, la contestation pacifique, l'émancipation des homosexuels, les Black Panthers et la littérature vagabonde sont autant de phénomènes qui ont participé à l'éclosion de la culture postmoderne. C'est essentiellement en Californie que s'est développée l'avant-garde de la révolution culturelle des années 1960 et 1970. Dans cet État qui incarne la réussite, le bonheur et les libertés permissives, se concentrent les espoirs et projets les plus fous.

Plateforme culturelle la plus avancée et libertaire des États-Unis, la Californie constitue une véritable mosaïque des cultures dont la vocation créatrice est souvent couronnée de succès phénoménaux. Le fleuron de l'avant-garde dans l'Ouest est sans contredit la ville de San Francisco, deuxième pôle culturel des États-Unis, avec ses multiples institutions, sa dynamique communauté gay et sa volonté farouche de préserver coûte que coûte son patrimoine architectural et sa qualité de vie.

Il convient de noter cependant que la Californie de l'avant-garde libertaire, depuis les années 1980, s'est quelque peu assagie et se plie de plus en plus aux règles de la rigueur et de l'économie. L'embourgeoisement relatif du *Golden State*, en quelque sorte victime de son succès, a permis à d'autres centres de création de l'Ouest de se développer (en particulier Seattle, Denver, Phoenix et Santa Fe).

L'Ouest attire irrésistiblement chaque année des flots d'Américains en quête de nouvelles conditions de vie, car il représente un «art de vivre». La région représente un point de rencontre de différentes cultures où se sont amalgamés divers us et coutumes qui ont donné naissance à des modes de vie hybrides dont le dénominateur commun se retrouve généralement dans la quête absolue du confort et du bonheur.

Cet Ouest qui est parvenu, même dans ses contrées les plus désertiques, à attirer des millions de jeunes professionnels, artistes et retraités de la Côte Est, a en effet su développer et proposer un cadre et une «philosophie» de vie des plus séduisants qui marient hédonisme et réussite. Vivre dans l'Ouest ne signifie pas seulement vivre dans un milieu confortable au sein d'un environnement naturel grandiose, mais aussi aspirer et participer au développement d'une nouvelle culture où l'homme est en communion avec soi et avec la nature.

Dans cet Ouest où la plus grande richesse s'affiche dans une débauche de luxe même si elle côtoie la misère des populations les plus pauvres, et où l'heure n'est plus à la quête d'une société plus juste, pullulent les mouvements mystico-religieux, les «philosophies spiritualistes» et les groupes écologistes. Ce culte très *westerner* de la nature et du bien-être moral des individus s'est d'ailleurs traduit par une véritable vénération de la santé et de la beauté du corps.

Sur la côte du Pacifique, présenter une image corporelle saine, donc nécessairement jeune et mince, est devenu une question de principe! Dans ces contrées chaudes et ensoleillées, pour exposer son corps dénudé, on se modèle et se sculpte grâce à la pratique intensive de l'activité physique, aux régimes draconiens et au bistouri du chirurgien esthétique.

Si la culture et les valeurs de l'Ouest peuvent s'exprimer sous des formes excessives et superficielles, n'oublions toutefois pas que l'hédonisme de l'Ouest se vit en général de façon plus équilibrée et tranquille, et répond avant tout à la louable nécessité de remettre en cause le stress et l'asservissement de la société moderne et d'aspirer à profiter du moment présent.

Mais cet Ouest de l'avant-garde, de la liberté, de l'individualisme et des plaisirs terrestres est aussi depuis toujours l'Ouest du conservatisme puritain. L'observation stricte des préceptes religieux et d'une morale rigoriste caractérise en effet la vie quotidienne, et influence d'ailleurs grandement la vie publique et politique de plusieurs États américains.

Le respect des valeurs austères de diverses confessions chrétiennes basées sur l'apologie sacro-sainte de la trilogie église-famille-travail imprègne les mœurs traditionnelles d'une grande partie de la population, entre autres de l'Utah mormon et des États de la région des Rocheuses-Nord. Les grands espaces de l'Ouest et leur éloignement des grandes agglomérations urbaines ont constitué un rempart aux idées libérales subversives.

On assiste toutefois aux États-Unis, déjà la plus religieuse de toutes les sociétés modernes (*In God We Trust* proclame le dollar américain), à un retour du sacré et des valeurs de la droite depuis les années 1970.

Comment comprendre que dans l'Ouest, et particulièrement en Californie, où est née la révolution sociale de la seconde moitié du XXe siècle et où sont exaltées les libertés et la satisfaction des individus et de leurs besoins, revienne en force le conservatisme? La révolution sexuelle, la violence dans les grandes métropoles et l'immigration massive ont bouleversé les valeurs et les certitudes d'une part de la population qui est portée à chercher à recouvrer sa double foi, en Dieu et en l'Amérique, sur laquelle s'est construit l'Ouest.

Il n'est peut-être pas étonnant de constater que c'est cet Ouest pluriel, à la culture complexe et des plus contrastées, qui a défini en bonne partie les grandes lignes de la culture de masse américaine et qui en produit, à travers Hollywood en particulier, les éléments les plus influents tout en continuant parallèlement d'être le berceau de mouvements artistiques d'avant-garde, marginaux et alternatifs.

En mettant en avant les mythes américains tout en accédant à l'universel, et grâce à des moyens financiers, techniques et de distribution considérables, le cinéma et la télévision sont devenus les visages de la culture américaine les plus ostensibles à l'étranger (les films américains occupent plus de 50% du temps de projection dans le monde, et près de 70% des feuilletons télévisés diffusés à l'intérieur de l'Union européenne sont américains).

L'«industrie du rêve» est depuis les années 1920 basée à Hollywood, en Californie, où quelques grands studios centralisent la production cinématographique. Depuis l'essor de la télévision à partir des années 1950, Hollywood se voue autant aux superproductions qu'aux séries et aux émissions de divertissement télévisuelles. On ne saurait négliger le phénomène d'interconnexion entre le cinéma américain, les grandes firmes multinationales et les puissantes chaînes de télévision qui profitent commercialement de la puissance d'évocation de l'imagerie hollywoodienne et du *glamour* à l'avenant.

L'invention du langage du septième art et la télévision ont participé après la Seconde Guerre mondiale au développement d'une société «nationale» aux aspirations, aux valeurs et aux goûts relativement uniformisés. Or, l'Ouest américain, de par les mythes collectifs qu'il pouvait véhiculer, les histoires épiques dont il regorgeait et la beauté grandiose des images qu'il pouvait offrir à l'écran, représentait un sujet d'inspiration en or pour le cinéma qui en a fait l'un des symboles emblématiques de l'identité américaine.

L'histoire légendaire et réelle de l'Ouest a non seulement inspiré grandement le film américain, mais a même donné naissance à un genre cinématographique unique, le célèbre western. Mais la mythologie de la Conquête n'est qu'une des facettes de l'Ouest parmi tant d'autres que le cinéma américain a su exploiter. Plusieurs réalisateurs ont ainsi mis en scène les coulisses d'Hollywood et de Las Vegas, ces symboles allégoriques des espoirs, de la splendeur et des excès triviaux de l'Amérique.

Les grands espaces de l'Ouest américain ont fourni non seulement le décor mais aussi le prétexte d'une multitude de films, que ce soit pour traiter des relations entre l'homme et la nature, de la séduction immatérielle du désert et surtout des cavales, poursuites et périples (*roadmovies*). Le gigantisme, le multiculturalisme et la criminalité dans les grandes métropoles (surtout à Los Angeles) participent aussi à la trame de nombreux films qui dépeignent la société urbaine moderne et ses grands mythes.

En fait, comme ils l'avaient auparavant fait pour le développement de la littérature et de la peinture américaines, l'histoire mythologique et les paysages grandioses ont donc grandement inspiré le septième art, qui a, à son tour, participé à la définition de l'image et de la culture de l'Ouest.

Politique

› Les institutions démocratiques américaines

La Constitution rédigée en 1787, l'une des plus anciennes du monde encore en vigueur, a fait des États-Unis un État fédéral au régime politique démocratique et présidentiel.

Le pouvoir fédéral

Le système politique américain est basé sur le principe de la séparation des pouvoirs (exécutif, législatif et judiciaire), mais il s'avère que ce sont davantage les institutions de la présidence, du Congrès et de la Cour suprême qui se partagent le pouvoir suivant une pratique complexe et fluctuante.

L'Administration ou pouvoir exécutif est constitué en premier lieu du «cabinet», qui regroupe les *Departments* (ministères) dirigés par des secrétaires d'État qui ne sont responsables que devant le président.

Le président, qui ne peut exercer plus de deux mandats de quatre ans, jouit de prérogatives propres à un chef de l'exécutif, et il dispose, en outre, de facultés empiétant sur le pouvoir législatif et le pouvoir judiciaire, comme le droit de *veto* à l'égard des lois adoptées par le Congrès.

Le pouvoir législatif dépend d'un Congrès bicaméral: le Sénat est composé de deux membres (élus pour six ans) pour chaque État, tandis que la Chambre des représentants représente les citoyens et est soumise au vote populaire tous les deux ans. Outre le pouvoir commun de légiférer, la Chambre des représentants et le Sénat possèdent des responsabilités différentes: la première a la prérogative en matière d'initiative budgétaire et le second est chargé de ratifier les traités (aux deux tiers des voix) et d'approuver les nominations qu'effectue le président.

Le pouvoir judiciaire est sous la responsabilité de la Cour suprême, composée de neuf juges inamovibles nommés par le président. Depuis 1803, la Cour suprême peut juger de la constitutionnalité de toutes les lois votées par le fédéral comme par les États, ce qui en a fait un pouvoir politique non négligeable.

Selon la composition partisane de chacune des Chambres, le président pourra, durant son mandat, bénéficier d'une marge de manœuvre plus ou moins importante. Non seulement n'est-il pas rare de voir le Congrès bloquer toute initiative présidentielle, mais aussi le sacro-saint principe selon lequel nul pouvoir ne peut renverser l'autre en cas de divergence politique, qui constitue en fait l'unique frontière étanche entre les pouvoirs, a presque été transgressé lorsque le Congrès à majorité républicaine a déposé une procédure d'*impeachment* (destitution pour forfaiture) contre le président Clinton en 1999 pendant le scandale sexuel du *Zippergate*.

Le pouvoir des États

L'un des aspects fondamentaux du système politique américain est le fédéralisme. Or, si la Constitution établit le principe général que tout pouvoir non spécifiquement attribué au gouvernement fédéral par la Constitution revient aux États, les aspects pratiques du partage des compétences ne sont pas davantage définis.

Si les affaires étrangères, l'entretien des forces armées et certains champs de la politique économique relèvent clairement de Washington, les autres domaines de la politique publique sont ambigument distribués entre les différents ordres de gouvernement. Quoique les États détiennent de très larges pouvoirs, le gouvernement central, au XXe siècle, s'est alloué une gamme croissante de responsabilités dans la politique domestique par rapport aux États.

Pour exercer leurs «pouvoirs locaux», les États se sont dotés d'institutions grandement inspirées du modèle fédéral. Chaque État dispose de sa propre constitution et d'un Congrès dont les membres, comme un certain nombre de hauts fonctionnaires et de magistrats, sont élus. Le pouvoir exécutif revient à un gouverneur qui généralement, en ce qui a trait à ses compétences et responsabilités, jouit dans son État d'une marge de manœuvre bien supérieure à celle dont dispose le président au niveau fédéral. Chaque État a sa propre Cour suprême et élabore, dans les domaines qui ne relèvent pas de la législation fédérale, ses propres lois.

Nul ne doit sous-estimer l'importance qu'occupent les États dans les allégeances identitaires des citoyens américains. Comme ces derniers se définissent autant, sinon plus, comme des Californiens ou des New-Yorkais que des Américains, et comme le gouverneur de leur État exerce un pouvoir sur leur vie quotidienne plus important que le fédéral, ils s'intéressent généralement bien davantage aux élections locales! En effet, les États, qui sont habilités à lever des impôts, sont chargés, entre autres, de gérer les programmes d'aide sociale, d'éducation et de transports publics ainsi que les services de police à l'intérieur de leur juridiction.

Outre ces deux ordres de gouvernement, le système politique américain est composé d'un réseau extrêmement dense et imbriqué d'autres pouvoirs locaux. On inventorie en fait au-delà de 80 000 unités administratives différentes au niveau local!

Les autres pouvoirs

Non seulement la gouverne du pays repose-t-elle sur un perpétuel ajustement de l'équilibre fragile des pouvoirs qui s'établit et se redéfinit entre l'exécutif, le Congrès et les autorités locales, mais elle doit aussi sans cesse tenir compte de l'évolution de l'opinion publique et des pressions des lobbys omniprésents.

Les médias, en particulier la télévision, qui a révolutionné la façon de faire la politique, représentent en effet aux États-Unis un véritable «quatrième pouvoir». Souvent plus importants que la base militante des partis, les journalistes influencent directement l'arène publique en déterminant l'ordre du jour politique, et en glorifiant ou en anéantissant les personnalités publiques. Ce pouvoir comporte cependant certaines limites, car, à trop vouloir déterminer et manipuler le programme politique, ils peuvent parfois s'attirer la réprobation de la population.

Finalement, le puissant réseau des lobbys constitue une «troisième Chambre». Des milliers de représentants de groupes de pression tentent, en effet, sans relâche, d'influencer les membres de l'exécutif et du législatif. On ne saurait négliger l'importance qu'occupe ce système institutionnalisé et accepté, ainsi que l'ascendant de certains groupes (comme le «complexe militaro-industriel»), dans la politique américaine.

Le système bipartite

Le bipartisme, avec les deux grandes formations traditionnelles, à savoir le Parti démocrate et le Parti républicain, domine le paysage politique américain, quoiqu'un tiers parti puisse à l'occasion venir perturber la donne lors des élections. Nombreux sont ceux qui qualifient le Parti républicain et son adversaire démocrate de «blanc bonnet et bonnet blanc», car on peut difficilement les distinguer selon leurs bases idéologiques, et ils ne remettent ni l'un ni l'autre en cause le système politique et économique du pays.

En fait, ces partis constituent de très vastes coalitions électorales hétérogènes qui agissent, à tous les ordres de gouvernement, comme de puissantes et très organisées machines à faire élire. Si les deux partis regroupent en leurs rangs des membres provenant et de la droite et de la gauche, la première prévaut chez les républicains qui ont leurs assises les plus solides chez les *WASP* (White Anglo-Saxon Protestants), les milieux d'affaires et les classes moyennes des banlieues, tandis que la seconde prédomine chez les démocrates qui attirent essentiellement les populations plus défavorisées, les Noirs, les immigrants, les artistes, les intellectuels et les syndicats. Il convient de noter que les citoyens américains tendent en alternance à élire le chef d'un parti à la présidence et une majorité de représentants de l'autre parti au Congrès. Les Américains voteraient donc davantage selon un calcul stratégique que selon des convictions idéologiques.

› Les limites du système politique

Le système politique américain s'il est démocratique comporte néanmoins d'énormes problèmes que l'on ne saurait évidemment tous énumérer. En effet, le partage des pouvoirs entre l'exécutif et le Congrès, et entre le gouvernement fédéral et les États, combiné avec le système bipartite, peut déboucher sur d'importantes difficultés à gouverner. En de pareils cas de paralysie politique, ce sont généralement les stratégies et les tractations partisanes qui l'emportent sur une vision globale du bien commun.

Le complexe système électoral prête aussi le flanc à de sérieux reproches. L'abstentionnisme aux élections (en particulier présidentielles) est si important (50%) – 44% en 2004 – que le président et une grande partie des membres du Congrès sont en fait élus par à peine 25% de l'électorat.

De plus, l'importance des médias dans la vie politique et pendant les campagnes électorales a comme effets pervers de leur permettre d'exercer un pouvoir démesuré et de favoriser l'image au détriment des idées et des compétences. Finalement, le coût astronomique des campagnes électorales permet à l'argent, et donc à ceux qui contribuent au financement des caisses des partis, de jouer un rôle prédominant dans l'arène politique.

› Les grandes tendances politiques et sociales

Le déplacement du centre de gravité de la population vers la *Sunbelt* et le Pacifique a profondément modifié la répartition du pouvoir entre les États. La migration massive a permis à l'Ouest d'acquérir une plus grande influence politique au sein du gouvernement fédéral, entre autres choses parce que ses États ont bénéficié de la redistribution du nombre de sièges par État au Congrès (en particulier la Californie, qui est passée de 20 sièges en 1930 à 53 sièges en 2010).

Eu égard aux différences socioéconomiques et culturelles entre les États et les populations, l'Ouest ne présente pas de front partisan uni et spécifique, et s'exprime davantage selon les conjonctures que selon des traditions politiques.

En fait, généralement, dans la plupart des États de l'Ouest, les citoyens les moins favorisés économiquement, les résidents de longue date, les campagnes pauvres et les communautés culturelles tendent à être démocrates, tandis que les nouveaux arrivants dans les villes, souvent professionnels et plus éduqués, les riches *ranchers* et les entrepreneurs qui sont acquis à la doctrine classique de l'«évangile de la richesse» soutiennent le Parti républicain.

Si les démocrates continuent de recueillir d'importants suffrages qui rivalisent avec ceux des républicains, il ne faut néanmoins pas négliger le fait que la situation de la «gauche» est des plus précaires, d'une part, parce qu'elle ne peut compter sur un électorat fidèle (contrairement à l'Europe), et d'autre part, parce que la plateforme du Parti démocrate est de plus en plus conservatrice.

➤ Grands dossiers et enjeux politiques de l'heure

Si l'Ouest a connu de formidables réussites, il est aussi en proie, depuis les dernières décennies, à de très sérieux problèmes qui ne cessent de croître, et auxquels la classe politique devra nécessairement s'attaquer pour tenter d'éviter la conflagration sociale.

Quoique l'économie américaine reste prospère et le niveau de chômage officiel faible, il n'en demeure pas moins qu'un pan significatif de la population éprouve des conditions de travail très précaires et difficiles, et que les inégalités socioéconomiques criantes n'ont rarement été aussi importantes.

Le chômage et le sous-emploi affectent particulièrement les populations urbaines moins éduquées et certaines communautés culturelles (entre autres les quartiers afro-américains et hispaniques de Los Angeles). Les inégalités socioéconomiques, en provoquant la frustration et la perte d'espoir chez les populations touchées, ont profondément bouleversé la société et ses valeurs.

Violence gratuite et délinquance rythment la vie des grandes agglomérations urbaines. Provoquées par les fléaux du chômage, de la pauvreté et de la drogue, la mort, la peur et la brutalité font désormais partie du lot quotidien de certaines couches de la population. Les promesses non remplies de l'*American Dream* ont fait place à une véritable culture de la violence et du ghetto, et de douloureuses guerres fratricides entre gangs font rage, notamment à Los Angeles.

Les tensions sociales et la violence, plus qu'un problème, sont un drame. Dans la seule Californie, plus de 150 000 personnes sont incarcérées! La construction et la gestion des prisons constituent aujourd'hui l'un des secteurs d'activité économiques à la croissance la plus rapide!

Aux délits grandissants, les États américains ont répondu par des peines (de prison ou de mort) de plus en plus sévères. Néanmoins, l'opinion publique, qui se sent de plus en plus traquée, réclame des mesures de plus en plus sévères. Ce phénomène vicieux participe de la même logique que celle du refus du contrôle des armes à feu.

La problématique omniprésente du racisme ne cesse d'empoisonner la vie des communautés culturelles (en particulier les communautés noires et hispaniques). À la suite de la disculpation de policiers blancs qui avaient battu à mort un Noir, la violence des émeutes à Los Angeles en 1992 a en effet révélé à la face du monde à quel degré était la frustration des Noirs face aux iniquités dont ils sont quotidiennement victimes.

La méfiance, voire la hargne, entre les communautés culturelles s'aggrave, et de nombreux incidents malheureux n'en finissent pas de rappeler au grand jour cet épineux problème de société. Plutôt que de s'évertuer à calmer le jeu et à trouver des solutions, les autorités se sont au contraire lancées dans des politiques publiques qui ont jeté de l'huile sur le feu.

Les élites politiques, en particulier les républicains, ont en effet cherché à exploiter les craintes de la population blanche face à la violence et à leur perte de terrain sur le plan démographique, et ce, pour gagner des points sur l'échiquier électoral. En effet, un nombre grandissant de citoyens blancs, qui sont en voie de devenir minoritaires dans plusieurs villes, s'inquiètent de l'explosion sociale latente qui pourrait venir des ghettos où la pauvreté et la natalité sont galopantes, et de la menace que représente pour l'identité nationale la croissance de la population hispanique qui tend à garder sa langue et sa culture.

Au lieu de s'atteler aux racines profondes des problématiques de la violence, du racisme et de la misère qui impliqueraient une remise en question majeure de la société et des politiques sociales et économiques, les républicains (mais aussi une portion du Parti démocrate) ont préféré désigner un bouc émissaire facile, soit les immigrants illégaux. Même si l'économie de l'Ouest en dépend largement (main-d'œuvre abondante à bon marché), on les accuse de tous les maux et, entre autres, de ruiner les Américains!

Les États n'hésitent pas non plus à remettre en question la Loi de l'affirmation positive, qui vise à assurer aux communautés culturelles un accès à l'éducation supérieure. Alors qu'il serait urgent de revoir en profondeur la législation gouvernementale en matière d'immigration illégale (en octroyant pour le moins par exemple des permis de travail saisonniers), les autorités renforcent leur approche prohibitive qui ne réglera jamais le problème des *wetbacks* (surnom péjoratif donné à ces manœuvres agricoles mexicains entrés illégalement aux États-Unis).

L'Arizona, confronté à une escalade de violence liée à une arrivée massive et constante de population désœuvrée du Mexique et d'ailleurs en Amérique latine, a voté en 2010 une loi musclée sur l'immigration illégale. Cette loi a soulevé de nombreuses protestations dans le pays, et même le président Obama s'en est indigné. La veille de l'entrée en vigueur de la loi, une juge fédérale a finalement invalidé plusieurs articles controversés de la loi.

L'Ouest est donc confronté à des enjeux politiques de taille, et de leur résolution dépendront son avenir et la destinée de toute la nation américaine.

Économie

> Les piliers de l'économie américaine

La force économique des États-Unis a toujours été largement tributaire de l'exceptionnelle abondance et diversité de ses matières premières et ressources naturelles, en particulier en matière de minerais et d'énergie, dont l'État et les entrepreneurs ont su profiter avec brio.

Si le rôle de l'État, dans cette économie libérale où le marché est roi, est réduit, depuis la fin du *New Deal*, théoriquement au minimum, il ne faut néanmoins pas négliger le fait que l'État fixe la politique monétaire, détermine les orientations de la politique commerciale extérieure, veille au respect des lois antitrust (par exemple l'importante poursuite de l'État fédéral contre Microsoft) et influence directement la vie économique de nombreuses entreprises et communautés par l'octroi de ses contrats d'approvisionnement.

Avec la Seconde Guerre mondiale, le pays est devenu le principal producteur industriel et manufacturier dans le monde. Or, après avoir fait le succès des États-Unis, l'industrie lourde et manufacturière traditionnelle, implantée essentiellement dans le Nord-Est, est devenue progressivement désuète et a subi un important recul face à la concurrence internationale.

Fer de lance historique et symbolique de l'économie américaine, même l'industrie automobile était menacée de disparaître avec la montée en puissance du Japon à partir des années 1970. Néanmoins, depuis peu, l'amélioration de la qualité et de la compétitivité de la voiture américaine, au même moment où l'industrie japonaise connaissait un important ressac, a offert de nouvelles perspectives plus encourageantes à ce secteur d'activité.

La production manufacturière des biens de consommation courante, de par son manque de rentabilité pendant les dernières décennies, a été progressivement déménagée dans les pays en émergence où les coûts de revient sont moindres (en particulier dans les *maquiladoras* mexicaines près de la frontière). Les industries textiles et chimiques, au même titre que celles de pointe comme l'électronique, l'aéronautique et l'aérospatiale, tout en demeurant des joueurs majeurs de l'économie mondiale, ont elles aussi vécu de sérieux déboires face à la concurrence montante des nouvelles puissances économiques.

Déjà caractérisée par l'existence de firmes géantes (comme les multinationales), la très grande entreprise, qui ne représente qu'un cinquième des établissements privés mais s'accapare néanmoins plus de 90% des revenus, a réagi à la compétition croissante des pays étrangers en se concentrant encore davantage pour créer des conglomérats aux dimensions inimaginables (comme Coca-Cola, IBM, General Motors, Dupont de Nemours, ITT, etc.).

Une autre caractéristique de la composition du secteur privé américain, depuis les années 1970, a été le développement d'une multitude de PME, plus adaptées aux demandes et fluctuations du marché, qui représentent un employeur important (la majorité des nouveaux emplois y ont été créés).

L'agriculture représente une part importante de l'économie des États-Unis, souvent qualifiés de «grenier de la planète». Plus grand producteur mondial de céréales, le pays occupe le deuxième rang pour ses productions de coton et d'agrumes. Un cinquième des revenus de l'agriculture américaine provient de l'élevage, de plus en plus organisé en unités de production aux procédés industriels. L'agriculture traditionnelle vit, depuis les dernières décennies, une crise sévère, car elle ne parvient pas à faire face à la mondialisation des marchés et à la compétitivité des méga-exploitations agricoles, les seules à être rentables (elles emploient normalement une main-d'œuvre mexicaine à bas salaire).

Si des petites exploitations agricoles parviennent à ne pas disparaître, leur survie n'est en général que temporairement assurée par des interventions gouvernementales (subventions considérables, fixation de quotas, limitation de la superficie des terres cultivées, politiques d'aide à l'exportation, etc.).

Sur le plan du commerce international, les États-Unis sont les premiers exportateurs et importateurs mondiaux, et ces activités équivalent à 8% du PIB (produit intérieur brut) national. Leurs exportations reposent essentiellement sur leur production industrielle (80%) et agricole (16%), tandis que leurs importations sont en majorité constituées de produits énergétiques et manufacturiers, ce qui est étonnant puisque c'étaient les produits clés de l'économie américaine après la Seconde Guerre mondiale.

Aux premiers rangs de leurs partenaires commerciaux viennent les pays asiatiques, desquels proviennent plus de 40% de leurs importations et vers lesquels ils orientent 30% de leurs exportations, puis l'Union européenne et l'Amérique latine. Les États-Unis sont non seulement l'un des joueurs importants du commerce international, mais ils participent aussi activement à la définition de ses nouveaux paramètres (abolition des barrières tarifaires et non tarifaires pour la libre circulation des biens et services) à travers l'Organisation mondiale du commerce (anciennement le GATT) et la signature de traités de libre-échange (comme l'Accord de libre-échange nord-américain et l'éventuelle mise sur pied de l'«Initiative pour les Amériques»).

Finalement, dans le domaine financier, la position de domination que les États-Unis occupent au sein du Fonds monétaire international (FMI) et de la Banque mondiale leur permet d'édicter les grandes orientations économiques internationales et la restructuration des économies des pays en difficulté.

› Récession, reprise et nouvelle crise économique

Si l'économie américaine avait pu s'imposer dès la Seconde Guerre mondiale comme la première puissance mondiale, elle dut, à partir du début des années 1980, faire face à la mondialisation croissante de l'économie.

Confrontée à une nouvelle et féroce concurrence étrangère, en particulier de la part de l'Asie et de l'Europe, l'industrie américaine, qui souffrait de graves problèmes structurels de productivité, de compétitivité et de rentabilité, et qui avait été affaiblie par d'importantes et récurrentes carences dans le domaine du réinvestissement et de la recherche, se vit acculée au pied du mur.

Soit continuait-elle de péricliter à une vitesse vertigineuse (on parlait alors de désindustrialisation et de déclin irréversible du pays), soit empruntait-elle, avec les lourds coûts qui y étaient associés, un virage économique, technologique et organisationnel draconien.

Pour redevenir compétitives, les entreprises américaines mirent ainsi en œuvre une restructuration massive de leurs activités et modes de production qui entraîna de multiples et douloureuses fermetures et mises à pied. À la fin des années 1980 et au début des années 1990, l'économie américaine en chute libre était officiellement en récession, le déséquilibre de sa balance commerciale atteignait des records, et les comptes publics présentaient un monstrueux déficit.

Or, non seulement les États-Unis ont-ils connu au cours des années 1990 une remarquable et continue croissance économique, mais on parlait même à l'époque de l'«âge d'or» de l'économie. La reprise a été assurée par un assouplissement de la politique monétaire de la Federal Reserve Bank (Fed), qui a été réalisé en échange d'un engagement de la part de l'exécutif de réduire le déficit public. Le maintien de taux d'intérêt faibles depuis 1991 a incité les ménages et les entreprises à investir, et donc à stimuler la consommation et l'économie. Sur le plan microéconomique, les entreprises ayant mis en œuvre d'importantes restructurations ont offert une meilleure productivité, ce qui leur a permis de s'engager de nouveau dans le chemin de la rentabilité.

La relative prospérité américaine à la fin des années 1990 ne doit cependant pas occulter les problèmes sous-jacents qui pèsent sur la structure économique du pays. Premièrement, la crise des pays asiatiques puis la crise financière russe ont signifié une baisse des exportations, mais elles ont aussi inquiété les marchés et ont de ce fait provoqué une contraction du crédit. Deuxièmement, si l'inflation n'a pas touché les prix, elle s'est toutefois portée sur les valeurs boursières qui sont généralement surévaluées. Troisièmement, la faiblesse de l'épargne des ménages et des industries a forcé les États-Unis à recourir à l'endettement extérieur, et ils dépendent donc de la capacité des marchés extérieurs de financer leur consommation.

Au printemps 2007, la spirale se met en marche pour engendrer une crise économico-financière, sans précédent depuis la fameuse crise de 1929. Comment en est-on arrivé là? C'est simple: les ménages surendettés n'arrivent plus à rembourser leurs emprunts à la suite de l'augmentation des taux d'intérêts, ce qui affecte par la même occasion le marché immobilier. Un effet boule de neige entraîne une panique générale chez les investisseurs, les banquiers et tous les acteurs économiques. Cette crise dite des *subprimes* (prêts hypothécaires à risque) a fait apparaître les faiblesses et les dysfonctionnements du système financier mondial: des montages financiers douteux et des transactions financières incontrôlées ont créé un rideau de fumée qui a opacifié le système et mis en danger l'économie mondiale.

➤ La Californie: chef de file de l'économie de l'Ouest

L'économie de l'Ouest américain est aujourd'hui absolument vitale aux États-Unis. Depuis le début du XXe siècle, particulièrement depuis les années 1950, une multitude d'industries œuvrant d'ailleurs généralement dans les technologies de pointe s'y sont implantées (telles les sociétés informatiques dans la Silicon Valley, en Californie).

L'Ouest représente en fait le fer de lance de l'économie américaine et son fleuron international, les économies ultramodernes des grands centres de la côte du Pacifique et de la région du Sud-Ouest s'affermissant grâce aux percées technologiques et à une rentabilité extraordinaire.

On ne saurait parler de l'économie de l'Ouest sans souligner le rôle de chef de file de la Californie. En effet, cet État, qui tient le haut du pavé dans presque toutes les activités économiques au pays, a toujours été prospère (la Californie ne s'est-elle pas au départ bâtie grâce à la ruée vers l'or?). Les bases de son économie sont diversifiées: la Californie est le plus grand producteur agricole du pays et le leader industriel de la nation (dans les domaines de l'électronique, la biotechnologie, l'industrie du divertissement et l'aérospatiale), et elle bénéficie de l'argent des touristes qu'elle attire par millions.

Cependant, la récente crise économique a profondément touché l'État de Californie, malgré ses ressources et ses activités économiques qui en font la 8e économie du monde. Les signes négatifs se sont accumulés : un marché immobilier atone, un taux de chômage élevé (12,5%), un déficit budgétaire abyssal de plus de 60 milliards de dollars, cumulé à des dépenses incontrôlées de l'État. Ainsi, en 2010, le gouverneur Schwarzenegger a décidé prioritairement de réformer la fiscalité, de contrôler les dépenses de l'État et de soutenir la création d'emploi. Malheureusement, les restrictions budgétaires se sont notamment portées sur certains secteurs comme l'éducation et les services publics.

Ces mesures drastiques permettront-elles de sauver la Californie de la banqueroute qui la menace depuis quelques années? La richesse générée par des secteurs d'activité comme l'informatique, l'agriculture ou le tourisme permettra-t-elle de maintenir l'économie de cet État et son potentiel économique? Probablement, mais ce sera sans doute au prix de lourds sacrifices pour les Californiens.

Renseignements généraux

Le présent chapitre a pour but de vous aider à planifier votre voyage avant votre départ et une fois sur place. Ainsi, il offre une foule de renseignements précieux quant aux procédures d'entrée aux États-Unis et aux formalités douanières. Il renferme aussi plusieurs indications générales qui pourront vous être utiles lors de vos déplacements. Nous vous souhaitons un excellent voyage dans le Sud-Ouest américain!

Formalités d'entrée

> Passeport et visa

Pour entrer aux États-Unis, les citoyens canadiens ont besoin d'un passeport.

Les résidents d'une trentaine de pays dont la France, la Belgique et la Suisse, en voyage d'agrément ou d'affaires, n'ont plus besoin d'être en possession d'un visa pour entrer aux États-Unis à condition de:

- avoir un billet d'avion aller-retour;
- présenter un passeport électronique sauf s'ils possèdent un passeport individuel à lecture optique en cours de validité et émis au plus tard le 25 octobre 2005; à défaut, l'obtention d'un visa sera obligatoire;
- projeter un séjour d'au plus 90 jours (le séjour ne peut être prolongé sur place: le visiteur ne peut changer de statut, accepter un emploi ou étudier);
- présenter des preuves de solvabilité (carte de crédit, chèques de voyage);
- remplir le formulaire de demande d'exemption de visa (formulaire I-94W) remis par la compagnie de transport pendant le vol;
- le visa est toujours nécessaire pour certaines catégories de voyageurs (étudiants ou visa précédemment refusé).

Depuis janvier 2009, les ressortissants des pays bénéficiaires du Programme d'exemption de visa doivent obtenir une autorisation de séjour avant d'entamer leur voyage aux États-Unis. Afin d'obtenir cette autorisation, les voyageurs éligibles doivent remplir le questionnaire du Système électronique d'autorisation de voyage (ESTA) au moins 72h avant leur déplacement aux États-Unis. Ce formulaire est disponible gratuitement sur le site Internet administré par le U.S. Department of Homeland Security *(https://esta.cbp.dhs.gov/esta/esta.html)*.

Précaution: les soins hospitaliers étant extrêmement coûteux aux États-Unis, il est conseillé de se munir d'une bonne assurance maladie.

> Douane

Les étrangers peuvent entrer aux États-Unis avec 200 cigarettes (ou 100 cigares) et des achats en franchise de douane (*duty-free*) d'une valeur de 800$US, incluant les cadeaux personnels et un litre d'alcool (vous devez être âgé d'au moins 21 ans pour avoir droit à l'alcool).

Vous n'êtes soumis à aucune limite en ce qui a trait au montant des devises avec lequel vous voyagez, mais vous devrez remplir un formulaire spécial si vous transportez l'équivalent de plus de 10 000$US.

Les médicaments d'ordonnance devraient être placés dans des contenants clairement identifiés en ce sens (il se peut que vous ayez à produire une ordonnance ou une déclaration écrite de votre médecin à l'intention des officiers de douane). La viande et ses dérivés, les denrées alimentaires de toute nature, les graines, les plantes, les fruits et les narcotiques ne peuvent être introduits aux États-Unis.

Si vous décidez de voyager avec votre chien ou votre chat, il vous sera demandé un certificat de santé (document fourni par votre vétérinaire) ainsi qu'un certificat de vaccination contre la rage. Attention, cette vaccination devra avoir été faite au moins 30 jours avant votre départ et ne devra pas dater de plus d'un an.

Pour de plus amples renseignements, adressez-vous au:

United States Customs and Border Protection 1300 Pennsylvania Ave. NW, Washington, DC 20229-0002, ☎ 202-354-1000, www.customs.gov

Accès et déplacements

➤ En avion

La plupart des compagnies aériennes proposent des vols réguliers sur les grandes villes de l'ouest des États-Unis comme Los Angeles, San Francisco, Salt Lake City, Denver et Las Vegas.

Aéroports

Le Sud-Ouest américain compte plusieurs aéroports internationaux, notamment le **Los Angeles International Airport** (voir p. 119), le **San Diego International Airport** (voir p. 80), le **San Francisco International Airport** (voir p. 263), le **McCarran International Airport** de Las Vegas (voir p. 571), le **Phoenix Sky Harbor International Airport** (voir p. 362), l'**Albuquerque International Sunport** (voir p. 451), le **Denver International Airport** (voir p. 485) et le **Salt Lake City International Airport** (voir p. 527).

Pour de l'information détaillée sur les aéroports de chacune des régions du Sud-Ouest américain, référez-vous aux sections «Accès et déplacements» des chapitres correspondants.

➤ En voiture

Le bon état général des routes fait de la voiture un moyen de transport idéal pour visiter le Sud-Ouest américain en toute liberté. Cependant, la location d'un véhicule utilitaire sport (appelé *Sport Utility Vehicule* ou *S.U.V.* aux États-Unis), qui peut aussi bien faire de longs périples sur les autoroutes qu'emprunter des routes de terre, est conseillée, les agences de location locales louant d'ailleurs principalement ce type de véhicule. Dans les parcs du sud de l'Utah et à Monument Valley, en Arizona, ce choix s'avère judicieux pour aller au plus près des sites. Par ailleurs, vous trouverez facilement de très bonnes cartes routières dans les librairies de voyage ou, une fois rendu sur place, dans les stations-service.

Quelques conseils

Permis de conduire: en règle générale, les permis de conduire européens sont valides. Les visiteurs canadiens n'ont pas besoin de permis international, et leur permis de conduire est tout à fait valable aux États-Unis. Soyez averti que plusieurs États sont reliés par système informatique avec les services de police du Québec pour le contrôle des infractions routières. Aussi, une contravention émise aux États-Unis est-elle automatiquement reportée au dossier au Québec.

Code de la route: attention, il n'y a pas de priorité à droite. Ce sont les panneaux de signalisation qui indiquent la priorité à chaque intersection. Ces panneaux marqués *Stop* sur fond rouge sont à respecter scrupuleusement!

Vous verrez fréquemment un genre de stop au bas duquel figure un petit rectangle rouge dans lequel il est inscrit *4-Way*. Cela signifie, bien entendu, que tout le monde doit marquer l'arrêt et qu'aucune voie n'est prioritaire. Il faut que vous marquiez l'arrêt complet, même s'il vous semble n'y avoir aucun danger apparent. Si deux voitures arrivent en même temps à l'un de ces arrêts, la règle de la priorité à droite prédomine. Dans les autres cas, la voiture arrivée la première passe.

Les feux de circulation se trouvent le plus souvent de l'autre côté de l'intersection. Faites attention où vous marquez l'arrêt.

Lorsqu'un autobus scolaire (de couleur jaune) est à l'arrêt (feux clignotants allumés), vous devez obligatoirement vous arrêter, quelle que soit votre direction. Le manquement à cette règle est considéré comme une faute grave!

Le port de la ceinture de sécurité est obligatoire.

L'usage des autoroutes est gratuit, sauf en ce qui concerne la plupart des Interstate Highways, désignées par la lettre *I*, suivie d'un numéro. Les panneaux indicateurs se reconnaissent à leur forme presque arrondie (le haut du panneau est découpé de telle sorte qu'il fait deux vagues) et à leur couleur bleue. Sur ce fond bleu, le numéro de l'Interstate ainsi que le nom de l'État traversé sont inscrits en blanc. Au haut du panneau figure la mention *Interstate* sur fond rouge.

La vitesse est limitée à 55 mph (88 km/h) sur la plupart des grandes routes. Le panneau de signalisation de ces grandes routes se reconnaît à sa forme carrée, bordée de noir et dans lequel le numéro de la route est largement inscrit en noir sur fond blanc.

Sur les Interstate Highways, la limite de vitesse monte à 65 mph (104 km/h).

Le panneau triangulaire rouge et blanc où vous pouvez lire la mention *Yield* signifie que vous devez ralentir et céder le passage aux véhicules qui croisent votre chemin.

La limite de vitesse vous sera annoncée par un panneau routier de forme carrée et de couleurs blanche et noire sur lequel est inscrit *Speed Limit*, suivi de la vitesse limite autorisée. En Californie, votre conduite ne doit pas gêner les autres véhicules, à savoir que vous devez respecter la limite de vitesse, mais aussi rouler à la même vitesse que les autres voitures, afin de ne pas perturber le trafic en circulant trop lentement.

Le panneau rond et jaune, barré d'une croix en *X* noire et de deux lettres *R*, indique un passage à niveau.

Postes d'essence: les États-Unis étant un pays producteur de pétrole, l'essence est nettement moins chère qu'en Europe, voire qu'au Québec et au Canada, en raison des taxes moins élevées.

Location de voitures: de nombreuses agences de voyages travaillent avec les agences de location de voitures les plus connues (Avis, Budget, Hertz et autres) et offrent des promotions avantageuses, souvent accompagnées de primes (par exemple: réductions pour spectacles).

Vérifiez si le contrat comprend le kilométrage illimité ou non et si l'assurance proposée vous couvre complètement (accident, frais d'hospitalisation, passagers, vol de la voiture et vandalisme).

En général, les meilleurs tarifs sont obtenus en réservant à l'avance, aux centrales de réservation internationales des différentes agences (même pour prendre une voiture dans votre propre ville). Afin de garantir le tarif qui vous est proposé par téléphone, faites-vous envoyer une confirmation par courriel ou télécopieur.

Pour les voyageurs au long cours, sachez qu'il n'est généralement pas avantageux de louer une voiture à un endroit pour ensuite la rendre à un autre, les grandes agences de location de la région faisant souvent payer les frais de rapatriement des véhicules vers leur point d'origine (par exemple, environ 200$ entre Phoenix et L.A.). Pensez donc à planifier un circuit en boucle qui vous permettra de remettre la voiture à votre point de départ.

Il faut avoir au moins 21 ans et posséder son permis depuis au moins un an pour louer une voiture. De plus, si vous avez entre 21 et 25 ans, certaines agences (ex.: Avis, Thrifty, Budget) vous imposeront une franchise collision de 500$ et parfois un supplément journalier. À partir de l'âge de 25 ans, ces conditions ne s'appliquent plus. Une carte de crédit est indispensable pour le dépôt de la garantie.

Dans la majorité des cas, les voitures louées sont dotées d'une transmission automatique. Vous pouvez, si vous le préférez, demander une transmission manuelle. Les sièges de sécurité pour enfants sont en supplément dans la location.

› En autocar

Après la voiture, l'autocar constitue le meilleur moyen de locomotion. Bien organisé et peu cher, le transport par autocar permet d'accéder à la majeure partie du Sud-Ouest américain.

Pour obtenir les horaires et les destinations desservies, contactez la compagnie **Greyhound** *(☎ 800-231-2222, www.greyhound.com).*

Les Québécois peuvent faire leur réservation directement à Montréal auprès de la compagnie Greyhound, à la **Station centrale** *(505 boul. De Maisonneuve E., ☎ 514-843-4231 ou 800-661-8747, www.greyhound.ca).*

Il est interdit de fumer sur toutes les lignes. En général, les enfants de cinq ans et moins sont transportés gratuitement. Les personnes de 60 ans et plus ont droit à d'importants rabais. Les animaux ne sont pas admis.

› En train

Aux États-Unis, le train ne constitue pas toujours le moyen de transport le moins cher, et il n'est sûrement pas le plus rapide. Cependant, il peut être intéressant pour les grandes distances, car il procure un bon confort (essayez d'obtenir une place dans les voitures panoramiques pour profiter au maximum du paysage).

Quelques-uns des plus beaux parcours ferroviaires des États-Unis traversent les régions couvertes par ce guide:

Le *California Zephyr*, qui part de Chicago et passe par Omaha, dessert Denver (Colorado), Salt Lake City (Utah) et arrive à Emeryville, près de San Francisco (Californie). Cette ligne, que plusieurs considèrent comme le parcours ferroviaire le plus spectaculaire des États-Unis, offre un service quotidien à l'aller et au retour.

Le *Coast Starlight*, qui part de Seattle et passe par Portland, dessert Sacramento, Emeryville, à proximité de San Francisco, Oakland, San Jose, Santa Barbara et Los Angeles (Californie). Service quotidien dans les deux sens.

Le *Southwest Chief*, qui part de Chicago et passe par Kansas City, dessert Albuquerque (Nouveau-Mexique) et Flagstaff (Arizona) pour terminer sa route à Los Angeles (Californie). Entre Albuquerque et Gallup (Nouveau-Mexique) un guide amérindien commente le parcours dans le compartiment-bar. Service quotidien dans les deux sens.

En Californie, le *Pacific Surfliner* permet de gagner San Diego depuis San Luis Obispo. Plusieurs départs chaque jour.

Le *Sunset Limited* relie Tucson (Arizona) à Los Angeles (Californie) trois fois par semaine.

En Californie, le *Capitol Corridor* relie plusieurs fois par jour Sacramento à San Jose en passant par Emeryville (près de San Francisco) et Oakland.

Également en Californie, le *San Joaquin* part plusieurs fois par jour d'Oakland ou Sacramento et descend vers le sud jusqu'à Bakersfield en passant par Fresno.

Pour obtenir les horaires et les destinations desservies, communiquez avec la société **Amtrak**, la propriétaire du réseau ferroviaire américain *(☎ 800-872-7245, www.amtrak.com)*.

Depuis la France, on peut réserver des billets de train pour les États-Unis:

Amtrak: ☎ 01 53 25 03 56, amtrak@interfacetourism.com

Renseignements utiles, de A à Z

➤ Aînés

Aux États-Unis, les gens âgés de 65 ans et plus peuvent profiter de toutes sortes d'avantages tels que des réductions importantes sur les droits d'accès aux musées et à diverses attractions, et des rabais dans les hôtels et les restaurants. Bien souvent, les tarifs réduits ne sont guère publicisés. Il ne faut donc pas se gêner pour s'en informer.

Par ailleurs, soyez particulièrement avisé en ce qui a trait aux questions de santé. En plus des médicaments que vous prenez normalement, glissez votre ordonnance dans vos bagages pour le cas où vous auriez besoin de la renouveler. Songez aussi à transporter votre dossier médical avec vous, de même que le nom, l'adresse et le numéro de téléphone de votre médecin. Assurez-vous enfin que vos assurances vous protègent à l'étranger.

L'**American Association of Retired Persons (AARP)** *(601 E St. NW, Washington, DC 20049, ☎ 888-687-2277, www.aarp.org)* propose des avantages qui incluent souvent des remises sur les voyages organisés.

➤ Ambassades et consulats des États-Unis à l'étranger

Belgique

Ambassade: 27 boulevard du Régent, B-1000 Bruxelles, ☎ 2 811 4000, http://belgium.usembassy.gov

Canada

Ambassade: 490 Sussex Drive, Ottawa, Ontario, K1N 1G8, ☎ 613-688-5335, http://ottawa.usembassy.gov

Consulat: Place Félix-Martin, 1155 rue Saint-Alexandre, Montréal, Québec, H2Z 1Z2, ☎ 514-398-9695, http://quebec.usconsulate.gov

Consulat: 2 rue de la Terrasse-Dufferin, Québec, Québec, G1R 4T9, ☎ 418-692-2095

France

Ambassade: 2 avenue Gabriel, 75382 Paris Cedex 08, ☎ 01 43 12 22 22, http://french.france.usembassy.gov

Consulat: 10 Place de la Bourse, B.P. 77, 33025 Bordeaux Cedex, ☎ 05 56 48 63 80

Consulat: 12 Place Varian Fry, 13006 Marseille, ☎ 04 91 54 92 00

Consulat: 7 avenue Gustave V, 06000 Nice, ☎ 04 93 88 89 55

Suisse

Ambassade: Sulgeneckstrasse 19, 3007 Berne, ☎ 031-357-7011, http://bern.usembassy.gov

› Ambassades et consulats étrangers aux États-Unis

Belgique

Ambassade: 3330 Garfield St. NW, Washington, DC 20008, ☎ 202-333-6900, www.diplobel.us

Consulat: 6100 Wilshire Blvd., Suite 1200, Los Angeles, CA 90048, ☎ 323-857-1244

Consulat: 1900 Wazee St., Suite 300, Denver, CO 80202, ☎ 303-295-9703

Canada

Ambassade: 501 Pennsylvania Ave. NW, Washington, DC 20001, ☎ 202-682-1740, www.canadianembassy.org

Consulat: 550 S. Hope St., 9th Floor, Los Angeles, CA, 90071-2627, ☎ 213-346-2700

Délégation du Québec à Los Angeles: 10940 Wilshire Blvd., Suite 720, Los Angeles, CA 90024, ☎ 310-824-4173, www.quebec-losangeles.org

Consulat: 402 W. Broadway, Suite 400, San Diego, California 92101, ☎ 619-615-4286

Consulat: 1625 Broadway, Suite 2600, Denver, CO 80202, ☎ 303-626-0640

Consulat: 2415 E. Camelback Rd., Suite 700, Phoenix, AZ 85016, ☎ 602-508-3572

Consulat: 1840 E. River Rd., Suite 200, Tucson, AZ 85718, ☎ 520-622-3641

France

Ambassade: 4101 Reservoir Rd. NW, Washington, DC 20007, ☎ 202-944-6000, http://fr.ambafrance-us.org

Consulat: 10390 Santa Monica Blvd., Suite 410, Los Angeles, CA 90025, ☎ 310-235-3200, www.consulfrance-losangeles.org

Consulat: 540 Bush St., San Francisco, CA 94108, ☎ 415-397-4330, www.consulfrance-sanfrancisco.org

Suisse

Ambassade: 2900 Cathedral Ave. NW, Washington, DC 20008, ☎ 202-745-7900, www.swissemb.org

Consulat: 456 Montgomery St., Suite 1500, San Francisco, CA 94104-1233, ☎ 415-788-2272

Consulat: 7320 E. Shoeman Ln., Suite 201, Scottsdale, AZ 85251-3359, ☎ 480-329-4705

Consulat: 2810 Lliff St., Boulder, CO 80303, ☎ 303-499-5641

› Animaux de compagnie

La tolérance envers les animaux de compagnie varie d'un État à l'autre. Ils sont tous interdits dans les restaurants.

Le pictogramme 🐕 symbolisant les animaux de compagnie se retrouve dans la liste des services des établissements hôteliers où ils sont admis. Quelquefois, il y a de petits frais supplémentaires ou quelques restrictions quant à la taille de l'animal. Pour la sécurité de votre animal et pour celle de ceux qui loueront la chambre après vous, assurez-vous que votre animal a subi un bon traitement contre les puces à l'aide d'un produit fiable (disponible auprès de votre vétérinaire) avant de l'emmener dans un établissement hôtelier.

› Argent et services financiers

La monnaie

L'unité monétaire est le dollar ($US), divisé en 100 cents. Il existe des billets de banque de 1, 5, 10, 20, 50 et 100 dollars, de même que des pièces de 1 (*penny*), 5 (*nickel*), 10 (*dime*) et 25 (*quarter*) cents.

Il est à noter que tous les prix mentionnés dans le présent ouvrage sont en dollars américains.

Sachez qu'aucun achat ou service ne peut être payé en devises étrangères aux États-Unis. Songez donc à vous procurer des chèques de voyage en dollars américains. Vous pouvez également utiliser toute carte de crédit affiliée à une institution américaine, comme Visa, MasterCard, American Express, la Carte Bleue, Interbank et Barclay Card.

Taux de change

1$US	=	1,02$CA
1$US	=	0,74€
1$US	=	0,98FS
1$CA	=	0,98$US
1€	=	1,35$US
1FS	=	1,02$US

N.B. Les taux de change peuvent fluctuer en tout temps.

Les banques et le change

Les banques sont généralement ouvertes de 9h à 17h du lundi au jeudi, et parfois jusqu'à 18h le vendredi. Certaines banques sont aussi ouvertes le samedi de 9h à 14h ou 15h. Il existe de nombreuses banques, et la plupart des services courants sont rendus aux touristes. Pour ceux qui ont choisi un long séjour, notez qu'un non-résident ne peut ouvrir un compte bancaire courant. Pour avoir de l'argent liquide, la meilleure solution demeure encore d'être en possession de chèques de voyage. Le retrait de votre compte à l'étranger constitue une solution coûteuse, car les frais de commission sont élevés. Par contre, plusieurs guichets automatiques (distributeurs de billets) accepteront votre carte de banque européenne, canadienne ou québécoise, et vous pourrez alors faire un retrait de votre compte directement. Les personnes qui ont obtenu le statut de résident, permanent ou non (immigrants, étudiants), peuvent ouvrir un compte de banque. Il leur suffira, pour ce faire, de montrer leur passeport ainsi qu'une preuve de leur statut de résident.

La plupart des banques changent facilement les devises européennes et canadiennes, mais presque toutes demandent des frais de change. En outre, vous pouvez vous adresser à des bureaux ou comptoirs de change qui, en général, n'exigent aucune commission. Ces bureaux ont souvent des heures d'ouverture plus longues. La règle à retenir: se renseigner et comparer.

Les chèques de voyage

Il peut être plus prudent de garder une partie de votre argent en chèques de voyage. Ceux-ci sont parfois acceptés dans les restaurants, les hôtels ainsi que certaines boutiques. En outre, ils sont facilement encaissables dans les banques et les bureaux de change du pays. Il est conseillé de garder à part une copie des numéros de vos chèques, car, si vous les perdez, la compagnie émettrice pourra vous les remplacer plus facilement et plus rapidement. Cependant, ne comptez pas seulement sur eux et ayez toujours des espèces sur vous.

Les cartes de crédit

La carte de crédit est acceptée un peu partout, tant pour les achats de marchandises que pour la note d'hôtel ou l'addition au restaurant. Elle vous permettra, par exemple lors de la location d'une voiture, de constituer une garantie. De plus, le taux de change est généralement plus avantageux. Les plus utilisées sont Visa, MasterCard et American Express.

Il est possible de retirer de l'argent directement de la plupart des guichets automatiques (distributeurs de billets) si vous possédez un numéro d'identification personnel (NIP) pour votre carte.

› Assurances

Annulation

Cette assurance est normalement offerte par l'agent de voyages au moment de l'achat du billet d'avion ou du forfait. Elle permet le remboursement du billet ou forfait dans le cas où le voyage doit être annulé en raison d'une maladie grave ou d'un décès.

Maladie

Sans doute la plus utile pour les voyageurs, l'assurance maladie doit être achetée avant de partir en voyage. La couverture de cette police d'assurance doit être aussi complète que possible, car, à l'étranger, le coût des soins peut s'élever rapidement. Au moment de l'achat de la police, il faudrait veiller à ce qu'elle couvre bien les frais médicaux de tout ordre, comme l'hospitalisation, les services infirmiers et les honoraires des médecins (jusqu'à concurrence d'un montant assez élevé, car ils sont chers). Une clause de rapatriement, pour le cas où, pour une raison ou une autre, les soins requis ne pourraient être administrés sur place, est précieuse. En outre, il peut arriver que vous ayez à débourser le coût des soins en quittant la clinique. Il faut donc vérifier ce que prévoit la police en pareil cas. Durant votre séjour, vous devriez toujours garder sur vous la preuve que vous avez contracté une assurance maladie, ce qui vous évitera bien des ennuis si par malheur vous en avez besoin.

Vol

La plupart des assurances habitation au Québec protègent une partie des biens contre le vol, même si celui-ci a lieu à l'étranger. Pour faire une réclamation, il faut avoir un rapport de police. Comme tout dépend des montants couverts par votre police d'assurance habitation, il n'est pas toujours utile de prendre une assurance supplémentaire. Les visiteurs européens, pour leur part, doivent vérifier si leur police protège leurs biens à l'étranger, car ce n'est pas automatiquement le cas.

› Attraits touristiques

Chacun des chapitres de ce guide vous entraîne à travers le Sud-Ouest américain. Y sont abordés les principaux attraits touristiques, suivis d'une description historique et culturelle. Les attraits sont cotés selon un système d'étoiles vous permettant de faire un choix si le temps vous y oblige.

★	Intéressant
★★	Vaut le détour
★★★	À ne pas manquer

Le nom de chaque attrait est suivi d'une parenthèse qui vous donne ses coordonnées. Le prix qu'on y retrouve est le droit d'entrée pour un adulte. Informez-vous car plusieurs endroits offrent des rabais aux enfants, étudiants, aînés et familles. Plusieurs de ces attraits sont accessibles seulement pendant la saison touristique, tel qu'indiqué dans cette même parenthèse. Cependant, même hors saison, certains de ces établissements accueillent les visiteurs sur demande, surtout en groupe.

› Bars et boîtes de nuit

Certains établissements nocturnes exigent des droits d'entrée, particulièrement lorsqu'il y a un spectacle. Le pourboire n'y est pas obligatoire et est laissé à la discrétion de chacun; le cas échéant, on appréciera votre geste. Pour les consommations, par contre, un pourboire entre 10% et 15% est de rigueur. L'âge légal pour fréquenter les débits de boissons et consommer de l'alcool est de 21 ans partout aux États-Unis. Attendez-vous à vous faire demander vos papiers en tout temps pour avoir accès à ces établissements.

› Climat

Quand visiter le Sud-Ouest américain?

En raison de leur éloignement et du relief parfois accidenté, les États du Sud-Ouest américain présentent une multitude de climats qui varient en fonction des saisons et de leur situation géographique respective. Il fait évidemment plus chaud en plein désert du Nevada durant le mois de juillet que sur les flancs des montagnes de l'Utah Olympic Park.

› Décalage horaire

L'**Arizona**, le **Colorado**, le **Nouveau-Mexique** et l'**Utah** se trouvent dans la zone appelée Mountain Time (GMT –7) et ont deux heures de décalage avec Montréal. Le décalage horaire pour la France, la Belgique ou la Suisse est de huit heures.

La **Californie** et le **Nevada** se trouvent dans la zone appelée Pacific Time (GMT –8) et ont trois heures de décalage avec Montréal et neuf heures de décalage avec la France, la Belgique et la Suisse. Une partie du Nevada se trouve aussi dans la zone appelée Mountain Time (GMT -7).

Attention cependant aux changements d'heures, qui ne se font pas aux mêmes dates qu'en Europe : aux États-Unis et au Canada, l'heure d'hiver entre en vigueur le premier dimanche de novembre (on recule d'une heure) et prend fin le deuxième dimanche de mars (on avance d'une heure).

› Drogues

Les drogues sont absolument interdites (même les drogues dites «douces»). Aussi bien les consommateurs que les distributeurs risquent de très gros ennuis s'ils sont trouvés en possession de drogues.

➤ Électricité

Partout aux États-Unis et en Amérique du Nord, la tension électrique est de 110 volts et de 60 cycles (Europe: 220 volts et 50 cycles); aussi, pour utiliser des appareils électriques européens, devrez-vous vous munir d'un convertisseur de courant adéquat.

Les fiches d'électricité sont plates, et vous pourrez trouver des adaptateurs sur place ou, avant de partir, vous en procurer dans une boutique d'articles de voyage ou dans une librairie de voyage.

➤ Hébergement

Le Sud-Ouest américain propose vraiment toute la gamme d'hôtels possible, des petites auberges aux hôtels les plus luxueux, où se rencontrent un respect de l'architecture traditionnelle et une élégance contemporaine. En plus, la formule des *bed and breakfasts* est disponible presque partout. On retrouve souvent ces gîtes touristiques aménagés dans de jolies maisons traditionnelles harmonieusement décorées. Généralement, ils comptent moins de 12 chambres. Par ailleurs, l'abondance de motels le long des autoroutes permet aux voyageurs de trouver des chambres à des prix très abordables et parmi les moins chères aux États-Unis. De même, les campings sont légion: la grande majorité des parcs nationaux et d'État ont un ou plusieurs campings, et vous trouverez à proximité des villes de nombreux terrains privés qui offrent généralement plus de services (piscine, terrains de jeu, etc.), mais qui peuvent aussi s'avérer moins tranquilles et plutôt adaptés aux véhicules récréatifs.

À l'autre extrémité de l'échelle des prix se retrouvent les hôtels de très grand luxe. Ces établissements donnent la possibilité de pratiquer plusieurs activités (excursions à cheval, golf, tennis, etc.) et peuvent parfois renfermer de très bons restaurants.

Le confort est proportionnel au prix. Peu importe vos goûts ou votre budget, cet ouvrage saura sûrement vous aider avec ses sections régionales. Rappelez-vous que les chambres peuvent devenir rares et les prix s'élever dans la majeure partie de la région durant la haute saison, soit l'hiver. Les voyageurs qui désirent visiter le Sud-Ouest américain durant la haute saison devraient réserver à l'avance ou arriver tôt dans la journée.

Prix et symboles

L'échelle utilisée dans ce guide donne des indications de prix pour une chambre standard pour deux personnes, avant taxe, en vigueur durant la haute saison.

$	moins de 75$
$$	de 75$ à 125$
$$$	de 126$ à 200$
$$$$	plus de 200$

Les tarifs d'hébergement sont souvent inférieurs aux prix mentionnés dans le guide, particulièrement si vous y séjournez en basse saison.

Les divers services offerts par chacun des établissements hôteliers sont indiqués à l'aide d'un petit symbole qui est expliqué dans la liste des symboles se trouvant dans les premières pages de ce guide. Rappelons que cette liste n'est pas exhaustive quant aux services offerts par chacun des établissements hôteliers, mais qu'elle représente les services les plus demandés par leur clientèle.

Il est à noter que la présence d'un symbole ne signifie pas que toutes les chambres du même établissement hôtelier offrent ce service; vous aurez à payer quelquefois des frais supplémentaires pour avoir, par exemple, une baignoire à remous dans votre chambre. De même, si le symbole n'est pas attribué à l'établissement hôtelier, cela signifie que celui-ci ne peut pas vous offrir ce service. Il est à noter que, sauf indication contraire, tous les établissements hôteliers inscrits dans ce guide offrent des chambres avec salle de bain privée.

Label Ulysse

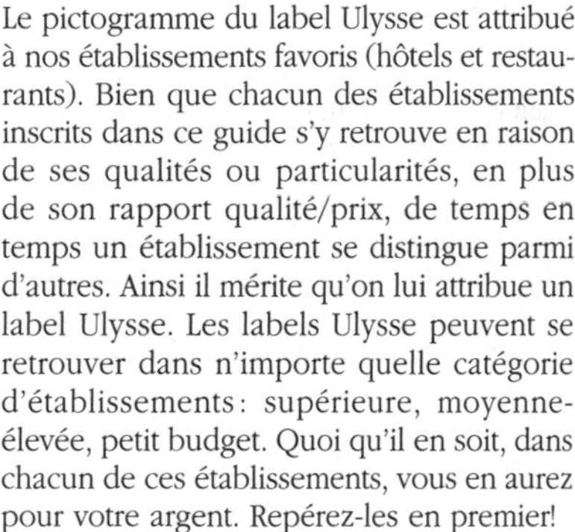

Le pictogramme du label Ulysse est attribué à nos établissements favoris (hôtels et restaurants). Bien que chacun des établissements inscrits dans ce guide s'y retrouve en raison de ses qualités ou particularités, en plus de son rapport qualité/prix, de temps en temps un établissement se distingue parmi d'autres. Ainsi il mérite qu'on lui attribue un label Ulysse. Les labels Ulysse peuvent se retrouver dans n'importe quelle catégorie d'établissements: supérieure, moyenne-élevée, petit budget. Quoi qu'il en soit, dans chacun de ces établissements, vous en aurez pour votre argent. Repérez-les en premier!

Horaires

Les commerces sont généralement ouverts du lundi au mercredi de 9h30 à 17h30 (parfois jusqu'à 18h), le jeudi et le vendredi de 10h à 21h et le dimanche de midi à 17h. Les supermarchés ferment en revanche plus tard ou restent même, dans certains cas, ouverts 24 heures sur 24, sept jours par semaine.

Internet

Vous n'aurez aucune difficulté à vous brancher sur Internet pendant votre voyage. Outre les nombreux cafés Internet, la plupart des hôtels, et même les auberges de jeunesse, certains campings et offices de tourisme, offrent une zone d'accès à Internet sans fil (Wi-Fi) à ceux qui possèdent un ordinateur portable.

Jours fériés

Voici la liste des jours fériés aux États-Unis. Notez que la plupart des magasins, services administratifs et banques sont fermés pendant ces jours.

New Year's Day (jour de l'An)
1er janvier

Martin Luther King Day
troisième lundi de janvier

President's Day (anniversaire de George Washington et d'Abraham Lincoln)
troisième lundi de février

Memorial Day (jour du Souvenir)
dernier lundi de mai

Independence Day (fête nationale)
4 juillet

Labor Day (fête du Travail)
premier lundi de septembre

Columbus Day (jour de Colomb)
deuxième lundi d'octobre

Veterans Day (jour des Vétérans et de l'Armistice)
11 novembre

Thanksgiving Day (action de Grâce)
quatrième jeudi de novembre

Christmas Day (Noël)
25 décembre

Parcs nationaux

Le Sud-Ouest américain compte une vingtaine de parcs nationaux, et ces espaces naturels font sans aucun doute partie des plus beaux attraits de cette vaste région. Vous trouverez de l'information détaillée sur tous les parcs mentionnés dans ce guide sur le site Internet du **National Park Service** *(www.nps.gov)*. Si vous comptez visiter plusieurs parcs, il peut être avantageux de vous procurer le laissez-passer **America the Beautiful** *(80$)*, qui vous donne accès à la grande majorité des parcs nationaux pour une durée d'un an. Vous pourrez vous le procurer à l'entrée de n'importe quel parc national, ou directement sur le site Internet *http://store.usgs.gov/pass*. Le site Internet indique le nombre de laissez-passer encore disponibles à la vente.

Personnes à mobilité réduite

Les États-Unis s'efforcent de rendre de plus en plus de destinations accessibles aux personnes à mobilité réduite.

Les organismes suivants sont en mesure de fournir des renseignements utiles aux personnes handicapées qui veulent voyager.

Center for Independent Living: 2539 Telegraph Ave., Berkeley, CA 94704, ☎ 510-841-4776, www.cilberkeley.org

Society for Accessible Travel & Hospitality (SATH): 347 Fifth Ave., Suite 605, New York, NY 10016, ☎ 212-447-7284, www.sath.org

Poste

Les bureaux de poste sont ouverts du lundi au vendredi de 8h à 17h30 (parfois jusqu'à 18h) et le samedi de 8h à midi, voire 14h.

Pourboire

En général, le pourboire s'applique à tous les services rendus à table, c'est-à-dire dans les restaurants ou autres endroits où l'on vous sert à table (la restauration rapide n'entre donc pas dans cette catégorie). Il est aussi de rigueur dans les bars et les boîtes de nuit; les chasseurs d'hôtel, les femmes de chambre et les chauffeurs de taxi s'attendent aussi à recevoir un pourboire. Les porteurs dans les aéroports et les hôtels reçoivent généralement 1$ par bagage.

Selon la qualité du service rendu, il faut compter de 15% à 20% de pourboire sur le montant avant les taxes. Il n'est pas, comme en Europe, inclus dans l'addition, et le client doit le calculer lui-même et le remettre à la serveuse ou au serveur; service et pourboire sont une même et seule chose en Amérique du Nord.

➤ Renseignements touristiques

La plupart des localités disposent d'une chambre de commerce ou d'un office de tourisme. Vous en trouverez, au besoin, les coordonnées dans les différents chapitres de ce guide.

Pour les Francais:

Visit USA Committee: ☎ 08 99 70 24 70 (frais d'appel), www.office-tourisme-usa.com

➤ Restaurants

Dans chacun des chapitres, les restaurants sont regroupés par régions et listés par ordre de prix, des moins chers aux plus chers. Sauf indication contraire, les prix mentionnés dans ce guide s'appliquent à un repas pour une personne, excluant les boissons, les taxes et le pourboire.

***$*** moins de 15$
***$$*** de 15$ à 25$
***$$$*** de 26$ à 40$
***$$$$*** plus de 40$

Pour comprendre la signification du label Ulysse qui est accolé à nos restaurants favoris, reportez-vous à la page 71.

➤ Santé

Pour les personnes en provenance d'Europe, du Québec ou d'ailleurs au Canada, aucun vaccin n'est nécessaire. D'autre part, il est vivement recommandé, en raison du prix élevé des soins, de souscrire à une bonne assurance maladie-accident. Il existe différentes formules, et nous vous conseillons de les comparer. Emportez vos médicaments, surtout ceux qui exigent une ordonnance.

L'eau du robinet est en général potable, sauf indication contraire. Dans certaines parties du sud de la Californie, elle est réputée être de moins bonne qualité, essentiellement en raison de la vétusté des canalisations. Pour pallier ce problème, les petites et grandes surfaces vendent des articles permettant de filtrer votre eau. Vous pourrez également vous procurer des contenants (gourdes) avec des mini-filtres incorporés.

➤ Sécurité

Dans les grandes villes, il peut être préférable de s'enquérir, dès son arrivée, des quartiers qu'il vaut mieux s'abstenir de visiter à n'importe quelle heure du jour et de la nuit. En prenant les précautions courantes, il n'y a malgré tout pas lieu d'être inquiet outre mesure pour sa sécurité. Si toutefois la malchance était avec vous, n'oubliez pas que le numéro de secours est le 911, ou le 0 en passant par le téléphoniste.

➤ Taxes

Contrairement à l'Europe, les prix affichés le sont **hors taxes** dans la majorité des cas. Une taxe sur les produits et services est en vigueur dans presque tous les États américains (exceptés l'Alaska, le Delaware, le Montana, le New Hampshire et l'Oregon). Dans le Sud-Ouest américain, elle peut varier de 2,9% (Colorado) à 8,25% (Californie). Pour la majorité des villes, une taxe locale est ajoutée à celle de l'État. Veuillez noter que ces taxes fluctuent régulièrement et peuvent différer d'une ville à l'autre.

Taxes d'État
Arizona 5,6%
Californie 8,25%
Colorado 2,9%
Nevada 6,85%
Nouveau-Mexique 5,125%
Utah 4,7%

➤ Télécommunications

Le système téléphonique est extrêmement performant aux États-Unis. Malgré la prédominance des téléphones cellulaires, on trouve encore des cabines téléphoniques fonctionnant à l'aide de pièces de monnaie ou de cartes d'appel.

Par ailleurs, les hôtels sont la plupart du temps équipés de télécopieurs et d'une zone d'accès à Internet. Il vous en coûtera plus cher de téléphoner de votre hôtel que depuis une cabine téléphonique. Méfiez-vous des frais parfois exorbitants exigés dans certains établissements hôteliers. Avant d'effectuer vos appels, renseignez-vous bien de leur politique de facturation.

Tout au long du présent ouvrage, vous apercevrez aussi des numéros de téléphone dont le préfixe est 800, 866, 877 ou 888. Il s'agit alors de numéros sans frais, en général accessibles depuis tous les coins de l'Amérique du Nord.

Pour téléphoner au Québec depuis les États-Unis, il faut composer le **1**, suivi de l'indicatif régional et du numéro de sept chiffres. Pour atteindre la France, faites le **011-33** puis le numéro complet en omettant le premier chiffre. Pour téléphoner en Belgique, composez le **011-32**, l'indicatif régional puis le numéro de votre correspondant en omettant le premier zéro. Pour appeler en Suisse, faites le **011-41**, l'indicatif régional puis le numéro de votre correspondant.

➤ Voyager en famille

Il est aujourd'hui facile de voyager avec des enfants, aussi petits soient-ils. Bien sûr, quelques précautions et une bonne préparation rendront le séjour plus agréable.

Les établissements hôteliers

Nombre d'établissements hôteliers sont équipés pour recevoir adéquatement les enfants. Généralement, pour garder un tout-petit dans sa chambre, il n'y a pas de frais supplémentaires. Plusieurs hôtels et gîtes disposent de lits de bébé; demandez le vôtre au moment de faire la réservation. Il se peut que vous ayez à payer un léger supplément pour les enfants. Les établissements hôteliers et les restaurants des États-Unis offrent très souvent des forfaits intéressants aux familles (p. ex.: repas gratuit avec achat d'un repas pour adulte). Informez-vous.

Lorsque vous avez une sortie en soirée, plusieurs hôtels sont à même de vous fournir une liste de gardiennes d'enfants dignes de confiance. Vous pouvez également confier vos enfants à une garderie; consultez l'annuaire téléphonique et assurez-vous qu'il s'agit bien d'un établissement détenant un permis.

La voiture

La grande majorité des agences de location de voitures loue des sièges de sécurité pour enfants. Ces sièges ne coûtent pas plus d'une vingtaine de dollars pour une semaine.

Le soleil

Faut-il préciser que la peau fragile de bébé a besoin d'une protection bien particulière, et ce, même s'il est préférable de ne jamais l'exposer aux chauds rayons du soleil. Avant d'aller à la plage, enduisez-le d'une crème solaire assurant un écran total (protection 25 pour les enfants, 35 pour les bébés). Dans les cas où l'on craindrait une trop longue exposition, il existe sur le marché des crèmes offrant une protection allant jusqu'à 60.

À tous les âges, une bonne crème solaire assurant un écran total et un chapeau couvrant bien la tête sont nécessaires tout au long de la journée.

La baignade

L'attrait des vagues est très fort pour les enfants qui peuvent s'y amuser pendant des heures. Il faut toutefois faire preuve de beaucoup de prudence et exercer une surveillance constante: un accident est bien vite arrivé. Le mieux qu'on puisse faire, c'est qu'un adulte accompagne les enfants dans l'eau, surtout les plus jeunes, et qu'il se tienne plus loin dans la mer, de manière à ce que les enfants s'ébattent entre lui et la plage. Il pourra ainsi intervenir rapidement en cas de pépin.

Pour les tout-petits, il existe des couches prévues pour aller dans l'eau; elles s'avèrent bien pratiques si l'on désire baigner bébé dans une piscine.

Californie

La Californie

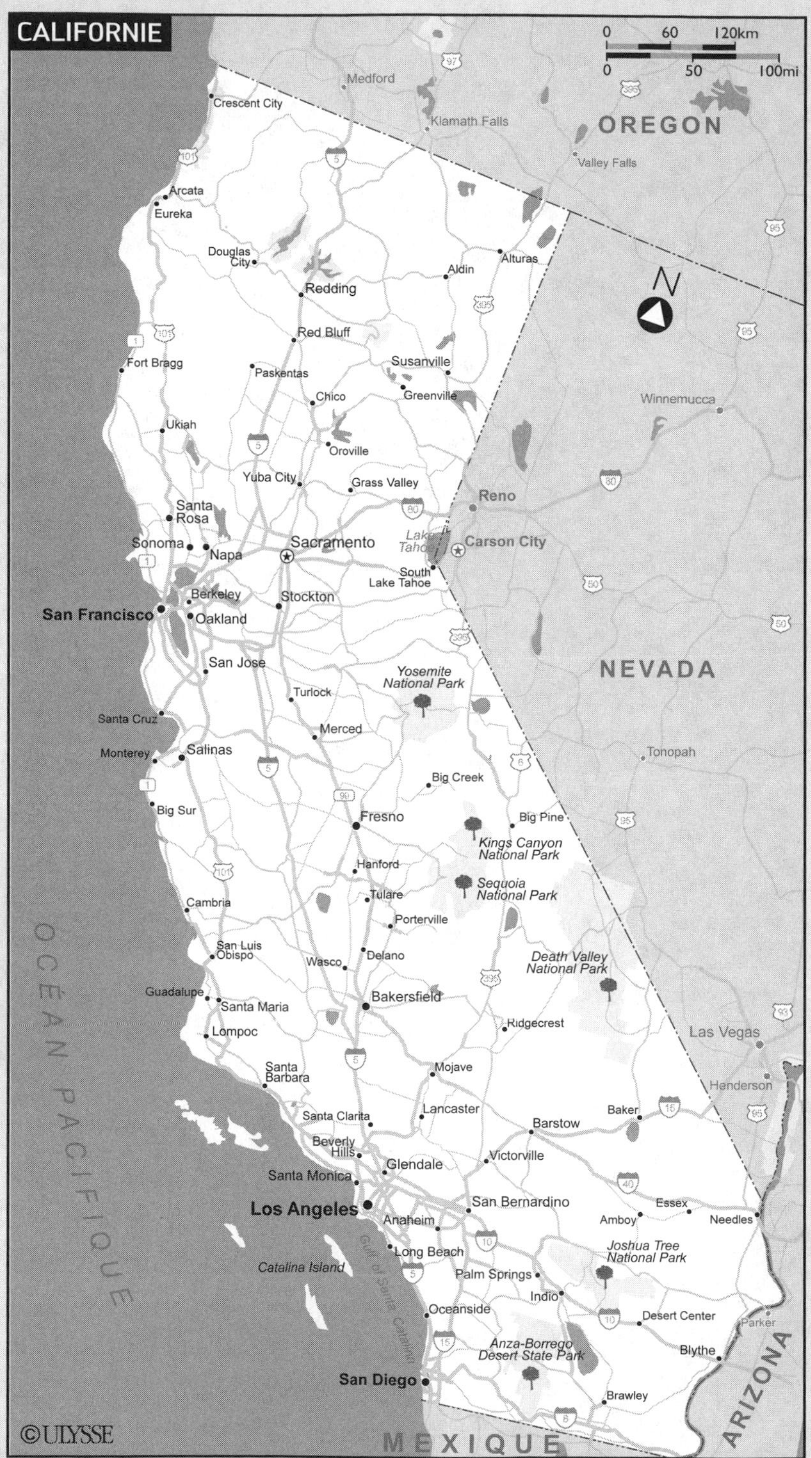
CALIFORNIE
0 60 120km
0 50 100mi
OREGON
NEVADA
ARIZONA
MEXIQUE
OCÉAN PACIFIQUE
Medford
Klamath Falls
Valley Falls
Crescent City
Arcata
Eureka
Douglas City
Redding
Aldin
Alturas
Red Bluff
Fort Bragg
Paskentas
Susanville
Chico
Greenville
Winnemucca
Ukiah
Oroville
Yuba City
Grass Valley
Reno
Santa Rosa
Lake Tahoe
Carson City
Sonoma
Napa
Sacramento
South Lake Tahoe
Berkeley
Stockton
San Francisco
Oakland
San Jose
Yosemite National Park
Turlock
Santa Cruz
Merced
Monterey
Salinas
Tonopah
Big Creek
Big Sur
Fresno
Big Pine
Kings Canyon National Park
Hanford
Sequoia National Park
Tulare
Cambria
Porterville
San Luis Obispo
Delano
Wasco
Death Valley National Park
Guadalupe
Santa Maria
Bakersfield
Ridgecrest
Las Vegas
Lompoc
Henderson
Santa Barbara
Mojave
Lancaster
Baker
Santa Clarita
Barstow
Beverly Hills
Victorville
Glendale
Santa Monica
Los Angeles
San Bernardino
Essex
Anaheim
Amboy
Needles
Joshua Tree National Park
Long Beach
Catalina Island
Gulf of Santa Catalina
Palm Springs
Indio
Oceanside
Desert Center
Parker
Anza-Borrego Desert State Park
Blythe
San Diego
Brawley
©ULYSSE

Vénérée par les uns, détestée par les autres, la Californie, terre des extrêmes et des extravagances, ne laisse certainement personne indifférent. Véritable concentré à la fois du pire et du meilleur de l'Amérique, cet État mythique de la Côte Ouest américaine a su faire rêver des millions de personnes depuis des générations.

Le *Golden State* possède depuis sa fondation une force d'attraction incommensurable, comme nul autre territoire dans les Amériques, voire dans le monde entier. Pionniers, chercheurs d'or, grands poètes, chanteurs, acteurs et sportifs s'y sont retrouvés au fil des générations pour y faire fortune, devenir célèbres, refaire le monde, y trouver l'amour ou simplement pour profiter de son climat clément, et ont fait de cet État une véritable légende à qui le cliché de terre de contrastes sied fort bien. Attirés à l'origine par le climat doux et enivrant ainsi que par les terres fertiles, les premiers pionniers californiens ont créé un territoire à leur image, peuplé aujourd'hui d'entrepreneurs de toute sorte qui cherchent à accomplir leur but trop souvent insaisissable : le rêve américain. Car s'il existe un endroit en apparence paradisiaque où tout semble possible, où le pauvre peut devenir riche en claquant des doigts, où l'illustre inconnu peut se transformer en une célébrité adulée, c'est ici, en Californie. Il n'apparaît donc pas étonnant que des millions de personnes sur le globe fantasment sur cette Amérique mythique, aux énormes voitures rutilantes, aux billets de banque qui poussent dans les arbres, au surf éternel et aux blondes pulpeuses déambulant sur les plages de sable fin. Car souvent, Californie rime avec une certaine Amérique et toutes ses histoires féeriques de *success story*.

La Californie semble familière même à ceux qui n'y ont jamais posé le pied. Nous entretenons avec elle une relation privilégiée, souvent d'amour et de désir. Il est vrai que nous sommes depuis des générations assaillis de mots et d'images nous montrant les multiples facettes de ce grandiose territoire. Décrite par les plus grands auteurs, chantée, peinte et filmée par des générations d'artistes touchés par son caractère unique, la Californie possède certainement l'une des premières places sur le podium des terres légendaires du monde. Qui n'a pas vu, un jour ou l'autre, John Wayne ou quelque autre cowboy bien en selle traversant les grandeurs du désert de Mojave? Peut-on trouver une personne en Occident qui n'ait jamais vu une scène d'une série télévisée se déroulant à Los Angeles? Ou encore qui n'ait été témoin d'une poursuite en voiture dans les rues de San Francisco par l'entremise du petit ou du grand écran? Bien rares sont les gens qui n'ont jamais vu un surfeur ou une blonde au corps de top-modèle partageant leurs histoires de cœur avec des millions de téléspectateurs. La Californie nous apparaît toute proche alors qu'elle est en réalité insaisissable, tant ses dimensions sont impressionnantes, ses facettes multiples et difficiles à cerner. Elle symbolise en apparence la simplicité du rêve américain, de l'Eldorado. Pourtant, elle demeure immensément complexe, tellement que plusieurs s'y noieront et y perdront leur identité. Bienvenue en Californie...

Située sur la côte ouest des États-Unis, la Californie, par sa superficie de 423 970 km², se classe au troisième rang du pays après l'Alaska et le Texas. Son territoire, qui adopte la forme d'un boomerang lancé vers l'Asie, s'étale du nord au sud depuis les immenses forêts de pins de l'État de l'Oregon jusqu'aux terres arides du Mexique, et d'est en ouest des montagnes et des déserts de l'Arizona et du Nevada jusqu'au majestueux océan Pacifique, qui lui offre plus de 2 100 km de littoral. L'océan exerce d'ailleurs une influence importante tant sur le mode de vie de ses habitants que sur son climat. Aucun point de son immense territoire, plus vaste que l'Allemagne, ne se trouve à plus de 400 km de la côte. Depuis les années 1960, la Californie constitue l'État le plus populeux de l'Union, et elle compte aujourd'hui 37 millions d'habitants, soit plus que la population totale du Canada (34 millions), auxquels viennent s'ajouter environ 200 000 immigrants chaque année. Un Américain sur huit habite cette terre mythique, et environ la moitié des Californiens vivent dans la seule grande région de Los Angeles.

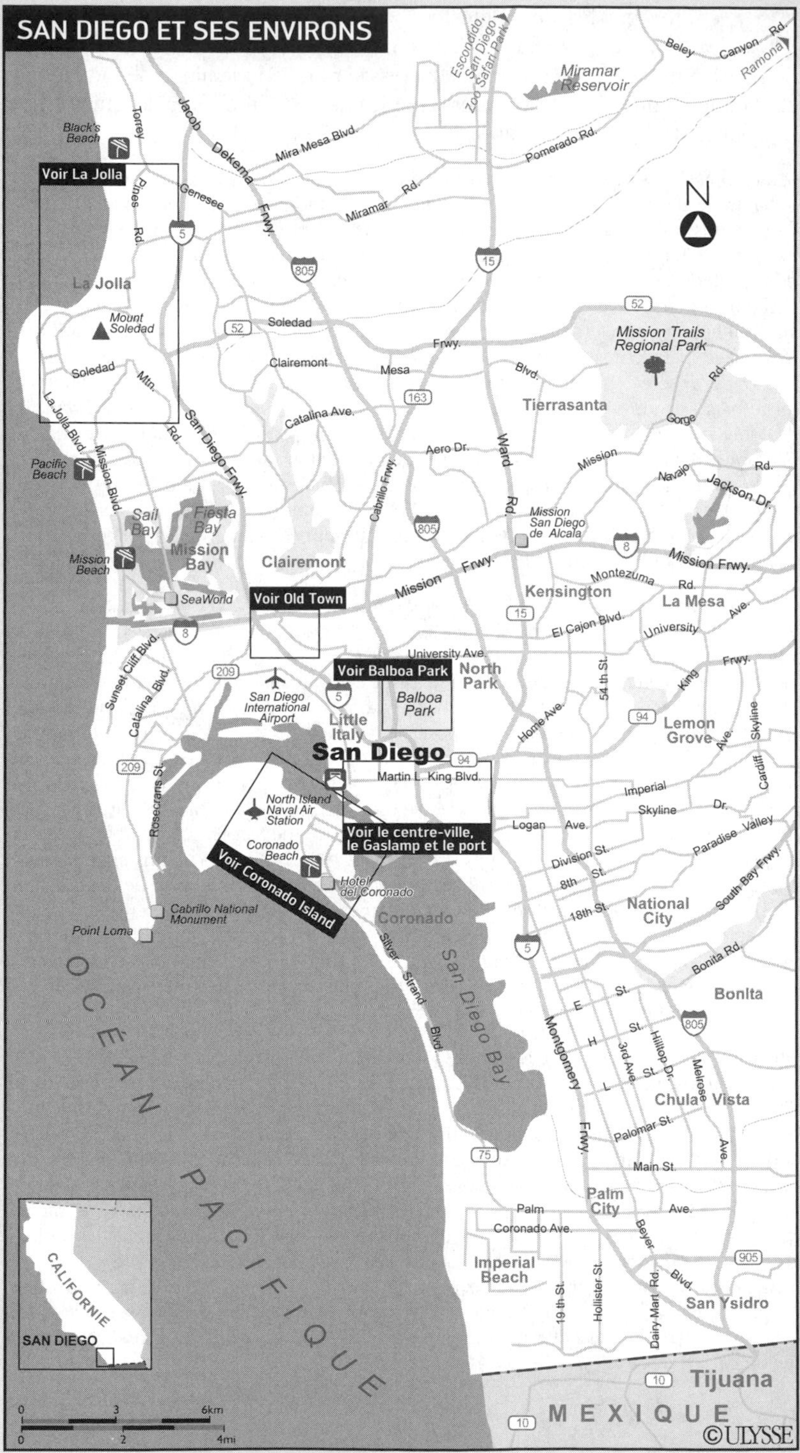

guidesulysse.com

San Diego

Berceau de la Californie, la ville de **San Diego** ★★ semblait promise à une brillante destinée. Premier site d'implantation des explorateurs espagnols en Haute-Californie, l'endroit jouissait et jouit toujours d'un climat incomparable.

San Diego aurait pu profiter de sa situation stratégique à la future frontière des États-Unis et du Mexique, mais elle s'est cependant fait damer le pion, au début du XXe siècle, par ses désormais célèbres cousines que sont Los Angeles et San Francisco. Plusieurs facteurs expliquent le retard de son développement: les difficultés d'irrigation du territoire, toujours un problème de nos jours, et le fait de ne pas avoir pu profiter autant que ses rivales des retombées de la ruée vers l'or.

Lors de sa découverte par les Espagnols en 1542, le site de San Diego était habité par les Dieguenos, une tribu amérindienne pacifique qui vivait depuis des siècles de la cueillette, de la chasse mais surtout de la pêche, se nourrissant essentiellement de poissons et de coquillages.

San Diego devint mexicaine en 1821, à la faveur de l'indépendance du pays. Le nouveau régime implantera le système des *ranchos*, de vastes pâturages offerts aux proches des dirigeants et aux soldats méritants.

En 1848, les États-Unis gagneront la guerre contre le Mexique et annexeront la Californie. San Diego voit une nouvelle fois son système économique, politique et social subir de grands bouleversements.

La ville ne prit réellement son essor que lors de la construction du quartier général des forces navales du Pacifique (Pacific Naval Headquarters) dans les années 1940, la plus grande base navale du monde pendant la Seconde Guerre mondiale. La fin de la guerre froide, au début des années 1980, provoqua de nouveau un ralentissement économique.

Aujourd'hui, San Diego compte près de 1,4 million d'habitants, ce qui en fait la huitième ville en importance aux États-Unis. Elle exerce depuis quelques années une attraction sur la tranche plus âgée de la population du pays. De nombreux retraités aisés, attirés par la qualité de vie de San Diego et son climat, y ont élu domicile. Sécuritaire, moins chère et moins polluée que Los Angeles, San Diego offre le modernisme d'une ville prospère, dans un décor ensoleillé de plages de rêve. Douce revanche...

Les touristes amateurs de culture découvriront une ville dotée d'un riche patrimoine qui foisonne d'activités culturelles et de musées. Les familles y trouveront aussi leur compte avec le zoo de San Diego, le plus important du pays, et son Safari Park, SeaWorld, sans oublier le fameux Legoland et le récent New Children's Museum. Les adeptes du nautisme et les amateurs de golf ne seront pas non plus en reste.

Accès et déplacements

› En avion

Le **San Diego International Airport** *(3225 N. Harbor Dr., ☎ 619-400-2404, www.san.org)* est situé à moins de 5 km au nord-ouest du centre-ville de San Diego. L'approche à l'atterrissage donne une drôle d'impression tant elle semble près du centre-ville. Il s'agit d'un aéroport international moderne comprenant trois terminaux, dont un réservé aux vols vers Los Angeles. Il abrite des bureaux de change, un bureau d'information ainsi que quelques restaurants. La plupart des grands transporteurs aériens font des escales à cet aéroport.

Pour vous rendre au centre-ville, vous avez plusieurs choix: limousines, taxis (comptez une dizaine de dollars), navettes et autobus *(ligne 992; 2,50$; trajet de 15 min, départs environ toutes les 15 min)*. Ils peuvent aussi vous emmener un peu partout dans la région métropolitaine.

➤ En voiture

San Diego se trouve à 130 mi (210 km) au sud de Los Angeles par la route 5; comptez 2h30 de trajet.

La voiture est un bon moyen de transport pour se déplacer à San Diego, car il est relativement facile de se repérer, et la circulation n'y est pas trop dense comme dans les villes de Los Angeles ou San Francisco, bien qu'elle puisse l'être à certains endroits comme sur les grandes artères aux heures de pointe (*commute*).

Location de voitures

La plupart des agences de location se trouvent sur Kettner Boulevard, situé à l'est des terminaux de l'aéroport de San Diego.

Alamo: San Diego International Airport, ✆ 619-297-0311 ou 800-462-5266, www.alamo.com

Avis: San Diego International Airport, ✆ 619-688-5000 ou 800-852-4617, www.avis.com

Enterprise: San Diego International Airport, ✆ 619-225-8881 ou 800-270-8881, www.enterprise.com

Thrifty: San Diego International Airport, ✆ 619-429-5000 ou 800-847-4389, www.thrifty.com

➤ En autocar

Pour obtenir les horaires et les destinations desservies, appelez la succursale locale de la compagnie **Greyhound** au ✆ 800-231-2222 ou visitez leur site Internet: *www.greyhound.com*.

Gare routière

San Diego Greyhound Station: 120 W. Broadway, ✆ 619-239-6737

➤ En traversier

Pour accéder à Coronado Island, on peut prendre le **San Diego Bay Ferry** *(✆ 619-234-4111 ou 800-442-7847, www.sdbe.com)*, qui part du port de San Diego et s'y rend tous les jours, et ce, aux heures. Départs au Broadway Pier et arrivées au Ferry Landing Market Place, à Coronado Island. Le prix est de 3,75$, et les bicyclettes sont bienvenues sur le bateau.

➤ En transport en commun

Le **Metropolitan Transit System (MTS)** *(✆ 619-233-3004 ou 511 depuis San Diego, www.sdmts.com)* est un système de transports en commun d'autobus et de trolleys qui dessert le centre-ville de San Diego et ses environs. Les tarifs varient en fonction des trajets, et sachez que les chauffeurs ne rendent pas la monnaie et que les billets ne sont valables que pour un trajet, sans correspondance. Il est donc souvent avantageux d'opter pour les laissez-passer *Day Pass*, qui permettent de voyager sur toutes les lignes sans restriction pendant un ou plusieurs jours: 5$/1 jour, 9$/2 jours, 12$/3 jours et 15$/4 jours.

Le ***Coaster Train*** *(✆ 760-966-6500 ou 800-262-7837, www.gonctd.com)* est la solution idéale pour visiter les communautés situées sur la côte de San Diego en se dirigeant vers le nord. Le prix du billet inclut les correspondances pour les autobus et trolleys de San Diego. Le *Coaster Train* fonctionne du lundi au samedi et part du **Santa Fe Depot** *(1050 Kettner Blvd.)* dans le centre-ville et passe par Old Town, Sorrento Valley, Solona Beach, Encinatas, Carlsbad et Oceanside.

➤ En taxi

San Diego Cab: ✆ 619-226-8294 ou 800-368-2947, www.sandiegotaxicab.com

Yellow Cab: ✆ 619-239-8061

➤ À pied

La plupart des quartiers de San Diego se visitent très bien à pied. Les rues sont souvent larges, bordées d'arbres et très propres.

Renseignements utiles

➤ Excursions et visites guidées

Old Town Trolley Tours *(✆ 619-298-8687 ou 888-910-8687, www.historictours.com)* propose des visites guidées de la ville dans un vieux trolley *(34$)*. C'est un service continu où l'on peut débarquer et embarquer en différents points de la ville, comme Old Town, le Balboa Park et Coronado Island. L'entreprise offre aussi des visites thématiques.

Out of the Ordinary Group & Team Adventures *(✆ 858-487-3418, www.groupadventures.com)* organise divers forfaits aventure comme des sorties en 4x4 dans le désert ou à vélo de montagne et plusieurs autres activités.

Si vous avez toujours voulu naviguer à bord de superbes voiliers qui ont pris part à la Coupe de l'America, tel que le célèbre *Stars and Stripes*, **Dennis Conner's America's Cup Experience** *(☎ 800-644-3454, www.nextlevelsailing.com)* peut concrétiser votre rêve. Les croisières d'environ 2h30 *(99$)* vous permettent de découvrir la baie et même de piqueniquer en observant les baleines de passage.

Les deux compagnies suivantes proposent plusieurs forfaits en autocar *(à partir de 30$)* ou en bateau pour visiter la ville et ses environs.

San Diego Scenic Tours: ☎ 858-273-8687, www.sandiegoscenictours.com

Gray Line San Diego: ☎ 619-266-7365 ou 800-331-5077, www.sandiegograyline.com

Voyager en vélo-taxi est une façon originale et agréable de se familiariser avec la ville. Plusieurs entreprises de San Diego proposent une sortie guidée à vélo à trois places. Vous pouvez aussi les utiliser comme simple solution de rechange au taxi. Les deux entreprises suivantes proposent ce service.

Pedicab: 641 17th St., ☎ 619-595-0211 ou 888-245-3222, www.bikecab.com

Bike Tours San Diego: 509 Fifth Ave., ☎ 619-564-4843, www.bike-tours.com

Attraits touristiques

San Diego Convention & Visitors Bureau: 2215 India St., San Diego, ☎ 619-232-3101, www.sandiego.org.

International Visitor Information Center: 1040 1/3 W. Broadway, angle Harbor Dr., ☎ 619-236-1212, www.sandiego.org.

Les **Old Town Trolley Tours** ★★ *(34$; voir p. 81)* sont une agréable façon de découvrir la ville et d'avoir un aperçu de son histoire. À bord d'un ancien trolleybus converti en autobus, le chauffeur vous raconte l'histoire de la ville et évoque une foule d'anecdotes et de faits humoristiques. Le trolley refait constamment le même trajet et fait de nombreux arrêts, notamment à Old Town, au port de San Diego, aux grands hôtels, à la Horton Plaza, à Coronado Island, au Balboa Park et au zoo. Il est donc possible de commencer la visite à l'endroit de son choix, de descendre et de remonter à bord librement ou encore de se payer les 2h complètes que dure la sortie.

Le centre-ville et le Gaslamp ★

p. 98 p. 104 p. 112 p. 115

1 jour

Le **Manchester Grand Hyatt** *(One Market Place, ☎ 619-232-1234; voir p.* 100*)* figure parmi les édifices les plus connus et les plus élevés de San Diego avec ses 40 étages. Idéalement situé, tout près du centre-ville, entre le Seaport Village et le San Diego Convention Center, juste sur le bord de la baie, il s'agit d'un des hôtels les plus prestigieux de la ville. Prenez le temps d'y entrer pour admirer son éblouissant hall de style moderne avec une touche victorienne. Mais le principal intérêt de l'endroit est son bar juché au tout dernier étage, le **Top of the Hyatt** ★★, qui offre une des meilleures vues sur la ville.

Vous pourrez admirer de nombreux yachts luxueux à l'**Embarcadero Marina Park**. La marina, qui appartient au **San Diego Marriott Hotel & Marina** (voir p. 100), compte pas moins de 446 pontons. Remarquez la **promenade** ★★ au bord de l'eau. Longue d'un peu moins d'un demi-kilomètre, cette agréable allée relie le San Diego Convention Center, la Marina, le Manchester Grand Hyatt et le Seaport Village, et vous mène jusqu'au port (voir p. 85) en longeant la rive.

Le **San Diego Marriott Hotel & Marina** *(333 W. Harbor Dr., ☎ 619-234-1500)* est un imposant hôtel (voir p. 100) comportant deux tours angulaires de 25 étages de forme originale. En les regardant de face, sur Harbor Drive, on perçoit bien quelle illusion l'architecte a voulu produire: deux bateaux qui entrent dans le port.

Évoquant un grand paquebot de croisière, le **San Diego Convention Center** ★ *(111 W. Harbor Dr., ☎ 619-525-5000, www.visitsandiego.com)* est l'un des centres de congrès les plus modernes au monde. Son toit, composé de voiles blanches, en fait une construction unique. L'intérieur comme l'extérieur sont remarquables.

Le quartier de **Gaslamp** ★★ *(entre Broadway au nord et Harbor Dr. au sud, et entre Third*

SAN DIEGO le centre-ville, le Gaslamp et le port

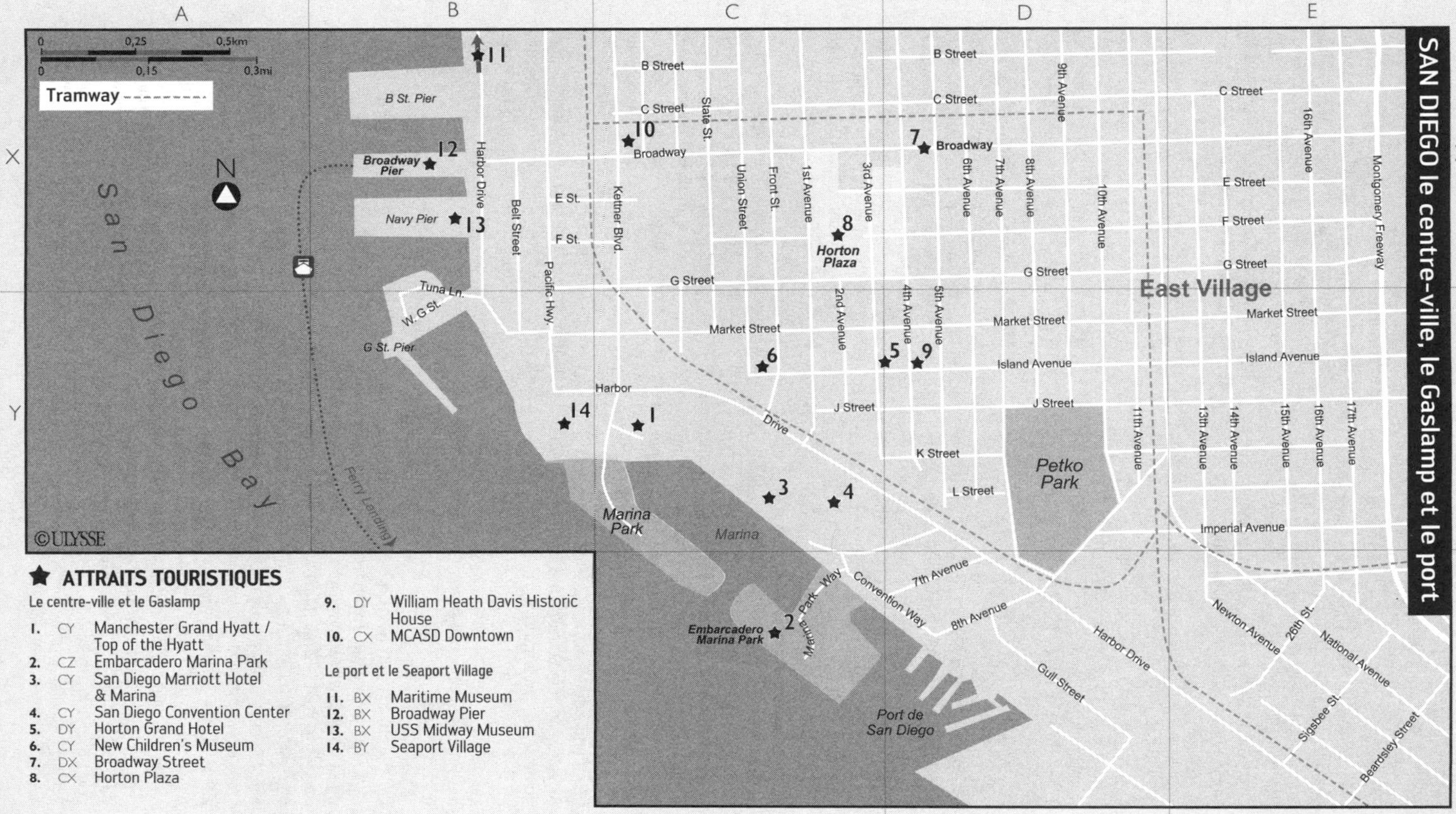

©ULYSSE

★ ATTRAITS TOURISTIQUES

Le centre-ville et le Gaslamp

1. CY Manchester Grand Hyatt / Top of the Hyatt
2. CZ Embarcadero Marina Park
3. CY San Diego Marriott Hotel & Marina
4. CY San Diego Convention Center
5. DY Horton Grand Hotel
6. CY New Children's Museum
7. DX Broadway Street
8. CX Horton Plaza
9. DY William Heath Davis Historic House
10. CX MCASD Downtown

Le port et le Seaport Village

11. BX Maritime Museum
12. BX Broadway Pier
13. BX USS Midway Museum
14. BY Seaport Village

St. et Sixth St.), baptisé ainsi en raison des réverbères à gaz qui bordent les rues encore aujourd'hui, est sans aucun doute le secteur le plus en vue de San Diego. Il s'agit d'une zone historique qui s'est développée autour des années 1870. La majorité des bâtiments ont été construits entre la guerre civile américaine et la Première Guerre mondiale. On y trouve certains des plus beaux exemples d'architecture de style victorien.

Nombre de bâtiments laissés à l'abandon ont été restaurés pour loger des commerces. D'ailleurs, il s'agit de l'endroit le plus fréquenté et le plus animé de toute la ville. Les nombreux restaurants et bars à la mode, les salles de spectacle, les galeries d'art et les commerces branchés ne manqueront pas de vous séduire.

Le **Horton Grand Hotel** *(311 Island Ave., ☎ 619-544-1886)* est en fait deux hôtels en un: le Horton Grand Hotel et le Brooklyn Kahle-Saddlery Hotel devaient être démolis à la fin des années 1970. La Ville les sauva de la destruction et les racheta pour 1$ chacun. La charpente en séquoia du Horton Grand Hotel fut démontée pièce par pièce et entreposée jusqu'à sa reconstruction en 1986. Les deux bâtiments furent érigés côte à côte comme une même entité. Le Horton Grand Hotel fut construit par un immigrant allemand en 1886, pendant le boom touristique qui a suivi le parachèvement du chemin de fer transcontinental. C'était un élégant édifice inspiré de l'Innsbruck Inn, à Vienne, en Autriche. Le Brooklyn-Kahle Saddlery Hotel, quant à lui, présente une architecture plus modeste avec un mélange de style victorien et Far West. Il fut construit également dans les années 1880 et s'appclait originalement le «Brooklyn Hotel».

Ouvert en 2008, le **New Children's Museum** ★ *(10$, stationnement 10$; lun, mar et jeu-sam 10h à 16h, dim 12h à 16h, fermé mer; 200 West Island Ave., ☎ 619-233-8792, www.thinkplaycreate.org)* est un musée d'art contemporain pour les enfants et les familles. Des expositions comme *Animal Art* proposent de réfléchir aux relations homme/animal: *Comment interagissons-nous?, Si vous étiez un animal, lequel seriez-vous?*, autant de questions transposées dans les œuvres, souvent abracadabrantes, qui sont exposées. L'Art Education Center complète l'approche artistique avec de véritables ateliers pour les enfants. Bref, ce musée a tout pour réveiller l'artiste qui sommeille en chacun de nous, petits et grands.

Broadway Street ★★ est le cœur du quartier des affaires de San Diego. Plusieurs compagnies importantes comme Pacific Bell, Home Saving et la Washington Mutual, ainsi que les principales institutions bancaires, y ont leur siège social. On y trouve également le **City Hall** et la **San Diego Courthouse**.

La **Horton Plaza** ★ *(lun-ven 10h à 21h, sam 10h à 20h, dim 11h à 19h; 324 Horton Plaza, ☎ 619-239-8180, www.westfield.com/hortonplaza)*, un centre commercial en plein air construit en 1985 au cœur du centre-ville, arbore une architecture éclectique. Les concepteurs ont su amalgamer différents styles architecturaux de San Diego à une construction moderne et pratique. Ce mégacentre commercial compte sept étages et couvre près de six pâtés de maisons. On y dénombre une centaine de boutiques et restaurants.

La plus ancienne maison du quartier de Gaslamp est la **William Heath Davis Historic House** ★ *(5$; mar-sam 10h à 18h, dim 9h à 15h; 410 Island Ave., ☎ 619-233-4692, www.gaslampquarter.org)*, qui fut transportée depuis la Côte Est en passant par le Cap Horn pour être assemblée à San Diego en 1850. Transformée en musée, chaque pièce recréant l'atmosphère d'une des époques traversées par cette demeure en bois, elle raconte à elle seule l'histoire de cette ville et de ses pionniers. Ce musée est géré par la **Gaslamp Quarter Historical Foundation** *(mêmes coordonnées)*, qui propose aussi des visites guidées du quartier *(10$; sam 11h)* pour vous replonger dans le San Diego de la fin du XIXe siècle.

Juste à l'est du secteur de Gaslamp, l'ancien quartier peu fréquentable d'**East Village** ★ s'est transformé en un lieu branché, notamment autour du récent et impressionnant **PETCO Park** (voir p. 114), le stade où jouent les San Diego Padres, l'équipe professionnelle de baseball de la ville. Les anciens immeubles délabrés ont fait place à des hôtels-boutiques, à des ateliers d'artistes, à des boutiques de designers et à des restaurants tendance.

À l'ouest du Gaslamp, le **MCASD Downtown** ★ *(10$; jeu-mar 11h à 17h, 3e jeudi du mois 11h à 19h; 1001 et 1100 Kettner Blvd., ☎ 858-454-3541, www.mcasd.org)* est une annexe du **Museum of**

Contemporary Art San Diego, dont le bâtiment principal est situé à La Jolla (voir p. 95). Il présente dans un environnement lumineux une collection fort intéressante d'œuvres contemporaines d'artistes californiens. On y découvre aussi une petite boutique sympathique qui propose un bon choix de livres sur l'art contemporain.

Le port de San Diego et le Seaport Village ★★

p. 106 *p. 115*

Une demi-journée

San Diego est avant tout une ville portuaire. Situé le long de Harbor Drive, directement sur la San Diego Bay, le port, qui fut et est toujours le cœur de l'économie de la ville, est devenu depuis quelques années un centre touristique important. Musées, restaurants et boutiques s'y côtoient pour le plus grand plaisir des visiteurs. On peut aussi s'embarquer ici pour une excursion en bateau.

Le **Maritime Museum** ★★★ *(14$; tlj 9h à 20h; 1492 N. Harbor Dr., ☎ 619-234-9153, www.sdmaritime.com)*, un musée des plus intéressants, se compose de six navires. Les visiteurs circulent de l'un à l'autre pour explorer diverses facettes de l'histoire maritime de la région. La visite du ***Star of India*** permet de se familiariser avec un véritable bateau du temps des grandes explorations: construit en 1863, c'est le plus ancien bateau encore en activité au monde. Les visiteurs se dirigent ensuite vers le ***Berkeley***, construit en 1898 pour servir de traversier sur la San Francisco Bay. Il abrite une exposition intéressante portant sur divers sujets liés à la riche histoire maritime de San Diego: les premiers explorateurs, la chasse à la baleine, l'industrie du thon, le rôle de la marine dans le développement de la ville. Le prochain bateau qu'on visite est le yacht à vapeur ***Medea***. Construit en 1904 en Écosse, il appartenait à un aristocrate qui s'en servait comme bateau de plaisance ou de pêche. Il fut converti en navire de guerre pour être utilisé à des fins militaires durant les deux guerres mondiales.

Fabuleux trois-mâts de 55 m, le **HMS *Surprise***, une magnifique réplique d'une frégate de la marine britannique du XVIIIe siècle, fut notamment utilisé comme décor en 2003 dans le film *Master and Commander: The Far Side of the World* mettant en vedette Russell Crowe.

Autre réplique d'un ancien voilier, une goélette de la garde côtière, le ***Californian*** fut construit en 1984. Devenu depuis le «grand voilier» officiel de l'État de Californie, il embarque des aspirants moussaillons pour des croisières allant d'une demi-journée *(42$)* à plusieurs jours. Enfin, un sous-marin soviétique, le ***B-39***, un des plus gros au monde, complète la collection du musée.

Le port est le point de départ de plusieurs **excursions en bateau**. Juste après, le **Broadway Pier** est le lieu d'accostage de plusieurs paquebots de croisière ainsi que le lieu d'embarquement du **San Diego Bay Ferry** (voir p. 86), le traversier qui permet de se rendre à Coronado Island.

La visite des quais ne pourrait être complète sans l'exploration du fameux USS *Midway*, le légendaire porte-avions américain qui s'illustra dans la bataille du Pacifique durant la Seconde Guerre mondiale. Le **USS *Midway* Museum** ★★★ *(18$; tlj 10h à 17h; 910 N. Harbor Dr., ☎ 619-644-9600, www.midway.org)* propose de partir à la découverte de ce navire légendaire: du hangar à la salle des machines, en passant par la cafétéria des marins, la laverie et la prison de bord, sans oublier la confortable cabine du capitaine, le poste de commandement et le spectaculaire pont d'envol. Comptez au moins 3h pour cette visite qui nécessite un certain dynamisme pour monter et descendre les escaliers abrupts. Un moment inoubliable rythmé par les témoignages d'anciens marins nostalgiques, des animations criantes de vérité, ainsi que des expositions très bien documentées.

Plutôt touristique et pas très authentique, le **Seaport Village** ★ *(849 W. Harbor Dr., ☎ 619-235-4014, www.seaportvillage.com)* est un lieu néanmoins agréable. Ce complexe commercial situé sur le bord de la baie, à côté du **Manchester Grand Hyatt** (voir p. 100), regroupe boutiques, restaurants et centres de divertissement. On y trouve des bâtiments inspirés dans leur style architectural par les petites maisons de pêche, et abritant divers commerces en plus d'un magnifique carrousel datant du début du XIXe siècle.

Coronado Island ★★★

p. 100 p. 107 p. 113 p. 115

Une demi-journée

Coronado Visitor Center: 1100 Orange Ave., Coronado Island, 619-437-8788 ou 866-599-7242, www.coronadovisitorcenter.com.

Riche en histoire et en paysages, l'agglomération de Coronado Island porte bien son surnom de *Crown City*. Bordée par l'océan Pacifique et la San Diego Bay, cette jolie petite ville maritime se trouve en fait sur une presqu'île qui se rattache au continent par une bande de terre dénommée *Silver Strand*. Elle est aussi reliée à San Diego par un imposant pont, le San Diego Coronado Bay Bridge. La moitié nord de l'île est occupée par l'immense **North Island Naval Air Station** (voir p. 88).

Coronado Island, qui compte près de 30 000 résidents et reçoit plus de 2 millions de visiteurs par an, investit beaucoup d'efforts pour harmoniser ses vocations commerciale, touristique et résidentielle. Le long de quelques rues paisibles, à l'écart de l'activité commerciale, on peut par exemple admirer de splendides demeures victoriennes ou modernes.

Le **San Diego Coronado Bay Bridge** ★ s'étale fièrement dans le paysage de la ville avec son imposante structure dont le point culminant atteint près de 65 m. Construit en 1969, ce pont de 3 km relie le centre-ville de San Diego à l'île de Coronado. Les piétons et cyclistes n'y ont pas accès et doivent prendre le traversier.

Le **San Diego Bay Ferry** ★ *(3,75$/pers.; départs toutes les heures; 619-234-4111 ou 800-442-7847, www.sdhe.com)* permet aux piétons et aux cyclistes de rejoindre Coronado Island. Le départ se fait au Broadway Pier, et l'arrivée s'effectue au Ferry Landing Market Place de Coronado Island. La traversée de la San Diego Bay, des plus agréables, permet en plus d'admirer la ville sous un angle différent. Si vous désirez vous rendre jusqu'à l'île en autobus, sachez que le bus 901 dessert Coronado Island au départ du centre-ville de San Diego, alors que le bus 904 (Coronado Shuttle) circule seulement sur l'île au départ du Ferry Landing Market Place (passages aux heures) en s'arrêtant aux principaux attraits.

Vous découvrirez le **Ferry Landing Market Place** ★ *(1201 First St., angle B Ave., 619-435-8895)* en débarquant du traversier. Les automobilistes n'ont qu'à tourner à droite à la sortie du pont et à emprunter Glorietta Boulevard pour s'y rendre, et il est facile de s'y garer. Le Ferry Landing Market Place est en fait une concentration de restaurants, de comptoirs de restauration rapide, de boutiques et de galeries aux fausses allures de village balnéaire. Plusieurs visiteurs futés profitent de l'occasion pour louer sur place vélo ou patins à roues alignées pour suivre la piste cyclable voisine.

L'historique **Orange Avenue** ★ est la rue principale de la ville de Coronado Island. Remarquez la beauté des édifices. Les marchands et la communauté travaillent ensemble à préserver le cachet de ces bâtiments.

C'est dans la maisonnette victorienne du **1101 Star Park Circle** que L. Franck Baum, auteur du célèbre *Magicien d'Oz*, écrivit plusieurs de ses œuvres.

L'**Hotel del Coronado** ★★★ *(1500 Orange Ave., 800-468-3533, www.hoteldel.com)* est décidément le centre d'intérêt de Coronado Island. L'hôtel, reconnaissable à ses façades blanches et à son toit octogonal rouge, est tout simplement fabuleux. Son style architectural unique atteste que son concepteur était spécialisé dans la réalisation de gares ferroviaires. Les chambres ont conservé leur cachet d'origine, bien qu'elles aient été rénovées au goût du jour.

C'est en 1885 que les financiers Elisha Babcock et H.L. Storu achetèrent une terre inhabitée de Coronada Island pour la somme de 111 000$ afin d'y construire l'Hotel del Coronado. Durant la dépression, en 1887, la compagnie Coronado Beach lutta pour maintenir le projet à flot et respecter l'échéancier des travaux. John D. Spreckels, un multimillionnaire de 34 ans de San Francisco, arriva à temps pour prêter l'argent nécessaire au parachèvement du projet. Aujourd'hui, l'hôtel est connu à travers le monde. Lors de votre visite, prenez le temps d'en admirer le somptueux hall, son riche plafond, ses balcons et ses colonnes de chêne de l'Illinois. Ne manquez surtout pas ensuite de jeter un coup d'œil sur la salle à manger principale, la Crown Room, où l'on sert le brunch du dimanche. Son gigantesque plafond octogonal orné de lustres est tout sim-

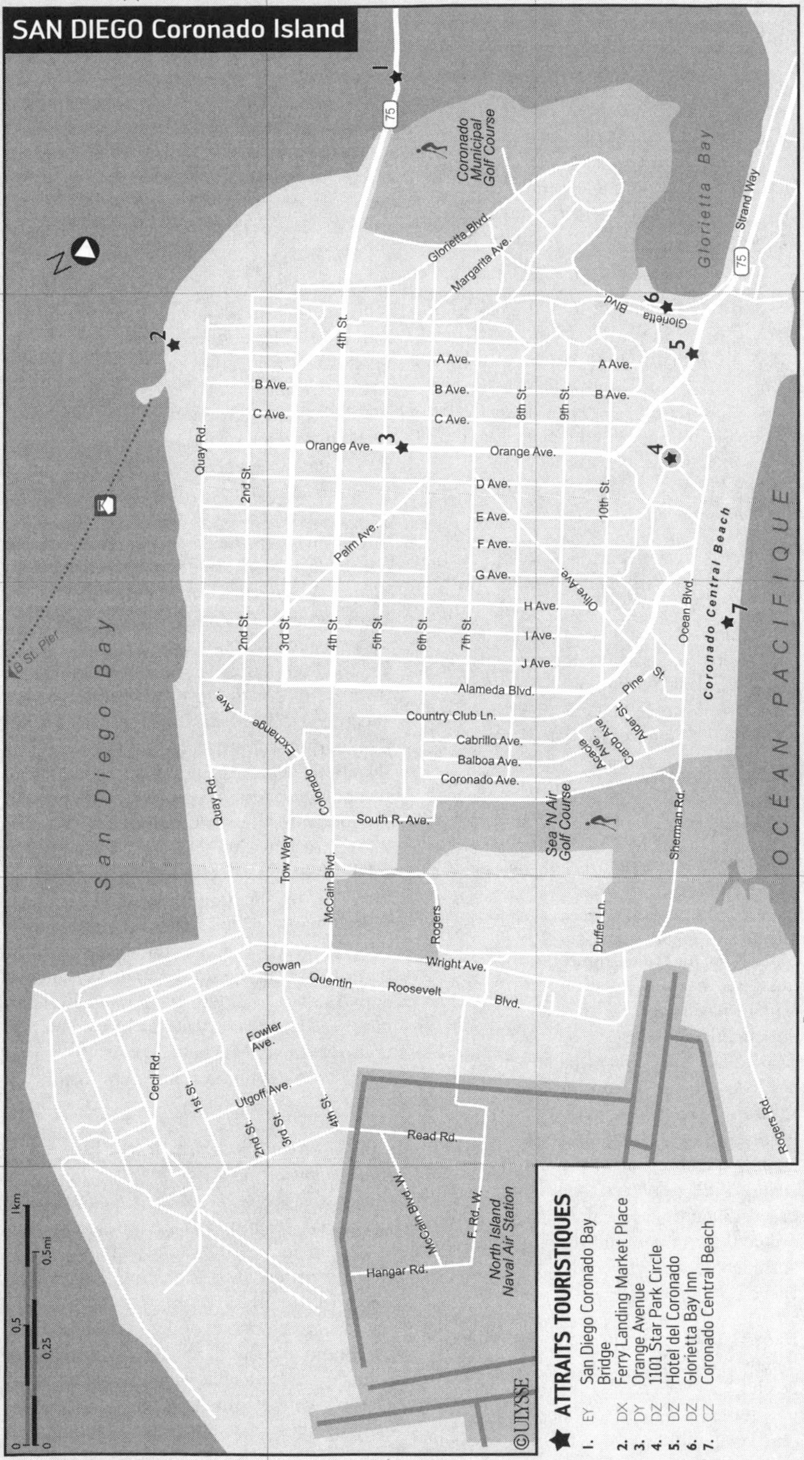

SAN DIEGO Coronado Island
San Diego Bay
Glorietta Bay
OCÉAN PACIFIQUE
Coronado Central Beach
Coronado Municipal Golf Course
Sea 'N Air Golf Course
North Island Naval Air Station
B St. Pier
Orange Ave.
Palm Ave.
Olive Ave.
Glorietta Blvd.
Margarita Ave.
Strand Way
Ocean Blvd.
Alameda Blvd.
Country Club Ln.
Cabrillo Ave.
Balboa Ave.
Coronado Ave.
South R. Ave.
Quay Rd.
Exchange Ave.
Colorado
Tow Way
McCain Blvd.
Rogers
Duffer Ln.
Sherman Rd.
Gowan
Quentin
Roosevelt
Blvd.
Wright Ave.
Fowler Ave.
Utgoff Ave.
Cecil Rd.
Read Rd.
Hangar Rd.
McCain Blvd. W.
E. Rd. W.
Rogers Rd.
Pine St.
Alder St.
Carob Ave.
Acacia Ave.
A Ave.
B Ave.
C Ave.
D Ave.
E Ave.
F Ave.
G Ave.
H Ave.
I Ave.
J Ave.
1st St.
2nd St.
3rd St.
4th St.
5th St.
6th St.
7th St.
8th St.
9th St.
10th St.
75
0 0.5 1km
0 0.25 0.5mi
©ULYSSE
ATTRAITS TOURISTIQUES
1. EY San Diego Coronado Bay Bridge
2. DX Ferry Landing Market Place
3. DY Orange Avenue
4. DZ 1101 Star Park Circle
5. DZ Hotel del Coronado
6. DZ Glorietta Bay Inn
7. CZ Coronado Central Beach

plement remarquable. Empruntez ensuite le couloir bordé de chics boutiques de bijoux, de vêtements et de cadeaux qui vous mènera jusqu'à la terrasse. Profitez de cet emplacement exceptionnel pour siroter un apéro en admirant la vue sur le Pacifique comme l'ont fait avant vous Marilyn Monroe, Frank Sinatra, Henry James, le prince de Galles et la duchesse de Windsor, ainsi que 14 présidents des États-Unis incluant John F. Kennedy.

Le **Glorietta Bay Inn** ★★ *(1630 Glorietta Bay Blvd., ☎ 619-435-3101, www.gloriettabayinn.com)*, la maison historique qui fut la demeure de John D. Spreckels, est maintenant convertie en... hôtel de luxe. Le bâtiment ressemble sensiblement à ce qu'il était à l'époque où le baron l'habitait avec sa famille. Prenez le temps d'en visiter le hall et la Music Room.

La **Coronado Central Beach** ★★ s'étend le long d'Ocean Boulevard. Délimitée au nord par la station maritime et aérienne de l'armée américaine et au sud par l'historique Hotel del Coronado, il s'agit d'une des plus belles plages de toute la région. Elle donne directement sur l'océan Pacifique et est bordée de splendides demeures. La vue y est unique. On peut y voir courir tous les matins à 7h les officiers de marine. Au sud de l'Hotel del Coronado, à marée basse, on peut apercevoir, en observant bien, la coque de l'épave du *Monte Carlo*, un bateau qui a fait naufrage ici en 1936.

Occupant la moitié nord de l'île, la **North Island Naval Air Station** figure parmi les bases militaires navales les plus importantes de tout le pays. Lieu de naissance de l'aviation américaine, c'est de cet aérodrome que Charles Lindbergh s'envola, le 9 mai 1927, à bord de son monoplan baptisé le ***Spirit of St. Louis***, pour se rendre à New York, d'où il entreprit sa traversée historique en solo. Depuis quelques années, il est interdit aux visiteurs de pénétrer dans l'enceinte des bases militaires américaines, ce qui est bien dommage compte tenu de l'importance de l'armée dans l'histoire de la ville de San Diego.

Dans la partie sud de Coronado Island, la longue bande de terre de la **Silver Strand State Beach** *(www.parks.ca.gov)* s'étire sur 11 km en une succession de plages ensoleillées et de réserves naturelles pour rejoindre Imperial Beach, tout près de la frontière du Mexique et de Tijuana.

Old Town ★★

▲ *p. 103* ● *p. 108* ■ *p. 115*

⏱ *Une demi-journée*

C'est en 1542 que les Espagnols accostèrent pour la première fois sur le site de la future ville de San Diego, mais c'est seulement à partir de 1769 qu'une colonie s'y installa. La partie de la ville aujourd'hui connue sous le nom d'«Old Town» est le premier établissement européen en Californie. En 1821, le Mexique gagna son indépendance de l'Espagne. La vie à Old Town prit alors un nouveau tournant. Les nouveaux dirigeants divisèrent le territoire en propriétés qui furent octroyées à leurs amis. Ce fut le début de la période des *ranchos*, qui dura jusqu'à la guerre contre les États-Unis en 1848. Au début, la vie à San Diego s'organisa essentiellement autour d'Old Town. En 1868, cependant, un homme d'affaires du nom d'Alonzo Horton considéra qu'un site près du bord de la baie était un bien meilleur endroit pour développer une ville. Il acheta donc un immense terrain qu'il revendit en plusieurs parcelles et, peu à peu, une nouvelle ville se développa à quelques kilomètres du site actuel d'Old Town. Ce fut le début du déclin de l'ancien noyau. En 1872, un incendie majeur ravagea une grande partie d'Old Town et lui donna son coup de grâce. L'endroit fut abandonné jusqu'en 1968, année du 200e anniversaire de San Diego. Considéré comme un héritage culturel de grande valeur, le site fut restauré et rouvert au public pour l'occasion. Old Town devint alors un parc historique d'État.

L'**Old Town San Diego State Historic Park** ★★★ *(entrée libre; tlj 10h à 17h; angle San Diego Ave. et Twiggs St., ☎ 858-220-5422, www.parks.ca.gov)* recrée la vie durant la période mexicaine et durant les débuts de la mainmise américaine sur les possessions mexicaines, soit entre 1821 et 1872. Il se trouve à l'angle de San Diego Avenue et de Twiggs Street. Pour s'y rendre en voiture à partir du centre-ville, il faut prendre Pacific Highway jusqu'à San Diego Avenue, puis tourner à droite. Plusieurs places de stationnement entourent le parc.

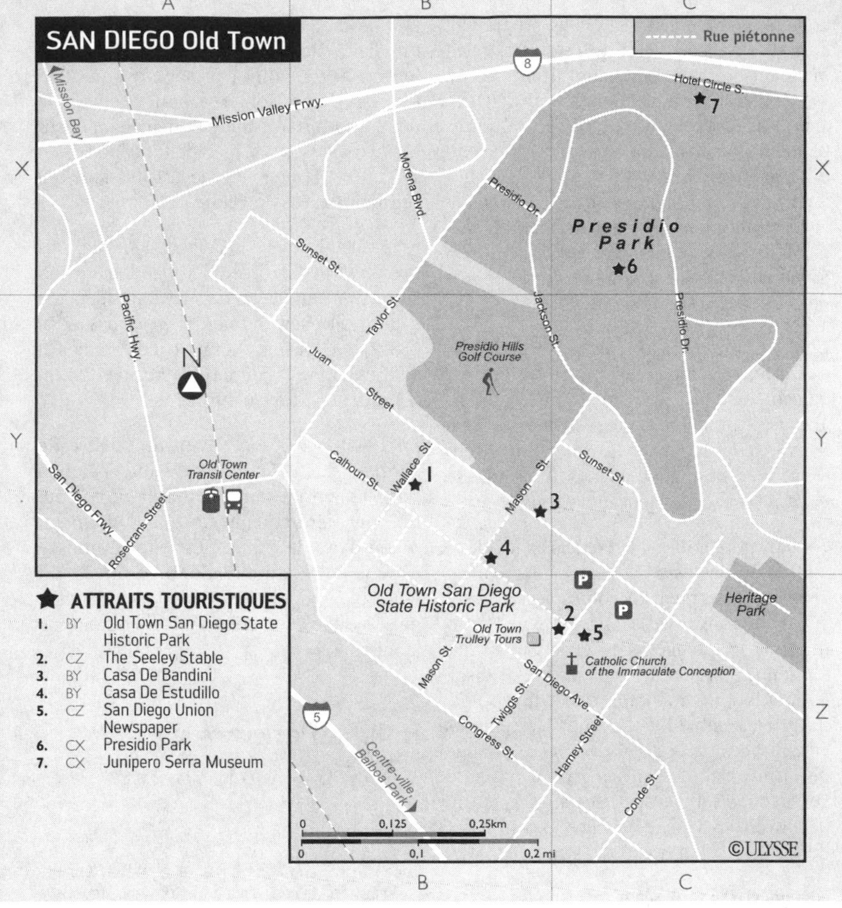

Le parc s'étend sur six quadrilatères et renferme pas moins de 20 bâtiments historiques reconstitués ou restaurés. Plusieurs de ces maisons appartenaient à de riches et influents Mexicains. Elles servent aujourd'hui de musées, de boutiques et de restaurants. Il vous faut à tout prix vous joindre à la visite guidée qui commence à 11h et à 14h tous les jours, à l'entrée du parc, devant le centre d'information touristique. Elle est essentielle si vous voulez tout savoir sur les débuts de la colonie et sur la vie de l'époque.

Le siège de l'entreprise **The Seeley Stable** ★ abrite maintenant un musée captivant sur le transport en diligence. La collection du musée, répartie sur deux étages, compte différents modèles de diligences d'époque, accompagnés de panneaux explicatifs. On y trouve aussi une belle collection d'objets usuels amérindiens.

Né au Pérou, Juan Bandini vint en Californie en 1819 avec son père, un riche armateur. Sa demeure, la **Casa De Bandini** ★ *(2754 Calhoun St.)*, terminée en 1829, devint rapidement le centre de l'activité sociale d'Old Town. Bandini était constamment impliqué dans les affaires de la ville. Au moment de l'annexion de la Californie, Bandini fournissait les Américains en provisions et en chevaux. Au début des années 1850, des difficultés financières l'obligèrent à vendre une grande part de ses avoirs. Le second propriétaire, Albert Seeley, donna une nouvelle vocation à la somptueuse maison entourée de balcons en la transformant en hôtel. Aujourd'hui, la magnifique demeure richement décorée de mobiliers et d'objets d'art abrite un restaurant mexicain.

La demeure en adobe la plus populaire du parc est sans aucun doute la **Casa De Estudillo** ★. Sa construction commença en 1827 et se termina en juin 1829. Elle appartenait au capitaine José María de Estudillo, commandant du Presidio. Quand il mourut en 1830, la maison fut léguée à son fils José Antonio. La demeure fait partie des rares bâtiments originaux du parc. L'érosion rend difficile la préservation des murs fabriqués à partir de terre argileuse qui caractérisent l'architecture d'adobe. Remarquez la forme en fer à cheval du bâtiment, qui encercle un grand jardin, comme nombre de demeures de cette époque.

L'édifice du **San Diego Union Newspaper** ★ fut construit au Maine et transporté ensuite par bateau. Cette demeure préfabriquée en bois abrita les premières presses du quotidien *San Diego Union*. Aujourd'hui restauré, il renferme la reconstitution d'une salle de presse et d'un bureau d'éditeur typiques.

Tout juste au nord-est, le **Presidio Park** s'élève à 50 m au-dessus d'Old Town. Il s'agit de l'endroit où les premiers colons s'installèrent et où fut construite la Mission San Diego de Alcala, la première des 21 missions californiennes. Celle-ci fut plus tard relocalisée 8 km à l'est pour se rapprocher des points d'eau et, semble-t-il, éloigner les femmes autochtones de la garnison. Des étudiants de l'Université de San Diego ont procédé à des fouilles il y a quelques années et ont découvert les vestiges du Presidio (fort) et de la Mission San Diego de Alcala.

Le **Junipero Serra Museum** *(5$; sam-dim 10h à 17h; 2727 Presidio Dr., ☎ 619-297-3258, www.sandiegohistory.org)*, un bâtiment blanc en adobe, siège de l'Historical Society, présente des expositions sur les Amérindiens, les Espagnols et la période mexicaine.

Mission Valley ★

▲ *p. 103* ▣ *p. 115*

⏱ *Une demi-journée*

La **Mission San Diego de Alcala** ★★ *(3$; tlj 9h à 16h45; 10818 San Diego Mission Rd.; prendre la route I-8 E. et sortir à Mission Gorge Rd., ☎ 619-283-7319 ou 619-281-8449, www.missionsandiego.com)* fut fondée le 16 juillet 1769 par le père Junípero Serra en l'honneur de saint Didacus de Alcala. L'explorateur Sebastián Vizcaíno avait déjà donné ce nom au plan d'eau qui allait devenir plus tard la baie de San Diego. Le père Luis Jayme fut chargé de bâtir la mission pendant que le père Serra continuait son voyage d'exploration vers Monterey pour y établir la deuxième mission. Située originalement sur le site du Presidio, la mission fut déplacée en 1774. C'est la première des 21 missions qui seront installées en Haute-Californie.

Après l'annexion de la Californie en 1848, les missions ont été laissées à l'abandon. Quand la mission San Diego de Alcala fut léguée à l'Église, elle était en ruine. Ce n'est pas avant 1880 que le père Anthony Ubach commença à la restaurer. Il mourut en 1907, bien avant la fin des travaux en 1931.

En 1941, la mission devint une église de paroisse. En 1976, le pape Paul VI donna à la mission un statut de basilique, ce qui fut considéré comme un grand honneur. Aujourd'hui, la mission est encore utilisée comme église paroissiale, bien qu'elle ait été classée monument historique. Un petit musée, situé à l'intérieur, relate l'histoire de la mission.

Balboa Park ★★★

▲ *p. 103* ● *p. 108* ▣ *p. 115*

⏱ *1 jour*

Localisation: en voiture, suivez la route 163 Nord jusqu'à la sortie 200; en transport en commun, montez à bord des autobus n°s 120 ou 7.

Balboa Park Visitor Center: tlj 9h30 à 16h30; House of Hospitality, 1549 El Prado, ☎ 619-239-0512, www.balboapark.org.
Droit d'entrée: l'accès au parc est gratuit, les musées et le zoo sont payants. Le **Passport to Balboa Park** *(75$)* donne accès à 13 musées et au zoo. Il est disponible au centre d'accueil des visiteurs du parc, et valable pour sept jours consécutifs. Également disponibles: le passeport sans l'entrée au zoo pour 45$, ou cinq musées pour 35$.
Déplacements dans le parc: le **Balboa Park Tram** *(tlj 8h30 à 18h)* est un tramway gratuit qui dessert sept arrêts à l'intérieur du parc.

Situé à quelques minutes du centre-ville, le Balboa Park est un grand parc municipal où l'on retrouve des pistes cyclables, des sentiers pédestres ainsi que des espaces de détente et des aires de jeux pour les enfants. Ses principales attractions sont cependant ses 15 musées et son zoo de renommée internationale. Le parc porte le nom de l'explorateur

espagnol qui, après avoir franchi l'isthme de Panamá, découvrit l'océan Pacifique.

Plusieurs des musées, le long du chemin piétonnier El Prado, sont installés dans de magnifiques bâtiments coloniaux construits spécialement pour la Panama-California Exposition de 1915-1916. D'ailleurs, dès votre arrivée, vous serez impressionné par les imposants bâtiments d'architecture coloniale dominés par la **California Tower** ★. Au faîte de l'édifice, on peut apercevoir une girouette en forme de navire espagnol, du même type que celui qui a permis à l'explorateur Cabrillo d'atteindre le site de la future San Diego. Le carillon de la tour marque les quarts d'heure et résonne pendant cinq minutes chaque midi. Le système s'enclenche mécaniquement, mais il arrive qu'un carillonneur interprète un récital en direct.

Pour s'orienter, il est préférable de s'arrêter d'abord au Balboa Park Visitor Center (voir ci-dessus), situé dans la boutique de souvenirs de la **House of Hospitality** ★, qui abrite aussi le restaurant **The Prado at Balboa Park** (voir p. 108). Le bâtiment fut démoli puis reconstitué en 1997, car il ne respectait pas les normes antisismiques modernes. Siège de l'organisation de la Panama-California Exposition de 1915-1916, la House of Hospitality comporte en façade une jolie sculpture d'une femme aztèque, *Woman of Tehuantepec*, œuvre de l'artiste Donal Hord. À noter que des sculptures d'artistes internationaux décorent agréablement le paysage du parc, notamment les œuvres colorées de Niki de Saint Phalle, qui vécut de nombreuses années à La Jolla.

Situé dans l'ancien pavillon de la **Casa de Balboa**, le **Museum of Photographic Arts** ★★★

(8$; mar-dim 10h à 17h; ☎ 619-238-7559, www.mopa.org), dédié à la photographie et au film d'art, s'est imposé depuis son ouverture, en 1983, comme un des plus intéressants du genre à travers le monde. Une occasion unique de voir réunies des œuvres de réputés photographes et cinéastes. La boutique de livres, d'affiches et de cartes postales vaut le détour.

Jouxtant le Museum of Photographic Arts, le **San Diego History Center** ★★ *(5$; tlj 10h à 17h; ☎ 619-232-6203, www.sandiegohistory.org)* présente des collections d'archives visuelles. La San Diego Historical Society, qui est très impliquée dans la recherche et la promotion du patrimoine historique de la ville, possède une imposante collection de près d'un million d'images de San Diego de 1867 à nos jours. Le musée comporte cinq galeries et des archives servant à la recherche.

Le bâtiment suivant abrite le **Reuben H. Fleet Science Center** ★★★ *(10$, 14,50$ incluant le film IMAX; mar-jeu et dim 9h30 à 18h, ven-sam 9h30 à 20h; El Prado, ☎ 619-238-1233, www.rhfleet.org)*. Sorte de mélange de centre de divertissement et de musée des sciences, le Reuben H. Fleet Science Center offre un environnement de haute technologie stimulant. Il est sans aucun doute le préféré des enfants, petits et grands. Le **SciTours Simulator Ride** par exemple, un simulateur acquis par le centre, entraîne le visiteur dans un voyage dans l'espace des plus réalistes. C'est aussi au Reuben H. Fleet Science Center que l'on retrouve le premier cinéma **IMAX** en forme de dôme.

En face, le **San Diego Natural History Museum** ★★ *(16$; tlj 10h à 17h; 1788 El Prado, ☎ 619-232-3821, www.sdnhm.org)* permet de se familiariser avec l'habitat naturel de San Diego et de la région de la Baja California. La collection compte au-delà de 7 millions de spécimens d'animaux, de végétaux et de fossiles, ainsi que de nombreux échantillons de minéraux. Quelques reproductions de squelettes de dinosaures et de baleines font aussi partie de la collection permanente.

Le **Spanish Village** ★★ *(tlj 11h à 16h; 1770 Village Place, ☎ 619-233-9050, www.spanishvillageart.com)* regroupe une série d'ateliers partagés par des artisans de la région. On peut y assister tous les jours à des démonstrations de poterie, de peinture, de sculpture, d'orfèvrerie ou d'émail sur cuivre. C'est l'endroit idéal pour admirer l'artisanat de la région et dénicher un souvenir.

Le **Botanical Building** ★★ *(ven-mer 10h à 16h)*, un bâtiment en lattes et en forme de chapeau, ne passe pas inaperçu. La serre abrite plus de 2 000 plantes tropicales. Le **Lily Pond**, un étang judicieusement placé pour refléter l'image du bâtiment, contient aussi une variété de nénuphars qui fleurissent du printemps à l'automne.

Près d'un demi-million de personnes visitent annuellement le **San Diego Museum of Art** ★★★ *(12$; mar-sam 10h à 17h, dim 12h à 17h, en été jeu jusqu'à 21h; 1450 El Prado, ☎ 619-232-7931, www.sdmart.org)*, ce qui en fait l'un des plus fréquentés au pays. Consacré à l'art de la Renaissance italienne et à l'art baroque hollandais et espagnol, le musée présente également des peintures et des sculptures contemporaines.

Le **San Diego Museum of Man** ★★ *(10$; tlj 10h à 16h30; 1350 El Prado, ☎ 619-239-2001, www.museumofman.org)* renferme de véritables trésors anthropologiques. Chaque section du musée couvre une période de l'histoire de l'humanité. Le musée traite, bien sûr, des anciennes civilisations, comme celle des Égyptiens, mais vous pourrez aussi y apprendre une foule de choses sur la culture amérindienne.

Le **Mingei International Museum** ★ *(7$; mar-dim 10h à 16h; 1439 El Prado, ☎ 619-239-0003, www.mingei.org)* tire son nom du mot japonais *mingei*, qui signifie «art du monde», en référence à l'art qui ressort des habitudes de vie des peuples. Le musée examine la forme d'art se cachant sous les simples objets usuels des différents peuples du monde à travers les âges. Certaines des nombreuses pièces présentées sont de véritables chefs-d'œuvre.

La culture est aussi bien représentée dans le parc grâce, entre autres, à la présence de l'**Old Globe Theatre** *(1363 Old Globe Way, ☎ 619-234-5623, www.oldglobe.org)*, qui présente de nombreuses productions de qualité tout au long de l'année.

Le **Spreckels Organ Pavilion** ★★ *(☎ 619-702-8138, www.sosorgan.com)* abrite un orgue extérieur parmi les plus imposants au monde, qui fut offert en cadeau à la Ville de San Diego par John D. et Adolph Spreckels, en 1914, à l'occasion de la venue à San Diego de la Panama-California Exposition l'année suivante. L'orgue fut construit par l'Austin Organ Company de Hartford, au Connecticut. Une magnifique voûte ornementée protège et met en valeur cet instrument unique qui compte plus de 4 500 tuyaux. Des concerts gratuits sont donnés toute l'année de 14h à 15h le dimanche.

Le **San Diego Aerospace Museum** ★ *(15$; tlj 10h à 17h30; 2001 Pan American Plaza, ☎ 619-234-8291, www.aerospacemuseum.org)* vous permettra d'en savoir plus sur l'industrie de l'aviation qui a joué un rôle important dans le développement de San Diego. De l'aéronef des frères Wright à la navette spatiale, on peut y voir une soixantaine d'appareils. Une section du musée honore la mémoire des ingénieurs, pilotes et des compagnies qui ont marqué l'histoire.

Le **San Diego Zoo** ★★★ *(37$, enfants de 3 à 11 ans 27$, prix pour deux parcs, le zoo et le Safari Park 70$, enfants 50$; fin juin à début sept tlj 9h à 21h, reste de l'année tlj 9h à 18h; 2920 Zoo Dr., ☎ 619-231-1515 ou 800-407-9534, www.sandiegozoo.org)* fut fondé en 1916 par le Dr Harry Wegeforth. Créé avec à peine une cinquantaine d'animaux, le zoo s'étend maintenant sur 40 ha et accueille plus de 4 000 animaux de 800 espèces différentes. Au fil des ans, le zoo de San Diego a acquis une renommée internationale. Il est connu et cité pour avoir su recréer l'habitat des animaux par souci de leur bien-être. On y dénombre d'ailleurs près de 6 500 espèces de plantes provenant du monde entier dont certaines servent à nourrir les animaux, comme le bambou, l'eucalyptus et l'acacia. Le zoo jouit aussi d'une fort bonne réputation pour son programme de naissances en captivité et de préservation des espèces menacées comme les tortues des Galápagos, les koalas, les gorilles et les pandas. Le panda est d'ailleurs l'attraction principale du zoo. Une bonne façon d'entreprendre la visite est de monter à bord du bus à deux étages qui propose à intervalles réguliers des visites commentées d'une trentaine de minutes. Une autre astuce est de prendre, dès le début de la journée, le Skyfari Aerial Tram pour littéralement survoler le parc et rejoindre son autre extrémité. Finalement, n'oubliez pas de consulter la brochure du parc pour organiser votre journée en fonction de l'horaire des spectacles que vous voudrez voir.

Point Loma ★

Une demi-journée

Localisation: pour vous rendre à Point Loma en voiture à partir du centre-ville de San Diego (comptez environ 20 min), prenez la route 5 Nord jusqu'à la sortie pour Hawthorne Street. Tournez à droite dans North Harbor Drive puis à gauche dans Rosecrans Street, qui mène à Point Loma. En autobus, Point Loma est desservie par les lignes 28 et 84 au départ d'Old Town.

Avant d'arriver au bout de Point Loma, vous apercevrez à votre droite un immense cimetière de 30 ha où s'alignent d'innombrables pierres blanches identiques. Il s'agit du **Fort Rosecrans National Cemetery**. Plus de 49 000 militaires américains et leurs familles y reposent.

Cabrillo National Monument ★★★

Situé à l'extrémité sud de la péninsule, le **Cabrillo National Monument Visitor Center** *(5$/véhicule, 3$/piéton ou cycliste; tlj 9h à 17h; 1800 Cabrillo Memorial Dr., ☎ 619-557-5450, www.nps.gov/cabr)* est sans aucun doute le meilleur endroit où commencer la visite. Vous y dénicherez de l'information sur ce parc et pourrez y voir une petite exposition ou assister à la projection d'un film sur ce parc. Le panorama que l'on peut admirer à travers d'immenses baies vitrées est impressionnant. La boutique, au centre de la place, propose plusieurs livres de référence intéressants ainsi que de multiples objets-souvenirs.

Le Cabrillo National Monument, qui se dresse fièrement sur le plus haut point de Point Loma, commémore l'arrivée de l'explorateur Juan Rodríguez Cabrillo en 1542. La statue de plus de 4 m, qui fut complétée en 1939 par le Portugais Alvaro DeBree, figure parmi les attraits de la ville les plus photographiés. De ce point d'observation, vous obtiendrez l'une des plus belles vues de tout le comté. Sur place, un panneau explicatif vous permet d'identifier les lieux qui apparaissent au loin, notamment Coronado Island au premier plan et le centre-ville de San Diego en second plan.

En 1851, un an après l'entrée de la Californie dans l'Union, la U.S. Coastal Survey choisit un promontoire situé à 129 m au-dessus de la mer pour installer un phare, aujourd'hui dénommé l'**Old Point Loma Lighthouse** ★. La construction commença quelques années plus tard et fut terminée en 1854. Cependant, plus d'un an s'écoula avant qu'on ne reçût de France l'appareil permettant de le faire fonctionner. Mais il s'avéra finalement peu utile, car il était difficile d'apercevoir sa lumière par épais brouillard, un phénomène commun à cet endroit. En mars 1891, le gardien éteignit définitivement la lumière, après seulement 36 ans de services. Un siècle plus tard, cette sentinelle d'un passé révolu est toujours debout et accueille les visiteurs curieux. L'intérieur a été préservé tel qu'il était à l'époque où le gardien y habitait avec sa famille.

Le **Whale Overlook** ★ est un point d'observation qui permet d'apprécier, surtout en décembre et février, la migration des baleines grises. À certains moments, jusqu'à 200 baleines passent par ce point. Il s'agit du meilleur endroit pour les apercevoir de la côte.

Les marées contrôlent le rythme de la vie marine le long du rivage. Au pied de la pointe, face à l'océan Pacifique, se trouve un milieu rocheux où les plantes et les espèces animales se sont adaptées aux dures conditions des marées fortes, aux expositions prolongées au soleil et au vent, ainsi qu'aux brusques changements de température et de salinité. Ces cuvettes de marée (*tidepools*) abritent, entre autres, les anémones fleuries, le crabe américain et plusieurs autres espèces. Observez-les sans les retirer de leur habitat. Il est conseillé de se rendre sur place avec des chaussures à semelles de caoutchouc et d'être prudent car les roches sont glissantes. La meilleure période pour examiner les spécimens est à marée basse. Renseignez-vous auprès du personnel afin de connaître les heures des marées.

Mission Bay Park, Mission Beach et Pacific Beach ★★

1 jour

Mission Bay Park ★★

Localisation: comptez une quinzaine de minutes pour vous rendre à Mission Bay Park en voiture à partir du centre-ville de San Diego par la route 5 nord (sorties East Mission Bay Drive ou SeaWorld Drive). En autobus, le Mission Bay Park est desservi par les lignes 8 et 9 au départ d'Old Town.

Le Mission Bay Park est un immense terrain de jeu, un paradis pour la natation, la voile, la pêche, la navigation, la planche à voile et le ski nautique. Il s'agit aussi d'un endroit idéal pour le vélo, le golf, la marche ou les pique-niques. Plusieurs grands complexes hôteliers et de nombreux restaurants y ont élu domicile. Toutefois, ce qui fait la renommée de l'endroit est sans contredit le célèbre parc d'attractions SeaWorld.

SeaWorld ★★★ *(69$, enfants 3 à 9 ans 59$, stationnement 12$; début sept à mi-juin, ouverture à 10h; mi-juin à début sept, ouverture à 9h; les heures de fermeture varient; 500 SeaWorld Dr., ☎ 619-226-3901 ou 800-257-4268, www.seaworld.com)* est un parc d'attractions, certes, mais il a ce petit quelque chose qui le distingue des autres. Pour les familles, s'il y avait un parc récréatif à choisir parmi les nombreux qui se trouvent à San Diego, SeaWorld se trouverait en tête liste. Consacré au thème de la mer et de son habitat, le site nous fait vivre un amalgame d'émotions inoubliables.

SeaWorld's Shipwreck Rapids vous entraîne dans des rapides, bien installé dans une petite embarcation circulaire de neuf passagers. Les cavernes, chutes et autres obstacles risquent fort de vous mouiller de la tête aux pieds. L'attraction la plus connue du parc est le spectacle des orques, ***Shamu Show: Believe*** ★★. Animés merveilleusement avec beaucoup d'humour, les spectacles vous impressionneront surtout grâce à l'adresse démontrée par ces cétacés. Le spectacle des dauphins, ***Dolphin Discovery*** ★★, est tout aussi divertissant. Ces mammifères agiles nous en font voir de toutes les couleurs. **Wild Arctic** vous entraîne dans le Grand Nord. Juste le fait de s'y rendre est une réelle partie de plaisir quand on embarque dans le simulateur d'hélicoptère pour une promenade.

À l'issue du tour de manège, les visiteurs se retrouveront sur les lieux où cohabitent ours polaires, bélugas et phoques. À quelques pas du pavillon qui abrite le Wild Artic, les visiteurs ont l'occasion de visiter un pavillon où se trouve un grand tunnel de verre sous l'eau, **Shark Encounter** ★★. La marche à travers ce tunnel permet d'observer de très près un grand nombre de requins de plusieurs espèces et tailles. Frissons garantis! L'**aquarium** de SeaWorld permet, quant à lui, de se familiariser avec plus d'un millier de spécimens marins dans de grands bassins ou réservoirs reproduisant l'habitat naturel des espèces. Très populaire dans ce coin de pays, il n'est pas étonnant que SeaWorld possède aussi un «bassin tactile». Vous pourrez y voir et palper des étoiles de mer, des oursins, des algues étranges et d'autres spécimens du genre. **Sesame Street Bay of Play**, un grand espace aménagé avec des manèges, offre des activités aux jeunes enfants. Les personnages de la célèbre série télévisée du même nom y fournissent l'animation.

Mission Beach et Pacific Beach

Si vous vous demandez où trouver ces fameux surfeurs blonds au corps sculptural et les splendides *California Girls* des téléséries américaines, ne cherchez plus car c'est à **Pacific Beach** et à **Mission Beach** qu'on les aperçoit. Ils déambulent sur la **promenade** ★★ qui relie ces deux quartiers riverains, jouent au volley-ball ou prennent du soleil entre deux séances de surf.

La Jolla ★★★

p. 110 *p. 113* *p. 115*

1 jour

La Jolla Visitor Center: 7966 Herschel Ave., Suite A, 619-236-1212 ou 888-459-1114, www.sandiego.org.

À environ 20 min en voiture de San Diego par la route I-5 (ou 60 min par le bus n° 30) se trouve la coquette et cossue petite ville de La Jolla, dont le nom espagnol signifie «joyau» en français. Elle figure parmi ces petites villes qui furent construites dans les années 1940 pour accueillir les militaires de plus en plus nombreux dans la région. Elle est surtout renommée pour ses chics complexes hôteliers, ses boutiques élégantes et ses bons restaurants.

La visite de la ville débute au **Museum of Contemporary Art San Diego** ★★★ *(10$; jeu-mar 11h à 17h; 700 Prospect St., 858-454-3541, www.mcasd.org)*. Ce musée de réputation nationale, installé dans un magnifique bâtiment immaculé, propose un bel espace d'exposition pour admirer ses pièces de collection. Plusieurs artistes californiens y exposent leurs œuvres. Le musée se divise en deux pavillons, le second se trouvant dans le centre-ville de San Diego (voir p. 84). Nous vous recommandons fortement la visite guidée, possible pour les groupes de cinq et plus, pour mieux comprendre le travail des artistes. Terminez votre visite en beauté à la boutique du musée, qui offre une excellente sélection d'objets et de livres de référence.

La **Children's Pool** est une petite baie fermée par un embarcadère. La philanthrope Ellen Scripps la donna à la municipalité pour permettre aux enfants d'avoir un coin sécuritaire pour se baigner. On peut fréquemment y apercevoir des phoques et des lions de mer. **Prospect Street** et **Girard Avenue** sont les deux artères principales où l'on rencontre le plus de commerces dans la ville. Les boutiques distinguées et originales côtoient des restaurants en tous genres.

La Jolla Cove est une plage populaire pour la baignade et la plongée-tuba (l'eau y est très claire). C'est aussi la résidence principale des phoques, des lions de mer et des pélicans qui s'agglutinent sur les rochers.

Le **Birch Aquarium at Scripps** ★★ *(12$, enfants 8,50$; tlj 9h à 17h; 2300 Expedition Way, 858-534-3474, www.aquarium.ucsd.edu)* fait partie de l'Université de Californie à San Diego. Sa mission se résume en trois points: éduquer, faire de la recherche et promouvoir la conservation des océans. Pour atteindre leurs objectifs, les responsables de l'aquarium utilisent divers moyens. Citons entre autres les expositions interactives et éducatives, les programmes de conservation de la faune et les activités spéciales. Il s'agit d'un endroit incontournable pour en savoir plus sur la vie marine de la côte californienne mais aussi sur l'ensemble des océans. Les premières choses que vous apercevrez en arrivant à l'aquarium sont les magnifiques statues de bronze à l'entrée représentant des baleines grises.

SAN DIEGO La Jolla

★ ATTRAITS TOURISTIQUES

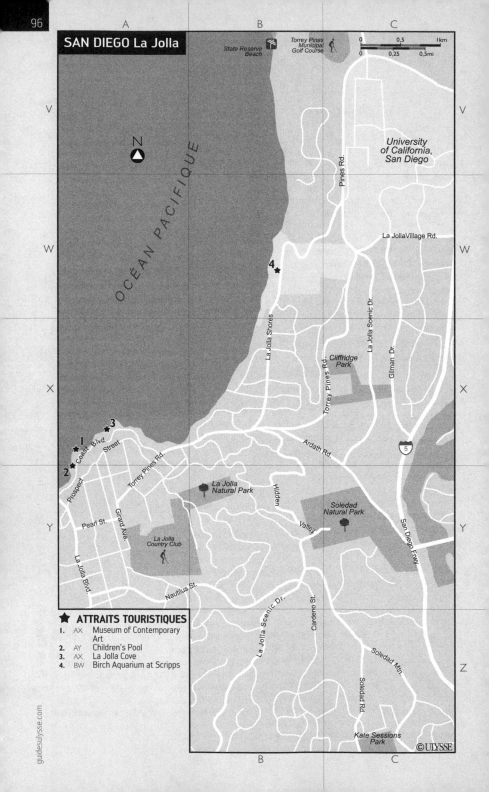

1. AX Museum of Contemporary Art
2. AY Children's Pool
3. AX La Jolla Cove
4. BW Birch Aquarium at Scripps

Excursions autour de San Diego

Legoland ★★★

Localisation: Legoland est situé à **Carlsbad**, à 35 mi (56 km) au nord de San Diego; prendre la route I-5 en direction nord jusqu'à la sortie 48 pour Cannon Road.

Créé par le manufacturier danois de jouets de la marque Lego, **Legoland** *(adultes 67$, enfants 57$, stationnement 12$; tlj ouverture à 10h, heures de fermeture variées; 1 Legoland Dr., Carlsbad, ☎ 760-918-5346, www.legoland.com)* est le seul parc du genre aux États-Unis. Ce terrain de jeu de 50 ha, conçu pour stimuler l'imagination des enfants de 3 à 12 ans, réserve une foule de plaisirs et de surprises à tous. Quelque 30 millions de pièces Lego ont été nécessaires pour créer plus de 1 000 modèles réduits qui ornent l'ensemble du parc. Le parc est divisé en neuf parties, dont un parc aquatique inauguré en 2010: chacune offre des attractions, des balades familiales, des restaurants, des boutiques, ainsi que la possibilité de construire et d'explorer.

San Diego Zoo Safari Park ★★

Localisation: à **Escondido**, 32 mi (51 km) au nord de San Diego par les routes 163 et I-15 Nord, sortie Rancho Parkway.

Bien qu'il appartienne au groupe qui possède le zoo de San Diego, le **San Diego Zoo Safari Park** *(37$, enfants de moins de 11 ans 27$, stationnement 9$, prix combiné économique du Zoo Safari Park et du zoo; tlj été 9h à 21h, reste de l'année 9h à 18h; 15500 San Pasqual Valley Rd., Escondido, ☎ 760-747-8702, www.wildanimalpark.org)*, jusqu'en 2010 appelé le San Diego Wild Animal Park, est beaucoup plus vaste et procure une expérience complètement différente.

Cet immense parc d'attractions reproduit le plus fidèlement possible l'habitat naturel d'espèces animales provenant d'Asie et d'Afrique. Il a ouvert ses portes en 1972 et a toujours pris de l'expansion depuis. Aujourd'hui, le parc compte plus de 3 000 animaux représentant 400 espèces.

En arrivant, vous pourrez prendre part au **Journey Into Africa Tour** *(compris dans le droit d'entrée au parc)*, une visite guidée motorisée qui vous emmène à la découverte de la faune du continent africain. Cette visite procure beaucoup d'information sur les espèces aperçues. Il y a cependant d'autres options qui s'offrent à vous, si vous le désirez.

À défaut de ne pas pouvoir vous rendre en Afrique, les **Photo Caravan Tours** *(90$ à 150$/pers. selon la durée de la visite)* tentent de vous faire vivre l'expérience d'un safari comme si vous y étiez. Le véhicule tout-terrain vous mène au cœur de la réserve, tout près des animaux. Les visites sont possibles seulement sur réservation.

On trouve de nombreuses autres attractions sur le site qui permettent d'observer de près des condors, des éléphants ou des lions.

Activités de plein air

➤ *Golf*

Le golf à San Diego, comme dans beaucoup d'endroits en Californie, est l'un des sports les plus populaires. Et l'on y trouve évidemment de très bons terrains. La municipalité en gère trois, ouverts au public, dont le célèbre **Torrey Pine Golf Course** *(41$; 11480 N. Torrey Pines Rd., La Jolla, ☎ 858-452-3226 ou 877-581-7171, www.torreypinesgolfcourse.com)*, hôte du tournoi du U.S. Open en 2008.

➤ *Kayak*

Du côté de Mission Bay et de La Jolla, vous pourrez vous adresser à **Hike Bike Kayak San Diego** *(819 San Fernando Place, Mission Bay, ☎ 858-488-5599; 2246 Avenida de la Playa, La Jolla, ☎ 858-551-9510; www.hikebikekayak.com)*, qui fait la location d'équipement et propose des sorties organisées, notamment pour aller à la rencontre des baleines ou pour visiter les grottes de La Jolla.

➤ *Observation des baleines*

Les baleines grises en pleine migration vers les eaux chaudes de la Baja California passent généralement au large de San Diego de la mi-décembre à la mi-mars. À Point Loma, le **Whale Overlook** (voir p. 94) est certainement le meilleur endroit pour les apercevoir de la côte, surtout en décembre et février.

De nombreuses entreprises proposent d'aller les voir de plus près, notamment **Hornblower Cruises & Events** *(1066 N. Harbor Dr., ☎ 888-567-6256, www.hornblower.com)*, qui embarque aussi des naturalistes du San Diego Natural

History Museum, et Hike Bike Kayak San Diego (voir ci-dessus).

➤ Pêche en mer

San Diego Sport Fishing *(à partir de 42$; 1403 Scott St., ✆ 619-223-1627, www.sandiego-sportfishing.com)* propose de nombreuses sorties de pêche en mer pour toute la famille, sur des bateaux stables et spacieux, à la journée ou à la demi-journée.

➤ Surf

Les surfeurs se donnent rendez-vous sur les plages de **Pacific Beach** et de **Mission Beach** (voir p. 94). Vous pourrez louer du matériel chez **Cheap Rentals** *(3689 Mission Blvd., ✆ 858-488-9070 ou 800-941-7761, www.cheap-rentals.com)*, à Mission Beach.

Les novices pourront s'adresser à Hike Bike Kayak San Diego (voir ci-dessus) qui propose aussi, comme son nom ne l'indique pas, des cours de surf. Les futures championnes iront plutôt voir du côté de la très réputée école de surf réservée aux filles, **Surf Diva** *(2160 Avenida de la Playa, La Jolla, ✆ 858-454-8273, www.surfdiva.com)*.

➤ Vélo

Hike Bike Kayak San Diego *(22$/jour; voir p. 97)* loue aussi des vélos pour se balader du côté de La Jolla. À Coronado, vous pourrez contacter **Bikes & Beyond** *(25$/jour; 1201 First St., Coronado Ferry Landing, ✆ 619-435-7180 ou 619-435-3153, www.hollandsbicycles.com)*.

➤ Voile

La baie de San Diego fait partie des plus beaux plans d'eau pour les amateurs de voile. Pour une expérience des plus enivrantes, les passionnés pourront s'offrir le luxe de naviguer à bord de véritables voiliers de l'America's Cup, avec **Next Level Sailing** *(99$; ✆ 800-644-3454, www.nextlevelsailing.com)*. Les croisières d'environ 3h permettent de découvrir la baie et même de pique-niquer à bord.

Seaforth Boat Rentals *(centre-ville: San Diego Marriott Hotel & Marina, 333 W. Harbor Dr., Gate 1; Mission Bay: 1641 Quivira Rd.; Coronado: 1715 Strand Way; ✆ 888-834-2628, www.seaforthboatrental.com)* loue des bateaux à moteur, des motomarines, des voiliers et des catamarans de sport, avec ou sans skipper.

Hébergement

Le centre-ville ayant connu un boom au cours de la dernière décennie, plusieurs hôtels sont de construction récente. Les prix des chambres sont généralement assez élevés, mais notez qu'ils sont plus bas durant les mois d'hiver.

Le centre-ville et le Gaslamp

Downtown San Diego Youth Hostel
$ bc/bp @
accès 24h sur 24
521 Market St., angle Fifth Ave.
✆ 619-525-1531 ou 888-464-4872
www.sandiegohostels.org

Située au cœur du charmant quartier de Gaslamp, l'auberge de jeunesse de San Diego a tout pour plaire. Elle s'entoure d'une panoplie de boutiques, cafés, restos et bars plus intéressants les uns que les autres. L'immeuble de trois étages possède un charme particulier, tout comme le reste des bâtiments environnants. On y trouve des dortoirs et des chambres privées, des cuisines bien aménagées, un salon et même une salle de billard avec une vue de choix sur le quartier animé. Les chambres sont simples mais propres et sont dotées de coffrets de sûreté. Le personnel courtois se fera un plaisir de vous conseiller au sujet des activités et commerces environnants, notamment si vous projetez d'aller faire un tour au Mexique.

USA Hostel San Diego
$ bc/bp @
726 Fifth Ave.
✆ 619-232-3100 ou 800-438-8622
www.usahostels.com/sandiego

Voilà un établissement qui plaira certainement aux voyageurs à petit budget. Il ne fait pas partie de l'association des auberges de jeunesse, mais l'esprit en est le même. Très bien situé, tout près du quartier animé de Gaslamp, l'établissement propose des dortoirs et chambres privées propres, ainsi que des installations et services comme des cuisines communautaires tout équipées, des machines à laver et des coffrets de sûreté. On offre aussi le café et le thé aux occupants. Plusieurs activités sont organisées, et il y a un service de navette se

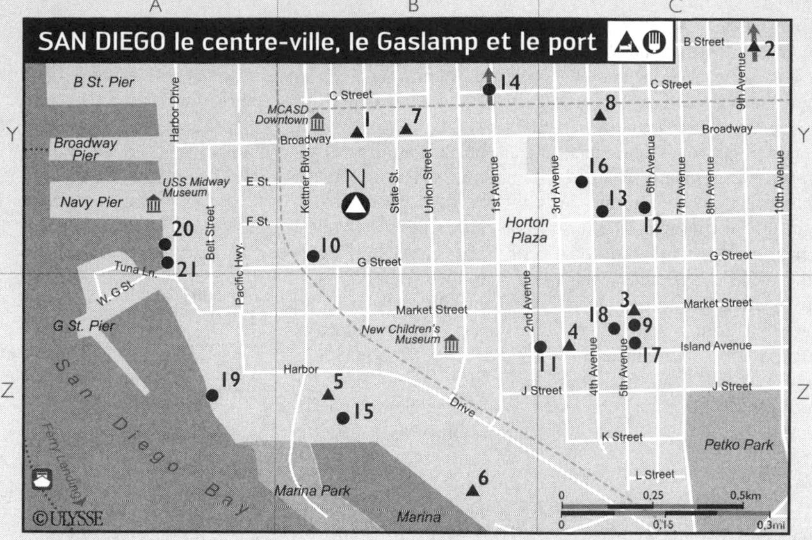

▲ HÉBERGEMENT

Le centre-ville et le Gaslamp

1. BY 500 West Hotel
2. CY Best Western Cabrillo Garden Inn
3. CZ Downtown San Diego Youth Hostel
4. CZ Horton Grand Hotel
5. BZ Manchester Grand Hyatt
6. BZ San Diego Marriott Hotel & Marina
7. BY The Westin San Diego
8. CY USA Hostel San Diego

● RESTAURANTS

Le centre-ville et le Gaslamp

9. CZ Blue Point Coastal Cuisine
10. BY Brickyard Coffee & Tea
11. CZ Cafe 222
12. CY Croce's Restaurant
13. CY Dick's Last Resort
14. BY Hob Nob Hill
15. BZ Sally's Seafood on the Water
16. CY Sammy's California Woodfired Pizza
17. CZ Taka
18. CZ The Field

Le port et le Seaport Village

19. AZ San Diego Pier Cafe
20. AY The Fish Market
21. AY Top of the Market

rendant régulièrement aux principales plages.

500 West Hotel
$-$$ @
500 W. Broadway
619-231-4092 ou 866-500-7533
www.500westhotelsd.com

Anciennement un YMCA, le 500 West Hotel ressemble plus à une auberge de jeunesse qu'à un véritable hôtel, mais son emplacement en plein centre-ville dans un beau bâtiment historique, ses services et ses tarifs en font un établissement de choix pour les voyageurs au budget serré. On peut profiter d'une cuisine et d'une laverie communes, et les chambres sont simples mais propres. Vous aurez le choix entre des dortoirs ou des chambres privées pouvant accueillir de une à quatre personnes.

Best Western Cabrillo Garden Inn
$$-$$$ ≡ P @
840 A St.
619-234-8477 ou 800-780-7234
www.bestwesterncalifornia.com

Ce petit hôtel est magnifiquement situé à deux pas du centre-ville et du Balboa Park. De la terrasse aménagée sur le toit, on obtient un point de vue sur la baie ainsi que sur le pont de l'île Coronado. Le Best Western Cabrillo Garden Inn propose des chambres spacieuses et confortables. Le stationnement *(10$)* de l'hôtel se révèle très pratique dans ce coin achalandé de la ville.

Horton Grand Hotel
$$$ ≡ P @
311 Island Ave.
619-544-1886 ou 800-542-1886
www.hortongrand.com

Voilà l'un des hôtels les plus pittoresques de la ville (voir p. 84). L'établissement s'inspire essentiellement de la période victorienne tant dans son style que dans son décor. Il faut prendre le temps d'admirer la beauté des lieux et les détails architecturaux. L'endroit s'intègre parfaitement bien dans le quartier historique de Gaslamp, non loin du centre de congrès. Les chambres et suites ont chacune leur cachet avec un mobilier d'inspiration victorienne, des armoires sculptées, un foyer et des draperies. Elles sont, pour plusieurs, équipées d'une planche et d'un fer à repasser, d'un sèche-cheveux, d'une machine à café etc. Les suites possèdent aussi des cuisinettes. Les balcons vous donneront la possibilité d'admirer la cour intérieure ou le cœur du quartier de Gaslamp. L'établissement renferme aussi un excellent restaurant et un piano-bar. Certains jours en semaine, vous pourrez prendre le thé dans la cour intérieure.

The Westin San Diego
$$$
400 W. Broadway
619-239-4500 ou 866-716-8137
www.starwoodhotels.com
Avec ses tours hexagonales chapeautées d'auréoles lumineuses vertes, le Westin San Diego est devenu l'un des symboles architecturaux de la ville. Les chambres sont convenables et propres, bien que moins impressionnantes que l'hôtel lui-même. Vous pourrez y admirer, selon l'orientation de votre fenêtre, le centre-ville et le Balboa Park ou la San Diego Bay. Malgré les apparences, les prix y sont très compétitifs si l'on tient compte de la qualité du service, du confort de l'hôtel et de sa situation. Un bémol: le supplément de 13$ demandé pour l'accès Internet.

Manchester Grand Hyatt
$$$$
One Market Place
619-232-1234 ou 800-233-1234
www.manchestergrand.hyatt.com
Le Manchester Grand Hyatt, avec son imposante architecture, est probablement l'un des premiers hôtels que vous apercevrez si vous vous dirigez vers le centre-ville à partir de l'aéroport. Il se dresse majestueusement sur le bord de la baie, tout près du Seaport Village, du centre-ville et du quartier de Gaslamp. Orienté vers la clientèle d'affaires et de congressistes, il offre toute la panoplie de services collectifs et individuels destinés à leur faciliter la tâche. Toutes les chambres, très confortables, ont vue sur la baie. Au sud, les occupants pourront apercevoir le Mexique, alors qu'au nord il est possible d'admirer la ville de La Jolla. L'hôtel comprend plusieurs restaurants et bars, le plus connu étant le célèbre **Sally's Seafood on the Water** (voir p. 105), spécialisé dans les fruits de mer. Pour un verre et une vue époustouflante, rendez-vous au Top of the Hyatt, à plus de 150 m du sol.

San Diego Marriott Hotel & Marina
$$$$
333 W. Harbor Dr.
619-234-1500 ou 800-228-9290
www.marriott.com/sandt
Le Marriott, un magnifique immeuble de 25 étages comportant deux ailes et un port de plaisance (marina) à l'arrière, compte plus de 1 300 chambres. Adjacent au centre de congrès, il est situé avantageusement près du centre-ville et du quartier de Gaslamp, du bord de mer et du Seaport Village. L'architecture de l'édifice est particulièrement intéressante. En fait, le concepteur a voulu représenter deux bateaux entrant dans le port. Le résultat, saisissant, fait de l'établissement l'un des hôtels les plus beaux et les plus prestigieux de toute la baie de San Diego. L'intérieur est tout aussi spectaculaire avec son hall et ses salons, ses restaurants, ses bars, et ses salles de conférences. Les chambres, pas aussi luxueuses que l'ensemble, sont toutefois bien équipées. Certaines profitent d'un balcon avec une magnifique vue sur la baie.

Coronado Island

Coronado Island Inn
$$-$$$
266 Orange Ave.
619-435-0935 ou 800-598-6624
www.coronadoinn.com
Cet hôtel-motel sans prétention bénéficie d'une situation centrale appréciable tout en étant relativement abordable. Certaines chambres sont équipées de cuisinettes, mais toutes ont un réfrigérateur. Le café est offert toute la journée.

Crown City Inn
$$-$$$
520 Orange Ave.
619-435-3116 ou 800-422-1173
www.crowncityinn.com
Comme plusieurs établissements voisins situés près du centre-ville, le Crown City Inn est un petit hôtel-motel honnête qui propose des chambres propres et confortables à des prix compétitifs. Le style du bâtiment rappelle les haciendas, mais l'ensemble est moderne avec une piscine et un restaurant. Des vélos sont mis à la disposition des clients.

La Avenida Inn
$$$
1315 Orange Ave.
619-435-3191 ou 800-437-0162
www.laavenidainn.com
Cet hôtel-motel, simple mais propre, est bien situé, entre la plage et le centre-ville de Coronado, et tout près du célèbre Hotel del Coronado. On y retrouve toutes les commodités qui contribuent à rendre le séjour agréable. Pour bien commencer sa

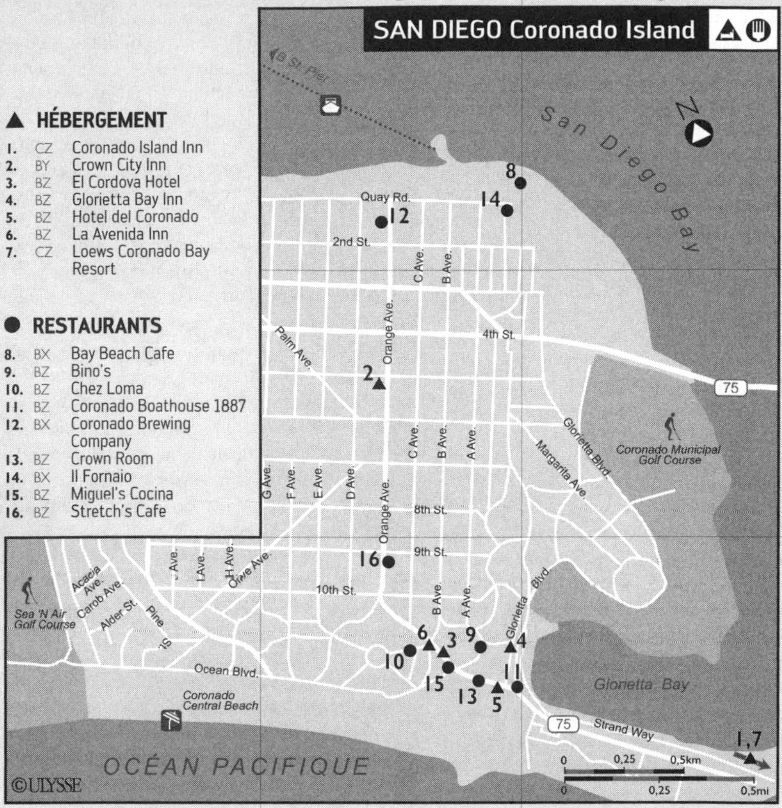

SAN DIEGO Coronado Island

▲ HÉBERGEMENT

1. CZ Coronado Island Inn
2. BY Crown City Inn
3. BZ El Cordova Hotel
4. BZ Glorietta Bay Inn
5. BZ Hotel del Coronado
6. BZ La Avenida Inn
7. CZ Loews Coronado Bay Resort

● RESTAURANTS

8. BX Bay Beach Cafe
9. BZ Bino's
10. BZ Chez Loma
11. BZ Coronado Boathouse 1887
12. BX Coronado Brewing Company
13. BZ Crown Room
14. BX Il Fornaio
15. BZ Miguel's Cocina
16. BZ Stretch's Cafe

journée, on peut prendre le petit déjeuner sur le bord de la piscine.

El Cordova Hotel
$$$
1351 Orange Ave.
619-435-4131 ou 800-229-2032
www.elcordovahotel.com

Le El Cordova Hotel est un ancien manoir construit en 1902 qui a été converti en hôtel en 1930. Son architecture de style colonial espagnol a été préservée. Les chambres, spacieuses, ont été réaménagées. La cour intérieure, avec ses petites tables, le patio adjacent au restaurant et la piscine chauffée invitent à la détente. À proximité de la plage et du centre-ville.

Glorietta Bay Inn
$$$-$$$$
1630 Glorietta Blvd.
619-435-3101 ou 800-283-9383
www.gloriettabayinn.com

Le Glorietta Bay Inn est un hôtel distingué établi depuis 1950. Le bâtiment était la résidence de John Spreckels, célèbre visionnaire à l'origine de l'Hotel del Coronado, qui fit construire cette magnifique maison sur un terrain de 3 ha donnant sur la Glorietta Bay. Dessiné par l'architecte Harrison Albright en 1906 et complété comme résidence en 1908, l'édifice est sans contredit un important témoin de l'histoire de Coronado Island et de San Diego. On peut y profiter du luxe et du confort que l'on trouve dans les grands hôtels environnants avec, en plus, un cachet unique. L'hôtel comprend deux parties: le bâtiment d'origine, que l'on surnomme le «Mansion», comprend 11 chambres et suites qui étaient à l'origine occupées par la famille de John Spreckels, et la nouvelle aile, plus moderne, ressemble davantage à un motel de luxe où les chambres sont plus contemporaines mais ont forcément moins de caractère. Toutes les chambres de l'hôtel sont décorées avec goût dans le style victorien et offrent une vue sur la baie ou sur la piscine installée à l'avant. Un petit déjeuner est servi tous les matins dans la véranda ou dans la Music Room.

Hotel del Coronado
$$$$
1500 Orange Ave.
619-435-6611 ou 800-468-3533
www.hoteldel.com

Symbole de toute une île et emblème de San Diego, l'Hotel del Coronado est plus qu'un simple établissement hôtelier. Il figure parmi les hôtels les plus en vue du monde. Son architecture extraordinaire, un mélange d'inspiration victorienne et de gare ferroviaire, ainsi que son histoire unique (voir p. 86), y sont sans doute pour beaucoup. Si vous désirez payer le prix et vous offrir le luxe de dormir dans un établissement de grande renommée, l'Hotel del Coronado, appelé aussi simplement le «Del», est un choix tout indiqué. On retrouve sur place 10 restaurants et *lounges*, une vingtaine de boutiques et galeries, en plus de toutes les installations pour gens d'affaires et congressistes. Un spa, une immense terrasse, des courts de tennis et tous les services imaginables s'ajoutent au luxe dont fait preuve l'endroit. Divers programmes d'activités sont prévus pour les enfants. Sa situation fait aussi le charme de l'établissement: à quelques pas de l'océan, et près de la Coronado Central Beach, la plus belle plage des environs et peut-être même de la Californie.

Loews Coronado Bay Resort
$$$$
4000 Coronado Bay Rd.
619-424-4000 ou 866-563-9792
www.loewshotels.com/hotels/sandiego

Situé non loin du centre-ville et des plages, tout en étant un peu à l'écart sur

une péninsule privée de la San Diego Bay, l'hôtel Loews Coronado Bay Resort est l'un des plus chics établissements hôteliers des environs. Sa façade rose, ses murs crème et ses toits de tuiles donnent le ton dès le premier coup d'œil. Le complexe est doté de trois piscines, de terrasses parsemées de chaises longues et de palmiers, d'un spa et d'un port de plaisance privé. On peut y faire de la voile, du hors-bord, de la motomarine, du kayak, du ski nautique, du pédalo, de la bicyclette et du patin à roues alignées. Un centre de conditionnement physique tout équipé et cinq courts de tennis complètent le tout. Le hall, avec son escalier double à balustrades de fer forgé et rampes de cuivre, son lustre et ses fauteuils rembourrés, pourrait servir de décor à une comédie musicale hollywoodienne. L'hôtel compte aussi plusieurs restaurants et cafés. La décoration des chambres, raffinée mais sans superflu, s'intègre bien aux coloris du paysage côtier. Les chambres donnent sur la mer ou sur la San Diego Bay.

Old Town

Best Western Hacienda Hotel Old Town
$$$ @
4041 Harney St.
619-298-4707 ou 800-888-1991
www.haciendahotel-oldtown.com

L'Hacienda Hotel arbore un style architectural des plus pittoresques, qui se marie bien avec l'ensemble de la vieille ville. L'établissement ressemble plus à une station balnéaire qu'à un simple hôtel, avec sa piscine et son centre de conditionnement physique. Les chambres sont de bon goût et comprennent, en plus de toutes les commodités usuelles, un balcon d'où, avec un peu de chance, vous pourrez admirer la baie (plusieurs des balcons donnent sur la cour intérieure). Pour la qualité de l'établissement ainsi que pour son cachet, il s'agit d'un bon rapport qualité/prix.

Balboa Park et Mission Valley

Voir carte p. 109.

Park Manor Suites
$$$ P @
525 Spruce St.
619-291-0999 ou 800-874-2649
www.parkmanorsuites.com

Ce bel hôtel construit en 1926, et classé monument historique par la Ville de San Diego, est une option des plus intéressantes. Il a été dessiné par l'architecte Frank P. Allen Jr, le même qui a conçu les bâtiments de la Panama-California Exposition de 1915-1916. Toutes les chambres, confortables et élégantes, renferment des mobiliers antiques leur donnant un cachet particulier, et sont aménagées en studios ou en appartements avec cuisine. Depuis les fenêtres, on peut apercevoir le Balboa Park ou le centre-ville de San Diego. De plus, un petit déjeuner continental est servi chaque matin sur la terrasse du toit, avec vue plongeante sur la ville. On y trouve un restaurant convenable et un bar proposant régulièrement des spectacles. Pour le cachet, la qualité de l'ensemble et le côté pratique, le prix est des plus raisonnables, ce qui en fait un établissement fortement recommandé.

Town and Country Resort and Convention Center
$$$ P @
500 Hotel Circle N.
619-291-7131 ou 800-772-8527
www.towncountry.com

Pour ceux qui désirent tout trouver au même endroit sans avoir à se déplacer, le Town and Country Resort and Convention Center est la réponse à leur attente. Ce vaste complexe hôtelier destiné aux gens d'affaires et aux congressistes est une véritable petite communauté en soi. Il comprend pas moins d'une trentaine de bâtiments comptant 1 000 chambres, ainsi qu'un spa, de grandes aires d'exposition, cinq restaurants et bars, des jardins, des piscines et des terrasses, bref, tout ce qu'il faut pour répondre à tous les besoins. L'ensemble se révèle esthétique et moderne. Les chambres sont, quant à elles, fort confortables, avec tous les services nécessaires et une décoration chaleureuse. Il y a aussi un golf et un club de racquetball et de tennis juste à côté. En résumé, il s'agit là d'une option intéressante surtout pour la clientèle d'affaires, mais qui plaira sûrement à tous les types de clients.

Point Loma

Point Loma Hostel
$ bc/bp @
3790 Udall St.
619-223-4778 ou 888-464-4872
www.sandiegohostels.org

Contrairement à sa consœur du centre-ville, l'auberge de jeunesse de Point Loma, installée dans une grande maison, plaira à ceux qui cherchent un endroit paisible. À seulement 7 km du centre-ville, elle est facilement accessible en voiture ou en transport en commun.

La jolie Ocean Beach est distante d'à peine 2 km. L'auberge dispose de dortoirs et de chambres privées, et offre toutes les installations courantes (cuisine, salon, etc.). Le petit déjeuner est offert avec crêpes (*pancakes*) à volonté. Vous pourrez aussi profiter d'une terrasse ensoleillée et d'un tennis de table. Des activités sont souvent offertes aux clients par les employés, comme des barbecues et des feux sur la plage. Les quelques marchés des alentours vendent des produits frais et bios pour vos gueuletons de fin de soirée ou vos pique-niques sur la plage. Les portes sont ouvertes de 8h à 22h.

Restaurants

Par son grand choix de restaurants, San Diego fait sans contredit partie des grandes villes gastronomiques américaines. On y retrouve tous les types de cuisine, de l'éthiopienne à la traditionnelle amérindienne. Cependant, ce sont les restaurants de cuisine californienne (de type fusion), de fruits de mer, italienne, asiatique et mexicaine qui sont les plus en vue. On y trouve aussi d'excellents restaurants de cuisine française.

Le centre-ville et le Gaslamp

Voir carte p. 99.

C'est ici, plus particulièrement dans le Gaslamp, que vous trouverez les restaurants les plus branchés et les plus courus des environs. C'est aussi ici que vous découvrirez un vaste choix de restaurants multiethniques. L'atmosphère exaltée, du début à la fin de la soirée, saura certainement plaire à tous.

Brickyard Coffee & Tea
$
petit déjeuner et déjeuner
675 W. G St., angle Kettner Blvd.
☎ 619-696-7220

Situé au centre-ville mais un peu en retrait, Brickyard Coffee & Tea, avec ses allures de petit resto de quartier, est le genre d'établissement où l'on se sent tout de suite comme chez soi. Le menu de *bagels*, sandwichs, salades et quiches est tout simple, mais, si vous avez envie de relaxer, lire ou écrire, on vous recommande chaudement cet endroit.

Cafe 222
$-$$
tlj 7h à 13h45
222 Island Ave.
☎ 619-236-9902
www.cafe222.com

Ce charmant petit restaurant, un peu à l'écart du quartier de Gaslamp, près du centre-ville, occupe un bâtiment qui n'a rien d'attirant au premier abord. Ce petit café a néanmoins su insuffler une atmosphère agréable au voisinage. Sa petite terrasse donnant sur le trottoir et les effluves de bon café sont en grande partie responsables de cette osmose. Aux heures de pointe, nombre de travailleurs se dirigent d'un pas hâtif vers ce havre de paix. La fin de semaine, des touristes égarés se mêlent aux habitués. La carte offre un choix de plats originaux et délicieux, qui vont des omelettes aux gaufres en passant par les paninis et les petits déjeuners pantagruéliques. Excellent rapport qualité/prix.

Dick's Last Resort
$-$$
déjeuner et dîner
345 Fourth Ave.
☎ 619-231-9100
www.dickslastresort.com

Tout est tellement esthétique et bienséant à San Diego qu'un refuge comme le Dick's Last Resort peut sembler nécessaire parfois, question d'équilibre. L'établissement aux airs de pub irlandais se vante d'être l'endroit le plus décontracté en ville. Le laisser-aller et la détente y sont de mise. Pas de chichi, ni de code vestimentaire, de service solennel ou de plats raffinés. Seulement de la cuisine sans façon, de la musique forte et un personnel très familier avec sa clientèle. On vous garantit une belle soirée sans retenue. Terrasse très animée.

Hob Nob Hill
$-$$
tlj 7h à 21h
2271 First Ave.
☎ 619-239-8176
www.hobnobhill.com

Ouvert en 1944, Hob Nob Hill est un classique à San Diego. On y vient depuis des générations pour s'y offrir une cuisine traditionnelle, que ce soit pour le petit déjeuner (attention, il y a un monde fou en fin de semaine), le déjeuner ou le dîner. Il sert de bons repas à des prix honnêtes dans un décor simple mais chaleureux. On pourrait comparer l'établissement, s'il n'était pas aussi grand, à un *diner* classique avec ses nombreuses banquettes rouges. Malgré son côté vieillot, il est de ceux qui ne se démodent jamais.

Sammy's California Woodfired Pizza
$$
770 Fourth Ave.
619-230-8888
www.sammyspizza.com

Dans un décor simple mais agréable, on sert une variété de pizzas au four à bois qui ont grandement contribué à la popularité de l'établissement. En fait, Sammy's est devenu si connu et apprécié au fil des années qu'il a ouvert plusieurs succursales. Le service n'est pas fantastique, mais la nourriture est très bonne. Les prix sont abordables et les portions généreuses. On y propose aussi des *calzones*, des pâtes, des salades et quelques plats plus élaborés de poisson ou de viande. Idéal pour les familles et les petits budgets.

The Field
$$
544 Fifth Ave., entre Market St. et Island Ave.
619-232-9840
www.thefield.com

Ce sympathique pub irlandais où il fait bon se retrouver pour une bière entre amis, ou pour assister à des spectacles de folklore (tous les dimanches entre 17h et 21h), est très impliqué dans la diffusion de la culture irlandaise et organise plusieurs manifestations culturelles. On y sert de très bon repas résultant de recettes maison préparées à partir de produits frais. Déjeuner et dîner servis tous les jours et excellents petits déjeuners (les fins de semaine seulement).

Blue Point Coastal Cuisine
$$$-$$$$
565 Fifth Ave.
619-233-6623

Le Blue Point Coastal Cuisine est un resto-bar très chic spécialisé dans les fruits de mer. On y découvre un décor somptueux axé sur le thème de la mer, avec de très larges et confortables banquettes en forme de coquillage et un magnifique bar où s'entrechoquent les verres de martini. La terrasse, moins occupée, donne sur la rue. La clientèle est surtout composée de gens d'affaires, de touristes et de résidents fortunés. Service aimable et expansif bien qu'un peu guindée. Le poisson est un vrai régal! Profitez-en pour essayer une curiosité de la région : l'huître martini, qui consiste à mettre une huître crue dans un verre de schnaps contenant du martini; l'usage est de l'avaler d'un trait. Essayez aussi leur célèbre *clam chowder*.

ULYSSE

Croce's Restaurant
$$$-$$$$
802 Fifth Ave., angle F St.
619-233-4355
www.croces.com

Ce restaurant est plus qu'un rendez-vous gastronomique. Il représente l'histoire d'une femme qui, par amour pour l'homme qu'elle a perdu dans un accident d'avion, décide d'ouvrir un restaurant à sa mémoire. Cette femme, c'est Ingrid Croce et l'homme, c'est le célèbre *folk singer* Jim Croce. Ce dernier a chanté dans plusieurs pays et a perdu la vie au retour d'une tournée en 1973. Ingrid ouvrit le restaurant une dizaine d'années plus tard et fut l'une des pionnières du développement du quartier de Gaslamp. Depuis, grâce à la dévotion de cette femme à la fois propriétaire et chef cuisinière, l'endroit continue d'être parmi les favoris du quartier. La cuisine est excellente. Ingrid a d'ailleurs écrit un livre de recettes où elle dit s'inspirer des lieux et des gens qu'elle a côtoyés et aimés durant sa vie. Le décor dépouillé est agrémenté de photos de famille, de disques platine et de guitares (véritable petit musée consacré à Jim). L'établissement compte deux étages, en plus des tables à l'extérieur, dans la rue. Vous aurez l'occasion de conclure agréablement votre soirée en passant du côté du bar adjacent. On y présente des spectacles de jazz, blues et folk. Petit déjeuner et déjeuner les fins de semaine, dîner tous les soirs.

Taka
$$$-$$$$
555 Fifth Ave.
619-338-0555
www.takasushi.com

L'influence de l'Asie toute proche et les vagues successives d'immigrants qui s'y sont installés font de San Diego un endroit tout désigné pour déguster une cuisine japonaise authentique. D'ailleurs, cette dernière a la cote auprès des Californiens. Taka s'est taillé, au cours des années, une excellente réputation auprès des connaisseurs. L'établissement se veut le meilleur *sushi bar* en ville. Toutefois, la popularité du restaurant comporte sa part de désagréments : prenez une place au bar si vous voulez être servi plus rapidement.

Sally's Seafood on the Water
$$$$
Manchester Grand Hyatt
1 Market Place
619-358-6740
www.sallyssandiego.com

Situé juste à côté du Seaport Village, Sally's fait la fierté de l'hôtel **Manchester Grand Hyatt** (voir p. 100). Le menu propose plusieurs mets différents, mais c'est définitivement les fruits de mer qui sont à l'honneur ici. L'idée est d'apprêter des fruits de mer d'une fraîcheur et d'une qualité irréprochables, et de servir comme plats d'accompagnement des aliments et des combinaisons inattendues. L'élégante terrasse bénéficie d'une vue sur la baie et la marina. La cuisine, à aire ouverte, permet de voir les cuisiniers à l'œuvre. Le restaurant a par ailleurs remporté de nombreux prix d'excellence pour ses plats de fruits de mer. La bouillabaisse et le *crab cake* se révèlent incontournables.

Little Italy

Bencotto Italian Kitchen
$-$$$
750 W. Fir St.
619-450-4786

Un couple de restaurateurs milanais est venu apporter récemment un peu de fraîcheur dans le vieux quartier italien de San Diego. Bencotto arbore un agréable décor aux lignes épurées, où il fait bon casser la croûte à toute heure de la journée. La grande baie vitrée, le service attentif et les bons plats, préparés avec un juste équilibre de simplicité et de raffinement, vous raviront.

Caffe Italia
$-$$$
1704 India St.
619-234-6767

Tout quartier italien se doit de posséder un établissement où le café est servi dans les règles de l'art. *Espresso*, *cappuccino* ou autre *macchiato* sont préparés par de véritables *baristi* au Caffe Italia. On y sert aussi de délicieux *panini*, sans oublier le *gelato*!

Mimmos
$$-$$$
1743 India St.
619-239-3710
www.mimmos.biz

Le cadre du Mimmos est très romantique avec ses lumières tamisées et ses bougies: idéal pour un repas en tête à tête! Le menu présente un large choix de spécialités italiennes: des spaghettis à la Carbonara aux pizzas en passant par les pâtes aux fruits de mer et de copieuses salades. Le service est attentif et rapide. Une très bonne adresse où il ne faut oublier de réserver.

Po Pazzo
$$-$$$
tlj à partir de 11h
1917 India St.
619-238-1917
www.popazzo.com

Petite Italie oblige, ce restaurant est *le* spécialiste reconnu des pâtes à San Diego. Les antipasti, notamment un carpaccio savoureux et une sélection de fromages aussi exquis que rares dans la région, vous font patienter et... saliver avant la suite du repas où les pâtes en tout genre (spaghettis, pennes, raviolis) sont à l'honneur, même si le risotto maison et l'osso bucco sont tout aussi délicieux. Pour compléter la carte, une sélection de steaks, avec une variété de sauces, permet de satisfaire tous les appétits. La carte des vins est à la hauteur de la cuisine.

Le port de San Diego et le Seaport Village

Voir carte p. 99.

Le Seaport Village a été conçu et pensé pour les touristes. C'est d'ailleurs la raison pour laquelle, à certaines heures, l'endroit est pratiquement désert. On y trouve toutefois quelques restaurants dignes de mention.

The Fish Market
$$
750 N. Harbor Dr.
619-232-3474
www.thefishmarket.com

Top of the Market
$$$-$$$$
à l'étage du 750 N. Harbor Dr.
619-234-3474

Toujours plein d'habitués et de congressistes affairés, ainsi que de touristes captivés, The Fish Market est définitivement pour les passionnés de fruits de mer et de poissons, offerts en une grande variété et d'une fraîcheur sans conteste. Le *sushi bar* et l'*oyster bar* sont grandement appréciés. À l'étage se trouve le restaurant Top of the Market, une salle à manger distinguée offrant une très belle vue sur la baie et le pont de Coronado. Les mêmes plats que ceux du Fish Market y sont apprêtés, mais de façon plus recherchée. L'endroit est plus cher, mais il n'en demeure pas moins une bonne option en termes de rapport qualité/prix.

San Diego Pier Cafe
$$-$$$
885 W. Harbor Dr.
619-239-3968
www.piercafe.com

La photographie du restaurant San Diego Pier Cafe sert de logo promotionnel au Seaport Village. Pas étonnant avec une telle situation, car il est difficile d'être plus près de l'eau, et la vue y est unique. Même si l'établissement attire principalement les touristes de passage, il est très agréable de s'y installer tout en savourant l'un des plats de fruits de mer proposés au menu: des valeurs sûres comme le *clam chowder*, le *fish and chips*, les calmars frits, les fettuccinis aux fruits de mer et les *tacos* au poisson. C'est un endroit agréable pour les familles.

Coronado Island

Voir carte p. 101.

Stretch's Cafe
$
943 Orange Ave.
619-435-8886
C'est le hasard qui mène ici, car il n'y a pas de grande publicité ou d'affiche lumineuse à l'entrée. Cependant, il s'agit d'un chaleureux petit resto-café pas cher du tout qui s'assure d'offrir des repas simples, préparés à partir de produits frais. Les spécialités: les soupes, les petits déjeuners, les sandwichs aux condiments inusités et les yogourts glacés.

Bino's
$-$$
tlj 7h à 21h30
1120 Adella Ave.
619-522-0612
www.binosbistro.com
Un peu en retrait de la rue principale, Bino's est le secret le mieux gardé de Coronado, et il s'agit sans contredit d'un restaurant à découvrir. Le propriétaire est allé chercher directement sa recette de crêpes en Bretagne, et il les apprête magnifiquement en y incorporant une variété de produits frais. Un délice! Vous trouverez difficilement d'aussi excellentes crêpes dans tout San Diego. Pour ajouter au plaisir, le service est amical et attentionné. Le décor, bien que modeste, invite à la détente. On peut s'installer à l'intérieur ou sur la terrasse donnant sur une petite rue discrète.

Miguel's Cocina
$-$$
1351 Orange Ave.
619-437-4237
www.brigantine.com
Restaurant mexicain situé en face de l'Hotel del Coronado, Miguel's Cocina propose, en plus d'un menu intéressant et abordable, un décor intérieur et extérieur tout en couleurs donnant une forte impression de vacances. Plats à emporter disponibles.

Coronado Brewing Company
$$
170 Orange Ave.
619-437-4452
www.coronadobrewingcompany.com
Il n'est pas rare de voir cet établissement bondé de fêtards incluant des fusiliers marins, ce qui lui confère une atmosphère particulièrement joyeuse. Il s'agit d'une petite brasserie affichant un menu de côtes levées, de pizzas et de sandwichs. La terrasse, très animée, laisse entrevoir une magnifique vue sur les gratte-ciel de San Diego.

Bay Beach Cafe
$$-$$$
tlj 11h à 22h30, brunch dim 8h à 16h
1201 First St.
619-435-4900
www.candelas-sd.com
On retrouve ce chic restaurant familial dans le Ferry Landing Park. Agréable avec sa décoration moderne aux tons pastel, il s'agit surtout d'un arrêt pratique, après avoir fureté dans les diverses boutiques, en attendant le traversier pour retourner à San Diego. On peut y siroter un verre ou prendre un repas en admirant la vue du port et en observant l'animation sur la promenade à proximité. Une jolie terrasse le complète. Réservations conseillées.

Il Fornaio
$$$
1333 First St.
619-437-4911
www.ilfornaio.com
À la fois une boulangerie et un restaurant, Il Fornaio propose des pains frais, des *biscottis*, des pâtisseries et des sandwichs alléchants, pour un repas léger ou une bouchée. Dans la salle à manger, impressionnante et tout en longueur, le décor sobre laisse la vedette à la magnifique vue sur la baie et le centre-ville. La terrasse est aussi très agréable, mais ce qui fait la particularité de ce restaurant, c'est son menu qui présente chaque mois des spécialités d'une région différente d'Italie. Le menu habituel, quant à lui, affiche des mets classiques merveilleusement apprêtés. Pour prendre un repas de qualité sans se vider les poches, cette adresse est à retenir.

Chez Loma
$$$-$$$$
1132 Loma Ave.
619-435-0661
www.chezloma.com
Ouvert depuis 1974, ce petit bistro français est aménagé dans une belle demeure victorienne, dans une rue en retrait près de l'Hotel del Coronado. L'établissement s'est surtout fait connaître pour sa délicieuse cuisine. Plusieurs critiques le classent parmi les meilleurs restaurants gastronomiques de la région, et c'est aussi l'une des adresses les plus romantiques. Les poissons, les fruits de mer et le canard

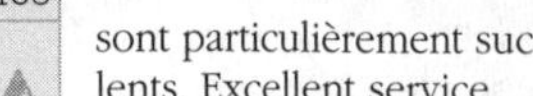

sont particulièrement succulents. Excellent service.

Coronado Boathouse 1887
$$$-$$$$
Hotel del Coronado
1701 Strand Way
☎ 619-435-0155
www.coronado-boathouse.com

L'histoire de l'**Hotel del Coronado** est captivante (voir p. 86), et le Boathouse, construit en 1887 et faisant face à l'hôtel, en fait intégralement partie. La vue de la Glorietta Bay y est, de plus, magnifique. Les plats de viande sont bons, mais les mets de fruits de mer ne sont pas toujours à la hauteur de nos attentes, surtout si l'on considère le prix demandé. Définitivement, ce qui fait la force de ce restaurant, c'est avant tout son emplacement de rêve.

Crown Room
$$$$
dim 9h30 à 14h
Hotel del Coronado
☎ 619-522-8490

Au centre de l'énorme Crown Room de l'Hotel del Coronado, somptueusement décorée, au plafond de 10 m de haut, trône un piano à queue: c'est l'endroit parfait pour les occasions spéciales. Plusieurs critiques affirment que la cuisine n'égale pas la classe de l'établissement, mais l'élégance, comme chacun le sait, donne meilleur goût. On n'y sert plus que le Sunday Brunch, mais à ce prix *(environ 75$/pers.)* ne vous attendez pas à l'habituel brunch du dimanche... Moules, huîtres, homard, fromages fins et osso bucco sont parmi les nombreux plats qui s'offrent à vous.

Old Town

Voir carte p. 102.

Bien que touristique, ce secteur regorge de restaurants très animés, principalement de cuisine mexicaine offrant grosso modo le même concept. Autour d'une place centrale où trône une fontaine se trouvent des tables et des parasols colorés, encerclés par des convives qui se font servir par un personnel en costume folklorique. On y sert une variété de plats mexicains, des *tortillas* et des *margaritas*. Vous découvrirez dans le secteur plusieurs établissements du même type qui se valent tous plus ou moins. Toutefois, votre visite de San Diego ne serait pas complète sans essayer au moins une fois ce genre de resto.

Cafe Coyote
$$
2461 San Diego Ave.
☎ 619-291-0715
www.cafecoyoteoldtown.com

Ce restaurant est le plus fréquenté d'Old Town. Dans une ambiance surchauffée par la musique et les nombreux clients, vous dégusterez des spécialités mexicaines (*quesadillas, tacos, nachos, burritos*) sur la terrasse ou dans une des salles animées du restaurant.

Casa Guadalajara
$$
4105 Taylor St., angle Juan St.
☎ 619-295-5111

Cet établissement se distingue par les pièces artisanales folkloriques qui remplissent l'espace et qui donnent une apparence toute particulière à la salle à manger; à moins que l'on ne préfère la terrasse ombragée, agrémentée d'une fontaine. Vous pourrez déguster un repas nourrissant typiquement mexicain, avec de succulentes *tortillas* maison, le tout arrosé d'un grand verre de *margarita* au son des *mariachis*, puis vous vous laisserez tenter par quelques pas de danse.

Old Town Mexican Café y Cantina
$$
tlj 7h à 23h
2489 San Diego Ave.
☎ 619-297-4330
www.oldtownmexcafe.com

Contiguë au Café Coyote, cette «cantine» est fréquentée par les gens du quartier. Elle est essentiellement réputée pour ses *margaritas*, qui ont été primées dans la presse locale. Côté menu, sont proposés des *carnitas* (porc grillé), du poulet rôti et des *tortillas* faites maison. Une des meilleures adresses d'Old Town.

Balboa Park

The Prado at Balboa Park
$$$-$$$$
House of Hospitality
1549 El Prado
☎ 619-557-9441
www.pradobalboa.com

Si vous cherchez un établissement décent où manger dans le Balboa Park, mis à part les comptoirs de restauration rapide, vous ne trouverez pas une multitude d'options. Le Prado est l'un des seuls restaurants à s'y être installés. Les propriétaires ont ingénieusement su répondre à la fois à la clientèle touristique avec familles, ainsi qu'à une clientèle locale en quête d'un peu plus de raffinement. Le menu se compose autant de spécialités mexicaines que de mets asiatiques ou

SAN DIEGO Balboa Park

● **RESTAURANTS**

1. BZ The Prado at Balboa Park

italiens, mais quel que soit votre choix, il est impératif de goûter les desserts qui font la renommée de l'endroit.

Hillcrest

Principal siège de la communauté gay de San Diego, le sympathique quartier de Hillcrest, situé au nord du Balboa Park, compte plusieurs restaurants de qualité, dont probablement les meilleurs de la ville.

Wienerschnitzel
$-$$
101 W. Washington St.
☎ 619-298-6483
www.wienerschnitzel.com

Voici un établissement de restauration rapide qui mérite un arrêt. Peut-être pas pour sa vaste sélection de hamburgers qui sont identiques aux autres enseignes, mais plutôt pour ses hot-dogs, notamment à la dinde ou au steak Angus. Les différentes sauces épicées, la moutarde, les poivrons, le ketchup, assaisonnent à souhait des saucisses aussi grosses que délicieuses.

Arrivederci
$$
3845 Fourth Ave.
☎ 619-299-6282

Ce restaurant italien a fait sa réputation avec sa cuisine traditionnelle, et plus particulièrement ses lasagnes et son dessert piémontais, le tiramisu. L'établissement est bondé la fin de semaine et devient donc très bruyant, mais une petite terrasse permet de converser au calme.

Crest Cafe
$$
tlj 7h à 24h
425 Robinson Ave.
☎ 619-295-2510
www.crestcafe.net

Ce petit restaurant sans prétention sert une nourriture simple et honnête dans une ambiance détendue et un décor de style café. Le menu est garni de très nombreuses options, tant pour le petit déjeuner que pour les deux autres repas de la journée. Spécialités mexicaines, salades, hamburgers, pâtes, viandes… Il y a peu de chance que vous ne trouviez pas de quoi vous satisfaire. Les petits déjeuners sont servis toute la journée du vendredi au mardi.

Sushi Deli
$$
228 W. Washington St.
☎ 619-231-9597

Voici un bon restaurant japonais où est proposée une honnête sélection de sushis, sans oublier les préparations de poulet, de bœuf, de porc et de légumes. Le service, un peu froid et lent, ne mérite cependant pas que cette adresse soit ignorée: la nourriture y est de qualité.

Kemo Sabe
$$$-$$$$
fermé lun
3958 Fifth Ave.
☎ 619-220-6802
www.dinecrg.com

Le Kemo Sabe offre l'une des plus intéressantes expériences gastronomiques que l'on puisse vivre en Amérique du Nord. En entrant, on pourrait se croire dans un autre de ces restaurants branchés californiens si communs. Mais il ne faut pas s'y méprendre, car cet établissement a un petit quelque chose d'exceptionnel et d'unique. La chef (Deborah Scott) est passée maître dans l'art de combiner les ingrédients et les tendances culinaires, en plus d'être un véritable génie dans la présentation des plats. Le décor, tout comme la cuisine, est d'influence asiatique, américaine et amérindienne, ainsi que de bien d'autres régions du monde. Il s'agit en fait de ce que le courant gastronomique californien a fait de mieux en matière de cuisine hybride ou fusion. Seule ombre au tableau, les prix, qui sont en conséquence.

North Park

Situé au nord-est du Balboa Park, le quartier de North Park a la cote depuis quelques années avec ses restaurants éclectiques essaimés autour de 30th Street et d'University Avenue.

Urban Solace
$-$$
3823 30th St.
619-295-6464
www.urbansolace.net

Ce sympathique resto-bar sert essentiellement des plats de viandes grillées et de fruits de mer, toujours en portant une grande attention à la qualité des produits. Des sandwichs originaux et succulents sont aussi proposés, comme le *broiled portobello* composé d'aïoli, de tomates, de fromage de chèvre et d'oignons grillés. Large sélection de cocktails et de vins locaux.

Gulf Coast Grill
$$-$$$
4130 Park Blvd.
619-295-2244
www.gulfcoastgrill.com

Ce restaurant vous fait découvrir les cuisines savoureuses et variées du golfe du Mexique et des Caraïbes avec sa large variété de plats d'influence cadienne (cajun), créole, française et latino-américaine. Les plats sont aussi originaux que savoureux, avec notamment le fondant de brie en croûte de semoule de maïs, servi avec une salade aux pacanes et au miel et les *quesadillas* grillées aux légumes.

Kensington

Au nord-est du secteur de North Park, le quartier résidentiel cossu de Kensington compte quelques bons restaurants, notamment sur Adams Avenue.

Blue Boheme
$$-$$$
4090 Adams Ave.
619-255-4167

C'est un des rares restaurants français dignes de ce nom à San Diego: autant dire qu'il attire beaucoup de monde tous les jours de la semaine. En entrée, une sélection de «cochonailles» (saucisson, rosette, mousse de foie de canard) ou de fromages respectent la tradition culinaire française. Ensuite, les classiques sont à l'honneur: des escargots de Bourgogne aux moules marinières, sans oublier la soupe à l'oignon, la salade niçoise ou le bœuf bourguignon. Les saisons sont également suivies, une garantie de fraîcheur. Le parfait endroit pour manger différemment à San Diego... sans se ruiner.

La Jolla

Come On In Cafe & Bakery
$-$$
lun-ven 7h à 21h30, sam-dim à partir de 8h
1030-B Torrey Pines Rd.
858-551-1063
www.comeonincafe.com

Ce très sympathique petit café donne sur la rue malgré qu'il se trouve au centre d'un complexe commercial. On retrouve autant de places assises à l'intérieur autour du comptoir de service qu'à l'extérieur sur la terrasse fleurie. Cet endroit est toujours plein, et vous comprendrez très vite pourquoi quand on vous apportera votre assiette. Les portions sont généreuses, les produits sont frais et les plats très bien apprêtés, alors que les prix sont plus que raisonnables. Comme spécialités, mentionnons les petits déjeuners, les salades, les sandwichs, les pizzas, les jus de fruits frais et les pâtisseries. Vin à moitié prix les lundis et mardis soir.

Mission Coffee Cup
$-$$
1109 Wall St.
858-551-8514

Le Mission Coffee Cup est un petit resto sympathique lové au cœur de La Jolla, juste un peu en retrait du circuit traditionnel. On y sert le petit déjeuner et le déjeuner seulement. Le décor, aux nuances métalliques et futuristes, demeure tout de même chaleureux et invitant. Il est manifeste que l'effort est mis sur l'atmosphère et sur l'excellence du menu plutôt que sur la décoration. L'établissement est étroit avec une douzaine de tables à l'intérieur et une dizaine d'autres à l'extérieur, installées directement dans une grande rue de La Jolla. Sa clientèle d'habitués est surtout composée de surfeurs. On leur suggère d'ailleurs un menu fait sur mesure pour les combler d'énergie, question de bien commencer leur journée de surf, avec des combinaisons alimentaires à forte teneur en protéines.

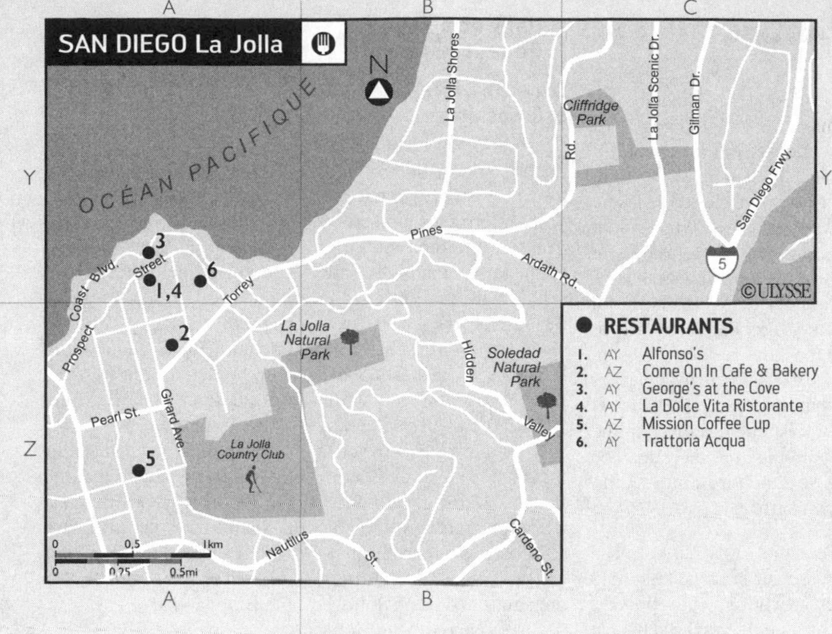

La Dolce Vita Ristorante
$$
1237 Prospect St.
☎ 858-454-2524
www.ladolcevitaristorante.com

Si vous avez envie de cuisine italienne, ce sympathique petit restaurant, un peu à l'écart, vous offre un choix alléchant de pizzas, de plats de pâtes ou de viande à prix raisonnables. Le midi, les *paninis* volent la vedette.

Alfonso's
$$-$$$
1251 Prospect St.
☎ 858-454-2232
www.alfonsosoflajolla.com

Il s'agit du restaurant mexicain de La Jolla. Cet établissement animé comporte une immense terrasse. Les nappes à carreaux chatoyantes et les *piñatas* lui donnent une touche pleine de soleil. L'intérieur est également divertissant avec son bar et ses téléviseurs. On trouve tout de même plus d'atmosphère sur la terrasse. Un endroit prisé autant des familles, des visiteurs que des jeunes qui veulent se retrouver entre amis.

Trattoria Acqua
$$$-$$$$
1298 Prospect St.
☎ 858-454-0709
www.trattoriaacqua.com

Dans un décor romanesque, les palais les plus fins viennent déguster une excellente et innovatrice cuisine italienne. L'ambiance toute méditerranéenne du restaurant est rehaussée par la proximité de l'océan, la terrasse et le décor à la fois rustique et moderne. Plusieurs tables offrent une vue sur la baie et la plage de La Jolla.

George's at the Cove
$$$$
1250 Prospect St.
☎ 858-454-4244
www.georgesatthecove.com

Romantique à souhait, voici l'un des meilleurs restaurants dans la région de San Diego en ce qui concerne la vue sur l'océan. Combiné à un service de classe, un menu gastronomique sans faille et une carte des vins élaborée, pas surprenant que cet établissement soit fréquenté par le jet-set de la ville. On trouve au premier étage la *California Modern*, une salle à manger distinguée avec d'immenses baies vitrées dévoilant un splendide panorama de la baie de La Jolla, un service attentionné et un décor sobre et élégant. Le menu affiche une cuisine créative qui favorise les produits frais de la région servis d'une façon surprenante. Autant le palais que la vue s'en réjouiront. Toutefois, notre coup de cœur va plus précisément à *The Ocean Terrace*, avec le bar et, bien sûr, une magnifique terrasse. Le menu y est plus modeste et, de ce fait, plus abordable, mais vous aurez l'occasion de déguster un bon repas dans un environnement sans égal.

Sorties

Après le coucher du soleil, ce n'est pas l'animation qui manque à San Diego. La scène artistique est plutôt bien implantée, et de nombreux spectacles en salles ou dans les boîtes de nuit y sont présentés. Cependant, ce sont les rencontres dans les pubs et les restos-bars qui ont particulièrement la cote auprès des résidents. Le soir, vous verrez certains quartiers comme ceux de Gaslamp et La Jolla être envahis par une foule bigarrée bien décidée à se détendre autour d'un bon verre.

Pour tout savoir sur ce qui se passe sur la scène culturelle et artistique, vous pouvez consulter le ***San Diego Weekly Reader*** *(www.sandiegoreader.com)*, un hebdomadaire que vous trouverez dans nombre de commerces du centre-ville et des environs. Pour la scène gay et lesbienne, le ***San Diego Gay and Lesbian Times*** *(www.gaylesbiantimes.com)* vous informera sur toutes les activités et les événements qui se produisent dans les bars gays de la ville. Finalement, la **San Diego Performing Arts League** *(www.sdartstix.com)*, qui a pour mandat de promouvoir l'art et la culture de San Diego, publie tous les deux mois le guide culturel ***What's Playing***. Ce dernier répertorie l'ensemble des spectacles présentés dans la ville et ses environs. On peut se le procurer gratuitement dans les restaurants, cafés et autres lieux publics. Le site Internet *www.sandiegotheatre.com* est aussi une excellente source d'information.

> Bars et boîtes de nuit

Le centre-ville et le Gaslamp

Une grande salle simplement décorée, deux pianos qui se font face sur l'avant-scène, deux interprètes animateurs qui tentent de réchauffer et de faire chanter la salle à l'aide de plaisanteries et de chansons populaires, c'est à ça que se résume le concept de la **The Shout! House** *(655 Fourth Ave., ☎ 619-231-6700, www.theshouthouse.com)*, située juste à côté de la microbrasserie Rock-Bottom. Il est à parier que vous y passerez une très agréable soirée tout en fredonnant les classiques des Beatles, de Sinatra, d'Elton John et d'autres artistes connus. Un droit d'entrée (*cover*) de 5$ à 10$ est demandé, sauf les mardi, mercredi et dimanche.

The Bitter End *(770 Fifth Ave., ☎ 619-338-9300, www.thebitterend.com)*, un bar de deux étages, est l'un des plus réputés et fréquentés de toute la ville. Au rez-de-chaussée se trouve The Underground, réservé à la danse. À l'étage, on découvre un somptueux salon, le VIP Lounge. Décoré de façon distinguée, doté d'un riche mobilier, d'un bar et de deux foyers en marbre, et d'un salon de lecture, cet établissement est unique en ville. Essayez la spécialité de la maison, soit son fameux martini, si apprécié dans les environs.

Adjacent au restaurant du même nom consacré à Jim Croce (voir p. 105), **Croce's** *(802 Fifth Ave., ☎ 619-233-4355, www.croces.com)* présente tous les soirs des groupes de jazz ou de blues dans une atmosphère des plus décontractées. Les amateurs seront ravis.

Bien qu'avant que **Blue Point Coastal Cuisine** *(565 Fifth Ave., ☎ 619-233-6623, www.cohnrestaurants.com)* ne soit connu comme un restaurant réputé, le bar adjacent était populaire pour y prendre un verre. Sur le thème de la mer, sa décoration fait très branchée. Plusieurs personnes viennent y rencontrer des amis pour discuter tout en dégustant un martini. On raconte aussi que c'est la place pour «voir et être vu». Il s'agit d'un excellent endroit pour prendre le pouls de la ville.

Le **Dick's Last Resort** *(345 Fourth Ave., ☎ 619-231-9100, www.dickslastresort.com)* est réputé auprès de ceux qui veulent vraiment se laisser aller à la détente; les personnes recherchant le calme, le raffinement, le bon goût et les mots d'esprit passeront leur chemin sans regret. Ce grand resto-bar (voir p. 104), doté d'une vaste terrasse, a été aménagé sans prétention. On y présente des concerts rock tous les soirs dans une ambiance paillarde et bon enfant.

Situé au 40e étage de l'imposant hôtel Hyatt Regency, le **Top of the Hyatt** *(Hyatt Regency, One Market Place, ☎ 619-232-1234)* vous offre l'occasion de boire un verre dans une ambiance décontractée et feutrée avec, en prime, une des plus belles vues sur les environs de San Diego.

Coronado Island

La **Coronado Brewing Company** *(170 Orange Ave., ☎ 619-437-4452, www.coronadobrewingcompany.com)* est la seule microbrasserie de Coronado Island. En plus d'essayer l'excellente bière maison, vous aurez l'occasion de déguster de bons plats dans une atmosphère détendue et rehaussée par les persiennes entrouvertes qui laissent se faufiler la végétation tropicale dans la salle.

Hillcrest

Au **Shakespeare Pub** *(3701 India St., ☎ 619-299-0230, www.shakespearepub.com)*, installé près de la route 5, la bière coule à flots et l'ambiance est assurée en permanence. C'est un bon endroit pour suivre les championnats de foot européen et les compétitions de rugby. Côté menu, la gastronomie n'est pas à l'honneur, mais les appétits sont rassasiés avec des steaks et des frites essentiellement. De toute façon, les noctambules y viennent surtout pour faire la fête.

Au cœur de la communauté gay de San Diego, l'**Urban Mo's** *(308 University Ave., ☎ 619-491-0400, www.urbanmos.com)* est moins réputé pour ses hamburgers que pour ses spectacles de travestis. Urban Mo's est l'équivalent dans la région du Cabaret Michou de Paris. On y vient pour boire un verre, manger, discuter et surtout rigoler devant les prestations des «artistes».

North Park

Le **L Bar** *(Lafayette Hotel & Suites, 2223 El Cajon Blvd., ☎ 619-296-2101, www.lafayettehotelsd.com)* a comme décor l'hôtel Lafayette, sa piscine et ses palmiers. Dans cette atmosphère romantique, les clients viennent surtout prendre un verre en fin de soirée, alors que la sélection de vins, de bières et de cocktails contente une clientèle rangée ou d'affaires, et aussi quelques amoureux.

La **True North Tavern** *(3815 30th St., ☎ 619-291-3815, www.truenorthtavern.com)* attire beaucoup de clients la fin de semaine et durant les saisons de football américain, de baseball et de basketball. Les écrans géants sont là pour plonger la clientèle dans cette ambiance sportive. Des groupes de musique s'y produisent aussi régulièrement. Le menu est sans intérêt gastronomique, mais satisfait tous les appétits. Les boissons sont servies autour de deux larges comptoirs circulaires et permettent ainsi de passer une agréable soirée blotti sur une des banquettes de cuir.

East Village

L'**East Village Tavern & Bowl** *(930 Market St., ☎ 619-677-2695, www.bowlevt.com)* est *le* bar sportif version américaine: tout tourne autour des différents matchs de la journée et de l'actualité sportive qui sont diffusés sur des écrans plats accrochés aux murs. Pour les amateurs de bowling, quelques allées permettent de s'affronter entre amis, ou même de prendre des leçons avec un expert. Les briques rouges des murs, les boiseries vernies, la salle supérieure qui domine le bar et la disposition des tables donnent un certain cachet à l'ensemble. Une excellente soirée entre amis est assurée!

À la fois bar à vins et bistro, **The Cask Room** *(550 Park Blvd., Suite 2104, ☎ 619-822-1606, www.caskroom.com)* propose une liste exhaustive de vins et de bières: 15 vins servis au verre, 40 vendus à la bouteille et 20 différentes bières pression. L'endroit est petit, feutré et chaleureux. Le décor reconstitue une cave où les tonneaux à vins (*casks*) et les fauteuils en cuir font très chic. Des amuse-bouche agrémentent agréablement les dégustations. Le Cask Room collectionne les louanges des médias locaux qui en font un incontournable des nuits de San Diego.

Pacific Beach

Le **Moondoggies** *(832 Garnet Ave., Pacific Beach, ☎ 858-483-6550, www.moondoggies.com)*, situé près de la plage de Pacific Beach, est dédié au surf. Il est apprécié des habitués surtout pour l'ambiance particulièrement décontractée qu'il offre. On y vient pour rencontrer des amis, siroter une bière fraîche accompagnée d'un bon repas ou regarder des matchs.

La Jolla

L'excellent restaurant gastronomique **George's at the Cove** *(1250 Prospect St., ☎ 858-454-4244, www.georgesatthecove.com)*, fréquenté par nombre de célébrités, est aussi réputé pour sa terrasse à l'étage. On peut y siroter l'apéro en admirant un coucher de soleil sur l'océan Pacifique. Vraiment l'un des meilleurs établissements en ville pour prendre un verre. Grande sélection de vins.

› Casinos

Le **Barona Valley Ranch Casino** *(100 Wildcat Canyon Rd., Lakeside, ☎ 888-722-7662 ou 619-443-2300, www.barona.com)*, situé à Lakeside, à 45 km au nord-est de San Diego, est l'un des plus grands casinos de Californie, dans le style de ceux de Las Vegas (Nevada).

Situé à une cinquantaine de kilomètres à l'est de San Diego dans la communauté d'Alpine, le complexe de **Viejas Casino** *(5000 Willows Rd., Alpine, ☎ 800-847-6537 ou 619-445-5400, www.viejas.com)* comprend un grand casino, des boutiques de designers de mode reconnus et des restaurants. En plus de nombreux événements spéciaux, on y présente régulièrement des spectacles de variétés.

À environ 1h au nord de San Diego par la route 15 puis la route 76 Est, après la ville d'Escondido, le **Pala Casino** *(35008 Pala Temecula Rd., Pala, ☎ 877-946-7252, www.palacasino.com)* est géré par une communauté d'Amérindiens. Les salles de jeux et les restaurants sont bondés la fin de semaine. Un centre de soins et de massages permet de se relaxer avant ou après l'appât du gain et l'enfer du jeu.

› Croisières

San Diego Harbor Excursion *(1050 N. Harbor Dr., ☎ 619-234-4111 ou 800-442-7847, www.sdhe.com)* vous propose un dîner dansant sur un bateau. La durée de la croisière est de 2h30.

› Fêtes et festivals

Janvier

Plus un salon nautique qu'un festival, le **San Diego Boat Show** *(www.bigbayboatshow.com)* a lieu tous les ans au début de janvier et attire de nombreux passionnés de navigation au San Diego Convention Center et à la Marina de l'hôtel Marriott.

Février

Au début de février, le **Mardi Gras** est à l'honneur dans le quartier de Gaslamp. Pour célébrer ce *Fat Tuesday* comme il est appelé ici, des défilés et concerts animent ce joli coin de la ville.

Mai

Le **Cinco de Mayo** *(www.fiestacincodemayo.com)* si cher aux Mexicains est célébré en grande pompe dans Old Town avec musique, cuisine et ambiance festive pour toute la famille.

Novembre

Les amateurs de bonne chère de San Diego attendent tous les ans avec impatience le retour à la mi-novembre du **San Diego Bay Wine & Food Festival** *(☎ 619-342-7337, www.worldofwineevents.com)*, alors que le centre-ville est littéralement pris d'assaut par une multitude de démonstrations culinaires, cours de cuisine, dégustations et autres occasions de se régaler.

› Sport professionnel

Les amateurs de baseball ne voudront pas louper de voir un match des **San Diego Padres** *(http://sandiego.padres.mlb.com)*, surtout depuis qu'ils jouent dans leur splendide nouveau stade du centre-ville, le **PETCO Park** *(100 Park Blvd., billetterie: ☎ 619-795-5005, www.petcoparkevents.com)*.

› Théâtres et salles de spectacle

Billetterie

Arts Tix *(28 Horton Plaza, angle Third St. et Broadway, ☎ 619-497-5000 ou 858-381-5595, www.sdartstix.com)* est l'endroit par excellence où se procurer à bon prix des billets pour les spectacles de danse, de musique ou de théâtre. Le comptoir est géré par la San Diego Performing Arts League, soit la même organisation qui publie le magazine *What's Playing*.

Théâtres

Situé sur le campus de l'Université de Californie à San Diego (UCSD), **La Jolla Playhouse** *(La Jolla, ☎ 858-550-1010, www.lajollaplayhouse.com)* est l'un des théâtres les plus prestigieux des États-Unis.

Après avoir subi d'importants travaux de rénovation, l'historique **Balboa Theater** *(868 Fourth Ave., angle E St., ☎ 619-570-1100, www.sandiegotheatres.org)* a repris des couleurs et est de nouveau prêt à faire salle comble pour des représentations théâtrales et musicales.

Comptant trois salles de spectacle, le magnifique **Old Globe** *(El Prado Way, Balboa Park, ☎ 619-234-5623 ou 619-231-1941, www.theglobetheatres.org)*, situé dans le Balboa Park, a été construit lors de la California Pacific International Exposition de 1935. Il s'agit d'un des plus anciens théâtres de la Californie et du plus grand de la ville. On y présente à longueur d'année une grande variété de pièces dont certaines d'envergure, des classiques de Shakespeare aux œuvres dramatiques contemporaines. La billetterie est fermée le lundi.

Installé dans le Spreckels Building, un édifice historique de l'artère principale de Coronado Island, le **Lamb's Players Theatre** *(1142 Orange Ave., Coronado Island, ☎ 619-437-0600, www.lambsplayers.org)* présente des pièces de qualité toute l'année.

Achats

Le centre-ville

La **Westfield Shoppingtown Horton Plaza** *(lun-ven 10h à 21h, sam 10h à 20h, dim 11h à 19h; entre Broadway et G St., et entre First Ave. et Fourth Ave., ☎ 619-239-8180, www.westfield.com/hortonplaza)*, ce complexe de cinq étages qui fait la fierté du centre-ville de San Diego, offre un cadre fort agréable pour effectuer des achats. Dans cette construction à la fois d'inspiration contemporaine et d'architecture d'adobe où logent 140 boutiques et restaurants, on a le plaisir de magasiner parmi de grandes chaînes comme Nordstrom ou Macy's (dont les heures d'ouverture diffèrent du complexe), en plus d'y trouver un cinéma. Il est utile de savoir que, si vous faites un achat sur place, les trois premières heures de stationnement seront gratuites.

Le quartier de Gaslamp

Ce charmant secteur historique de San Diego, complètement rénové, regorge de trouvailles en tous genres. On y trouve une panoplie de boutiques originales et de galeries d'art. La plupart se trouvent entre Broadway et Harbor Drive, et entre Fourth Street et Sixth Street.

Le Seaport Village

Il est vrai que le Seaport Village *(www.seaportvillage.com)* est entièrement orienté vers le tourisme. Il n'en demeure pas moins qu'on y trouve, parmi les quelque 70 boutiques, de petits commerces originaux souvent axés sur un thème précis : les cerfs-volants, les boîtes à musique, les hamacs, la mer, les piments forts, etc.

Coronado Island

Les boutiques de l'île sont réparties dans trois secteurs. D'abord, le quartier historique principal d'Orange Avenue, ensuite le Ferry Landing Market Place, juste à la sortie du traversier, et, pour finir, les boutiques de l'Hotel del Coronado.

Old Town

Encore une fois, cette partie de la ville peut sembler une «trappe à touristes». Mais même si ce n'est pas loin de la vérité, on peut, en prenant son temps, y découvrir des pièces intéressantes, surtout en ce qui concerne l'artisanat mexicain puisque c'est le thème développé dans ce quartier historique.

Mission Valley

Avec près de 200 commerces et restaurants répartis sur deux étages, **Fashion Valley** *(7007 Friars Rd., prendre le San Diego Trolley et sortir à Fashion Valley, ☎ 619-688-9113, www.simon.com)* représente le plus grand complexe commercial de toute la région. On y trouve entre autres six grands magasins dont JC Penney, Macy's, Neiman Marcus et Nordstrom.

Balboa Park

Le **Spanish Village Art Center** *(tlj 11h à 16h; ☎ 619-233-9050, www.spanishvillageart.com)*, situé à l'extrémité nord-est du parc, derrière le Museum of Man, constitue un arrêt obligatoire. Il s'agit sans doute d'un des meilleurs établissements pour dénicher des œuvres d'art et de l'artisanat local.

La boutique du captivant **Museum of Photographic Arts** (voir p. 91) vous invite à découvrir une sélection passionnante de livres consacrés à la photo ainsi que des cartes postales présentant les œuvres exposées.

Mission Beach et Pacific Beach

Ces deux quartiers riverains voisins comptent une foule de boutiques, surtout destinées à ceux qui cherchent des vêtements sport, *funky* ou décontractés à prix raisonnables, ou de l'équipement sportif.

Pas très loin au sud de Mission Beach, le **Kobey's Swap Meet** *(0,50$ ven, 1$ sam-dim; 3350 Sports Arena Blvd., ☎ 619-226-0650, www.kobeyswap.com)*, un énorme marché aux puces en plein air avec plus de 1 000 stands, a lieu toutes les fins de semaine à la Sports Arena.

La Jolla

À quelques kilomètres au nord du centre-ville de San Diego se trouve la petite municipalité cossue de La Jolla. Réparties le long des rues principales (Prospects, The Coast Walk, Girard Avenue, Pearl Street, Fay Street et La Jolla Boulevard), plusieurs galeries d'art et boutiques de renom présentent des produits de grande qualité à la satisfaction de ceux qui recherchent une certaine distinction.

Dans un environnement agrémenté d'arrangements floraux, de fontaines et d'une promenade extérieure centrale, **Westfield Shoppingtown UTC** *(4545 La Jolla Village Dr., ☎ 858-453-2930, www.westfield.com/utc)* compte plus de 150 commerces dont plusieurs grands noms puisque vous êtes dans le quartier huppé de San Diego. On y découvre aussi plusieurs restaurants et une patinoire.

Autour de San Diego

Construit par une nation amérindienne, le **Viejas Outlet Center** *(5005 Willows Rd., Alpine, ☎ 619-659-2070, www.shopviejas.com)*, ce *factory outlet* (magasin d'usine) loge 35 manufacturiers et designers de mode parmi les plus connus aux États-Unis. Vous magasinerez dans un cadre spectaculaire comportant des fontaines, une végétation abondante, des formations rocheuses et un décor d'inspiration amérindienne, le tout intégré à une architecture d'adobe. L'établissement se trouve à 30 min de route de San Diego. Un casino et des salles de spectacle occupent aussi les lieux.

L'enfant est roi à **Legoland** *(1 Legoland Dr., Carlsbad, ☎ 760-918-5346, www.legoland.com; voir p. 97)*, dont les commerces proposent naturellement des articles spécialement conçus pour lui. En fait, vous y trouverez tous les ensembles Lego possibles et imaginables.

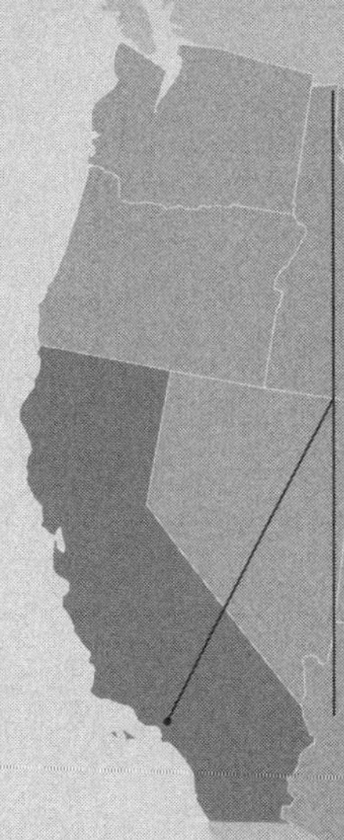

Los Angeles et ses environs

LOS ANGELES ET SES ENVIRONS

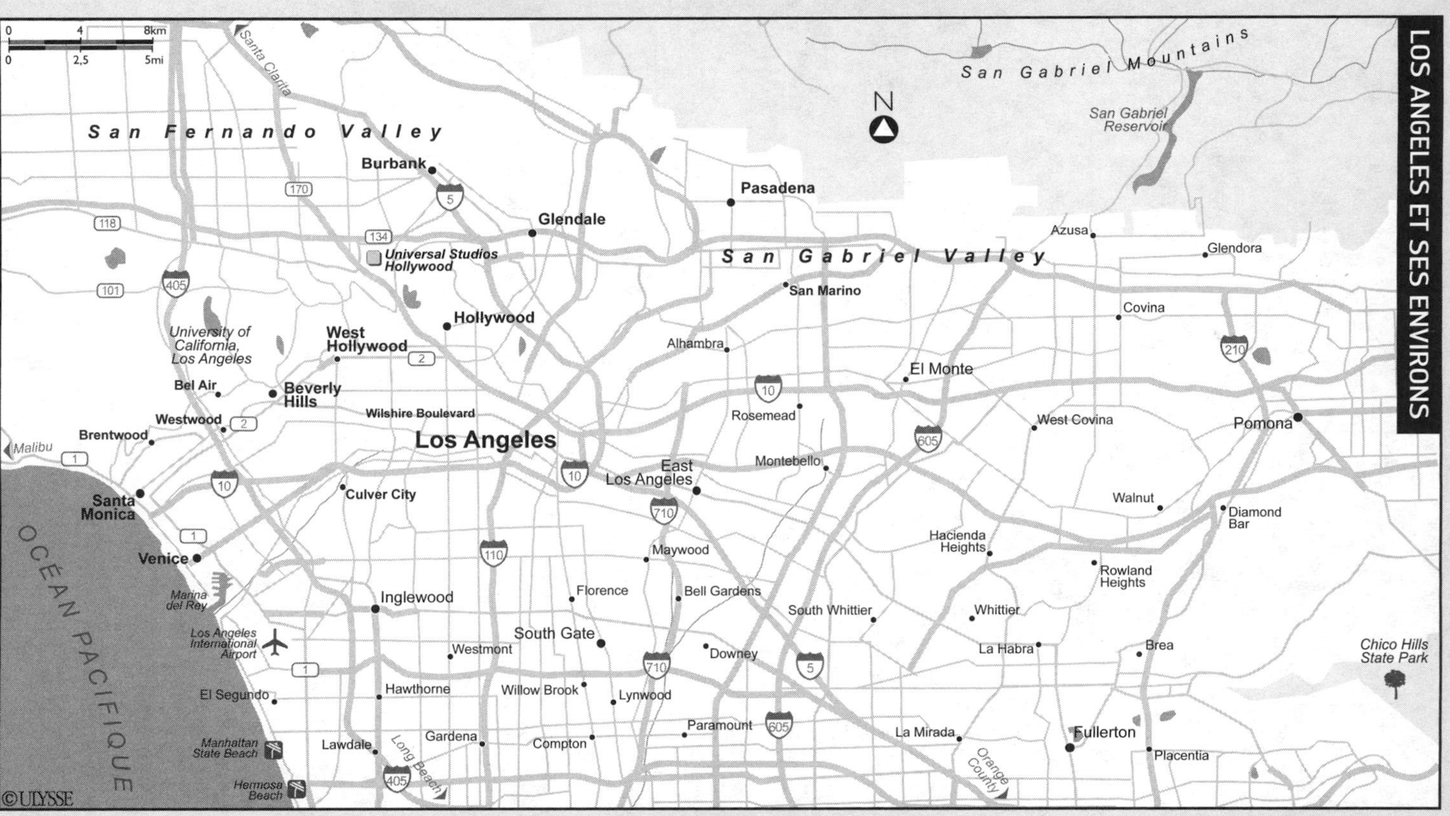

L'une des grandes capitales du monde en matière de divertissement, **Los Angeles** ★★ couvre un immense territoire où les signes de richesse sont omniprésents, où tous les rêves semblent possibles et où l'automobile (souvent de luxe) domine largement comme moyen de transport privilégié.

Los Angeles n'est pas une ville traditionnelle avec un centre et une banlieue, mais plutôt un regroupement de quartiers qui ont tous une identité propre. C'est une mégapole avec une grande diversité qui rend la ville difficile à explorer, ou du moins à appréhender durant une simple visite touristique. Toutefois, cette ville est plus intéressante, plus vraie et plus raffinée que son image superficielle le laisse souvent croire.

L'agglomération de Los Angeles (Greater L.A.) compte une population de 18,5 millions d'habitants. Un incroyable entrelacs d'autoroutes, véritable toile d'araignée, emprisonne la cité et la livre entièrement à l'automobile. Censées relier les quartiers entre eux, les *freeways* sont autant d'invisibles frontières. Et pourtant Los Angeles reste pour les Américains le symbole de la réussite, comme l'oasis après la traversée du désert. Villas imposantes, voitures rapides, vêtements extravagants, restaurants élégants et un culte de la célébrité unique au monde sont peut-être l'expression du «rêve américain» incarné au paroxysme par L.A.: voyageurs et immigrants continuent d'affluer vers cette terre promise. La seule évocation des Sunset Boulevard, Beverly Hills et autres Rodeo Drive suffit à les attirer pour venir saisir à leur tour la métropole de la Californie. Mythique et excessive, certains la jugent monstrueuse alors que d'autres, ses habitants, les premiers à bien la connaître, l'adorent.

C'est à l'exploration de cette ville aux mille visages que vous convie le présent chapitre, une ville à la fois rugueuse et raffinée, tumultueuse et agréable, multiculturelle et bien américaine.

Accès et déplacements

➤ En avion

Los Angeles International Airport

Situé à 15 mi (24 km) au sud-ouest de Los Angeles, le **Los Angeles International Airport (LAX)** *(☎ 310-646-5252, www.lawa.org/lax)* est le quatrième aéroport le plus achalandé au monde en raison d'une moyenne de plus de 60 millions de passagers qui y transitent chaque année. Il est desservi par une très grande quantité de compagnies aériennes et abrite des bureaux de change. L'aéroport possède neuf terminaux reliés entre eux par un réseau de navettes.

Accès à la ville

Il n'y a souvent aucun moyen d'y échapper, et d'innombrables voyageurs doivent chaque jour faire face aux problèmes de taille qui se posent au moment d'accéder au Los Angeles International Airport ou de le quitter. Il suffit toutefois de posséder quelques données judicieuses pour alléger considérablement ses tourments, et nous vous présentons ici les principales options qui s'offrent à vous.

En voiture: une large route circulaire à deux niveaux fait le tour des bâtiments de l'aérogare, les aires de départ se trouvant à l'étage supérieur et les aires d'arrivée à l'étage inférieur. En période de pointe, notamment durant les jours fériés, la circulation y est très lente. Les automobilistes qui attendent quelqu'un à l'extérieur des terminaux doivent rester dans leur véhicule, les véhicules sans conducteur étant souvent remorqués ou frappés d'une contravention. De vastes terrains de stationnement à long terme ont été prévus près de l'aéroport, et des stationnements à court terme (très coûteux) sont mis à votre disposition sur le terrain même de l'aéroport, à courte distance de marche de chacun des terminaux. Des navettes identifiées desservent quelques terrains de stationnement hors site; elles circulent à quelques minutes d'intervalle, font le tour de l'aéroport dans le sens contraire des aiguilles d'une montre et s'arrêtent à l'étage inférieur de chaque terminal devant le panneau portant l'inscription «Hotel & Parking Lot Shuttle»; elles suivent un circuit prédéfini et cueillent ou déposent des passagers aux différents arrêts clairement indiqués.

La plupart des grandes agences de location de voitures (voir page suivante) ont leurs bureaux et leurs points de chute dans un espace relativement restreint immédiatement au nord-est de l'aéroport. Chacune d'entre elles dispose d'un service d'autobus (désignés du nom de *courtesy shuttles*) qui cueillent et déposent leurs clients à des arrêts fixes situés à l'étage inférieur de chaque terminal. À côté des panneaux lumineux des aires de retrait des bagages, des téléphones gratuits permettent de joindre le personnel des différents comptoirs de location de voitures.

En autobus ou en minibus d'hôtel: certains hôtels situés non loin de l'aéroport y cueillent gratuitement leurs clients. Mieux vaut vous assurer de l'existence ou non d'un tel service auprès de la réception de votre hôtel.

En taxi: on trouve facilement des taxis à l'étage inférieur de chacun des terminaux, mais sachez que, comme très peu de gens utilisent les taxis à L.A., la flotte est essentiellement composée de vieilles voitures plutôt inconfortables. Pour atteindre le centre-ville de L.A. ou Hollywood, il vous en coûtera environ 40$ (sans compter le pourboire).

En minibus partagé: plusieurs compagnies de transport, parmi lesquelles **SuperShuttle** *(☎ 800-258-3826, www.supershuttle.com)* et **Prime Time Shuttle** *(☎ 800-733-8267, www.primetimeshuttle.com)*, exploitent des minibus offrant un service de porte à porte à coût fixe vers divers points de la région métropolitaine. Normalement, ces minibus transportent plusieurs passagers voyageant plus ou moins vers la même destination, ce qui veut dire qu'ils peuvent emprunter un trajet indirect et effectuer plusieurs arrêts en cours de route. Cela dit, leurs tarifs pour un passager seul sont en général d'environ 33% moins élevés que ceux d'un taxi et prévoient un rabais si plusieurs personnes se rendent au même point (le taxi peut néanmoins s'avérer plus économique si vous voyagez à trois ou quatre). Les services de minibus peuvent être réservés à l'avance ou à l'arrivée à l'aéroport, grâce aux téléphones payants de l'aérogare ou aux téléphones gratuits qui se trouvent dans les aires de retrait des bagages, sur les panneaux lumineux annonçant les hôtels et les comptoirs de location de voitures. Les minibus peuvent aussi être hélés aux arrêts marqués «Shared Ride Vans» à l'étage inférieur de chacun des terminaux, un panneau indiquant sur chaque véhicule la zone qu'il dessert. On peut également se prévaloir de ce service pour se rendre à l'aéroport, mais il faut alors réserver sa place plusieurs heures à l'avance.

En autobus régulier: plusieurs points du sud de la Californie, parmi lesquels figurent l'Union Station du centre-ville de Los Angeles, sont desservis au départ du LAX par des autobus réguliers et directs dénommés **FlyAway Bus** *(7$; ☎ 866-435-9529)*. Le service est excellent et confortable, à une fraction du prix d'une course en taxi. Pour vous procurer vos billets, adressez-vous au kiosque marqué «FlyAway, Buses & Long Distance Vans» à l'étage inférieur de chaque terminal.

Par les transports publics: une navette gratuite, la «G Shuttle», offre un service de liaison avec la station Aviation de la Metro Rail Green Line au départ de l'aire d'arrivée de chaque terminal. Une deuxième navette gratuite, la «C Shuttle», emmène ses passagers au Metro Bus Center à proximité de l'aire de stationnement C de l'aéroport, d'où partent des lignes d'autobus desservant différents secteurs de Los Angeles.

Autres aéroports

Le **John Wayne Airport** *(18601 Airport Way, Santa Ana, ☎ 949-252-5200, www.ocair.com)* dessert l'Orange County, au sud-est de Los Angeles, et offre un horaire assez chargé de vols vers différents points de l'ouest des États-Unis et certains centres névralgiques plus à l'est.

Situé à Burbank, au nord de la métropole, le **Bob Hope Airport** *(2627 N. Hollywood Way, Burbank, ☎ 818-840-8840, www.burbankairport.com)* est pratique pour les voyageurs qui se rendent à Hollywood ou à Pasadena. Il est desservi par une poignée de compagnies aériennes offrant un horaire chargé de vols pour la plupart intérieurs et de courte distance.

Le **Long Beach Municipal Airport** *(4100 Donald Douglas Dr., Long Beach, ☎ 562-570-2600, www.longbeach.gov/airport)*, situé aux abords de l'extrémité sud du comté de Los Angeles, offre une gamme restreinte de vols intérieurs.

➤ En voiture

Accès à la ville

Les automobilistes qui arrivent à Los Angeles en provenance du nord (ou qui la quittent en direction nord) disposent de trois options principales. L'Interstate 5 (ou route I-5) offre le lien le plus rapide en provenance ou à destination de San Francisco dans le décor plutôt terne de la vallée de San Joaquin, profondément à l'intérieur des terres. Cette même route continue vers le nord jusqu'à l'État de l'Oregon, l'État de Washington et la frontière canadienne aux abords de Vancouver. Une route moins rapide mais plus intéressante est l'U.S. Highway 101, qui épouse les contours de la côte à certains endroits près de San Luis Obispo et de Santa Barbara. La route la plus lente, mais aussi la plus panoramique, est la **Pacific Coast Highway** (route 1), soit une route étroite et sinueuse qui étreint la côte sur presque tout son parcours (quoiqu'elle soit sujette au brouillard et à d'occasionnels balayages par les vagues).

Au sud, vers San Diego et Tijuana, l'Interstate 5 est vraiment la seule route directe. L'Interstate 405, qui longe la partie ouest de Los Angeles et bifurque ensuite vers l'est au-delà de Long Beach, croise la route I-5 dans le sud de l'Orange County. Filant vers l'est au départ de L.A., l'Interstate 10 traverse l'Arizona, le Nouveau-Mexique et le sud du Texas jusqu'en Floride. Pour vous rendre à Las Vegas, sachez que la route I-10 rejoint la route I-15 près de San Bernardino. Du fait qu'une grande partie des terres s'étendant au nord et à l'est de Los Angeles sont montagneuses ou désertiques et inhabitées, on n'y trouve que peu d'axes routiers, ce qui peut surprendre compte tenu de la taille de cette grande métropole. Notez enfin que la circulation en direction de L.A. peut souvent être très lente le dimanche soir et que l'auto-stop n'est pas conseillé.

Déplacements à l'intérieur de la ville

Le réseau d'autoroutes urbaines de L.A. est sans doute l'un des plus tentaculaires qui soient, bien qu'il n'y ait pas vraiment autant d'autoroutes qu'il n'y paraît à première vue. À L.A., le rêve initial s'est transformé en cauchemar pour beaucoup d'automobilistes, lesquels doivent se résigner à des vitesses toujours plus lentes et affronter au quotidien des bouchons spectaculaires, et non seulement aux heures de pointe. Cela dit, il est souvent possible d'éviter complètement les autoroutes, si ce n'est que quiconque entre à Los Angeles ou doit parcourir de grandes distances à l'intérieur de la région métropolitaine a de «bonnes chances», s'il se trouve en voiture, de passer beaucoup de temps sur ces voies rapides.

Pour circuler entre le Los Angeles International Airport et Hollywood ou le centre-ville de L.A., Fairfax Avenue et La Brea Avenue, deux artères nord-sud parallèles, peuvent vous faire gagner beaucoup de temps, d'autant que de courts tronçons y font figure d'autoroutes au sud de la Santa Monica Freeway.

Stationnement

Le stationnement ne pose pas souvent de problème dans la majeure partie de L.A. Rappelez-vous en effet qu'il s'agit là d'une ville conçue pour les voitures, si bien qu'une portion étonnante du paysage se compose de terrains de stationnement. Il peut cependant être plus difficile de se garer dans le centre-ville de L.A. et dans le centre-ville de Santa Monica, de même qu'aux abords de Venice Beach et dans certaines parties d'Hollywood ou de Beverly Hills. Cela ne veut généralement pas dire qu'il est impossible de se garer, mais tout simplement qu'il faut alors souvent se rabattre sur les terrains de stationnement payants, les espaces gratuits le long des rues étant beaucoup plus rares. Il se peut même que vous ayez à franchir quelques quadrilatères à pied, une perspective qui horrifie certains *Angelenos* mais qui ne troublera nullement la plupart des visiteurs.

Location de voitures

Avis: 9217 Airport Blvd., ☎ 310-646-5600, www.avis.com

Budget: 9775 Airport Blvd., ☎ 310-642-4500, www.budget.com

Enterprise: 1944 S. Figueroa St., ☎ 213-746-6654, www.enterprise.com

Hertz: 9000 Airport Blvd., ☎ 800-654-3131, www.hertz.com

➤ En autocar

Pour obtenir les horaires et les destinations desservies dans la région de Los Angeles, appelez la compagnie **Greyhound** au ☎ *800-231-2222* ou visitez le site Internet *www.greyhound.com*.

Gares routières

Los Angeles Greyhound Station: 1716 E. Seventh St., Los Angeles, ☎ 213-629-8401

Hollywood Greyhound Station: 1715 N. Cahuenga Blvd., Hollywood, ☎ 323-466-6381

Long Beach Greyhound Station: 1498 Long Beach Blvd., Long Beach, ☎ 562-218-3011

› En train

Les trains d'**Amtrak** *(☎ 800-872-7245, www.amtrak.com)* s'arrêtent à l'**Union Station** *(800 N. Alameda St.)*, dans le centre-ville de Los Angeles.

› En traversier

L'île de Catalina est située à 35 km au large de Long Beach. On y accède facilement en prenant le ***Catalina Express*** *(66,50$ aller-retour; réservation nécessaire en été et pendant les fins de semaine; prendre l'autoroute 710 en direction du* Queen Mary *et suivre les indications, ☎ 800-481-3470, www.catalinaexpress.com)*, qui offre un service au départ de Long Beach et de San Pedro *(prendre la route 110, sortie Harbor Blvd. en direction du Catalina Terminal)* pour rejoindre Avalon en 60 min. Un service plus abordable est proposé par **Catalina Classic Cruises** *(44$ aller-retour; ☎ 562-495-3565, www.catalinaclassiccruises.com)* pour rejoindre l'île en partance de Long Beach ou de San Pedro. Il existe aussi une liaison par hélicoptère offerte par **Island Express** *(168$ aller-retour; ☎ 800-218-1566, www.islandexpress.com)*.

› En transport en commun

En dépit de sa réputation bien méritée de ville tentaculaire hantée par l'automobile, Los Angeles possède un réseau de transports en commun passablement étendu. Des centaines de lignes d'autobus relient en effet différentes portions de la métropole et des banlieues avoisinantes, sans oublier un métro relativement modeste et des lignes de train léger réunis sous le nom de Metro Rail, de même qu'un réseau ferroviaire de banlieue appelé Metrolink.

Le principal exploitant du réseau de transports de L.A. est la **Los Angeles County Metropolitan Transportation Authority** (appelée MTA ou Metro) *(☎ 800-266-6883, www.metro.net)*. Elle comprend le Metro Rail (métro souterrain et aérien) et le réseau d'autobus.

Le coût d'un droit de passage régulier sur le réseau avec Metro Rail ou l'autobus est de 1,50$ quelle que soit votre destination à l'intérieur du Los Angeles County. Un laissez-passer pour la journée est aussi disponible au coût de 6$ avec Metro Rail.

Les titres de correspondance entre autobus ou entre autobus et trains légers coûtent 0,30$ l'unité, et peuvent être utilisés jusqu'à l'heure qui y est inscrite.

DASH *(☎ 323-222-0010, www.ladottransit.com/dash)* exploite certaines lignes du centre-ville de L.A. sur de courtes distances, de même que certains autres tronçons, notamment à Hollywood. Il n'en coûte que 0,25$ pour monter à bord des autobus DASH, mais il convient de savoir qu'on n'y honore ni les cartes ni les titres de correspondance du Metro.

Par ailleurs, certaines municipalités du comté de Los Angeles exploitent leur propre réseau d'autobus. Celui qui répond sans doute aux besoins du plus grand nombre de visiteurs est le **Santa Monica Municipal Bus Lines** *(☎ 310-451-5444, www.bigbluebus.com)*, dont le tarif est de 0,75$ par passage (1,75$ sur la ligne express n° 10 entre Santa Monica et le centre-ville de L.A.).

› En taxi

En règle générale, les taxis ne sont pas utilisés par les automobilistes mais plutôt par les gens à pied. Or, comme la plupart des habitants de L.A. qui ont assez d'argent pour prendre un taxi ne se trouvent que rarement loin de leur propre véhicule, la demande en taxis reste faible, si bien qu'il y a finalement peu de taxis pour une ville de cette envergure. Vous trouverez néanmoins des stations de taxis en certains endroits, notamment aux aéroports, à la principale gare ferroviaire, devant certains grands hôtels (mais pas tous) – surtout dans le centre-ville –, de même qu'en plusieurs secteurs densément piétonniers du centre-ville, d'Hollywood ou de Santa Monica. Sinon, vous devrez appeler une compagnie de taxis en espérant que le répartiteur soit en mesure de localiser un véhicule pas trop loin de l'endroit où vous

vous trouvez (l'attente peut parfois être assez longue).

Yellow Cab: ☎ 877-733-3305

City Cab: ☎ 800-750-4400

Independent Taxi: ☎ 800-521-8294

➤ À pied

Une grande partie du centre-ville de L.A. peut facilement être parcourue à pied, la circulation piétonnière se faisant tout particulièrement dense et animée sur Broadway Avenue et les rues plus à l'ouest. À Santa Monica, trois quadrilatères très fréquentés de Third Street sont complètement fermés

Un aperçu du Metro Rail et du Metrolink

Le **Metro Rail**, dont la construction a entraîné des coûts astronomiques et dont le tracé a soulevé maintes controverses, a douloureusement marqué le début de l'ère moderne des transports en commun à Los Angeles. Il n'en reste pas moins que certaines parties du réseau sont aujourd'hui largement utilisées. Le Metro Rail se compose de six lignes: Orange Line, Red Line, Purple Line, Green Line, Blue Line et Gold Line.

L'**Orange Line** traverse la San Fernando Valley en reliant Canoga Park à North Hollywood. La **Red Line** traverse le centre-ville de L.A. vers l'ouest au départ de l'Union Station, après quoi elle bifurque vers le nord-ouest jusqu'à Hollywood et North Hollywood. Un tronçon plus court permet également d'atteindre Wilshire et Western en direction ouest, et les rames qui partent du centre-ville alternent entre ces deux embranchements, de sorte qu'il convient de s'assurer de la direction prise par la rame avant de monter à bord. La **Purple Line** couvre de Vermont Avenue à l'Union Station et se rend un peu plus à l'ouest que la Red Line, soit jusqu'à Western Avenue. La **Green Line** semble avoir été conçue après coup dans le sillage de la nouvelle Century Freeway, un axe est-ouest du sud de la ville dont elle épouse essentiellement le tracé médian, ce qui veut dire que les quais de ses stations sont exposés au bruit et aux gaz d'échappement de l'autoroute. Elle part pour ainsi dire de nulle part et n'aboutit en fait nulle part, passant «à proximité du LAX» (mais pas à l'aéroport même) avant de bifurquer vers le sud jusqu'à la ville de Manhattan Beach (sans toutefois s'approcher ne serait-ce qu'un tant soit peu de la plage). La **Blue Line** quitte le centre-ville de L.A. en direction sud jusqu'à Long Beach et croise la Red Line au centre-ville, à l'angle de 7th Street, de même que la Green Line à la station Rosa Parks du quartier de Watts, à peu près à mi-chemin de Long Beach. La **Gold Line**, quant à elle, relie le centre-ville au nord-est de Los Angeles, à Highland Park et à Old Pasadena.

Contrairement aux stations de la Blue Line et de la Green Line, dont l'aménagement est tout à fait quelconque, celles de la Red Line s'enrichissent d'œuvres d'art d'envergure dont certaines témoignent d'une créativité tout à fait appréciable. Ces œuvres d'artistes locaux agrémentent le décor du niveau mezzanine des stations et ne sont donc pas visibles des quais, mais n'en sont pas moins l'occasion d'agréables surprises pour les entrants et les sortants. À la différence de nombreuses installations publiques de Los Angeles, les stations du Metro Rail sont soigneusement entretenues et libres de graffitis.

Metrolink est le nom donné au réseau ferroviaire de banlieue. Six lignes rayonnent à partir de l'Union Station, dans le centre-ville de L.A., et desservent des points aussi éloignés qu'Oxnard, Lancaster, San Bernardino et Oceanside. Une septième ligne offre en outre un lien direct entre les banlieues éloignées des comtés d'Orange, de Riverside et de San Bernardino. Les rames se composent de voitures modernes à deux étages. Certaines lignes ne sont en service qu'aux heures de pointe, le service est très restreint le samedi, et il n'y a aucun service le dimanche ou pendant les jours fériés. Les titres de transport sont vendus dans des distributrices automatiques situées à l'intérieur de chaque station, et tous les passagers doivent avoir en main leur billet ou leur laissez-passer avant de s'embarquer.

à la circulation automobile et créent l'un des grands quartiers piétonniers du monde, agréable à parcourir le jour comme le soir, la **Third Street Promenade** (voir p. 145). Et il va sans dire que plusieurs longs rubans de plage offrent l'occasion de promenades rêvées, Venice Beach étant sans doute la plus intéressante à cet égard. Cette liste est cependant loin d'être complète, dans la mesure où certaines sections d'Hollywood, de Beverly Hills et de Westwood attirent également un grand nombre de piétons.

Attraits touristiques

LA INC.: ☎ 800-228-2452, www.discoverlosangeles.com

On dit de Los Angeles qu'il s'agit davantage d'un regroupement de villes que d'une ville logiquement conçue. Dans nombre d'agglomérations urbaines du monde, les principaux attraits se trouvent essentiellement dans le centre-ville ou dans ses environs immédiats, et les autres points d'intérêt sont facilement accessibles en de courtes excursions. Or, il en va tout autrement à Los Angeles, car son centre-ville ne recèle qu'un certain nombre de curiosités, si bien que les visiteurs passent souvent beaucoup plus de temps dans les autres secteurs de la ville.

Cela dit, les zones éloignées de la région métropolitaine ont leur propre charme et, pour goûter toute la variété de Los Angeles, vous devrez non seulement envisager plusieurs déplacements, mais aussi planifier soigneusement vos itinéraires. En raison des distances à parcourir, vous ne pouvez en effet raisonnablement songer à visiter les lieux au seul gré de votre fantaisie. Les autoroutes encombrées et la lenteur des transports en commun peuvent allonger considérablement la durée des trajets, et vous ne pouvez, par exemple, passer de Pasadena à Santa Monica comme si de rien n'était car, même dans les meilleures conditions, ce seul déplacement demande près d'une heure. Par ailleurs, beaucoup de points d'intérêt sont regroupés dans quelques secteurs bien circonscrits, si ce n'est qu'ils sont passablement éloignés les uns des autres.

Étant donné que les options d'hébergement du centre-ville tendent vers les extrêmes, qu'elles soient coûteuses à outrance ou tristement sordides, et que, de toute façon, le centre-ville de L.A. a moins à offrir la nuit tombée, la plupart des voyageurs logent dans d'autres quartiers de la ville. Il peut de ce fait s'avérer judicieux de choisir autant que possible votre point de chute en fonction des visites que vous comptez effectuer, ne serait-ce que pour ménager vos transports.

Le centre-ville de Los Angeles ★★

▲ *p. 164* ● *p. 176* ♪ *p. 185* ■ *p. 188*

⏱ *1 jour*

Downtown Los Angeles Visitor Information Center: 685 S. Figueroa St., entre Wilshire Blvd. et Seventh St., ☎ 213-689-8822.

Tous ceux qui ont connu le centre-ville de Los Angeles il y a plus de cinq ans risquent d'être fort agréablement surpris. Il retrouve graduellement sa vitalité, lui qui avait connu son heure de gloire dans les années 1920. Mais l'endroit a par la suite sombré dans le désarroi de la grande crise des années 1930. Avec le développement explosif des banlieues dans les décennies qui ont suivi la Seconde Guerre mondiale, le centre-ville de L.A. n'a fait que confirmer sa longue descente aux enfers. Toutefois, depuis le début des années 2000, plusieurs milliards de dollars y ont été investis afin de lui redonner vie. Les résultats sont à tout le moins concluants. Des attraits du passé ont été rénovés, et de nouveaux attraits spectaculaires ont été construits, comme le Walt Disney Concert Hall et le complexe de divertissement L.A. Live. De plus, on constate le développement de milliers de copropriétés luxueuses. L'opération connaît du succès notamment auprès des gens d'affaires qui en ont assez des embouteillages pour se rendre et quitter leurs bureaux. Le centre-ville de Los Angeles est donc de plus en plus un endroit où l'on vit jour et nuit.

Ceux qui visitent L.A. pour la première fois s'étonnent souvent de ce que son centre-ville se trouve si loin des plages du Pacifique. De fait, il repose à quelque 20 km à l'intérieur des terres, soit beaucoup plus près du véritable centre géographique de la vaste région métropolitaine. Il est délimité au nord par le Civic Centre, qui regroupe un ensemble de bâtiments publics, y compris l'hôtel de ville et le palais de justice fédéral. Le Chinatown s'étend tout juste au-delà, quelques rues plus

Circuits panoramiques en voiture

La région de Los Angeles possède un paysage unique. Bordée par l'océan, de nombreuses montagnes et le désert, on y trouve des routes panoramiques qui valent la peine d'être explorées. Accordez-vous le plaisir de louer une voiture décapotable, car vos balades ne seront que plus spectaculaires.

Mulholland Drive

Perchée sur la montagne qui sépare la vallée de San Fernando de la ville, Mulholland Drive est assurément l'une des routes les plus spectaculaires de la région de Los Angeles. Vous aurez le long de ce chemin sinueux une vue splendide sur Bel Air, Beverly Hills, Hollywood et le centre-ville d'un côté, et l'immense vallée de San Fernando de l'autre côté. Vous rencontrerez des points d'observation le long de la route, et à l'occasion des sentiers, où vous pourrez non seulement admirer l'horizon mais aussi les immenses propriétés perchées tout près, de part et d'autre de la montagne. Vous pourrez saluer au passage Jack Nicholson (n° 12850) et Warren Beatty (n° 13671) qui résident le long de cette route. Pour accéder à Mulholland Drive, prenez la sortie du même nom à partir de la route 405 et suivez les indications (direction est). Votre balade se terminera, quelque 20 km plus loin, à la route 101 (Hollywood Freeway).

Malibu Canyon

Le long de ce circuit, vous découvrirez quelques-unes des plus belles routes de montagnes de Santa Monica et traverserez de magnifiques canyons. De la Pacific Coast Highway, prenez Topanga Canyon Boulevard (route 27), situé à environ 5 km à l'ouest de Santa Monica, tout de suite après la Getty Villa. Vous roulerez alors au cœur du Topanga Canyon. Profitez-en pour faire un arrêt dans le village rustique de Topanga. À la sortie du village, prenez Old Topanga Canyon Road à gauche. Vous arriverez, quelques kilomètres plus loin, à la Mulholland Highway, le prolongement ouest de Mulholland Drive. Tournez à gauche et continuez sur cette route jusqu'à l'intersection de Las Virgenes Road (Malibu Canyon Road – N1). Prenez à gauche et revenez sur la côte en traversant le Malibu Canyon. Vous arriverez à la croisée de la Pacific Coast Highway, au cœur de Malibu (près de l'université Pepperdine). Au cours de cette balade de 40 km, vous aurez peine à croire de vous trouver si près du cœur d'une des plus grandes villes au monde.

Les résidences des célébrités

Pour prendre le pouls de la richesse de Los Angeles, rien de tel qu'une balade en voiture dans les rues de Beverly Hills au nord de Santa Monica Boulevard. On vous suggère de circuler le long de Sunset Boulevard, à la hauteur de Beverly Hills et de Bel Air, et d'emprunter au hasard des rues transversales en direction nord. Vous désirez voir les maisons des stars du cinéma? Sachez que celles-ci se trouvent surtout dans les montagnes ou au pied de celles-ci. Inutile de vous donner ici des adresses puisque les résidences changent souvent de propriétaires. Il y en a toutefois une qui attire l'attention depuis plus de 30 ans, le Playboy Mansion. On ne peut vous obtenir une invitation pour une fête donnée par le fondateur de l'empire Playboy, Hugh Hefner, mais on peut à tout le moins vous indiquer que son manoir se trouve au 10236 Charing Cross Road, aux limites de Bel Air. Si votre curiosité n'est toujours pas satisfaite, vous verrez à plusieurs endroits, le long de Sunset Boulevard, des gens assis sur des chaises à l'angle des rues avec des affiches *Star Maps Here*. Vous pourrez vous procurer pour environ 10$ une carte routière avec les adresses exactes de plusieurs dizaines de célébrités.

au nord. À la lisière sud du centre-ville surgissent les superbes Staples Center (aréna) et Nokia Theatre (salle de concerts), dont les rues avoisinantes sont en phase d'être revigorées dans la foulée du développement du complexe de divertissement L.A. Live. À environ 3 km au sud du centre-ville s'étirent le magnifique campus de l'University of Southern California (USC) et l'Exposition Park voisin, qui abrite des attraits très intéressants (vaut mieux toutefois ne pas trop s'aventurer à pied à l'extérieur des limites du site, le quartier n'étant pas particulièrement sûr).

Malgré le fait que certains endroits soient déconseillés à la tombée du jour (**Skid Row**, le quartier malfamé au sud-ouest du Staples Center, et les alentours de l'USC et l'Exposition Park), le centre-ville de L.A. vaut sans aucun doute le détour. Il renferme plusieurs joyaux architecturaux et nombre d'attraits culturels, et se parcourt assez facilement à pied.

Et pourquoi ne pas commencer votre visite par l'endroit même où la ville a vu le jour, non loin des berges de la rivière Los Angeles (sauf après d'abondantes pluies, cette «rivière» se voit réduite à un minuscule ru coulant dans un fossé aux hautes parois de béton à la limite est du centre-ville)? C'est ici que des explorateurs espagnols venus du centre du Mexique ont découvert une petite colonie autochtone et fondé leur propre communauté quelques années plus tard, soit en 1781. La plus ancienne structure encore debout, érigée en 1818, fait aujourd'hui partie du **El Pueblo de Los Angeles Historical Monument** ★★, qui regroupe 27 bâtiments historiques et une place centrale de style mexicain sur une propriété de 44 ha. Cette propriété, située au nord du centre-ville actuel, est délimitée par Alameda Street, Arcadia Street, Spring Street et Cesar E. Chavez Avenue. Cette dernière est ainsi nommée en mémoire d'un leader syndical mexicano-américain qui a œuvré dans le domaine agricole et qui est devenu mondialement célèbre dans les années 1960 pour avoir appelé la population à boycotter le raisin afin de protester contre les conditions de travail inacceptables des ouvriers de cette industrie. Désigné parc d'État, ce site possède un **centre d'accueil des visiteurs** *(lun-ven 9h à 16h; 622 N. Main St., ☎ 213- 628-1274, www.ci.la.ca.us/elp)* installé dans la Sepulveda House à l'entrée de l'Old Plaza. Vous y trouverez des brochures et divers renseignements, de même que des vitrines dépeignant l'histoire et la culture de la région, sans oublier une vidéo de 20 min. Ce centre d'accueil sert de point de départ à des visites guidées gratuites du parc, offertes à 10h, 11h et midi du mardi au samedi.

L'**Old Plaza** est située au cœur d'El Pueblo, entre Main Street et Los Angeles Street, et les principaux monuments historiques sont situés tout autour. C'est également à cet endroit que commence **Olvera Street** ★★, la partie la plus animée du parc historique, et de loin. Il s'agit d'une courte rue piétonnière où l'on trouve de nombreux comptoirs d'artisanat mexicain, des boutiques de vêtements traditionnels et plusieurs restaurants. L'endroit s'avère prisé non seulement des touristes, mais aussi des membres de l'importante communauté mexicaine de L.A., dont certains sont attirés par l'**Iglesia de Nuestra Señora la Reina de Los Angeles** ★, qui date du XIXe siècle, de l'autre côté de Main Street. Outre les nombreuses messes qu'on y célèbre en espagnol, cette église est le théâtre de bon nombre de mariages et de baptêmes, et les cérémonies qu'on y célèbre s'étendent souvent jusque dans les rues voisines. Olvera Street, avec son église et sa vieille place, est également au cœur des célébrations du Cinco de Mayo (fête du 5 Mai), qui réunissent beaucoup de Mexicains. Au centre d'Olvera Street se trouve l'**Avila Adobe** ★ *(entrée libre; lun-sam 10h à 17h)*, soit la plus ancienne structure de L.A. Cette construction aux murs épais a servi de maison à une riche famille durant une bonne partie du XIXe siècle, et vous pourrez y admirer plusieurs pièces meublées dans le style de l'époque de même qu'un jardin verdoyant.

Les autres attraits autour de l'Old Plaza sont l'**Instituto Cultural Mexicano** ★, qui englobe une librairie bilingue (espagnol et anglais), une bibliothèque de référence et une murale célèbre (1978, de Leo Politi) dépeignant la bénédiction des animaux. L'institut se trouve à l'intérieur de l'historique Biscailuz Building, qui abritait jadis le consulat mexicain. Parmi les autres bâtiments dignes de mention, retenons la **Firehouse n° 1** *(entrée libre; tlj 10h à 15h, sam-dim jusqu'à 16h30)*, une caserne de pompiers datant de 1884 qui renferme de l'équipement historique de lutte contre les incendies, l'élégante **Pico House** (autrefois un hôtel) et l'ancien **Merced Theatre**. Ces deux dernières constructions, datant l'une comme l'autre de 1870, ne sont pas ouvertes au public. Vous verrez également une statue de Felipe de Neve, fondateur de Los Angeles en 1781 et gouverneur de la Californie, et du roi d'Espagne Juan Carlos III, qui avait donné le mandat à de Neve de fonder la ville.

Au sud d'El Pueblo se trouve le **Civic Center**, qui occupe plusieurs quadrilatères autour de Temple Street, une artère est-ouest qui traverse le nord du centre-ville de L.A. Il regroupe une foule d'immeubles de bureaux gouvernementaux, pour la plupart sans grand attrait, de même que des tribunaux municipaux, de comté, d'État et fédéraux. Le tout, il faut bien l'avouer, est plutôt terne, mais plusieurs des édifices ont subi ou subiront sous peu d'importants et coûteux travaux de rénovation. Pour le moment, le seul monument vraiment digne de mention demeure l'hôtel de ville, ou **City Hall** *(200 N. Spring St., près de Temple St.)*, le plus grand édifice du nord de la ville avec ses 32 étages. Le magnifique immeuble tout blanc, inauguré en 1928, ravivera certes des souvenirs chez les cinéphiles, car il a servi de toile de fond dans de nombreux films.

En remontant First Street sur quelques rues, on croise Grand Avenue, le cœur de l'offre culturelle de la ville. Situé sur Bunker Hill, le **Performing Arts Center of Los Angeles County** *(Grand Ave. entre Second St. et Temple St., ☎ 213-972-7211, www.musiccenter.org)* est mieux connu sous le nom de **Music Center**. Le complexe regroupe quatre salles de spectacle, dont l'impressionnant **Walt Disney Concert Hall** ★★★ *(135 N. Grand Ave., ☎ 213-972-4399, www.musiccenter.org)*. Chef-d'œuvre de l'architecte Frank Gehry, le projet lancé par la veuve de Walt Disney, Lillian Disney, en 1987, n'a été complété qu'en 2003, après de nombreux arrêts dus à des dépassements de coûts. Le Walt Disney Concert Hall est le lieu de résidence de l'orchestre philharmonique de Los Angeles, et l'endroit comprend notamment, en plus de la grande salle de concerts, le restaurant **Patina** (voir p. 179), l'un des plus réputés du centre-ville, et un jardin public situé au troisième niveau avec plans d'eau, arbres à fleurs et une fontaine conçue par Gehry pour honorer Lillian Disney (décédée en 1997). Des visites gratuites sont offertes *(lun-sam 10h à 15h ou 10h à 12h lors des jours de répétition)*.

Les trois autres salles de spectacle du Music Center, situées tout juste au nord, à l'angle de Grand Avenue et de First Street, sont disposées autour de la Music Center Plaza, une place ornée d'une grande sculpture de Jacques Lipschitz et d'une imposante fontaine. La plus grande des salles, le **Dorothy Chandler Pavilion**, peut à elle seule accueillir 3 200 personnes. Cet endroit loge le Los Angeles Opera, dirigé par Plácido Domingo. Les deux autres salles sont l'**Ahmanson Theater** (théâtre et musique) et le **Mark Taper Forum** (théâtre expérimental).

Le **Museum of Contemporary Art (MOCA)** ★★★ est le seul musée de Los Angeles consacré exclusivement à l'art contemporain. Avec une collection de plus de 5 000 œuvres américaines et européennes datant de 1940 à aujourd'hui, il est un des plus importants musées des États-Unis. Le MOCA est composé de trois bâtiments. Le **MOCA Grand Avenue** *(250 S. Grand Ave., de biais avec le Walt Disney Concert Hall)* et le **Geffen Contemporary at MOCA** *(152 N. Central Ave.)* sont payants et situés au centre-ville *(10$, entrée libre jeu 17h à 20h; lun et ven 11h à 17h, jeu 11h à 20h, sam-dim 11h à 18h, fermé mar-mer; ☎ 213-626-6222, www.moca.org)*. Baptisé en l'honneur de David Geffen, producteur de musique et bienfaiteur des arts, le Geffen Contemporary est un ancien entrepôt reconverti en lieu d'exposition par l'architecte Frank Gehry. Lorsqu'il a ouvert ses portes en 1983, on l'a surnommé le «contemporain temporaire» car on s'attendait à ce qu'il soit abandonné une fois achevée la construction du nouveau bâtiment de Grand Avenue. Ce dernier a été conçu par l'architecte japonais Arata Isozaki, qui l'a doté de deux pavillons de grès rouge de forme hautement originale chevauchant une place ouverte. Par ses dimensions, le Geffen convient toutefois mieux aux œuvres d'envergure, et il fut finalement décidé de le garder ouvert. Ensemble, les deux pendants de ce musée unique abritent une collection permanente des plus impressionnantes, augmentée ces dernières années par de nombreux legs et acquisitions. Ils présentent en outre maintes expositions temporaires et sont reliés entre eux (huit rues les séparent) par la ligne A du réseau d'autobus DASH (voir p. 122). Le troisième bâtiment est le **MOCA Pacific Design Center** (voir p. 138), situé à West Hollywood.

LOS ANGELES centre-ville
A
B
C
V
W
X
Y
Z
W. 6th St.
S. Alvarado St.
S. Bonnie Brae St.
W. 3th St.
MacArthur Park
S. Rampart Blvd.
W. 8th St.
Westlake/ MacArthur Park
W. 7th St.
James Wood Blvd.
San Marino St.
W. 8th St.
Wilshire Blvd.
W. 6th St.
Lucas Ave.
S. New Hampshire Ave.
S. Hoover St.
S. Westlake Ave.
S. Burlington Ave.
W. 7th St.
W. Olympic Blvd.
James Wood Blvd.
S. Union Ave.
Wilshire Blvd.
W. 8th St.
S. Alvarado St.
S. Vermont Ave.
Arapahoe St.
S. Berendo St.
W. 11th St.
W. 12th St.
W. Olympic Blvd.
110
W. Pico Blvd.
Magnolia Ave.
S. New Hampshire Ave.
W. Pico Blvd.
Valencia St.
S. Figueroa St.
Venice Blvd.
L.A. Live
25
23
Los Angeles Convention Center
24
S. Union Ave.
Valencia St.
110
S. Hoover St.
W. 11th St.
Pico Boulevard
W. 12th St.
W. Washington Blvd.
W. Pico Blvd.
S. Figueroa St.
S. Flower St.
S. Hill St.
10
Santa Monica Fwy.
W. 22nd St.
W. 23rd St.
S. Vermont Ave.
S. Broadway
Harbor Fwy.
Santa Monica Fwy.
Grand Avenue
W. Adams Blvd.
W. 23rd St.
W. Washington Blvd.
Ellendale Pl.
S. Hoover St.
110
W. Adams Blvd.
W. 23rd St.
S. Broadway
S. Los Angeles St.
W. 29th St.
W. 30th St.
W. 28th St.
S. Hill St.
Mapple Ave.
W. 30th St.
W. Jefferson Blvd.
W. 32nd St.
S. Figueroa St.
S. Broadway
E. 27th St.
Harbor Fwy.
E. 28th St.
S. Vermont Ave.
University of Southern California
E. 29th St.
Trinity Ave.
E. 30th St.
W. Jefferson Blvd.
S. Main Ave.
S. Hill St.
Mapple Ave.
26
27,28,29
Exposition Park
©ULYSSE

★ ATTRAITS TOURISTIQUES

1. EV El Pueblo de Los Angeles Historical Monument
2. FV Old Plaza
3. FV Olvera Street
4. EV Iglesia de Nuestra Señora la Reina de Los Angeles
5. FV Avila Adobe
6. FV Instituto Cultural Mexicano
7. FV Firehouse no 1
8. EV Pico House
9. EV Merced Theatre
10. EV City Hall
11. EV Performing Arts Center of Los Angeles County / Music Center / Walt Disney Concert Hall
12. DV MOCA Grand Avenue
13. EW Geffen Contemporary at MOCA
14. DW Wells Fargo History Museum
15. DW California Plaza
16. DW Angel's Flight Railway
17. EW Grand Central Market
18. EW Bradbury Building
19. DX Eastern Columbia Building
20. EW Museum of Neon Art
21. DW Pershing Square
22. DW Central Library / Maguire Gardens
23. CW Nokia Theatre
24. CX Staples Center
25. CW GRAMMY Museum
26. AZ Exposition Park / Los Angeles Memorial Coliseum
27. BZ California Science Center
28. BZ California African-American Museum
29. BZ Natural History Museum of Los Angeles County

En diagonale du MOCA Grand Avenue se trouve un petit musée intéressant. Le **Wells Fargo History Museum** ★ *(entrée libre; lun-ven 9h à 17h; 333 S. Grand Ave., entre Third St. et Fourth St., ☎ 213-253-7166, www.wellsfargohistory.com)*, commandité par la banque du même nom, dépeint différents volets de l'histoire de la Californie au milieu du XIXe siècle, en présentant notamment les célèbres diligences Wells Fargo qui parcouraient à cette époque l'ouest des États-Unis.

Face au Wells Fargo History Museum se trouve la **California Plaza**, qui abrite les nombreuses fontaines animées du **Watercourt**. De l'extrémité du Watercourt, on accède à la station supérieure de l'**Angel's Flight Railway** ★ *(0,25$; tlj 6h30 à 22h; ☎ 213-626-1901, www.angelsflight.com)*, un funiculaire qui permet de faire le lien entre Bunker Hill et Hill Street en 70 secondes, à un angle de 33°. Au moment de son entrée en service en 1901, Bunker Hill était un quartier résidentiel très convoité, et ses résidents l'utilisaient pour rejoindre leurs demeures lorsqu'ils revenaient du quartier commercial qui s'étalait à leurs pieds. Le service qui se fait à bord de voitures rouge vif tout à fait originales a été interrompu entre 1969 et 1996, puis en 2001 et en 2006. Maintenant, ce funiculaire est surtout prisé, quoique pas exclusivement, par les touristes, et les départs ne sont espacés que de quelques minutes.

Face à la station inférieure de l'Angel's Flight se trouve un des attraits les plus fascinants du centre-ville de L.A., le **Grand Central Market** ★ *(tlj 9h à 18h; 317 S. Broadway, ☎ 213-624-2378, www.grandcentralsquare.com)*, qui couvre un quadrilatère délimité par South Broadway, Third Street, Hill Street et Fourth Street. Ce marché public bourdonne d'activités depuis son ouverture en 1917 et répond aux besoins alimentaires de Los Angeles avec ses douzaines de stands vendant à qui mieux mieux des fruits et légumes frais, de la viande, du poisson, des produits laitiers et divers autres aliments qui reflètent bien la diversité culturelle de la ville. Il accueille en outre plusieurs restaurants et casse-croûte très populaires auprès des résidents, en particulier les hispanophones. La sortie opposée du Grand Central Market donne sur South Broadway.

S'il ne reste que peu de vestiges du Los Angeles du XIXe siècle, il n'en est pas du tout de même des premières décennies du XXe siècle. Deux rues parallèles adjacentes, à savoir Spring Street et Broadway, accueillent de nombreux détails architecturaux des beaux jours du centre-ville de L.A. **Broadway** ★★ a connu un meilleur sort que Spring Street dans la mesure où elle a été revitalisée par un afflux de commerces de détail bon marché fort vigoureux, notamment sous l'impulsion des Mexicains, en particulier entre Third Street et Ninth Street. Elle recèle elle-même beaucoup de beaux édifices du début du XXe siècle, quoique dans certains cas l'intérieur qui se cache derrière les impressionnantes façades ait été entièrement dépouillé. À titre d'exemple, certains des majestueux palaces du cinéma qui bordent cette rue (il en subsiste plus d'une douzaine) ont été reconvertis en commerces de détail ou en églises évangéliques, alors que d'autres continuent à présenter des films, pour la plupart en espagnol. La meilleure façon d'admirer leur intérieur très richement orné consiste à s'inscrire à la visite organisée par le **Los Angeles Conservancy** (voir l'encadré p. 131).

Plusieurs immeubles de bureaux le long de Broadway affichent en outre des traits architecturaux tout à fait remarquables, notamment le **Bradbury Building** ★ au n° 304, à l'angle de Third Street, avec son atrium de cinq étages au toit de verre, et l'**Eastern Columbia Building** au n° 849, entre Eighth Street et Ninth Street, une magnifique structure Art déco à façade turquoise pour le moins unique couronnée de grandes horloges. Le **Museum of Neon Art** ★★ *(7$; jeu-sam 12h à 18h, dim 12h à 17h, lun-mer fermé; 136 W. Fourth St., ☎ 213-489-9918, www.neonmona.org)* a déménagé à l'été 2008 dans Fourth Street près de Broadway. L'endroit est à la fois étrange et merveilleux, et son seul éclairage provient des œuvres d'art elles-mêmes qui font partie d'une collection d'anciennes enseignes et affiches au néon sauvées par l'artiste Lili Lakich, en plus de quelques créations contemporaines réalisées à l'aide du même support.

Le **Jewelry District** de Los Angeles est le deuxième centre de joaillerie en importance aux États-Unis après celui de New York. Il se trouve sur Broadway entre Fifth Street et Eighth Street.

Les visites guidées du Los Angeles Conservancy

Pour la plupart des Européens, et même de nombreux Américains, Los Angeles fait figure de ville foncièrement moderne où les vestiges du passé brillent par leur rareté. De fait, étant donné que l'histoire de la ville ne remonte pas très loin et qu'elle n'est devenue une grande métropole qu'au début du XXe siècle, la conscience historique de ses habitants n'est pas fermement ancrée et les bâtiments historiques, pour peu qu'il y en ait, ont pour la plupart été voués à l'abandon ou à la démolition. Un organisme bénévole du nom de **Los Angeles Conservancy** a combattu, souvent avec succès, en faveur de la préservation d'anciennes structures présentant une valeur architecturale ou symbolique. Avec le temps, les autorités et la population en général ont fini par prendre conscience de l'importance de préserver ces vestiges. On le constate actuellement dans les projets de revitalisation d'Hollywood, le maintien des édifices historiques n'est plus remis en question mais plutôt encouragé.

Le Conservancy propose des visites guidées à pied tous les samedis matin *(10$; la plupart des visites commencent à 10h; 523 W. Sixth St., Suite 1216, ☎ 213-623-2489, www.laconservancy.org)*. La plupart des visites durent de 2h à 2h30, et débutent à l'entrée du **Biltmore Hotel** *(515 S. Olive St., en face du Pershing Square)*, la taille des groupes étant le plus souvent limitée à 15 personnes. Les nombreuses visites offertes tous les samedis sont dirigées par des guides dûment formés dont certains savent très bien transmettre leurs connaissances de l'histoire de l'architecture locale.

La visite la plus populaire parcourt les anciens palaces du cinéma de Broadway Avenue, dont certains sont d'ailleurs encore en activité, et il est conseillé de réserver sa place longtemps à l'avance pour cette visite. Une autre visite fort appréciée fait le tour des immeubles de bureaux Art déco du centre-ville de L.A., tous riches de détails ornementaux. Parmi les visites qui, elles, ne sont proposées qu'un ou deux samedis par mois, mentionnons celles de l'Union Station, de la Little Tokyo et de l'ancien quartier des affaires de Spring Street.

Pershing Square *(www.laparks.org/pershingsquare/pershing.htm)*, une rue à l'ouest du Jewelry District, est l'un des principaux rendez-vous du centre-ville. Ce parc aménagé au-dessus d'un complexe de stationnement souterrain couvre le quadrilatère délimité par Hill Street, Fifth Street, Olive Street et Sixth Street. Créé en 1886 et remodelé à grands frais en 1994, il propose régulièrement plusieurs activités pour toute la famille (concerts, projection de films, spectacles pour les enfants).

La **Central Library** ★★ *(lun-jeu 10h à 20h, ven-sam 10h à 18h, dim 13h à 17h; 630 W. Fifth St., entre Grand St. et Flower St., ☎ 213-228-7000, www.lapl.org/central)* constitue le pivot du vaste réseau de bibliothèques publiques de L.A. et s'impose comme une bibliothèque de référence de tout premier plan, avec près de 3 millions de livres et autres documents (la plupart des ouvrages peuvent être consultés à même les étagères). Conçu en 1922, le bâtiment a fait l'objet d'importants travaux de rénovation et d'agrandissement à la suite de deux incendies dévastateurs survenus en 1986; il a rouvert ses portes en 1993. L'ajout d'une aile et d'étages souterrains a permis de doubler la capacité de la bibliothèque, et la création d'un atrium éclairé par une verrière ajoute incontestablement à l'attrait de l'édifice avec ses motifs vaguement égyptiens. La saleté accumulée au fil des ans a contribué à sauver des flammes les précieuses murales de la bibliothèque, notamment les tableaux de la rotonde principale, qui datent de 1933 et dépeignent quatre tranches de l'histoire de la Californie. Une section de la bibliothèque est par ailleurs consacrée aux enfants. Le terrain qui entoure la bibliothèque accueille également les **Maguire Gardens**, du nom d'un important bienfaiteur, abondamment arborés et pourvus de nombreux bancs (contrairement au Pershing Square).

Le complexe de divertissement **L.A. Live ★★** *(☎ 213-763-5483, www.lalive.com)* occupe le secteur sud du centre-ville dans le quadrilatère délimité par 11th Street, Figueroa Street, Olympic Boulevard et l'autoroute 110. En quelque sorte le Times Square de la Côte Ouest, ce mégaprojet de 2,5 milliards de dollars, inauguré en août 2009, a fait de ce lieu autrefois boudé par la population un attrait incontournable de la grande région de Los Angeles. La première construction complétée fut le **Nokia Theatre** *(777 Chick Hearn Court, angle Figueroa St., ☎ 213-763-6000, www.nokiatheatrelalive.com; voir p. 185)*, inauguré en octobre 2007. Cette salle de spectacle de 7 100 places est située devant le **Staples Center** *(1111 S. Figueroa St., ☎ 213-742-7340, www.staplescenter.com; voir p. 188)*, qui accueille les équipes professionnelles de hockey (Kings) et de basketball (Lakers et Clippers) de Los Angeles. Parmi les autres immeubles qui font partie du complexe L.A Live, on retrouve des hôtels prestigieux des chaînes Ritz-Carlton et JW Marriott, des copropriétés de luxe et le GRAMMY Museum, en plus de nombreuses boutiques, restaurants, bars et cinémas. Dans un vaste espace, le **GRAMMY Museum ★** *(12,95$; dim-ven 11h30 à 19h30, sam 10h à 19h30; 800 W. Olympic Blvd., ☎ 213-763-5483, www.grammymuseum.org)* rend à la fois hommage aux célèbres Grammy Awards et à l'histoire de la musique, surtout américaine. Sur quatre étages, des expositions, des activités interactives et des films sur la création musicale éduquent et inspirent les visiteurs. Avec ce musée, L.A. Live représente à présent un véritable pôle d'attraction pour la mégapole de Los Angeles. Le sport, la culture et les arts sont regroupés dans cet espace où tout est prévu pour se restaurer, se divertir et se reposer: un véritable incubateur d'énergie et un bouillon de cultures.

Facilement accessibles, les prochains attraits se trouvent à quelque 1,5 mi (3 km) au sud du centre-ville. L'**Exposition Park ★★** *(accessible par la ligne F du réseau d'autobus DASH ou en prenant la sortie Exposition Park de l'autoroute 110; www.expositionpark.org)* abrite un immense centre des sciences qui comprend un cinéma IMAX, deux musées, un jardin de roses et l'immense **Los Angeles Memorial Coliseum** *(www.lacoliseumlive.com/joomla)* de 106 000 places où se sont déroulés les grands événements des Jeux olympiques de 1932 et de 1984, et qui est aujourd'hui utilisé par l'équipe de football américain de l'University of Southern California (USC). L'Exposition Park englobe aussi le **Sports Arena** adjacent au colisée. On accède au parc par différentes entrées situées autour du quadrilatère délimité par Figueroa Street, Exposition Boulevard, Vermont Avenue et King Boulevard. Le stationnement pour la journée vous coûtera 8$.

Le **California Science Center ★★** *(entrée libre pour les expositions permanentes, stationnement 8$; tlj 10h à 17h; Exposition Park, ☎ 323-724-3623, www.californiasciencecenter.org)* compte parmi les favoris des familles en ce qu'il suscite la participation des enfants grâce à de nombreuses vitrines interactives consacrées à l'exploration de différents phénomènes physiques, biologiques et technologiques. Depuis 2010, la nouvelle attraction Ecosystems permet de découvrir les différents écosystèmes de la planète. On peut notamment y expérimenter une crue subite (*flash flood*) et marcher dans un tunnel submergé dans l'océan. De nombreuses autres simulations plongent les visiteurs dans des situations et des environnements extrêmes. Ne manquez pas de faire un arrêt à la boutique du California Science Center. On y trouve de nombreux jeux éducatifs pour enfants de tous les âges. Le centre abrite en outre le plus grand cinéma IMAX de Los Angeles *(8,25$)*.

Le **California African-American Museum ★★** *(dons appréciés, stationnement 8$; mar-sam 10h à 17h, dim 11h à 17h; 600 State Dr., Exposition Park, ☎ 213-744-7432, www.caamuseum.org)* présente des expositions permanentes et temporaires dépeignant divers aspects de l'histoire des cultures africaine et afro-américaine, y compris des vestiges historiques et des œuvres d'art contemporain.

Le **Natural History Museum of Los Angeles County ★** *(9$; mar-dim 9h30 à 17h; 900 Exposition Blvd., ☎ 213-763-3466, www.nhm.org)*, ouvert en 1913, abrite quelque 35 millions de spécimens couvrant une période de 4,5 millions d'années. Il attire de nombreux visiteurs captivés par son hall des dinosaures, qui abrite un crâne intact de tyrannosaure. D'autres sections du musée présentent des mammifères d'Amérique du Nord et d'Afrique, des oiseaux, des insectes, des espèces marines ainsi que des gemmes et des minéraux. On y retrouve aussi des vitrines consacrées aux cultures amérindiennes, entre autres de tissus navajos, et, à l'étage inférieur, on retrace en détail l'histoire de la Californie. Dernier ajout majeur au musée : l'exposition *Age of Mammals*, inaugurée en juillet 2010, qui trace l'évolution des mammifères depuis la disparition des dinosaures jusqu'à l'arrivée de l'homme.

Hollywood et ses environs ★★

p. 165 p. 179 p. 185 p. 188

1 jour

Hollywood Los Angeles Visitor Information Center: Hollywood & Highland Center, 6801 Hollywood Blvd., 323-467-6412.

Aucun nom n'évoque davantage la magie du cinéma qu'Hollywood. Il suffit en effet de prononcer ce mot à peu près n'importe où sur Terre pour qu'aussitôt surgissent à l'esprit des images de splendeur et de romantisme d'emblée associées au grand écran et à la vie des stars. Et c'est le cas depuis que l'*Industry* (forme abrégée de l'«industrie du divertissement» courante à L.A.) a pris racine au début du XXe siècle dans ce qui n'était auparavant qu'une banlieue semi-rurale au nord-ouest du centre-ville de L.A., attirée par le doux climat de la Californie et la variété des paysages naturels des environs. Par la suite, Hollywood est en outre devenu le plus grand centre de production du monde en ce qui a trait à la musique populaire et aux émissions de télévision.

Ce qu'on peut aujourd'hui voir à Hollywood diffère grandement de ce qu'on y trouvait à son époque glorieuse. Tous les grands studios sauf un (Paramount) ont déménagé quelques kilomètres plus au nord, de l'autre côté des Hollywood Hills dans la vallée de San Fernando, pour se doter d'installations plus spacieuses. La plupart des vedettes ont, quant à elles, élu domicile dans les secteurs résidentiels très cossus plus à l'ouest, entre West Hollywood et Malibu, notamment Beverly Hills, Bel Air et Brentwood. Hollywood, ce district de la ville de Los Angeles qui compte un peu plus de 200 000 habitants, a ainsi connu au cours des dernières décennies du XXe siècle un important déclin, et ses rues aux commerces abandonnées ont été occupées par des prostituées et des trafiquants de drogue.

Heureusement, on observe depuis une dizaine d'années que des efforts majeurs sont entrepris pour revitaliser ce secteur historique. Hollywood est aujourd'hui, avec le centre-ville de Los Angeles, l'endroit où les investissements substantiels sont les plus nombreux. Depuis 1999, Hollywood est relié directement au centre-ville de Los Angeles, avec l'arrivée longtemps attendue du métro. On rebâtit les théâtres abandonnés, on retape les immeubles de bureaux, et nombre d'immeubles résidentiels décrépits ont été ressuscités. Des hôtels luxueux ont été inaugurés en grande pompe, et l'on remplace graduellement les boutiques de souvenirs bon marché, les commerces de pornographie et les bazars démodés par des commerces de détail plus présentables. Finalement, événement symbolique très important, la prestigieuse cérémonie des Academy Awards, la remise des Oscar, est revenue à Hollywood en 2002, pour la première fois en 42 ans.

Ce circuit couvre le district d'Hollywood, dont les attraits se trouvent presque tous sur Hollywood Boulevard, le Griffith Park, situé tout près dans le district voisin de Los Feliz, ainsi que la ville de West Hollywood, l'un des endroits les plus courus de la grande région de Los Angeles.

Hollywood ★

Hollywood Boulevard ★★ est constamment bondé de touristes provenant de toute la planète. On peut effectuer la visite à pied puisque les principaux attraits sont regroupés sur une section d'environ 1,5 km du boulevard, entre La Brea Avenue, à l'ouest, et Vine Street, à l'est, et dont le cœur se trouve à l'intersection de Highland Avenue.

Le **Hollywood Walk of Fame** ★ longe ce boulevard sur plus de 15 quadrilatères, entre La Brea Avenue et Gower Street, et dans Vine Street sur 3 quadrilatères, entre Sunset Boulevard et Yucca Street. On a ici immortalisé par des étoiles sur le trottoir quelque 2 400 vedettes du cinéma, de la télévision et de l'industrie musicale depuis l'adoption du programme en 1960. Une quinzaine de nouvelles étoiles s'ajoutent chaque année lors de cérémonies individuelles en présence de l'artiste célébré. Pour consulter l'horaire des prochaines cérémonies ou pour trouver l'emplacement exact de l'étoile de votre vedette préférée, visitez le site Internet de la **Hollywood Chamber of Commerce** *(www.hollywoodchamber.net)*.

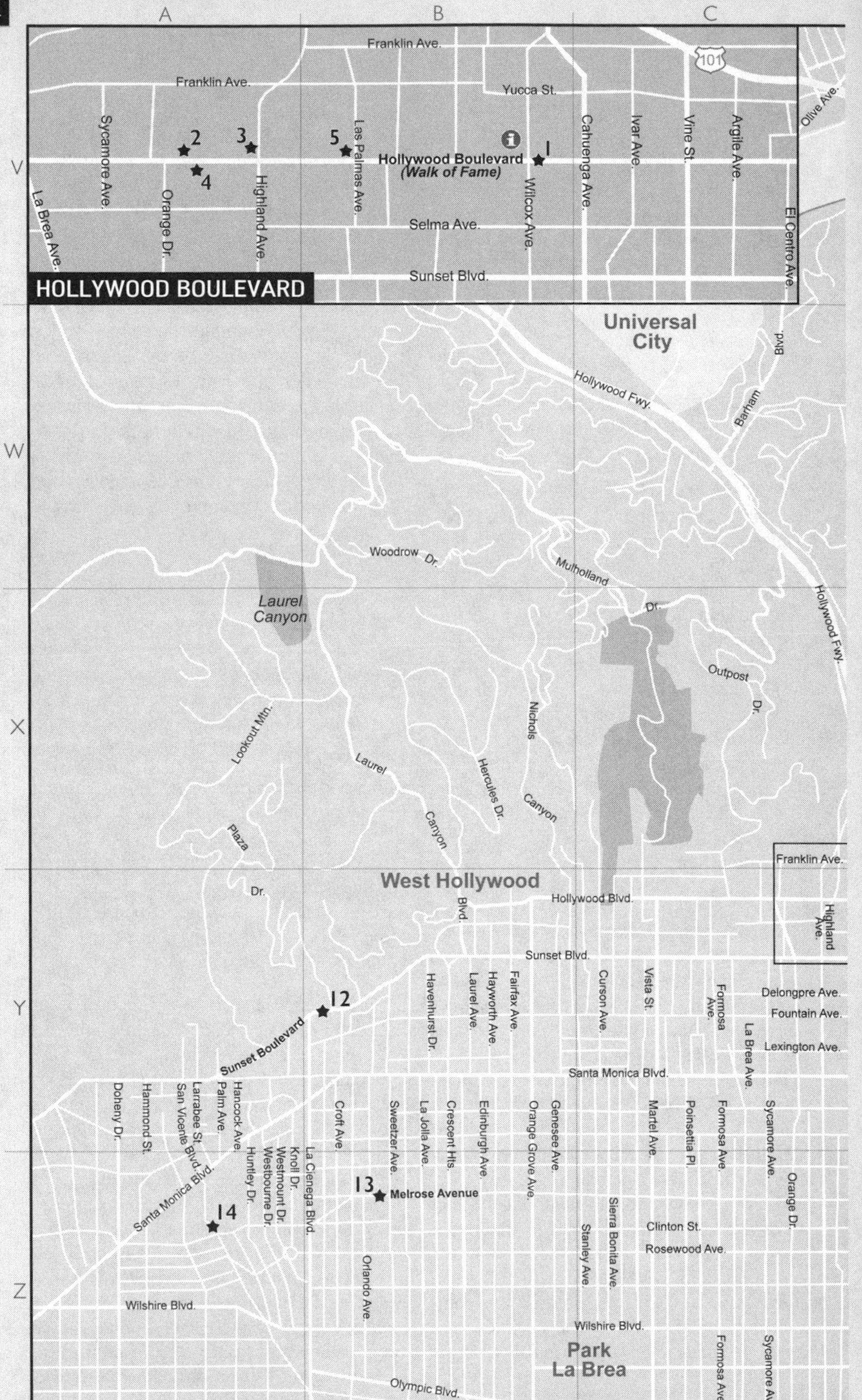

A B C

HOLLYWOOD BOULEVARD

Franklin Ave.
Franklin Ave.
Yucca St.
101
Olive Ave.
Sycamore Ave.
2
3
Las Palmas Ave.
5
Hollywood Boulevard
(Walk of Fame)
1
Cahuenga Ave.
Ivar Ave.
Vine St.
Argile Ave.
V
La Brea Ave.
4
Orange Dr.
Highland Ave.
Selma Ave.
Wilcox Ave.
El Centro Ave.
Sunset Blvd.

Universal City
Blvd.
Hollywood Fwy.
Barham
W
Woodrow Dr.
Mulholland Dr.
Hollywood Fwy.
Laurel Canyon
Outpost Dr.
X
Lookout Mtn.
Nichols Canyon
Laurel Canyon Blvd.
Hercules Dr.
Plaza Dr.
Franklin Ave.
Highland Ave.
West Hollywood
Hollywood Blvd.
Sunset Blvd.
Y
12
Sunset Boulevard
Havenhurst Dr.
Laurel Ave.
Hayworth Ave.
Fairfax Ave.
Curson Ave.
Vista St.
Formosa Ave.
Delongpre Ave.
Fountain Ave.
La Brea Ave.
Lexington Ave.
Santa Monica Blvd.
Doheny Dr.
Hammond St.
Larrabee St.
San Vicente Blvd.
Palm Ave.
Hancock Ave.
Huntley Dr.
Westbourne Dr.
Westmount Dr.
Knoll Dr.
La Cienega Blvd.
Croft Ave.
Sweetzer Ave.
La Jolla Ave.
Crescent Hts.
Edinburgh Ave.
Orange Grove Ave.
Genesee Ave.
Martel Ave.
Poinsettia Pl.
Formosa Ave.
Sycamore Ave.
Orange Dr.
Santa Monica Blvd.
14
13
Melrose Avenue
Clinton St.
Rosewood Ave.
Stanley Ave.
Sierra Bonita Ave.
Orlando Ave.
Z
Wilshire Blvd.
Wilshire Blvd.
Park La Brea
Formosa Ave.
Sycamore Ave.
Olympic Blvd.

A B C

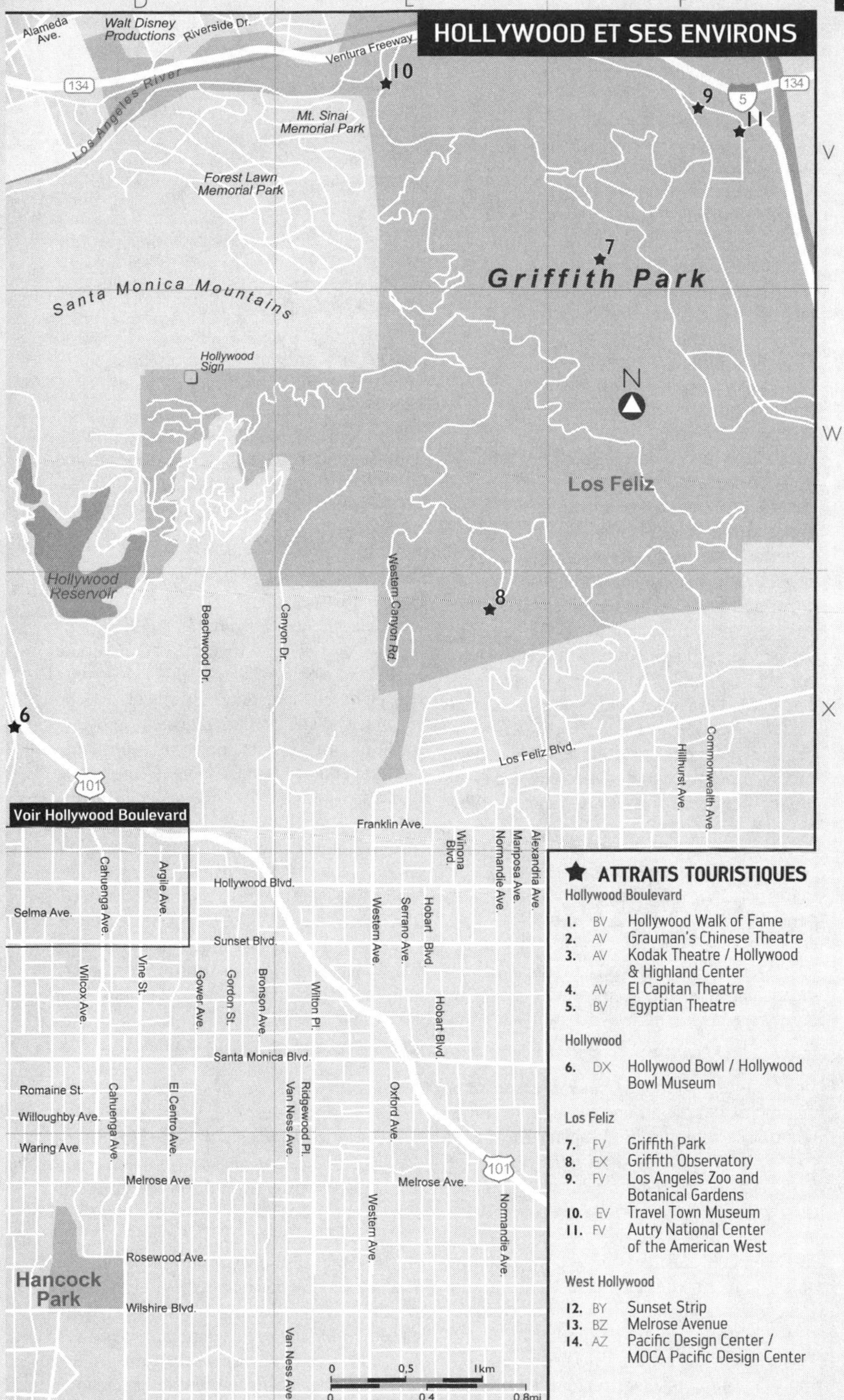
HOLLYWOOD ET SES ENVIRONS
D
E
F
V
W
X
Alameda Ave.
Walt Disney Productions
Riverside Dr.
Ventura Freeway
134
Los Angeles River
5
Mt. Sinai Memorial Park
Forest Lawn Memorial Park
Griffith Park
Santa Monica Mountains
Hollywood Sign
N
Los Feliz
Hollywood Reservoir
Beachwood Dr.
Canyon Dr.
Western Canyon Rd.
Los Feliz Blvd.
Hillhurst Ave.
Commonwealth Ave.
101
Voir Hollywood Boulevard
Franklin Ave.
Winona Blvd.
Normandie Ave.
Mariposa Ave.
Alexandria Ave.
Cahuenga Ave.
Argile Ave.
Hollywood Blvd.
Selma Ave.
Western Ave.
Serrano Ave.
Hobart Blvd.
Sunset Blvd.
Wilcox Ave.
Vine St.
Gower Ave.
Gordon St.
Bronson Ave.
Wilton Pl.
Santa Monica Blvd.
Romaine St.
Willoughby Ave.
Waring Ave.
El Centro Ave.
Van Ness Ave.
Ridgewood Pl.
Oxford Ave.
Melrose Ave.
Rosewood Ave.
Hancock Park
Wilshire Blvd.
0
0,5
1km
0,4
0,8mi
ATTRAITS TOURISTIQUES
Hollywood Boulevard
1. BV Hollywood Walk of Fame
2. AV Grauman's Chinese Theatre
3. AV Kodak Theatre / Hollywood & Highland Center
4. AV El Capitan Theatre
5. BV Egyptian Theatre
Hollywood
6. DX Hollywood Bowl / Hollywood Bowl Museum
Los Feliz
7. FV Griffith Park
8. EX Griffith Observatory
9. FV Los Angeles Zoo and Botanical Gardens
10. EV Travel Town Museum
11. FV Autry National Center of the American West
West Hollywood
12. BY Sunset Strip
13. BZ Melrose Avenue
14. AZ Pacific Design Center / MOCA Pacific Design Center

Le tronçon le plus achalandé d'Hollywood Boulevard s'étend assurément entre Orange Drive et Highland Avenue: c'est ici qu'on trouve, côte à côte, l'historique Grauman's Chinese Theater et le récent mais non moins prestigieux Kodak Theatre. Le **Grauman's Chinese Theatre** ★ *(6925 Hollywood Blvd., près d'Orange Dr., ☎ 323-464-8111, www.manntheatres.com/chinese)*, construit en 1927, a été et continue d'être l'hôte de plusieurs premières de grandes productions hollywoodiennes. Outre son architecture unique avec son extérieur en forme de pagode géante, on peut voir dans son avant-cour le *Forecourt of the Stars*, où, depuis 1927, quelques grands noms du cinéma ont eu l'honneur de laisser leurs signatures et empreintes bétonnées.

Le majestueux **Kodak Theatre** ★ *(6801 Hollywood Blvd., ☎ 323-308-6333, www.kodaktheatre.com)* arbore une architecture digne des grandes salles d'opéra européennes et accueille les Academy Awards depuis son ouverture en 2002. Il est possible de prendre part à une intéressante visite guidée de 30 min *(15$; tlj 10h à 16h)* qui permet de découvrir l'envers du décor de la célèbre cérémonie des Oscar. Des concerts d'artistes d'envergure internationale sont présentés toute l'année au Kodak Theatre, qui, à compter de l'été 2011, sera l'hôte d'un spectacle permanent du **Cirque du Soleil** (voir p. 185) consacré à l'histoire du cinéma hollywoodien.

Le Kodak Theatre est intégré au superbe **Hollywood & Highland Center** ★ *(stationnement payant; lun-sam 10h à 22h, dim 10h à 19h; 6801 Hollywood Blvd., ☎ 323-817-0200, www.hollywoodandhighland.com)*, un centre commercial à ciel ouvert de cinq étages qui offre boutiques, restaurants, cinéma, boîtes de nuit ainsi qu'un luxueux hôtel de 20 étages.

Un peu plus à l'est, deux palaces grandioses du cinéma ont connu une formidable résurrection. Le premier, le **El Capitan Theatre** ★ *(6838 Hollywood Blvd., angle Highland Ave., ☎ 818-845-3110, www.disney.go.com/disneypictures/el_capitan)* a été construit en 1926. Doté d'un riche décor extérieur colonial espagnol de même que d'un opulent aménagement intérieur, il fut notamment le lieu de la première du film *Citizen Kane* d'Orson Welles en 1941. L'immeuble a été restauré par l'organisation Disney et présente aujourd'hui des primeurs cinématographiques et des spectacles sur scène de l'entreprise.

L'autre salle de cinéma historique est l'**Egyptian Theatre** ★ *(6712 Hollywood Blvd., angle Las Palmas Ave., ☎ 323-461-2020, www.egyptiantheatre.com)*, situé à deux rues à l'est du El Capitan. On y a présenté, lors de son année inaugurale en 1922, le premier film à tenir une première à Hollywood, *Robin Hood* (*Robin des bois*), une des premières grandes productions cinématographiques. Le théâtre a fermé ses portes de 1992 à 1998 afin de subir d'importants travaux de rénovation qui en ont préservé les éléments plutôt kitsch d'origine, tels ses hiéroglyphes et son sphinx, tout en améliorant de façon spectaculaire la ligne de visibilité et l'équipement technique de la salle. Il sert dorénavant de siège à l'American Cinematheque, un organisme sans but lucratif qui présente diverses rétrospectives.

Quelques attraits à l'extérieur d'Hollywood Boulevard sont dignes de mention, sinon incontournables. Le point de repère le plus familier de tout Los Angeles est sans doute le **Hollywood Sign** ★ *(www.hollywoodsign.org)*, l'enseigne emblématique dont les lettres de 15 m sont plantées à une hauteur de 500 m sur le mont Lee, dans une zone interdite du Griffith Park. On peut facilement l'apercevoir d'une très grande distance, et ce, sur une grande partie du territoire de Los Angeles (sauf les jours de smog intense). À l'origine, en 1923, les lettres formaient le mot «Hollywoodland» et servaient à annoncer un développement domiciliaire. En 1945, l'enseigne a été cédée à la chambre de commerce d'Hollywood qui en a supprimé les quatre dernières lettres. Puis, en 1978, le tout s'étant considérablement détérioré, on refit entièrement l'enseigne grâce au soutien financier de quelques personnalités.

Le plus grand amphithéâtre naturel au monde, le **Hollywood Bowl** ★ *(2301 N. Highland Ave., ☎ 323-850-2000, www.hollywoodbowl.com)* est l'endroit privilégié pour les concerts extérieurs à Los Angeles. Niché dans les Hollywood Hills, l'amphithéâtre de 17 000 places est la résidence d'été de l'orchestre philharmonique de Los Angeles depuis 1922. L'endroit accueille entre la fin mai et la fin septembre de nombreux concerts classiques, mais aussi des comédies musicales et des spectacles des grands noms de la musique populaire et du jazz. Le musée adjacent, le **Hollywood Bowl Museum** *(entrée libre; mar-sam 10h jusqu'au début des concerts, dim 16h jusqu'au début des concerts; ☎ 323-850-2058, www.hollywoodbowl.com/about/museum.cfm)*, présente, à l'aide de photos, de vidéos et d'affiches, les grands moments de l'histoire du Hollywood Bowl.

Los Feliz ★★

Le **Griffith Park** ★★ *(entrée libre; tlj 6h à 22h; ☎ 323-913-4688, www.laparks.org/dos/parks/griffithpk)* se trouve dans le district de Los Feliz, dans les collines d'Hollywood. Il s'impose comme le plus grand espace vert de toute la région de Los Angeles et est l'un des plus grands parcs urbains d'Amérique du Nord. Ce parc très accidenté de 17 km², aménagé dans un secteur semi-désertique par endroits, compte de nombreux attraits, entre autres des terrains de golf, des sentiers de randonnée (à pied, à bicyclette ou à cheval) et de nombreuses aires de pique-nique. Il renferme aussi un secteur du Forest Lawn Memorial Park, un théâtre en plein air, le Griffith Observatory, le Los Angeles Zoo, le Travel Town Museum et l'Autry Museum of the American West.

Le **Griffith Observatory** ★★ *(entrée libre; mar-ven 12h à 22h, sam-dim 10h à 22h; 2800 E. Observatory Rd., Griffith Park, entrée par Los Feliz Ave., ☎ 213-473-0800, www.griffithobs.org)*, situé dans le secteur sud du parc, occupe une structure emblématique coiffée de trois dômes et perchée au sommet d'une colline. Même ceux qui ne s'intéressent pas particulièrement à l'astronomie en apprécieront la visite, ne serait-ce que pour les vues à couper le souffle de Los Angeles qu'on y a de la terrasse; en direction sud, vous pourrez admirer le centre-ville, et en direction ouest les montagnes de Santa Monica et l'enseigne d'Hollywood. Un des dômes abrite un télescope solaire à triple faisceau, un autre une lunette astronomique Zeiss de 30 cm, et le troisième, au centre, le planétarium à proprement parler. L'ensemble qui a ouvert ses portes en 1935 a été fermé de 2002 à 2006 pour subir d'importants travaux de rénovation.

Le **Los Angeles Zoo and Botanical Gardens** ★★ *(14$, stationnement gratuit; tlj 10h à 17h; 5333 Zoo Dr., Griffith Park, ☎ 323-644-4200, www.lazoo.org)* héberge plus de 1 200 animaux sur un territoire de 32 ha sillonné de sentiers qui parcourent différentes zones richement paysagées. Tous les animaux ne sont pas en cage, dans la mesure où l'on a remplacé de nombreuses clôtures par des fossés ou d'autres dispositifs. Le zoo limite le nombre de ses pensionnaires afin de procurer plus d'espace aux animaux. Parmi les attractions d'intérêt des lieux, il convient de mentionner la Great Ape Forest, la Campo Gorilla Reserve, l'Ahmanson Koala House et le Children's Discovery Center (pour les enfants).

Tout près, le **Travel Town Museum** ★★ *(entrée libre, stationnement gratuit; lun-ven 10h à 16h, sam-dim 10h à 18h ; 5200 Zoo Dr., Griffith Park, ☎ 323-662-5874, www.traveltown.org)* s'avère d'un intérêt indéniable pour les mordus des chemins de fer. Ce musée extérieur possède 16 locomotives à vapeur grandeur nature datant de 1864 à 1955, des wagons de passagers (y compris de luxueuses voitures-lits et voitures-bars), des wagons de fret, des fourgons de queue et une maquette ferroviaire fonctionnelle très élaborée. Des voitures-pompes anciennes ainsi qu'un train miniature dans lequel on peut faire le tour des lieux complètent le tout.

Fondé par le célèbre «cowboy chantant» américain Gene Autry en 1988, l'**Autry National Center of the American West** ★★ *(9$; mar-ven 10h à 16h, sam-dim 11h à 17h; 4700 Western Heritage Way, Griffith Park, ☎ 323-667-2000, www.autrynationalcenter.org)*, également situé à côté du zoo, a pour emblème un cowboy muni d'un lasso. Or, la portée du symbole est beaucoup plus vaste, dans la mesure où il représente de nombreux aspects de la colonisation de l'ouest des États-Unis par les Américains comme par les Britanniques, sans oublier la relocalisation des premiers habitants de la région. Les galeries tapissées de murales du musée englobent tout de même une section consacrée à l'esprit du cowboy, mais les peuples amérindiens et les colons espagnols ont aussi droit au chapitre. Une des galeries du centre renferme le bar et le mobilier créés en 1880 pour un *saloon* du Montana et dépeint certains des aspects les plus sauvages de la vie dans l'Ouest.

West Hollywood ★★★

West Hollywood Marketing and Visitors Bureau: ☎ 310-289-2525 ou 800-368-6020, www.visitwesthollywood.com.

West Hollywood, une ville incorporée du comté de Los Angeles, est le principal siège des communautés gay et lesbienne de la métropole. Si sa population n'est que de 40 000 habitants, ce nombre peut atteindre les 100 000 personnes le soir et les fins de semaine, et même 500 000 lors du Los Angeles Lesbian, Gay, Bi, and Transgender PRIDE Celebration et du West Hollywood Halloween Carnaval. Du fait de ses boutiques variées et souvent originales, ainsi que de son choix éclectique d'hôtels, de restaurants, de cafés et de boîtes de nuit, on le tient volontiers pour un des quartiers les plus branchés de L.A.

Deux sections de rues constituent les principaux attraits de West Hollywood. La **Sunset Strip**, une portion de 2,5 km du célèbre boulevard comprise entre Doheny Drive et Crescent Heights, abrite une forte concentration de bars et de boîtes en tout genre, de restaurants et de boutiques. Plus au sud, **Melrose Avenue** entre Santa Monica Boulevard et Fairfax Avenue, sur 2,8 km, est le rendez-vous de la mode avant-gardiste avec sa multitude de créateurs respectés. Plusieurs bistros, cafés et restaurants y ont également pignon sur rue.

C'est sur Melrose Avenue à l'angle de San Vicente Boulevard que se trouve un des complexes immobiliers les plus intéressants de tous les États-Unis. Le **Pacific Design Center** ★ *(tlj 9h à 17h; 8687 Melrose Ave., ☎ 310-657-0800, www.pacificdesigncenter.com)*, ou PDC, est composé de trois bâtiments spectaculaires. Le principal est un édifice géant de sept étages enveloppé de verre incurvé de couleur bleu cobalt, construit en 1975 et communément appelé la *Blue Whale* (baleine bleue). Une addition ultérieure aux vitres teintées d'un vert vif a été inaugurée en 1988. Le troisième et dernier édifice du complexe, le Red Building, d'un rouge éclatant, a été terminé en août 2010. Il achève ainsi le projet du PDC, qui a mis une quarantaine d'années à se réaliser. Les 120 000 m² du complexe abritent en priorité des salles d'exposition à l'intention des commerçants en gros (notamment dans le design d'intérieur), mais servent également à des congrès et à des manifestations culturelles. On y trouve également des attraits ouverts au public, particulièrement le **MOCA Pacific Design Center** ★★ *(entrée libre; mar-ven 11h à 17h, sam-dim 11h à 18h; ☎ 213-621-1741)*, ce pavillon du **Museum of Contemporary Art (MOCA)** (voir p. 127) qui propose des expositions temporaires portant sur l'art, l'architecture et le design, et qui présente également quelques œuvres de la collection permanente du MOCA.

Ne soyez pas surpris si vous apercevez une meute de paparazzis dans le secteur délimité par Melrose Avenue, North Robertson Boulevard, West Beverly Boulevard et La Cienega Boulevard, connu sous le nom de **The Avenues – Art, Fashion & Design District** (voir p. 189): les nombreux restaurants et boutiques huppés qui s'y trouvent sont très populaires auprès des vedettes du divertissement.

Westside ★★★

▲ *p. 167* ● *p. 180*

⏱ *1 à 2 jours*

Ce circuit couvre la grande région qui se trouve à l'ouest du centre-ville de Los Angeles, au sud d'Hollywood et à l'est de Santa Monica. Vous y découvrirez d'abord le secteur de Wilshire, qui comprend notamment le quartier de Koreatown et le Miracle Mile, cette section de Wilshire Boulevard qui regroupe un nombre impressionnant de musées. Vous traverserez ensuite la très chic municipalité de Beverly Hills, le district de Westwood, où se trouve le campus de l'University of California, Los Angeles (UCLA), et deux secteurs résidentiels très riches où les maisons de moins de 2 millions de dollars sont pratiquement inexistantes: Bel Air et Brentwood, où trône le célèbre Getty Center. Finalement, ce circuit vous mènera vers la vibrante ville de Culver City, située au sud de Westwood.

Wilshire ★★★

Wilshire Boulevard est à certains égards la plus importante artère de Los Angeles. Il s'étire sur 16 mi (26 km), depuis le centre-ville de L.A. jusqu'à la plage de Santa Monica, et constitue l'axe central de la région couverte par cette section.

Wilshire Boulevard débute à Grand Avenue, dans le centre-ville, et s'étire vers l'ouest passé le **MacArthur Park**, un des rares espaces verts d'importance et d'intérêt de la ville même de L.A. Ensuite commence la section connue sous le nom de **Mid-Wilshire**,

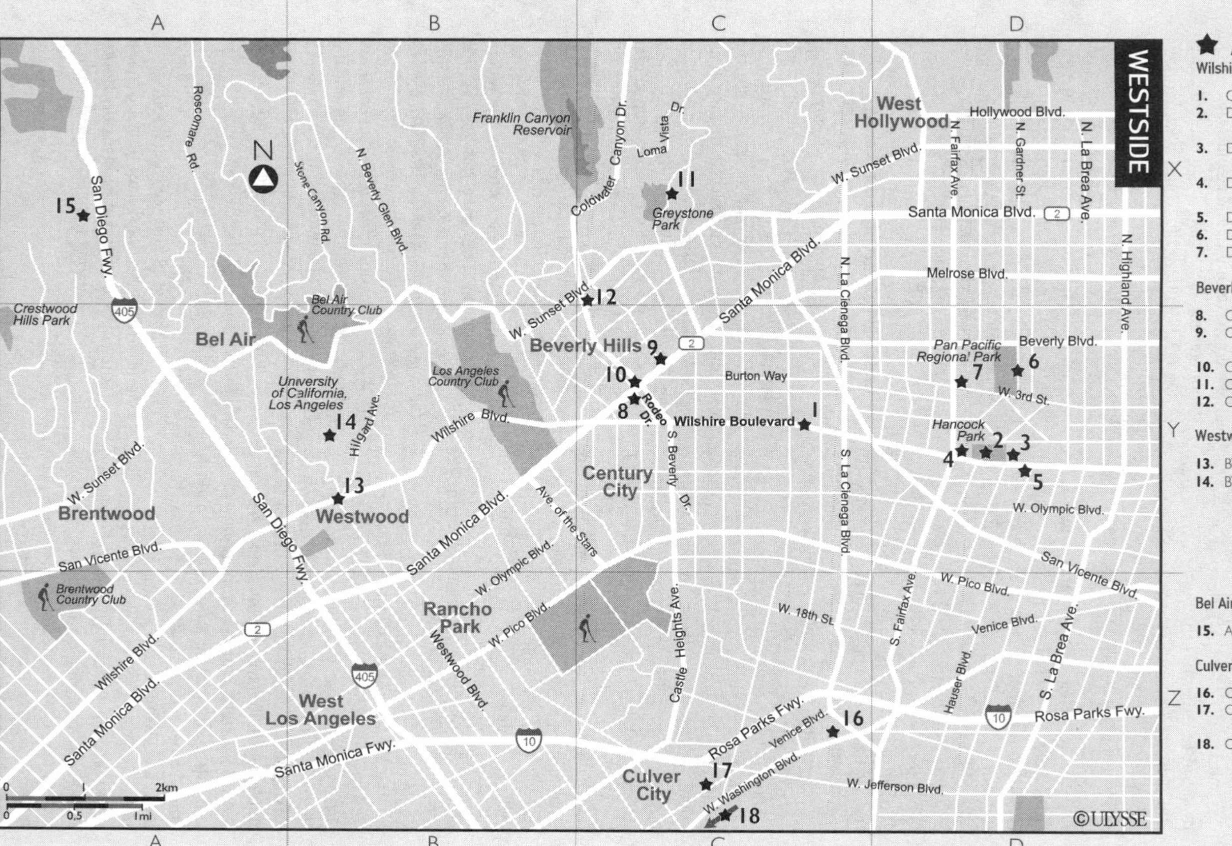

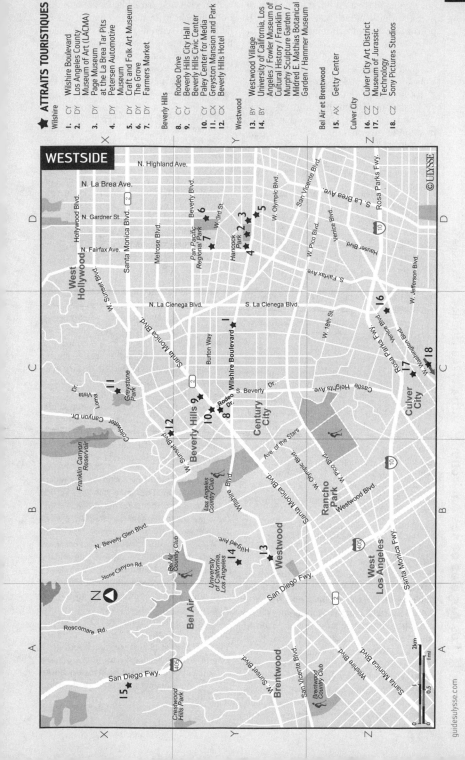

ATTRAITS TOURISTIQUES

Wilshire

1. CY Wilshire Boulevard
2. DY Los Angeles County Museum of Art (LACMA)
3. DY Page Museum at the La Brea Tar Pits
4. DY Petersen Automotive Museum
5. DY Craft and Folk Art Museum
6. DY The Grove
7. DY Farmers Market

Beverly Hills

8. CY Rodeo Drive
9. CY Beverly Hills City Hall / Beverly Hills Civic Center
10. CY Paley Center for Media
11. CX Greyston Mansion and Park
12. CX Beverly Hills Hotel

Westwood

13. BY Westwood Village
14. BY University of California, Los Angeles / Fowler Museum of Cultural History / Franklin D. Murphy Sculpture Garden / Mildred E. Mathias Botanical Garden / Hammer Museum

Bel Air et Brentwood

15. AX Getty Center

Culver City

16. CZ Culver City Art District
17. CZ Museum of Jurassic Technology
18. CZ Sony Pictures Studios

qui comprend d'est en ouest le quartier de **Koreatown** et le **Miracle Mile**, qui couvre la portion de Wilshire Boulevard comprise entre La Brea Avenue et Fairfax Avenue. Le Miracle Mile a d'abord eu une vocation commerciale dans les années 1920, époque à laquelle il desservait les secteurs résidentiels à croissance rapide des environs. Nombre de bâtiments de cette période présentent des caractéristiques Art déco d'influence moderniste. Aujourd'hui, il est reconnu pour son **Museum Row**, qui regroupe juste à l'est de Fairfax Avenue quelques-uns des plus importants musées de Los Angeles.

Le **Los Angeles County Museum of Art (LACMA)** ★★★ *(15$, entrée libre après 17h et toute la journée le 2e mardi de chaque mois; lun-mar et jeu 12h à 20h, ven 12h à 21h, sam-dim 11h à 20h; 5905 Wilshire Blvd., trois rues à l'est de Fairfax Ave., ☎ 323-857-6000, www.lacma.org)* occupe ses locaux actuels depuis 1965 et a grandi en faisant l'acquisition de nouveaux bâtiments. Il revêt l'aspect d'un campus universitaire avec ses sept structures et ses immenses espaces verts. Le musée présente plus de 100 000 œuvres datant de l'Antiquité à aujourd'hui, réparties dans 10 pavillons. En réponse au rutilant **Getty Center** (voir p. 142), ouvert à la fin des années 1990, le conseil de direction du LACMA a approuvé en 2004 un important projet de transformation du musée comprenant l'ajout de galeries, d'espaces publics, de jardins et d'un édifice consacré à l'art contemporain, le tout sous la direction du célèbre architecte italien Renzo Piano. La première phase a été achevée en février 2008 et, au moment de mettre sous presse, on prévoyait que les autres phases du projet seraient terminées d'ici la fin de l'année 2010.

Le **Page Museum at the La Brea Tar Pits** ★ *(7$; tlj 9h30 à 17h; 5801 Wilshire Blvd., angle Curson Ave., quatre rues à l'est de Fairfax Ave., ☎ 323-934-7243, www.tarpits.org)* fait découvrir aux visiteurs ce qu'était Los Angeles il y a quelque 40 000 ans. Le musée se trouve à côté d'un petit étang bouillonnant d'une substance apparentée au goudron et connu sous le nom de «La Brea Tar Pits», dans lequel ont sombré une grande variété d'animaux, gros et petits, sur une période de plus de 40 000 ans. Les archéologues s'y affairent depuis 1906 et en ont d'ailleurs à ce jour extrait un véritable trésor d'ossements. Certains de ces vestiges sont ici exposés sous forme de squelettes reconstitués dans un hall d'exposition particulièrement attrayant, qui porte le nom d'un homme d'affaires de la région, scientifique amateur et philanthrope. Le musée (qui mérite une étoile de plus pour les enfants) englobe un petit jardin botanique et présente un documentaire de 15 min sur les découvertes effectuées tout près du musée.

Le **Petersen Automotive Museum** ★★ *(10$, stationnement 2$ la demi-heure; mar-dim 10h à 18h; 6060 Wilshire Blvd., angle Fairfax Ave., ☎ 323-964-6331, www.petersen.org)* livre un fascinant portrait historique des rapports amoureux qu'entretient Los Angeles avec l'automobile. Ce musée aménagé sur trois étages d'un ancien grand magasin ne se contente pas de présenter une collection d'automobiles de diverses époques, mais propose aussi des maquettes de paysages urbains de Los Angeles correspondant aux époques où ces voitures y ont circulé.

Le **Craft and Folk Art Museum** ★★ *(7$; mar-ven 11h à 17h, sam-dim 12h à 18h; 5814 Wilshire Blvd., quatre rues à l'est de Fairfax Ave., ☎ 323-937-4230, www.cafam.org)* occupe une ancienne demeure tout à fait charmante dont l'espace d'exposition est toutefois restreint. Ayant pour objectif de favoriser l'ouverture aux autres cultures, le musée présente une série d'expositions temporaires sur les arts populaires et l'artisanat d'hier et d'aujourd'hui de différentes parties du monde. Il faut absolument faire un arrêt à la boutique de souvenirs du musée, l'une des plus intéressantes de toute la ville.

Un autre attrait dans ce secteur est le récent et très populaire **The Grove** ★★ *(lun-jeu 10h à 21h, ven-sam 10h à 22h, dim 11h à 20h; 189 The Grove Dr., au nord de Wilshire Blvd. et à l'est de l'intersection de Fairfax Ave. et de W. Third St., ☎ 888-315-8883, www.thegrovela.com)*, un magnifique et luxueux centre commercial à ciel ouvert avec boutiques, restaurants, 14 salles de cinéma et, surtout, une architecture et un aménagement Art déco qui vous transporteront au centre d'une ville du début du XXe siècle. À l'extrémité ouest se trouve le **Farmers Market** *(angle Fairfax Ave. et Third St.)*, qui se distingue par sa tour de l'horloge. Il est aujourd'hui davantage un regroupement de comptoirs de restauration et de boutiques qu'un lieu d'échanges entre fermiers et citadins.

Beverly Hills ★★

Beverly Hills Conference & Visitors Bureau : ☎ 800-345-2210, www.beverlyhillsbehere.com.

Beverly Hills est une des municipalités les plus riches au monde. En son cœur se trouve une zone commerciale ultrachic connue sous le nom de **Golden Triangle** et délimitée par Wilshire Boulevard, Santa Monica Boulevard et Crescent Drive. Au centre du Golden Triangle se trouve **Rodeo Drive** ★ (voir p. 189), l'une des rues commerciales les plus exclusives de la planète.

Au sommet du Golden Triangle se dresse le **Beverly Hills City Hall** ★ *(Rexford Dr., angle Santa Monica Blvd.)*, l'hôtel de ville construit en 1932 selon le style Renaissance espagnole et pourvu d'une haute tour de même que d'un dôme doré. Il fait partie du **Beverly Hills Civic Center** ★, qui englobe divers autres édifices publics pour la plupart construits ou agrandis dans les années 1980, le tout autour d'une place ovale pour le moins attrayante.

Le **Paley Center for Media** *(don suggéré 10$; mer-dim 12h à 17h; 465 N. Beverly Dr., angle Little Santa Monica Blvd.,* ☎ *310-786-1000, www.paleycenter.org)* n'est pas tant un musée qu'une succession de salles de visionnement privées où les visiteurs ont accès à une collection phénoménale d'archives et peuvent regarder et écouter l'un ou l'autre des moments télévisuels et radiophoniques de leur choix.

Aujourd'hui propriété de la ville de Beverly Hills, le **Greyston Mansion and Park** *(entrée libre; tlj 10h à 17h; 905 Loma Vista Dr.,* ☎ *310-550-4796, www.greystonemansion.org)*, situé au nord de Sunset Boulevard et à l'est de Beverly Drive, se présente comme un manoir de 55 pièces construit en 1928 au coût de 3 millions de dollars, ce qui en faisait la résidence la plus chère de la Californie à l'époque. Le Greyston Mansion repose sur un terrain de 7 ha superbement aménagé. On peut accéder gratuitement au parc et aux abords du manoir. On ne peut entrer dans le manoir, mais il est facile d'y jeter un coup d'œil par les fenêtres.

Le **Beverly Hills Hotel** *(9641 Sunset Blvd.; voir p. 169)* a ouvert ses portes en 1912 et est rapidement devenu l'un des hôtels les plus célèbres au monde. Situé en retrait de la ville, l'endroit est très paisible et on ne peut plus luxueux.

Westwood ★

Le district de Westwood se trouve à l'ouest de Beverly Hills. Son secteur commercial, connu sous le nom de **Westwood Village**, s'étend au nord de l'intersection de Wilshire Boulevard et de Westwood Boulevard et renferme des cinémas historiques, des restaurants et des commerces variés.

Le nord de Westwood est occupé par le vaste campus de l'**University of California, Los Angeles** ★, qu'on désigne partout sous le sigle **UCLA**. Le campus réunit plus de 160 bâtiments sur une propriété paysagée de 170 ha délimitée au nord par Sunset Boulevard. L'emplacement de chaque structure est clairement indiqué sur de grands plans disposés aux entrées du campus. Créée en 1919, l'université accueille près de 40 000 étudiants et est l'une des plus importantes au monde dans le domaine de la recherche scientifique.

Parmi les attraits que vous y trouverez, notons le **Fowler Museum of Cultural History** ★ *(entrée libre; mer-dim 12h à 17h, jeu jusqu'à 20h;* ☎ *310-825-4361, www.fowler.ucla.edu)*, qui présente des expositions temporaires d'œuvres d'art tant modernes qu'anciennes provenant d'un peu partout dans le monde; le **Franklin D. Murphy Sculpture Garden** ★, qui comporte plus de 50 sculptures, y compris des œuvres de Gaston Lachaise et de Rodin; et le **Mildred E. Mathias Botanical Garden** *(entrée libre; lun-ven 8h à 17h, jusqu'à 16h en hiver, sam-dim 8h à 16h;* ☎ *310-825-1260, www.botgard.ucla.edu)*, un agréable jardin botanique situé dans le secteur sud-est du campus.

L'attraction principale de l'université demeure toutefois le **Hammer Museum** ★★ *(7$; mar-mer et ven-sam 11h à 19h, jeu 11h à 21h, dim 11h à 17h; 10899 Wilshire Blvd., angle Westwood Blvd.,* ☎ *310-443-7000, www.hammer.ucla.edu)*, situé à quelques rues au sud du campus même. Le musée compte trois collections permanentes. L'Armand Hammer Collection comprend entre autres des œuvres de maîtres impressionnistes et postimpressionnistes tels Monet, Van Gogh et Rembrandt. La Hammer Contemporary Collection a été inaugurée en 2007 et comporte des œuvres (photos, peintures, etc.) datant des années 1960 à aujourd'hui. La Hammer Daumier Collection est consacrée au satiriste français du XIXe siècle Honoré Daumier.

Bel Air et Brentwood ★★

Bel Air et Brentwood, deux districts situés entre Westwood à l'est et Santa Monica à l'ouest, sont parmi les quartiers les plus sélects de Los Angeles. Ils sont séparés par la route 405, Bel Air se trouvant à l'est et Brentwood à l'ouest, et leur principale artère est Sunset Boulevard.

Il n'y a aucun trottoir le long des rues du quartier résidentiel de **Bel Air** afin de décourager les passants, et les résidences multifamiliales sont interdites. La population du quartier (environ 8 000 hab.) compte d'ailleurs un nombre supérieur de domestiques que de résidents. Une balade en voiture ici s'avère toutefois intéressante (voir l'encadré p. 125).

À peine moins chic, **Brentwood** compte un attrait culturel digne de mention, l'un des plus importants de toute la Californie : le Getty Center.

Le **Getty Center** ★★★ *(entrée libre, stationnement 15$; mar-ven 10h à 17h30, sam 10h à 21h, dim 10h à 17h30; 1200 Getty Center Dr.; en voiture: route 405, sortie Getty Center Drive; en autobus: ligne n° 561 de la MTA ou ligne n° 14 au départ de Santa Monica; ☎ 310-440-7300, www.getty.edu)* est l'une des institutions muséales les plus somptueuses et les plus richement pourvues jamais construites. Ses installations d'un milliard de dollars, conçues par l'architecte Richard Meier, ont été inaugurées en grande pompe en 1997 après 14 ans d'efforts ininterrompus. Quant à sa collection, elle est à n'en point douter impressionnante, quoique la plupart des visiteurs soient d'abord et avant tout frappés par la splendeur du site lui-même, qui prend des allures de forteresse perchée au sommet d'une colline.

Le musée se compose de cinq pavillons de deux étages disposés autour d'une cour ouverte ponctuée d'arbres, de fontaines et de bassins miroitants. Quatre d'entre eux sont consacrés à des périodes spécifiques, tandis que le cinquième accueille les expositions temporaires.

Les très nombreuses antiquités classiques du Getty Trust, certainement aussi spectaculaires que les autres collections de l'institution, sont exposées à la **Getty Villa** (voir page suivante) de Pacific Palisades.

Culver City ★★

Culver City, située juste au sud de Century City, est une ville autonome complètement encerclée par la ville de Los Angeles. Autrefois un important centre de production cinématographique (*Citizen Kane*, *The Wizard of Oz* et *Gone with the Wind* y furent tournés), Culver City fut délaissée par les studios et connut un déclin économique au cours des années 1960 et 1970. Un important virage s'est effectué à compter de la fin des années 1990, et les autorités locales ont réussi à revitaliser le centre-ville, qui est devenu l'un des secteurs les plus vivants du comté de Los Angeles avec ses galeries d'art et ses restaurants animés.

Le principal attrait touristique de Culver City demeure la visite des **Sony Pictures Studios** (voir l'encadré p. 156), mais la ville attire également les amateurs d'art avec son **Culver City Art District** ★★ *(www.ccgalleryguide.com)*, qui réunit une trentaine de galeries le long de Washington Boulevard et de La Cienega Boulevard.

Situé à moins de 1 mi (1,5 km) à l'ouest sur Venice Boulevard, le **Museum of Jurassic Technology** ★★ *(don suggéré 5$; jeu 14h à 20h, ven-dim 12h à 18h; 9341 Venice Blvd., ☎ 310-836-6131, www.mjt.org)* est probablement le musée le plus original de Los Angeles. À mi-chemin entre le musée d'histoire naturelle et le cabinet de curiosités, il consacre notamment des expositions à la fourmi puante du Cameroun et à Napoléon, en plus de présenter une collection de lettres inusitées reçues par l'observatoire de Mount Wilson entre 1915 et 1935, sans oublier sa collection de sculptures micro-miniatures, dont celle du pape Jean-Paul II faite d'un cheveu unique et insérée dans le trou d'une aiguille à coudre. Bref, un petit musée déroutant et amusant.

Santa Monica et ses environs ★★

▲ p. 169 ● p. 182 ♪ p. 187 ▣ p. 189

⏱ 1 à 2 jours

Santa Monica, Malibu, Venice et Marina del Rey : voici la portion de Los Angeles qui colle le mieux aux nombreux clichés relatifs au sud de la Californie. Vous y trouverez notamment de larges plages s'étendant à perte de vue, des foules enjouées, des surfeurs musclés et bronzés, des culturistes assidus, des adeptes du patin à roues alignées, la *dolce vita* des cafés décontractés et même deux artères piétonnières animées et très différentes l'une de l'autre où la circulation automobile est interdite, pour ainsi dire une hérésie dans une ville aussi vouée au culte de l'automobile que L.A.

Santa Monica est surtout connue pour sa plage, sa fameuse jetée (Santa Monica Pier) et sa politique communautaire pour le moins excentrique. À quelques rues seulement de la plage se trouvent des librairies et d'autres signes manifestes d'activités cérébrales. Peu d'autres lieux réalisent aussi bien le mariage de la plage et de la vie urbaine.

Malibu ★

Malibu, située au nord-ouest de Santa Monica près de l'extrémité ouest du Los Angeles County, longe la côte sur 34 km.

Malibu projette une image hédoniste centrée sur des plages aux vagues sans pareilles, aux corps parfaitement bronzés et aux couchers de soleil superbes, le tout imprégné de ce sentiment réconfortant que tout est pour le mieux dans le meilleur des mondes. Il s'agit toutefois d'une communauté qui ne s'est pas développée en fonction de l'industrie touristique, et les maisons construites en bord de mer rendent plusieurs plages inaccessibles au public. Quoi qu'il en soit, les kilomètres de splendeurs naturelles qui sont l'essence même de Malibu, le long de l'indomptable Pacifique, fascinent irrésistiblement, et depuis longtemps, visiteurs et résidents. Pour une suggestion de balade panoramique en voiture dans la région de Malibu, voir l'encadré p. 125.

L'**Adamson House** ★ *(5$; mer-sam première visite guidée à 11h et dernière visite à 14h; 23200 Pacific Coast Hwy., ☎ 310-456-8432, www.adamsonhouse.org)* repose en bordure d'une des plus belles plages de Malibu, à côté d'une lagune qui sert de lieu de nidification à différentes espèces d'oiseaux. Construite en 1928 pour un membre de la dernière famille à détenir une concession terrienne espagnole à Malibu, cette maison somptueuse s'entoure d'une propriété paysagée et ombragée par des pins. Elle témoigne d'influences espagnoles et mauresques, et fait un usage abondant de carreaux de céramique qu'on produisait dans la région à l'époque de sa construction.

Pacific Palisades

Pacific Palisades, entourée de Malibu, Brentwood et Santa Monica, est un district de la ville de Los Angeles où habite une population très aisée. L'attrait le plus important de Pacific Palisades demeure la **Getty Villa** ★ *(entrée libre, stationnement 15$; jeu-lun 10h à 17h, réservations requises; 17985 Pacific Coast Hwy., ☎ 310-440-7300, www.getty.edu/visit)*, un des points de repère les plus réputés du secteur, qui abritait le Getty Museum jusqu'à ce qu'il emménage dans ses installations tout à fait splendides de Brentwood (voir page précédente). La villa a été rouverte au public en 2006 après d'importants travaux de rénovation qui se sont étalés sur neuf ans, au coût de 275 millions de dollars. En plus d'accueillir l'imposante collection d'antiquités classiques (Rome, Grèce, Étrurie) du Getty Trust, la villa présente un ensemble de jardins à couper le souffle.

Santa Monica ★★★

Santa Monica Convention and Visitors Bureau: ☎ 310-319-6263 ou 800-544-5319, www.santamonica.com.

Santa Monica se trouve à 13 mi (21 km) du centre-ville de L.A. et correspond bien à l'idée que se font certaines personnes de la Californie. Municipalité indépendante dotée d'un sens communautaire peu commun, Santa Monica, qui compte environ 90 000 habitants, est surtout connue du monde extérieur pour sa large plage sablonneuse, la **Santa Monica State Beach** ★★ (voir p. 161), flanquée d'un parc linéaire planté de palmiers, et pour sa longue jetée trépidante d'activités, le Santa Monica Pier. Santa Monica n'est toutefois pas qu'une station balnéaire aux yeux de ses résidents. Parfois affublée du titre de «République populaire de Santa Monica» par des critiques de droite à la fois consternés et amusés par les occasionnelles sorties du conseil municipal sur des questions sociales, c'est un endroit où un nombre de personnes supérieur à la moyenne prend la politique à cœur. On n'hésite pas ici à bloquer à répétition des projets de développement, même si cela représente une perte importante de revenus pour la ville.

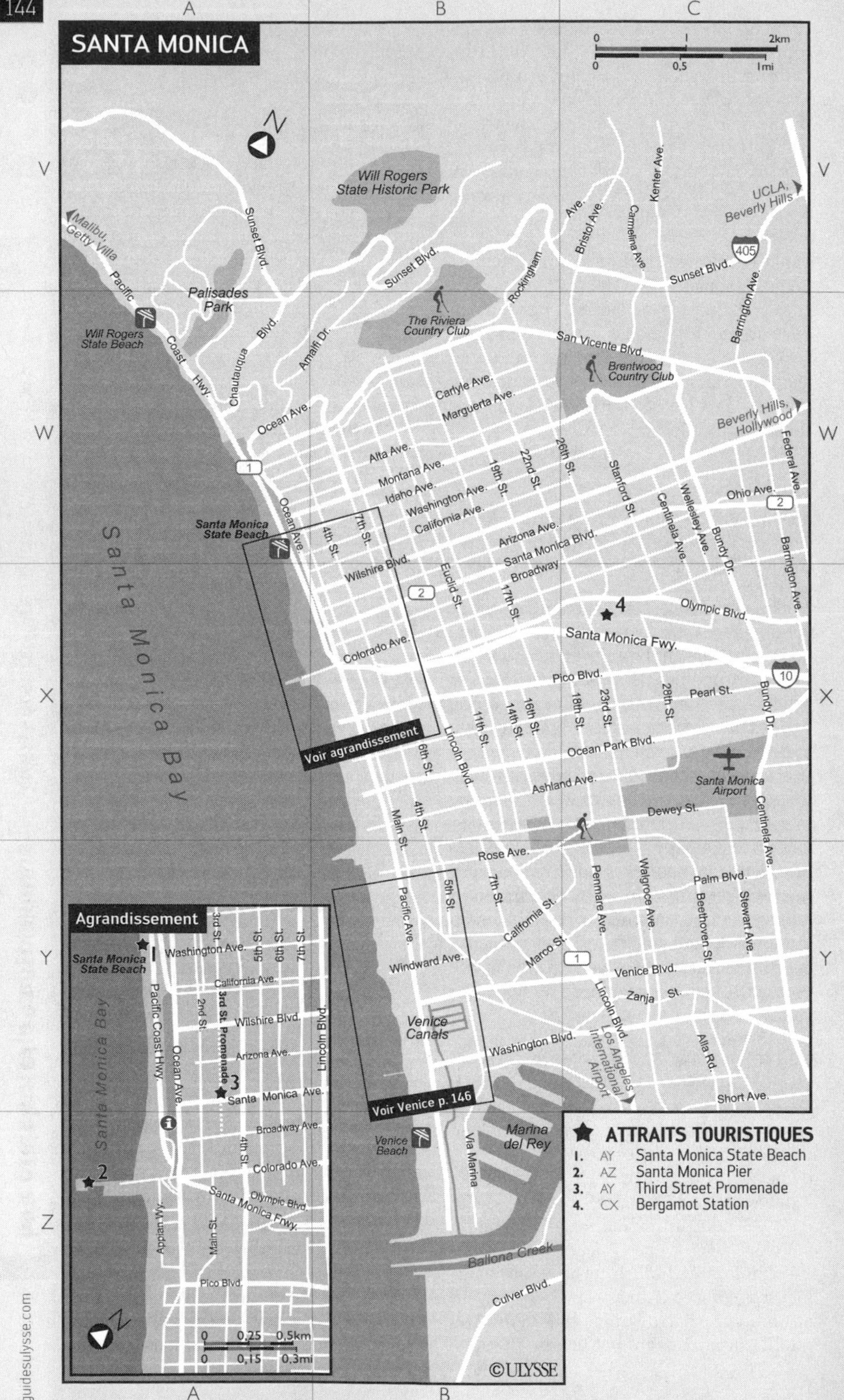

★ **ATTRAITS TOURISTIQUES**

1. AY Santa Monica State Beach
2. AZ Santa Monica Pier
3. AY Third Street Promenade
4. CX Bergamot Station

Le **Santa Monica Pier** ★, une jetée située à l'angle d'Ocean Avenue et de Colorado Avenue et construite en 1909, est facilement repérable grâce à la grande roue qui monte la garde. Cette grande roue, qui permet d'admirer du haut des airs aussi bien Santa Monica que la côte du Pacifique, fait partie d'un petit parc d'attractions du nom de **Pacific Park** *(accès au parc gratuit, manèges 2,50-5 ou 20$ accès illimité; les heures d'ouverture varient au gré des saisons; ☎ 310-260-8744, www.pacpark.com)*, qui comprend une vingtaine de manèges, un minigolf et des jeux d'adresse. La jetée est passablement énorme et accueille de nombreux établissements commerciaux, y compris des kiosques de souvenirs, des salles de jeux électroniques ainsi qu'une variété de casse-croûte et de restaurants offrant un peu de tout.

La **Third Street Promenade** ★★★ du centre-ville de Santa Monica est une des rues piétonnières les plus bourdonnantes de l'Amérique du Nord. Cette promenade s'étire sur trois longs quadrilatères entre Broadway Boulevard et Wilshire Boulevard et connaît un franc succès pour diverses raisons, notamment la variété des commerces qu'on y trouve, qu'il s'agisse de restaurants avec terrasse, de cafés, de cinémas, de librairies ou d'autres établissements à même d'attirer des foules nombreuses jusqu'à une heure avancée de la soirée.

La **Bergamot Station** ★ *(entrée libre; mar-ven 10h à 18h, sam 11h à 17h30; 2525 Michigan Ave., près de l'intersection d'Olympic Blvd. et de 26th St., en autobus: ligne n° 5 de Santa Monica, www.bergamotstation.com)* est une ancienne gare de transport en commun datant de 1875, à l'époque où L.A. était desservie par un vaste réseau de tramways. Elle a par la suite été agrandie à des fins industrielles, puis abandonnée; elle a toutefois rouvert ses portes en 1994, après que ses bâtiments délabrés eurent été revitalisés et réaménagés pour accueillir de nombreuses galeries d'art ainsi que des bureaux d'architectes et des ateliers de designers. Ainsi est-elle devenue une plaque tournante du monde des arts de L.A., avec de nombreuses galeries de premier plan et d'autres plus petites mais aussi plus spécialisées.

Venice ★★

Lorsque vous vous dirigez vers le sud le long de la mer sur l'Ocean Front Walk, vous entrez dans un autre monde dès que vous passez de la ville de Santa Monica à Venice. Vous quitterez une plage calme avec très peu d'animation (outre le Santa Monica Pier) et pénétrerez dans un lieu où des individus de toutes sortes viennent voir des gens quelque peu étranges – ou deviennent eux-mêmes légèrement étranges. Depuis des décennies, il s'agit du berceau de la contre-culture de L.A.: les icônes de la *Beat Generation* des années 1950 se sentaient tout aussi à l'aise sur son littoral coloré que les hippies des années 1960, les nouvel-âgistes et les représentants de divers cultes après eux. Et la tendance se maintient.

L'**Ocean Front Walk** ★★★, aussi connue sous le nom de Boardwalk (bien qu'il ne s'agisse nullement d'une promenade en planches), s'impose comme un des endroits les plus fous, les plus effervescents, les plus kaléidoscopiques et les plus carnavalesques de toute l'Amérique du Nord. Aménagée en bordure de **Venice Beach** ★★★ *(www.venicebeach.com; voir p. 161)*, cette allée piétonnière constitue un spectacle en soi. Est-ce l'assortiment haut en couleur des marchandises et services offerts par les innombrables kiosques de rue qui émaillent la chaussée depuis l'intersection d'Ocean Front Walk et de Windward Avenue? Est-ce que ce sont les culturistes qui se livrent continuellement en spectacle à la **Muscle Beach** voisine, entre 17th Street et 18th Street, sérieusement affairés à gonfler tous les muscles de leur corps à côté des terrains de basket-ball et de volley-ball? Est-ce l'architecture variée et distinctive des immeubles résidentiels, pour la plupart de deux ou trois étages, qui s'érigent en toile de fond derrière la plage de la pointe nord de Venice jusqu'à Santa Monica? Est-ce que ce sont les amuseurs publics, dont certains repoussent parfois les limites du possible (par exemple, ces téméraires qui jonglent avec des scies à chaîne)? Sans doute, mais ce qui fait d'abord et avant tout le charme irrésistible de cette promenade, c'est le défilé incessant des passants, qui ne sont pas là pour réaliser des prouesses mais plutôt pour s'afficher pompeusement dans des tenues extravagantes. La scène devient particulièrement animée les après-midi de fin de semaine, lorsque des visiteurs et leurs enfants viennent observer la faune locale et créent une

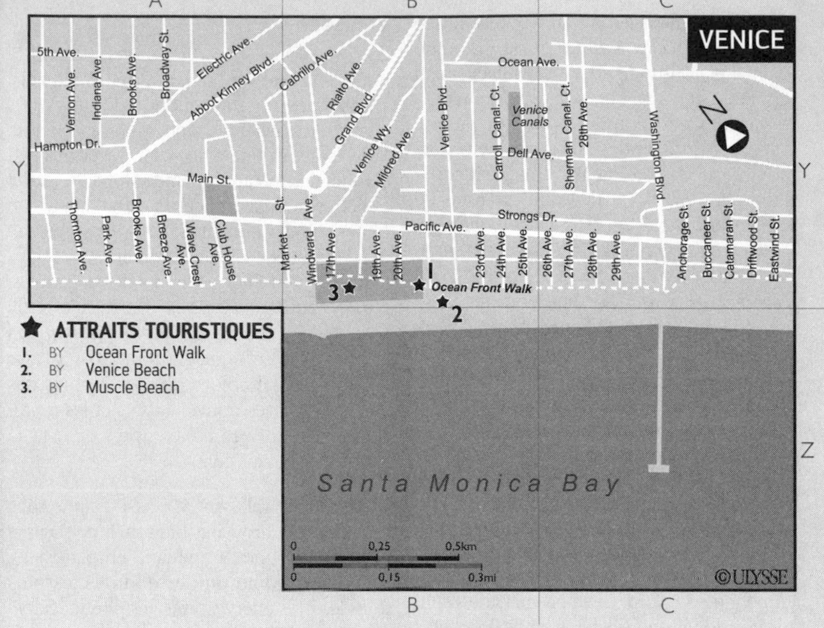

sorte de symbiose spontanée avec elle. Des musiciens se regroupent pour une *jam session* qui se prolonge jusqu'en fin de soirée. Et n'oublions pas la large plage sablonneuse, la longue piste cyclable et l'allée piétonnière qui remonte jusqu'à Santa Monica.

Long Beach et ses environs ★

▲ *p. 172* ● *p. 183* ▮ *p. 190*

⏱ *1 à 2 jours*

Bordée à l'ouest par la péninsule de Palos Verdes et au sud-est par la région d'Orange County, l'extrémité sud du comté de Los Angeles est un secteur résolument commercial.

San Pedro ★

À San Pedro, le district portuaire de la ville de Los Angeles situé sur la pointe sud de la péninsule de Palos Verdes, vous découvrirez le **Point Fermin Park** ★★ *(www.sanpedro.com/sp_point/ptfmpk.htm)*, un vaste espace vert avec des falaises escarpées surplombant le littoral et des cuvettes de marée, véritables microcosmes de la vie marine. Vous pourrez y profiter d'une vue imprenable non seulement sur l'océan, mais aussi sur les imposantes installations portuaires situées plus à l'est. Vous pourrez aussi observer de près ici les baleines grises lors de leurs pérégrinations annuelles.

Une autre attraction intéressante de San Pedro est certainement le **Cabrillo Marine Aquarium** ★ *(don suggéré 5$, stationnement 1$/h; mar-ven 10h30 à 17h15, sam-dim 12h à 17h15; 3720 Stephen M. White Dr., près de Pacific Ave., ☎ 310-548-7562, www.cabrilloaq.org)*. Situé tout près de la plage Cabrillo, à l'extrémité sud-est de San Pedro, cet aquarium datant de 1981 n'est pas aussi vaste que l'Aquarium of the Pacific (voir ci-dessous) de Long Beach, mais il contient tout de même une trentaine de bassins d'eau salée où batifolent une impressionnante quantité de poissons multicolores, d'oiseaux et de mammifères marins dans une belle diversité d'habitats.

Situé dans l'ancien édifice maritime municipal, le **Los Angeles Maritime Museum** ★★ *(3$; mar-jeu et sam 10h à 17h, ven 12h à 17h; Berth 84, angle Sixth St. et Sampson Way, ☎ 310-548-7618, www.lamaritimemuseum.org)* dresse un portrait des activités présentes et passées du port. Sa collection, répartie sur deux étages, comprend des maquettes de plus de 700

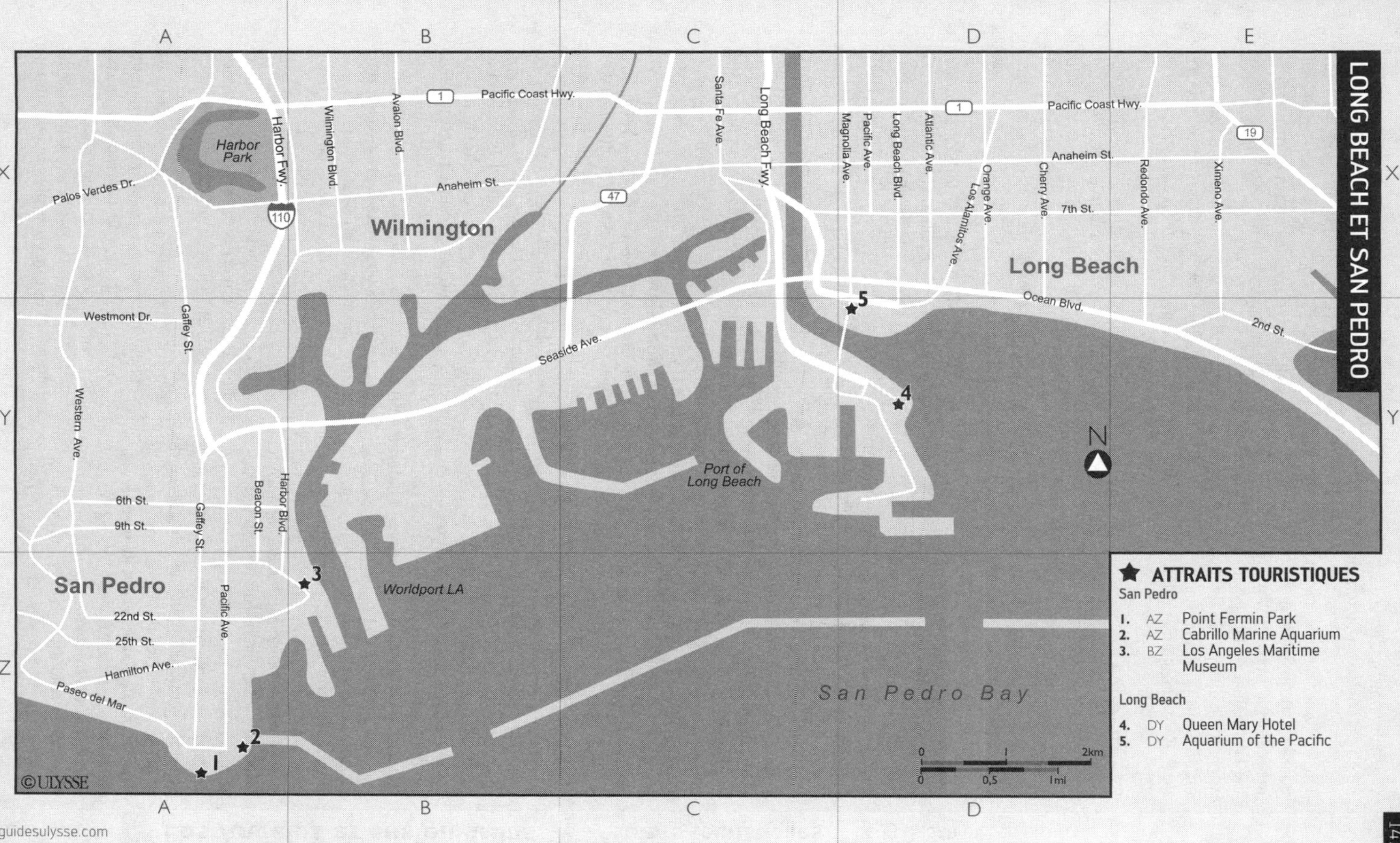
LONG BEACH ET SAN PEDRO
Long Beach
Wilmington
San Pedro
Harbor Park
Pacific Coast Hwy.
Anaheim St.
7th St.
Ocean Blvd.
2nd St.
Seaside Ave.
Palos Verdes Dr.
Harbor Fwy.
Wilmington Blvd.
Avalon Blvd.
Santa Fe Ave.
Long Beach Fwy.
Magnolia Ave.
Pacific Ave.
Long Beach Blvd.
Atlantic Ave.
Los Alamitos Ave.
Orange Ave.
Cherry Ave.
Redondo Ave.
Ximeno Ave.
Westmont Dr.
Gaffey St.
Western Ave.
6th St.
9th St.
Beacon St.
Harbor Blvd.
22nd St.
25th St.
Hamilton Ave.
Paseo del Mar
Port of Long Beach
Worldport LA
San Pedro Bay
N
0 1 2km
0 0,5 1mi
©ULYSSE
ATTRAITS TOURISTIQUES
San Pedro
1. AZ Point Fermin Park
2. AZ Cabrillo Marine Aquarium
3. BZ Los Angeles Maritime Museum
Long Beach
4. DY Queen Mary Hotel
5. DY Aquarium of the Pacific

vaisseaux dont le *Titanic*; cette reproduction de 5,5 m laisse voir l'intérieur du bâtiment.

Traversez le Vincent Thomas Bridge, qui relie le port de San Pedro (connu officiellement sous le nom de Worldport LA) à celui de Long Beach. Du pont, vous pourrez apercevoir une partie de ces gigantesques installations portuaires, les plus achalandées de la Côte Ouest américaine.

Long Beach ★

Long Beach, située à l'est de San Pedro, de l'autre côté du Vincent Thomas Bridge, est la deuxième ville en importance du comté de Los Angeles avec près d'un demi-million d'habitants. Dans cette ville qui compte parmi les plus diversifiées des États-Unis du point de vue multiculturel, moins du tiers de la population est blanche non-hispanique.

Le centre-ville de Long Beach est situé à l'embouchure de la Los Angeles River, qu'on pourrait pratiquement qualifier de ruisseau. Parallèle au littoral, Ocean Boulevard traverse toute la ville d'est en ouest. Shoreline Drive épouse d'un peu plus près le rivage, tandis que Pine Avenue s'étire perpendiculairement au littoral et est bordée de boutiques et de restaurants jusqu'à Sixth Street. Long Beach Boulevard se trouve quelques rues plus à l'est.

Amarré dans le port de Long Beach, le ***Queen Mary*** ★★ *(24,95$; tlj 10h à 18h; Pier J, 1126 Queens Hwy., ☎ 877-342-0738, www.queenmary.com)* est l'un des principaux attraits de la région. Ce joyau de l'ère glorieuse des croisières de luxe pesant plus de 73 000 tonnes est entré en service en 1934. Au cours de la Seconde Guerre mondiale, le navire était au service de l'Armée américaine, qui l'utilisait pour transporter ses troupes. C'est en 1967, trois ans après son dernier voyage, qu'il fut amarré à Long Beach. Les exploitants du *Queen Mary*, converti en hôtel-restaurant, ont souvent connu des difficultés financières faisant en sorte que les infrastructures entourant le navire sont aujourd'hui quelque peu défraîchies. La visite permet malgré tout de se replonger dans l'ambiance particulière de cette période révolue. Avec ses cabines de luxe aux riches lambris, son incroyable salle de séjour de style Art déco, ses 12 ponts et ses 300 m de longueur, ce navire était un modèle de splendeur et d'élégance, le plus grand paquebot de son époque (le *Titanic* ne faisait que 269 m de long). Il abrite aujourd'hui un hôtel de 307 chambres (voir p. 172) et d'innombrables boutiques de souvenirs. Il est possible de déguster un brunch les dimanches dans une des principales salles à manger du navire (voir p. 184).

Plus grand aquarium de la région, l'**Aquarium of the Pacific** ★★ *(23,95$; tlj 9h à 18h; 100 Aquarium Way, près de Shoreline Dr., ☎ 562-590-3100, www.aquariumofpacific.org)* est facilement reconnaissable à ses immenses panneaux de verre incurvés et à son toit ondulé. Les visiteurs qui y pénètrent sont accueillis par une réplique grandeur nature d'une baleine bleue, le plus grand mammifère marin encore vivant. Trois zones du Pacifique sont représentées: le sud de la Californie et la péninsule de Baja avec son climat tempéré, le Pacifique Nord et les eaux froides du détroit de Béring, ainsi que la région tropicale du Pacifique. Vagues artificielles, trame sonore et effets atmosphériques rehaussent le spectacle. De mignons mammifères marins, telles les otaries de mer, s'ébattent dans leurs bassins non loin des requins et des barracudas, et les araignées de mer géantes côtoient une multitude de petites créatures plus aimables.

Catalina Island ★

Catalina Island Chamber of Commerce & Visitors Bureau: Green Pleasure Pier, ☎ 310-510-1520, www.catalina.com.

Santa Catalina Island, plus souvent appelée Catalina Island, est la deuxième plus grosse île de l'archipel des Channel Islands, une chaîne de montagnes partiellement submergée qui s'étend de Santa Barbara à San Diego. Catalina Island, c'est aussi et surtout un paradis pour les excursionnistes venus de Los Angeles ou d'ailleurs pour passer une journée de détente loin de la pollution de la métropole. Située à seulement 1h15 de navigation (35 km) de la côte, l'île a beaucoup à offrir aux voyageurs en quête d'exotisme. On accède facilement à Avalon, principale ville de Catalina, en prenant le traversier (voir p. 122).

Celui qui met les pieds sur l'île pour la première fois ne doit pas se surprendre de se voir tomber sous le charme des lieux. Côtes aux falaises abruptes, montagnes verdoyantes, canyons, baies et plages, voilà quelques exemples des plus beaux atours

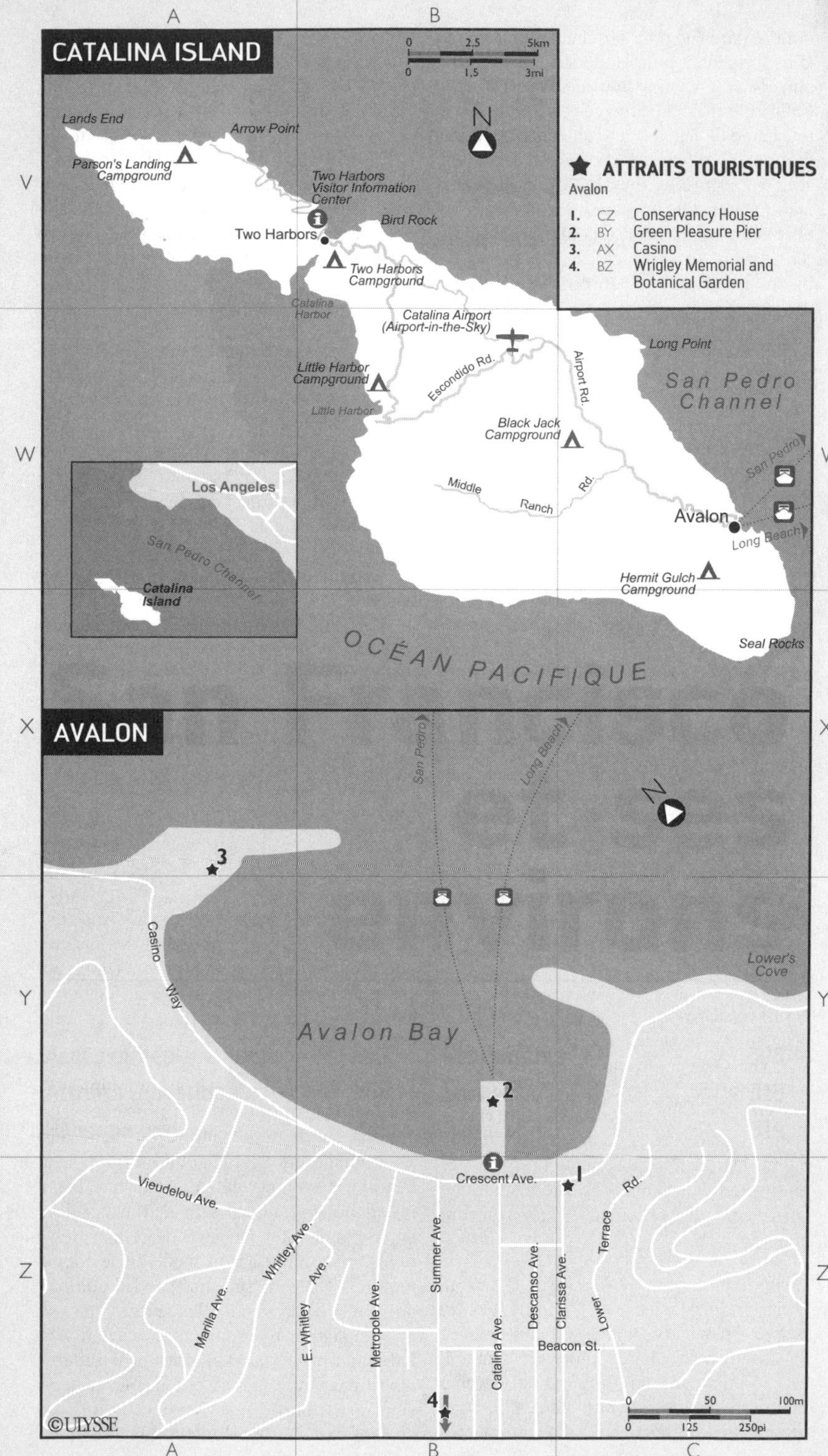

★ ATTRAITS TOURISTIQUES

Avalon

1. CZ Conservancy House
2. BY Green Pleasure Pier
3. AX Casino
4. BZ Wrigley Memorial and Botanical Garden

dont se pare l'île pour séduire ses hôtes. Certains y viennent pour la randonnée pédestre afin de voir à quoi pouvait ressembler la Californie à l'état sauvage. La nature bien préservée de l'île recèle d'ailleurs une faune étonnante: plus de 100 espèces d'oiseaux sont répertoriées en plus de nombreux mammifères, tels le renard, l'antilope noire et le sanglier. On note même la présence d'un troupeau de quelques centaines de bisons introduit en 1925 pour le tournage du film *The Vanishing American* de Zane Grey. D'autres débarquent pour y pratiquer la plongée sous-marine dans des eaux d'une clarté exceptionnelle, l'un des plus beaux sites au monde pour la pratique de ce sport. Enfin, de nombreux flâneurs s'y rendent simplement pour apprécier la beauté toute méditerranéenne d'**Avalon** ★★, le port d'entrée de l'île.

En 1975, quelque 86% du territoire de l'île est passé sous la protection de la **Catalina Island Conservancy** *(www.catalinaconservancy.org)* afin de garder intact le charme naturel de l'intérieur des terres. La conduite automobile y est d'ailleurs interdite. On autorise certes les voiturettes de golf et quelques voitures à Avalon, mais le reste de l'île doit être parcouru à pied, à bicyclette ou en navette. Un permis spécial est requis pour faire de la randonnée sur l'île. Il est gratuit et peut être obtenu le jour même de votre visite auprès de la **Conservancy House** *(tlj 8h30 à 15h30; 125 Claressa Ave., Avalon, ☎ 310-510-2595)* ou du **Two Harbors Visitor Information Center** *(été tlj 7h30 à 18h30, reste de l'année tlj 7h30 à 16h; au pied de l'Isthmus Pier, Two Harbors, ☎ 310-510-4205)*.

Les traversiers accostent tous au quai situé à la limite gauche de la baie d'Avalon. Dirigez-vous vers Crescent Avenue, une belle promenade ponctuée de fontaines où commence le tour de la ville. Le **Green Pleasure Pier**, à l'angle de Crescent Avenue et de Catalina Street, est un joli quai qui scinde la baie en deux et d'où l'on a une vue magnifique sur la ville et les montagnes qui s'élèvent au loin.

À la pointe nord-ouest de la baie d'Avalon, le majestueux **Casino** ★★ *(1 Casino Way, au bout de Crescent Ave., Avalon)* en impose avec sa structure circulaire peinte en blanc. Il est toujours considéré aujourd'hui comme l'un des exemples les plus fidèles du style architectural Art déco et est devenu avec les années le symbole de l'île. Contrairement à ce que l'on pourrait croire, il ne s'agit pas d'une maison de jeux, le mot italien *casino* signifiant «lieu de rassemblement». Il s'agit plutôt d'une salle de réception construite en 1929 par William Wrigley. Pendant les deux décennies qui suivirent sa construction, des gens arrivaient par bateau de San Pedro pour danser toute la nuit au son des grands orchestres. La grande salle de bal, dotée d'une énorme piste de danse circulaire, était le théâtre de ces années folles.

Le **Wrigley Memorial and Botanical Garden** ★★ *(5$; tlj 8h à 17h; Avalon Canyon Rd., Avalon, ☎ 310-510-2595, www.catalina.com/memorial.html)* se trouve à 1,5 mi (2,5 km) au sud de la baie par l'Avalon Canyon Road. Un service de navette est disponible entre Avalon et ce jardin botanique qui vous fera découvrir la flore du sud de la Californie et certaines plantes qui poussent uniquement sur l'île. Le monument haut de 40 m qui s'y dresse constitue un mausolée espagnol érigé à la mémoire de William Wrigley Jr. Il est décoré de carreaux vitrifiés et comporte un escalier en colimaçon, du haut duquel la vue mérite le coup d'œil.

La San Gabriel Valley ★★

▲ *p. 175* ● *p. 184*

⏱ *1 jour*

Située au nord de la ville de Los Angeles, la San Gabriel Valley renferme des institutions culturelles et scientifiques notables. Le cœur de cette vallée se trouve à Pasadena, la sixième ville en importance de la Californie.

Pasadena et certaines des communautés qui l'entourent ont réussi à préserver leur atmosphère de petite ville à l'ancienne sans pour autant renoncer à leur développement culturel et commercial, au point que leurs installations rivalisent sans mal avec celles de la grande ville. De l'avis de certains résidents, on jouirait ici du meilleur des deux mondes. D'abord promue par les compagnies ferroviaires, dans les années 1880, à titre de station hivernale auprès des riches habitants du *Midwest* américain, Pasadena n'a jamais tout à fait abandonné ses racines semi-aristocratiques. Beaucoup de ses anciens manoirs ont d'ailleurs été amoureusement entretenus, et plusieurs d'entre eux sont aujourd'hui accessibles au public.

Parmi les attraits culturels, il convient de mentionner deux institutions qui ont acquis une renommée mondiale, à savoir le Norton Simon Museum de Pasadena et les Huntington Library, Art Collections and Botanical Gardens (bibliothèque, musée d'art et jardin botanique) de San Marino, tout près. Plusieurs musées de moindre envergure s'y ajoutent, notamment le Pacific Asia Museum de Pasadena. Cela dit, ce qui attire vraisemblablement le plus grand nombre de visiteurs sur place, ce sont Colorado Boulevard et les rues bourgeoises du vieux Pasadena qui l'entourent; en grande partie piétonnières, elles exsudent en effet un charme victorien peu commun et sont ponctuées de nombreux restaurants et boutiques pour le moins originaux.

Pasadena ★★

Pasadena Convention & Visitors Bureau: ☎ 626-795-9311 ou 800-307-7977, www.visitpasadena.com.

Colorado Boulevard est le principal axe est-ouest du centre-ville de Pasadena. Il forme un *L* inversé avec South Lake Avenue, une autre rue bordée de boutiques aux abords de l'extrémité est du centre-ville. Un service d'autobus gratuit (recherchez les arrêts marqués «ARTS») est offert à intervalles de 15 min à 20 min le long de ce tracé en *L*, vers l'ouest sur Colorado Boulevard (jusqu'à Orange Grove Boulevard, près du Norton Simon Museum), puis vers l'est dans Green Street, une rue plus au sud, et enfin sur South Lake Avenue. Plus au nord, sur Orange Grove Boulevard, s'élèvent le Pasadena Museum of History, la Gamble House et le Rose Bowl Stadium.

Le vieux Pasadena, connu sous le nom d'**Old Town Pasadena** ★ *(www.oldpasadena.org)* et concentré autour de Colorado Boulevard entre l'Arroyo Parkway à l'est et Pasadena Avenue à l'ouest, est un bon point de départ pour votre visite. Il y a de cela un siècle, il s'agissait là du principal quartier commercial de Pasadena, et ses nombreux magasins et entrepôts d'antan ont été restaurés de manière à recréer l'atmosphère pittoresque d'une petite ville traditionnelle des États-Unis (chose rare dans l'ouest du pays), si bien que nombreux sont ceux qui aiment y faire des achats, s'offrir un bon dîner, voir un film ou simplement parcourir ses larges trottoirs bordés de cafés. Plusieurs des bâtiments présentent des traits architecturaux pour le moins fantaisistes, en particulier le long de Raymond Avenue près de Green Street. Un des édifices publics les plus saisissants de toute la Californie est l'hôtel de ville de Pasadena, le **City Hall** ★ *(Garfield Ave., angle Union St.)*. Inauguré en 1927, il est couronné d'un dôme de tuiles rouges et imprégné d'influences espagnole, mauresque et Renaissance italienne, en plus d'être doté d'un jardin intérieur avec fontaine.

Tout juste à l'est de l'Old Town, autour de Colorado Boulevard entre Los Robles Avenue à l'ouest et Catalina Avenue à l'est, se trouve le **Playhouse District** ★ *(www.playhousedistrict.org)*. Ce quartier voué au commerce et au spectacle s'enrichit, sur plusieurs quadrilatères, de boutiques, de galeries d'art, de restaurants et de cafés, dont certains ont élu domicile sous les arcades à l'européenne du segment compris entre Cordova Street et Del Mar Avenue.

Dans le Playhouse District se trouve le **Pacific Asia Museum** ★ *(9$, gratuit les 4ᵉ vendredis du mois; mer-dim 10h à 18h; 46 N. Los Robles Ave., entre Union St. et Colorado Blvd.,* ☎ *626-449-2742, www.pacificasiamuseum.org)*, un véritable bijou d'architecture. Le bâtiment, conçu dans les années 1920 dans le style des palais impériaux de Chine, est par ailleurs flanqué d'un jardin et d'un étang tout à fait ravissants. Son espace très restreint ne permet la tenue que de petites expositions temporaires d'objets provenant de sa propre collection permanente, surtout composée d'œuvres d'art chinoises et japonaises de différentes périodes, quoique d'autres pays soient aussi représentés. Il se veut l'occasion d'une brève mais intéressante visite.

Un peu plus à l'ouest sur Colorado Boulevard, au-delà de la route 210 mais avant Orange Grove Boulevard, surgit le **Norton Simon Museum of Art** ★★★ *(8$; mer dim 12h à 18h, ven jusqu'à 21h; 411 W. Colorado Blvd.,* ☎ *626-449- 6840, www.nortonsimon.org)*, ainsi nommé en l'honneur d'un magnat de l'alimentation et bienfaiteur des arts dont la collection personnelle de Degas, Renoir, Gauguin, Cézanne et plusieurs autres grands maîtres compte aujourd'hui pour une grande part de la collection permanente du musée. Le Norton Simon occupe un bâtiment attrayant et bien aéré aux lignes dégagées et au design intelligent que jouxtent un musée

PASADENA

ATTRAITS TOURISTIQUES

1. CY City Hall
2. CY Pacific Asia Museum
3. BY Norton Simon Museum of Art
4. AX Pasadena Museum of History
5. AX Gamble House

dédié à la sculpture et un café-jardin. Les collections d'art européen, qui couvrent la plupart des périodes importantes de la Renaissance à nos jours, se voient complétées par une belle sélection d'œuvres de l'Inde et de l'Asie du Sud-Est. La boutique du musée propose pour sa part un large éventail de livres d'art, de cartes, de plans et de cadeaux.

Quelques rues plus au nord sur Orange Grove Boulevard, à l'angle de Walnut Street, se trouve le petit **Pasadena Museum of History** ★★ *(musée 5$, manoir 4$, musée et manoir 7$; mer-dim 12h à 17h; 470 W. Walnut St., ☎ 626-577-1660, www.pasadenahistory.org)*. Le superbe manoir de 1906 qui l'abrite, connu sous le nom de Feynes House, fait partie des demeures de l'allée des millionnaires (*Millionaire's Row*) des premiers jours de Pasadena, et intéresse beaucoup plus que les collections de photographies et de souvenirs d'antan du musée. Les colonnes d'acajou de son entrée, ses tapis d'Orient et ses revêtements muraux en soie damassée sont particulièrement dignes de mention.

Une rue plus au nord, en bordure immédiate d'Orange Grove Boulevard, s'élève la **Gamble House** ★★ *(10$; jeu-dim 10h à 16h, visites de groupe offertes en d'autres temps par arrangement préalable; 4 Westmoreland Pl., ☎ 626-793-3334, www.gamblehouse.org)*. Dessinée par les architectes Charles Sumner Greene et Henry Mather Greene, et construite en 1908 pour loger une des familles fondatrices de la Procter and Gamble Company, elle est généralement considérée comme un chef-d'œuvre du mouvement *Arts and Crafts*. Les visites guidées sont offertes aux 15 min et durent 1h. On notera l'apport considérable des traditions liées aux constructions en bois, plusieurs essences locales et exotiques ayant été mises à profit, mais aussi le caractère manifestement sud-californien de l'ensemble, notamment dans ses larges terrasses et ses porches béants (où l'on avait l'habitude de dormir), ces traits contribuant à unifier l'intérieur et l'extérieur.

San Marino

San Marino, directement au sud de Pasadena, héberge les fabuleux **Huntington Library, Art Collections and Botanical Gardens** ★★★ *(15$, entrée libre le premier jeudi du mois; fin mai à début sept mer-lun 10h30 à 16h30; début sept à fin mai mar-ven 12h à 16h30, sam-dim 10h30 à 16h30; 1151 Oxford Rd., près de Huntington Dr., ☎ 626-405-2100, www.huntington.org)*. La propriété de 84 ha comprend une immense bibliothèque, des galeries d'art et un jardin botanique, que complètent un conservatoire consacré aux sciences botaniques, une librairie, un salon de thé et un restaurant servant des repas légers. Son seul nom indique clairement que cet imposant complexe culturel regroupe en fait trois entités, dont chacune mérite d'ailleurs une description des plus élogieuses. Précisons que l'ensemble repose sur les terres d'un ancien ranch qui appartenait jadis au magnat des chemins de fer Henry E. Huntington, lequel collectionnait livres et œuvres d'art avec une ferveur égale à celle qu'il déployait dans le développement de ses multiples entreprises.

Aujourd'hui, la bibliothèque renferme quelque 6 millions de documents, y compris un demi-million de livres rares et d'innombrables cartes géographiques, gravures, croquis et photographies. Sa collection est notamment réputée pour ses nombreux *in-quarto* et *in-folio* anciens de pièces de Shakespeare, ses premières éditions d'ouvrages de nombreux écrivains britanniques et américains ultérieurs, ainsi que ses documents signés de la main de plusieurs grands personnages de l'histoire des États-Unis. Une succession ininterrompue d'expositions temporaires présentées dans l'Exhibition Hall de la bibliothèque met notamment en valeur de nombreuses archives remontant jusqu'au Moyen Âge, des livres d'heures illustrés et des bibles.

Les collections d'œuvres d'art sont exposées dans trois pavillons distincts. La **Huntington Art Gallery**, l'ancienne résidence de la famille rénovée en mai 2008 (la visite de la villa vaut à elle seule le coût d'entrée), propose une des plus importantes collections d'œuvres européennes aux États-Unis.

La **Scott Gallery** et l'**Erburu Gallery**, regroupées dans un autre pavillon, se consacrent à l'art américain de la période coloniale jusqu'au milieu du XXe siècle, avec une aile entière dédiée au mouvement *Arts and Crafts* du début du XXe siècle. Le troisième pavillon renferme la **Boone Gallery**, qui accueille diverses expositions temporaires.

La vaste propriété abrite également une douzaine de jardins absolument charmants (désertique, de palmiers, subtropical, chinois, japonais, etc.) que l'on découvre en empruntant des sentiers bien aménagés. Pour ceux qui visitent la Huntington Library en famille, un jardin a été aménagé spécialement pour les enfants, le **Children's Garden**, qui permet de faire la découverte des quatre éléments de la vie: la terre, l'air, le feu et l'eau.

La San Fernando Valley ★

▲ *p. 176* ● *p. 184*

⏱ *1 jour*

La San Fernando Valley, que les *Angelenos* appellent avec un certain ton péjoratif *The Valley*, jouit d'une réputation moins enviable que la vallée de San Gabriel. Elle est composée de quartiers résidentiels qui s'étendent à perte de vue et sont entrecoupés de nombreuses autoroutes à la circulation dense et d'une quantité incalculable de centres commerciaux et de magasins à grande surface. Malgré son manque criant d'espaces verts, la région compte néanmoins certains attraits incontournables, en particulier ceux liés à l'industrie du cinéma et de la télévision. En effet, la majorité des grands studios ont quitté Hollywood il y a longtemps pour s'implanter dans les alentours de Burbank, situé au sud de la vallée.

Universal City

Situés à Universal City et accessibles par la route 170 (Hollywood Freeway), sortie «Universal Center Drive», les **Universal Studios Hollywood** ★★ *(59-69, stationnement 14$; horaire variable; 100 Universal City Plaza; par la route 170/Hollywood Freeway, sortie «Universal Center Drive», ☎ 818-622-4455, www.universalstudioshollywood.com)* représentent le deuxième plus important attrait touristique du sud de la Californie, derrière Disneyland. Sachez qu'il ne s'agit pas ici d'une visite des studios d'Universal mais bien d'un parc thématique, ce qui pourrait décevoir ceux qui ont visité les studios MGM d'Orlando, en Floride. Le parc thématique compte 15 attractions dont The Simpsons Ride, mettant en vedette la célèbre famille du dessin animé *The Simpsons*. Le principal attrait demeure toutefois le Studio Tour, une balade d'environ 30 min en véhicule motorisé qui fait le tour de différents décors de films. On y voit entre autres les décors originaux du film *Psycho* (le Bates Motel et la Psycho House) et la Wisteria Lane, où est filmée la populaire émission de télévision du réseau ABC, *Desperate Housewives (Beautés désespérées)*. Deux ans après un tragique incendie qui avait tout détruit, les décors reconstituant les rues de New York sont rouverts au public depuis 2010. La plus récente attraction majeure du parc est *King Kong 360 3-D*, une expérience en 3D unique au monde, où les visiteurs sont transportés sur Skull Island, l'île du célèbre gorille. Le spectacle reconstitue des scènes du film *King Kong* de Peter Jackson, notamment le combat épique entre la bête et un tyrannosaure. Finalement, petit conseil: surtout n'achetez pas vos billets à l'entrée au prix fort. Vous trouverez facilement des rabais considérables sur le site Internet d'Universal Studios Hollywood ou des coupons de réduction aux comptoirs des bureaux touristiques ou des hôtels de la région de Los Angeles.

Burbank

Burbank, qui abrite de nombreux studios, se décrit elle-même comme le centre national du divertissement, voire un nouvel Hollywood.

Les **Warner Bros. Studios** ★★ *(48$ pour une visite guidée de 2h15, stationnement 5$; les enfants de moins de 8 ans ne sont pas admis; lun-ven 8h20 à 16h; 3400 Riverside Dr., ☎ 818-972-8687, www2.warnerbros.com/vipstudiotour)*, créés en 1925, ont produit et produisent toujours de grands succès de la télévision et du cinéma. Signe des temps, ce sont les producteurs indépendants qui occupent dorénavant les studios. On y compte plus de 30 plateaux, et quelque 3 000 personnes y travaillent.

Lors de la visite guidée (voir l'encadré p. 156), il ne faut pas s'attendre à des démonstrations d'effets spéciaux ponctués d'explosions et de lasers, mais plutôt à une occasion unique de découvrir l'arrière-scène d'un véritable studio. Vous aurez entre autres la chance de circuler dans des décors intérieurs et extérieurs ayant servi au tournage de diverses productions.

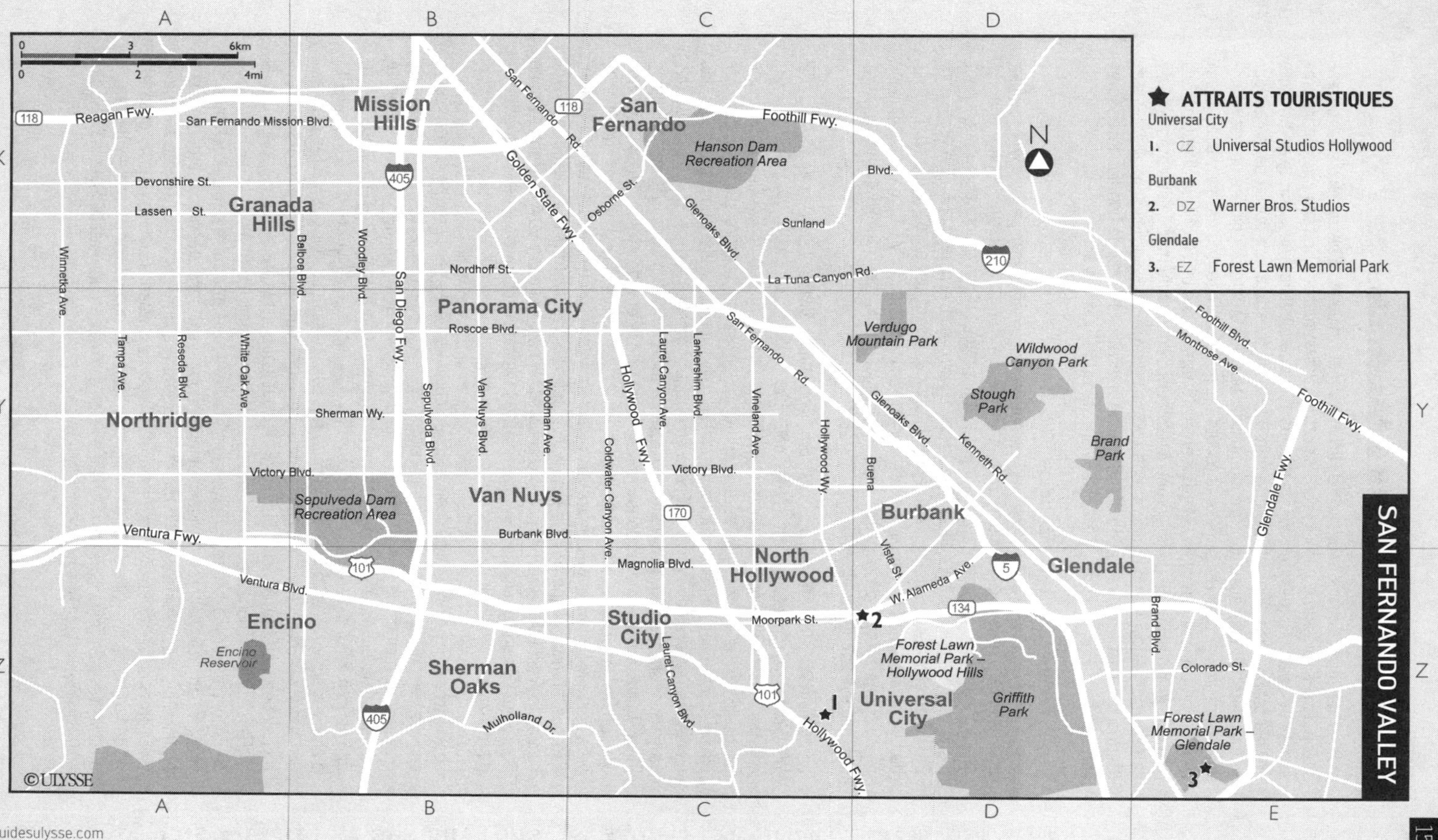
SAN FERNANDO VALLEY
★ ATTRAITS TOURISTIQUES
Universal City
1. CZ Universal Studios Hollywood
Burbank
2. DZ Warner Bros. Studios
Glendale
3. EZ Forest Lawn Memorial Park
Mission Hills
San Fernando
Granada Hills
Panorama City
Northridge
Van Nuys
Burbank
Glendale
North Hollywood
Studio City
Encino
Sherman Oaks
Universal City
Reagan Fwy.
San Fernando Mission Blvd.
Foothill Fwy.
Golden State Fwy.
San Diego Fwy.
Hollywood Fwy.
Ventura Fwy.
Glendale Fwy.
Hanson Dam Recreation Area
Sepulveda Dam Recreation Area
Verdugo Mountain Park
Wildwood Canyon Park
Stough Park
Brand Park
Griffith Park
Encino Reservoir
Forest Lawn Memorial Park – Hollywood Hills
Forest Lawn Memorial Park – Glendale
Devonshire St.
Lassen St.
Nordhoff St.
Roscoe Blvd.
Sherman Wy.
Victory Blvd.
Burbank Blvd.
Magnolia Blvd.
Ventura Blvd.
Moorpark St.
Mulholland Dr.
Winnetka Ave.
Tampa Ave.
Reseda Blvd.
White Oak Ave.
Balboa Blvd.
Woodley Blvd.
Sepulveda Blvd.
Van Nuys Blvd.
Woodman Ave.
Coldwater Canyon Ave.
Laurel Canyon Ave.
Laurel Canyon Blvd.
Lankershim Blvd.
Vineland Ave.
Hollywood Wy.
Buena
Vista St.
W. Alameda Ave.
San Fernando Rd.
Osborne St.
Glenoaks Blvd.
Sunland
Blvd.
La Tuna Canyon Rd.
Kenneth Rd.
Foothill Blvd.
Montrose Ave.
Brand Blvd.
Colorado St.
118
405
210
170
101
5
134
N
0 3 6km
0 2 4mi
A B C D E
X Y Z
©ULYSSE

La visite des studios

Avides de publicité, les studios «d'Hollywood» (la plupart d'entre eux se trouvent aujourd'hui à l'extérieur d'Hollywood) sont toujours empressés de faire valoir leurs produits et d'arracher quelques dollars de plus à leur cher public. Toute forme de cynisme mise à part, la visite des studios permet d'avoir un aperçu de ce qui se passe au jour le jour dans les coulisses des grandes productions cinématographiques et télévisuelles. Étant donné que les projets en cours changent constamment, les visites elles-mêmes ne cessent d'évoluer, et revêtent toujours un caractère unique. Il est parfois possible d'apercevoir au passage une personnalité connue du monde du cinéma ou de la télévision, quoiqu'on n'emmène pas toujours les visiteurs sur les lieux mêmes des tournages. Il est toujours recommandé de réserver et de prévoir de bonnes chaussures de marche.

Les **Paramount Pictures Studios** *(40$; lun-ven départs aux heures entre 10h et 14h; 5555 Melrose Ave., près de Gower St., entrée du stationnement dans Bronson St. au sud de Melrose Ave., Hollywood, ☎ 323-956-1777, www.paramountstudios.com)* sont les seuls grands studios à se trouver sur le territoire même d'Hollywood, et encore, ils ont pignon sur rue dans le paisible angle sud-est d'Hollywood, loin de l'action. La visite dure 2h, et les enfants de moins de 10 ans ne sont pas admis. En autobus, du centre-ville de L.A. ou de West Hollywood, prenez la ligne n° 10 ou 11 de la MTA, ou encore la ligne n° 210 (Vine Street) d'Hollywood Boulevard ou de Crenshaw Boulevard, descendez à Melrose et marchez vers l'est.

Les **Sony Pictures Studios** *(33$; lun-ven à 9h30, 10h30, 12h30 et 14h30; 10202 W. Washington Blvd., à l'est d'Overland Ave., Culver City, ☎ 310-244-8687, www.sonypicturesstudios.com)* proposent une visite guidée à pied de 2h (les enfants de moins de 12 ans ne sont pas admis) qui donne un aperçu de leurs studios d'enregistrement historiques, des productions cinématographiques et télévisuelles en cours (les émissions *Jeopardy* et *Wheel of Fortune* sont notamment tournées ici), ainsi que des progrès techniques à venir dans le domaine. La visite part de la Sony Pictures Shopping Plaza. Culver City se trouve dans la partie ouest de la grande région de L.A., au sud-ouest d'Hollywood et à l'est de Venice. En voiture, empruntez la sortie Overland Avenue de la Santa Monica Freeway (route 10), ou la sortie Venice Boulevard de la route 405. En autobus, prenez la ligne n° 1 de Culver City, qui suit Washington Boulevard depuis Venice ou le West L.A. Transit Center, ou encore la ligne n° 33 de la MTA, qui longe Venice Boulevard du centre-ville de L.A. ou de Santa Monica, descendez à Madison Avenue et marchez vers le sud sur une distance de deux rues.

Les **Warner Bros. Studios** (voir p. 154) sont considérés par certains connaisseurs comme ceux qui offrent les meilleures visites, avec le moins d'artifices et le plus de réalisme, de même que la meilleure chance d'assister à un tournage en direct. La visite se fait partiellement à pied, partiellement en voiturette électrique; elle débute par un film de 15 min, suivi de la visite du Warner Bros. Museum, qui renferme des documents d'archives sur différentes stars. On vous fait ensuite faire le tour des vastes plateaux de tournage, avec leurs nombreux studios d'enregistrement et leurs différents services techniques. Lors de la visite guidée, il ne faut pas s'attendre à des démonstrations d'effets spéciaux ponctués d'explosions et de lasers, mais plutôt à une occasion unique de découvrir l'arrière-scène d'un véritable studio. Vous aurez entre autres la chance de circuler dans des décors intérieurs et extérieurs ayant servi au tournage de diverses productions. Les Warner Bros. Studios se trouvent à Burbank, à l'extrémité sud de la San Fernando Valley. En voiture, empruntez la sortie Burbank Boulevard de la route 101 au départ du centre-ville de L.A. Par les transports en commun, du centre-ville de L.A. ou d'Hollywood, prenez le métro Red Line jusqu'à la station Universal City, puis l'autobus n° 96 ou 152 de la MTA vers l'est.

Pour obtenir des billets vous permettant d'assister aux enregistrements de différentes émissions de télévision, vous pouvez vous adresser à **CBS** *(☎ 323-852-2458)*, **NBC** *(☎ 818-840-3537)*, **Audiences Unlimited** *(☎ 818-506-0043, distributeur attitré du réseau* **ABC***)* ou **Television Tickets** *(☎ 323-467-4697)*. Il est préférable de faire sa demande longtemps à l'avance pour les émissions les plus courues, quoique des billets soient parfois disponibles le jour même de l'enregistrement. Notez qu'on enregistre, dans certains cas, plusieurs émissions successives le même jour, ce qui demande passablement d'énergie et de patience de la part du public.

Glendale

Réparti sur quatre emplacements différents dans l'agglomération de Los Angeles, le **Forest Lawn Memorial Park** ★★ est probablement l'un des cimetières les plus impressionnants de tous les États-Unis. La section de Glendale *(entrée libre; tlj 8h à 17h; 1712 S. Glendale Ave., ☎ 323-254-3131 ou 800-204-3131, www.forestlawn.com)* constitue de loin la plus grandiose. Lors de la visite, il ne faut pas manquer de se rendre au Great Mausoleum, où reposent de nombreux artistes et écrivains américains. À l'intérieur de la chapelle, divers travaux reproduisent des chefs-d'œuvre de la Renaissance. Tout d'abord, un magnifique vitrail de Rosa Caselli Moretti représente *la Cène* de Léonard de Vinci (Milan), une copie du *Moïse*, de la *Pietà* et des statues de la chapelle Médicis (Florence) de Michel-Ange. Un peu plus haut, dans le Freedom Mausoleum, on peut admirer une statue de George Washington. Une reproduction du *David* de Michel-Ange peut également être contemplée dans la Court of David. Enfin, une *Crucifixion* de Jan Stykham, exposée toutes les heures dans le Hall of Crucifixion-Resurrection, ne constitue rien de moins que la plus grande toile religieuse au monde.

Orange County ★★★

▲ *p. 176* ● *p. 184*

⏱ *2 jours*

L'Orange County s'étire le long de la côte du Pacifique entre les comtés de Los Angeles au nord et de San Diego au sud. Pour les visiteurs, l'endroit est surtout connu pour son plus célèbre résident, Mickey Mouse, ainsi que pour ses plages qui n'ont rien à envier à celles de Los Angeles. D'autres attraits sont toutefois dignes de mention, notamment le populaire parc d'attractions Knott's Berry Farm et la mission de San Juan Capistrano.

Anaheim ★★★

Anaheim/Orange County Visitor and Convention Bureau: 800 W. Katella Ave., Anaheim, ☎ 714-765-8888, www.anaheimoc.org.

Le **Disneyland Resort** ★★★ *(1313 S. Disneyland Dr., ☎ 714-520-5060, http://disneyland.disney.go.com)* est un complexe qui comprend deux parcs thématiques (Disneyland Park et Disney's California Adventure), trois hôtels (voir p. 176) et Downtown Disney, qui regroupe des boutiques, des restaurants, des salles de spectacle et un cinéma.

Le droit d'entrée pour une journée pour un seul parc est de 72$ pour les visiteurs de 10 ans et plus et de 62$ pour les enfants de 3 à 9 ans, et le stationnement coûte 14$. Vous pouvez aussi vous procurer le laissez-passer *Park Hopper* qui permet de passer d'un parc à l'autre à votre gré. Ces forfaits de un à cinq jours coûtent 97$, 151$, 184$, 199$ et 209$ respectivement pour les visiteurs de 10 ans et plus. Comptez entre 10$ et 30$ de moins pour les enfants de 3 à 9 ans. On peut souvent obtenir de meilleurs tarifs sur le site Internet de Disney, où l'on peut économiser jusqu'à 50$ selon les rabais en cours. Tous les billets permettent les entrées et sorties à volonté, ce que plusieurs visiteurs apprécieront pour prendre un repos à leur hôtel. Tous les visiteurs peuvent également profiter du laissez-passer *Fast Pass*, qui permet de «réserver» une place à bord de certains manèges à une heure précise; il suffit alors de revenir à l'heure indiquée pour éviter d'avoir à faire la queue, ce qui représente un gain de temps considérable. Sachez enfin que certains manèges exigent une taille minimale qui varie entre 89 cm et 132 cm, un facteur à prendre en considération si vous voyagez avec de jeunes enfants.

Si vous n'avez qu'une journée à passer au Disneyland Resort, sachez que le Disneyland Park est davantage destiné aux enfants alors que le Disney California Adventure propose des manèges qui s'adressent plutôt aux adolescents. Ceux qui recherchent le célèbre *Monde merveilleux de Disney* retrouveront l'ambiance recherchée dans le Disneyland Park, mais pourraient être déçus par le Disney's California Adventure, qui ressemble davantage à un parc d'attractions courant.

Le **Disneyland Park** ★★★ correspond à la vision qu'avait Walt Disney de «l'endroit le plus heureux sur Terre» et constitue l'une des plus grandes attractions de la Californie. Plus d'un demi-milliard de personnes ont visité le parc original depuis son ouverture en 1955. Il est certainement possible de faire rapidement le tour de tous les manèges en une journée en basse saison, mais en été, les fins de semaine et lors des jours fériés, il vaut mieux compter deux jours car les files d'attente sont alors longues.

Le parc est divisé en huit «mondes fantastiques». Cinq d'entre eux font partie du parc depuis son ouverture, soit Main Street USA, Tomorrowland, Fantasyland, Frontierland et Adventureland. En 1966, on ajouta le New Orleans Square, puis Bear Country en 1972 (renommé Critter Country en 1988), et finalement Mickey's Toontown en 1993. **Main Street, U.S.A.** ★ représente une ville typique du *Midwest* des États-Unis au début du XXe siècle. Vous n'y retrouverez pas de manèges à proprement parler, mais plutôt des boutiques de souvenirs, le Main Street Cinema, où vous pourrez voir les premiers dessins animés de Mickey, et un musée où l'on vous propose notamment un court film où l'acteur Steve Martin et Donald Duck présentent l'histoire du parc. **Tomorrowland** ★★★ regroupe 11 attractions, dont les populaires Buzz Lightyear Astro Blaster et Finding Nemo Submarine Voyage.

Destiné avant tout aux jeunes enfants, **Fantasyland** ★★ demeure le secteur le plus fidèle à l'imaginaire de Disney, avec son château de la Belle au bois dormant et ses 13 manèges dont plusieurs sont liés à des personnages classiques tels Dumbo, Blanche-Neige, Pinocchio et Peter Pan. **Frontierland** ★★ vous ramène à l'époque de l'Ouest sauvage grâce à huit attractions, parmi lesquelles vous trouverez un bateau à aubes grandeur nature, le Big Thunder Mountain Railroad et le Pirate's Lair on Tom Sawyer Island, pour n'en nommer que quelques-unes. **Adventureland** ★★★ recrée l'environnement des jungles africaines et asiatiques. C'est ici qu'on retrouve l'Indiana Jones Adventure, probablement l'attrait le plus populaire de tout le parc, et la maison de Tarzan, nichée dans un arbre à 21 m du sol.

Les deux manèges du **New Orleans Square** ★★ sont parmi les plus populaires de Disneyland, soit le classique Pirates of the Caribbean et la fameuse Haunted House (maison hantée).

Le **Critter Country** ★★ propose trois attractions, dont une qui explore l'univers de Winnie l'ourson, très populaire chez les tout-petits. Vous pourrez en outre y voguer sur l'eau à bord des Davy Crockett's Explorer Canoes ou vous faire carrément mouiller à la Splash Mountain.

Mickey's Toontown ★★ est le village où demeurent Mickey et ses amis. On peut y visiter leurs maisons et même rencontrer Mickey en personne. C'est assurément l'un des endroits les plus appréciés des très jeunes enfants.

N'oubliez surtout pas d'assister au défilé de jour, le **Celebrate! A Street Party**, et au spectacle pyrotechnique en soirée, *Fantasmic!*. Ils font partie des activités les plus intéressantes du parc. Nous vous recommandons également de faire une balade sur le Disneyland Railroad, où une magnifique locomotive à vapeur, en activité depuis l'ouverture du parc en 1955, permet de faire le tour du site. On y accède par l'une des quatre gares situées dans les secteurs de Main Street USA, Tomorrowland, Mickey's Toontown et New Orleans Square.

Le **Disney's California Adventure** ★ a ouvert en 2001 avec l'intention de célébrer la Californie et les gens qui l'ont façonnée, des explorateurs aux entrepreneurs d'aujourd'hui en passant par les Autochtones et les immigrants. Le parc a toutefois été critiqué dès son inauguration parce qu'on n'y retrouvait tout simplement pas la magie de Disney. Se voulant plutôt un parc d'attractions traditionnel, on peut certes dire que ses manèges manquent d'originalité si on les compare à ceux d'autres parcs de Disney. De plus, 11 de ses principales attractions ne sont pas accessibles aux jeunes enfants. En octobre

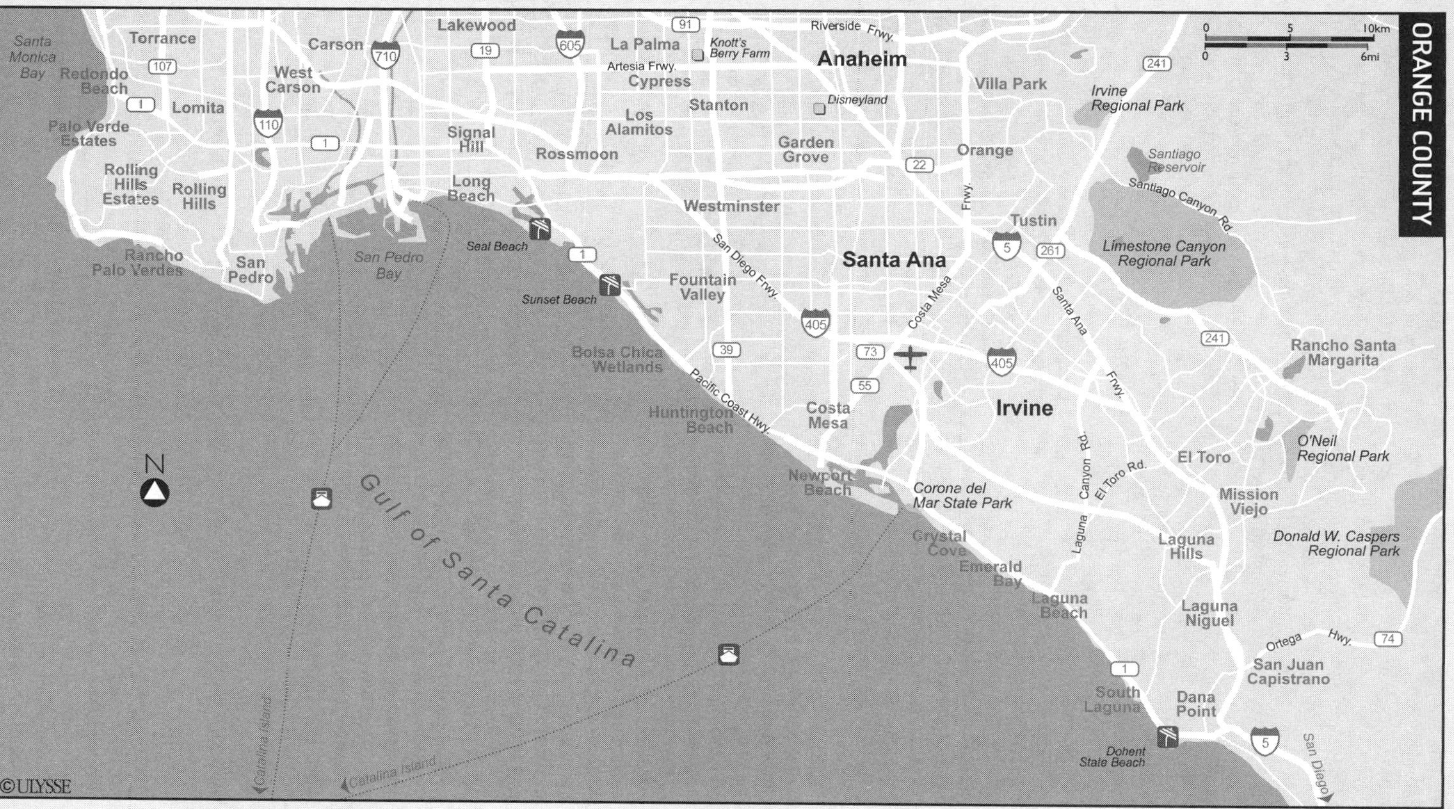
ORANGE COUNTY
0 5 10km
0 3 6mi
Anaheim
Santa Ana
Irvine
Riverside Frwy.
Disneyland
Knott's Berry Farm
Garden Grove
Stanton
Westminster
Fountain Valley
Huntington Beach
Costa Mesa
Newport Beach
Corone del Mar State Park
Crystal Cove
Emerald Bay
Laguna Beach
South Laguna
Doheny State Beach
Dana Point
Laguna Niguel
Laguna Hills
San Juan Capistrano
Mission Viejo
El Toro
O'Neil Regional Park
Donald W. Caspers Regional Park
Rancho Santa Margarita
Limestone Canyon Regional Park
Santiago Reservoir
Santiago Canyon Rd.
Irvine Regional Park
Villa Park
Orange
Tustin
Santa Ana Frwy.
Costa Mesa Frwy.
San Diego Frwy.
Pacific Coast Hwy.
Laguna Canyon Rd.
El Toro Rd.
Ortega Hwy.
San Diego
La Palma
Artesia Frwy.
Cypress
Los Alamitos
Rossmoon
Lakewood
Signal Hill
Long Beach
Seal Beach
Sunset Beach
Bolsa Chica Wetlands
San Pedro Bay
Carson
West Carson
San Pedro
Lomita
Torrance
Rolling Hills
Rolling Hills Estates
Rancho Palos Verdes
Palo Verde Estates
Redondo Beach
Santa Monica Bay
Gulf of Santa Catalina
Catalina Island
N
©ULYSSE

2007, la Walt Disney Company a annoncé un investissement de 1,1 milliard de dollars afin de restructurer et d'agrandir le parc. Le manège Toy Story Midway Mania!, inauguré à l'été 2008, est le premier résultat de cette restructuration, et les travaux se poursuivront graduellement au cours des prochaines années, avec l'ajout notamment du secteur Cars Land et un éventuel projet de parc aquatique.

Le Disney's California Adventure est divisé en cinq secteurs et compte en tout une vingtaine de manèges, soit environ la moitié de ceux qu'on retrouve au Disneyland Park. Il est possible d'en faire le tour en une journée, surtout si vous achetez un laissez-passer *Fast Pass*.

Le **Hollywood Picture Backlot** ★★ est un des secteurs les plus intéressants du parc. Aménagé comme un studio hollywoodien, il propose notamment un des principaux attraits du Disneyland Resort: The Twilight Zone Tower of Terror.

Le secteur **A Bug's Land** ★ est principalement dédié aux tout-petits. Inspiré du film *A Bug's Life* (*Une vie de bestioles* au Québec et *1001 Pattes* en Europe), il propose plusieurs manèges et un divertissant film 3D, *It's Tough to be a Bug*.

Divisé en cinq espaces, le **Golden State** ★★ est certainement le secteur le plus joliment aménagé du parc. Le **Condor Flats** représente le désert de Mojave, où se sont déroulés d'importants moments dans l'histoire de l'aviation. La **Grizzly Peak Recreational Area** s'inspire des grands parcs de la Californie avec sa simulation de descente de rivière, sa montagne de pierre en forme de grizzly et ses forêts. La **Bay Area** rappelle l'architecture de San Francisco. Le secteur **Golden Vine Winery** rend hommage à la viniculture californienne et compte deux restaurants et un bar extérieur où l'on peut déguster des vins de Californie. C'est ici qu'on trouve l'Imagineering Blue Sky Cellar, où sont projetés des films présentant les projets en cours et futurs du parc. Finalement, le **Pacific Wharf** est aménagé à l'image du Fisherman's Wharf de San Francisco et de la Cannery Row de Monterey. Il regroupe plusieurs établissements de restauration rapide.

Enfin, le **Paradise Pier** ★ cherchait à l'origine à reproduire un parc d'attractions de bord de mer avec montagnes russes, grande roue, arcades et autres attractions similaires. Rien de vraiment original ou inspiré du monde de Disney. Ce secteur subit toutefois présentement des modifications considérables. C'est ici qu'on a inauguré à l'été 2008 le manège dédié aux personnages du film *Toy Story* (*Histoire de jouets*), Toy Story Midway Mania! Les améliorations se poursuivront dans les années à venir, avec notamment l'ajout de l'attraction Voyage of the Little Mermaid.

Buena Park

Si vous préférez un parc d'attractions plus traditionnel avec des manèges enlevants, dirigez-vous vers la ville de Buena Park et la **Knott's Berry Farm** ★★ *(adultes 55$, enfants de 3 à 11 ans et aînés 24$, stationnement 12$; 8039 Beach Blvd., ☎ 714-220-5200, www.knotts.com)*, située à 10 min de route au nord-ouest de Disneyland. Au départ un modeste comptoir vendant du poulet frit et des tartes aux fruits en bordure de la route 39, la famille Knott a décidé d'installer quelques petits manèges au cours des années 1940 pour faire patienter ses clients, de plus en plus nombreux. Le premier parc d'attractions des États-Unis n'a depuis cessé de prendre de l'ampleur, pour devenir aujourd'hui l'un des attraits touristiques les plus populaires de la Californie.

La Knott's Berry Farm propose une quarantaine de manèges installés dans six zones thématiques: la Ghost Town (ville fantôme), les Indian Trails (sur la piste des Indiens), le Fiesta Village (une réplique d'un village mexicain), le Boardwalk (promenade), le Wild Water Wilderness (qui propose une descente dans la plus longue rivière artificielle de Californie) et le Camp Snoopy, où Snoopy et les autres personnages de la bande dessinée *Peanuts* ont établi leur demeure et où les enfants peuvent faire l'expérience des manèges réservés aux adultes, mais en version réduite.

Les plages d'Orange County ★★

La côte d'Orange County propose de nombreuses plages, achalandées ou plus intimes, ainsi que des récifs offrant des vues spectaculaires. Les plus intéressantes demeurent celles des communautés de **Seal Beach** ★★, **Huntington Beach** ★★, **Newport Beach** ★★, **Laguna Beach** ★★★ et **Dana Point** ★★. La principale artère, la Pacific Coast Highway (route 1), longe littéralement l'océan sur la majeure partie du territoire.

San Juan Capistrano ★★

La **Mission San Juan Capistrano** ★★★ *(9$, guide audio inclus, offert en plusieurs langues dont le français; tlj 8h30 à 17h; 26801 Ortega Hwy., angle Camino Capistrano,* ☎ *949-234-1300, www.missionsjc.com)* est située dans la ville du même nom, tout juste à l'est de Dana Point. Attirant plus de 500 000 visiteurs par an, elle figure au troisième rang des attraits les plus visités de l'Orange County (derrière Disneyland et la Knott's Berry Farm). Fondée en 1776, la propriété évoque un sentiment de vénération, d'autant que vous y serez accueilli au son de cloches vieilles de plusieurs centaines d'années qui ponctuent le lent passage du temps, et vous serez d'emblée ravi par la beauté romantique, spirituelle et envoûtante des lieux. Les efforts de conservation et de restauration déployés entre les murs d'adobe laissent suffisamment d'éléments d'origine intacts pour susciter un sentiment de nostalgie. À l'intérieur, des fontaines mauresques agrémentent de luxuriants jardins, et les visiteurs peuvent errer à leur gré, depuis les anciennes casernes militaires jusqu'aux quartiers cléricaux, en passant par le cimetière, près duquel ils pourront admirer la petite Serra Chapel, soit le plus ancien bâtiment de toute la Californie. À l'intérieur de cette chapelle se dresse un magnifique autel en or de style baroque qui date de 350 ans.

Activités de plein air

➤ Baignade

Les plages de L.A. font partie intégrante du mode de vie pratiqué en Californie du Sud. Aucun autre attrait public n'est aussi populaire que ces vastes plages de beau sable dessinées par l'océan Pacifique. Nous vous présentons ici quelques-unes de ces plages, celles qui sont les plus facilement accessibles. Elles sont, pour la plupart, sûres et bien entretenues, et la baignade s'y avère presque toujours bonne même si l'eau est plutôt froide en hiver. Évitez toutefois d'aller à l'eau après les jours de pluie et respectez les avis d'interdiction de baignade en certains endroits. Les plages sont officiellement ouvertes, c'est-à-dire surveillées, tous les jours de l'année entre 9h et 21h30.

Santa Monica State Beach

Santa Monica State Beach, qui se trouve de part et d'autre du Santa Monica Pier, mérite sans doute le titre de plage la plus connue de Los Angeles. C'est aussi la plus aisément accessible depuis le centre-ville (au bout de la route 10) et l'endroit idéal pour les bains de soleil ou pour faire des rencontres intéressantes.

Venice Beach

La belle plage de Venice est bordée par une mer bleue et invitante. C'est le royaume des patineurs à roues alignées, des promeneurs et des cyclistes, sans oublier les amateurs de volley-ball et de rayons ultraviolets. À ceux-ci se mêlent musiciens, magiciens, diseuses de bonne aventure et danseurs qui rivalisent de prouesses pour soutirer un peu de monnaie au long cortège des flâneurs qui défilent chaque jour d'été.

Huntington Beach

Les plages qui s'étendent sur 13 km sont à n'en point douter les grandes attractions de Huntington Beach. Dans cette ville que l'on surnomme «Surf City USA», le surf règne bien sûr en maître. **Bolsa Chica Beach** tend à être moins encombrée que les autres. **Huntington City Beach** s'étend aux abords de la jetée, et il s'agit d'un endroit fort prisé pour admirer les prouesses des surfeurs locaux. Quant à **Huntington State Beach**, elle se présente comme une plage sablonneuse de 3,2 km où l'on a aménagé des rampes d'accès pour fauteuils roulants qui vont presque jusqu'à l'eau.

Newport Beach

La **Newport Municipal Beach** s'étend de la jetée de la rivière Santa Ana, en bordure de la péninsule de Balboa, à l'Entrance Channel (canal d'entrée) du port de Newport. Elle attire des foules considérables les fins de semaine. **The Wedge**, un secteur près de l'Entrance Channel, se prête on ne peut mieux à la pratique du surf, quoiqu'il s'emplisse aussi très rapidement. **Big Corona Beach** et **Little Corona Beach**, au sud-est de l'Entrance Channel, sont plus tranquilles et conviennent bien aux familles.

➤ Golf

La région de Los Angeles regorge de superbes terrains de golf. Pour des suggestions de terrains situés dans le grand Los Angeles, visitez le site Internet *www.golf.lacity.org*; pour l'Orange County, consultez le *www.playocgolf.com*.

Le **Catalina Island Visitors Golf Course** *(35-49; ☎ 310-510-0530, www.visitcatalinaisland.com)*, dans l'île de Catalina, est un terrain de neuf trous aménagé dans un cadre enchanteur.

➤ Observation des baleines

L'automne et l'hiver sont propices à l'observation des cétacés qui passent aux abords de la côte lors de leur migration annuelle. À bord des bateaux spécialement affrétés, on peut apercevoir les grands mammifères marins lorsqu'ils soufflent de la vapeur d'eau par leurs évents et brandissent la queue avant de plonger dans les profondeurs océanes.

Spirit Cruises: Berth 77, San Pedro, ☎ 310-548-8080, www.spiritmarine.com

Harbor Breeze Yacht Charter: 100 Aquarium Way, Dock 2, Long Beach, ☎ 562-432-4900, www.2seewhales.com

Newport Landing Whale Watching: 309 Palm St., Suite A, Newport Beach, ☎ 949-675-0551, www.newportwhales.com

Captain Dave's Dolphin & Whale Safari: 24440 Dana Point Harbor Dr., Dana Point, ☎ 949-488-2828, www.dolphinsafari.com

➤ Pêche

Les eaux autour de Los Angeles regorgent de tous les poissons préférés du pêcheur sportif: barracudas, loups de mer, flétans et même requins attendent tous d'apercevoir un appât alléchant.

Les visiteurs peuvent pêcher sans permis sur les quais de la plupart des villes côtières. Voici quelques entreprises qui proposent des excursions de pêche dans la région.

L.A. Harbor Sportfishing: 1150 Nagoya Way, Berth 70, San Pedro, ☎ 310-547-9916, www.laharborsportfishing.com

Davey's Locker Sportfishing: 400 Main St., Balboa, Newport Beach, ☎ 949-673-1434, www.daveyslocker.com

Dana Wharf Sportfishing: 34675 Golden Lantern, Dana Point, ☎ 949-496-5794, www.danawharfsportfishing.com

➤ Plongée sous-marine

L'île de Catalina est connue des plongeurs à travers le monde. Bien située, à la rencontre des moitiés nord et sud de l'océan Pacifique, elle attire une variété étonnante de vie marine, à la fois les gros poissons qui surgissent des eaux profondes du large et les petites espèces colorées qui habitent les épaisses touffes de varech le long de la côte. L'île compte aussi de nombreuses grottes et cavernes, et des épaves rouillées parsèment les eaux peu profondes de sa côte. Rendez-vous sur le site Internet *www.catalina.com/scuba.html* pour consulter la liste des endroits qui organisent des excursions et font la location d'équipement. Un bon endroit où pratiquer la plongée-tuba est le **Casino Point Marine Park**, situé sur la pointe où se dresse le casino d'Avalon.

➤ Randonnée pédestre

Le **Griffith Park** (voir p. 137) constitue un bon choix pour les marcheurs. Riche de près de 90 km de sentiers, ce parc repose en bordure des collines d'Hollywood, à la limite des Santa Monica Mountains. Pour de plus amples renseignements et pour obtenir des plans de la région, adressez-vous à la station régionale des *rangers (☎ 323-913-4688)*. Parmi les meilleurs sentiers que vous trouverez ici, retenons le **Mount Hollywood Loop Trail** (9,7 km), qui longe un cours d'eau, traverse des terres peuplées de cerfs et de coyotes et ressort enfin du canyon pour gravir les pentes couvertes de chaparral du mont Hollywood.

Un permis spécial est requis pour faire de la randonnée sur **Catalina Island** (voir p. 150). L'intérieur des terres de Catalina Island est sec et désertique, donc apportez beaucoup d'eau. Il n'y a qu'une façon de s'y rendre: prendre Airport Road, une route asphaltée qui grimpe dans des collines environnantes. Toute la côte se déploiera alors sous vos yeux, tout comme les forêts de chênes, de pins et d'eucalyptus qui s'agrippent à leurs flancs. De l'aéroport, il est possible de suivre un itinéraire en forme de 8 qui révèle la plupart des paysages de l'île. Catalina Island assure la protection d'environ 400 espèces végétales, dont quelques-unes ne se trouvent nulle part ailleurs dans le monde. La vie animale (cailles, dindons, chèvres de montagne, renards, cerfs, sangliers) y est tout aussi abondante, à l'instar des bisons qu'un studio de cinéma a introduits dans les années 1920 pour le tournage d'un western.

➤ *Surf*

Pourquoi ne pas profiter de votre séjour pour vous initier à ce sport si typique du sud de la Californie? Le culte du surf ne peut vraiment être apprécié qu'après avoir chevauché une vague ou deux. Les endroits qui suivent comptent parmi plusieurs de la région qui se feront un plaisir de vous louer une planche.

Malibu Surf Shack: 22935 Pacific Coast Hwy., Malibu, ☎ 310-456-8508, www.malibusurfshack.com

Zuma Jay Surf Boards: 22775 Pacific Coast Hwy., Malibu, ☎ 310-456-8044, www.zumajays.com

Dans l'Orange County, **Huntington Beach** se désigne elle-même «Surf City USA», et elle offre une pléthore de boutiques de surf où l'on peut louer des planches à un prix raisonnable. On surfe surtout aux abords du quai, ce qui convient d'ailleurs tout à fait aux débutants dans la mesure où l'on y trouve généralement des sauveteurs en service.

➤ *Vélo*

Avec la dense circulation automobile, nous ne saurions recommander le vélo comme moyen de transport dans les rues de Los Angeles. Il y a toutefois dans la région presque autant de pistes cyclables que d'autoroutes, et elles sont rarement congestionnées. Nombre d'entre elles longent des parcs, des rivières, des aqueducs et des lacs, offrant de beaux panoramas diversifiés de cette région. Celle qui longe la mer entre **Venice** et **Santa Monica** est particulièrement agréable.

Le **Griffith Park** dispose de 23 km de pistes cyclables. La **Crystal Springs Loop**, qui suit Crystal Springs Road et Zoo Drive aux limites est du parc, permet d'apercevoir le Travel Town Museum. La **Mineral Wells Loop**, un parcours ascendant plutôt ardu, passe par le Harding Golf Course avant de redescendre par Zoo Drive pour embrasser le Travel Town Museum et le jardin zoologique. Pour la location de vélos à l'intérieur du parc, il faut s'adresser à la boutique **Spokes N Stuff** *(4730 Crystal Springs Dr., à côté du bureau des* rangers*, ☎ 323-662-6573, www.spokes-n-stuff.com).*

Hébergement

Le choix d'un lieu d'hébergement dans une grande ville peut souvent être une tâche intimidante. Et dans une métropole décentralisée aux ramifications tentaculaires telle que Los Angeles, les distances posent un problème supplémentaire.

Dans la plupart des villes, il semble normalement logique et pratique de loger au centre-ville, mais ce n'est pas nécessairement le cas à Los Angeles, dont le centre n'a que peu à offrir à la nuit tombée, sans compter que certains secteurs peuvent même s'avérer menaçants. Qui plus est, beaucoup d'hôtels du centre-ville tendent vers les extrêmes de l'échelle tarifaire, qu'il s'agisse d'établissements haut de gamme servant surtout une clientèle d'affaires ou d'hostelleries défraîchies et malfamées.

Heureusement, il n'y a pas que le centre-ville. Venice Beach s'impose comme un choix naturel pour beaucoup de jeunes voyageurs au budget restreint, tant pour son atmosphère invitante que pour ses nombreux établissements économiques, et Hollywood recèle également un certain nombre de possibilités d'hébergement.

Au demeurant, même pour le plus impécunieux des voyageurs, le temps c'est de l'argent, et il serait peu judicieux de le gaspiller sur les autoroutes encombrées ou dans les transports en commun peu rapides de L.A. Avant de jeter votre dévolu sur un lieu d'hébergement, prenez donc la peine de songer aux secteurs de la ville que vous êtes plus susceptible de visiter, et faites votre choix en conséquence.

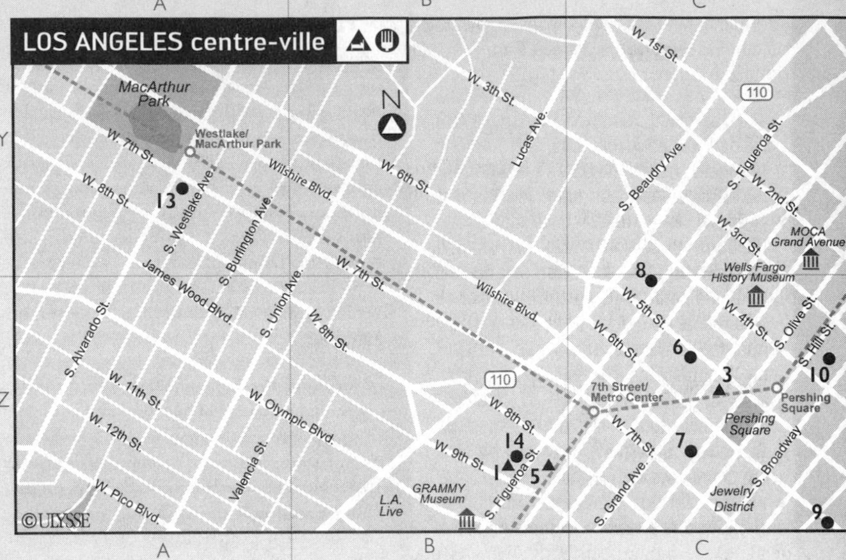

Le centre-ville de Los Angeles

Metro Plaza Hotel

$$

711 N. Main St., angle Cesar E. Chavez Ave.

213-680-0200 ou 800-223-2223

www.themetroplazahotel.com

Le Metro Plaza Hotel se trouve à l'extérieur du cœur du centre-ville, tout près de la gare Union, d'Olvera Street et du Chinatown. L'endroit est donc très tranquille le soir venu. Ses 80 chambres sont simples mais fonctionnelles.

O Hotel

$$$ P @

819 S. Flower St.

213-623-9904

www.ohotelgroup.com

Ouvert en 2007, cet hôtel-boutique situé en plein centre-ville offre un excellent rapport qualité/prix. Les chambres aménagées dans cet immeuble datant de 1920 sont très modernes et comprennent notamment des téléviseurs à écran plasma et des réveille-matin avec station d'accueil pour iPod.

Figueroa Hotel

$$$ @

939 S. Figueroa, entre Ninth St. et 10th St.

213-627-8971 ou 800-421-9092

www.figueroahotel.com

Le Figueroa Hotel, construit en 1927, est une version en hauteur de ces immeubles Renaissance espagnole si caractéristiques de L.A. Ses salles communes arborent des carrelages en céramique, des lustres en fer forgé et des plafonds aux poutres apparentes. Quant aux 285 chambres aux accents méditerranéens, elles se révèlent spacieuses et confortables. Compte tenu de la proximité du centre de congrès, l'hôtel est souvent rempli à pleine capacité lorsque se tiennent des événements importants.

Miyako Inn

$$$ @

328 E. First St., entre San Pedro Ave. et Central Ave.

213-617-2000 ou 800-228-6596

www.miyakoinn.com

Le Miyako Inn, qui a pignon sur rue dans la Petite Tokyo, se fait un devoir d'offrir une hospitalité japonaise. Beaucoup de ses chambres comportent d'ailleurs des nattes, des paravents et des lits bas à la nippone. L'hôtel renferme un bar de karaoké assez populaire (pour éviter le bruit, ne prenez pas une chambre au troisième étage). Pour un léger supplément, vous pouvez accéder au spa qui comprend un sauna, des bains à remous et une salle de conditionnement physique. Les quartiers entourant Little Tokyo n'étant pas toujours des plus recommandables, il est préférable d'éviter les déplacements à pied en fin de soirée.

Millennium Biltmore Hotel Los Angeles

$$$$ P @

506 S. Grand Ave., angle Fifth St.

213-624-1011 ou 866-866-8086

www.millenniumhotels.com

Le Millennium Biltmore Hotel est une institution du cœur même du centre-ville. Construit en 1923, cet immeuble de 11 étages s'enorgueillit de son élégant hall garni de marbre, à l'intérieur duquel règne une atmosphère réellement grandiose. Ses 683 chambres

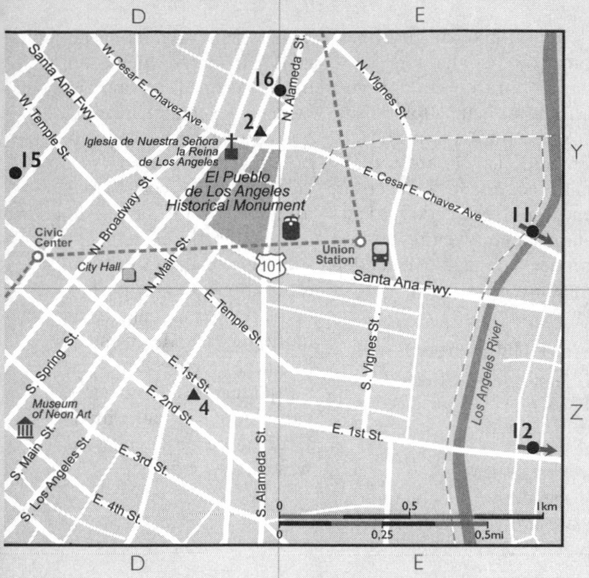

▲ HÉBERGEMENT

1. BZ Figueroa Hotel
2. DY Metro Plaza Hotel
3. CZ Millennium Biltmore Hotel Los Angeles
4. DZ Miyako Inn
5. BZ O Hotel

● RESTAURANTS

6. CZ Café Pinot
7. CZ Cicada
8. CZ Ciudad
9. CZ Cole's
10. CZ Grand Central Market
11. EY La Parrilla
12. EZ La Serenata de Garibaldi
13. AY Langer's
14. BZ Original Pantry Cafe
15. DY Patina
16. EY Philippe the Original

et suites s'avèrent somptueusement aménagées et confortables à souhait. L'hôtel compte également une piscine intérieure de style romain et plusieurs salles de bal, notamment la Crystal Ballroom, qui a en outre été utilisée pour la remise des Academy Awards (récompenses convoitées de l'industrie du cinéma) dans les années 1930 et 1940.

Hollywood et ses environs

Hollywood

Hollywood City Inn

$ @

1615 N. Western Ave., angle Hollywood Blvd.

323-469-2700

www.hollywoodcityinn.net

Ce petit motel de 43 chambres est situé à 1,5 km à l'est du Hollywood Walk of Fame et à moins de 1 km de l'entrée du Griffith Park. Les chambres sont propres et le service attentif. Sans grand charme, mais un bon rapport qualité/prix pour la région. Stationnement gratuit, laverie.

Hollywood International Hostel

$ bc @

6820 Hollywood Blvd., près de Highland Ave.

323-463-2770 ou 800-557-7038

www.hollywoodhostels.com

Le Hollywood International Hostel propose des dortoirs renfermant chacun trois ou quatre lits superposés de même que quelques chambres privées. Les installations mises à la disposition des jeunes voyageurs comprennent une cuisine, une salle de télévision, une laverie et une salle de jeux avec tables de billard. On peut s'y inscrire 24 heures sur 24, et l'atmosphère générale y est assez animée.

ULYSSE

Magic Castle Hotel

$$$ @

7025 Franklin Ave., près de Sycamore Ave.

323-851-0800 ou 800-741-4915

www.magiccastlehotel.com

Le Magic Castle Hotel loue des chambres et suites spacieuses au décor moderne autour d'un jardin et d'une grande piscine chauffée. Toutes les unités disposent d'une cuisinette. Cet endroit est réputé pour l'accueil qu'il réserve aux familles et présente un très bon rapport qualité/prix. Situé près du centre-ville d'Hollywood, au pied des collines, il doit son nom au Magic Castle, un club privé perché sur la colline, où se produisent des magiciens de très haut niveau (l'hôtel peut vous réserver des places si la chose vous intéresse).

Hollywood Roosevelt Hotel

$$$$ @

7000 Hollywood Blvd., angle Orange Dr.

323-466-7000 ou 800-950-7667

www.hollywoodroosevelt.com

Construit en 1927, le Hollywood Roosevelt Hotel vous fera remonter dans le temps jusqu'à une époque plus romantique d'Hollywood. Situé dans le centre-ville d'Hollywood, en face du Grauman's Chinese Theater, ce monument Art déco de

12 étages a été entièrement restauré en 2005. Il regorge de souvenirs d'Hollywood et a été le lieu de prédilection de nombreuses personnalités artistiques. La toute première cérémonie des Oscar s'est d'ailleurs déroulée dans la salle de bal du Roosevelt.

Renaissance Hollywood Hotel & Spa
$$$$
Hollywood & Highland Center
1755 N. Highland Ave., à quelques pas de Hollywood Blvd.
323-856-1200 ou 800-769-4774
www.renaissancehollywood.com

Partie intégrante du **Hollywood & Highland Center** (voir p. 188), ce récent hôtel de grand luxe de 20 étages propose des chambres élégantes aux couleurs vives offrant une vue superbe sur la ville et les collines d'Hollywood. La clientèle d'affaires comme les familles en vacances (service de garderie sur place) trouveront tous les services souhaités. Personnel multilingue.

West Hollywood

Le Montrose Suite Hotel
$$$$
900 Hammond St.
310-885-1115 ou 800-776-0666
www.lemontrose.com

Il est pratiquement impossible de trouver un hôtel à West Hollywood à moins de 200$ par nuitée, même en basse saison. Le Montrose offre un excellent rapport qualité/prix avec ses chambres spacieuses et son service de haut niveau. Doté uniquement de suites, le luxueux hôtel a récemment subi d'importants travaux de rénovation qui ont permis de lui donner un chic décor moderne. Le Montrose a l'avantage d'être situé dans un quartier résidentiel très paisible tout en demeurant à proximité de l'action de West Hollywood.

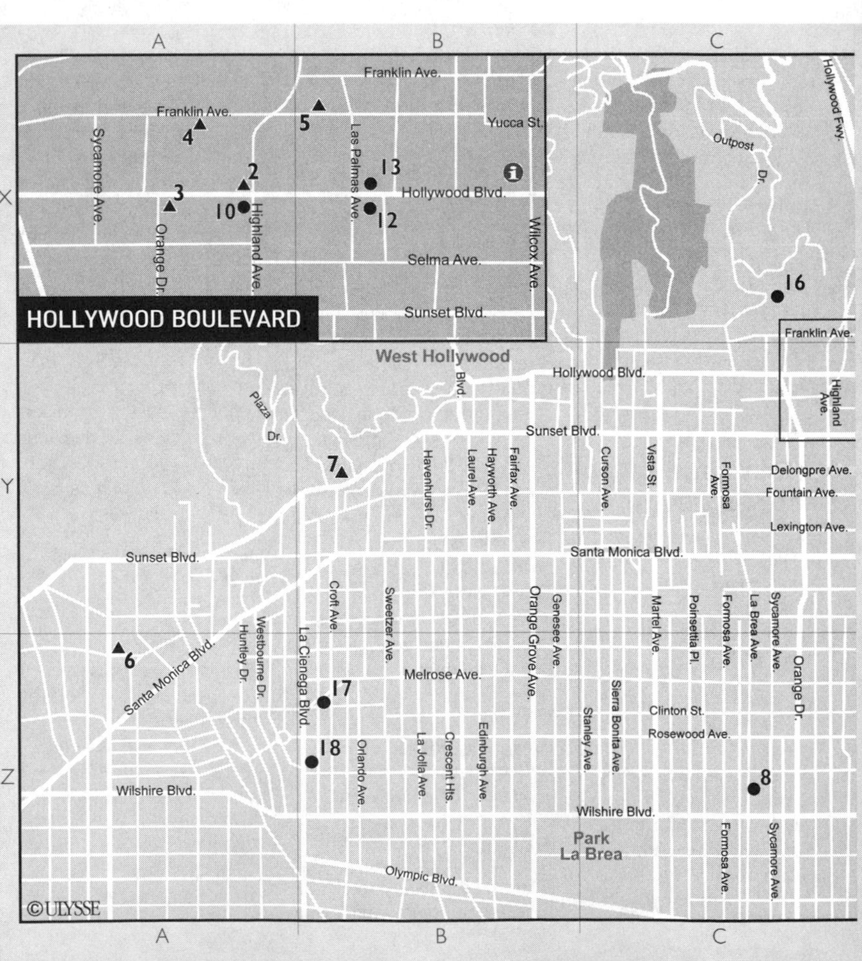

Mondrian
$$$$ ≡ @
8440 Sunset Blvd., deux rues à l'est de La Cienega Blvd.
323-650-8999 ou 800-4969-1780
www.mondrianhotel.com
Le Mondrian est un chef-d'œuvre de design réalisé à partir d'un ancien immeuble d'appartements tout à fait ordinaire de West Hollywood. Ses chambres et suites offrent toutes de superbes vues sur la ville (l'architecte a voulu créer un «hôtel dans les nuages») et un chic décor minimaliste, le service se voulant pour sa part attentionné. Les suites possèdent des cuisinettes.

Westside

Wilshire

Cinema Suites
$$ bc/bp @ ≡
925 S. Fairfax Ave.
323-272-3160
www.cinemasuites.biz
Ce gîte touristique de quatre chambres est aménagé dans une belle demeure de style espagnol dotée d'un joli jardin. Il est situé à 400 m du Museum Row et du **Los Angeles County Museum of Art** (voir p. 140) et à proximité de Hollywood Boulevard et de Rodeo Drive (Beverly Hills).

Park Plaza Lodge Hotel
$$ ≡ @ P
6001 W. Third St., près de Martell Ave., entre La Brea et Fairfax
323-931-1501
www.parkplazalodgehotel.com
Le Park Plaza Lodge avoisine le superbe centre commercial **The Grove** (voir p. 189) et se trouve à distance de marche du **Los Angeles County Museum of Art** (voir p. 140). Ses chambres sont spacieuses et convenablement meublées. L'hôtel n'est pas des plus luxueux, mais

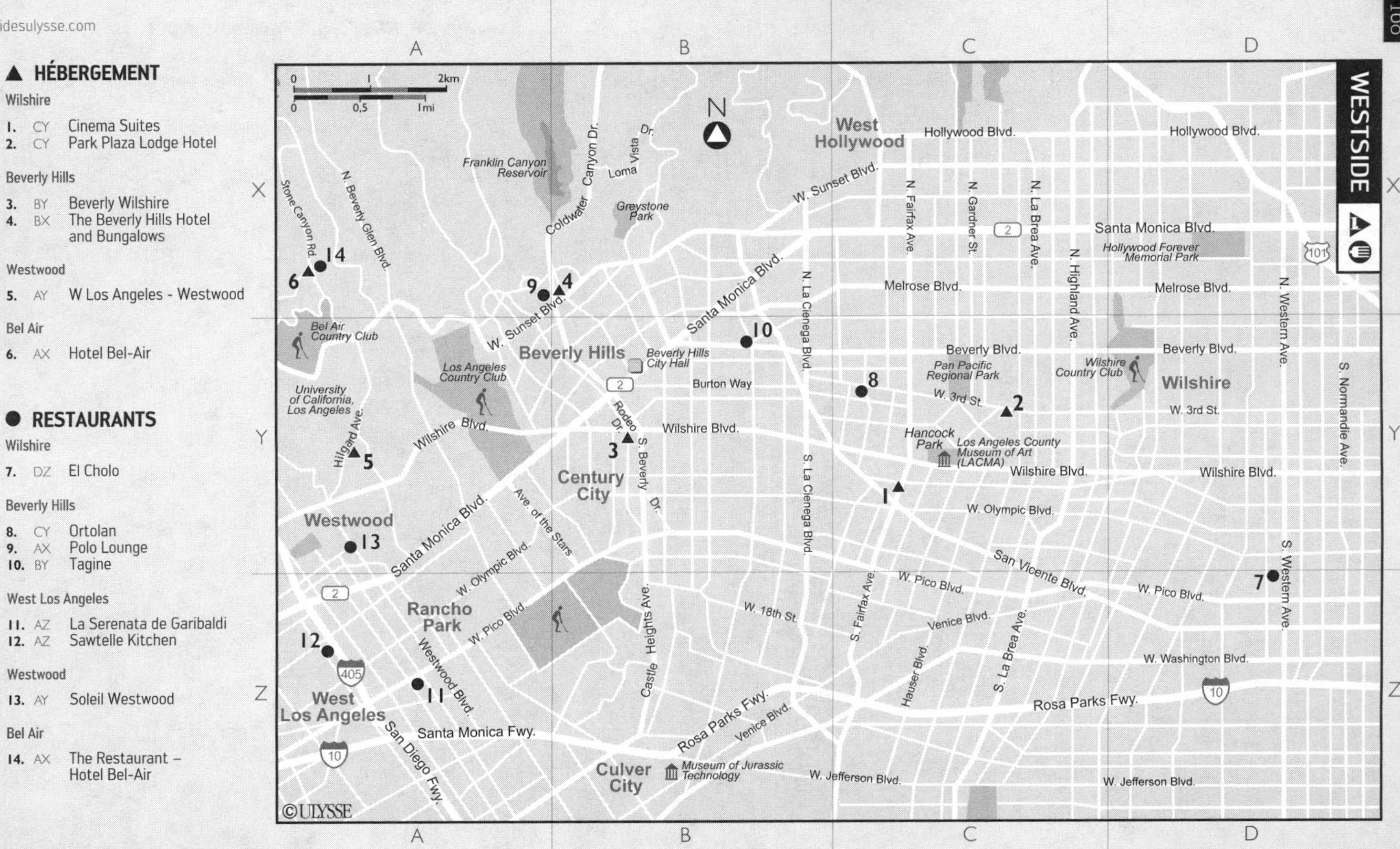

▲ HÉBERGEMENT

Wilshire

1. CY Cinema Suites
2. CY Park Plaza Lodge Hotel

Beverly Hills

3. BY Beverly Wilshire
4. BX The Beverly Hills Hotel and Bungalows

Westwood

5. AY W Los Angeles - Westwood

Bel Air

6. AX Hotel Bel-Air

● RESTAURANTS

Wilshire

7. DZ El Cholo

Beverly Hills

8. CY Ortolan
9. AX Polo Lounge
10. BY Tagine

West Los Angeles

11. AZ La Serenata de Garibaldi
12. AZ Sawtelle Kitchen

Westwood

13. AY Soleil Westwood

Bel Air

14. AX The Restaurant – Hotel Bel-Air

il offre un bon rapport qualité/prix.

Beverly Hills

Beverly Wilshire
$$$$ ≡ @ ❄ ◎ Ψ Y ≈

9500 Wilshire Blvd.
☎ 310-275-5200
www.fourseasons.com/beverlywilshire

Véritable symbole de Beverly Hills, cet hôtel de la chaîne Four Seasons trône au pied de Rodeo Drive. Le service s'approche de la perfection, et les clients ne peuvent qu'apprécier les restaurants, les bars, la piscine et le magnifique spa du Beverly Wilshire. Certaines chambres standards offrent toutefois une vue décevante pour le prix demandé.

The Beverly Hills Hotel and Bungalows
$$$$
≡ ≈ ◎ Y Δ @ Ψ ♿

9641 Sunset Blvd.
☎ 310-276-2251
www.thebeverlyhillshotel.com

Le légendaire Beverly Hills Hotel a ouvert ses portes en 1912 et est rapidement devenu l'un des hôtels les plus connus au monde. Surnommé le *Pink Palace*, il offre luxe et confort à sa clientèle de gens riches et célèbres. Chacune de ses chambres et suites insonorisées, volontairement ostentatoires, dispose d'œuvres d'art originales et de la dernière technologie en matière de confort et de services. De vastes salles de bain, tout de marbre, sont mises à la disposition de la clientèle, en plus d'un placard séparé par une cloison et un petit salon. À tout cela, il faut ajouter une piscine extérieure, deux courts de tennis et un service cinq-étoiles.

Westwood

W Los Angeles - Westwood
$$$$ ≡ ≈ @ Ψ Y

930 Hilgard Ave., entre Weyburn Ave. et Le Conte Ave.
☎ 310-208-8765
www.starwoodhotels.com

Le W Los Angeles - Westwood est un chic hôtel établi dans le voisinage de l'UCLA et du Westwood Village. Il repose sur une propriété admirablement paysagée et vous assure un service de haut niveau. Un restaurant et deux bars accueillent en soirée, dans une ambiance feutrée, les gens d'affaires et l'élite de la ville.

Bel Air

Hotel Bel-Air
$$$$ ≡ ≈ Ψ @ Y

701 Stone Canyon Rd., au nord de l'UCLA
☎ 310-472-1211
www.hotelbelair.com

Le Bel-Air propose un petit coin de paradis dans un décor luxueux et serein. Vous ne vous y sentirez pas comme dans un hôtel, mais plutôt comme un invité dans un manoir privé. L'élégant aménagement extérieur de l'établissement comprend de magnifiques jardins, un étang où nagent des cygnes, des fontaines et des foyers. Les chambres offrent, il va sans dire, le summum de l'opulence et du confort. L'hôtel, tout comme son restaurant, d'ailleurs, est provisoirement fermé en 2010 pour se refaire une beauté, dans un souci permanent de satisfaire une clientèle haut de gamme exigeante. Réouverture prévue pour la mi-2011.

Santa Monica et ses environs

Malibu

Casa Malibu Inn
$$$-$$$$ @ Δ ≡ ◎

22752 Pacific Coast Hwy.
☎ 310-456-2219 ou 800-831-0858

Joli petit hôtel situé directement au bord de la mer, le Casa Malibu Inn offre un hébergement à prix relativement abordable (à tout le moins selon les standards de Malibu). La majorité des 21 chambres ont vue sur le Pacifique et sont équipées de foyers. Pour la petite histoire, l'établissement a été acquis en 2007 par le richissime fondateur de l'entreprise de logiciels Oracle Corporation, Larry Ellison.

Santa Monica

Hostelling International Santa Monica
$ bc ♿ @

1436 Second St., au sud de Santa Monica Blvd.
☎ 310-393-9913
www.hilosangeles.org

Cette belle auberge de jeunesse est située au cœur de Santa Monica, à une rue de la plage et tout près du Santa Monica Pier et de la Third Street Promenade. Laverie, salles de jeu et de cinéma. Ouvert 24 heures sur 24.

Sea Shore Motel
$$-$$$ ≡ ❄ @ Ψ

2637 Main St., angle Hill St., en face de la plage
☎ 310-392-2787
www.seashoremotel.com

Le Sea Shore Motel est tenu par des Allemands et accueille nombre de visiteurs européens. Il se trouve près de la mer, mais tout de même à une certaine distance du centre-ville de Santa Monica. Les chambres sont confortables, sinon

SANTA MONICA

▲ HÉBERGEMENT

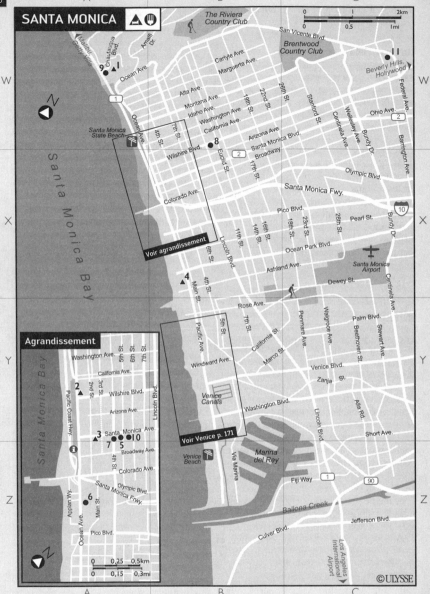

1. AW Channel Road Inn
2. AY Fairmont Miramar Hotel & Bungalows
3. AY Hostelling International Santa Monica
4. BX Sea Shore Motel

● RESTAURANTS

5. AY JiRaffe
6. AZ La Cachette Bistro
7. AY La Serenata de Garibaldi
8. BW Mélisse
9. AW Patrick's Roadhouse
10. AY Real Food Daily
11. CW Tavern

quelque peu ordinaires. Bon rapport qualité/prix.

Channel Road Inn
$$$$ P @
219 W. Channel Rd., à une rue de la plage
310-459-1920
www.channelroadinn.com

Le Channel Road Inn loue 15 chambres dans une maison affectueusement restaurée. Le petit déjeuner complet (servi dans la chambre pour 10$ supplémentaires), le thé et le vin l'après-midi et les hors-d'œuvre sont tous compris dans le prix des chambres. Celles-ci, dont certaines ont vue sur la mer et dont plusieurs disposent d'un foyer ou d'une baignoire à remous, sont rehaussées de meubles en bois et de touches décoratives telles que des courtepointes amish. Vous y serez sans nul doute choyé.

Fairmont Miramar Hotel & Bungalows
$$$$ @
101 Wilshire Blvd.
310-576-7777
www.fairmont.com/santamonica

Cet hôtel de grand luxe est aménagé sur un immense terrain boisé. Il comprend une tour moderne de 10 étages avec vue sur la mer, une aile historique de six étages aux chambres spacieuses et au décor traditionnel, ainsi que 32 somptueuses villas avec terrasse privée. De nombreux autres hôtels somptueux ont pignon sur rue à Santa Monica, mais peu présentent une histoire aussi riche que celle du Miramar. Ouvert en 1921 et récemment rénové, il fut le lieu de séjour de plusieurs personnalités politiques et vedettes d'Hollywood (Greta Garbo y vécut pendant quatre ans). Aujourd'hui, l'hôtel conserve son charme d'antan tout en offrant un confort à la hauteur des hôtels modernes.

Venice

Venice Beach Cotel
$ bc @
25 Windward Ave., à une rue de la plage
310-399-7649 ou 888-718-8287
www.venicebeachcotel.com

Le Venice Beach Cotel dispose de dortoirs de trois à six lits chacun et de chambres privées. Hébergement convenable, café et thé à volonté.

Venice Beach House
$$$-$$$$ bc/bp @
15 30th Ave., près de la plage
310-823-1966
www.venicebeachhouse.com

La Venice Beach House se trouve dans une rue piétonnière tranquille à environ 50 m de la plage et à quelques rues seulement au sud de Venice Beach, entourée

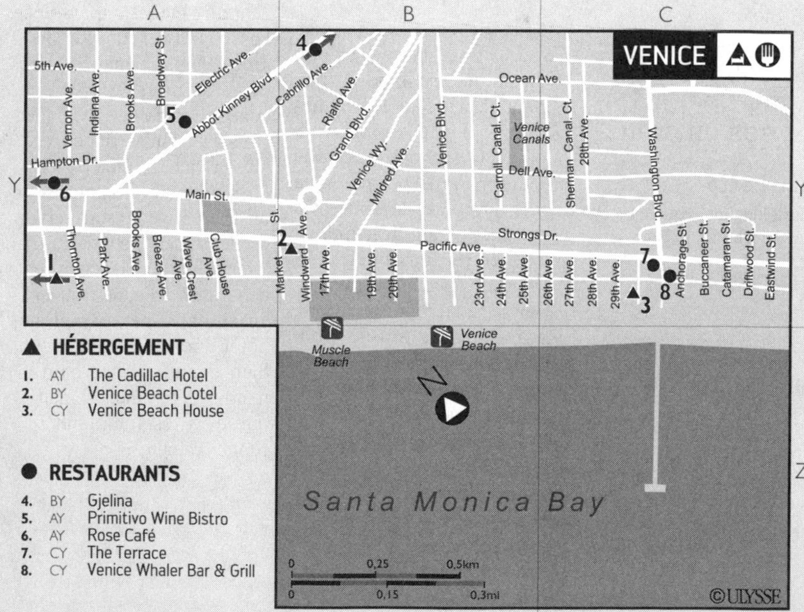

de plusieurs restaurants. Il s'agit là d'une propriété affectueusement entretenue qui figure au registre national des lieux historiques, et ses neuf chambres varient par leur taille, quoique toutes offrent une atmosphère chaleureuse et intime et soient rehaussées de meubles antiques. La grande véranda, qui fait face à un jardin, se prête on ne peut mieux à la détente. Petit déjeuner léger.

The Cadillac Hotel
$$$-$$$$
8 Dudley Ave., en face de Venice Beach
☎ 310-399-8876
www.thecadillachotel.com
Le Cadillac est un hôtel restauré qui date de 1905 et dont plusieurs chambres ont vue sur la mer. Le hall révèle des influences Art déco, tandis que les chambres, redécorées à maintes reprises au fil des décennies, présentent une apparence moderne qui ne manque toutefois pas de cachet. À ne pas manquer: le coucher de soleil depuis le toit-terrasse de l'hôtel.

Long Beach et ses environs

San Pedro

Hostelling International – Los Angeles South Bay
$ bc @
3601 S. Gaffey St., Building 613
☎ 310-831-8109
www.hihostels.com
Les anciennes casernes du fort MacArthur abritent l'auberge de jeunesse locale. Cet établissement à prix très abordable est situé au cœur de San Pedro, non loin des plages, dans le périmètre de l'Angel's Gate Park. L'établissement possède une grande cuisine où l'on peut préparer ses repas, véritable lieu de rencontre international. Par ailleurs, les hommes et les femmes logent dans des dortoirs séparés, exception faite de ceux qui voyagent en couple.

Doubletree Hotel San Pedro
$$$$ @
2800 Via Cabrillo Marina
☎ 310-514-3344
http://doubletree1.hilton.com
Le Doubletree est situé à la Cabrillo Marina, dans le port de San Pedro. L'architecture et le design intérieur vous transporteront vers les côtes méditerranéennes, tandis que l'interminable liste des services pour gens d'affaires vous rappellera que vous êtes toujours en Amérique du Nord.

Long Beach

Queen Mary Hotel
$$-$$$ P @
1126 Queens Hwy.
☎ 562-435-3511 ou 877-342-0742
www.queenmary.com
Long Beach offre aux visiteurs une rare occasion de séjourner à bord d'un paquebot de grande tradition, sans devoir payer le prix d'une croisière. L'hôtel Queen Mary permet à la fois de goûter la douce vie de l'aristocratie britannique de l'entre-deux-guerres et de jouir du confort particulier que l'on retrouve à bord, par exemple sur le pont supérieur où l'on peut profiter des rayons du soleil. On pourra également admirer la fameuse ornementation de style Art déco. Parce qu'il s'agit d'un navire, certaines des chambres sont petites, et peu de lumière pénètre par les hublots. Mais c'est fou ce que l'on peut supporter pour séjourner dans un tel cadre. Il est tout de même recommandé de réserver une chambre avec fenêtre. Tout en restant à bord, les «passagers» peuvent se restaurer, faire leurs courses et se détendre dans un des nombreux salons, en plus, bien sûr, de visiter gratuitement le prestigieux navire (voir p. 148).

Renaissance Long Beach Hotel
$$$$ @
111 E. Ocean Blvd.
☎ 562-437-5900
www.marriott.com
Le Renaissance Long Beach Hotel est tout désigné pour les gens d'affaires et les congressistes de passage à Long Beach. En effet, l'établissement avoisine le Long Beach Convention & Entertainment Center et dispose de 1 500 m² de salles. Quelque 370 chambres et suites spacieuses au décor contemporain qui ne manque pas de raffinement se retrouvent aux étages supérieurs. Les chambres du Renaissance Club, aménagées aux deux derniers niveaux et auxquelles n'ont accès que leurs occupants, sont encore plus grandes et plus privées. Elles donnent aussi accès à un salon privé où sont servis gracieusement petit déjeuner le matin et hors-d'œuvre en début de soirée. Se trouvent aussi dans cet excellent hôtel une salle d'exercices bien équipée, avec bain à remous et piscine, de même que trois restaurants et un centre d'affaires.

LONG BEACH ET SAN PEDRO

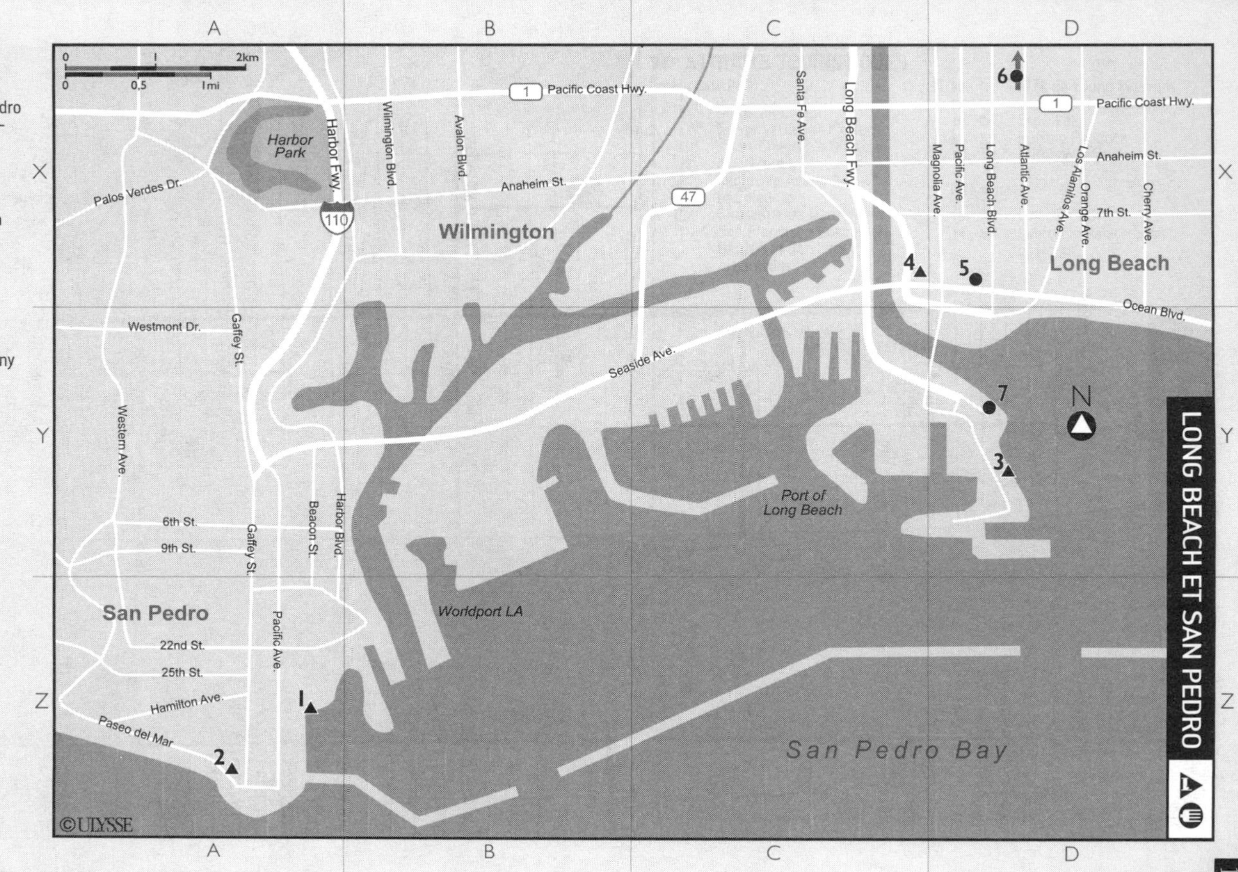

▲ HÉBERGEMENT

San Pedro

1. AZ Doubletree Hotel San Pedro
2. AZ Hostelling International – Los Angeles South Bay

Long Beach

3. DY Queen Mary Hotel
4. CX Renaissance Long Beach Hotel

● RESTAURANTS

Long Beach

5. DX Alegria Cocina Latina
6. DX Belmont Brewing Company
7. DY Queen Mary

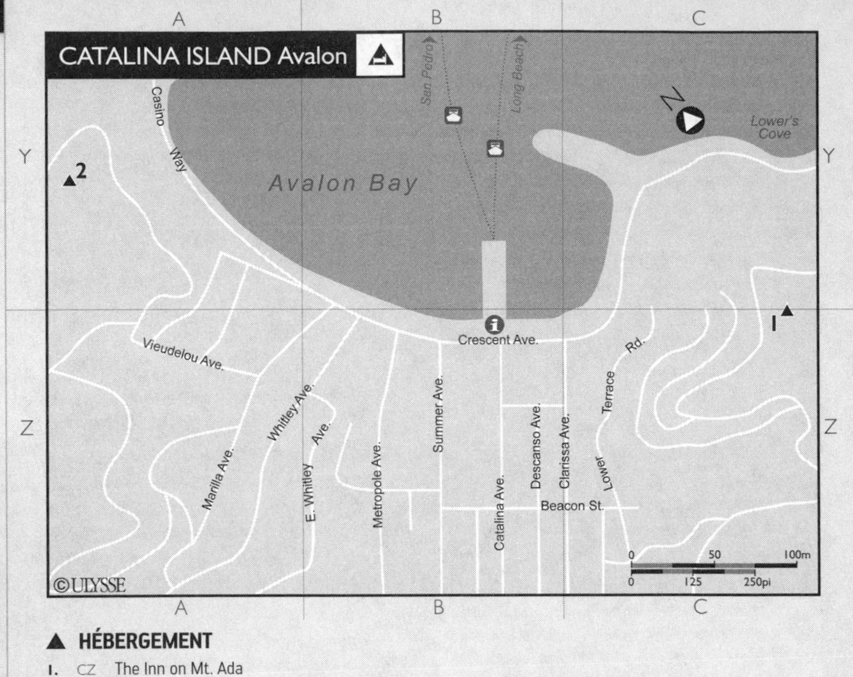

▲ **HÉBERGEMENT**

1. CZ The Inn on Mt. Ada
2. AY Zane Grey Pueblo Hotel

Catalina Island

Si vous prévoyiez passer la nuit sur l'île de Catalina, pendant l'été et surtout les fins de semaine, vous devez prendre le temps de réserver pour éviter les mauvaises surprises. À cette fin, **Catalina Island Accommodations** (*310-510-3000*) pourra vous aider. Notez que les prix pratiqués en haute saison (mai à octobre) sont trois fois supérieurs à ceux affichés en basse saison.

Zane Grey Pueblo Hotel
$$-$$$
199 Chimes Tower Rd., au nord de Hills St., Avalon
310-510-0966 ou 800-378-3256
www.zanegreypueblohotel.com

Zane Grey, célèbre auteur de plusieurs romans western, passa ses vieux jours dans cette maison sans prétention, aujourd'hui convertie en un hôtel qui porte son nom. Grey voulait sans doute s'inspirer du magnifique panorama de la baie d'Avalon et des montagnes de l'île quand il décida de faire construire sa demeure de style Pueblo ici, à flanc de montagne. C'est maintenant au tour des vacanciers de jouir de ce décor enchanteur, tout en profitant de la piscine extérieure, de la grande terrasse qui offre une vue en surplomb sur la baie ou du hall spacieux équipé d'un piano et d'un foyer. Les 17 chambres sont en revanche moins éloquentes avec leur mobilier limité à l'essentiel (sans téléphone ni téléviseur) et une décoration au goût douteux. Mais, somme toute, il s'agit probablement de l'hôtel offrant le meilleur rapport qualité/prix dans l'île. Les séjours (réservations requises) doivent être d'au moins deux nuitées les fins de semaine en haute saison.

The Inn on Mt. Ada
$$$$ pc
398 Wrigley Rd., Avalon
310-510-2030 ou 800-608-7669
www.innonmtada.com

Surplombant Avalon et son rivage émeraude depuis une colline, ce luxueux hôtel fut initialement la demeure de la famille Wrigley. La maison de style néogeorgien, érigée en 1921, fait étalage de sa splendeur avec des éléments décoratifs des plus soignés, des objets d'art ravissants et un mobilier somptueux. Située à 100 m d'altitude, elle offre une vue spectaculaire sur la baie d'Avalon. De plus, la pension complète s'avère tout simplement exceptionnelle. Le plus étonnant est que l'hôtel ne compte que six chambres, toutes garnies de meubles de style. Réservations requises au moins deux mois à l'avance. Les enfants de moins de 14 ans ne sont pas admis.

PASADENA

▲ HÉBERGEMENT

1. AZ Bissell House
2. CY Ramada Pasadena
3. CY Saga Motor Hotel

● RESTAURANTS

4. AY Azeen's Afghani Restaurant
5. AZ Shiro

©ULYSSE

La San Gabriel Valley

Pasadena

Saga Motor Hotel
$$ P @

1633 E. Colorado Blvd. (entre Allen et Sierra Bonita)
626-795-0431 ou 800-793-7242
www.thesagamotorhotel.com

La meilleure affaire au cœur de Pasadena, c'est le Saga Motor Hotel qui la propose. Les travaux de rénovation de ces dernières années n'ont d'ailleurs pas supprimé tout le charme de l'hôtel construit dans les années 1950. Les chambres sont propres, bien que petites et quelque peu dépouillées. Aussi, préférez celles entourant la piscine extérieure pour éviter le bourdonnement qui monte de la rue. Il s'agit d'une bonne adresse dans sa catégorie.

Ramada Pasadena
$$-$$$ @ P

2156 E. Colorado Blvd.
626-793-9339
www.kingstonpasadena.com

Situé sur le boulevard Colorado à une quinzaine de rues à l'est du Playhouse District, le Ramada Pasadena est l'un des hôtels les plus appréciés de la ville pour ses tarifs très raisonnables, la qualité de son service et la propreté de ses chambres. Les clients ont accès à une piscine extérieure et à un centre de conditionnement physique.

Bissell House
$$$$ P @

201 Orange Grove Ave., angle Columbia St.
626-441-3535 ou 800-441-3530
www.bissellhouse.com

La Bissell House est une maison historique à dentelle de bois qui date de 1887 et repose dans l'allée des millionnaires de Pasadena. De hautes haies vous y protégeront des bruits de la rue, plutôt passante. Les six chambres renferment un mobilier antique, y compris une baignoire à l'ancienne. Un copieux petit déjeuner végétarien et des casse-croûte servis en après-midi vous sont offerts par le propriétaire.

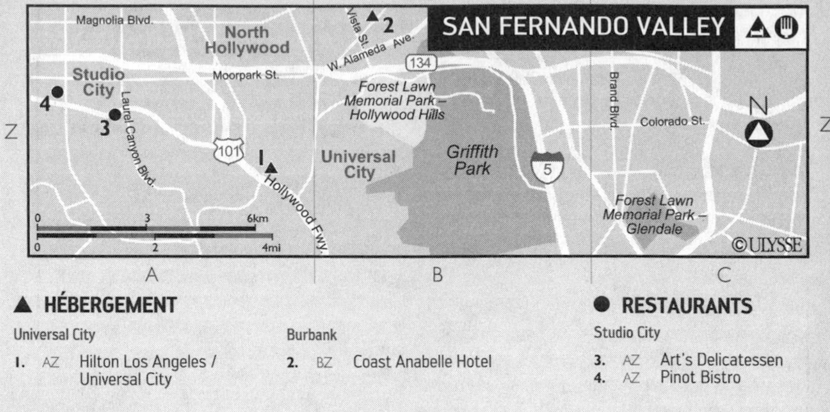

▲ HÉBERGEMENT

Universal City

1. AZ Hilton Los Angeles / Universal City

Burbank

2. BZ Coast Anabelle Hotel

● RESTAURANTS

Studio City

3. AZ Art's Delicatessen
4. AZ Pinot Bistro

La San Fernando Valley

Universal City

Hilton Los Angeles/ Universal City
$$$$
555 Universal Terrace Parkway
818-506-2500 ou 800-445-8667
www.hilton.com

Le luxueux hôtel Hilton Los Angeles/Universal City est situé à moins de 5 min de marche des Universal Studios. Vous pouvez également vous rendre à ces attractions en montant à bord de la navette gratuite qui offre un service constant entre 7h et 22h.

Burbank

Coast Anabelle Hotel
$$$$
2011 W. Olive St.
818-845-7800 ou 800-782-4373
www.coastanabelle.com

«Petit hôtel de luxe», voilà comment se définit le Coast Anabelle Hotel, ce qui semble bien coller à sa personnalité, faut-il avouer. «Classicisme» et «charme d'antan» sont, pour leur part, les épithètes qui s'appliquent aux chambres, décorées avec goût de beaux meubles anciens. Quant au personnel, il mérite d'être qualifié de convivial, voire amical, auprès d'une clientèle qui n'en demande pas toujours tant. Finalement, son avantageuse localisation se doit d'être citée, à quelques minutes de marche des studios de la NBC et de la Warner Bros.

Orange County

Anaheim

Super 8
$-$$
415 W. Katella Ave.
714-778-6900 ou 800-777-7123
www.super8anaheim.com

Si vous souhaitez consacrer vos journées entières à Disneyland et que vous cherchez un motel économique et propre, le Super 8 vous conviendra. Situé à deux rues du Disneyland Resort, il abrite des chambres plutôt petites mais bien entretenues. Stationnement gratuit et laverie.

Doubletree Guest Suites Anaheim Resort/Convention Center
$$$
2085 S. Harbor Blvd.
714-750-3000
www.doubletree1.hilton.com

Cet hôtel est l'un des plus populaires auprès des familles qui visitent Disneyland. Ses chambres sont spacieuses, particulièrement les suites qui sont offertes à prix raisonnable. La piscine extérieure chauffée et la salle de jeux plaisent à tout coup aux enfants. Le restaurant principal de l'hôtel offre un menu varié de qualité dont on peut déguster les plats dans la grande salle à manger ou à la terrasse. Il y a aussi un *lounge* bien aménagé et un café où vous pourrez commander un petit déjeuner ou un repas léger. Le personnel est multilingue.

Disneyland Resort

L'expérience du monde merveilleux de Disney ne serait pas complète si l'on ne loge pas dans un hôtel du complexe. Les personnages de Disney y font régulièrement un saut, notamment à l'heure du petit déjeuner, et les clients des hôtels ont le privilège d'accéder au parc par une entrée exclusive. Le coût est toutefois très élevé, même dans le moins cher des trois hôtels de Disneyland (**Disneyland Hotel**, **Disney's Paradise Pier Hotel** et **Disney's Grand Californian Hotel & Spa**). Nous vous suggérons de vérifier les forfaits offerts sur le site Internet du Disneyland Resort *(http://disneyland.disney.go.com)*, qui comprennent souvent des laissez-passer pour les parcs et les repas.

Buena Park

Radisson Suites Hotel Buena Park
$$$ ≡ ☼ @
7762 Beach Blvd.
☎ 714-739-5600 ou 800-395-7046
www.radisson.com/buenaparkca

Le Radisson Suites Hotel Buena Park propose des mini-suites d'une chambre à coucher fermée, flanquée d'une salle de séjour. Réfrigérateurs, fours à micro-ondes et cafetières sont aussi au rendez-vous, sans oublier le jardin tropical paysager qui entoure la piscine. Au chapitre des services offerts, il faut mentionner le service de navette gratuit pour la Knott's Berry Farm.

Restaurants

Los Angeles est l'une des villes où l'on mange le mieux aux États-Unis. La grande diversité ethnique assure une variété de cuisines qui saura satisfaire n'importe quel visiteur.

Comme partout ailleurs, on retrouve à L.A. des restos «attrape-touristes» où l'on paie beaucoup trop cher pour la qualité du plat, mais qui ont pour seul avantage d'être situés au cœur d'un secteur touristique. Il y a également un autre type d'attrape unique à Los Angeles, Hollywood oblige, soit les restaurants où l'on met manifestement davantage l'accent sur le fait «de voir et d'être vu» que sur le service et la nourriture comme tels.

Heureusement, la plupart des restaurants de L.A. sont d'un tout autre ordre que ces temples factices, hautement stéréotypés mais tout de même bien présents. Ainsi les restaurants au personnel enjoué offrant un bon rapport qualité/prix sont-ils très nombreux.

Le centre-ville de Los Angeles

Voir carte p. 164.

Beaucoup plus intéressant que n'importe quelle aire de restauration moderne et aseptisée, le **Grand Central Market** *(délimité par Broadway, Third St., Hill St. et Fourth St.)* renferme des kiosques de fruits et légumes, des comptoirs de boucherie et quelques petits restaurants proposant des plats économiques et savoureux dans un cadre atmosphérique, et ce, du début de la matinée à la fin de l'après-midi. Parmi les favoris, retenons **Maria's Pescado Frito** *($)*, qui prépare de simples plats de poisson et de fruits de mer mexicains, y compris des *ceviches*, **Tomas** *($)*, qui sert des *tacos* et autres mets rapides mexicains réussis si l'on se fie à la très forte affluence de la communauté hispanophone, et **Roast to Go** *($)*, qui offre un menu dans la plus pure tradition populaire (ses *tacos al pastor* à la cervelle, à la langue et aux tripes raviront les plus courageux). Finalement, le **China Cafe** concocte une cuisine chinoise américanisée classique (*chop suey* et *chow mein*) ainsi que d'excellentes et copieuses soupes.

Langer's
$
fermé dim
704 S. Alvarado St., angle Seventh St.
☎ 213-483-8050
www.langersdeli.com

Vous avez là une charcuterie fine typiquement juive, aux banquettes flanquées d'un long comptoir. L'endroit se veut populaire malgré une situation plus ou moins enviable, et nombre de bons vieux favoris y sont proposés, entre autres la soupe aux boulettes de *matzo*, le pastrami (apprêté de différentes façons) et le sandwich au foie haché.

Original Pantry Cafe
$
tlj 24 heures sur 24
877 S. Figueroa St., près de Ninth St.
☎ 213-972-9279
www.pantrycafe.com

Pour ainsi dire une institution locale, ce restaurant d'apparence quelque peu miteuse n'en sert pas moins de bons vieux classiques américains dont l'éventail varie des crêpes du matin au bifteck tardif, le tout à très bon prix.

Philippe the Original
$
tlj 6h à 22h
1001 N. Alameda St., angle Ord St.
☎ 213-628-3781
www.philippes.com

Ouvert depuis 1908, il s'agit là d'un des plus vieux restaurants de la ville. Ses propriétaires prétendent que c'est ici même qu'on a inventé le sandwich «bœuf et sauce» *french dip*, soit un sandwich sans doute inconnu des Français eux-mêmes qu'on obtient en étalant des tranches de viande rôtie (au choix) sur un pain baguette préalablement trempé dans un jus de viande. Le ragoût de bœuf est un autre favori de la maison. Service de type cafétéria et longues tables conviviales. Détail intéressant: un café simple est servi pour 9 cents... depuis 1924.

Cole's
$$
tlj à partir de 11h30
118 E. Sixth St.
☎ 213-622-4090
www.colesfrenchdip.com
Plus qu'un restaurant, une institution! Depuis son ouverture, plus de 400 films ont été tournés ici, et il n'est pas rare d'y croiser une vedette venue déguster un *french dip*, leur fameux sandwich trempé dans une sauce à la viande. Ouvert depuis 1908 tout comme son compétiteur Philippe the Original (voir ci-dessus), Cole's revendique également la paternité du *french dip*. Qui dit vrai: Phillipe the Original ou Cole's?

La Parrilla
$-$$
2126 Cesar E. Chavez Blvd., Boyle Heights
☎ 323-262-3434
www.laparrillarestaurant.com
Cet endroit décontracté au décor joyeux, établi dans un quartier à forte majorité mexicaine situé à l'est du centre-ville, sert d'authentiques spécialités mexicaines dans une atmosphère de fête. Au menu, une variété de viandes grillées sur charbons de bois, de fruits de mer tels que crevettes sauce à l'ail, *tamales* (beignets salés et farcis à base de farine d'avoine) et *pozole* (ragoût de viande et de maïs à gros grains).

La Serenata de Garibaldi
$$-$$$
1842 E. First St., East L.A.
☎ 323-265-2887
www.laserenataonline.com
Ce restaurant de fruits de mer mexicain des plus intéressants a de quoi surprendre dans un quartier plutôt quelconque. Les plats et le décor reflètent des tendances aussi bien modernes que traditionnelles. Retenons le vivaneau entier et d'autres poissons et fruits de mer frais, grillés et servis tels quels ou nappés de sauces toutes simples. Deux autres succursales: l'une à West Los Angeles (voir p. 181) et l'autre à Santa Monica (voir p. 182).

Ciudad
$$$
445 S. Figueroa St.
☎ 213-486-5171
www.ciudad-la.com
C'est à l'heureuse initiative de Mary Sue Milliken et de Susan Feniger, chefs devenues célèbres par leurs restaurants City Cafe et City Restaurant, qu'a vu le jour le resto de cuisine hispano-américaine Ciudad. Elles ont repris à leur façon les classiques culinaires d'Amérique centrale, d'Amérique du Sud et d'Espagne, mais aussi en créant de nouveaux plats à base des mêmes ingrédients latins. Au programme donc, *ceviche* du Honduras présenté dans un verre de martini, côtes levées d'Argentine farcies de piments *jalapeños* et de gousses d'ail, poulet sauté à la cubaine accompagné de riz portoricain et de bananes plantains frites. Mais il n'y a pas que le menu qui tape dans le mille: le décor réserve lui aussi des moments de jouissance. C'est à l'architecte Josh Schweitzer que l'on doit la décoration inspirée qui fait aisément croire qu'on se trouve au cœur de Rio de Janeiro plutôt que dans un local d'un immeuble de bureaux du centre-ville. Une formule à 10$, le *quick lunch*, est proposée aux clients pressés. Une valeur sûre.

Café Pinot
$$$-$$$$
700 W. Fifth St., angle Hope St.
☎ 213-239-6500
www.patinagroup.com
Ce restaurant digne de mention où se mêlent harmonieusement les cuisines française et californienne a pignon sur rue sur les lieux mêmes de la Central Library, et il s'enorgueillit aussi bien d'une salle à manger que d'une terrasse au jardin. On peut, si vous le désirez, vous conduire gratuitement au Music Center, ce qui en fait un endroit fort apprécié des dîneurs qui comptent assister à un concert après leur repas. Un des plats favoris de la maison est le poulet rôti arrosé d'une sauce aux trois moutardes, et il est d'ailleurs offert en tout temps malgré le caractère changeant du menu au gré des saisons. Les potages et les desserts sont aussi vivement recommandés.

Cicada
$$$$
fermé lun
617 S. Olive St.
☎ 213-488-9488
www.cicadarestaurant.com
Il convient de réserver pour espérer s'attabler dans l'un des restos italiens les plus appréciés de Los Angeles, le Cicada. De l'avis de plusieurs, c'est au décor qu'il faut s'intéresser, un décor aux accents Art déco qui consiste en de grandes colonnes lambrissées, un plafond de feuilles d'or et des murales sur les parois latérales, le tout organisé autour du vaste hall de l'Oviatt Building (construit en 1928) qui fait office de salle à manger. Pour d'autres, ce n'est pas à cette atmosphère «années folles» qu'il faut

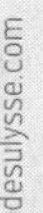

prêter attention, mais plutôt à la cuisine de la chef Suzay Cha. Le menu élaboré avec soin prend résolument des couleurs d'Italie du Nord, et ce, de l'entrée au dessert. Impressionnant cellier et bar au balcon.

Patina
$$$$
fermé lun
141 S. Grand Ave.
213-927-3331
www.patinagroup.com
Le restaurant Patina, situé à l'intérieur du prestigieux **Walt Disney Concert Hall** (voir p. 127), est l'un des deux seuls relais gourmands de l'association Relais & Châteaux à Los Angeles. Le luxueux restaurant propose une cuisine française contemporaine et est reconnu pour ses menus dégustation, ses caviars, sa carte des vins et sa sélection de fromages. Les soirs de concert du Los Angeles Philarmonic Orchestra, les dîners sont servis jusqu'à 23h du mardi au samedi et jusqu'à 22h30 le dimanche. Élégante terrasse.

Hollywood et ses environs

Voir carte p. 166-167.

Hollywood

Disney Soda Fountain and Studio Store
$
6834 Hollywood Blvd., face au Hollywood & Highland Center
323-817-1475
www.disneysodafountain.com
Situé à côté du théâtre **El Capitan** (voir p. 136), où sont projetés les plus récents films produits par Disney, le Disney Soda Fountain propose non seulement des *sundaes* (coupes glacées), des laits fouettés et des glaces, mais aussi un petit menu composé de mets simples comme les hamburgers, spaghettis, crêpes et sandwichs. Une boutique Disney est adjacente au restaurant.

Jitlada
$$
5233 ½ W. Sunset Blvd.
323-663-3104
L'authentique cuisine thaïlandaise et les deux accueillantes salles à manger tendues d'œuvres d'art de cet établissement offrent un contraste des plus agréables à l'extérieur plutôt morne du mini-centre commercial dans lequel il se trouve. Comme entrée, rouleaux printaniers et potage à la citronnelle et aux fruits de mer, suivis de plats de viande, de fruits de mer et de nouilles, le tout savamment assaisonné et garni de sauces à faire rêver.

Miceli's
$$
1646 N. Las Palmas, près d'Hollywood Blvd.
213-466-3438
www.micelisrestaurant.com
Le doyen des restaurants de cuisine italienne d'Hollywood (1949) n'a rien perdu de son essence originale qui lui a permis de franchir toutes ces années. Sa localisation, près de l'achalandé Hollywood Boulevard, en fait un endroit très populaire auprès des touristes. L'atmosphère y est donc fort animée, et le personnel peine à servir *illico presto*, ce qui peut expliquer le service quelque peu empressé. Les repas se prennent sur de jolies nappes à carreaux sous un plafond lambrissé auquel des centaines de bouteilles vides de *chianti* sont suspendues. Moyennant un prix raisonnable, on peut se satisfaire de pizzas à croûte mince ou de la spécialité de la maison, les *linguine pescatore*.

The Hungry Cat
$$
1535 N. Vine St.
323-462-2155
www.thehungrycat.com
Les fruits de mer sont la spécialité du Hungry Cat. Huîtres, crabe, moules, palourdes et oursins sont cuisinés et assaisonnés de différentes manières, puis servis accompagnés de légumes frais. Le tout est savoureux. Pragmatique, le chef a aussi prévu des steaks fondants et des frites craquantes pour sa clientèle. Le bar sert des cocktails de jus de fruits rafraîchissants, et une terrasse profite aux clients lors des suffocantes nuits d'été de Los Angeles.

ChaChaCha
$$-$$$
656 N. Virgil Ave., angle Melrose Ave., Silver Lake
323-664-7723
www.theoriginalchachacha.com
Situé dans le district de Silver Lake, à l'est d'Hollywood, le sympathique ChaChaCha propose des *empanadas*, des plats de fruits de mer épicés et d'autres spécialités caribéennes. Les classiques de la cuisine cubaine, portoricaine, jamaïquaine et haïtienne rivalisent sur la carte pour le plus grand plaisir des convives en quête d'exotisme. On recommande de commencer son repas avec un pot de sangria, réputée comme l'une des meilleures de la région. L'atmosphère est à la fête dans ce resto coloré, la musique reggae et le décor inusité y étant sûrement pour quelque chose.

The Hollywood Canteen
$$-$$$
tlj à partir de 11h
1006 Seward St.
323-465-0961
www.hollywoodcanteenla.com

Le restaurant secret, ou plutôt la cantine secrète des studios. Attendez-vous à apercevoir quelques clients surprenants parmi les convives! Mais ici, on vient pour manger, et non pour frimer. The Hollywood Canteen est le lieu des dîners d'affaires, où les producteurs discutent des projets de films et négocient les contrats avec les acteurs. La cuisine est américaine, et excellente de surcroît. Le *New York steak* est particulièrement apprécié. Le patio verdoyant constitue un véritable havre de paix.

Musso and Frank Grill
$$$
fermé dim-lun
6667 Hollywood Blvd., angle Cahuenga Blvd.
323-467-7788
www.mussoandfrankgrill.com

Le plus ancien restaurant d'Hollywood, le Musso and Frank Grill, est installé depuis 1919 dans un bâtiment dont l'intérieur est garni de panneaux de bois sombres, de murales et de banquettes de cuir rouge. Son bar et son grill ouvert lui confèrent un air de club privé qui reflète bien la longue tradition de l'établissement. Parmi les plats qu'on prépare ici, mentionnons l'escalope de veau, le carré d'agneau avec gelée à la menthe, le homard sauté et une gamme complète de steaks et de côtelettes.

Yamashiro
$$$
1999 N. Sycamore Ave.
323-466-5125
www.yamashirorestaurant.com

Bien que la nourriture et le service soient eux-mêmes valables dans ce très romantique restaurant japonais, les gens s'y rendent surtout pour la vue extraordinaire qu'il offre sur la ville en contrebas. Il ne se laisse cependant pas facilement trouver et, pour l'atteindre, il faut emprunter une route étroite et sinueuse qui gravit une colline; mais le jeu en vaut la chandelle, surtout si vous pouvez obtenir une table au bord des fenêtres. On a reproduit ici un palais japonais entouré de jardins élaborés, ce qui ne fait qu'ajouter à l'atmosphère des lieux. Le thon grillé compte parmi les spécialités de la maison, mais il ne faudrait pas pour autant oublier les sushis, les sashimis et les tempuras.

Campanile
$$$$
624 S. La Brea Ave., au nord de Wilshire Blvd.
323-938-1447
www.campanilerestaurant.com

L'architecture toscane des lieux, ses différents étages, ses balcons fleuris et sa fontaine à bulles sont un véritable dépaysement pour les clients du restaurant du réputé chef Mark Peel, l'une des meilleures tables de Los Angeles. Méditerranéenne pour les uns, californienne pour les autres, la géniale cuisine du Campanile reste inclassable. Outre le déjeuner et le dîner, vous aurez le choix entre diverses formules: de succulents petit déjeuners, de délectables brunchs servis la fin de semaine, un menu dégustation tous les lundis soir et même une soirée *Grilled Cheese* (sandwich au fromage fondu) les jeudis. Autant dire que ce restaurant est complet régulièrement, et que les réservations sont donc conseillées.

West Hollywood

Le Petit Bistro
$$-$$$
631 N. La Cienega Blvd., angle Melrose Ave.
310-289-9797
www.lepetitbistro.us

Ce bistro français, à la fois atmosphérique et peu coûteux, arbore un décor à l'ancienne et propose aussi bien des classiques que des nouveautés fort appréciées, entre autres la salade au fromage de chèvre et le confit de canard. Le restaurant dispose d'une agréable terrasse.

Sona
$$$$
fermé dim-lun
401 N. La Cienega Blvd., au nord de Beverly Blvd.
310-659-7708
www.sonarestaurant.com

Ce restaurant de fine cuisine française est sans doute l'une des meilleures adresses de West Hollywood. Pour une expérience gastronomique mémorable, offrez-vous le menu dégustation à six ou neuf services. Avis aux disciples de Bacchus: la cave à vin renferme quelque 21 000 bouteilles de 2 200 cépages différents.

Westside

Voir carte p. 168.

Wilshire

El Cholo
$-$$
1121 S. Western Ave., près d'Olympic Blvd.
323-734-2773
www.elcholo.com

Ouvert depuis 1927, cet établissement s'impose comme un des plus anciens restaurants mexicains en dehors du Mexique. Situé dans un quartier aujourd'hui peuplé en grande partie de Coréens, il offre une atmosphère chaleureuse et intime qui continue de plaire à une large portion d'*Angelenos*. Son menu est varié et authentique, si ce n'est que les assaisonnements sont plus doux, au goût des Nord-Américains.

Beverly Hills

Ortolan
$$$
8338 W. Third St.
323-653-3300
www.ortolanrestaurant.com

Symbole du gourmet en France, l'ortolan a donné son nom à ce restaurant qui satisfait lui aussi les appétits raffinés de la clientèle locale. L'établissement est intelligemment divisé en quatre parties : une salle à manger très *glamour* avec ses banquettes de cuir, une pièce au décor en bois rustique avec une longue table commune, un petit bar intimiste et un *lounge* avec une cheminée pour les soirées entre amis. Le menu est de taille, avec ses plats de langoustines et d'agneau notamment. Les desserts ne sont pas en reste : le gâteau au chocolat et à la praline est renversant. Sans réservation, il est possible de trouver des places autour de la table commune ou près du foyer.

Tagine
$$$
fermé lun
132 S. Robertson Blvd.
310-360-7535
www.taginerestaurant.com

Dans ce restaurant de fine cuisine marocaine, vous pourrez déguster des plats raffinés de poulet, d'agneau, de bœuf, de crevettes et de poisson apprêtés par le chef-propriétaire originaire du nord du Maroc. Les réservations sont fortement recommandées.

Polo Lounge
$$$$
tlj 7h à 1h30
Beverly Hills Hotel
9641 Sunset Blvd.
310-276-2251
www.beverlyhillshotel.com

Le Polo Lounge est le restaurant légendaire du non moins mythique **Beverly Hills Hotel** (voir p. 169), où de nombreuses vedettes sont régulièrement vues. Le riche décor de sa salle à manger et de sa terrasse se révèlent d'une beauté distinguée. Son menu, composé avec soin, propose de délicieux repas. Le petit déjeuner et le brunch du dimanche sont particulièrement recommandés. Veston requis.

West Los Angeles

La Serenata de Garibaldi
$$-$$$
10924 W. Pico Blvd.
310-441-9667
www.laserenataonline.com

Voir description p. 178.

Sawtelle Kitchen
$$-$$$
fermé dim
2024 Sawtelle Blvd., à l'ouest de la route 405 entre Santa Monica Blvd. et Olympic Blvd.
310-473-2222
www.sawtellekitchen.com

À la Sawtelle Kitchen, on vous propose une cuisine californienne apprêtée avec une touche japonaise. Le résultat est tout à fait original et délicieux. L'endroit est également populaire pour ses généreuses portions, sa jolie terrasse et pour le vin que vous pouvez apporter et que l'on vous servira sans frais supplémentaires.

Westwood

Soleil Westwood
$$-$$$
fermé lun
1386 Westwood Blvd.
310-441-5384
www.soleilwestwood.com

Ce restaurant tenu par un Québécois propose une variété de mets français dont le canard à l'orange, les côtelettes d'agneau et le bœuf bourguignon, en plus d'un grand choix de pâtes. La table d'hôte du midi en semaine offre un excellent rapport qualité/prix. Le propriétaire et les serveurs sont de plus très accueillants.

Bel Air

The Restaurant - Hotel Bel-Air
$$$$
Hotel Bel-Air
701 Stone Canyon Rd.
310-472-1211
www.hotelbelair.com

La perfection… Au restaurant de l'**Hotel Bel-Air** (voir p. 169), membre de la prestigieuse association Relais & Châteaux, vous avez le choix de prendre place dans la somptueuse salle à manger ou sur la romantique terrasse couverte et chauffée avec vue sur l'étang et ses cygnes, et probablement sur quelques célébrités aux tables avoisinantes. La préparation des plats tout comme le service sont on ne peut plus minutieux. Le restaurant, tout comme l'hôtel, est provisoirement fermé en 2010 pour des travaux de décoration. Réouverture prévue pour la mi-2011.

Santa Monica et ses environs

Voir carte p. 170.

Malibu

Reel Inn
$
18661 Pacific Coast Hwy.
☎ 310-456-8221
Le Reel Inn ne paie pas de mine, mais on y déguste de délicieux poissons et fruits de mer. Il faut essayer la chaudrée de palourdes ou encore le poisson grillé. L'endroit est idéal pour casser la croûte après une journée à la plage.

Paradise Cove Beach Cafe
$$$
tlj 8h à 22h
28128 Pacific Coast Hwy.
☎ 310-457-2503
www.paradisecovemalibu.com
Le Paradise Cove Beach Cafe se trouve sur la plage du même nom, à quelques mètres de l'océan, avec ses tables littéralement plantées dans le sable. En plus de profiter de l'environnement paradisiaque, on y mange bien, et les portions sont copieuses. L'après-midi, l'ambiance autour du bar extérieur est agréable. Après votre repas, promenez-vous le long de la plage tout en admirant la falaise et les résidences luxueuses de Malibu. L'endroit est très populaire, et les réservations sont vivement recommandées. N'oubliez surtout pas de faire valider votre billet de stationnement au café afin de profiter d'un rabais.

Santa Monica

Patrick's Roadhouse
$-$$
tlj à partir de 7h
106 Entrada Dr., face à la Pacific Coast Hwy.
☎ 310-459-4544
www.patricksroadhouse.info
Patrick est d'origine irlandaise, et vous allez vous en rendre compte dès que vous verrez son établissement aux couleurs du pays qui rappelle une maison de poupée en planches, tout juste fixée au sol, avec à l'intérieur une décoration de brocanteur. L'ambiance est très *British*, et les lieux sont généralement bondés la fin de semaine, surtout pendant le brunch du dimanche, qu'on savoure en admirant l'océan en face.

Real Food Daily
$-$$
514 Santa Monica Blvd., près de Fifth St.
☎ 310-451-7544
www.realfood.com
Real Food Daily est l'un des bons restaurants végétariens de la Californie. Son menu est strictement végétalien, sans produits laitiers ni œufs (à titre d'exemple, la vinaigrette au «parmesan» qui accompagne la salade César est à base de soja), et l'on met tout en œuvre pour en assurer l'équilibre alimentaire. Les principaux plats se composent de légumineuses, de céréales et de légumes.

Tavern
$-$$
tlj 8h à 21h30
11648 San Vicente Blvd.
☎ 310-806-6464
www.tavernla.com
Tous les clients trouvent leur bonheur à la Tavern: un service normal de restaurant pour les trois repas, mais aussi un bar, une épicerie gourmet et un comptoir de plats à emporter. La salle à manger est élégante et parfaite pour savourer une cuisine de marché qui propose des produits locaux de qualité. Tous les premier et troisième vendredis du mois, une dégustation de vins et de fromages est organisée en début de soirée.

La Serenata de Garibaldi
$$-$$$
1416 Fourth St.
☎ 310-656-7017
www.laserenataonline.com
Voir description p. 178.

JiRaffe
$$$-$$$$
fermé dim
502 Santa Monica Blvd., angle Fifth St.
☎ 310-917-6671
www.jirafferestaurant.com
Décoré à la façon d'un bistro français, cet établissement mariant les cuisines française traditionnelle et américaine a conquis une vaste et fidèle clientèle, et les critiques culinaires de la région lui accordent les notes les plus élevées, ce qui sous-entend qu'il peut parfois être bruyant et bondé. Le menu change fréquemment, au gré des saisons et selon les arrivages.

La Cachette Bistro
$$$-$$$$
1733 Ocean Ave.
☎ 310-434-9509
www.lacachettebistro.com
Il s'agit là d'un des meilleurs restaurants français de la région, rehaussé d'une certaine touche californienne. Certains classiques français purement traditionnels, tels le canard rôti et le cassoulet, sont ici préparés en version «faible en gras». Favorisant les produits locaux, le menu se veut très varié et comprend notamment du foie gras, une bouillabaisse à la provençale et une sélection d'huîtres.

Mélisse
$$$$
fermé dim-lun
1104 Wilshire Blvd.
☎ 310-395-0881
www.melisse.com
Dans ce restaurant de cuisine française imaginative

aux influences internationales, le menu varie au gré des meilleurs produits disponibles. Un des restaurants les plus appréciés à Los Angeles, tant par les critiques que par les gastronomes avertis, il abrite une splendide salle à manger qui ravira les couples à la recherche d'un endroit romantique pour s'offrir un repas mémorable.

Venice

Voir carte p. 171.

The Terrace
$-$$
service jusqu'à 1h
7 Washington Blvd., angle Ocean Front Walk
310-578-1530
www.theterracecafe.com
Situé en bordure de l'extrémité sud de Venice Beach, cet établissement décontracté renferme une salle à manger lumineuse et d'ailleurs fort sympathique, de même qu'il offre une petite terrasse. Le menu porte surtout sur les sandwichs, la pizza, les pâtes et les salades, mais comporte également bon nombre d'entrées de fruits de mer pour le moins intéressantes. Il est également possible de prendre un verre au bar. Le service est assuré jusque tard dans la nuit, ce qui est rare aux États-Unis.

Gjelina
$$-$$$
lun-ven 11h30 à 24h, sam-dim 9h à 24h
1429 Abbot Kinney Blvd.
310-450-1429
Toujours bondé, le Gjelina propose un menu inspiré de la cuisine méditerranéenne. Les plats viennent pour la plupart en de petites portions, style tapas, ce qui permet d'en goûter plusieurs. Le brunch est un incontournable les fins de semaine.

Rose Café
$$-$$$
fermé sam-dim
220 Rose Ave., angle Main St.
310-399-0711
www.rosecafe.com
Le charmant Rose Café est réputé pour ses petits déjeuners. Les tables sont disposées sur une grande terrasse agréablement aménagée. Boutique de souvenirs attenante.

Venice Whaler Bar & Grill
$$-$$$
10 Washington Blvd., angle Ocean Front Walk
310-821-8737
www.venicewhaler.com
Pourvu d'une salle à manger aussi bien charmante qu'aérée en surplomb sur Venice Beach à son extrémité sud, cet établissement propose un menu varié de sandwichs, de pizzas, de salades et de plats de viande, mais aussi des mets plus recherchés tels que les crevettes Alfredo et le pavé de thon blanc sauce au citron et aux câpres.

Primitivo Wine Bistro
$$$-$$$$
1025 Abbot Kinney Blvd.
310-396-5353
À travers ses différentes tapas, le Primitivo Wine Bistro vous amène au pays de Don Quichotte. Que ce soit en dégustant une délicieuse paella ou une tortilla España, vous vous sentirez certainement emporter vers le Vieux Continent. L'ambiance est agréable et la terrasse propice au rapprochement entre convives.

Long Beach et ses environs

Voir carte p. 173.

Long Beach

Alegria Cocina Latina
$$-$$$
115 Pine Ave.
562-436-3388
www.alegriacocinalatina.com
L'Alegria Cocina Latina constitue une escale de choix pour les amoureux de la cuisine hispanique, aussi bien celle de la péninsule Ibérique et que celle d'Amérique latine. Les couleurs vives aux planchers, le bar Art nouveau et les murales en trompe-l'œil réussissent fort bien à créer une ambiance dynamique et joviale, ce que semble d'ailleurs apprécier la jeunesse branchée qui s'y retrouve. L'établissement a compilé tous les plats de cuisine hispanique pour n'en retenir que les meilleurs, du *ceviche* au *molcajete* en passant par la *paella*, qui vaut d'ailleurs à elle seule le détour. Les vendredis et samedis soir, l'ambiance est réchauffée par des guitaristes jouant du *flamenco*. Des rabais sur les consommations et les amuse-gueules sont offerts du dimanche au jeudi à compter de 21h.

Belmont Brewing Company
$$-$$$
25 29th Place
562-433-3891
www.belmontbrewing.com
L'une des premières microbrasseries de Long Beach, la Belmont Brewing Company propose aux amateurs de houblon ses bières maison, entre autres un *porter* foncé, le Long Beach Crude, qui ressemble un peu à l'or noir qui jaillit des puits situés à proximité. Salades, sandwichs, pâtes, viandes et

poissons sont servis dans la salle à manger, au bar ou à la terrasse, qui offre une vue imposante sur la péninsule de Palos Verdes et Catalina Island. La fin de semaine, le *happy hour* commence à 14h.

Queen Mary Hotel
$$$
dim 9h30 à 14h
1126 Queen's Hwy.
☎ 562-499-1606
www.queenmary.com

Le buffet du dimanche (Champagne Sunday Brunch) du Queen Mary Hotel offre un choix de 50 plats inspirés des cuisines internationales. Vous mangerez au son d'une harpiste dans le Grand Salon, autrefois la salle à manger des passagers de première classe du *Queen Mary*. La salle a conservé son lustre d'antan, et les serveurs offrent bien sûr un service exemplaire. Stationnement gratuit.

La San Gabriel Valley

Pasadena

Voir carte p. 175.

Azeen's Afghani Restaurant
$$-$$$
tlj 11h30 à 21h30
110 E. Union St., près de l'Arroyo Parkway
☎ 626-683-3310
www.azeensafghanirestaurant.com

Cet authentique restaurant afghan au décor traditionnel est considéré comme l'un des meilleurs restaurants de Pasadena. Ses spécialités sont les kebabs (poulet, bœuf, agneau) et le riz pilaf. Plusieurs options végétariennes sont également proposées. Service attentionné.

Shiro
$$$
fermé lun-mar
1505 Mission St., angle Fair Oaks Ave.
☎ 626-799-4774
www.restaurantshiro.com

Quiconque a été le maître chef de l'Orangerie et le successeur de Wolfgang Puck peut sans hésiter donner son propre nom à son restaurant. D'ailleurs, c'est exactement ce qu'a fait Hideo «Shiro» Yamashiro. Le restaurant Shiro incorpore des accents français et asiatiques à sa cuisine, de manière à composer un menu sur lequel vous pouvez tout aussi bien retrouver des côtelettes d'agneau marinées à la menthe et à l'ail que des escalopes à la sauce gingembre et à la limette ou des corégones aux câpres cuits à la vapeur. Le poisson-chat fait aussi bonne figure. Réservations essentielles.

La San Fernando Valley

Voir carte p. 176.

Ventura Boulevard est l'une des grandes artères culinaires de la Californie. S'étirant sur des kilomètres à l'extrémité sud de la vallée de San Fernando à l'ouest d'Universal City, le boulevard traverse notamment les districts de Studio City, de Sherman Oaks et d'Encino. L'endroit est facilement accessible par la route 405, sortie «Ventura Boulevard».

Studio City

Art's Delicatessen
$
tlj 7h à 21h
12224 Ventura Blvd.
☎ 818-762-1221
www.artsdeli.com

Petit restaurant fort sympathique, Art's Delicatessen est sans doute l'une des meilleures charcuteries hébraïques en ville. De copieux sandwichs de bœuf salé et de pastrami font le bonheur des habitués de l'endroit. Toutefois, ce sont les soupes aux boulettes de *matzo* et au chou qui constituent les spécialités du chef. À vous de choisir!

Pinot Bistro
$$$$
fermé dim
12969 Ventura Blvd., à l'ouest de Coldwater Canyon Ave.
☎ 818-990-0500
www.patinagroup.com

Les multiples salles du Pinot Bistro, avec leurs mises en scène évoquant tantôt une cuisine familiale, tantôt un café ou une salle de séjour avec foyer, attirent une clientèle élégante. Côté cuisine, le chef tire une grande fierté de ses spécialités franco-californiennes, comme ses huîtres fraîches ou son foie gras sauté, accompagné de pommes caramélisées, et de sa bouillabaisse basque. De plus, tous les desserts à base de chocolat ne vous décevront pas. L'une de nos adresses préférées à Los Angeles.

Orange County

Buena Park

Mrs. Knott's Chicken Dinner Restaurant
$-$$
tlj à partir de 7h
8039 Beach Blvd.
☎ 714-220-5080
www.knotts.com

Depuis 1934, on sert dans cet établissement du poulet frit et de la tarte aux fruits tous apprêtés selon les recettes originales de Mme Knott. Le restaurant est devenu si populaire au cours des années 1940 que la famille a installé quelques manèges dans sa cour pour faire patienter sa clientèle. Ainsi est né le premier parc d'attractions des États-Unis, la **Knott's Berry Farm** (voir p. 160). Quelque 75 ans plus tard, le restaurant demeure une institution californienne très prisée.

San Juan Capistrano

L'Hirondelle
$$$-$$$$
tlj à partir de 11h
31631 Camino Capistrano
949-661-0425
www.lhirondellesjc.com

Des bougainvilliers roses caressent les murs de ce beau restaurant en adobe. À l'intérieur, spécialités françaises et belges sont servies dans un adorable jardin en terrasses offrant une vue sur la mission. Goûtez le caneton braisé sauce au poivre vert, la bouillabaisse fraîche ou les médaillons de veau aux champignons, tous admirablement présentés. Service impeccable.

Sorties

L.A. possède une grande variété de bars et de boîtes de nuit dont la diversité rejoint un très grand nombre de styles. Certains d'entre eux semblent rester les éternels favoris, tandis que d'autres gagnent et perdent leur popularité souvent à une vitesse effrénée, au rythme des tendances du moment. Il suffit qu'une starlette d'Hollywood commence à fréquenter une boîte pour qu'elle devienne très courue.

Il existe plusieurs sources utiles concernant les différentes activités culturelles de L.A. Le journal quotidien *Los Angeles Times* publie les horaires des films et des spectacles dans sa section *Calendar* (calendrier). Son site Internet *(www.latimes.com)* fournit également toute l'information sur les sorties, incluant les restaurants, bars et boîtes de nuit.

Une autre excellente source d'information est l'hebdomadaire *L.A. Weekly*. La version imprimée est offerte gratuitement et se trouve très facilement partout dans la région. Son site Internet *(www.laweekly.com)* est également très complet.

› Activités culturelles

Le centre-ville de Los Angeles

The Performing Arts Center of Los Angeles County *(sur Grand Ave. entre Second St. et Temple St., 213-972-7211, www.musiccenter.org)*, également connu sous le nom de **Music Center**, regroupe les salles de spectacle les plus importantes de Los Angeles pour la musique classique et l'opéra, mais aussi pour plusieurs autres types de musique et le théâtre. Parmi celles-ci, le **Walt Disney Concert Hall** *(135 N. Grand Ave.)* est le lieu de résidence de l'orchestre philharmonique de Los Angeles. Le **Dorothy Chandler Pavilion** abrite le Los Angeles Opera, dirigé par Plácido Domingo; l'**Ahmanson Theater** présente le théâtre et de la musique, et le **Mark Taper Forum** est l'hôte de pièces de théâtre expérimental.

Le **Nokia Theatre** *(777 Chick Hearn Court, angle Figueroa St., 213-763-6030, www.nokiatheatrelalive.com)*, ouvert en 2007, fait partie du complexe de divertissement L.A. Live. Il présente notamment des concerts de musique populaire.

Hollywood

Synonyme de cinéma, Hollywood fait indéniablement honneur à sa réputation. Il est possible de voir un film dans des salles considérées comme des repères historiques. Par exemple, le **Grauman's Chinese Theatre** (voir p. 136) et, le **El Capitan Theatre** (voir p. 136), tous deux situés sur Hollywood Boulevard, projettent des films récents dans de somptueux décors évoquant la splendeur des années d'or d'Hollywood. L'**Egyptian Theatre** (voir p. 136), administré par l'American Cinematheque, est tout aussi spectaculaire, mais présente plutôt les classiques de l'histoire du cinéma américain.

Le célèbre **Cirque du Soleil** *(www.cirquedusoleil.com)* étend son empire québécois avec un spectacle permanent au prestigieux **Kodak Theatre** (voir p. 136). Le spectacle, qui portera sur les 100 ans du cinéma hollywoodien, sera présenté à partir de l'été 2011 pour une période minimale de 10 ans. Le spectacle fera relâche en février de chaque année pour céder sa place à la cérémonie des Oscar.

North Hollywood

De nombreuses petites compagnies théâtrales se produisent dans le **NoHo Arts District** de North Hollywood. Consultez le site Internet *www.nohoartsdistrict.com* pour la programmation en cours au moment de votre passage.

Westwood

En quelque sorte l'équivalent californien du Lincoln Center de New York, **UCLA Live** *(☎ 310-825-2101, www.uclalive.org)*, situé au cœur du campus de l'**University of California, Los Angeles** (voir p. 141), est l'un des complexes culturels les plus réputés aux États-Unis. Ses cinq salles présentent une cinquantaine de productions importantes dans divers domaines chaque année: danse, musique, théâtre expérimental, etc.

› Bars et boîtes de nuit

Le centre-ville de Los Angeles

Le **Rooftop Bar** *(The Standard Hotel, 550 S. Flower St., ☎ 213-892-8080, www.standardhotel.com)* est probablement le bar le plus spectaculaire de la ville. Situé sur le toit de l'hôtel The Standard au cœur du centre-ville, cet établissement ultramoderne offre une vue unique et attire une clientèle résolument jet-set. Avis aux visiteurs en quête de l'âme sœur: le Rooftop est réputé être l'un des meilleurs endroits à Los Angeles pour rencontrer des célibataires.

Au sommet de l'hôtel Westin Bonaventure, **The Bona Vista Lounge** *(Westin Bonaventure Hotel & Suites, 404 S. Figueroa St., ☎ 213-624-1000)* offre une vue panoramique sur la ville depuis son bar à cocktails tournant. L'ambiance feutrée et les banquettes cintrées assurent une fin de soirée des plus romantiques.

Brillamment aménagé dans ce qui était autrefois une banque de grand style, le **Café-Club Fais Do-Do** *(5257 W. Adams Blvd., ☎ 323-931-4636, www.faisdodo.com)* retient surtout l'attention pour son atmosphère chaude qui n'est pas sans rappeler les nuits de La Nouvelle-Orléans. Au menu musical, le blues, le jazz, le funk, la salsa et le rock occupent une place de choix.

Hollywood

The Cat & Fiddle *(6530 W. Sunset Blvd., ☎ 323-468-3800, www.thecatandfiddle.com)* est à la fois un restaurant, un bar, un café et une salle de concerts. Son jardin propice aux longues conversations de fin de soirée plaira aux visiteurs qui veulent simplement prendre un verre, alors que ceux qui ont un petit creux trouveront certainement de quoi les satisfaire au menu: des omelettes aux steaks, en passant par les tortellinis au fromage et les desserts maison.

Du nom d'un ancien quartier malfamé de New York, **The Bowery** *(6268 Sunset Blvd., ☎ 323-465-3400, www.theboweryhollywood.com)* attire une clientèle qui vient «s'encanailler» dans un décor vintage avec une pointe de chic telles ses banquettes de cuir. La liste des vins et des bières réconforte tous les clients, qui peuvent savourer un hamburger maison en espérant apercevoir une célébrité. L'endroit est très branché et reçoit la jeunesse dorée de la ville.

Un air de *salsa* flotte en permanence chez **El Floridita** *(1253 N. Vine St., ☎ 323-871-8612, www.elfloridita.com)*. Les célébrités, de Nicole Kidman à Jack Nicholson en passant par Eva Longoria, y défilent pour écouter de la musique cubaine, danser et boire. Ambiance assurée.

West Hollywood

Situé près des studios de la Warner Bros. et de Paramount, le **Formosa Café** *(7156 Santa Monica Blvd., angle Formosa Ave., ☎ 323-850-9050)* est très animé, les professionnels des studios et différentes célébrités s'y donnant souvent rendez-vous. La nourriture (chinoise, essentiellement) ne mérite pas le détour, mais l'ambiance vaut un arrêt pour une bonne bière fraîche. Toutefois, sachez que le stationnement peut être problématique dans le quartier la fin de semaine.

Fondé en 1993 par l'acteur Johnny Depp, qui a depuis cédé ses parts, le **Viper Room** *(8852 Sunset Blvd., ☎ 310-358-1880, www.viperroom.com)* a fait peau neuve en 2008 et a renforcé son image jet-set. L'impressionnante scène lumineuse lui donne un cachet unique. De nombreux artistes connus s'y sont produits, comme Johnny Depp lui-même, Johnny Cash et Iggy Pop. Des groupes, inconnus pour le moment, se produisent aujourd'hui dans ce lieu incontournable des nuits de Los Angeles.

Whisky A Go-Go *(8901 Sunset Blvd., ☎ 310-652-4202, www.whiskyagogo.com)*, légendaire discothèque de L.A., personnifie le rock-and-roll depuis longtemps, de l'époque de Jim Morrison à celle de Guns & Roses. Toutes les tendances sont passées par cette boîte de nuit, qui reste un incontournable pour les groupes de musique en devenir. Le lundi, d'ailleurs, l'entrée est gratuite pour venir assister aux prestations des stars montantes qui viennent s'y confronter à un vrai public.

Depuis une vingtaine d'années, **Rage** *(8911 Santa Monica Blvd., ☎ 310-652-2814)* accueille la communauté gay de la ville. Entre les danses endiablées sur la piste et les Messieurs Muscle qui s'exhibent, le Rage porte bien son nom et représente un incontournable des nuits du Los Angeles gay.

Santa Monica

La **Third Street Promenade**, située au centre-ville de Santa Monica et réservée uniquement aux piétons, constitue l'un des endroits les plus vivants et divertissants des environs après les heures de travail. Vous y trouverez un grand nombre de cinémas, restaurants, cafés, librairies et autres commerces attirant une clientèle diversifiée et relativement calme jusque tard dans la soirée. Les amuseurs de rue contribuent au charme de l'endroit, et beaucoup de gens s'y retrouvent uniquement dans le but d'y faire une promenade.

Venice

À quelques kilomètres au sud, l'allée piétonne de **Venice Beach** reste mouvementée après la tombée de la nuit, offrant une atmosphère plus jeune et plus animée. Une sélection de petits restaurants, bars et cafés contribuent à garder vivante la zone bordant la plage autour de Winward Avenue durant une bonne partie de la nuit.

› Festivals et événements

Janvier à mars

La **migration des baleines** vers le Mexique a lieu tous les ans de janvier à mars. La ville de **Rancho Palos Verdes** *(www.palosverdes.com/rpv)*, sur la péninsule de Palos Verdes, est un bon point d'observation.

Février

Les **Academy Awards** se tiennent au **Kodak Theatre** (voir p. 136).

Présenté dans différentes salles de Los Angeles, le **Pan African Film and Art Festival** *(☎ 323-295-1706, www.paff.org)* est spécialement réservé aux artistes et aux œuvres cinématographiques afro-américaines et africaines.

Mars

Le **Los Angeles Marathon** *(☎ 310-271-7200, www.lamarathon.com)* se déroule chaque année au début du printemps et propose un parcours entre le centre-ville de Los Angeles et la côte Pacifique à Santa Monica.

Avril

Présentée au **Pacific Design Center** (voir p. 138) de West Hollywood, la **WestWeek** *(☎ 213-626-6222, www.pacificdesigncenter.com)* est le rendez-vous annuel des architectes et designers qui proposent les dernières tendances en déco.

Mai

À la fin mai, à l'Intramural Field du campus d'UCLA, le **JazzReggae Festival** *(☎ 310-825-9912, www.jazzreggaefest.com)* offre deux jours de concerts de jazz et de reggae, bien sûr, mais aussi de hip-hop.

Juin

À la mi-juin, au **Hollywood Bowl** (voir p. 136), le **Playboy Jazz Festival** *(www.playboy.com)* propose des concerts des grands noms du jazz.

Également à la mi-juin, le **Los Angeles Film Festival** *(☎ 866-345-6337, www.lafilmfest.com)* présente quelque 200 films de cinéastes indépendants d'une quarantaine de pays, dont plusieurs premières mondiales. Les films sont projetés dans différentes salles du centre-ville, et la projection extérieure de quelques films est également proposée au **Ford Amphitheater** *(2580 Cahuenga Blvd. E., Hollywood)*.

Juillet

Dans différentes salles de cinéma d'Hollywood, **Outfest: The Los Angeles Gay and Lesbian Film Festival** *(☎ 213-480-7088, www.outfest.org)* propose près de 150 films de cinéastes gays et lesbiennes provenant de quelque 25 pays.

Californie oblige, l'**International Surf Festival** *(www.surffestival.org)* célèbre le surf sur les plages de South Bay à la fin juillet, mais aussi d'autres activités comme le volley-ball et les compétitions de sauveteurs en mer.

Août

Le **Los Angeles Latino International Film Festival** *(☎ 323-446-2770, www.latinofilm.org)* fait le bonheur de la grande communauté hispanique de Los Angeles. Les films sont présentés à la mi-août au **Mann Chinese 6 Theatre** *(☎ 323-464-8111, 6801 Hollywood Blvd.)*. Durant la **Nisei Week** *(☎ 213-687-7193, www.niseiweek.org)*, la communauté japonaise de Los

Angeles célèbre sa culture dans le quartier de Little Tokyo, à travers des danses, des concerts et des expositions artistiques.

› Sports

Le centre-ville de Los Angeles

Le **Staples Center** *(1111 S. Figueroa St., ☎ 213-742-7340, www.staplescenter.com)* est l'aréna où se tiennent les parties de l'équipe professionnelle de hockey (**Los Angeles Kings**) et des deux équipes professionnelles de basket-ball (**Los Angeles Lakers** et **Los Angeles Clippers**) de la ville. Les rencontres ont lieu entre septembre et mai. L'endroit accueille également de nombreux autres événements, notamment des concerts de musique populaire.

Les **Los Angeles Dodgers** *(Dodger Stadium, 1000 Elysian Park Ave., ☎ 323-224-1448, http://losangeles.dodgers.mlb.com)*, célèbre équipe des ligues majeures de baseball, évolue au Dodger Stadium (à quelques kilomètres au nord-est du centre-ville, près de la route 110) de la fin mars à la fin septembre.

Anaheim

Deux équipes de sport professionnel évoluent à Anaheim. Les **Los Angeles Angels of Anaheim** *(2000 E. Gene Autry Way, ☎ 714-940-2000, www.angels.mlb.com)*, une équipe des ligues majeures de baseball, jouent leurs matchs à domicile à l'Angels Stadium de la fin mars à la fin septembre. Équipe de la Ligue nationale de hockey, les **Anaheim Ducks** *(2695 E. Katella Ave., ☎ 877-945-3946, http://ducks.nhl.com)* disputent leurs parties à domicile au Honda Center du début octobre à la mi-avril.

Achats

Le centre-ville de Los Angeles

Un bon point de départ pour ce circuit est la partie sud-est du centre-ville, au cœur du grand **Fashion District** *(www.fashiondistrict.org)*, délimité par Broadway à l'ouest, Fifth Street au nord, Griffith Avenue à l'est et la Santa Monica Freeway au sud. Plus de 700 grossistes y offrent un éventail de produits griffés et génériques de 30% à 70% moins chers que dans les grands magasins.

Un peu plus au nord, 12 quadrilatères forment le **Toy District**, délimité par Third Street au nord, Fifth Street au sud, Los Angeles Street à l'ouest et San Pedro Street à l'est. Différents fabricants non seulement de jouets mais aussi de DVD, de jeux vidéo, d'appareils électroniques, de montres, de valises et de parfums, vendent à rabais leurs produits.

Une autre zone de magasinage spécialisée au centre-ville est le **Jewelry District** *(www.lajd.net)*, qui gravite le long des trois artères parallèles que sont Olive Street, Hill Street et Broadway Avenue, entre Fifth Street et Eighth Street. Une centaine de petites boutiques y offrent un vaste choix de bijoux et de montres à prix réduits, fabriqués dans la région ou importés d'Asie.

Le **Grand Central Market** (voir p. 130), sur Broadway entre Third Street et Fourth Street, est un marché qui vend entre autres des produits en vrac, des viandes fraîches et de bons repas pas chers que l'on peut s'offrir sur place ou emporter.

Dans le centre-ville de Los Angeles, vous aurez aussi l'occasion de faire des achats «multiethniques» qui sont, à vrai dire, mi-authentiques, mi-touristiques. Par exemple, **Olvera Street** *(www.olvera-street.com; voir p. 126)*, à la limite nord du quartier historique d'El Pueblo, entre le Civic Center et l'Union Station, est une rue piétonnière bordée de comptoirs d'artisanat et de restaurants mexicains. On y trouve un choix intéressant d'articles de cuir, de tissus, de vêtements, de bijoux, de peintures et de sculptures.

Dans la partie ouest du centre-ville figure le charmant marché en plein air qu'est **7+FIG** *(angle Seventh St. et Figueroa St., www.7fig.com)*, aménagé autour d'un atrium circulaire de trois étages assez unique et comptant deux magasins à grande surface et une cinquantaine de boutiques.

Hollywood

Hollywood Boulevard, l'artère centrale du quartier dont le nom évoque le fabuleux monde du cinéma, se remet graduellement de plusieurs décennies d'abandon. Le **Hollywood & Highland Center** *(6801 Hollywood Blvd., angle Highland Ave., ☎ 323-817-0200, www.hollywoodandhighland.com)*, un centre commercial à ciel ouvert de cinq étages, renferme plusieurs boutiques intéressantes, de même que des restaurants et des boîtes de nuit.

Malgré l'aspect criard et parfois vulgaire qui caractérise

plusieurs secteurs d'Hollywood Boulevard, on peut y trouver des boutiques de qualité vendant des affiches, livres, scénarios, DVD, et un assortiment de souvenirs de bon goût. Par exemple, le **Larry Edmunds Bookshop** *(6644 Hollywood Blvd., ☎ 323-463-3273, www.larryedmunds.com)* a un inventaire de 500 000 photos tirées de films, 6 000 affiches originales de films et 20 000 livres portant sur le cinéma et le théâtre; le **Hollywood Book and Poster Co.** *(6562 Hollywood Blvd., ☎ 323-465-8764, www.hollywoodbookandposter.com)* possède une collection similaire, en plus de scénarios de films et d'émissions de télévision; finalement, la boutique **Hollywood Toys & Costumes** *(6600 Hollywood Blvd., ☎ 323-464-4444, www.hollywoodtoysandcostumes.com)* dispose d'une immense collection de costumes pour adultes et enfants.

West Hollywood

Le secteur délimité par Melrose Avenue, North Robertson Boulevard, West Beverly Boulevard et La Cienega Boulevard, connu sous le nom de **The Avenues – Art, Fashion & Design District**, s'est bâti une solide réputation dans le domaine de la mode. Très prisées des stars d'Hollywood, ces artères sont remplies de centaines de boutiques et de restaurants destinés à une clientèle argentée, ainsi qu'à ceux qui ont simplement un penchant pour les vêtements et bijoux dernier cri. Il s'agit aussi d'un endroit bien agréable pour faire une promenade.

Wilshire

Magnifique et luxueux, le centre commercial **The Grove** *(189 The Grove Dr., au nord de Wilshire Blvd., ☎ 323-900-8080, www.thegrovela.com; voir p. 140)* compte une cinquantaine de boutiques en plus des restaurants et d'un cinéma. À son extrémité ouest se trouve l'historique **Farmers Market** *(angle Fairfax Ave. et Third St.)*, qui dessert le voisinage depuis 1934 et abrite aujourd'hui davantage de boutiques de toutes sortes que de comptoirs alimentaires.

Si vous visitez le **Craft and Folk Art Museum** *(5814 Wilshire Blvd., ☎ 323-937-4230; voir p. 140)* dans le secteur, ne manquez pas de faire un arrêt à sa boutique de souvenirs. Elle vend de magnifiques pièces, notamment des bijoux, des objets décoratifs et des jouets pour enfants.

Beverly Hills

Rodeo Drive à Beverly Hills est l'une des plus célèbres et élégantes artères commerciales des États-Unis. Plusieurs des grands noms du monde de la mode, comme par exemple Tiffany, Louis Vuitton, Giorgio, Hermès, Gucci et Ralph Lauren, ainsi que d'autres qui sont moins connus mais tout aussi huppés, s'y retrouvent sur trois quadrilatères entre Wilshire Boulevard et Santa Monica Boulevard. Rodeo Drive traverse le cœur du quartier que l'on nomme le **Golden Triangle**, délimité par ces deux boulevards et Crescent Drive. Ce petit quartier triangulaire forme une zone commerciale de rêve destinée aux gens riches, mais aussi aux gens «ordinaires» qui désirent se payer une petite folie.

Santa Monica

S'étendant entre Broadway et Wilshire Boulevard, la **Third Street Promenade** (voir p. 145) est ponctuée de petits kiosques, de bancs et d'autres installations qui permettent aux piétons de circuler aisément sans toutefois créer un sentiment de vide. De grands panneaux plantés à chaque intersection aident les consommateurs à trouver leur chemin, et des musiciens et autres amuseurs de rue contribuent à son atmosphère enjouée.

Un long tronçon de **Main Street**, entre Pacific Street à Santa Monica et Rose Avenue à Venice, est émaillé de galeries d'art, de boutiques branchées, de petits cafés, de restaurants, de marchands d'antiquités et de boutiques remplies d'articles de plage tels que planches de surf et maillots de bain.

Également à Santa Monica, le centre culturel **Bergamot Station** *(2525 Michigan Ave., ☎ 310-453-7535; voir p. 145)* regroupe sous un même toit une vingtaine de galeries d'art contemporain. Il est tout indiqué pour qui aime fureter, des heures durant, parmi une quantité inimaginable d'œuvres d'art.

Venice

À Venice, l'**Ocean Front Walk** (voir p. 145), qui fait face à Venice Beach, donne une nouvelle dimension au terme «branché». Vous avez besoin d'un t-shirt *tie-dye*, de lunettes fumées originales, d'un bikini en cuir ou d'un bijou bien particulier pour lâcher votre fou? Voici l'en-

droit idéal pour faire vos courses, surtout les fins de semaine.

Long Beach

Le **Shoreline Village** *(419 Shoreline Dr., ☎ 562-435-2668)* de Long Beach est un petit centre commercial à ciel ouvert qui s'adresse principalement à la clientèle touristique. Aménagé dans un lieu magnifique aux abords de la baie et près de la marina de Long Beach, il comprend une quinzaine de boutiques de souvenirs et plusieurs restaurants avec terrasse et vue sur l'eau.

Catalina Island

Une des activités préférées des vacanciers sur Catalina Island est certes de se balader dans le village d'**Avalon**, qui compte plusieurs boutiques intéressantes, la plupart situées sur ou près de Crescent Avenue. La **Metropole Market Place** *(entrée sur Metropole Ave., angle Crescent Ave.)* est une charmante rue marchande aménagée à la française qui accueille plusieurs boutiques de cadeaux, d'artisanat, de t-shirts et de vêtements de sport.

Pasadena

Ravivée et embourgeoisée, l'**Old Town Pasadena** (voir p. 151) est un agréable quartier pour les emplettes ou le simple lèche-vitrine, offrant un mélange éclectique de librairies et de boutiques de décoration intérieure, d'artisanat, de vêtements et de marchandises assorties.

Burbank

Imprégnez-vous à fond de l'ambiance hollywoodienne en vous rendant chez **It's A Wrap!** *(3315 W. Magnolia Blvd., ☎ 818-567-7366, www.itsawraphollywood.com)*, le seul magasin à vendre au public les vêtements et accessoires utilisés dans les tournages de films et d'émissions de télévision.

Glendale

L'élégant centre commercial à ciel ouvert **The Americana at Brand** *(889 Americana Way, ☎ 877-897-2097)* recèle plus de 75 boutiques chics et restaurants, le tout autour d'une grande place avec fontaine et jeu d'eau illuminé. Il est particulièrement agréable à visiter à la tombée du jour, alors qu'un éclairage judicieux met son aménagement en valeur.

Anaheim

À l'intérieur des parcs du **Disneyland Resort**, on retrouve autant de boutiques de souvenirs que de manèges. Les deux boutiques les plus intéressantes sont situées dans le secteur de Main Street, U.S.A. **Emporium** propose la plus grande collection d'objets-souvenirs, alors que **China Closet** se spécialise dans les objets de collection en porcelaine et en céramique.

On compte une vingtaine de boutiques dans le secteur de **Downtown Disney**. Plusieurs sont intéressantes, mais une seule vaut absolument le détour, la **Disney Vault 28**, où la mode *hip* rencontre l'univers de Disney. Les vêtements qu'on y trouve contrastent agréablement avec l'ambiance habituelle de Disney.

Les déserts californiens et la Sierra Nevada

Les espaces désertiques de la Californie recèlent un charme unique. Les visiteurs qui s'y rendent pour la première fois seront frappés d'y voir leurs paysages renversants et la diversité incroyable des espèces qui vivent dans ces environnements, parmi les plus rudes de la planète.

En effet, les mouflons, les coyotes et les aigles y côtoient volontiers les cactus charnus et de fragiles fleurs sauvages. Le Death Valley National Park et la Mojave National Preserve forment ensemble un territoire protégé de quelque deux millions d'hectares, dont une grande partie est restée inviolée pendant des lustres.

La Mojave National Preserve est la plus récente addition au réseau des parcs de la Californie, et vous y trouverez d'impressionnantes structures géologiques de même que la plus grande forêt d'arbres de Josué (*Joshua trees*) au monde, sans compter que l'accès en est aisé et gratuit. Par ailleurs, le développement touristique demeure restreint dans le désert de Mojave, ce qui contribue à mettre davantage en valeur sa beauté naturelle.

La Death Valley (Vallée de la Mort) est quant à elle plus développée et renferme un plus large éventail d'attraits touristiques dont beaucoup gravitent autour des panoramas surréalistes qu'offre son désert. La Death Valley abrite en outre une variété d'environnements, des plaines de sel de Badwater – à 86 m au-dessous du niveau de la mer – au Telescope Peak, un sommet enneigé qui culmine à 3 368 m. Les températures estivales y dépassent régulièrement les 40°C, et l'on y a même enregistré une température record de 56,7°C le 10 juillet 1913. Il en résulte que la majorité des visiteurs évitent de s'y rendre en été, mais ne vous laissez pas décourager par la chaleur car les déserts de la Californie ont quelque chose à offrir à toute époque de l'année. Pour tout dire, en atteignant certains des attraits plus isolés de cette région, vous aurez l'impression que le désert entier vous appartient.

Sur le versant ouest de la Sierra Nevada, l'activité intense des rivières torrentueuses et des glaciers a façonné de splendides sculptures naturelles et des canyons qui sillonnent notamment les célèbres parcs nationaux de Yosemite, de Sequoia et de Kings Canyon. Autre attrait principal de la Sierra inclus dans le Sequoia National Park, le mont Whitney domine, du haut de ses 4 418 m, tout le paysage californien. Ces trois parcs comptent parmi les plus grandes richesses du patrimoine naturel des États-Unis et s'avèrent des incontournables lors d'un séjour en terre californienne. Ils donnent la chance aux visiteurs de pratiquer mille et une activités de plein air tout en étant entourés de paysages grandioses.

Accès et déplacements

› En avion

Les déserts californiens

Situé à 3 km à l'est du centre de Palm Springs, le **Palm Springs International Airport** *(3400 E. Tahquitz Canyon Way, Palm Springs, ☎ 760-318-3800, www.palmspringsairport.com)* accueille des vols en provenance des grandes villes de la Côte Ouest américaine. **WestJet** *(☎ 888-937-8538 d'Amérique du Nord ou 800-5381-5696 d'Europe, www.westjet.com)* propose un service saisonnier *(nov à mai)* à partir de Vancouver, Calgary et Edmonton.

› En voiture

Les déserts californiens

La Mojave National Preserve et la Death Valley ne s'explorent qu'en automobile. Un véhicule à quatre roues motrices est nécessaire pour emprunter certaines routes tortueuses des parcs, mais la plupart des attraits majeurs sont accessibles par des routes revêtues, auxquelles les relient des chemins de terre dont la longueur varie entre 1 km et 5 km. Sachez par ailleurs que si votre moteur vient à surchauffer dans la Death Valley, la carte du parc indique de nombreuses stations d'eau à radiateur. Notez que les *rangers* vous recommandent de rester auprès de votre véhicule en cas de bris mécanique. Dans le parc, vous trouverez des stations-service à Panamint Springs, Stovepipe Wells et Furnace Creek.

La Sierra Nevada

Deux axes routiers principaux permettent d'atteindre les deux versants de la Sierra Nevada. La route US 395 relie toutes les agglomérations du versant oriental et donne facilement accès au Yosemite National Park. La route US 99 parcourt la San Joaquin Valley sur le versant ouest et permet de se rendre au Sequoia National Park, au Kings Canyon National Park et au Yosemite National Park depuis les principales villes de la vallée.

Sequoia National Park et Kings Canyon National Park: les véhicules peuvent atteindre le Kings Canyon National Park par la route 180, alors que la route 198, en moins bonne condition que la précédente, mène au Sequoia National Park. La General Highway relie les deux routes et, de ce fait, facilite le transit entre les deux parcs. Il est important de noter qu'aucune route ne traverse les parcs et qu'il n'existe donc aucun accès depuis la route US 395 et le versant est de la Sierra Nevada. Les automobilistes insouciants sont priés de prêter attention au réservoir de leur voiture, car il n'y a aucune station-service dans les parcs. La route 180 en direction de Cedar Grove est fermée de la fin de novembre à la mi-avril. Pour connaître l'état des routes et la température, une ligne téléphonique est disponible toute la journée *(✆ 559-565-3341 ou 800-427-7623)*.

Yosemite National Park: plusieurs routes mènent aux quatre entrées du Yosemite National Park. Venant de l'ouest, la route 120 mène à l'entrée de Big Oak Flat, qui s'ouvre sur les secteurs de Hetch Hetchy et de la Yosemite Valley. L'entrée d'Arch Rock est accessible par la route 140 plus au sud et guide principalement les visiteurs vers la Yosemite Valley. Au sud, l'entrée de Wawona s'ouvre sur la route 41 et mène au secteur du même nom. Finalement, de mai à novembre seulement, les visiteurs qui arrivent du versant oriental de la Sierra Nevada peuvent emprunter la route 120 (en vérifiant toujours au préalable les conditions routières) et traverser le parc d'est en ouest par l'entrée de Tioga Pass, à 11 mi (19 km) de Lee Vining et de la route US 395. Pour connaître l'état des routes et la température, une ligne téléphonique est disponible toute la journée *(✆ 209-372-0200)*. Il n'y a pas de station-service dans la Yosemite Valley, mais il est possible d'en trouver près de l'entrée d'Arch Rock, dans le secteur de Wawona et à Crane Flat (24h sur 24).

➤ En train, en autocar et en navette

La Sierra Nevada

Sequoia National Park: en été, une navette, la **Sequoia Shuttle** *(15$ aller-retour incluant le prix d'entrée du parc; 5 départs/jour entre 7h et 10h, retour entre 15h30 et 18h30, réservations requises; ✆ 559-738-2555 ou 877-287-4453, www.sequoiashuttle.com)*, relie la ville de Visalia au Giant Forest Museum en passant par Three Rivers et le Foothills Visitor Center. Une fois dans le parc, vous pourrez utiliser les navettes gratuites pour vous déplacer. Visalia se trouve à 44 mi (71 km) au sud de Fresno et est accessible par les autocars **Greyhound** *(✆ 800-231-2222, www.greyhound.com)* et avec **Amtrak** *(✆ 800-872-7245, www.amtrak.com)* en train jusqu'à Hanford, puis en autocar jusqu'à Visalia.

Yosemite National Park: depuis Los Angeles et la région de San Francisco (gare d'Emeryville et d'Oakland), **Amtrak** *(✆ 800-872-7245, www.amtrak.com)* assure une liaison quotidienne en train jusqu'à Merced. Cette ville est aussi desservie en autocar par la compagnie **Greyhound** *(✆ 800-231-2222, www.greyhound.com)* depuis les principales villes de Californie. Ensuite, il vous faudra monter à bord d'un des autobus du **Yosemite Area Regional Transportation System (YARTS)** *(✆ 877-989-2787, www.yarts.com)*, qui relient la gare routière et la gare ferroviaire de Merced à plusieurs endroits dans le parc. Sachez enfin qu'à l'intérieur du parc un réseau de navettes, gratuites pour la plupart, permet de rejoindre les principaux attraits et sentiers, sans avoir à utiliser votre véhicule.

Renseignements généraux

➤ Climat

Gardez à l'esprit, au moment de planifier un voyage dans les déserts californiens, que les températures estivales dépassent régulièrement les 40°C et que les infrastructures, en règle générale, sont extrêmement réduites. Prévoyez au moins un gallon (4 l) d'eau par personne (ou animal de compagnie) si vous avez l'intention de faire de la randonnée, de même qu'un réservoir d'eau supplémentaire pour le radiateur de votre voiture, car les véhicules ont facilement tendance à surchauffer sous de telles températures. Le manque d'ombre est une autre considération importante, de sorte que vous vous devez d'apporter une crème solaire et un chapeau. Notez par ailleurs que les installations sanitaires sont non seulement rares dans le désert, mais aussi de piètre qualité, puisqu'il ne s'agit le plus souvent que de toilettes sèches en plein soleil.

Attraits touristiques

Les déserts californiens ★★

p. 219 p. 225 p. 227 p. 228

Palm Springs ★★

1 à 2 jours

Localisation: 109 mi (175 km) à l'est de Los Angeles par la route 10.

Palm Springs Visitor Center: 2901 N. Palm Canyon Dr., Palm Springs, 760-778-8418 ou 800-347-7746, www.palm-springs.org, www.visitpalmsprings.com.

Située immédiatement à l'est de l'Inland Empire dans la **Coachella Valley**, Palm Springs (42 000 hab.) est reconnue pour avoir fasciné les plus grandes vedettes d'Hollywood. Beaucoup des établissements de la ville soulignent d'ailleurs affectueusement l'époque glorieuse où les stars du grand écran hantaient joyeusement cette oasis du désert.

La vallée de Coachella bénéficie elle-même d'un riche héritage culturel en tant que terre d'origine des Indiens Cahuilla d'Agua Caliente. Les Cahuillas (se prononce «ka-WI-ha») ont été les premiers à peupler la région de Palm Springs. Ils étaient certes attirés par la faune et la flore abondantes de ce qu'on appelle aujourd'hui les Indian Canyons, d'autant plus que les sources bouillonnantes des environs étaient censées avoir des propriétés curatives tenant de la magie. Au milieu du XIXe siècle, les mormons de San Bernardino débarquèrent à leur tour dans la région et y introduisirent la variole, qui ne tarda pas à décimer la population cahuilla. Aujourd'hui encore, celle-ci ne compte d'ailleurs pas plus de 300 membres. En 1884, John McCallum devint le premier colon blanc de ce coin de pays, où il érigea sa désormais célèbre maison d'adobe (McCallum Adobe), toujours debout. En 1940, à peine plus de 5 000 personnes habitaient la région, quoique ce nombre pouvait grimper à près de 9 000 en saison, au fur et à mesure que les touristes et les grands noms du cinéma hollywoodien découvraient cette oasis dans le désert. Après la Seconde Guerre mondiale, ce ne fut plus un secret pour personne, et Palm Springs devint à proprement parler le «terrain de jeu des stars», le tout Hollywood s'y donnant allègrement rendez-vous. Bob Hope en fut même nommé «maire honorifique».

Jusqu'au début des années 1990, Palm Springs avait une réputation de station balnéaire endiablée, et c'est par milliers que les étudiants y venaient à l'occasion de la semaine de relâche printanière. À la suite d'une petite émeute survenue peu de temps après, l'ex-chanteur populaire devenu maire Sonny Bono a décrété de nouvelles lois visant à éloigner les jeunes fêtards ponctuels, ce qui n'eut pas l'heur de plaire aux propriétaires de bars et d'hôtels des environs. La ville a d'ailleurs connu un déclin durant les années 1990, notamment auprès de la clientèle aisée qui l'a délaissée pour la moderne **Palm Desert** (voir p. 198), qui abrite dorénavant les boutiques chics qui ont déserté Palm Springs. Aujourd'hui, la ville attire une grande communauté gay, qui représente une importante partie de sa population.

Ne manquez pas de visiter le **Palm Springs Desert Museum** ★★ *(12,50$; mar-mer et ven-dim 10h à 17h, jeu 12h à 20h; 101 Museum Dr., 760-322-4800, www.psmuseum.org)*, dont les salles d'exposition révèlent une vaste collection permanente d'œuvres d'art contemporain et de l'ouest des États-Unis, en particulier d'artistes de la Californie. Les galeries consacrées aux sciences naturelles sont toutefois les plus intéressantes, en ce qu'elles mettent l'accent sur l'histoire et la culture des peuples autochtones de la région de même que sur la faune et la flore du désert, sans oublier une aile spécialement dédiée à la Death Valley. Vous vous y familiariserez avec les Indiens Cahuilla, les serpents à sonnette, les tortues du désert et les lézards qui habitent les environs, tout en observant un sismographe enregistrer l'activité tellurique de tout le sud de la Californie. Un merveilleux jardin de sculptures paysager vous attend en outre au-delà des galeries,

LES ENVIRONS DE PALM SPRINGS

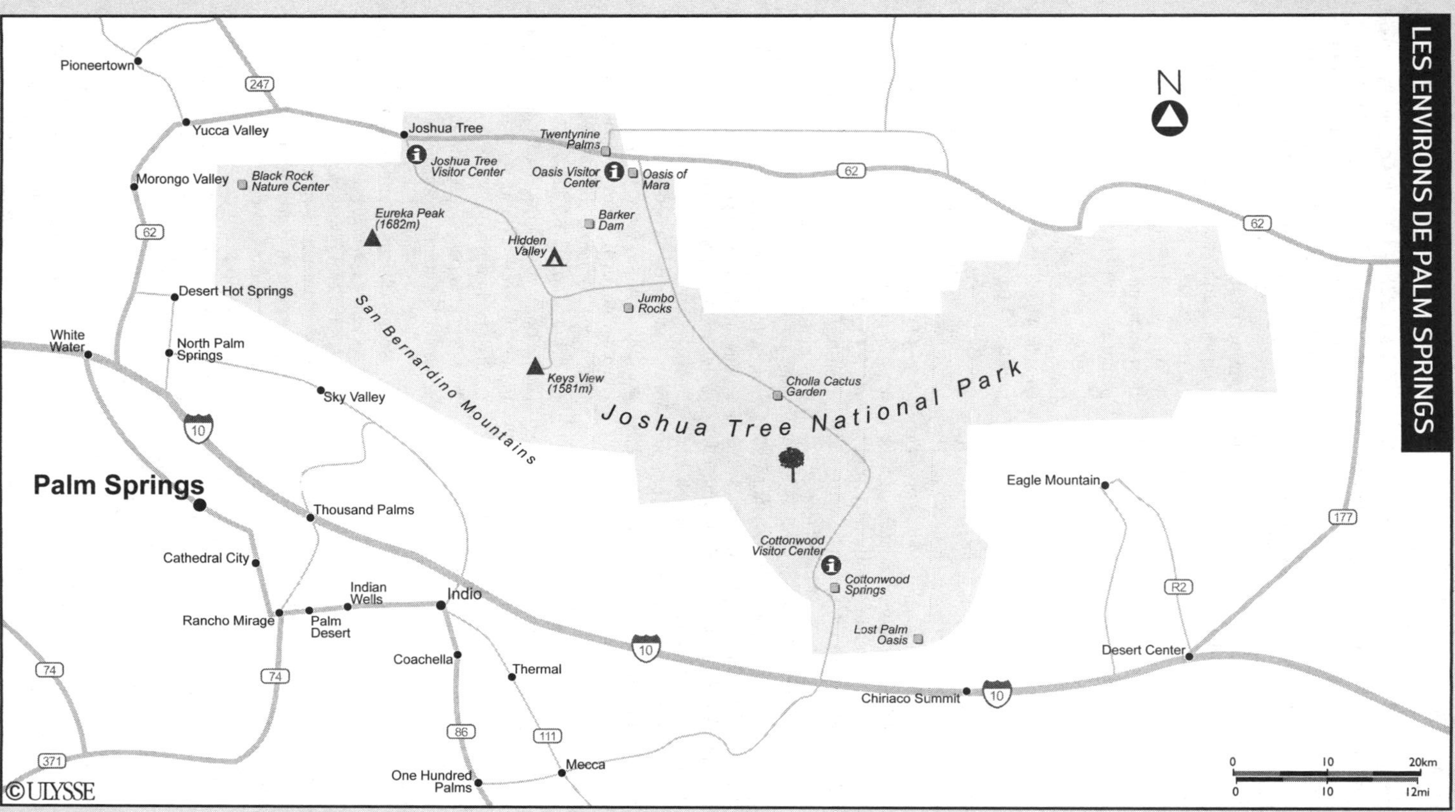

et l'**Annenberg Theater** *(☎ 760-325-4490)*, une salle de spectacle qui compte 450 places, présente des ballets, des opéras et des concerts de musique classique à l'intérieur même du musée.

Située en son cœur même, **Palm Canyon Drive** ★★ est la principale artère de Palm Springs, et elle se borde d'une foule de petites boutiques, d'hôtels opulents ainsi que d'attrayantes galeries d'art. Elle se distingue en outre par sa «promenade des étoiles», des étoiles d'or incrustées dans le trottoir rendant ici hommage à des vedettes habituées de Palm Springs comme Frank Sinatra et Marilyn Monroe.

Familiarisez-vous avec l'histoire des Autochtones de Palm Springs à l'**Agua Caliente Cultural Museum** ★ *(entrée libre; juil et août ven-sam 10h à 17h, dim 12h à 17h; sept à juin mer-sam 10h à 17h, dim 12h à 17h; 219 S. Palm Canyon Dr., ☎ 760-778-1079, www.accmuseum.org)*. Les vitrines consacrées aux Indiens Cahuilla d'Agua Caliente en retracent l'histoire et les réalisations par le biais d'objets façonnés, de photographies et de démonstrations musicales. La salle Flora Patencio est quant à elle dédiée à cette femme qui participa à d'importantes décisions politiques et culturelles pour la communauté autochtone d'Agua Caliente. Un diorama montre d'ailleurs comment les Indiens Cahuilla vivaient dans leur environnement désertique.

Palm Springs et l'architecture

L'époque Art déco a vécu de belles heures à Palm Springs, et de nombreux bâtiments en témoignent encore, mais d'autres types d'architecture ont aussi influencé le décor de cette ville (les styles espagnol, Le Corbusier ou moderniste) et quelques grands noms de la profession y ont laissé leurs traces. Pour en savoir plus, demandez le dépliant *Palm Springs Architecture Guide* au **Palm Springs Bureau of Tourism** (voir p. 194), ou contactez **PS Modern Tours** *(☎ 760-318-6118)* pour prendre part à une visite guidée dans la ville, commentée par un spécialiste en architecture.

Le **Village Green Heritage Center** ★★ *(0,50$; mi-oct à mai mer et dim 12h à 15h, jeu-sam 10h à 16h; 221-223 S. Palm Canyon Dr., ☎ 760-323-8297)* rend hommage aux pionniers qui ont contribué à l'érection de Palm Springs sur ces rudes terres désertiques. Le centre regroupe un ensemble de bâtiments historiques au travers desquels on s'efforce de transmettre aux visiteurs la riche histoire de la région. Parmi ceux-ci, la **McCallum Adobe** ★ s'impose comme la toute première maison de pionnier de Palm Springs. Elle date de 1884 et abrite désormais une collection de peintures, de photos et d'objets datant des premiers jours de Palm Springs. À côté de l'ancienne maison en adobe s'élève la **Miss Cornelia White's House** ★, construite neuf ans plus tard à partir de traverses de chemin de fer, et la première à avoir été dotée d'un téléphone à Palm Springs.

Le **Ruddy's General Store Museum** ★ *(1$; oct à juin jeu-dim 10h à 16h, juil à sept sam-dim 10h à 16h; 221 S. Palm Canyon Dr., ☎ 760-327-2156)* est sans doute le plus amusant des trois musées de la ville. Plus de 6 000 objets d'usage courant d'une autre époque en garnissent les étagères, et vous aurez plaisir à admirer tous ces vestiges «de tous les jours» de la fin des années 1930.

Si la chaleur du désert commence à vous accabler, enfilez votre maillot de bain et foncez tout droit vers le **Soak City Water Park** ★★ *(26$; juin à août tlj 10h à 18h; 1500 Gene Autry Trail, ☎ 760-327-0499, www.knotts.com)*. Vous y attendent des toboggans aquatiques qui vous garantissent des frissons, tandis que l'énorme piscine à vagues Rip Tide Reef et la paresseuse Sunset River vous invitent à la détente et au bronzage.

Les **Moorten Botanical Gardens** ★★ *(3$; lun, mar et jeu-sam 10h à 16h; 1701 S. Palm Canyon Dr., ☎ 760-327-6555, www.palmsprings.com/moorten)*, dont l'élaboration évolue depuis 1938, permettent d'admirer quelque 3 000 espèces de plantes du désert. Plusieurs habitats distincts ont été créés pour répondre aux besoins variés des différentes espèces, et c'est avec émerveillement que vous découvrirez l'incroyable diversité de la flore désertique.

Au nord de l'aéroport de Palm Springs se trouve le **Palm Springs Air Museum** ★ *(12$; tlj 10h à 17h; 745 N. Gene Autry Trail, ☎ 760-778-6262, www.palmspringsairmuseum.org)*, un

PALM SPRINGS centre-ville

★ **ATTRAITS TOURISTIQUES**

1. AX Palm Springs Desert Museum / Annenberg Theater
2. AX Palm Canyon Drive
3. AY Agua Caliente Cultural Museum
4. AY Village Green Heritage Center / McCallum Adobe / Miss Cornelia White's House
5. AY Ruddy's General Store Museum

musée colossal voué à la conservation des avions de chasse, des bombardiers et des avions d'entraînement des Forces armées des États-Unis. Deux hangars principaux y abritent les modèles les plus variés, de la forteresse volante B-17 au Lightning P-38.

Les **Indian Canyons** ★★★ *(8$; oct à juin tlj 8h à 17h, juil à sept ven-dim 8h à 17h; 3 mi ou 4,8 km au sud d'East Palm Canyon Dr., ☎ 760-323-6018, www.theindiancanyons.com)* sont ainsi nommés parce que les Indiens Cahuilla d'Agua Caliente ont établi, il y a de cela des siècles, plusieurs communautés prospères dans la région, notamment dans le Palm Canyon, le Murray Canyon, l'Andreas Canyon, le Tahquitz Canyon et le Chino Canyon. L'ensemble formait une immense oasis naturelle, de sorte que l'eau y abondait et que les canyons servaient d'habitat à une variété d'espèces végétales et animales dont dépendaient les Autochtones. Les Cahuillas étaient d'ailleurs rompus à l'agriculture et faisaient pousser une variété de denrées dans les vallées fertiles. On retrouve aujourd'hui dans tous les canyons de la région des vestiges de ces communautés anciennes, que ce soit sous forme d'art rupestre, de ruines, de systèmes d'irrigation ou de pistes visiblement foulées de longue date. Le **Palm Canyon** ★★★ s'étire sur 24 km et se borde de majestueux palmiers, de part et d'autre d'un cours d'eau sinueux. Un sentier revêtu descend vers le fond du canyon, croisant au passage de nombreux cactus et arbustes. L'oasis verdoyante de l'**Andreas Canyon** ★★ voit proliférer plus de 150 espèces de plantes différentes. Des tables de pique-nique ponctuent le tracé panoramique qui la parcourt et permettent ainsi aux visiteurs d'y faire une agréable halte. Des spécimens d'art rupestre attribués aux Cahuillas vous y attendent en outre au fil des étonnantes formations rocheuses qui bordent le sentier. Non loin de l'Andreas Canyon se trouve le **Murray Canyon** ★, où vivent quelques chevaux sauvages et mouflons péninsulaires, ces derniers étant menacés d'extinction. Ce canyon semble attirer moins de visiteurs que les autres, ce qui en fait une destination rêvée pour ceux qui désirent communier avec la nature.

Le **Palm Springs Aerial Tramway** ★★★ *(22,95$; départs aux 30 min, lun-ven à partir de 10h, sam-dim à partir de 8h, le dernier tramway redescend à 21h45; 1 Tramway Rd., par la route 111, ☎ 888-515-8726 ou 760-325-1391, www.pstramway.com)* vous donnera l'occasion de vous retrouver dans un tout autre environnement et d'échapper un moment à l'intense chaleur du désert. Le tram entreprend sa course à une altitude de 806 m et grimpe jusqu'au sommet de la montagne (Mountain Station), à 2 596 m, ses deux voitures giratoires offrant de spectaculaires vues circulaires du désert et des montagnes avoisinantes. Pour peu que les conditions climatiques le permettent, il est même possible de faire du ski de fond dans les environs, et on loue d'ailleurs tout l'équipement nécessaire sur place. Il convient de savoir que le mercure peut accuser de fortes baisses en altitude, et que vous avez tout intérêt à vous vêtir en conséquence.

››› *Prenez la route 111 en direction sud pour atteindre Rancho Mirage et Palm Desert.*

Rancho Mirage

Un attrait unique de Rancho Mirage est le **Heartland – The California Museum of the Heart** ★ *(2$; juin à août lun-ven 7h30 à 19h, sept à mai sam 8h à 12h; Bob Hope Dr., ☎ 760-324-3278)*. Apprenez tout ce qu'il y a à savoir sur le cœur et sur son fonctionnement, parcourez l'intérieur d'un cœur géant et approfondissez encore davantage la question au Happy Heart Cinema.

Palm Desert ★

Si la communauté gay a choisi Palm Springs, Palm Desert (49 000 hab.) est devenu le lieu de prédilection des riches retraités. Située à environ 10 mi (15 km) au sud-est de Palm Springs par Palm Canyon Drive (route 111), Palm Desert est une oasis de verdure qui accueille plusieurs grands hôtels luxueux. **El Paseo** ★★, surnommée le «Rodeo Drive du désert», est sa principale artère commerciale et mérite une visite pour ses belles boutiques, galeries d'art et restaurants.

Certaines des plus belles œuvres d'art latino-américaines et du Sud-Ouest américain sont exposées aux **Adagio Galleries** ★ *(73-300 El Paseo Dr., locaux A et B, ☎ 760-346-1221 ou 800-288-2230, www.adagiogalleries.com)*. Autrefois situées à Palm Springs, ces fameuses galeries ont récemment déménagé à Palm Desert. Il s'y tient des événements majeurs tout au long de l'année.

The Living Desert ★★★ *(12,75$; oct à mai tlj 9h à 17h, juin à sept tlj 8h à 13h30; 47900 Portola Ave.,* ☎ *760-346-5694, www.livingdesert.org)* a une superficie de près de 500 ha et fait aussi bien office de jardin zoologique que de parc botanique. Les sentiers panoramiques du site permettent d'observer une variété d'animaux indigènes et exotiques vivant dans différents déserts du monde. Le Watutu Village qu'on y a aménagé récrée un village africain traditionnel autour duquel vivent des léopards, des chameaux et des hyènes. Les enfants apprécieront en outre le Petting Kraal, où ils auront l'occasion de flatter et de nourrir des moutons, des chèvres et du bétail.

Joshua Tree National Park ★★★

1 jour

Localisation: 50 mi (80 km) à l'est de Palm Springs par la route 62 (accès nord) ou la route 10 (accès sud); si vous séjournez à Palm Springs, vous pouvez facilement faire une boucle de 150 mi (241 km) en empruntant la route qui traverse le parc du sud au nord.

Droit d'entrée: 15$/voiture ou 5$/piéton ou cycliste, valable pour 7 jours consécutifs.
Joshua Tree Visitors Center: tlj 8h à 17h; au sud de la route 62, sur Park Blvd., dans le village de Joshua Tree, ☎ 760-366-1855.
Oasis Visitor Center: tlj 8h à 17h; Oasis of Mara, Twentynine Palms, ☎ 760-367-5500.
Cottonwood Visitor Center: tlj 9h à 15h; Cottonwood Spring.
Black Rock Nature Center: oct à mai sam-jeu 8h à 16h, ven 12h à 20h; Black Rock Canyon, ☎ 760-367-3001.
Information: ☎ 760-367-5500, www.nps.gov/jotr.

L'ancien peuple Pinto fut le premier à habiter la région aujourd'hui désignée du nom de «Joshua Tree National Park». Ces chasseurs-cueilleurs vivaient le long d'un cours d'eau qui franchissait le Pinto Basin, désormais asséché. Au fil des ans, beaucoup d'autres peuples amérindiens ont élu domicile dans les oasis du parc et ont laissé derrière eux des peintures rupestres, des poteries et de petits barrages.

Le parc couvre 321 000 ha du désert du Colorado et du désert de Mojave. Le désert du Colorado s'étend sur la moitié orientale du parc, à des altitudes inférieures à 1 000 m, et se voit peuplé de créosotiers (*creosote bushes*), d'ocotillos aranéens ainsi que de cactus chollas. En gagnant de l'altitude aux abords de la moitié occidentale du parc, vous entrerez dans la zone plus fraîche et humide du désert de Mojave, où d'importants massifs d'arbres de Josué dominent le paysage. Le parc n'est cependant pas tout à fait aride, dans la mesure où cinq oasis éparses y fourmillent de vie.

Les principaux attraits du parc sont son air pur, ses panoramas à couper le souffle et les formations rocheuses inusitées qui en parsèment le paysage. D'impressionnants monolithes de granit, polis par le passage du temps, se dressent un peu partout dans le parc et attirent de nombreux amateurs d'escalade. Il est particulièrement agréable de visiter le Joshua Tree National Park après une des rares pluies qui s'abattent sur la région, car y apparaissent alors des fleurs sauvages qui composent un véritable arc-en-ciel au cœur même du désert. Au printemps et en automne, les *rangers* y dirigent une série de promenades, de randonnées et d'exposés au coin du feu.

En débutant par le sud, arrêtez-vous au **Cottonwood Visitor Center** (voir plus haut), qui renferme quelques vitrines relatives au parc et où les *rangers* se feront un plaisir de répondre à toutes les questions que vous pourriez avoir. **Cottonwood Springs** ★★, la première oasis de palmiers du parc, se trouve à 1 mi (1,6 km) à l'ouest du centre et renferme un terrain de camping de même que des aires de pique-nique. Il s'agit en outre d'un excellent endroit pour observer une variété d'oiseaux du désert venus s'abreuver aux sources.

En continuant vers le nord, vous pénétrerez dans le Pinto Basin, un lac aujourd'hui asséché. La Pinto Basin Road croise sur la droite un haut massif d'ocotillos aux cimes flamboyantes avant d'atteindre le **Cholla Cactus Garden** ★, un jardin unique que sillonne un court sentier d'interprétation le long duquel vous pourrez admirer les plantes et les animaux propres au désert du Colorado.

En quittant le Cholla Cactus Garden, la route amorce une ascension et mène à la section Mojave du parc. Vous remarquerez que les arbres de Josué s'y font plus nombreux et que la température devient plus fraîche.

››› *La Pinto Basin Road devient l'Utah Trail et mène à l'Oasis of Mara ainsi qu'à l'Oasis Visitor Center.*

L'**Oasis Visitor Center** (voir plus haut) accueille les bureaux administratifs du parc et fournit quantité d'informations sur le Joshua Tree

National Park. Tout juste derrière le centre, un court sentier d'interprétation serpente au travers de l'**Oasis of Mara** ★★, qui a, par le passé, abrité diverses communautés amérindiennes de même que les premiers colons de la région.

••• *Revenez vers le sud par l'Utah Trail, et prenez à droite pour emprunter le Sheep Pass.*

D'intéressantes formations granitiques dominent le secteur des **Jumbo Rocks** ★★, où des sentiers de randonnée bien balisés conduisent à plusieurs aires de pique-nique. Tout juste au-delà des Jumbo Rocks se dessine la **Geology Tour Road**, qui n'est praticable qu'en véhicule à quatre roues motrices. Il s'agit d'un chemin de terre qui zigzague sur 29 km entre d'impressionnantes structures rocheuses.

En poursuivant vers l'ouest, vous atteindrez le début de la piste qui mène au sommet du mont Ryan (alt. 1 665 m). Ceux qui choisissent d'affronter ce sentier modérément ardu de 2,4 km sont récompensés par de splendides vues sur la vallée.

••• *À l'intersection de Park Boulevard, tournez à gauche (en direction sud) pour atteindre la Keyes View.*

Keyes View ★★★ s'impose comme l'attrait le plus populaire du parc, soit un belvédère situé à une altitude de 1 580 m et facilement accessible par la route. Vous pourrez y contempler à loisir l'étendue du désert sur des kilomètres et des kilomètres dans toutes les directions depuis le sommet des Little San Bernardino Mountains.

En tournant à droite (en direction ouest) dans le chemin de terre qui précède la Hidden Valley, vous atteindrez le **Barker Dam** ★★, un barrage érigé au début du XXe siècle pour assurer la subsistance des troupeaux de bétail dont les ancêtres ont été élevés par les pionniers de la région. On peut d'ailleurs y apercevoir de nombreuses espèces sauvages profitant des eaux de pluie accumulées ici. La route peut être accidentée par endroits, mais demeure tout de même praticable.

••• *Prenez Park Boulevard vers le nord pour franchir la Lost Horse Valley.*

La **Hidden Valley** ★★ servait à l'origine de cachette et d'abri pour le bétail, grâce aux rochers massifs qui bordent le sentier d'interprétation aujourd'hui aménagé dans la vallée. Vous trouverez sur place des aires de pique-nique.

Mojave National Preserve ★★

1 à 2 jours

Localisation: 177 mi (285 km) de Los Angeles par la route I-15, même distance depuis Palm Springs. Les visites partent de Baker, où vous pourrez vous procurer une carte et de l'information à jour sur l'état des routes.

Droit d'entrée: entrée libre.
Kelso Depot Visitor Center: tlj 9h à 17h; Kelbaker Rd., ☎ 760-252-6108; c'est le principal point d'information du parc, avec des expositions sur l'histoire naturelle et culturelle du désert; ici également, les *rangers* pourront vous fournir une carte et de l'information à jour sur l'état des routes.
Hole-in-the-Wall Information Center: oct à avr mer-dim 9h à 17h, mai à sept ven-dim 9h à 16h; Black Canyon Rd., ☎ 760-928-2572 ou 760-252-6104.
Information: ☎ 760-252-6100, www.nps.gov/moja.

Trois des quatre déserts de l'Amérique du Nord, soit le désert de Sonora, le désert de Great Basin et le désert de Mojave, convergent pour former la Mojave National Preserve. Celle-ci fut créée le 21 octobre 1994 pour protéger 647 500 ha de dunes, de cônes volcaniques cendreux et de forêts sommitales. Loin de n'être qu'un amoncellement de sable sans fin, ce territoire accidenté héberge près de 300 espèces d'animaux, entre autres des coyotes, des mouflons du désert et des tortues du désert (une espèce protégée). Et la flore n'est pas en reste, puisqu'elle couvre la gamme du robuste créosotier (*creosote bush*) à l'arbre de Josué, sans oublier, lorsque les conditions climatiques le permettent, un véritable arc-en-ciel de fleurs sauvages. Vous trouverez également dans le parc de nombreuses mines, aussi bien abandonnées qu'actives, et quelques villes mortes, certains de ces attraits n'étant toutefois accessibles qu'en véhicule à quatre roues motrices. Notez que vous ne trouverez de l'eau potable qu'à deux endroits dans le parc: au Kelso Depot Visitor Center (voir ci-dessous) et au Hole-in-the-Wall Information Center (voir ci-dessus).

••• *Au départ de Baker, prenez la Kelbaker Road vers le sud jusqu'à l'Aiken Mine Road.*

Le premier attrait que vous trouverez dans le désert de Mojave est le paysage lunaire des **Cinder Cones** ★★, à 18 mi (29 km) de Baker. Plus de 30 cônes volcaniques de

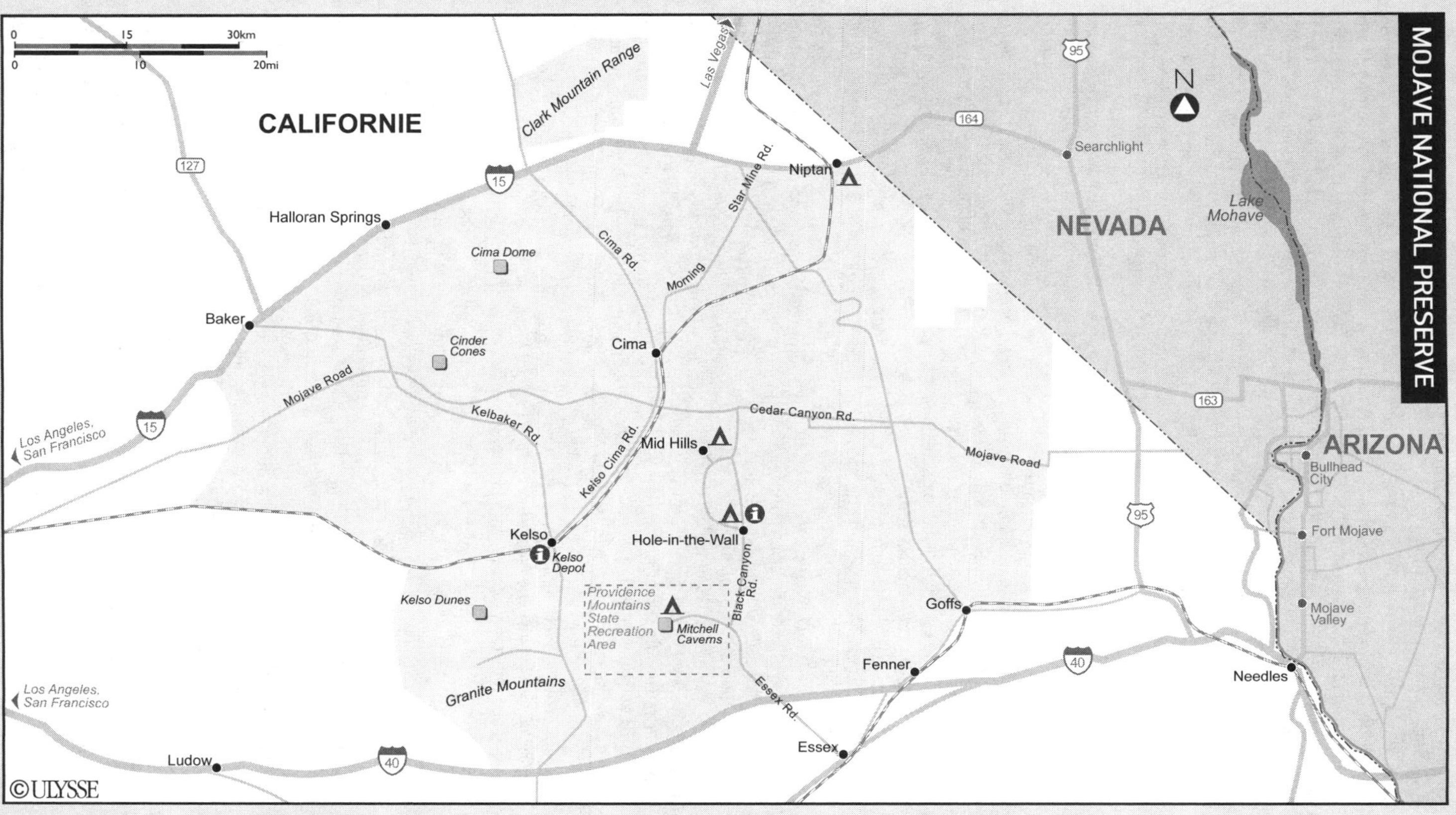

MOJAVE NATIONAL PRESERVE
CALIFORNIE
NEVADA
ARIZONA
Clark Mountain Range
Las Vegas
Niptan
Star Mine Rd.
Searchlight
Lake Mohave
Halloran Springs
Cima Dome
Cima Rd.
Morning
Baker
Cinder Cones
Cima
Mojave Road
Kelbaker Rd.
Cedar Canyon Rd.
Mojave Road
Los Angeles, San Francisco
Mid Hills
Kelso Cima Rd.
Bullhead City
Fort Mojave
Mojave Valley
Kelso
Kelso Depot
Hole-in-the-Wall
Black Canyon Rd.
Kelso Dunes
Providence Mountains State Recreation Area
Mitchell Caverns
Goffs
Fenner
Needles
Granite Mountains
Essex Rd.
Essex
Los Angeles, San Francisco
Ludow
N
0
15
30km
0
10
20mi
127
15
164
95
163
40
©ULYSSE

formation récente surgissent ici parmi de noirs écoulements de lave basaltique, produits d'éruptions sous faible pression qui ont permis à la lave de se solidifier presque instantanément il y a de cela à peine 1 000 ans. La route qui conduit au site, l'Aiken Mine Road, est un chemin de terre profilé quelque peu difficile à parcourir, mais tout de même carrossable en voiture pour peu que vous alliez lentement. Comptez environ 3 mi (5 km) pour atteindre le cœur de la formation cendreuse.

››› *Suivez la Kelbaker Road en direction sud sur 18 mi (29 km) jusqu'au Kelso Depot.*

Le **Kelso Depot**, une gare arborant une architecture à l'espagnole, est tout ce qui reste de la petite ville de Kelso, qui servait jadis de relais entre Los Angeles et Salt Lake City. Construite en 1924 par l'Union Pacific Railroad, cette gare est l'une des deux seules qui subsistent encore dans la région. Elle logeait les employés du chemin de fer la nuit et abritait un bureau de télégraphe de même qu'une salle d'attente pour les passagers. Elle a par la suite été reconvertie en un restaurant doublé d'un centre communautaire, et s'est vue baptisée du nom de «Beanery» par les quelque 2 000 habitants de la petite ville dans les années 1940. Avec l'arrivée du moteur diesel, l'eau que fournissait ce dépôt ferroviaire fit l'objet d'une demande décroissante, si bien que la population finit par se disperser aux quatre vents et qu'on ferma complètement la gare en 1985. Elle est maintenant totalement rénovée et a été transformée en un superbe et très intéressant centre d'accueil des visiteurs, qui propose des expositions, des films et divers services très utiles aux visiteurs.

››› *Continuez vers le sud sur 7 mi (11 km) jusqu'aux Kelso Dunes.*

Pour atteindre les **Kelso Dunes** ★★★, prenez la voie d'embranchement en gravier de 4 mi (6,5 km) portant l'inscription «Kelso Dunes Parking» (aire de stationnement des dunes de Kelso). Vous n'aurez ensuite aucun mal à trouver les dunes puisqu'elles s'élèvent à plus de 200 m et ont une superficie de près de 120 km². Les particules de quartz rose présentes dans le sable des dunes expliquent leur incroyable couleur or. Une activité fort prisée en ces lieux consiste à provoquer des glissements de sable, dans la mesure où le sable émet ici un bruit sourd de basse fréquence tout à fait particulier lorsqu'il dévale les pentes. En grimpant jusqu'au sommet des dunes, vous aurez par ailleurs le plaisir de découvrir une vue imprenable sur le désert de Mojave, de même que sur l'étendue sablonneuse du Devil's Playground au nord-ouest. Comptez environ 2h pour vous rendre aux dunes et revenir au terrain de stationnement, et notez que, même si la plupart des habitants des dunes s'animent surtout la nuit, il s'agit d'un bon endroit pour observer divers lézards et oiseaux, ainsi qu'une variété de fleurs sauvages vers la fin du printemps.

››› *Des dunes de Kelso, revenez sur vos pas jusqu'au Kelso Depot, puis prenez la Kelso-Cima Road sur 14 mi (23 km). Tournez à droite à l'embranchement pour suivre la Cedar Canyon Road sur 3,5 mi (6 km), après quoi vous emprunterez la Black Canyon Road vers le sud sur 7 mi (11 km). En guise de solution de rechange, vous pouvez passer par le col de Wild Horse afin d'éviter une partie de la Black Canyon Road, ce qui vous donnera par ailleurs l'occasion unique de parcourir les mesas et les canyons de la région; sachez toutefois que cette route est en moins bon état que la Black Canyon Road.*

Les étranges formations rocheuses du **Hole-in-the-Wall** ★★ résultent de millions d'années d'éruptions volcaniques qui ont répandu sur la région couche après couche de lave et de cendres, leur refroidissement inégal et les gaz emprisonnés dans le roc ayant favorisé l'apparition de nombreux trous. L'érosion éolienne et pluviale a, au fil des ans, agrandi ces trous jusqu'à créer les immenses cavernes qu'on trouve aujourd'hui sur les lieux, et la haute teneur en fer des parois volcaniques explique leur magnifique teinte rougeâtre. Il n'est pas conseillé d'escalader les parois, car la roche en est très poreuse et friable. On a toutefois, par endroits, fixé des anneaux métalliques aux parois pour permettre aux visiteurs de descendre dans les «trous». La randonnée pédestre est très appréciée dans ce secteur (voir p. 209), et les aires de pique-nique qu'on y a aménagées permettent de faire une halte avant de poursuivre votre exploration. Vous pourrez même, si vous le désirez, profiter des installations de camping mises à votre disposition (voir p. 221).

››› *En faisant 10 mi (16 km) vers le sud, vous atteindrez l'Essex Road. Tournez à droite à l'embranchement vers la Providence Mountains State Recreation Area et les Mitchell Caverns (5 mi ou 8 km).*

La **Providence Mountains State Recreation Area** ★★ est ouverte aux campeurs, aux randonneurs et aux pique-niqueurs, et ce, toute l'année. L'attrait saillant de ce secteur réside cependant dans les **Mitchell Caverns** ★★★ *(5$; visites guidées: sept à juin lun-ven à 13h30, sam-dim à 10h, 13h30 et 15h, aussi juil et août tlj à 13h30;* ☎ *760-928-2586, www.parks.ca.gov)*. La visite de ce monde calcaire souterrain dure 1h30, et il faut faire 2,4 km à pied pour se rendre jusqu'aux grottes, à l'intérieur desquelles vous découvrirez un fabuleux univers de stalactites, de stalagmites, de corail de caverne et de coulées rocheuses. Des escaliers, des balustrades et un éclairage adéquat vous assurent une expérience sécuritaire. Jack Mitchell a été le premier spéléologue à descendre dans ces profondeurs, et sa signature, datée du 1er juillet 1931, apparaît toujours sur une des parois de la «Dog Leg Room». Il est possible de réserver à l'avance, mais il faut savoir que le traitement des demandes exige de deux à trois semaines et qu'on perçoit pour ce faire un droit de 2$.

››› *Remontez la Black Canyon Road vers le nord jusqu'à la Cedar Canyon Road (songez à passer par le col de Wild Horse si vous ne l'avez pas fait à l'aller) et tournez à gauche pour rejoindre la Kelso-Cima Road. Tournez ensuite à droite et dirigez-vous vers le nord sur 5 mi (8 km) jusqu'à la Cima Road, que vous suivrez jusqu'au Cima Dome.*

La portion du trajet qui emprunte la Cima Road est spectaculaire. Alors que la route gagne en altitude, des **arbres de Josué** ★★★ commencent à surgir à gauche et à droite, jusqu'à former peu à peu la plus grande forêt du genre dans le monde (quelque 2 millions de spécimens couvrant 19 425 ha). Leur tronc n'est d'ailleurs pas de bois, mais plutôt d'une substance spongieuse dont ils se servent pour emmagasiner de l'eau. Le nom anglais de cette essence (*Joshua tree*) vient du fait que sa silhouette rappelait aux premiers colons l'histoire biblique de Josué tendant les mains vers le ciel sous un soleil immobile.

Le principal attrait des lieux peut facilement vous échapper, tellement il est immense. Le **Cima Dome**, d'une surface de 194 km^2, s'impose en effet comme la plus volumineuse structure rocheuse arrondie de tout l'hémisphère occidental. La forme du dôme tient à une gigantesque masse de magma qui a tenté de faire surface, mais sans toutefois exercer une pression suffisante sur la croûte terrestre pour provoquer une éruption volcanique. Au cours des millénaires, le vent et la pluie ont érodé la monzonite quartzifère qui recouvrait la pierre, jusqu'à exposer un dôme presque parfait. Bien que le dôme constitue à n'en point douter une grande merveille géologique, il reste que la magnifique forêt d'arbres de Josué qui l'entoure se laisse beaucoup plus facilement admirer, d'autant plus que le sentier du Teutonia Peak permet de l'explorer plus à fond sur 6,4 km (aller-retour).

Death Valley National Park ★★★

1 à 2 jours

Localisation: 121 mi (195 km) au nord-ouest de Las Vegas par les routes 160 et 190; 111 mi (178 km) au nord de Baker et de la Mojave National Preserve par les routes 127 et 190.

Droit d'entrée: 20$/véhicule ou 10$/piéton, valable pour 7 jours consécutifs. Vous pourrez acheter votre billet dans l'un des distributeurs automatiques situés aux diverses entrées du parc et passer ensuite au centre d'accueil des visiteurs de Furnace Creek pour recevoir votre macaron (*badge*) et une carte détaillée du parc.
Furnace Creek Visitor Center & Museum: tlj 8h à 17h; route 190, ☎ 760-786-3200.
Scotty's Castle Visitor Center & Museum: été tlj 9h à 16h30, hiver tlj 8h30 à 17h30; route 267, ☎ 760-786-2392.
Information: ☎ 760-786-3200, www.nps.gov/deva.

La Death Valley (Vallée de la Mort) révèle une riche palette de rouge, d'or, de vert et de brun sous un splendide ciel bleu. Des vagues de chaleur ondulent au-dessus du désert, tandis que vous descendez des montagnes pour vous engager dans ses profondeurs. L'attrait incontesté des lieux: le vide absolu, qui revêt ici la forme d'un paysage on ne peut plus étrange et inhospitalier dans un monde pourtant si plein de vie. En y regardant de plus près, et avec un peu de patience, vous constaterez en effet que la Death Valley n'est pas si «morte» que cela. Au printemps, tout spécialement, vous y verrez entre autres des fleurs sauvages, des aigles, des coyotes et plusieurs autres créatures terrestres.

La Death Valley a été proclamée «monument national» par le président Herbert Hoover le 11 février 1933, et il y a beaucoup à faire et à voir dans le parc. Certains secteurs plus isolés ne sont accessibles qu'en véhicule à quatre roues motrices, quoique tous les attraits des circuits que nous vous proposons ci-après puissent être visités à bord d'une simple voiture. Informez-vous toutefois de l'état des routes auprès des *rangers* du parc.

Autour de Furnace Creek

Furnace Creek ★★ est une véritable oasis au cœur même de la Death Valley, puisque les broussailles et le sable y cèdent le pas aux palmiers et à l'herbe verdoyante. Toute l'activité de la Vallée gravite autour de ce point, et l'on s'y rend en très grand nombre les fins de semaine, de sorte que si vous avez l'intention de loger dans l'un des deux hôtels du coin, prenez la peine de réserver plusieurs mois à l'avance (voir p. 222). Sachez de plus qu'il est possible de jouer au golf à Furnace Creek, à condition que vous soyez assez brave pour affronter des températures pour le moins étouffantes; à 65 m au-dessous du niveau de la mer, ce sont là les 18 trous les plus bas de la planète (voir p. 208).

Au **Furnace Creek Visitor Center & Museum** ★★ de Furnace Creek, vous pourrez obtenir des renseignements sur l'histoire, le climat et la faune du parc. Le centre d'accueil des visiteurs renferme aussi de nombreux présentoirs instructifs, de même qu'une grande maquette de la vallée tout entière. Les guides on ne peut plus compétents du centre répondront avec enthousiasme à toutes vos questions, et un diaporama d'orientation est présenté aux demi-heures.

Situé dans l'enceinte du Furnace Creek Ranch, le **Borax Museum** ★ *(entrée libre; tlj 10h à 17h; ☎ 760-786-2345)* est installé dans la plus ancienne maison de Furnace Creek; datant de 1883, elle a été déplacée ici pour loger le musée. Le borax fut découvert pour la première fois dans la Death Valley en 1875. Ce minerai cristallin blanc, utilisé auparavant comme remède digestif, est aujourd'hui encore employé dans la fabrication du savon, de la porcelaine, d'engrais et d'insecticides. Toutes les questions que vous vous êtes toujours posées sur le borax trouveront ici une réponse, et le musée abrite par ailleurs un bel assortiment des autres minerais qu'on trouve dans la Death Valley. Les outils et les vestiges miniers présentés ici datent de la fin du XIXe siècle, et vous pourrez même vous procurer des échantillons à la petite boutique de souvenirs. La plus grande partie du musée se trouve à l'extérieur, derrière le bâtiment principal qui renferme l'équipement d'exploitation de la mine.

Le **Furnace Creek Inn** ★★, qui date de la fin des années 1920, se trouve à 1 mi (1,6 km) au sud-est du centre d'accueil des visiteurs. Il s'agit d'une auberge (voir p. 222) à flanc de colline offrant une vue panoramique sur la vallée en contrebas, sans compter que sa maçonnerie complexe et son élégance à l'ancienne justifient à elles seules une visite. Une série de tunnels parcourent la propriété et créent parfois une certaine confusion, mais ajoutent également au charme des lieux. Les merveilleux recoins du hall et d'autres points de l'auberge sont tout indiqués pour prendre un verre et apprécier au mieux le paysage environnant.

Zabriskie Point ★★ est un endroit tout à fait étonnant de la Death Valley, sur laquelle il offre d'ailleurs une vue exceptionnelle et parmi les plus courues de la région. Du haut d'une petite mesa, les visiteurs s'émerveillent devant l'arc-en-ciel de couleurs qu'arborent les collines ondulantes sculptées par l'érosion qui entourent le poste d'observation de toutes parts.

Mais c'est à **Dante's View** ★★★, à 1 669 m d'altitude, que vous aurez la plus belle vue panoramique de toute la vallée. De ce point, vous pourrez apercevoir les plaines de sel, les badlands et des kilomètres sans fin de collines ondulantes et colorées. Du terrain de stationnement, marchez le long de la crête pour contempler en toute quiétude le formidable paysage qui s'offre à vos yeux. Notez cependant que les autocaravanes ne sont pas admises au sommet de Dante's View du fait de l'étroitesse de la route.

Badwater ★ a la distinction de se trouver au point le plus bas de tout l'hémisphère occidental, à 86 m au-dessous du niveau de la mer. À moins d'une pluie récente ou d'une inondation, vous n'y verrez que bien peu d'eau, quoique les plaines de sel en elles-mêmes valent le coup d'œil, tout comme les panoramas dont vous pourrez jouir en vous enfonçant un tant soit peu dans la Vallée. Si toutefois il y a de l'eau dans les environs au moment de votre passage, la surface immobile du sol reflétera parfaitement le mont Telescope enneigé qui se dresse au loin. La distance qui sépare Badwater des plaines de sel est d'environ 0,8 km et s'effectue très bien à pied.

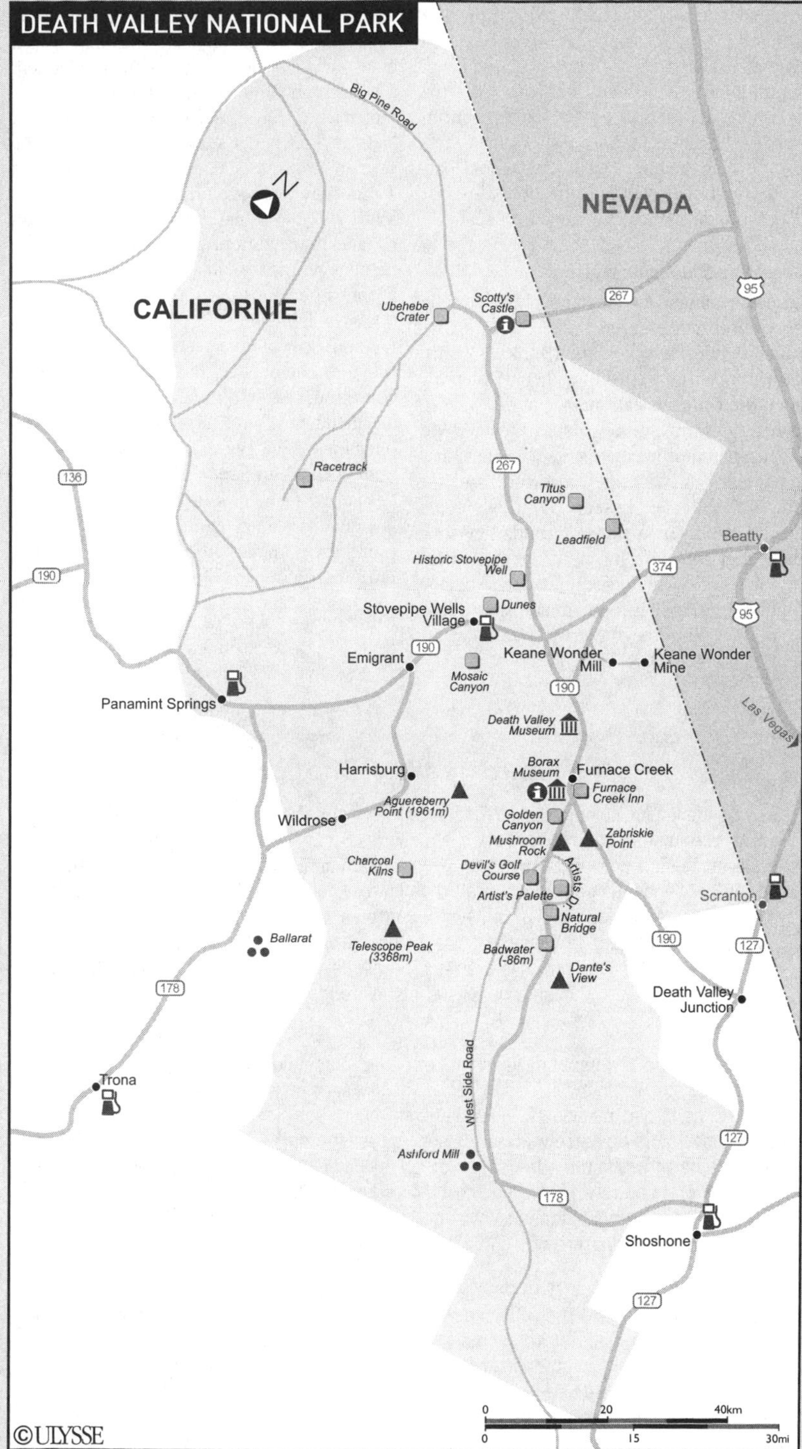
DEATH VALLEY NATIONAL PARK
NEVADA
CALIFORNIE
Big Pine Road
Ubehebe Crater
Scotty's Castle
267
95
Racetrack
136
Titus Canyon
Leadfield
Beatty
374
190
Historic Stovepipe Well
Dunes
Stovepipe Wells Village
Emigrant
Mosaic Canyon
Keane Wonder Mill
Keane Wonder Mine
Panamint Springs
Las Vegas
Death Valley Museum
Harrisburg
Borax Museum
Furnace Creek
Furnace Creek Inn
Aguereberry Point (1961m)
Wildrose
Golden Canyon
Mushroom Rock
Zabriskie Point
Charcoal Kilns
Devil's Golf Course
Artists Dr.
Artist's Palette
Scranton
Natural Bridge
Ballarat
Telescope Peak (3368m)
Badwater (-86m)
127
Dante's View
178
Death Valley Junction
West Side Road
Trona
Ashford Mill
Shoshone
0
20
40km
15
30mi
©ULYSSE

En revenant vers Furnace Creek, empruntez l'Artist's Drive, une petite route qui mène à l'**Artist's Palette** ★. Les roches volcaniques et sédimentaires colorées que vous longerez prennent des teintes tout à fait exceptionnelles et font effectivement penser à la palette d'un peintre. Les couleurs sont particulièrement belles à la lumière des fins d'après midi.

Autour de Stovepipe Wells

Le **Mosaic Canyon** ★★★ est considéré comme un «musée géologique à ciel ouvert». Une route de gravier de 2 mi (3,2 km) quitte l'autoroute 190 et s'élève de 305 m pour atteindre l'aire de stationnement du canyon, après quoi un sentier de randonnée de 3,2 km parcourt le canyon jusqu'à une chute asséchée. Les parois de marbre du canyon ont été polies et lissées par des siècles d'écoulements naturels et d'inondations soudaines, et son nom lui vient des fragments de roc colorés qui lui confèrent cet aspect si unique. Certains visiteurs auront sans doute la chance d'apercevoir un des rares mouflons qui vivent dans la région.

Le sable doré des **dunes de la Death Valley** ★★ se voit continuellement remodelé par le vent et les inondations soudaines qui surviennent à l'occasion. Prenez un moment pour examiner les différentes formes que sculpte ici le vent. Les vents soufflant dans la Vallée sont en effet ralentis par les très hauts monts Tucki et ne peuvent transporter le sable plus loin, de sorte qu'ils le déposent ici dans un espace relativement restreint. Les mouvements complexes du vent dans ce secteur y ont engendré trois formes de dunes distinctes, soit linéaires, en croissant et en étoile, les deux premières résultant de vents qui proviennent plus ou moins d'une direction constante, tandis que la dernière est plutôt le fait de vents qui soufflent de plusieurs directions. De robustes prosopis poussent en outre ici et là au flanc des dunes, fournissant des habitats stables à divers représentants de la faune. Avis au photographe amateur: vous prendrez les meilleures photos des dunes au lever et au coucher du soleil.

L'**Historic Stovepipe Well** est le seul point d'eau de la région des dunes de la Death Valley, et il se trouvait à l'origine à l'intersection

Death Valley Scotty

La légende la plus célèbre de la Vallée de la Mort est sans aucun doute celle de Walter Scott, connu aussi sous le nom de «Death Valley Scotty». On sait qu'il est né au Kentucky en 1872 et qu'il partit un jour vers l'ouest. Un dénicheur de vedettes le découvrit en 1890 et l'engagea pour jouer le rôle d'un cowboy dans le *Wild West Show* de Buffalo Bill; Scotty passa donc les 12 années suivantes à voyager à travers le monde. Puis, en 1902, il revint dans la Vallée et entreprit une carrière de chercheur d'or. On ne sait pas exactement s'il découvrit le précieux métal, mais il réussit à convaincre plusieurs hommes d'affaires importants de lui avancer les fonds nécessaires pour extraire de la terre son trésor.

Albert Johnson, un magnat de l'assurance de Chicago, fut l'un de ses principaux bailleurs de fonds. Après avoir investi des milliers de dollars sans retirer quoi que ce soit sauf des excuses de la part de Scotty, il décida de se rendre sur place afin de constater l'état des choses. Lors de cette visite et de ses visites ultérieures dans la Vallée de la Mort, Johnson ne vit pas la moindre trace d'or; en revanche, le climat fit des merveilles pour sa santé, et il se lia d'amitié avec Scotty. Au cours des 10 hivers qui suivirent, Johnson retourna fréquemment dans la Vallée de la Mort et décida finalement d'y construire une maison de villégiature où il s'installerait en permanence.

Le bruit courut que Scotty (menteur incorrigible) avait pu faire construire «son» immense château grâce aux profits tirés de sa lucrative mine d'or. Johnson ne fit rien pour démentir cette rumeur, et les journalistes de tout le pays colportèrent la nouvelle: ce château appartenait à l'un des chercheurs d'or les plus riches au monde. Scotty vécut les dernières années de sa vie dans ce palace qui porte aujourd'hui son nom, et il fut enterré sur une colline tout près de là.

de deux pistes amérindiennes. Aux beaux jours de Rhyolite et de Skidoo, il s'agissait de l'unique source d'approvisionnement en eau sur la route qui franchissait la Vallée et, lorsque le sable vint à recouvrir le site, on y introduisit une section de «tuyau de poêle» (*stovepipe*) en guise de borne, d'où le nom de l'endroit.

Au nord du parc

Parcourir le **Titus Canyon** ★★ en voiture, c'est un peu comme remonter dans le temps, par le biais de ses couches superposées de roche sédimentaire. Les dépôts rocheux hauts en couleur de ce secteur renferment des fossiles datant de 30 à 35 millions d'années. Un de ces fossiles est le crâne du gigantesque *titanotherium*, un animal ressemblant au rhinocéros, mis au jour dans le canyon du même nom (Titus) en 1933. La ville morte de **Leadfield** repose par ailleurs dans le Titus Canyon, bien qu'on n'y trouve plus aujourd'hui que des cabanes délabrées et des puits de mines désaffectées. **Klare Spring** est une petite source qui assure la survie d'une poignée de mouflons. Les Amérindiens venaient jadis y chasser et ont laissé derrière eux des pétroglyphes gravés dans le roc.

Il y a de cela des milliers d'années, le magma des entrailles de la Terre s'éleva ici jusqu'à entrer en contact avec les eaux souterraines peu profondes, ce qui eut pour effet immédiat de les transformer en vapeur, pour ainsi donner naissance à ce qu'il est convenu d'appeler un maar (cuvette volcanique cratériforme). L'énergie produite fut alors plus puissante que celle d'une explosion nucléaire et donna lieu à la formation de l'**Ubehebe Crater** ★★★, un cratère spectaculaire aux strates rocheuses richement colorées. Les forces en présence dispersèrent des débris sur une étendue de 15 km² et jusqu'à 45 m de profondeur par endroits. La majeure partie du paysage environnant se compose d'une matière volcanique noire d'aspect surréaliste expulsée du sous-sol il y a 3 000 ans. Le cratère lui-même affiche une profondeur de quelque 150 m et un diamètre d'environ 0,8 km, les vents se faisant parfois violents aux abords de sa couronne. Vous pourrez facilement emprunter le sentier qui descend au fond du cratère, quoique la remontée constitue un plus grand défi. En marchant autour du cratère vers l'ouest depuis l'aire de stationnement, vous découvrirez par ailleurs le **Little Hebe** et quelques autres cratères de moindre envergure.

Une journée dans la Death Valley

Étant donné l'immensité de ce parc, vous ne pourrez pas tout voir en une seule journée, mais vous pouvez tout de même obtenir un bon aperçu des merveilles de la Death Valley en visitant les attraits suivants. Après vous être rendu au **Furnace Creek Visitor Center & Museum**, empruntez la route 190 vers l'est et montez jusqu'à **Dante's View** pour profiter d'un admirable panorama de la vallée. Ensuite, dirigez-vous vers le sud par la route 178, au long de laquelle vous trouverez entre autres **Badwater** et l'**Artist's Palette**. Enfin, suivez la route 190 vers l'ouest : juste après Stovepipe Wells, le magnifique **Mosaic Canyon** vous attend, puis vous pourrez finir votre journée en regardant le coucher de soleil depuis le haut des **dunes**, à quelques kilomètres à l'est de Stovepipe Wells.

Les tours du **Scotty's Castle** ★★ *(11$; été tlj 9h à 16h30, hiver tlj 8h30 à 17h30; ☎ 760-786-2392)* semblent sortir de nulle part dans ces vastes étendues où le vide règne en maître. Bien que ce château ait à l'origine été construit par le dénommé Albert Johnson, vers la fin des années 1920, le rat du désert qu'était Death Valley Scotty parvint à convaincre le public qu'il lui appartenait en propre. La visite des lieux dure 50 min, quoiqu'il faille souvent attendre jusqu'à 2h les fins de semaine avant d'en profiter. Le château en soi offre un spectacle stupéfiant et se révèle incroyablement bien préservé, tandis que son intérieur conserve ses meubles, ses livres et ses éléments décoratifs entièrement originaux des environs de 1939. Un second tour *(11$; 50 min; oct à avr)* vous mènera à la découverte des sous-sols de la propriété, qui renferment les secrets technologiques datant de l'époque de sa construction et lui permettant d'être quasiment autosuffisante. Le reste de la propriété peut être exploré en toute liberté et comprend notamment une mini-oasis créée par une source naturelle où poussent de l'herbe, des arbres de Josué et des palmiers. L'écurie qui se trouve derrière le château abrite pour sa part quelques véhicules anciens, entre autres une diligence de 1890 et une Dodge 1936.

Activités de plein air

➤ Équitation

Palm Springs

Les **Smoke Tree Stables** *(à partir de 50$; 2500 Toledo Ave., ☎ 760-327-1372, www.smoketreestables.com)* se spécialisent dans les excursions équestres à l'intérieur des Indian Canyons. Randonnées à l'heure ou à la journée.

Death Valley

Les **Furnace Creek Stables** *(45$/h; ☎ 760-786-3339, www.furnacecreekstables.net)* organisent des randonnées équestres au clair de lune dans la Death Valley, qu'accompagnent des guides expérimentés. On y propose également des promenades en charrette à foin et des excursions de jour.

➤ Escalade

Palm Springs

Uprising Adventure Guides *(1500 S. Gene Autry Trail, ☎ 760-320-6630 ou 888-254-6266, www.uprising.com)* offre des forfaits avec cours d'initiation à ceux qui désirent s'initier à l'escalade, et l'entreprise organise aussi des excursions d'escalade guidées dans le Joshua Tree National Park et à Idyllwild, de même que des balades en vélo tout-terrain sur les sentiers de randonnée pédestre. Les enfants de plus de 6 ans sont les bienvenus.

➤ Golf

Palm Springs et Palm Desert

Palm Springs et Palm Desert possèdent des douzaines de terrains de golf plus formidables les uns que les autres, aussi bien conventionnels qu'en milieu désertique. Le **Next Day Golf** *(☎ 760-345-8463)* et le **Stand-by Golf** *(☎ 760-321-2665, http://standbygolf.com)* proposent un bon choix d'heures de départ garanties sur les terrains publics, semi-publics et privés de la région; il vous suffira de les appeler une journée à l'avance.

Death Valley

Le **Furnace Creek Golf Course** *(30$ à 55$; Furnace Creek Resort, route 190, ☎ 760-786-2345, www.furnacecreekresort.com)* est le seul terrain de golf de la région. Situé à 65 m audessous du niveau de la mer, c'est en outre le terrain de golf le plus «bas» au monde. Les 18 verts de ce parcours herbeux semblent quelque peu perdus dans ce décor désertique, mais les paysages environnants sont tout à fait splendides.

➤ Montgolfière

Palm Springs

Balloon Above the Desert *(195$/pers.; 83232 E. 44th Ave., Indio, ☎ 760-347-0410 ou 800-342-8506, www.balloonabovethedesert.com)* organise des excursions en montgolfière adaptées aux besoins de ses clients dans la région de Palm Springs ainsi que sur l'ensemble du territoire californien. Les vols durent de 60 min à 75 min, et l'on peut venir vous chercher et vous ramener à votre hôtel.

➤ Randonnée pédestre

Palm Springs

Un superbe sentier montagneux débute derrière le **Palm Springs Desert Museum** (voir p. 194), près du stationnement. En altitude, vous aurez une vue magnifique de Palm Springs et de la région.

Les **Indian Canyons** sont aussi très prisés des randonneurs, de même que les sentiers qui relient la **Mountain Station** au San Jacinto State Park. Vous trouverez des cartes au poste de *rangers* des Indian Canyons et à la boutique de souvenirs de la Mountain Station.

Joshua Tree National Park

Une variété de sentiers de randonnée bien balisés vous attendent au Joshua Tree National Park. Les postes de *rangers* de Cottonwood et d'Oasis fournissent des cartes et de précieux conseils à ceux qui souhaitent faire de la randonnée dans le parc. Rappelez-vous toujours, cependant, que vous êtes ici dans le désert, et que vous devez toujours faire ample provision de liquide, de même que vous protéger contre le soleil. Enfin, veuillez noter que ceux qui partent pour des randonnées de plusieurs jours doivent impérativement s'enregistrer sur les panneaux prévus à cet effet.

Mojave National Preserve

Le **Teutonia Peak Trail** débute à 10 km au nord de Cima sur la Cima Road. Il s'agit là d'un sentier de 6,4 km (aller-retour) qui serpente au travers d'une forêt panoramique d'arbres de Josué entrecoupés de rochers granitiques.

Le sentier qui relie le terrain de camping des Mid Hills au centre d'accueil des visiteurs du **Hole-in-the-Wall** fait 11 km (aller seulement). Il accuse un dénivelé de 366 m, et ceux qui préfèrent les descentes aux montées doivent partir des Mid Hills.

Death Valley

La randonnée pédestre est l'activité la plus répandue dans la Death Valley, dans la mesure où, pour explorer pleinement nombre des attraits du désert, une courte randonnée est nécessaire. Le centre d'accueil des visiteurs de Furnace Creek peut vous fournir de nombreux dépliants et cartes proposant une variété d'excursions s'adressant tout aussi bien aux débutants qu'aux randonneurs chevronnés.

Le **Titus Canyon**, entre autres, recèle de multiples possibilités de randonnée, d'une courte balade au travers des Narrows jusqu'à l'ascension exigeante du Thimble Peak (1 945 m).

Un autre tracé populaire relie les Charcoal Kilns (fours de fonderie) de Wildrose au **Wildrose Peak** (2 927 m). Il s'agit là d'une randonnée de difficulté moyenne qui présente un dénivelé ascendant de 610 m sur 6,8 km (aller seulement). Durant les mois d'hiver, les sentiers qui avoisinent le sommet sont parfois recouverts de neige.

➤ *Spéléologie*

Mojave National Preserve

Des visites guidées des **Mitchell Caverns**, qui renferment un vaste réseau de galeries souterraines ponctuées de formations calcaires, sont offertes par les *rangers* (voir p. 203).

➤ *Vélo*

Palm Springs

Bighorn Cycles *(302 N. Palm Canyon Dr., ☎ 760-325-3367)* loue des vélos tout-terrains, mais aussi des bicyclettes d'enfant et des vélos de promenade. La maison organise en outre des excursions dans les Indian Canyons et autour des domaines de Palm Springs.

La Sierra Nevada ★★

▲ *p. 222* ⓘ *p. 226*

Parcs adjacents et administrés conjointement, situés sur le versant occidental de la Sierra Nevada, le Sequoia National Park et le Kings Canyon National Park abritent les plus spectaculaires et les plus grandioses montagnes de la Sierra méridionale, notamment le majestueux mont Whitney, plus haut sommet du pays après les hauteurs de l'Alaska avec ses 4 418 m. Ils renferment également les plus importantes forêts de séquoias géants au monde, végétaux les plus imposants de toute la planète.

Les parcs de Kings Canyon et de Sequoia couvrent ensemble plus de 345 496 ha et offrent aux visiteurs passionnés de la nature 1 300 km de sentiers de randonnée, des canyons de plus de 1 500 m de profondeur et des sommets approchant les 4 000 m. Aménagés essentiellement pour la randonnée, ils ont un vaste éventail de chemins balisés. Outre la randonnée pédestre, ils offrent l'occasion de pratiquer l'équitation ainsi que le ski de randonnée.

Souvent considérés à tort comme de petits Yosemite, les parcs de Sequoia et Kings Canyon sont bien moins fréquentés (1,5 million de visiteurs par année) que ce célébrissime parc national et profitent, de ce fait, d'un plus grand calme. Alors qu'à Yosemite, par ailleurs extraordinaire tout de même, de multiples infrastructures et routes accueillent des hordes de visiteurs en saison estivale (près de 4 millions annuellement), la nature à son état brut caractérise les deux voisins.

Jusqu'à des altitudes de 1 500 m, les vastes pentes sont couvertes de manzanitas, de chênes noirs et de grands yuccas dont les fleurs odoriférantes s'épanouissent au début du printemps. Sur une bande de 320 km au nord de la rivière Kings sont regroupés huit peuplements de séquoias géants. Sur ces étendues vivent des cerfs, des écureuils de Douglas, des coyotes et des lynx. Au-delà de 1 800 m, les austères paysages de granit dominent, parsemés de lacs, de vulpins et de pins. Au total, le fabuleux espace naturel abrite plus de 200 espèces d'oiseaux, 75 espèces de mammifères et 23 espèces de reptiles. Le règne végétal est représenté par plus de 1 400 espèces de plantes et par 22 essences feuillues et 26 essences résineuses.

Sequoia National Park ★★★

1 jour

Localisation: 80 mi (128 km) à l'est de Fresno, 58 mi (93 km) à l'est de Visalia (le parc est accessible par navette au départ de Visalia, voir p. 193) et 150 mi (240 km) au sud du Yosemite National Park.

Droit d'entrée: 20$/véhicule ou 10$/piéton valable pour 7 jours consécutifs pour les parcs de Sequoia et de Kings Canyon.
Foothills Visitor Center: toute l'année tlj; route 198, ☎ 559-565-3135.
Lodgepole Visitor Center: fin mars à fin oct tlj; Lodgepole Rd., angle Generals Hwy., ☎ 559-565-4436.
Mineral King Ranger Station: juin à sept tlj; Mineral King Rd., accès par la route 198, ☎ 559-565-3768.
Information: ☎ 559-565-3341, www.nps.gov/seki.

Le secteur des Foothills

En prenant la route qui relie le Foothills Visitor Center à Lodgepole, vous passerez par les attraits et sentiers suivants.

Habité autrefois par les Potwishas, le secteur d'**Hospital Rock** présente aujourd'hui des expositions sur le mode de vie de cette nation amérindienne. Un sentier aménagé par le Civilian Conservation Corps dans les années 1930 mène à la rivière.

Une piste de 6 km vous guidera vers les **Marble Falls**, ces charmantes cascades qui courent en plein chaparral. Départ au Potwisha Campground.

Paradise Creek, une piste qui devient par la suite abrupte, constitue un endroit très agréable pour profiter de la douceur de la nature sauvage. Départ au Buckeye Flat Campground.

Menant éventuellement sur les hauts plateaux, les premiers kilomètres de la piste de **Middle Fork** donnent la chance d'apprécier le Kaweah Canyon, la Moro Rock et les Castle Rocks. Départ au Buckeye Flat Campground.

Ladybug se veut un sentier plutôt facile le long de la South Fork (bras sud) de la rivière Kaweah. Départ au South Fork Campground.

Les géants verts

Connus pour être parmi les plus imposants et les plus anciens êtres vivants de la planète, les séquoias constituent les survivants d'une époque très lointaine remontant à plusieurs millions d'années où plusieurs espèces de ces grands arbres peuplaient les vastes forêts du globe. Seuls deux types de ces grands conifères existent encore, tous deux largement représentés en Californie, soit le séquoia géant et le séquoia Redwood. Toutefois, on ne compte plus que 70 forêts de séquoias sur le globe. Le terme «séquoia» vient du nom d'un chef cherokee qui inventa un alphabet écrit pour son peuple.

Le séquoia Redwood abonde sur la côte du Pacifique, de la partie centrale de la Californie jusqu'au sud de l'Oregon. Il y trouve un air doux, humide et salin propice à sa croissance. Quant à lui, le séquoia géant préfère le versant occidental de la Sierra Nevada à des altitudes variant de 900 m à 2 400 m. Bien que ce dernier ne parvienne pas à une hauteur aussi considérable que son cousin qui atteint 90 m en moyenne, son tronc apparaît beaucoup plus volumineux. Plusieurs d'entre eux ont une circonférence à la base de près de 10 m.

Les séquoias sont extrêmement résistants aux conditions adverses, et l'âge avancé, les maladies et les attaques des insectes ne semblent avoir aucune emprise sur eux. Pourvus d'une écorce des plus épaisses, ils se trouvent même protégés contre les feux de forêt. Il n'apparaît donc pas étonnant que la plupart des séquoias encore debout datent de plusieurs centaines ou milliers d'années.

Pourtant, l'être humain et sa machinerie lourde demeurent un danger pour ce colosse des forêts, mais les plus vénérables représentants de l'espèce bénéficient d'une protection du gouvernement des États-Unis.

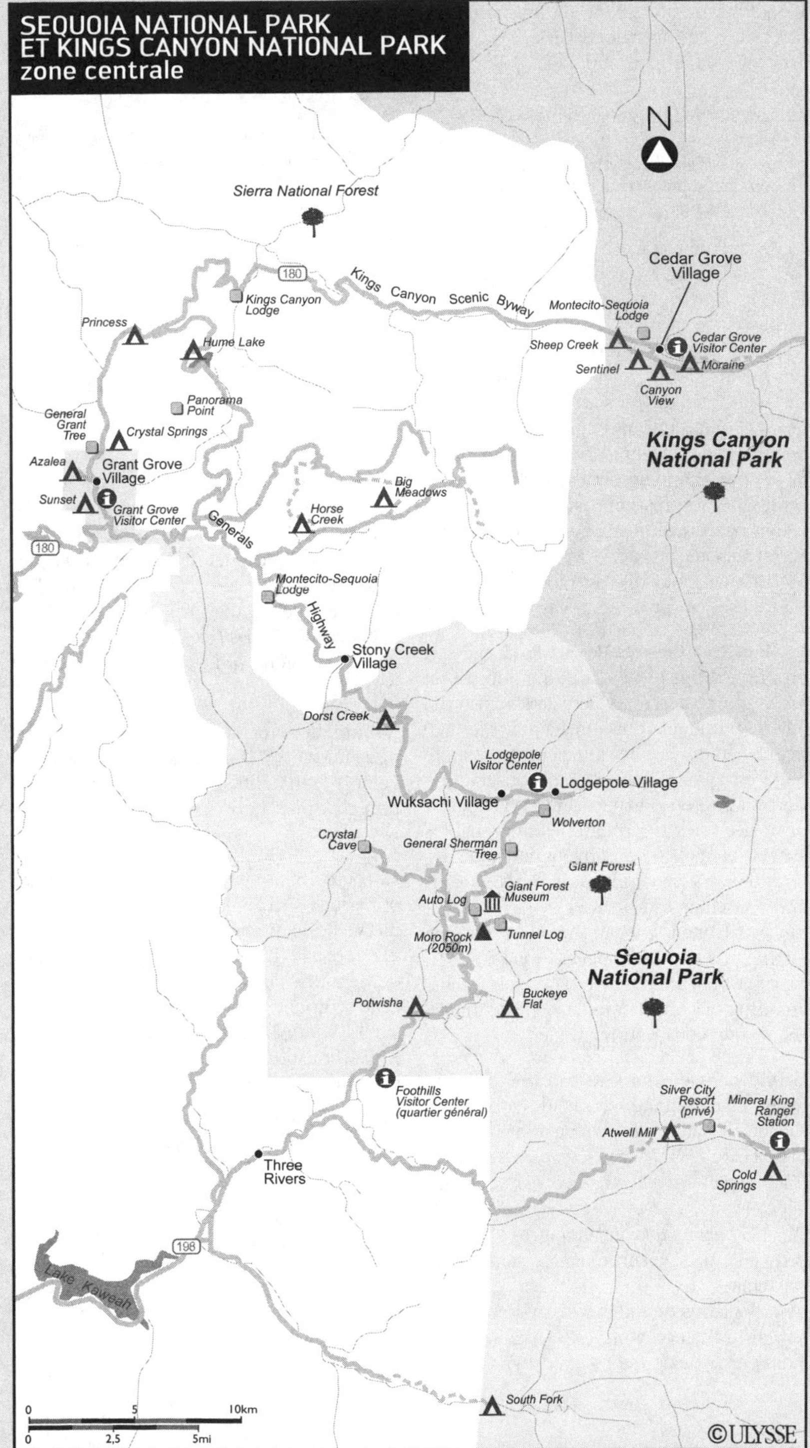
SEQUOIA NATIONAL PARK
ET KINGS CANYON NATIONAL PARK
zone centrale
N
Sierra National Forest
180
Kings Canyon Scenic Byway
Kings Canyon Lodge
Cedar Grove Village
Montecito-Sequoia Lodge
Princess
Hume Lake
Sheep Creek
Cedar Grove Visitor Center
Sentinel
Moraine
Canyon View
Panorama Point
General Grant Tree
Crystal Springs
Kings Canyon National Park
Azalea
Grant Grove Village
Big Meadows
Sunset
Grant Grove Visitor Center
Horse Creek
Generals
180
Montecito-Sequoia Lodge
Highway
Stony Creek Village
Dorst Creek
Lodgepole Visitor Center
Lodgepole Village
Wuksachi Village
Wolverton
Crystal Cave
General Sherman Tree
Giant Forest
Auto Log
Giant Forest Museum
Moro Rock (2050m)
Tunnel Log
Sequoia National Park
Potwisha
Buckeye Flat
Foothills Visitor Center (quartier général)
Silver City Resort (privé)
Mineral King Ranger Station
Atwell Mill
Three Rivers
Cold Springs
198
Lake Kaweah
South Fork
0 5 10km
0 2,5 5mi
©ULYSSE

Un sentier relativement abrupt mène à la forêt de séquoias de **Garfield**. Départ au South Fork Campground.

Le secteur de la Giant Forest

De la mi-mai au début septembre, un service de navette gratuit permet de circuler dans les secteurs de Giant Forest et de Moro Rock/Crescent Meadow.

La **Giant Forest** ★★★, une époustouflante forêt cachée au cœur du Sequoia National Park, abrite quatre des plus imposants séquoias de la planète. Plusieurs sentiers fort populaires pénètrent dans ce massif unique au monde et permettent de déambuler autour de plus de 8 000 séquoias géants scrupuleusement protégés. Nommé en 1879 en l'honneur d'un héros de la guerre civile américaine, le **General Sherman Tree** ★ représente le plus imposant arbre de toute la planète en termes de volume. Le **Giant Forest Museum** *(tlj; ☎ 559-565-4480)* est l'endroit parfait pour trouver réponses à toutes vos questions sur les séquoias.

La **Moro Rock/Crescent Meadow Road**, qui sert en outre de piste de ski de randonnée en hiver, donne accès au **Moro Rock** (2 050 m), à la base duquel vous aurez à gravir les 400 marches d'un escalier judicieusement aménagé en 1931 par le Civilian Conservation Corps. L'impressionnante formation de granit offre des vues périphériques imprenables sur les sommets et les canyons environnants. En route vers cette formation rocheuse, vous aurez la chance de passer avec votre voiture sur l'**Auto Log** ★, un immense séquoia tombé il y a plusieurs années. Non loin de là, c'est à travers un autre vieux séquoia tombé, aujourd'hui connu sous le nom de **Tunnel Log** ★, que vous pourrez rouler!

Grotte creusée dans le calcaire par une rivière souterraine qui abrite des formations rocheuses datant de plus de 10 000 ans, la **Crystal Cave** *(13$; visite guidée mi-mai à fin oct, billets en vente uniquement aux centres d'accueil des visiteurs de Lodgepole et de Foothills; ☎ 559-565-3759, www.sequoiahistory.org)* a été découverte en 1918. De surprenantes stalactites et stalagmites aux formes multiples ponctuent des kilomètres de salles et de passages souterrains. La température est constante à 9°C, alors prévoyez de quoi vous couvrir.

Kings Canyon National Park ★★

1 jour

Localisation: voir «Sequoia National Park».

Droit d'entrée: 20$/véhicule ou 10$/piéton valable pour 7 jours consécutifs pour les parcs de Sequoia et de Kings Canyon.
Grant Grove Visitor Center: tlj; route 180, Grant Grove Village, ☎ 559-565-4307.
Cedar Grove Visitor Center: juin à sept tlj; route 180, Cedar Grove Village, ☎ 559-565-3793.
Information: ☎ 559-565-3341, www.nps.gov/seki.

Kings Canyon, surnommé le «parc national oublié», ne reçoit pas autant de visiteurs que ses voisins Yosemite et Sequoia et plaira à ceux qui évitent les endroits trop touristiques.

Décrit pour la première fois par Joseph Hardin Thomas, le séquoia géant qu'est le **General Grant Tree** ★ constitue le troisième plus gros arbre encore debout sur la planète. Tenue tous les deuxièmes dimanches de décembre depuis 1925 au pied du géant, la **Nation's Christmas Tree Ceremony** rend hommage aux gens qui sont morts pour leur patrie.

À 4 km au nord-est de Grant Grove Village, un sentier de 800 m mène vers le **Panorama Point** ★, un fantastique point d'observation des plus hauts sommets de la Sierra Nevada.

La route 180, qui relie Grant Grove Village et Cedar Grove Village, passe à travers une merveille naturelle formée par l'action des glaciers: le **Kings Canyon** ★★. Avec ses dépressions pouvant aller jusqu'à 2 600 m, cette sculpture naturelle gigantesque formée sur la South Fork (bras sud) de la rivière Kings constitue l'un des canyons les plus profonds du continent.

Yosemite National Park ★★★

2 à 3 jours

Localisation: 190 mi (305 km) à l'est de San Francisco; 80 mi (130 km) au nord-est de Merced (les autobus du Yosemite Area Regional Transportation System relient la ville au parc, voir p. 193). Un service gratuit de navette dessert les principaux points d'intérêt du parc.

Droit d'entrée: 20$/véhicule ou 10$/piéton, valable pour 7 jours consécutifs.
Yosemite Valley Visitor Center: toute l'année tlj; Northside Dr., Yosemite Valley.

Wawona Information Station: mai à sept tlj; Wawona Rd., route 41.
Big Oak Flat Information Station: mai à sept tlj; route 120.
Tuolumne Meadows Visitor Center: juin à sept tlj; Tioga Rd., route 120.
Information: ☎ 209-372-0200, www.nps.gov/yose ou www.yosemitepark.com.

Immense site naturel de la dimension de l'État du Rhode Island, le Yosemite National Park couvre 3 100 km² de territoire sauvage qui abrite d'innombrables splendeurs de la Sierra Nevada. Créé le 1er octobre 1890 par un décret du Congrès, il est devenu depuis l'un des plus fameux et des plus visités parcs du monde. Fruit du premier geste de la part des autorités fédérales américaines afin de préserver un site pour sa valeur esthétique et scientifique, et ce, au profit de la population, le parc de Yosemite tracera la voie pour l'éventuel concept et plan directeur du futur réseau des parcs nationaux et d'État. De forme ovale, il compte plus de 420 km de routes et 1 280 km de sentiers pédestres aménagés au cœur de la Sierra Nevada. De près de 600 m d'altitude en son point le plus bas, ce vaste et varié espace protégé s'élève jusqu'à des hauteurs de 4 000 m. Plus de 4 millions de visiteurs se rendent au parc de Yosemite chaque année et l'envahissent littéralement pendant la saison estivale. Toutefois, la plupart d'entre eux se groupent dans la fameuse Yosemite Valley, région fantastique et incontournable, certes, mais qui ne couvre que 18 km² de ce parc dont plus de 94% de la superficie s'avère totalement sauvage. Avec ses formations rocheuses exceptionnelles, ses montagnes pelées, ses vallées verdoyantes et ses majestueuses chutes qui brillent au soleil, le parc de Yosemite s'avère un endroit unique et paradisiaque à découvrir sous tous ses angles.

Des pentes semi-arides aux sommets enneigés, la grande variété de climats du Yosemite National Park lui permet d'abriter une faune et une flore des plus riches et variées. Plus de 37 espèces d'arbres y poussent, des centaines d'espèces de fleurs sauvages y fleurissent, et près de 250 espèces d'oiseaux, 90 espèces de mammifères et une trentaine d'espèces de reptiles et d'amphibiens y vivent. Les chênes noirs, les pins ponderosas et les cèdres à encens abondent dans les vallées, alors que les pins de Jeffrey et les sapins de Douglas se sont habitués aux conditions de vie difficiles en altitude. Les séquoias géants, bien que présents, se trouvent dans quelques secteurs seulement, à Mariposa Grove, Tuolumne Grove et Merced Grove. La floraison a lieu vers avril ou mai dans la vallée, et vers mai ou juin en altitude. Les plus belles fleurs sauvages (lupins, iris, gyroselles, mimules, lis de Mariposa) s'épanouissent surtout autour des Tuolumne Meadows. Coyotes, cerfs à queue noire, mouflons de Californie, écureuils de Virginie, couguars, aigles dorés, geais de Steller et autres espèces d'oiseaux menacées telles que le faucon pèlerin cohabitent dans les vastes étendues du parc. L'ours noir d'Amérique, au pelage doré, brun foncé ou noir, abonde et vit librement dans le parc. Généralement peu agressif, il attaque s'il se sent menacé, ou pour protéger sa progéniture.

Le Yosemite National Park se compose de quatre grands secteurs, chacun d'eux associé à une porte d'entrée.

Le secteur de la Yosemite Valley

D'une longueur de 11 km et d'une largeur d'environ 1 km, la **Yosemite Valley** ★★★ constitue, et de loin, le secteur le plus fréquenté du parc. D'ailleurs, la grande majorité des 4 millions de visiteurs qui vont dans le parc chaque année ne connaîtront que ce petit territoire. La densité de visiteurs est accrue par le fait que le secteur se trouve dans un cul-de-sac. Une savante disposition des routes et un surnombre d'agents du parc allègent cependant la circulation.

Les imposantes parois rocheuses qui entourent cette profonde vallée glaciaire sont drapées de chutes spectaculaires. Les visiteurs y apprécient les champs de fleurs en été et au printemps, le festival des couleurs automnales ainsi que la brillance des sommets enneigés et les températures relativement douces en hiver. De nombreuses activités de plein air (randonnée, vélo, patin, ski de randonnée) y sont rendues possibles grâce à des installations récréatives bien aménagées. Le **Yosemite Village** se présente comme une concentration de services, d'attraits et d'infrastructures touristiques au cœur de la vallée.

À côté du Yosemite Valley Visitor Center, un complexe muséographique abrite la **Yosemite Museum Gallery** *(entrée libre; tlj 9h à 16h; ☎ 209-372-0200)*, qui accueille, en plus des expositions temporaires, l'impressionnant Grand Register – le registre des visiteurs commencé en 1873 pèse aujourd'hui près de 50 kg! – et l'**Indian Cultural Exhibit** *(entrée libre; tlj 9h à 16h)*, qui présente des expositions sur l'histoire des peuples Miwok et Paiute de 1850 à nos jours. Juste derrière, l'**Indian Village of Ahwahnee** *(entrée libre; tlj)* permet de découvrir un ancien village amérindien reconstitué dont les wigwams servent encore de lieux de cérémonie aux communautés de la région.

Impressionnantes chutes dont l'eau se jette à partir de deux niveaux, les **Yosemite Falls** ★★★ se classent cinquième au monde et première en Amérique du Nord en termes de hauteur. Le sentier **Lower Yosemite Fall** est un chemin facile de quelques centaines de mètres qui permet aux visiteurs de se rendre au pied de ce géant bouillonnant et d'apprécier sa magnificence. Les plus courageux d'entre eux s'engageront sur le sentier **Upper Yosemite Fall** *(11,6 km aller-retour, comptez de 6h à 8h; départ au Camp 4 derrière le Yosemite Lodge)*, qui peut s'avérer parfois difficile et qui mène vers le sommet de cette gigantesque paroi rocheuse d'où se jettent les chutes sur plus de 700 m. L'énergie dépensée et les sueurs versées en valent le coup, car le panorama est saisissant.

El Capitan ★★, monstrueux monolithe granitique, se dresse majestueusement et domine la vallée du haut de ses 1 077 m. Vous ne pourrez le manquer sur le côté gauche de la route en direction de la Yosemite Valley. Du printemps à l'automne, plus d'un grimpeur téméraire se lance à l'assaut de sa paroi inaccessible au commun des mortels.

Symbole de Yosemite et monument naturel rocheux le plus célèbre du parc, le **Half Dome** ★★★ est visible à partir de la plupart des points d'observation de la vallée. Se dressant à l'extrémité orientale de la vallée, cette jeune masse de roche métamorphique semi-sphérique – elle ne date que de 87 millions d'années – atteint pratiquement les 3 000 m en son point le plus élevé. En été, les randonneurs peuvent atteindre le sommet du géant en empruntant le **John Muir Trail** ★ ou le Mist Trail en direction de la Little Yosemite Valley. Deux jours de marche sont en général nécessaires pour parcourir la difficile boucle de 27 km et faire la hasardeuse ascension à l'aide de câbles. Il est recommandé de camper dans le secteur de la Little Yosemite Valley avec un permis en poche (voir p. 218).

Le long de Northside Drive, juste à l'est de l'intersection de Pohono Bridge, le **Valley View Turnout** mène à un endroit paisible sur les berges de la Merced River, d'où l'on jouit d'un splendide panorama d'El Capitan, des Bridalveil Falls et de la Yosemite Valley.

En poursuivant vers l'entrée de Big Oak Flat, dans la forêt de séquoias géants de **Tuolumne Grove** ★, située à l'intersection de la Tioga Road (route 120) et de la Big Oak Flat Road, vous découvrirez le **Dead Giant**, un des deux seuls arbres du parc de Yosemite à travers lesquels on peut circuler. L'historique route qui passe dans la forêt est aujourd'hui fermée à la circulation automobile et laisse ses paisibles 10 km, si colorés en automne, aux randonneurs à pied ou à skis.

Point d'observation chéri par les photographes du monde entier, **Tunnel View** ★★★ se trouve à l'extrémité orientale du Wawona Tunnel sur la route 41. De ce populaire rendez-vous, les visiteurs seront émerveillés par une vue imprenable sur El Capitan, le Half Dome, la Sentinel Rock, les Cathedral Rocks et les Bridalveil Falls. Le coucher de soleil y offre des couleurs et une texture incroyables.

Les Ahwahneechees appelaient *Pohomo*, ou «esprit du vent qui souffle», les **Bridalveil Falls** ★★. Le vent qui tourbillonne sur la falaise soulève souvent l'eau qui tombe et l'emporte dans une délicate bruine aux couleurs de l'arc-en-ciel. Entourée de parois rocheuses imposantes, cette chute paraît de hauteur modeste, et pourtant elle s'élève sur 185 m, soit aussi haut qu'un édifice de 62 étages! Le point de départ du petit sentier qui mène aux chutes se trouve à environ 2 mi (3,2 km) à l'est de Tunnel View.

Point d'observation des plus spectaculaires et des plus renversants sur le rebord sud des formations rocheuses entourant la vallée, le **Glacier Point** ★★★ offre des vues uniques sur la région. Tel un aigle perché dans son nid sur un promontoire dominant la vallée 935 m plus bas, l'observateur est envoûté devant les merveilles naturelles qui l'entourent. Plusieurs options s'offrent aux visiteurs qui veulent atteindre cet unique observatoire, toutes malheureusement impraticables de novembre à mai. La pre-

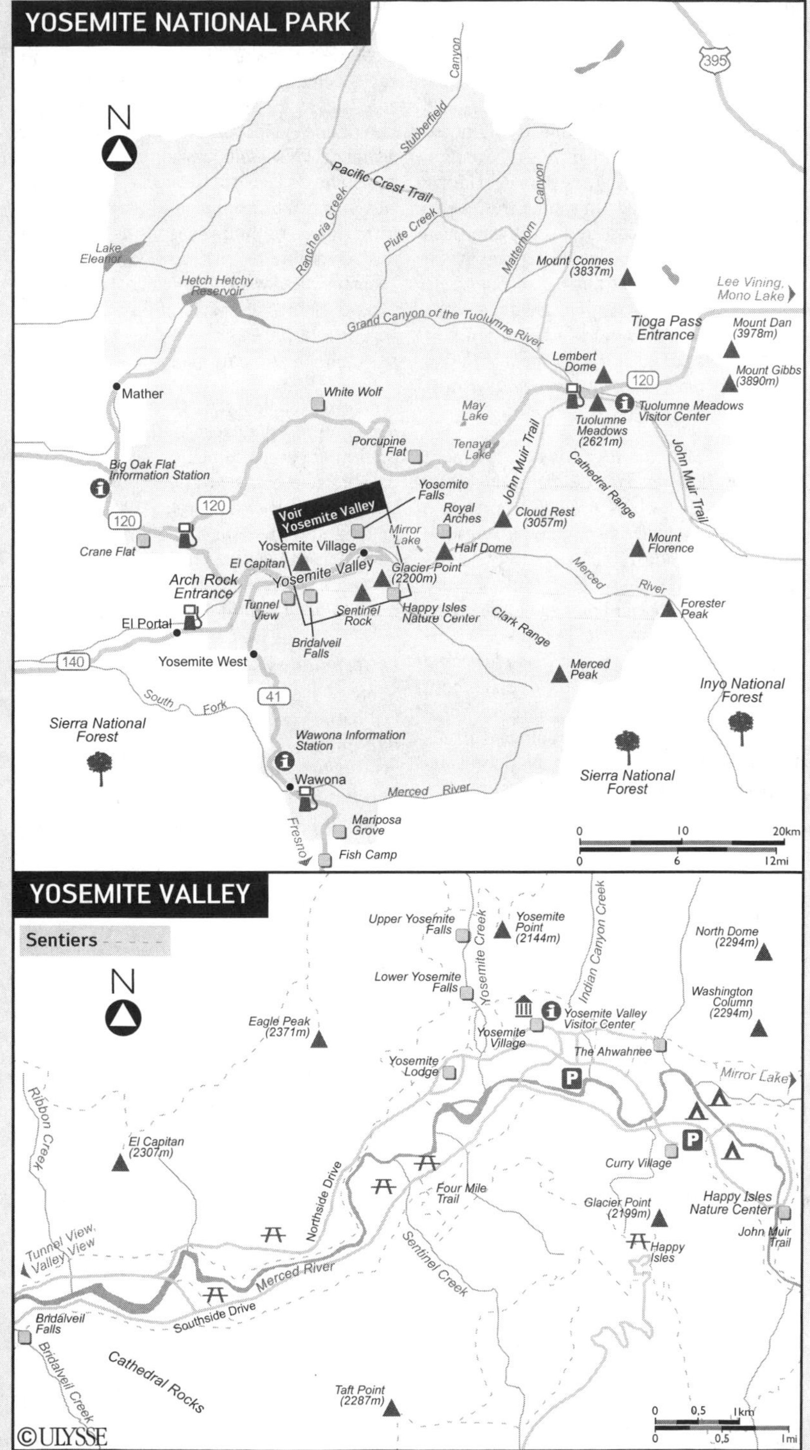
YOSEMITE NATIONAL PARK
N
Canyon
Stubberfield
Pacific Crest Trail
Rancheria Creek
Piute Creek
Canyon
Matterhorn
395
Lake Eleanor
Hetch Hetchy Reservoir
Mount Connes (3837m)
Lee Vining, Mono Lake
Grand Canyon of the Tuolumne River
Tioga Pass Entrance
Mount Dan (3978m)
Lembert Dome
120
Mount Gibbs (3890m)
Mather
White Wolf
May Lake
Tuolumne Meadows (2621m)
Tuolumne Meadows Visitor Center
Porcupine Flat
Tenaya Lake
John Muir Trail
Big Oak Flat Information Station
Cathedral Range
John Muir Trail
Yosemite Falls
120
120
Voir Yosemite Valley
Royal Arches
Cloud Rest (3057m)
Mirror Lake
Crane Flat
Yosemite Village
Half Dome
Mount Florence
El Capitan
Glacier Point (2200m)
Arch Rock Entrance
Yosemite Valley
Merced
River
Tunnel View
Sentinel Rock
Happy Isles Nature Center
Forester Peak
El Portal
Clark Range
Bridalveil Falls
140
Yosemite West
Merced Peak
Inyo National Forest
South Fork
41
Sierra National Forest
Wawona Information Station
Sierra National Forest
Wawona
Merced River
Mariposa Grove
Fresno
Fish Camp
0 10 20km
0 6 12mi
YOSEMITE VALLEY
Sentiers
Upper Yosemite Falls
Yosemite Point (2144m)
Yosemite Creek
Indian Canyon Creek
North Dome (2294m)
N
Lower Yosemite Falls
Washington Column (2294m)
Eagle Peak (2371m)
Yosemite Valley Visitor Center
Yosemite Village
The Ahwahnee
Yosemite Lodge
Mirror Lake
Ribbon Creek
El Capitan (2307m)
Curry Village
Northside Drive
Four Mile Trail
Happy Isles Nature Center
Glacier Point (2199m)
John Muir Trail
Tunnel View, Valley View
Happy Isles
Sentinel Creek
Merced River
Southside Drive
Bridalveil Falls
Bridalveil Creek
Cathedral Rocks
Taft Point (2287m)
0 0,5 1km
0 0,5 1mi

mière, plus facile, consiste à emprunter la Glacier Point Road avec son véhicule en bifurquant à Chinquapin sur la route 41. Les sportifs se lanceront à l'assaut du **Four Mile Trail** *(niveau: difficile; 8 km aller, comptez de 3h à 4h pour l'aller)*, dont le point d'origine se trouve sur Southside Drive près de Sentinel Beach. Autre option, au départ de Happy Isles, le **Panorama Trail**, un sentier très populaire dans la vallée, est moins difficile mais plus long (14 km aller, comptez au moins 6h pour l'aller) et permet aussi d'accéder à ce point de vue. Pour ces deux sentiers, vous pourrez aussi emprunter la navette qui part du Yosemite Lodge et qui monte au Glacier Point *(20$ aller; réservations requises)*, puis redescendre en marchant.

Les forces de la nature sont constamment en action dans le parc de Yosemite, et le secteur de **Happy Isles** ★ en fut la preuve tangible. Le 10 juillet 1996, une gigantesque paroi rocheuse de 110 000 m^3 de plusieurs dizaines de tonnes se détacha alors entre Washburn et le Glacier Point, et vint s'écraser 600 m plus bas à une vitesse estimée à plus de 250 km/h. Le violent impact de la masse rocheuse sur le sol causa un déplacement d'air qui atteignit les 160 km/h, force suffisante pour déraciner des centaines d'arbres dans le secteur. La masse pulvérisée sous l'impact se désintégra en une poussière qui recouvrit quelque 20 ha de territoire. Juste à côté, on présente des expositions qui expliquent les phénomènes naturels qui se produisent dans le parc ainsi que sur la faune, au **Happy Isles Nature Center** *(entrée libre; juin à août tlj 9h30 à 17h)*. Happy Isles marque le point de départ d'un des sentiers de randonnée les plus populaires du parc, le **Mist Trail**. Cette piste, parfois abrupte, longe la ravissante Merced River et monte en direction des Vernal Falls (2,6 km aller-retour; 2h) et des Nevada Falls *(niveau: difficile, 11 km aller-retour, comptez de 5h à 6h)*.

Accessible par un sentier facile ainsi qu'aux personnes à mobilité réduite, le **Mirror Lake** *(départ à l'arrêt d'autobus 17; 3,2 km aller-retour, comptez 1h)* atteint son apogée de beauté au printemps, quand le Tenaya Canyon vient se refléter dans ses eaux cristallines. À la fin de l'été, il s'assèche complètement.

Le secteur de Tuolumne Meadows

Bien que le paysage de la région de **Tuolumne Meadows** ★★ *(la Tioga Road est fermée de nov à mai)* puisse être observé en voiture pendant l'été et au début de l'automne, la meilleure façon de découvrir ses vastes étendues sauvages demeure la randonnée pédestre, le ski et le cheval. Ce secteur compte d'innombrables prairies verdoyantes – à plus de 2 500 m d'altitude, c'est d'ailleurs la plus vaste prairie subalpine de la Sierra Nevada –, de superbes lacs aux eaux cristallines, de remarquables formations rocheuses granitiques et un réseau ramifié de pistes de randonnée. Le **Tuolumne Meadows Visitor Center** (voir p. 213) vous donnera de précieux renseignements sur les randonnées accessibles en fonction des conditions météorologiques.

Culminant à 2 983 m, la **Tioga Pass** *(fermée nov à mai)* représente le col le plus élevé encore praticable par les véhicules automobiles. De nombreux points d'arrêt et d'observation le long de la Tioga Road (route 120) offrent de magnifiques vues sur la région. Parmi ceux-là, le **Tenaya Lake** ★, un des plus grands et des plus beaux lacs de la Sierra Nevada, mérite une attention toute particulière.

Le secteur de Wawona

Secteur historique du parc, **Wawona** ★ fut habité jadis par les Amérindiens qui dénommaient la forêt de séquoias géants avoisinante *wawona*, «le cri de la chouette», gardienne spirituelle des grands arbres. Siège du parc à ses débuts, le secteur abrite ses premiers aménagements touristiques. On y retrouve le Wawona Hotel, charmant hôtel plus que centenaire, et le Pioneer Yosemite History Center. C'est également dans ce secteur que se dresse la forêt de séquoias de Mariposa Grove.

À l'extrémité sud du parc, sur la Wawona Road (route 41), vous trouverez le **Pionneer Yosemite History Center** ★, un petit musée en plein air qui rassemble des diligences et quelques-uns des premiers bâtiments du parc, transportés jusqu'ici depuis leur emplacement d'origine. Une dizaine de kilomètres plus au sud, se dresse **Mariposa Grove** ★, plus importante forêt de séquoias géants du Yosemite National Park, qui compte parmi ses résidants le **Grizzly Giant**, un des plus imposants représentants de ces conifères de toute la planète. Le **Mariposa Grove Museum** *(juin à août)*, aménagé dans une rustique maison en rondins, présente une exposition qui relate l'histoire naturelle de ces vénérables géants de la forêt.

Une journée à Yosemite

Même si vous n'avez qu'une journée à consacrer à cet énorme et grandiose parc, vous pourrez en avoir un bon aperçu tout en vous éloignant de la foule si vous le désirez.

Commencez votre journée par le **Yosemite Valley Visitor Center** et son musée pour prendre toute l'information dont vous aurez besoin. Ensuite, une petite marche vous mènera au pied des **Yosemite Falls**. Vous pourrez ensuite prendre part au **Valley Floor Tour** *(25$; 2h; réservations requises aux différents Tour & Activity Desks du parc ou au ☎ 801-559-4884)* au départ du Yosemite Lodge: vous verrez ainsi la plupart des sites de la vallée, commentés par un *ranger*. Enfin, suivant vos envies, vous pourrez entreprendre une randonnée facile jusqu'au **Mirror Lake**, ou une autre plus difficile vers l'**Upper Yosemite Fall** si vous êtes (beaucoup) plus en forme; vous pourrez également choisir de monter en voiture jusqu'au **Glacier Point** pour une splendide vue sur la vallée; ceux qui voudront s'éloigner de la foule préféreront prendre la **Tioga Road** vers les **Tuolumne Meadows,** où des paysages très différents les attendent, avec de nombreuses possibilités de courtes randonnées.

Le secteur de Hetch Hetchy

À une certaine époque, la **Hetch Hetchy Valley** ★ ressemblait fortement à la Yosemite Valley d'aujourd'hui avec ses chutes et ses formations rocheuses originales. Le réservoir, fruit de l'élargissement de la Tuolumne River dû à la construction d'un barrage, est malheureusement interdit à toute activité aquatique, car c'est une source d'eau potable pour les habitants de San Francisco. La construction du barrage d'O'Shaughnessy fut l'objet d'une grande bataille opposant les défenseurs de l'environnement, avec à leur tête John Muir, et les autorités fédérales. Le grand ami de Yosemite mourra un an après que le président Woodrow Wilson aura autorisé la construction du barrage. Aujourd'hui encore, une association se bat pour la destruction du barrage, afin de rendre à cette vallée sa grandeur d'antan.

La Hetch Hetchy Valley se trouve à 30 min de voiture au bout de la Hetchy Road, accessible depuis l'Evergreen Road. Sur la rive nord du réservoir, vous apercevrez les Tueeulala Falls et les Wapama Falls, derrière lesquelles se dresse la formation rocheuse du Hetch Hetchy Dome. Le sentier qui permet d'avoir accès à la rive nord passe par le barrage d'O'Shaughnessy.

À l'est du Yosemite National Park ★

🕐 *1 jour*

Lorsque la Tioga Pass est ouverte *(renseignements sur l'état des routes et la météo: ☎ 209-372-0200)*, il est pratique de relier les parcs nationaux de Death Valley et de Yosemite en empruntant la route US 395. Vous trouverez en chemin plusieurs attraits qui méritent votre attention.

La petite ville de **Lee Vining**, située à 13 mi (21 km) de l'entrée est du Yosemite National Park sur la route US 395, est la porte d'entrée du **Mono Lake** ★ *(www.monolake.org)*. Les rivières alimentant ce lac salé furent longtemps utilisées comme source d'eau potable par la ville de Los Angeles, à tel point qu'il fut menacé de disparition. Le lac ayant perdu une grande partie de sa superficie, sa salinité est maintenant plus de deux fois supérieure à celle des océans, ce qui a modifié totalement son écosystème: seule une espèce endémique de crevette y vit aujourd'hui, attirant de nombreux oiseaux migrateurs. Cette même salinité vous promet aussi une baignade pour le moins originale, avec une flottabilité bien plus importante que d'habitude. Vous pourrez en apprendre davantage sur ce milieu naturel en faisant un arrêt au **Mono Lake Visitor Center** *(tlj 8h à 21h, en été; à la sortie nord de Lee Vining, route US 395, ☎ 760-647-6331)*. Sur la rive sud du lac, d'étranges formations calcaires, les tufs, émergent des eaux et sont l'occasion de très belles et inhabituelles photos.

Le **Bodie State Historic Park** ★★ *(5$; en été tlj 9h à 18h, reste de l'année tlj 10h à 15h; ☎ 760-647-6445, www.parks.ca.gov)* se trouve à 26 mi (41 km) au nord-est de Lee Vining par la route US 395 puis la route 270. La ville fantôme de Bodie abrita une population de plus de 10 000 habitants au plus fort de l'exploitation de l'or dans la région, en 1880, et comptait alors une soixantaine de *saloons* et même un «Chinatown». En vous promenant dans ses rues, vous pourrez observer près de 200 édifices en bois assez bien conservés, dont des *saloons*, des églises et bien d'autres, qui vous plongeront dans l'atmosphère de l'époque, l'animation en moins.

À 25 mi (40 km) au sud de Lee Vining, le village de **Mammoth Lakes**, adossé aux versants est de la Sierra Nevada, est un véritable paradis pour les skieurs l'hiver venu (voir page suivante).

Activités de plein air

➤ Canot et kayak

Yosemite National Park

On peut descendre la Merced River et profiter de vues uniques sur la **Yosemite Valley**. L'équipement se loue au **Curry Village** *(☎ 209-372-8319)*.

➤ Équitation

Sequoia National Park et Kings Canyon National Park

Pour des excursions estivales pouvant aller d'une heure à une journée, adressez-vous dans le Sequoia National Park à **Horse Corral** *(entre Lodgepole et Grant Grove, ☎ 559-565-3404)* et dans le Kings Canyon National Park à la **Cedar Grove Pack Station** *(à l'est de Cedar Grove Village, ☎ 559-565-3463)* ou aux **Grant Grove Stables** *(près de Grant Grove Village, ☎ 559-335-9292)*.

Yosemite National Park

Les secteurs de la **Yosemite Valley**, de **Wawona** et de **Tuolumne Meadows** du Yosemite National Park possèdent des écuries qui organisent des excursions guidées d'une durée de 2h, d'une demi-journée ou d'une journée complète. Les plus aventuriers pourront également faire des expéditions jusqu'à six jours, tous les repas et l'hébergement dans un des High Sierra Camps inclus. Les réservations (recommandées) se font en appelant au *☎ 209-372-4386*.

➤ Escalade

Yosemite National Park

Le Yosemite National Park possède quelques-unes des plus belles parois rocheuses au monde. Le **Yosemite Mountaineering School and Guide Service** *(en été aux Tuolumne Meadows et en hiver au Curry Village, ☎ 209-372-8344 ou 372-8435)* propose des ateliers de formation, depuis les principes de base jusqu'aux expérimentions pratiques sur les parois.

➤ Observation des oiseaux

À l'est du Yosemite National Park

Le **Mono Lake** (voir p. 217) est une halte pour près d'une centaine d'espèces d'oiseaux migrateurs. Vous pourrez les observer principalement en été et en automne. Le centre d'accueil des visiteurs vous renseignera sur les meilleurs points d'observation.

➤ Randonnée pédestre

Yosemite National Park

Toute personne qui s'aventure sur les sentiers de la Wilderness Area du Yosemite National Park et qui y reste au moins une nuit doit obligatoirement se procurer un permis gratuit délivré par le **Wilderness Center** (à côté du Valley Visitor Center; un autre centre est aussi ouvert en saison à Tuolumne Meadows et à Big Oak Flat), où vous pourrez aussi obtenir de nombreux renseignements sur les sentiers et leur état. De plus, le nombre de personnes pouvant emprunter un de ces sentiers étant limité, il est possible de réserver votre place directement au Wilderness Center pour un départ le jour même ou le lendemain, ou pour les destinations les plus populaires, jusqu'à six mois à l'avance sur Internet ou par téléphone *(5$; ☎ 209-372-0740, www.nps.gov/yose)*. Enfin, avant de vous lancer à l'aventure, n'oubliez pas de prendre des *food canisters*, ces contenants à nourriture résistants aux ours *(5$/2 semaines; obligatoires)*, disponibles aussi au Wilderness Center et dans la plupart des centres d'accueil des visiteurs.

➤ Ski alpin et ski de randonnée

Il est à noter que les activités d'hiver se pratiquent généralement de novembre à mars.

Sequoia National Park et Kings Canyon National Park

On peut louer des skis de randonnée et des raquettes au **Wuksachi Village & Lodge** (voir p. 223) et au marché de Grant Grove. Vous trouverez de nombreux sentiers dans les secteurs suivants: **General Sherman Tree** *(Sequoia National Park)*, **Grant Grove** *(Kings Canyon National Park)*, **Cherry Gap** *(Sequoia National Forest)* et **Big Meadows** *(Kings Canyon National Park)*.

Yosemite National Park

Au cœur même du Yosemite National Park, le ski se pratique à la **Badger Pass Ski Area** *(✆ 801-559-4884)*, où vous pourrez profiter de quelques pistes de ski alpin *(33$)*, ou vous lancer sur les 185 km de sentiers de ski de fond. Location de matériel et cours sur place.

À l'est du Yosemite National Park

À Mammoth Lakes, le domaine de **Mammoth Mountain** *(69$; ✆ 760-934-2571 ou 800-626-6684, www.mammothmountain.com)* est l'un des plus importants centres de ski de Californie, avec ses 150 pistes, 945 m de dénivelé et 10 m de neige fraîche pendant la saison de ski.

➤ *Vélo*

Yosemite National Park

Le Yosemite National Park compte 19 km de pistes cyclables dans le secteur de la vallée. On peut louer des vélos au **Yosemite Lodge** *(✆ 209-372-1208)* et au **Curry Village** *(✆ 209-372-8319)*.

Hébergement

Les déserts californiens

Palm Springs

Motel 6
$-$$
660 S. Palm Canyon Dr.
✆ 760-327-4200 ou 800-466-8356
www.motel6.com

Le Motel 6 propose des chambres plutôt spartiates mais propres aux voyageurs dont le budget est limité. Réservez tôt car il s'agit là d'un des lieux d'hébergement les moins coûteux à distance de marche du centre-ville. Vous trouverez sur place une piscine et un petit bassin à remous.

Royal Sun Inn
$$
1700 S. Palm Canyon Dr.
✆ 760-327-1564 ou 800-619-4786
www.royalsuninn.com

Établi immédiatement au sud du centre-ville, cet hôtel familial offre des chambres lumineuses et pourvues d'un petit bureau, d'une plaque de cuisson, d'un four à micro-ondes et d'un réfrigérateur. La piscine et le bassin à remous se révèlent convenables, et le petit déjeuner de type buffet se veut complet. Une véritable aubaine pour Palm Springs.

The Horizon Garden
$$-$$$
1050 E. Palm Canyon Dr.
✆ 760-323-1858 ou 800-377-7855
www.thehorizonhotel.com

William Cody, un architecte moderniste des années 1950, a conçu cette maison de deux chambres à coucher entourée de sept bungalows. Chacun des bungalows renferme un studio à aire ouverte pourvu d'une cuisine complète et d'un très grand lit. Les douches, de conception unique, donnent sur l'extérieur, mais demeurent protégées des regards indiscrets par un muret et un bouquet de fleurs (Marilyn Monroe a d'ailleurs refusé de s'en servir de crainte que des paparazzis ne grimpent la clôture pour la prendre en photo dans le plus simple appareil). Les chambres sans cuisine sont les moins chères, et un jardin paysager de 0,8 ha entoure la piscine centrale. Le propriétaire des lieux se fera un réel plaisir de vous raconter l'histoire de l'hôtel et des célébrités qui y ont logé. Il s'agit d'un établissement qui s'adresse aux adultes.

Movie Colony Hotel
$$$-$$$$
726 N. Indian Canyon Dr.
✆ 760-320-6340 ou 888-953-5700
www.moviecolonyhotel.com

Loger dans ce splendide hôtel est une bonne occasion de profiter de la fameuse architecture Art déco de Palm Springs. Murs blancs, palmiers verts et piscine bleue donnent une atmosphère paisible à l'endroit, dont toute la décoration évoque les années 1950. Les chambres sont spacieuses et disposent pour la plupart d'une terrasse privée. De

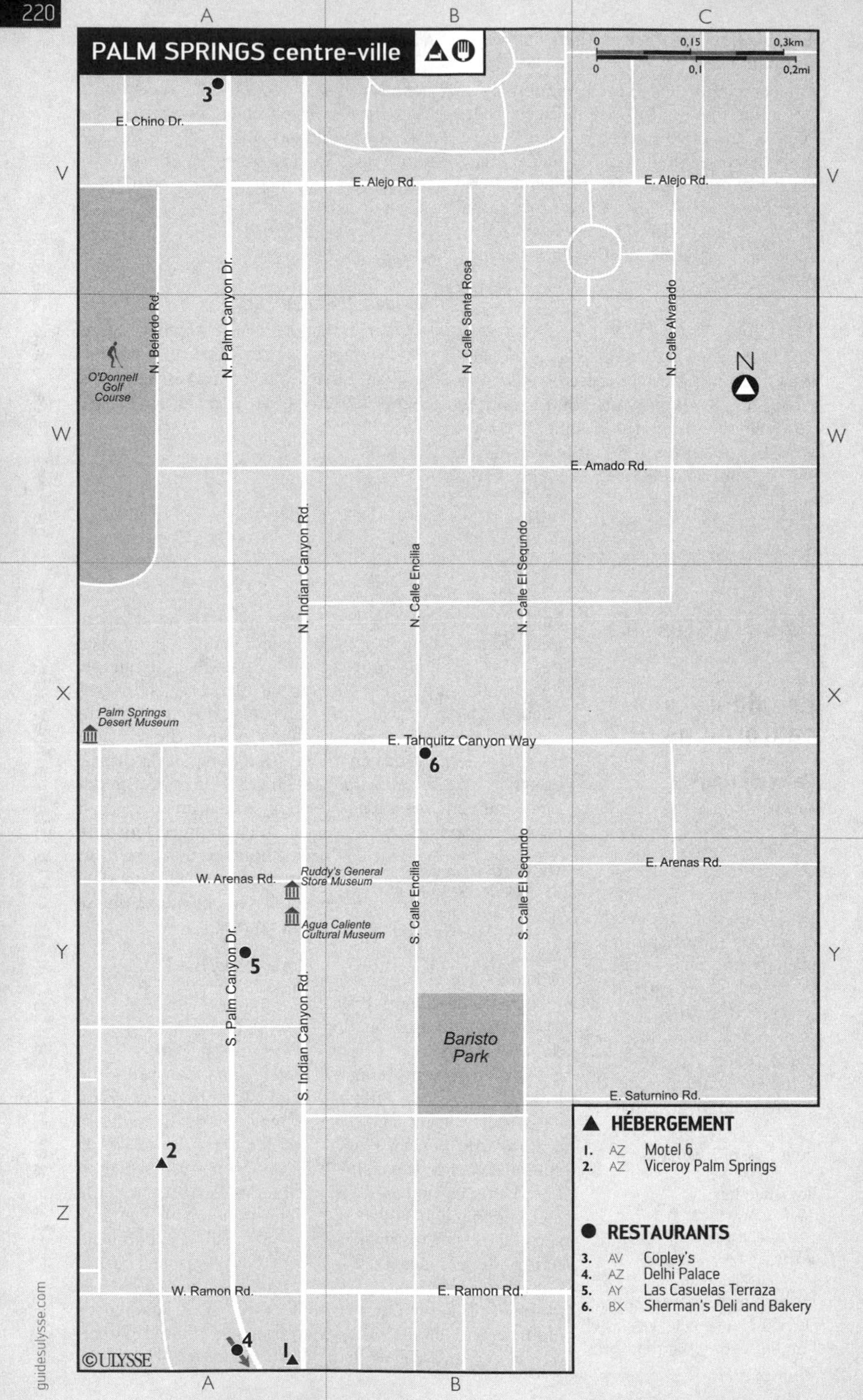

HÉBERGEMENT

1. AZ Motel 6
2. AZ Viceroy Palm Springs

RESTAURANTS

3. AV Copley's
4. AZ Delhi Palace
5. AY Las Casuelas Terraza
6. BX Sherman's Deli and Bakery

plus, le service est discret et impeccable. Des vélos sont à votre disposition pour vous rendre dans le centre-ville, et vous aurez droit à un cocktail tous les soirs. Les tarifs sont nettement plus avantageux en semaine.

Palm Springs Rendezvous
$$$-$$$$
1420 N. Indian Canyon Dr.
760-320-1178 ou 800-485-2808
www.palmspringsrendezvous.com
Le Rendezvous propose des chambres à thème inspirées des années 1950, aux noms tels que *Rebel Without a Cause* ou encore *Crooners*. La décoration est en parfaite harmonie avec l'époque, et certaines des chambres sont dotées de baignoires à remous. Vous aurez droit en prime à une belle vue sur la montagne, à des vélos et, chaque soir, à un cocktail autour de la piscine. Veuillez noter que cet établissement n'est pas vraiment adapté pour accueillir les enfants.

Viceroy Palm Springs
$$$$
415 S. Belardo Rd.
760-320-4117 ou 800-670-6184
www.viceroypalmsprings.com
Le Viceroy Palm Springs propose des chambres et suites luxueuses, ainsi que des petites villas d'une ou deux chambres avec cuisine complète qui peuvent recevoir jusqu'à six personnes. Les unités entourent de splendides jardins, et l'établissement compte un restaurant réputé, le Citron.

Palm Desert

Mojave Resort
$$$
73721 Shadow Mountain Dr.
800-391-1104
www.resortmojave.com
Hôtel-boutique de luxe, le Mojave Resort compte 24 chambres dont la décoration inspirée des années 1940 rappelle l'époque où la région était le terrain de jeu des célébrités d'Hollywood. Le splendide jardin et les terrasses privées garantissent un séjour reposant. Plusieurs forfaits sont proposés (spa, golf), et les tarifs de basse saison sont intéressants.

The Mod Resort
$$$
73758 Shadow Mountain Dr.
760-674-1966
www.modresort.com
Le Mod Resort recèle des chambres, studios et suites au décor épuré, inspiré du courant *mod* britannique des années 1960. La plupart des unités comportent une terrasse privée.

Joshua Tree National Park

High Desert Motel
$-$$
61310 29 Palms Hwy.
760-366-1978 ou 888-367-3898
Une coche au-dessus du Safari Motor Inn (voir ci-dessous), le High Desert Motel abrite des chambres assez dépouillées, mais propres et de bonne taille.

Safari Motor Inn
$-$$ P
61959 29 Palms Hwy.
760-366-1113
www.joshuatreemotel.com
Une des seules options d'hébergement aux abords du Joshua Tree National Park, le Safari Motor Inn se trouve à environ 10 km de l'entrée nord du parc. Il s'agit d'un motel tout simple, quoique propre et accueillant. Douches uniquement.

Mojave National Preserve

Vous trouverez deux terrains de camping au Hole-in-the-Wall; le terrain de camping principal *($)* a adopté le principe «premier arrivé, premier servi», tandis que, pour le Black Canyon Equestrian & Group Campground, les réservations sont requises *($; 760-928-2572)*. L'un comme l'autre sont bien entretenus et disposent aussi bien d'eau courante que d'installations sanitaires. On permet en outre le camping sur le bord de la route dans tout le parc, de même qu'au mont Providence.

Baker

Wills Fargo Motel
$-$$
72252 Baker Blvd.
760-733-4477
Ce motel tout simple mais peu cher reste une bonne option à Baker. La piscine est bien entretenue et rafraîchissante par les chaudes journées d'été. Restaurants à proximité.

Death Valley National Park

L'hébergement étant limité dans la Death Valley, il est fortement conseillé de réserver à l'avance.

Panamint Springs

Panamint Springs Resort
$-$$
775-482-7680
www.deathvalley.com
Ce petit complexe situé à l'entrée ouest du parc comprend un camping tout équipé pour tentes et véhicules récréatifs, une épicerie, une station-service, un motel et même une piste d'atterrissage. Les chambres du motel, sans être luxueuses, sont une bonne solution de rechange au logement dans le reste de la Vallée de la Mort, avec notamment un personnel sympathique qui saura vous conseiller sur les meilleurs endroits du parc.

Stovepipe Wells

Le **camping** de Stovepipe Wells *($; oct à avr)* n'accepte pas les réservations et est bien équipé, aussi bien pour les tentes que pour les véhicules récréatifs.

Stovepipe Wells Village
$$-$$$ ≡ ≋ ♨ ♿ ✈ @
☎ 303-297-2757 ou 760-786-2387
www.stovepipewells.com

Les chambres de cet établissement varient quant à leur taille et à leur décoration, si bien qu'il importe que vous vous informiez afin d'en choisir une qui correspond à vos besoins. Certaines possèdent un téléviseur, d'autres non. Toutes les chambres se révèlent néanmoins confortables et propres, et leur aménagement rappelle celui de nombreux motels. Le complexe dispose de sa propre salle à manger *(7h à 10h et 18h30 à 21h)* de même que d'un *saloon (dès 17h30)*, d'une épicerie *(7h à 21h)*, d'une station-service et d'une piscine, généralement assez bondée. Il s'agit là du seul lieu d'hébergement de Stovepipe Wells.

Furnace Creek

Il est possible de faire du **camping** à longueur d'année à Furnace Creek *($; réservations acceptées jusqu'à 6 mois à l'avance; ☎ 877-444-6777, www.recreation.gov)*. Les installations sont aménagées aussi bien pour les tentes que pour les véhicules récréatifs, et le terrain de camping se trouve tout à côté du Furnace Creek Village. Le terrain de **camping de Texas Spring** *(pas de réservation)*, beaucoup plus petit, est quant à lui ouvert d'octobre à mai. L'un et l'autre disposent de toilettes à chasse d'eau.

Furnace Creek Ranch
$$-$$$ ≡ ≋ ♨ ❄
☎ 760-786-2345 ou 800-236-7916
www.furnacecreekresort.com

Au même titre que le Furnace Creek Inn (voir ci-dessous) et le Stovepipe Wells Village (voir ci-dessous), le Furnace Creek Ranch est géré par la société Xanterra. Vous y aurez le choix entre de petits chalets en bois avec douche seulement et des chambres plus chères et mieux aménagées, avec baignoire et réfrigérateur. Toutes les chambres se révèlent propres et soignées, et pourvues de lits confortables. Parmi les autres installations, il convient de mentionner la piscine, les courts de tennis, le terrain de jeu pour enfants, le golf (voir p. 208), l'épicerie et plusieurs restaurants.

Furnace Creek Inn
$$$$ ≡ ♨ ≋ ❄ Y ♿
mi-oct à mi-mai
☎ 760-786-2345 ou 800-236-7916
www.furnacecreekresort.com

Le Furnace Creek Inn, plus prestigieux que le Furnace Creek Ranch, se trouve à environ 0,8 km de ce dernier. Son bâtiment historique date de 1927 et arbore une très belle maçonnerie de même qu'une série de tunnels sillonnant l'ensemble de la propriété, le tout entouré d'un jardin luxuriant. Sa situation enviable en surplomb sur la vallée vous assure des panoramas spectaculaires, que vous pourrez apprécier depuis les nombreux recoins du hall et le reste de l'établissement. La salle à manger n'a rien d'exceptionnel, mais la nourriture qu'on y sert se veut néanmoins raffinée, et le bar du hall renferme une cheminée près de laquelle il fait bon se réchauffer lorsque la fraîcheur nocturne descend sur le désert.

La Sierra Nevada

Il est à noter que trois établissements hôteliers et restaurants se trouvent dans la Sequoia National Forest, qui jouxte les deux parcs nationaux (Kings Canyon et Sequoia). Ils peuvent constituer une solution de rechange de choix pour les visiteurs qui ne trouveraient pas de places où dormir dans les limites des parcs de Sequoia et de Kings Canyon.

Public Campgrounds
☎ 877-444-6777
www.recreation.gov

Les deux parcs nationaux de Kings Canyon et de Sequoia comptent plus de 1 200 emplacements répartis dans près d'une vingtaine de terrains de camping qui s'étendent des plus douces vallées aux fraîches forêts de conifères. Quelques-uns de ces terrains sont ouverts toute l'année. Seuls les terrains de Lodgepole Village et de Dorst Creek acceptent les réservations.

Sequoia National Forest

Kings Canyon Lodge & Cabins
$-$$ ♨
mai à fin nov
route 180, à 27 km à l'est de Grant Grove
☎ 559-335-2405

L'établissement hôtelier privé qu'est le Kings Canyon Lodge propose de petits chalets et des chambres offrant un bon rapport qualité/prix. Isolé, il plaira à ceux qui désirent jouir de la nature sauvage.

Montecito Sequoia Lodge
$$-$$$ pc
toute l'année
63410 Generals Hwy., 14,5 km au sud de Grant Grove
559-565-3388 ou 800-227-9900
www.mslodge.com
Avec ses 26 chambres et ses 13 petits chalets, le Montecito Sequoia Lodge constitue un choix de qualité pour ceux qui veulent profiter des nombreuses activités estivales et hivernales dans la région des parcs ou celles organisées directement par le *lodge*. L'établissement est administré par des fonds privés.

Sequoia National Park

Silver City Mountain Resort
$$-$$$
mai à sept
Mineral King Rd.
559-561-3223
www.silvercityresort.com
Établissement privé niché au cœur de la forêt, le Silver City Resort dispose de refuges rustiques et de chalets plus confortables, le tout dans un environnement sauvage et isolé.

Wuksachi Village & Lodge
$$-$$$
toute l'année
Generals Hwy., 6,5 km au nord du General Sherman Tree
801-559-5000 ou 866-807-3598
www.visitsequoia.com
Administré par les autorités du parc, le Wuksachi Village & Lodge compte une centaine de chambres confortables réparties dans trois bâtiments, à la fois luxueux et rustiques, qui s'intègrent très bien dans leur environnement. Les clients peuvent profiter de toutes les infrastructures et de tout le confort d'un grand hôtel dans un cadre des plus enchanteurs.

Kings Canyon National Park

Grant Grove Cabins
$-$$
route 180, Grant Grove Village
559-335-5500
Les Grant Grove Cabins se dressent à l'entrée du parc de Kings Canyon. L'établissement, géré par les fonds publics, dispose de refuges rustiques avec lampes à kérosène et poêle à bois, ainsi que de maisonnettes plus confortables avec électricité. Disponibles en été seulement, des «tentes-refuges» (*tent cabins*) très simples avec des sanitaires partagés pourront dépanner certains visiteurs.

Cedar Grove Lodge
$$$
mai à oct
route 180, Cedar Grove Village
559-335-5500
Cet hôtel administré par le Service des parcs nationaux doit malheureusement fermer ses portes en hiver, car la neige et les risques d'avalanche obligent la fermeture de la route 180. Les chambres donnant sur la rivière disposent de petites terrasses.

Yosemite National Park

La visite du Yosemite National Park se planifie à l'avance, et il est essentiel de réserver son lieu d'hébergement plusieurs mois à l'avance en haute saison en appelant au *801-559-5000* ou de réserver directement en ligne sur le site *www.yosemitepark.com* pour les hôtels. Pour les campings, appelez au *877-444-6777* ou réservez en ligne sur le site *www.recreation.gov*. Ceux qui n'auront pas trouvé pourront se rabattre sur les lieux d'hébergement en dehors du parc proposés ci-dessous. Pour une liste plus complète, consultez les sites Internet *www.yosemite.com* et *www.staynearyosemite.com*.

Public Campgrounds
Les amateurs de camping trouveront 13 terrains sur le vaste territoire du Yosemite National Park. Du 1er mai au 15 septembre, un séjour d'au plus 7 jours est permis dans les secteurs de Wawona et de la Yosemite Valley, alors que les autres secteurs permettent un séjour de 14 jours. Le reste de l'année, les campeurs peuvent demeurer 30 jours. Pour certains campings, vous devrez obtenir un *wilderness permit* au **Wilderness Center** (voir p. 218).

Le secteur de la Yosemite Valley

La Yosemite Valley propose différents types d'hébergement détaillés ci-dessous. Pour plus de renseignements: *801-559-4884 ou 877-444-6777, www.yosemitepark.com.*

Housekeeping Camp
$-$$ bc
mai à nov
Le Housekeeping Camp offre des vues impressionnantes sur les Yosemite Falls et sur le Half Dome, avec en prime une plage sablonneuse sur les berges de la Merced River. On y dénombre 266 *tent cabins* (tentes de toile avec plancher de bois et lits).

Tuolumne Meadows Lodge
$-$$ bc
juil à mi-sept
En plein cœur du secteur de Tuolumne Meadows, le rustique mais accueillant Tuolumne Meadows Lodge constitue un établissement très apprécié des randonneurs. Il compte 69 tentes de toile avec lits et plancher de

bois. Pas d'électricité dans les tentes, bougies fournies.

White Wolf Lodge
$-$$ bc/bp
juil à mi-sept
Établissement fréquenté par les randonneurs de la région de Harden et de Lukens Lakes, le White Wolf Lodge se dresse dans un environnement sauvage. On y dénombre quatre maisonnettes avec salle de bain privée et 24 tentes de toile avec lits, planchers de bois et salles de bain communes.

Curry Village
$$ bc/bp
mai à nov ainsi que fins de semaine et jours fériés en hiver
Créé en 1899 en tant que solution de rechange économique aux endroits plus chers de la région de Yosemite, le Curry Village garde aujourd'hui la même vocation. Niché à l'ombre du Glacier Point, il représente le lieu qui bénéficie de la température la plus fraîche par les chaudes journées estivales. Il compte 18 chambres de style motel, une centaine de maisonnettes avec salle de bain privée, 80 petits chalets et plus de 400 tentes de toile avec plancher de bois, lits et salles de bain communes.

Yosemite Lodge at the Falls
$$-$$$ bc/bp @
toute l'année
209-372-1274
Le site du Yosemite Lodge fut autrefois occupé par les quartiers généraux de la cavalerie de l'armée américaine. Les militaires du fort Yosemite ont été responsables de l'administration et de la protection du parc de 1906 à 1914. En juin 1915, un entrepreneur de Los Angeles est désigné pour mettre sur pied de nouvelles infrastructures d'hébergement. Plusieurs baraquements militaires resteront jusque dans les années 1950, alors que l'hôtel subit une cure de rajeunissement. Aujourd'hui, le Yosemite Lodge compte plus de 200 chambres confortables.

The Ahwahnee
$$$$ @
toute l'année
Classé avec raison parmi les joyaux du patrimoine historique national, The Ahwahnee est un grand établissement luxueux niché dans un site forestier enchanteur. Dès son ouverture en 1927, la qualité du service et des infrastructures a gagné l'affection du public, et ce succès se poursuit toujours. L'établissement a été dessiné par l'architecte Gilbert Stanley Underwood, et sa façade de six étages, composée de colonnes de granit, rappelle les grands arbres et s'intègre parfaitement dans la forêt environnante avec la paroi rocheuse des Royal Arches à l'arrière-plan. Peintures, photos et objets d'artisanat amérindien ornent ses splendides salles communes. Pour avoir la chance d'occuper l'une de ses 123 chambres, toutes rénovées, il faut réserver plus d'un an à l'avance.

Le secteur de Wawona

Wawona Hotel
$$ bc/bp
mi-mars à début jan et fins de semaine toute l'année
Établissement classé monument historique national, l'hôtel Wawona accueille les visiteurs depuis les années 1850 dans le secteur le moins fréquenté du parc. Bel exemple de l'architecture victorienne en vogue à cette époque, le bâtiment en bois a reçu la reconnaissance du California Trust for Historic Preservation. Le vénérable hôtel compte 104 chambres au cachet rustique, dont la moitié possède une salle de bain privée.

À proximité du parc

Evergreen Lodge
$$-$$$ @
fermé en jan
33160 Evergreen Rd.; l'Evergreen Road se trouve 0,5 mi (0,8 km) avant la Big Oak Flat Entrance; continuez ensuite sur 7 mi (11 km)
Groveland
209-379-2606 ou 800-935-6343
www.evergreenlodge.com
Bien situé près du secteur de Hetch Hetchy et à 45 min de route du Yosemite Village, l'Evergreen Lodge est un ensemble de chalets idéal pour les familles, la plupart des habitations pouvant loger de quatre à six personnes. De nombreuses activités sont proposées sur place, depuis les visites guidées dans le parc de Yosemite, en passant par les parties de pêche, les jeux pour enfants ou la projection de films et la location de vélos. Les chalets en rondins sont tout équipés, modernes et très confortables, mais gardent néanmoins le charme de la vie en plein air, grâce entre autres à l'absence de téléviseur et de téléphone. Pour les personnes qui recherchent un hébergement plus économique, des tentes avec matelas et sac de couchage sont aussi disponibles ***($)***. Vous trouverez sur place une épicerie, un bar et un très bon restaurant, le tout animé par un personnel sympathique qui connaît parfaitement la région.

Topaz Lodge
$$-$$$ ≡ ♠ P ≈ @
1979 route 395 S.
Gardnerville (Nevada)
775-266-3338 ou 800-962-0732
www.topazlodge.com
À environ une heure au nord de l'entrée est du parc (Tioga Pass), cet hôtel-restaurant-casino est un petit condensé de Las Vegas, sans l'agitation. Surplombant le lac Topaz, ce complexe hôtelier sans prétention accueille les visiteurs qui souhaitent se reposer près des parcs nationaux mais loin des prix extravagants de leurs grands *lodges*. Les chambres, sans fioriture, sont confortables et reposantes. Après un plongeon dans la piscine, un verre au bar panoramique et un dîner gargantuesque au restaurant, la salle de jeux réserve une agréable fin de soirée.

Blackberry Inn Bed and Breakfast
$$$ ≡ @
7567 Hamilton Station Loop
Buck Meadows
209-962-4663 ou 888-867-5001
www.blackberry-inn.com
Si vous cherchez un hébergement plus tranquille et apaisant que les établissements du parc, le Blackberry Inn pourrait tout à fait vous convenir. Cette belle demeure, agrémentée d'un grand balcon et entourée d'un jardin luxuriant où volent des colibris, ne dispose que de trois chambres. Ainsi, vos hôtes seront disponibles aussi bien pour partager leur connaissance de la région que pour vous concocter un bon petit déjeuner gastronomique. N'oubliez pas d'aller vous rafraîchir sous les chutes de Rainbow Pool, à 5 km de là.

Restaurants

Les déserts californiens

Palm Springs

Voir carte p. 220.

Sherman's Deli and Bakery
$-$$
tlj 7h à 21h
401 E. Tahquitz Canyon Way
760-325-1199
www.shermansdeli.com
Sherman's est un *delicatessen* entièrement casher qui a pignon sur rue en plein cœur de Palm Springs. On y sert par ailleurs un incroyable assortiment de potages, sandwichs, pâtisseries et desserts, tous accompagnés de cornichons à l'aneth et de choucroute, pour lesquels la maison est désormais réputée. La terrasse est toujours bondée.

Delhi Palace
$$
1422 N. Palm Canyon Dr.
760-325-3411
www.delhipalaceps.com
Peu coûteux et d'atmosphère joyeuse, cet établissement ne paie peut-être pas de mine, mais la rumeur veut qu'il serve la meilleure cuisine indienne de Palm Springs.

Las Casuelas Terraza
$$
222 S. Palm Canyon Dr.
760-325-2794
www.lascasuelas.com
Las Casuelas est un excellent restaurant mexicain prolongé d'un bar au toit de *palapa* et d'une terrasse chauffée. Il propose des biftecks grillés, du poulet et des plats de crevettes apprêtés selon la plus pure tradition mexicaine. Optez pour les *camarones diablos* (crevettes épicées), un simple *burrito* ou une une assiette combinée. Les margaritas de la maison sont légendaires, et l'endroit s'emplit à craquer tous les soirs de la semaine. Des mariachis circulent entre les tables et égaient les convives. On offre par ailleurs ici le plus vaste choix de tequilas de la région.

Copley's
dîner seulement, fermé mi-juil à début sept
$$$$
621 N. Palm Canyon Dr.
760-327-9555
www.copleyspalmsprings.com
Aménagé dans une ancienne résidence de Cary Grant, le Copley's satisfait les fins palais de Palm Springs avec sa cuisine californienne contemporaine primée. Le menu change régulièrement, comportant des plats de viande et de fruits de mer cuisinés et présentés d'une manière inventive. Il va sans dire que l'environnement, tant à l'intérieur que sur la terrasse, est à la hauteur de la cuisine.

Palm Desert

Native Foods
$-$$
tlj 11h à 21h30
73-890 El Paseo
760-836-9396
www.nativefoods.com
Ce restaurant végétarien propose des salades, des sandwichs, des plats d'inspiration asiatique (riz et légumes) et des pizzas, tous composés d'ingrédients frais. Un assortiment de desserts, dont un succulent *cheesecake*, clôt le menu.

Cork Tree California Cuisine
$$$$
lun-sam à partir de 16h
74950 Country Club Dr.
760-779-0123
www.thecorktree.com
Le Cork Tree est sans doute l'un des meilleurs restaurants de cuisine californienne de la région. Les plats de poisson et de viande sont toujours bien apprêtés, et leur présentation est à la hauteur. L'ambiance est très agréable, surtout sur la jolie terrasse, et le service est impeccable.

Mojave National Preserve

Baker

Big Boy
$-$$
72155 Baker Blvd.
760-733-4660
Le choix de restaurants étant assez restreint à Baker, le Big Boy, bien qu'il fasse partie d'une chaîne de comptoirs de restauration rapide, pourra satisfaire de nombreux appétits. Vous trouverez, à côté des sempiternels hamburgers, des pâtes, des *quesadillas* et des salades.

Mad Greek Cafe
$-$$
72112 Baker Blvd.
760-733-4354
Le Mad Greek est un restaurant «fou» (*mad*), affairé et déroutant, qui offre un peu de tout pour tous les goûts, entre autres des hamburgers, d'énormes petits déjeuners et un menu complet de mets grecs. Il y a beaucoup de bruit, et le bleu et le blanc dominent entièrement le décor. Portions généreuses, mais propreté de l'établissement pas toujours satisfaisante.

Death Valley National Park

Vous trouverez de quoi vous restaurer dans tous les établissements hôteliers cités à **Stovepipe Wells** et à **Panamint Springs** (voir p. 222), ainsi qu'une petite cafétéria au **Scotty's Castle** (voir p. 207).

Furnace Creek

Forty Niner Cafe/Corkscrew Saloon
$-$$
7h à 21h
Furnace Creek Ranch
760-786-2345
Le Forty Niner Cafe du **Furnace Creek Ranch** (voir p. 222) s'agrémente de banquettes confortables et de vieilles lampes de mine. En plus du petit déjeuner, le menu affiche un vaste assortiment de potages, de salades, de sandwichs, de hamburgers, de biftecks et de délicieux laits fouettés (*milkshakes*) aux dattes provenant de l'oasis. À la porte voisine, le *saloon* renferme une table de billard et propose un bon choix de bières pression, sans oublier la pizza et les casse-croûte.

Wrangler Steakhouse
$$-$$$
Furnace Creek Ranch
760-786-2345
Le soir, le Wrangler du **Furnace Creek Ranch** (voir p. 222) sert une variété de biftecks, de la côte de bœuf au filet en passant par les coupes maison, servis avec tous les accompagnements voulus. La carte des vins est toutefois restreinte. Buffet petit déjeuner *($; 6h à 10h)*, et buffet déjeuner *($; 11h à 14h)*.

Furnace Creek Inn Dining Room
$$$$
dîner seulement; mi-oct à mi-mai
Furnace Creek Inn
760-786-3385
www.furnacecreekresort.com
La salle à manger du **Furnace Creek Inn** (voir p. 222) est la seule option du parc pour un dîner plus recherché. Elle offre de belles vues sur la Vallée de la Mort et propose des mets originaux, en plus de plats plus conventionnels. Réservations requises.

La Sierra Nevada

Sequoia National Forest

Kings Canyon Lodge
$$
mai à fin nov tlj 8h à 19h
route 180, à 27 km à l'est de Grant Grove
559-335-2405
Le café du **Kings Canyon Lodge** (voir p. 222) sert des petits déjeuners et des déjeuners simples (principalement des sandwichs et des hamburgers) tous les jours, et ce, dans une ambiance conviviale et chaleureuse. Veuillez noter que le restaurant ferme en règle générale autour de 19h.

Sequoia National Park

Wuksachi Village & Lodge
$$$
toute l'année
Generals Hwy., 6,5 km au nord du General Sherman Tree
801-559-5000 ou 559-565-4070
www.visitsequoia.com
Le charmant **Wuksachi Village & Lodge** (voir p. 223) propose les trois repas quotidiens dans une salle à manger au charme montagnard. La cuisine servie s'avère de grande qualité mais sans prétention. Menus pour enfants.

Yosemite National Park

Le secteur de la Yosemite Valley

Degnan's Loft
$-$$
mai à nov
209-372-8454
Établissement convivial, ce restaurant familial sert des pâtes fraîches, des salades et des pizzas.

The Food Court at Yosemite Lodge
$-$$
toute l'année
Yosemite Lodge
Cette caféteria du **Yosemite Lodge** (voir p. 224) sert les trois repas quotidiens. Des en-cas sont aussi proposés pour emporter en randonnée.

Mountain Room Restaurant
$$$
tlj 17h30 à 21h
Yosemite Lodge
209-372-1274 ou 801-559-4935
Le Mountain Room Restaurant du **Yosemite Lodge** (voir p. 224) offre, en plus des steaks, côtes levées, poissons et autres pâtes, une vue fort agréable sur les Yosemite Falls.

The Ahwahnee Dining Room
$$$-$$$$
tlj 7h à 21h
The Ahwahnee
209-372-1489
Avec ses plafonds de plus de 11 m de haut, ses impressionnants lustres et ses immenses baies vitrées permettant de se sentir en pleine nature dans le confort d'une salle à manger de grand luxe, The Ahwahnee Dining Room du **Ahwahnee** (voir p. 224) est souvent considéré comme l'un des plus beaux restaurants de tout le pays. Si les petits déjeuners et les déjeuners sont servis dans une ambiance détendue, les convives sont priés de s'habiller plus formellement pour le repas du soir. Réservations conseillées.

High Country

Tuolumne Meadows Lodge
$$
mai à sept
209-372-8413
Sous une simple toile en pleine forêt au bord de la Tuolumne River, les convives du **Tuolumne Meadows Lodge** (voir p. 223) se voient proposer de généreux petits déjeuners et dîners. Réservations nécessaires pour le dîner. Possibilité également de réserver un panier-repas pour le lendemain.

White Wolf Lodge
$$
mai à nov
209-372-8416
Établissement à l'atmosphère détendue situé sur la Tioga Road, le **White Wolf Lodge** (voir p. 224) prépare les petits déjeuners et les dîners. Son grand porche et sa salle à manger rustique en font un endroit fort agréable. Paniers-repas disponibles pour les randonneurs.

Le secteur de Wawona

Wawona Hotel Dining Room
$$-$$$
mi-mars à début jan et fins de semaine toute l'année
Wawona Hotel
La Wawona Hotel Dining Room du **Wawona Hotel** (voir p. 224) a acquis sa réputation grâce à une cuisine simple, familiale et toujours fraîche. On y sert les trois repas quotidiens dans un cadre au charme victorien qui offre de magnifiques couchers de soleil. Soirée barbecue le samedi soir durant l'été.

Sorties

› Fêtes et festivals

Juin

Présenté dans différentes salles de la ville sur une dizaine de jours au début janvier, le **Palm Springs International Film Festival** *(www.psfilmfest.org)* propose quelque 200 films de cinéastes provenant d'une soixantaine de pays.

Avril

Bien connu des amateurs de musique rock, le **Coachella Music festival** *(Empire Polo Fields, Indio, www.coachella.com)* a lieu à la mi-avril. Pendant trois jours, des dizaines d'artistes, dont plusieurs têtes d'affiche, et des milliers de fans vivent pour la musique, en logeant le plus souvent dans les campings installés sur place.

Novembre

L'**Annual Death Valley '49ers Encampment** *(www.deathvalley49ers.org)* a lieu tous les ans au début novembre dans le Death Valley National Park pour célébrer l'esprit des pionniers et l'histoire de la Death Valley. Les spectacles et attractions font revivre l'ambiance d'antan et attirent de nombreux touristes; alors, si vous visitez la région durant cette période, pensez à réserver votre lieu d'hébergement à l'avance.

Présenté au début novembre, le **Greater Palm Springs Pride Festival** *(www.pspride.org)* est l'une des plus grandes célébrations de la communauté gay au pays. Au menu: défilé, musique et plusieurs autres activités.

Achats

Rancho Mirage

Situé à mi-chemin entre Palm Springs et Palm Desert, **The River at Rancho Mirage** *(à l'intersection de la route 111 et de Rancho Las Palmas Dr., ☎ 760-341-2711, www.theriveratranchomirage.com)* est un petit centre commercial avec une trentaine de boutiques et restaurants. Aménagé aux abords d'un grand cours d'eau au pied des montagnes du désert, l'endroit est magnifique.

Palm Desert

El Paseo (voir p. 198) de Palm Desert est la plus prestigieuse artère commerciale de toute la région. Celle que l'on surnomme la «Rodeo Drive du désert» offre plus de 300 boutiques, restaurants et galeries d'art. Parmi celles-ci se trouvent les **Adagio Galleries** (voir p. 198), qui renferment une magnifique collection d'œuvres d'artistes du Sud-Ouest américain.

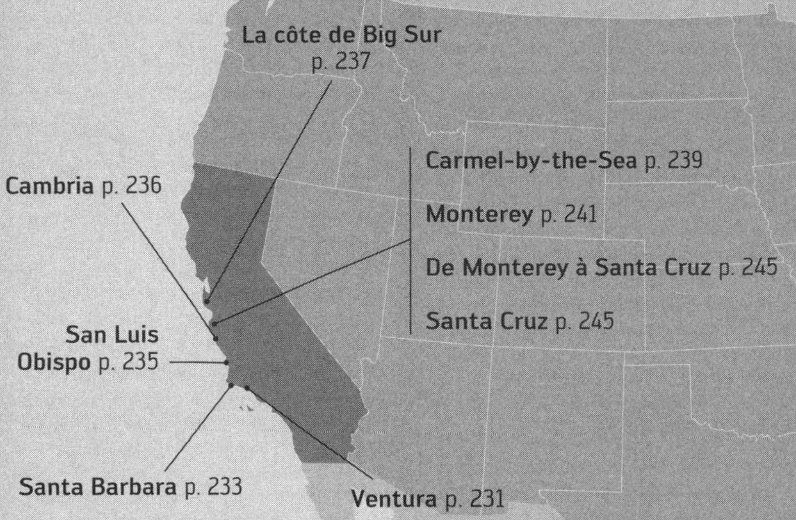

La Côte centrale californienne

La Côte centrale s'étend sur près de 600 km entre les villes de Ventura et de Santa Cruz. Avec ses montagnes verdoyantes, ses falaises déchiquetées, ses forêts de pins, ses plages sablonneuses et ses villes pittoresques et modernes, elle constitue certainement l'une des plus impressionnantes régions de tout l'État.

La Côte centrale représente bien la Californie de nos fantasmes et de nos rêves où les paysages saisissants côtoient les plages de sable fin et où la haute technologie et l'industrie du divertissement ont déversé des flots de dollars. Si vrais soient-ils, il faut passer outre ces simples clichés, se lancer à fond dans la découverte de cette région si riche à tous points de vue et se laisser surprendre par des facettes encore inconnues de la mythique Californie. Car, si la Côte centrale compte parmi ses occupants la huppée et bourgeoise Carmel et l'opulente Santa Barbara avec ses longues plages dorées, elle abrite également de pittoresques et méconnues agglomérations chargées d'histoire telles Monterey et San Luis Obispo, sans oublier Santa Cruz, à l'esprit ouvert, et Ventura, au charme paisible.

Bénéficiant de riches terres et d'un climat favorable, la Côte centrale possède en outre plusieurs vignobles surprenants en raison de la qualité des vins produits. Tenant le haut du pavé, les producteurs de la Santa Ynez Valley n'ont certainement pas à rougir devant leurs collègues des célèbres vallées de Sonoma et de Napa.

Les merveilles de la nature ne sont sûrement pas absentes de la Côte centrale, et la région de Big Sur, au sud de la Monterey Peninsula, est là pour en témoigner. Sans doute l'endroit le plus pittoresque de la Côte centrale, cette région accidentée, parsemée de rochers escarpés et de canyons à la végétation dense, constitue-t-elle l'une des plus belles contrées des États-Unis.

Accès et déplacements

› En avion

Situé à 8 mi (13 km) à l'est de Santa Barbara, près de la route US 101, le **Santa Barbara Airport** *(500 Fowler Rd., Santa Barbara, ✆ 805-683-4011, www.flysba.com)* est desservi par plusieurs lignes aériennes, entre autres **American Airlines** *(✆ 800-433-7300, www.aa.com)*, **Delta** *(✆ 800-221-1212, www.delta.com)* et **US Airways** *(✆ 800-428-4322, www.usairways.com)*. Il reçoit des vols en provenance des grandes villes de la Côte Ouest américaine, notamment San Francisco, Los Angeles, San Diego, Phoenix, Denver et Las Vegas.

L'autre aéroport régional de la Côte centrale californienne, le **Monterey Peninsula Airport** *(200 Fred Kane Dr., Monterey, accès par la route 68, ✆ 831-648-7000, www.montereyairport.com)*, accueille des vols réguliers en provenance de San Francisco, Los Angeles, Phoenix, Denver, Las Vegas et San Diego. Il est desservi par **Allegiant Air** *(✆ 702-505-8888, www.allegiantair.com)*, **ExpressJet** *(✆ 888-958-9538, www.xjet.com)*, **SkyWest** *(✆ 800-241-6522, www.skywest.com)* et **US Airways** *(✆ 800-428-4322, www.usairways.com)*.

› En voiture

La route US 101 constitue l'axe routier le plus direct et le plus rapide pour parcourir les quelque 370 mi (600 km) qui séparent Ventura de Santa Cruz. Par contre, utiliser cette voie rapide du sud au nord vous apparaîtrait tout à fait aberrant et vous ferait passer à côté de la plupart des attraits de la région. De San Luis Obispo à Santa Cruz, la **Pacific Coast Highway** (route 1), plus étroite et plus lente, serpente la côte parfois escarpée et offre aux usagers parmi les plus saisissants panoramas de toute la Californie.

› En autocar

Pour obtenir les horaires et les destinations desservies, appelez la succursale régionale de la compagnie **Greyhound** *(✆ 800-231-2222, www.greyhound.com)*.

Gares routières

Santa Barbara: 34 W. Cabrillo Blvd., ✆ 805-965-7551

San Luis Obispo: 150 South St., ✆ 805-543-2121

Santa Cruz: 425 Front St., ✆ 831-423-1800

➤ En train

Santa Barbara, Salinas et San Luis Obispo se trouvent sur les lignes du *Coast Starlight* et du *Pacific Surfliner* de la compagnie **Amtrak** *(☎ 800-872-7245, www.amtrak.com; voir aussi p. 67).*

Gares ferroviaires

Santa Barbara: 209 State St., ☎ 805-963-1015 ou 800-872-7245

San Luis Obispo: 1011 Railroad Ave., ☎ 805-541-0505 ou 800-872-7245

Salinas: 30 Station Place, ☎ 800-872-7245

➤ En transport en commun

Vous pourrez vous déplacer entre les villes de Monterey, Big Sur, Salinas et Carmel en montant à bord des autobus de **Monterey-Salinas Transit** *(2,50$; ☎ 831-899-2555, www.mst.org)*. Pour sa part, la région de San Luis Obispo est desservie par les autobus de la **San Luis Obispo Regional Transit Authority** *(1,50-3 selon le trajet; ☎ 805-781-4472, www.slorta.org).*

Attraits touristiques

Ventura

▲ *p. 247* ● *p. 253*

⏱ *Une demi-journée, et comptez un jour de plus si vous voulez visiter le Channel Islands National Park.*

Localisation: 68 mi (110 km) au nord-ouest de Los Angeles; 28 mi (45 km) au sud-est de Santa Barbara.

Ventura Visitors & Convention Bureau: 101 S. California St., ☎ 805-648-2075 ou 800-483-6214, www.ventura-usa.com.

Ventura, avec sa population de 107 000 habitants, coule des jours paisibles sur la côte du Pacifique. Le centre endormi a cédé sa place au Ventura Harbor, véritable cœur de l'activité touristique situé à 5 km au sud par la route d'Oxnard. Ventura vit pour la mer, et c'est là une des raisons principales pour s'y rendre.

Ventura compte des kilomètres de plages sablonneuses et ensoleillées. L'**Emma Wood State Beach** et la **San Buenaventura State Beach** vous réservent des heures de bonheur.

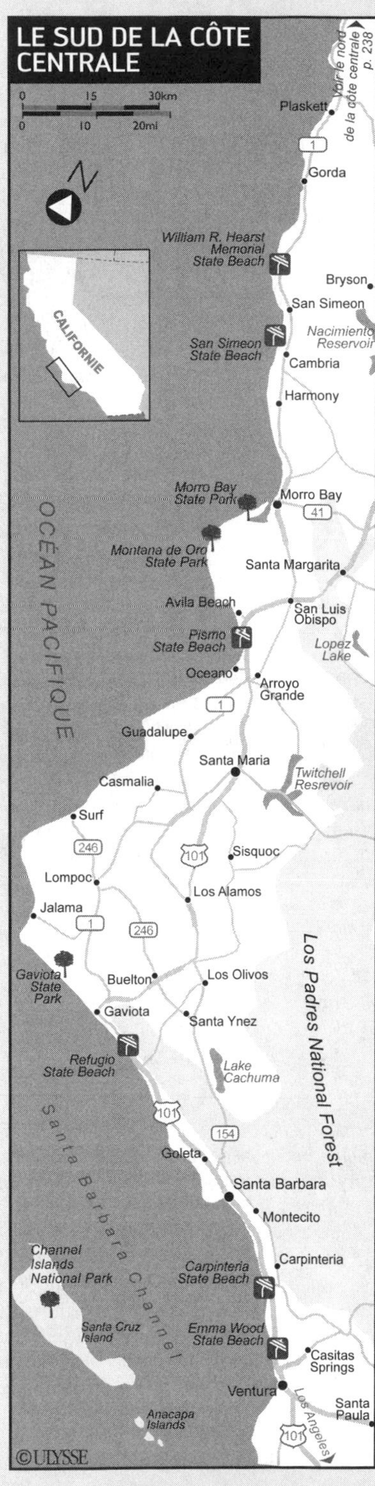

Fondée le 31 mars 1782, la **Mission San Buenaventura** *(2$; lun-ven 10h à 17h, sam 9h à 17h, dim 10h à 16h; 211 E. Main St., ☎ 805-643-4318, www.sanbuenaventuramission.org)* constitue la neuvième mission du réseau mis en place par les Franciscains et la dernière établie par le père fondateur Junípero Serra. Détruite par un incendie dans les années 1790, l'église d'origine est reconstruite après 12 années de labeur et rouverte en 1809. Les visiteurs peuvent aujourd'hui visiter le petit musée et la cour intérieure verdoyante et agrémentée d'une jolie fontaine en carreaux de céramique. Une des richesses de l'église se situe certainement dans les peintures du chemin de croix, œuvres exécutées il y a 250 ans, qui ornent les murs du lieu de culte depuis sa reconstruction.

Centre névralgique de l'animée région côtière, le **Ventura Harbor Village** *(Spinnaker Dr., ☎ 805-642-8538, www.venturaharborvillage.com)* regorge de restaurants, de terrasses, de cafés et d'entreprises spécialisées dans les sports nautiques. Sur le site du Harbor Village, vous trouverez le **Channel Islands National Park Visitors Center** *(tlj 8h30 à 17h; 1901 Spinnaker Dr., Ventura Harbor, ☎ 805-658-5730, www.nps.gov/chis)*, quartier général d'un formidable parc national terrestre et marin au large de Ventura: le Channel Islands National Park (voir ci-dessous). Le centre d'accueil des visiteurs du parc est une source d'information inépuisable sur les cinq principales îles qui forment l'archipel.

La plus remarquable attraction de Ventura se dresse à près de 25 km au large de la côte. Créé en 1980 à la suite d'un acte du Congrès, le **Channel Islands National Park** ★ *(☎ 805-658-5730, www.nps.gov/chis)* comprend cinq des huit îles de l'archipel: Anacapa, Santa Cruz, Santa Rosa, San Miguel et la plus éloignée Santa Barbara. En plus de l'espace terrestre de ces îlots rocailleux aux rivages déchiquetés, le **Channel Islands National Marine Sanctuary** ★, parc marin exceptionnel, couvre un territoire aquatique de six milles marins autour des îles dont la partie la plus rapprochée fait partie intégrante du parc national et est géré conjointement par le National Park Service et le National Marine Sanctuary. Cette superbe réserve naturelle terrestre et marine, souvent surnommée les «Galápagos des États-Unis», abrite des espèces fauniques terrestres uniques, une faune marine et ailée exceptionnellement riche et plusieurs espèces endémiques végétales, c'est-à-dire qu'elles ne poussent nulle part ailleurs dans le monde. Le maître du septième art, Alfred Hitchcock, avait bien observé ce fait, et ce n'est pas par hasard qu'il est venu tourner quelques scènes de son célèbre film *The Birds* sur l'île Anacapa. Les îles offrent de formidables possibilités de randonnées pédestres et d'excursions de plongée et d'observation de la faune marine. Il est également possible de dresser sa tente sur un des terrains de **camping** *(☎ 877-444-6777, www.recreation.gov)* aménagés sur chacune des cinq îles. Il est essentiel de réserver, car le nombre d'emplacements est limité. Veuillez noter que vous ne trouverez pas d'eau potable, ni aucun service sur les îles. Pour vous y rendre en bateau depuis Ventura ou Oxnard, contactez **Island Packers** *(1691 Spinnaker Dr., Ventura, ☎ 805-642-1393, www.islandpackers.com)*; au départ de Santa Barbara, contactez **Truth Aquatics** *(301 W. Cabrillo Blvd., Santa Barbara, ☎ 805-962-1127, www.truthaquatics.com)*.

Activités de plein air

➤ Kayak

Le kayak de mer est un moyen fantastique pour découvrir les différentes îles du Channel Islands National Park. Il est possible de partir à l'aventure avec sa propre embarcation, mais renseignez-vous au **Channel Islands National Park Visitors Center** (voir ci-contre) au préalable, car certaines parties du parc ne sont pas ouvertes aux visiteurs, et profitez-en pour demander aux *rangers* des conseils sur les meilleurs endroits à découvrir en fonction de la météo et de votre expérience. Si vous préférez partir avec un guide, contactez le **Channel Islands Kayak Center** *(1691 Spinnaker Dr., Ventura, ☎ 805-644-9699, www.cikayak.com)*, qui propose des sorties d'une demi-journée à une journée pour tous les niveaux et loue aussi de l'équipement.

➤ Observation de la faune

Le magnifique Channel Islands National Park est effectivement une destination de rêve pour les amoureux de la faune. Dauphins, lions de mer, requins, renards et aigles font partie des espèces animales peuplant ce parc. La migration des baleines grises se fait généralement de la fin décembre au début avril, et c'est entre juillet et septembre que vous pourrez voir des baleines bleues et à bosse; si vous n'avez pas la chance d'en croiser lors d'une traversée vers les îles, l'entreprise **Island Packers** *(28$; 1691 Spinnaker Dr., Ventura, ☎ 805-642-1393, www.islandpackers.com)* offre aussi des croisières d'observation.

➤ *Plongée sous-marine*

Ventura Dive & Sport *(1559 Spinnaker Dr., Ventura, ☎ 805-650-6500, www.peacescubacenter.com)* donne des cours de certification, organise des excursions sur les Channel Islands et loue aussi de l'équipement de plongée.

➤ *Randonnée pédestre*

Chacune des îles du **Channel Islands National Park** abrite des sentiers de randonnée balisés, dont le niveau de difficulté varie en fonction de la topographie de chaque île. Vous trouverez des sentiers simples et relativement plats sur Anacapa, alors que Santa Rosa offre des dénivelés plus importants et des sentiers plus sauvages. Vous pouvez vous procurer des cartes détaillées au **Channel Islands National Park Visitors Center** (voir page précédente) et sur le site Internet. N'oubliez pas que vous ne trouverez ni eau potable ni service sur les îles; ainsi vous devrez faire preuve d'autonomie lors de votre séjour.

Santa Barbara ★★

p. 247 *p. 254* *p. 258* *p. 259*

1 à 2 jours

Localisation: 95 mi (153 km) au nord-ouest de Los Angeles; 106 mi (170 km) au sud de San Luis Obispo.

Santa Barbara Tourist Information Center: 1 Garden St., angle Cabrillo Blvd., ☎ 805-965-3021, www.santabarbaraca.com.

La riche agglomération de Santa Barbara, avec ses 90 000 habitants, possède un caractère unique, à la fois animé, paisible, historique et résolument moderne. Fière de ses origines, la ville a su préserver et mettre en valeur son patrimoine architectural. Cohabitant avec ces marques du passé colonial, cafés, restaurants, bars, théâtres et cinémas foisonnent dans cette ville où la culture, les rencontres sociales et l'art de vivre sont choses sacrées. Si Santa Barbara grouille d'activités, ses habitants savent néanmoins prendre le temps de se détendre et profiter de son cadre enchanteur au bord du Pacifique. Le cœur de l'activité urbaine gravite autour de State Street, grande artère bordée de boutiques, cafés et restaurants qui mène au Stearn's Wharf et à l'océan.

Le **Red Tile Walking Tour** ★, un circuit piétonnier parcourant le centre historique de Santa Barbara, permet aux visiteurs d'en découvrir paisiblement les 23 plus beaux joyaux patrimoniaux. Ce circuit de 45 min, facilement identifiable aux carreaux rouges du trottoir, sillonne 12 quadrilatères du centre-ville et relie les principaux musées, les édifices institutionnels de marque et les anciennes demeures coloniales.

Partiellement reconstruits à partir de 1964, les bâtiments militaires espagnols connaissent une nouvelle vie au sein du **El Presidio de Santa Bárbara State Historic Park** ★ *(5$; tlj 10h30 à 16h30; 123 E. Canon Perdido St., ☎ 805-965-0093, www.sbthp.org)*. La chapelle ainsi que les quartiers du commandant et des soldats méritent une visite, à laquelle s'ajoute un diaporama historique d'une durée de 15 min.

José de la Guerra y Noriega, cinquième commandant du *presidio* de Santa Bárbara, fit construire en 1818 une vaste demeure en adobe pour sa famille. Pendant des décennies, la **Casa de la Guerra** *(5$; sam-dim 12h à 16h; 15 E. De la Guerra St., ☎ 805-966-6961, www.sbthp.org/casa.htm)* fut le centre de la vie sociale, commerciale et culturelle de la Santa Bárbara mexicaine. Le Santa Barbara Trust for Historic Preservation l'a acquise en 1971 et, après maintes recherches archéologiques, l'a restaurée dans son état d'origine.

Un pittoresque complexe d'anciens bâtiments en adobe abrite le **Santa Barbara Historical Museum** ★ *(entrée libre; mar-sam 10h à 17h, dim 12h à 17h; 136 E. De la Guerra St., ☎ 805-966-1601, www.santabarbaramuseum.com)*. On y retrouve une riche collection d'objets historiques régionaux dont de magnifiques habits, des meubles et des jouets anciens ainsi que des objets d'art. Des expositions permanentes et temporaires font revivre le passé glorieux de Santa Barbara, depuis les premières explorations européennes jusqu'aux époques espagnole, mexicaine puis américaine. Partie intégrante du musée, la **Gledhill Library** procure un apport historique significatif avec ses livres, ses photos, ses cartes et ses manuscrits anciens. Adjacents au musée, deux édifices en adobe du XIXe siècle entourent un jardin ombragé. La **Casa Covarrubias**, au 715 Santa Barbara Street, et son voisin, l'**Historic Adobe,** remontent à 1817 et 1836 respectivement.

Terminé en 1929 après la destruction de l'ancien tribunal à la suite d'un séisme, le **Santa Barbara County Courthouse** ★★ *(entrée libre; lun-ven 8h à 17h, sam-dim 10h à 16h30; bloc 1100 Anacapa St., ☎ 805-962-6464, www.santabarbaracourthouse.org/sbch)* représente l'un des plus fascinants bâtiments anciens de la Californie. Ceinturé de jardins tropicaux luxuriants, le splendide édifice de style hispano-mauresque recèle de riches ornementations intérieures. Les plafonds peints à la main, les lustres gigantesques, les fresques imposantes et les portes en bois massif sculpté confèrent à ce bâtiment administratif un caractère monumental et opulent. Les visiteurs peuvent monter dans la tour de 25 m afin de jouir d'une vue panoramique unique sur Santa Barbara.

Un des plus intéressants musées régionaux d'art du pays, aménagé dans un magnifique bâtiment historique en adobe, le **Santa Barbara Museum of Art** ★ *(9$, entrée libre dim; mar-dim 11h à 17h; 1130 State St., ☎ 805-963-4364, www.sbmuseart.org)* abrite une excellente collection d'œuvres d'artistes américains tels O'Keeffe, Eakins, Sargent et Hopper. Les peintres français du mouvement impressionniste et postimpressionniste, notamment Monet, Matisse, Degas et Chagall, sont bien représentés, ainsi que l'art asiatique, classique et contemporain.

La **Mission Santa Barbara** ★★ *(5$; tlj 9h à 16h30; 2201 Laguna St., ☎ 805-682-4713, www.sbmission.org)*, dixième du réseau des missions, est fondée par les Franciscains le 7 décembre 1786. Sa situation privilégiée, sur une élévation de 800 m entourée des Santa Ynez Mountains, ses uniques tours jumelles et sa magnifique façade lui valent le titre de «reine des missions». Sévèrement endommagés par un tremblement de terre en 1812, les bâtiments et l'église en adobe d'origine ont fait l'objet d'importants travaux de restauration par la suite. L'église actuelle en pierre date de 1815, et l'ajout de la seconde tour à clocher complète le travail 18 ans plus tard. Un autre tremblement de terre ébranle les édifices religieux, et il faut attendre les années 1950 avant que la façade de la mission ne soit reconstruite. Aujourd'hui, l'ancienne mission espagnole (construite avec l'aide des Indiens Chumash) est le centre d'une paroisse catholique active. On peut visiter une partie des bâtiments convertis en musée, les jardins intérieurs exotiques, l'église et l'ancien cimetière où reposent 4 000 tombes chumash et les mausolées richement décorés des premiers colons californiens.

Le **Santa Barbara Museum of Natural History** *(10$; tlj 10h à 17h; 2559 Puesta del Sol, ☎ 805-682-4711, www.sbnature.org)* présente des expositions sur l'histoire naturelle de la Californie et de la côte ouest des États-Unis. Un diaporama présenté dans le Chumash Hall, salle qui contient une importante collection liée au peuple chumash, retrace la vie des nations précolombiennes dans la région de Santa Barbara. Le musée accueille également un planétarium.

Le **Santa Barbara Botanic Garden** ★ *(8$; mars à oct tlj 9h à 18h, nov à fév tlj 9h à 17h; 1212 Mission Canyon Rd., ☎ 805-682-4726, www.sbbg.org)*, créé en 1926 par Anna Blaksley, est consacré à l'étude de la flore californienne, depuis les déserts jusqu'à la Sierra Nevada, en passant par les montagnes méridionales et les îles au large de la côte. Plus de 8 km de sentiers sillonnent 26 ha d'instructives plantations qui regroupent plus de 1 000 espèces indigènes et rares. Vous aurez la chance de déambuler à travers prés, canyons, cactées et forêts de pins et de séquoias, tout en bénéficiant de magnifiques vues sur les montagnes environnantes. Le sentier vous mènera en outre à l'ancien barrage de la mission, construit par les Chumash pour irriguer les champs.

Érigé en 1872 sous la direction de John Peck Stearns, le **Stearns Wharf** *(accès depuis State St., www.stearnswharf.org)* constitue aujourd'hui la plus ancienne jetée encore active sur la Côte Ouest. Populaire rendez-vous des visiteurs de Santa Barbara, la vénérable passerelle compte plusieurs boutiques, entreprises spécialisées, restaurants et marchés de produits de la mer. De chaque côté, **West Beach** et surtout **East Beach** (voir page suivante) sont de beaux exemples des plages de la région .

Plus de 500 animaux de toutes les régions du globe possèdent leurs quartiers aux **Santa Barbara Zoological Gardens** ★ *(12$; tlj 10h à 17h; 500 Niños Dr., près de Cabrillo Blvd., East Beach, ☎ 805-962-6310, www.santabarbarazoo.org)*, ce parc thématique aménagé dans un vaste domaine de 12 ha au bord de l'océan. Grands félins, éléphants, gorilles, antilopes, alligators, gibbons, lémures, loutres, girafes et autres oiseaux tropicaux y vivent en captivité dans un environnement naturel recréé, riche et verdoyant. Un train miniature et un parc d'attractions feront le bonheur des plus jeunes.

Les vignobles de la région de **Santa Ynez**, au nord de Santa Barbara, sont certes moins connus que ceux de la région de Napa et de Sonoma, mais vous pourrez non seulement déguster des chardonnays, pinots noirs, syrahs et autres sauvignons de grande qualité, mais aussi dénicher des vins produits en quantité limitée, le tout au milieu de superbes paysages. N'hésitez pas à contacter la **Santa Barbara County Vintners' Association** *(✆ 805-688-0881, www.sbcountywines.com)*, qui regroupe plus d'une centaine de vignobles et qui pourra vous conseiller pour des visites guidées et dégustations selon vos goûts.

Activités de plein air

➤ Canot et kayak

Judy Keim explore la côte de la région de Santa Barbara à vélo et en kayak depuis plusieurs années et, grâce à **Pedal & Paddle of Santa Barbara** *(à partir de 35$; ✆ 805-687-2912)*, elle partage aujourd'hui ses grandes connaissances avec les amateurs de pagaie et de guidon.

➤ Équitation

Situé dans la magnifique Los Padres National Forest au nord-ouest de Santa Barbara, **Rancho Oso** *(à partir de 40$; 3750 Paradise Rd., accès depuis la route 154, Santa Barbara, ✆ 805-683-5110, www.rancho-oso.com)* organise des excursions dans la vallée de Santa Ynez et ses environs.

➤ Observation des baleines

Capt. Don's Whale Watching *(219 Stearns Wharf, ✆ 805-969-5217, www.captdon.com)* vous permet de partir à la découverte des cétacés du Santa Barbara Channel. La migration des baleines grises passe au large de Santa Barbara entre la fin décembre et le début avril, et celle des baleines bleues et à bosse entre juillet et septembre. Même si vous ne voyez pas de baleines, les dauphins et les otaries agrémenteront votre excursion.

➤ Pêche en haute mer

À bord d'une embarcation rapide pouvant accueillir de quatre à six passagers, **WaveWalker Charters** *(Marina Gate 3, Santa Barbara Harbor, ✆ 805-946-2046 ou 805-895-3273, www.wavewalker.com)* emmène les mordus de la pêche dans les eaux riches et poissonneuses du Santa Barbara Channel. Si la pêche occupe la grande majorité de votre journée, il vous sera également possible d'apprécier les beautés naturelles de l'endroit et d'observer sa riche faune marine.

➤ Plages

La Côte centrale possède de magnifiques plages sablonneuses. Le secteur compris entre Oxnard et Santa Barbara se veut particulièrement choyé par Dame Nature, car l'orientation de la côte apporte des courants plus chauds et une mer calme. Près du centre-ville de Santa Barbara, accolé au Stearns Wharf, vous pourrez profiter d'**East Beach**. Un peu plus loin à l'ouest, l'**Arroyo Burro Beach** (aussi connue sous le nom de Hendry's Beach) plaît aux résidents. Ceux qui recherchent une plage tranquille devront aller jusqu'à la **El Capitán State Beach** *(5$; ✆ 805-968-1033)*, à 17 mi (27 km) à l'ouest de Santa Barbara en suivant la route 101.

➤ Vélo

Découvrir le centre et les plages de Santa Barbara à vélo peut être un choix judicieux pour éviter les tracas de la circulation et apprécier doucement les beautés de la ville. **Wheel Fun Rentals** *(à partir de 8$/h; 23 E. Cabrillo Blvd., Santa Barbara, ✆ 805-966-2282, www.wheelfunrentals.com)* fait la location de vélos.

Pedal & Paddle of Santa Barbara (voir plus haut) organise des excursions à vélo.

San Luis Obispo ★

p. 248 p. 255 p. 258 p. 259

Une demi-journée

Localisation: 106 mi (170 km) au nord de Santa Barbara, à la jonction des routes 1 et US 101.

San Luis Obispo, une ville d'environ 45 000 habitants, se trouve à mi-chemin entre Los Angeles et San Francisco. Entourée des collines verdoyantes des Santa Lucia Mountains et située à quelques kilomètres du Pacifique, on peut affirmer sans se tromper qu'elle jouit d'une situation des plus favorables. L'histoire de cette ville à la fois paisible et animée remonte à 1772, alors que le père Junípero Serra y fonde la cinquième mission franciscaine.

Aujourd'hui encore, la **Mission San Luis Obispo de Tolosa** *(entrée libre; été tlj 9h à 17h, hiver tlj 9h à 16h; Mission Plaza, angle Monterey St. et Chorro St., ☎ 805-781-8214, www.missionsanluisobispo.org)* demeure le centre géographique et touristique de la ville. Elle se dresse sur la **Mission Plaza**, un pittoresque espace piétonnier ombragé entourant le San Luis Creek, qui servait à l'origine de source d'eau pour les résidents et les religieux de la mission. Construite originalement en adobe par les Chumash et complètement restaurée dans les années 1930, l'église, décorée de boiseries pittoresques, demeure le centre d'une paroisse catholique toujours active. Les bâtiments de la mission abritent un excellent musée qui présente de grandes collections sur les Chumash et la période des missionnaires.

Les bâtiments d'origine de la Carnegie Library, érigés en 1905, ont été transformés à partir de 1956 pour accueillir le **San Luis Obispo Historical Museum** ★ *(entrée libre; mer-dim 10h à 16h; 696 Monterey St., près de la mission, ☎ 805-543-0638, www.slochs.org)*, un petit musée consacré à l'histoire de la région. Grâce à plus de 17 000 vieilles photographies et objets anciens, les visiteurs découvrent le riche passé de San Luis Obispo, de l'histoire nautique au mode victorien, en passant par l'histoire des Chumash. L'intérieur du vénérable bâtiment de pierre a été restauré en 2000.

Entièrement rénové et agrandi en 2008, le **San Luis Obispo Children's Museum** *(8$; mar-sam 10h à 17h, dim 13h à 17h; 1010 Nipomo St., ☎ 805-544-5874, www.slocm.org)* permet aux enfants de s'adonner à des activités amusantes et instructives, dans un lieu entièrement consacré à la découverte interactive des merveilles du monde qui nous entourent.

La **California Polytechnic State University** *(tlj; prendre Grand Ave. vers le nord, ☎ 805-756-2311, www.calpoly.edu)*, ou «Cal Poly» pour les intimes, est reconnue à travers le pays pour ses programmes d'architecture, d'agriculture et de génie, les plus importants de l'Ouest américain. On peut parcourir l'agréable campus *(stationnement: 5$)*, situé sur de jolies collines au nord de la ville, de façon autonome ou avec l'aide d'un guide. Il ne faut pas manquer de visiter le **Shakespeare Press Museum** *(☎ 805-756-1108)*, qui expose une collection de presses et de caractères d'imprimerie de l'époque de la ruée vers l'or.

Cambria ★

▲ *p. 249* ● *p. 256*

⏱ *Une demi-journée*

Localisation: 32 mi (51 km) au nord de San Luis Obispo par la route 1.

Suivant l'édification de la première scierie par William Leffingwell, Cambria est fondée en 1866 et devient rapidement un important port pour le commerce et l'industrie de la chasse à la baleine. De nos jours, Cambria coule des jours paisibles, et ses quelque 6 600 habitants, dont plusieurs artistes et artisans, tiennent à ce que le village continue à leur offrir une belle qualité de vie malgré l'affluence touristique estivale. Car l'attrait principal de Cambria est d'offrir aux voyageurs une option plus intéressante que San Simeon pour séjourner à proximité du Hearst Castle.

Il n'y a pas de mot pour décrire le **Hearst Castle** ★★★ *(24$/visite guidée; tlj 8h20 à 15h20; 750 Hearst Castle Rd., route 1, Visitor Center, près du quai de San Simeon, 14 km ou 9 mi au nord de Cambria, ☎ 805-927-2085; réservation conseillée au ☎ 800-444-4445, www.hearstcastle.com)*, cette construction mégalomaniaque du richissime magnat de la presse William Randolph Hearst. Fils unique du riche industriel et sénateur George Hearst et de Phoebe Apperson, William Randolph Hearst hérite en 1919 d'un vaste domaine de 100 000 ha dans la région de San Simeon. Connue d'abord sous le nom de «Camp Hill», cette étendue sauvage servait de refuge à la famille qui pouvait alors recevoir ses amis en toute intimité, sous la tente. Pourtant, Hearst se fatigue assez rapidement du bivouac, et il entre en contact avec une architecte réputée de San Francisco, Julia Morgan. Il lui confie ses intentions de faire construire *«un petit quelque chose»* sur sa propriété! Ainsi commença un chantier hallucinant qui engouffra plus de 5 millions de dollars.

En 1947, sur les collines de San Simeon, rebaptisées *La Cuesta Encantada* (la Colline enchantée), se dresse un incroyable palace de 165 pièces entouré de 51 ha de jardins, terrasses, piscines et promenades, sans compter les vastes étendues où broute le bétail et où gambadent les animaux exotiques. La résidence principale, la Casa Grande, avec ses deux imposantes tours inspirées des cathédrales espagnoles, abrite une superbe collection d'objets d'art européen. La salle de réception et la salle à manger, avec leur plafond en bois massif sculpté et leurs tapisseries flamandes, sont tout à fait époustouflantes. Les piscines extérieure et intérieure, au cadre néoclassique, apparaissent saisissantes. Les invités de Hearst, les plus grands noms du monde artistique de l'époque et les stars d'Hollywood et du jet-set californien, habitaient dans trois résidences de style néoméditerranéen et pouvaient tranquillement visionner des films dans une salle de cinéma à écran géant de plusieurs dizaines de sièges aménagée dans la Casa Grande.

Aujourd'hui, les visiteurs peuvent profiter des splendeurs de cet unique domaine, niché sur les hauteurs de San Simeon, à quelques kilomètres au nord de Cambria. Ils sont invités à laisser leur voiture au Visitor Center, au pied de la colline, et à profiter d'une des cinq visites guidées distinctes. La visite 1 (Experience Tour), qui présente la Casa Grande, une résidence pour invités, les piscines, l'esplanade et les jardins, apparaît idéal pour une première exploration. Les visiteurs montent à bord d'un autocar qui, sur 8 km, leur fait gravir les hauteurs de la «Colline enchantée» par un étroit chemin sinueux. Toujours au Visitor Center, le **National Geographic Theater** présente sur un écran gigantesque haut de cinq étages le film *Enchanted Castle*. La production de 40 min montre comment ce rêve architectural hallucinant a pu devenir réalité. Attention, la visite nécessite une bonne condition physique: les nombreuses marches de la demeure, son immensité et le climat changeant (du froid à la chaleur étouffante) au sommet de la colline peuvent venir à bout d'un touriste désinvolte.

La côte de Big Sur ★★★

p. 249 *p. 256*

1 à 2 jours

Localisation: circuit de 90 mi (140 km) le long de la route 1 entre San Simeon et Carmel-by-the-Sea.

El Sur Grande, le «Grand Sud», voilà comment les premiers colons espagnols dénommaient cette région sauvage et inconnue au sud de Monterey. Peuplée à la fin du XIXe siècle par de courageux aventuriers, elle accueillera au tournant du XXe siècle une industrie forestière prospère. Aujourd'hui le nom de «Big Sur» réfère à un dramatique et sensationnel tronçon de 140 km de la Côte centrale compris entre la localité de San Simeon au sud et la Point Lobos State Reserve au nord. Reconnu mondialement pour les beautés spectaculaires de sa côte aux falaises dramatiques, aux plages sablonneuses et à la végétation généreuse protégée par nombre de parcs d'État, Big Sur constitue un endroit unique sur la côte californienne. La région est traversée par la **Pacific Coast Highway** ★★★ (route 1), considérée unanimement comme le tronçon routier le plus saisissant de toute la Californie, flanquée d'un côté par les majestueuses Santa Lucia Mountains et de l'autre par la côte déchiquetée du Pacifique. Dans ce lieu sauvage où le plein air est roi, on compte peu d'établissements commerciaux, le camping et le pique-nique représentant certes les meilleures façons d'en profiter. Vous apercevrez certainement sur votre carte routière une agglomération dénommée **Big Sur** à proximité de la route 1. Toutefois, ne soyez pas surpris si vous la passez sans trop vous en apercevoir. Loin d'être un village, ce «Big Sur Center» regroupe seulement quelques commerces et services de première nécessité.

À **Piedras Blancas** ★★, 6 mi (10 km) au nord de San Simeon, ne ratez pas l'occasion d'observer une colonie d'éléphants de mer qui a élu domicile sur cette longue plage. En novembre 1990, une vingtaine de ces mammifères marins furent aperçus près du phare. Ils furent bientôt suivis par plusieurs centaines d'autres, et la colonie s'est ensuite développée à un rythme phénoménal pour totaliser aujourd'hui quelque 15 000 éléphants de mer. Vous rencontrerez peut-être sur place les volontaires (facilement repérables avec leur anorak bleu) de l'organisme

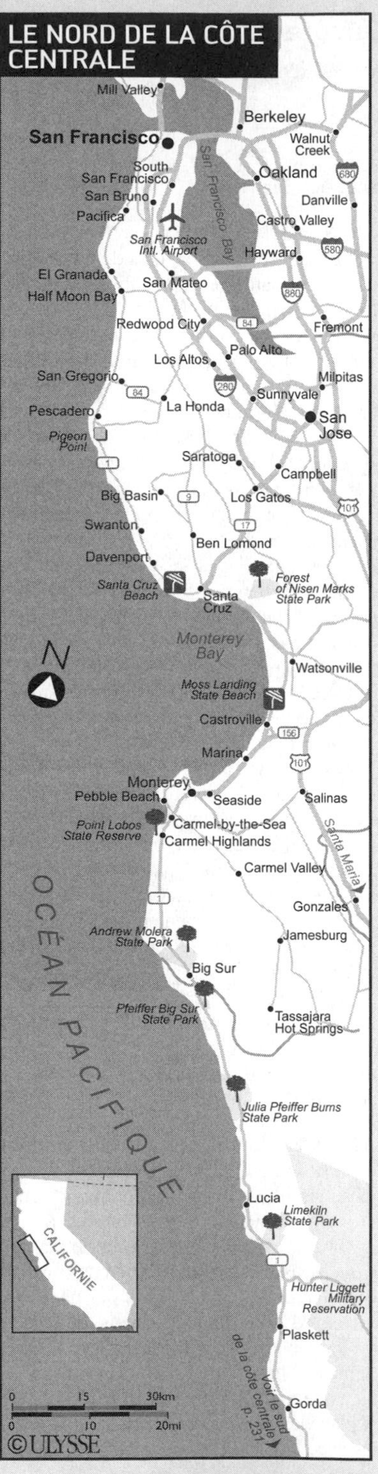

Friends of the Elephant Seal *(Visitor Center: Plaza del Cavalier, 250 San Simeon Ave., Suite 3B, San Simeon,* ☎ *805-924-1628, www.elephantseal.org)*, qui pourront répondre à toutes vos questions sur ces fantastiques animaux.

Le **Julia Pfeiffer Burns State Park** ★ *(10$/voiture, valable pour la journée dans tous les State Parks du Monterey County;* ☎ *831-667-2315, www.parks.ca.gov)* se veut un endroit idéal pour faire un pique-nique et partir à la découverte des **McWay Falls**, l'unique chute d'eau se jetant directement dans la mer de toute la Côte Ouest. Le parc s'étend de chaque côté de la route 1, sur 3 km à partir de Partington Cove.

Quelque 8 mi (13 km) plus au nord, vous avez rendez-vous avec les mémoires du plus célèbre résident parmi les artistes venus s'établir dans la région: Henry Miller, qui séjourna à Big Sur de 1944 à 1962. Sa plume conférera à la région côtière une notoriété mondiale. Emil White, artiste et ami de l'écrivain, a légué la résidence et une collection de livres et d'objets personnels de Miller afin de créer la **Henry Miller Memorial Library** *(dons appréciés; été mer-lun 11h à 18h, hiver jeu-dim 11h à 18h;* ☎ *831-667-2574, www.henrymiller.org)*. La bibliothèque, entourée de jardins et de sculptures, possède toutes les œuvres littéraires et picturales de l'écrivain, ainsi que quelques documents originaux.

Un peu plus loin, entre la route et la côte, faites un arrêt au restaurant **Nepenthe** (voir p. 256), ne serait-ce que pour profiter de la splendide vue depuis les terrasses qui surplombent l'océan.

Autre splendide plage ponctuée de spectaculaires formations rocheuses, falaises, dunes et lagons, **Pfeiffer Beach** ★ *(5$/voiture; accès par Sycamore Canyon Rd.)* apparaît malheureusement trop dangereuse pour la baignade, et seules la photographie et la contemplation sont possibles ici.

Vous passerez ensuite le petit hameau de Big Sur qui ne compte que quelques maisons et commerces, mais qui abrite aussi la **Big Sur Station**, où vous pourrez vous informer sur les environs auprès des *rangers* et vous procurer une copie du *Big Sur Guide*.

Juste au nord, dans un magnifique espace vert protégé dans les collines verdoyantes entourant la rivière Big Sur, le **Pfeiffer Big Sur State Park** ★★ *(8$/voiture; ☎ 831-667-2315, www.parks.ca.gov)* abrite tout pour rendre heureux les amateurs de plein air: terrains de camping, aires de pique-nique, sites de baignade dans la rivière et huit sentiers de randonnée dans une forêt de pins. Ceux qui recherchent plus de confort qu'une toile de tente pourront se diriger vers le **Big Sur Lodge** (voir p. 250).

Cinq milles (8 km) plus loin, l'**Andrew Molera State Park** *(10$/voiture; ☎ 831-667-2315)* représente l'un des plus grands parcs de la région de Big Sur. Un large sentier de 800 m mène à une plage sablonneuse à l'embouchure de la rivière Big Sur, protégée du vent du large par un escarpement rocheux. Le sentier, qui passe à travers des prés fleuris et offre de belles vues sur les montagnes à l'est, apparaît aussi agréable que la plage elle-même. D'autres sentiers permettent d'accéder à des plages plus isolées. Possibilité de camper *(10$; les réservations ne sont pas acceptées)*.

Érigée en 1889 sur une gigantesque formation de granit, la **Point Sur Lightstation** *(visite guidée 10$; durée de 3h; pas de réservation; départs toute l'année sam 10h et 14h, dim 10h, avr à oct mer 10h et 14h et juil-août jeu 10h; 3 mi ou 5 km au nord de l'Andrew Molera State Park, ☎ 831-625-4419, www.pointsur.org)* projette sa lumière protectrice jusqu'à 40 km à la ronde. Aujourd'hui le seul phare centenaire ouvert au public, il fut habité et exploité par de valeureuses familles jusqu'en 1974, alors que l'automatisation prenait le relais de l'être humain. Afin de conserver l'esprit d'isolement du lieu, le nombre de personnes admises est limité, et des visites guidées y sont organisées. Le départ se fait au stationnement qui se trouve au pied de l'imposante formation rocheuse de Point Sur.

Certainement le pont le plus photographié sur le trajet de la route 1, le **Bixby Creek Bridge** ★ représente l'une des plus longues structures du genre en béton aux États-Unis. Achevé en 1932 et d'abord baptisé le «Rainbow Bridge», il est soutenu par 240 tonnes de ferraille et l'équivalent de 825 camionnées de béton.

Enfin, le **Garrapata State Park** *(entrée libre; stationnement au nord du Garrapata Bridge)* et sa splendide plage de sable blanc, facilement accessible, vous permettront d'achever votre parcours en beauté.

Activités de plein air

➤ *Observation des oiseaux*

Dans l'Andrew Molera State Park, vous aurez peut-être la chance d'observer l'un des condors californiens qui ont été réintroduits dans ce secteur depuis 1997 par la **Ventana Wildlife Society** *(☎ 831-455-9514, www.ventanaws.org)*, qui gère aussi le **Big Sur Ornithology Lab** *(dons appréciés; avr à oct mar-sam du lever du soleil à 12h, horaire variable le reste de l'année; ☎ 831-624-1202)* du parc, où vous pourrez observer une centaine d'espèces migratoires qui sont recensées et étudiées ici.

Carmel-by-the-Sea ★★

▲ *p. 250* ● *p. 257* ◘ *p. 260*

⏱ *Une demi-journée*

Localisation: 124 mi (200 km) au sud de San Francisco.

Créée en tant que station balnéaire vers 1880, Carmel-by-the-Sea acquiert vite une réputation de lieu de villégiature quelque peu bohème et artistique. Si le côté artistique demeure, les descendants des bohèmes du XIXe siècle se sont beaucoup assagis. Aujourd'hui, la petite communauté de Carmel-by-the-Sea, plus simplement appelée «Carmel» par ses résidents, semble unique en Californie. Paisible communauté de 4 500 habitants, Carmel possède un petit centre-ville où l'on retrouve nombre de boutiques chics et galeries d'art, de réputés restaurants et cafés, ainsi que de charmants établissements hôteliers. Le village entier est blotti à l'ombre des grands arbres, et les aménagements paysagers des résidences pittoresques sont dignes de mention. Un impressionnant front de mer, des invitantes plages sablonneuses et une superbe mission espagnole complètent le tableau. Avec un peu de chance, vous pourrez croiser dans la rue le plus célèbre résident et ancien maire de Carmel, l'acteur et réalisateur émérite Clint Eastwood.

Lorsque le père Junípero Serra débarque en 1770 dans la baie de Monterey, il y fonde une mission qu'il baptisera «San Carlos». Pourtant, le manque de terre de bonne qualité et la trop grande proximité du *presidio* et des militaires montrent vite au bon père que le choix de l'emplacement était loin d'être judicieux. En août 1771, le père Serra déménage ses pénates sur le site actuel de Carmel et fonde la Misión San Carlos Borromeo del Río Carmelo, mieux connue aujourd'hui sous la dénomination de **Carmel Mission** ★★ *(6,50$; lun-sam 9h30 à 17h, dim 10h30 à 17h; 3080 Rio Rd., au sud de Carmel, près de la route 1,* ☎ *831-624-1271, www.carmelmission.org)*. D'abord construite en bois et en adobe, l'église de pierre que l'on connaît de nos jours est érigée deux ans plus tard. L'église, sécularisée en 1834, et les bâtiments connaissent une longue période de dépravation qui se terminera dans les années 1930, alors que les autorités religieuses de Monterey lancent une campagne de restauration et élèvent la mission au statut de paroisse. En 1960, le pape Jean XXIII consacre le rôle historique de ce joyau du patrimoine architectural et religieux de Carmel en lui octroyant le titre de basilique mineure. Aujourd'hui, la Carmel Mission constitue l'un des sites religieux les plus visités aux États-Unis et forme certainement l'une des plus impressionnantes et émouvantes missions californiennes. Les restes du père Junípero Serra, béatifié en 1988 par le pape Jean-Paul II, reposent à Carmel. Les bâtiments de la plus complète mission franciscaine abritent d'intéressants musées qui relatent l'histoire du père fondateur et des missions.

Formidable musée naturel, la **Point Lobos State Reserve** ★★ *(10$/véhicule; tlj 8h au coucher du soleil; route 1, à 3 mi ou 5 km au sud de Carmel sur la route 1,* ☎ *831-624-4909, www.pt-lobos.parks.state.ca.us)* constitue un extraordinaire milieu où la richesse de la mer rencontre les beautés de la terre. Le spectaculaire paysage de la réserve, impressionnante mosaïque de terres pelées, d'affleurements rocheux, de criques irrégulières et de prés ondulés, a été modelé par l'interaction entre la mer et la terre pendant des millions d'années. Les formations rocheuses souterraines remontaient à la surface, puis étaient modelées par les conditions extérieures et le roulis perpétuel des vagues. Résultant de l'érosion de ces rochers et transportés par la mer au gré de ses changements de niveau, le sable et le gravier ont formé de longues plages et terrasses. Au total, le site naturel, réputé être le joyau des espaces verts et bleus de l'État de la Californie, couvre quelque 520 ha dont 300 en milieu aquatique, portion ajoutée en 1960 et qui faisait alors de Point Lobos le premier parc marin au pays. Dans ce milieu aquatique, considéré comme l'un des habitats marins les plus riches de Californie, vivent une faune et une flore variées et remarquables. Vous rencontrerez phoques, loutres, baleines grises et nombre d'oiseaux marins. Grâce à la rencontre de courants de températures différentes et du mouvement particulier des masses d'air, le monde sous-marin apparaît tout aussi riche. Les plongeurs, débutants ou experts, y découvriront un milieu fascinant mais fragile (voir plus loin). Par ailleurs, plus de 11 km de sentiers sillonnent les 280 ha de terres protégées, permettant aux randonneurs de profiter de la beauté des innombrables, odorantes et colorées plantes et fleurs sauvages, ainsi que du charme des grands pins et des cyprès. En haute saison, sachez que vous risquez de devoir attendre avant d'accéder à la réserve: dans le but de limiter les impacts de l'être humain sur ce milieu fragile, les autorités de la réserve limitent à 450 le nombre de personnes admises à la fois sur le site.

Activités de plein air

➤ Plages

Bien que très agréables, **Carmel Beach** *(au bout d'Ocean Ave.)* et la **Carmel River State Beach** *(au sud de Carmel-by-the-Sea)* ne sont pas conseillées pour la baignade en raison des courants et des énormes vagues qui y sévissent.

➤ Plongée sous-marine

La **Point Lobos State Reserve** *(route 1, à 3 mi ou 5 km au sud de Carmel sur la route 1,* ☎ *831-624-4909, www.pt-lobos.parks.state.ca.us)* constitue un paradis pour les plongeurs. Cependant, ceux-ci doivent être conscients de la fragilité du milieu et respecter les règles établies par les autorités du parc marin. Comme les permis de plongée sont limités à 15 équipes de deux ou trois plongeurs par jour, il est essentiel de réserver au moins une journée à l'avance jusqu'à concurrence de deux mois.

Monterey ★★

p. 251 p. 257 p. 259 p. 260

1 jour

Localisation: 4 mi (6,5 km) au nord de Carmel; 119 mi (192 km) au sud de San Francisco.

Monterey Visitors Center: 401 Camino El Estero, 831-657-6400 ou 800-555-6290, www.montereyinfo.org.

En 1602, Sebastián Vizcaíno devient le premier Européen à débarquer sur les terres de la petite péninsule de Monterey. Riche marchand espagnol, il nomme le lieu en l'honneur du comte de Monte Rey, administrateur des colonies espagnoles au Mexique. Pourtant, ces terres habitées par des peuples autochtones ne seront colonisées qu'à partir de 1770, alors que le père Junípero Serra et le commandant Don Gaspar de Portolá y construisent une mission et y établissent un *presidio* gardé par des troupes espagnoles. En 1777, Monterey devient la capitale de la Haute-Californie et de la Basse-Californie, rôle qu'elle joue jusqu'à l'indépendance mexicaine, en 1821. Plusieurs années plus tard, en plein conflit américano-mexicain, le commodore John Drake Sloat débarque à Monterey et hisse l'étendard américain sur le mât de la Custom House le 7 juillet 1846, mettant ainsi fin à la domination mexicaine. S'ensuit la célèbre réunion tenue à Colton Hall, où 48 délégués venus d'un peu partout en Californie signent la constitution californienne le 1er septembre 1849. À la suite de la création officielle de l'État de Californie en 1850, Monterey est incorporée en tant que ville. Aujourd'hui, cette ville de quelque 30 000 habitants, demeure empreinte de son riche passé colonial. Son petit centre-ville, avec Alvarado Street comme artère principale, contient une concentration étonnante de bâtiments patrimoniaux. Située en bordure de mer sur la baie du même nom, Monterey compte quelques espaces verts et plages fort bien aménagés. Le quartier de Cannery Row, rendu célèbre par la plume du Prix Nobel de littérature John Steinbeck dans son roman du même nom, se dresse à l'est de la ville. Compact, cet endroit grouillant de touristes se présente comme une enfilade de restaurants, hôtels et boutiques, adjacente à quelques terrains vagues et entrepôts désaffectés.

La riche histoire de Monterey a donc laissé ses marques dans le patrimoine architectural de la ville. Commencez votre visite en passant au **Monterey Visitors Center** (voir ci-dessus) pour récupérer entre autres la carte touristique du **Path of History ★★**, qui vous guidera sur les traces des plus beaux joyaux architecturaux du vieux Monterey. Le circuit vous mène entre autres vers la Royal Presidio Chapel, la Robert Louis Stevenson House, le Colton Hall, le California's First Theater, la Larkin House, la Custom House, la Pacific House et le Cooper-Molera Complex.

Plus ancien édifice de la ville, la **Royal Presidio Chapel** a été construite par les autorités espagnoles en 1794 et n'a cessé d'être active depuis lors. Elle fait partie du registre historique national depuis 1961. La section d'origine de la **Robert Louis Stevenson House** remonte aux années 1830, du temps de la présence mexicaine. Robert Louis Stevenson s'y installe en 1879. Site du California Constitutional Convention en 1849, le **Colton Hall**, érigé sous la direction du révérend Walter Colton, accueillit les 48 délégués qui signèrent la Constitution californienne. Bâtiment unique construit dans les années 1840, le **California's First Theater** se présentait à l'origine comme un saloon avec quatre petits appartements attenants, séparés par des cloisons amovibles. L'édifice, érigé par le marin anglais Jack Swan, servait de lieu de rencontre pour les soldats de la New York Volunteers assignés à Monterey, dans lequel ils présentaient des pièces de théâtre. Considérée par plusieurs comme le plus bel exemple de l'architecture coloniale de Monterey, la **Larkin House** est édifiée à partir de 1834 sous la gouverne du commerçant anglais Thomas Oliver Larkin. En adaptant le style traditionnel des résidences de l'Est et du Sud américain et en utilisant les matériaux locaux comme le sapin de Douglas et l'adobe, il a non seulement conçu une magnifique demeure, mais a aussi créé un nouveau courant architectural. En 1844, Larkin est nommé consul du Mexique à Monterey, et le bâtiment abritera le quartier général du consulat. En 1822, le gouvernement mexicain ouvre le port de Monterey au commerce international. Les autorités érigent la **Custom House**, bâtiment où se payaient les tarifs douaniers des biens importés des États-Unis, de l'Angleterre et de l'Amérique du Sud. Le 7 juillet 1846, John Drake Sloat y hisse le drapeau des États-Unis, mettant ainsi fin à la domination hispanique dans la région. Construite à l'origine pour abriter le matériel des militaires américains, la **Pacific House** a connu plusieurs vocations. Tantôt église, hôtel, cabinet d'avocat, salle de bal, bureau du comté, ce bâtiment en adobe abrite aujourd'hui un musée qui relate l'histoire de la Californie. Aménagé dans une construction érigée entre 1827 et 1900, le **Cooper-Molera Complex** retrace l'histoire de trois générations de la famille Cooper. Administré par les autorités de l'État californien, il compte un jardin, une salle d'exposition d'objets anciens et un centre d'information.

Un des plus beaux sentiers récréatifs en bordure de mer de tous les États-Unis, le **Monterey Peninsula Recreation Trail** ★ *(☎ 831-646-3866)* parcourt 29 km depuis l'Asilomar State Beach, à Pacific Grove, jusqu'à la petite ville de Seaside. Il permet aux joggeurs, marcheurs, cyclistes et amateurs de patin à roues alignées de déambuler paisiblement en passant notamment par quelques belles plages publiques, le Monterey Bay Aquarium, la Cannery Row, le Fisherman's Wharf et la Custom House Plaza.

Acclamé comme l'un des plus intéressants musées d'art d'une petite ville des États-Unis, le **Monterey Museum of Art** ★ *(5$; mer-sam 11h à 17h, dim 13h à 16h; 559 Pacific St., ☎ 831-372-5477, www.montereyart.org)* trace un portrait artistique de la Californie et également d'autres régions du globe. Ce petit musée privé à but non lucratif présente nombre d'objets d'art primitif et populaire, de peintures et de photographies dans sept salles d'exposition. Le musée possède une succursale aménagée dans une ancienne demeure coloniale en adobe, **La Mirada** *(droit d'entrée compris dans celui du Monterey Museum of Art; mer-sam 11h à 17h, dim 13h à 16h; 720 Via Mirada, près de Fremont St., ☎ 831-372-3689)*. Entourée de magnifiques jardins eux-mêmes ceinturés d'un pittoresque mur de pierres, la résidence hispanique plonge le visiteur dans l'ambiance des débuts de la colonie. En 1993, l'architecte Charles Moore a dessiné les plans d'une annexe qui accueille aujourd'hui quatre salles d'exposition consacrées à l'art contemporain.

Le **Maritime Museum of Monterey** ★ *(dons appréciés; mar-dim 10h à 17h; 5 Custom House Plaza, ☎ 831-372-2608)* présente des expositions qui renferment entre autres une collection de maquettes de bateaux et d'intéressantes vitrines consacrées à la riche histoire maritime de Monterey.

Rendez-vous des touristes, le vénérable **Fisherman's Wharf** *(accès depuis Del Monte Ave., www.montereywharf.com)*, construit en 1846, accueille de nos jours nombre de restaurants, boutiques, marchés aux poissons, et c'est aussi le point de départ de plusieurs excursions de pêche, de plongée et d'observation des baleines (voir p. 244).

Immortalisé par l'écrivain John Steinbeck, le quartier de **Cannery Row** ★ *(à l'ouest du Coast Guard Pier, www.canneryrow.com)* fut un centre industriel important pour la transformation de la sardine dans les années 1920 et 1930. L'apparence de ce secteur industriel et odorant a bien changé au cours des décennies, et il ne reste plus beaucoup de traces de cette époque. Aujourd'hui, la célèbre rue en bord de mer est devenue un rendez-vous touristique et compte de nombreux restaurants, hôtels et boutiques.

Découvrez la glorieuse histoire de la Cannery Row grâce aux personnages grandeur nature et aux narrations explicatives du **Steinbeck's Spirit of Monterey Wax Museum** *(8,95$; tlj 10h à 21h; 700 Cannery Row, ☎ 831-655-7744, www.wax-museum.com)*.

Le **Monterey Bay Aquarium** ★★ *(29,95$; tlj 10h à 18h; 886 Cannery Row, ☎ 831-648-4800, www.montereybayaquarium.org)* a acquis une réputation fort enviable sur les plans national et international au cours des années. Ouvert depuis 1984, il se dresse sur l'emplacement de la plus grande conserverie de sardines de Monterey. Les merveilles du monde marin de la baie de Monterey fascineront jeunes et moins jeunes. L'aquarium abrite plus de 6 500 créatures vivantes, poissons, oiseaux, mammifères et autres espèces marines réparties dans plus de 100 aires d'exposition. La salle des oiseaux, celle des loutres de mer, la forêt de Kelp qui se balance dans plus de 1 260 m^3 d'eau, le bassin où l'on peut toucher les spécimens vivants et l'Outer Bay Wing, cette immense piscine d'eau salée intérieure qui présente les multiples facettes de la vie marine, font partie des merveilles qui vous attendent. L'aquarium accueille plus de 2 millions de visiteurs chaque année, et les files d'attente peuvent être longues. Il est préférable de réserver ses billets à l'avance en saison.

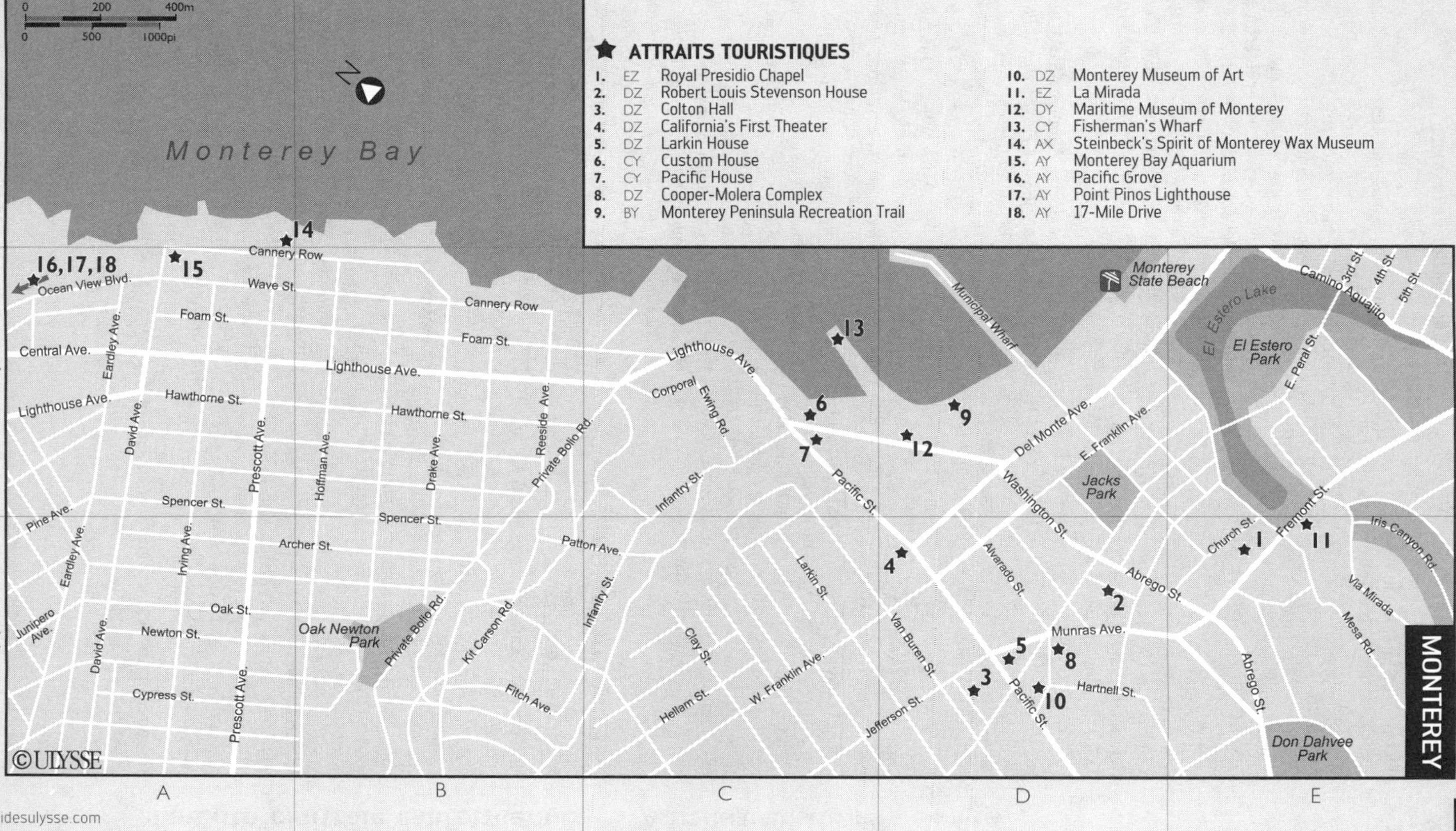
MONTEREY
ATTRAITS TOURISTIQUES
1. EZ Royal Presidio Chapel
2. DZ Robert Louis Stevenson House
3. DZ Colton Hall
4. DZ California's First Theater
5. DZ Larkin House
6. CY Custom House
7. CY Pacific House
8. DZ Cooper-Molera Complex
9. BY Monterey Peninsula Recreation Trail
10. DZ Monterey Museum of Art
11. EZ La Mirada
12. DY Maritime Museum of Monterey
13. CY Fisherman's Wharf
14. AX Steinbeck's Spirit of Monterey Wax Museum
15. AY Monterey Bay Aquarium
16. AY Pacific Grove
17. AY Point Pinos Lighthouse
18. AY 17-Mile Drive
0 200 400m
0 500 1000pi
N
Monterey Bay
Monterey State Beach
El Estero Lake
El Estero Park
Jacks Park
Oak Newton Park
Don Dahvee Park
Cannery Row
Ocean View Blvd.
Wave St.
Foam St.
Central Ave.
Lighthouse Ave.
Hawthorne St.
Spencer St.
Archer St.
Oak St.
Newton St.
Cypress St.
Pine Ave.
Eardley Ave.
Junipero Ave.
David Ave.
Irving Ave.
Prescott Ave.
Hoffman Ave.
Drake Ave.
Reeside Ave.
Private Bolio Rd.
Patton Ave.
Infantry St.
Kit Carson Rd.
Fitch Ave.
Corporal Ewing Rd.
Municipal Wharf
Del Monte Ave.
E. Franklin Ave.
Washington St.
Pacific St.
Larkin St.
Clay St.
Hellam St.
W. Franklin Ave.
Jefferson St.
Van Buren St.
Alvarado St.
Munras Ave.
Hartnell St.
Abrego St.
Church St.
Fremont St.
Iris Canyon Rd.
Via Mirada
Mesa Rd.
E. Peral St.
Camino Aguajito
3rd St.
4th St.
5th St.
A B C D E
X Y Z
©ULYSSE

En poursuivant sur Ocean View Boulevard vers l'ouest, vous longerez le littoral découpé et tapissé de fleurs aux couleurs vives jusqu'à **Pacific Grove ★**, une paisible bourgade agrémentée d'anciennes maisons victoriennes. En automne, Pacific Grove se transforme en *Butterfly Town* avec l'arrivée d'un nombre impressionnant de monarques, des papillons qui viennent passer l'hiver ici (voir plus loin).

Poursuivez votre route jusqu'à la pointe nord de la péninsule, où se trouve le **Point Pinos Lighthouse** *(2$; jeu-dim 13h à 16h; ☎ 831-648-3176)*, le plus ancien phare actif de la Côte Ouest, qui a commencé son service en 1855. Enfin, pour continuer votre balade le long de la côte, suivez Sunset Drive vers le sud jusqu'à la Pacific Grove Gate qui est l'entrée nord de la **17-Mile Drive ★** *(9,50$/voiture; tlj du lever au coucher du soleil)*, une route privée qui fait une boucle et mène jusqu'à Carmel et offre de beaux paysages de la côte, notamment depuis les points de vue de Cypress Point et Lone Cypress. En saison, les baleines longent la côte en jaillissant régulièrement hors de l'eau pour le plus grand plaisir des promeneurs. Les visiteurs peuvent également apprécier le cadre exclusif et unique du site, en admirant au passage les somptueuses villas cachées dans la nature.

Activités de plein air

➤ Canot et kayak

Monterey Bay Kayaks *(excursions à partir de 50$, location à partir de 30$; 693 Del Monte Ave., ☎ 831-373-5357 ou 800-649-5357, www.montereybaykayaks.com)* propose toute une gamme d'excursions dans les eaux de la baie de Monterey, où une riche faune marine vous attend, ainsi que la location d'équipement.

AB Seas Kayaks *(excursions à partir de 60$, location à partir de 30$; 32 Cannery Row, ☎ 831-647-0147 ou 800-979-3370, www.montereykayak.com)* organise aussi des excursions dans la baie, pour tous les niveaux.

Adventures by the Sea (voir page suivante) fait la location de kayaks.

➤ Observation de la faune

Tout au long de l'année, des capitaines chevronnés, des naturalistes et des équipages avertis proposent des excursions journalières à la découverte des baleines qui longent nonchalamment les côtes. Au départ du Fisherman's Wharf, comptez 30$ environ pour 3h de croisière avec **Princess Monterey Whale Watching** *(☎ 831-372-2203, www.princessmontereywhalewatching.com)*, **Randy's Whale Watching** *(☎ 831-372-7440, www.randysfishingtrips.com)* ou **Chris Whale Watching** *(☎ 831-375-5951, www.chriswhalewatching.com)*.

La réputée entreprise **Monterey Bay Whale Watch** *(à partir de 36$; 84 Fisherman's Wharf, ☎ 831-375-4658 ou 866-469-4253, www.gowhales.com)* organise des sorties de 3h dont les départs se font au Sam's Fishing Fleet sur le Fisherman's Wharf. Outre les imposantes baleines grises, les phoques, loutres, dauphins et oiseaux marins seront certainement au rendez-vous. Les excursions sont menées par des biologistes et des naturalistes chevronnés qui comptent de nombreuses années d'expérience dans l'observation des cétacés.

Parmi les forfaits aventure proposés par le **Monterey Bay Aquarium** *(69$; mi-mai à mi-juin et sept sam-dim, mi-juin à fin août mer-dim; 886 Cannery Row, ☎ 831-648-4800, www.montereybayaquarium.org)*, l'un d'eux vous permet d'embarquer sur un superbe voilier de 20 m pour naviguer dans la baie avec des naturalistes qui vous expliqueront leur travail et l'écosystème qui vous entoure. Vous aurez peut-être la chance de voir des baleines.

Pacific Grove porte bien son surnom de *Butterfly Town* quand, chaque automne, environ 25 000 monarques arrivent ici pour passer l'hiver (généralement d'octobre à février). Les meilleurs endroits pour observer les papillons sont le **Monarch Grove Sanctuary** *(Ridge Rd., une rue à l'ouest de 17-Mile Drive)* et le **George Washington Park** *(Alder St.)*, où vous pourrez les voir s'agglutiner en grappes dans les arbres.

➤ Plongée-tuba

Monterey Bay Dive Charters *(225 Cannery Row, ☎ 831-383-9276, www.mbdcscuba.com)* offre tous les services pour la plongée avec ou sans bouteille : de la location d'équipement aux cours en passant par des excursions guidées et des sorties en bateau dans les riches eaux de la baie de Monterey.

➤ *Vélo*

Si vous désirez explorer les pistes de la Monterey Peninsula, **Bay Bikes** *(à partir de 32$/jour; 585 Cannery Row, ☎ 831-655-2453, www.baybikes.com)* offre une grande sélection de vélos pour tous les niveaux et tous les âges.

Adventures by the Sea *(à partir de 25$/jour; 299 Cannery Row, ☎ 831-372-1807, www.adventuresbythesea.com)* propose aussi la location de vélos.

De Monterey à Santa Cruz

Une demi-journée

Salinas, située à 17 mi (27 km) à l'est de Monterey par la route 68, doit sa renommée au célèbre écrivain John Steinbeck, qui naquit dans cette ville et fit découvrir la région grâce à ses romans. Reconnaissante, la ville accueille désormais le **National Steinbeck Center** ★ *(10,95$; tlj 10h à 17h; 1 Main St., ☎ 831-775-4721, www.steinbeck.org)*, qui retrace l'œuvre et la vie du Prix Nobel de littérature à travers des expositions, photos, films et manuscrits.

Entre la Monterey Peninsula et Santa Cruz, à 20 mi (32 km) au nord de Salinas par les routes 101 et 156, on ne peut que recommander un arrêt dans le petit village de **San Juan Bautista** ★★. Bourgade d'à peine 2 000 habitants, San Juan Bautista apparaît figée dans le temps avec sa rue principale ronflante et ses façades typiquement westerns. On y compte quelques bâtiments historiques dont le **Plaza Hotel** et la **Castro House**, regroupés sur le site du **San Juan Bautista State Historic Park** *(tlj 10h à 16h30; Second St., entre Washington St. et Mariposa St., ☎ 831-623-4526, www.parks.ca.gov)*. Cette communauté est surtout connue pour abriter la splendide **Mission San Juan Bautista** ★★ *(don suggéré de 1$; tlj 9h30 à 16h30; 406 Second St., ☎ 831-623-4528, www.oldmissionsjb.org)*, située à flanc de falaise sur la célèbre faille de San Andreas. La quinzième mission californienne, qui jouxte l'unique grande place espagnole de Californie conservée comme telle, a été fondée en 1797, et la construction de son église actuelle commença en 1803. D'autres bâtiments avaient été érigés précédemment, mais sa situation vulnérable et précaire sur les abords de la faille et une série de tremblements de terre leur avaient causé des dommages irréparables. Les bâtiments de la seconde époque, les jardins et le cimetière de cette institution franciscaine ont été magnifiquement préservés. Une portion du *Camino Real* d'origine, un chemin en terre battue reliant les 21 missions, a été conservée sur le site.

Activités de plein air

➤ *Observation des oiseaux*

Les **Watsonville Wetlands** *(tlj 10h à 17h; Nature Center sam-dim 10h à 17h; 30 Harkins Slough Rd., Watsonville, ☎ 831-768-3133, www.wetlandsofwatsonville.org)*, situés à mi-chemin entre San Juan Bautista et Santa Cruz, sont des marécages qui abritent environ 200 espèces d'oiseaux résidents ou migrateurs, selon les saisons. Un réseau de sentiers aménagés vous permettra de vous promener à travers les marécages.

Santa Cruz ★

▲ p. 253 ● p. 258 ♪ p. 259 ■ p. 260

1 jour

Localisation: 45 mi (72 km) au nord de Monterey; 74 mi (120 km) au sud de San Francisco.

Santa Cruz Conference and Visitors Council: 303 Water St., Suite 100, ☎ 831-425-1234 ou 800-833-3494, www.santacruz.org.

L'histoire de Santa Cruz remonte à 1791, alors que la communauté franciscaine fonde la douzième mission de son réseau californien. À partir de la fin du XIXe siècle, la ville connaît une prospérité économique grandissante liée aux industries forestière et agricole, l'extraction minière, la pêche et la tannerie. Au milieu des années 1960, on y fonde un campus universitaire qui drainera bientôt nombre d'artistes et d'intellectuels qui feront de Santa Cruz une ville tolérante et multiculturelle. Célébrée pour ses populaires plages de surf, ses pistes cyclables ainsi que son immense parc d'attractions, Santa Cruz, avec ses 56 000 habitants, allie à la fois nature, vie urbaine, histoire, culture et patrimoine architectural. Il se dégage de cette charmante ville une ambiance décontractée et vaguement bohème qui rend le séjour très agréable.

Situé dans le centre-ville, le **Museum of Art & History** *(5$; mar-dim 11h à 17h; 705 Front St., ☎ 831-429-1964, www.santacruzmah.org)* se consacre à l'art contemporain californien et à l'histoire de Santa Cruz.

Attraction idéale pour la famille, le **Santa Cruz City Museum of Natural History** *(2,50$; mar-dim 10h à 17h; 1305 East Cliff Dr., ☎ 831-420-6115, www.santacruzmuseums.org)* se penche sur l'histoire naturelle et culturelle de la Monterey Bay. Ouvert pour la première fois en 1904, le musée possède entre autres un bassin où l'on peut toucher des organismes marins, une salle vouée à la culture amérindienne, des expositions vivantes sur l'écosystème de la région et une salle consacrée à la paléontologie.

Principal parc d'attractions en bordure de plage de la Côte Ouest, le **Santa Cruz Beach Boardwalk** ★ *(entrée libre mais droit d'entrée pour les attractions; mai à sept tlj, sept à mai fins de semaine et jours fériés; 400 Beach St., ☎ 831-423-5590, www.beachboardwalk.com)* constitue une institution en ville. Établi en 1906, le parc compte une trentaine de manèges, un golf miniature, un casino et bien d'autres attractions. Le Giant Dipper, des montagnes russes en bois, et le manège Looff, respectivement aménagés en 1923 et 1911, constituent de véritables monuments historiques. On peut profiter de la plage à proximité.

Le **Municipal Wharf** *(Beach St., ☎ 831-420-6025)* se veut un rendez-vous animé et incontournable pour les visiteurs de la ville de Santa Cruz. Ouvert dès les premiers rayons de soleil matinaux, le quai ne ferme ses portes que tard dans la nuit. On y trouve des comptoirs de location de kayaks et d'embarcations pour la pêche, une billetterie pour des excursions écologiques et la villégiature, ainsi que de nombreux restaurants spécialisés dans les fruits de mer.

En suivant West Cliff Drive qui longe la côte, vous atteindrez rapidement le petit phare qui abrite le **Santa Cruz Surfing Museum** *(entrée libre, dons appréciés; juil à mi-sept merlun 10h à 17h, reste de l'année jeu-lun 12h à 16h; 701 West Cliff Dr., ☎ 831-420-6289, www.santacruzsurfingmuseum.org)*, qui relate plus d'un siècle de surf dans la baie, à l'aide de quelques reliques et photos. Le phare surplombe la plage renommée de **Steamer's Lane**, où les surfeurs se jouent des rouleaux à quelques mètres de la falaise.

La région de Santa Cruz est un **lieu d'hivernage des monarques** ★★, et on peut les observer d'octobre à février à la **Natural Bridges State Beach** *(10$/voiture; ☎ 831-423-4609, www.santacruzstateparks.org)*, à l'extrémité ouest de West Cliff Drive. Et si les papillons se font rares, vous pourrez toujours profiter de cette belle plage.

Juste à côté, le **Seymour Marine Discovery Center** ★ *(6$; mar-sam 10h à 17h, dim 12h à 17h; 100 Shaffer Rd., ☎ 831-459-3800, www2.ucsc.edu/seymourcenter)* permet aux visiteurs d'approcher et de toucher des anémones de mer, des étoiles de mer, des crabes et autres créatures. On peut en outre y observer des dauphins, des phoques et le plus grand squelette de baleine au monde.

Un peu plus au nord, sur le campus de l'University of California, Santa Cruz (UCSC), se trouve l'**Arboretum** *(5$; tlj 9h à 17h; 1156 High St., ☎ 831-427-2998, http://arboretum.ucsc.edu)*, qui constitue l'un des plus riches jardins botaniques de la Californie. Sa collection compte d'innombrables spécimens végétaux qui proviennent de contrées aussi lointaines que l'Australie, la Nouvelle-Zélande et l'Afrique du Sud.

Activités de plein air

➤ *Surf*

La plage dénommée **Steamer's Lane**, à Santa Cruz, attire des milliers de mordus du surf chaque année.

Réputée école de formation dirigée par un maître surfeur depuis 1978, la **Richard Schmidt Surf School** *(849 Almar Ave., Santa Cruz, ☎ 831-423-0928, www.richardschmidt.com)* propose une initiation aux gens de tout âge.

➤ *Voile*

Partez à bord d'un magnifique voilier de 22 m et explorez la merveilleuse faune marine de la baie de Monterey avec **Chardonnay Sailing Charters** *(à partir de 52$; 790 Mariner Park Way, côté ouest du Santa Cruz Harbor, FF Dock, ☎ 831-423-1213, www.chardonnay.com)* en choisissant parmi un vaste choix d'excursions thématiques.

Hébergement

Ventura

The Clocktower Inn
$$$ ≡ @
181 E. Santa Clara St.
805-652-0141 ou 800-727-1027
www.clocktowerinn.com

Situé dans le cœur historique de la ville, cet hôtel réserve un accueil de choix à ses clients, dans une décontraction et une simplicité toutes sud-californiennes. La plupart des chambres disposent de patios privés ou de balcons avec vue sur le Mission Park. La décoration et le confort ne sont pas ostentatoires, bien au contraire. Un restaurant à demeure permet d'éviter les déplacements en voiture en fin de soirée.

Santa Barbara

Carpinteria State Beach Campground
$
route US 101, à 12 mi (19 km) au sud-est de Santa Barbara
805-968-1033 ou 800-444-7275

La Carpinteria State Beach possède un terrain de camping de 262 emplacements avec douches.

El Capitán State Beach / Refugio State Beach
$
route US 101, 17 mi (27 km) à l'ouest de Santa Barbara
805-968-1033 ou 800-444-7275

La El Capitán State Beach et la Refugio State Beach disposent de terrains de camping de 140 et 84 emplacements respectivement.

Los Padres National Forest Campgrounds
$
route 154, au nord-ouest de Santa Barbara
805-968-6640
www.fs.fed.us/r5/lospadres

La vaste Los Padres National Forest compte plusieurs terrains de camping bien aménagés, peu coûteux et parfois même gratuits, dont le plus près se trouve à une trentaine de kilomètres du centre-ville de Santa Barbara. La **Santa Ynez Recreation Area** *(Paradise Rd., accessible depuis la route 154, 805-967-3481)* possède quelques terrains aux abords de la rivière Santa Ynez. Au pied du San Marcos Pass, la **Lake Cachuma Recreation Area** *(route 154, 805-688-5055)*, entourée de chênes, dispose d'un grand terrain de camping de plusieurs centaines d'emplacements avec tous les services. Pour réserver un emplacement dans l'une ou l'autre de ces aires récréatives: *877-444-6777, www.recreation.gov.*

Santa Barbara Tourist Hostel
$-$$ bc/bp @
134 Chapala St.
805-963-0154
www.sbhostel.com

Pratique, car située à côté de la gare ferroviaire et de la plage, cette auberge de jeunesse offre tous les services auxquels on peut s'attendre de ce type d'établissement (laverie, cuisine commune), en plus de faire la location de vélos et de planches de surf. Dortoirs et chambres privées avec salle de bain sont aussi disponibles, dans une ambiance jeune et festive.

The Presidio Motel
$$-$$$ @
1620 State St.
805-963-1355
www.thepresidiomotel.com

Beaucoup plus chic et moins conventionnel que la plupart des motels, le Presidio Motel propose 16 chambres uniques au confort contemporain et minimaliste. Ses tarifs raisonnables, ses vélos mis à la disposition de la clientèle, sa situation près du centre-ville et son personnel sympathique en font une bonne adresse. Il peut être judicieux de réserver à l'avance.

Hotel Santa Barbara
$$$ ≡ @
533 State St.
805-957-9300 ou 800-549-9869
www.hotelsantabarbara.com

Vieille institution au cœur du centre-ville, l'Hotel Santa Barbara constitue certes une adresse de choix, non seulement pour sa situation centrale, mais également pour son service impeccable et son cachet vaguement méditerranéen. Vous apprécierez sûrement l'élégance du spacieux et lumineux hall ainsi que le soin porté à la décoration de toutes les chambres. Confortables et discrètement colorées, celles-ci respectent subtilement l'architecture du bâtiment.

Holiday Inn Express/ Hotel Virginia
$$$-$$$$ ≡ @
17 W. Haley St.
805-963-9757 ou 800-549-1700
www.hotelvirginia.com

Établi en plein cœur du centre-ville depuis les années 1920, le Holiday Inn Express/ Hotel Virginia possède un cachet certain. Le bâtiment, classé parmi les monuments historiques nationaux, recèle de belles trouvailles décoratives et artistiques, notamment la superbe fontaine en mosaïque du hall. Les chambres de l'hôtel, réparties sur trois étages, sont garnies d'un mobilier Art déco authentique et offrent aux occupants un confort sans reproche.

The Eagle Inn
$$$-$$$$ ≡ @
232 Natoma Ave.
805-965-3586
www.theeagleinn.com

Calme et intime, The Eagle Inn représente un

bel exemple de l'architecture coloniale espagnole si répandue dans le centre historique de Santa Barbara. Fort bien restaurée, cette vieille demeure en adobe et au toit de tuiles représente un havre de paix dans un quartier résidentiel tranquille, à proximité du centre-ville et des plages. Chacune des chambres de l'établissement jouit d'un décor unique, classique, qui ne reflète toutefois pas toujours le passé colonial du lieu.

Harbor View Inn
$$$-$$$$
28 W. Cabrillo Blvd.
805-963-0780 ou 800-755-0222
www.harborviewinnsb.com
Complexe hôtelier alliant le luxe des établissements de grande classe et un certain charme des villas néocoloniales, le Harbor View Inn est judicieusement situé à deux pas des plages et de la marina. Caressés par le vent du large, les différents bâtiments qui abritent les chambres entourent un jardin intérieur tropical et luxuriant avec piscine. Les grandes chambres, la plupart avec balcon et vue sur West Beach, affichent un cadre classique, raffiné et moderne, mais avec une pointe de cachet rétro.

Simpson House Inn
$$$$ @
121 E. Arrellaga St.
805-963-7067 ou 800-676-1280
www.simpsonhouseinn.com
Le Simpson House Inn se situe dans une catégorie à part, celle où se retrouvent les auberges de grande classe. Aménagé dans un extraordinaire manoir bourgeois édifié en 1874, cet établissement unique au nord du centre-ville propose à ses clients privilégiés un séjour inoubliable dans un lieu chargé d'histoire. Nichée dans un grand jardin à l'anglaise et isolée des autres demeures du quartier résidentiel, la fantastique demeure compte 14 chambres décorées avec un soin incroyable, riches des plus belles antiquités et du plus beau mobilier d'époque. Cet établissement possède en outre un somptueux salon qui nous plonge en plein âge d'or de l'époque victorienne.

San Luis Obispo

En haute saison, si vous n'avez pas pris le soin de réserver à l'avance et que les établissements suivants sont complets, vous pouvez tenter votre chance parmi les différents motels situés au nord de Monterey Street.

HI San Luis Obispo Hostel
$ bc P
fermé de 10h à 16h30
1617 Santa Rosa St., près de la gare
805-544-4678
www.hostelobispo.com
L'auberge de jeunesse de San Luis Obispo offre une belle ambiance détendue mais un confort évidemment basique. Vous pourrez choisir entre une nuit en dortoir ou en chambre privée. Côté pratique, une cuisine commune, une laverie et des vélos proposés en location vous faciliteront la vie. Le tout ressemble plus à un *bed and breakfast* qu'à une auberge de jeunesse.

Apple Farm Inn
$$$ @
2015 Monterey St.
805-544-2040 ou 800-255-2040
www.applefarm.com
L'Apple Farm Inn se dresse sur un domaine riche d'un aménagement paysager de grande classe, avec arbres, plantes et fleurs donnant sur les rives du ruisseau San Luis. Jouxtant une boutique de souvenirs et de cadeaux attrayante, un authentique moulin encore actif et un restaurant qui jouit d'une terrasse des plus enviables, l'établissement en offre pour tous les goûts et toutes les bourses. Le temps semble s'être arrêté ici, tellement le cadre rustique et pittoresque du tournant du XXe siècle appelle au calme et à la sérénité. L'aménagement riche de ces coquettes demeures en bois et à toit en pignon, tant sur le plan des accessoires, des éléments muraux que du mobilier, crée une ambiance pittoresque et champêtre qui ne peut que vous rendre nostalgique du temps où les gens prenaient davantage le temps de vivre. Ce havre de paix ne se trouve étonnamment qu'à quelques minutes en voiture du centre-ville de San Luis Obispo.

Madonna Inn
$$$ P @
100 Madonna Rd.
805-543-3000 ou 800-543-9666
www.madonnainn.com
Du jamais vu! Établissement unique atteignant les sommets du kitsch et véritable institution à San Luis Obispo depuis 1958, l'original Madonna Inn se dresse sur un domaine de 800 ha à quelques minutes du centre-ville. Les concepteurs de ce lieu excentrique, Alex et Phyllis Madonna, respectivement architecte et designer d'intérieur, ont voulu créer quelque chose qui dépasserait le simple hôtel. Impliquant nombre d'artisans et ramenant des objets insolites de leurs voyages autour du

monde, ils se sont façonné un monde quasi surréel qui, aujourd'hui, attire non seulement les voyageurs qui y passent la nuit, mais également les curieux et les touristes qui débarquent en autocar affrété pour se faire prendre en photo devant ce monument de mauvais goût, à la fois risible et fascinant. Chacune des chambres possède un nom et un cadre uniques. La plus célèbre d'entre elles, The Caveman, tente de recréer l'intérieur d'une caverne, avec ses murs, plafonds et planchers en pierre, sa douche en cascade et ses tissus en faux léopard! Elle n'est qu'un exemple parmi tant d'autres pièces fabuleuses au décor hallucinant, rappelant les paradis hawaïens, l'Espagne des toréadors, l'Autriche impériale ou les safaris africains! Mais ce n'est pas tout. Vous devez absolument faire un arrêt obligatoire au restaurant, où vous serez sans aucun doute ébloui par une salle à manger aux banquettes en faux cuir... rose! À ne manquer sous aucun prétexte!

Sycamore Mineral Springs Resort
$$$-$$$$ @
1215 Avila Beach Dr.
805-595-7302 ou 800-234-5831
www.sycamoresprings.com
Situé en dehors du centre-ville mais non loin de la plage, le Sycamore Mineral Springs Resort comblera ceux qui veulent prendre le temps de se reposer avec tout le confort à portée de main. Ce complexe possède un grand terrain sillonné de sentiers et parsemé de bains à remous en plein air. Vous aurez le choix entre de nombreuses activités et plusieurs soins dignes des meilleurs centres thermaux. Les chambres, très confortables, peuvent pour certaines accueillir des familles de quatre à six personnes.

Cambria

San Simeon State Park Campgrounds
$
route 1, à 1 mi (1,6 km) au nord de Cambria
805-927-2020 ou 800-444-7275
www.parks.ca.gov
Le San Simeon State Park possède deux terrains de camping. Le premier, San Simeon Creek, de 115 emplacements pour tentes et véhicules récréatifs, dispose de douches et donne accès à l'océan pour la baignade. Le second, Washburn, plus rustique, propose 67 emplacements sur une colline surplombant l'océan.

Olallieberry Inn
$$$ @
2476 Main St., East Village
805-927-3222 ou 888-927-3222
www.olallieberry.com
En 1873, les frères Manderscheid construisent une résidence aux abords du ruisseau Santa Clara dans la nouvelle ville de Cambria. Plusieurs années plus tard, ils se voient offrir un sapin de Douglas qu'ils planteront dans le jardin de leur demeure. Aujourd'hui, ce majestueux conifère plus que centenaire et une splendide maison restaurée de style néoclassique attendent les clients de l'Olallieberry Inn. Les propriétaires s'occupent méticuleusement de leur établissement où chacune des chambres, que ce soit les six dans la partie historique ou les trois autres dans des cottages à l'arrière, possède un cadre particulier rehaussé d'objets et de meubles anciens. En après-midi, les arômes de cuisson de pain et viennoiseries planent sur le domaine et laissent entrevoir la qualité du petit déjeuner et des hors-d'œuvre préparés sur place pour le plus grand bonheur des occupants.

Pelican Cove Inn
$$$-$$$$
@
6316 Moonstone Beach Dr.
805-927-1500 ou 800-966-6490
www.pelicansuites.com
Classiques, élégantes et raffinées, tels sont les qualificatifs les mieux choisis pour décrire les suites du Pelican Cove Inn, ce chic établissement situé à quelques pas de la mer. Toutes possèdent un foyer, un balcon ou une terrasse et, surtout, un mobilier confortable et précieux, le tout créant un cadre riche aux allures bourgeoises. Un personnel attentionné rend très agréable le séjour dans cet établissement de grande qualité.

La côte de Big Sur

À Big Sur, le camping est roi, et les terrains sont légion. En période estivale, l'affluence est grande, et il est nécessaire de réserver en communiquant avec **PARKNET** *(800-444-7275)*; attention, des frais de réservation sont à prévoir *(8$)*. Parmi les lieux les plus connus et les plus populaires figurent deux parcs d'État: l'**Andrew Molera State Park** *(**$**; pas de réservation; 20 mi ou 32 km au sud de Carmel, à l'embouchure de la rivière Big Sur, 831-667-2315)* et le **Pfeiffer Big Sur State Park** *(**$**; 26 mi ou 42 km au sud de Carmel, 831-667-2315)*. Tous deux disposent sensiblement des mêmes services (eau potable, toilettes, tables de pique-nique et parfois douches) dans un domaine forestier qui donne accès à des sentiers pédestres et dans certains cas à des plages.

Fernwood Resort
$-$$
47200 route 1, à 26 mi (42 km) au sud de Carmel, du côté ouest de la route
831-667-2422
www.fernwoodbigsur.com
Le Fernwood Resort dispose d'un camping, d'un motel, d'une épicerie, d'un restaurant et même d'une galerie d'art. Les chambres, de type motel, n'ont rien d'exceptionnel, mais elles sont plus sympathiques que leur extérieur pourrait le laisser croire. Le camping sur le bord de la rivière est aussi équipé de «tentes-chalets» très simples, mais qui pourront dépanner ceux qui ont un sac de couchage. Un bon rapport qualité/prix pour Big Sur.

Deetjen's Big Sur Inn
$$-$$$ bc/bp
48865 route 1, à 30 mi (48 km) au sud de Carmel, du côté est de la route
831-667-2377
www.deetjens.com
Charme et romantisme sont au rendez-vous au Deetjen's Big Sur Inn, dont les chambres, cachées à travers les arbres et disséminées autour du Castro Canyon, sont aménagées dans divers chalets. Simples et rustiques, elles n'ont ni téléviseur ni téléphone, pour mieux profiter de la tranquillité de cet endroit magique qui fait partie des lieux historiques nationaux. Les réservations sont souvent nécessaires plusieurs mois à l'avance. Le restaurant de l'établissement (voir p. 256) est aussi conseillé.

Big Sur Lodge
$$$-$$$$
Pfeiffer Big Sur State Park
47225 route 1
831-667-3100 ou 800-424-4787
www.bigsurlodge.com
Au cœur du Pfeiffer Big Sur State Park, le Big Sur Lodge offre le calme et la sérénité tout en étant entouré d'une forêt de pins et de chênes. L'établissement se présente comme une série de chalets rustiques mais confortables, certains avec foyer ou cuisinette ou les deux, disposés autour d'une piscine extérieure. Le secteur des unités d'habitation, accessible par une étroite route, se trouve à quelques dizaines de mètres de l'entrée du parc et permet de profiter pleinement des activités de plein air et des sentiers pédestres du parc.

Ventana Inn & Spa
$$$$ @
48123 route 1, à 28 mi (45 km) au sud de Carmel, du côté est de la route
831-667-2331 ou 800-628-6500
www.ventanainn.com
Un peu au sud de la Ranger Station de Big Sur, à quelques centaines de mètres en retrait de la route 1 en passant par un chemin sinueux, vous trouverez un extraordinaire complexe hôtelier de grand luxe et de grande classe. Aménagé sur un immense et splendide domaine dans les montagnes, le Ventana Inn & Spa domine la région et offre des vues sensationnelles à la fois sur les reliefs verdoyants avoisinants et les flots bleus du Pacifique. Bien que luxueux, l'établissement, qui dispose de chambres et de suites quasi royales, a conservé un charme montagnard, et les concepteurs ont judicieusement employé le bois brut pour l'intérieur et l'extérieur des bâtiments principaux et des chalets. Le restaurant **Cielo** (voir p. 256) est une halte gastronomique réputée.

Carmel-by-the-Sea

L'hébergement à Carmel s'avère généralement cher, et les réservations sont nécessaires. Ainsi, ceux qui n'auront pas pris le soin de réserver ou qui cherchent un hôtel bon marché préféreront Monterey.

Green Lantern Inn
$$-$$$ @
angle Casanova St. et Seventh St.
831-624-4392 ou 888-414-4392
www.greenlanterninn.com
Mignon petit établissement au charme rustique, le Green Lantern Inn se dresse un peu à l'écart du centre d'activité de Carmel. Ses chambres au décor unique, qui portent des noms évocateurs rappelant la verte forêt, sont réparties dans quelques maisonnettes en bois ceinturées d'un coquet jardin fleuri. Le petit déjeuner est servi dans une salle à manger ensoleillée sous une véranda.

Carmel Valley Lodge
$$$ @
8 Ford Rd., Carmel Valley
831-659-2261 ou 800-641-4646
www.valleylodge.com
À quelques kilomètres à l'est de Carmel-by-the-Sea, le Carmel Valley Lodge se dresse dans une vallée riche et verdoyante. Alliant confort, chaleur et charme champêtre, cet établissement de grande classe de 31 chambres, réparties dans quelques maisonnettes dont certaines avec foyer, constitue une oasis de paix loin du tourbillon d'activités de la péninsule.

Happy Landing
$$$ @
Monte Verde St., entre Fifth St. et Sixth St.
831-624-7917 ou 800-297-6250
www.carmelhappylanding.com
La mignonne petite maison rose et verte au toit en pignon nichée parmi les pins de Happy Landing possède certes des allures rappelant le conte de *Hansel et Gretel*. Construite en 1925, cette coquette résidence, avec ses annexes à l'arrière, abrite sept chambres décorées à l'ancienne et meublées d'antiquités. Le jardin fleuri, agrémenté de petits sentiers et d'un étang, revêt un caractère apaisant et bucolique. Le petit déjeuner est servi dans la chambre.

Monterey

Si vous n'avez pas de réservation, vous trouverez de nombreux motels dans Fremont Street, en bordure de la route 1, à l'est du Fisherman's Wharf et de la Cannery Row.

HI Monterey Hostel
$ bc
778 Hawthorne St.
831-649-0375
www.montereyhostel.org
Bien que n'ayant aucun charme particulier, cette auberge de jeunesse située tout près du quartier de Cannery Row pourra dépanner les voyageurs au budget serré. Vous y trouverez une cuisine et une salle communes (avec un piano). Des chambres semi-privées pouvant loger quatre personnes sont aussi disponibles.

Veterans Memorial Park Campground
$
Via Del Rey, à 1,5 mi (2,5 km) du centre-ville; prenez Pacific Street vers le sud, puis Jefferson Street à droite
831-646-3865
www.monterey.org/rec/vetspark.html
Juché sur une colline, ce terrain de camping de 40 emplacements avec douches offre de belles vues sur la baie de Monterey. Tentes et véhicules récréatifs sont les bienvenus. Comme il n'y a pas de réservation, il faut arriver assez tôt en été.

Monterey Hotel
$$-$$$ P @
406 Alvarado St.
831-375-3184 ou 800-966-6490
www.montereyhotel.com
Institution établie en 1904 et dessinée par Harry Ashland Greene, le Monterey Hotel fait partie du patrimoine architectural du centre-ville de Monterey. Tant la façade que l'intérieur de cet établissement considéré moderne au moment de son érection surprendront agréablement les visiteurs. Les chambres et suites aménagées dans le ton de l'époque offrent un charme bourgeois et rétro.

Best Western Victorian Inn
$$$ @ P
487 Foam St.
831-373-8000 ou 800-232-4141
www.victorianinn.com
Adjacent à l'historique résidence Victoria, qui abrite la réception et les bureaux administratifs, le Victorian Inn dispose de chambres au décor classique, certaines avec foyer. Bien que situé dans le quartier de Cannery Row, l'établissement, aménagé en retrait de la promenade, n'offre pas de vue sur la mer. Les clients sont invités à prendre le petit déjeuner dans la charmante salle à manger au décor et au mobilier victoriens.

Casa Munras
$$$ @
700 Munras Ave.
831-375-2411 ou 800-222-2446
www.hotelcasamunras.com
Les occupants du Casa Munras Garden Hotel apprécient à la fois le confort moderne et le cachet colonial de cet établissement aménagé avec goût, par souci d'intégration et d'esthétisme. Les maisonnettes qui abritent les chambres ont été construites en bois et en béton pour respecter le caractère historique du bâtiment principal datant de 1824. L'intérieur du vénérable édifice hispanique comporte une salle à manger et un salon qui rappellent cette époque.

Merritt House Inn
$$$-$$$$ P @
386 Pacific St.
831-646-9686
www.merritthouseinn.com
Ancienne demeure du premier juge du Monterey County, le Merritt House Inn abrite aujourd'hui trois chambres au charme classique d'époque. Ceinturée d'un jardin verdoyant avec figuiers et oliviers, la résidence victorienne de deux étages possède aussi quelques annexes construites dans le même style architectural qui comptent pour leur part 22 chambres et suites. Certaines possèdent un balcon privé donnant sur les splendides plantations fruitières.

Spindrift Inn
$$$-$$$$ P @
652 Cannery Row
831-646-8900 ou 800-841-1879
www.spindriftinn.com
Chacune des chambres du Spindrift Inn jouit d'une décoration unique qui allie confort, classicisme et luxe. Plancher en bois, mobilier de grande qualité, salle de bain en marbre et objets d'art décoratifs créent un cadre riche et apaisant. Situé au bord de la mer dans le quartier de Cannery Row, cet établissement hôtelier

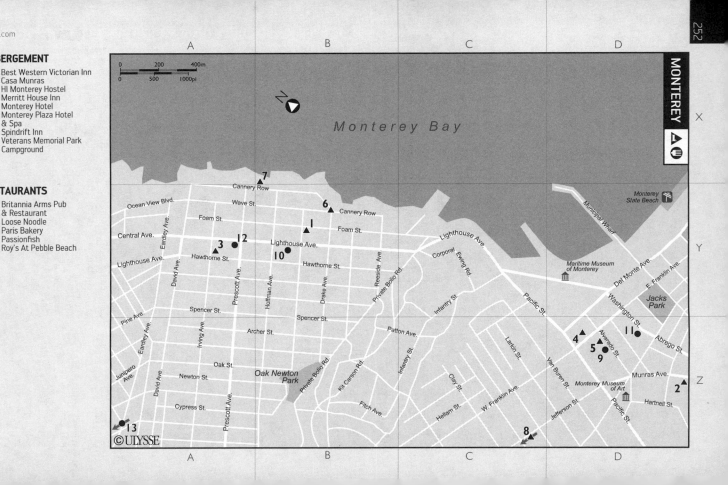

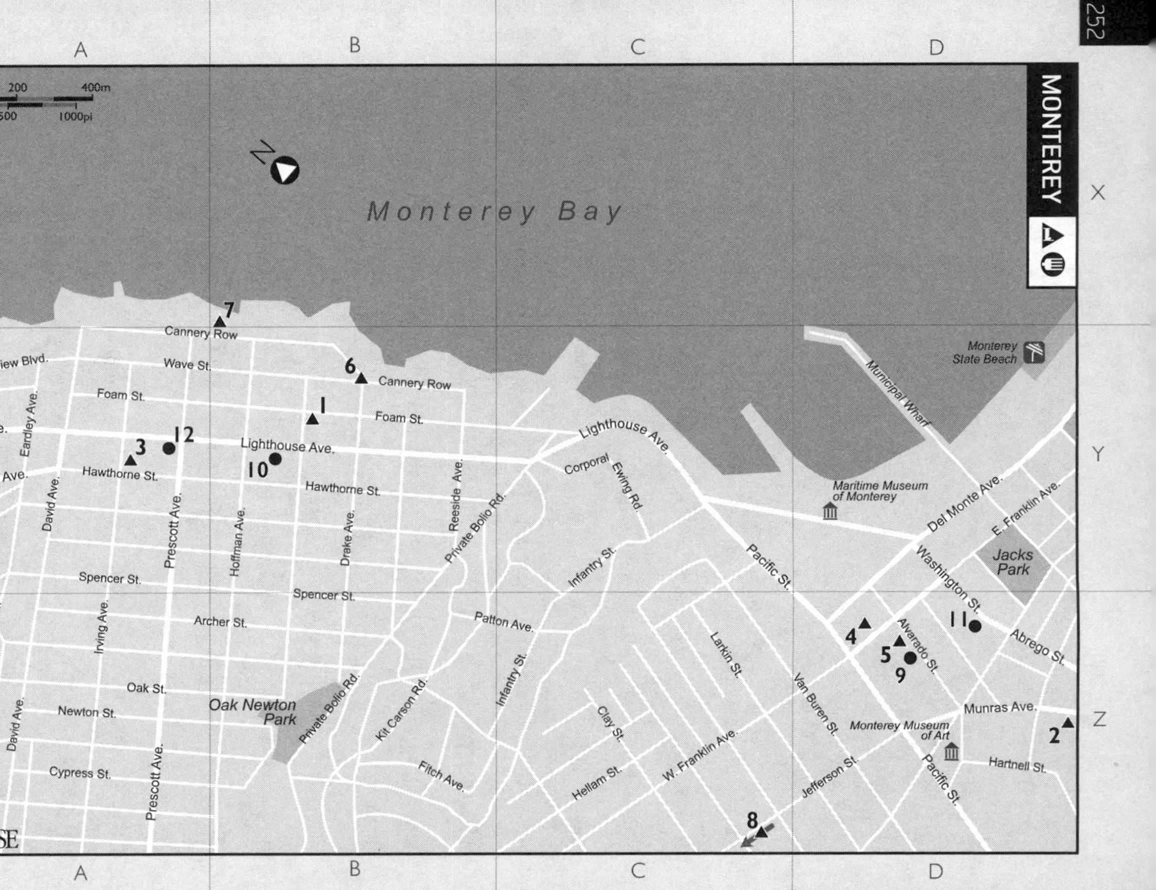

▲ HÉBERGEMENT

1. BY Best Western Victorian Inn
2. DZ Casa Munras
3. AY HI Monterey Hostel
4. DZ Merritt House Inn
5. DZ Monterey Hotel
6. BY Monterey Plaza Hotel & Spa
7. BX Spindrift Inn
8. CZ Veterans Memorial Park Campground

● RESTAURANTS

9. DZ Britannia Arms Pub & Restaurant
10. BY Loose Noodle
11. DZ Paris Bakery
12. AY Passionfish
13. AZ Roy's At Pebble Beach

offre de magnifiques vues sur l'océan.

Monterey Plaza Hotel & Spa
$$$$ ≡ P @
400 Cannery Row
831-646-1700 ou 800-344-3999
www.woodsidehotels.com
Avec ses chambres de luxe, son grand bain à remous de style européen installé sur le toit, sa vue imprenable sur l'océan et sa splendide terrasse, cet hôtel peut être certainement classé comme le plus prestigieux de la ville. Les chambres de ce complexe hôtelier situé sur un promontoire dans le quartier de Cannery Row possèdent une salle de bain en marbre et un mobilier en acajou, et plusieurs d'entre elles disposent d'un balcon qui domine l'océan.

Santa Cruz

Henry Cowell Redwoods State Park Campground
$
2591 Graham Hill Rd., Scotts Valley
831-438-2396
www.parks.ca.gov
À quelques kilomètres au nord de la ville, vous trouverez dans le charmant et verdoyant Henry Cowell Redwoods State Park un agréable terrain de camping avec plus de 110 emplacements.

HI Santa Cruz Hostel
$ bc
fermé de 11h à 17h
321 Main St.
831-423-8304
www.hi-santacruz.org
Aménagée dans un vieux cottage (1872) entouré d'un jardin, la sympathique auberge de jeunesse HI Santa Cruz Hostel jouit en outre d'une situation favorable, à quelques minutes du centre-ville et des plages, dans un quartier tranquille. L'établissement, administré par de jeunes gens sympathiques, dispose de dortoirs et de chambres privées pouvant accueillir jusqu'à cinq personnes. Les réservations s'avèrent essentielles.

Ocean Pacific Lodge
$$-$$$ ≡ @
301 Pacific Ave.
831-457-1234 ou 800-995-0289
www.theoceanpacificlodge.com
Près de la mer mais érigé dans un environnement malheureusement peu inspirant avec ses terrains vagues, l'Ocean Pacific Lodge dispose d'une cinquantaine de chambres sans fantaisie mais à la propreté irréprochable. La circulation automobile peut causer quelques désagréments aux voyageurs qui choisiront cet établissement pour la qualité de son service, ses prix acceptables et la proximité des points d'intérêt de la ville.

Darling House
$$$ P @
314 W. Cliff Dr.
831-458-1958
www.darlinghouse.com
La superbe Darling House, une vénérable demeure datant de 1910 et dominant la mer du haut de West Cliff, abrite sept charmantes chambres au décor unique, garnies de vieux objets et de meubles d'époque. Certaines d'entre elles offrent des vues imprenables sur l'océan en contrebas. Caressée par le vent du large et entourée d'arbres fruitiers, la riche résidence victorienne possède en outre une salle à manger et un salon des plus remarquables.

Babbling Brook Inn
$$$-$$$$ P @
1025 Laurel St.
831-427-2437 ou 800-866-1131
www.babblingbrookinn.com
Une petite cascade, un ruisseau, un coquet jardin et des conifères agrémentent le site du Babbling Brook Inn, plus ancien et plus grand *bed and breakfast* de la région de Santa Cruz. Les riches chambres de la maison centenaire, aux noms évoquant les grands maîtres de la peinture européenne, profitent d'un cadre des plus raffinés, et chaque élément de décoration apporte une dimension particulière à l'ambiance d'époque qui s'en dégage.

Sea and Sand Inn
$$$-$$$$ ≡ @
201 W. Cliff Dr.
831-427-3400 ou 888-878-9648
www.santacruzmotels.com
Toutes les chambres du Sea and Sand Inn, un établissement hôtelier perché sur la falaise, offrent une vue magnifique sur l'océan. De dimensions variables, elles procurent un confort très acceptable sans pour autant posséder un cachet particulier. Un jardin des plus agréables, aménagé derrière le bâtiment et face à la baie, vient agrémenter le séjour. Malheureusement, la circulation automobile de West Cliff Drive pourrait incommoder quelque peu certaines personnes sensibles au bruit.

Restaurants

Ventura

Mary's Secret Garden
$$
fermé dim-lun
100 S. Fir St.
805-641-3663
www.maryssecretgarden.net
Naturel, biologique et végétalien (aucun produit animal utilisé), ce restaurant comblera d'extase les herbivores mais saura aussi satisfaire les carnivores, avec son «poulet» et ses «crevettes» aussi végétaliens que le reste. Loin du

simple restaurant végétarien, les plats sont ici recherchés, maîtrisés et savoureux. De plus, l'ambiance est sympathique et le service parfait.

Jonathan's at Peirano's
$$$
204 E. Main St., en face de la mission
805-648-4853
www.jonathansatpeiranos.com

Le chic et chaleureux Jonathan's at Peirano's propose un menu original qui puise ses inspirations dans le Bassin méditerranéen. Le menu de cet établissement au décor chaud et méridional affiche d'invitantes spécialités d'Italie, d'Espagne, du Portugal, de France et de Grèce. L'aménagement intérieur sait mettre en valeur les attraits intrinsèques du vieil édifice dans lequel le restaurant prend place. Briques, bois et couleurs riches s'y marient parfaitement.

Santa Barbara

Deli Sushi Go-Go
$
119 Harbor Way
805-962-6568

Situé juste au-dessous du restaurant Brophy Brothers (voir plus loin), le Deli Sushi Go-Go sert les rouleaux nippons à une clientèle jeune et marginale, assise à quatre ou cinq tables négligemment disposées devant le minuscule comptoir, en face de la marina.

The Natural Cafe
$
508 State St.
805-962-9494
www.thenaturalcafe.com

Institution de la cuisine santé et végétarienne établie il y a plusieurs années, The Natural Cafe attire une clientèle fidèle qui apprécie l'originalité des nombreux plats proposés et le caractère convivial de l'établissement. Les clients sont invités à prendre seuls une place et ensuite à aller informellement commander leur repas au comptoir au fond de la grande salle au plafond très haut. L'après-midi, on peut profiter de la terrasse pour déguster l'une des douceurs fraîchement pressées au comptoir à jus.

Arts & Letters Café
$$
7 E. Anapamu St.
805-730-1463
www.artsandletterscafe.com

Au fond de la galerie et librairie d'art qu'est Sullivan Goss Books & Prints, vous découvrirez avec surprise et joie un coquet et paisible bistro-terrasse, loin du tumulte de la rue. Le midi, le menu propose des soupes, salades et sandwichs, alors que des plats plus raffinés aux saveurs asiatiques et méditerranéennes sont servis en soirée.

Bucatini
$$
436 State St.
805-957-4177
www.bucatini.com

Le Bucatini recrée admirablement l'ambiance détendue et simple des trattorias italiennes. Petit établissement de quelques tables, la plupart en terrasse, il se spécialise dans les pâtes généreuses et les pizzas innovatrices, sans oublier quelques plats d'agneau et de poulet en *secondi*.

Brophy Brothers Restaurant & Clam Bar
$$-$$$
Yacht Basin and Marina
119 Harbor Way
805-966-4418
www.brophybros.com

Brophy Brothers fait partie de la tradition à Santa Barbara. Connue à la fois pour ses vues de la marina et ses généreuses portions de fruits de mer et poissons, l'institution attire une clientèle nombreuse, composée de touristes curieux et d'habitués. Ici nous sommes loin de la fine cuisine californienne, et les féculents, les sauces riches et les fritures accompagnent des plats familiaux, authentiques et honnêtes. Les scampis, les *chowders*, les salades de fruits de mer et bien sûr les dernières prises sont à l'honneur dans ce populaire restaurant qui n'accepte pas les réservations et qui, par conséquent, voit se former des files interminables les soirs de fin de semaine.

Ca'Dario
$$$
37 E. Victoria St.
805-884-9419
www.cadario.net

Pas de secret au Ca'Dario, que de la fine cuisine italienne authentique. Ce petit établissement d'une quinzaine de tables, à l'ambiance intime et chaleureuse, propose des *antipasti*, des *primi* et des *secondi* aux arômes relevés et aux sauces équilibrées et onctueuses. Les viandes grillées (poulet, lapin et canard) ainsi que les poissons fraîchement pêchés ne représentent qu'un échantillon des spécialités de ce petit bistro.

Bouchon
$$$-$$$$
9 W. Victoria St.
805-730-1160
www.bouchon.net

Depuis son ouverture en 1998, le chef-propriétaire du restaurant Bouchon accumule, grâce à la cuisine du terroir qu'il concocte, les succès et les critiques dithyrambiques. Il prépare des plats à la fois raffinés, parfumés et frais en utilisant des viandes, des légumes, des fruits et des fromages produits dans les fermes et les ranchs de la région, tout comme l'excellente sélection de vins provenant des vignobles avoisinants. L'établissement offre une ambiance rafraîchissante, intime et chaleureuse, et, conjuguée à la qualité indéniable de la cuisine, cela explique sa popularité.

Wine Cask
$$$-$$$$
813 Anacapa St.
805-966-9463 ou 800-436-9463
www.winecask.com

Certainement l'unc des meilleures tables de Santa Barbara et l'un des établissements affichant l'une des cartes des vins les plus impressionnantes, le Wine Cask respire le raffinement, le bon goût et l'élégance. La salle à manger, riche d'œuvres d'art accrochées aux murs, se double avantageusement d'un splendide patio, tout cela dans le cadre unique d'une ancienne résidence hispanique du centre-ville. Le chef de renommée crée une cuisine californienne inspirée du terroir, à la fois généreuse et délicate, à l'image de l'endroit. Le poisson blanc sauce au vin, la poitrine de canard et le filet d'agneau ne représentent que quelques exemples de l'invitant menu. Les amoureux du vin trouveront de grandes sélections au Wine Cask Wine Store, cette boutique consacrée au divin liquide et attenante au restaurant.

San Luis Obispo

Linnaea's Cafe
$
tlj 6h30 à 23h
1110 Garden St.
805-541-5888
www.linnaeas.com

Que ce soit pour prendre un café en passant, accompagné éventuellement d'un morceau de gâteau ou d'une viennoiserie, pour un petit déjeuner à la terrasse, pour un sandwich ou encore pour un de ses bons plats végétariens, le Linnaea's Cafe est une bonne adresse. Ambiance sympathique et bohème, avec des concerts plusieurs soirs par semaine.

Big Sky Cafe
$$
1121 Broad St.
805-545-5401
www.bigskycafe.com

Le Big Sky Cafe propose une approche saine et moderne d'une cuisine américaine aux accents internationaux. Le chef adapte les meilleurs plats de la cuisine cadienne (cajun), créole, thaïlandaise, méditerranéenne et mexicaine, et façonne de main de maître des créations originales et uniques. Reconnu comme l'une des tables les plus intéressantes de San Luis Obispo, le populaire et animé Big Sky Cafe offre une ambiance détendue et conviviale dans une salle à manger spacieuse.

Buona Tavola
$$$
1037 Monterey St.
805-545-8000
www.btslo.com

Le chef prépare avec grand talent et amour une fine cuisine d'Italie du Nord au Buona Tavola, un charmant bistro acclamé par la critique. Un grand choix d'entrées, des pâtes fraîches, des plats principaux inspirés et des desserts irrésistibles composent la carte de ce typique restaurant à la salle à manger dépouillée et à la petite et verdoyante terrasse à l'arrière. Entre autres spécialités, le chef vous recommandera ses pâtes *agnolotti*, ses *dumplings* aux crevettes et sauce au safran et son succulent *tiramisu* fait maison.

Gold Rush Steak House and Coffee Shop
$$$-$$$$
Madonna Inn
100 Madonna Rd.
805-784-2433
www.madonnainn.com

Si un décor rétro, extravagant, savamment kitsch et aux couleurs on ne peut plus roses, ne vous rend pas la digestion trop difficile, vous pouvez tenter l'unique expérience que vous offre le Gold Rush Steak House and Coffee Shop du célèbre **Madonna Inn** (voir p. 248). À l'image de l'hôtel, la salle à manger, où le faux cuir et les objets clinquants dominent, sombre dans un excès au-delà du réel. La cuisine n'est en rien innovatrice, et elle se rabat sur les steaks classiques épais et saignants ainsi que sur les fruits de mer préparés sans fantaisie.

Cambria

Indigo Moon
$$-$$$
1980 Main St., East Village
805-927-2911
www.indigomooncafe.com

L'Indigo Moon mise sur un concept qui déçoit rarement: une cuisine simple, fraîche, régionale et abordable. Vous apprécierez la créativité du chef, tant dans ses salades que dans ses mélanges sucrés/salés. La maison se spécialise aussi dans les vins (avec une bonne sélection de crus régionaux) et fromages, à déguster sur place ou à emporter pour un pique-nique. Si la température le permet, demandez une table sur la jolie terrasse à l'arrière.

Sea Chest
$$$$
fermé mar
6216 Moonstone Beach Dr.
805-927-4514
www.seachestrestaurant.com

Face à la mer, ce restaurant de fruits de mer et poissons est très apprécié des résidents. La cuisine sans reproche, la fraîcheur des produits et le chaleureux décor maritime y sont certainement pour quelque chose. Par contre, veuillez noter que les cartes de crédit ne sont pas acceptées et que le Sea Chest n'est ouvert que le soir.

La côte de Big Sur

En toute saison, il est évidemment recommandé de jouir des beautés de la nature et de profiter des nombreuses aires de pique-nique aménagées dans la région de Big Sur. Pour ce faire, faites vos provisions avant de prendre la route, à San Luis Obispo, Cambria ou Monterey, selon votre parcours.

Cafe Kevah
$
mars à déc
route 1, côté ouest, 29 mi (47 km) au sud de Carmel
831-667-2345

En bas du Nepenthe (voir plus loin), le Cafe Kevah sert des plats *Tex-Mex* et des viennoiseries sur sa seule terrasse. Moins spectaculaire parce que moins élevée que celle de son voisin d'en haut, elle se veut tout de même fort agréable et ensoleillée.

Big Sur Bakery & Restaurant
$-$$$
route 1, côté ouest, 26 mi (42 km) au sud de Carmel
831-667-0520
www.bigsurbakery.com

Pour s'approvisionner en bon pain frais ou pour faire une pause sur la route le temps d'un café ou d'un bon repas, la Big Sur Bakery est une halte agréable. Si le menu du midi se compose principalement de sandwichs et de plats simples, le soir, votre choix pourra se porter sur des viandes grillées ou encore de très bonnes pizzas (mais l'addition sera alors beaucoup plus élevée). Et s'il n'y a pas de grande terrasse avec vue sur la mer ici, le jardin ombragé est tout de même bien sympathique.

Deetjen's Restaurant
$-$$$
Deetjen's Big Sur Inn
48865 route 1, à 30 mi (48 km) au sud de Carmel, du côté est de la route
831-667-2377
www.deetjens.com

Tout comme l'hôtel (voir p. 250), le restaurant du Deetjen's vaut le détour. Dans cette vieille maison rustique en bois, quatre petites pièces dans lesquelles on se sent comme chez soi accueillent les convives matin et soir avec de douces notes de musique classique et le crépitement du feu de cheminée. Pour le petit déjeuner, laissez-vous tenter par les œufs bénédictine. Le soir, si vous avez pris le soin de réserver, vous apprécierez une cuisine californienne où l'accent est mis sur les produits régionaux, bios et frais, avec une très bonne carte des vins pour les accompagner.

Nepenthe
$$-$$$
route 1, côté ouest, 29 mi (47 km) au sud de Carmel
831-667-2345
www.nepenthebigsur.com

Resto-bar aménagé sur une incroyable terrasse dominant la côte, le Nepenthe mérite qu'on s'y arrête, ne serait-ce que pour prendre une boisson et profiter du point de vue à couper le souffle. Propriété achetée par Orson Welles pour Rita Hayworth, son épouse de l'époque, elle est vendue plus tard à Bill et Lolly Fassett, qui ouvrent le Nepenthe. Si le panorama est époustouflant, la cuisine n'a rien de très originale. Salades, hamburgers et sandwichs sont proposés aux clients qui, avouons-le, paient pour le point de vue. Le bar et la salle à manger comportent des poutres de séquoia, d'immenses baies vitrées qui donnent sur la mer et un patio qui domine la falaise. On accède à l'établissement par un escalier depuis le stationnement.

Cielo Restaurant
$$$$
Ventana Inn & Spa
route 1, à 28 mi (45 km) au sud de Carmel, du côté est de la route
831-667-4242
www.ventanainn.com

À l'image de l'établissement hôtelier **Ventana Inn & Spa** (voir p. 250) qui l'administre, le Cielo Restaurant se veut un établissement de grande classe, au cadre chic et chaleureux, qui sert une cuisine californienne raffinée et acclamée par la critique. Sa situation privilégiée, en pleine forêt sur les collines de Big Sur, permet des vues panoramiques exceptionnelles, ce qui complète divinement un repas gastronomique.

Carmel-by-the-Sea

Merlot! Bistro
$$-$$$
Ocean Ave., entre Lincoln St. et Monte Verde St.
831-624-5659
www.carmelsbest.com/merlot

Occupant le devant de la riche scène culinaire de Carmel, le Merlot! Bistro propose une fine cuisine méditerranéenne servie dans un cadre feutré aux couleurs douces et aux poutres apparentes. Une musique latino-américaine aux accents ensoleillés confère une dimension encore plus chaleureuse au lieu déjà invitant. On y sert des plats originaux qui vont des pizzas au poisson frais et au lapin braisé, en passant par l'agneau à la moutarde et aux herbes.

PortaBella
$$$
Ocean Ave., entre Lincoln St. et Monte Verde St.
831-624-4395
www.carmelsbest.com/portabella

Avec des plats inspirés de la cuisine méditerranéenne du terroir, le PortaBella ravit le palais de ses convives dans une atmosphère chaleureuse et méridionale. Les murs de briques, les poutres apparentes et le foyer créent cette ambiance intime et invitante qui a fait de ce petit bistro un haut lieu de la gastronomie de Carmel depuis nombre d'années, à la fois acclamé par les critiques et apprécié des résidents.

Village Corner
$$$
angle Dolores St. et Sixth St.
831-624-3588
www.carmelsbest.com/villagecorner

Établi depuis plus de 60 ans, le petit bistro familial qu'est le Village Corner offre une atmosphère douce et méditerranéenne, et propose une fine cuisine californienne ensoleillée. Pâtes, viandes grillées à souhait, poisson frais et paellas se partagent la vedette de la carte, sans oublier les succulents petits déjeuners. Les convives dégustent ces plats appétissants dans le cadre apaisant de la terrasse verdoyante ou de la salle à manger lumineuse.

Monterey

Voir carte p. 252.

Paris Bakery
$
271 Bonifacio Plaza, angle Washington St.
831-646-1620

Depuis 1985, cette boulangerie est le rendez-vous des amoureux du bon pain et des bonnes pâtisseries. Vous pourrez aussi vous attabler le midi pour déguster une soupe, une salade ou un sandwich, avec, pour finir, un délicieux espresso.

Britannia Arms Pub & Restaurant
$$
444 Alvarado St.,
831-656-9543
www.britanniaarms.com

Le Britannia Arms Pub & Restaurant se veut un pub classique et chic avec ses chaises en velours rouge et ses tabourets en cuir vert entourant un solide bar en bois. Les habitués de ces établissements où la bière coule à flots reconnaîtront leurs favoris tels que les tourtes, hamburgers et *fish and chips*. Une petite terrasse est aménagée dans l'allée.

Loose Noodle
$$
538 Lighthouse Ave.
831-641-0130

Ce petit restaurant italien propose des pâtes de toutes sortes, faites maison et accompagnées de différentes sauces dont plusieurs sont à base de fruits de mer. Les quelques tables bien dressées confèrent une ambiance intime et chaleureuse à l'endroit.

Passionfish
$$$
tlj à partir de 17h
701 Lighthouse Ave., Pacific Grove
831-655-3311
www.passionfish.net

On ne tarit pas d'éloges pour ce restaurant situé tout près de Monterey, à Pacific Grove. Comme son nom le laisse entendre, le Passionfish est spécialisé en poissons et fruits de mer. Huîtres et poissons frais sont les stars du menu, mais les carnivores ne seront pas en reste, avec les poulet et canard fermiers qui sont tout aussi tentants. Le cadre lumineux, le service attentif et la bonne carte des vins ajoutent au charme de l'établissement.

Roy's At Pebble Beach
$$$$
The Inn at Spanish Bay
2700 17-Mile Dr.
831-647-7423
www.pebblebeach.com

Situé dans un luxueux établissement hôtelier, sur la 17-Mile Drive, cette route privée longeant de riches demeures (une réservation au restaurant vous évitera d'ailleurs de payer les droits d'entrée de la 17-Mile Drive), le restaurant doit son nom à son chef Roy Yamaguchi. Sa cuisine est fortement inspirée de son État d'origine, Hawaii, et vous permettra de déguster entre autres des poissons et fruits de mer, crus ou mijotés de façon inventive. La grande salle contemporaine, avec une superbe vue sur la mer, en fait un endroit chic pour une soirée romantique.

Santa Cruz

Walnut Avenue Cafe
$-$$
petit déjeuner et déjeuner
106 Walnut Ave.
831-457-2307
walnutavenuecafe.com

Les habitués se retrouvent le matin au très apprécié Walnut Avenue Cafe, pour savourer ce qui est au dire de plusieurs le «meilleur petit déjeuner en ville» (servi toute la journée), ou le midi pour avaler des salades, des sandwichs et des hamburgers, agrémentés de jus de fruits frais et d'espressos. Une terrasse est aménagée à l'entrée.

El Palomar
$$
1336 Pacific Ave.
831-425-7575
www.elpalomarcilantros.com

Le chef du populaire et animé restaurant El Palomar prépare les meilleures spécialités mexicaines dans un décor inspirant aux couleurs gaies, aux plafonds hauts et aux poutres apparentes. Les convives peuvent déguster *enchiladas, moles, ceviches* et autres plats végétariens dans une salle intime près d'un foyer ou encore à la terrasse, couverte et animée.

Stagnaro Bros.
$$
59 Municipal Wharf
831-423-2180
www.stagnarobros.com

Situé tout au bout de la jetée, avec une vue imprenable sur l'océan, le restaurant de la famille Stagnaro est spécialisé dans les poissons et fruits de mer depuis 1937. La cuisine n'est pas surprenante, mais ce sont des plats simples tels que le *clam chowder*, le sandwich au crabe, le *fish and chips* et, bien sûr, le poisson frais qui ont assuré la réputation et la longévité de ce restaurant à l'ambiance simple et familiale.

Soif Wine Bar and Restaurant
$$-$$$
105 Walnut Ave.
831-423-2020
www.soifwine.com

Avec son décor de vignoble méditerranéen et son ambiance conviviale, Soif propose un concept intéressant qui allie restaurant, bar à vin et marchand de vin. Vous pourrez acheter une bonne bouteille chez le marchand et la boire au restaurant, ou profiter des quelque 350 vins provenant du monde entier qui sont tous proposés au verre. Le menu est principalement composé de petits plats à saveur espagnole ou italienne, avec en prime quelques mets plus consistants telle la paella.

Gabriella Cafe
$$$-$$$$
910 Cedar St.
831-457-1677
www.gabriellacafe.com

Les amateurs de pâtés, de canard, d'agneau, de poissons et de viandes aux parfums méditerranéens se retrouvent chez Gabriella, ce sympathique établissement d'une quinzaine de tables aménagé dans un charmant bâtiment ancien en adobe. Le chef se fait un honneur d'utiliser des produits frais régionaux et de préparer une cuisine saine et originale, bien accompagnée par une large sélection de vins californiens et européens.

Sorties

› Bars et boîtes de nuit

Santa Barbara

L'**Old Kings Road** *(532 State St., 805-884-4085)*, un petit pub anglais, sert de nombreuses bières pression et devient, le soir venu, de plus en plus animé et chaleureux, quand les clients se mettent à danser au son d'un rock fiévreux.

Les amateurs de jazz, de folk et de rock se retrouvent au **Soho** *(1221 State St., 805-962-7776, www.sohosb.com)*, qui laisse sa scène aux jeunes et aux grands noms du genre.

Avec son caractère hétéroclite, mystérieux et inspiré des années 1970, le **Wild Cat Lounge** *(15 W. Ortega St., 805-962-7970, www.wildcatlounge.com)* offre une musique variée à une clientèle d'horizons différents.

San Luis Obispo

Superbe taverne de deux étages tout en boiseries sculptées où trône un bar magistral, la **Mother's Tavern** *(725 Higuera St., 805-541-8733, www.motherstavern.com)* se veut un rendez-vous très populaire parmi les étudiants. Outre les nombreuses sortes de bières et les repas légers, ils apprécient les mercredis soir disco et les spectacles musicaux sur scène la fin de semaine.

Vénérable institution aménagée dans un bâtiment centenaire, la **Downtown Brewing Co.** *(1119 Garden St., ☎ 805-543-1843, www.dtbrew.com)* brasse des blondes, des brunes et des rousses depuis des années, pour le grand plaisir des amateurs de nectar houblonné de la ville. Les amateurs de rock ou de reggae s'y retrouvent souvent pour assister à des performances musicales sur scène. Dans cette grande salle sous les toits, on peut aussi prendre un repas léger typique de ces établissements où la bière coule à flots.

Monterey

Les amateurs de bière, de musique et de billard se retrouvent au **Blue Fin Cafe & Billiards** *(685 Cannery Row, ☎ 831-717-4280, www.bluefinbilliards.com)*, où ils peuvent satisfaire toutes leurs envies. Établissement perché au deuxième étage d'un édifice de la Cannery Row, ce resto-bar permet de viser la bille 8, de danser, de prendre un goûter léger et d'admirer l'océan à ses pieds. Des musiciens sur scène s'y produisent du jeudi au samedi.

Santa Cruz

Populaire et chaude discothèque qui accueille une clientèle variée, gay et hétérosexuelle, le **Blue Lagoon** *(tlj 16h à 2h; 923 Pacific Ave., ☎ 831-423-7117, www.thebluelagoon.com)* constitue une véritable institution dans la vie nocturne de Santa Cruz. On y trouve un bar, des tables de billard et plusieurs pistes de danse.

Connu principalement dans la région pour ses soirées de jazz où les artistes donnent libre cours à leur inspiration, le **Kuumbwa Jazz Center** *(320-2 Cedar St., ☎ 831-427-2227, www.kuumbwajazz.org)* permet également à d'autres formes musicales de s'exprimer. Petit et intime, l'endroit apparaît idéal pour découvrir de nouveaux talents. Billets en vente chez **Logos Books and Records** *(1117 Pacific Ave., ☎ 831-427-5100)*.

Des groupes de musiciens sur scène font danser les habitués du **Rosie McCann's Irish Pub & Restaurant** *(1220 Pacific Ave., ☎ 831-426-9930, www.rosiemccanns.com)*, qui sert, pour étancher la soif et rassasier l'appétit des danseurs, une bonne variété de bières pression et des repas légers (classiques ou originaux).

> Fêtes et festivals

Avril

Organisé chaque année dans des villes différentes de la région, le **Vintner's Festival** attire de nombreux amateurs de vin tous les ans dans le comté de Santa Barbara pour célébrer l'arrivée du printemps, autour de la mi-avril. C'est l'occasion de goûter aux produits d'une centaine de viticulteurs, que vous pourrez accompagner de mets régionaux. Vérifiez les dates et le lieu auprès de la **Santa Barbara County Vintners' Association** *(☎ 805-688-0881, www.sbcountywines.com)*.

Septembre

Chaque année depuis 1958, le mois de septembre amène les plus grands musiciens du genre au célèbre **Monterey Jazz Festival** *(☎ 831-373-3366 et 925-275-9255 pour les tickets, www.montereyjazzfestival.org)*. Jeunes talents prometteurs et légendes du jazz tels Miles Davis, Stan Getz, Dizzie Gillespie et Dave Brubeck se sont produits au cours des années sur les scènes du Monterey Fairgrounds et ont fait de ce festival un événement mondialement reconnu.

Achats

Santa Barbara

Courir les magasins représente l'une des occupations principales des habitants de Santa Barbara, qui trouvent certainement leur compte dans l'élégant et chic **Paseo Nuevo Mall** de Canon Perdido Street et dans **State Street**, l'artère centrale de la ville, où s'alignent d'innombrables galeries d'art et boutiques branchées.

Par beau temps, les artistes et artisans se regroupent en front de mer et proposent leurs plus belles créations aux badauds dans ce qui est connu comme l'**Arts and Crafts Show** *(sam-dim 10h à la tombée de la nuit; 1118 E. Cabrillo Blvd., à côté du Stearns Wharf, ☎ 805-897-1982, www.sbaacs.com)*.

San Luis Obispo

Un sympathique **Farmer's Market** se tient chaque jeudi soir de l'année dans Higuera Street entre Osos Street et Nipomo Street. En plus d'y trouver des étals de produits régionaux, vous pourrez vous y restaurer. L'ambiance est assurée par des musiciens et autres saltimbanques.

Carmel-by-the-Sea

Communauté artistique, Carmel compte plusieurs galeries d'art de renommée. Prenant le relais de la deuxième plus ancienne coopérative artistique du pays, fondée en 1927, la **Carmel Art Association Gallery** *(Dolores St., entre Fifth St. et Sixth St., ☎ 831-624-6176, www.carmelart.org)* poursuit la tradition et présente les peintures et les sculptures d'une centaine des plus réputés artistes de la région. Vernissages, conférences, films et concerts sont occasionnellement tenus dans la vénérable galerie.

Monterey

Tous les mardis de l'année, résidents et visiteurs se rassemblent au centre-ville à l'**Old Monterey Market Place** *(mar 16h à 20h; Alvarado St., entre Del Monte et Pearl, ☎ 831-655-8070, www.oldmonterey.org)*. Plus grand marché de ce genre en Californie, il laisse la place à plus de 130 vendeurs qui exposent leurs objets d'art et d'artisanat ou proposent nourriture et produits frais de la région. Bon an, mal an, de 7 000 à 10 000 curieux défilent sur la place chaque mardi.

Santa Cruz

Il y a peu de chance que vous ne trouviez pas ce que vous cherchez au **Bookshop Santa Cruz** *(1520 Pacific Ave., ☎ 831-423-0900, www.bookshopsantacruz.com)*, une énorme librairie indépendante, qui propose également plusieurs cartes et livres sur la région.

Vinocruz *(725 Front St., Suite 101, ☎ 831-426-8466, www.vinocruz.com)* est exclusivement spécialisé dans les crus des vignobles des Santa Cruz Mountains. En plus d'acheter des bouteilles en provenance de petits producteurs, vous pourrez vous informer sur les meilleurs vignobles à visiter dans la région.

San Francisco et ses environs

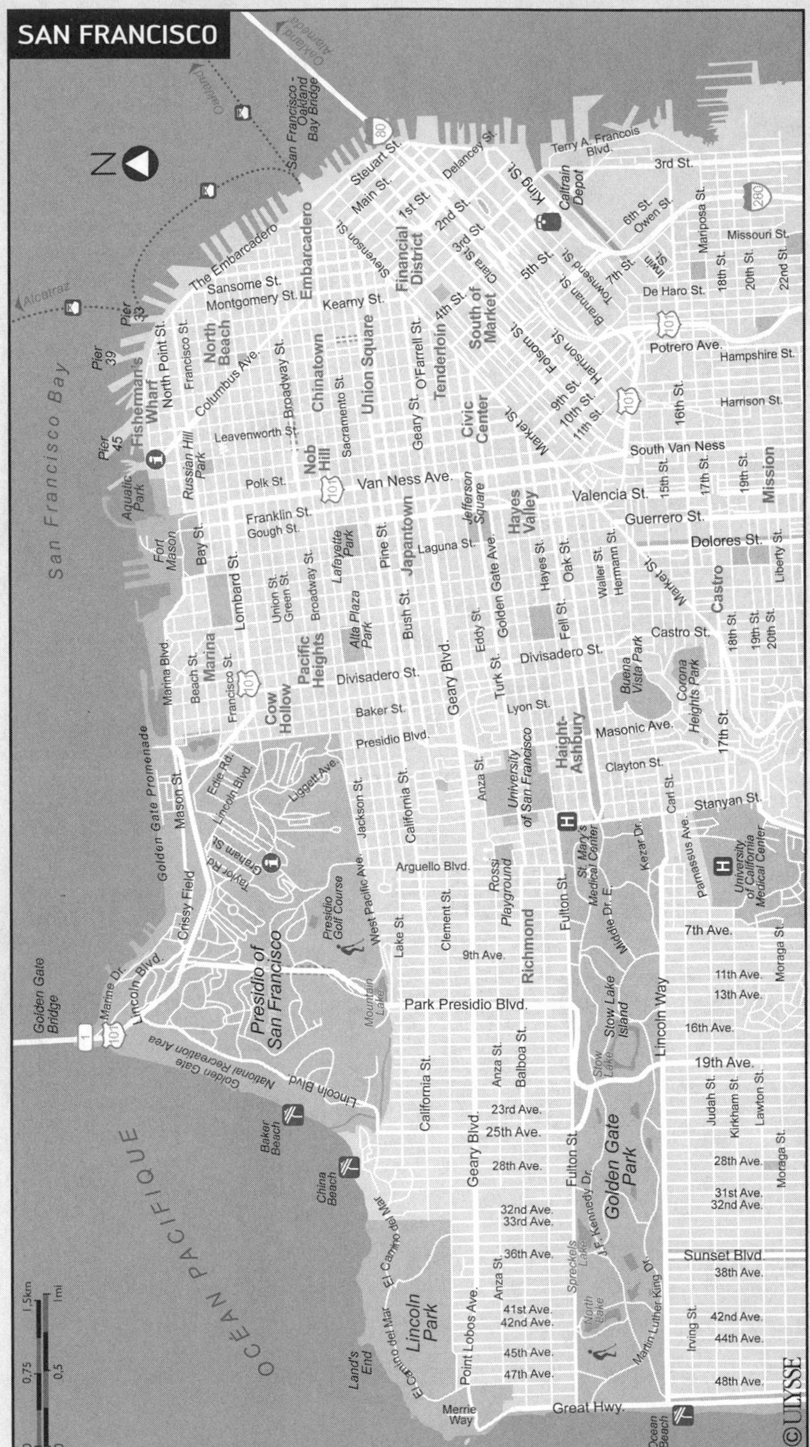
SAN FRANCISCO
San Francisco Bay
OCÉAN PACIFIQUE
Alcatraz
Oakland
Oakland Alameda
San Francisco - Oakland Bay Bridge
Golden Gate Bridge
Pier 33
Pier 39
Pier 45
Fisherman's Wharf
North Beach
Chinatown
Nob Hill
Union Square
Financial District
Embarcadero
South of Market
Tenderloin
Civic Center
Hayes Valley
Japantown
Pacific Heights
Marina
Cow Hollow
Haight-Ashbury
Castro
Mission
Richmond
Presidio of San Francisco
Presidio Golf Course
Golden Gate Park
Lincoln Park
Land's End
Baker Beach
China Beach
Ocean Beach
Golden Gate National Recreation Area
Golden Gate Promenade
Crissy Field
Fort Mason
Aquatic Park
Russian Hill Park
Lafayette Park
Alta Plaza Park
Jefferson Square
Buena Vista Park
Corona Heights Park
University of San Francisco
St. Mary's Medical Center
University of California Medical Center
Rossi Playground
Mountain Lake
Stow Lake
Stow Lake Island
Spreckels Lake
North Lake
Caltrain Depot
The Embarcadero
Sansome St.
Montgomery St.
Kearny St.
Columbus Ave.
North Point St.
Francisco St.
Broadway St.
Leavenworth St.
Sacramento St.
Polk St.
Van Ness Ave.
Franklin St.
Gough St.
Laguna St.
Bay St.
Lombard St.
Union St.
Green St.
Broadway St.
Pine St.
Bush St.
Geary St.
O'Farrell St.
Geary Blvd.
Eddy St.
Turk St.
Golden Gate Ave.
Hayes St.
Oak St.
Fell St.
Waller St.
Hermann St.
Market St.
Divisadero St.
Baker St.
Lyon St.
Presidio Blvd.
Masonic Ave.
Clayton St.
Stanyan St.
Carl St.
Parnassus Ave.
Kezar Dr.
Jackson St.
California St.
Anza St.
Arguello Blvd.
Clement St.
Lake St.
West Pacific Ave.
Fulton St.
Middle Dr. E.
Lincoln Way
Park Presidio Blvd.
Balboa St.
J.F. Kennedy Dr.
Martin Luther King Dr.
Point Lobos Ave.
El Camino del Mar
Merrie Way
Great Hwy.
Sunset Blvd.
Irving St.
Judah St.
Kirkham St.
Lawton St.
Moraga St.
7th Ave.
9th Ave.
11th Ave.
13th Ave.
16th Ave.
19th Ave.
23rd Ave.
25th Ave.
28th Ave.
31st Ave.
32nd Ave.
33rd Ave.
36th Ave.
38th Ave.
41st Ave.
42nd Ave.
44th Ave.
45th Ave.
47th Ave.
48th Ave.
Marina Blvd.
Beach St.
Francisco St.
Mason St.
Edie Rd.
Lincoln Blvd.
Liggett Ave.
Graham St.
Taylor Rd.
Marine Dr.
Steuart St.
Main St.
Stevenson St.
1st St.
2nd St.
3rd St.
4th St.
5th St.
Clara St.
Delancey St.
King St.
Townsend St.
Brannan St.
Folsom St.
Harrison St.
9th St.
10th St.
11th St.
Terry A. Francois Blvd.
6th St.
Owen St.
7th St.
Irwin St.
Mariposa St.
Missouri St.
18th St.
20th St.
22nd St.
De Haro St.
Potrero Ave.
Hampshire St.
Harrison St.
16th St.
South Van Ness
15th St.
17th St.
19th St.
Valencia St.
Guerrero St.
Dolores St.
Liberty St.
Castro St.
18th St.
19th St.
20th St.
17th St.
0 0,75 1,5km
0 0,5 1mi
©ULYSSE

San Francisco a toujours exercé une fascination presque mythique dans l'imaginaire débridé des pionniers, des artistes, des écrivains, des curieux, des touristes et de tous ceux qui furent un beau jour séduits par l'expression bien connue *« Go West young man! »*.

Les corsaires et les conquistadors l'imaginaient comme un fantôme émergeant à peine du brouillard crépusculaire où il s'est noyé; les artistes et les poètes, comme une métropole élégante gorgée de soleil; les peintres et les photographes, comme une toile de fond au centre de laquelle la ville s'estompe derrière un voile de grisaille et de mélancolie; les rêveurs et les écrivains, comme une contrée lointaine nimbée d'une aura de mystère.

Délimitée à l'ouest par l'océan Pacifique et au nord par le détroit du Golden Gate, San Francisco s'étend sur le bout d'une péninsule, bordée par la baie de San Francisco, qui couvre 1 280 km^2. Le Golden Gate Bridge mène au Marin County, tandis que le Bay Bridge relie San Francisco aux villes d'Oakland et de Berkeley, dans la région d'East Bay. La ville de San Francisco est parsemée d'une quarantaine de collines qui culminent à 282 m d'altitude au mont Davidson. D'allure très européenne grâce à ses nombreuses maisons victoriennes, la trame urbaine de San Francisco ne correspond pas à celle d'autres villes typiques des États-Unis. Finalement, la rencontre entre l'air froid de l'océan et l'air chaud de la côte forme un brouillard épais qui caractérise également la ville de San Francisco.

Lieu du globe à haute sismicité, San Francisco est située dans l'État de la Californie, parcouru par de nombreuses failles sur une ceinture sismique. La ville est localisée sur la faille de San Andreas (qui coupe la péninsule en deux et passe au large du Golden Gate Bridge pour se diriger au nord jusqu'au cap Mendocino) et à l'ouest de la faille de Hayward (qui longe Berkeley et Oakland). Avec le temps, par un mouvement continu mais d'une extrême lenteur, la faille de Hayward se déplace par rapport à l'autre vers le nord-ouest sur une distance moyenne d'environ 3 cm par année. Le frottement de ces deux plaques provoque les séismes qui secouent la Californie. Si l'on retrace l'histoire des grands tremblements de terre survenus en Californie au cours du XXe siècle, on constate qu'ils ont frappé surtout la partie nord de la faille, dans la région de San Francisco. À titre d'exemple, mentionnons le fort séisme très dévastateur de 1906, lequel a déclenché l'incendie qui rasa une bonne partie de la ville, ou celui de 1989, le *Loma Prieta*, qui secoua la région durant le troisième match de la Série mondiale de baseball entre les Giants de San Francisco et les A's d'Oakland.

San Francisco a longtemps été la plus populeuse des villes de la Californie, mais, vers le milieu du XXe siècle, elle a glissé au quatrième rang, cédant le pas à Los Angeles, San Diego et San Jose. De nos jours, la ville de San Francisco compte environ 820 000 habitants et a une superficie de 120 km^2. San Francisco baignant dans un véritable bouillon de culture, on estime que plus du tiers des habitants de la ville sont nés à l'extérieur des États-Unis.

Accès et déplacements

› En avion

San Francisco International Airport

Situé à 25 km du centre-ville, le **San Francisco International Airport** *(☎ 650-821-8211 ou 800-435-9736, www.flysfo.com)* est l'un des aéroports les plus achalandés du pays en raison d'une moyenne de plus de 30 millions de passagers qui y transitent chaque année. Il s'agit d'un aéroport moderne qui est desservi par une très grande quantité de compagnies aériennes et qui abrite des bureaux de change ainsi que plusieurs petits restaurants sans prétention. Pour vous rendre en ville, vous avez le choix: limousines, taxis et autobus vous emmèneront un peu partout dans la région métropolitaine.

Accès à la ville

Il peut être plus abordable de partager un **taxi** à plusieurs que d'acheter un billet d'autocar pour se rendre à l'hôtel. Les taxis quittant l'aéroport de San Francisco utilisent leur odomètre. Le prix de la course ne peut être déterminé avant le départ et demeure non négociable. Un taxi entre l'aéroport et le centre-ville vous coûtera de 45 à 50$ (pourboire non compris).

Le **BART** (voir page suivante) assure une liaison entre l'aéroport et le centre-ville de San Francisco *(environ 8$)*.

L'**American Airporter Shuttle** *(☎ 415-202-0733, www.americanairporter.com)* relie l'aéroport et les principaux grands hôtels du centre-ville. Comptez 17$ pour l'aller simple. Sachez toutefois que, si vous avez recours aux services d'une navette, vous devrez demander le parcours.

Vous pouvez également communiquer avec l'une des deux entreprises suivantes qui louent des limousines avec chauffeur:

All City Limousine & Transportation: ☎ 415-939-0780, www.allcitylimosf.com

ABC Chauffeured Limousines: ☎ 888-401-6200, www.abctrans.com

Oakland International Airport

Situé à environ 12 km d'Oakland et à seulement 26 km de San Francisco, l'**Oakland International Airport** *(☎ 510-563-3300, www.oaklandairport.com)* est plus petit que celui de San Francisco. Il accueille surtout des vols intérieurs et demeure un point d'entrée très fréquenté par les voyageurs. Si l'hôtel où vous logez est situé à San Francisco, la distance à franchir entre l'aéroport et ce dernier peut toutefois demander entre 15 min et 30 min de plus qu'au départ de l'aéroport de San Francisco.

Accès à la ville

Une course en taxi de l'aéroport d'Oakland jusqu'à San Francisco vous coûtera de 50$ à 60$.

Vous pouvez également prendre le **BART** (voir page suivante), qui vous mènera de l'aéroport d'Oakland jusqu'à San Francisco. De là, vous devrez toutefois prendre un taxi pour vous rendre à l'hôtel où vous logez.

Norman Y. Mineta San Jose International Airport

Situé à 3 km au nord du centre-ville de San Jose, le **Norman Y. Mineta San Jose International Airport** *(1661 Airport Blvd., sortie Coleman Ave. de la route I-80 ou sortie Guadalupe depuis la route US 101, ☎ 408-277-4759, www.sjc.org)* reçoit surtout des vols à provenance des grandes villes de la Côte Ouest américaine.

➤ En voiture

Accès à la ville

Si vous arrivez de l'est, prenez l'autoroute 80 et empruntez le Bay Bridge pour vous rendre à San Francisco. Attendez-vous à débourser 4$ pour traverser ce pont.

Du nord, l'autoroute 101 traverse le Marin County et mène au Golden Gate Bridge. Comptez 5$ pour traverser ce pont.

Si vous arrivez du sud, le trajet le plus simple consiste à suivre la route 1 ou la US 1. Ces deux voies aboutissent à San Francisco. La route 1 est moins achalandée et moins stressante que la US 1.

Location de voitures

Avis: San Francisco International Airport, ☎ 650-877-6780, www.avis.com

Budget: San Francisco International Airport, ☎ 650-877-0998; 5 Embarcadero Center, ☎ 415-433-3717; 495 Bay St., ☎ 415-292-3683; www.budget.com

Hertz: San Francisco International Airport, ☎ 650-624-6600, www.hertz.com

Thrifty: San Francisco International Airport, ☎ 650-283-0898; 350 O'Farrell St., ☎ 877-283-0898; www.thrifty.com

➤ En autocar

Pour obtenir les horaires et les destinations desservies, appelez la succursale locale de la société Greyhound au *☎ 800-231-2222* ou visitez le site Internet *www.greyhound.com*.

Gares routières

Le 7 août 2010, on détruisait le **Transbay Transit Center** pour mieux le reconstruire au même endroit. En attendant la fin des travaux prévue pour 2017, le **Temporary Terminal** *(angle Howard St. et Main St., San Francisco, ☎ 415-597-4620, www.temporaryterminal.org)* accueille les voyageurs.

Oakland Greyhound Station: 2103 San Pablo Ave., Oakland, ☎ 510-832-4730

San Jose Greyhound Station: 70 S. Almaden Ave., San Jose, ☎ 408-295-4151

➤ En train

Amtrak *(☎ 800-872-7245, www.amtrak.com)* n'a pas de gare à San Francisco. Vous devez vous arrêter à Oakland ou à Emerville, d'où une navette (gratuite) vous conduira au Ferry Building, près de Market Street.

Caltrain *(Fourth St., angle King St., San Francisco, ☎ 800-660-4287, www.caltrain.com)* assure des liaisons ferroviaires avec des villes de la péninsule comme Palo Alto et San Jose.

Gares ferroviaires Amtrak

Berkeley: Third St., angle University Ave.

Oakland: Jack London Square, 245 Second St.

Emerville: 65 Cahill St.

San Jose: 5885 Landregan St.

› En transport en commun

Contrairement à d'autres villes américaines où le besoin de se déplacer va de pair avec l'utilisation quotidienne d'une voiture, sachez qu'il n'est pas nécessaire de louer un véhicule pour visiter San Francisco. Le transport en commun y est relativement bien développé, fonctionne fort bien et demeure plutôt économique. Toutefois, si vous comptez sortir de San Francisco (pour visiter, par exemple, la Napa Valley ou le village de Half Moon Bay), vous devrez louer un véhicule.

Pour obtenir de l'information actualisée quotidiennement sur les conditions routières, les parcours de bus, le réseau des pistes cyclables ou pour toute autre question que vous pourriez vous poser sur le transport dans la région de San Francisco, visitez le *www.511.org* ou composez le *☎ 511* depuis San Francisco.

Le **San Francisco Municipal Railway (Muni)** *(☎ 415-673-6864 ou ☎ 311 depuis San Francisco, www.sfmuni.com)* est un système public de transport en commun dans la ville de San Francisco et ses banlieues, qui regroupe environ 100 lignes d'autobus et inclut le métro, les autobus et les *cable cars*.

Le prix du billet par personne se chiffre à 2$ pour les autobus et à 5$ pour les *cable cars*. Lorsqu'on s'acquitte du prix des billets, la monnaie exacte est requise chaque fois.

Si vous comptez utiliser les autobus à plusieurs reprises, il vous est possible d'acheter un Muni Passeport pour un (13$), trois (20$) ou sept jours (26$).

Le **BART** *(San Francisco **B**ay **A**rea **R**apid **T**ransit, ☎ 415-989-2278 ou ☎ 311 depuis San Francisco, www.bart.gov)* ressemble grosso modo au système de RER de Paris. C'est un système de transport en commun moderne et sécuritaire qui dessert le centre-ville et le Mission District, et qui relie également San Francisco aux villes de l'East Bay comme Berkeley et Oakland. Les prix sont fixés en fonction de la distance parcourue.

Cable cars

Inventés par l'ingénieur anglais Andrew Smith Hallidie, les *cable cars*, emblèmes indissociables de la ville, caracolent sur les collines de San Francisco depuis 1873. Il n'y a pas de moteur à l'intérieur des *cable cars*. Les *cars* sont reliés, par un câble d'acier (d'où le nom de *cable car*) glissant entre les rails, à un système de moteur central. Patrimoine historique depuis 1964, les *cable cars* ont une vitesse de pointe qui ne dépasse guère les 15 km/h.

Il n'y a plus que trois lignes de *cable cars* en service aujourd'hui sur les 12 lignes du réseau original: Powell-Mason, Powell-Hyde et California-Market. Pour plus de détails, visitez le site Internet *www.sfcablecar.com*.

› En taxi

Pour une raison étrange, il est souvent difficile de héler un taxi dans les rues de San Francisco. Les taxis sont facilement identifiables et peuvent être un moyen de transport économique en groupe, car ils peuvent accueillir jusqu'à quatre personnes. L'odomètre débute à 2,85$ et marque 0,45$ après avoir parcouru 1/5 de mille (environ 0,3 km). Finalement, les chauffeurs de taxi s'attendent à recevoir au moins 15% de pourboire sur la somme affichée à l'odomètre. Voici les coordonnées de quelques compagnies de taxis:

Green Cab *(☎ 415-626-4733, www.626green.com)* est la seule compagnie de taxis de San Francisco dont la flotte est composée de véhicules hybrides.

City Wide Cab: ☎ 415-920-0700

Desoto Cab: ☎ 415-970-1300

Veteran's Taxi Cab: ☎ 415-552-1300

Yellow Cab: ☎ 415-626-2345

Attraits touristiques

San Francisco Convention & Visitors Bureau: 201 Third St., Suite 900, San Francisco, CA 94103, ☎ 415-974-6900 ou 415-391-2003 (message enregistré en français), www.onlyinsanfrancisco.com.

Visitor Information Center: 900 Market St., angle Powell St., au sous-sol de Haillidie Plaza, ☎ 415-391-2000.

Ville ravissante à la topographie tourmentée, San Francisco s'étend entre mer et montagnes sur un site fabuleux où se mêlent à la fois tradition, modernité et classicisme.

Le centre-ville

p. 294 *p. 305* *p. 315* *p. 319*

1 jour

Union Square ★

Théâtre d'événements historiques, Union Square doit son nom aux manifestations populaires qui s'y tinrent lors de la guerre de Sécession en faveur de l'Union. De nos jours, les touristes, les itinérants et les habitants de la ville fourmillent dans ce quartier qui est l'un des plus achalandés et l'un des plus chers de San Francisco. Un vaste éventail de boutiques chics, d'hôtels de luxe et de magasins à la mode flanquent cette grande place. L'endroit en question n'est pas vraiment spectaculaire, mais les environs d'Union Square sont ce qu'on appelle communément le «centre-ville» de San Francisco.

Inauguré en grande pompe par le millionnaire Charles T. Crocker pour qu'y séjournent les riches de la société nord-américaine, le **St. Francis Hotel** ★★ *(355 Powell St., ☎ 415-397-7000; Westin St. Francis, voir p. 298)* occupe tout le côté ouest d'Union Square. L'établissement fut hélas gravement endommagé par l'incendie provoqué par le séisme de 1906, mais fut rapidement reconstruit quelques années plus tard. À quelques encablures au nord de Neiman-Marcus se trouve une petite allée dénommée **Maiden Lane**. Jadis, Maiden Lane était une rue flanquée de bordels et de bars malfamés où les prostituées racolaient, depuis leur fenêtre ouverte, des clients potentiels qui y déambulaient. Les rixes y étaient fréquentes, et l'on raconte qu'il s'y commettait en moyenne deux meurtres par semaine. La rue fut assainie par l'incendie de 1906, et l'on s'empressa de lui insuffler un air de renouveau. Aujourd'hui, des boutiques, des cafés-terrasses et des restaurants jalonnent les deux côtés de la rue. Les férus d'architecture moderne seront heureux d'apprendre que la **Xanadu Gallery** ★ *(140 Maiden Lane, ☎ 415-392-9999)* est l'unique bâtiment de la ville construit d'après les plans de l'architecte de renom Frank Lloyd Wright.

Chinatown ★★

S'éparpillant sur une surface délimitée grosso modo par les rues Broadway au nord, Montgomery et Columbus à l'est, California au sud et Powell à l'ouest, le Chinatown de San Francisco constitue l'un des plus grands quartiers chinois établis à l'extérieur de la Chine, à égalité avec ceux de New York et de Vancouver. Déambuler dans le Chinatown, c'est un peu comme si le temps s'était figé dans le souvenir d'une autre époque. Une multitude d'Asiatiques cohabitent dans ce quartier. De fabuleux restaurants, pour la plupart chinois, perpétuent la tradition des ripailles d'antan et se caractérisent par des carcasses d'animaux pendouillant au-dessus des étals, des effluves subtils flottant dans l'air et des dragons mythiques ornant leurs façades surplombées par des toits en pagode.

La plupart des visiteurs pénètrent dans le quartier chinois par la **Chinatown Gateway**: une arche ornée de dragons chinois. La plus vieille rue du Chinatown est aussi la plus vieille rue de la ville, **Grant Avenue** ★★. Elle est l'épine dorsale et le cœur commercial du quartier chinois; des restaurants exotiques, des boutiques de souvenirs kitsch et des galeries d'art se côtoient en effet tout au long de cette artère qui de plus fourmille en tout temps de touristes et de résidents.

Remarquez sur votre droite, à l'angle de California Street, la néogothique **Old St. Mary's Cathedral** ★ *(660 California St., angle Grant Ave., ☎ 415-288-3800, www.oldsaintmarys.org)*. Elle fut construite en 1854 par des ouvriers chinois. Ce lieu de culte a réussi à survivre aux nombreux séismes qui ont secoué la région depuis plus d'un siècle.

Nommé en l'honneur du navire américain qui mouilla dans la baie de San Francisco en 1846, **Portsmouth Square** est une place publique où de vieux Chinois aiment à se retrouver pour jouer aux cartes. On y trouve

Les fresques de San Francisco

Diego Rivera, le célèbre muraliste mexicain, passa quelque temps à San Francisco, et vous pourrez admirer son *Alegoría de California* au **City Club** *(155 Sansome St.; appelez au ☎ 415-362-2480 pour connaître les rares heures de visite)*, mais vous aurez plus de chance de voir *The Making of a Fresco*, où l'artiste s'est peint lui-même en train de créer cette fresque, au **San Francisco Art Institute** *(tlj 9h à 19h30; 800 Chestnut St., entre Jones St. et Leavenworth St., ☎ 415-771-7020, poste 4410)*. Enfin, l'énorme et très symbolique peinture murale dénommée *Pan American Unity* se trouve au **City College of San Francisco** *(lun-ven, horaire variable; 50 Phelan Ave., ☎ 415-452-5201, www.riveramural.com)*. Les passionnés de cette forme d'art pourront aussi découvrir des fresques plus populaires qui ornent les murs du quartier de Mission en suivant les circuits proposés par le **Precita Eyes Mural Arts Center** *(12$ et plus; visites: sam-dim 11h et 13h30; 2981 24th St., près de Harrison St., ☎ 415-285-2287, www.precitaeyes.org)*.

aussi une sculpture représentant un navire, laquelle est dédiée à la mémoire de l'écrivain Robert Stevenson, qui avait jadis l'habitude de flâner dans le square. De leur côté, les touristes curieux en profitent pour s'arrêter et souffler un peu.

La **Chinese Historical Society of America** ★ *(3$; mar-ven 12h à 17h, sam 11h à 17h; 965 Clay St., ☎ 415-391-1188, www.chsa.org)* retrace l'histoire de l'arrivée des Chinois dans l'ouest des États-Unis à travers une petite mais intéressante collection de photos et de tableaux tirée des archives locales.

Financial District et Embarcadero ★★

Le **Financial District** forme grossièrement un triangle avec les rues Market, Kearny et Jackson. Cœur palpitant par lequel l'argent circule dans les artères prospères de la ville, il est justement surnommé le «Wall Street de l'Ouest». Le quartier regroupe des monstres de verre et d'acier qui abritent un réseau serré de banques blindées, de bureaux de compagnies d'assurances animés, d'agences de courtage opulantes et de cabinets d'avocats onéreux. Ce réseau se cache au cœur d'une impressionnante forêt de gratte-ciel qui surplombent les rues sillonnées par des voitures rutilantes.

Situé pratiquement à la jonction de Market Street et de Kearny Street, le **Palace Hotel** ★ *(2 New Montgomery St., ☎ 415-512-1111, www.sfpalace.com)* dresse fièrement sa façade. À l'époque de son ouverture, en 1875, cet établissement était un palace étincelant. À l'instar de bien des immeubles du dernier quart du XIXe siècle, il fut rasé lors de l'incendie qui suivit le séisme de 1906, mais reconstruit quelques années plus tard.

La **Crocker Galleria** *(entre Post St. et Sutter St.)* est un joli centre commercial qui abrite une panoplie de boutiques exclusives et de cafés donnant sur une terrasse centrale recouverte d'un énorme dôme vitré.

Ancienne demeure d'un bijoutier, transformée en hôtel de luxe puis ravagée par l'incendie qui suivit le séisme de 1906, le **Russ Building** ★ *(235 Montgomery St.)* s'élève depuis 1927 sur 31 étages. Il fut longtemps considéré comme le gratte-ciel le plus élevé de l'ouest des États-Unis, avant d'être détrôné par bon nombre d'édifices plus récents. Aujourd'hui, il s'imbrique parfaitement dans le décor formé par les autres gratte-ciel qui donnent au Financial District sa silhouette caractéristique.

Construit en 1891, le **Mills Building** ★ *(220 Montgomery St.)* fut partiellement endommagé par le séisme de 1906. Il demeure toutefois l'un des rares édifices à avoir survécu aux affres du terrible incendie qui s'ensuivit et n'eut par conséquent à subir que quelques réparations vers 1907. En 1931, soit 40 ans après sa construction, une tour d'une vingtaine d'étages est venue s'ajouter à ses infrastructures. Elle s'agence étonnamment bien avec le décor environnant.

Haut de 238 m et comptant 52 étages, l'immeuble de bureaux où loge la **Bank of America** ★ *(555 California St.)* est le fruit de la persévérance d'Amadeo Peter Giannini. Il créa en effet en 1969 la Bank of Italy pour la clientèle des expatriés italiens qui n'avaient pas les moyens d'emprunter de l'argent aux institutions bancaires de l'époque.

★ ATTRAITS TOURISTIQUES

Union Square

1. CZ St. Francis Hotel
2. CZ Maiden Lane
3. CZ Xanadu Gallery

Chinatown

4. CY Chinatown Gateway
5. CY Grant Avenue
6. CY Old St. Mary's Cathedral
7. CY Portsmouth Square
8. CY Chinese Historical Society of America

Financial District

9. DZ Palace Hotel
10. CZ Crocker Galleria
11. CY Russ Building
12. DY Mills Building
13. CY Bank of America
14. DY Wells Fargo History Museum
15. DY Transamerica Pyramid
16. DY Jackson Square

SAN FRANCISCO centre-ville

Embarcadero

17. DY Hyatt Regency
18. EY Ferry Building Marketplace
19. EY Ferry Plaza Farmers Market
20. EY Herb Caen Way...
21. FY Bay Bridge
22. FY Yerba Buena Island

North Beach

23. CX Columbus Tower
24. CX Vesuvio Café
25. CX City Lights Booksellers & Publishers
26. CX Washington Square
27. CX St. Peter and St. Paul Church
28. CW Telegraph Hill
29. CX Coit Tower
30. AW Lombard Street

Nob Hill

31. BY Grace Cathedral
32. BY Huntington Park.
33. BY Cable Car Museum

Le **Wells Fargo History Museum** ★★ *(entrée libre; lun-ven 9h à 17h; 420 Montgomery St., ☎ 415-396-2619, www.wellsfargohistory.com)* expose les célèbres diligences qui jadis reliaient la Côte Est à la Côte Ouest. Le musée abrite aussi des devises factices émises par le déluré «empereur Norton», des pépites d'or ainsi que plusieurs photos d'époque. Fondée en 1852 par Henry Wells et William G. Fargo, la Wells Fargo a longtemps régné en maître sur les liaisons routières d'antan en assurant la livraison de courrier ou d'argent. À la fois compagnie de transport et institution bancaire, la Wells Fargo a joué un rôle important dans le développement de la Côte Ouest.

Probablement le bâtiment à l'architecture la plus audacieuse de San Francisco, la **Transamerica Pyramid** ★★ *(600 Montgomery St.)* se dresse sur un site historique, le Montgomery Block, et fut inaugurée en 1972. Elle fait 260 m de hauteur et surplombe tous les gratte-ciel de la ville. Dessiné par la firme William Pereira & Associates, cet édifice de forme pyramidale ne fit résolument pas l'unanimité dans les premières années de son existence, car cette firme venait de Los Angeles, l'éternelle rivale de San Francisco.

Jackson Square est l'endroit où se trouvait jadis le célèbre quartier de la Barbary Coast. C'était un quartier infesté de façon notoire de marins en goguette, de prostituées aguichantes et de buveurs de tord-boyaux. Pendant l'incendie dévastateur qui suivit le séisme de 1906, le quartier a été presque entièrement rasé. L'endroit fut rénové au milieu du XXe siècle, pour faire place aujourd'hui à de chics boutiques de mode, à des galeries d'art et à des commerces d'antiquaires.

En espagnol, *embarcadero* signifie «quai». Ironie du sort, l'effervescence et le développement de l'**Embarcadero** sont étroitement liés au séisme de 1989, connu sous le nom de *Loma Prieta*, qui a ébranlé le quartier. D'une certaine façon, le séisme de 1989, vu sous l'angle de l'urbanisation de l'Embarcadero, fut un mal pour un bien. L'affreuse autoroute de béton qui obstruait la vue sur la baie fut tellement endommagée qu'il fallut la démolir. Avec le panorama visiblement saisissant depuis cet endroit, on se demande aujourd'hui pourquoi elle n'a pas été démolie avant.

Il faut absolument pousser la porte du **Hyatt Regency** ★★ *(5 Embarcadero Center; voir p. 299)*, ne serait-ce que pour admirer le fabuleux atrium de 17 étages agrémenté d'une profusion de plantes, et d'arbres, en plus d'une sculpture géante de Charles Perry intitulée *Eclipse*.

Le **Ferry Building Marketplace** ★★ *(1 Ferry Building, ☎ 415-693-0996, www.ferrybuildingmarketplace.com)* est auréolé d'une ambiance franchement sympathique. Il fourmille d'activités et réunit sous un même toit plusieurs restaurants savoureux et des boutiques d'alimentation alléchantes. L'endroit s'anime particulièrement tous les mardis, jeudis et samedis matin à l'occasion du **Ferry Plaza Farmers Market**, où une centaine de producteurs agricoles viennent présenter des produits du terroir californien. Le samedi attire quatre fois plus de producteurs et de visiteurs que les deux autres jours. Bon nombre de chefs de la ville et des environs viennent souvent y faire leurs provisions afin de préparer leur menu.

Tout le long du front de mer en bordure de la baie s'étend l'Embarcadero, dont le prolongement fut nommé **Herb Caen Way...**, en mémoire du célèbre éditorialiste Herb Caen, qui écrivait pour le *San Francisco Chronicle* et était particulièrement connu pour son utilisation de courtes phrases ponctuées de points de suspension. Le Herb Caen Way... est bordé de jolis palmiers sous lesquels cyclistes et joggeurs croisent touristes et gens d'affaires.

Résolument moins flamboyant et spectaculaire que le Golden Gate Bridge, le **Bay Bridge** ★ n'en demeure pas moins l'un des ponts en acier les plus longs de la planète. Inauguré en 1936 pour décongestionner la circulation automobile, ce pont prend appui sur **Yerba Buena Island** avant d'atteindre Oakland 13 km plus loin. En raison des cinq voies à sens unique disposées sur chacun de ses deux niveaux (l'un pour sortir de la ville et l'autre pour y entrer), la circulation y est toujours dense. Le séisme de 1989 endommagea le pont et causa la mort d'un automobiliste. À la suite de ce dramatique accident, on s'empressa de consolider la superstructure.

Beatnik

Le mot «beatnik» fut inventé par le chroniqueur Herb Caen. La particule «nik» fait allusion au premier satellite lancé en orbite par les Soviétiques en 1957: Spoutnik. À cette époque d'incertitude, on soupçonnait les beatniks de prêter allégeance au communisme. *Beat* signifie grosso modo «fatigué» ou «vanné» et possède aussi une triple connotation: résignation (*I'm beat*), rythme et béatitude.

North Beach ★★

De nos jours, l'ancien quartier fréquenté naguère par Ginsberg, Kerouac et leur cortège de beatniks est grossièrement délimité par Fisherman's Wharf au nord, Telegraph Hill à l'est, Russian Hill à l'ouest et le Chinatown au sud. North Beach est aujourd'hui un quartier en pleine reconversion où les hauts lieux culinaires et les bars à la mode côtoient les cinémas pornos, les sex-shops et les maisons closes.

Facilement identifiable grâce à son joli dôme vert, la **Columbus Tower** ★★ *(916 Kearny St.)* est l'un des plus beaux bâtiments du quartier de North Beach. Érigé au début du XXe siècle, l'édifice appartient à Francis Ford Coppola depuis les années 1970. D'ailleurs, les étages supérieurs abritent les bureaux de sa maison de production, American Zoetrope, tandis que le rez-de-chaussée a été transformé en un chic restaurant, le **Cafe Zoetrope** (voir p. 309).

Le **Vesuvio Café** ★★★ *(tlj 6h à 2h; 255 Columbus Ave., angle Jack Kerouac Alley, ☎ 415-362-3370, www.vesuvio.com)* est un des rares repaires de beatniks qui existe toujours. Contrairement à ce que laisse suggérer son nom, il s'agit plutôt d'un bar qui reçoit aujourd'hui non seulement sa part de touristes, mais également son lot d'intellectuels en manque d'inspiration et de poètes nostalgiques. Outre les beatniks des années passées, le poète gallois Dylan Thomas compte parmi les célébrités qui furent naguère clients de cet établissement. Prenez donc le temps de vous y arrêter, ne serait-ce que pour prendre un verre à la mémoire de Jack Kerouac ou d'Allen Ginsberg.

La librairie **City Lights Booksellers & Publishers** ★★ *(261 Columbus Ave., angle Broadway St., ☎ 415-362-8193, www.citylights.com)* fut la première en Amérique à garnir uniquement ses étagères de livres de poche. Elle fut également le lieu de la première maison d'édition à publier Jack Kerouac. Ouverte depuis 1953, elle appartient toujours au même propriétaire, le poète et ancien beatnik Lawrence Ferlinghetti. Ici, les planchers craquent, la poussière recouvre certaines étagères, et l'endroit est plein de charme. La qualité des livres et le service sont excellents. Il s'agit du lieu rêvé pour fouiner et peut-être dénicher un vieux classique qui dort sur une tablette. Bonne section sur la poésie.

Washington Square ★★ est dominé par un édifice religieux, la St. Peter and St. Paul Church (voir ci-dessous), et est délimité par les rues Union, Powell, Filbert et Stockton. Depuis 1852, Washington Square honore la mémoire du premier président des États-Unis, George Washington. Au centre du parc se dresse une statue en bronze de Benjamin Franklin. Au nord-ouest se trouve un autre monument, celui-ci honorant la mémoire des pompiers volontaires de la ville. Par les journées ensoleillées, cet espace vert fourmille de touristes et de résidents. Il n'est pas rare d'y voir des Asiatiques s'adonner au tai-chi.

Achevée en 1924, la **St. Peter and St. Paul Church** ★★ *(666 Filbert St.)* abrite un tableau de la sainte patronne de la ville: *Santa María*. Pour les amateurs d'anecdotes, en 1957, Marilyn Monroe et Joe Dimaggio se prêtèrent au jeu des photographes sur le parvis de l'église.

Goat Hill, nommée ainsi en raison des nombreuses chèvres qui jadis s'y baladaient en toute quiétude, prit ensuite le nom de Signal Hill, puis de **Telegraph Hill** ★ lorsqu'une station de sémaphore fut construite en 1849 au sommet de ses 852 m. Cette station devait signaler l'arrivée des navires au moyen du premier émetteur-récepteur morse installé dans l'ouest des États-Unis. Vers 1890, le sémaphore fut détruit et, à sa place, on édifia un château doté d'une tour d'observation et d'un téléphérique. L'ensemble fut hélas rasé par un incendie au début du XXe siècle. De nos jours, Telegraph Hill est devenu un quartier résidentiel cossu.

Au sommet de Telegraph Hill, la **Coit Tower** ★★ *(☎ 415-362-0808)* dresse sa silhouette cylindrique sur 64 m. En 1934, cette tour érigée en souvenir d'une caserne de sapeurs des années 1850 fut offerte aux pompiers de la ville par Lillie Hitchcock Coit (voir l'encadré ci-dessous). Vous le soupçonnez peut-être, et vous avez raison: le **belvédère** *(5 $)* offre un panorama tout à fait saisissant de la ville et de ses environs. Au rez-de-chaussée, de jolies **peintures murales** illustrent des tranches de vie de l'histoire de San Francisco.

Dès la fin du XIXe siècle, des *cable cars* sillonnaient déjà les flancs de cette colline. Après l'incendie qui suivit le séisme de 1906, les architectes décidèrent de remodeler le visage de la colline en lui donnant des allures architecturales hispaniques, coloniales et même Art déco.

Juchée sur les flancs de Russian Hill, **Lombard Street** ★★★ *(entre Hyde St. et Leavenworth St.)*, la *«rue à sens unique la plus tordue au monde»*, suit un tracé qui compte pas moins de huit virages en épingle pour permettre aux véhicules de mieux négocier cette pente abrupte de 27%. D'ailleurs, la vitesse maximale autorisée n'est que de 8 km/h. La vue du haut de la colline (Russian Hill) est tout à fait panoramique. Certains d'entre vous l'ont d'ailleurs peut-être déjà contemplée dans des films tournés à San Francisco, notamment dans *Bullitt*, qui met en vedette Steve McQueen.

Lillie Hitchcock Coit

Née en 1843, Lillie Hitchcock Coit avait huit ans en 1851 lorsqu'elle fut sauvée des flammes par les pompiers. Peu après, elle devint la mascotte attitrée des sapeurs de la caserne. Costumée en pompier, elle allait jusqu'à courir derrière les camions de pompiers lorsqu'ils répondaient à un appel d'urgence. Devenue adulte, et appartenant à la haute société, elle fit don d'une tour aux pompiers de la ville, la Coit Tower, en forme de borne d'incendie. Lorsqu'elle mourut, à l'âge de 82 ans, bon nombre de pompiers des casernes de San Francisco assistèrent à ses funérailles.

Nob Hill ★

Nob Hill est la déformation du vocable *Nabab* (ce nom qu'on donnait aux pionniers qui trouvèrent gloire et forturne aux Indes orientales) et fait directement référence aux riches habitants de ce quartier qui jadis se firent construire de magnifiques demeures victoriennes et édouardiennes. Dès 1873, des *cable cars* gravissaient les flancs extrêmement raides de la colline et ouvraient par le fait même le chemin à sa colonisation. En effet, quelques années plus tard, de riches personnages se hasardèrent à faire construire de fastueuses demeures sur cette colline qui culminait à 103 m au dessus de la baie. Hélas pour ces hardis propriétaires, le terrible séisme de 1906 qui provoqua un incendie dévastateur ravagea toutes ces belles maisons sauf une, celle de James C. Flood, construite en grès dans un style italianisant. Cette maison est aujourd'hui le siège d'un club privé, le **Pacific Union Club** *(on ne visite pas; 1000 California St.)*.

La **Grace Cathedral** ★ *(1100 California St., ☎ 415-749-6300, www.gracecathedral.org)* profile sa silhouette néogothique à l'horizon. Ses portes en bronze sculpté de près de 5 m de haut sont des répliques de celles de la cathédrale Santa Maria del Fiore à Florence. L'autel massif en chêne et l'orgue de plus de 7 000 tuyaux méritent un coup d'œil. Les vitraux affichent une certaine incongruité en évoquant la mémoire de personnages comme Albert Einstein et Robert Frost. Devant la cathédrale, il n'est pas rare de voir des Asiatiques s'exercer au tai-chi dans le petit **Huntington Park**.

Le **Cable Car Museum** ★ *(entrée libre; avr à sept tlj 10h à 18h, oct à mars tlj 10h à 17h; 1201 Mason St., angle Washington St., ☎ 415-474-1887, www.cablecarmuseum.com)* permet d'en connaître davantage sur le fonctionnement des fameux *cable cars* de San Francisco.

Cable cars

L'histoire raconte que, par un bel après-midi d'été, l'ingénieur anglais Andrew Smith Hallidie fut témoin d'un horrible accident qui eut lieu sur les collines pentues de San Francisco : un cheval qui tirait un *streetcar* perdit l'équilibre et glissa sous sa charge, entraînant dans sa chute d'autres chevaux et *streetcars*. Consterné, Hallidie décida de remédier au problème en griffonnant sur place des idées sur un bout de papier. Puis il alla soumettre à la Ville un projet expérimental d'un système de transport urbain à base de câbles d'acier. Son projet remporta un vif succès.

Dès 1873, le premier *cable car* caracolait sur les collines de San Francisco. Le principe en est assez simple. Il n'y a pas de moteur à l'intérieur des *cable cars*. Les *cars* sont reliés, par un câble d'acier (d'où le nom de *cable car*) glissant entre les rails, à un système de moteur central. Le conducteur des *cable cars* s'appelle le *gripman*. Avec l'aide d'une *grip* (sorte de pince), il a la responsabilité de serrer le câble pour arrêter les cars ou de le relâcher pour continuer. Il va sans dire que le *gripman* doit être un homme assez fort et en excellente condition physique.

En 1947, les autorités de la ville voulurent remplacer les *cable cars* jugés obsolètes par des autobus plus modernes et plus efficaces. Dans un geste éloquent de solidarité, les citoyens de San Francisco se mobilisèrent pour manifester leur désaccord. Grâce à eux, les *cable cars* font encore partie du paysage urbain de la ville et attirent de nombreux touristes chaque année. Les *cable cars* furent déclarés patrimoine historique en 1964. La vitesse de ces reliques du passé ne dépasse guère les 15 km/h.

La côte

▲ *p. 300* ● *p. 310* ♪ *p. 316* ■ *p. 319*

⏱ *1 jour*

Fisherman's Wharf et Alcatraz ★★

Lieu éminemment touristique, le **Fisherman's Wharf** était jadis un petit port pittoresque habité d'abord par des Chinois, puis par des Génois et finalement par des Siciliens. Les bateaux de pêche en provenance de la baie y mouillaient, et les marins s'affairaient avec diligence à décharger leurs cargaisons. Aujourd'hui, les nombreux petits restaurants de poissons et de fruits de mer, qui attendent le retour de la flottille colorée des bateaux de pêche venant livrer la prise du jour, sont probablement les seuls témoins qui subsistent de cette époque révolue. Les lieux sont encombrés de moult magasins clinquants et de boutiques kitsch à vocation purement commerciale. Et des amuseurs publics essaient eux aussi de profiter de la manne touristique.

Visité par pas moins de 10 millions de touristes par année, inutile de préciser que la plupart des San-Franciscains préfèrent éviter l'endroit. Mentionnons toutefois que le Fisherman's Wharf possède des attraits dignes de mention et constitue le point de départ d'une visite du célèbre pénitencier d'Alcatraz.

Le **Pier 39**, ancienne jetée de transbordement de marchandises, englobe l'Underwater World, un cinéma IMAX et une colonie d'otaries. L'endroit est devenu un haut lieu touristique toujours animé et plein d'effervescence depuis qu'en 1989 une **colonie d'otaries** ★ décida de s'y installer en permanence. L'abondance de nourriture et l'absence de prédateurs constituaient en effet un lieu de résidence idéal. Au début, les commerçants se plaignirent des odeurs désagréables, voire parfois pestilentielles, de ces mammifères marins. Toutefois, ils s'en accommodèrent volontiers lorsqu'ils constatèrent que ces pinnipèdes attiraient plus de 10 millions de touristes par an. La meilleure période pour les observer s'étale entre le mois d'août et la fin du mois de mai. Durant les mois de juin et de juillet, les otaries se dirigent vers le sud pour se reproduire.

Également au Pier 39, l'**Aquarium of the Bay** ★ *(15,95$; en été tlj 9h à 20h; reste de l'année lun-jeu 10h à 18h, ven-dim 10h à 19h; The Embarcadero, angle Beach St., ☎ 415-623-5300, www.aquariumofthebay.com)* est un parc thématique au sein duquel les visiteurs observent, dans des immenses aquariums, des poissons colorés qui côtoient des requins, des méduses fascinantes et plusieurs autres espèces aquatiques appartenant au merveilleux monde du silence.

Au Pier 45, deux anciens bâtiments de guerre américains vous attendent. Le premier est le **USS *Pampanito*** ★★ *(10$; dim-jeu 9h à 18h, ven-sam 9h à 20h; ☎ 415-775-1943, www.maritime.org)*, le prince des bateaux de guerre, le *silent killer*, le navire espion, celui qui coule les convois ennemis, qui lance les missiles balistiques pouvant anéantir le monde, celui qui transporte James Bond au milieu d'un film et le rescape à la fin. Dans notre enfance, nous l'imaginions moderne et spacieux, notre esprit influençable ayant été marqué par *Vingt Mille Lieues sous les mers* et *Voyage au fond des mers*. Toutefois, l'environnement des sous-mariniers du milieu du XXe siècle est étonnamment étroit. Durant votre visite, vous pourrez marcher sur le pont et imaginer avoir 10 secondes pour atteindre l'écoutille avant que le vaisseau ne plonge sous l'eau. À l'intérieur, vous pourrez vous familiariser avec l'environnement exigu et appréhender la claustration dans un espace qui n'était connu que sous le nom de «cercueil d'acier». Vous pourrez respirer l'odeur du diesel, vous cogner la tête dans les coursives, alors que la réception irrégulière d'un message enregistré qui est censé vous servir de guide vous donnera l'impression de naviguer en plongée à plusieurs centaines de mètres sous l'eau. Le USS *Pampanito* saura très certainement vous faire apprécier le confort douillet de votre domicile.

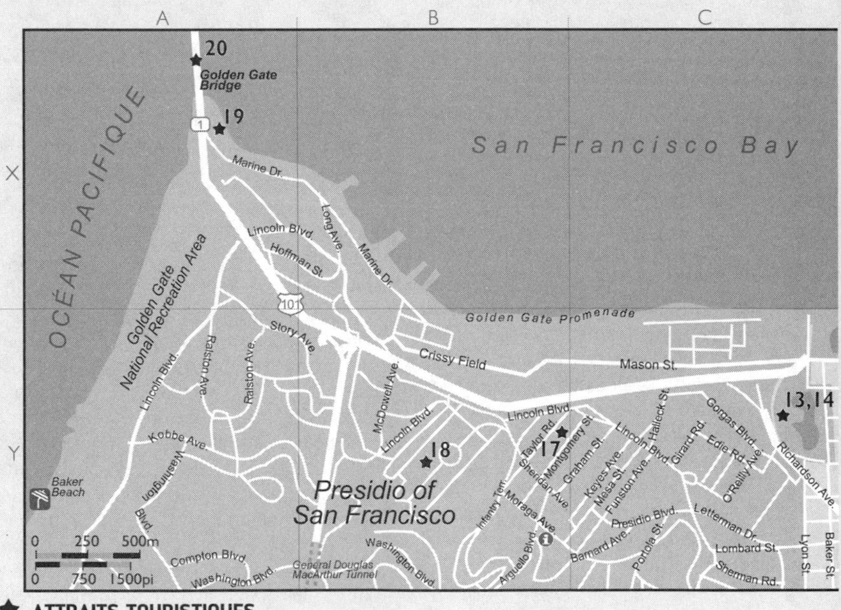

★ ATTRAITS TOURISTIQUES

Fisherman's Wharf et Alcatraz

1. FX Pier 39
2. FY Colonie d'otaries
3. FY Aquarium of the Bay
4. FY USS Pampanito
5. FX SS Jeremiah O'Brien
6. FY Wax Museum
7. FY Ripley's Believe it or not Museum
8. EX San Francisco Maritime National Historical Park
9. EY Ghirardelli Square
10. FX Alcatraz

Marina

11. DY Marina Green
12. DY Wave Organ
13. CY Palace of Fine Arts
14. CY Exploratorium
15. DY Cow Hollow
16. EZ Octagon House

Presidio

17. BY Walt Disney Family Museum
18. BY San Francisco National Military Cemetery
19. AX Fort Point
20. AX Golden Gate Bridge

Amarré un peu plus loin, le **SS *Jeremiah O'Brien*** ★ *(10$, enfants de 6 à 14 ans 5$, moins de 6 ans gratuit; visite autoguidée tlj 9h à 16h; Pier 45,* ☎ *415-544-0100, www.ssjeremiahobrien.org)* est un ancien navire de guerre. Il faisait partie de la flotte de bateaux qui permit aux Alliés de débarquer sur les plages de Normandie, en France, en 1944, lors de la Seconde Guerre mondiale.

Le **Wax Museum** *(14$; lun-ven 10h à 21h, sam-dim 10h à 23h; 145 Jefferson St.,* ☎ *800-439-4305, www.waxmuseum.com)* abrite une collection de quelque 300 personnages en cire. Parmi la pléthore de personnages présents, le visiteur peut admirer des ex-présidents des États-Unis ainsi que des gens célèbres, comme Elvis Presley, Nelson Mandela, Angelina Jolie, Andy Warhol, Mozart, Mark Twain et Barack Obama. On peut y voir aussi une reconstitution du tombeau de Toutankhamon et une «chambre des horreurs» avec différents personnages macabres (réels ou fictifs) et des instruments de torture. Juste à côté se trouve un musée de mauvais goût consacré au domaine du bizarre, de l'étrange et de l'incongru: le **Ripley's Believe it or not Museum** *(14,99$; mi-juin à début sept dim-jeu 9h à 23h, ven-sam 9h à 24h; reste de l'année dim-jeu 10h à 22h, ven-sam 10h à 24h; 175 Jefferson St.,* ☎ *415-202-9850, www.ripleysf.com).*

Un crochet en direction de l'eau vous mènera au Hyde Street Pier, un quai de mouillage d'une flotte de vaisseaux datant du tournant du XXe siècle qui constituent le **San Francisco Maritime National Historical Park** ★★ *(5$ pour visiter les bateaux; tlj 9h30 à 17h, en été jusqu'à 17h30).* Vous pourrez alors monter à bord des navires tels que l'impo-

sant trois-mâts *Balclutha* (1886), la goélette *C.A. Thayer* (1895), le traversier à vapeur *Eureka* (1890) et le remorqueur à vapeur *Hercules* (1907), pour n'en nommer que quelques-uns. Selon l'envie et la curiosité manifestée par les visiteurs des lieux, il est facile de passer ici 30 min, ou bien plus de 3h, pour découvrir à son rythme ces navires d'une autre époque.

Remontez Hyde Street et tournez à droite dans Beach Street pour vous rendre à **Ghirardelli Square** ★ *(entre Polk St. et Larkin St., www.ghirardellisq.com)*. Ghirardelli Square est une ancienne fabrique de chocolat qui est à l'origine de la renommée des chocolats Ghirardelli (voir l'encadré «Domingo Ghirardelli», p. 284). L'entreprise existe toujours, mais ses anciens locaux de fabrication sont aujourd'hui transformés en un centre commercial dont la vocation est de plaire à la plus vaste gamme possible de consommateurs en offrant un large éventail de services. On y retrouve des boutiques, un salon de thé, deux vinothèques et quelques restos. Avis aux intéressés, l'endroit est doté de la technologie Wi-Fi.

Plusieurs entreprises organisent des **croisières** dans la baie de San Francisco en passant sous le Golden Gate Bridge. Au Pier 39, adressez-vous à **The Blue and Gold Fleet** *(24$; ☎ 415-705-8200, www.blueandgoldfleet.com)*; au Pier 43½, à **The Red and White Fleet** *(24$; ☎ 415-673-2900, www.redandwhite.com)*. De leurs bateaux, vous pourrez voir au loin l'île d'Alcatraz.

La seule entreprise autorisée à se rendre à **Alcatraz** ★★★ même est **Alcatraz Cruises** *(26$ à 33$; Pier 33, ☎ 415-981-7625, www.alcatrazcruises.com)*. Comptez au moins 2h30 pour une visite. La visite de nuit *(33$)* dure au moins 3h et permet d'avoir une autre perspective sur le lieu. N'oubliez pas toutefois de vous habiller en conséquence puisque le mercure dégringole rapidement une fois que le soleil se couche. Prenez note que seulement 300 personnes peuvent visiter l'île d'Alcatraz en même temps. Ainsi on vous suggère vivement de réserver vos billets à l'avance (quelques jours, voire quelques semaines selon la saison touristique qui va de mai à octobre). De plus, sachez qu'il est plutôt difficile de garer sa voiture au stationnement du Pier 33.

The Birdman

Condamné pour meurtre en 1909, Robert Stroud comptait parmi les prisonniers les plus notoires d'Alcatraz. Surnommé *The Birdman*, en raison de son intérêt pour les canaris, Stroud n'a jamais eu d'oiseaux avec lui. Malfrat au caractère violent et impulsif, Stroud fut transféré de la prison Leavenworth (Kansas) à Alcatraz en 1942. Il y passa 17 ans, dont 6 en isolement. En 1959, Stroud fut transféré dans un centre hospitalier pour prisonniers au Missouri, où il expira en 1963. Ce personnage patibulaire a nourri l'imagination de l'écrivain Thomas E. Gaddis et du cinéaste John Frankenheimer, qui décida de transposer son histoire sur pellicule avec Burt Lancaster dans le rôle de Robert Stroud.

Immortalisée dans plusieurs films, Alcatraz est cette célèbre île de la baie de San Francisco qui doit sa notoriété à la prison à sécurité maximale qui hébergeait autrefois les plus grands malfaiteurs des États-Unis. L'île a une superficie de 4,8 km² et émerge au large à environ 2,5 km de la ville. Surnommée *The Rock* en raison des falaises abruptes qui l'enserrent, elle a aujourd'hui changé de vocation qui est désormais essentiellement touristique.

José de Canizares et Juan Manuel de Ayala sont deux hidalgos qui revendiquèrent l'honneur d'avoir découvert l'île en 1775. En scrutant l'île de plus près, ils aperçurent un grand nombre d'oiseaux marins et décidèrent de la nommer *Isla de los Alcatraces*, «l'île des pélicans».

La prison possédait 450 cellules, mais la moyenne d'occupation n'était que de 265 prisonniers. Les cellules aux dimensions réduites (à peine 1 m de large sur 3 m de long) avaient tout pour les rendre claustrophobes.

Parmi les nombreuses tentatives d'évasion qui y eurent lieu, la plus célèbre est sans conteste celle de Frank Morris et des frères Anglin (Clarence et John). D'ailleurs, cette rocambolesque histoire fut racontée dans le film intitulé *Escape from Alcatraz*, qui met en vedette Clint Eastwood. Le 11 juin 1962, ce trio de prisonniers disparut sans laisser aucune trace. Pour mystifier les gardiens, les prisonniers avaient fabriqué des mannequins d'un réalisme saisissant (avec de vrais cheveux) pour laisser croire qu'ils étaient en train de dormir. Les autorités affirmèrent toutefois que les prisonniers s'étaient sans doute noyés au cours de leur cavale. À ce jour, le mystère demeure entier.

L'année suivante, en 1963, la prison ferma ses portes aux criminels. Les raisons invoquées pour ce faire n'avaient toutefois aucun rapport avec la tentative (ou l'évasion) qui s'y était produite. On jugeait que les infrastructures des édifices étaient vétustes. Aujourd'hui, des milliers de touristes affluent ici chaque année. La visite audioguidée relatant les tranches de vie de certains prisonniers est exaltante.

Marina ★★★

Le quartier de la Marina est situé à l'ouest du Fisherman's Wharf, au pied des pentes de Pacific Heights. Il est peuplé de citoyens et de jeunes cadres aisés qui habitent les maisons et appartements fastueux bordés de nombreux espaces verts. Jadis implanté sur un marécage inculte infesté de créatures étranges, le quartier de la Marina est aujourd'hui un secteur résidentiel situé en front de mer. Il connut son heure de gloire en 1915, lors de la Panama Pacific Exhibition. Cette exposition internationale avait été inaugurée par un discours du président Wilson retransmis d'une côte à l'autre au moyen du télégraphe, annonçant en même temps les célébrations entourant l'achèvement du canal de Panamá, l'avènement de l'âge technologique ainsi que la reconstruction de San Francisco à la suite du séisme de 1906. Dès la clôture de l'exposition, on s'empressa de détruire tous les bâtiments, sauf un, le Palace of Fine Arts, afin de construire des demeures qu'on vendrait aux plus offrants. Le quartier fut sévèrement touché par le séisme de 1989, mais on s'empressa de tout reconstruire.

Situé entre Scott Street et Webster Street, le **Marina Green** ★ est un parc gazonné bordant la baie. L'endroit est populaire auprès des joggeurs, des adeptes du patin à roues alignées, des simples marcheurs et des cerfs-volistes. En prime, les visiteurs ont droit à des points de vue exceptionnels sur le Golden Gate Bridge.

La construction bizarre de pierre que vous voyez s'appelle le **Wave Organ** ★, qui fut érigé à la même époque que l'Exploratorium (voir ci-dessous). Des tuyaux installés en partie sous l'eau et en partie à l'extérieur produiraient des sons grâce aux vagues qui déferlent.

Conçu par l'architecte Bernard Maybeck, le **Palace of Fine Arts** ★★★ *(entrée libre; 3301 Lyon St., ☎ 415-563-6504, www.palaceoffinearts.org)* est le seul pavillon de la Panama Pacific Exhibition de 1915 qui n'a pas été détruit après l'événement. De style néoclassique, cette architecture est facilement reconnaissable par son magnifique dôme de 33 m de hauteur supporté par des colonnes impressionnantes sur lesquelles des figures d'anges ont été gravées. Se dressant de façon presque olympienne au sein d'espaces gazonnés, cet ensemble muséal colossal borde une lagune artificielle. Cet attrait est devenu, au même titre que le Golden Gate Bridge ou la Transamerica Pyramid, l'un des symboles les plus connus de San Francisco.

L'**Exploratorium** ★★★ *(15$; mar-dim 10h à 17h; 3601 Lyon St., ☎ 415-561-0360, www.exploratorium.edu)* est l'un des fleurons des musées scientifiques des États-Unis et est situé à côté du Palace of Fine Arts. En 1969, le père de la bombe atomique, Frank Oppenheimer, sauve de l'oubli et de l'envahissement par les toiles d'araignée le vaste espace vacant du pavillon principal, pour le transformer en un musée technologique, dans le but de vulgariser la science auprès du grand public par l'expérimentation du monde naturel. Ainsi naquit l'Exploratorium de San Francisco, et Oppenheimer en demeura le directeur jusqu'à sa mort, en 1985.

L'Exploratorium est un musée de sciences et technologies unique par son originalité. En rassemblant l'apport de scientifiques, d'artistes et de pédagogues, le musée présente plus de 650 expositions interactives d'une ingéniosité remarquable.

Domingo Ghirardelli

Domingo Ghirardelli, un Italien d'origine, séjournait en Amérique centrale lorsqu'il entendit la nouvelle retentissante de la ruée vers l'or californienne. Vif d'esprit, il eut la brillante idée de vendre du chocolat aux chercheurs d'or. Après un long voyage, il installa une petite tente et un comptoir dans la région de San Francisco. Petit à petit, il parvint à ériger un véritable empire «sucré» qui subsiste encore aujourd'hui et dont la notoriété a franchi les frontières de l'Amérique. Sa première usine de fabrication est aujourd'hui transformée en centre commercial, mais la production de ses chocolats continue toujours, et l'on peut s'en procurer des échantillons un peu partout en ville.

Coincé entre Pacific Heights et la Marina, **Cow Hollow** ★ est un petit quartier résidentiel tranquille qui doit son nom aux vaches qui broutaient jadis dans le secteur vers la fin du XIXe siècle. Aucune trace de son passé lointain ne subsiste aujourd'hui, mais son territoire est parsemé de nombreux espaces verts. L'activité commerciale du quartier s'articule désormais autour d'Union Street, flanquée de nombreux restaurants, cafés, commerces d'antiquaires, maisons victoriennes et boutiques chics.

L'**Octagon House** ★ *(entrée libre; sur rendez-vous seulement 2e dimanche et 4e jeudi de chaque mois 12h à 15h, jan fermé; 2645 Gough St., ☎ 415-441-7512)* est une maison de forme octogonale. L'architecture de cette maison, construite en 1861, visait à faire bénéficier chaque pièce d'un maximum de lumière. Cette relique incongrue du passé est aujourd'hui transformée en un petit musée d'arts décoratifs.

Presidio ★★

Jadis considéré comme la plus ancienne garnison militaire des États-Unis, le Presidio figure désormais comme l'un des plus grands parcs urbains du pays. Fondée en 1776 par les Espagnols, cette base militaire a vu flotter les étendards espagnol, mexicain puis américain. Elle devint parc national en 1994. Les amateurs d'espaces verts pourront emprunter l'un des nombreux sentiers qui sillonnent les collines bucoliques du Presidio.

Le **Visitor Center** *(tlj 9h à 17h; 50 Moraga Ave., ☎ 415-561-4323)* offre des brochures et de l'information sur le parc et ses sentiers pédestres.

À la fin de 2009, le **Walt Disney Family Museum** ★★ *(adultes 20$, enfants 15$; mer-lun 10h à 18h; 104 Montgomery St., ☎ 415-345 6800, www.waltdisney.org)* a ouvert ses portes dans le Presidio afin de rendre hommage à Walt Disney et à sa famille. Qu'on se le tienne pour dit, il s'agit bel et bien d'un musée d'histoire pour adultes et non d'un parc d'attractions pour enfants. Différentes galeries relatent la vie de l'homme derrière la souris au moyen de dessins (dont le premier croquis de Mickey), de vidéos, d'écrans tactiles interactifs et d'objets personnels. Les visiteurs peuvent également visionner des films d'archives restaurés et observer la désormais célèbre caméra multiplane qui a révolutionné le monde de l'animation.

Le **San Francisco National Military Cemetery** *(Lincoln Blvd.)* est une véritable petite cité des morts, puisque près de 15 000 militaires y ont été inhumés depuis un peu plus de 200 ans.

Situé sous le Golden Gate Bridge, et gardant jadis l'accès à la baie de San Francisco durant la guerre de Sécession, **Fort Point** ★★ est une ancienne forteresse où l'on peut toujours apercevoir des canons pointés vers le large. Aucun boulet n'a toutefois été projeté d'ici. De là, les points de vue sont spectaculaires.

Le **Golden Gate Bridge** ★★★ *(www.goldengatebridge.com)* mène au **Marin County** (voir p. 288). «*Physiquement irréalisable*» disaient certains. «*De toute façon, ça gâcherait le paysage*» renchérissaient d'autres. Bref, hormis quelques illuminés qui ne parlaient pas trop fort, personne, avant sa mise en chantier, ne croyait possible la réalisation du Golden Gate Bridge. Personne, sauf l'ingénieur Joseph Strauss. Fort en gueule, crâneur, brillant et persévérant, Strauss était la personne idéale pour mener à bien ce projet. Durant sa construction, il installa sous le pont des filets de sécurité qui sauvèrent la vie à quelques-uns de ses ouvriers.

La construction débuta en janvier 1933, et l'inauguration eut lieu en grande pompe le 27 mai 1937.

L'une des balades les plus intéressantes et les plus spectaculaires à San Francisco est la traversée du Golden Gate Bridge à pied, pour ceux qui ne souffrent pas de vertige. Ce célèbre pont suspendu est une merveille d'architecture qui permet de mieux saisir la ville dans sa totalité. Aussi indissociable de l'image de San Francisco que la statue de la Liberté l'est de celle de New York, en plus d'être un ouvrage d'art élevé à titre d'icône emblématique de la ville, ce superbe pont enjambe le détroit (Golden Gate) où la baie de San Francisco conflue avec les eaux tumultueuses du Pacifique.

Lorsque le brouillard enveloppe tranquillement la baie et que les cornes de brume se font entendre, la silhouette orangée du Golden Gate Bridge évoque des images fabuleuses qui burinent l'âme des romantiques.

Le centre

p. 301 *p. 311* *p. 320*

1 jour

Pacific Heights ★

Situé entre Cow Hollow et Japantown, Pacific Heights est, au dire de beaucoup de gens, probablement le quartier résidentiel le plus chic de San Francisco. Une promenade à travers ses rues larges et fleuries, flanquées de magnifiques demeures victoriennes ou Tudor, devant lesquelles sont garées des bagnoles rutilantes, suffit à justifier pleinement cette opinion très répandue.

Espace vert surtout fréquenté par les résidents, l'**Alta Plaza Park** ★ *(délimité par les rues Jackson, Scott, Clay et Steiner)* est bordé de magnifiques maisons victoriennes. Son emplacement procure de jolies vues sur les environs.

Le **Lafayette Park** ★ attire autant les promeneurs de chiens que les couples souhaitant faire une balade en toute intimité. Le côté nord de ce parc longe tout le domaine du magnifique Spreckels Mansion (voir ci-dessous).

Appartenant à l'écrivaine prolifique Danielle Steele, le **Spreckels Mansion** ★ *(2080 Washington St.)* n'est évidemment pas ouvert au public. Symbole de prestige et de faste, ce superbe manoir victorien fut originellement construit pour le magnat du sucre Adolph Spreckels au début du XXe siècle. Rares sont ceux qui ont eu le privilège de jeter un coup d'œil sur la décoration intérieure, mais on raconte qu'on y dénombre pas moins de 26 sanitaires...

Maison victorienne de style Queen Anne, la **Haas-Lilienthel House** ★★ *(8$; visites guidées de 1h mer et sam 12h à 15h, dim 11h à 16h; 2007 Franklin St., ☎ 415-441-3004, www.sfheritage.org)* est l'ancienne demeure de la fille d'un commerçant, Alice Haas-Lilienthel, qui habita cette maison jusqu'en 1972, puis décida de la léguer à l'Architectural Heritage Foundation de San Francisco. Il s'agit d'une des rares maisons victoriennes ouvertes au public. Sachez toutefois que cette belle demeure n'est pas à la hauteur des villas opulentes et ostentatoires qui furent rasées par l'incendie qui suivit le séisme de 1906.

Civic Center ★

Le Civic Center fait de gros efforts pour améliorer son image auprès des touristes, et l'on espère qu'il connaîtra un nouveau souffle dans un avenir rapproché. Le quartier n'est pourtant pas exempt d'attraits dignes de mention. Il possède sans doute l'un des plus beaux édifices de la ville: le City Hall. On y trouve aussi bon nombre de restaurants de qualité. Bref, le problème du Civic Center est d'être situé juste à côté d'un des quartiers malfamés de la ville, le Tenderloin.

Impressionnant bâtiment coiffé d'un magnifique dôme modelé sur celui de la basilique Saint-Pierre de Rome, le **City Hall** ★★ *(1 Dr. Carlton B. Goodlett Place)* fut érigé en 1915 pour la Panama Pacific Exhibition après que le premier hôtel de ville eut été détruit par les événements de 1906. Pour les férus de statistiques, la hauteur totale de son dôme, soit 93 m, dépasse de quelques centimètres à peine celui du capitole de Washington, D.C. Quelques faits historiques ont également émaillé l'histoire du City Hall. C'est ici qu'en 1954 le joueur de baseball Joe Di Maggio unit sa destinée à l'actrice Marilyn Monroe. Vingt-quatre ans plus tard, en 1978, le maire Moscone et son collègue Harvey Milk sont assassinés par Dan White ici même. Le City Hall a subi des travaux de rénovation à la suite du séisme de 1989 et a rouvert ses portes au public en l'an 2000.

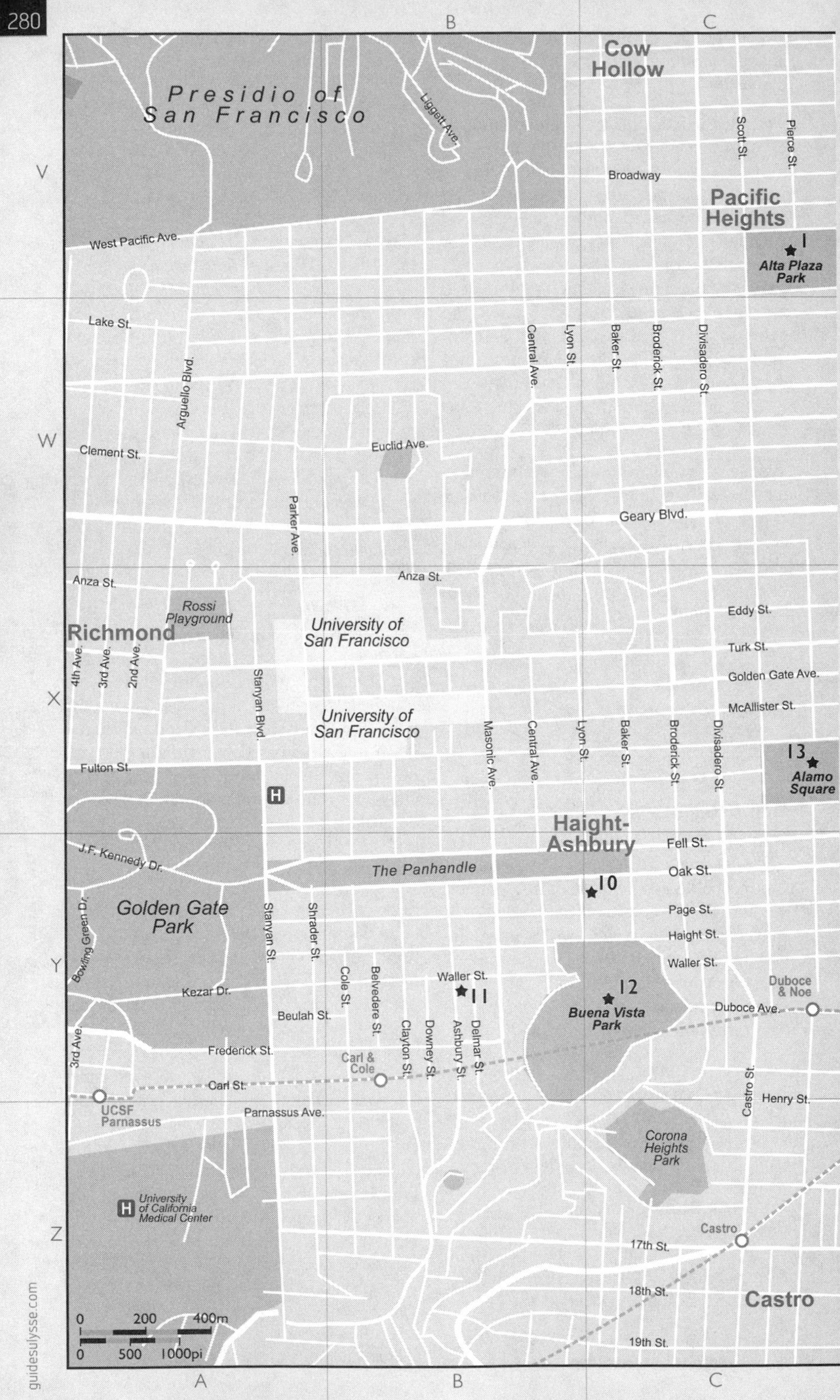
Presidio of San Francisco
Cow Hollow
Liggett Ave.
Scott St.
Pierce St.
Broadway
Pacific Heights
1
Alta Plaza Park
West Pacific Ave.
Lake St.
Arguello Blvd.
Central Ave.
Lyon St.
Baker St.
Broderick St.
Divisadero St.
Clement St.
Euclid Ave.
Parker Ave.
Geary Blvd.
Anza St.
Rossi Playground
Richmond
University of San Francisco
Eddy St.
Turk St.
Golden Gate Ave.
McAllister St.
4th Ave.
3rd Ave.
2nd Ave.
Stanyan Blvd.
University of San Francisco
Masonic Ave.
Central Ave.
Lyon St.
Baker St.
Broderick St.
Divisadero St.
13
Alamo Square
Fulton St.
H
Haight-Ashbury
Fell St.
J.F. Kennedy Dr.
The Panhandle
Oak St.
10
Golden Gate Park
Bowling Green Dr.
Stanyan St.
Shrader St.
Page St.
Haight St.
Waller St.
Cole St.
Belvedere St.
Waller St.
11
12
Duboce & Noe
Kezar Dr.
Beulah St.
Buena Vista Park
Duboce Ave.
3rd Ave.
Frederick St.
Clayton St.
Downey St.
Ashbury St.
Delmar St.
Carl & Cole
Carl St.
Castro St.
Henry St.
UCSF Parnassus
Parnassus Ave.
Corona Heights Park
University of California Medical Center
Castro
17th St.
18th St.
Castro
19th St.
0
200
400m
0
500
1000pi
guidesulysse.com
A B C
V W X Y Z

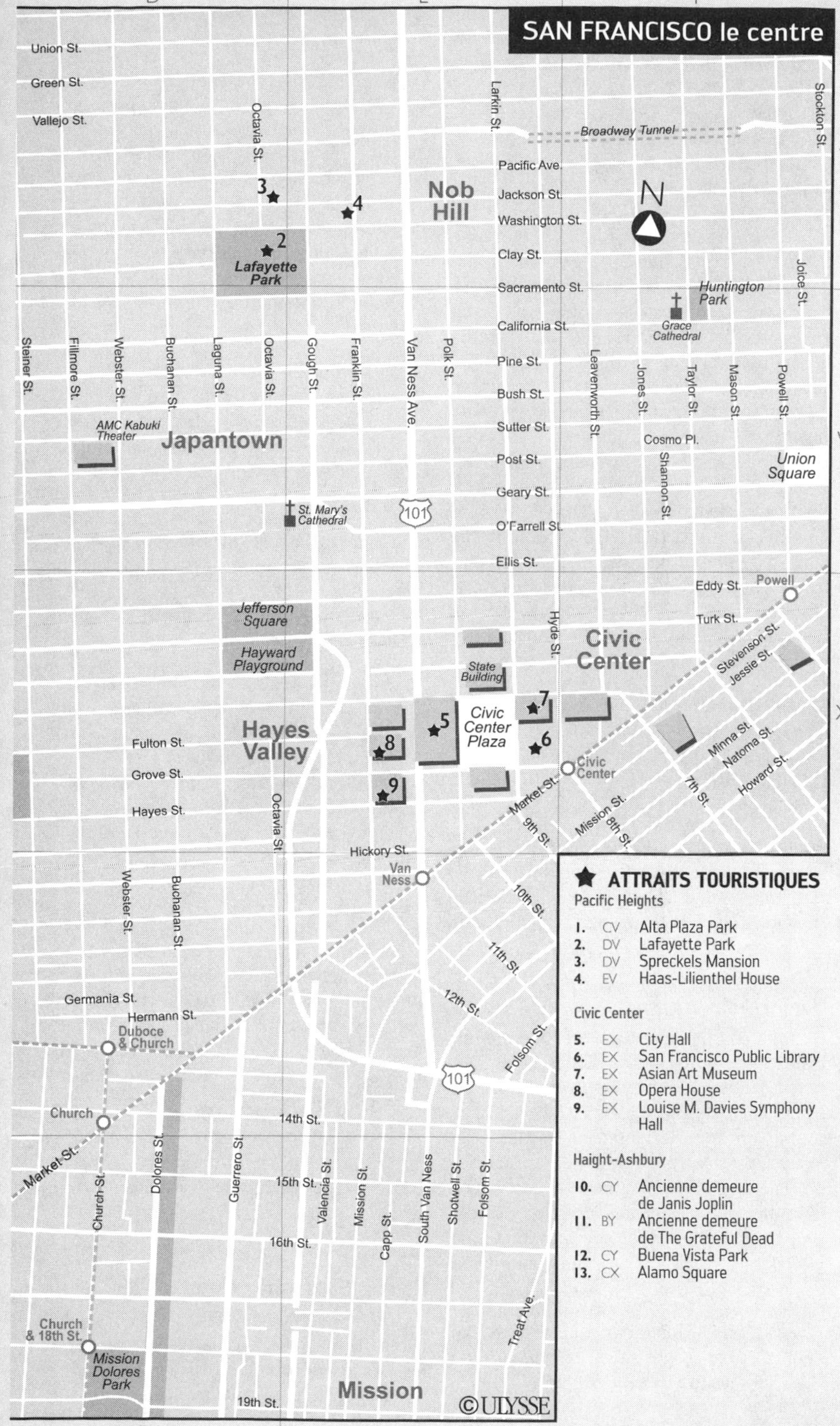

SAN FRANCISCO le centre

D E F

V W X

Union St.
Green St.
Vallejo St.
Octavia St.
Larkin St.
Broadway Tunnel
Stockton St.
Pacific Ave.
Jackson St.
Washington St.
Nob Hill
Clay St.
Lafayette Park
Sacramento St.
Huntington Park
Grace Cathedral
Joice St.
California St.
Steiner St.
Fillmore St.
Webster St.
Buchanan St.
Laguna St.
Octavia St.
Gough St.
Franklin St.
Van Ness Ave.
Polk St.
Pine St.
Leavenworth St.
Jones St.
Taylor St.
Mason St.
Powell St.
Bush St.
AMC Kabuki Theater
Japantown
Sutter St.
Cosmo Pl.
Post St.
Shannon St.
Union Square
Geary St.
St. Mary's Cathedral
101
O'Farrell St.
Ellis St.
Eddy St.
Powell
Jefferson Square
Turk St.
Hyde St.
Civic Center
Hayward Playground
State Building
Stevenson St.
Jessie St.
Hayes Valley
Civic Center Plaza
Fulton St.
Grove St.
Civic Center
Minna St.
Natoma St.
Market St.
Hayes St.
Octavia St.
7th St.
Howard St.
Mission St.
8th St.
9th St.
Hickory St.
Van Ness
10th St.
Webster St.
Buchanan St.
11th St.
12th St.
Germania St.
Hermann St.
Duboce & Church
Folsom St.
101
Church
14th St.
Market St.
Dolores St.
Guerrero St.
15th St.
Valencia St.
Mission St.
South Van Ness
Shotwell St.
Folsom St.
Church St.
16th St.
Capp St.
Treat Ave.
Church & 18th St.
Mission Dolores Park
Mission
19th St.
©ULYSSE

D E

★ ATTRAITS TOURISTIQUES

Pacific Heights

1. CV Alta Plaza Park
2. DV Lafayette Park
3. DV Spreckels Mansion
4. EV Haas-Lilienthel House

Civic Center

5. EX City Hall
6. EX San Francisco Public Library
7. EX Asian Art Museum
8. EX Opera House
9. EX Louise M. Davies Symphony Hall

Haight-Ashbury

10. CY Ancienne demeure de Janis Joplin
11. BY Ancienne demeure de The Grateful Dead
12. CY Buena Vista Park
13. CX Alamo Square

Inaugurée en 1996, la **San Francisco Public Library** ★ *(lun et sam 10h à 18h, mar-jeu 9h à 20h, ven 12h à 18h, dim 12h à 17h; 100 Larkin St., ☎ 415-557-4400, www.sfpl.org)* attire les bibliophiles et les rats de bibliothèque. L'intérieur mérite résolument qu'on y jette un coup d'œil pour admirer son splendide atrium. De plus, la San Francisco Public Library abrite rien de moins que le magnifique **Asian Art Museum** ★★★ *(17$; mar-dim 10h à 17h, fév à sept jeu jusqu'à 21h; 200 Larkin St., ☎ 415-581-3506, www.asianart.org)*. Il s'agit sans conteste de la plus grande collection consacrée à l'art asiatique en Amérique. Quoique la majeure partie de la collection provienne de Chine, les salles d'exposition de ce musée racontent une fabuleuse épopée historique à travers une quarantaine de pays dont l'Inde, le Tibet, la Corée, la Thaïlande, le Népal et le Japon. Parmi les perles rares du musée, mentionnons la statue en bronze d'un rhinocéros datant de 338 apr. J.-C. ayant jadis appartenu à la dynastie Chang. On y trouve aussi des incunables, des fresques, des sculptures finement ouvragées et bien d'autres œuvres d'art qui susciteront sans doute votre intérêt.

L'**Opera House** ★ *(301 Van Ness Ave., ☎ 415-861-4008)* reçoit la crème des compagnies d'opéra ainsi que la San Francisco Ballet Company. Il s'agit de l'endroit où fut signée la Charte des Nations Unies le 26 juin 1945.

Pour ceux qui préfèrent la musique classique, le **Louise M. Davies Symphony Hall** ★ *(201 Van Ness Ave., ☎ 415-552-8338)* accueille pour sa part l'orchestre symphonique de San Francisco.

Haight-Ashbury ★★

Quartier aux mœurs relâchés s'il en est un, Haight-Ashbury est indissociable du festif et psychédélique spectacle *Summer of Love*. Situé à l'est du Golden Gate Park, Haight-Ashbury prend son nom de l'intersection des rues Haight et Ashbury. Aujourd'hui, le quartier de Haight-Ashbury s'est embourgeoisé avec la venue de jeunes cadres, mais on y croise toujours une faune bigarrée qui aime à se rappeler le quartier d'il y a une quarantaine d'années.

Grosso modo, le quartier peut être divisé en deux: l'Upper Haight, qui s'étale du Golden Gate Park jusqu'à Divisadero Street, puis le Lower Haight, de Divisadero Street jusqu'à Webster Street.

L'**Upper Haight** ★ ne présente guère d'attraits touristiques, mais l'action se passe principalement dans Haight Street. La plupart des visiteurs combine généralement cette visite avec celle du Golden Gate Park. D'autres en profitent pour simplement bouquiner dans les librairies et les kiosques à journaux marginaux, pour fouiner dans les friperies, ou encore pour arpenter Haight Street et observer les demeures victoriennes du quartier.

Même si vous ne pouvez pousser la porte des anciennes demeures de Janis Joplin ou d'autres musiciens passés à la postérité, voici leurs anciennes adresses: **Janis Joplin**: 112 Lyon Street; **The Grateful Dead**: 710 Ashbury Street.

Le sommet du **Buena Vista Park** ★ *(Haight St., angle Buena Vista Ave.)* offre de jolies vues sur les environs. Malheureusement, il a hélas mauvaise réputation, et le parc est à éviter à la tombée de la nuit.

Le seul véritable attrait du **Lower Haight** est **Alamo Square**, un chouette parc flanqué de six fabuleuses ***Painted Ladies***, ces maisons victoriennes qui ont donné à la ville son caractère architectural propre. L'ensemble est surnommé ***Postcard Row*** ★★, car il s'agit de la rangée de maisons victoriennes la plus souvent photographiée en ville. L'activité du quartier se déroule dans Haight Street entre Steiner Street et Webster Street.

Moins fréquenté que l'Upper Haight, le Lower Haight est habité par des étudiants plutôt anticonformistes, des artistes et des adultes qui refusent de vieillir. Cette faune étrange évolue et se désaltère dans les *coffee shops* et les bars qui pullulent dans Haight Street entre Steiner Street et Fillmore Street.

Golden Gate Park Area

1 jour

Golden Gate Park ★★★

Victoire éclatante de l'être humain sur la nature, le magnifique espace vert bien aménagé qu'on découvre en ces lieux n'était il y a à peine 110 ans qu'un vaste champ de dunes balayé par les vents. Créé en 1870 afin de rivaliser avec la taille et la réputation exceptionnelle du Central Park de Manhattan, le Golden Gate Park est aujourd'hui sillonné par une cinquantaine de kilomètres de sentiers serpentant entre plusieurs lacs et courant au milieu d'une grande variété de paysages bucoliques et à travers nombre d'attraits touristiques. Par temps ensoleillé, les cyclistes croisent des adeptes du patin à roues alignées (pour la location, voir p. 293) ainsi que des joggeurs, tandis que d'autres amateurs de plein air en profitent pour musarder au hasard de la découverte ou pique-niquer sur l'une des nombreuses aires gazonnées. D'une superficie de 412 ha (5 km de long sur environ 900 m de large), le Golden Gate Park se révèle être dorénavant le plus grand parc urbain «artificiel» des États-Unis.

Chaque dimanche, un tronçon de la John F. Kennedy Drive est fermé aux véhicules pour laisser le champ libre aux cyclistes, aux patineurs à roues alignées et aux simples marcheurs.

Au **McLaren Lodge** *(lun-ven 9h à 17h; 501 Stanyan St., angle Fell St., ☎ 415-831-2700, www.golden-gate-park.com)*, on fournit des renseignements sur le Golden Gate Park.

Le **Conservatory of Flowers** ★★ *(5$; mar-dim 9h à 17h; John F. Kennedy Dr., ☎ 415-666-7001, www.conservatoryofflowers.org)* est le plus ancien bâtiment du Golden Gate Park. Son histoire remonte à 1875, lorsque le millionnaire James Lick décida d'acheter une serre en Irlande pour renchérir sa demeure de San Jose. Cependant, Lick mourut en 1876, et la serre fut rachetée par un groupe d'investisseurs qui décidèrent de la léguer au Golden Gate Park. À la suite d'un violent incendie en 1883, la verrière originale fut remplacée par un immense dôme vitré sous lequel s'épanouissent une grande variété de fleurs.

Au sud du Conservatory, le **Koret Children's Quarter** ★ *(Kezor Dr.)* est une aire de jeux équipée d'un carrousel, de balançoires, de toboggans et de plusieurs autres installations qui plairont aux enfants.

Comme son nom l'indique, l'**Aids Memorial** ★ *(John F. Kennedy Dr., angle Middle Dr. E., ☎ 415-750-8340, www.aidsmemorial.org)* est un petit monument commémoratif qui honore la mémoire des victimes du sida.

Véritable institution scientifique, la **California Academy of Sciences** ★★ *(24,95$; lun-sam 9h30 à 17h, dim 11h à 17h; 55 Concourse Dr., ☎ 415-379-8000, www.calacademy.org)* a réintégré son emplacement original en septembre 2008, dans un nouveau bâtiment résolument moderne et écologique imaginé par l'architecte italien Renzo Piano, le même qui a conçu le Centre Georges-Pompidou de Paris. Son toit vert surmonté de sept «collines» recréant la topographie de San Francisco est envahi par près de 2 millions de plantes attirant une profusion d'oiseaux et de papillons. L'un des plus importants au monde, ce musée d'histoire naturelle présente à la fois les merveilles de la Terre, de la mer et du ciel. C'est aussi la seule institution de la planète à réunir un musée (le Kimball Natural History Museum), un aquarium (le Steinhart Aquarium), un planétarium (le Morrison Planetarium), un laboratoire de recherches... et un alligator albinos surnommé *Claude*. De nombreuses expositions sur les changements climatiques, la faune africaine ou encore la barrière de corail philippine captiveront petits et grands.

Le **Shakespeare Garden** ★ *(Middle Dr. E., angle Martin Luther King Jr. Dr.)* est un petit jardin dont chaque plante et chaque fleur sont mentionnées dans l'une ou l'autre des pièces du célèbre homme de théâtre.

Un arboretum est une pépinière où l'on a planté de nombreux arbres d'espèces diverses faisant l'objet de cultures expérimentales. Une balade à travers les sentiers du **San Francisco Botanical Garden at Strybing Arboretum** ★★ *(entrée libre; lun-ven 8h à 16h30, sam-dim 10h à 17h; ☎ 415-661-1316, www.sfbotanicalgarden.org)* fera le bonheur des amoureux de la nature. En effet, les visiteurs pourront y admirer différentes essences forestières en provenance de l'Asie, de l'Amérique et de l'Australie.

Le **M.H. de Young Museum** ★★★ *(10$; mar-dim 9h30 à 17h15, mi-jan à fin nov ven jusqu'à 20h45; 50 Hagiwara Tea Garden Dr., ☎ 415-750-3600, www.deyoungmuseum.org)* a été sévèrement endommagé par le séisme de 1989. Le bâtiment a ensuite été redessiné et reconstruit sur le même emplacement, mais doté d'une stabilité sismique accrue, pour finalement rouvrir ses portes en 2005. Le nouveau musée a été imaginé par le cabinet d'architectes suisse Herzog & de Meuron, à qui l'on doit notamment le Tate Modern Museum à Londres et la Goertz Collection à Munich. Sa façade présente une esthétique fascinante créée par des milliers de feuilles de cuivre gaufrées aux motifs changeants et inspirés de photos d'arbres du Golden Gate Park. Le cuivre a été spécialement choisi en raison des modifications qu'il subit durant son processus d'oxydation naturelle, qui sera déclinée en différents tons pour finalement s'harmoniser parfaitement avec la nature environnante.

Ce musée des beaux-arts est réparti sur trois étages et abrite une fabuleuse collection retraçant l'histoire de l'art américain depuis l'époque coloniale jusqu'au XXe siècle. Ne manquez surtout pas de faire un saut au sommet de la **De Young Tower** pour bénéficier d'une vue panoramique de San Francisco et ses environs.

Aménagé pour la California Midwinter Exposition, le **Japanese Tea Garden** ★★★ *(4$; nov à fév tlj 8h30 à 17h, mars à oct tlj 8h30 à 18h; ☎ 415-752-1171)* fut l'aboutissement d'une longue et solide collaboration entre l'Australien George Turman Marsh et le Japonais Makato Hagiwara. Avec le concours actif de sa famille, Hagiwara s'occupa de l'entretien du jardin jusqu'en 1942, année de la Seconde Guerre mondiale qui vit l'application du décret d'internement de tous les citoyens d'origine nippone. Même une fois la guerre achevée et la paix revenue, les Hagiwara ne purent reprendre leur travail de jardiniers. Il fallut attendre 1975 pour que la Ville reconnaisse enfin ses torts et rende hommage à cette honorable famille japonaise en érigeant un bronze de bouddha de 3 m de hauteur en reconnaissance de ses services. Pour les férus de statistiques, mentionnons qu'il s'agit du plus grand bouddha en bronze qui se trouve à l'extérieur du continent asiatique.

Le Japanese Tea Garden est agrémenté de bonsaïs, d'étangs et d'une pagode où les visiteurs peuvent se faire servir le thé par des Japonaises drapées dans des kimonos colorés. Si vous visitez ce magnifique jardin oriental vers la fin du mois de mars, vous aurez droit à un beau spectacle des plus colorés, car les cerisiers en fleurs enjolivent encore davantage le paysage qui caractérise ce lieu véritablement enchanteur.

Le **Stow Lake** ★★ est un lac artificiel bucolique à souhait enjambé par des ponts pittoresques et entouré de verdure. Ceux qui le désirent peuvent louer de petites embarcations pour naviguer paisiblement sur les eaux. Au centre se trouve un petit îlot où vous pouvez pique-niquer et admirer le panorama. S'y trouve aussi un pavillon chinois.

Certains d'entre vous seront sans doute surpris d'apercevoir des bisons d'Amérique au **Buffalo Paddock** ★ *(près de 38th St.)* du Golden Gate Park. N'ayez crainte car une clôture délimite leur territoire. L'enclos fut créé pour protéger cette espèce en voie de disparition.

Le **Dutch Windmill** ★ est un vieux moulin hollandais construit entre 1873 et 1902 afin de procurer une quantité substantielle d'eau pour irriguer le parc. Lorsque l'électricité fut introduite dans le Golden Gate Park une dizaine d'années plus tard, le moulin devint obsolète. Il fut rénové à quelques reprises, mais sans grand succès. Chaque printemps, les tulipes qui l'entourent composent un joli spectacle.

Richmond ★★

Ici, deux pâtés de maisons séparent un restaurant chinois d'un pub irlandais. L'Europe de l'Est n'est qu'à cinq minutes de marche de la Grèce ou de la Russie. Dans ce quartier à forte population ethnique qui s'étire tout en longueur entre le Golden Gate Park et le Presidio, on estime que la population chinoise y est si présente qu'on l'a surnommé le deuxième Chinatown de San Francisco.

Le **Lincoln Park** est un club de golf verdoyant offrant de superbes vues sur le Golden Gate Bridge. Son territoire inclut un magnifique musée: le **California Palace Legion of Honor** ★★★ *(10$, entrée libre le premier mardi du mois; mar-dim 9h30 à 17h15; ☎ 415-750-3600, http://legionofhonor.famsf.org)*. Érigé sur une colline qui surplombe de façon spectaculaire (si le temps est clair) le Golden Gate Bridge, ce musée présente une remarquable collection d'art européen dans un bâtiment modelé sur le palais de la Légion d'honneur, situé au bord de la Seine à Paris. On y trouve la plus importante collection de sculptures de Rodin en dehors de Paris, laquelle constitue par le fait même le clou du musée. D'ailleurs, avant même d'avoir acheté votre billet, une reproduction du fameux *Penseur* vous donne un bon aperçu de ce

SAN FRANCISCO Golden Gate Park Area

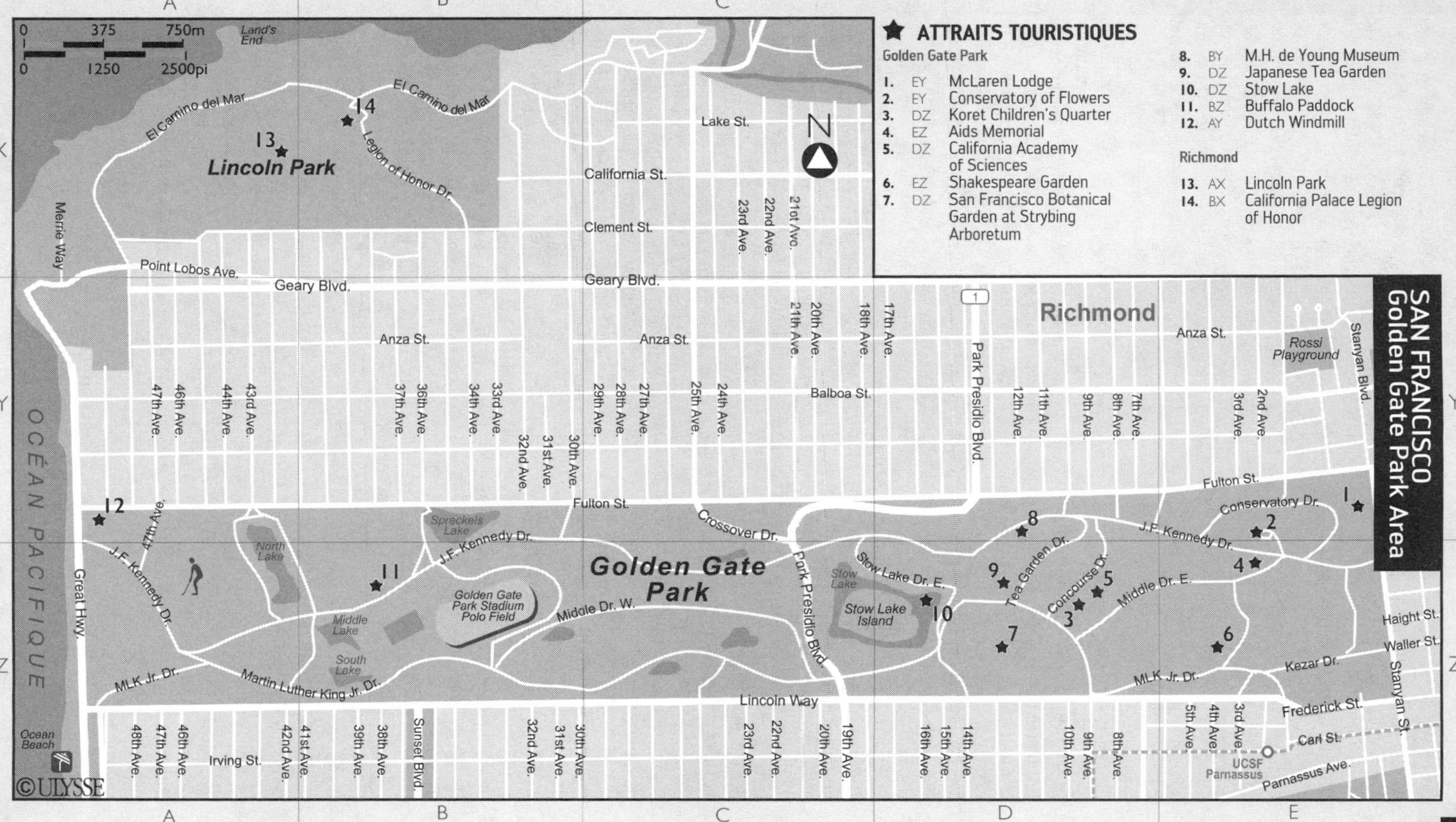

qui vous attend à l'intérieur du musée. Les amateurs d'art européen (période du XIVe au XXe siècle), plus particulièrement ceux qui affectionnent les œuvres de Rubens, Rembrandt, Matisse, Monet et Picasso, seront comblés.

Le sud

p. 301 *p. 313* *p. 316* *p. 320*

Une demi-journée

South of Market (SoMa) ★★★

En décomposant le mot «SoMa», on trouve le diminutif de South of Market, le quartier s'étendant précisément au sud de Market Street. Hormis le centre de congrès, le San Francisco Museum of Arts (SFMOMA), les Yerba Buena Gardens, le Metreon et le Pacific Bell Park, qui ont directement contribué à revitaliser le quartier, on trouve aussi à SoMa nombre de restos branchés et de discothèques à la mode.

Inaugurés en 1993, les **Yerba Buena Gardens** ★★ *(entrée libre; 701 Mission St., délimités par Third St., Fourth St. et Folsom St., ☎ 415-820-3550, www.yerbabuenagardens.com)* sont l'aboutissement d'un travail de longue haleine qui débuta vers 1955. Depuis cette date, une trentaine d'années fut émaillée de divergences d'opinions, d'indécisions et de querelles internes et externes. L'attente fut longue, mais le résultat est assez éloquent. Couvrant environ 40 ha, ce centre d'arts multidisciplinaires abrite des salles d'exposition où des artistes contemporains et iconoclastes étalent leurs talents au grand jour au moyen d'une technologie multimédia. L'établissement est entouré de jardins verdoyants et d'une belle esplanade au sein de laquelle on découvre une cascade ainsi qu'un mémorial dédié à Martin Luther King Jr. Les Yerba Buena Gardens renferment également le Zeum et le Metreon.

Situé dans une jolie aire ouverte entourée de verdure, le **Zeum** ★ *(adultes 10$, aînés et étudiants 8$, 3 à 18 ans 8$; mer-ven 13h à 17h, sam-dim 11h à 17h; ☎ 415-820-3320, www.zeum.org)* est un centre de nouvelles technologies dédié aux enfants et aux adolescents.

Les Yerba Buena Gardens communiquent également avec le **Metreon** ★ *(101 Fourth St., www.metreon.com)*. Initialement la propriété de Sony Entertainment, le Metreon, qui a coûté la somme de 85 millions de dollars, est l'adresse idéale pour les aficionados du septième art et les amateurs de lèche-vitrine. Mis à part ses 15 salles où sont projetées les *blockbuster movies*, l'expérience cinématographique est poussée à sa limite au cinéma IMAX grâce à des prises de vues à couper le souffle.

Fondé en 1871, inauguré en 1935 et déménagé en 1995 dans des locaux imaginés par l'architecte Mario Botta, le **San Francisco Museum of Modern Art (SFMOMA)** ★★★ *(18$; lun-mar et ven-dim 10h à 17h45, jeu 10h à 20h45; 151 Third St., ☎ 415-357-4000, www.sfmoma.org)* concourt à revitaliser le SoMa. Après avoir travaillé avec Le Corbusier, Louis Kahn et Carlo Scarpa, Mario Botta donne forme ainsi non seulement à son premier projet réalisé aux États-Unis, mais également à son premier musée. Cet édifice à la silhouette audacieuse et aux formes géométriques, conçu pour faire connaître et admirer l'art moderne, s'étend sur 21 000 m² et a coûté quelque 60 millions de dollars. La collection permanente du musée comprend près de 20 000 pièces, incluant environ 10 000 photos, exposées dans les salles qui s'articulent autour d'un atrium spectaculaire. Le rez-de-chaussée met l'accent sur les œuvres de Warhol, Magritte, Matisse et Klee. Le premier étage est consacré aux photographies, tandis que les autres étages accueillent des expositions temporaires d'œuvres d'artistes connus et moins connus. Qui plus est, le musée abrite le **Rooftop Garden Coffee Bar** (voir p. 313), qui sert l'un des meilleurs cafés en ville, celui de la Blue Bottle Coffee Co.

Le **South Park** ★★ *(Third St., entre Bryant St. et Brannan St.)* est un petit parc bucolique. Bordé par quelques bons restaurants, il attire souvent les badauds qui veulent profiter d'une journée ensoleillée ou grignoter tranquillement un en-cas acheté dans les environs.

La **California Historical Society** ★ *(3$; mer-sam 12h à 16h30; 678 Mission St., près de Third St., ☎ 415-357-1848, www.calhist.org)* retrace les principaux épisodes de la riche et tumultueuse histoire de la ville et de la Californie à l'aide de matériel didactique et d'un large éventail de photos d'époque.

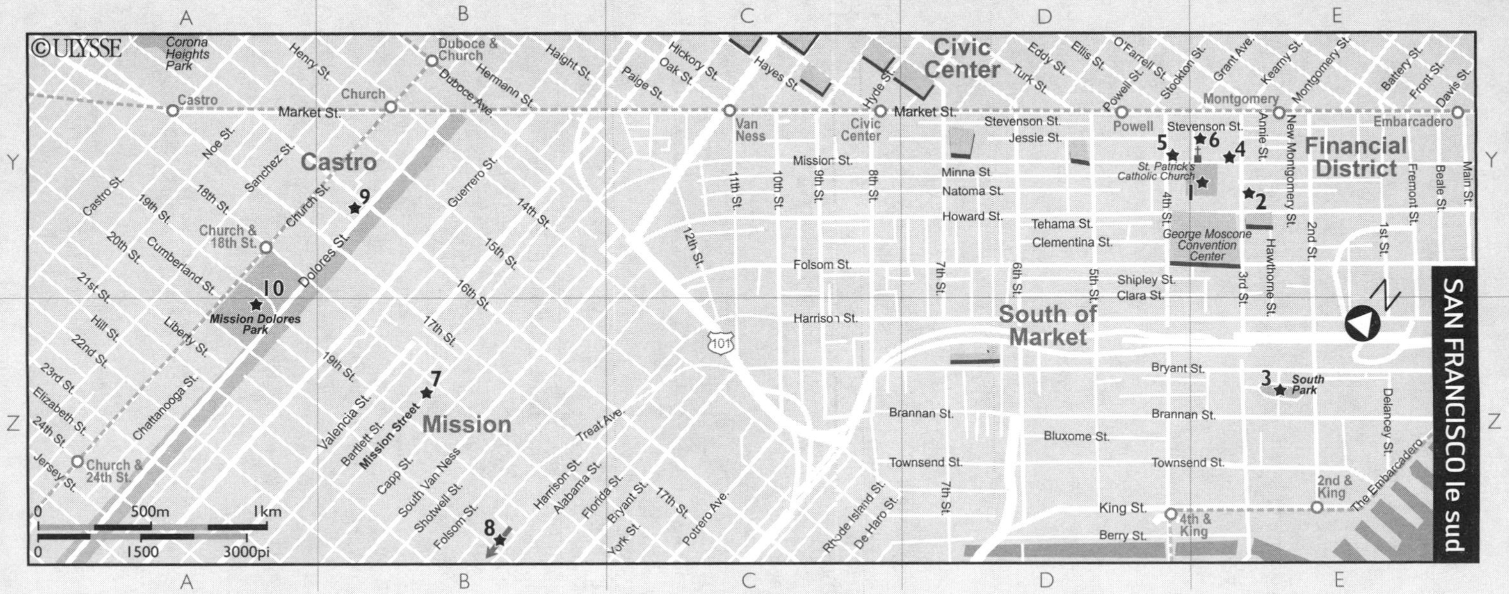

SAN FRANCISCO le sud

★ ATTRAITS TOURISTIQUES

South of Market (SoMa)

1. EY Yerba Buena Gardens / Zeum / Metreon
2. EY San Francisco Museum of Modern Art (SFMOMA)
3. EZ South Park
4. EY California Historical Society
5. DY Cartoon Art Museum
6. EY Contemporary Jewish Museum

Mission

7. BZ Mission Street
8. BZ Precita Eyes Mural Arts Center
9. BY Mission Dolores
10. AZ Mission Dolores Park

Le **Cartoon Art Museum** ★★ *(7$; mar-dim 11h à 17h; 655 Mission St., angle Fourth St., ☎ 415-227-8666, www.cartoonart.org)* est un musée humoristique thématique consacré à la bande dessinée. Les salles d'exposition présentent une délirante collection de bédés publiées depuis le XVIIIe siècle jusqu'à aujourd'hui.

Inauguré en juin 2008, le **Contemporary Jewish Museum** *(10$; jeu 13h à 20h30, ven-mar 11h à 17h30; 736 Mission St., ☎ 415-655-7800, www.thecjm.org)* est un nouveau venu dans le quartier. Vous ne pourrez pas manquer les grands cubes noirs imbriqués dans son élégante façade de briques. À travers une collection permanente et des expositions temporaires, ce musée est voué à faire connaître l'histoire, la culture et l'art contemporain juifs.

Mission ★

Au sud du centre-ville, Mission se présente comme un quartier un peu prolétaire dont **Mission Street** forme le cœur palpitant. En raison de sa forte concentration hispanique, Mission est surnommé *el barrio* («le quartier» en espagnol). Depuis les commerces et les maisons qui constituent le tissu urbain de ce quartier, il s'échappe souvent des airs de musique puisés aux sources même du folklore latino-américain.

Le quartier compte peu d'attraits touristiques. La plupart des visiteurs y viennent soit pour admirer les nombreuses peintures murales ou pour visiter la Mission Dolores. Les aficionados de peintures murales voudront certainement s'arrêter au **Precita Eyes Mural Arts Center** *(10$ et plus; visites: lun-ven 10h à 17h, sam 10h à 16h, dim 12h à 16h; 2981 24th St., près de Harrison St., ☎ 415-285-2287, www.precitaeyes.org)*, un centre d'art voué aux muralistes, qui organise des visites du quartier.

Érigée en 1776, la **Mission Dolores** ★ *(don suggéré de 5$; mai à oct tlj 9h à 16h30, nov à avr tlj 9h à 16h; 3321 16th St., angle Dolores St., ☎ 415-621-8203, www.missiondolores.org)* se targue d'être non seulement le plus ancien édifice de la ville, mais aussi l'un des plus vieux sanctuaires de Californie.

Le **Mission Dolores Park** *(Dolores St., angle 18th St.)* est un parc prisé des résidents du quartier qui viennent se balader avec leurs gamins ou leurs chiens. On y trouve également des courts de tennis et un petit terrain de jeu.

Les environs de San Francisco

▲ *p. 304* ● *p. 314* ☽ *p. 317*

⏱ *1 à 2 jours*

Marin County Convention & Visitors Bureau: 1 Mitchell Blvd., Suite B, San Rafael, ☎ 415-925-2060 ou 866-925-2060, www.visitmarin.org.

Sausalito ★★

Le charmant village de Sausalito est situé dans la banlieue cossue de **Marin County**, de l'autre côté du Golden Gate Bridge. En espagnol, *sausalito* signifie «saule». D'ailleurs, Sausalito tire son nom des majestueuses futaies que les Espagnols découvrirent. Aujourd'hui, de ravissantes maisons victoriennes dévalent les flancs des collines qui plongent dans la mer. Ce «village» est facilement accessible par le traversier de l'Embarcadero, et beaucoup de banlieusards prennent le traversier de Sausalito pour aller travailler à San Francisco. Les plus courageux pourront louer un vélo et s'y rendre en traversant le Golden Gate Bridge, puis retourner à San Francisco en empruntant le traversier; cette belle balade se fait en une demi-journée aller-retour (voir p. 293). L'activité commerciale se déroule le long de sa rue principale, Bridgeway, où s'alignent de nombreuses galeries d'art en tout genre.

Une fois que vous aurez flâné à votre aise dans les petites rues de Sausalito, dirigez-vous vers le nord pour visiter le **San Francisco Bay Model Visitor Center** ★ *(entrée libre; mai à sept mar-ven 9h à 16h, sam-dim 10h à 17h; sept à mai mar-sam 9h à 16h; 2100 Bridgeway, ☎ 415-332-3871)*. Sur 6 000 m², ce modèle réduit de la baie de San Francisco permet de comprendre le rôle des courants et marées dans toute la région comprise entre l'océan Pacifique et la capitale californienne, Sacramento. Vous pourrez vous balader sur la maquette et observer, en 15 min, une journée lunaire complète.

Berkeley ★★

Berkeley Convention & Visitors Bureau: 2015 Center St., ☎ 510-549-7040 ou 800-847-4823, www.berkeleycvb.com.

Berkeley se trouve dans la région d'East Bay, à l'est de la baie de San Francisco et de l'autre côté du Bay Bridge. Ville dont

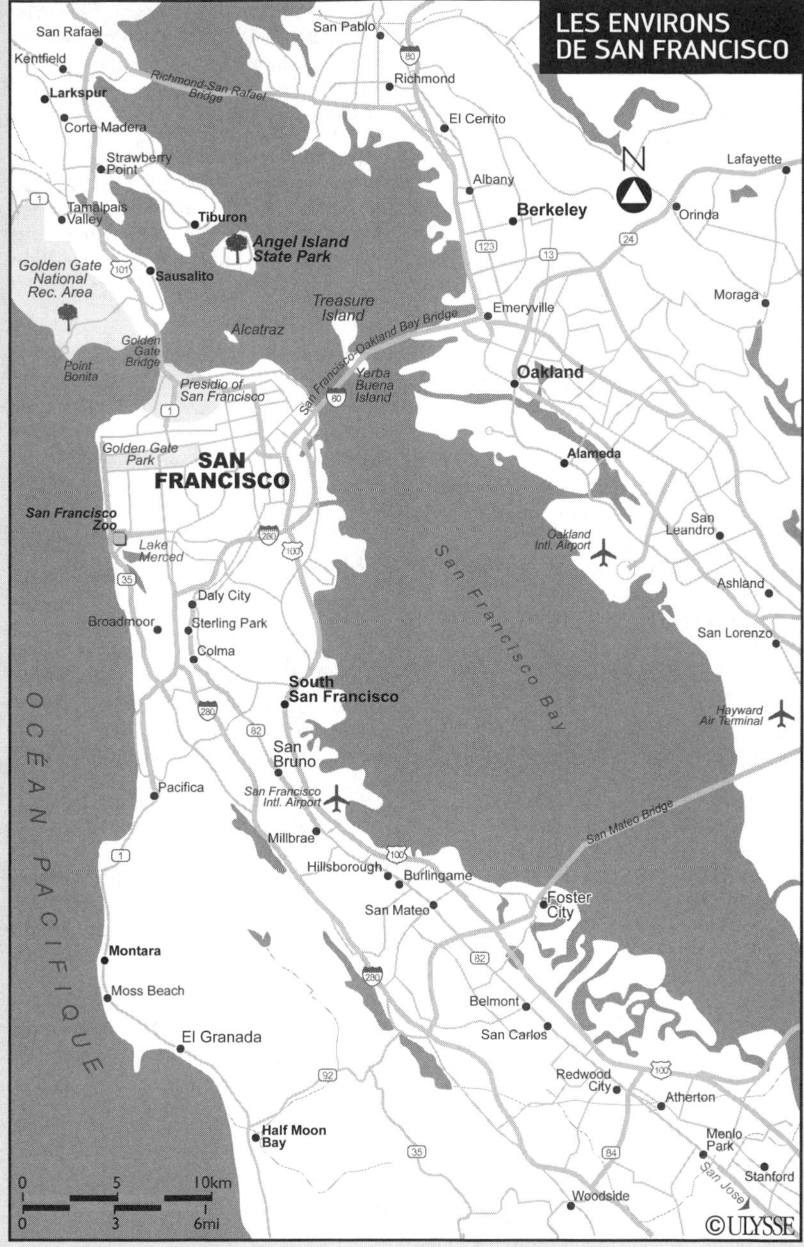
LES ENVIRONS
DE SAN FRANCISCO
San Rafael
Kentfield
Larkspur
Corte Madera
Strawberry Point
Tamalpais Valley
Tiburon
Angel Island State Park
Golden Gate National Rec. Area
Sausalito
Point Bonita
Golden Gate Bridge
Alcatraz
Treasure Island
Yerba Buena Island
Presidio of San Francisco
Golden Gate Park
SAN FRANCISCO
San Francisco Zoo
Lake Merced
Richmond-San Rafael Bridge
San Pablo
Richmond
El Cerrito
Albany
Berkeley
Emeryville
Oakland
Alameda
Lafayette
Orinda
Moraga
San Francisco-Oakland Bay Bridge
Oakland Intl. Airport
San Leandro
Ashland
San Lorenzo
Hayward Air Terminal
San Francisco Bay
Daly City
Broadmoor
Sterling Park
Colma
South San Francisco
San Bruno
San Francisco Intl. Airport
Pacifica
Millbrae
Hillsborough
Burlingame
San Mateo
Foster City
San Mateo Bridge
OCÉAN PACIFIQUE
Montara
Moss Beach
El Granada
Half Moon Bay
Belmont
San Carlos
Redwood City
Atherton
Menlo Park
Stanford
Woodside
San Jose
0 5 10km
0 3 6mi
©ULYSSE

le nom est inéluctablement associé aux souvenirs d'étudiants contestataires sur le campus de l'université qui porte son nom, Berkeley ne s'est développée qu'à la suite du séisme de 1906. Ce terrible soubresaut de la nature incita bon nombre de citoyens à délaisser San Francisco pour venir s'installer de l'autre côté de la baie. De nos jours, la ville compte une population d'un peu plus de 100 000 habitants qui se sont beaucoup embourgeoisés depuis les années 1980. On y trouve également plusieurs espaces verts, de nombreux cafés et librairies ainsi que quelques bonnes tables.

Bien que l'**University of California, Berkeley** ★★ existe depuis 1868 grâce aux dessins du célèbre architecte paysagiste Frederic Law Olmsted (1822-1903), concepteur du Central Park à New York et du parc du Mont-Royal à Montréal, elle fut réellement mise sur la carte dans les années 1960. En effet, c'est à cette époque que la montée de la gauche s'est affirmée et a donné naissance à plusieurs mouvements contestataires comme le *Free Speech Movement*. Pendant cette même période, l'intervention musclée de la police à l'endroit des manifestants qui protestaient contre la guerre du Vietnam en scandant «*Stop the draft!*» a également noirci son histoire et a forgé les idées des activistes. Un parfum révolutionnaire des années 1960 flotte toujours sur le campus, mais il y a un monde de différence entre l'atmosphère de résistance d'antan et celle plus paisible d'aujourd'hui.

Si vous en avez le temps, offrez-vous une visite guidée (gratuite) offerte par le personnel étudiant du **Visitor Center** *(101 University Hall ou 2200 University Ave., angle Oxford St., ☎ 510-642-5215)*. L'université compte environ 30 000 étudiants qui vont et viennent sans arrêt à travers les allées et les salles de cours.

Telegraph Avenue ★ est étroitement associée aux nombreuses manifestations des années 1960. Ce site historique a pas mal perdu son côté contestataire, mais on y trouve toujours plusieurs librairies, cafés et commerces de tout acabit, fréquentés par une foule d'étudiants bigarrés, de vieux hippies, des musiciens itinérants et quelques illuminés.

Inspirée de la tour de l'Horloge de la place Saint-Marc à Venise, la **Sather Tower** ★ *(2$; lun-ven 10h à 15h45, sam 10h à 16h45, dim 10h à 13h30 et 15h à 16h45)*, aussi appelée «The Campanile», s'élève à 95 m pratiquement au centre du campus. Un ascenseur mène à un belvédère d'où les visiteurs peuvent bénéficier d'une jolie vue.

Le **Phoebe A. Hearst Museum of Anthropology** ★★ *(entrée libre; mer-sam 10h à 16h30, dim 12h à 16h; Kroeber Hall, http://hearstmuseum.berkeley.edu)* présente des expositions temporaires sur l'histoire de l'Amérique. La collection de ce musée comprend plus de 634 000 pièces.

Le **Lawrence Hall of Science** ★ *(12$; tlj 10h à 17h; Centennial Dr., ☎ 510-642-5132, www.lawrencehallofscience.org)* est un petit musée qui propose quelques expositions conçues dans un but didactique et de vulgarisation scientifique grâce à l'emploi du multimédia. S'y trouve également un planétarium pour ceux qui sont fascinés par le monde des étoiles.

Situé sur les collines verdoyantes derrière le campus, l'**University of California Botanical Garden** ★★ *(1$; tlj 9h à 17h, fermé le premier mardi de chaque mois; 200 Centennial Dr., ☎ 510-643-2755, www.botanicalgarden.berkeley.edu)* fera le bonheur des aficionados des espèces végétales et du monde des plantes. Plusieurs sentiers sillonnent ce jardin au milieu d'une multitude d'espèces provenant de tous les continents.

Haut lieu de la contestation, le **People's Park** ★ *(délimité par les rues Bowditch, Haste et Dwight)* est situé à trois rues au sud du campus, près de Telegraph Avenue. En mai 1969, des manifestants gauchistes avaient décidé d'occuper pacifiquement les lieux. Cependant, l'escouade policière, avec ses méthodes expéditives, a dû faire face à des émeutes violentes qu'elle a provoquées durant lesquelles un militant a perdu la vie.

Beaucoup plus à l'est du centre-ville, le **Tilden Park** ★★ est un espace vert qui plaira autant aux parents qu'à leurs enfants. Que vous grimpiez à bord du petit train à vapeur qui serpente à travers les jolis séquoias ou que vous tourniez joyeusement dans le carrousel, vous serez sans nul doute satisfait. Le parc compte également plusieurs sentiers de randonnée pédestre, des voies cyclables et un petit jardin botanique où foisonnent des plantes variées.

Oakland

Oakland Convention & Visitors Bureau: 463 11th St., ☎ 510-839-9000, www.oaklandcvb.com.

Également situé dans la région d'East Bay, Oakland doit son nom aux plantations de chênes qui s'épanouissaient sur son territoire. La ville prit réellement son essor lorsque le chemin de fer transcontinental arriva en ville. Bon nombre de Noirs qui œuvraient à la construction de la voie ferrée décidèrent alors de s'y fixer. D'ailleurs, de nos jours, environ 40% de la population de la ville est afro-américaine. La construction du Bay Bridge, achevée en 1936, permit de relier enfin Oakland à San Francisco. La population connut une autre croissance importante durant la Seconde Guerre mondiale, alors que de nombreux ouvriers vinrent travailler dans les usines d'armement et les chantiers navals. La ville attira l'attention mondiale lorsqu'au cours des années 1960 le mouvement des Black Panthers s'y manifesta.

Ville industrielle où le tourisme n'est pas aussi florissant qu'à San Francisco, Oakland possède néanmoins l'un des plus grands ports de conteneurs au pays. Bouillon de cultures où se mêlent entre autres les Afro-Américains, les Chinois, les Portugais, les Mexicains et les Italiens, Oakland compte peu d'attraits touristiques.

Le **Lake Merritt** ★ tranche avec les lieux environnants qui n'inspirent pas vraiment. Ce précieux plan d'eau d'où rayonnent quelques espaces verts qui forment le poumon de cette ville industrielle qu'est Oakland est bordé par une piste cyclable utilisée autant par les joggeurs que par les cyclistes.

L'**Oakland Museum of California** ★★ *(12$; mer 10h à 17h, jeu-ven 11h à 20h, sam-dim 11h à 17h, premier vendredi de chaque mois ouvert jusqu'à 21h; 1000 Oak St., ☎ 510-238-2200, www.museumca.org)* renferme la plus importante collection de tableaux, de sculptures et de photographies consacrée à la Californie depuis le début du XIXe siècle jusqu'à aujourd'hui.

San Jose ★

San Jose Convention and Visitors Bureau: 408 Almaden Blvd., ☎ 408-295-9600 ou 800-726-5673, www.sanjose.org.

Plus ancienne agglomération coloniale espagnole en terre californienne, le *pueblo* de San José de Guadalupe est fondé en 1777 afin de fournir provisions et bétail aux militaires des *presidios* de Monterey et de San Francisco. Petite communauté rurale puis banlieue ronflante de la région de South Bay, au sud de San Francisco, San Jose connaît depuis les années 1980 une vitalité économique liée à l'explosion de l'industrie informatique et de la haute technologie, qui lui a valu le titre de capitale de la Silicon Valley. Vous pourrez rejoindre la ville au départ de San Francisco en empruntant la route 101 en direction sud.

Plus populaire attraction de la capitale de la Silicon Valley, **The Tech Museum** ★ *(10$; tlj 10h à 17h; 201 S. Market St., ☎ 408-294-8324, www.thetech.org)* permet aux visiteurs d'explorer les dernières découvertes technologiques grâce à de stimulantes et agréables expositions interactives. Plusieurs salles thématiques explorent les différentes facettes de la technologie, de la robotique au génie génétique en passant par l'exploration spatiale, dont le point culminant se veut certes le Hackworth IMAX Dome Theater et son écran haut de huit étages.

Le **San Jose Museum of Art** *(8$; mar-dim 11h à 17h; 110 S. Market St., ☎ 408-271-6840, www.sjmusart.org)* présente des expositions temporaires d'objets d'art contemporain conçus par des artistes américains ainsi qu'une collection permanente de photographies, de peintures, de dessins et de sculptures. Aménagé principalement dans un bâtiment moderne, le musée possède aussi une aile historique située dans une splendide construction en pierre datant de 1892.

Le **Rosicrucian Egyptian Museum and Planetarium** ★ *(9$; lun-ven 10h à 17h, sam-dim 11h à 18h; 1342 Naglee Ave., angle Park Ave., ☎ 408-947-3636, www.egyptianmuseum.org)* possède la plus importante collection d'objets de l'Égypte et de l'Assyrie antiques de tout l'ouest des États-Unis. Les visiteurs y trouveront entre autres une momie datant de plus de 3 000 ans ainsi qu'une réplique d'une tombe pharaonique souterraine.

Sur une note plus excentrique, la **Winchester Mystery House** ★ *(25$ à 33$; avr à sept tlj 8h à 19h, oct à mars tlj 9h à 17h; 525 S. Winchester Blvd., ☎ 408-247-2101, www.winchestermysteryhouse.com)* est une énorme propriété de 160 pièces qui fut construite entre 1884 et 1922 sous les ordres de Sarah

L. Winchester, veuve du célèbre fabricant de carabines. Outre la démesure, c'est surtout l'architecture pour le moins bizarre qui étonne avec, par exemple, un escalier menant au plafond ou encore une fenêtre au sol. Il faut dire que cette dame s'était laissé convaincre que le malheur qui frappait sa famille était dû aux atrocités engendrées par les carabines Winchester, et qu'elle-même ne pourrait rester en vie qu'en bâtissant sans cesse.

Activités de plein air

➤ Baignade

Les plages qui bordent San Francisco et sa baie ne sont pas idéales pour se baigner. En effet, les occasions de baignade sont malheureusement rares, car, même en plein été, le mercure n'oscille guère au-dessus de 14°C, et le ressac est assez puissant. Les plages sont généralement réservées à la promenade ou au pique-nique. Pour les irréductibles, en voici tout de même quelques-unes.

Ocean Beach *(près de la Cliff House)* n'est pas adaptée à la baignade; elle serait même plutôt dangereuse, mais beaucoup de visiteurs apprécient la plage pour s'y balader en regardant la mer.

La **Lands End Beach** est sillonnée par le **Lands End Trail** (voir page suivante). Ce n'est pas le meilleur endroit pour se baigner, mais la plage est parsemée de tables de pique-nique et l'on peut y faire de belles promenades.

Située entre le Presidio et la Lands End Beach, la petite **China Beach**, favorite des gens du coin, conviendra aux nageurs qui ne craignent pas l'eau froide.

Pour sa part, **Baker Beach** est une plage qui dispose de tables de pique-nique. Il s'agit d'un lieu populaire pour les sorties familiales ou pour ceux qui veulent balader leur chien tout en humant l'air marin. Le ressac est assez puissant ici.

➤ Golf

Les terrains de golf de San Francisco combleront sans conteste les attentes des débutants et des pros les plus chevronnés.

Entourant la Legion of Honor, le **Lincoln Park Golf** *(34th Ave., angle Clement St., ☎ 415-221-9911)* est un 18 trous que l'on peut parcourir assez rapidement. En prime, vous aurez de jolies vues sur le Golden Gate Bridge et la baie de San Francisco.

Haut lieu historique situé au sud du Golden Gate Bridge, le **Presidio Golf Club** *(300 Finley Rd., Arguello Gate, Presidio, ☎ 415-561-4653, www.presidiogolf.com)* était jadis un club privé réservé au gratin de la société. Ce parcours de golf à 18 trous est devenu public en 1995, lorsque le Presidio fut déclaré parc national.

Harding Park Golf: Harding Rd., angle Skyline Blvd., ☎ 415-664-4690, www.harding-park.com

Beaucoup plus au sud de San Francisco, le **Half Moon Bay Golf Links** *(2 Miramontes Point Rd., Half Moon Bay, ☎ 650-726-1800)* dispose de deux splendides parcours de golf à 18 trous.

➤ Kayak

Depuis 1972, **California Canoe & Kayak** *(409 Water St., Jack London Square, Oakland, ☎ 510-893-7833, www.calkayak.com)* organise des excursions en kayak d'eau vive et en kayak de mer pour débutants et expérimentés.

City Kayak *(Embarcadero, angle Townsend St., ☎ 415-357-1010, www.citykayak.com)* comblera ceux qui veulent louer un kayak et explorer la baie de San Francisco.

➤ Patin à roues alignées

Bien que le patin à roues alignées soit rapidement devenu le sport de prédilection d'un nombre grandissant de néophytes, les rues de San Francisco ne se prêtent guère à la pratique de cette activité. Certains lieux ont toutefois été aménagés pour les patineurs. En voici quelques-uns.

Que ce soit pour prendre l'air, pour éliminer des toxines ou pour le simple plaisir de flâner, débutants et experts sont les bienvenus pour dévorer le bitume du **Golden Gate Park** en patins à roues alignées.

Le **Marina Green** est sillonné par une piste cyclable que se partagent les cyclistes, les joggeurs et les patineurs à roues alignées.

Critical Mass

Le dernier vendredi de chaque mois, les San-Franciscains sautent sur leur vélo et se mettent en branle pour participer au **Critical Mass** *(www.critical-mass.info)*. Il s'agit d'un événement fort populaire qui soulève parfois la hargne des automobilistes, car, durant cette période de manifestation populaire, les rues de la ville sont littéralement envahies par des cyclistes venus exercer leurs muscles jumeaux. Le départ a lieu à 17h30 sur la Justin Herman Plaza, près de Market Street.

Location de patins à roues alignées

Golden Gate Park Skate & Bike: 3038 Fulton St., ☎ 415-668-1117

➤ *Randonnée pédestre*

Les randonneurs expérimentés voudront certainement sillonner le **Lands End Trail**. Le sentier débute près du Camino del Mar, dans le Lincoln Park, puis serpente à travers les collines et une forêt de cyprès, pour finalement aboutir au stationnement de la Cliff House. Les vues depuis ce sentier sont tout simplement saisissantes.

➤ *Vélo*

San Francisco à vélo? La ville n'a évidemment pas été conçue pour les cyclistes. Si vous avez de bons mollets et que la circulation incessante des véhicules automobiles ne vous fait pas peur, c'est un bon moyen de découvrir une succession de quartiers et des panoramas splendides, généralement après avoir affronté et grimpé des montées d'enfer, mais en suivant un trajet en zigzag de façon à diminuer le plus possible la rudesse des pentes. La ville a toutefois fait des efforts pour aménager des zones réservées aux cyclistes.

Chaque dimanche, à l'intérieur du **Golden Gate Park**, un tronçon de la John F. Kennedy Drive est fermé aux véhicules pour laisser le champ libre aux cyclistes, aux patineurs à roues alignées et aux simples marcheurs. Il y a également une jolie **piste cyclable** qui sillonne le parc et se rend jusqu'à la Cliff House.

Les cyclistes à la pédale fébrile qui veulent s'évader trouveront leur bonheur en longeant le Marina Green, puis en traversant le Golden Gate Bridge pour aboutir au **Marin County**. Ceux qui préfèrent reposer leurs mollets peuvent monter avec leur vélo à bord du traversier à destination de **Sausalito** ou d'**Angel Island**, un parc d'État.

Jadis surnommée Ellis Island (du nom de cette île du New Jersey qui fut la porte d'entrée des immigrants en Amérique), **Angel Island** *(www.parks.ca.gov)* était en effet une enclave cloisonnée où l'on gardait les immigrants asiatiques avant qu'on ne décide de leur sort. Parc d'État, Angel Island est aujourd'hui une île tranquille où l'on peut pratiquer le vélo, la randonnée pédestre et même le kayak de mer tout autour. On peut s'y rendre en prenant le traversier au Pier 39 ou à Tiburon.

Enfin, pour toute autre information sur les deux-roues à San Francisco, visitez le site Internet de la **San Francisco Bicycle Coalition** *(www.sfbike.org)*.

Location de vélos

Les entreprises suivantes louent des vélos et organisent aussi des excursions à San Francisco et dans ses environs.

Bike and Roll: 899 Columbus Ave., North Beach, ☎ 415-229-2000; 353 Jefferson St., Fisherman's Wharf, ☎ 415-229-2000; Pier 43 ½, Fisherman's Wharf, ☎ 415-229-2000; 5 Embarcadero Center, ☎ 415-229-2000; www.bicyclerental.com

Blazing Saddles Bike Rentals & Tours: 465 Jefferson St.; 2715 Hyde St.; 1095 Columbus Ave.; 2555 Powell St.; Pier 41; 433 Mason St.; ☎ 415-202-8888; www.blazingsaddles.com

Hébergement

Le parc hôtelier de San Francisco est doté d'infrastructures qui conviendront autant à ceux qui se contentent d'un gîte frugal avec salles de bain partagées ou d'un *bed and breakfast* charmant aux allures victoriennes qu'à ceux qui recherchent un hôtel standard ou un établissement affilié à une grande chaîne hôtelière mondialement connue, ou encore un palace au luxe ostentatoire respirant le faste et l'opulence.

Par ailleurs, l'abondance de motels le long des autoroutes (à l'extérieur de la ville) permet aux voyageurs de trouver des chambres abordables parmi les moins chères aux États-Unis. Toutefois, sachez-le, on ne vient pas à San Francisco les poches vides, et rares sont les hôtels convenables qui louent des chambres à moins de 100$ par nuitée.

La formule ***bed and breakfast*** (gîte touristique) est très populaire à San Francisco. On retrouve souvent ce genre d'établissement dans de jolies maisons victoriennes harmonieusement décorées, avec, généralement, moins de 10 chambres.

San Francisco Reservations *(☎ 510-628-4450 ou 800-677-1570, www.hotelres.com)* peut vous fournir de l'information sur de nombreux hôtels de la région et s'occuper de confirmer les réservations que vous souhaitez effectuer.

➤ Où loger?

San Francisco étant divisée en différents quartiers, il importe de bien choisir le quartier où vous logerez. La plupart des hôtels sont situés autour d'Union Square, mais l'excellent moyen de transport en commun (BART) fait en sorte qu'il est relativement facile de se déplacer d'un quartier à l'autre.

Le centre-ville

Union Square

Globetrotter's Inn
$ bc @
225 Ellis St., angle Mason St.
☎ 415-346-5786
www.globetrottersinn.com

Les bourlingueurs désinvoltes qui, dans le choix d'un gîte d'étape, privilégient un environnement reposant et des prix économiques plutôt que le grand confort, seront sans doute heureux de trimballer leur sac à dos jusqu'au Globetrotter's Inn. Les dortoirs, tout comme les chambres privées, sont modestement décorés. Accès à la cuisine et à une laverie.

Adelaide Hostel
$-$$ bc/bp @ P
5 Isadora Duncan Lane, entre Post St. et Geary St.
☎ 877-355-1915
www.adelaidehostel.com

Situé au fond d'une rue en cul-de-sac, l'Adelaide Hostel propose des chambres privées et partagées tranquilles, au confort sommaire et au mobilier décati, mais à prix économique. Cette adresse fera l'affaire des voyageurs qui disposent d'un budget limité et qui ne se soucient pas de la décoration intérieure des endroits où ils logent.

Hostelling International - Downtown
$-$$ @
312 Mason St., entre Ellis St. et O'Farrell St.
☎ 415-788-5604
www.sfhostels.com

Bivouac prisé des globetrotters désargentés, cette auberge moderne de la chaîne Hostelling International, située à deux pas d'Union Square, loue des chambres partagées *($)* et individuelles *($$)* offrant à leurs occupants le confort de base sans aucun superflu. Les baroudeurs qui y logent disposent toutefois d'une salle commune où ils peuvent échanger des histoires de voyage. Réservations requises en haute saison.

The Halcyon Hotel
$$ ❄ @
649 Jones St., entre Post St. et Geary St.
☎ 415-929-8033 ou 800-627-2396
www.halcyonsf.com

L'hôtel Halcyon est un gîte parfait pour ceux qui veulent s'offrir un séjour prolongé. Les 25 chambres de dimensions variées comportent un micro-ondes, une cafetière, un grille-pain et un petit réfrigérateur. L'établissement est situé à trois rues à l'ouest d'Union Square, tout près de la ligne de *cable car* Powell.

Petite Auberge
$$$-$$$$ P
863 Bush St., entre Taylor St. et Mason St.
☎ 415-928-6000 ou 800-365-3004
www.jdvhotels.com

La Petite Auberge a l'allure, comme le dit bien son nom, d'une... petite auberge française. De taille variable, les 26 chambres, aux murs décorés de papier peint à motifs de fleurs, comportent une armoire en bois et, sur chaque lit, un gentil ourson qui vous fixera du regard. Les amoureux en lune de miel qui choisissent d'y séjourner opteront sans doute pour la suite équipée d'une baignoire à remous; en prime, on leur offrira une bouteille de champagne et des chocolats.

Hotel Diva
$$$-$$$$
440 Geary St.
415-885-0200 ou 800-553-1900
www.hoteldiva.com

L'Hotel Diva bénéficie d'une situation très centrale près d'Union Square et des *cable cars*, et abrite 115 chambres au *look* branché et nouvelle tendance qui ressemblent à s'y méprendre à celles d'un hôtel du quartier SoHo de Manhattan. Les toiles qui couvrent les fenêtres arborent des images féminines résolument sexys, et la tête de lit en acier inoxydable et la moquette bleue sont l'image de marque de l'hôtel. Les chambres à l'arrière disposent d'une vue moins agréable, mais sont plus calmes que celles qui donnent sur Geary Street. Un petit centre d'affaires est à la disposition de la clientèle. Service avenant et professionnel.

Kensington Park Hotel
$$$-$$$$
450 Post St.
800-553-1900
www.kensingtonparkhotel.com

Situé à un jet de pierre des *cable cars* et des grandes adresses de magasinage d'Union Square, le Kensington Park Hotel abrite des chambres très classiques qui comportent des touches contemporaines qui plairont aux visiteurs. Avis aux intéressés, aucune chambre ne dispose d'une mauvaise vue. La réception de cet hôtel présente un magnifique plafond qui date de 1925.

Orchard Garden Hotel
$$$-$$$$
466 Bush St.
415-399-9807 ou 888-717-2881
www.theorchardgardenhotel.com

Situé tout près de la Chinatown Gateway et d'Union Square, l'Orchard Garden Hotel est le premier hôtel de San Francisco, le troisième aux États-Unis et le quatrième de la planète à obtenir la prestigieuse certification LEED du U.S. Green Building Council (USGBC). Ouvert à la fin de 2006, cet hôtel-boutique écologique abrite des chambres aux tons apaisants et au confort résolument contemporain avec ses téléviseurs ACL et ses stations d'accueil pour iPod. Initiative écologique plutôt intéressante, la carte-clé éteint automatiquement à la fois l'éclairage, le chauffage et la climatisation lorsque vous quittez votre chambre, ce qui permet d'économiser environ 30% d'énergie. Les chambres sont évidemment aussi équipées de bacs de recyclage, et tous les produits de nettoyage utilisés par les employés de l'hôtel sont 100% naturels. Personnel stylé et avenant.

White Swan Inn
$$$$-$$$$$
845 Bush St. entre Taylor St. et Mason St.
415-775-1755 ou 800-999-9570
www.jdvhotels.com

Un cran au-dessus du confort de sa petite sœur qu'est la Petite Auberge (voir plus haut), le White Swan Inn est un gîte douillet qui offre plutôt une ambiance et un charme britanniques. Les 26 chambres, aux dimensions variées, sont décorées avec chic d'un mobilier en bois foncé. Les visiteurs ont droit chaque jour au journal déposé gracieusement à la porte de leur chambre, et on leur sert également des biscuits maison et du thé au cours de l'après-midi.

Hotel Triton
$$$$-$$$$$
342 Grant Ave., angle Bush St.
415-394-0500 ou 800-800-1299
www.hoteltriton.com

Les amateurs d'hôtels anticonformistes, au décor hors normes, doivent retenir l'adresse de l'hôtel Triton, idéalement situé à côté du Chinatown. Le hall contemporain est résolument avant-gardiste, arborant un mobilier Art déco aux couleurs chatoyantes et aux lignes stylisées. La décoration des chambres reste dans la même veine, tandis que les visiteurs à l'âme écolo peuvent opter pour les *Eco Rooms*. Ceux qui veulent s'offrir une folie pourront loger dans une des suites thématiques aux styles variés et évocateurs, comme la *Jerry Garcia*.

Clift Hotel
$$$$$
495 Geary St.
415-775-4700
www.clifthotel.com

Le prolifique duo Ian Schrager et Philippe Starck ont à nouveau combiné leurs efforts pour écrire un nouveau chapitre de l'industrie hôtelière contemporaine. La réception du Clift distille une élégance à la fois classique et contemporaine grâce au mobilier éclectique, mention spéciale pour la chaise Louis XV triplée de volume. Les 363 chambres, quant à elles, sont décorées dans un camaïeu de gris, de lavande et d'ivoire, mais se révèlent plutôt petites. Elles sont toutefois pourvues de miroirs qui décuplent agréablement bien l'espace. Malgré ses tarifs prohibitifs, l'établissement demeure très couru par les *fashionistas* et les *jet-setters* en raison de son restaurant Asia de Cuba et de son bar **Redwood Room** (voir p. 315). Adresse idéale pour voir et être vu.

▲ HÉBERGEMENT

Union Square

1. BZ Adelaide Hostel
2. BZ Clift Hotel
3. CZ Globetrotter's Inn
4. CY Grand Hyatt
5. CZ Hostelling International - Downtown
6. CZ Hotel Diva
7. BZ Hotel Monaco
8. CZ Hotel Triton
9. CZ JW Marriott Hotel
10. CZ Kensington Park Hotel
11. CY Orchard Garden Hotel
12. DZ Palace Hotel
13. BY Petite Auberge
14. BZ Prescott Hotel
15. BZ The Halcyon Hotel
16. CZ Westin St. Francis
17. CY White Swan Inn

Financial District et Embarcadero

18. EY Hotel Vitale
19. EY Hyatt Regency
20. DY Mandarin Oriental

North Beach

21. CX Green Tortoise Hostel
22. CX Hotel Bohème

Nob Hill

23. CY The Fairmont San Francisco
24. BY The Huntington Hotel
25. CY The Ritz-Carlton
26. CY The Stanford Court Renaissance San Francisco Hotel

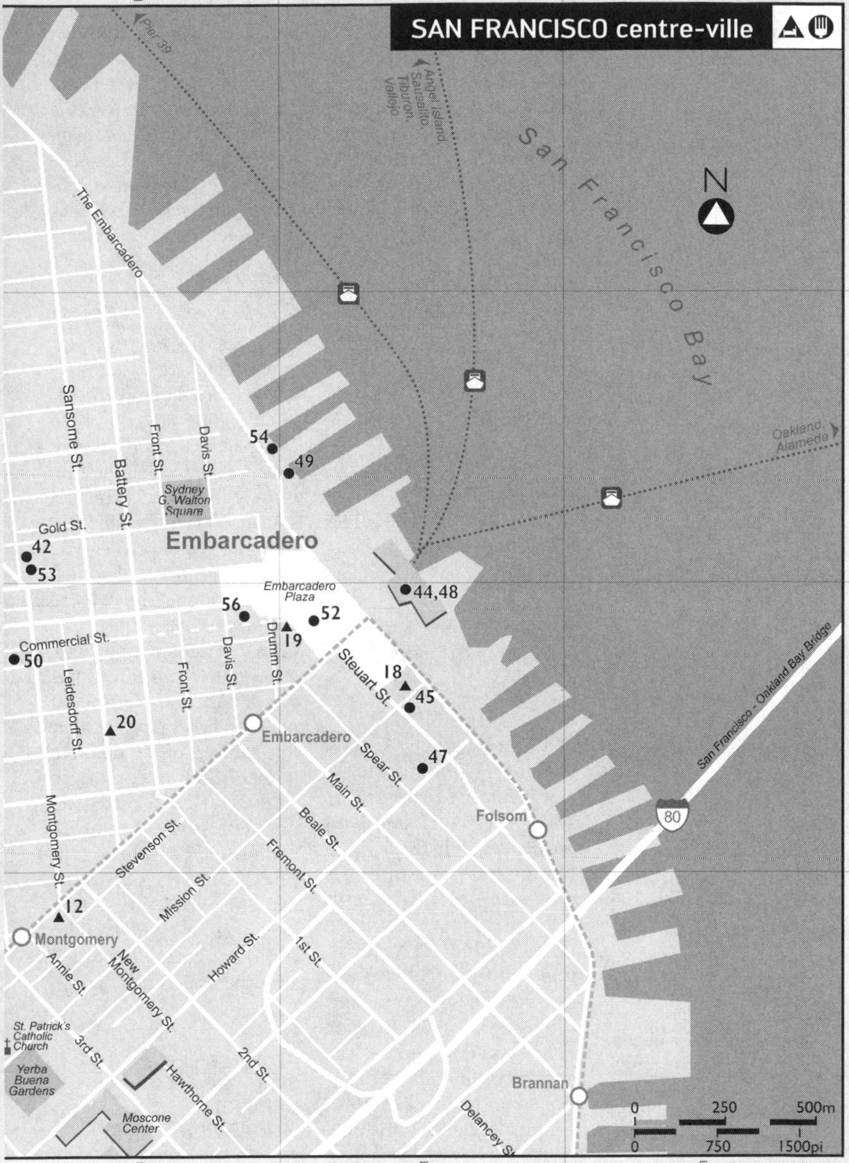

SAN FRANCISCO centre-ville

RESTAURANTS

Union Square

27. CY Café Claude
28. CY Café de la Presse
29. BY Farallon
30. BY Fleur de Lys
31. CY Garden Court
32. BY Grand Cafe
33. BY Jeanne d'Arc
34. BY Le Colonial
35. BY Masa's Restaurant
36. BY Michael Mina
37. BY Millennium
38. BY Postrio
39. CZ Urban Tavern

Chinatown

40. BX Ben House Restaurant
41. CY Empress of China

Financial District et Embarcadero

42. DX Aqua
43. CY B44
44. EY Blue Bottle Coffee Co.
45. EY Boulevard
46. CZ Chez Papa
47. EY Gordon Biersch
48. EY Gott's Roadside
49. EX Mijita Cocina Mexicana
50. DY Palio d'Asti
51. CX Rubicon
52. EY Shanghai 1930
53. DX Tadich Grill
54. DX The Slanted Door
55. CX Tommy Toy's
56. DY Yank Sing

North Beach

57. CX Cafe Zoetrope
58. CX Caffe Trieste
59. CX Mama's on Washington Square
60. BW Sushi on North Beach
61. CX The House
62. CX Trattoria Pinocchio

Nob Hill

63. BY Big 4 Restaurant
64. AX Harris'

Grand Hyatt
$$$$$
345 Stockton St. entre Post St. et Sutter St.
415-398-1234
www.grandsanfrancisco.hyatt.com

Au nord-est d'Union Square, le Grand Hyatt se donne des allures de gratte-ciel en déployant tout le luxe et le chic d'un grand hôtel sur 36 étages. Un centre de conditionnement physique est à la disposition de ceux qui souhaitent conserver leur bien-être tout en éliminant leur stress. Les 685 chambres, tout confort, sont équipées sans grandes surprises, mais elles sont dignes d'un établissement de grande classe et offrent de magnifiques vues sur l'ensemble de la ville. Un centre d'affaires comblera les attentes des clients.

Hotel Monaco
$$$$$
501 Geary St.
415-292-0100 ou 866-622-5284
www.monaco-sf.com

Escale urbaine en vogue, l'hôtel Monaco renferme un splendide escalier en marbre qui conduit à une succession de chambres colorées qui sont peut-être un peu petites mais plutôt jolies, car soigneusement décorées avec une touche orientale. Parmi les installations qui plairont sans doute aux visiteurs, figurent le sauna, le bain à remous et un magnifique restaurant, le **Grand Cafe** (voir p. 306).

JW Marriott Hotel
$$$$$
500 Post St., angle Mason St.
415-771-8600 ou 800-533-6465
www.marriott.com

Situé à quelques rues d'Union Square, le JW Marriott Hotel incarne tout ce dont les gens d'affaires et les vacanciers de passage s'attendent à trouver comme services et installations dans un hôtel de luxe. Prenez l'un des ascenseurs panoramiques pour arriver à la réception de l'établissement, entourée d'une jolie sculpture contemporaine artistiquement exposée au milieu des clapotis d'une fontaine et des crépitements d'un foyer. Les chambres au décor épuré sont spacieuses et équipées d'un minibar, d'un lecteur CD, d'une connexion à Internet haute vitesse, d'un coffret de sûreté, et sont dotées de salles de bain aussi vastes qu'aérées. Le personnel est avenant.

Palace Hotel
$$$$$
2 New Montgomery St., angle Market St.
415-512-1111
www.sfpalace.com

À l'hôtel Palace, le mot «Palace» prend toute sa signification. Inauguré en 1875, l'hôtel faisait jadis partie de la liste des établissements auxquels on apposait des qualificatifs tels que «faste, rutilant, chic, opulent et ostentatoire». Il fut hélas rasé lors de l'incendie que provoqua le séisme de 1906, mais on s'empressa de le reconstruire de façon plus sobre et classique. Entre 1989 et 1991, les propriétaires y insufflèrent 150 millions de dollars afin qu'il puisse toujours être en compétition avec les «poids lourds» de l'industrie. Parmi les célébrités à y avoir séjourné figurent entre autres l'écrivain Oscar Wilde et l'actrice Sarah Bernhardt. Les 553 chambres conviendront parfaitement aux gens d'affaires. N'oubliez surtout pas d'aller vous restaurer à sa spectaculaire **Garden Court** (voir p. 306), coiffée d'un magnifique et spectaculaire dôme orné de vitraux. Une piscine intérieure, des chambres adaptées aux personnes handicapées, un centre d'affaires et une salle d'exercices complètent ses installations.

Prescott Hotel
$$$$$
545 Post St.
415-563-0303 ou 866-271-3632
www.prescotthotel.com

À deux rues d'Union Square, le chic hôtel Prescott abrite des chambres meublées avec élégance de façon à offrir un cadre raffiné. Les clients qui souhaitent manger dans leur chambre ont le privilège de choisir parmi les plats inscrits au menu du célèbre restaurant de l'établissement, le **Postrio** (voir p. 306), et en outre ils n'auront pas à montrer patte blanche au maître d'hôtel pour obtenir une réservation de dernière minute. Bref, le confort, la situation, les services de cet établissement haut de gamme et l'extrême gentillesse de son personnel incitent plus d'un visiteur bien argenté à y descendre régulièrement lorsqu'il séjourne à San Francisco.

Westin St. Francis
$$$$$
335 Powell St.
415-397-7000 ou 866-497-2788
www.westinstfrancis.com

Après avoir acquis ses lettres de noblesse dès son inauguration en 1904 (alors le St. Francis Hotel), le Westin St. Francis est désormais considéré comme l'une des grandes adresses historiques de la ville. Toutefois, à l'instar de bien d'autres bâtiments construits au début du

XXe siècle, l'établissement a été gravement endommagé par l'incendie provoqué par le séisme de 1906, mais il fut admirablement bien restauré et occupe aujourd'hui avec ostentation tout le côté ouest d'Union Square. En 1972, des ascenseurs panoramiques furent ajoutés à l'hôtel, procurant à la clientèle de saisissantes vues plongeantes sur le splendide panorama urbain de San Francisco. Les têtes couronnées et les stars de passage ne manquent jamais d'y faire halte. À la suite d'un important projet de rénovation en 2009, les clients y trouveront des chambres extrêmement douillettes et confortables, meublées dans un style à la fois classique et moderne, le tout auréolé d'une ambiance luxueuse. Une valeur sûre face à Union Square!

Financial District et Embarcadero

Hotel Vitale
$$$$-$$$$$ @
8 Mission St.
415-278-3700 ou 888-890-8688
www.hotelvitale.com

Le qualificatif d'oasis urbaine convient parfaitement à l'hôtel Vitale. Moderne et luxueux tout en restant sobre, l'aménagement de l'établissement et des chambres joue sur les ambiances naturelles. Le spa et la terrasse sur le toit pourraient presque vous faire oublier que vous êtes en pleine ville, tout comme les cours de yoga donnés chaque matin. De plus, le service est excellent, et vous n'êtes qu'à deux pas du **Ferry Building Marketplace** (voir p. 270).

Hyatt Regency
$$$$$ @ P
5 Embarcadero Center
415-788-1234
www.sanfranciscoregency.hyatt.com

Le Hyatt Regency n'est pas qu'une simple succursale de cette chaîne internationale. Les chambres, spacieuses, confortables et bien équipées, sont bel et bien conformes aux normes de qualité des hôtels de grande classe, mais l'établissement se démarque indubitablement par son magnifique atrium de 17 étages enjolivé par une profusion de plantes et d'arbres. Le regard est alors inexorablement porté vers les ascenseurs panoramiques qui mènent aux étages. Un centre de conditionnement physique est accessible à ceux qui souhaitent ajouter du tonus à leurs muscles.

Mandarin Oriental
$$$$$ @
222 Sansome St.
415-276-9888 ou 800-622-0404
www.mandarinoriental.com/sanfrancisco

Occupant les 11 derniers étages du California Center (l'un des gratte-ciel les plus élevés de San Francisco), le Mandarin Oriental est l'adresse à retenir pour ceux qui ne souffrent pas de vertige et qui disposent d'une carte de crédit dotée d'une bonne marge de crédit. Les chambres décorées au goût de l'Orient ne manquent absolument de rien : minibar, télévision par câble, boîte vocale, prise pour modem d'ordinateur, lunettes d'approche, et même des pantoufles en soie. Toutefois, l'attrait premier des chambres est la vue saisissante qu'elles offrent sur la ville et sur la baie sous divers angles. Le centre d'affaires attenant saura satisfaire les exigences des clients.

North Beach

Green Tortoise Hostel
$-$$ @
494 Broadway, angle Kearny St.
415-834-1000 ou 800-867-8647
www.greentortoise.com

Adresse économique, sécuritaire et bien située, le Green Tortoise est une halte populaire auprès des voyageurs à petit budget. Les chambres privées ***($$)***, tout comme les dortoirs ***($)***, sont confortables et assez spacieuses pour ce type d'établissement. Les petits budgets seront ravis de profiter des dîners gratuits servis trois soirs par semaine. L'établissement fait également office d'agence de voyages et organise des excursions dans la ville et ses environs, et même au-delà.

Hotel Bohème
$$$$ @
444 Columbus Ave., entre Vallejo St. et Green St.
415-433-9111
www.hotelboheme.com

À l'image des beatniks des années 1950 qui refusaient la rectitude politique de l'époque, l'hôtel Bohème est l'antithèse des hôtels des grandes chaînes internationales. Très bien situé, près de Washington Square, l'établissement dispose d'une quinzaine de chambres bien meublées, mais qui baignent dans l'atmosphère un peu ringarde d'une époque révolue.

Nob Hill

The Fairmont San Francisco
$$$$$ @
950 Mason St., angle California St.
415-772-5000 ou 866-540-4491
www.fairmont.com/sanfrancisco

Rares sont ceux qui ne sont pas impressionnés par le hall faste et astiqué du Fairmont San Francisco. Le regard des clients se porte en effet aussitôt vers le plancher rutilant, puis vers les colonnes vertigineuses et le plafond magnifiquement ouvré. Les chambres et le service sont à la hauteur de cet établissement de luxe.

The Huntington Hotel
$$$$$
1075 California St.
415-474-5400 ou 800-227-4683
www.huntingtonhotel.com
Ancien immeuble résidentiel des années 1920, l'hôtel Huntington est aujourd'hui un établissement familial de luxe. Les chambres sont dotées de fenêtres qui s'ouvrent (phénomène rare à San Francisco), procurant de très belles vues panoramiques sur la ville et ses environs. Les suites sont des repaires de hauts dignitaires et de personnalités publiques, et sont prisées de tous ceux qui recherchent en pleine ville un peu de discrétion et d'anonymat. L'excellent restaurant **Big 4** (voir p. 310) de l'hôtel saura satisfaire les gens d'affaires qui souhaitent faire une transaction avec leurs clients tout en se payant un bon repas. Piscine intérieure et spa complètent les installations.

The Ritz-Carlton
$$$$$ P
600 Stockton St., angle California St.
415-296-7465
www.ritzcarlton.com
En apercevant la magnifique façade néoclassique du Ritz-Carlton, on croirait pénétrer dans une sorte d'immense musée plutôt que dans le hall d'un hôtel aussi prestigieux et renommé. Une fois à l'intérieur, les tableaux, les antiquités et les œuvres d'art étonnent davantage les visiteurs. Les chambres, spacieuses et confortables, bénéficient de jolies vues sur la ville. L'établissement propose également une large gamme de services qui plairont sans conteste à ses «chers clients»: piscine intérieure, centre de conditionnement physique, restaurant gastronomique, sauna et centre d'affaires. Le personnel, d'une gentillesse et d'une courtoisie exemplaire, cultive à un haut degré l'art de recevoir.

The Stanford Court Renaissance San Francisco Hotel
$$$$$
905 California St., angle Powell St.
415-989-3500
www.renaissancehotels.com/sfosc
The Stanford Court est un autre établissement qui possède un splendide hall. Le visiteur y contemple les antiquités et la fontaine clapotante illuminée par une magnifique coupole de verre de style Tiffany. Les chambres sont mignonnes et bien meublées. On y propose un service de navette pour le centre-ville. Le service est sans faille.

La côte

Fisherman's Wharf

The San Remo Hotel
$$ bc
2237 Mason St., angle Chestnut St.
415-776-8688 ou 800-352-7366
www.sanremohotel.com
Présentant incontestablement l'un des meilleurs rapports qualité/prix en ville, The San

▲ HÉBERGEMENT

Fisherman's Wharf

1. CZ The San Remo Hotel

Marina

2. BZ Hostelling International - Fisherman's Wharf

● RESTAURANTS

Fisherman's Wharf

3. CZ Bistro Boudin
4. CZ Gary Danko
5. BZ Rainforest Cafe
6. CZ Scoma's

Marina

7. BZ Ace Wasabi's Rock 'n' Roll Sushi
8. BZ Greens

Remo Hotel fera le bonheur de ceux qui veillent attentivement sur leur budget, mais qui sont tout de même à la recherche d'un bon confort. Les chambres sont un peu petites, mais bien tenues et propres. Seule ombre au tableau, vous devez partager les sanitaires, qui sont toutefois ultra-propres et pourvus de toutes les commodités dont le voyageur a besoin.

Marina

Hostelling International - Fisherman's Wharf
$-$$ @ P
Fort Mason, Building 240
415-771-7277
www.sfhostels.com

Cette auberge de jeunesse est une halte idéale au milieu de la verdure pour les baroudeurs à la recherche d'une chambre tranquille offrant une jolie vue sur le Golden Gate Bridge (si la météo le permet). Ceux qui souhaitent préparer eux-mêmes leur repas ont accès à une cuisine. Stationnement gratuit.

Le centre

Voir carte p. 302.

Civic Center

Phoenix Hotel
$$$-$$$$ @ P
601 Eddy St., angle Larkin St.
415-776-1380 ou 800-248-9466
www.jdvhotels.com

Simple motel un peu glauque devenu un motel dans le coup, le Phoenix est résolument une adresse prisée du jet-set des arts de la scène et du rock-and-roll. Ordonnées en arc de cercle autour d'une piscine bordée de palmiers, les chambres, conçues avec un souci manifeste du confort, arborent des couleurs tropicales et sont dotées d'un mobilier en bambou. Les suites sont généralement occupées par des vedettes au portefeuille bien garni. L'établissement possède également le Bambuddha Lounge, un bar branché. Stationnement gratuit.

Renoir Hotel
$$$-$$$$ @
45 McAllister St., angle Market St.
415-626-5200 ou 800-576-3388
www.renoirhotel.com

Le Renoir Hotel se présente comme un havre de paix au milieu de ce quartier chaud. Les prix affichés y sont plus abordables qu'autour d'Union Square, et l'atmosphère qui y règne n'a rien à voir avec celle d'un hôtel de chaîne internationale. Les chambres sont spacieuses, propres et confortables, bien qu'un peu défraîchies, et la proximité de Market Street pourra déranger ceux qui ont le sommeil léger. Des chambres familiales sont aussi disponibles. Le personnel est sympathique et avenant.

Inn at the Opera
$$$$ @ P
333 Fulton St.
415-863-8400
www.shellhospitality.com

Ancien repaire des barytons et des ténors, l'Inn at the Opera est stratégiquement situé à un jet de pierre des salles de spectacle. De nos jours, certaines chambres sont encore occupées par des chanteurs de concert, mais la clientèle est variée. Les chambres procurent tout le confort recherché par les voyageurs. Toutes disposent d'un grand lit, d'un micro-ondes et d'un minibar.

Haight-Ashbury

The Red Victorian
$$$ bc/bp
1665 Haight St.
415-864-1978
www.redvic.com

Pour tous ceux qui gardent un souvenir vivace du festival *Summer of Love*, The Red Victorian est une adresse quasi emblématique dans l'ancien quartier des hippies. À la fois *bed and breakfast* bariolé et galerie d'art contemporaine, l'établissement est situé près du Golden Gate Park et propose 18 chambres disparates (dont la plupart ne possèdent pas de sanitaires privées) à la thématique colorée qui plaira sans nul doute à ceux qui vivent encore à l'époque de l'apogée du *San Francisco Sound.*

Le sud

Voir carte p. 303.

South of Market

The Mosser Hotel
$-$$$ bc/bp @
54 Fourth St.
415-986-4400 ou 800-227-3804
www.themosser.com

The Mosser Hotel abrite des chambres qui mélangent charme victorien et confort moderne. L'établissement propose également d'autres chambres plus économiques qui présentent sensiblement le même décor que les premières, mais qui se révèlent légèrement plus petites et moins lumineuses, avec salles de bain partagées. Cet hôtel pratique des tarifs dégressifs pour les séjours prolongés. Bien situé près du Museum of Modern Art et d'Union Square.

SAN FRANCISCO le centre

▲ HÉBERGEMENT

Civic Center

1. DX Inn at the Opera
2. EX Phoenix Hotel
3. EX Renoir Hotel

Haight-Ashbury

4. AY The Red Victorian

● RESTAURANTS

Civic Center

5. DY Bar Jules
6. DY Caffe delle Stelle
7. DY Espetus Churrascaria
8. DX Jardinière
9. DY Momi Tobys Revolution Café & Art Bar
10. DY Zuni Café

Haight-Ashbury

11. AY Cha cha cha
12. AZ Eos Restaurant & Wine Bar
13. CY Indian Oven
14. BY Magnolia Pub & Brewery
15. CY Thep Phanom

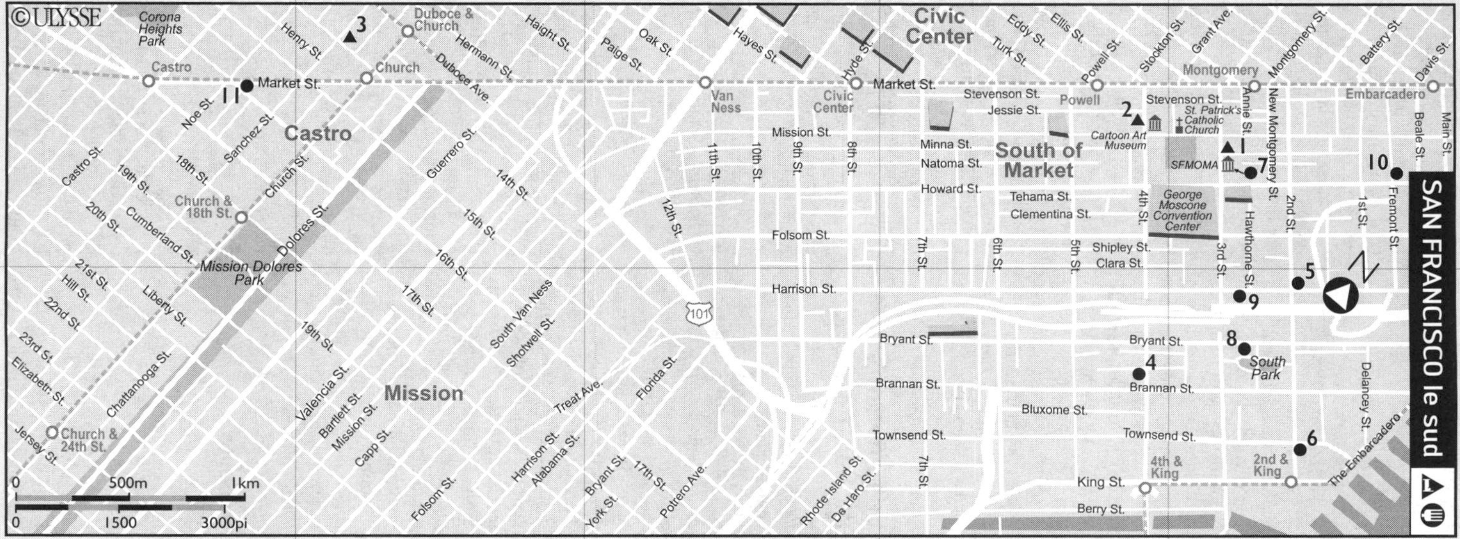

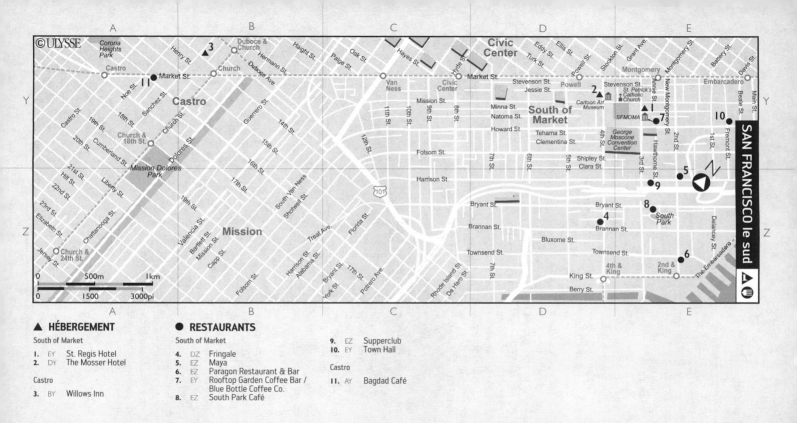

SAN FRANCISCO le sud

©ULYSSE

▲ HÉBERGEMENT

South of Market

1. EY St. Regis Hotel
2. DY The Mosser Hotel

Castro

3. BY Willows Inn

● RESTAURANTS

South of Market

4. DZ Fringale
5. EZ Maya
6. EZ Paragon Restaurant & Bar
7. EY Rooftop Garden Coffee Bar / Blue Bottle Coffee Co.
8. EZ South Park Café
9. EZ Supperclub
10. EY Town Hall

Castro

11. AY Bagdad Café

St. Regis Hotel
$$$$$
@ ≡ P
125 Third St.
415-284-4000
www.starwoodhotels.com/stregis

Inauguré en 2006, le St. Regis vient allonger la liste des fleurons de l'industrie hôtelière de San Francisco. Une esthétique soignée, conjuguée à des volumes généreux, confère aux chambres bien-être et sérénité. Lumineuses et habillées de tons crème et blanc, elles offrent tous les ingrédients pour une soirée sous la couette très réussie. Les salles de bain sont pourvues d'un espace douche séparé et d'une baignoire profonde qui s'ouvre sur la chambre, ce qui permet de faire ses ablutions tout en regardant le téléviseur encastré (écran plat de 106 cm). Besoin d'écrire un courriel? Restez au lit, empoignez le clavier sans fil et naviguez sur le Web. Vous pouvez même régler la température de la pièce, ouvrir ou fermer les rideaux en restant couché. Par ailleurs, après avoir arpenté les rues pentues de la ville, les clients peuvent se rafraîchir les idées dans la piscine ou se faire bichonner au spa de l'hôtel. Le St. Regis offre aussi tous les services nécessaires aux voyageurs d'affaires: salles de conférences, ordinateurs et service de conciergerie 24 heures sur 24. Le personnel polyglotte est stylé et avenant. Bref, une merveilleuse escale urbaine pour les esthètes qui se respectent.

Castro

Willows Inn
$$$ @
710 14th St., angle Market St.
415-431-4770 ou 800-431-0277
www.willowssf.com

S'adressant spécialement à une clientèle homosexuelle, le Willows Inn est très bien situé, près des lignes de transport en commun. L'hôtel est installé dans une maison édouardienne de 1903. Chaque chambre est meublée d'antiquités, et l'on y trouve des peignoirs. Un copieux petit déjeuner (gratuit) vous aide à bien commencer la journée.

Les environs de San Francisco

Près de l'aéroport

Embassy Suites San Francisco Airport
$$$$ @ ≡ P
250 Gateway Blvd.
650-589-3400
www.embassysuites.com

À quelques kilomètres au sud du San Francisco International Airport, l'Embassy Suites San Francisco propose des chambres ordonnées autour d'un joli atrium de neuf étages, au sein duquel le bruit des chutes d'eau s'harmonise avec un environnement tropical. Les visiteurs voudront sûrement profiter de la piscine intérieure, ou du bain à remous avant de prendre l'avion.

Sausalito

Inn Above Tide
$$$$$ @ ≡ P
30 El Portal
415-332-9535 ou 800-893-8433
www.innabovetide.com

L'Inn Above Tide compte parmi les hôtels les plus luxueux de la région. Situé à deux pas du quai d'embarquement du traversier (qui mène à San Francisco en 25 min), cet hôtel plaira à ceux qui sont à la recherche de tranquillité et de confort. Toutes les 29 chambres ont des vues saisissantes sur la baie de San Francisco, et la plupart sont dotées d'un balcon et d'un foyer. Elles sont également spacieuses et attrayantes, procurant tout le confort nécessaire pour un séjour agréable. De plus, elles disposent d'une prise pour brancher votre ordinateur portable. Le personnel polyglotte parle le français, l'allemand, l'espagnol et, bien sûr, l'anglais. Petite perle hôtelière en bordure de la baie, l'Inn Above Tide offre tous les soirs à sa clientèle une dégustation de vins californiens.

Berkeley

UC Berkeley – Summer Visitor Housing
$ bc
début juin à mi-août
Stern Hall
510-642-5925
www.housing.berkeley.edu

Que ce soit pour vous rappeler vos années d'études, pour découvrir un campus américain ou pour des raisons économiques, louer une chambre à l'UC Berkeley est une bonne option. Les chambres sont simplement aménagées, mais propres et pratiques.

Rose Garden Inn
$$$-$$$$ P @
2740 Telegraph Ave.
800-992-9005
www.rosegardeninn.com

Installé dans une maison de style Tudor datant du début du XXe siècle, ce *bed and breakfast* abrite des chambres au décor champêtre. S'y trouve également un beau petit jardin pour profiter des journées ensoleillées.

San Jose

Hotel De Anza
$$$-$$$$
233 W. Santa Clara St.
408-286-1000 ou 800-843-3700
www.hoteldeanza.com

Établissement depuis longtemps réputé pour la qualité de son service et le confort de ses 109 chambres et suites, l'Hotel De Anza jouit d'une situation favorable au centre-ville de San Jose. La décoration classique et soignée met avantageusement en valeur les qualités architecturales du bâtiment.

The Sainte Claire
$$$-$$$$
302 S. Market St.
408-295-2000
www.thesainteclaire.com

Le vénérable Sainte Claire a su mettre en valeur les charmes d'autrefois de son bâtiment historique, tout en l'agrémentant du confort moderne auquel s'attendent les clients d'un établissement de cette catégorie. Les chambres, tout comme les suites de cet hôtel du centre-ville au hall impressionnant, bénéficient d'un mobilier et d'une décoration de grande qualité.

Restaurants

Rares sont les villes qui proposent un choix de spécialités culinaires délectables aussi vaste que San Francisco.

Que vous soyez à la recherche de mets californiens, ou carrément exotiques (chinois, italiens, éthiopiens, indiens, thaïlandais, vietnamiens, chinois, français, méditerranéens, japonais, mexicains) ou plus prosaïquement d'un bon steak juteux, vous trouverez sûrement à San Francisco de quoi délecter vos papilles gustatives, soyez-en convaincu. Ici les maîtres cuisiniers expriment éloquemment leur art en dosant subtilement des épices, afin de relever une large palette de plats bien mitonnés et les rendre fort appétissants.

Le centre-ville

Voir carte p. 296-297.

Union Square

Café de la Presse
$$-$$$
352 Grant Ave.
415-398-2680

Situé à côté du Chinatown, le Café de la Presse peut combler à n'importe quel moment de la journée aussi bien les petits creux avec ses tartines et sandwichs que les plus gros appétits avec ses classiques de bistro français comme la bavette à l'échalote ou la blanquette de veau. L'établissement dispose d'un grand choix de journaux et de magazines internationaux.

Urban Tavern
$$-$$$
333 O'Farrell St., entre Mason St. et Taylor St.
415-923-4400
www.urbantavernsf.com

À quelques minutes de marche d'Union Square, ce «gastropub» se vante de ne se servir que de produits de la ferme élaborés dans un rayon de plus ou moins 150 km. Aux fourneaux, le chef prépare des assiettes soignées et bien fignolées. En guise d'entrée, optez pour le sandwich de pain de viande Kobe, servi avec des oignons grillés et une sauce à l'ail maison. Un véritable délice! Comme plat de résistance, la bavette, à la cuisson impeccable, est présentée sur une plaque de fonte allongée et est parfaitement assaisonnée. Les personnes qui préfèrent les poissons opteront pour la prise du jour. N'oubliez pas aussi de commander les frites de pommes de terre douces. Côté déco, retenons la statue géante d'un cheval qui a été créée à partir de vieilles pièces récupérées d'une voiture, d'un tracteur et d'une motocyclette. Bref, une adresse extra, des prix corrects et un service gentil comme tout.

Jeanne d'Arc
$$-$$$
Cornell Hotel de France
715 Bush St., angle Mason St.
415-421-3154

Au sous-sol du Cornell Hotel de France se trouve l'une des salles à manger les plus originales et les moins connues de San Francisco: Jeanne d'Arc. Le restaurant porte vraiment bien son nom, car on jurerait que l'on dîne dans un musée thématique sur l'épopée de la pucelle d'Orléans, tout en étant bercé par des airs de musique française. La délicieuse cuisine maison est évidemment d'inspiration française.

Café Claude
$$$
7 Claude Lane, entre Grant Ave. et Kearny St.
415-392-3505
www.cafeclaude.com

Rendez-vous des Européens et des expatriés, le Café Claude est situé dans une petite allée tout près du Chinatown. Ici le décor fait mieux que de s'inspirer d'un bistro français: tous les meubles et même le bar proviennent d'un ancien bistro parisien. Le menu typiquement français propose des plats alléchants et variés allant du coq au vin à la bavette sauce poivre vert. Des musiciens de jazz viennent distraire les convives qui y prennent leur repas du jeudi au samedi. Terrasse. Réservations recommandées.

Grand Cafe
$$$-$$$$
501 Geary St., angle Taylor St.
415-292-0101
www.grandcafe-sf.com

En pénétrant dans le Grand Cafe, vous comprendrez mieux la signification de son nom. La salle à manger loge dans une ancienne salle de bal qui a gardé ses colonnes vertigineuses supportant de très hauts plafonds d'où pendent des chandeliers Art déco. La carte propose une cuisine française avec des influences californiennes ensoleillées. Bonne carte des vins.

Le Colonial
$$$-$$$$
20 Cosmo Place, entre Post St. et Taylor St.
415-931-3600

L'un des bons restaurants de la ville est aussi l'un des plus difficiles à dénicher. Caché dans une petite allée près d'Union Square, Le Colonial, au cadre cossu, ressemble davantage à une villa privée où se réunit la faune branchée de San Francisco. Le menu propose une délectable cuisine vietnamienne.

Millennium
$$$-$$$$
580 Geary St.
415-345-3900
www.millenniumrestaurant.com

Le Millennium est un fabuleux restaurant végétarien où les convives s'attablent pour savourer une cuisine diététique diablement alléchante. Ici vous ne trouverez pas au menu des salades aux germes de soja fadasses ni des sandwichs au concombre. De plus, pratiquement aucun produit laitier n'est utilisé dans la préparation des plats. Il en résulte des créations culinaires audacieuses qui plairont autant aux végétariens qu'aux carnivores irréductibles. La carte des vins s'agence bien au menu. Le service est courtois et attentionné.

Fleur de Lys
$$$$
777 Sutter St.
415-673-7779
www.fleurdelyssf.com

Restaurant gastronomique au cadre romantique à souhait, le Fleur de Lys concocte une excellente cuisine française. La belle salle à manger est baignée d'une douce lumière et d'une musique de circonstance. Des tables dressées avec goût, un décor raffiné, un service impeccable, tout est mis en œuvre pour offrir aux convives une délicieuse expérience culinaire. Très belle carte des vins qui joue sur le registre de la qualité.

Garden Court
$$$$
Palace Hotel
2 New Montgomery St., angle Market St.
415-512-111

Coiffé d'un magnifique et spectaculaire dôme ajouré de vitraux, le Garden Court du **Palace Hotel** (voir p. 298) possède sans nul doute l'une des salles à manger les plus spectaculaires de la ville. Adresse idéale pour se rassasier dans un restaurant plein d'ambiance. Ouvert seulement pour le petit déjeuner et le déjeuner. Le thé y est servi les samedis de 13h à 15h.

Farallon
$$$$-$$$$$
450 Post St., entre Mason St. et Powell St.
415-956-6969
www.farallonrestaurant.com

En poussant la porte du fascinant Farallon, vous oublierez votre conception du décor nautique banal traditionnel. La fabuleuse salle à manger semble sortir tout droit de l'imagination de Jacques Cousteau avec, entre autres, des méduses en forme de lampes d'ambiance qui illuminent savamment l'intérieur. Les proprios ont déployé tellement d'efforts pour concevoir et fabriquer un décor spectaculaire qu'il est facile d'oublier qu'on vient ici pour manger. La carte est toutefois à la hauteur du cadre et propose toute une brochette de poissons et de crustacés d'une fraîcheur extraordinaire, toujours bien assaisonnés et présentés.

Postrio
$$$$-$$$$$
545 Post St., entre Mason St. et Taylor St.
415-776-7825
www.postrio.com

Réparti sur trois niveaux, le Postrio appartient au réputé chef Wolfgang Puck. Les *foodies* qui n'ont pas réservé leur table doivent généralement patienter au bar, avant d'accéder par un escalier un peu tape-à-l'œil à la spacieuse salle à manger conviviale souvent bondée. La grande cuisine à aire ouverte permet d'observer les cuistots en toque blanche s'exécuter aux fourneaux. Le menu est truffé de plats californiens où s'entremêlent les arômes de la France et de l'Asie. Les desserts sont tout simplement succulents. Service avenant et souriant.

Masa's Restaurant
$$$$$
648 Bush St., angle Powell St.
415-989-7154
www.masasrestaurant.com
Autre fleuron du circuit gastronomique de San Francisco, ce restaurant français jouit d'une excellente réputation depuis fort longtemps. Des menus dégustation alléchants à cinq et neuf services sont proposés. Tenue de ville exigée.

Michael Mina
$$$$$
Westin St. Francis
335 Powell St.
415-397-9222
Restaurant tiré à quatre épingles de l'hôtel **Westin St. Francis** (voir p. 298), Michael Mina est une escale culinaire chic et feutrée où l'étiquette impose un minimum de tenue. La cuisine mitonne des plats riches en saveurs qualifiés de «nouvelle cuisine américaine» qui saura satisfaire les plus gourmands. La cave est à la hauteur des prétentions du restaurant et renferme 2 500 bouteilles très bien choisies. Si le choix s'avère cornélien, n'ayez crainte puisque le personnel courtois et chevronné vous donnera des conseils avisés. Gardez-vous de la place et quelques dollars pour les desserts. Beaucoup plus cher que la moyenne des restaurants, mais nettement meilleur. Les réservations sont fortement suggérées.

Chinatown

Ben House Restaurant
$
835 Pacific Ave.
415-397-3168
La grande salle à manger aux allures de hall de gare du Ben House Restaurant ne désemplit pas: des Chinois y viennent à toute heure du jour après avoir fait leurs courses dans Stockton Street. Le midi, des serveurs passent entre les tables avec des chariots de *dim sum* tous plus tentants les uns que les autres. Le soir venu, une large sélection de plats authentiques est offerte à la carte.

Empress of China
$$$
838 Grant Ave., entre Clay St. et Washington Ave.
415-434-1345
Au cœur du Chinatown, l'Empress of China est situé au sixième étage d'un bâtiment qui offre des vues saisissantes sur la ville. Déco vintage et cuisine raffinée.

Financial District et Embarcadero

Blue Bottle Coffee Co.
$
1 Ferry Building, n° 7
www.bluebottlecoffee.net
Avis aux grands amateurs de café, la Blue Bottle Coffee Co. sert sans doute les meilleurs cafés biologiques à San Francisco. Au petit comptoir du Ferry Building, il n'est pas rare d'attendre une vingtaine de minutes pour siroter son café au lait onctueux préparé à la perfection. Soyez patient, l'attente en vaut le coup! On y prépare également de délicieuses gaufres. Autres adresses dans SoMa (voir p. 313).

Mijita Cocina Mexicana
$-$$
1 Ferry Building, n° 4
415-399-0814
Comme son nom l'indique, Mijita Cocina Mexicana est un restaurant mexicain qui propose des plats délicieusement riches en cholestérol. Cet agréable établissement dispose d'une salle à manger aux tonalités chaleureuses où sont réparties de jolies tables en bois. À la carte, des classiques de la cuisine *mexicana* côtoient de délicieuses créations originales. Les *tacos* et les *huevos rancheros* sont particulièrement recommandés. En prime, les clients ont droit à de jolies vues sur l'eau.

Gott's Roadside
$-$$
1 Ferry Building, n° 6
415-328-3663
Vous avez une fringale en revenant de Sausalito en traversier? Arrêtez-vous au Gott's Roadside pour manger un morceau avant de poursuivre votre chemin. Au menu: hamburgers juteux, frites croustillantes, laits fouettés onctueux, bières fraîches et vins californiens. Bon, roboratif et pas très cher.

Gordon Biersch
$$-$$$
2 Harrison St., angle Spear St.
415-243-8246
Le resto-bar Gordon Biersch sert une cuisine étonnamment bonne. Vous ne trouverez pas de grandes surprises culinaires au menu, mais vous en serez quitte pour une cuisine honnête, sans prétention et une coche au-dessus de la restauration rapide. Un bon choix de bières maison est également proposé. En prime, vous bénéficierez de splendides vues sur l'eau et le Bay Bridge.

Tadich Grill
$$-$$$
240 California St., angle Battery St.
415-391-1849
www.tadichgrill.com

Le Tadich Grill a ouvert ses portes en 1849, à l'époque de la ruée vers l'or californienne. L'établissement a certes changé de visage depuis, mais on y prépare toujours de délicieuses assiettes de poisson grillé et autres délices de la mer. Le bar longiligne de l'endroit constitue le point d'ancrage des habitués qui relaxent après une journée de labeur. Des murales Art déco et des murs lambrissés ajoutent à l'ambiance chaleureuse et conviviale du restaurant.

B44
$$$
44 Belden Place
415-986-6287
www.b44sf.com

Petit coin d'Espagne qui a trouvé refuge dans une petite rue au parfum européen, B44 est un digne représentant de la cuisine catalane. Spécialité indubitable de la maison, la savoureuse paella est préparée avec du riz importé de la Catalogne. Le menu propose aussi un bel assortiment de tapas salées et sucrées pour émoustiller vos papilles gustatives. Carte des vins fort intéressante avec une prédominance espagnole. Si la météo le permet, on dresse les tables sur la terrasse pour les convives qui souhaitent prendre leur repas à l'air libre.

The Slanted Door
$$$
1 Ferry Building, n° 3
415-861-8032
www.slanteddoor.com

Dans une grande salle à manger épurée, pourvue d'immenses fenêtres qui offrent un panorama splendide sur le Bay Bridge, The Slanted Door fait courir le tout San Francisco à la page. Jouissant d'une formidable renommée dans les cercles culinaires de la Californie, le chef-propriétaire, Charles Phan, élabore une cuisine vietnamienne contemporaine qui parvient à élever la *street food* (cuisine de rue) au rang de gastronomie de haute voltige. Les plats sont conçus pour être partagés, et l'on vous suggère d'en commander plusieurs pour bien mesurer l'étendue du talent du chef. Ne manquez surtout pas de goûter aux crevettes tigrées caramélisées à l'ail, accompagnées d'oignons biologiques et délicatement nappées d'une sauce au chili. Les rouleaux impériaux, croquants et goûteux à souhait, présentent un équilibre de saveurs remarquable. D'ailleurs, les arômes et les textures se marient délicatement, et vous arriverez sans effort au fond de votre assiette. Belle carte des vins avec une nette prédominance pour les rieslings. Les réservations sont indispensables. Si vous n'avez pas réussi à réserver une table, sachez qu'il y a un comptoir de commandes à emporter.

Yank Sing
$$$
Rincon Center
101 Spear St., angle Mission St.
415-957-9300
49 Stevenson St.
415-541-4949

Dans cet établissement unanimement considéré comme l'un des meilleurs restaurants en ville pour savourer des *dim sum*, et dont la réputation n'est plus à faire, une soixantaine de petits plats circulent entre les tables sur des chariots et donnent l'envie de prendre un billet d'avion pour la Chine. La salle à manger, à l'ambiance remuante, semble toujours pleine à craquer. Seul point négatif: l'addition est beaucoup plus élevée que dans les autres restaurants de *dim sum*.

Chez Papa
$$$-$$$$
4 Mint Plaza
415-546-4134

Aucune visite gastronomique à San Francisco n'est complète sans un arrêt au restaurant Chez Papa. Dans une salle à manger chic, feutrée et contemporaine, dominée par des tonalités masculines, les clients dégustent des plats travaillés avec soin grâce à une excellente maîtrise des cuissons. Il en résulte des créations d'une finesse inouïe qui dégagent des arômes francs et exquises. On y propose une judicieuse sélection de vins à prédominance française dont la majorité provient de la région du Rhône. Le personnel élégant traite les convives avec le plus grand soin. Un vrai régal!

Palio d'Asti
$$$-$$$$
640 Sacramento St., entre Montgomery St. et Spring St.
415-395-9800
www.paliodasti.com

Étape obligée de la gastronomie italienne, Palio d'Asti propose une cuisine de haut niveau préparée avec beaucoup de délicatesse et de raffinement. Le menu change selon les saisons afin de garantir la fraîcheur des produits et le niveau de qualité. On y propose également une table d'hôte délectable à prix doux. La cave à vin est remplie d'élixirs qui sont en harmonie avec le menu: n'hésitez pas à suivre les conseils éclairés du personnel afin d'orienter votre choix vers un cru qui relèvera admirablement bien votre repas. Décoration soignée et service diligent et empressé.

Shanghai 1930
$$$-$$$$
133 Steuart St.
415-896-5600
www.shanghai1930.com
Pôle incontournable du circuit gastronomique de la ville, Shanghai 1930 est l'adresse à retenir pour ceux qui désirent vivre une expérience culinaire asiatique. Optez pour les spécialités de la maison. Ici la cuisine chinoise est tout simplement magistrale. La carte des vins propose plus de 500 grands crus, et les desserts somptueux offrent un délicieux voyage au pays des gâteries. L'endroit est aussi réputé pour ses concerts de jazz.

Rubicon
$$$$
558 Sacramento St.
415-434-4100
www.sfrubicon.com
Nommé en l'honneur de la célèbre rivière traversée par Jules César, le Rubicon compte parmi les très bons restaurants en ville. Au rez-de-chaussée se trouvent le bar et une salle à manger chaleureuse où le bois et un mur de briques dominent le décor. Pour plus d'intimité et de tranquillité pour dîner, montez l'escalier. La carte comprend des créations culinaires californiennes modernes. Un menu végétarien y figure également. Les adeptes de Bacchus seront ravis, car l'établissement possède une excellente cave à vins.

Tommy Toy's
$$$$
655 Montgomery St.
415-397-4888
www.tommytoys.com
Merveilleux restaurant chinois qui fusionne subtilement des influences françaises, Tommy Toy's se trouve juste à côté de la Transamerica Pyramid et constitue une halte gastronomique fort appréciée de tout *foodie* qui se respecte. Le restaurant est l'endroit tout indiqué pour passer une soirée romantique dans un cadre où les chandeliers, les lumières tamisées, les sempiternelles photos, la coutellerie rutilante et l'attention du personnel distillent une atmosphère unique digne d'un établissement haut de gamme. Le très copieux menu dégustation est un véritable festin pour le palais, le tout accompagné d'une belle carte des vins.

Boulevard
$$$$-$$$$$
1 Mission St., angle Steuart St.
415-543-6084
www.boulevardrestaurant.com
Pilier de la restauration de la ville, le Boulevard est le fruit de la collaboration de la chef Nancy Oakes et du designer Pat Kuleto. L'intérieur se divise en trois salles à manger et rappelle le décor de la Belle Époque avec ses peintures Art nouveau. La nourriture est synonyme de cuisine américaine métissée. Possibilité de manger avec vue sur le Bay Bridge ou de regarder les cuistots en toque blanche s'exécuter dans la cuisine à aire ouverte.

Aqua
$$$$$
252 California St., entre Battery St. et Front St.
415-956-9662
www.aqua-sf.com
Considéré (avec raison) depuis plusieurs années comme l'une des meilleures tables en ville, Aqua n'a plus besoin de présentation. Ce restaurant raffiné n'usurpe pas sa réputation grâce à ses délices culinaires de la Californie qui privilégient les crustacés et les poissons. Le décor épuré comporte de jolis arrangements floraux et d'énormes miroirs qui décuplent l'espace. L'extrême courtoisie du personnel, combinée aux plats bien parfumés, vous fera vivre une mémorable expérience gastronomique, d'autant plus que la maison possède aussi une excellente cave.

North Beach

Caffe Trieste
$
601 Vallejo St., angle Grant Ave.
415-392-6739
www.caffetrieste.com
Ancien point de chute des beatniks, le Caffe Trieste est toujours une adresse emblématique dans l'histoire des cafés de renom de San Francisco. Il n'est pas rare d'y rencontrer un musicien en train de gratter nonchalamment sa guitare en solitaire. Son agréable terrasse est souvent prise d'assaut par les touristes ainsi que par les poètes et les intellos qui aiment bien se lancer dans des débats littéraires ou philosophiques tout en dégustant un énième café. Le menu est simple et propose des viennoiseries, des pizzas et des jus.

Cafe Zoetrope
$$
916 Kearny St.
415-291-1700
www.cafecoppola.com
Appartenant au célèbre producteur et réalisateur Francis Ford Coppola, le Cafe Zoetrope est à la fois un café, un restaurant, un *wine bar* et un

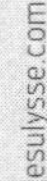

magasin. Le menu comprend des pâtes fraîches et voluptueuses, des pizzas croustillantes et des sandwichs copieux. Des mecs aux costards griffés côtoient ici de jolies femmes élégamment vêtues. Évidemment, les crus des vignobles Coppola de la vallée de Napa noircissent la carte des vins.

Mama's on Washington Square
$$
1701 Stockton St.
415-362-6421
www.mamas-sf.com
Ce restaurant familial sert de copieux petits déjeuners depuis plus de 50 ans. Œufs bénédictine, pain doré, *pancakes* (crêpes) maison et omelettes figurent au menu. Ouvert dès 8h30 pour servir des petits déjeuners toute la journée. Service efficace, mais attendez-vous à faire la file, car l'endroit est très couru les fins de semaine.

Sushi on North Beach
$$
745 Columbus Ave., entre Mason St. et Powell St.
415-788-8050
Petit restaurant de quartier sans prétention dédié à la cuisine nippone, le Sushi on North Beach prépare d'excellents sushis et tempuras ainsi que quelques assiettes fumantes de teriyaki. La carte propose aussi une bonne sélection de sakés froids ou chauds.

Trattoria Pinocchio
$$
401 Columbus Ave., angle Vallejo St.
415-392-1472
La carte de la Trattoria Pinocchio offre un bon choix de délicieuses pâtes maison, pizzas et autres classiques de la cuisine italienne. On y mange coude à coude dans la salle à manger, tandis que la terrasse constitue un bon endroit pour prendre le pouls du quartier.

The House
$$$
1230 Grant Ave.
415-986-8612
www.thehse.com
Dans ce quartier où la cuisine italienne domine, The House constitue une bonne option. Le chef prépare une excellente cuisine fusion à tendance asiatique, en utilisant beaucoup de poissons et de fruits de mer. Les carnivores ne sont pas en reste puisqu'ils peuvent jeter leur dévolu sur, entre autres, de délicieuses côtes de porc et du bœuf Kobe. Étant donné que le restaurant n'est pas très grand mais très couru, les réservations sont recommandées.

Nob Hill

Harris'
$$$-$$$$
2100 Van Ness Ave., angle Pacific Ave.
415-673-1888
www.harrisrestaurant.com
Temple de la viande rouge, Harris' se contente de préparer avec soin de copieuses portions de steak tendre et juteux. Le cadre raffiné et le service sans ostentation sous fond de musique de jazz distillent une ambiance propice à la dégustation. Le menu propose aussi des poissons et des crustacés. Les morceaux de viande séchée à l'entrée inciteront sans doute les végétariens à passer leur chemin. Plus de 300 bouteilles de vin californien sont présentées à la clientèle.

Big 4 Restaurant
$$$$
1075 California St., angle Taylor St.
415-771-1140
Big 4 est un nom un tant soit peu ronflant, mais le vocable évoque parfaitement bien le surnom qu'on avait donné jadis aux quatre magnats du chemin de fer de l'Ouest. Depuis une trentaine d'années, cet établissement réputé concocte un menu qui change en fonction des arrivages. Il en résulte une excellente carte de «nouvelle cuisine américaine». Le cadre, dominé par le bois et baigné par une douce lumière rehaussée d'un feu de foyer, est propice aux tête-à-tête intimes ou aux dîners d'affaires importants.

La côte

Voir carte p. 300.

Fisherman's Wharf

Rainforest Cafe
$-$$
145 Jefferson St., angle Mason St.
415-440-5610
www.rainforestcafe.com
Parents qui cherchent un restaurant familial où le décor et les plats méritent une bonne note, optez pour le Rainforest Cafe. L'établissement fait partie d'une chaîne de restos thématiques qui jouent la carte écologique en choisissant un cadre et un décor qui s'inspirent de l'environnement luxuriant des forêts tropicales. Les gamins et gamines apprécieront sans doute les aquariums géants où folâtrent des poissons colorés et les animaux mécaniques poussant des rugissements, sans oublier les cascades d'eau et les cris stridents provenant de haut-parleurs dissimulés dans le feuillage des arbres. On ne vient pas ici pour vivre une expérience culinaire, mais l'environnement des lieux enthousiasmera sans doute une famille à l'écoute du choix des enfants.

Bistro Boudin
$$
160 Jefferson St.
☎ 415-928-1948
Le Bistro Boudin vient ajouter une touche de bon goût aux nombreux restaurants du Fisherman's Wharf. Il connaît un véritable succès auprès d'une clientèle qui apprécie une cuisine honnête, fraîche et roborative. Dans cet immense restaurant élégant qui abrite également un café au rez-de-chaussée, les pizzas à pâte au levain tiennent le sommet de la carte, mais le menu est assez diversifié pour satisfaire tous les goûts. Service diligent et professionnel.

Scoma's
$$$$
Pier 47, 1 Al Scoma Way
☎ 415-771-4383
www.scomas.com
Sans doute est-il un des rares restaurants du Fisherman's Wharf à être fréquenté autant par les visiteurs de passage que par les résidents de la ville. En effet, ces derniers s'écartent volontairement de leur chemin pour venir goûter à une cuisine de fruits de mer de haut vol. La carte propose plus de 90 plats, principalement préparés à partir de produits frais et biologiques, qui attisent les papilles avec leurs saveurs marines. Un intelligent choix de vins y est également offert. Service professionnel.

Gary Danko
$$$$
800 North Point St., angle Hyde St.
☎ 415-749-2060
www.garydanko.com
Au cœur de l'effervescence touristique du Fisherman's Wharf, Gary Danko, le chef, élabore des recettes qui font l'objet d'éloges dithyrambiques pleinement méritées, et il propose une carte revisitant avec maestria les grands classiques de la cuisine française. La cave enivrante compte environ 1 200 bouteilles provenant de 15 pays différents et recèle quelques trésors inestimables. Pour conclure, plateaux de fromages parfaitement affinés et choix de desserts diablement délirant. Bref, mieux vaut ne pas avoir commencé un régime amaigrissant si vous poussez la porte de ce restaurant. Le personnel tiré à quatre épingles offre un excellent service. La gastronomie dans tout son éclat!

Marina

Ace Wasabi's Rock 'n' Roll Sushi
$$
3339 Steiner St., angle Chestnut St.
☎ 415-567-4903
À la recherche de saveurs japonaises dans un environnement atypique? Ace Wasabi's Rock 'n' Roll Sushi est le nom à retenir. Fréquenté par une clientèle jeune, dynamique et plutôt jolie, cet établissement au décor contemporain tranche avec l'ambiance résolument zen qui auréole généralement les restaurants nippons classiques. Le niveau de décibels mêlé à celui des conversations rythmées peut rendre l'endroit plutôt bruyant. À la carte, les sushis côtoient sashimis, poulet teriyaki et *stir fry*. Belle sélection de sakés, ainsi qu'une petite carte des vins pour ceux qui préfèrent les plaisirs bachiques. Service souriant.

Greens
$$$-$$$$$
Fort Mason Center, Building A
☎ 415-771-6222
www.greensrestaurant.com
Depuis plus de 25 ans, Greens redéfinit les normes de qualité en matière de cuisine végétarienne en proposant une carte imaginative, alléchante, saine et remplie de saveurs subtiles: soupe aux tomates et lentilles aux épinards saupoudrées de fromage parmesan, curry sri-lankais, brochettes de champignons grillés avec oignons rouges et courgettes ainsi que tofu mariné servi sur couscous aux amandes. Tentez d'obtenir une table avec une vue sur la baie. Les réservations sont fortement recommandées. La carte des vins est remarquable. S'y trouve aussi un petit comptoir ***($-$$)*** pour ceux qui préfèrent aller manger leur repas dehors.

Le centre

Voir carte p. 302.

Civic Center

Momi Tobys Revolution Café & Art Bar
$
528 Laguna St.
☎ 415-626-1508
Agréable estaminet sans prétention, le Momi Tobys Revolution Café & Art Bar propose des baguettes au saumon fumé, des *bagels* au fromage à la crème, une soupe du jour, une lasagne maison et un café corsé, ainsi que des bières de microbrasseries locales et du vin. Mis à part les habitués, on y trouve parfois sur la terrasse quelques touristes désorientés en train de consulter la carte de la ville. Argent comptant seulement.

Caffe delle Stelle
$$
359 Hayes St., angle Gough St.
☎ 415-252-1100
Agréable trattoria italienne, le Caffe delle Stelle est aménagé dans un local doté de

grandes fenêtres laissant entrer la lumière qui caresse ses murs peints en jaune. Essayez les entrées de carpaccio et de bruschetta, les pâtes maison, l'osso buco ou le poisson du jour. La carte des vins est très honnête. L'endroit est souvent bondé, car les clients réguliers viennent profiter d'un des bons rapports qualité/prix en ville.

Bar Jules
$$$
609 Hayes St.
☎ 415-621-5482
Ce petit restaurant jouit d'une formidable renommée dans les cercles culinaires de la ville grâce à ses plats préparés à partir d'ingrédients locaux et biologiques. L'ardoise change selon les arrivages, et l'établissement fédère les résidents du quartier qui viennent prendre un café, une bière ou s'attarder pour le dîner.

Zuni Café
$$$-$$$$
1658 Market St., angle Franklin St.
☎ 415-522-2522
Le Zuni Café continue de gagner la faveur des critiques grâce à son menu méditerranéen, qui affiche des pizzas croustillantes cuites au four à bois ainsi que de copieux hamburgers bien relevés, et en raison de l'assortiment de poissons et de crustacés garnissant son *raw bar*. Ses immenses fenêtres ouvertes sur Market Street plaisent énormément aux clients qui généralement aiment voir et être vus.

Espetus Churrascaria
$$$$
1686 Market St., entre Gough St. et Valencia St.
☎ 415-552-8792
www.espetus.com
Nouveau venu sur la scène culinaire de San Francisco, le restaurant brésilien Espetus Churrascaria saura sans doute satisfaire l'appétit des carnivores. Le concept est simple et efficace : les serveurs habillés en costumes traditionnels se promènent entre les tables avec des brochettes de cœurs de poulet, filet mignon, porc, agneau, saucisses ou crevettes qui viennent tout juste d'être grillés dans la cuisine. Les convives peuvent prendre une pause entre deux assiettes en disant aux serveurs *nao obrigado* (non merci) ou *sim, por favor* (oui, s.v.p.). Prix fixe et nourriture à volonté. Le buffet de salades (également à volonté) propose toutes sortes d'options végétariennes.

Jardinière
$$$$-$$$$$
300 Grove St., angle Franklin St.
☎ 415-861-5555
www.jardiniere.com
Au restaurant de la réputée chef Traci Des Jardins, la Jardinière, la clientèle, constituée d'habitués, continue d'affluer depuis 1997 pour y savourer une cuisine française alliant des influences californiennes sous un imposant plafond voûté. Halte populaire avant d'aller applaudir un spectacle d'opéra ou de ballet, l'établissement n'est situé qu'à une rue de l'hôtel de ville (City Hall). La carte des vins est admirablement bien adaptée aux arômes du menu.

Haight-Ashbury

Cha cha cha
$-$$
1801 Haight St., angle Shrader St.
☎ 415-386-7670
www.cha3.com
Si vous cherchez un endroit informel pour prendre un repas entre amis, essayez donc le Cha cha cha. On y prépare de délicieuses tapas métissées avec le savoir-faire des Caraïbes.

Magnolia Pub & Brewery
$-$$
1398 Haight St., angle Masonic St.
☎ 415-864-7568
www.magnoliapub.com
Le Magnolia Pub & Brewery propose à ses clients un délicieux assortiment de bières maison. On y sert des repas légers ou costauds, gras et salés : salades variées, calmars frits et croustillants ou steak frites. Bon choix de bières brassées sur place.

Indian Oven
$$-$$$
233 Fillmore St., entre Haight St. et Waller St.
☎ 415-626-1628
www.indianovensf.com
L'Indian Oven loge dans une maison victorienne où la salle à manger est décorée de quelques tableaux évoquant l'Inde. La carte propose de délicieux plats de poulet tandouri, de poisson *masala* ou d'agneau au cari, le tout accompagné de savoureux pains *naan* ou de *chapati*.

Thep Phanom
$$-$$$
400 Waller St., angle Fillmore St.
☎ 415-431-2526
Le Thep Phanom, un restaurant thaïlandais, s'attire année après année un véritable concert d'éloges de la part des critiques culinaires et des *foodies* de la ville. Délectez-vous d'assiettes de saumon nappées d'une sauce au cari ou de cailles frites. Les boiseries ouvragées joliment peintes créent une ambiance feutrée et agréable.

Eos Restaurant & Wine Bar
$$$
901 Cole St., angle Carl St.
415-566-3063
www.eossf.com

L'Eos est sans conteste le meilleur restaurant du quartier. Si vous ne pouvez obtenir une table, pointez-vous au *wine bar* adjacent au resto en attendant. Le chef mitonne une délicieuse cuisine créative qui allie les arômes de l'Asie et de la Méditerranée. La carte des vins en comprend plus de 200 dont une trentaine servis au verre dans une ambiance remuante aux conversations animées.

Le sud

Voir carte p. 303.

South of Market

Rooftop Garden Coffee Bar/ Blue Bottle Coffee Co.
$
San Francisco Museum of Modern Art
151 Third St., 5e étage
www.bluebottlecoffee.net

Après une visite du **San Francisco Museum of Modern Art** (voir p. 286), allez donc prendre un café tonifiant au Rooftop Garden Coffee Bar de la **Blue Bottle Coffee Co.** (voir p. 307). Autre adresse dans le quartier à la Mint Plaza, au 66 Mint Street.

Maya
$$-$$$
303 Second St., angle Harrison St.
415-543-2928
www.mayasf.com

Dans une ville où la cuisine mexicaine se résume généralement aux gargotes de quartier un peu déglinguées servant des *burritos* et des *tacos*, Maya est une délicieuse adresse qui ravira sûrement les *foodies*. Dans la spacieuse salle à manger, les convives s'assoient sur des chaises artisanales en bois pour savourer des plats mexicains résolument raffinés. Arrosez le tout d'une bonne tequila ou de mescal. Les *happy hours (lun-ven 17h à 19h)* y sont très populaires. Pour goûter à des plats plus simples, le comptoir Next Door sert des mets à emporter *($)* qui valent aussi le détour.

Paragon Restaurant & Bar
$$-$$$
701 Second St., angle Townsend St.
415-537-9020
www.paragonrestaurant.com

Stratégiquement situé près du stade de baseball AT&T Park, le Paragon est un restaurant branché et animé qui prend des airs de brasserie américaine contemporaine. L'aménagement très design et industriel est un astucieux mélange de métal, de bois et de banquettes en cuir, dans une salle à manger où les plafonds atteignent un peu plus de 3 m de hauteur. La cuisine est un excellent registre californien qui mélange des influences françaises et qui produit des plats d'une fraîcheur irréprochable.

South Park Café
$$-$$$
108 South Park St.
415-495-7275
www.southparkcafesf.com

Le South Park Café se donne des airs de petit bistro français et attire une clientèle d'habitués qui vient ici pour s'offrir une table d'hôte aux accents de l'Hexagone. Une petite terrasse permet de regarder l'activité qui se déroule dans le parc.

Fringale
$$$
570 Fourth St., angle Brannan St.
415-543-0573
www.fringalesf.com

Fringale ressemble à un bistro parisien sans prétention. Dans un cadre minimaliste, la cuisine concocte des plats éclectiques français et basques avec, bien sûr, une touche californienne. Le personnel français se fera un plaisir de diriger votre choix sur la liste des vins pour accompagner votre repas. Au dessert, le clafoutis aux fruits saura satisfaire les becs sucrés.

Town Hall
$$$
342 Howard St.
415-908-3900
www.townhallsf.com

Le Town Hall s'impose sur l'échiquier culinaire de la ville grâce à une cuisine qui fait preuve de beaucoup d'esprit créatif et de métier. Il en résulte des plats typiquement américains très goûteux qui portent la marque des grandes maisons, prix faramineux en moins. Après un apéro de circonstance, ouvrez le repas avec l'une des spécialités du restaurant, de délicieux œufs pochés sur rôties au fromage, le tout arrosé d'une crème de piment *jalapeño*. Résolument gourmand! Et pour les friands de volaille, le canard lentement grillé à la perfection, accompagné de riz sauvage et nappé d'une sauce au gingembre, est exquis. Le restaurant est installé dans un ancien entrepôt. Dans la salle à manger élégante, les tables et les chaises en bois sont impeccablement mises en valeur par un éclairage subtil. La très belle carte des vins offre la possibilité

de déguster un verre de vin différent avec chaque plat. Bon choix de bouteilles de vin sous la barre des 50$. Finalement, il faudrait être ascète pour ne pas craquer pour la palette de desserts somptueux. Pour un repas sans fausse note, le Town Hall est un incontournable.

Supperclub
$$$$$
657 Harrison St., entre Third St. et Hawthorne St.
☎ 415-348- 0900

Très grand resto hyper branché où les convives mangent dans des lits énormes et qui se transforme en discothèque délurée (voir p. 316) à mesure que la soirée progresse, le Supperclub est une adresse prisée d'une clientèle à la page et bigarrée. L'ambiance est plutôt éclatée, et le service est assuré par un personnel souriant et extravagant. La carte, quant à elle, propose une cuisine américaine contemporaine.

Castro

Bagdad Café
$-$$
24 heures sur 24
2295 Market St., angle 16th St.
☎ 415-621-4434

Le Bagdad Café est une bonne adresse si vous êtes à la recherche d'un endroit où casser la croûte à toute heure du jour et de la nuit. Le menu affiche un vaste choix de plats typiquement américains à des prix concurrentiels. Le restaurant plaira à coup sûr aux voyageurs qui souhaitent prendre une bouchée rapide, un repas complet, ou simplement siroter un café tonifiant.

Les environs de San Francisco

Sausalito

Fred's Coffee Shop
$-$$
1917 Bridgeway St.
☎ 415-332-4575

Si vous êtes de passage à Sausalito, voici un bon endroit apprécié des résidents pour prendre un café ou manger une bouchée. Si vous n'arrivez pas à faire votre choix sur le vaste menu, laissez-vous tenter par les omelettes. Elles sont fameuses!

Sushi Ran
$$-$$$
107 Caledonia St.
☎ 415-332-3620

Les clients qui raffolent de la cuisine japonaise doivent se rendre au Sushi Ran. À l'intérieur d'une coquette salle à manger où sont disposées de chaleureuses tables en bois, les convives savourent sushis, sashimis et teriyaki.

Berkeley

Chez Panisse
$$$$-$$$$$
1517 Shattuck Ave.
☎ 510-548-5525
www.chezpanisse.com

Unanimement considérée comme la figure de proue de la cuisine californienne, Alice Waters tient la barre de Chez Panisse depuis 1971 grâce à des créations culinaires qui ont influencé plus d'un chef. Tandis que le restaurant propose un menu à prix fixe, vous pourrez déguster des plats plus simples mais tout aussi délicieux et plus économiques au café situé à l'étage. Les réservations sont vivement recommandées.

San Jose

Johnny Rockets Restaurant
$
150 S. First St.
☎ 408-977-1414

Les nostalgiques des années 1950 seront ravis de se retrouver chez Johnny Rockets, vieux *diner* typique des États-Unis de cette époque. Le personnel à la tenue rétro sert aux convives assis sur des banquettes les classiques hamburgers accompagnés des non moins classiques *milkshakes* (laits fouettés).

Old Spaghetti Factory
$-$$
51 N. San Pedro St.
☎ 408-288-7488

Comme son nom l'indique, on vient ici pour déguster des pâtes accompagnées d'un grand choix de sauces, mais la carte comporte aussi de nombreuses autres spécialités italiennes. De plus, ce restaurant aménagé dans une vieille demeure en brique et aux poutres apparentes offre un cadre chaleureux et une très bonne ambiance.

Eulipia
$$$
fermé lun
374 S. First St.
☎ 408-280-6161
www.eulipia.com

Servant une fine cuisine créative californienne depuis 1977, Eulipia s'est taillé une place de choix parmi les meilleurs établissements de San Jose. Le décor sobre et léché crée une ambiance propice pour apprécier la grande qualité de la cuisine, que ce soit les savoureux plats de poisson, fruits de mer ou viande, tous cuisinés d'une façon innovatrice.

Sorties

Parmi la kyrielle de bars, de boîtes de nuit, de salles de théâtre, de danse et de concerts qui rivalisent d'originalité pour séduire les clients, les visiteurs trouveront sans doute un établissement qui convient à leur goût et à leur personnalité. À San Francisco, en effet, ce n'est pas la variété des lieux nocturnes ni la diversité des attractions qui manquent: établissements «veston-cravate», bars de quartier sans prétention, «cabarets du rire», salles de spectacle de blues ou de jazz, boîtes de nuit pimpantes ou pubs à l'atmosphère estudiantine, tous ces endroits n'attendent que vous.

Les hebdomadaires ***Bay Guardian*** *(www.sfbg.com)* et le ***San Francisco Weekly*** *(www.sfweekly.com)* traitent de façon exhaustive de danse, de musique, de théâtre, de bonnes tables et de bien d'autres événements de la scène culturelle, sociale ou artistique qui composent chaque semaine l'actualité de la ville en ces matières. Le ***Bay Area Reporter*** *(www.ebar.com)* est un hebdomadaire qui sert la communauté gay de la Bay Area. Ces journaux sont gratuits, et on les trouve dans plusieurs lieux publics très fréquentés, comme les bars, les restaurants et quelques boutiques.

Les chasseurs d'aubaines seront heureux d'apprendre que la **TIX Bay Area** *(mar-dim; Powell St. entre Geary St. et Post St., Union Square, ☎ 415-433-7827, www.theatrebayarea.org)* consent des rabais pouvant aller jusqu'à 50% du prix régulier d'un billet de spectacle de danse, d'opéra ou de théâtre. Sachez cependant que ces billets sont généralement valables pour la représentation du jour même seulement.

› Bars et boîtes de nuit

Union Square

Dans un local chaleureux tout en longueur diffusant des matchs télévisés, les amateurs de sport s'attroupent au **Lefty O'Doul's** *(333 Geary St., ☎ 415-982-8900, www.leftyodouls.biz)* autour d'une bière fraîche en espérant une victoire de leur équipe favorite. La cuisine est ouverte à ceux qui veulent se rassasier. Ce bar sportif a été fondé en 1958 par le célèbre joueur et entraîneur de baseball né à San Francisco, Francis Joseph *Lefty* O'Doul.

L'heure de l'apéro a sonné? Dirigez-vous vers le **First Crush Restaurant & Bar** *(101 Cyril Magnin St., angle O'Farrell St., ☎ 415-982-7874, www.firstcrush.com)*. Cette petite vinothèque conviviale, située à quelques minutes de marche d'Union Square, ne propose que des vins californiens. Possibilité de grignoter ou de manger un morceau.

Tout en bois de séquoia, le **Redwood Room** *(Clift Hotel, 495 Geary St., angle Taylor St., ☎ 415-929-2372, www.clifthotel.com)* est le magnifique bar du **Clift Hotel** (voir p. 295). Sirotez un *gin tonic* ou un martini sous les lampes de style Art déco suspendues au plafond élevé et parmi les reproductions évocatrices de Klimt. Vous aurez l'impression de trinquer dans un établissement rétro et design dont le mobilier a été conçu par le célèbre designer Philippe Starck. Adresse idéale pour jouer au nouveau riche. N'oubliez pas de vous habiller en conséquence.

Financial District et Embarcadero

Gordon Biersch *(2 Harrison St., angle Spear St., Embarcadero, ☎ 415-243-8246, www.gordonbiersch.com)* sert un bon choix de bières artisanales. Cette microbrasserie est le fief des trentenaires et des quadragénaires qui viennent avaler un verre après une journée au turbin. Si la météo le permet, vous y aurez de jolies vues sur l'eau et le Bay Bridge.

Le **Bix** *(56 Gold St., angle Sansome St., Financial District, ☎ 415-433-6300, www.bixrestaurant.com)* est un merveilleux resto-bar dont le décor léché pourrait figurer dans un film d'espionnage à gros budget. Enjolivé de peintures Art déco, le local arbore des murs de briques entre lesquels une clientèle branchée rivalise d'élégance sur fond de musique d'ambiance jazz et blues. Si vous avez une fringale, vous pourrez vous y rassasier d'une très bonne cuisine californienne.

Les visiteurs qui désirent rompre avec la rectitude politique de la loi antitabac peuvent se rendre au **Cigar Bar & Grill** *(850 Montgomery St. ☎ 415-398-0850, www.cigarbarandgrill.com)* pour fumer des barreaux de chaise tout en prenant un verre.

Le **Ferry Plaza Wine Merchant & Wine Bar** *(Ferry Building, nº 23, ☎ 415-391-9400)*, un fabuleux marchand de vin, propose aussi des produits à déguster dans son bar à vin, que vous pourrez accompagner de petites bouchées salées ou sucrées en provenance des producteurs du Ferry Plaza

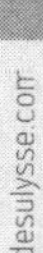

Farmers Market. Ambiance décontractée.

North Beach

Situé juste à côté de la librairie City Lights, le **Vesuvio Café** *(255 Columbus Ave., angle Jack Kerouac Alley ☎ 415-362-3370, www.vesuvio.com)* est un ancien point de chute des beatniks. Les murs du bar sont décorés d'anciens poèmes et de coupures de journaux d'une époque révolue. Un incontournable pour les nostalgiques qui désirent prendre un verre à la santé de Jack et ses amis.

Le vénérable **Tosca Cafe** *(242 Columbus Ave., angle Broadway, ☎ 415-986-9651)* a pignon sur rue depuis le début du XXe siècle. Ce chaleureux bar lambrissé sert un bon assortiment de bières, de vins au verre et de cafés, le tout servi sur fond sonore d'une musique classique issue d'un vieux jukebox. Il paraît qu'il y a une porte secrète derrière le bar où les cénacles du monde du septième art viennent trinquer et discuter sans se faire déranger.

Le **Cafe Zoetrope** *(916 Kearny St., angle Columbus Ave., ☎ 415-291-1700, www.cafecoppola.com)* est un restaurant et un *wine bar* feutré où les crus des vignobles Coppola de la vallée de Napa sont à l'honneur. Clientèle aux costards stylés et aux robes bien taillées.

Au **Bubble Lounge** *(714 Montgomery St., angle Columbus Ave., ☎ 415-434-4204, www.bubblelounge.com)*, on débouche des bouteilles de champagne que l'on verse dans des flûtes élancées. On trinque confortablement assis sur des banquettes tapissées de velours en lançant des sourires de connivence à son voisin ou sa voisine.

Nob Hill

L'hôtel Fairmont San Francisco possède un *tiki bar*, la **Tonga Room** *(The Fairmont San Francisco, 950 Mason St., ☎ 415-772-5278)*, qui en incitera plus d'un à lever un sourcil dubitatif. Dans un faux décor pittoresque composé de bambou, les sybarites sirotent des cocktails explosifs garnis de petits parapluies.

Fisherman's Wharf

Les œnologues qui apprécient les vins de la vallée de Sonoma iront déguster des doses de vins blancs ou rouges à la petite boutique du vignoble **Wattle Creek** *(Ghirardelli Square, Fountain Plaza, ☎ 415-359-1206, www.wattlecreek.com)*. Les conseils de dégustation sont toujours avisés.

Marina

Fief des *beautiful people* du quartier, le **Matrix Fillmore** *(3138 Fillmore St., entre Filbert St. et Greenwich St., ☎ 415-563 4180)* est un petit écrin design et feutré qui arbore des banquettes en cuir, un foyer et de nombreux miroirs qui reflètent un éclairage tamisé. Petite piste de danse pour se déhancher aux sons de DJ à la mode.

South of Market

Situé tout juste devant le Metreon dans une annexe de l'hôtel Marriott, le **4th Street Bar and Deli** *(55 Fourth St., ☎ 415-442-6734)* est un bar sportif doté de plusieurs téléviseurs et dont les murs sont décorés de fanions d'équipes variées. C'est un lieu idéal pour boire un pichet de bière tout en grignotant et en suivant le déroulement d'un match souvent diffusé en direct.

Situé à une dizaine de minutes à pied du musée d'art moderne de San Francisco, le **Supperclub** *(657 Harrison St., ☎ 415-348-0900, www.supperclub.com)* est un haut lieu de festivités fréquenté par des célébrités, des *fashionistas* et des touristes de passage à la page qui sont à la recherche d'une sortie atypique et décalée. Tout commence en début de soirée lorsqu'un dîner est servi sur des lits surdimensionnés par un personnel extravagant qui semble s'être échappé d'un film de Fellini, pendant que des contorsionnistes et des acrobates s'exécutent pour divertir les convives. À mesure que la soirée progresse, une palette des meilleurs DJ et VJ des quatre coins du globe font danser la faune bigarrée en extase.

Vous ne trouverez pas de gros ours mal léchés ou assoiffés dans cette spacieuse microbrasserie qu'est le **Thirsty Bear** *(661 Howard St., entre Second St. et Third St., ☎ 415-974-0905, www.thirstybear.com)*. De plus, si passé une certaine heure vous êtes à la recherche d'un endroit calme et tranquille pour vous rassasier ou étancher votre soif, passez votre chemin sans vous arrêter, car plus la soirée avance, plus les décibels ajoutés au brouhaha des conversations grimpent et accroissent l'ambiance rythmée et festive des lieux qui se confond alors à celle d'une taverne contemporaine où l'on peut aussi bien manger des tapas que jouer au billard.

Castro

Bar préféré de ceux qui affectionnent le *look* «jeans serré et blouson de cuir», **The Eagle Tavern** *(398 12th St., angle Harrison St., ♪ 415-626-0880, www.sfeagle.com)* affiche un décor dépouillé tout indiqué pour boire un verre entre copains. L'établissement est doté d'une petite terrasse où l'on tolère que les clients puissent y griller une cigarette.

Bar à l'ambiance relâchée, le vénérable **Twin Peaks Tavern** *(401 Castro St., angle Market St., ♪ 415-864-9470, www.twinpeakstavern.com)* n'est aucunement lié à la série culte de David Lynch. L'établissement est doté de fauteuils dépareillés, mais le mur derrière le bar est décoré de magnifiques boiseries ouvragées. Une clientèle masculine mature vient discuter tranquillement entre amis tout en sirotant une bière fraîche.

Harvey's *(500 Castro St., angle 18th St., ♪ 415-431-4278, www.harveyssf.com)* honore la mémoire du conseiller municipal assassiné, Harvey Milk. Une clientèle mixte s'y donne rendez-vous pour trinquer en regardant déambuler les passants dans la rue à travers les baies vitrées. Les clients esseulés peuvent toujours boire leur bière en regardant l'un des téléviseurs fixés au mur.

The Café *(2369 Market St., ♪ 415-861-3846, www.cafesf.com)* n'est pas un café mais une discothèque où une clientèle majoritairement gay, bigarrée et enjouée, vient s'éclater au milieu de la jubilation générale. L'établissement possède quelques tables de billard, mais empressez-vous d'y jouer avant 21h parce qu'après cette heure il y a tout simplement trop de monde et qu'il est interdit alors de jouer. S'y trouve également une petite terrasse où les fumeurs peuvent griller une cigarette sans enfreindre la loi.

Une clientèle résolument mâle pousse habituellement la porte du **Bar on Church** *(198 Church St., ♪ 415-626-7220, www.thebarsf.com)*. Les beaux garçons stylés s'y donnent rendez-vous pour draguer et avaler des bières.

Berkeley

La **Triple Rock Brewery & Alehouse** *(1920 Shattuck Ave., ♪ 510-843-2739, www.triplerock.com)* se targue d'être la cinquième microbrasserie à avoir ouvert ses portes aux États-Unis. Excellent choix de bières fortes et légères. Si l'estomac vous tenaille, la cuisine prépare des *nachos*, du chili et de la soupe maison. Si la météo le permet, installez-vous sur la terrasse juchée sur le toit de l'établissement pour déguster votre bière tout en admirant la vue.

Oakland

Situé hors des sentiers battus, l'**Eli's Mile High Club** *(3629 Martin Luther King Jr. Blvd., ♪ 510-594-0666)* draine une clientèle d'habitués et de touristes qui aiment le blues incisif, lourd et lancinant. Le décor est modeste et la bière fraîche.

› Cabarets du rire

Le **Punch Line** *(444 Battery St., angle Clay St., ♪ 415-397-7573, www.punchlinecomedyclub.com)* est la Mecque des cabarets du rire à San Francisco. Bon nombre d'humoristes de renom, tels Robin Williams et Ellen DeGeneres par exemple, y ont fréquemment déridé l'auditoire.

› Concerts

Blues et jazz

Les visiteurs de passage et les amateurs de blues se pointent religieusement au **Biscuits and Blues** *(401 Mason St., angle Geary St., Union Square, ♪ 415-292-2583, www.biscuitsandblues.com)*. Située près d'Union Square, cette salle de spectacle parvient toujours à engager des musiciens émérites. La cuisine est ouverte à ceux qui auraient une fringale après avoir bu quelques bières.

Situé devant **The Fillmore** (voir p. 318), le **Boom Boom Room** *(1601 Fillmore St., angle Geary Blvd., ♪ 415-673-8000, www.boomboomblues.com)* attire des musiciens de qualité et appartenait à nul autre que John Lee Hooker avant son décès en 2001. L'établissement attire une clientèle d'habitués et d'inconditionnels de blues. La musique aux consonances du Sud est lourde et incisive.

Les jazzophiles adeptes des sushis doivent absolument se rendre au **Yoshi's Jazz Club** *(1330 Fillmore St., angle Eddy St., ♪ 415-655-5600, www.yoshis.com)*, qui propose une programmation éclectique et audacieuse. Vous pouvez également prendre un repas tout en savourant les notes qui sortent des enceintes.

Musique classique

Véritable enchantement pour les oreilles sensibles à la musique classique, le **San Francisco Symphony** *(Davies Symphony Hall, 201 Van Ness Ave., angle Grove St., ♪ 415-864-6000, www.sfsymphony.org)* se produit régulièrement au Davies Symphony Hall, à partir du mois de septembre jusqu'à la fin du mois de mai.

Opéra

Ceux qui préfèrent combiner les plaisirs visuels et auditifs opteront peut-être pour une soirée donnée par le **San Francisco Opera** *(War Memorial Opera House, 301 Van Ness Ave., angle Grove St., ☎ 415-864-3330, www.sfopera.com)*. Les ténors et barytons performent au War Memorial Opera House en juin et juillet et de septembre à la mi-décembre.

Rock

Légendaire salle de spectacle qui a reçu le gratin de la scène musicale des années 1960, **The Fillmore** *(1850 Geary Blvd., angle Fillmore St., ☎ 415-346-6000, www.thefillmore.com)* continue encore aujourd'hui à engager les gros noms de la musique rock.

On vient au **Bottom of the Hill** *(1233 17th St., angle Missouri St., ☎ 415-621-4455, www.bottomofthehill.com)* pour entendre de bons vieux groupes de rock-and-roll. Installé dans une maison victorienne ancienne, l'établissement est doté d'excellentes enceintes qui résonnent très fort. Adresse idéale pour les puristes du rock.

Le **Slim's** *(333 11th St., entre Folsom St. et Harrison St., South of Market, ☎ 415-255-0333, www.slims-sf.com)* est un bar sans prétention qui est tout indiqué pour prendre un verre en bonne compagnie. On y présente des spectacles de musiciens aux allégeances variées (entre autres rock, punk ou métal).

➤ Danse

La splendide troupe de danse classique du **San Francisco Ballet** *(War Memorial Opera House, 301 Van Ness Ave., angle Grove St., ☎ 415-865-2000, www.sfballet.org)* s'exécute et virevolte également au War Memorial Opera House. Il s'agit de la plus ancienne compagnie de ballet aux États-Unis. La saison des spectacles débute au mois de février et se termine à la fin du mois de mai.

➤ Sports professionnels

Baseball

Entre les mois d'avril et d'août, les **Giants de San Francisco** font face à leur rivaux au **AT&T Park** *(☎ 415-972-2000, www.sfgiants.com)*. Il s'agit du premier stade de baseball majeur à avoir été entièrement construit avec des fonds privés depuis l'érection du Dodgers Stadium en 1962. La clôture du champ droit est si près de l'eau qu'un panneau indique le nombre de circuits expédiés dans la baie.

Les fanas des **A's d'Oakland** *(☎ 510-638-4900, www.oakland.athletics.mlb.com)* n'ont qu'à traverser le Bay Bridge avec le BART pour aller applaudir leurs favoris au **Oakland-Alameda County Coliseum** *(www.coliseum.com)*.

Football américain

Entre septembre et novembre, les **49ers de San Francisco** affrontent leurs adversaires au **Candlestick Park** *(☎ 415-656-4900, www.sf49ers.com)*.

De l'autre côté de la baie, les **Raiders d'Oakland** disputent leurs matchs au Oakland-Alameda County Coliseum *(☎ 510-864-5000, www.raiders.com)*.

Hockey sur glace

Si vous visitez la région entre les mois d'octobre et d'avril, sachez que les **Sharks de San Jose** disputent leurs parties locales au **HP Pavilion** *(☎ 408-287-7070, www.sj-sharks.com)*, à moins d'une heure de route de San Francisco.

➤ Théâtre

Véritable institution de San Francisco, ***Beach Blanket Babylon*** *(Club Fugazi, 678 Green St., ☎ 415-421-4222, www.beachblanketbabylon.com)* tient la scène depuis 1974 et fait salle comble pratiquement tous les soirs. C'est une excellente comédie musicale dans laquelle les acteurs sont parés de costumes extravagants et coiffés de chapeaux démesurés. Pour apprécier ce spectacle satirique à sa juste valeur, vous devez être au fait de l'actualité américaine. Les visiteurs âgés de moins de 21 ans ne peuvent assister qu'aux représentations en matinée.

Principaux théâtres

Sans nul doute l'une des principales troupes de théâtre à San Francisco, l'**American Conservatory Theater** *(425 Geary St., ☎ 415-749-2228, www.act-sf.org)* a acquis une solide réputation dans le monde des arts aux États-Unis depuis une quarantaine d'années. Ce conservatoire se targue d'ailleurs d'avoir formé des acteurs de renom comme Denzel Washington et Annette Bening.

Achats

La sélection des établissements commerciaux qui suit n'est qu'un simple survol des innombrables commerces de San Francisco et de ses alentours. Sachez tout de même que la plus grande concentration de magasins et de boutiques se trouve dans le quartier d'**Union Square**. En effet, ceux qui raffolent de courir les magasins et pour qui l'argent ne pose pas de problème seront au nirvana de la consommation en ratissant les chics boutiques qui se trouvent à Union Square et à proximité. Parmi la jolie brochette d'adresses dignes d'être mentionnées, citons Neiman-Marcus, Saks Fifth Avenue, Versace et Macy's.

➤ Alimentation

Tous les samedis matin, le **Ferry Plaza Farmers Market** *(Ferry Building, Embarcadero, ☎ 415-291-3276)* fourmille d'animation. Une centaine de producteurs agricoles viennent présenter des produits du terroir californien. Les dimanches, on y vend surtout des fruits et des légumes, ainsi que des plantes. Les mardis et jeudis, de plus petits marchés animent aussi les lieux. Les marchés du jeudi et du dimanche sont généralement fermés de décembre à mars.

➤ Antiquités

Le quartier de **Jackson Square** (situé dans le Financial District et délimité par Pacific Avenue au nord, Washington Street au sud, Columbus Avenue à l'ouest et Battery Street à l'est) est réputé pour ses nombreux antiquaires. Vous en trouverez une liste exhaustive sur *www.jacksonsquaresf.com*.

➤ Centres commerciaux

Autrefois une ancienne usine de conserves de fruits, **The Cannery** *(2801 Leavenworth St., entre Jefferson St. et Beach St., Fisherman's Wharf, ☎ 415-771-2424, www.thecannery.com)* est aujourd'hui un espace commercial de trois étages ouvert sur une place centrale agréable où se côtoient des restaurants et des boutiques.

Coiffée d'un magnifique dôme en verre, la **Crocker Galleria** *(50 Post St., Financial District, ☎ 415-393-1505, www.shopatgalleria.com)* est inspirée de la Galleria Vittorio Emmanuel II à Milan. Plusieurs couturiers de renom du prêt-à-porter y possèdent une boutique, notamment le regretté Gianni Versace et Polo Ralph Lauren. Les clients peuvent également se rassasier dans les nombreux petits cafés et restaurants que compte ce centre commercial.

Ghirardelli Square *(900 North Point St., entre Larlin St. et Polk St., Fisherman's Wharf, ☎ 415-775-5500, www.ghirardellisq.com)* est une ancienne fabrique de chocolat dont les locaux vétustes ont été transformés en un centre commercial moderne et aéré. En offrant au public un large éventail de services divers, ce centre s'efforce d'attirer et de séduire le plus grand nombre possible de consommateurs de toute provenance.

Situé à deux rues d'Union Square, le **Westfield San Francisco Center** *(865 Market St., angle Fifth Ave., Union Square, ☎ 415-512-6776, www.westfield.com/sanfrancisco)* est un centre commercial géant qui regroupe de grands magasins comme Bloomingdale's et Nordstrom (deuxième magasin en importance aux États-Unis), ainsi que plus de 170 boutiques spécialisées comme Calvin Klein, Banana Republic (seule succursale qui propose des produits exclusifs aux États-Unis) et Hugo Boss. S'y trouvent aussi plusieurs comptoirs de restauration d'un très bon calibre culinaire, comme par exemple Out the Door, affilié au restaurant **Slanted Door** (voir p. 308). Même si vous n'y achetez rien, ce centre commercial vaut la peine d'être visité, ne serait-ce que pour emprunter l'un de ses escaliers en colimaçon qui permettent à la foule d'occuper plus d'espace au sein d'un joli atrium ovale.

➤ Galeries d'art

Les **49 Geary Street Art Galleries** *(49 Geary St.)* se regroupent dans un véritable centre commercial de l'art. Vous y trouverez, sur plusieurs étages, une vingtaine de galeries qui présentent des œuvres contemporaines de qualité.

➤ Grands magasins

L'un des magasins les plus vastes de la planète, **Macy's in Union Square** *(170 O'Farrell St., angle Stockton St., Union Square, ☎ 415-397-3333, www.macys.com)* propose sept étages de produits de consommation où se succèdent, entres autres, des lignes de vêtements personnalisés, des cosmétiques ainsi que de la lingerie confortable.

Depuis qu'il a remplacé au début du XXe siècle le défunt magasin City of Paris (jadis considéré comme le grand magasin le plus chic de la ville) au grand dam de bien des habitants, **Neiman-Marcus** *(150 Stockton St., angle Geary St., Union Square, ☎ 415-362-3900, www.neimanmarcus.com)* n'est pas le magasin le plus populaire auprès des San-Franciscains. Il a toutefois conservé la belle rotonde et la verrière du City of Paris, et a garni ses étalages de vêtements de couturiers de choix, comme Prada, Gucci, Armani, Chanel et Dior. Vous trouverez également une splendide collection de cristaux de Baccarat si vous désirez renouveler votre cristallerie.

› Librairies

Situé aux portes du Chinatown, le **Café de la Presse** *(352 Grant Ave., Union Square, ☎ 415-398-2680)* est un petit café où l'on vend tout spécialement une abondante sélection de magazines et de journaux européens.

Haut lieu de la contre-culture, **City Lights Booksellers & Publishers** *(261 Columbus Ave., angle Broadway, ☎ 415-362-8193, www.citylights.com)* fut la première librairie en Amérique du Nord à garnir ses présentoirs de séries de livres de poche. La librairie continue de vendre des livres aux antipodes de la rectitude politique. On trouve évidemment une section bien fournie consacrée à la littérature beat. C'est la librairie idéale pour fouiner pendant des heures afin de dénicher un classique du genre au tirage épuisé qui dort incognito sur une tablette.

A Different Light Bookstore *(489 Castro St., entre 17th St. et 18th St., Castro, ☎ 415-431-0891, www.adlbooks.com)* est une des succursales d'une chaîne de librairies axées sur la diffusion de la littérature gay, lesbienne et bisexuelle.

› Musique

Installé dans une ancienne salle de quilles, **Amoeba Music** *(1855 Haight St., Haight-Ashbury, ☎ 415-831-1200, www.amoeba.com)* se targue de proposer la meilleure sélection de musique Indie en Amérique du Nord, et ils n'ont probablement pas tort.

› Vêtements et accessoires de mode

Vous cherchez un jean à taille haute, à pattes d'éléphant, en denim délavé ou de coupe ajustée pour refaire votre garde-robe? Il vous suffira de passer votre commande à l'un des employés serviables et chevronnés de **Blue Jean Bar** *(1827 Union St., entre Laguna St. et Octavia St., Marina, ☎ 415-346-4280, www.thebluesjeanbar.com)* qui cherchera à bien cerner vos envies.

Antre de la mode haut de gamme qui attire les *fashionistas* à la fine pointe de la tendance qui veulent donner du *oumph* à leur garde-robe et faire sensation auprès de leurs ami(e)s, **Carrots** *(843 Montgomery St., Financial District, ☎ 415-834-9040)* tient les grandes marques du prêt-à-porter telles que Thakoon, Helmut Lang, Narciso Rodriguez, Stella McCartney, Yigal Azrouel, Band of Outsiders et Lutz. On y trouve aussi des bougies parfumées et des accessoires originaux jolis comme tout.

Celles qui sont à la recherche d'une tenue vestimentaire qui donne un petit côté hop-la-vie doivent se rendre chez **Ooma** *(1422 Grant Ave., entre Green St. et Union St., North Beach, ☎ 415-627-6963, www.ooma.net)* pour y dénicher une robe portefeuille contemporaine, une longue jupe fluide, des coloris vitaminés ou encore des vêtements uniques faits par des créateurs locaux. Vous y trouverez également un bon choix de bijoux, d'accessoires et de chaussures pour façonner votre style.

› Vins et spiritueux

Vous n'avez pas le temps de visiter la vallée de Napa? Rendez-vous au **Napa Valley Winery Exchange** *(415 Taylor St., entre Geary et O'Farrell St., Union Square/Tenderloin, www.nvwe.com)* pour dénicher le vin californien qu'il vous faut. L'endroit est plutôt exigu, mais il renferme de nombreux vins californiens (zinfandel, syrah, pinot noir, etc.) en quantité limitée que vous ne trouverez pas à l'extérieur de la Californie. Les conseils sont nickel.

Seule boutique de saké en Amérique, **True Sake** *(560 Hayes St., ☎ 415-355-9555, www.truesake.com)* propose rien de moins que 220 variétés de bières de riz (troubles, crues, translucides, froides, tièdes...)!

Un coup d'œil rapide sur la vitrine du Wine Club ne rend pas justice à ce commerce, car le **Wine Club** *(953 Harrison St., entre Fifth St. et Sixth St., South of Market, ☎ 415-512-9086, www.thewineclub.com)* est l'adresse à retenir pour se procurer du vin à des prix qui défient toute concurrence.

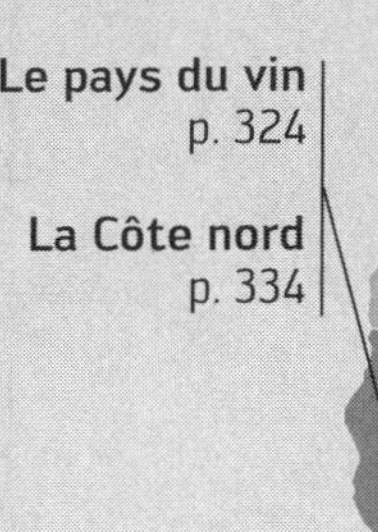

Le nord de la Californie

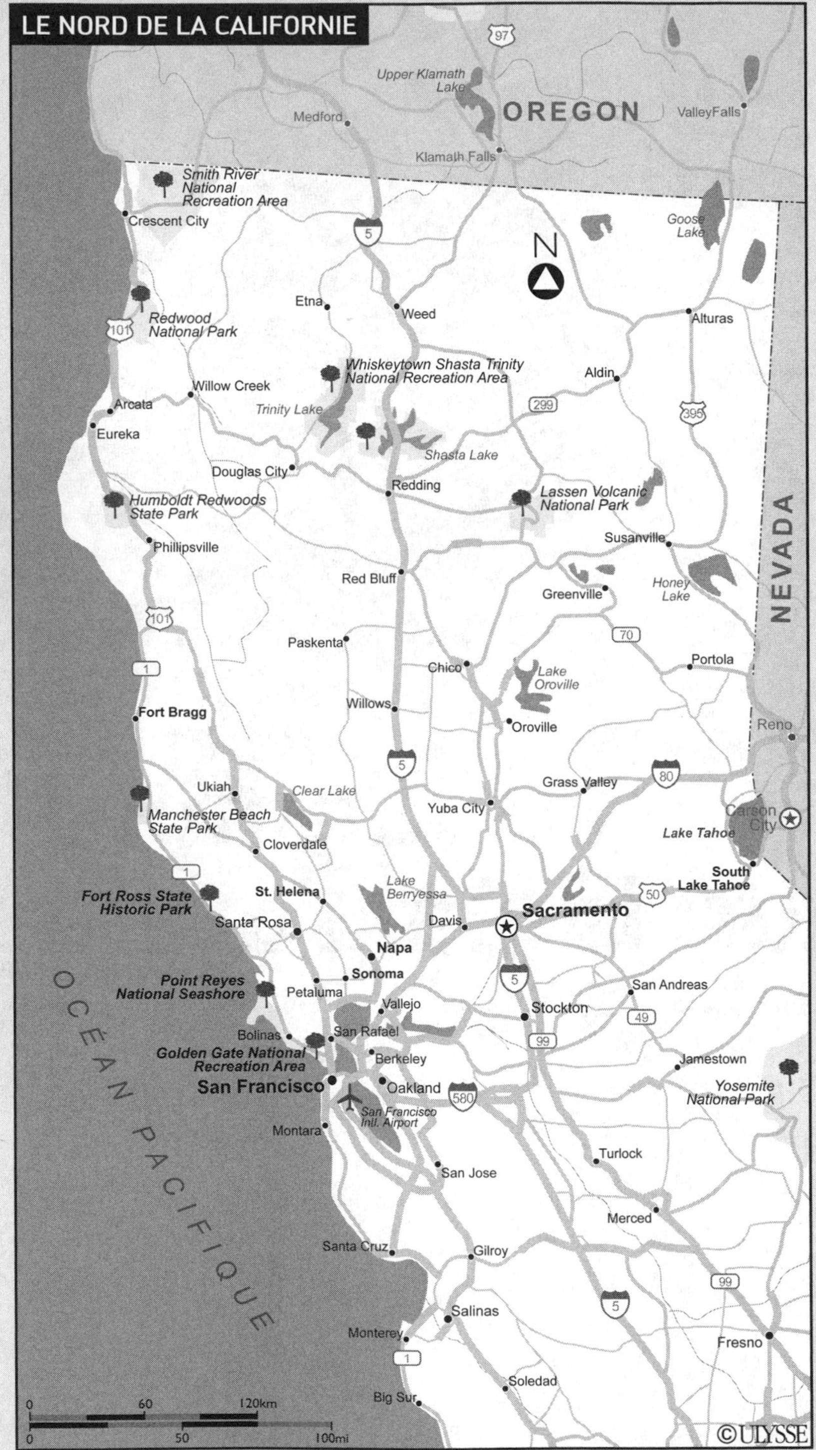
LE NORD DE LA CALIFORNIE
OREGON
NEVADA
OCÉAN PACIFIQUE
Upper Klamath Lake
Medford
Klamath Falls
ValleyFalls
Smith River National Recreation Area
Crescent City
Goose Lake
Redwood National Park
Etna
Weed
Alturas
Whiskeytown Shasta Trinity National Recreation Area
Aldin
Willow Creek
Arcata
Eureka
Trinity Lake
Shasta Lake
Douglas City
Redding
Lassen Volcanic National Park
Humboldt Redwoods State Park
Phillipsville
Susanville
Red Bluff
Honey Lake
Greenville
Paskenta
Portola
Chico
Lake Oroville
Fort Bragg
Willows
Oroville
Reno
Ukiah
Clear Lake
Grass Valley
Yuba City
Manchester Beach State Park
Carson City
Lake Tahoe
Cloverdale
South Lake Tahoe
Fort Ross State Historic Park
St. Helena
Lake Berryessa
Santa Rosa
Davis
Sacramento
Napa
Sonoma
Point Reyes National Seashore
Petaluma
San Andreas
Vallejo
Stockton
Bolinas
San Rafael
Golden Gate National Recreation Area
Berkeley
Jamestown
San Francisco
Oakland
Yosemite National Park
San Francisco Intl. Airport
Montara
Turlock
San Jose
Merced
Santa Cruz
Gilroy
Salinas
Monterey
Fresno
Soledad
Big Sur
0 60 120km
0 50 100mi
©ULYSSE

Les vallées de Napa et de Sonoma ont acquis une telle renommée pour la qualité de leurs vins et de leurs vignobles qu'elles attirent chaque année des millions de visiteurs de partout dans le monde, bien qu'un faible pourcentage seulement de la production vinicole totale de la Californie provienne de la région.

Si vous roulez vers le nord après avoir traversé le Golden Gate Bridge, au-dessus des eaux agitées de la baie de San Francisco, et que vous suivez ensuite le littoral sur environ 640 km, soit jusqu'à la frontière de l'Oregon, vous traverserez un spectaculaire royaume de beauté, souvent à l'état sauvage. C'est la Côte nord californienne qui s'étale alors dans toute sa splendeur.

Si vous partez du comté de Marin et continuez votre chemin vers le nord, en parcourant les comtés de Sonoma, de Mendocino et de Humboldt, vous longerez des massifs d'arbres qui ne poussent à peu près nulle part ailleurs au monde, comme le *Sequoia sempervirens* ou *redwood*, mieux connu sous la simple appellation de «séquoia».

C'est à Sacramento qu'est officiellement née la Californie que nous connaissons aujourd'hui. Et si toutes les plaques d'immatriculation de l'État portent la nostalgique mention *The Golden State* (l'État doré), c'est en raison de tout ce qui s'est passé à Sacramento, la capitale de l'État, et dans ses environs au milieu du XIXe siècle. D'ailleurs, l'histoire figure au premier plan des attraits de cette ville.

Plus souvent associé au Nevada qu'à la Californie en raison des célèbres casinos qui émaillent ses rives orientales (du côté du Nevada), le majestueux lac Tahoe n'en est pas moins ponctué à l'ouest (du côté de la Californie) de stations de ski de niveau international.

Accès et déplacements

> En avion

La Côte nord

L'**Arcata/Eureka Airport** *(Airport Loop Rd., Mckinleyville, 9 mi ou 14 km au nord d'Arcata, ☎ 707-839-5401)* est desservi par **United Airlines** *(☎ 800-864-8331 ou 800-538-2929, www.united.com)* depuis San Francisco, Sacramento et Portland (Oregon). **Horizon Air** *(☎ 800-547-9308, www.alaskaair.com)* dessert également l'aéroport depuis différentes destinations américaines, notamment Los Angeles (Californie), Seattle (État de Washington) et Portland (Oregon).

Sacramento

Le **Sacramento International Airport** *(6900 Airport Blvd., ☎ 916-929-5411, www.sacairports.org)* reçoit des vols régionaux et internationaux assurés par de nombreuses compagnies, dont **Air Canada** *(☎ 888-247-2262, www.aircanada.com)* et **Delta** *(☎ 800-221-1212, www.delta.com)*.

> En voiture

Le pays du vin

Bien qu'elle ne présente guère d'intérêt, la route la plus rapide pour atteindre la vallée de Napa est la route 80. Au départ de San Francisco, elle file en direction nord-est jusqu'à Vallejo, où elle rejoint la route 37 puis la route 29, soit le principal axe routier de la vallée.

Une autre option consiste à prendre vers le nord la route 101, qui croise également la route 37, elle-même faisant le tour de la baie de San Pablo avant d'atteindre la route 29.

La Côte nord

La principale route est la sinueuse **Pacific Coast Highway** (route 1). Vous serez ravi par la vue de l'océan Pacifique ainsi que par la flore et la faune peuplant ses falaises et ses rochers spectaculaires.

Presque en parallèle de la route 1, la route 101 traverse l'intérieur de la Californie.

Sacramento

De San Francisco, le chemin le plus rapide vers Sacramento emprunte la route 80. La route 160 se révèle toutefois beaucoup plus panoramique et permet l'exploration de ce qu'il est convenu d'appeler le Delta; si vous n'êtes pas pressé, nous vous recommandons vivement ce dernier trajet.

Lake Tahoe

De Sacramento, la route 80 mène au nord du lac Tahoe et à Tahoe City, alors que la route 50 conduit au sud du lac Tahoe, à South Lake Tahoe.

➤ En autocar, en traversier et en transport en commun

Le pays du vin

Greyhound *(☎ 800-231-2222, www.greyhound.com)* et **Golden Gate Transit** *(☎ 415-455-2000, ☎ 511 depuis San Francisco, www.goldengatetransit.org)* relient le **Transbay Terminal** *(425 Mission St.)* de San Francisco à Petaluma et Santa Rosa, où vous pourrez monter à bord d'un autobus de **Sonoma County Transit** *(☎ 707-576-7433, www.sctransit.com)* pour vous déplacer dans la région entre Sonoma et Santa Rosa, avec des arrêts à Glen Ellen et à Kenwood.

Baylink *(☎ 877-643-3779, www.baylinkferry.com)* offre une liaison en traversier depuis **San Francisco** *(Ferry Building et Fisherman's Wharf, Pier 41)* vers Vallejo (comptez 1h pour la traversée), où vous pourrez prendre un autobus vers Napa et Calistoga.

La Côte nord

Les autocars de **Greyhound** (voir plus haut) desservent la plupart des villes le long de la route 101 du **Transbay Terminal** *(425 Mission St.)* de San Francisco à l'Oregon.

Golden Gate Transit (voir plus haut) offre un service d'autobus vers Sausalito et les Marin Headlands au départ de San Francisco.

L'entreprise **West Marin Stagecoach** *(☎ 415-526-3239, www.marintransit.org/stage.html)* assure depuis le terminal de **Marin City** *(Gateway Shopping Center, angle Donahue St. et Terners St.)*, près de Sausalito, des liaisons régulières vers Stinson Beach, le Mount Tamalpais State Park, Bolinas, Olema, Point Reyes et Inverness.

En traversier, vous pouvez rejoindre Sausalito depuis San Francisco avec les entreprises **Blue & Gold Fleet** *(Fisherman's Wharf, ☎ 415-705-8200, www.blueandgoldfleet.com)* et **Golden Gate Ferries** *(Ferry Building, ☎ 415-923-2000, www.goldengateferry.org)*.

Sacramento

Les autobus et les trains légers sur rail de **Sacramento Regional Transit** *(☎ 916-321-2877, www.sacrt.com)* desservent la région de Sacramento.

Lake Tahoe

La région du nord de Lake Tahoe et de Truckee est desservie par **North Lake Tahoe and Truckee Area Transit** *(☎ 530-550-1212 ou 800-736-6365, www.laketahoetransit.com)*, alors que la région au sud du lac est desservie par les autobus de **BlueGO** *(☎ 530-541-7149, www.bluego.org)*.

➤ En train

Sacramento

Depuis Sacramento, les trains d'**Amtrak** *(401 First St., ☎ 800-872-7245, www.amtrak.com)* permettent de rejoindre Emeryville (d'où part une navette gratuite d'Amtrak qui se rend au Ferry Building de San Francisco), San Jose et Los Angeles, entre autres.

Lake Tahoe

La ligne d'**Amtrak** (voir ci-dessus) qui dessert Sacramento propose ensuite une liaison en autobus jusqu'à South Lake Tahoe et Truckee au nord.

Attraits touristiques

Le pays du vin

▲ *p. 348* ◍ *p. 355* ◘ *p. 359*

⏱ *2 à 3 jours*

La vallée de Napa ★★★

Localisation: Napa se trouve à 48 mi (78 km) au nord de San Francisco.

Napa Valley Conference and Visitors Bureau: 1310 Napa Town Center, Napa, ☎ 707-226-5813, www.napavalley.com.

La vallée de Napa, étroite mosaïque de vignobles parsemée de moulins à vent, de granges en bois et de magnifiques établissements vinicoles en pierre, s'étire sur plus de 55 km et se veut un festin pour tous les sens. Sur le plan social, elle est dominée par des vedettes de cinéma s'efforçant de passer inaperçues, des millionnaires tout aussi discrets, de grands connaisseurs, aussi bien modestes et accomplis qu'affectés et prétentieux, et, il va sans dire, des hordes de touristes.

Pour éviter les embouteillages, il est vraisemblablement préférable de visiter la vallée en semaine et, autant que faire se peut, en dehors de la saison estivale. Dans la mesure du possible, empruntez également le Silverado Trail, qui mérite en soi d'être dûment exploré. La plupart des visiteurs choisissent de prendre la route 29 jusqu'à Calistoga pour ensuite retourner à Napa par le Silverado Trail, mais sachez qu'il est toujours possible de rejoindre cette autre route grâce aux nombreuses voies d'embranchement qui partent de la route principale. Le **Napa Valley Wine Train** *(1275 McKinstry St., Napa, ☎ 707-253-2111 ou 800-427-4124; voir p. 355)* peut en outre vous amener jusqu'à un point avancé de la route 29, ce qui vous évitera de subir les aléas de la dense circulation qui caractérise cette route et de restreindre vos déplacements en voiture au Silverado Trail, beaucoup moins encombré. Quoi qu'il en soit, et quelque itinéraire ou moyen de transport que vous choisissiez, préparez-vous à une expérience mémorable.

Napa

La **Hess Collection** ★★ *(tlj 8h à 17h; 4411 Redwood Rd., ☎ 707-255-1144, www.hesscollection.com)* ne se trouve pas directement sur la route 29, mais justifie largement un détour avant de s'y aventurer. Fidèle à la tradition de Napa, cette ville avant tout résidentielle (74 000 habitants) qui tend à allier le vin et les arts, la collection regroupe une centaine d'œuvres d'art contemporain provenant du monde entier, ainsi que les derniers cabernets et chardonnays des vignobles de Donald Hess. Il vous suffira de débourser quelques dollars pour déguster un somptueux cabernet sauvignon ou un autre vin de choix.

Yountville

Une fois sur la route 29, un premier arrêt s'impose dans ce qu'il est convenu d'appeler la capitale gastronomique de la vallée de Napa, Yountville. Cependant, avant de faire halte pour le déjeuner ou le dîner, pourquoi ne pas jeter un coup d'œil à l'intérieur du **Napa Valley Museum** ★ *(5$; mer-lun 10h à 17h; 55 President's Circle, ☎ 707-944-0500, www.napavalleymuseum.org)*. En plus de présenter de très intéressantes expositions temporaires, ce petit musée moderniste renferme une exposition interactive permanente consacrée au vin – qui ne rivalise toutefois pas vraiment avec celle de la St. Supéry Winery (voir ci-dessous) de Rutherford.

Oakville

Si l'envie vous prend de pénétrer dans les entrailles d'un grand établissement vinicole à vocation commerciale, offrant par ailleurs une des visites les plus instructives de la vallée, arrêtez-vous à la **Robert Mondavi Winery** ★ *(7801 St. Helena Hwy., ☎ 707-226-1395 ou 888-766-6328, www.robertmondavi.com)* d'Oakville. Vous pourrez vous offrir une visite des installations *(25$; durée 1h30; tlj 10h à 17h)* qui finit bien entendu par une dégustation. De nombreuses autres visites plus approfondies d'une durée de 2h à 4h sont aussi proposées sur rendez-vous pour ceux qui souhaitent devenir des spécialistes en la matière.

Rutherford

Davantage une concentration d'établissements vinicoles et de restaurants qu'une ville à proprement parler, Rutherford possède néanmoins quelques attraits dignes d'une visite de même que de très bons restaurants, notamment celui de l'**Auberge du Soleil** (voir p. 349).

Ce qui distingue la **St. Supéry Winery** ★★★ *(visites autoguidées gratuites, dégustation 15$; tlj 10h à 17h; 8440 St. Helena Hwy., ☎ 707-963-4507 ou 800-942-0809, www.stsupery.com)*, c'est l'originalité avec laquelle on y dépeint les multiples facettes du vin. Ses vitrines renferment des répliques grandeur nature de ceps de vigne, expliquent la coloration du vin, étalent des cartes topographiques démontrant le climat idéal de Napa en ce qui a trait à la viticulture et fournissent des échantillons d'arômes propres à différents vins : elles comptent parmi les meilleures de tout le pays du vin.

LES VALLÉES DE NAPA ET DE SONOMA

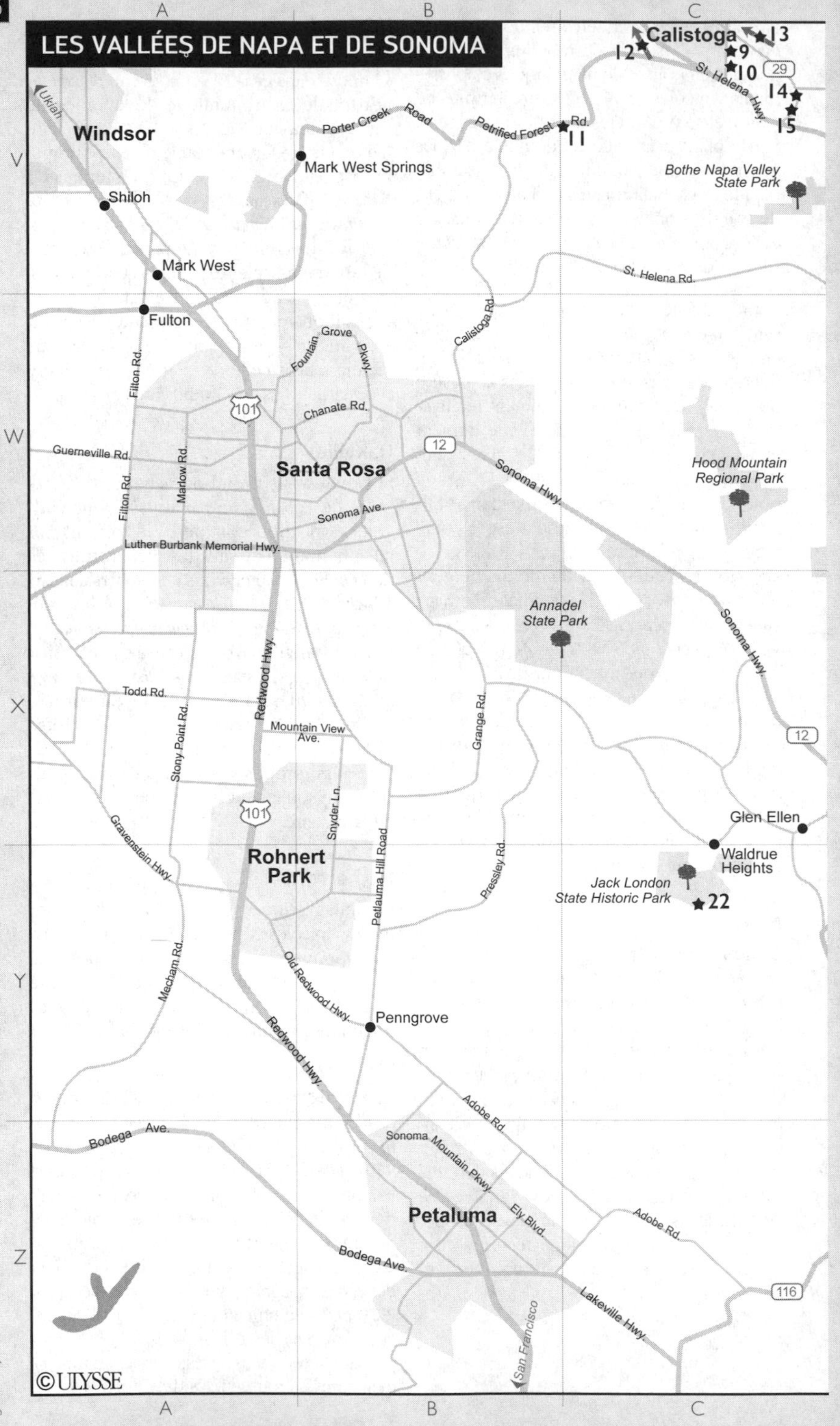

A B C

V W X Y Z

Calistoga
12 13 9 10 29 14 15 11
St. Helena Hwy.
Ukiah
Windsor
Porter Creek Road
Petrified Forest Rd.
Mark West Springs
Bothe Napa Valley State Park
Shiloh
Mark West
St. Helena Rd.
Fulton
Fountain Grove Pkwy.
Calistoga Rd.
Filton Rd.
101
Chanate Rd.
12
Guerneville Rd.
Marlow Rd.
Santa Rosa
Sonoma Hwy.
Hood Mountain Regional Park
Sonoma Ave.
Luther Burbank Memorial Hwy.
Annadel State Park
Sonoma Hwy.
Redwood Hwy.
Todd Rd.
Grange Rd.
Mountain View Ave.
Stony Point Rd.
12
101
Snyder Ln.
Glen Ellen
Gravenstein Hwy.
Petaluma Hill Road
Rohnert Park
Pressley Rd.
Waldrue Heights
Jack London State Historic Park
22
Mecham Rd.
Old Redwood Hwy.
Penngrove
Redwood Hwy.
Adobe Rd.
Bodega Ave.
Sonoma Mountain Pkwy.
Ely Blvd.
Petaluma
Adobe Rd.
Bodega Ave.
116
Lakeville Hwy.
San Francisco

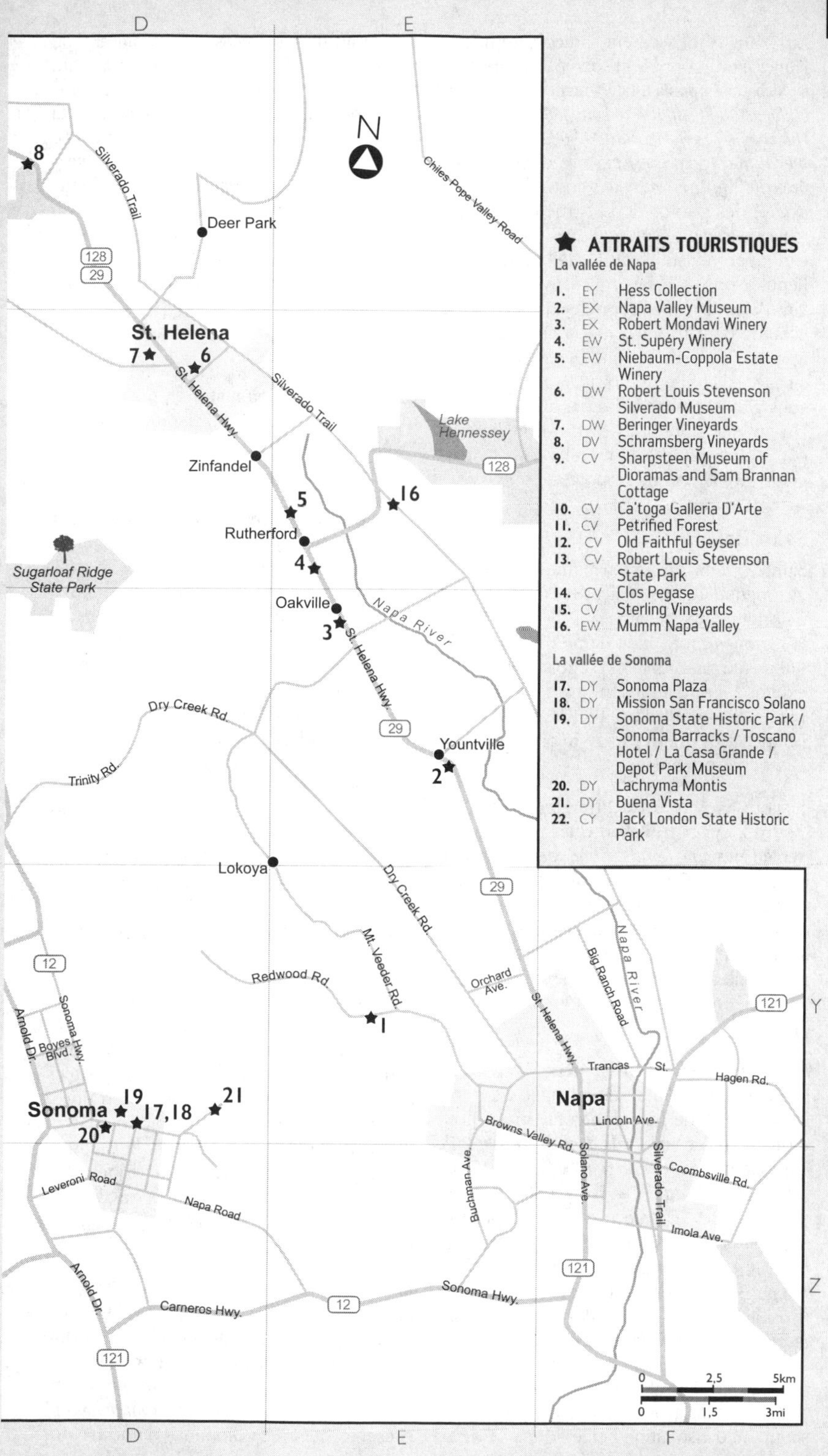

ATTRAITS TOURISTIQUES

La vallée de Napa

1. EY Hess Collection
2. EX Napa Valley Museum
3. EX Robert Mondavi Winery
4. EW St. Supéry Winery
5. EW Niebaum-Coppola Estate Winery
6. DW Robert Louis Stevenson Silverado Museum
7. DW Beringer Vineyards
8. DV Schramsberg Vineyards
9. CV Sharpsteen Museum of Dioramas and Sam Brannan Cottage
10. CV Ca'toga Galleria D'Arte
11. CV Petrified Forest
12. CV Old Faithful Geyser
13. CV Robert Louis Stevenson State Park
14. CV Clos Pegase
15. CV Sterling Vineyards
16. EW Mumm Napa Valley

La vallée de Sonoma

17. DY Sonoma Plaza
18. DY Mission San Francisco Solano
19. DY Sonoma State Historic Park / Sonoma Barracks / Toscano Hotel / La Casa Grande / Depot Park Museum
20. DY Lachryma Montis
21. DY Buena Vista
22. CY Jack London State Historic Park

Attrayant établissement vinicole tenu par Francis Ford Coppola et son épouse Eleonor, la **Niebaum-Coppola Estate Winery** ★ *(25$ visite et dégustation; tlj 10h à 17h; 1991 St. Helena Hwy.,* ☎ *707-968-1161 ou 800-782-4266, www.niebaum-coppola.com)* expose divers objets tirés du film *Le Parrain*, des costumes de *Dracula* et des photos de la carrière du grand réalisateur, mais renferme aussi des vitrines expliquant l'histoire de la Niebaum Estate. Réputée pour son cabernet sauvignon et ses vins Rubicon, cette propriété a jadis servi de garantie pour financer le tournage d'*Apocalypse Now* et a par la suite été sauvée grâce au succès du film *Le Parrain III*. Et tandis que vous y êtes, pourquoi ne pas aussi passer à la boutique pour vous procurer la sauce à pâtes biologique Mammarella ou la vinaigrette au merlot de Coppola?

Saint Helena

Saint Helena, une charmante petite ville victorienne à fausses façades qui répondait à l'origine aux besoins des cultivateurs de la région, s'enorgueillit d'une rue principale qui mérite sans conteste d'être attentivement explorée. Entre autres, ne manquez surtout pas le cinéma d'antan, l'IOOF Building de brique et de pierre, ni le Ritchie Building aux riches ornements.

Si vous êtes féru de littérature, vous ne pourrez éviter le **Robert Louis Stevenson Silverado Museum** *(entrée libre; mer-dim 12h à 16h; 1490 Library Ln.,* ☎ *707-963-3757, www.silveradomuseum.org)* avant de vous engager dans la rue principale. Ce beau musée renferme en effet divers manuscrits, lettres, photographies et effets personnels de l'auteur et globe-trotter victorien Robert Louis Stevenson.

Le plus ancien établissement vinicole en exploitation continue de la vallée de Napa, et aussi l'un de nos grands favoris, a pour nom **Beringer Vineyards** ★★★ *(visite 20$, dégustation 15$; tlj 10h à 18h, jusqu'à 17h en hiver; 2000 Main St.,* ☎ *707-963-8989, www.beringer.com)*. La pièce maîtresse pour le moins spectaculaire de cette propriété fondée en 1876 par les frères Frederick et Jacob Beringer est la Rhine House, soit un manoir Tudor de 17 pièces construit pour servir de résidence privée à Frederick. Conçue sur le modèle de la maison Beringer de Mayence en Allemagne, sur les bords du Rhin, la Rhine House arbore des vitraux Art nouveau d'inspiration belge dont les thèmes varient au fil des pièces qu'ils éclairent, de la rhyolite extraite dans les environs, un toit d'ardoise à pignons et des garnitures en chêne blanc d'Allemagne sculptées à la main. La maison abrite le centre d'accueil de Beringer, et la visite des tunnels de la cave – creusés à même la pierre par des travailleurs chinois – se termine par une dégustation dans les anciens Gentlemen's Quarters de cette même Rhine House, dégustation selon nous la meilleure de tout le pays du vin.

Calistoga ★

Que diriez-vous de goûter au vin mousseux qu'on sert aux diplomates et aux hôtes de marque de passage à la Maison-Blanche? Eh bien, si vous avez eu la sagesse de téléphoner au préalable pour prendre rendez-vous, vous en aurez la chance à l'approche de Calistoga. Les **Schramsberg Vineyards** *(40$ visite et dégustation, sur rendez-vous; 1400 Schramsberg Rd.,* ☎ *707-942-2414 ou 800-877-3623, www.schramsberg.com)* ont d'abord connu la célébrité lorsque Robert Louis Stevenson y a goûté 18 vins différents à l'époque où il écrivait *Les Squatters de Silverado*. De nos jours, la spécialité de cet établissement vinicole, classé monument historique californien, est un vin mousseux fabriqué selon la méthode champenoise et, tandis que vous vous en régalerez, vous pourrez admirer les photographies de différents chefs d'État. Parmi les autres charmes de cet établissement vinicole à flanc de colline, il convient de mentionner ses splendides jardins et son étang bucolique où trône une grenouille en bronze plutôt radieuse tenant un verre de champagne.

Calistoga est sans doute la ville la plus intéressante de la vallée de Napa. Fondée en 1859 par l'entrepreneur opportuniste Sam Brannan, qui le premier a perçu l'immense potentiel économique de ses sources chaudes et de ses nappes souterraines, Calistoga n'a pas tardé à devenir une station thermale réputée. Aujourd'hui, la tradition se poursuit alors que les spas se disputent la clientèle des voyageurs stressés ou alourdis par les excès qu'ils ont pu commettre sur les sentiers menant à Calistoga.

Mais il y a bien sûr autre chose à faire en ville que de visiter des stations thermales et des spas. Le **Sharpsteen Museum of Dioramas and Sam Brannan Cottage** ★ *(don suggéré de 3$; tlj 11h à 16h; 1311 Washington St.,* ☎ *707-942-5911, www.sharpsteen-museum.org)* présente quelques dioramas d'une facture

Robert Louis Stevenson

En plongeant dans le court ouvrage de Robert Louis Stevenson intitulé *Les Squatters de Silverado*, le lecteur ne tarde pas à découvrir la délicieuse comparaison qu'il y fait du vin à de la «poésie en bouteille». Stevenson parle bien sûr des promesses du vin californien, plus particulièrement de la vallée de Napa, et prédit déjà dans les années 1880, qu'il qualifie d'«étape expérimentale», que *Le goût de la terre de Californie s'attardera au palais de vos petits-enfants*. L'homme dont la gloire littéraire repose sur des ouvrages de l'envergure de *L'Île au trésor*, *Jardin de poèmes pour enfants* et *Docteur Jekyll et Mister Hyde* s'est retrouvé en lune de miel sur le mont Sainte-Hélène, à plusieurs kilomètres au nord de Calistoga, avec son épouse Fanny Osbourne, une Américaine divorcée et déjà mère de famille qu'il avait rencontrée quatre ans plus tôt dans une communauté d'artistes de Grez, en France, puis qu'il avait suivie jusqu'en Californie. D'une santé fragile, le jeune écrivain, malade et appauvri, vécut ensuite à Monterey, San Francisco et Oakland, dans l'attente du divorce de sa bien-aimée.

Après avoir squatté pendant plusieurs mois dans une cabane délabrée voisine de la mine Silverado, alors abandonnée, Stevenson recouvra suffisamment la santé sous l'effet de l'air vivifiant des lieux pour pouvoir retourner dans son Écosse natale avec sa nouvelle épouse. Aujourd'hui, il ne reste plus rien de leur habitation de fortune de Silverado, autour de laquelle on a créé le **Robert Louis Stevenson State Park** (voir p. 330) sans y effectuer aucun développement.

Néanmoins, quiconque désire en apprendre davantage sur l'auteur peut admirer les quelque 9 000 objets exposés au **Robert Louis Stevenson Silverado Museum** (voir page précédente) de Saint Helena, une véritable mine de renseignements sur Stevenson. Dommage que cet écrivain doué, en outre amateur de vins californiens, n'ait vécu que jusqu'à l'âge de 44 ans (1850-1894). Il écrivait: *J'ai goûté à toutes les variétés de Schramberger* [un établissement vinicole qui demeure en activité à ce jour à Calistoga], *le Schramberger rouge et le Schramberger blanc, le Schramberger bordeaux, le Schramberger alsacien, le Schramberger chasselas ambré au bouquet si remarquable, et tant d'autres encore que je n'ose me rappeler de tous.*

exceptionnelle montés sous la direction de Ben Sharpsteen, dont la carrière chez Walt Disney s'est étalée sur 30 ans. La pièce la plus remarquable, dont la réalisation a demandé trois ans, représente le Calistoga Hot Springs Resort à l'époque où il attirait les plus riches habitants de San Francisco. Une autre maquette, à travers laquelle circule une locomotive miniature mécanisée, illustre la gare ferroviaire et le pittoresque Chinatown de Calistoga vers la fin du XIXe siècle. Deux autres grands dioramas, à peu de chose près grandeur nature, offrent aux visiteurs une étonnante vision stéréoscopique d'un magasin général du XIXe siècle doublé d'un bureau de poste ainsi qu'une incroyable scène de ferme de la même époque. Outre les dioramas, la Horseless Carriage Exhibit, qui présente quelques peintures originales de Sharpsteen et la seule diligence qui subsiste de la Calistoga and Clear Lake Stage Line, mérite un coup d'œil. Et pour finir, le Sam Brannan Cottage, relié au musée, vous donnera une idée de l'allure que pouvait avoir un chalet aux beaux jours de Calistoga.

Fascinante addition au centre-ville de Calistoga, la **Ca'toga Galleria D'Arte** ★★★ *(jeu-lun 11h à 18h; 1206 Cedar St., ☎ 707-942-3900, www.catoga.com)* est une galerie d'art à voûte en berceau palladienne conçue selon le grandiose style Renaissance. Le propriétaire et *Maestro d'Arte* Carlo Marchiori jouit d'une réputation internationale en tant que muraliste et a déjà réalisé divers projets pour d'aussi prestigieuses organisations que le Ballet national du Canada, Tokyo Disney Sea, le Smithsonian Institute de Washington et le Festival international du film de Cannes.

Si vous voyagez en famille, songez à visiter la **Petrified Forest** *(10$; tlj 9h à 19h, en hiver jusqu'à 17h; 4100 Petrified Forest Rd., ☎ 707-942-6667, www.petrifiedforest.org)*, une magnifique forêt de séquoias géants pétrifiés âgés de plus de 3 millions d'années, et l'**Old Faithful Geyser** *(10$; tlj 9h à 18h, en hiver jusqu'à 17h; 1299 Tubbs Ln., ☎ 707-942-6463, www.oldfaithfulgeyser.com)*, qui, comme son homonyme du parc de Yellowstone, projette à intervalles réguliers, toutes les 30 min, un jet d'eau et de vapeur pouvant atteindre 30 m de haut.

Lorsque l'écrivain écossais Robert Louis Stevenson a passé sa lune de miel avec son épouse Fanny sur le site abandonné de la mine Silverado, sur les pentes du mont Sainte-Hélène, sa santé toujours fragile a grandement bénéficié de l'air tonifiant des lieux. À l'extrémité nord de la vallée de Napa, le **Robert Louis Stevenson State Park** *(à environ 8 mi ou 13 km au nord de Calistoga sur la route 29, ☎ 707-942-4575, www.parks.ca.gov)*, pour ainsi dire virginal, abrite un sentier de randonnée de 8 km menant au sommet du mont Sainte-Hélène, haut de 1 324 m. En récompense de vos peines, vous bénéficierez de vues panoramiques somptueuses qui s'étendent, par temps clair, de la Sierra Nevada à la baie de San Francisco. Attention, l'endroit est venteux et enneigé en hiver.

Silverado Trail

Au départ de Calistoga, revenez sur vos pas en direction de Napa, puis, une fois sur le Silverado Trail, prenez Dunaweal Lane à gauche afin de visiter deux établissements vinicoles intéressants, quoique pour des raisons différentes. Vous croiserez d'abord le **Clos Pegase** *(visite gratuite, dégustation payante; tlj 10h30 à 17h; 1060 Dunaweal Ln., Calistoga, ☎ 707-942-4981, www.clospegase.com)*, une maison postmoderne qui est flanquée d'un jardin de sculptures et qui renferme une salle de dégustation rehaussée d'acajou hondurien et de verre antique, une impressionnante collection d'œuvres d'art et une salle comportant un mur vitré à travers lequel vous pourrez observer la mystérieuse production de certains des élixirs dionysiaques qui taquinent vos papilles gustatives.

Les **Sterling Vineyards** *(25$ visite et dégustation; tlj 10h30 à 17h; 1111 Dunaweal Ln., Calistoga, ☎ 707-942-3344 ou 800-726-6136, www.sterlingvineyards.com)* revêtent quant à eux l'aspect d'un monastère grec tout blanc à flanc de colline et s'enorgueillissent de superbes vitraux et de cloches d'église du XVIIIe siècle. La seule façon d'accéder au vignoble consiste à monter à bord de l'Airtram, d'où vous jouirez de vues saisissantes sur la vallée de Napa.

En poursuivant votre route sur le Silverado Trail, tout juste après Rutherford Cross, assurez-vous de marquer un arrêt à **Mumm Napa Valley** ★ *(20$ visite et dégustation; tlj 10h à 16h45; visites aux heures entre 11h et 15h; 8445 Silverado Trail, Rutherford, ☎ 707-967-7700 ou 800-686-6272, www.mummcuveenapa.com)*, une fabrique de mousseux qui propose d'extraordinaires visites de ses installations et qui renferme une collection permanente de rares photographies historiques signées Ansel Adams et regroupées sous le titre *The Story of a Winery* (l'histoire d'un établissement vinicole). En vous asseyant pour déguster un verre de champagne après la visite, vous ne pourrez qu'abonder dans le sens d'Alan Packman de la maison Mumm lorsqu'il dit: *Le champagne est comme le banjo, car, de même qu'on ne peut jouer un air triste sur un banjo, on ne peut être morose lorsqu'on boit du champagne.*

La vallée de Sonoma ★★

Localisation: Sonoma se trouve à 44 mi (70 km) au nord de San Francisco.

Sonoma Valley Visitors Bureau: 453 First St. E., au centre de la Sonoma Plaza, Sonoma, ☎ 707-996-1090 ou 866-996-1090, www.sonomavalley.com.

Si la vallée de Napa s'impose comme le haut lieu de prestige du pays du vin, la vallée de Sonoma en est sans contredit le noyau historique. Après tout, n'est-ce pas ici que les pères franciscains ont planté les premières vignes pour leur mission, suivis par le plus entreprenant colonel Agostin Haraszthy dans les années 1850?

Sonoma ★★

Pour un bon aperçu de la vallée de Sonoma, rendez-vous au Sonoma Valley Visitors Bureau (voir ci-dessus), au cœur même de la ville de Sonoma (9 900 hab.). La Sonoma Plaza, ainsi qu'on désigne la partie historique de la ville, en a été le centre depuis 1835. Cela dit, elle n'a guère été développée avant la décisive rébellion du Bear Flag en 1846, lorsqu'un groupe de colons renégats fabriquèrent un drapeau à partir de jupons de femmes et déclarèrent Sonoma la capitale de la *Bear Republic*. Le gouvernement des États-Unis déclara à son tour ce territoire américain un mois plus tard et s'inspira du

Boire ou conduire?

La question peut se poser dans cette région où les vignobles se succèdent le long de la route, avec chaque fois la tentation de déguster ces merveilleux vins. Participer à une visite guidée pourrait être une bonne solution pour ceux qui veulent profiter au mieux du pays du vin. Attention toutefois, le prix des dégustations n'est généralement pas inclus dans le tarif.

Le **WineShuttle Express** *(75$; ☎ 707-996-3200, www.burdicktours.com)* vous mène à la découverte des producteurs de la vallée de Sonoma, alors que les **Platypus Tours** *(99$; ☎ 707-253-2723, www.platypustours.com)* vous font découvrir aussi bien le côté artistique que vinicole de la vallée de Napa. La **Napa Winery Shuttle** *(75$; ☎ 707-257-1950, www.napawineryshuttle.com)* propose des visites de cinq ou six vignobles dans une ambiance sympathique. Et pour les plus courageux, **Napa Valley Bike Tours** *(139$ plus 45$ pour la location de vélo; ☎ 707-944-2953 ou 800-707-2453, www.napavalleybiketours.com)* organise des randonnées à vélo d'une journée dans la vallée de Napa. Le circuit d'une trentaine de kilomètres vous fait passer par trois établissements vinicoles, et un minibus vous suit pour transporter vos achats, ou vous-même si vos forces font défaut...

drapeau de fortune des rebelles pour créer le drapeau officiel de l'État.

La **Sonoma Plaza** se présente comme un charmant square délimité par First Street East, First Street West, Spain Street et Napa Street, et se voit bordée de vieux bâtiments en pierre, de commerces à fausses façades et de structures espagnoles en adobe, la plus illustre étant la **Mission San Francisco Solano** *(tlj 10h à 17h; First St. E., angle E. Spain St., ☎ 707-938-1519, www.missiontour.org/sonoma)*, la mission la plus au nord de la Californie et la dernière (21e) à y avoir été construite. La mission de Sonoma renferme pour sa part une chapelle colorée et garnie de sculptures en bois de même que d'un ensemble de peintures dépeignant d'autres missions californiennes. Elle fait partie du **Sonoma State Historic Park** *(2$; tlj 10h à 17h; 363 Third St. W., ☎ 707-938-9560 ou 938-9559, www.parks.ca.gov)*, qui regroupe plusieurs bâtiments historiques dont les Sonoma Barracks (caserne militaire), le Toscano Hotel, La Casa Grande, Lachryma Montis, le Depot Park Museum et certains des plus anciens bâtiments qui encadrent la Plaza. Les **Sonoma Barracks** *(☎ 707-939-9420)* occupent une construction en adobe de deux étages érigée pour loger les troupes du général Vallejo en 1836; elles abritent un musée qui retrace les faits saillants des premiers jours de l'histoire de la Californie. Le **Toscano Hotel** *(mar-dim 13h à 16h)*, plus huppé, était à l'origine un magasin général doublé d'une bibliothèque en 1852 et fut par la suite reconverti en hôtel, en 1886, pour loger des ouvriers italiens. **La Casa Grande** est en fait une humble demeure de serviteurs et représente la seule partie encore debout de la première maison en adobe du général Vallejo. Enfin, pour une vue panoramique sur Sonoma telle qu'elle apparaissait à la fin du XIXe siècle, ou pour mieux comprendre la rébellion du Bear Flag, faites quelques pas au nord de la Plaza dans First Street West et pénétrez à l'intérieur du **Depot Park Museum** *(entrée libre; mer-dim 13h à 16h30; 270 First St. W., ☎ 707-938-1762, www.vom.com/depot)*.

À la limite extrême de Sonoma (facilement accessible à vélo), vous attend la dernière demeure du général Vallejo, **Lachryma Montis** *(2$; tlj 10h à 17h; au bout de Third St. W., ☎ 707-938-9559)*. Il s'agit de la maison victorienne à la *yankee* que le général s'est fait construire en 1851 après que son domaine lui eut été confisqué par les Américains. C'est alors qu'il vivait ici que Mariano Vallejo s'est refait une image en servant le gouvernement des États-Unis, en écrivant une histoire en cinq tomes de l'histoire des premiers jours de la Californie et en tentant de fabriquer du vin. Une des sections les plus intéressantes de la propriété est la cuisine de chantier flanquée des appartements du cuisinier chinois de la maison.

Ne ratez surtout pas l'occasion de voir l'endroit où tout a commencé! Pour ce faire, prenez East Napa Street jusqu'à l'Old Winery Road, que vous suivrez jusqu'au bout pour atteindre **Buena Vista** ★★ *(tlj 10h à 17h; visites autoguidées; 18000 Old Winery Rd., ☎ 800-325-2764, www.buenavistacarneros.com)*. Bien que la production du vin comme telle se fasse dans la région de Carneros, vous pourrez déguster ici les différents crus dans le vieux bâtiment en pierre où le comte Agoston Haraszthy a élaboré ses premiers vins après avoir importé plus de 100 000 ceps d'Europe. Une aire de pique-nique aménagée en bordure du ruisseau vous permettra de prendre votre déjeuner sur place dans un cadre idyllique.

Glen Ellen

Si Robert Louis Stevenson est la personnalité littéraire de la vallée de Napa, il ne fait aucun doute que Jack London lui fait pendant dans la vallée de Sonoma. La visite de Glen Ellen ne saurait être complète sans un détour par le **Jack London State Historic Park** ★★★ *(8$/voiture; tlj 10h à 19h en été, tlj 10h à 17h en hiver; 2400 London Ranch Rd., ☎ 707-938-5216, www.jacklondonpark.com)*. L'expression romantique qui désigne communément ce secteur, à savoir «la vallée de la lune», est de London lui-même, qui a choisi d'y construire un vaste manoir en pierre de 26 pièces sous les vocables de **Wolf House**. Par malheur, la

Jack London

En 1905, l'année où Jack London fit l'acquisition du Hill Ranch près de Glen Ellen en Californie, l'auteur et aventurier de 29 ans, déjà mondialement reconnu pour des œuvres telles que *L'Appel de la forêt* et *Le Loup des mers*, était devenu le premier romancier à cumuler des gains de un million de dollars. À peine 12 ans plus tard, à l'âge de 41 ans, il devait cependant mourir d'une crise d'urémie sur son ranch adoré après avoir signé moult ouvrages sur une période de 17 ans. Pour reprendre ses mots: *Je crois au travail assidu, et n'attends jamais l'inspiration*. Ce mode de pensée s'appliquait d'ailleurs aussi à ses entreprises autres que littéraires, qu'il s'agisse de superviser la construction de la maison de ses rêves, la *Wolf House*, et de son voilier, le *Snark*, ou de veiller à l'exploitation quotidienne du *Beauty Ranch*, qui s'étendit jusqu'à couvrir une superficie de plus de 560 ha.

Quiconque visite aujourd'hui le **Jack London State Historic Park** (voir plus haut) peut d'ailleurs apprécier la grandeur des ambitions de London et son ardeur à les réaliser, ne serait-ce qu'en admirant les ruines de la *Wolf House*, qui compte 26 pièces et neuf cheminées, et que son propriétaire espérait voir résister aux assauts du temps pendant au moins 1 000 ans. Le sort en a néanmoins décidé autrement puisqu'en août 1913, la demeure de 1 400 m^2, bâtie de rondins de séquoia, de pierres de lave et de tuiles espagnoles, a été rasée par un incendie.

Cette même année, alors qu'il continuait à écrire, il publia le roman *La Vallée de la lune*, avant de devenir, en 1914, correspondant de guerre pour Colliers durant la Révolution mexicaine. Cela dit, son principal souci au cours des trois dernières années de sa vie fut de vivre plus près de la terre au *Beauty Ranch*, tout en relevant le défi d'apprendre à cultiver le sol de façon scientifique. Visant une productivité agricole optimale, Jack London fit construire des silos en parpaings d'une hauteur de 12 m pour y stocker du fourrage, engagea des maçons italiens pour creuser une fosse à fumier en vue d'une fertilisation ultérieure de ses champs, fit terrasser ses champs les plus inclinés de manière à retenir l'humidité du sol et à réduire les effets de l'érosion, et conçut une extraordinaire porcherie qu'il baptisa du nom de *Pig Palace* – 17 enclos disposés en cercle autour d'une mangeoire centrale, ce qui permettait à chaque famille de cochons de bénéficier d'un espace bien à elle. Ses plantations de fruits, de céréales et de légumes, de même que ses élevages de chevaux, de cochons, de bétail et d'autres animaux – conjugués à sa prolificité littéraire –, assuraient Jack London d'une vie confortable, n'eût été de sa mort prématurée, alors qu'il écrivait: *J'aimerais mieux être réduit en cendres qu'en poussière! Que ma flamme brille d'un éclat étincelant plutôt que d'être étouffée sous l'effet d'une pourriture sèche.*

demeure de rêve de Jack et de son épouse Charmian a mystérieusement été rasée par un incendie quelques jours à peine avant qu'ils ne puissent y emménager. Les ruines sont aujourd'hui visibles dans le parc, aux côtés de la plus réjouissante **House of Happy Walls** *(tlj 10h à 17h)*, qui rend hommage à Jack; cette dernière a affectueusement été érigée et décorée par Charmian après la mort prématurée de son mari à l'âge de 41 ans. Transformée en musée, la House of Happy Walls renferme les manuscrits originaux et les premières éditions des nombreux ouvrages dus à la plume de London, de même que les illustrations originales de ses récits, d'intéressants souvenirs exotiques de ses voyages de par le monde et une reproduction de son cabinet de travail. Sa lettre de désengagement envers le Parti communiste et quelques autres vestiges épistolaires sont aussi livrés à l'examen des visiteurs, qui peuvent se recueillir sur la simple pierre tombale de London près du cottage où il a passé les cinq dernières années de sa vie.

Activités de plein air

➤ Baignade

Ne manquez pas la chance de vous baigner dans la somptueuse piscine olympique alimentée en eau minérale par trois geysers thermiques de l'**Indian Springs Resorts and Spa** *(1712 Lincoln Ave., Calistoga, ☎ 707-942-4913, www.indianspringscalistoga.com)*, en plein territoire traditionnel d'étuves de la nation Wappo. Bains de cendres volcaniques à 100% et massages.

➤ Équitation

Au départ de ses trois bases dans les vallées de Napa et de Sonoma, **Triple Creek Horse Outfit** *(à partir de 60$; Jack London State Historic Park, Glen Ellen; Sugarloaf Ridge State Park, Kenwood; Bothe-Napa Valley State Park, Calistoga; ☎ 707-933-1600 ou 707-887-8700, www.triplecreekhorseoutfit.com)* vous emmène à cheval à travers les montagnes et vignobles de cette superbe région.

➤ Golf

Le **Chardonnay Golf Club** *(à partir de 60$; 2555 Jameson Canyon Rd., Napa, ☎ 707-257-1900 ou 800-788-0136, www.chardonnaygolfclub.com)*, un tracé saisissant entouré de vignobles et pourvu de deux parcours de championnat, conviendra parfaitement à ceux qui souhaitent allier leur passion pour le vin et le golf.

➤ Randonnée pédestre

Le **Robert Louis Stevenson State Park** (voir p. 330) abrite un sentier de randonnée de 8 km menant au sommet du mont Sainte-Hélène (1 324 m) d'où vous pourrez apprécier des vues panoramiques qui s'étendent, par temps clair, de la Sierra Nevada à la baie de San Francisco.

➤ Survols en avion

Deux expériences en une, voilà ce que propose **Vintage Aircraft Co.** *(à partir de 175$/pers.; sam-dim sans réservation, lun, jeu et ven sur réservation; 23982 Arnold Dr., Sonoma, ☎ 707-938-2444, www.vintageaircraft.com)*. Vous aurez le plaisir de découvrir la vallée de Sonoma depuis les airs, en prenant place dans d'anciens biplans ou autres appareils datant de la Seconde Guerre mondiale. Évidemment, ces avions sont en parfait état de marche.

➤ Vélo

Si vous désirez louer un vélo ou, mieux encore, prendre part à une randonnée guidée à vélo dans la vallée de Napa sous les auspices d'une entreprise fiable, **Napa Valley Bike Tours** *(location 35$/jour; 6795 Washington St., Yountville, ☎ 707-944-2953 ou 800-707-2453, www.napavalleybiketours.com; voir p. 331)* est votre meilleur choix.

Pour louer des vélos et découvrir la vallée à votre propre rythme, contactez la **Sonoma Valley Cyclery** *(location à partir de 25$/jour; 20091 Broadway, Sonoma, ☎ 707-935-3377, www.sonomacyclery.com)*, qui peut également vous conseiller des itinéraires.

➤ Vols en montgolfière

Une des façons les plus intéressantes de contempler la vallée est bien sûr du haut des airs à bord d'une montgolfière. Plusieurs entreprises proposent ce service, mais **Napa Valley Balloons** *(240$/pers.; 6795 Washington St., Yountville, ☎ 707-944-0228 ou 800-253-2224, www.napavalleyballoons.com)* est la plus ancienne, la plus importante et l'une des plus sûres.

La Côte nord

▲ p. 352 ◎ p. 356

⏱ *3 jours*

Parmi les quelque 270 parcs d'État de la Californie, au-delà de 50 sont situés dans la région nord de l'État. Si vous ajoutez à ce nombre les sept parcs nationaux de cette région, il est facile de comprendre pourquoi celle-ci constitue un paradis pour les amoureux de la nature.

Golden Gate National Recreation Area ★★

Localisation : juste au nord de San Francisco, circuit d'environ 20 mi (32 km) le long de la côte en suivant la route 1 jusqu'au Point Reyes National Seashore.

Fort Mason Center : lun-ven 10h à 16h30; Fort Mason, angle Franklin St. et Bay St., Building 201, San Francisco.
Information : ☎ 415-561-4700, www.nps.gov/goga.

Les **Marin Headlands** ★★ *(entrée libre; Marin Headlands Visitor Center, Fort Barry Chapel, à l'intersection de Field Rd. et Bunker Rd., Sausalito, ☎ 415-331-1540)* sont le joyau de la Golden Gate National Recreation Area. Pour vous y rendre depuis San Francisco, après le Golden Gate Bridge, prenez la sortie d'Alexander Avenue puis à gauche Bunker Road, que vous suivrez sur environ 3 mi (5 km). Les panoramas sont constitués d'autant de falaises escarpées que de vallées intérieures et de ces rondes collines verdoyantes si caractéristiques de la Californie. C'est d'ici que vous aurez les plus belles vues sur San Francisco et le Golden Gate Bridge. À l'extrême pointe sud du parc, le **Point Bonita Lighthouse** *(ouvert au public sam-lun 12h30 à 15h30)* est un phare datant de 1855, mais qui est toujours en service. Les Marin Headlands permettent de nombreuses possibilités de randonnée pédestre.

Parmi les parcs de la Golden Gate National Recreation Area figure le populaire **Muir Woods National Monument** ★★ *(5$; pour y accéder prenez la route 1 vers le nord, puis la Panoramic Highway pour rejoindre Muir Woods Road, le Visitor Center se trouve à l'entrée du parc; ☎ 415-388-2596, www.nps.gov/muwo)*, ainsi nommé en l'honneur du célèbre naturaliste John Muir (1838-1914). À seulement 12 mi (20 km) au nord du Golden Gate Bridge par les routes 101 et 1, les **Muir Woods** constituent la dernière forêt de séquoias de la région de la baie qui n'ait pas été exploitée, de même qu'on y trouve quelques-unes des variétés de séquoias chinois moins connue comme le séquoia aube et le séquoia albinos. Pour vraiment apprécier la noblesse de ces vénérables et puissants séquoias côtiers dont les plus grands atteignent 80 m de haut et les plus anciens approchent 1 000 ans, vous devriez vous éloigner rapidement du stationnement et emprunter le sentier revêtu qui longe Redwood Creek sur 1,5 km, et peut-être pousser plus avant parmi les sentiers non revêtus totalisant 8 km additionnels. Les Muir Woods revendiquent l'insigne et pertinent honneur d'avoir été l'hôte de la cérémonie marquant la signature, en avril 1945, de la Charte des Nations Unies par des délégués de 50 nations.

À l'ouest des Muir Woods, en poursuivant sur Muir Woods Road puis par la route 1, vous trouverez **Muir Beach**, une agréable plage sablonneuse offrant de belles vues sur la mer mais pas de baignade, et quelques kilomètres plus loin, le **Muir Beach Overlook** ★, d'où la vue panoramique sur les alentours est tout simplement spectaculaire, quand la météo le permet, bien sûr.

Stinson Beach, à seulement quelques kilomètres au nord par la route 1, présente 6 km de plage idéale pour les baignades d'été, les bains de soleil et le surf. La localité de Stinson Beach est un très joli hameau, à visiter avant ou après avoir été à la plage.

À partir de Stinson Beach, prenez la route panoramique vers l'ouest, puis sortez à Ridgecrest pour vous rendre au **Mount Tamalpais State Park** ★ *(stationnement 8$; le Visitor Center se trouve à l'East Peak Summit, au bout d'East Ridgecrest Road, ☎ 415-388-2070, www.parks.ca.gov et www.mttam.net)*, de 2 517 ha, où se trouve le mont Tamalpais. Un sentier apprécié des cyclistes permet d'accéder au sommet. Ce parc est le paradis des randonneurs grâce à ses 320 km de sentiers. Le sommet oriental du mont Tamalpais (d'une hauteur de 783 m) récompensera de son effort le marcheur en lui offrant des panoramas sur toute la région de la baie (Bay Area) et, par beau temps, sur les îles Farallon, à 48 km de la côte, et sur la Sierra Nevada, à 320 km vers l'est.

À 3 mi (5 km) au nord de Stinson Beach, les ornithophiles ne doivent pas manquer

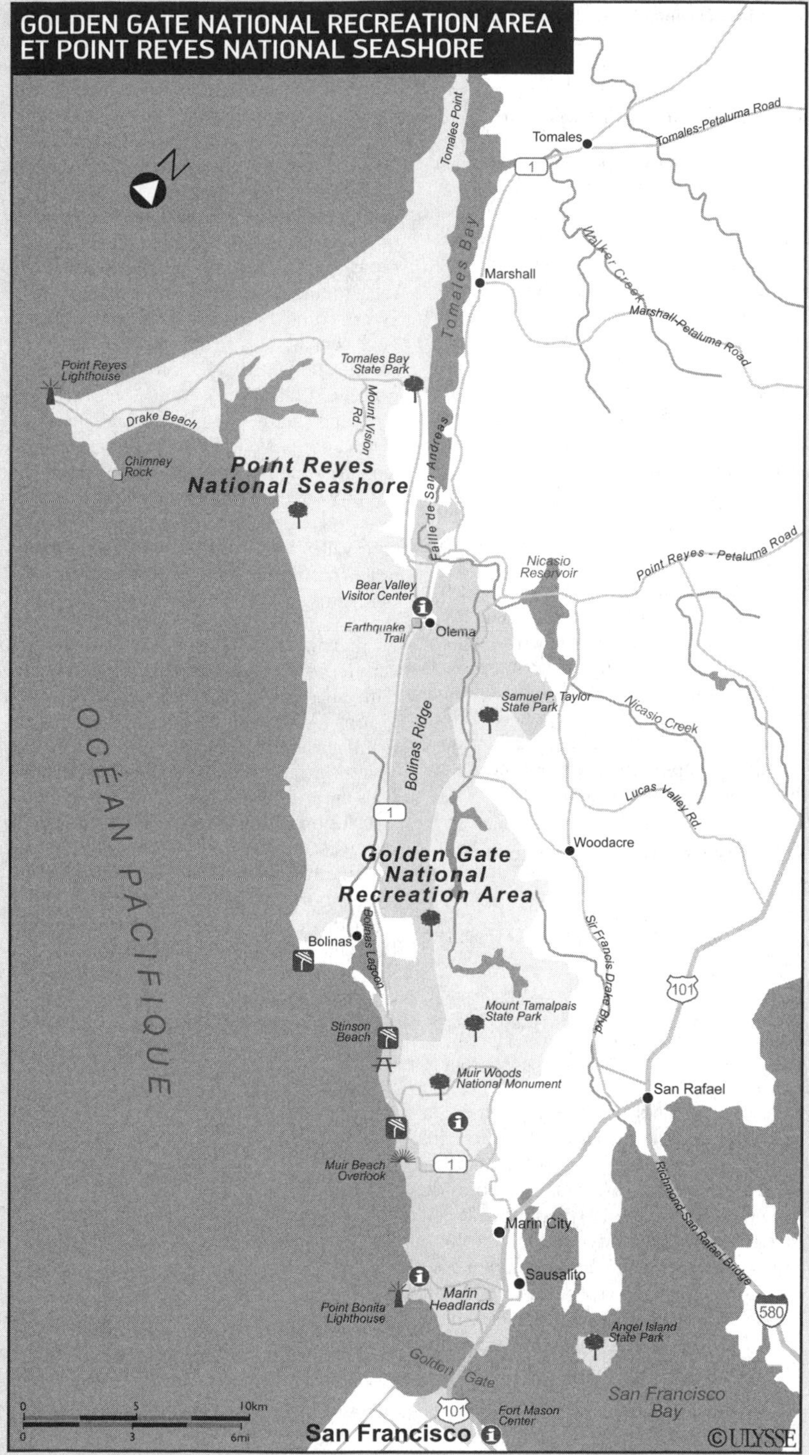
GOLDEN GATE NATIONAL RECREATION AREA
ET POINT REYES NATIONAL SEASHORE
Tomales Point
Tomales
Tomales-Petaluma Road
1
Tomales Bay
Marshall
Walker Creek
Marshall-Petaluma Road
Point Reyes Lighthouse
Drake Beach
Tomales Bay State Park
Mount Vision Rd.
Chimney Rock
Point Reyes National Seashore
Faille de San Andreas
Nicasio Reservoir
Point Reyes - Petaluma Road
Bear Valley Visitor Center
Earthquake Trail
Olema
Samuel P. Taylor State Park
Nicasio Creek
Bolinas Ridge
OCÉAN PACIFIQUE
Lucas Valley Rd.
Woodacre
Golden Gate National Recreation Area
Bolinas
Bolinas Lagoon
Sir Francis Drake Blvd.
101
Mount Tamalpais State Park
Stinson Beach
Muir Woods National Monument
San Rafael
Muir Beach Overlook
Richmond-San Rafael Bridge
Marin City
Sausalito
Marin Headlands
Point Bonita Lighthouse
580
Angel Island State Park
Golden Gate
San Francisco Bay
Fort Mason Center
San Francisco
0 5 10km
0 3 6mi
©ULYSSE

le **Bolinas Lagoon**. Cette lagune attire de nombreux oiseaux migrateurs, principalement des aigrettes et des hérons, que vous pourrez observer à votre aise en vous rendant à l'**Audubon Canyon Ranch** (voir p. 342).

Afin de préserver (un peu) leur tranquillité, les habitants de **Bolinas** ★ ont enlevé tous les panneaux indicateurs menant à leur petit village. Pour vous y rendre, poursuivez vers le nord sur la route 1 après Stinson Beach, et prenez la première route à gauche après la Bolinas Lagoon, puis tournez encore à gauche afin de suivre la rive ouest de la lagune. Cette ancienne communauté hippie conserve un certain charme et quelques personnages dignes de l'époque du *Flower Power*. Vous y trouverez aussi une belle plage, **Agate Beach**.

Le **Samuel P. Taylor State Park** *(☎ 415-488-9897, www.parks.ca.gov)* couvre une superficie de 1 000 ha et fait partie lui aussi de la Golden Gate National Recreation Area. Il est situé à 24 km à l'ouest de San Rafael, par le Sir Francis Drake Boulevard, immédiatement à l'est du Point Reyes National Seashore. Vous y trouverez de multiples sentiers pédestres et équestres, tout comme des pistes cyclables revêtues et des installations pour le pique-nique, le camping et la natation au milieu des séquoias, jeunes et vieux.

Point Reyes National Seashore ★★

🕐 *1 jour*

Localisation: 31 mi (50 km) au nord de San Francisco par la route 1.

Bear Valley Visitor Center: sam-dim 8h à 17h, lun-ven 9h à 17h; Bear Valley Rd., 1 km à l'ouest d'Olema.
Droit d'entrée: entrée libre.
Information: ☎ 415-464-5100, www.nps.gov/pore.

Point Reyes est judicieusement nommée: la beauté naturelle de ce mélange spectaculaire de terre, de mer et de ciel est tout simplement majestueuse. La véritable histoire de son nom, qui signifie la «pointe des Rois», est plus banale: le 6 janvier 1603, l'explorateur espagnol Don Vizcaíno, passant à côté des promontoires escarpés qui se trouvent le long de la baie de Drake, suggéra le nom de *La Punta de Los Tres Reyes* – la pointe des Trois Rois – parce que le hasard voulait que ce fut la fête des Rois.

La randonnée, l'observation de la faune et de la flore ainsi que les magnifiques paysages de falaises surplombant le Pacifique et les splendides plages sont les points forts de ce parc. Vous commencerez votre visite sur une note très géologique et extrêmement spectaculaire, car, dès votre entrée dans le parc, vous roulerez directement au-dessus de la célèbre et menaçante **faille de San Andreas**, qui fait partie d'une longue zone de failles réparties sur 900 km. Lorsque survint le catastrophique tremblement de terre de San Francisco en 1906, cette faille provoqua le déplacement de la péninsule de Point Reyes sur plus de 6 m vers le nord-ouest. Ce phénomène serait lié aux plaques tectoniques; en d'autres termes, le plateau Pacifique et le plateau nord-américain, se déplaçant toujours lentement, se frottent l'un contre l'autre, ce qui provoque une pression telle que la surface de la Terre finit par bouger. Depuis le Bear Valley Visitor Center, empruntez l'**Earthquake Trail**, un sentier pavé de 1 km qui vous permettra de voir la faille de près.

En prenant le Sir Francis Drake Boulevard vers le nord, vous passerez par le village d'Inverness, où vous pourrez faire des provisions. À l'extrémité de la pointe ouest (45 min aller en voiture depuis le Bear Valley Visitor Center), après avoir passé **Drake Beach**, vous aurez le plaisir d'assister au printemps à l'éclosion de quelque 80 espèces de fleurs sauvages aux alentours de **Chimney Rock**. Le paysage balayé par les vents y est couvert d'iris pourpres, de roses trémières, d'asclépiades et de boutons-d'or californiens. De l'autre côté de la pointe, il vous faudra descendre 308 marches pour accéder au **Point Reyes Lighthouse** ★, ce magnifique petit phare d'où vous aurez peut-être la chance de voir des baleines grises (voir p. 342) en migration vers leur habitat d'été de la Baja California. Que les baleines s'offrent ou non à votre vue, de petites plages situées entre les falaises vous révéleront souvent la présence d'otaries et de phoques étendus sur le sable, tandis qu'au-dessus des falaises, de nombreuses espèces d'oiseaux marins remplissent le ciel, le tout dans un panorama à couper le souffle.

En revenant sur vos pas avant d'explorer le nord du parc, empruntez la sinueuse **Mount Vision Road** pour profiter d'une très belle vue sur tout le parc. **Tomales Point** se trouve à l'extrémité nord du parc (45 min aller en voiture depuis le Bear Valley Visitor Center). Outre les paysages étonnants de ces vertes collines se jetant dans l'océan, vous croiserez certainement quelques-uns des wapitis (cerfs d'Amérique) qui vivent ici. En chemin, vous croiserez le **Tomales Bay State Park** *(8$/véhicule; ☎ 415-669-1140, www.parks.ca.gov)*, qui offre de belles occasions de randonnées (voir p. 343).

La côte de Sonoma

Localisation: route 1 entre Bodega Bay et Jenner 12 mi (19 km).

Si vous êtes amateur de cinéma et, plus particulièrement, un admirateur d'Alfred Hitchcock, vous voudrez sans doute voir la **Bodega's Potter School** (1863) et la **Saint Teresa's Church** (1860), deux des lieux de tournage du célèbre film *Les oiseaux* (*The Birds*), qui se trouvent à 8 km au sud de Bodega Bay sur la route 1. **Bodega Bay** est la ville la plus au sud de la côte de Sonoma, et elle offrait au cinéaste un autre décor, déjà tout prêt, avec ses volées d'oiseaux de mer. Évidemment, il s'agit d'un bon endroit pour observer les oiseaux; c'est également un lieu exceptionnel pour s'embarquer à bord d'un bateau de pêche hauturière. Environ 300 bateaux de pêche commerciale mouillent dans le port de Bodega Bay et sont admirables à voir en avril au cours du **Bodega Bay Fisherman's Festival** (voir p. 359).

Un peu au nord, **Bodega Head** protège la baie de Bodega de façon spectaculaire contre les eaux mouvementées de l'océan. Du côté sud de la baie, au **Doran County Park**, vous pourrez profiter de plages protégées pour nager et même cueillir des palourdes.

Les 12 mi (20 km) qui séparent Bodega Bay de Jenner le long de la route 1 constituent l'un des segments les plus accessibles du littoral du nord de la Californie. Sur cette courte distance, 17 plages publiques, les **Sonoma Coast State Beaches**, vous offrent une multitude de possibilités pour pêcher, piqueniquer, observer les baleines, ramasser des coquillages, jouer dans les cuvettes de marée et camper. Malheureusement, la baignade y est interdite à cause de l'eau très froide, des courants sous-marins et du puissant ressac.

Haut perché au-dessus de la mer sur des falaises spectaculaires, le village de **Jenner** est un accueillant petit lieu de villégiature marqué par la rencontre de la Russian River et de l'océan Pacifique à **Goat Rock Beach**. À l'embouchure de la rivière, une colonie de plus de 200 phoques vit sur une bande de sable.

Fort Ross State Historic Park

Localisation: 10 mi (17 km) au nord de Jenner sur la route 1, à 2h30 de route de San Francisco.

Fort Ross Historic Park Visitor Center: tlj 10h à 16h30; situé à l'entrée du parc.
Droit d'entrée: 8$/véhicule.
Information: ☎ 707-847-3286, www.parks.ca.gov et www.fortrossstatepark.org.

En mars 1812, quelque 25 Russes et 80 habitants de l'Alaska descendirent vers le sud et s'installèrent sur la Côte nord californienne, alors sous domination espagnole, pour commencer à coloniser un endroit qui allait être connu sous le nom de «Fort Ross». Qu'est-ce qui les y amena? Le besoin de chasser la loutre de mer et de cultiver la terre pour nourrir les colons affamés qui vivaient le long des côtes de l'Alaska. Le 13 août 1812, le fort fut baptisé officiellement, *Ross* étant un surnom anglais pour la Russie des tsars. Aujourd'hui, à la suite de grands travaux de restauration et de reconstruction par le California Department of Parks and Recreation, le fort ressemble beaucoup à ce qu'il était à l'époque des Russes, avant qu'ils n'abandonnent cette brumeuse colonie en 1841.

Ce qui frappe tout d'abord le regard, c'est une immense palissade rectangulaire avec des abris, aux coins nord et sud, hérissés de canons prêts à défendre la place et à en protéger les habitants. Parmi les principales constructions – toutes faites en séquoia – situées à l'intérieur de la palissade, figure la maison à un étage où habitait le maître des lieux, dont le plus important fut le premier de tous, l'habile Ivan Kuskof.

En 1992, l'État de la Californie a fait l'acquisition de 1 326 ha de terres à Fort Ross et aux alentours. Ainsi, les visiteurs peuvent découvrir divers attraits comme l'ancien verger russe, 20 des premiers campements et l'accès à la mer; une forêt de séquoias qui, plantés il y a plus de 100 ans par les Russes, serait l'une des plus anciennes forêts de séquoias cultivés au monde. Le **Visitor Center** présente des expositions et publie des documents qui situent Fort Ross dans le contexte général de l'histoire de l'Ouest américain.

Mendocino ★★

Localisation: route 1, à 87 mi (140 km) au nord de Jenner et à environ 150 mi (240 km) au nord de San Francisco.

Mendocino est une petite ville extrêmement raffinée et fréquentée par un grand nombre d'artistes. En plus de toute sa vie culturelle, on trouve à proximité plusieurs parcs qui contribuent à alimenter cette culture (en retrait de la route 1). À 5 km au sud de Mendocino, le **Van Damme State Park** *(☎ 707-937-5804, www.parks.ca.gov)* possède un bord de mer protégé qui attire les ormeaux et, de l'autre côté de la route, un sentier de canyon bordé de fougères ainsi qu'un curieux phénomène botanique: une forêt pygmée, soit des taillis naturellement formés de bonsaïs. Vous pourrez aussi partir en kayak pour contempler la côte depuis l'océan (voir p. 341).

Les eaux océaniques qui s'engouffrent dans une grotte de mer effondrée, le **Devil's Punch Bowl**, caractérisent de façon unique le **Russian Gulch State Park** *(☎ 707-937-5804, www.parks.ca.gov)*, à 3 km à peine au nord de Mendocino. Le rivage attire également divers ormeaux. Enfin, le **Mendocino Headlands State Park** ★ *(☎ 707-937-5804, www.parks.ca.gov)*, ouvert le jour seulement, entoure le village de Mendocino sur trois côtés. Ce parc a été fondé dans les années 1970 grâce à des citoyens avertis qui voulaient empêcher l'incursion des promoteurs immobiliers dans une zone tampon naturelle, faite de promontoires couverts d'herbages et de fleurs sauvages, de falaises escarpées et de plages tranquilles.

Datant de 1854, la **Ford House** *(entrée libre; tlj 11h à 16h; 735 Main St., ☎ 707-937-5397)* sert de centre d'accueil des visiteurs au Mendocino Headlands State Park. Son musée abrite une maquette de Mendocino en 1890, des objets réalisés par les Indiens Pomo, des expositions sur l'histoire culturelle et naturelle de la région, ainsi qu'une foule d'informations sur les baleines grises. Une rue plus haut (Albion), la **Kelley House** *(entrée libre; été jeu-mar 11h à 15h, hiver ven-lun 11h à 15h; 45007 Albion St., ☎ 707-937-5791, www.mendocinohistory.org)*, datant de 1861, propose des expositions sur l'architecture typiquement victorienne de la ville et sur son passé animé par les industries de la pêche et de la forêt. En voyant la maison Kelley, ainsi que l'église presbytérienne tournée vers la baie de Mendocino, avec son portail dirigé vers l'arrière, il n'est pas surprenant que l'ensemble de la ville de Mendocino ait été déclarée quartier patrimonial historique.

Si vous vous promenez le long de l'**Ecological Staircase Trail** avec la brochure éducative de la **Jug Handle State Reserve** *(☎ 707-937-5804, www.parks.ca.gov)*, à environ 5 mi (8 km) au nord de Mendocino, vous en apprendrez beaucoup sur la géologie en observant la série de cinq terrasses perchées 30 m plus haut et ayant 100 000 ans de plus que celle qui se trouve en contrebas.

Fort Bragg

Localisation: route 1, à 10 mi (16 km) au nord de Mendocino.

Si Fort Bragg (7 000 hab.) fut jadis un centre prospère de coupe de bois, aujourd'hui il s'agit d'une ville active et diversifiée qui nourrit l'intérêt touristique aussi bien que toute autre ville côtière du nord de la Californie. **Noyo Harbor**, à l'extrême sud de la ville, a une importance capitale pour Fort Bragg sur les plans économique et social. Ce port accueille une flotte de pêche commerciale, qui comprend des chalutiers et des dragueurs, avec les poissonneries, usines de transformation et commerces de leurres et de gréements de pêche qui les accompagnent. Plus gros port entre San Francisco et Eureka, le havre est extrêmement achalandé, et vous y verrez des phoques et des otaries langoureusement étendus sur les quais ou flottant à la surface de l'eau.

Ceux qui veulent en savoir plus sur le passé de Fort Bragg doivent absolument visiter le **Victorian Guest House Museum** *(343 N. Main St., ☎ 707-964-4251)*, un bâtiment tout en séquoia datant de 1892. Dans cette maison construite pour C.R. Johnson, fondateur de l'Union Lumber Company et premier maire de Fort Bragg, l'histoire de la ville est racontée par l'entremise d'objets, de photos et d'expositions. Le **Depot** de Fort Bragg présente une collection de machines à vapeur remarquablement remises à neuf qui servaient dans l'industrie du bois. Le Depot fait également office de terminus de l'ouest au fameux ***Skunk Train*** (le train de la mouffette) *(47$; mars à nov tlj départ à 10h, comptez 4h pour l'aller-retour; 100 W. Laurel St., ☎ 866-457-5865, www.skunktrain.com)*, qui serpente au milieu des séquoias sur 64 km (aller-retour) le long de la rivière Noyo jusqu'à Willits.

Pour finir la journée sur une belle note, passez quelque temps aux **Mendocino Coast Botanical Gardens** *(10$; mars à oct tlj 9h à 17h, nov à fév tlj 9h à 16h; 18220 route 1 N., côté ouest, 1,8 mi ou 3 km au sud de Fort Bragg et 7 mi ou 11 km au nord du village de Mendocino, ☎ 707-964-4352, www.gardenbythesea.org)*. Sur plusieurs hectares couverts d'arbres, de buissons et de fleurs, les rhododendrons, les iris et les fuchsias printaniers des jardins vous combleront tandis que vous cheminerez vers la mer.

Située à 2,5 mi (4 km) au nord de Fort Bragg, la **Laguna Point**, dans le **Mackerricher State Park** *(☎ 707-964-9112, www.parks.ca.gov)*, est un lieu extraordinaire pour observer les phoques, sans parler des occasions exceptionnelles pour l'observation des baleines durant la saison de la migration.

››› *Depuis Fort Bragg, continuez vers le nord sur la route 1, puis sur la route 101 sur environ 87 mi (140 km).*

Le **Humboldt Redwoods State Park** ★★★ *(8$/voiture; ☎ 707-946-2409, www.humboldtredwoods.org; le Visitor Center se trouve sur l'Avenue of the Giants entre Weott et Myers Flat, ☎ 707-946-2263)*, plus grand parc public du nord de la Californie, couvre une surface de 22 000 ha, dont 7 000 ha de vieux séquoias côtiers, et il renferme le splendide corridor sylvestre dénommé l'**Avenue of the Giants**. Cette route qui court sur 53 km parallèlement à la route 101, le long de la rivière Eel, fut d'abord celle de l'ancienne diligence et du train. Bosquet après bosquet, les arbres atteignent une hauteur telle qu'ils constituent les plus grands êtres vivants du monde. Le visiteur y entame un magnifique voyage auprès de ces arbres qui ont incité John Steinbeck à écrire que *La vue des séquoias vous imprègne d'une vision impérissable... ils vous emplissent de silence et de respect mêlé d'admiration. En présence des séquoias, même le plus irrévérencieux des hommes est envoûté par un sentiment d'émerveillement et d'humilité.*

Ferndale ★★

Localisation: sur la route 211, à 20 mi (32 km) au sud d'Eureka et à 40 mi (64 km) au nord de Myers Flat.

Située dans les collines côtières et près de la rivière Eel, la ville de Ferndale a été entièrement déclarée lieu historique d'État, et son artère principale est inscrite au Registre national des lieux historiques. À la fin des années 1800, ses nombreuses et jolies maisons victoriennes, que s'offraient de prospères producteurs laitiers, en vinrent à être connues sous l'appellation de *butterfat palaces*. Si vous faites un tour à pied dans Ferndale, vous verrez que la plupart des édifices commerciaux historiques occupent trois coins de rue dans Main Street. À proximité, dans Berding Street, se trouve le **Gingerbread Mansion Inn**, un hôtel d'un raffinement inégalé avec son ébénisterie luxueuse et ses combinaisons de couleurs flamboyantes.

Eureka et Arcata ★

Localisation: route 101, à 50 mi (80 km) au nord de Myers Flat.

Eureka ★ (27 000 hab.), la plus grande ville de la côte californienne entre San Francisco et la frontière de l'Oregon avec la plus grande baie enclavée entre San Francisco et le Puget Sound, est le centre culturel, économique et géographique du comté de Humboldt. Le mot grec *Eurêka* veut dire «j'ai trouvé!», et ce nom est très approprié pour décrire cette petite ville séduisante.

Tout d'abord, Eureka peut se vanter d'avoir le plus grand nombre de maisons victoriennes par habitant aux États-Unis. Et la beauté de deux maisons finement ornées attire les curieux: la **Carson House** *(143 M St.)*, construite en 1886, dont on dit qu'elle est la maison victorienne la plus photographiée au pays, et la **Pink Lady**, juste en face, de l'autre côté de la rue. Cependant, la vieille ville et le centre-ville débordent, en fait, d'immeubles victoriens magnifiquement restaurés.

Eureka peut aussi s'enorgueillir d'être une des petites villes artistiques les plus raffinées au pays. Pour en saisir toute la quintessence, vous devriez visiter le **Morris Graves Museum of Art** *(contribution volontaire; mer-dim 12h à 17h; 636 F St., ☎ 707-442-0278, www.humboldtarts.org)*, situé dans la bibliothèque Carnegie. Marchez ensuite dans les rues de la ville avec une carte touristique *(disponible à la chambre de commerce: 2112 Broadway, ☎ 707-442-3738)*, avec laquelle vous pourrez situer les différentes murales peintes par des artistes locaux. Les amateurs d'art folklorique voudront s'arrêter au **Roman Gabriel Sculpture Garden** *(Second St., entre D St. et E St.)*. La musique prend toute la place qui lui revient lors des concerts annuels donnés dans le cadre du **Redwood Coast Jazz Festival** et du **Blues by the Bay** (voir p. 359). Le théâtre y prospère dans des productions montées par pas moins de neuf compagnies d'amateurs et de professionnels.

Les mordus d'histoire s'offriront du bon temps à Eureka. Le **Clarke Memorial Museum** *(entrée libre; mar-sam 11h à 16h; 240 E St., ☎ 707-443-1947, www.clarkemuseum.org)*, qui occupe une ancienne banque, vaut le déplacement, car il abrite une collection exceptionnelle de parures de danse et de vannerie traditionnelles autochtones, ainsi qu'une vaste collection de photographies, d'armes et d'antiquités victoriennes. Le **Fort Humboldt State Historic Park** *(entrée libre; tlj 8h à 17h; 3431 Fort Ave., ☎ 707-445-6567, www.parks.ca.gov)* rassemble des postes militaires restaurés, un musée amérindien et une vaste exposition extérieure sur l'équipement ayant servi à l'exploitation du bois. Cette exposition comprend des mulets à vapeur, d'énormes machines qui halaient le bois sur des routes de débardage depuis la forêt, et deux des locomotives qui ont fini par détrôner les mulets à vapeur. Le futur président des États-Unis Ulysses S. Grant passa plusieurs mois au Fort Humboldt en 1854. Il y a un autre musée qu'il vaut la peine de mentionner: le **Humboldt Bay Maritime Museum** *(entrée libre; mer-dim 11h à 16h; 1410 Second St., ☎ 707-444-9440, www.humboldtbaymaritimemuseum.com)*, qui, avec ses photos, ses maquettes et ses vestiges, commémore la vie et le travail des marins d'Eureka.

Juste au sud de la ville, le **Humboldt National Wildlife Refuge** *(☎ 707-733-5406)* recèle d'excellents emplacements pour les amateurs d'oiseaux, avec ses habitats extrêmement diversifiés – sablonnières, marécages endigués en saison, lits d'herbages à anguilles, laisses de vase, hautes terres, marais salés, marais saumâtres et bassins d'eau fraîche –, qui sont autant d'escales sur la route aérienne du Pacifique que parcourent plus de 200 espèces. La bernache cravant (à cou noir) est l'objet d'attentions particulières de la part des biologistes de la réserve faunique.

Au sud d'Eureka, le **Sequoia Park** et le **Sequoia Park Zoo** *(5,50$; 10h à 17h; 3414 W St., ☎ 707-441-4263, www.sequoiaparkzoo.net)* donnent l'occasion aux visiteurs de voir des séquoias matures, une immense volière dans laquelle ils peuvent pénétrer ainsi que plusieurs autres animaux.

Tout à côté d'Eureka, sur la route 101 en direction nord, se trouve la minuscule ville d'**Arcata** ★ (17 000 hab.), où vécut Bret Harte, un auteur qui allait devenir célèbre pour ses nouvelles portant sur la vie sociale dans les régions des mines d'or. Il en fut chassé, vers la fin des années 1850, par des résidents mécontents de son éditorial paru dans le *Northern Californian*, lequel condamnait les colons qui avaient massacré les Indiens Wiyot.

Arcata se démarque par son université et sa *plaza*. On ne s'étonnera pas de voir celle-ci entourée de cafés et de librairies. Elle exhibe en son centre une **statue du président William McKinley**, sculptée en 1906 et flanquée de palmiers, et sur des coins opposés, en diagonale, le vieil **Hotel Arcata** (1915) et le **Jacoby Store House Building**. Ce dernier immeuble, magnifiquement restauré, fut construit en 1857 en brique, ce qui, pour le marchand Augustus Jacoby, était une manière de contrer les risques d'incendie. Le **Plaza's Minor Theatre**, érigé en 1914, est censé être le plus ancien cinéma encore en activité aux États-Unis.

La **Humboldt State University**, la seule université de la Côte nord, est juchée sur une colline qui surplombe la baie et les nombreuses maisons victoriennes restaurées d'Arcata. Son **Natural History Museum** *(3$; mar-sam 10h à 17h; 1315 G St., ☎ 707-826-4479)* abrite une collection de fossiles de premier ordre. Il ne faut pas non plus oublier l'**Arcata Marsh and Wildlife Sanctuary**, au pied de F Street. On y trouve 62 ha de marécages renaturalisés offrant une occasion exceptionnelle d'observer des aigrettes, des roitelets des marais, des martins-pêcheurs, parmi les nombreuses espèces d'oiseaux qui y nichent, et de voir agir un système naturel de filtration qui traite efficacement les déchets solides provenant de la principale usine de traitement des eaux usées de la ville.

Trinidad ★

Localisation: 22 mi (35 km) au nord d'Eureka et 81 mi (130 km) au sud de la frontière de l'Oregon.

Si vous recherchez, le long de la Côte nord californienne, un village calme et entouré de paysages d'une beauté exceptionnelle, vous devriez alors vous diriger vers Trinidad. Les quelque 400 personnes qui habitent Trinidad à longueur d'année ont vraiment choisi un bel endroit. Le premier Européen à avoir découvert la splendeur spectaculaire des rochers de la baie fut un capitaine portugais, en 1595. Bien sûr, les Indiens Tsurai vivaient déjà sur cette exquise partie de la côte, longtemps avant cela.

Aujourd'hui, la jetée de pêche rappelle les années 1850 et la nécessité qu'il y avait alors d'approvisionner les mineurs de la ruée vers l'or le long des rivières Klamath, Trinity et Salmon. Aujourd'hui, une petite flotte de bateaux de pêche commerciale et sportive justifie l'activité de la jetée et des boutiques de matériel de pêche en haut et en bas de la baie de Trinidad. Le **Trinidad Head Lighthouse** (phare) est en fonction depuis 1871, bien que sa lumière et sa sirène aient été automatisées depuis longtemps. La plage municipale voisine, **Trinidad State Beach** (qui est sablonneuse), bénéficie d'un emplacement à l'intérieur d'une anse protégée. Tout à côté, le **Humboldt State University Marine Laboratory** *(2$ visite guidée; lun-ven 9h à 16h30, sam-dim 12h à 16h; 570 Ewing St., ☎ 707-826-3671, www.humboldt.edu/marinelab)* possède un petit aquarium ouvert au public. Plus haut dans Main Street, le **Trinidad Memorial Lighthouse**, avec son énorme corne de brume, rend hommage aux pêcheurs qui ont perdu la vie en mer. Tout près, vous trouverez des fumoirs où acheter du saumon et du thon albacore de la région.

De part et d'autre de Trinidad, deux plages valent le détour. L'une à 1,8 mi (3 km) vers le sud, **Luffenholtz Beach**, est un paradis pour surfeurs; l'autre, à 4,9 mi (8 km) vers le nord, la **Patrick's Point State Beach**, propose plusieurs sentiers pédestres et trois terrains de camping.

Au nord de Trinidad, vous entrerez dans les vastes **Redwood National and State Parks** *(1111 Second St., Crescent City, ☎ 707-464-6101, www.nps.gov/redw)*, où de nombreux sentiers de randonnée vous attendent (voir p. 344).

Activités de plein air

➤ Équitation

Point Reyes National Seashore

Le **Five Brooks Ranch** *(à partir de 40$; 8001 route 1, Olema, ☎ 415-663-1570, www.fivebrooks.com)*, un centre d'équitation public situé à l'intérieur du Point Reyes National Seashore, à l'entrée du Five Brooks Trail, propose des randonnées allant de 1h à 6h. Vous n'êtes pas prêt d'oublier vos randonnées sur le Glen Trail (3h) et sur Wildcat Beach (6h).

La côte de Sonoma

Si vous désirez explorer à cheval les plages ou les collines de la côte de Sonoma, les guides expérimentés du **Chanslor Guest Ranch** *(à partir de 30$; 2660 N. Route 1, 1 mi ou 1,6 km au nord de Bodega Bay, ☎ 707-875-2721, www.chanslor.com)* vous proposeront différentes randonnées thématiques.

➤ Golf

La côte de Sonoma

Situé à Bodega Harbour, à 65 mi (104 km) au nord de San Francisco, le **Bodega Harbour Golf Links** *(à partir de 60$; 21301 Heron Dr., Bodega Bay, ☎ 707-875-3538, www.bodegaharbourgolf.com)* est l'un des meilleurs des États-Unis. Le concepteur, Robert Trent Jones Jr., a fignolé ce terrain de championnat de 5 687 m afin que chacun des 18 trous offre des points de vue panoramiques sur l'océan.

➤ Kayak

Tomales Bay State Park

En plus de louer des kayaks, **Blue Water Kayaking** *(à partir de 49$; toute l'année; Golden Hinde Inn & Marina, 12938 Sir Francis Drake Blvd., Inverness, ☎ 415-669-2600, www.bwkayak.com)* organise des visites guidées sur l'histoire naturelle de la région de Tomales Bay.

Mendocino

Avec **Kayak Mendocino** *(à partir de 50$; Van Damme State Park, ☎ 707-964-7480, www.kayakmendocino.com)*, partez en kayak à la découverte du Van Damme State Park avec un guide professionnel qui vous mènera à travers les grottes de la côte et vous indiquera les meilleurs endroits pour observer la faune marine.

➤ Observation des mammifères marins

La migration des baleines grises se fait de fin décembre à début avril, et vous aurez peut-être la chance de voir les mères accompagnées de leur petit de la fin avril au début mai.

Non loin de San Francisco, dans le Marin County, le **Fort Funston Sunset Trail** (voir page suivante) comporte de bons points de vue pour l'observation des baleines.

Au **Point Reyes National Seashore** (voir p. 336), le Point Reyes Lighthouse et Chimney Rock sont les deux lieux de prédilection pour l'observation des mammifères marins. Mais sachez que pour gérer l'affluence, la route qui y mène est fermée à la circulation les samedis, dimanches et jours fériés pendant toute la période de migration. Il vous faudra monter à bord d'une navette *(5$)* depuis le stationnement de Drake Beach. La saison de reproduction des éléphants de mer s'étale de décembre à mars, et le meilleur endroit pour les observer (et les entendre) est, comme son nom l'indique, l'**Elephant Seal Overlook**, situé juste à côté de Chimney Rock. Vous y verrez aussi des otaries et des phoques qui mettent bas de mars à juin.

Sur la côte de Sonoma, le **Bodega Bay Sport Fishing Center** (voir plus loin) est l'une des entreprises les mieux organisées pour l'observation des baleines.

Pour observer les baleines depuis la côte de Mendocino, rendez-vous chez **Anchor Charter Boats** *(35$; 32260 North Harbor Dr., Fort Bragg, ☎ 707-964-4550, www.anchorcharterboats.com)*, à Fort Bragg. Depuis la côte, vous pouvez également tenter votre chance à la **Laguna Point**, dans le **Mackerricher State Park** (voir p. 339).

➤ Observation des oiseaux

Bolinas Lagoon

Existe-t-il une meilleure manière de voir des oiseaux que de se pencher pour observer leurs nids au sommet des arbres? À l'**Audubon Canyon Ranch** *(mi-mars à mi-juil sam-dim 10h à 16h sans rendez-vous, mar-ven 14h à 16h sur rendez-vous; 4900 route 1, à 3 mi ou 5 km au nord de Stinson Beach, ☎ 415-868-9244, www.egret.org)*, après avoir grimpé dans la forêt de Pilcher's Canyon, c'est exactement ce que vous ferez pour voir les aigrettes des neiges et les grands hérons. Bien que la marche soit un peu éreintante, le sentier est ombragé et en bon état.

Point Reyes National Seashore

Abbots Lagoon Trail: à partir de la route 1, tournez à gauche dans la Bear Valley Road, immédiatement après Olema. Une fois que vous aurez atteint le Sir Francis Drake Boulevard, tournez à gauche et roulez jusqu'à la Pierce Point Road (environ 11 km). Tournez alors à droite et faites 8 km. Vous trouverez l'Abbots Lagoon à votre gauche. Voilà un endroit formidable pour observer les oiseaux, étant donné que l'Abbots Lagoon constitue un lieu de prédilection pour la nidification de nombreux oiseaux, surtout du pluvier des neiges. Assurez-vous cependant d'être habillé chaudement, car, durant l'après-midi, il peut venter passablement. Les chiens ne sont pas admis.

Depuis les falaises et le Point Reyes Lighthouse, vous pourrez voir des pélicans en automne et, le printemps venu, des cormorans. Toute l'année, avec un peu de chance, vous apercevrez peut-être aussi des faucons pèlerins parmi les quelque 400 espèces d'oiseaux qui remplissent le ciel du parc.

Enfin, à Palomarin, au sud du parc tout près de Bolinas, vous atteindrez le **Point Reyes Bird Observatory** *(900 Mesa Rd., Palomarin, ☎ 415-868-0655, www.prbo.org)*, où vous pourrez accompagner des biologistes qui, en été, récupèrent les oiseaux pris dans leurs filets pour les étudier avant de les relâcher.

Humboldt National Wildlife Refuge

Juste au sud d'Eureka, les marécages de cette réserve faunique recèlent d'excellents emplacements pour les ornithophiles, et servent d'escales sur la route aérienne du Pacifique que parcourent plus de 200 espèces. La bernache cravant (à cou noir) est l'objet d'attentions particulières de la part des biologistes *(☎ 707-733-5406, www.fws.gov/humboldtbay)*.

➤ Pêche

La côte de Sonoma

Le **Bodega Bay Sport Fishing Center** *(1410 Bay Flat Rd., Bodega Bay, ☎ 707-875-3344, www.bodegabaysportfishing.com)* est insurpassable pour la pêche sportive et l'observation des baleines avec des spécialistes de la région.

Eureka

Pour des excursions de pêche au saumon, au thon blanc ou au flétan en haute mer, dans des bateaux en fibre de verre de 11 m de long, contactez **King Salmon Charters** *(1137 King Salmon Ave., Eureka, ☎ 707-442-3474)*.

➤ Randonnée pédestre

Golden Gate National Recreation Area

Fort Funston Sunset Trail: prenez la route 1 vers le sud après le Golden Gate Bridge jusqu'à Sloat Boulevard, que vous emprunterez vers l'ouest sur 1 mi (1,6 km) jusqu'à Skyline Boulevard ou la route 35, où vous tournerez à gauche; 1,5 mi (2,4 km) plus loin, vous trouverez l'entrée du parc, du côté droit du chemin.

Ce sentier, qui commence au sommet d'un promontoire et s'allonge sur près de 5 km, est le rendez-vous des observateurs de baleines et d'oiseaux, des passionnés de fleurs sauvages et de tous les autres vacanciers de la côte. Le chemin est revêtu – et se trouve donc accessible en fauteuil roulant et en poussette – jusqu'à ce que vous atteigniez les dunes, vers le milieu du sentier. Les chiens sont admis, mais on doit les tenir en laisse.

Tennessee Valley Trail: prenez la sortie Highway 1/Stinson Beach à l'intersection des routes 1 et 101 à Mill Valley; passez sous le viaduc et suivez la route Shoreline sur 0,5 mi (0,8 km) jusqu'à la Tennessee Valley Road; tournez à gauche et allez jusqu'au bout – 2 mi (3,2 km) plus loin. Ce sentier de 6,4 km niche dans une vallée située au milieu des immenses falaises entourant Tennessee Cove, qui abrite l'une des quelques plages accessibles le long du littoral des Marin Headlands. Les chiens ne sont pas admis.

Mount Tamalpais State Park: vous trouverez une multitude de sentiers dans ce parc, qui sont aussi reliés à tout un réseau totalisant plus de 300 km de pistes. La **Mount Tamalpais Interpretative Association** *(✆ 415-258-2410, www.mttam.net)* propose d'intéressantes randonnées de groupe.

Samuel P. Taylor State Park: vous pourrez vous dégourdir les jambes sur des sentiers faciles, dont les plus intéressants vous mèneront au sommet du mont Barnabe.

Point Reyes National Seashore

Coast Trail (de Palomarin à Bass Lake): à partir de l'intersection des routes 1 et 101 à Mill Valley, prenez la route 1 vers le nord sur environ 12 mi (20 km) jusqu'à ce que vous atteigniez l'Olemas-Bolinas Road – la première sortie à gauche à l'extrémité nord du Bolinas Lagoon; au stop, à 0,4 mi (0,8 km) en bas du chemin, tournez à droite et faites 4 mi (6,4 km), soit jusqu'à ce que vous arriviez au début du sentier, à l'extrémité du chemin de terre. Cette randonnée facile vous conduira au milieu d'une flore côtière sur les promontoires spectaculaires surplombant le Pacifique. Ce chemin vous mènera également vers ce qu'on appelle le «Lakes District» de Point Reyes. Par un après-midi chaud, si vous avez apporté votre maillot de bain, vous pourrez vous baigner dans le lac Bass, merveilleusement situé et couvrant 4 ha. Le sentier s'allonge sur un peu plus de 8 km en tout; alors, prévoyez environ 3h pour le parcourir. Les chiens ne sont pas admis.

Tomales Bay State Park

Indian Beach Loop: à partir de la route 1, tournez à gauche dans la Bear Valley Road, tout de suite après Olema. Une fois que vous aurez atteint le Sir Francis Drake Boulevard, tournez à gauche et roulez jusqu'à la Pierce Point Road – environ 11 km; tournez alors à droite et faites 3,2 km, soit jusqu'à ce que vous atteigniez l'entrée du parc. Pour atteindre le début du sentier, tournez en direction de la baie; vous trouverez sur votre droite le parc de stationnement de Heart's Desire Beach. Ceux qui veulent vivre des émotions fortes en marchant sur la faille de San Andreas ne trouveront pas de meilleur endroit que Tomales Bay. Parmi les lieux à contempler sur ce sentier, il y a les terres pastorales abritant des ranchs, les forêts de chênes, d'arbres à baies et d'arbousiers madrono, ainsi que les habitations de la nation Miwok d'Indian Beach.

Redwood National Park

Miner's Ridge Trail: le sentier débute au Prairie Creek Visitor Center, à la fin du Godwood Trail. Ce sentier de 6,4 km, qui était à l'origine un chemin de ravitaillement emprunté par des chevaux de trait et se dirigeant vers un camp minier de Fern Canyon, traverse des forêts de séquoias, d'épicéas et de sapins de Douglas en direction d'un magnifique point de vue sur le Pacifique. Si vous voulez marcher pour vous rendre dans un superbe terrain de camping, ce sentier vous conviendra étant donné qu'il mène directement au **Gold Bluff Beach Campground**. Pour faire une boucle dans le sentier, revenez par le **James Irvine Trail**.

Redwood Creek Trail, Tall Trees Trail et Emerald Ridge Trail: pour atteindre le début du Redwood Creek Trail, prenez la Bald Hills Road à partir de la route 101 et faites 3,2 km au nord d'Orick; vous trouverez juste à votre droite le terrain de stationnement pour ce sentier. Le Redwood Creek Trail, en plus des deux autres sentiers auxquels il est relié, représente un bon détour. Que vous aimiez photographier la nature, nager, traverser à gué des cours d'eau ou voir quelques-uns des plus grands arbres du monde, ce réseau de sentiers vous plaira sans aucun doute. Au centre d'accueil des visiteurs de Redwood, vous pourrez obtenir des permis pour camper dans l'arrière-pays de cette région sauvage. Deux mises en garde tout de même: faites bouillir l'eau du Redwood Creek avant de la boire, car elle est contaminée par le bétail en amont, et ne traversez les courants que durant les marées basses.

Revelation Trail: le sentier est situé au sud du Prairie Creek Visitor Center. Voilà un sentier qui conviendra aux gens en fauteuil roulant et aux malvoyants. Des rampes de bois et des tire-veilles courent tout le long du sentier, et plusieurs éléments que les visiteurs pourront toucher sont décrits sur des panneaux d'interprétation et enregistrés sur cassette audio disponible au centre d'accueil des visiteurs pour une visite autoguidée.

➤ *Surf*

La côte de Sonoma

Le **Northern Light Surf Shop** *(17191 Bodega Hwy., Bodega Bay, ☎ 707-876-3032, www.northernlightsurf.com)* est le magasin des inconditionnels du surf qui veulent acheter de l'équipement de haut calibre, louer des planches et des combinaisons de plongée, ou encore se faire tailler des planches sur mesure par un artisan local renommé.

Le **Surf Shack** *(1400 route 1, Pelican Plaza, Bodega Bay, ☎ 707-875-3944, www.bodegabaysurf.com)* est une entreprise familiale qui sert officieusement de quartier général aux surfeurs du comté de Sonoma. En plus d'un vaste choix de vêtements, de planches et d'accessoires de surf, de vêtements de plage, de livres et de DVD sur le surf, vous pourrez y louer des vélos ou des kayaks. En outre, le service téléphonique jour et nuit du Surf Shack vous permettra de connaître la météo et les conditions de surf.

➤ *Vélo*

À moins que vous ne soyez un cycliste très expérimenté, il n'est pas conseillé de rouler à vélo le long de la route 1, car cette route étroite comporte plusieurs courbes dangereuses offrant peu de marge de manœuvre aux camions de transport de bois ou aux autocaravanes qui y passent à l'occasion.

Le **Mount Tamalpais State Park** (voir p. 334) est sillonné de nombreuses pistes cyclables pour les vélos tout-terrains (VTT), qui d'ailleurs auraient été inventés ici-même en 1973.

Le **Point Reyes National Seashore** (voir p. 336), avec ses nombreuses pistes cyclables, est un bon endroit pour faire du vélo. La piste de **Bear Valley** est l'une des meilleures.

Plus loin sur le rivage, la côte de **Mendocino** (voir p. 338) comporte également un intéressant réseau de pistes cyclables. À Mendocino même, au Stanford Inn, vous pourrez louer un vélo chez **Catch a Canoe and Bicycles Too** *(sur la côte au Stanford Inn, route 1, à l'intersection de Comptche Ukiah, ☎ 707-937-0273, www.catchacanoe.com).*

Si vous êtes enthousiaste à l'idée de rouler parmi les plus gros arbres du monde, alors essayez les pistes des **Redwood National and State Parks** (voir p. 341). Le **Holter Ridge Bike Trail** est l'une des plus intéressantes. Cette piste de 18,5 km, un chemin ayant servi jadis au transport de bois, chevauche le Lost Man Creek Trail et la Bald Mills Road, en traversant de magnifiques forêts vierges ou exploitées.

Sacramento ★

▲ *p. 353* ● *p. 357* ♪ *p. 358*

⏱ *1 jour*

Localisation: 87 mi (140 km) au nord-est de San Francisco.

Le peuple amérindien que formaient les Nisenan Maidus régnait sur la vallée de la Sacramento depuis des milliers d'années lorsque l'épidémie de variole de 1833 a emporté 20 000 des leurs. Six ans plus tard, John Sutter, un immigrant suisse, s'installa près du confluent des rivières Sacramento et American, et entreprit, avec l'aide d'Hawaïens et d'Autochtones de la région, de fonder une communauté agricole dont le noyau devint par la suite un fort. Et c'est ainsi que commença l'histoire moderne de la ville de Sacramento (490 000 hab.).

D'un point de vue strictement historique, il est tout à fait logique d'entamer la visite de Sacramento au **California State Indian Museum** ★ *(3$; tlj 10h à 17h; 2618 K St., ☎ 916-324-0971)*, dont les collections de paniers, de parures de danse et d'outils primitifs, qui proviennent surtout de la Côte nord californienne, donnent un aperçu de la culture d'un peuple qui regroupait jadis 300 000 individus à travers l'État actuel. Une vitrine spéciale consacrée à celui qu'on connaît sous le nom d'«Ishi», soit le dernier des Yahis, présente ce qu'il a livré de lui-même à son hôte anthropologue au cours des dernières années de son existence, entre 1911 et 1916.

Faites ensuite quelques pas jusqu'au 2701 L Street pour voir comment on vivait dans l'enceinte du **Sutter's Fort** ★★ *(5$; tlj 10h à 17h; 2701 L St., ☎ 916-445-4422, www.parks.ca.gov)*, le premier établissement de colons blancs de la région de Sacramento. Le fort est entouré de murs épais de 75 cm, hauts de 5 à 6 m et longs de près de 100 m, et l'audioguide mis à votre disposition vous renseignera sur les différents lieux que vous croiserez au passage, entre autres une prison, une forge, une boulangerie, un atelier de charpentier, une salle à manger commune et des quartiers résidentiels. Quelque fructueux qu'aient pu être les efforts initiaux de Sutter pour établir sa Nouvelle-Helvétie et en faire un royaume agricole (en 1845, il possédait 1 700 chevaux et mules, 4 000 têtes de bétail et 3 000 moutons sur près de 20 000 ha), l'arrivée d'individus de peu de scrupule, tels les squatters et les escrocs attirés par la ruée vers l'or, de même que le piètre sens des affaires de Sutter lui-même, entraînèrent la ruine de son domaine vers la fin de 1849.

À une douzaine de rues à l'ouest du fort Sutter se dresse le **California State Capitol** ★★★ *(entrée libre; tlj 9h à 17h; angle 10th St. et L St., ☎ 916-324-0333, www.capitolmuseum.ca.gov)*, qui représente en soi un merveilleux musée de l'histoire de la Californie. À titre d'exemple, le rez-de-chaussée à lui seul abrite les bureaux du tournant du XXe siècle admirablement bien restaurés du gouverneur, du procureur général, du trésorier et du secrétaire de l'État. En gravissant l'escalier en hêtre et en acajou hondurien parfaitement recréé pour vous rendre à la chambre législative de l'étage, vous contemplerez en outre avec admiration le merveilleux travail de restauration effectué dans la rotonde, haute de 37 m. Des galeries permettent enfin aux visiteurs d'admirer en contrebas la chambre du Sénat et la chambre de l'Assemblée, jusqu'aux bureaux originaux de 1869.

Tandis que vous êtes dans le coin, deux autres arrêts s'imposent. Rendez-vous tout d'abord au **Wells Fargo History Museum** ★ *(entrée libre; lun-ven 9h à 17h; 400 Capitol Mall, ☎ 916-440-4161, www.wellsfargohistory.com)*, où vous verrez toutes sortes de vestiges fascinants du passé, entre autres une diligence Concord entièrement remise à neuf. Prenez ensuite la direction du **Governor's Mansion State Historic Park** ★ *(4$; tlj 10h à 17h; 1526 H St., ☎ 916-323-3047)*, où vous aurez la chance de visiter les quartiers d'habitation victoriens de 13 des gouverneurs de la Californie entre 1903 et 1967, et d'apprécier leurs goûts de même que ceux de leurs épouses en matière de décoration.

Suit à l'ordre du jour ce qu'on peut sans doute qualifier de bâtiment le plus important du paysage artistique de Sacramento, à savoir le **Crocker Art Museum** ★★★ *(6$; mar-dim 10h à 17h, jeu 10h à 21h; 216 O St., ☎ 916-808-7000, www.crockerartmuseum.org)*, le premier musée d'art public de l'ouest des États-Unis. Fondé par le magnat des chemins de fer Charles Crocker et son épouse Margaret à titre de rallonge de leur manoir victorien, ce musée a beaucoup grandi depuis 1873. Il abrite désormais, outre la collection originale de croquis et peintures de grands maîtres pour la plupart européens, des toiles californiennes du XIXe siècle, des œuvres d'art contemporain, également de la Californie, et des céramiques asiatiques. Il accueille par ailleurs des expositions temporaires de tout premier ordre. Au moment de mettre sous presse, le musée mettait les touches finales à un projet de rénovation et à une extension de ses bâtiments qui permettront de tripler la superficie de ses installations et de proposer un plus large éventail d'œuvres aux visiteurs.

Le quartier connu sous le nom d'**Old Sacramento** *(www.oldsacramento.com)*, qui couvre huit quadrilatères occupant une superficie de 11 ha au bord de la rivière, est au cœur même de l'activité touristique de la ville. De nombreux bâtiments historiques y côtoient des boutiques, des restaurants et des musées susceptibles de satisfaire les goûts les plus variés. Vous pourriez, par exemple, commencer par le **Discovery Museum History Center** ★★ *(5$; juil et août tlj 10h à 17h, sept à juin mar-dim 10h à 17h; 101 I St., ☎ 916-264-7059, www.thediscovery.org)*, une réplique de l'hôtel de ville de 1854 où l'on met l'accent sur la ruée vers l'or. À la porte voisine, **Huntington & Hopkins Hardware** ★ *(entrée libre; jeu-sam 11h à 16h; ☎ 916-323-7234)*, un commerce établi en 1855, présente des outils et de la quincaillerie du XIX[e] siècle dans un immeuble baptisé «Big Four» en l'honneur de Leland Stanford, Mark Hopkins, Collis P. Huntington et Charles Crocker, dont la participation financière a permis le parachèvement du chemin de fer transcontinental à Promontory Point, en Utah, le 10 mai 1869. D'ailleurs, si vous vous passionnez pour l'histoire des chemins de fer, sachez que vous n'êtes plus qu'à quelques pas du plus beau musée ferroviaire des États-Unis, le **California State Railroad Museum** ★★★ *(9$; tlj 10h à 17h; angle Second St. et I St., ☎ 916-445-6645, www.californiastaterailroadmuseum.org)*; ne vous pressez surtout pas d'en faire le tour, car sa collection de locomotives et de wagons admirablement bien restaurés dans un espace de quelque 10 000 m² est pour le moins ahurissante. Et n'oubliez pas de monter à bord de la voiture-lit de 1929, *The Saint Hyacinthe*, pour y vivre une simulation de voyage nocturne (vibrations et secousses comprises). Le Central Pacific Passenger Depot (gare de passagers), reconstruit dans Front Street entre les rues I et J, vous donnera un aperçu de l'atmosphère qui pouvait y régner à ses débuts, dans les années 1820.

Et pourquoi ne pas terminer cette visite à la **Old Sacramento Schoolhouse** ★ *(entrée libre; lun-sam 10h à 16h, dim 12h à 16h; angle Front St. et L St., ☎ 916-483-8818)*? Cette ancienne école à salle de classe unique, d'un genre très répandu dans la vallée de la Sacramento vers la fin du XIXe siècle, renferme notamment d'anciens manuels et ardoises. On peut y lire, en cinquième position sur la *Liste des consignes aux enseignants* dressée en 1872: *Après 10 heures en classe, l'enseignant devrait passer le reste de la journée à lire la Bible et d'autres ouvrages édifiants.*

Non loin du vieux Sacramento, le **Towe Auto Museum** ★★ *(8$; tlj 10h à 18h; 2200 Front St., ☎ 916-442-6802, www.toweautomuseum.org)* saura faire le plus grand bonheur de quiconque s'intéresse à l'histoire de l'automobile en Amérique; plus de 150 véhicules anciens soigneusement restaurés n'y attendent en effet que votre inspection. À quelques rues à l'est du musée de l'auto, soit à l'angle de 10th Street et de Broadway, vous parviendrez en un lieu dont les résidents n'ont par contre vraiment plus aucun besoin de quelque moyen de transport que ce soit, puisqu'il s'agit du cimetière de la ville, le **Sacramento Historic City Cemetery** ★ *(entrée libre; été tlj 7h à 19h, hiver tlj 7h à 17h; sur Broadway entre Muir Way et Riverside Blvd., www.oldcitycemetery.com)*. Créé en 1849, il constitue la demeure ultime de 20 000 pionniers et, pour peu que vous vous intéressiez à l'histoire, vous en apprendrez beaucoup en étudiant les épitaphes des monuments funéraires.

Lake Tahoe ★★

▲ *p. 354* ● *p. 358*

1 à 2 jours

Lake Tahoe Visitors Authority: 169 Hwy. 50, Stateline, NV, ☎ 775-588-5900 ou 800-288-2463, www.bluelaketahoe.com.

Sans doute la partie la plus connue du nord-est sauvage de la Californie est-elle la région du lac Tahoe. Cette portion de l'État est désignée par plus d'un comme le royaume du ski, d'une part parce qu'elle a accueilli les Jeux olympiques d'hiver de 1960, mais aussi parce qu'elle offre d'excellentes possibilités aux fervents de sports d'hiver du monde entier.

Le célèbre plan d'eau qui occupe le cœur de cette région est un lac alpin d'un bleu saphir si limpide qu'on peut censément y voir des objets à plus de 20 m de profondeur. Il est de forme ovale, long de 35 km, large de 19 km et d'une profondeur moyenne de 300 m, si bien qu'il ne gèle jamais.

Les abords du lac étaient principalement occupés par les Indiens Washoe avant qu'il ne soit «découvert» par Kit Carson et John C. Fremont en 1844. Bien que le secteur ait en grande partie échappé aux grandes mouvances de la ruée vers l'or, il n'en jouissait pas moins d'une grande popularité auprès des prospecteurs d'argent et des bûcherons.

Il devint par la suite un lieu de villégiature pour gens riches au tournant du XXe siècle, suivis des représentants de la classe moyenne dans les années 1930.

Truckee

Localisation: 98 mi (158 km) au nord-est de Sacramento par la route 80.

Truckee Visitor Center: 10065 Donner Pass Rd., ☎ 530-587-8808, www.truckee.com.

La porte d'entrée du royaume du ski est sans contredit Truckee (16 000 hab.), une ville minière et ferroviaire ainsi nommée en l'honneur d'un chef de la nation amérindienne Paiute qui a aidé John Fremont à se rendre de Los Angeles au Montana tout juste avant la ruée vers l'or. La ville a commencé à se développer en 1863 et est vite devenue célèbre pour ses *saloons*, ses salles de jeux et ses maisons closes. Il s'agissait d'un point stratégique au moment de la construction du premier chemin de fer transcontinental, les ouvriers en prolongeant le tracé aussi bien vers l'est que vers l'ouest à partir d'ici. Nous vous suggérons d'entamer votre visite de Truckee et du lac Donner voisin en vous arrêtant au **Truckee Visitor Center** (voir ci-dessus) situé à l'intérieur de la gare ferroviaire historique de Commercial Row. Truckee est un bon endroit pour se procurer tout ce qu'il faut pour camper et pratiquer des activités de plein air dans la région. Vous y trouverez par ailleurs d'excellents lieux d'hébergement, ce qui en fait un point de chute pratique au moment d'explorer la région. À l'ouest du centre-ville, prenez la route 80 pour rejoindre le **Donner Memorial State Park** *(6$; ☎ 530-582-7892, Donner Pass Rd., www.parks.ca.gov)*. À l'intérieur du parc, l'**Emigrant Trail Museum** ★ *(3$; tlj 9h à 16h)* relate les sordides épreuves du Donner Party, dont l'expédition fut arrêtée ici par l'hiver en 1846. Les survivants furent réduits à manger les cadavres de leurs compagnons pour survivre.

Tahoe City

Localisation: à la jonction des routes 89 et 28, à 14 mi (22 km) au sud de Truckee.

Tahoe City est la plus importante localité de la rive nord du lac Tahoe. Vous n'y verrez cependant aucun centre-ville digne de ce nom, si bien que, à moins d'avoir la ferme intention de loger dans l'un ou l'autre des complexes hôteliers les mieux connus de la région, nous ne pouvons que vous recommander d'opter pour un des charmants villages ou stations des rives sud-ouest du lac, ou carrément de vous établir à Truckee pour la durée de votre séjour.

Votre meilleure chance de vous baigner dans le lac Tahoe consiste à vous rendre sur une portion de sa rive ouest entre Tahoe City et l'Emerald Bay. **Lester Beach** (ou **DL Bliss Beach**) se trouve dans le magnifique **DL Bliss State Park** *(6$; ☎ 530-525-7277)* et est en effet l'une des plus belles plages du lac. Essayez toutefois d'arriver avant 10h, si vous voulez trouver une place de stationnement.

Emerald Bay ★★★

Localisation: 22 mi (35 km) au sud de Tahoe City.

L'**Emerald Bay State Park** *(8$; ☎ 530-541-3030, www.parks.ca.gov)* est l'un des endroits les plus photographiés des États-Unis, et vous aurez tôt fait de comprendre pourquoi en admirant cette baie aux eaux émeraude qui se referme quasiment sur elle-même, avec la petite île Fanette qui semble flotter en son centre. Le bateau à aubes de **Lake Tahoe Cruises** *(39$; ☎ 530-543-6191, www.laketahoecruises.com)* permet de découvrir la splendeur de la baie en sillonnant ses eaux.

Vous devrez faire à pied environ 1,5 km à partir du stationnement du parc pour rejoindre, nichée dans la nature au creux de la baie, la **Vikingsholm** ★★ *(5$; juin à sept tlj visites de 10h30 à 16h30; ☎ 530-541-9530, www.vikingsholm.org)*, un manoir scandinave rehaussé de meubles vikings et de plafonds en bois sculpté. La demeure est unique et réserve de nombreuses surprises sur ses occupants et son intérieur à ceux qui se donnent la peine de venir la visiter. Nombre de places de stationnement *(7$)* limité.

Pour vous faire une idée de ce que la vie pouvait être autour du lac Tahoe dans les folles années 1920, parcourez les ruines de trois des propriétés ayant appartenu à des gens riches et célèbres de l'époque, parmi lesquelles figure le **Tallac Historic Site** *(tlj 11h à 15h; Emerald Bay Rd., à la jonction de la route 5 et de la route 89, ☎ 530-541-5227)*, tout juste à l'extérieur de South Lake Tahoe.

Activités de plein air

➤ Randonnée pédestre

L'été venu, les centres de ski et les parcs autour du Lac Tahoe se transforment en paradis pour les randonneurs. Vous pourrez emprunter la plupart des remontées mécaniques des stations de ski pour atteindre les sommets d'où partent de nombreux sentiers offrant une belle vue sur le lac.

Le téléphérique (*gondola*) du **Heavenly Ski Resort** *(38$; 3860 Saddle Rd., angle Wildwood, South Lake Tahoe, ☎ 775-586-7000 ou 800-587-4430, www.skiheavenly.com)* vous emmènera jusqu'à 2 500 m d'altitude. De là, vous aurez le choix entre plusieurs sentiers, dont le **Tahoe Vista Trail** (facile; environ 3h aller-retour) pour admirer de superbes panoramas sur le Monument Peak et le désert du Nevada.

➤ Ski alpin

Le ski alpin est certainement l'activité qui attire le plus de visiteurs dans la région du Lac Tahoe. Vous trouverez sur le site Internet *www.skilaketahoe.com* une liste exhaustive des stations.

Tout près de Truckee, le **Northstar at Tahoe Resort** *(84$; 100 Northstar Dr., 8 mi ou 13 km au sud de Truckee par la route 267, ☎ 530-562-1010 ou 800-466-6784, www.northstarattahoe.com)* dispose de 19 remontées mécaniques et de 92 pistes pour tous les niveaux. Vous trouverez dans ce village-vacances des hôtels, des restaurants et un sentier pour le patin à glace. En été, un golf de 18 trous, une piscine et des courts de tennis complètent les installations.

Au sud du Lac Tahoe, le **Sierra At Tahoe Resort** *(69$; 1111 Sierra At Tahoe Rd., Twin Bridges, 16 mi ou 26 km au sud de South Lake Tahoe par la route 50, ☎ 530-659-7453, www.sierraattahoe.com)* est une plus petite station, avec 12 remontées mécaniques et 46 pistes dotées d'un enneigement exceptionnel. Vous pourrez y obtenir des réductions en achetant un billet valable pour Sierra et Northstar.

➤ Ski de fond

Le **Royal Gorge Cross-Country Skiing Resort** *(29$/jour; 9411 Hillside Dr., Soda Springs, 12 mi ou 19 km à l'ouest de Truckee par la route 80, ☎ 800-500-3871, www.royalgorge.com)* se trouve au cœur du plus vaste réseau de pistes de ski de randonnée en Amérique du Nord: 330 km de pistes, 3 642 ha de terrains propices au ski, 90 sentiers, 10 petits chalets accueillants et quatre cafés. Les sentiers sont excellents et soigneusement entretenus. Des auberges à proximité des pistes et une école de ski *in situ* séduiront les skieurs de tout âge.

Vous trouverez d'autres très bons sentiers de ski de fond au **Sorensen's and Hope Valley Resort** (voir p. 354).

Hébergement

Le pays du vin

Napa

Cedar Gables Inn
$$$ ≡ ◎ ▲ P @
486 Coombs St.
☎ 707-224-7969 ou 800-309-7969
www.cedargablesinn.com

Propriété datant des années 1890, le Cedar Gables Inn a été conçu dans le style vieille Angleterre par l'architecte britannique Ernest Coxhead. Cette auberge, qui propose aux visiteurs des chambres aux formes uniques rehaussées de touches victoriennes quelque peu excentriques et pourvues de noms assortis (par exemple l'Edward's Study et la Miss Dorothy's Room), fera le bonheur de ceux qui rêvent de romance dans un confortable cadre à l'anglaise, d'autant plus que la maison leur offre gratuitement le porto et les chocolats ainsi que le vin et le fromage au coin du feu en soirée, sans parler des antiquités et des escaliers en bois de séquoia! Certaines chambres sont même équipées de baignoires à remous pour deux personnes et de cheminées au charbon (allumage au gaz). Au réveil vous attend un délicieux petit déjeuner gastronomique dans un solarium décoré avec goût.

Churchill Manor
$$$ bc/bp ≡ ▲ @
485 Brown St.
☎ 707-253-7733 ou 800-799-7733
www.churchillmanor.com

Aujourd'hui reconverti en *bed and breakfast* de 10 chambres, ce manoir datant de 1889, entouré d'une véranda, occupe une magnifique propriété du quartier victorien de Napa. Les chambres sont romantiques, toutes équipées d'un foyer à bois ou au gaz, et la plupart d'une baignoire sur pieds. Parce qu'il est bien situé et que ses prix sont raisonnables pour la région, on ne s'étonne guère de ce qu'il soit devenu l'un des gîtes touristiques les plus prisés de la région.

River Terrace Inn
$$$ ≡ @
1600 Soscol Ave.
707-320-9000 ou 866-627-2386
www.riverterraceinn.com

Si vous préférez le confort d'un hôtel plus classique, le River Terrace Inn est une bonne option, et il est bien situé près du centre et sur le bord de la rivière Napa. Vous aurez le choix entre des chambres avec vue sur le village ou sur l'eau. Dans tous les cas, décoration et équipement modernes sont au rendez-vous, et pour vous faire dorloter, un traitement spa dans la chambre est proposé.

Yountville

Napa Valley Railway Inn
$$$ ≡ @
6523 Washington St.
707-944-2000
www.napavalleyrailwayinn.com

Si vous rêviez de dormir dans un train, voici une adresse qui vous comblera. Le «couloir» de cet hôtel original ressemble fortement à un quai de gare, avec des wagons installés sur une ancienne voie du Napa Valley Railroad. Chacun de ces wagons renferme de charmantes chambres tout confort, qui vous feront voyager dans le temps.

Rutherford

Auberge du Soleil
$$$$ ≡ @
180 Rutherford Hill Rd.
707-963-1211 ou 800-348-5406
www.aubergedusoleil.com

Si vous n'affectionnez pas particulièrement le style victorien, sombre et chargé, et que votre budget vous le permet, pourquoi ne pas opter pour un des cottages méditerranéens à la française, aérés et gorgés de soleil, de l'Auberge du Soleil? Décoré selon les traditions de la Californie et du sud-ouest des États-Unis, et dallé à la mexicaine, chacun des cottages à flanc de colline dispose d'une terrasse privée avec vue sur la vallée. La piscine et l'excellent restaurant de la maison (voir p. 356) complètent les luxueuses installations.

Rancho Caymus Inn
$$$$ ≡ @
1140 Rutherford Rd.
707-963-1777 ou 800-845-1777
www.ranchocaymus.com

Cette auberge de style colonial espagnol exsude un charme douillet qui ravira d'extase les amants du bois et de l'adobe. Les chambres, pourvues de grands lits en bois sculpté et de cheminées en adobe en forme de ruche, donnent sur une cour intérieure luxuriante, émaillée de fleurs somptueuses et ponctuée de colonnes aux tons de terre.

Saint Helena

Bothe-Napa Valley State Park Camping
$
3801 Saint Helena Hwy.
707-942-4575

Ce parc comporte 50 emplacements de camping bien équipés, des toilettes, des douches, des sentiers de randonnée pédestre et d'équitation sur une superficie de plus de 725 ha. Il s'agit assurément du plus bel endroit où camper dans la vallée de Napa.

Calistoga

Calistoga Inn and Brewery
$$-$$$ bc
1250 Lincoln Ave.
707-942-4101
www.calistogainn.com

Les lieux d'hébergement pour petit budget sont rares et espacés dans la vallée de Napa, mais il existe fort heureusement une auberge commodément située où vous pourrez obtenir une chambre économique «à l'européenne» (c'est-à-dire petite et avec installations sanitaires communes). Les chambres du Calistoga Inn sont défraîchies, mais tout de même bien entretenues et équipées de lavabos. Vous les trouverez cependant au-dessus d'un populaire restaurant-brasserie (voir p. 355), si bien qu'elles peuvent s'avérer bruyantes.

Mount View Hotel and Spa
$$$-$$$$
bc/bp ≡ @
1457 Lincoln Ave.
707-942-6877 ou 800-816-6877
www.mountviewhotel.com

Si vous êtes en quête d'un hôtel pittoresque doublé d'un spa, cette maison victorienne classée monument historique et rehaussée de touches contemporaines constitue sans doute l'un des meilleurs choix qui existent. Le spa, façon européenne, offre un service complet, et les traitements qu'on vous propose peuvent facilement être précédés ou suivis d'une trempette dans la grande piscine extérieure de l'établissement, entourée de palmiers et de fontaines.

Les chambres, suites et cottages procurent un confort chaleureux.

Cottage Grove Inn
$$$$
1711 Lincoln Ave.
707-942-8400 ou 800-799-2284
www.cottagegrove.com

Ce charmant petit complexe de cottages de villégiature, niché dans un vieux bosquet d'ormes au cœur même du quartier des spas de Calistoga, s'impose comme un des meilleurs lieux d'hébergement de la vallée de Napa aux yeux de ceux qui recherchent l'intimité et le confort. Chaque cottage est décoré d'œuvres d'art originales de la région et possède un vrai foyer à bois, une profonde baignoire à remous pour deux personnes, une chaîne stéréo, un téléviseur, un lecteur DVD et un réfrigérateur. Le petit déjeuner en tête-à-tête et le vin en après-midi sont inclus dans le prix. Des vélos sont également mis à la disposition des clients pour faire un tour dans les vignobles environnants.

Sonoma

Sonoma Creek Inn
$$-$$$
239 Boyes Blvd.
707-939-9463 ou 888-712-1289
www.sonomacreekinn.com

À seulement quelques kilomètres de la Sonoma Plaza, le Sonoma Creek Inn pratique des prix raisonnables pour la région, sans aucun compromis sur la qualité. Les beaux bâtiments en adobe renferment des chambres spacieuses et confortables, avec pour la plupart une petite terrasse qui vous permettra de profiter de la douceur des soirées de Sonoma.

Swiss Hotel
$$$
18 W. Spain St.
707-938-2884
www.swisshotelsonoma.com

Si vous êtes passionné d'histoire, vous vous devez de loger dans une des plus vieilles maisons en adobe de la Sonoma Plaza, à savoir le Swiss Hotel. Cet établissement renferme cinq chambres d'hostellerie de caractère donnant sur la place ou sur le jardin, et un resto-bar tout à fait charmant occupe une partie du rez-de-chaussée (voir p. 356).

El Dorado Hotel
$$$-$$$$
405 First St. W.
707-996-3220 ou 800-289-3031
www.eldoradosonoma.com

Commodément situé sur la Sonoma Plaza, le El Dorado offre un confort sobre et contemporain. Depuis toutes les chambres, vous aurez accès à une terrasse avec vue sur la Plaza (qui peut toutefois s'avérer bruyante) ou sur le magnifique jardin, tandis que, à l'intérieur, les lits à colonnes recouverts de duvets reposent sur des sols carrelés de dalles mexicaines. Des bungalows accessibles aux personnes à mobilité réduite sont aussi disponibles. Pour vous sustenter, un restaurant et un café servant de délicieuses pâtisseries se trouvent sur les lieux.

Boyes Hot Springs

Fairmont Sonoma Mission Inn & Spa
$$$$
100 Boyes Blvd.
707-938-9000 ou 866-540-4499
www.fairmont.com/sonoma

Si vous êtes à la recherche d'un grand complexe hôtelier à service complet pourvu

▲ HÉBERGEMENT

La vallée de Napa

1. BW Auberge du Soleil (R)
2. AV Bothe-Napa Valley State Park Camping
3. AV Calistoga Inn and Brewery
4. CZ Cedar Gables Inn
5. CZ Churchill Manor
6. CY Cottage Grove Inn
7. CY Mount View Hotel and Spa
8. CX Napa Valley Railway Inn
9. BW Rancho Caymus Inn
10. CZ River Terrace Inn

La vallée de Sonoma

11. AY El Dorado Hotel
12. AY Fairmont Sonoma Mission Inn & Spa
13. AX Gaige House Inn
14. AY Sonoma Creek Inn
15. AY Swiss Hotel

(R) Établissement avec restaurant décrit

● RESTAURANTS

La vallée de Napa

16. CX Bistro Jeanty
17. AV Calistoga Inn, Restaurant and Brewery
18. BW Downtown Joe's Brewery & Restaurant
19. BW La Toque
20. BX Mustards Grill
21. CY Napa Valley Wine Train
22. CX The French Laundry

La vallée de Sonoma

23. AY Basque Boulangerie Café
24. AY Maya Restaurant
25. AY Swiss Hotel
26. AY The Girl and the Fig

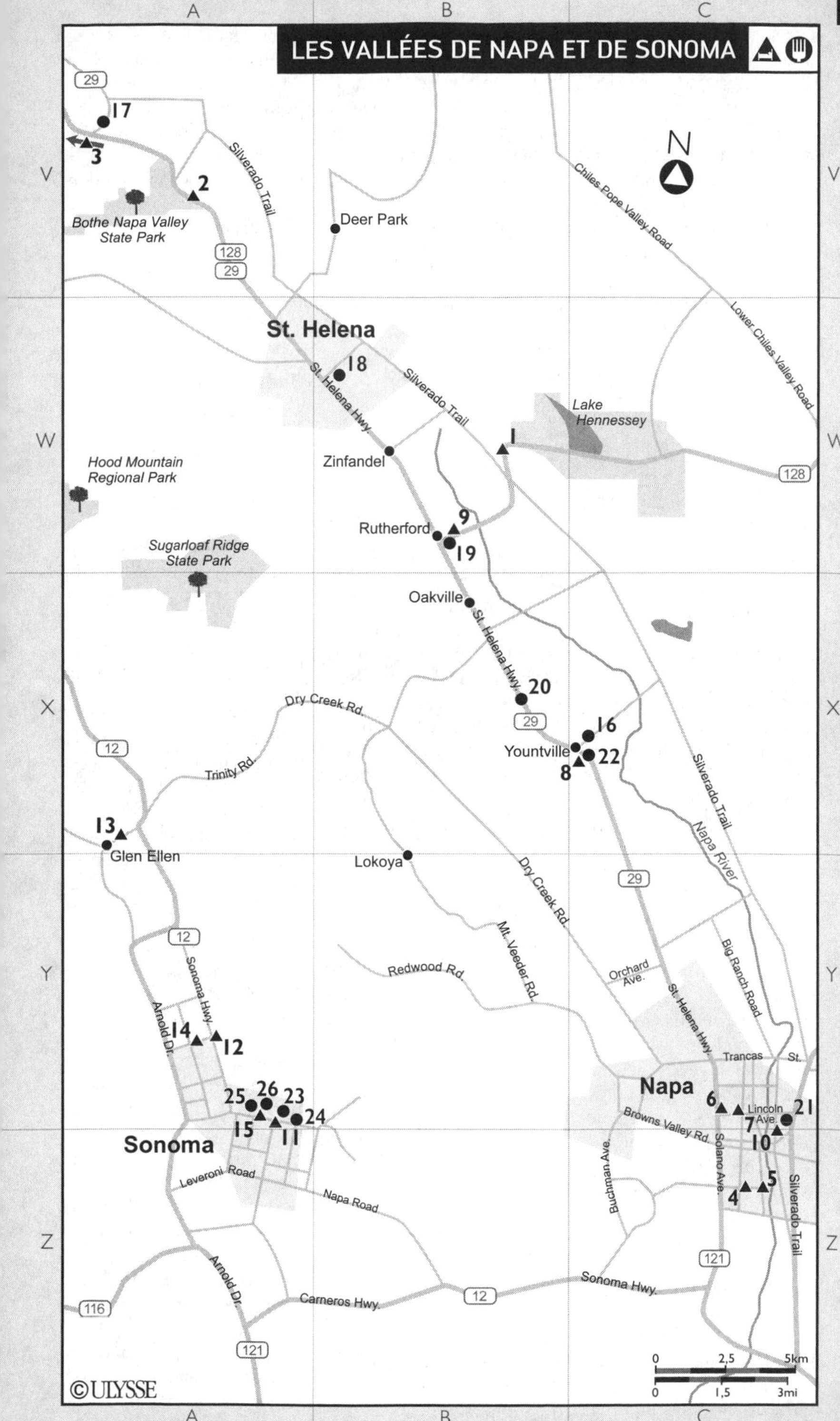

LES VALLÉES DE NAPA ET DE SONOMA

A
B
C
V
W
X
Y
Z
N
29
17
3
2
Silverado Trail
Bothe Napa Valley State Park
Deer Park
128
29
Chiles Pope Valley Road
Lower Chiles Valley Road
St. Helena
18
St. Helena Hwy.
Silverado Trail
Lake Hennessey
1
128
Zinfandel
Hood Mountain Regional Park
Rutherford
9
19
Sugarloaf Ridge State Park
Oakville
St. Helena Hwy.
20
Dry Creek Rd.
29
16
Yountville
22
8
12
Trinity Rd.
Silverado Trail
Napa River
13
Glen Ellen
Lokoya
Dry Creek Rd.
29
12
Sonoma Hwy.
Mt. Veeder Rd.
Redwood Rd.
Orchard Ave.
St. Helena Hwy.
Big Ranch Road
Arnold Dr.
14
12
Trancas St.
Napa
6
Lincoln Ave.
21
7
10
25
26
23
24
15
11
Sonoma
Browns Valley Rd.
Solano Ave.
Buchman Ave.
Leveroni Road
Napa Road
4
5
Silverado Trail
121
Arnold Dr.
Sonoma Hwy.
12
Carneros Hwy.
116
121
0
2,5
5km
0
1,5
3mi

d'un spa réputé, d'un terrain de golf de championnat de 18 trous, de deux piscines, de sentiers pédestres et cyclables de tout premier ordre ainsi que d'instructeurs en arts martiaux, n'allez pas plus loin. Aucun établissement du pays du vin ne peut sans doute rivaliser avec le Fairmont Sonoma Mission Inn & Spa dans cette catégorie d'hébergement. L'hôtel rose clair de style néo-Mission renferme des chambres aux doux tons de terre et fait partie d'un ensemble qui constitue à proprement parler un univers en soi.

Glen Ellen

Gaige House Inn
$$$$ ≡ @
13540 Arnold Dr.
707-935-0237 ou 800-935-0237
www.gaige.com

Que se passe-t-il lorsqu'un talentueux consultant en feng shui s'allie à un brillant couple d'aubergistes? Il en résulte le Gaige House Inn. Il n'est nullement exagéré de dire que cette auberge est harmonieuse, le moindre détail y ayant fait l'objet du plus grand soin, qu'il s'agisse de la salle de séjour rehaussée d'un foyer et garnie de livres et revues du plus grand intérêt, du hall tendu de gravures asiatiques hautement raffinées, ou de la salle à manger agrémentée de fontaines, ponctuée de bouquets d'orchidées et bercée d'une musique exquise. Et il va sans dire que les chambres et suites elles-mêmes sont tout aussi remarquables avec leurs gravures botaniques d'une qualité exceptionnelle, leurs literies signées, leurs baignoires à remous immaculées, leurs foyers au gaz et leurs orchidées solitaires. Une piscine chauffée, un concierge, un approvisionnement constant en biscuits et un délectable petit déjeuner gastronomique complètent ce lieu d'hébergement à nul autre comparable.

La Côte nord

Marin Headlands

Marin Headlands Hostel
$ bc @
Fort Barry, Building 941
Sausalito
415-331-2777
www.norcalhostels.org/marin

Située en plein cœur du parc des Marin Headlands dans des bâtiments historiques, cette auberge de jeunesse est un endroit idéal pour se poser en pleine nature, tout en ayant une vue splendide sur la baie de San Francisco. L'hébergement se fait principalement en petits dortoirs, mais quelques chambres privées sont aussi disponibles. Vous trouverez ici tous les aménagements typiques de ces établissements (cuisine, laverie), mais aussi une librairie, des tables de jeu, un salon confortable et même un barbecue. Bref, tout cela en fait une excellente adresse pour les voyageurs soucieux de leur budget. Depuis San Francisco, l'autobus 76 dessert le Marin Headlands Visitor Center, situé à proximité de l'auberge, tous les dimanches et jours fériés.

Point Reyes

Point Reyes Hostel
$ bc
1380 Limantour Rd.
415-863-1444
www.norcalhostels.org

En pleine nature, non loin de la plage et avec une foule de sentiers à proximité, le Point Reyes Hostel s'adresse à ceux qui voudront profiter au mieux de tout ce que le Point Reyes National Seashore peut proposer. Cette auberge de jeunesse rustique offre principalement des dortoirs et une chambre privée. Une cuisine commune et un barbecue sont à votre disposition, mais prévoyez vos provisions car vous êtes ici loin de tout.

Bodega Bay

Anchor Bay Campground
$
4 mi (7 km) au nord de Gualala sur la route 1
707-884-4222
www.abcamp.com

Le terrain de camping d'Anchor Bay est un choix de premier ordre pour dresser sa tente ou installer son véhicule récréatif le long de la côte de Sonoma, grâce à sa situation idéale et aux excellents services qu'offre le voisinage. Les campeurs y trouveront, en plus d'un accès à la côte et de la possibilité de pêcher, de bons services de blanchisserie, des magasins d'alimentation et un arrêt d'autobus, tout cela à distance de marche à partir de l'entrée du camping.

Bodega Harbor Inn
$$-$$$ @
1345 Bodega Ave.
707-875-3594
www.bodegaharborinn.com

Les petites chambres du Bodega Harbor Inn, dans les tons marins, sont simples mais propres et confortables, et offrent un bon rapport qualité/prix. En plus, cinq maisons tout équipées avec vue sur l'océan, parfaites pour des vacances en famille, sont à louer pour un jour ou plus. Un excellent rapport qualité/prix pour un moment de simplicité et de retour à la nature.

Chanslor Guest Ranch
$$$-$$$$ ≡ ❄ @
2660 N. Route 1
☎ 707-875-2721
www.chanslorranch.com
Tout juste au nord de Bodega Bay se trouve un paradis pour les amateurs de chevaux: le Chanslor Guest Ranch. Ce complexe comprend une maison principale (Ranch House, trois chambres avec baignoire), un loft (Loft Suite, pour un ou deux couples) et un dortoir (Bunk House, avec deux chambres principales, une troisième ouverte aux groupes, deux salles de bain, une grande cuisine bien équipée, des alcôves séparées pour manger et une salle de séjour meublée), ainsi qu'un ranch historique de chevaux, de moutons et de bovins, qui couvre 283 ha et qui est en exploitation depuis 1850. Vous trouverez sur place des écuries (voir p. 341) pour des randonnées sur de magnifiques sentiers le long de la plage ou dans le ranch même, au milieu de la nature avec vue sur la côte. Vous pourrez aussi pratiquer ici d'autres activités de plein air: randonnée pédestre, escalade et pêche.

Eureka

The Carter House Inns & Restaurant 301
$$$ ≡ P ❄ @
301 L St.
☎ 707-404-8062 ou 800-404-1390
www.carterhouse.com
Voici un superbe *bed and breakfast* où les propriétaires ont pensé à tous les détails: au confort et au calme feutrés des chambres équipées de baignoires à remous s'ajoute un restaurant gourmet où les vins de la vallée de Napa et la nourriture raffinée régalent les palais. À la Carter House, toute rayonnante de jaune et de rouge, s'ajoutent un hôtel et deux cottages pour recevoir les clients. L'endroit est très bien coté, et les personnalités ne s'y trompent pas: Dustin Hoffmann et Anthony Hopkins, en tournage dans la région, n'ont pas manqué de séjourner ici.

Abigail's Elegant Victorian Mansion
$$$ ≡
1406 C St.
☎ 707-444-3144
www.eureka-california.com
Ceux qui séjournent dans cette propriété déclarée site historique national, au cœur du Eureka victorien, choisissent une façon novatrice d'expérimenter les charmes de l'histoire. Non seulement les aubergistes Doug et Lily portent des vêtements de style victorien, mais Doug conduit une vieille Ford, et Lily, à l'occasion, fait jouer le phonographe dans le salon. Chaque chambre est remplie de détails qui lui donnent sa propre personnalité, et qui rendront votre séjour inoubliable. On y parle le français.

Arcata

Manila Dunes Campground
$
1611 Peninsula Dr., sur la péninsule de Samoa, entre la Humboldt Bay et la mer
☎ 707-445-3309 ou 707-444-3803
Célèbre pour ses randonnées pédestres guidées du samedi et pour ses bonnes places lors de la Kinetic Sculpture Race, ce lieu est idéal pour ceux qui veulent un minimum de services (pas de douches) tout en ayant un accès facile à la plage, aux dunes et à la forêt.

Sacramento

Sacramento Hostel
inscription entre 17h et 22h
$ bc/bp @
925 H St.
☎ 916-443-1691
www.norcalhostels.org/sac
Situé dans une splendide demeure datant du XIXe siècle et à deux pas du vieux Sacramento, le Sacramento Hostel ressemble beaucoup plus à une auberge de charme qu'à une auberge de jeunesse. Cet établissement offre un exceptionnel rapport qualité/prix: chambres communes ou privées, cuisine entièrement équipée, salle à manger, grand et petit salon.

Vagabond Inn
$$ ≡ P ❄ @
909 Third St.
☎ 916-446-1481 ou 800-522-1555
www.vagabondinn-sacramento-old-town-hotel.com
Commodément situé et bien tenu, ce Vagabond Inn particulier conviendra à ceux qui désirent loger près du Old Sacramento en bénéficiant de tout le confort voulu sans avoir à payer une fortune. Les chambres sont classiques et sobres, mais vous y trouverez de nombreux services pratiques tels que le journal gratuit en semaine, les appels locaux gratuits et un service de navette.

Delta King Hotel
$$-$$$ ≡ @
1000 Front St., Old Sacramento
☎ 916-444-5464 ou 800-825-5464
www.deltaking.com
Et si vous songiez à loger dans un luxueux bateau fluvial stationnaire plutôt que dans un hôtel? Le *Delta King* est en effet un authentique navire à aubes de 90 m dont la construction a été entreprise en Écosse et achevée à Stockton, en Californie. Le

King a été baptisé en 1927 en même temps qu'un autre bateau identique, le *Queen*, et fut le premier à effectuer quotidiennement le trajet ô combien nécessaire entre San Francisco et Sacramento sur le fleuve Sacramento. Lorsque la prolifération des automobiles l'a rendu inutile vers la fin des années 1930, le *King* a été réquisitionné par la Marine américaine pour faire la navette entre le Canada et la Californie, jusqu'à ce qu'il sombre dans la baie de San Francisco. En 1984, il devait cependant être renfloué et rénové de bout en bout pour devenir, cinq ans plus tard, l'hôtel de 44 chambres qu'il est aujourd'hui. Son restaurant primé, The Pilothouse, offre un environnement fort agréable.

Lake Tahoe

Truckee

Truckee Hotel
$$
10007 Bridge St.
800-659-6921
www.truckeehotel.com

Dans la région du lac Tahoe, les passionnés d'histoire seront ravis! Ouvert en 1881 pour accueillir les voyageurs de la diligence, le Truckee Hotel servit ensuite à loger les coupeurs de glace, les bûcherons et les cheminots qui y défilèrent par vagues successives, puis il fut transformé en hôtel. Dans le salon victorien, un foyer en marbre contribue à créer une ambiance chaleureuse et reposante; l'excellent service contribue à rendre les autres parties de l'hôtel tout aussi accueillantes. Les chambres gardent bien sûr le même cachet, certaines avec des baignoires antiques, mais elles sont aménagées avec tout le confort souhaité. Vous aurez accès au support à skis et à des cases, et l'Historic Emigrant Trail se trouve à proximité. L'hôtel abrite aussi un restaurant qui propose de délicieux repas et un bar où vous pourrez assister à des spectacles les fins de semaine.

Richardson House
$$$ @
10154 High St.
530-563-6874
www.therichardsonhouse.com

Ce *bed and breakfast* vous replonge dans l'atmosphère victorienne de la «ruée vers l'Ouest». Juchée sur une colline et entourée de magnifiques jardins, la Richardson House offre une vue imprenable sur le secteur historique de la ville de Truckee, d'un côté, et sur une tremblaie avec, pour toile de fond, les pics de la Sierra Nevada, de l'autre côté. Si vous êtes d'humeur romantique, demandez la chambre «Sandie», avec décoration florale, mobilier antique et baignoire sur pieds pour deux personnes.

Hope Valley

Sorensen's and Hope Valley Resort
$-$$$$
14255 Hwy. 88, à l'est de l'intersection des routes 88 et 89
530-694-2203 ou 800-423-9949
www.sorensensresort.com

Situé dans une région peu développée au sud du lac Tahoe, au cœur d'une forêt de pins et de trembles de l'Alpine Sierra, cet établissement aménagé de façon exceptionnelle vous propose des activités et des services variés dont le rapport qualité/prix est excellent. L'hébergement va du simple emplacement de camping jusqu'aux douillettes maisonnettes avec leurs carreaux de céramique mexicains, leurs murs recouverts de planches de pin, leur poêle à bois et leurs fauteuils à bascule. Dans une salle à manger confortable, vous pourrez prendre tous vos repas ainsi qu'une boisson chaude à toute heure du jour. Considéré avant tout comme un centre de ski de fond, le Sorensen's est aussi un endroit idéal pour la randonnée pédestre.

South Lake Tahoe

De nombreux hôtels de toutes catégories longent le Lake Tahoe Boulevard à South Lake Tahoe, les prix variant suivant la proximité des rives du lac. Dans tous les cas, il est conseillé de réserver à l'avance.

Camp Richardson Historic Resort & Marina
$-$$$ @
1900 Jameson Beach Rd.
530-541-1801 ou 800-544-1801
www.camprichardson.com

Tout près du Tallac Historic Site et du lac Tahoe, le centre de villégiature du Camp Richardson vous propose plusieurs types d'hébergement et d'activités extérieures, le tout à un prix très raisonnable. Que vous cherchiez une chambre d'hôtel au charme ancien, une maisonnette avec vue sur le lac et cuisine tout équipée, une chambre dans un motel tout près de la plage, un endroit où dresser votre tente ou encore garer votre véhicule récréatif, vous trouverez ce qu'il vous faut sur ses 60,7 ha de terrain. En hiver, vous pourrez faire du ski de fond, de la raquette, de la randonnée en traîneau et du ski alpin (pour lequel vous pourrez obtenir un forfait). En été, vous pourrez louer un bateau ou un kayak à la marina avec tout l'équipement nécessaire. Une boutique d'équipement sportif organise des randonnées pédestres et équestres ainsi que des journées d'escalade, en plus de louer des vélos de montagne. Vous pourrez aussi vous inscrire à un cours d'initiation ou participer à une excursion guidée. Et pour un excellent repas, rendez-vous au Beacon Bar & Grill, situé sur le bord du lac.

Restaurants

Le pays du vin

Voir carte p. 351.

Napa

Downtown Joe's Brewery & Restaurant
$$
902 Main St.
707-258-2337
www.downtownjoes.com
Si vous voulez passer une soirée divertissante tout en mangeant et en buvant bien, allez retrouver vos semblables chez Joe, spécialisé dans les bières, dont la grande favorite du coin est la Golden Thistle Bitter Ale. On y trouve aussi de bons vins, mais peut-être en aurez-vous suffisamment consommé durant la journée. Quant à la nourriture, la carte affiche de nombreux plats italiens, plusieurs sandwichs et un délicieux *fish and chips* qui accompagne parfaitement la bière locale. Joe's s'impose en outre comme un des rendez-vous musicaux les plus courus du pays du vin (musiciens sur scène du jeudi au dimanche).

Napa Valley Wine Train
$$$-$$$$
1275 McKinstry St.
707-253-2111 ou 800-427-4124
www.winetrain.com
Institution bien établie du pays du vin, le Wine Train est, de fait, une voiture-restaurant Pullman de 1915 qui circule parallèlement à la route 29, tandis que ses passagers dégustent des repas gastronomiques accompagnés de certains des meilleurs vins de la vallée de Napa. Vous aurez le choix entre le déjeuner (départ à 10h30) et le dîner (départ à 17h30). Le trajet de 58 km aller-retour entre Napa et Saint Helena dure environ 3h. Le train part de McKinstry Street, près de First Street.

La Toque
$$$$
1314 McKinstry St.
707-257-5157
www.latoque.com
Pour une expérience inoubliable en ce qui concerne le mariage des vins et des plats, vous devez vous rendre à La Toque. Le chef Ken Frank supervise la composition de menus à prix fixe de sept services absolument délicieux et savamment appariés à une sélection de vins californiens et internationaux. Le service est pour sa part assuré de façon on ne peut plus artistique par des sommeliers éloquents. L'atmosphère est à la fois élégante et décontractée, comme dans la plupart des grands restaurants du nord de la Californie.

Calistoga

Calistoga Inn, Restaurant and Brewery
$$-$$$
1250 Lincoln Ave.
707-942-4101
www.calistogainn.com
Ce restaurant décontracté propose une bonne cuisine californienne sans prétention et à prix moyen, accompagnée d'une des meilleures bières anglaises maison qui se brassent dans la région. La belle terrasse donnant sur la rivière est des plus agréables.

Yountville

Bistro Jeanty
$$-$$$
6510 Washington St.
707-944-0103
www.bistrojeanty.com
Cet authentique bistro français, tant dans le décor que dans l'assiette, est une escale agréable par les chaudes journées de la vallée de Napa, avec sa petite terrasse ombragée. On y retrouve les plats traditionnels des bistros français (petit salé aux lentilles, rillettes de canard, steak tartare, coq au vin…) accompagnés d'une bonne carte des vins, aussi bien de l'Hexagone que de la région.

Mustards Grill
$$-$$$
7399 Saint Helena Hwy.
707-944-2424
www.mustardsgrill.com
Spécialisé dans les grillades, le Mustards Grill a acquis une excellente réputation grâce à son poisson frais grillé et à ses viandes de toutes sortes, apprêtées de façon originale. Autre réussite maison: la tarte au citron meringuée, qu'il serait dommage de ne pas essayer.

The French Laundry
$$$$
dîner tlj, déjeuner ven-dim
6640 Washington St.
707-944-2380
www.frenchlaundry.com

Ce restaurant est de ceux qui font de Yountville ce que d'aucuns tiennent pour la capitale gastronomique de la vallée de Napa. Le réputé chef Thomas Keller y sert une cuisine franco-californienne avec un menu à prix fixe de neuf services qui se renouvelle tous les soirs. D'une qualité constante, The French Laundry attire de nombreux convives, qui auront pris soin de réserver au moins un mois à l'avance.

Rutherford

Auberge du Soleil
$$$$
tlj 7h à 21h30
180 Rutherford Hill Rd.
800-348-5406
www.aubergedusoleil.com

Aussi remarquable pour son architecture à couper le souffle que pour la qualité époustouflante de sa cuisine, l'Auberge du Soleil s'impose comme un incontournable aux yeux des grands connaisseurs qui font fi des matières grasses. La cuisine, gastronomique, se compose de produits régionaux, concoctés avec une touche méditerranéenne. Vous pourrez apprécier ces mets en économisant (un peu) votre budget le midi et, le soir venu, vous aurez droit à un menu digne d'épater les plus fins palais. Lors de votre réservation (nécessaire pour le dîner), demandez une table sur la terrasse pour profiter d'une vue fantastique.

Sonoma

Basque Boulangerie Café
$
tlj 7h à 18h
460 First St. E.
707-935-7687
www.basqueboulangerie.com

Voici sans doute la meilleure petite boulangerie qu'on puisse trouver à l'extérieur des grandes villes. Elle est d'ailleurs souvent complètement bondée dès le matin, tant ses produits sont délicieux, des muffins aux chaussons en passant par les miches de pain français au levain, si caractéristiques du nord de la Californie. Attablez-vous à l'intérieur du café ou sur la terrasse aménagée en bordure du trottoir pour un bon petit déjeuner continental, ou encore le midi pour un bol de soupe et un croque-monsieur. Vous vous retrouverez invariablement en compagnie de clients animés de toutes les couches de la société.

Maya Restaurant
$$-$$$
tlj à partir de 11h45
101 E. Napa St.
707-935-3500
www.mayarestaurant.com

Le Maya, un restaurant particulièrement coloré qui a pignon sur rue directement sur la Plaza, se spécialise dans la cuisine du Yucatán, avec de nombreux fruits de mer et poissons préparés à la mode mexicaine. Les tequilas, les margaritas et le service sont tout aussi sympathiques.

Swiss Hotel
$$-$$$
18 W. Spain St.
707-938-2884
www.swisshotelsonoma.com

Aussi apprécié des résidents pour son cadre confortable et historique que pour sa délectable cuisine du nord de l'Italie, le restaurant du Swiss Hotel convient merveilleusement pour un dîner tardif, ses tables étant alors éclairés à la bougie tandis que la Plaza retrouve son calme.

The Girl and the Fig
$$$-$$$$
110 W. Spain St.
707-938-3634
www.thegirlandthefig.com

Cet attrayant restaurant champêtre et éclectique s'enorgueillit de sa cuisine franco-méditerranéo-californienne. Sondra Bernstein – «la fille» (*girl*) qui a créé ce restaurant en 1997 – a fait de «la figue» (*fig*) l'étoile de beaucoup de ses plats imaginatifs. Une carte des vins fort inusitée, composée de nombreux crus peu connus de Californie comme de France, un comptoir à fromages qui ne vous laissera pas indifférent et la belle terrasse arrière vous assurent ici une expérience tout à fait unique.

La Côte nord

Bolinas

Coast Cafe
$-$$
fermé lun
46 Wharf Rd.
415-868-2298
www.bolinascafe.com

La jolie terrasse, les nombreuses planches de surf suspendues au plafond et l'atmosphère détendue rendent tout de suite ce restaurant sympathique. Et la cuisine ne vous décevra pas: tout est confectionné sur place (même le pain), à base de produits régionaux et biologiques. Sandwichs, salades et plats plus sérieux sont au menu le soir, et les fins de semaine d'été, vous pourrez vous régaler d'huîtres grillées.

Bodega Bay

Sandpiper
$$-$$$
tlj 8h à 20h30
1410 Bay Flat Rd., prendre East Shore Drive depuis la route 1
707-875-2278
www.sandpiperrestaurant.com

Pas évident à trouver, ce restaurant très simple mais aussi très apprécié des résidents est situé à la pointe nord de la Bodega Bay et est ouvert matin, midi et soir. Vous pourrez, même au petit déjeuner, profiter de leurs spécialités: les poissons et les fruits de mer. Et le *clam chowder* à lui seul vaut le déplacement.

Eureka

Samoa Cookhouse
$-$$
tlj 7h à 22h
Cookhouse Rd., Samoa
707-442-1659
www.samoacookhouse.net

Fondée en 1890, voici la dernière cuisine qui reste des camps de bûcherons de l'Ouest. Les longues tables communautaires sont couvertes de nappes à carreaux rouges et blancs, et sont entourées de chaises dépareillées. De sympathiques serveurs présentent des mets simples et copieux (menu fixe de soupe, salade, plat principal et dessert, servi avec des quantités de pain frais et de condiments). Il ne faut pas manquer les vieilles reliques du temps des bûcherons et les photos qui garnissent les murs et les ailes du bâtiment. Pour vous rendre à la Samoa Cookhouse au départ d'Eureka, prenez à gauche Samoa Road et encore à gauche Cookhouse Road.

Sea Grill
$$
fermé dim
316 E St., Old Eureka
707-443-7187

Situé dans la vieille ville, au sein d'un charmant immeuble de style victorien, cet établissement a été élu meilleur restaurant de fruits de mer du comté de Humboldt par les habitants, et il n'est pas difficile de comprendre pourquoi. Nous vous recommandons de commencer votre repas par la chaudrée de fruits de mer, primée lors de concours. Vous pourrez poursuivre votre repas en choisissant parmi une bonne sélection de fruits de mers et de poissons, qui peuvent être préparés de toutes les manières imaginables, plusieurs bonnes sauces les accompagnant. Quelques options s'offrent aussi aux carnivores.

Sacramento

Fanny Ann's Saloon
$-$$
1023 Second St.
916-441-0505
www.fannyannsaloon.com

Le décor du Fanny Ann's Saloon, avec ses nombreux objets éclectiques suspendus au plafond, ne vous laissera pas indifférent. Pour manger, allez commander au comptoir, et l'on vous appellera quand votre sandwich, vos ailes de poulet ou votre hamburger seront prêts. Pour les boissons, même chose, mais du côté du bar (voir p. 358). Ambiance décontractée.

Rio City Cafe
$$
1110 Front St., Old Sacramento
916-442-8226
www.riocitycafe.com

Établi sur la berge du fleuve Sacramento au cœur même du Old Sacramento, ce restaurant possède de nombreux atouts. La cuisine, californienne avec des influences asiatiques, est élaborée à partir d'ingrédients frais de la région. Le Rio City Cafe s'enorgueillit de plus d'une excellente carte de vins californiens et d'un service à la fois cordial et efficace. Brunch les samedis et dimanches matin.

Fat City
$$-$$$
1001 Front St., Old Sacramento
916-446-6768
www.fatsrestaurants.com

Il s'agit là d'un des nombreux restaurants ouverts par un Chinois du nom de Frank Fat, lequel a immigré à Sacramento en 1939. Mais ne vous attendez pas pour autant à y manger des mets chinois ici; pour cela, il faut plutôt se rendre chez Frank Fats (voir ci-dessous). Les spécialités du Fat City sont plutôt d'influence italienne, française et californienne. Le cadre, style début XXe siècle, sied tout à fait à la vieille bâtisse qui loge ce restaurant.

Frank Fats
$$-$$$
806 L St.
916-442-7092
www.fatsrestaurants.com

Voilà où il faut aller pour manger des mets chinois de qualité à Sacramento. Vous y croiserez des politiciens californiens tout en dégustant des plats pékinois, sichuanais, cantonais ou shanghaiens. Notez cependant qu'on ne sert le déjeuner que du lundi au vendredi (comme c'est souvent le cas dans les restaurants qui entourent le capitole), quoique le dîner soit offert tous les jours. Le décor est élégant.

Lake Tahoe

Truckee

Taco's Jalisco
$-$$
11400 Donner Pass Rd.
530-587-1131

Le Taco's Jalisco ne paie pas de mine mais sert une authentique cuisine mexicaine. *Tacos*, *burritos*, *ceviches*, *enchiladas* et autres spécialités sont tous excellents, à un prix plus que raisonnable.

Moody's Bistro & Lounge
$$$
10007 Bridge St.
530-587-8688
www.moodysbistro.com

Une des très bonnes adresses du secteur, Moody's sert une cuisine de grande qualité, avec un menu qui change toutes les semaines en fonction de ce que le chef peut se procurer chez les producteurs régionaux. Les carnivores seront comblés, car la viande, surtout les côtelettes d'agneau, est ici une spécialité. Le cadre, fait de petites alcôves intimes, rend l'atmosphère romantique. Du côté *lounge*, vous aurez le plaisir de voir sur scène des groupes de jazz ou des DJ le soir, du mercredi au samedi.

Tahoe City

Wolfdale's Cuisine Unique
$$$-$$$$
640 N. Lake Blvd.
530-583-5700
www.wolfdales.com

Sur la rive nord du lac Tahoe, le réputé Wolfdale's est l'endroit tout désigné pour un repas gastronomique. Le menu varie selon la disponibilité des produits frais, mais, la plupart du temps, il est composé de fruits de mer et de gibier provenant de la région; une carte des vins exhaustive l'accompagne.

South Lake Tahoe

Alpina Café
$
tlj 6h à 17h
822 Emerald Bay Rd.
530-541-7449
www.alpinacafe.com

Vous trouverez dans la vieille maison de bois qui abrite l'Alpina Café le meilleur café de montagne torréfié, servi chaud ou glacé. Vous pourrez aussi vous laisser tenter par l'impressionnant assortiment de thés, tout en mangeant une bouchée, sucrée ou salée, à l'intérieur ou dans le jardin attenant.

Evan's American Gourmet Cafe
$$$-$$$$
dîner seulement
536 Emerald Bay Rd.
530-542-1990
www.evanstahoe.com

Aménagé dans un charmant cottage de South Lake Tahoe, ce restaurant à l'ambiance artistique et à l'éclairage tamisé propose un menu éclectique, sans cesse renouvelé, mais toujours de grande qualité, tant dans les ingrédients que dans la réalisation et la présentation. N'oubliez pas de vous garder de la place pour le dessert, car le chef pâtissier a de quoi vous surprendre agréablement. Réservations recommandées.

Sorties

› Bars et boîtes de nuit

Sacramento

Le **Fanny Ann's Saloon** *(1023 Second St., 916-441-0505, www.fannyannsaloon.com)* n'a pas toutes les qualités requises pour être qualifié de raffiné, mais il est sans aucun doute authentique. En entrant, le large bar en bois massif vous accueille avec une grande sélection de bières, et dans le fond, un comptoir pour commander des hamburgers et des frites (voir p. 357). Une fois la commande passée, l'escalier en bois vous attire vers les autres étages, car les places sont réduites autour du comptoir du rez-de-chaussée. La décoration éclectique ne manque pas de charmer avec son mélange de Far West d'un peu de n'importe quoi: des vieilles chaussures sont clouées au plafond, une charrette entrave l'espace d'une partie du dernière étage, quelques jeux vidéo du siècle dernier agonisent dans un coin. Par contre, l'ambiance et le dépaysement y sont, et méritent le déplacement pour passer un bon moment à boire un verre et... à commenter les lieux.

Bonn Lair *(3651 J St., 916-455-7155)*, un pub irlandais traditionnel, est un rendez-vous de choix pour les amoureux de la bière. On y trouve de nombreuses bières pression, dont la Guinness, bien sûr, et du cidre. De plus, la clientèle est très hétérogène, avec autant d'hommes que de femmes. Pour vous distraire, mettez au défi votre adresse aux jeux de fléchettes.

South Lake Tahoe

South Lake Tahoe se trouve à cheval entre la Californie (à l'ouest) et le Nevada (à l'est), ce qui veut dire que des casinos se sont agglutinés dans la partie est de la ville. Ces établissements renferment des restaurants, des bars, des boîtes de nuit, des machines à sous à profusion et des salles de jeux vidéo. Si ça vous intéresse, vous aurez l'embarras du choix!

Le **Blue Water Bistro** *(3411 Lake Tahoe Blvd., ☎ 530-541-0113, www.bluewaterbistrotahoe.com)* est l'endroit idéal pour prendre un verre au bord du lac Tahoe. Les couchers de soleil sur les eaux sont splendides. Les *Happy Hours* vont de 15h à 17h30, ce qui est relativement tôt pour apprécier le paysage à la tombée de la nuit, mais les amuse-bouches, les soupes et les sandwichs permettent de tenir le cap.

Murphy's *(787 Emerald Bay Rd., ☎ 530-545-2451, www.murphyspubtahoe.com)* est un pub irlandais façon américaine, c'est-à-dire multifonctionnel et proche d'un complexe où vous pouvez dîner, boire un verre, célébrer un anniversaire ou... même vous marier. South Lake Tahoe attire beaucoup de touristes, aussi bien en été qu'en hiver; donc les activités proposées sont étendues: karaoké le mardi, jeu de devinettes (quiz) le mercredi, groupes de musique le jeudi et le vendredi, et en vrac, billards, fléchettes, jukebox et diffusion des matchs de foot européen ou de rugby. Tout le monde est servi, et la bière coule à flots.

› Fêtes et festivals

Janvier

Le **Napa Valley Mustard Festival** *(☎ 707-944-1133, www.mustardfestival.org)* se déroule tous les ans de la fin janvier à la fin mars, dans divers endroits de la vallée de Napa. Le vin, bien sûr, mais aussi la cuisine, les arts et la culture y sont à l'honneur, durant la saison où les plants de moutarde sont en fleurs.

Mars

La musique prend ses quartiers d'été à Eureka avec le **Redwood Coast Jazz Festival** *(fin mars; ☎ 707-445-3378, www.redwoodcoastmusicfestivals.org)*, qui attire des musiciens de niveau international.

Avril

À la mi-avril chaque année, le **Bodega Bay Fisherman's Festival** *(10$; Westside Park, Bodega Bay, ☎ 707-875-3866, www.bbfishfest.org)* célèbre l'ouverture de la pêche au saumon. Les bateaux de pêche sont alors décorés et bénis, et de nombreuses autres animations maritimes sont organisées.

Août

À Eureka à la fin août, c'est au tour du festival **Blues by the Bay** *(☎ 707-445-3378, www.redwoodcoastmusicfestivals.org)* d'attirer les musiciens et amateurs de blues.

› Sports professionnels

Basket-ball

Les **Sacramento Kings**, de la National Basketball Association (NBA), jouent leurs matchs à domicile à l'**Arco Arena** *(1 Sports Pkwy., près de l'Interstate 5, Sacramento, ☎ 916-928-0000, www.nba.com/kings)*. La saison régulière s'étend de novembre à avril. Les séries éliminatoires suivent, et elles peuvent se prolonger jusqu'en juin.

Achats

Napa

Situé dans un bâtiment historique, le **Vintners Collective** *(tlj 11h à 18h; 1245 Main St., ☎ 707-255-7150, www.vintnerscollective.com)* représente une vingtaine de petits vignobles de la vallée de Napa qui ne sont généralement pas ouverts au public. Vous pourrez déguster ces nectars *(25$ pour 6 vins; tlj 11h à 18h)* même si vous ne les achetez pas.

Sonoma

Un des endroits les plus appréciés de la vallée de Sonoma lorsque vient le temps de faire du lèche-vitrine n'est autre que la **Sonoma Plaza**, bordée de galeries d'art fantaisistes, de chics et coûteuses boutiques de vêtements pour enfants, de même que d'une bonne librairie indépendante: **Readers Books** *(130 E. Napa St., ☎ 707-939-1779, www.readersbooks.com)*.

Vous pourrez aussi faire des achats des plus intéressants au **Farmer's Market** *(toute l'année, ven 9h à 12h, au Depot Park; avr à oct, mar à partir de 17h30, sur la Sonoma Plaza)*.

Si vous n'avez pas le temps de visiter les vignobles de la vallée de Sonoma, sachez que **Sophie's Cellars** *(jeu-mar 11h à 19h; 20293 route 116, Monte Rio, au nord-ouest de Sonoma par les routes 101 et 116, ☎ 707-865-1122, www.sophiescellars.com)* propose une sélection de vins de la région et près d'une centaine de fromages du monde entier. De plus, si vous dînez dans les environs, une sélection de restaurants vous permettent d'apporter votre propre bouteille de vin sans payer de *corkage fee* (droit de bouchon) si elle a été achetée chez Sophie's. N'hésitez pas à demander la liste des établissements participants sur place.

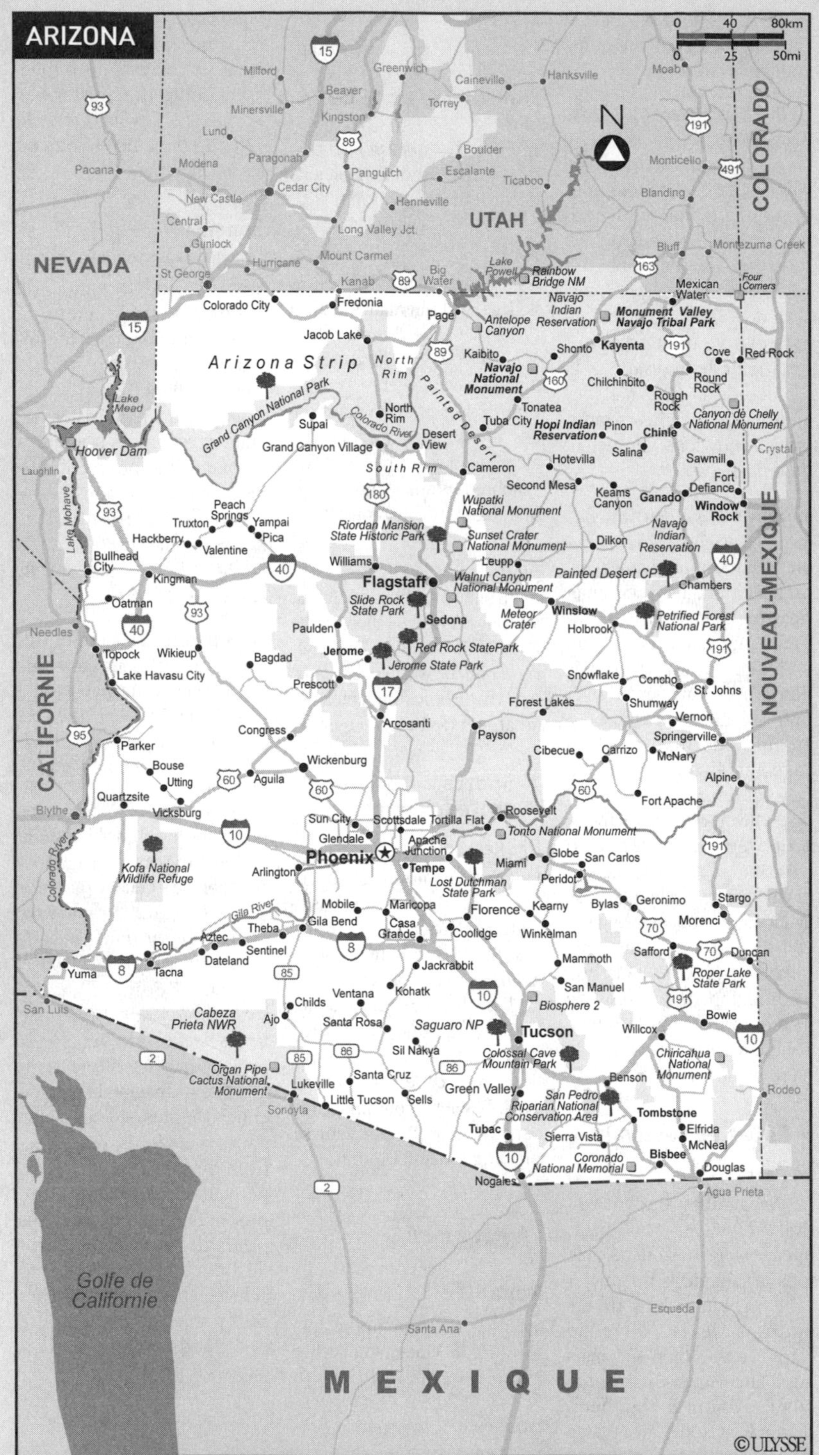
ARIZONA
0 40 80km
0 25 50mi
N
NEVADA
UTAH
COLORADO
CALIFORNIE
NOUVEAU-MEXIQUE
MEXIQUE
Golfe de Californie
Arizona Strip
Grand Canyon National Park
North Rim
South Rim
Painted Desert
Colorado River
Lake Mead
Lake Mohave
Lake Powell
Hoover Dam
Rainbow Bridge NM
Four Corners
Milford
Greenwich
Caineville
Hanksville
Moab
Beaver
Torrey
Minersville
Kingston
Lund
Boulder
Monticello
Pacana
Modena
Paragonah
Panguitch
Escalante
Ticaboo
Blanding
Cedar City
New Castle
Henrieville
Central
Long Valley Jct.
Gunlock
Bluff
Montezuma Creek
Hurricane
Mount Carmel
St George
Kanab
Big Water
Mexican Water
Colorado City
Fredonia
Navajo Indian Reservation
Monument Valley Navajo Tribal Park
Page
Antelope Canyon
Jacob Lake
Kaibito
Shonto
Kayenta
Cove
Red Rock
Navajo National Monument
Chilchinbito
Round Rock
Rough Rock
Tonatea
Canyon de Chelly National Monument
Supai
North Rim
Tuba City
Hopi Indian Reservation
Pinon
Chinle
Desert View
Grand Canyon Village
Salina
Crystal
Laughlin
Cameron
Hotevilla
Sawmill
Second Mesa
Keams Canyon
Ganado
Fort Defiance
Window Rock
Peach Springs
Truxton
Yampai
Pica
Wupatki National Monument
Riordan Mansion State Historic Park
Sunset Crater National Monument
Hackberry
Valentine
Dilkon
Bullhead City
Williams
Leupp
Painted Desert CP
Chambers
Kingman
Flagstaff
Walnut Canyon National Monument
Oatman
Slide Rock State Park
Meteor Crater
Winslow
Petrified Forest National Park
Sedona
Holbrook
Needles
Paulden
Red Rock StatePark
Topock
Wikieup
Jerome
Bagdad
Jerome State Park
Lake Havasu City
Prescott
Snowflake
Concho
St. Johns
Shumway
Forest Lakes
Vernon
Arcosanti
Congress
Payson
Springerville
Parker
Cibecue
Carrizo
McNary
Bouse
Wickenburg
Utting
Aguila
Alpine
Quartzsite
Fort Apache
Vicksburg
Blythe
Roosevelt
Sun City
Scottsdale
Tortilla Flat
Tonto National Monument
Glendale
Apache Junction
Phoenix
Globe
San Carlos
Kofa National Wildlife Refuge
Miami
Arlington
Tempe
Lost Dutchman State Park
Peridot
Geronimo
Stargo
Mobile
Maricopa
Florence
Kearny
Bylas
Morenci
Gila River
Gila Bend
Casa Grande
Coolidge
Winkelman
Theba
Aztec
Roll
Sentinel
Safford
Duncan
Dateland
Mammoth
Yuma
Tacna
Jackrabbit
Roper Lake State Park
San Manuel
Kohatk
Ventana
Childs
Biosphere 2
San Luis
Cabeza Prieta NWR
Ajo
Santa Rosa
Saguaro NP
Tucson
Bowie
Willcox
Sil Nakya
Colossal Cave Mountain Park
Chiricahua National Monument
Organ Pipe Cactus National Monument
Santa Cruz
Benson
Lukeville
Green Valley
Rodeo
Sonoyta
Little Tucson
Sells
San Pedro Riparian National Conservation Area
Tombstone
Tubac
Elfrida
Sierra Vista
McNeal
Coronado National Memorial
Bisbee
Douglas
Nogales
Agua Prieta
Esqueda
Santa Ana
©ULYSSE

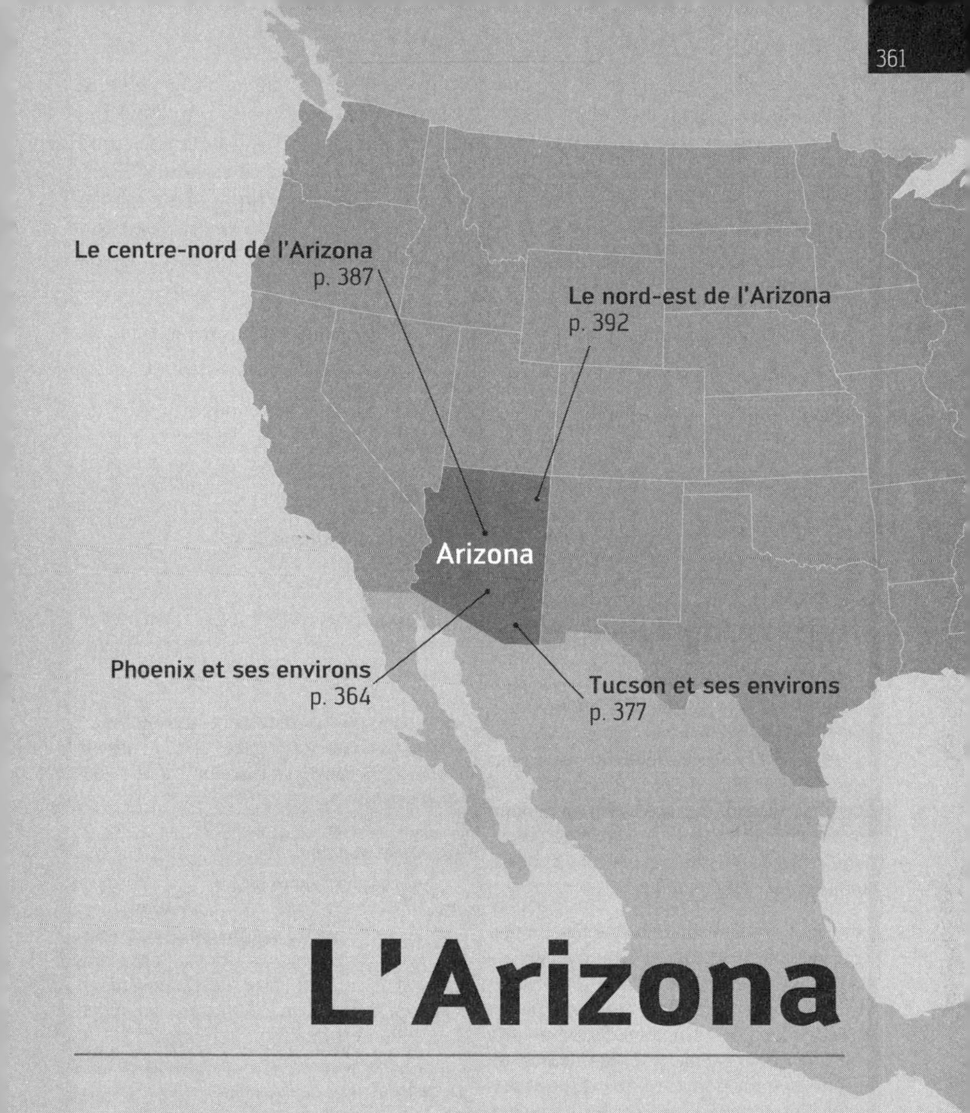

Le centre-nord de l'Arizona
p. 387

Le nord-est de l'Arizona
p. 392

Arizona

Phoenix et ses environs
p. 364

Tucson et ses environs
p. 377

L'Arizona

Terre de légende dont le seul nom évoque des images profondément ancrées dans la conscience des Nord-Américains, voici l'Arizona! Les multiples facettes de cet État donnent lieu à de formidables visions: celles du Grand Canyon et ses mystères insondables, des vastes étendues désertiques peuplées de Navajos, d'un John Wayne engagé dans un duel au pistolet en plein midi, du fameux drame de l'O.K. Corral et, il va sans dire, de cowboys et d'Amérindiens s'affrontant sous l'impitoyable soleil parmi les cactus épars du rude paysage de l'Ouest sauvage.

Simples clichés, direz-vous? Peut-être. Mais l'Arizona n'en demeure pas moins tout cela et bien plus encore. Si vous vous passionnez pour les grands espaces, sachez que vous trouverez ici d'innombrables occasions d'activités de plein air, quelles que soient celles qui vous font vibrer. Si ce sont plutôt l'art et la cuisine qui vous intéressent, vous ne manquerez pas d'être captivé par les traditions dites «du Sud-Ouest», imprégnées d'influences amérindiennes et mexicaines qui se reflètent aussi bien dans votre assiette que dans la conception des bâtiments et leur décoration. Et si vous préférez jouer au golf pour ensuite vous faire dorloter dans un complexe hôtelier, vous trouverez tout ce qu'il faut sur place. Bref, votre expérience de l'Ouest sauvage ne sera limitée que par votre imagination.

Accès et déplacements

➤ En avion

Phoenix et ses environs

Le **Phoenix Sky Harbor International Airport** *(3400 E. Sky Harbor Blvd., Phoenix, ☎ 602-273-3300, www.phxskyharbor.com)* comprend trois terminaux (2, 3 et 4; il n'existe pas de terminal 1) desservis par une vingtaine de compagnies aériennes.

L'aéroport est également bien situé, à quelques minutes du centre-ville de Phoenix, de Scottsdale et de Tempe. Chaque terminal est doté de son propre stationnement couvert et comprend des comptoirs de location de voitures, des boutiques, des restaurants, un service de transport ainsi que d'autres services. Une navette passe par les terminaux à quelques minutes d'intervalle. De plus, la Rental Car Shuttle vous conduit gratuitement de chaque terminal au Rental Car Center, où sont réunies toutes les agences de location de véhicules.

Location de voitures à l'aéroport:

Advantage: ☎ 800-777-5500, www.advantage.com

Alamo: ☎ 877-222-9075, www.alamo.com

Avis: ☎ 800-230-4898, www.avis.com

Budget: ☎ 800-527-0700, www.budget.com

Enterprise: ☎ 800-261-7331, www.enterprise.com

Hertz: ☎ 800-654-3131, www.hertz.com

National: ☎ 877-222-9058, www.nationalcar.com

Trois compagnies de taxis desservent l'aéroport: **AAA Cab** *(☎ 602-253-2121)*, **Allstate** *(☎ 602-275-8888)* et **Discount** *(☎ 602-268-4646)*.

Tucson et ses environs

Le **Tucson International Airport** *(7005 S. Plumer Ave., ☎ 520-573-8100, www.tucsonairport.org)* est desservi par 12 compagnies aériennes qui proposent des vols directs principalement dans le sud-ouest des États-Unis. Il s'agit en outre du meilleur tremplin aérien vers le sud-est de l'État.

Le centre-nord de l'Arizona

Le **Prescott Municipal Airport** *(6546 Crystal Lane, ☎ 928-777-1114, www.prcairport.com)* et le **Flagstaff Pulliam Airport** *(6200 S. Pulliam Dr., ☎ 928-556-1234, www.flagstaff.az.gov)* sont desservis par **US Airways** *(☎ 800-428-4322, www.usairways.com)*.

➤ En voiture

Phoenix et ses environs

En provenance du nord, la route I-17 traverse Phoenix à partir de Flagstaff. Si vous partez de Los Angeles ou d'un autre point à l'ouest, vous rejoindrez facilement la route I-10, quasiment directe. Du Nouveau-

Mexique, la route US-70 zigzague jusqu'au centre-ville.

Pour rejoindre l'Apache Trail, dirigez-vous vers l'est en sortant de la région métropolitaine de Phoenix par la route 60 jusqu'à Apache Junction. Puis prenez l'Idaho Road vers le nord jusqu'à la route 88, c'est-à-dire l'Apache Trail. Une boucle de 192 km (119 mi) commençant à Apache Junction et s'y terminant peut être maintenant effectuée en une journée.

Phoenix est une ville d'automobiles. Une rocade (ou *loop*) contourne la ville et évite de traverser systématiquement le centre-ville. On peut visiter davantage de sites en dehors des sentiers battus si l'on a un véhicule. Le stationnement est peu cher, et il ne fait pas défaut.

Tucson et ses environs

Immédiatement au sud du centre-ville, l'Interstate 19 pique vers le sud en direction de **Tubac** et du Mexique, tandis que l'Interstate 10 continue vers l'est jusqu'au Nouveau-Mexique.

Le centre-nord de l'Arizona

Prescott est située sur la route 89, à 87 mi (140 km) au sud-ouest de **Flagstaff**. **Jerome** repose à peu près à mi-chemin entre Prescott et **Sedona** sur la route 89A.

› En autocar

Phoenix et ses environs

Les autocars de la compagnie **Greyhound** *(☎ 800-231-2222, www.greyhound.com)* s'arrêtent à la gare routière de Phoenix, située au centre-ville *(2115 E. Buckeye Rd., ☎ 602-389-4205)*.

Tucson et ses environs

Les autocars de la compagnie **Greyhound** (voir ci-dessus) s'arrêtent à la gare routière de Tucson, située près du centre-ville *(471 W. Congress St., ☎ 520-792-3475)*.

Le centre-nord de l'Arizona

Greyhound dessert la **Flagstaff Greyhound Station** *(399 S. Malpais Lane, ☎ 928-774-4573 ou 800-231-2222)*.

› En train

Tucson et ses environs

Les trains *Texas Eagle* et *Sunset Limited* d'**Amtrak** *(☎ 800-872-7245, www.amtrak.com)* s'arrêtent à la gare ferroviaire de Tucson *(400 N. Toole Ave., ☎ 520-663-4442)*.

Le centre-nord de l'Arizona

Le *Southwest Chief* d'**Amtrak** *(☎ 800-872-7245, www.amtrak.com)* relie Chicago à Los Angeles en passant par **Flagstaff**, dont la gare ferroviaire est située au 1 East Route 66.

› En transport en commun

Phoenix et ses environs

Le réseau de transports en commun complexe est décrit en détail dans un gros guide qui indique les nombreux trajets entre les destinations dans la Valley of the Sun (Vallée du Soleil). On peut se le procurer au **Greater Phoenix Convention & Visitors Bureau** (voir p. 364) ou à bord de l'autobus. Composez le ☎ 602-253-5000 pour plus de renseignements ou visitez le site du **Valley Metro** *(www.valleymetro.org)*, d'où il est d'ailleurs possible de télécharger le guide du réseau de transports en commun.

Tucson et ses environs

TICET, ou **Tucson Inner City Express Transit** *(lun-ven; ☎ 520-622-6491)*, met à votre disposition cinq lignes d'autobus gratuites dans le centre-ville. Les arrêts et les points de correspondance sont nombreux, pratiques et bien indiqués. Procurez-vous le guide du réseau au **Metropolitan Tucson Convention & Visitors Bureau** (voir p. 377).

Tucson compte également un réseau régulier d'autobus qui couvre l'ensemble de la ville: **Sun Tran** *(☎ 520-792-9222, www.suntran.com)*.

› En taxi

Phoenix et ses environs

Voyager en ville ou d'une ville à l'autre en taxi peut être économique, surtout en groupe puisque quatre passagers peuvent prendre place dans un taxi. Les taxis ne sont généralement pas libres; il est préférable d'en appeler un. Le compteur commence à 1,40$ et ajoute 1,20$ par mille (1,6 km) supplémentaire. On laisse normalement un pourboire de 15%. Voici une liste des compagnies de taxis dans la Vallée du Soleil:

AAA Cab: Phoenix, ☎ 602-253-2121

Green Taxi Cab: Tempe, ☎ 480-634-4227

Statewide Cab: Scottsdale, ☎ 480-968-6800

Tucson et ses environs
AAA Yellow Cab: ☎ 520-624-6455

Attraits touristiques

Arizona Office of Tourism: ☎ 602-364-3700 ou 888-520-3433, www.arizonaguide.com.

Arizona State Parks: ☎ 602-542-4174, www.azstateparks.com.

Phoenix et ses environs

▲ *p. 399* ● *p. 408* ☽ *p. 418* 🛍 *p. 422*

Greater Phoenix Convention & Visitors Bureau: One Arizona Center, 400 E. Van Buren, Suite 600, Phoenix, AZ 85004, ☎ 602-254-6500 ou 877-225-5749, www.phoenixcvb.com, www.visitphoenix.com.

Phoenix ★★★

Capitale de l'Arizona, Phoenix est assez représentative du sud-ouest des États-Unis et, grâce à son ensoleillement quasi perpétuel, porte bien son surnom de capitale de la Valley of the Sun (Vallée du Soleil).

Dans cette oasis du désert de Sonora, il n'y a pas un recoin où ne germe pas la verdure, et les levers de soleil rougeoyants rendent quotidiennement hommage au nom de cette vallée. La confluence du désert et de l'urbanité forme un paradis pour les résidents, qui devient aussi un havre de repos durant l'hiver pour bon nombre de visiteurs. Le désert, avec ses splendides points de vue sur les buttes ocre et la végétation verdoyante au loin, le tout encadré de ciel azur et de montagnes aux sommets enneigés, constitue une attraction en soi.

La culture distincte du Sud-Ouest et le rythme de vie calme propre à Phoenix proviennent en grande partie de la culture autochtone. Beaucoup de visiteurs sont attirés par l'ambiance propre à Phoenix et découvrent rapidement que la ville possède en plus une grande variété d'attraits. Bien que le Grand Canyon et le Mexique ne soient qu'à quelques heures de trajet, la ville affairée de Phoenix ne vous ennuiera pas, bien au contraire. En raison de son climat presque parfait, les activités de plein air sont fort populaires tout autour.

Cette ville encore nouvelle, éclose à la suite de l'explosion démographique après la Seconde Guerre mondiale, est l'une des destinations de premier choix au monde. Les cactus saguaros et les chaînes de montagnes qui pointent vers le ciel sont les témoins silencieux de la croissance continuelle de Phoenix (1,5 million d'habitants), qui attire un nombre record de visiteurs, dont certains ne parviennent plus à la quitter.

L'agglomération de Phoenix compte 4,8 millions d'habitants et 22 villes, dont Scottsdale et Tempe sont les plus notoires. L'étalement urbain, qui correspond au Maricopa County, est de 5 200 km^2. Ces dernières années, le centre-ville de Phoenix s'est embourgeoisé à la suite de l'injection de plusieurs millions de dollars dans des projets qui ont insufflé une nouvelle vie au noyau urbain.

Le centre-ville de Phoenix ★★

Plusieurs visiteurs sont déçus par le centre-ville de Phoenix, trop petit par rapport à la dimension de la ville. Souvenez-vous, toutefois, que Phoenix s'est développée dans les années 1950, sous la poussée de l'automobile et des centres commerciaux. On trouvera donc çà et là dans la Vallée de petits mails et des centres commerciaux. Il y a quelques années seulement, le centre-ville était considéré comme dangereux et inaccessible, sauf par les plus aventureux des voyageurs. Grâce à des efforts de revitalisation et à la construction de l'America West Arena et du Bank One Ballpark, le centre-ville est redevenu un lieu attirant, comme en témoignent les nombreux chantiers de construction. Maints vieux entrepôts et manufactures sont transformés en appartements de luxe à l'aspect contemporain pour satisfaire le regain d'intérêt que connaît le cœur du centre-ville. Il faudra cependant encore quelques années avant que le jeune centre urbain de Phoenix, auquel il manque le cachet des vieux bâtiments historiques, n'attire autant de visiteurs que Scottsdale.

Fondée en 1881, la **St. Mary's Basilica** ★★ *(angle Munroe St. et Third St.,* ☎ *602-354-2100, www.saintmarysbasilica.org)* est l'église parois-

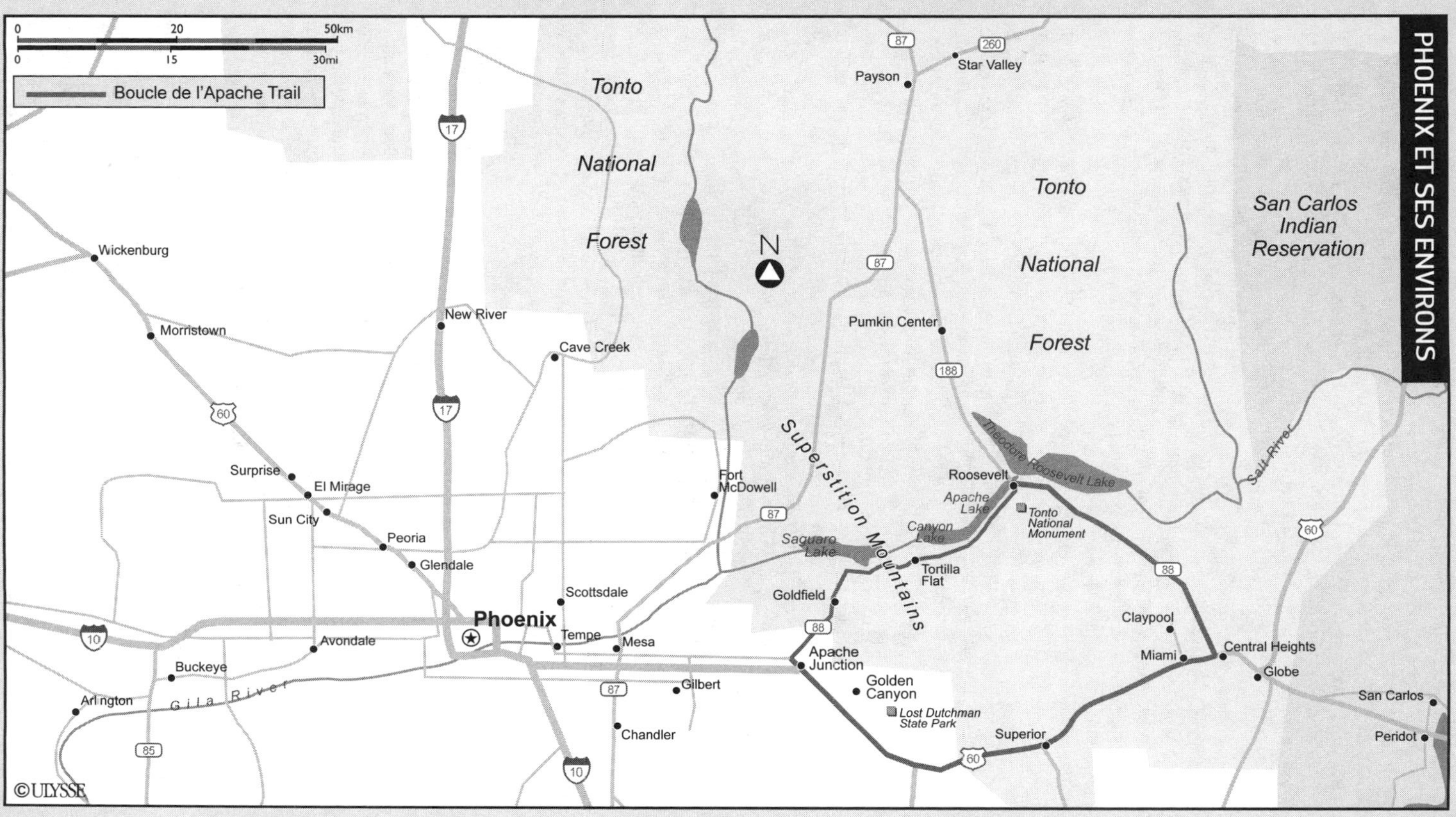
PHOENIX ET SES ENVIRONS
0
20
50km
0
15
30mi
Boucle de l'Apache Trail
Tonto
National
Forest
Tonto
National
Forest
San Carlos
Indian
Reservation
N
Wickenburg
Morristown
New River
Cave Creek
Payson
Star Valley
Pumkin Center
Surprise
El Mirage
Sun City
Peoria
Glendale
Fort McDowell
Superstition Mountains
Theodore Roosevelt Lake
Salt River
Roosevelt
Apache Lake
Tonto National Monument
Canyon Lake
Saguaro Lake
Tortilla Flat
Goldfield
Scottsdale
Phoenix
Tempe
Mesa
Avondale
Buckeye
Arlington
Gila River
Apache Junction
Golden Canyon
Lost Dutchman State Park
Gilbert
Chandler
Superior
Claypool
Miami
Central Heights
Globe
San Carlos
Peridot
87
260
17
60
188
88
10
85
©ULYSSE

siale catholique la plus ancienne de la Valley of the Sun. Elle est tenue par les Franciscains depuis 1895 et fut visitée par le pape Jean-Paul II en 1987. Sa façade en stuc rose pâle et ses deux clochers élancés en font incontestablement un point de repère historique dans le centre-ville. Remarquez les verrières exécutées par la Munich School for Stained Glass Art.

Les deux quadrilatères allant de Munroe Street à Washington Street, entre Fifth Street et Sixth Street, sont connus sous le nom de **Heritage and Science Park** ★★★. Ce parc vous transportera dans le passé, dans le présent et dans l'avenir de Phoenix en l'espace de quelques pas.

Le style moderne de la structure de verre et de métal du **Phoenix Museum of History** ★★ *(5$; mar-sam 10h à 17h; 105 N. Fifth St., ☎ 602-253-2734, poste 221, www.pmoh.org)* contraste grandement avec le contenu de ce musée. Il comprend une petite section sur les Amérindiens et relate la vie des premiers colons et l'histoire de Phoenix. Y est aussi présentée une réplique du Hancock General Store et de la première prison de la ville, originellement situés tout près. On y explique les aspects social, commercial et domestique de la ville à ses débuts. Le musée organise entre autres des jeux et des expositions interactives pour les enfants.

À côté du Phoenix Museum of History se dresse l'**Arizona Science Center** ★★★ *(12$; tlj 10h à 17h; 600 E. Washington St., ☎ 602-716-2000, www.azscience.org)*, construit au coût de 47 millions de dollars; il compte plus de 350 bornes interactives tant pour les enfants que pour les adultes. La salle de cinéma, haute de cinq étages, de style IMAX, projette des documentaires toutes les heures, et le planétarium, large de 20 m, peut accueillir plus de 200 personnes. Les diverses aires comprennent un simple laboratoire, une section de biologie humaine ainsi qu'une section informatique et une galerie d'art scientifique. Vous aurez en outre l'occasion de faire d'immenses ronds de fumée, de conduire un avion Cessna miniature et de faire éternuer un nez géant. Ne manquez pas la boutique Awesome Atoms, car s'y trouvent des jeux et des cadeaux amusants et éducatifs à donner ou à s'offrir.

L'**Historic Heritage Square** ★★ *(115 N. Fifth St., ☎ 602-262-5029, www.phoenix.gov/parks/heritage.html)*, bien qu'il ne soit pas aussi ancien que les bâtiments qu'on trouve sur la Côte Est, relie Phoenix au passé. Il comprend quelques maisons de la colonie de Phoenix, dont la plus ancienne, la **Rosson House** *(7,50$; mer-sam 10h à 16h, dim 12h à 16h; Sixth St., ☎ 602-262-5070, www.rossonhousemuseum.org)*, remonte à 1895. Chacune des huit résidences a été restaurée avec soin et abrite aujourd'hui des bureaux administratifs, de petits musées, des restaurants et des boutiques. Ce square paysager offre une belle occasion de promenade. Chaque premier samedi du mois, de 11h à 13h, y ont lieu des visites commentées ou des expositions d'artisanat.

Directement à l'ouest de la Wells Fargo Bank, vous remarquerez l'hôtel de ville (**City Hall**), une structure moderne de pierres rouges, de verre et de métal. À l'intérieur de cet édifice de marbre et d'acier inoxydable, on peut admirer des expositions de photographies, de lithogravures et de sculpture sur des plateformes rotatives.

L'**Orpheum Theatre** ★★ *(203 W. Adams St., ☎ 602-262-6225, http://phoenix.gov/conventioncenter/orpheum.html)*, situé à côté de l'hôtel de ville, est, avec son architecture de facture néocoloniale espagnole, l'un des bâtiments les plus originaux de l'Arizona. Remarquez les reliefs détaillés et les gargouilles qui jouent de la flûte de Pan en veillant sur le petit parc. Construit en 1929, le bâtiment fut restauré et rouvert en 1997; l'intérieur est désormais remarquable et la salle luxueuse. L'Orpheum présente des comédies musicales et des concerts, notamment ceux du Phoenix Metropolitan Orchestra.

En traversant Washington Street vers le sud à partir de la Wells Fargo Bank, on atteint l'**Historic City Hall**, soit l'ancien hôtel de ville, annexé au palais de justice. Dans son entrée en arche sont moulés deux superbes Phénix qui embrassent une magnifique porte cuivrée, enchâssée dans un cadre de marbre. L'ancien hôtel de ville donne sur la Cesar Chavez Memorial Plaza, une promenade piétonnière agrémentée de bancs sous les arbres.

Une girouette à ailes multiples de 230 kg, la *Winged Victory*, trône sur le dôme cuivré de l'**Arizona Capitol Museum** ★ *(entrée libre; lun-ven 9h à 16h; visites guidées; 1700 W. Washington St., ☎ 602-926-3620, www.lib.az.us/museum)*. Construit en 1899, ce bâtiment était la résidence du gouvernement territorial jusqu'en

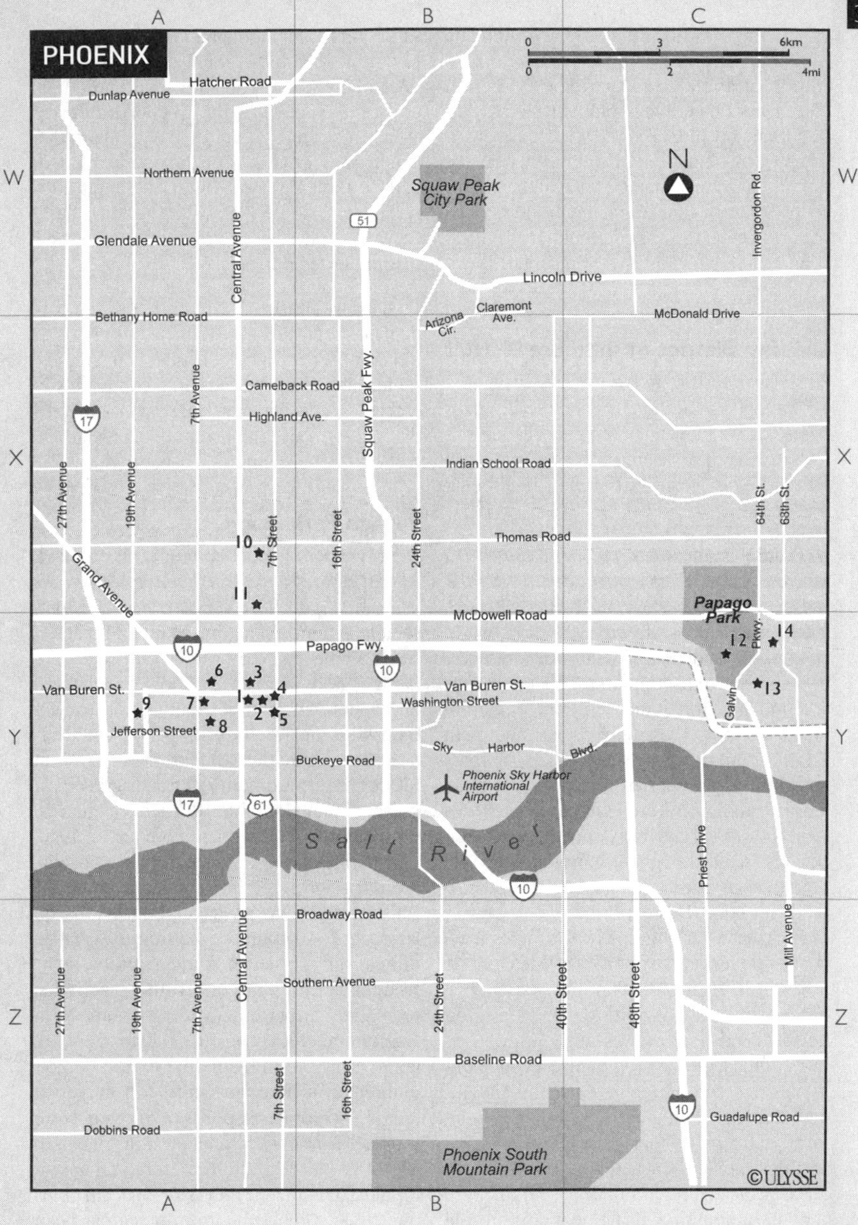

PHOENIX

★ ATTRAITS TOURISTIQUES

Le centre-ville

1. AY St. Mary's Basilica
2. AY Heritage and Science Park
3. AY Phoenix Museum of History
4. AY Arizona Science Center
5. AY Historic Heritage Square / Rosson House
6. AY City Hall
7. AY Orpheum Theatre
8. AY Historic City Hall
9. AY Arizona Capitol Museum

Midtown District et Biltmore District

10. AX Heard Museum
11. AX Phoenix Art Museum

Papago Park

12. CY Papago Park
13. CY Phoenix Zoo
14. CY Desert Botanical Garden

1912, année où le premier gouverneur de l'Arizona fut élu. En 1974, les bureaux de l'administration de l'État déménagèrent à côté, dans des édifices plus spacieux, puis devinrent un musée en 1981. Des expositions dans ce bâtiment décrivent tout ce qui a trait à l'Arizona: des cravates western au USS *Arizona*, un navire échoué à Pearl Harbor. Les étages résidentiels et du Sénat sont restaurés tels qu'ils se présentaient originellement.

Midtown District et Biltmore District

Le **Midtown District** ★★ se trouve à peine à 1,5 km (0,9 mi) au nord du centre-ville, mais passe parfois inaperçu. Deux excellentes raisons devraient pourtant inciter les visiteurs à s'y rendre: le Heard Museum et le Phoenix Art Museum.

Le **Heard Museum** ★★★ *(12$; lun-sam 9h30 à 17h, dim 11h à 17h; visites guidées à 12h, 14h et 15h; 2301 N. Central Ave., ☎ 602-252-8848, www.heard.org)*, fondé en 1929 par Dwight B. et Marie Bartlett Heard afin de préserver et d'exposer leur étonnante collection d'art amérindien, connaît une renommée internationale. Il abrite 10 superbes salles qui visent à faire connaître et respecter les peuples autochtones partout dans le monde ainsi que leur patrimoine culturel. On peut y voir des formes variées d'arts traditionnels ou contemporains (sculpture, gravure, poterie, tissage) ou encore assister à des spectacles de danse ou de musique. Des expositions avec bornes interactives ainsi que des programmes d'accueil et de résidence pour les artistes font de la visite du Heard Museum une expérience mémorable. La boutique de souvenirs du musée vend des œuvres authentiques (et fort coûteuses) d'art régional. L'événement le plus prisé du musée, le Guild Indian Fair and Market, a lieu au cours de la première fin de semaine de mars et accueille plus de 650 des meilleurs artistes amérindiens au pays; magasinage, animation et nourriture sont au programme. Également couru est le superbe World Championship Hoop Dance Contest, au début du printemps. Stationnement gratuit.

Le **Phoenix Art Museum** ★★★ *(10$, entrée libre jeu 15h à 21h; mar-sam 10h à 17h, dim 12h à 17h; 1625 N. Central Ave., angle Dowell Rd., ☎ 602-257-1800 ou 602-257-1222, www.phxart.org)* se trouve à quelques rues au sud du Heard Museum. Les panneaux extérieurs saisissants, faits de quartz vert, font miroiter le bâtiment sous le soleil omniprésent de l'Arizona. Trois expositions permanentes, constituées de plus de 13 000 œuvres, y sont présentées: l'art de l'Asie, l'art des Amériques et d'Europe jusqu'en 1900 et l'art de 1900 à aujourd'hui. Les enfants adoreront sans doute l'exposition de la galerie ArtWorks, où ils sont invités à toucher et à manipuler les objets.

Le **Biltmore District** de Phoenix, qui est particulièrement peu accessible aux piétons et qui comporte peu de curiosités touristiques, renferme par contre plusieurs complexes et établissements hôteliers qui sont eux-mêmes des attraits à ne pas manquer. Consultez la section «Hébergement» à la page 399.

Papago Park ★★★

Depuis 400 av. J.-C., le secteur du **Papago Park** *(angle Galvin Pkwy. et Van Buren St., ☎ 602-256-3220, http://phoenix.gov/PARKS/hikepapa.html)* semble avoir toujours exercé un grand attrait sur l'homme. Le peuple Hohokam était attiré par la région en raison de la rivière Salt, qu'il utilisa pour irriguer ses cultures au moyen d'un système fort développé de canalisation. Au début des années 1900, la zone fut déclarée patrimoine national grâce à la présence considérable de cactus saguaros. Ce statut lui fut cependant révoqué en 1930, lorsque les cactus ont mystérieusement disparu, fort probablement volés pour servir à l'aménagement paysager d'individus de la localité. Au total, on compte 607 ha de dunes, de ruisseaux et de lagunes favorisant la pratique d'une foule d'activités récréatives, notamment le tir à l'arc et la randonnée pédestre ou cycliste. Le parc abrite également un superbe terrain de golf municipal, le Papago Golf Club, ouvert à tous. Un complexe sportif permet en outre de jouer à la balle molle, au golf-frisbee et au volley-ball. Le parc représente en soi un formidable attrait en raison de ses formations rocheuses superbement sculptées par l'eau et de la possibilité d'y observer la faune et la flore indigènes en plein centre urbain de Phoenix. Il constitue l'unique site historique national (National Historical Landmark) de Phoenix.

D'autres attraits uniques du parc sont le «Hole in the Rock», la tombe pyramidale du gouverneur Hunt, les jardins du désert, un zoo et quelques musées. On pourrait passer des journées entières à l'explorer. Scottsdale et Tempe, à l'extrémité est du parc, sont d'excellents endroits où séjourner pendant que vous visitez la région. Le moyen de transport le plus efficace pour se déplacer d'un attrait à l'autre dans le Papago Park est la voiture, car les distances sont trop grandes pour être parcourues à pied. Plusieurs hôtels offrent un service de navette.

La **Papago Salado Association** *(☎ 602-262-6862, www.papagosalado.org)* se fera un plaisir de vous fournir des renseignements additionnels sur le parc et ses attraits. Elle vise à promouvoir, à préserver et à développer le Papago Park et la région de Rio Salado.

Le **Phoenix Zoo** ★★ *(16$; hiver tlj 9h à 16h, été lun-ven 7h à 14h, sam-dim 7h à 16h; 455 N. Galvin Pkwy., ☎ 602-273-1341, www.phoenixzoo.org)* abrite plus de 1 200 animaux (notamment 200 oiseaux, mammifères et reptiles en voie de disparition), et ce, dans quatre sections reproduisant quatre habitats, le tout relié par des sentiers. Le «sentier des Tropiques» montre la vie sauvage de la forêt de l'Uco, près de l'équateur, où vivent des éléphants, des singes hurleurs et des plantes tropicales luxuriantes. Sur le «sentier de l'Arizona», on peut observer de mini-habitats du désert, des rives et des forêts de Sonora, le tout assez complet pour qu'il s'y trouve même des monstres de Gila, des lions de montagne et des aigles à tête blanche. Le «sentier de l'Afrique» recrée la savane africaine avec guépards, rhinocéros et lions. Enfin, le «sentier Découverte» propose la Harmony Farm, une ferme où les enfants et les adultes peuvent s'approcher de certains animaux domestiques. Pour 3$ de plus, vous pouvez prendre le «train safari» qui fait le tour du zoo.

Le **Desert Botanical Garden** ★★ *(15$; hiver tlj 8h à 20h, été tlj 7h à 20h; 1201 N. Galvin Pkwy., ☎ 480-941-1225, www.dbg.org)* se trouve dans le coin nord-est du Papago Park. Il abrite l'une des collections les plus complètes de plantes du désert: plus de 20 000 espèces, harmonieusement plantées le long d'agréables sentiers. S'y trouvent aussi l'Earle Herbarium, un herbier servant aux chercheurs pour la classification des espèces végétales du désert, et la Max Richter Memorial Library, qui contient plus de 6 300 titres qu'on peut consulter en semaine.

Scottsdale ★★★

Scottsdale Convention & Visitors Bureau: 4343 N. Scottsdale Rd., Suite 170, Scottsdale, AZ 85251, ☎ 480-421-1004 ou 800-782-1117, www.scottsdalecvb.com.

En 1888, l'aumônier de l'armée des États-Unis, Winfield Scott, acheta 260 ha de terrain sur ce qui est maintenant Scottsdale.

Au cœur du centre-ville, l'historique **Old Town Scottsdale** ★★★ arbore un thème «Old West» bien établi, sinon authentique. Aujourd'hui la ville est au cœur même de la vie artistique dans la Valley of the Sun. Immédiatement située à l'est de Phoenix et au nord de Tempe, Scottsdale s'avère incontournable du fait de son atmosphère unique, de ses centaines de boutiques spécialisées, de ses points d'intérêt historiques et, il va sans dire, de ses innombrables galeries. Un service de trolleybus gratuit, le **Scottsdale RoundUP**, permet de s'y déplacer à sa guise, même si la majorité des commerces et des galeries d'art se trouvent à distance de marche d'Old Town. Quant aux attraits, nombre d'entre eux se trouvent en périphérie de la ville, comme *Taliesin West*, Arcosanti et Rawhide, quoique les navettes des hôtels puissent vous y mener et revenir vous chercher à moindres frais ou tout à fait gratuitement.

C'est le jeudi soir que ça bouge le plus à Scottsdale, car plus de 100 galeries d'art de Main Street et de Marshall Way restent ouvertes jusqu'à 21h pour le plus grand plaisir des amateurs. Des centaines de personnes en profitent pour faire la tournée des différents établissements, les bars et les restaurants s'emplissent, et toute la ville s'imprègne d'une atmosphère de fête.

Tout au bout de Main Street, vous trouverez le **Scottsdale Mall** ★★★, qui est non pas un centre commercial mais un parc piétonnier. Y trône la magnifique sculpture ***The Yearlings*** de George-Ann Tognoni, qui représente trois jeunes chevaux gambadant et qui marque fort à propos l'emplacement du stationnement des calèches de location.

Une œuvre sculpturale en béton qui évoque un voilier s'enfonçant dans une plage marque l'entrée de la **Civic Center Plaza** ★★★, qui fait la fierté du tout Scottsdale. De nombreuses et belles fontaines et sculptures vous y attendent, créant un cadre on ne peut plus propice à un pique-nique, à l'observation des passants, à un dîner ou à une sortie dans un des nombreux bars du secteur. Le parc s'avère luxuriant et verdoyant, et renferme plusieurs bancs dispersés parmi les majestueux palmiers, les citrus et un arc-en-ciel de fleurs.

Le **Scottsdale Center for the Performing Arts** et le **Scottsdale Museum of Contemporary Art** ★★★ *(7$, entrée libre jeu 10h à 20h; mar, mer, ven et sam 10h à 17h, jeu 10h à 20h, dim 12h à 17h; 7374 E. Second St., ☎ 480-874-4666, www.scottsdalearts.org)* sont les fleurons culturels et artistiques de Scottsdale. Érigées côte à côte, les deux structures massives de béton présentent des lignes arrondies et fluides rappelant celles qui caractérisent les bâtiments en adobe traditionnels de la région. Le Center for the Performing Arts abrite deux galeries permanentes et deux salles d'exposition temporaire où figurent des pièces de son importante collection de même que des œuvres provenant de partout dans le monde. Spectacles de danse, pièces de théâtre et concerts sont présentés dans une salle avant-gardiste, tandis qu'un petit cinéma propose une variété d'événements cinématographiques tout au long de l'année. Quant au Museum of Contemporary Art, il avoisine le Gerard L. Cafesjian Pavilion et compte cinq salles d'exposition. Les deux édifices se révèlent être de véritables œuvres d'art en soi, et le droit d'entrée indiqué donne accès à l'un comme à l'autre.

Le **Scottsdale ArtWalk** ★★★ s'étend sur deux quadrilatères, soit jusqu'au Goldwater Boulevard, et recèle toutes les formes d'art imaginables dans une variété de matériaux. Nombre de galeries exposent principalement des œuvres du Sud-Ouest inspirées des traditions de l'Old West, de scènes pastorales et de la vie des Amérindiens.

Le **Marshall Way Arts District** ★★★ est une autre destination importante pour les amateurs d'art. Une large palette d'artistes d'envergure locale, nationale ou internationale, y est représentée au fil de nombreuses petites galeries-boutiques.

Frank Lloyd Wright

La région de Phoenix a été le lieu de résidence d'un homme que beaucoup tiennent pour le plus grand architecte des États-Unis, Frank Lloyd Wright, qui, entre 1937 et 1959, passait tous ses hivers à Scottsdale, en banlieue de Phoenix, dans sa désormais célèbre demeure baptisée ***Taliesin West***. Wright, qu'accompagnait sa famille, s'est pour la première fois rendu dans le sud-ouest des États-Unis à l'hiver de 1928, pour travailler à la conception de l'**Arizona Biltmore Hotel**. L'année suivante, il élabora un campement dans le désert, Ocatilla, où il dessina le **San Marcos-in-the-Desert Hotel**, qui connut malheureusement un triste sort.

Après la création du Taliesin Fellowship, en 1932, Wright décida de revenir dans la région année après année. C'est ainsi qu'à compter de 1937 il entreprit la construction de ses quartiers d'hiver permanents, *Taliesin West*, au pied des monts McDowell, dans le secteur aujourd'hui connu sous le nom de « Scottsdale ». Il utilisa pour ce faire ce qu'il appelait le « béton du désert », soit un mélange de sable, de pierre et de ciment. Sa demeure conserve à ce jour sa facture classique et s'impose d'emblée comme un modèle de structure et d'esthétisme. Il l'a en outre dotée, une première, d'espaces ouverts créant une impression de grande fluidité, et c'est là qu'il mit à l'épreuve nombre de ses innovations conceptuelles, de ses idées structurales et des techniques de construction qu'il appliqua ensuite à d'autres bâtiments. À cette époque, *Taliesin West* se trouvait à 42 km de Phoenix et offrait aussi bien les avantages que les désavantages de la vie dans le désert.

Wright mourut à Phoenix le 9 avril 1959, à l'âge de 91 ans et, depuis son décès, sa propriété a été transformée en école d'architecture, ouverte aux visiteurs. D'autres exemples du travail de Wright comprennent le **Solomon R. Guggenheim Museum** de New York (1946-1959) et la maison ***Fallingwater*** de Bear Run, en Pennsylvanie (1936-1937), dramatiquement suspendue au-dessus d'une chute.

Relevant du **Heard Museum** (voir p. 368), le **Heard Museum North** ★ *(5$; lun-sam 10h à 17h, dim 12h à 17h; 32633 N. Scottsdale Rd., ☎ 480-488-9817, www.heard.org)* abrite deux intéressantes salles qui portent sur les différentes communautés autochtones de l'Arizona, mais aussi du monde entier grâce à différentes expositions temporaires. S'y trouvent une jolie boutique et un agréable café.

Nichée dans les contreforts des monts McDowell, la propriété de Frank Lloyd Wright, ***Taliesin West*** ★★★ *(visites 18-60; tlj 9h à 16h; 12621 Frank Lloyd Wright Blvd., ☎ 480-860-2700, www.franklloydwright.org)*, est un véritable chef-d'œuvre architectural. Le célèbre architecte s'est rendu à Scottsdale en 1937 pour y construire son studio d'hiver, sa résidence personnelle de même qu'une école d'architecture. *Taliesin West* (*taliesin* est un mot gallois qui signifie «sommet étincelant») a été érigée à même le sable et la pierre de la région, amalgamés de manière à créer formes et espaces fonctionnels témoignant de l'étonnante capacité de Wright à harmoniser les intérieurs et les extérieurs à leur environnement. On peut librement parcourir la propriété à pied et admirer ses aménagements paysagers hautement raffinés au fil de nombreuses fontaines, de ponts et de terrasses; cependant, pour découvrir l'intérieur glorieux de ce complexe, il faut prendre part à une visite organisée. Tout y est demeuré à peu près intact en mémoire de Wright, et les plafonds translucides, les angles étudiés de même que les espaces à ciel ouvert caractérisent à tour de rôle des espaces de conception unique tels que la Garden Room, le Cabaret Theatre et le Music Pavilion. *Taliesin* abrite aujourd'hui le siège de la Frank Lloyd Wright Foundation et le campus d'une école d'architecture avant-gardiste. Les visites, qui peuvent comporter différentes options (informez-vous au préalable), permettent de mieux comprendre la philosophie de Wright. Il est recommandé de réserver sa place.

Tempe ★★

Tempe Convention & Visitors Bureau: 51 W. Third St., Suite 105, Tempe, AZ 85281, ☎ 480-894-8158 ou 800-283-6734, www.tempecvb.com

Charles Trumbull Hayden est le premier colon à s'être installé sur la rive sud de la rivière Salt, en 1870. À quelques kilomètres à l'est de Phoenix, il construisit une meunerie prospère, des ateliers de maréchal-ferrant et un bac pour traverser la rivière.

De nos jours, Tempe est une ville universitaire animée, traversée par les routes principales en provenance de Phoenix et d'ailleurs en Arizona. La quantité de lieux d'hébergement, de restaurants et de bars et boîtes de nuit abordables y est un bon indicatif de la forte présence d'étudiants. On trouve cependant une grande diversité de sites historiques et culturels à Tempe, qui, par ailleurs, alloue un pourcentage de son budget à l'art public qu'on peut admirer un peu partout dans la ville.

Érigé en bordure du lac Tempe Town (voir ci-dessous), le splendide **Tempe Center for the Arts** ★ *(700 W. Rio Salado Pkwy., ☎ 480-350-2822, www.tempe.gov/tca)* a ouvert ses portes en 2007. Il abrite une salle de spectacle de 600 places, une seconde de 200 places ainsi qu'une galerie d'art *(entrée libre; mar-ven 10h à 18h, sam 11h à 18h, dim 9h à 21h)* accueillant différentes expositions temporaires.

Le **Tempe Beach Park** ★★ *(N. Mill Ave.)* fait partie d'un projet ambitieux entrepris par la Ville qui a permis de créer dans le Rio Salado un lac artificiel d'une longueur de 3,2 km, le **Tempe Town Lake**, à l'extrémité nord du centre de Tempe. On y loue des pédalos, des dériveurs et des kayaks, et le parc renferme même une petite bande de sable désignée du nom de **Tempe Town Beach**.

Le **Hayden Flour Mill** *(119 S. Mill Ave.)* se trouve directement en face de la Hayden House, de l'autre côté de Mill Avenue. Construit vers la fin du XIXe siècle par Charles Trumbull Hayden, ce moulin à céréales était alimenté par une roue à aubes entraînée par le courant du canal adjacent. La farine qu'on y produisait était transportée de l'autre côté de la rivière Salt par le traversier de Hayden.

Fondée en 1885 sous le nom d'«Arizona Territorial Normal School», une simple école vouée à la formation des futurs enseignants, l'**Arizona State University (ASU)** ★★★ *(lun-ven 8h à 17h; 215 Seventh St., www.asu.edu)* s'impose aujourd'hui comme une des plus grandes universités des États-Unis et accueille bon an mal an plus de 50 000 étudiants. Des voies cyclables et des allées piétonnières y serpentent entre les palmiers et les citrus, au gré de vertes pelouses et de jardins de cactus ponctués de fontaines, sur une superficie de près de 300 ha. Le campus de l'ASU est non seulement ravissant, mais recèle également quelques attraits importants. Bien qu'il s'agisse d'un très vaste campus, sachez que vous n'aurez aucune difficulté à vous y orienter, car il y a partout des panneaux de signalisation et des plans des lieux. Pour en faire la visite en groupe ou pour de plus amples renseignements, contactez le centre d'information de l'ASU *(☎ 480-965-9011)*.

Le **Grady Gammage Memorial Auditorium** ★★ *(visites libres lun-ven 13h à 15h30, aucune visite en été; angle Mill Ave. et Apache Blvd., ☎ 480-965-5062, www.asugammage.com)* est la dernière grande réalisation de Frank Lloyd Wright. Il a d'ailleurs été acclamé à l'échelle internationale comme un chef-d'œuvre d'acoustique et d'architecture. Sa salle de 3 000 places accueille tout au long de l'année des productions à la Broadway, des spectacles de danse, des concerts et des événements mettant en vedette diverses célébrités.

L'**ASU Art Museum** ★★ *(entrée libre; mar 10h à 21h, mer-sam 10h à 17h; 51 E. 10th St., ☎ 602-965-2787)* se trouve à l'intérieur du **J. Russell and Bonita Nelson Fine Arts Center** et renferme cinq salles d'exposition des XIXe et XXe siècles. Vous y trouverez en outre quatre jardins de sculptures et une belle boutique de souvenirs. Le centre d'art abrite par ailleurs le **Paul V. Galvin Playhouse** et l'**University Dance Laboratory**, qui présentent des productions montées par les étudiants en art dramatique de l'université.

En empruntant la Palm Walk en direction nord, vous atteindrez le **Bateman Physical Sciences Center** ★★ et sa myriade d'attractions. Ce complexe moderne et tentaculaire renferme en effet un centre du météorite, un planétarium, un musée de géologie et un microscope électronique. Le **Meteorite Center** ★ *(entrée libre; lun-ven 8h30 à 16h; ☎ 480-965-6511, www.meteorites.asu.edu)* expose près de 1 500 spécimens sous verre, ce qui fait de sa collection l'une des plus importantes du monde. Le minuscule **R.S. Dietz Museum of Geology** *(entrée libre; lun-ven 9h à 12h; ☎ 602-965-7065, http://sese.asu.edu/geo_museum)* possède un assortiment de fossiles, de minerais et de gemmes, de même qu'un pendule de Foucault haut de six étages dont le balancier permet d'indiquer la rotation de la Terre.

Le **Desert Arboretum Park** ★★ *(entrée libre; lun-ven 7h à 15h30; 826 E. Apache Blvd., ☎ 602-965-0100, www.azarboretum.org)* s'étend pratiquement un peu partout sur le campus. Initialement créée en 1896, cette vaste oasis de plantes provenant de tous les coins du monde occupe plus de 300 ha et reste ouverte 24 heures sur 24, attirant chaque année plus de 50 000 visiteurs. De majestueux palmiers et de robustes pins himalayens y emboîtent le pas à de rares arbres fruitiers et à des cactus, composant ainsi un véritable festin pour les sens de tous ceux qui se promènent sur le campus de l'ASU.

SeaLife Arizona ★ *(18,50$; lun-sam 10h à 21h, dim 10h à 19h; 5000 Arizona Mills Circle, accès par la route 10 Est, sortie Baseline Road East, ou par la route 60 Est, sortie Priest Drive South; ☎ 480-478-7600, www.sealifeus.com)* est une des nouvelles attractions familiales de la grande région de Phoenix. Après celui de Carlsbad, en Californie, l'aquarium SeaLife de Phoenix/Tempe a ouvert ses portes en mai 2010. Il propose de partir à la découverte du monde marin sans se mouiller. À l'aide de jeux ludiques, de démonstrations, de reconstitutions d'habitats et d'expositions animales, vous traverserez la planète aquatique, d'un lac d'Arizona aux plages du Pacifique, en passant par les abysses: en tout, 30 bassins et 12 habitats aquatiques. Plus de 5 000 espèces sont mises en scène, dont trois différentes variétés d'hippocampes, une pieuvre géante et des raies mantas. À découvrir également: un tunnel sous-marin traversant des tonnes d'eau où nage une faune active.

La boucle de l'Apache Trail ★★★

Apache Junction est une petite localité située immédiatement à l'est de Phoenix qui sert de tremplin vers l'Apache Trail. Elle possède quelques restaurants et hôtels dont la clientèle se compose surtout de voyageurs de passage, et il s'agit d'un bon endroit où passer la nuit, dans la mesure où il est préférable de s'engager de bon matin sur l'Apache Trail, route très fréquentée, pour éviter les embouteillages.

L'**Apache Trail** n'est pas tant une destination qu'une aventure en soi. Cette route a été créée en vue de la construction et de l'approvisionnement du barrage Roosevelt entre 1906 et 1911. À cette époque, il s'agissait d'un chemin de terre accidenté à voie unique où la circulation était lente et à tout le moins précaire, si ce n'est que ses paysages spectaculaires n'ont depuis cessé d'attirer les touristes. Nombre de stations d'escale y ont vu le jour afin de répondre aux besoins des visiteurs, et quelques-unes d'entre elles subsistent à ce jour. Puis, en 1919, le gouverneur George P. Hunt prit conscience de la nécessité d'un lien routier entre Phoenix et les villes minières de Globe et Miami, et il fit construire la route 60 pour relier Apache Junction et Globe. Ce n'est qu'après l'achèvement de cette route, en 1922, que la boucle de l'Apache Trail prit forme.

Cette boucle (Circle Route) sinueuse serpente entre de profonds canyons, croise d'anciennes formations rocheuses et traverse la Tonto National Forest. Il s'agit d'un parcours plein de surprises, ponctué de pentes abruptes, de virages serrés et de tronçons cahoteux, mais les panoramas sans fin valent largement le déplacement. La circulation peut s'avérer lente par moments, si ce n'est qu'on ne vient pas ici pour se presser mais pour admirer les paysages qui ponctuent le parcours.

À environ 6,5 km (4 mi) le long de la route 88 surgit la **Goldfield Ghost Town** ★ *(tlj 10h à 17h, saloon tlj 10h à 21h; 4650 N. Mammoth Mine Rd., ☎ 480-983-0333, www.goldfieldghosttown.com)*, une reconstitution moderne d'une ancienne ville aurifère en plein essor à la fin du XIXe siècle. Après qu'on eut découvert un riche gisement d'or sur les lieux en 1892, cette petite ville s'anima soudain, attirant quelque 4 000 résidents en l'espace de cinq ans. À son apogée, on y dénombrait trois *saloons*, une pension, un magasin général, une forge, une brasserie et une école. Le minerai s'épuisa toutefois au tournant du XXe siècle, et **Goldfield**, privée de son plus grand atout, commença à se faner, jusqu'à en mourir.

De nos jours, cette «ville morte» prend des allures plutôt commerciales, mais elle n'en recèle pas moins plusieurs attraits qui la rendent dignes d'un détour. Vous pourrez notamment y visiter la **Goldfield Mine** *(7$)*, dont le puits d'accès a été réaménagé sur 60 m, et le **Goldfield's Historic Museum** *(4$)*, qui retrace l'histoire de la région. Un train circulant sur voies étroites, le **Superstition Narrow Gauge Railroad** *(6$)*, part en outre de Goldfield pour un court voyage dans les contreforts des monts Superstition et à travers les anciennes concessions minières. Vous pourrez également découvrir le fascinant monde des reptiles au **Superstition Reptile Exhibit** *(3$)* et apprendre en moins de deux comment on s'y prend pour sasser l'or à la **Prospector's Place** *(entrée libre)*. De plus, un grand réservoir d'eau placé au beau milieu de la ville laisse échapper de l'eau toute la journée, ce qui ne manquera pas de rafraîchir les ardeurs des enfants rendus turbulents par la chaleur. Goldfield est enfin l'endroit tout indiqué pour prendre part à une excursion pédestre, motorisée ou à cheval dans les contreforts des monts Superstition.

Toujours à Goldfield, n'oubliez pas le **Superstition Mountain Museum** ★★ *(5$; tlj 9h à 16h; 4087 N. Apache Trail, ☎ 480-983-4888, www.superstitionmountainmuseum.org)*, qui expose, au rez-de-chaussée, des vestiges hohokams, du vieux matériel minier, des photos et des vêtements d'époque. À l'étage, vous en apprendrez davantage sur la géologie de la région, notamment par le biais d'une maquette à grande échelle du désert environnant et de près de deux douzaines de cartes prétendant indiquer l'emplacement de la mine d'or du célèbre Dutchman (voir ci-dessous).

À environ 1,5 km de Goldfield s'étend le **Lost Dutchman State Park** ★★ *(7$/véhicule; ☎ 480-982-4485, www.azstateparks.com)*, au pied des monts Superstition (alt. 1 000 m) qui s'élèvent très haut au-dessus du désert. Vous y trouverez nombre de sentiers abondamment empruntés, notamment par les chercheurs de trésors à ce jour en quête de la mine d'or légendaire du Dutchman. Un grand amphithéâtre y présente par ailleurs des conférences de *rangers* sur l'histoire, la faune et la flore de la région. Ce parc marque en outre l'entrée de la **Tonto National Forest** *(☎ 602-225-5200, www.fs.fed.us/r3/tonto/)*, une forêt de cactus et de pins d'une superficie de 1 174 000 ha.

Au-delà du parc, la route serpente à travers la Tonto National Forest et épouse les contours du **Canyon Lake**. Cette oasis pour le moins pittoresque a été créée lors de l'érection du Mormon Flat Dam en 1925 et jouit d'une grande popularité auprès des amateurs de pêche, de camping et de navigation de plaisance.

Tortilla Flat ★★★ *(☎ 480-984-1776, www.tortillaflataz.com)* compte fièrement six habitants et s'impose comme un arrêt incontournable sur l'Apache Trail, dans la mesure où il s'agit de votre dernière chance pour poster une lettre, prendre une bouchée ou acheter un souvenir avant Globe ou Miami, distantes de plus de 35 km (22 mi) par des voies somme toute difficiles. Ce village a d'abord servi de halte de diligence en 1904, à l'époque de la construction de la Mesa-Roosevelt Road, et continue à ce jour de répondre aux besoins des voyageurs, soit depuis plus d'un siècle. Les murs du Superstition Saloon sont tapissés de billets de banque autographiés provenant des quatre coins du monde, d'une valeur d'environ 25 000$, une tradition qui remonte aux premiers jours de Tortilla Flat, à l'époque où les voyageurs laissaient ici quelques pièces à l'intention des éventuels vagabonds de passage.

Tout juste au-delà de Tortilla Flat, le revêtement cède le pas à des routes sablonneuses jusqu'au bout de l'Apache Trail, qui s'étire encore sur 35 km (22 mi) jusqu'à Globe et Miami. La vitesse y est réduite à 25 ou 30 km/h (entre 15 et 20 mi/h), les conducteurs devant faire face à des passages difficiles, à des dénivellations importantes et à des pentes abruptes. Prenez garde aux autocaravanes et gardez à l'esprit que les véhicules en ascension ont priorité de passage (même si peu d'autres conducteurs semblent en avoir conscience). Quoi qu'il en soit, accordez-vous quelques heures pour franchir ce dernier tronçon de l'Apache Trail.

Le prochain plan d'eau d'importance que vous croiserez est l'**Apache Lake**, dont la beauté est rehaussée par les montagnes rouges qui lui servent de toile de fond. La route se prolonge bien au-delà et permet d'accéder à l'**Apache Lake Look-out** ★★, de même qu'à des rampes de mise à l'eau et à des aires de pique-nique d'où vous pourrez profiter à loisir de vues à couper le souffle ou à tout le moins sortir de la voiture pendant quelques minutes.

Le **Roosevelt Dam** ★★ apparaît à l'endroit où prend fin la route de gravier. Construit entre 1904 et 1911, il s'agit là du plus grand barrage en maçonnerie du monde, érigé brique par brique jusqu'à une hauteur pour le moins impressionnante de 93 m (280 pi). Il a été inauguré de nouveau en mai 1996 après des rénovations réalisées au coût de 430 millions de dollars visant à l'élever jusqu'à sa hauteur actuelle de 119 m (357 pi), sans parler d'un nouveau pont qui s'impose comme le plus long d'une seule travée à deux voies en Amérique du Nord (360 m, ou 1 080 pi), conçu pour la circulation qui devait par le passé emprunter la crête du barrage pour traverser le lac Roosevelt. Un **observatoire** adjacent offre une vue imprenable sur le barrage, le lac et le pont.

À la **Tonto Basin Ranger Station** ★ *(droit d'entrée à payer aux bornes; Roosevelt)* vous attendent des vitrines sur le barrage, sur les cultures amérindiennes de la préhistoire ainsi que sur la faune et la flore de la région. Tout juste au-delà de la station de *rangers* se trouve l'entrée de la Roosevelt Lake Recreation Area, où il est possible de camper.

Quelques kilomètres passé le barrage se dessine la voie d'embranchement vers le **Tonto National Monument** ★★★ *(3$; tlj 8h à 17h; ☎ 520-467-2241, www.nps.gov/tont)*. Le site est réputé pour l'état de conservation remarquable de ses habitations de falaise, où logeaient les Salados du XIIIe au XVe siècle. Ces Autochtones cultivaient la vallée de la rivière Salt et complétaient leur régime en chassant du gibier sauvage et en cueillant diverses plantes et baies. Ils étaient aussi d'habiles artisans, et on leur doit notamment d'exquises poteries polychromes de même que des étoffes de coton au tissage complexe. Beaucoup des objets trouvés sur place sont exposés au musée du centre d'accueil des visiteurs. Les lieux ont été déclarés monument national en 1907 après avoir été découverts lors de la construction du barrage Roosevelt. Les habitations en soi s'avèrent impressionnantes, d'autant plus qu'elles occupent des grottes naturelles bien protégées et perchées bien haut aux flancs de collines abruptes en surplomb sur le lac Roosevelt. La **Lower Ruin** (ruine inférieure) est accessible par un sentier revêtu de 800 m (0,5 mi) et comporte 16 habitations qui font songer à un complexe d'appartements modernes, 3 d'entre elles étant construites sur deux étages. L'**Upper Ruin** (ruine supérieure) se trouve au bout d'un sentier plus accidenté de 4,8 km (3 mi) et révèle un *pueblo* plus important composé de 32 habitations dont 8 de deux étages. Pour visiter l'Upper Ruin, vous devez être accompagné d'un *ranger* et réserver votre place à l'avance.

À mi-parcours de la boucle de l'Apache Trail, la route 60 donne accès aux villes cuprifères de **Globe** ★ et **Miami**. Des deux, c'est Globe qui présente le plus d'intérêt, notamment en raison de son centre historique et de ses ruines amérindiennes bien préservées. Qui plus est, elle n'a pas encore succombé au tourisme, et une bonne partie de la ville est demeurée intacte depuis maintenant un demi-siècle. Globe a ainsi été nommée du fait de la découverte d'une grosse pépite d'argent globulaire dans une mine de la région. Outre le cuivre, on creuse le sol des collines avoisinantes en quête de turquoise dont on fait des bijoux dans la réserve amérindienne toute proche de San Carlos, pour ensuite les vendre dans différentes boutiques de la ville. Une visite à pied audioguidée de Globe et Miami part de la chambre de commerce et parcourt Broad Street à Globe puis Sullivan Street à Miami.

Les fluctuations du cours des marchandises ont façonné l'histoire de ces deux villes minières et, au début des années 1980, l'avenir de Miami et de Globe s'annonçait plutôt sombre. De récents efforts ont cependant contribué à préserver et à raviver leurs quartiers historiques. Cela dit, le quatrième samedi d'octobre est sans doute le meilleur moment pour visiter Globe, car la ville accueille alors le festival apache Jii, ponctué de danses traditionnelles, de démonstrations d'artisanat, d'expositions d'art et d'événements culinaires.

Le principal attrait de Globe est sans contredit la **Besh Ba Gowah Ruin** ★★★ *(droit d'entrée; tlj 9h à 17h; 1100 Pioneer Rd., ☎ 520-425-0320)*, un ancien complexe d'habitations salados dont la population atteignait 600 habitants aux XIIIe et XIVe siècles. À l'intérieur du petit musée aménagé sur les lieux, une courte vidéo d'orientation présente un aperçu du site, tandis que plusieurs dioramas dépeignent le site tel qu'il se présentait jadis et tel qu'il apparaît aujourd'hui. On y expose en outre nombre d'objets façonnés, entre autres des poteries, des armes et des tissus retirés des ruines. À l'époque où il était habité, le *pueblo* comptait au total 200 habitations construites de pierres riveraines recouvertes d'adobes. Quelques-unes d'entre elles ont été restaurées pour donner une idée de la vie quotidienne des Salados aux visiteurs, lesquels peuvent en parcourir certaines dotées d'échelles pour accéder à l'étage supérieur. Enfin, un petit jardin botanique adjacent renferme plusieurs des espèces végétales que les premiers habitants des lieux avaient l'habitude de cultiver.

En reprenant l'Apache Trail en direction d'Apache Junction, vous atteindrez la petite ville de **Superior** ★★, d'abord baptisée «Hastings», puis «Queen», jusqu'à ce qu'on lui donne son nom actuel en souvenir de la Lake Superior and Arizona Mining Company. Elle doit en effet son existence à cette société minière et elle n'a plus jamais été la même depuis que cette dernière a mis fin à ses activités d'extraction en 1912.

Immédiatement à l'ouest de Superior s'étend le **Boyce Thompson Arboretum** ★★★ *(7,50$; été tlj 6h à 15h, hiver tlj 8h à 16h; 37615 Hwy. 60, ☎ 520-689-2811 ou 520-689-2723, www.btarboretum.org)*, un attrait à ne pas manquer. Créé en 1924 par le magnat des mines qu'était William Boyce Thompson, cet arboretum installé au pied du mont Picketpost est le plus ancien de l'Arizona, et les jardins qui s'y trouvent constituent un véritable festin pour les sens, d'innombrables parfums et couleurs émanant des quelque 3 200 plantes de la collection, parfaitement adaptées à l'environnement on ne peut plus sec de la région.

Pour boucler la boucle de l'Apache Trail, poursuivez votre route jusqu'à Apache Junction.

Activités de plein air

➤ *Descente de rivière et croisières*

Bien que Phoenix ne soit pas une destination connue pour le rafting, la **Salt River** compte cependant quelques rapides intéressants. De mars à fin mai, les eaux de fonte provenant des White Tank Mountains procurent suffisamment de courant pour vous faire pagayer un bon coup dans le cours supérieur de la rivière Salt au nord de Phoenix. Quelques entreprises proposent des excursions d'une journée, entre autres **Salt River Rafting** *(☎ 800-425-5253, www.saltriverraftingllc.com)* et **Sun Country Raft Tours** *(☎ 800-770-2161, www.suncountrytours.com)*.

Desert Voyagers *(Scottsdale, ☎ 480-998-7238, www.desertvoyagers.com)* organise des escapades d'une demi-journée dans la **Tonto**

National Forest et offre un service de transport aller-retour à partir de l'hôtel où vous séjournez. On y fait aussi la location de kayaks et on y propose des sorties combinées 4x4/rafting.

Salt River Tubing & Recreation *(Power Rd., Mesa, ☎ 602-984-3305, www.saltrivertubing.com)*, installé à Mesa, juste à l'est de Phoenix, a mis sur pied une activité unique appelée *Floating Picnic* (pique-nique flottant). Pour quelques dollars, vous pourrez louer une chambre à air et flotter tranquillement le long de la rivière Salt jusqu'à une navette qui vous ramènera à votre véhicule. On peut aussi louer une chambre à air supplémentaire pour la glacière. Les familles attachent généralement leurs chambres à air ensemble autour de la chambre à air qui transporte la glacière contenant sandwichs et boissons. Les sorties durent entre 1h30 et 5h.

Rio Lago Cruise *(55 W. Rio Salado Pkwy., Tempe, ☎ 480-517-4050, www.riolagocruise.com)* fait la location de canots, de chaloupes et d'aquacycles à une ou deux places au **Tempe Town Lake**.

Des sorties sur le **Canyon Lake** (voir p. 373) sont organisées à bord du ***Dolly Steamboat*** *(☎ 480-827-9144 ou 800-979-3370, www.dollysteamboat.com)*, une réplique d'un navire à aubes à deux ponts qui sillonne le lac en 90 min. Réservations recommandées. Vous pouvez également louer une embarcation, pour pêcher ou découvrir le plan d'eau, à la **Canyon Lake Marina** *(☎ 480-288-9233, www.canyonlakemarina.com)*.

Près du **Tonto Basin Ranger Station** (voir p. 374) se trouve la **Roosevelt Lake Marina** *(☎ 602-912-1664, www.rlmaz.com)*, qui fait la location d'embarcations et vend de l'équipement de pêche.

➤ Excursions en véhicule tout-terrain

The Outback Safari Company *(☎ 602-987-8335, www.theoutbacksafari.com)* dessert la Tonto National Forest, juste à l'est de Phoenix, et propose des sorties en 4x4 à conduire soi-même (18 ans et plus), comprenant casque, essence, rafraîchissements et collation. On peut aussi s'offrir une sortie guidée de 4h30 en jeep avec transport aller-retour depuis l'hôtel en option. Ces excursions sont sous la conduite de personnes qualifiées et expérimentées.

Arizona Desert Mountain Jeep Tours *(☎ 800-567-3619, www.azdesertmountain.com)* organise une foule d'excursions, historiques ou d'interprétation de la nature, et d'autres encore pour aller à la recherche d'or dans les cours d'eau ou de villages fantômes. Les guides se révèlent amicaux et sont des gens d'expérience.

Wayward Wind Tours *(2418 E. Danbury Rd., Phoenix, ☎ 602-867-7825 ou 800-804-0480, www.waywardwindtours.com)* fait visiter le désert aux voyageurs depuis de nombreuses années. On y offre le transport depuis l'hôtel, des rafraîchissements gratuits et le choix de sorties l'avant-midi ou l'après-midi. Les guides sont véritablement attentifs à l'environnement et sont habitués à y repérer les animaux sauvages.

Apache Trail Tours *(Goldfield, ☎ 480-982-7661, www.apachetrailtours.com)* propose toutes sortes d'activités dans le désert environnant Goldfield: recherche d'or comme au bon vieux temps, sorties naturalistes en 4x4, randonnées guidées avec repas cuisinés sur feu de bois, survols en hélicoptère et balades à cheval.

➤ Golf

La région de Phoenix est un paradis pour les golfeurs. On y trouve plus de 200 terrains de golf à moins d'une demi-heure du centre-ville. À elle seule, la prestigieuse municipalité de Scottsdale *(www.scottsdalegolf.com)* en abrite plus de 50! Des renseignements précieux sont fournis sur le site Internet *www.azgolfguides.com*, qui comprend les adresses et l'information par région concernant presque tous les terrains de golf en Arizona. On peut aussi se procurer le ***Phoenix Golf Guide*** dans la plupart des hôtels, qui dresse une liste exhaustive des terrains de golf et en offre une brève description. N'oubliez pas toutefois que, malgré le nombre élevé de terrains, il peut être difficile d'y trouver une place à moins de réserver à l'avance.

➤ Observation des oiseaux

Audubon Arizona *(4250 E. Camelback Rd., Suite K310, Phoenix, ☎ 602-468-6470, http://az.audubon.org)* publie et diffuse des guides pratiques relativement à l'observation des oiseaux dans les différentes régions de l'Arizona.

➤ Patin à roues alignées

Les patineurs sont invités à utiliser le réseau **Greenway** à **Scottsdale**, mais doivent le partager avec les cyclistes. On peut se procurer une carte des pistes dans la plupart des boutiques de vélos et des bureaux de tourisme. Le patin à roues alignées est aussi populaire autour du **Tempe Town Lake**.

➤ Randonnée pédestre

Ce ne sont pas les occasions de faire de la randonnée pédestre à Phoenix et dans les déserts environnants qui manquent. Il y a des sentiers dans le **Papago Park**, tout comme il y en a dans le **South Mountain Park** *(10919 S. Central Ave., Phoenix, ☎ 602-495-5078, www.phoenix.gov/parks/southmnt.html)*, le **McDowell Mountain Regional Park** *(15612 E. Palisades Dr., Fountain Hills, ☎ 480-471-0173)*, la **Camelback Mountain** *(E. McDonald Dr., angle Tatum Blvd., Phoenix, ☎ 602-256-3220, www.phoenix.gov/parks/hikemain.html)* et la **Piestewa Peak Recreation Area** *(2701 E. Squaw Peak Lane, ☎ 602-262-7901)*.

La **Tonto Basin Ranger Station** est aussi le point de départ de nombreux sentiers qui sillonnent une partie de la **Tonto National Forest**.

➤ Vélo

Mountain Bike Association of Arizona:
☎ 602-351-7430, www.mbaa.net

Des centaines de kilomètres de sentiers bien battus en plein désert témoignent de la popularité du vélo de montagne à **Phoenix**. Beaucoup d'hôtels et de stations touristiques font la location de vélos ou en prêtent à leurs clients. Les sentiers de certains parcs, tels l'**Estrella Mountain Regional Park** *(14805 W. Vineyard Ave., Goodyear, ☎ 623-932-3811)*, le **McDowell Mountain Regional Park** *(15612 E. Palisades Dr., Fountain Hills, ☎ 480-471-0173)*, le **White Tank Mountain Regional Park** *(13025 N. White Tank Mountain Rd., Waddell, ☎ 623-935-2505)* et la **Piestewa Peak Recreation Area** *(2701 E. Squaw Peak Lane, ☎ 602-262-7901)*, sont balisés pour les simples cyclistes et les coureurs.

Il y a aussi plusieurs pistes cyclables à Phoenix et à Scottsdale, en plus de la boucle du **Tempe Town Lake** (voir p. 371). Pour obtenir des cartes, rendez-vous dans les centres de location de bicyclettes ou les offices de tourisme.

➤ Vols en montgolfière

L'**Unicorn Balloon Company of Arizona** *(15001 N. Seventh St., Scottsdale, ☎ 800-755-0935, www.unicornballoon.com)* lâche ses ballons près de l'aéroport de Scottsdale et offre le transport aller-retour à partir des hôtels de Scottsdale.

Pour une vue à vol d'oiseau de la région de Phoenix, vous pouvez également vous adresser à **Over the Rainbow Balloon Flights** *(Phoenix, ☎ 602-225-5666, www.letsgoballooning.com)* ou à **Hot Air Expeditions** *(2243 E. Rose Garden Loop, Suite 1, Phoenix, ☎ 480-502-6999 ou 800-831-7610, www.hotairexpeditions.com)*.

Tucson et ses environs ★★★

p. 403 p. 412 p. 418 p. 423

Localisation: Tucson se trouve à 116 mi (187 km) au sud-est de Phoenix sur l'Interstate 10.

Metropolitan Tucson Convention & Visitors Bureau: lun-ven 9h à 17h, sam-dim 9h à 16h; 100 S. Church Ave., Suite 7199, Tucson, AZ 85701, ☎ 520-624-1817 ou 888-288-2766, www.visittucson.org.

Dotée de sa propre originalité, Tucson est loin de n'être qu'une ville du sud-ouest des États-Unis parmi tant d'autres.

Souvent désignée du nom d'«Old Pueblo», cette communauté en pleine croissance parvient à marier son histoire et sa culture à l'art et à la nature. De fait, Tucson s'enorgueillit de nombreux atouts culturels, qu'il s'agisse de ses musées, de son orchestre symphonique, de son opéra ou de sa colonie artistique prospère. Près de 150 galeries d'art et studios d'artistes constellent d'ailleurs la ville, et vous ne manquerez pas d'être ébloui par la multiplicité et la qualité des œuvres d'art public qu'on peut y admirer, soit plus de 200 murales et autres sculptures dont beaucoup constituent les pièces maîtresses de nombreux parcs et espaces verts.

La région métropolitaine de Tucson compte plus de 920 000 habitants, dont beaucoup ont migré ici au cours de la dernière décennie du XXe siècle, attirés par l'atmosphère accueillante des lieux, la vie au grand air et plus de 300 jours d'ensoleillement par année.

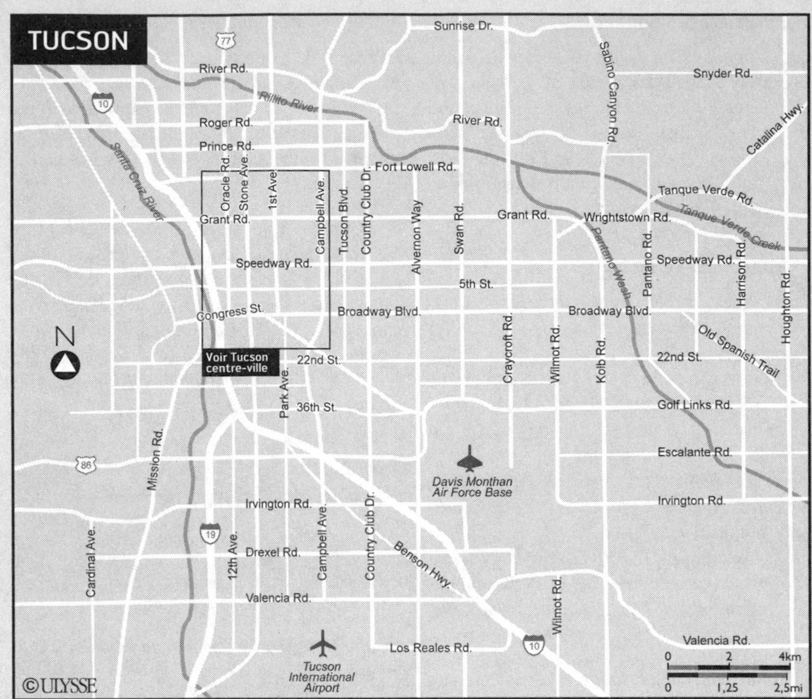

Le centre de Tucson

En parcourant le centre-ville de Tucson, vous croiserez une multitude de vieilles maisons en adobe, de monuments historiques, de boutiques et de galeries d'art. Ce secteur de la ville est divisé en une série de *barrios* (mot espagnol signifiant «quartiers»), y compris El Presidio, l'Armory Park et le Barrio Viejo. Un circuit à pied, le **Presidio Trail**, permet de parcourir en un après-midi les principaux points d'intérêt du centre-ville: un plan est disponible au **Metropolitan Tucson Convention & Visitors Bureau** (voir p. 377).

À l'époque où l'on a entamé la construction de la **St. Augustine Cathedral** ★ *(192 S. Stone Ave., ☎ 520-623-6351, www.staugustinecathedral.com)*, en 1896, les plans prévoyaient une architecture gothique, caractérisée par l'adjonction de flèches en ogive, si ce n'est qu'on dut par la suite renoncer à ces dernières et opter pour une simple structure de briques flanquée de deux tours inachevées. En 1928, l'évêque Daniel Gercke, le premier évêque de Tucson né aux États-Unis, s'est vu inspiré par la cathédrale de Querétaro, au Mexique, et a résolu de transformer sa cathédrale en un remarquable modèle d'architecture baroque mexicaine, rehaussé d'une façade en pierres reconstituée et richement ouvragée. En 1960, l'ensemble fut toutefois démoli, hormis les tours et la façade, pour faire place à la magnifique structure qu'on peut aujourd'hui admirer.

De l'autre côté de Cushing Street, légèrement au sud du poste de police, s'étend le **Barrio Histórico District** ★, un des trois principaux *barrios* du centre-ville de Tucson. Vous y découvrirez des bâtiments en adobe originaux peints de couleurs vives, qui sont autant de magnifiques exemples d'architecture classique de Sonora. Les toits des maisons les plus anciennes sont même faits de rameaux de cactus saguaro, un matériau interdit depuis qu'on assure la protection de ce précieux cactus. Ce quartier se déploie au sud de la rue Cushing entre les avenues Stone et Main.

L'édifice où loge le **Tucson Children's Museum** ★★ *(7$; mar-ven 9h à 17h, sam-dim 10h à 17h; 200 S. Sixth Ave., ☎ 520-792-9985, www.tucsonchildrensmuseum.org)* a été construit en 1901 pour abriter la Tucson Carnegie Library. Il présente aujourd'hui un environnement interactif à la fois divertissant et éducatif où les enfants peuvent notamment admirer un tyrannosaure, s'introduire dans un sous-marin et jouer à être qui un officier de police, qui un météorologiste, qui un représentant de quelque autre métier ou profession.

La Placita Village *(110 S. Church Ave., ☎ 520-770-2141)* est un quadrilatère pittoresque qui brille aux couleurs de l'arc-en-ciel sous le soleil de l'Arizona. Vous y découvrirez un mélange de neuf et d'ancien, les bureaux et les commerces de la nouvelle structure y étant entourés de maisons de la fin du XIXe siècle. La seule ombre au tableau tient au vertigineux Tucson Convention Center en béton qui se dresse tout à côté, quoiqu'il soit invisible de la jolie cour intérieure. Le bureau d'accueil des visiteurs, situé au sein même de La Placita, propose une visite à pied guidée de l'ensemble du centre-ville ainsi que des nombreux autres attraits des environs.

Voisin du El Presidio Park, le **Pima County Courthouse** *(115 N. Church Ave., ☎ 520-740-8401)*, soit le palais de justice du comté de Pima, s'impose comme un des édifices les plus remarquables de Tucson. Érigé en 1928 au coût de près de 350 000$, il arbore une architecture de style néocolonial espagnol qui intègre des éléments mauresques dans ses grandes arches, sa façade complexe et son immense dôme en mosaïque. À l'intérieur se trouve une partie d'un des murs d'origine du Presidio.

Traversez Alameda Street en direction nord pour pénétrer dans le **El Presidio Historic District** ★★. Les premiers colons espagnols venus du Mexique ont donné naissance au premier quartier de Tucson, El Presidio, près d'un ancien site hohokam. Tout a commencé avec l'érection du fort San Agustín del Tucson, qui couvrait environ 4,9 ha et englobait deux places ouvertes, une chapelle, un cimetière, des écuries et des logements pour les officiers, les soldats et les civils. Tôt ou tard, on finit par construire des maisons autour du Presidio, confiant qu'on serait ici protégé contre d'éventuelles attaques des Apaches. Ce secteur s'est par la suite développé grâce à l'arrivée du chemin de fer, au début des années 1880, et une variété de demeures Tudor et victoriennes remplacèrent bientôt certaines des maisons en adobe d'origine, construites dans le style de Sonora.

Bien que la plupart des touristes se rendent dans ce quartier pour visiter le Tucson Museum of Art et Old Town Artisans, il convient de savoir qu'il s'agit également d'un endroit charmant où se balader tout en admirant l'architecture historique des lieux.

Le **Tucson Museum of Art** ★★★ *(8$; mar-sam 10h à 17h, dim 12h à 17h; 140 N. Main Ave., ☎ 520-624-2333, www.tucsonarts.com)*, installé sur le terrain de l'ancien Presidio, se trouve au cœur même du quadrilatère historique du vieux Tucson. À l'intérieur du bâtiment principal, un escalier en colimaçon descend jusqu'à une succession de petites salles où est présentée l'exposition permanente du musée, qui se compose d'œuvres précolombiennes, hispaniques, westerns et contemporaines, des expositions temporaires venant compléter le tout. La place du musée, baptisée **Plaza of the Pioneers**, révèle quant à elle des murales, des sculptures et des plaques commémoratives. Des visites guidées sont offertes tous les mercredis, jeudis et samedis à 11h.

À l'angle nord-ouest de l'Historic Block vous attend **Old Town Artisans** ★★ *(lun-sam 9h30 à 17h30, dim 11h à 17h; 201 N. Court Ave., ☎ 520-623-6024, www.oldtownartisans.com)*, un bâtiment qui abritait à l'origine les quartiers des officiers du Presidio. Au fil des ans, cette structure en adobe des années 1850 a tour à tour accueilli une fabrique de spiritueux, des appartements et enfin, dans les années 1980, six galeries exposant des œuvres d'artistes de la région, de l'art tribal amérindien et des importations d'Amérique latine.

L'**University of Arizona** ★★★ *(angle Euclid Ave. et University Blvd., ☎ 520-621-2211, www.arizona.edu)* a vu le jour le 27 octobre 1887 avec l'achèvement de la construction de son tout premier bâtiment, aujourd'hui désigné du nom d'«Old Main». La décision de doter la ville d'une université avait été prise en 1885 par la législature territoriale, qui avait par la même occasion résolu que Prescott deviendrait la capitale de l'État et que Phoenix accueillerait un asile pour aliénés. La population de Tucson n'était pas très emballée de ce choix à l'époque, mais il s'avère aujourd'hui que Prescott n'est plus la capitale de l'Arizona et que l'asile de Phoenix a fermé ses portes depuis nombre d'années, alors que

TUCSON centre-ville

Evergreen Memorial Park
Blackridge Rd.
Glenn Rd.
Copper St.
Grant Rd.
Mansfield Park
Lester St.
Elm St.
15th Ave.
14th Ave.
Oracle Rd.
Balboa Ave.
Fontana Ave.
Cherry Ave.
11th Ave.
10th Ave.
9th Ave.
Stone Ave.
7th Ave.
6th Ave.
5th Ave.
4th Ave.
N. Euclid Ave.
Park Ave.
Mountain Ave.
Warren St.
Campbell Ave.
W. Speedway Blvd.
E. Speedway Blvd.
E. 1st St.
E. 2nd St.
E. University Blvd.
University of Arizona
E. 4th St.
E. 5th St.
E. 6th St.
E. 7th St.
E. 8th St.
E. 9th St.
E. 10th St.
N. Main Ave.
N. 11th Ave.
N. 10th Ave.
N. 9th Ave.
N. Stone Ave.
N. 6th Ave.
N. 4th Ave.
N. 3rd Ave.
N. 2nd Ave.
N. Park Ave.
N. Highland Ave.
N. Vine Ave.
N. Warren Ave.
N. Martin Ave.
N. Campbell Ave.
W. St. Marys Rd.
Santa Cruz River
W. Franklin St.
N. Court Ave.
N. Church Ave.
N.Granada Ave.
E. Alameda St.
E. Pennington St.
E. Toole Ave.
W. Congress St.
E. Congress St.
E. Broadway Blvd.
El Presidio Historic District
S. Stone Ave.
S. Euclid Ave.
E. 12th St.
W. Granada Ave.
W. Cushing St.
E. 14th St.
E. 15th St.
E. 16th St.
Armory Park Historic District
Barrio Histórico District
S. Main Ave.
S. Church Ave.
S. 6th Ave.
S. 5th Ave.
S. 4th Ave.
S. Toole Ave.
S. Park Ave.
S. Vine Ave.
S. Kino Pkwy.
0 400 800m
0 1500 3000pi

ATTRAITS TOURISTIQUES

1. AZ St. Augustine Cathedral
2. BZ Tucson Children's Museum
3. AZ La Placita Village
4. AZ Pima County Courthouse
5. AZ Tucson Museum of Art
6. AZ Old Town Artisans
7. CY University of Arizona / Arizona State Museum / Center for Creative Photography / University of Arizona Museum of Art / Flandrau Science Center
8. BY Arizona Historical Society Museum

l'université de Tucson se porte toujours très bien. Elle recèle d'ailleurs plusieurs attraits dignes d'une visite. L'**University Visitor Center** *(lun-ven 9h à 17h; 811 N. Euclid Ave., angle University Blvd., ☎ 520-621-5130)* fournit à ce titre de précieux renseignements et organise même des visites guidées du campus.

Fondé en 1893, l'**Arizona State Museum** ★★★ *(5$; lun-sam 10h à 17h; 1013 E. University Blvd., ☎ 520-621-6302, www.statemuseum.arizona.edu)* donne aux visiteurs l'occasion de se familiariser avec l'histoire culturelle des peuples amérindiens du sud-ouest des États-Unis et du nord du Mexique. L'exposition *Paths of Life: American Indians of the Southwest* retrace les origines, l'histoire et la vie contemporaine de 10 groupes autochtones différents par le biais d'expositions interactives et divertissantes. Une annexe est par ailleurs consacrée en grande partie aux peuples préhistoriques de l'Arizona, et vous pourrez notamment y voir une habitation mogollon troglodytique reconstituée en grandeur nature, des poteries hohokams et divers autres vestiges. Le musée offre en outre de l'information sur les techniques utilisées par les archéologues et sur les chantiers de fouilles en cours.

Le **Center for Creative Photography** ★★ *(entrée libre; lun-ven 9h à 17h, dim 13h à 17h; campus de l'University of Arizona, ☎ 520-621-7968, www.creativephotography.org)* possède une collection de près de 50 000 photographies et documents d'archives de même que des collections d'œuvres d'importants photographes du XXe siècle. Vous y trouverez également une vaste bibliothèque contenant une foule d'ouvrages sur la photographie de même que des vidéos d'entrevues et de conférences données par des photographes de renom, sans oublier l'œuvre complète du photographe du Sud-Ouest américain qu'était Ansel Adams, d'ailleurs un des fondateurs du musée.

Un autre attrait de tout premier ordre est l'**University of Arizona Museum of Art** ★★ *(5$; mar-ven 9h à 17h, sam-dim 12h à 16h; 1031 N. Olive Rd., ☎ 520-621-7567, www.artmuseum.arizona.edu)*, dont la collection comporte plus de 4 000 œuvres, entre autres des Rembrandt, des Degas et des Picasso. Le rez-de-chaussée accueille des expositions temporaires d'œuvres prêtées par d'autres musées, tandis que les salles du premier étage étalent la collection de l'université, composée de peintures et de sculptures de la Renaissance à nos jours.

Un autre incontournable du campus de l'Université de l'Arizona est le **Flandrau Science Center** ★★★ *(5$; lun-jeu 10h à 15h, ven-sam 10h à 21h, dim 12h à 17h; 1601 E. University Blvd., ☎ 520-621-7827, www.flandrau.org)*, qui présente des bornes interactives sur l'électricité, la gravité, le magnétisme et l'astronomie. Il renferme également un planétarium offrant des spectacles scientifiques et culturels, de même que des projections laser; son télescope est gracieusement mis à la disposition du public désireux de scruter le firmament tant et aussi longtemps que les conditions atmosphériques le permettent – c'est-à-dire à peu près toujours. Enfin, à l'étage inférieur vous attend le Mineral Museum, riche d'une imposante collection de pierres gemmes et de minéraux.

Du côté ouest du campus se dresse aussi l'**Arizona Historical Society Museum** *(5$; lun-sam 10h à 16h; 949 E. Second St., ☎ 520-628-5774, www.arizonahistoricalsociety.org)*, le plus ancien musée historique de l'Arizona. Consacré à la vie quotidienne en territoire arizonien, de l'arrivée des Espagnols (1539) à nos jours, il renferme des pièces d'époque, une salle de costumes et une mine de cuivre grandeur nature. Remarquez au passage la façade en pierre qui encadre l'entrée du musée: elle a été récupérée de la structure originale de la **St. Augustine Cathedral** (voir p. 378).

Le nord de Tucson

Le **Sabino Canyon** *(8$; tlj 9h à 16h; 5900 N. Sabino Canyon Rd., ☎ 520-749-2861, www.sabinocanyon.com)* est un parc à ne pas manquer à Tucson. Des fouilles effectuées sur place ont révélé que le gigantesque mammouth colombien a jadis foulé ce sol, il y a quelque 12 000 ans, et que, vers 1200 apr. J.-C., les Hohokams ont construit ici des barrages d'irrigation destinés à soutenir leur petite communauté agricole. Aujourd'hui, il s'agit d'une merveille naturelle à découvrir sur les pentes du mont Lemmon, parcouru de centaines de kilomètres de sentiers de randonnée, peuplé d'une faune abondante et même pourvu d'un bassin propre à la baignade pour peu que l'eau en soit assez haute. De juin à décembre, un tramway part du centre d'accueil des visiteurs aux demi-heures et permet de bénéficier d'une visite commentée des lieux d'une durée de 1h aller-retour.

Biosphere 2 ★★★ *(20$; tlj 9h à 16h; 32540 S. Biosphere Rd., ☎ 520-838-6200, www.b2science.org)* s'impose comme une merveille d'ingénierie: une serre hermétique d'une superficie de 1,3 ha à l'intérieur de laquelle on retrouve un environnement océanique, une forêt exotique et un désert exposé au brouillard côtier. Le 26 septembre 1991, huit «biosphériens» s'installèrent pour deux ans à l'intérieur de cet habitat contrôlé et, en dépit de quelques problèmes de taille, parvinrent à y vivre d'une manière autosuffisante. Aujourd'hui, plus personne ne vit dans la biosphère, qui est depuis devenue un centre interactif permettant aux scientifiques et aux visiteurs de mieux comprendre comment fonctionne la Terre. Deux visites des lieux sont offertes. La première, qualifiée d'«Under the Glass Tour», se veut plus technique et vous oblige à porter un casque protecteur pour explorer les rouages et les mécanismes de la structure, tout en vous donnant l'occasion d'admirer l'immense océan artificiel qu'on y a recréé. La seconde parcourt quant à elle les espaces luxuriants de la biosphère et permet d'en examiner les différents habitats à travers des baies vitrées, de même que de pénétrer dans les quartiers des «biosphériens». Les visiteurs peuvent également admirer, dans la biosphère, une étonnante forêt tropicale humide brésilienne. Un télescope permet en outre d'observer les étoiles sous la direction d'astronomes qui vous guideront à travers l'univers tout en créant des rapprochements avec notre Terre.

L'ouest de Tucson

Les **Old Tucson Studios** ★★★ *(17$; tlj 10h à 18h; 201 S. Kinney Rd., ☎ 520-883-0100, www.oldtucson.com)* ont à l'origine été construits pour le tournage du western de 1939 intitulé *Arizona*, et ils continuent de remplir leur fonction à ce jour. Vous y verrez des shérifs et des hors-la-loi échanger des coups de feu dans les rues, des filles de *saloon* présenter des revues musicales au Grand Palace Saloon ainsi que moult bivouacs au clair de lune. On y présente en tout cinq spectacles différents par jour, sans compter que les plateaux de tournage demeurent accessibles même lorsqu'on y travaille, de sorte que vous aurez l'occasion de voir de plus près comment on s'y prend pour monter un western façon Hollywood. Téléphonez au préalable pour connaître l'horaire des tournages si la chose vous intéresse.

L'**Arizona-Sonora Desert Museum** ★★★ *(13$; été tlj 7h30 à 17h, hiver tlj 8h30 à 17h; 2021 N. Kinney Rd., ☎ 520-883-2702, www.desertmuseum.org)*, qui réunit un zoo, un jardin botanique et un musée d'histoire naturelle, est sans conteste le musée le plus connu de Tucson. Plus de 1 200 espèces végétales et quelque 300 espèces animales peuplent les habitats naturels qu'on peut ici parcourir. Visitez entre autres la grotte calcaire aux chauves-souris endormies, le canyon de montagne hanté par les loups et les ours noirs, de même que l'habitat souterrain d'une colonie de chiens de prairie, sans oublier la volière de colibris et le jardin de cactus géants. Apportez votre appareil photo car vous aurez amplement l'occasion d'immortaliser nombre d'animaux. Il y a en outre deux restaurants sur les lieux, à moins que vous ne préfériez profiter de l'agréable aire de pique-nique. Démonstrations avec les animaux et visites guidées au quotidien.

Le **Saguaro National Park** *(10$/véhicule; tlj 9h à 17h; ☎ 520-733-5153 ou 520-733-5158, www.nps.gov/sagu)* comporte une section est et une section ouest, respectivement situées dans le Rincon District et dans le Tucson Mountain District, de part et d'autre de Tucson, et vous y découvrirez une forêt de cactus saguaros protégée de 36 420 ha, sillonnée de sentiers pédestres et équestres. Le centre d'accueil des visiteurs, installé dans la section ouest, fournit d'excellentes cartes des sentiers et peut en outre vous diriger vers les saisissantes formations rocheuses des Picture Rocks.

Bien au-dessus du désert de Sonora, la plus importante collection de télescopes optiques du monde monte la garde au **Kitt Peak National Observatory** ★★★ *(entrée libre; tlj 9h à 15h45; au sud-ouest de Tucson par la route 86, ☎ 520-318-8726, www.noao.edu/kpno)*. La route en lacets de 12 mi (19 km) qui mène au sommet, à 2 292 m d'altitude, offre des panoramas de plus en plus vastes du désert environnant, tandis que l'air se rafraîchit sensiblement. Le centre d'accueil des visiteurs renferme une petite boutique de souvenirs, de même que des vitrines expliquant le fonctionnement des télescopes ainsi que le rôle actuel des astronomes. Il est possible de visiter *(7,75$)* les installations de 3 des 24 télescopes qu'on trouve ici. Le plus grand télescope solaire du monde, le McMath-Pierce, fait l'objet de la première visite de la journée, à 10h. À 11h30, vous pourrez voir le télescope de 2,1 m, construit en 1964 et encore en service tous les soirs. Puis, à 13h30, débute la visite finale, celle du télescope Mayall de 4 m, celui-là même qu'on aperçoit du fond de la vallée. De la galerie d'observation de ce géant, vous aurez une vue circulaire à couper le souffle du Kitt Peak et du paysage qui s'étend à ses pieds.

L'est de Tucson

Les **Tucson Botanical Gardens** *(7$; tlj 8h30 à 16h30; 2150 N. Alvernon Way, ☎ 520-326-9686, www.tucsonbotanical.org)* constituent un impressionnant ensemble de jardins tout à faits différents les uns des autres; on y trouve notamment un jardin à papillons, un jardin de fleurs sauvages, un jardin de cactus et un jardin maraîcher comme en cultivaient les Amérindiens. Tous les sentiers qui parcourent ces somptueux aménagements sont accessibles aux fauteuils roulants, et des visites guidées des installations sont offertes.

À 16 mi (25 km) à l'est de Tucson, le **Colossal Cave Mountain Park** ★★ *(5$/voiture; tlj 8h à 17h; 16721 E. Colossal Cave Rd., ☎ 520-647-7275, www.colossalcave.com)* marque l'emplacement des premières terres occupées par le peuple Hohokam aux environs de 900 apr. J.-C. Ils développèrent ici à cette époque une communauté agricole qui cultivait la vallée en contrebas et logeait dans la grotte qui donne son nom à ce parc, laquelle servait en outre de lieu d'entreposage et de sanctuaire. Plus tard, dans les années turbulentes que connut l'Ouest sauvage, elle servit de cachette notoire à des hors-la-loi et à des braqueurs de trains. On peut aujourd'hui visiter les grottes *(11$)* remplies de cristaux et le ranch historique de La Posta Quemada, sans oublier le musée ni les sentiers de randonnée pédestre et équestre qui parcourent la zone riveraine avoisinante.

Au sud de Tucson

La **Mission San Xavier del Bac** ★★★ *(entrée libre; tlj 7h à 17h; 1950 W. San Xavier Rd., ☎ 520-294-2624, www.sanxaviermission.org)*, surnommée «la colombe blanche du désert», est largement réputée être un des plus beaux exemples d'architecture Mission des États-Unis. Le père Estubio Kino a visité les lieux pour la première fois en 1692, après quoi il y est retourné en 1700 pour jeter les fondations de la toute première église de la région, aujourd'hui située à 2 mi (3,2 km) au nord de la mission à proprement parler, qui constitue un véritable joyau d'un blanc étincelant dont les deux flèches élancées pointent vers le ciel. L'église a été construite entre 1783 et 1797, et allie des influences Renaissance mexicaine, mauresques et byzantines, la structure révélant une succession de dômes et d'arches aux surfaces richement ouvragées. En 1997, la structure a fait l'objet d'une restauration minutieuse visant à rehausser et à préserver ses murales et ses fresques intérieures. L'exploration de la propriété procure une grande paix, voire même une expérience spirituelle en semaine, car les foules se font beaucoup plus nombreuses les fins de semaine. On y célèbre la messe tous les jours à 8h30, et trois fois le dimanche. Un petit musée expose en outre des objets religieux, des livres et de vieux vêtements de cérémonie utilisés au cours de la longue histoire de la mission.

Le **Pima Air and Space Museum** ★★★ *(15,50$; tlj 9h à 17h; 6000 E. Valencia Rd., ☎ 520-574-0462, www.pimaair.org)* abrite une incroyable collection d'avions d'une autre époque, du plus petit avion piloté du monde, le *Bumble Bee*, jusqu'au plus grand, le bombardier B-52, sans oublier des appareils expérimentaux tels que d'anciens girodynes et des «soucoupes volantes primitives». Vous pourrez aussi essayer le simulateur de mouvement baptisé *Morphis*, qui peut tout aussi bien vous entraîner vers Mars que vous faire remonter dans le temps en vous procurant des sensations dignes des montagnes russes. Le premier hangar accueille le musée, où vous attend une réplique de l'avion des frères Wright de même que des photos et des souvenirs de vols historiques.

Revivez l'époque de la guerre froide au **Titan Missile Museum** ★★ *(9,50$; tlj 8h45 à 17h; sortie 69 de l'Interstate 19, ☎ 520-625-7736, www.titanmissilemuseum.org)*. Ce musée situé à 20 min de route au sud de Tucson, dans la petite ville de Sahuarita, marque le siège du 571st Strategic Missile Squadron, qui surveillait l'Union soviétique de près jusqu'à ce qu'on décide de mettre fin à ses activités au début des années 1980. Vous pourrez en parcourir les installations souterraines et visiter le centre de contrôle de la base, où l'on vous mettra au fait des procédures à suivre en cas de lancement d'un missile. Une petite exposition aménagée dans le hall d'entrée du centre en explique l'histoire.

Tubac ★★

Tubac est une charmante colonie d'artistes qui compte près de 100 studios, boutiques, galeries et restaurants échelonnés le long de ses pittoresques rues. Ce village possède d'ailleurs une histoire aussi riche en couleurs que ses bâtiments, ponctuée de périodes de colonisation et d'abandon. Lorsque les missionnaires espagnols arrivèrent dans la région vers la fin du XVIIe siècle, ils y firent la rencontre des Pimas et des Papagos, qui se révoltèrent par la suite contre leurs enseignements, ce qui entraîna la construction du Presidio de Tubac en 1752. La localité fut plus tard revendiquée par les Mexicains à la fin de la guerre d'indépendance du Mexique, en 1821, mais elle fut définitivement remise aux États-Unis en 1853 en vertu de l'achat Gadsden. Tubac vous réserve une agréable journée de visites historiques, de magasinage et de repas au restaurant.

Le **Tubac Presidio State Historic Park** *(4$; tlj 9h à 17h; ☎ 520-398-2252, www.pr.state.az.us)* occupe l'emplacement du premier lieu de colonisation européen en Arizona. Le fort qui s'y trouve a été construit lorsque les Pimas se sont révoltés contre le régime espagnol, en 1751, et c'est à partir de ce point que Juan Baptista de Anza a conduit ses hommes jusqu'à San Francisco afin d'étendre la présence européenne sur le territoire. À l'intérieur du parc, vous trouverez un musée qui raconte l'histoire des habitants de la région par le biais de vestiges et de vitrines variés, des Amérindiens des premiers jours au régime espagnol, en passant par l'époque territoriale.

Le **Tubac Center for the Arts** *(lun-sam 10h à 16h30, dim 13h à 16h30, fermé mi-juin à fin juil; 9 Plaza Rd., ☎ 520-398-2371, www.tubacarts.org)*, qui se trouve dans un bâtiment de style territorial, ne possède aucune collection permanente, mais accueille plutôt une succession d'expositions temporaires, notamment d'art régional, contemporain et hopi.

Tombstone ★★★

La seule mention de Tombstone fait surgir des visions de règlements de compte en plein midi, de la fusillade de l'O.K. Corral et de desperados endurcis. Vous trouverez toutes ces choses, et plus encore, dans la Tombstone d'aujourd'hui, car elle rend fidèlement hommage à sa riche histoire.

La ville doit son nom aux amis de son premier habitant, Edward Schieffelin, lesquels lui ont dit qu'il ne trouverait rien d'autre en cette contrée perdue et desséchée que son lieu de repos éternel (*tombstone* se traduisant par «pierre tombale»). Leur prédiction devait toutefois s'avérer fausse, car Schieffelin a ici découvert un riche filon d'argent, ce qui ne tarda pas à attirer des hordes de prospecteurs. La ville compta en un rien de temps près de 7 000 habitants, car les réserves d'argent des collines avoisinantes semblaient inépuisables. De fait, l'argent était plus abondant que l'eau dans cette ville prospère du désert, si bien qu'en 1881 la Huachuca Water Company y a construit un pipeline de 46 km. Au cours des années 1890, la population de Tombstone en vint même à surpasser celle de Tucson, et la ville devint réputée en tant que l'une des villes les plus cultivées de l'Ouest sauvage, son économie bénéficiant de l'apport de quelque 37 millions de dollars en argent. Au début du XXe siècle, l'argent commença toutefois à se faire plus rare, et la population se dissipa peu à peu, jusqu'à ce que Tombstone ne soit plus qu'une ville morte et isolée.

De nos jours, les trottoirs en bois et les bâtiments admirablement restaurés de la ville sont peuplés de figurants en costumes d'époque qui s'appliquent à recréer les beaux jours de la «ville trop coriace pour mourir». Les frères Earp et Doc Holiday reprennent jour après jour leur affrontement armé contre les frères Clanton et les frères McLaury à l'O.K. Corral, et les revenants de douzaines de personnages de l'Ouest d'antan continuent à hanter les rues poussiéreuses. Les reconstitutions sont intéressantes à plusieurs égards, historiquement, bien entendu, mais surtout par le profil et le jeu des acteurs qui sont souvent comiques...à leur insu, bien sûr. S'il est vrai que Tombstone est devenue excessivement commerciale et honteusement touristique, elle n'en demeure pas moins un arrêt incontournable dans le sud-ouest des États-Unis.

Le palais de justice du **Tombstone Courthouse State Historic Park** ★★★ *(5$; tlj 9h à 17h; 219 Toughnut St., ☎ 520-457-3311, www.pr.state.az.us)* a été construit en 1882, au moment où Tombstone a été choisie pour devenir le siège administratif du Cochise County nouvellement créé. Il s'agit d'un impressionnant édifice qui ne tarda pas à devenir un symbole de respect de la loi et de maintien de l'ordre public dans une des villes les plus sauvages de l'Ouest d'antan. La structure en question abritait par ailleurs le bureau du shérif, plusieurs bureaux administratifs et une prison abondamment utilisée, directement sous la salle d'audience fort affairée. Vous prendrez ici connaissance des faits véridiques entourant nombre d'événements notoires qui ont marqué l'histoire de Tombstone, de même que vous y verrez des vitrines sur les ranchs d'élevage, l'exploitation des mines et les maisons de jeux de la région.

L'**O.K. Corral** ★★ *(10$; fusillade à 14h; tlj 9h à 17h; Allen St. entre Third St. et Fourth St., ☎ 520-457-3456, www.ok-corral.com)* a été le théâtre de la plus célèbre fusillade en règle de l'Ouest d'antan. C'est en effet ici même que les frères Earp et Doc Holiday ont affronté les McLaury et les Clanton le 26 octobre 1881, dans le cadre d'un échange de coups de feu qui n'a duré en tout et pour tout que 30 secondes, et qu'on recrée tous les jours à 14h dans l'enceinte même où s'est produit l'événement. Une fois à l'intérieur, tandis que vous attendrez le «spectacle», vous pourrez parcourir les diverses salles d'exposition aménagées à votre intention, où vous verrez entre autres une forge des années 1880 et un ancien plateau de tournage. La C.S. Fly's Photo Gallery renferme pour sa part des images représentant des Apaches, y compris Geronimo, de même que quelques portraits de la fin du XIXe siècle. Jetez également un coup d'œil à l'intérieur du bordel, haut lieu du plus vieux métier du monde dans l'Ouest sauvage. À la porte voisine, l'**Historama** *(droit d'entrée; 308 E. Allen St., ☎ 520-457-3456)* présente de façon divertissante, par le biais de films et de dioramas, l'histoire de Tombstone et de ses environs, de l'époque des premiers Amérindiens à nos jours. La narration est assurée par nul autre que Vincent Price.

Les locaux du ***Tombstone Epitaph*** ★★ *(tlj 9h30 à 17h; angle Freemont St. et Fifth St., ☎ 520-457-2211, www.tombstone-epitaph.com)* renferment la presse et la salle de rédaction d'origine du journal de la ville, qui date des années 1880. Vous pourrez vous y procurer un exemplaire de l'édition relatant la fusillade de l'O.K. Corral.

À noter qu'une entrée au spectacle de l'O.K. Corral donne droit à une projection de l'Historama et à l'exemplaire du *Tombstone Epitaph* sur la fameuse fusillade.

Le **Schieffelin Hall** *(angle Fourth St. et Freemont St., ☎ 520-457-9317)* est à n'en point douter une merveille architecturale. Ainsi nommé en l'honneur d'Edward Schieffelin, le fondateur de Tombstone, ce bâtiment d'origine construit en 1881 s'impose comme la plus grande structure en adobe de tout le sud-ouest des États-Unis. Il continue d'abriter à ce jour le théâtre et l'opéra de Tombstone.

Le **Rose Tree Inn Museum** ★ *(2$; tlj 9h à 17h; angle Fourth St. et Toughnut St., ☎ 520-457-3326)* abrite le plus grand rosier du monde, celui-ci ayant déployé ses branches et ses racines sur quelque 750 m^2 depuis la fin du XIXe siècle! C'est en avril que ses fleurs s'épanouissent dans toute leur splendeur. Vous trouverez en outre ici une collection d'antiquités et de vestiges de Tombstone.

Helldorado ★★ *(5$; lun-ven 12h et 15h, sam-dim 11h30, 13h et 15h; angle Fourth St. et Toughnut St., ☎ 520-457-9035)*, une comédie de type western, se termine par une fusillade en règle. Décor extérieur de façade à la mode de l'Ouest d'antan avec, pour toile de fond, les monts Huachuca. Les acteurs et les cascadeurs qui font partie de la distribution ont aussi à leur actif des films tels que *Tombstone*, *Young Guns* et *The Postman*.

Six Gun City ★ *(3$; lun-ven 12h et 15h, sam-dim 12h, 15h et 16h30; angle Fifth St. et Toughnut St., ☎ 520-457-3827, www.6guncity.com)*, un spectacle divertissant, se compose de sketchs retraçant divers événements historiques, de numéros musicaux et, il va sans dire, d'un affrontement armé. Il y a aussi sur place un restaurant et un *saloon* pourvu d'une terrasse ombragée d'où vous pourrez observer l'action.

Les murs centenaires du **Bird Cage Theater** ★★ *(10$; tlj 8h à 18h; ☎ 520-457-3421 ou 800-457-3423, www.tombstoneaz.net)* portent la marque de plus de 140 trous de balle, vestiges des règlements de compte qui y ont fait 26 morts par le passé. Vous aurez ici la chance de visiter l'attrait le plus authentique de la ville, lequel a su résister à tous les assauts du tourisme au fil des décennies, si ce n'est qu'il faut acquitter un droit d'entrée pour y pénétrer. À l'intérieur, il vous sera donné d'admirer la grande salle de spectacle ainsi que, à l'étage supérieur, les locaux de la maison close où les infâmes «Bird Cage Girls» pratiquaient leur métier. Les deux étages, aménagés de façon plutôt hétéroclite, révèlent des milliers de vestiges de l'histoire de Tombstone.

Immédiatement à l'ouest de Tombstone s'étend le **Boot Hill Cemetery** ★ *(☎ 520-457-3300)*, où vous pourrez voir les tombes de 250 citoyens de Tombstone, bons, brutes et truands confondus. Visite autoguidée et boutique de souvenirs sur place.

Bisbee

Au sud de Tombstone par la route 80, la ville de Bisbee est une ancienne cité minière qui a gardé un caractère insolite et différent du reste des États-Unis. Son architecture victorienne et des années 1930 et ses rues étroites et pentues lui donnent un certain cachet. Les rues de la ville servent d'ailleurs régulièrement de décor de cinéma.

Le **Bisbee Mining and Historical Museum** ★ *(7,50$; tlj 10h à 16h; 5 Copper Queen Plaza, ☎ 520-432-7071, www.bisbeemuseum.org)* retrace l'histoire de la Queen Mine, qui fut l'un des plus grands dépôts de minéraux au monde, essentiellement de malachite et d'azurite. Une exposition de reconstitutions d'époque, d'outils, de photos et d'archives recrée l'atmosphère lugubre des mines. Pour découvrir l'ampleur de la mine, rendez-vous à la sortie sud de la ville, où **Queen Mine Tours** *(13$; tlj à 9h, 10h30, 12h, 14h et 15h30; ☎ 520-432-2071 ou 866-432-2071, www.queenminetours.com)* proposent des visites de la mine à bord de wagonnets.

Activités de plein air

➤ *Équitation*

Cocoraque Ranch Cattle Drives *(6255 N. Diamond Hills Lane, Tucson, ☎ 520-682-8594, www.cocoraque.com)* organise des chevauchées au coucher du soleil, des balades dans les sentiers et des promenades en charrette à foin sur un ranch d'élevage de 1890 demeuré en activité jusqu'à ce jour.

Les **Walking Winds Stables** *(10000 N. Oracle Rd., Tucson, ☎ 520-742-4422)*, installées sur la propriété du Hilton El Conquistador, proposent des randonnées guidées sur les pistes de la Coronado National Forest, mais aussi des promenades en charrette à foin de même que des grillades en plein air dans les villes fantômes.

➤ *Golf*

Tucson constitue un véritable paradis pour les golfeurs, dans la mesure où l'on y trouve tous les genres de terrains imaginables, et pour tous les calibres de joueurs. Le ***Tucson Golf Guide*** *(www.azgolfguides.com)* est une publication gratuite que vous pourrez vous procurer en divers endroits, entre autres au **Metropolitan Tucson Convention & Visitors Bureau** (voir p. 377). Vous y trouverez la description et les coordonnées de nombreux terrains de golf de la région.

➤ *Observation des oiseaux*

Le **Sabino Canyon** *(tlj 9h à 16h; 5900 N. Sabino Canyon Rd., Tucson, ☎ 520-749-2327)* recèle maintes possibilités d'observation des oiseaux le long des berges du Sabino Creek et des nombreux sentiers qui serpentent à travers la région.

➤ *Randonnée pédestre*

Le **Catalina State Park** *(7$/véhicule; ☎ 520-628-5798)* renferme plusieurs sentiers, du Romero Ruin Trail, qui parcourt le désert et croise d'anciennes ruines hohokams, au fastidieux Sutherland Trail, qui monte jusqu'au sommet du mont Lemmon et offre des panoramas incroyables. Vous trouverez tous les plans et les renseignements voulus au poste des *rangers*.

Le **mont Lemmon** *(Catalina Hwy., par Tanque Verde Rd., ☎ 520-388-8300)* offre une variété de randonnées en haute altitude avec vues à couper le souffle sur les paysages environnants. Gardez à l'esprit qu'à cette altitude l'air se raréfie, que les températures peuvent chuter considérablement et que le vent peut prendre de la force, au point que même une randonnée facile peut devenir épuisante. La route cahoteuse qui mène au sommet de la montagne (2 791 m) vous réserve à n'en point douter de réelles récompenses, mais vérifiez tout de même l'état des routes auprès de l'**Arizona Department of Transportation** *(☎ 602-712-7355; www.azdot.gov)* en hiver.

Au **Sabino Canyon** *(tlj 9h à 16h; 5900 N. Sabino Canyon Rd., Tucson, ✆ 520-749-2327)*, descendez du tramway à l'arrêt 9 pour accéder aux centaines de kilomètres de sentiers des monts Santa Catalina. Vous avez aussi la possibilité de prendre une navette jusqu'au début du sentier du Bear Canyon, où les randonneurs profitent d'une piste de 4,5 mi (7,2 km) le long du Bear Creek.

➤ Ski

Croyez-le ou non, la **Mount Lemmon Ski Valley** *(✆ 520-576-1321, www.skithelemmon.com)* possède un télésiège, 21 pistes et beaucoup de neige de la fin de décembre au début d'avril! Située à 35 mi (56 km) au nord-est de Tucson, elle s'impose comme le centre de ski le plus au sud du pays, au sommet du mont Lemmon (alt. 2 791 m).

Le centre-nord de l'Arizona

▲ *p. 405* ● *p. 414* ♪ *p.421* ◘ *p. 424*

Sedona ★★★

Localisation: Sedona se trouve à 56 mi (90 km) au nord-est de Prescott sur la route 89A.

Sedona Chamber of Commerce Visitor Center: 331 Forest Rd., angle route 89A, Sedona, ✆ 928-282-7722 ou 800-288-7336, www.visitsedona.com.

Blottie parmi les rochers rouges de la Verde Valley, Sedona fait figure d'oasis dans le paysage désertique de l'Arizona. Sa beauté pittoresque et ses étonnantes formations rocheuses ont attiré dans la région le surréaliste Max Ernst en 1950, et un flot régulier d'artistes de toutes sortes lui ont emboîté le pas au cours des années 1950 et 1960. Quatre artistes de Sedona se sont réunis en 1965 pour créer un regroupement du nom de «Cowboy Artists of America», afin de s'assurer que leur mode de vie dans l'Ouest sauvage serait correctement dépeint et interprété. Cette communauté artistique et les magnifiques paysages environnants ont transformé Sedona en une sorte de version romancée du jardin d'éden, au point que nombre de visiteurs jurent de s'y installer un jour.

Même l'histoire de la ville a quelque chose de romantique. Les premiers colons y sont arrivés en 1876, mais très peu de gens les ont d'abord suivis, si bien qu'en 1902 on ne dénombrait que 20 familles dans toute la région d'Oak Creek. Quelques années plus tard, cependant, un certain T.C. Schnebly a ouvert ici un bureau de poste et a commencé à distribuer le courrier dans la région, donnant à son établissement le nom de son épouse bien-aimée, Sedona. Puis, ces dernières années, Sedona a attiré des adeptes du mouvement «nouvel âge» (*New Age*), persuadés qu'il y a, parmi les rochers des environs, un grand nombre de puissants centres énergétiques, ou vortex. Les plus réputés de ces vortex sont ceux du Bell Rock, du Cathedral Rock, du canyon de Boyton et de l'Airport Mesa, et ils peuvent tous être visités de façon autonome ou en compagnie d'un guide, plusieurs entreprises de la région se spécialisant dans ce genre d'excursion. Les personnes intéressées par le mouvement «nouvel âge» seront par ailleurs enchantées de trouver ici une gamme complète de services tels que la guérison par le cristal, les photographies d'aura, la lecture de tarot et l'aromathérapie.

De plus, les habitants de la région ne manquent jamais de recommander l'attrait le plus spectaculaire de Sedona, soit la vue du coucher de soleil qu'on a de l'Airport Road, en marge de la route 89A. Les couleurs y sont particulièrement spectaculaires, et le panorama de la ville après le coucher du soleil est tout simplement exceptionnel. Un dépliant, distribué au **Sedona Chamber of Commerce Visitor Center** (voir ci-contre), permet de faire une visite à pied très instructive de la ville haute (Uptown) où chaque construction révèle son histoire et ses secrets.

Le **Red Rock State Park** ★★★ *(10$/véhicule, 3$/pers.; avr à sept tlj 8h à 19h, oct à mars tlj 8h à 17h; 4050 Red Rock Loop Rd., en bordure de la route 89A, ✆ 928-282-6907, www.pr.state.az.us)* constitue un lieu formidable pour les amants de la nature qui désirent en apprendre davantage sur la région. Des visites autoguidées sont possibles sur l'ensemble du parc et, avant de quitter le centre d'accueil, prenez le soin de vous procurer un guide ethnobotanique décrivant l'usage traditionnel des plantes qui poussent le long des sentiers. De plus, on organise fréquemment des programmes d'interprétation, y compris des promenades d'observation des oiseaux et des balades au clair de lune. Le Red Rock Theatre, quant à lui, présente des projections vidéo et des diaporamas à l'intention des personnes intéressées par une foule de sujets, de l'archéologie à la zoologie. Adressez-vous aux aimables *rangers* du parc pour tout connaître des activités qui y sont offertes.

Le point où se fondent les routes 179 et 89A est désigné du nom de *Y*. En gardant la gauche, vous finirez par atteindre la ville haute de Sedona, tandis qu'en prenant à droite vous vous dirigerez vers certains des attraits les plus intéressants de la région.

Le **Tlaquepaque Arts & Crafts Village** ★★ *(entrée libre; tlj 10h à 17h; 336 Hwy. 179, ☎ 928-282-4838, www.tlaq.com)* est une villa à la mexicaine construite au début des années 1970 qu'on ne cesse d'embellir. Son nom (qui se prononce «ti-lâké-pâké») est celui d'une banlieue de Guadalajara (Mexique), et elle a été édifiée dans le but de refléter l'élégance et le charme de la Ville reine mexicaine. La villa abrite désormais une variété de restaurants, de galeries d'art et de boutiques, mais vous pourrez également parcourir le domaine arboré qui l'entoure pour mieux apprécier le style architectural apaisant des bâtiments en adobe et des fontaines qui ornent les différentes cours. Une des structures les plus intéressantes du complexe est sa chapelle intime, qui renferme des tableaux exquis à l'image du pape Pie X et de saint Jean-Baptiste signés par Eileen Conn, une artiste locale; cette chapelle est non confessionnelle, et l'on y célèbre à l'occasion des mariages et des baptêmes.

Les amateurs d'art adoreront le **Sedona Arts Center** *(entrée libre; tlj 10h à 16h30; 15 Art Barn Rd., à la jonction de la route 89A, ☎ 928-282-3809 ou 888-954-4442, www.sedonaartscenter.com)*, un établissement qui, depuis plus de 40 ans, expose les œuvres d'artistes locaux et régionaux.

La culture et l'histoire de la ville sont en vedette au **Sedona Heritage Museum** ★★ du **Jordan Historical Park** *(3$; tlj 11h à 15h; 735 Jordan Rd., ☎ 928-282-7038, www.sedonamuseum.org)*, une vaste et somptueuse propriété boisée où l'on présente la vie des premiers colons de Sedona. Les éléments d'exposition extérieurs comprennent notamment une machine jadis utilisée pour trier les pommes qui fait 12 m de long. À l'intérieur du musée, vous trouverez par ailleurs plusieurs salles d'exposition plus fascinantes les unes que les autres, entre autres celle consacrée à la vie de Laura Purtymun McBride, fondatrice et première historienne de Sedona, également fondatrice de la Sedona Historical Society.

Le **Slide Rock State Park** ★★★ *(10$/véhicule, 3$/pers.; été tlj 8h à 19h, hiver tlj 8h à 17h; 6871 N. Hwy. 89A, 7 mi ou 11 km au nord de Sedona, ☎ 928-282-3034, www.pr.state.az.us)* est un endroit tout à fait merveilleux où il fait bon s'arrêter par un après-midi chaud et humide. Jeunes et moins jeunes peuvent en effet y passer des heures à glisser sur une inclinaison naturelle dans les rochers à travers lesquels coule l'Oak Creek. Cela dit, même s'il s'agit là de l'attraction la plus vantée du parc, vous trouverez ici plusieurs autres attraits dignes d'une visite. Sur la route qui mène au cours d'eau s'étend le Pendley Rock Orchard, un verger où poussent des pommiers de tous types. Et tout à côté se dresse la Pendley Rock Homestead, une propriété demeurée passablement intacte.

Jerome

Au sud de Sedona, par la route 89A, l'ancienne ville minière de Jerome est devenue le refuge d'artistes des quatre coins des États-Unis et n'a pas d'équivalent. Ville fantôme pour certains, havre de paix isolé du monde pour d'autres, Jerome vaut un détour de quelques heures pour son atmosphère décalée, son fameux saloon, le **Spirit Room** *(162 Main St., ☎ 928-634-8809, www.spiritroom.com)*, et ses établissement désaffectés.

Flagstaff et ses environs ★★

Localisation: Flagstaff s'étend en bordure de l'Interstate 40, à 26 mi (42 km) au nord de Sedona par la route 89A.

Flagstaff Visitor Center: 1 E. Route 66, Flagstaff, ☎ 928-774-9541 ou 800-842-7293, www.flagstaffarizona.org

Depuis sa création, Flagstaff a surtout été une ville d'escale pour les voyageurs. Née avec l'arrivée du chemin de fer en 1881, elle n'a pas mis cinq ans à devenir la plus grande ville sur le tracé de l'Albuquerque-Pacific Coast Rail Line. On raconte qu'elle a ainsi été nommée (*flagstaff* se traduisant par «mât porte-drapeau») en raison d'un grand pin dépouillé de ses branches auquel des *homesteaders* (colons) venus de Boston auraient suspendu le drapeau des États-Unis dans le cadre des célébrations de la fête nationale du 4 juillet.

Aujourd'hui, Flagstaff constitue toujours un excellent tremplin vers nombre des attraits les plus prestigieux du nord de l'Arizona, y compris le spectaculaire Grand Canyon et, également à distance de route, le Sunset Crater National Monument, les ruines amérindiennes de Wupatki et du Walnut Canyon, le Meteor Crater (ce serait le premier cratère de météorite du monde reconnu comme tel) et les rochers rouges de Sedona.

Chaque premier vendredi du mois, les galeries d'art du centre-ville de Flagstaff ouvrent leurs portes en soirée de 18h à 21h pour le **First Friday ArtWalk** *(www.flagstaffartwalk.com)*. Expositions spéciales, concerts et autres événements artistiques sont alors au programme.

L'**Arboretum at Flagstaff** *(7$; avr à mi-déc tlj 9h à 17h; 4001 S. Woody Mountain Rd., ☎ 928-774-1442, www.thearb.org)* réjouira le cœur de quiconque s'intéresse à l'environnement et à la nature. Des visites guidées gratuites permettent de mieux apprécier les 80 ha de l'arboretum et du jardin botanique voisin, et de se familiariser avec les plantes et les arbres de la région. Vous trouverez en outre sur place une serre solaire et un jardin d'ombre.

En visitant le **Riordan Mansion State Historic Park** ★★ *(7$; mai à oct tlj 9h30 à 17h, nov à avr tlj 10h30 à 17h; 409 Riordan Rd., ☎ 928-779-4395, www.pr.state.az.us)*, vous remonterez dans le temps jusqu'à découvrir l'âme pionnière (le *pioneer spirit* si cher aux Américains) des États-Unis. Timothy et Michael Riordan étaient deux pionniers d'origine irlandaise qui ont fait fortune dans l'industrie du bois à Flagstaff. Ils sont devenus les fondateurs du Flagstaff moderne, de par leur énergie, leurs initiatitives et leurs investissements financiers et personnels en politique. Ils s'étaient fait construire, au début du XXe siècle, deux maisons reliées par une pièce commune. Ce qui impressionne d'abord, c'est la taille du bois utilisé, provenant de pins à bois lourd (*Ponderosa pines*), dont un spécimen de plus de 200 ans existe encore: à droite de la maison, en sortant de la cabane des *rangers*. La demeure possédait la technologie que nous avons de nos jours: lampes électriques, chauffage central, eau courante (froide et chaude) et téléphones. Pour se faire une idée de leur richesse, il suffit de jeter un coup d'œil à l'intérieur de la salle de bal de près de 90 m^{2}! Le manoir est de plus rempli de fabuleuses collections d'objets usuels et de meubles du début du XXe siècle, notamment un ancien piano Steinway et un Victrola portatif. Une visite guidée des lieux part du centre d'accueil aux heures et se termine par une exposition d'objets ayant appartenu à ces pionniers américains, avec notamment les cartes postales de leurs voyages à travers le monde. Vous pouvez aussi explorer la propriété à votre guise pour saisir l'importance du site et de ses propriétaires.

C'est à l'astronome Percival Lowell qu'on doit la création du **Lowell Observatory** ★★★ *(8$; avr à oct tlj 9h à 17h, nov à mars tlj 12h à 17h; 1400 W. Mars Hill Rd., ☎ 928-233-3211 ou 928-774-3358, www.lowell.edu)*, lequel date de 1894. Cet homme, qui avait découvert la planète Mars, nourrissait aussi l'ambition de construire le plus grand centre astronomique privé du monde. Plus de 20 astronomes et 12 éducateurs composent le personnel enthousiaste de cette institution, et ils se montrent toujours avides de partager leurs connaissances du monde céleste. Plusieurs visites des lieux sont offertes, le jour comme le soir.

Le mandat du **Museum of Northern Arizona** ★★★ *(7$; tlj 9h à 17h; 3101 N. Fort Valley Rd., ☎ 928-774-5213, www.musnaz.org)* est d'informer le public quant à l'histoire et à la géologie du plateau du Colorado et, pour ce faire, il ne se limite pas à l'Arizona, mais couvre plutôt tous les territoires que le plateau touche, notamment l'Utah, le Colorado et le Nouveau-Mexique. Les collections du musée comptent quelque cinq millions de spécimens expliquant l'histoire, l'anthropologie, la biologie et la géologie de la région. De plus, au cours de la saison estivale, la fondation du musée s'unit à des artistes amérindiens pour exposer leurs créations artisanales.

En plus d'être un centre de ski de premier choix pour les amateurs de la région, l'**Arizona Snowbowl** *(12$; fin mai à fin sept tlj 10h à 16h; Hwy. 180, ☎ 928-779-1951, www.arizonasnowbowl.com)* constitue une retraite paisible pour les touristes de passage. Une balade panoramique en télésiège vous conduira jusqu'au sommet du mont Agassiz (3 505 m), d'où la vue s'étend jusqu'au

Grand Canyon au nord et jusqu'au centre-ville de Flagstaff au sud. Munissez-vous d'un appareil photo pour ne pas rater une occasion d'immortaliser les paysages et les représentants de la faune locale.

Situé à la limite méridionale du plateau du Colorado, le **Sunset Crater Volcano National Monument** ★ *(5$; tlj 8h à 17h; Hwy. 89,* ☎ *928-526-0502 ou 526-1157, www.nps.gov/sucr)* est le plus jeune des volcans dans la région. Son éruption finale a eu lieu autour de 1250 apr. J.-C., et les civilisations anciennes l'ont ainsi nommé (cratère du soleil couchant) en raison des cendres colorées qu'il a laissées derrière lui. Procurez-vous le guide du Lava Flow Trail, et passez les heures qui suivent à explorer les alentours et à en apprendre davantage sur la formation du cratère.

Le **Wupatki National Monument** ★ *(5$; tlj 9h à 17h; Hwy. 89,* ☎ *928-679-2365, www.nps.gov/wupa)* renseigne les visiteurs sur les civilisations sinaguas (mot d'origine espagnole signifiant «sans eau») qui peuplaient jadis la région. Le *pueblo* de Wupatki est en bon état et peut être visité à l'aide du *Pueblo Trail Guide*, vendu au centre d'accueil des visiteurs. Cette brochure vous entraînera dans une visite interactive au cours de laquelle vous seront exposés le quotidien et les habitats des milliers d'Amérindiens qui vivaient dans la région.

Apprenez-en davantage sur les peuples sinaguas au **Walnut Canyon National Monument** ★ *(5$; été tlj 8h à 17h, hiver tlj 9h à 17h; Hwy. 40, sortie 204,* ☎ *928-526-3367, www.nps.gov/waca)*. Ces anciens habitants des falaises construisaient leurs maisons à même les murs calcaires du canyon et cultivaient le maïs dans les terres en contrebas. Malheureusement, la construction du chemin de fer, plus de 700 ans après le départ des Sinaguas, a attiré des pillards dans la région, et beaucoup des vestiges précieux se trouvant dans les ruines ont été emportés à tout jamais. Le Walnut Canyon a finalement été déclaré monument national en 1915, ce qui a par la suite permis d'assurer sa protection. Suivez le sentier autoguidé jusque dans le canyon pour mieux contempler l'ensemble des habitations troglodytiques du site.

Activités de plein air

➤ Équitation

Vous trouverez plusieurs écuries dans les environs de Sedona. Le complexe **A Day in the West** *(252 N. Hwy. 89A,* ☎ *928-282-4320 ou 800-973-3662, www.adayinthewest.com)* renferme un ranch en activité, un village amérindien et une petite ville de film western. Différents forfaits sont proposés, mais les plus intéressants sont sans doute ceux qui vous permettent de faire du cheval au lever du soleil et au clair de lune.

Sedona Red Rock Jeep Tours *(270 N. Hwy. 89A,* ☎ *928-282-6826 ou 800-848-7728, www.redrockjeep.com)* organise aussi des randonnées à cheval dans la région. Ses cowboys expérimentés et ses chevaux dociles vous entraîneront dans une excursion panoramique tout en vous faisant découvrir l'histoire de la région.

À Flagstaff, les **Hitchin' Post Stables** *(4848 Lake Mary Rd.,* ☎ *928-774-1719)* et le **Flying Heart Barn at Flagstaff** *(Hwy. 89,* ☎ *928-526-2788)* proposent diverses randonnées dans la région, mais aussi des excursions adaptées aux besoins du client, y compris des chevauchées au coucher du soleil. Téléphonez au préalable pour réserver votre place.

➤ Escalade

Dans la région de Flagstaff, le **Vertical Relief Climbing Center** *(205 S. San Francisco St.,* ☎ *928-556-9909, www.verticalrelief.com)* possède de merveilleuses installations intérieures. Ses instructeurs expérimentés y enseignent aux débutants tous les secrets de l'escalade en toute sécurité et font en outre des excursions guidées d'une journée vers les sites les plus appréciés de la région.

➤ Excursions en véhicule tout-terrain

Pour une aventure cahoteuse à travers les rochers et les forêts, installez-vous dans un véhicule tout-terrain et accrochez-vous bien. **Sedona Red Rock Jeep Tours** *(270 N. Hwy. 89A,* ☎ *928-282-6826 ou 800-848-7728, www.redrockjeep.com)* et **Pink Jeep Tours** *(202 N. Hwy. 89A,* ☎ *928-282-5000 ou 800-873-3662, www.pinkjeep.com)* organisent de passionnantes excursions dans l'arrière-pays ainsi que des sorties personnalisées qui peuvent comprendre un barbecue façon western ou un dîner de qualité sur les rochers.

➤ Golf

Le **Sedona Golf Resort** *(35 Ridge Trail Dr., ☎ 928-284-9355 ou 877-733-6630, www.sedonagolfresort.com)* s'est vu attribuer une cote de quatre étoiles et demi par le *Golf Digest*. Son parcours exigeant à normale 71 est entouré de magnifiques rochers rouges, si bien que vous pourriez avoir du mal à vous concentrer sur la partie. Le pavillon de près de 1 600 m² est fort apprécié de ceux qui souhaitent se détendre après une journée complète sur les verts.

Un autre grand favori de Sedona est l'**Oak Creek Country Club** *(690 Bell Rock Blvd., ☎ 928-284-1820 ou 888-703-9489, www.oakcreekcountryclub.com)*. Son 18 trous de championnat est une véritable institution locale depuis 1968 et, tout comme d'autres terrains de la région, il est aménagé parmi les rochers, ce qui vous permettra de jouer dans un décor fabuleux.

➤ Pêche

Sedona dispose de plusieurs guides prêts à emmener les amateurs de pêche à la ligne. Adressez-vous à **The Hook Up Outfitters** *(☎ 623-412-3474 ou 888-899-4665, www.thehookupoutfitters.com)* ou à la **Rainbow Trout Farm** *(☎ 928-282-5799)*.

➤ Randonnée pédestre

On sait déjà que Sedona est associée à ses fabuleux rochers de grès rouge; or, les centaines de sentiers de randonnée qui serpentent à travers eux s'avèrent tout aussi impressionnants. Le **Red Rock District** de la **Coconino National Forest** *(☎ 928-282-4119 ou 928-203-7500, www.redrockcountry.org)* est en mesure de vous fournir des plans des sentiers de la région de même que toutes les indications voulues pour y accéder. Avec ses 2,5 mi (4 km) (aller seulement), le sentier du **Boynton Canyon**, aussi connu sous le nom de «Trail 47», permet de s'offrir l'une des randonnées les plus faciles des environs; son dénivelé n'est que de 122 m, mais le sentier n'en offre pas moins de somptueuses vues sur les rochers cramoisis. Le sentier de la **West Fork** est également très apprécié, et de difficulté moyenne; il s'agit d'un chemin particulièrement ravissant, dans la mesure où il croise plusieurs ruisseaux qui courent parmi les rochers, sans compter la végétation luxuriante et les hautes parois du canyon, le tout formant un cadre exquis pour cette randonnée de 3 mi (4,8 km). Les randonneurs chevronnés entreprendront pour leur part le sentier du **Sterling Pass**, qui s'élève le long d'un étroit défilé; ce sentier fort exigeant de 4,8 mi (7,7 km) accuse un dénivelé de 341 m, et seuls les randonneurs en excellente condition physique devraient l'attaquer.

➤ Ski

Le **Flagstaff Nordic Center** *(nov à mars; Hwy. 180, Mile Marker 282, ☎ 928-220-0550, www.flagstaffnordiccenter.com)* entretient 25 mi (40 km) de pistes à l'intention des skieurs de fond débutants et expérimentés. Ceux qui veulent défier les pistes pour la première fois y trouveront une école de ski et un comptoir de location. Il est également possible de louer les services d'un guide ou de participer aux nombreuses courses organisées tout au long de la saison.

Quatre télésièges donnent accès aux 32 pistes de l'**Arizona Snowbowl** *(nov à mars; Hwy. 180, ☎ 928-779-1951, www.arizonasnowbowl.com)*. Vous passerez la journée à dévaler les pentes du mont Agassiz, haut de 700 m, à travers une forêt de pins ponderosas. Ce centre fera le bonheur des skieurs de tout calibre.

➤ Survols en avion et en hélicoptère

Les rochers cramoisis de la région de Sedona offrent à n'en point douter un spectacle unique, et il peut s'avérer particulièrement intéressant de les survoler en hélicoptère. **Arizona Helicopter Adventures** *(☎ 928-282-0904 ou 800-282-5141, www.azheli.com)* propose diverses excursions à compter de 58$ par personne pour 12 min en l'air. Le survol le plus prisé est celui qui longe les parois de 600 m du Secret Canyon en surplomb sur les ruines sinaguas (durée: 25 min).

➤ Vélo

Sedona dispose d'un véritable dédale de sentiers, quoique seuls ceux qui se trouvent à l'extérieur du Red Rock State Park conviennent au vélo de randonnée. Téléphonez au **U.S. Forest Service** *(☎ 928-282-4119 ou 800-832-1355, www.fs.fed.us)* pour obtenir tous les renseignements voulus sur les sentiers de même que sur les moyens d'y accéder. Un sentier facile mais assez long est celui de la **Boyton Pass Road**, qui emprunte sur 20 mi (32 km) un chemin de terre lisse entre le Secret Mountain Wilderness et les ruines du Boyton Pass; comptez de 3h à 4h pour le parcourir. Un autre favori des débutants est le sentier de la **Vultee Arch**, dont le tracé de 8,8 mi (14 km) permet d'atteindre le Devil's Bridge et la Vultee Arch, deux des monuments naturels les plus célèbres de Sedona.

Le réseau de voies cyclables de **Flagstaff** est bien développé. Pour sillonner la ville en toute quiétude, songez au **Flagstaff Urban Trail System** (le FUTS, prononcé «foots»), dont le **Flagstaff Visitor Center** (voir p. 388) pourra vous fournir le plan. Les sentiers pour vélo tout-terrain à Flagstaff et dans ses environs s'adressent quant à eux aux débutants comme aux cyclistes chevronnés. **Absolute Bikes** *(200 E. Route 66, ☎ 928-779-5969, www.absolutebikes.net)* loue des vélos et propose un service de guides.

Pour les novices désireux de faire cavalier seul, le **Lower Oldham Trail**, long de seulement 3,6 mi (5,8 km) aller-retour, constitue un bon choix; il relie le Buffalo Park au réseau de sentiers du mont Elden, et il se trouve suffisamment près du centre-ville pour y accéder à vélo. Pour un réseau de sentiers un peu plus stimulant, prenez la direction du **Flagstaff Nordic Center** (voir p. 391) sur la route 180; ouvert aux cyclistes de mai à novembre, ce centre de ski de fond permet de faire du vélo jusque tard dans la saison lorsque tardent les premières neiges; ses nombreux sentiers varient en longueur de 3,2 km à 40 km et parcourent des bosquets de trembles et de pins ponderosas.

➤ *Vols en montgolfière*

Pour une aventure peu commune, adressez-vous aux compagnies de montgolfières de la région. **Northern Light Balloon Expeditions** *(☎ 928-282-2274 ou 800-230-6222, www.northernlightballoon.com)*, **Sky High Balloon Adventures** *(☎ 928-204-1395 ou 800-551-7597, www.skyhighballoons.com)* et **Red Rock Balloon Adventures** *(☎ 800-258-3754, www.redrockballoons.com)* volent au-dessus des canyons de roc rouge durant 60 min à 90 min.

Le nord-est de l'Arizona

▲ *p. 407* ● *p. 416* ♪ *p. 424* ■ *p. 425*

Les cultures amérindiennes se révéleront à vous de merveilleuse façon grâce à l'exploration du nord-est de l'Arizona. Vous y découvrirez de nouvelles langues, assisterez à des cérémonies immémoriales, contemplerez des ruines, des mesas, des buttes et des aiguilles rocheuses, et vous émerveillerez devant les modes de vie et l'évolution des civilisations anciennes qui ont jadis habité ces terres apparemment stériles et pourtant si stupéfiantes.

Les Navajos et les Hopis sont des peuples profondément spirituels qui se montrent souvent disposés à partager leurs traditions et leur culture avec les visiteurs de passage. Rappelez-vous cependant de ne jamais vous imposer là où les touristes n'ont pas leur place. Cela ne signifie en rien que les membres de ces communautés ne vous viendront pas en aide en cas de besoin, ni qu'ils ne s'efforceront pas de rendre votre séjour agréable dans cette région fascinante, bien au contraire. Les deux réserves possèdent même des entreprises prospères ayant pour mission d'amener les visiteurs à mieux comprendre et apprécier leur culture respective. Prenez donc le temps de vous familiariser avec l'histoire captivante des peuples qui vivent sur cette terre depuis des milliers d'années.

Winslow ★

Depuis ses premiers jours, Winslow a toujours été un lieu de passage. Créée en 1882 à titre de station auxiliaire du Santa Fe Railroad, la ville a pris le nom d'un des dirigeants du chemin de fer, le général Edward Winslow, et elle a longtemps été une véritable oasis dans le désert sur le long trajet menant à la Californie.

Formé il y a de cela 49 000 ans, le **Meteor Crater** ★ *(15$; mi-mai à mi-sept tlj 7h à 19h, mi-sept à mi-mai tlj 8h à 17h; sortie 233 de l'Interstate 40, ☎ 928-289-2362 ou 800-289-5898, www.meteorcrater.com)* donne l'occasion sans pareille de constater le résultat de l'écrasement d'un météorite. Celui-ci avait un diamètre de 30 m lorsqu'il s'écrasa sur la Terre, alors qu'il filait à une vitesse de plus de 72 000 km/h, et le cratère qu'il a creusé, aussi profond qu'un immeuble de

La nation Navajo

Le gouvernement des États-Unis reconnaît 15 communautés amérindiennes sur l'ensemble du territoire de l'Arizona, ce qui en fait l'État possédant le plus de communautés et de réserves. La plus grande de ces communautés est celle de la nation navajo, aussi connue sous le nom de «nation Diné». Forte d'une population de près de 175 000 individus, la réserve navajo est la plus grande du pays, couvrant un tiers de l'Arizona ainsi que des portions de l'Utah et du Nouveau-Mexique, pour un total de plus de 40 000 km². Ces terres du nord-est de l'État fascineront d'ailleurs les visiteurs désireux d'en apprendre davantage sur cette civilisation ancienne.

Window Rock, qui se trouve près de la frontière avec le Nouveau-Mexique, accueille le gouvernement de la nation Navajo. Là où jaillissait jadis une source, on ne voit plus aujourd'hui qu'un rocher percé d'un trou parfaitement circulaire. C'est à cet endroit que les Navajos accomplissaient leur cérémonie traditionnelle de l'eau, connue sous le nom de *toyee*. Il s'agit d'un lieu hautement spirituel pour ce peuple, et d'un des quatre points où les sorciers navajos se rendaient pour obtenir l'eau nécessaire à leurs pratiques.

Bien que la nation Navajo ait officiellement été constituée en 1923, c'est un changement de politique fédérale à l'égard des Amérindiens survenu dans les années 1930 qui lui a d'emblée conféré une plus grande autorité quant à la gestion de son territoire. S'ensuivit la création du premier conseil tribal de ce peuple, chargé de la rédaction et de l'application du Navajo Nation Code, qui porte sur les 24 principaux volets de l'administration de la nation, en ce qui a trait, notamment, aux terres, au développement communautaire, au commerce et aux affaires, à l'environnement, à l'éducation et aux relations avec le gouvernement des États-Unis.

C'est la force de son gouvernement qui a encouragé ce peuple à préserver son héritage linguistique, et l'on enseigne actuellement la langue navajo aux enfants de la réserve dès le début du cours primaire afin de redonner sa langue à la communauté. Cette même langue a d'ailleurs joué un rôle important au cours de la Seconde Guerre mondiale, puisque des Navajos ont été chargés de coder les échanges de correspondance entre les troupes alliées après l'échec de toutes les tentatives et techniques antérieures pour en cacher le contenu à l'ennemi. Une exposition consacré à ces Navajo Code Talkers vous attend même dans un endroit on ne peut plus inattendu, soit à l'intérieur du Burger King (!) de Kayenta, dont la vitrine présente une foule d'objets récupérés après la guerre.

Les Navajos ont toujours entretenu des liens profondément spirituels avec la terre, et cette terre sacrée ne fait pas que les entourer, mais représente à leurs yeux le fondement même de leur existence. Ils en sont venus à comprendre et à respecter au plus profond d'eux-mêmes que la terre leur fournit tout ce dont ils ont besoin pour leur subsistance. Et dans le moindre aspect de leur vie quotidienne, qu'il s'agisse de l'agriculture, de la danse, du chant ou du tissage, les Navajos continuent de cultiver ce lien spirituel avec la terre.

60 étages, avait 4,8 km de diamètre! Vous pourrez explorer cette merveille naturelle et effectuer une visite autoguidée du **Meteor Crater Visitor Center**, dont les expositions ainsi qu'une vidéo expliquent la formation du cratère. Les lieux ont été choisis dans les années 1960 pour entraîner les astronautes de la mission Apollo.

Window Rock ★

Localisation: Window Rock est située à 190 mi (306 km) au nord-est de Flagstaff et à 74 mi (119 km) au nord-est du Petrified Forest National Park sur la route 264, qui borde le Nouveau-Mexique.

Navajo Nation Visitor's Center: 36A E. Hwy. 264, angle route 12, Window Rock, ☎ 928-871-6647, www.navajonationparks.org.

Window Rock, qui est la capitale de la nation Navajo depuis 1936, tient son nom d'une masse de grès haute de 61 m et percée d'un trou circulaire à sa base. Ce rocher est étroitement associé à la Navajo Waterway Ceremony et compte parmi les quatre endroits où les sorciers allaient recueillir, dans leurs gourdes tissées, l'eau nécessaire à leurs incantations en vue d'obtenir des pluies abondantes. Aujourd'hui, Window Rock s'impose surtout comme le centre administratif de la nation Navajo.

En septembre de chaque année, à partir de la première fin de semaine suivant la fête du Travail, Window Rock accueille la **Navajo Nation Fair** *(✆ 928-871-6647, www.navajonationfair.com)*, un événement de cinq jours tenu pour «le plus grand rassemblement amérindien du monde». Une belle occasion de se familiariser en moins de deux avec la culture navajo par le biais d'un défilé, d'expositions d'artisanat, de concerts et de rodéos, sans oublier le couronnement de Miss Navajo!

Le **Navajo Museum, Library & Visitor's Center** ★★ *(entrée libre; mar-ven 8h à 20h, lun et sam 8h à 17h; W. Hwy. 264, ✆ 928-871-7941, www.discovernavajo.com)* est sans conteste le meilleur endroit où entreprendre votre visite du territoire navajo. Conçu pour ressembler à un *hogan*, soit l'habitation traditionnelle des Navajos, ce grand bâtiment contemporain met notamment en vedette l'artisanat navajo. Quant au centre d'accueil qu'on y a aménagé, il fournit de l'information sur les attraits du territoire.

Le **Navajo Nation Zoo** *(entrée libre; lun-sam 8h à 17h; W. Hwy. 264, ✆ 928-871-6573, www.discovernavajo.com)* possède une vaste collection d'animaux indigènes du Navajo Country de même que des animaux domestiques chers aux Amérindiens. Procurez-vous un plan des lieux à l'entrée du zoo et parcourez les différentes aires réservées, entre autres, aux loups mexicains, aux ours, aux pumas, aux aigles à tête blanche et à une foule d'autres animaux plus fascinants les uns que les autres. Vous verrez même sur place une hutte navajo traditionnelle.

La spectaculaire arche en pierre rouge que forme le **Window Rock** ★★ *(entrée libre; tlj 8h à 17h; 2 mi ou 3,2 km au nord de la route 264, ✆ 928-871-6647, www.discovernavajo.com)* fait partie intégrante de l'histoire des Navajos. À une certaine époque, lorsque de l'eau coulait sous le rocher, on y célébrait la Navajo Waterway Ceremony (cérémonie navajo de l'eau), un événement tenu pour garantir d'abondantes pluies nourricières. Des sentiers conduisent désormais au rocher et permettent de faire le tour du **Navajo Nation Veterans Memorial** (monument aux vétérans de la nation navajo), érigé à la mémoire des Navajos qui ont fait leur service dans l'armée américaine, y compris les Navajo Code Talkers.

En 1898, trois moines fondèrent la première mission franciscaine en territoire navajo, où loge aujourd'hui le **St. Michael's Historical Museum** ★ *(entrée libre; mi-mai à fin nov tlj 9h à 17h; Hwy. 264, ✆ 928-871-4171, www.discovernavajo.com)*. C'est à cet endroit que la culture et la langue des Navajos ont pour la première fois été présentées par écrit. Le petit bâtiment du musée renferme des salles représentant des chambres à coucher types de l'époque ainsi que d'autres où sont exposées des poteries et des carpettes tissées.

Ganado

Le **Hubbell Trading Post National Historic Site** ★★★ *(entrée libre, visite guidée 2$; mai à oct tlj 8h à 18h, nov à avr tlj 8h à 17h; Hwy. 264, ✆ 928-755-3475, www.nps.gov/hutr)* vend de l'artisanat local depuis 1878. Ce poste de traite, qui est le plus ancien commerce en activité ininterrompue de la réserve navajo, a d'abord servi de «pont» entre les Amérindiens et les populations non autochtones. Il s'est vu désigné lieu historique protégé en 1967, après avoir été exploité par la famille Hubbell pendant 89 ans. Vous pourrez observer le tissage des carpettes navajos au centre d'accueil des visiteurs, de même que visiter le poste de traite original, approvisionné en paniers, en katchinas, en carpettes et en divers autres objets artisanaux fabriqués par les Navajos, les Hopis et les Zunis. Visite guidée ou autoguidée.

Chinle ★★

Le **Canyon de Chelly National Monument** ★★★ *(entrée libre; tlj 8h à 17h; Hwy. 191, ✆ 928-674-5500, www.nps.gov/cach)*, à l'instar du Grand Canyon, possède un versant nord (North Rim) et un versant sud (South Rim) qu'il est possible de parcourir en voiture pour mieux en admirer les paysages à couper le souffle. Procurez-vous une carte des environs pour vous assurer de ne manquer aucun site en cours de route.

Si vous optez pour le versant nord, vous aurez environ 15 mi (24 km) à faire avant d'atteindre l'extrémité de la route et vous aurez l'occasion, chemin faisant, de vous arrêter à plusieurs points d'observation. Le premier est le **Ledge Ruin Overlook**, qui permet de contempler dans toute leur grandeur les ruines d'un *pueblo* habité il y a de cela environ 700 ans. D'ici, vous pourrez également apercevoir les ruines du Round Corner.

Un peu plus loin, du **Mummy Cave Overlook** vous embrasserez du regard les plus grandes et les plus belles ruines de la région. La grotte dite «de la momie» aurait, selon les archéologues, été habitée par d'anciens Pueblos entre 300 et 1300 apr. J.-C.

Vient ensuite le **Massacre Cave Overlook**, qui offre deux points de vue de l'endroit où a eu lieu un massacre au début du XIXe siècle. Profitant de ce que les hommes navajos étaient à la chasse, les Espagnols ont alors envahi la région, et les femmes comme les enfants cherchèrent refuge dans cette grotte, se croyant en sécurité du fait qu'elle se trouvait à plus de 300 m du fond du canyon, le long de sa paroi verticale. Mais les Espagnols finirent tout de même par la découvrir, et l'échange de coups de feu qui s'est ensuivi a fait perdre la vie à beaucoup de Navajos.

Si vous choisissez plutôt d'emprunter la route du versant sud (South Rim Drive), comptez environ 2h pour effectuer le trajet, ce temps comprenant des arrêts aux sept points d'observation qui ponctuent le parcours. Le premier arrêt, au **Tunnel Canyon Overlook**, donne une meilleure idée de la formation géologique du canyon. Après être descendu à pied jusqu'à la plateforme d'observation, prenez le temps de comparer les strates de roche du canyon avec celles qui figurent sur la carte qu'on vous a remise au centre d'accueil des visiteurs.

Un peu plus loin, le **White House Overlook** permet d'admirer les ruines de la White House de l'autre côté du canyon. Ce *pueblo* bâti sur deux niveaux à même les falaises aurait compté jusqu'à 80 pièces et quatre *kivas* (chambres de cérémonie), et servi de village à une communauté agricole prospère.

Votre dernier arrêt sur le versant sud se fera au **Spider Rock Overlook**, soit l'endroit où le Monument Canyon et le Canyon de Chelly (de Chelly se prononce «de shé») se rencontrent. Le Spider Rock en question, une masse rocheuse haute de 244 m, repose d'ailleurs au beau milieu de l'un comme de l'autre. Au-dessus de ce rocher apparaît en outre la formation dite de la «Spider Woman» (femme-araignée), considérée comme une déesse ayant enseigné l'art du tissage aux femmes navajos. Aussi cet endroit est-il sacré aux yeux des Navajos. Les visiteurs équipés de jumelles auront aussi l'occasion d'observer plusieurs habitations lointaines depuis ce promontoire.

La réserve hopi ★★★

Localisation: La réserve hopi se trouve à 67 mi (108 km) au nord de Winslow sur la route 87 et à 100 mi (161 km) au sud-ouest du Canyon de Chelly.

Une communauté profondément spirituelle habite la réserve hopi, qui se trouve au cœur même du territoire navajo dans le quadrant nord-est de l'Arizona. Bien que cette région soit sèche et, aux yeux de certains, complètement stérile, les anciens Hopis y cultivaient avec succès le maïs, la courge et le melon, dans les vallées qui s'étendent au pied des hautes mesas, ces montagnes à sommet plat où ils vivaient.

Les élévations en question sont tout simplement désignées du nom de première, deuxième et troisième mesas, et elles abritent une douzaine de petits villages réunissant au total quelque 7 000 habitants. Old Oraibi, un des villages de la troisième mesa, date d'au moins 1100 apr. J.-C., et on le tient pour le plus vieux village encore habité des États-Unis. Vous pourrez librement visiter n'importe lequel de ces villages, tout en sachant que les Hopis s'opposent vigoureusement à ce que vous gardiez des traces tangibles de votre passage sous forme de photos, de croquis ou d'enregistrements sonores ou visuels. Cette règle doit être scrupuleusement observée, sans quoi vous risquez d'offenser vos hôtes et de les voir confisquer votre matériel. Notez par ailleurs que le village de Walpi, sur la première mesa, est le seul à offrir des visites guidées; et ne vous en privez surtout pas car vous aurez ainsi l'occasion d'admirer des habitations sans âge tout en côtoyant les habitants de ce fascinant village hors du temps.

Les Hopis forment un peuple fier et convivial. Dans chaque village se trouvent des aires cérémonielles, et il se peut que vous ayez la chance d'assister à certaines cérémonies lors de votre passage. Il convient toutefois de savoir que si certaines sont ouvertes aux touristes, beaucoup d'autres durent plusieurs jours et se déroulent dans des *kivas* inaccessibles aux non-Autochtones.

Celles de ces cérémonies auxquelles il vous est permis d'assister vous laisseront un souvenir indélébile. La plupart se déroulent sur les toits des maisons, et la plus célèbre danse qu'on y exécute est celle dite «des serpents», à laquelle prennent part des serpents vivants, notamment des crotales (serpents à sonnette). Les serpents revêtent en effet une importance spirituelle pour les Hopis, qui voient dans ces créatures souterraines des intermédiaires des dieux. Il convient par ailleurs de noter qu'en dépit d'une certaine homogénéité dans leurs croyances, qui préconisent globalement la paix et le bon vouloir, les Hopis pratiquent leur religion de façon tout à fait personnelle, et l'on estime à 10% le pourcentage de leur population qui a adopté la religion chrétienne, sans qu'on puisse toutefois confirmer cette donnée.

Le gouvernement hopi a de longue date vu son histoire mêlée à celle du gouvernement des États-Unis. À diverses époques, des «agents des Sauvages» ont été postés par le bureau des Affaires indiennes à Fort Defiance (Nouveau-Mexique), à Prescott (Arizona), de même qu'à Santa Fe (Nouveau-Mexique). L'Agence navajo de Window Rock a aussi, pendant un temps, fait office de centre administratif pour les Hopis. Puis, en 1887, le siège du bureau des Affaires indiennes a définitivement été relogé au Keams Canyon, à l'extrémité est de la réserve. Le bureau des affaires tribales du peuple Hopi s'y trouve également à l'heure actuelle, et relève du bureau des Affaires indiennes – section de Phoenix. Il a pour mission d'aider les Hopis aux plans économique et social, notamment en ce qui a trait à l'application de la loi, à l'aide à l'emploi et à l'éducation.

Vous pouvez visiter par vous-même tous les villages des première, deuxième et troisième mesas. Avant d'entreprendre votre exploration, songez à vous procurer une carte du territoire. Si vous souhaitez toutefois percer les secrets de la vie hopi, vous feriez mieux de vous inscrire à l'instructive visite guidée offerte à la «première mesa» (First Mesa).

Les **First Mesa Consolidated Villages** ★★★ *(8$; Ponsi Hall Visitor's Center, Sichomovi Village, First Mesa, Hwy. 264, ☎ 928-737-2670, www.hopibiz.com/tour.html)*, qui regroupent les villages de Walpi, Sichomovi et Hano, sont perchés tout en haut de la première mesa, et le trajet vers le sommet est pour le moins spectaculaire, pour ne pas dire vertigineux. Une fois sur le haut plateau, vous pourrez participer à une visite guidée des villages, dont le plus intéressant, et de loin, est Walpi, soit le plus éloigné de l'entrée de la mesa. Un guide affable vous entretiendra alors de l'architecture des bâtiments et des matériaux durables qui ont servi à leur construction. Ce village a toujours été habité depuis environ 700 ans, et quelques Hopis y vivent encore à longueur d'année, bravant le froid hivernal sans électricité. Les femmes du village recueillent encore l'argile des sols environnants pour en faire des poteries traditionnelles cuites dans des fours chauffés aux excréments de moutons, et nombre d'entre elles acceptent de vendre leurs créations.

Du point d'observation élevé qu'offre le sommet de la mesa, vous aurez une fabuleuse vue panoramique des terres ancestrales des Hopis, notamment des champs où ils cultivaient traditionnellement le maïs, la courge et le melon, ainsi que des vieux sentiers qu'ils empruntaient pour atteindre la mesa. Il faut cependant savoir que ces sentiers ne sont accessibles qu'aux visiteurs accompagnés d'un guide hopi.

Pour vous faire une meilleure idée de la culture, de l'histoire et de l'architecture hopis, visitez le **Hopi Cultural Center's Museum** ★ *(3$; tlj 8h à 15h; Second Mesa, Hwy. 264, ☎ 928-734-2401, www.hopiculturalcenter.com)*, dont la grande salle d'exposition renferme une foule d'objets plus fascinants les uns que les autres, notamment les biographies de certains chefs de la tribu, des photographies anciennes offrant un aperçu de la vie dans les villages de la région, d'antiques katchinas, des poteries et des bijoux. Une maquette à échelle réduite des anciens villages vous permettra en outre de mieux saisir l'aménagement des terres.

Monument Valley et ses environs ★★

Localisation: La Monument Valley est située à 200 mi (322 km) au nord-est de Flagstaff et à 110 mi (177 km) au nord-ouest du Canyon de Chelly sur la route 163, près de la frontière avec l'Utah.

Dans le nord du pays navajo, **Kayenta** sert surtout de tremplin vers l'historique Monument Valley. Rendue célèbre par John Ford et d'autres réalisateurs d'Hollywood pour ses paysages prototypiques de l'ouest des États-Unis, la Monument Valley attire chaque année des milliers de visiteurs qui espèrent s'y sentir comme John Wayne guidant paisiblement sa monture vers le soleil couchant. Tout près, le Navajo National Monument offre pour sa part un aperçu du mode de vie des Amérindiens aux temps préhistoriques; trois remarquables villages accrochés aux falaises, dont on estime l'âge à au moins 700 ans, y sont préservés, et certains descendants des anciens Pueblos qui y vivaient habiteraient aujourd'hui dans les villages hopis des environs.

La région était très peu fréquentée par les non-Autochtones avant 1910, date à laquelle John Wetherill et son épouse, Louisa, entreprirent d'y créer un poste de traite. Un bureau de poste fut à son tour construit un an plus tard, et Kayenta ne tarda pas à gagner en popularité. Les Wetherill accueillirent d'ailleurs de nombreuses personnalités en quête d'aventure dans l'Ouest sauvage, y compris Theodore Roosevelt en 1913. John acquit une bonne connaissance de la géographie des environs et guida bientôt des expéditions dans la région. L'auteur Zane Grey a également rendu visite aux Wetherill, après quoi il en a parlé dans deux de ses livres, *The Rainbow Trail* et *The Vanishing American*, en remplaçant leur nom de famille par «Withers». John est décédé en 1944, et Louisa l'a rejoint un an plus tard; tous deux sont enterrés près de la ville qu'ils ont contribué à créer.

Créé en 1909, le **Navajo National Monument** ★ *(entrée libre; tlj 8h à 17h; Hwy. 160, ☎ 928-672-2700, www.nps.gov/nava)* est un endroit remarquable où vous pourrez admirer les ruines de **Betatakin**, un ancien *pueblo* à flanc de falaise tenu pour un des plus beaux de l'Arizona. La visite autoguidée vous fera emprunter un sentier de 800 m au bout duquel vous pourrez admirer les ruines d'une distance de 400 m. Le long du sentier se trouvent en outre des panneaux d'interprétation décrivant les plantes traditionnellement utilisées par les Navajos, les Hopis et les Anasazis. Bien qu'il y ait une lunette d'approche au point d'observation, nous vous recommandons d'apporter vos propres jumelles.

Au cours de la Seconde Guerre mondiale, 1 400 Navajos se sont enrôlés dans l'armée des États-Unis, et leur contribution à l'effort de guerre se trouve documentée au **Navajo Code Talkers Exhibit** ★★ *(entrée libre; tlj 6h à 23h; Hwy. 160, à l'intérieur du Burger King, ☎ 928-697-3534)*. Vous ne manquerez pas d'être captivé, entre autres, par l'histoire des *code talkers*, un peloton de 30 hommes chargé de brouiller les messages à caractère militaire en utilisant la langue navajo. La grande vitrine d'exposition est en outre truffée d'attirails de guerre, de lettres renvoyées à leur expéditeur durant la guerre ainsi que de photographies anciennes pour le moins étonnantes.

À l'approche du **Monument Valley Navajo Tribal Park** *(5$; mai à sept tlj 6h à 20h, oct à avr tlj 8h à 16h30; Hwy. 163, ☎ 435-727-5875, www.navajonationparks.org/htm/monumentvalley.htm)*, vous comprendrez pourquoi on a baptisé cette région du nom de «vallée des monuments». De hautes buttes de grès et des flèches élancées s'y élèvent en effet d'une centaine de mètres à plus de 1 000 m au-dessus d'un vaste paysage stérile qui a maintes fois servi de toile de fond, comme il le fait d'ailleurs encore, à divers films et spots publicitaires. Un plan des lieux, disponible au centre d'accueil des visiteurs, permet de parcourir en voiture une boucle autoguidée de 14 mi (23 km) autour du parc. Contemplez à loisir la Mitchell Butte, les Gray Whiskers, le Big Indian et la Castle Butte, mais rappelez-vous que les visiteurs doivent rester sur la route. Ceux qui désirent explorer la vallée plus à fond doivent louer les services d'un guide. Plusieurs organisateurs d'excursions vous attendent d'ailleurs en face du bâtiment principal.

Au début des années 1920, Harry Goulding et son épouse, Mike, ont fait l'acquisition de 259 ha de terres aux abords de la Monument Valley, terres qui accueillent aujourd'hui le **Goulding's Museum & Trading Post** ★★ *(dons appréciés; tlj 7h30 à 21h30, heures d'ouverture réduites en hiver; Hwy. 160, ☎ 435-727-3231, www.gouldings.com)*. Ce bâtiment abritait jadis le poste de traite et, à l'étage, le logement des Goulding. Les vitrines et les photos historiques qu'il renferme donnent une bonne idée de ce que pouvait être la vie dans la région au début du XXe siècle. Une salle de cinéma permet en outre de découvrir les films tournés dans la Monument Valley, y compris le classique de John Ford *Rio Grande*, réalisé en 1950 et mettant en vedette John Wayne, Maureen O'Hara et Ben Johnson. Il y a également une pièce remplie d'objets fabriqués par les Amérindiens, tels que des paniers et d'étonnants bijoux en turquoise et en argent. Remarquez au passage les murs texturés de manière à rappeler la Monument Valley.

Activités de plein air

➤ *Excursions en véhicule tout-terrain*

Le **Thunderbird Lodge** *(Canyon de Chelly National Monument, ✆ 928-674-5841 ou 800-679-2473, www.tbirdlodge.com; voir p. 407)* propose des visites du Canyon de Chelly à bord de véhicules à quatre ou six roues motrices. Des excursions personnalisées peuvent aussi être organisées sur demande.

Pour visiter la Monument Valley à bord d'un robuste véhicule tout-terrain, adressez-vous à **Roy Black's Jeep Horse & Hiking Tours** *(✆ 928-429-1959, www.blacksmonumentvalleytours.com)*. Les départs se font aux heures, tous les jours du lever au coucher du soleil, sur le terrain de stationnement qui se trouve devant le centre d'accueil des visiteurs. Il s'agit là d'une randonnée mouvementée de 1h30.

➤ *Randonnée pédestre*

Les randonneurs d'expérience qui savent s'orienter en région sauvage peuvent prendre la direction du **Painted Desert** à l'intérieur du **Petrified Forest National Park**. Cette zone reculée renferme près de 20 000 ha de mesas, de buttes et de badlands qui peuvent être frappées par la pluie en été et par la neige en hiver, des conditions dont il faut tenir compte avant de partir à l'aventure; les *rangers* du Painted Desert Visitor Center et du Rainbow Forest Museum pourront vous fournir plus de détails à cet égard. Aucun permis spécial n'est requis, si ce n'est que vous devez faire preuve de jugement, vous munir d'au moins un gallon d'eau (environ 4 l) par jour et par personne, et porter un chapeau à large rebord pour vous protéger du soleil cuisant.

Le **Thunderbird Lodge** (voir p. 407) propose des excursions dans le Canyon de Chelly. Le centre d'accueil des visiteurs du **Canyon de Chelly National Monument** (voir p. 394) peut vous aider à faire vos réservations et à vous procurer les permis nécessaires.

Les randonneurs d'expérience peuvent aller voir de plus près les ruines de **Betatakin** (voir p. 397), à l'intérieur du **Navajo National Monument**, en prenant part aux excursions guidées gracieusement offertes entre le Memorial Day (fin mai) et la fin de semaine de la fête du Travail (début septembre). Pour ce faire, il suffit de se présenter à 8h au centre d'accueil des visiteurs pour se procurer un billet (premier arrivé, premier servi), le départ se faisant à 8h15. Il s'agit d'une randonnée ardue de 8 mi (13 km) aller-retour qui dure toute la journée et ne convient qu'aux personnes en bonne condition physique. Votre guide vous conduira jusqu'à un point d'observation situé tout à côté des ruines, qui se dressent sur une hauteur de 133 m.

Ceux qui préfèrent marcher seuls peuvent opter pour le **Keet Seel Hiking Trail** du **Navajo National Monument** (voir p. 397), qui offre un parcours autoguidé vers une autre des ruines les plus éblouissantes de l'Arizona. Au terme d'une longue journée de marche, vous atteindrez le plus grand village pueblo de la région, habité jusqu'en 1300 apr. J.-C. Vous devrez toutefois vous procurer, 60 jours avant la date prévue de votre départ, un permis de randonnée en région sauvage. Notez par ailleurs que vous devez partir au plus tard à 9h15, de manière à effectuer l'aller-retour – 17 mi (27 km) – dans la journée. Les *rangers* du parc recommandent d'apporter deux gallons (environ 8 l) d'eau par personne et des aliments à haute valeur énergétique, ainsi que de mettre de solides et confortables bottes de randonnée.

Plusieurs entreprises spécialisées proposent en outre des randonnées pédestres guidées dans la Monument Valley. Parmi celles-ci, **Roy Black's Jeep Horse & Hiking Tours** *(✆ 928-429-1959, www.blacksmonumentvalleytours.com)*, **Keyah Hozhoni Tours** *(✆ 928-380-3198, www.keyahhozhoniours.com)* et **Simpson's Trailhandler Tours** *(✆ 877-686-2848, www.trailhandlertours.com)* demandent environ 88$ pour une excursion de 4h. Elles peuvent également, sur demande, organiser des circuits personnalisés avec coucher à la belle étoile.

Hébergement

Si vous désirez loger dans un gîte touristique (*bed and breakfast*), consultez le site Internet de l'**Arizona Association of Bed and Breakfast Inns**: *www.arizona-bed-breakfast.com*.

Phoenix et ses environs

Phoenix recèle une grande variété d'établissements à même de convenir à la plupart des budgets, sauf peut-être dans la catégorie «petit budget».

En raison des chaleurs estivales extrêmes qui s'abattent sur Phoenix, toutefois, les complexes hôteliers de la Valley of the Sun comptent surtout sur le va-et-vient hivernal des retraités migrateurs pour réaliser leur chiffre d'affaires. Tous les tarifs cités dans ces pages s'appliquent à la haute saison, soit d'octobre à avril, alors qu'ils sont à leur plus haut.

Black Canyon City KOA
$
Hwy. I-17, sortie 242
Black Canyon City
602 623-374-5318 ou 800-562-5314
www.arizonakoa.com

Géré par l'association Kampgrounds of America (KOA), ce camping agréable est situé à 40 km (25 mi) au nord de Phoenix.

Le centre-ville de Phoenix

Budget Inn Motel
$ ≡ P @
424 W. Van Buren St.
602-257-8331

Établi à quelques rues seulement à l'ouest du centre-ville, le Budget Inn Motel propose un hébergement rudimentaire dans des chambres propres aux murs plutôt minces. Simple, pas cher et efficace.

Phoenix Hostel
$ bc
1026 N. Ninth St.
602-254-9803
www.phxhostel.com

Mis à part le YMCA, la Phoenix Hostel est le seul établissement de type «auberge de jeunesse» à Phoenix. Cette maison individuelle dispose de 35 lits, d'une cuisine et d'une grande salle communes où se retrouve une clientèle assez jeune. L'hébergement y est convenable, mais résolument rustique, et l'établissement avoisine le centre-ville.

Hotel San Carlos
$$$ ≡ P @
202 N. Central Ave.
602-253-4121 ou 866-253-4121
www.hotelsancarlos.com

Le majestueux Hotel San Carlos est en activité depuis 1928 et a servi de résidence temporaire à des célébrités telles que Clark Gable, Spencer Tracy et Mae West. Dans un cadre architectural inspiré de la Renaissance italienne, une bonne partie des carrelages, des tissus, des boiseries et des luminaires a été soigneusement préservée. Vous aurez l'impression de remonter dans le temps et de goûter au luxe d'une époque révolue. Les chambres arborent le même style et renferment beaucoup d'antiquités, tout en offrant les moindres commodités auxquelles vous êtes en droit de vous attendre. Sur le toit de l'immeuble se trouvent un solarium et une piscine. Côté restauration et divertissement, vous aurez le choix entre le Seamus McCaffrey's Irish Pub & Restaurant, le Silver Spoon Café et le Copper Door Restaurant & Lounge.

Wyndham Phoenix
$$$ ≡ @
50 E. Adams St.
602-330-0000 ou 877-999-3223
www.wyndhamphx.com

Au cœur du centre-ville de Phoenix, le Wyndham Phoenix renferme des chambres spacieuses avec vue sur la ville. Situé tout près des musées et des centres commerciaux. Si vous n'avez pas le goût de sortir de l'hôtel pour aller manger, deux restaurants s'offrent à vous: l'Adams Grill & Bar propose de succulentes grillades pour le déjeuner et le dîner, et le Marston's sert des fruits frais, des œufs et des gaufres pour le petit déjeuner.

Midtown District et Biltmore District

Le Midtown District se trouve au nord du centre-ville et est une porte d'entrée pour le Heard Museum et le Phoenix Art Museum. On y trouve par ailleurs davantage de possibilités d'hébergement que dans le centre-ville.

Quality Inn & Suites Downtown
$$ ≡ P @
202 E. McDowell Rd.
602-528-9100 ou 877-424-6423
www.qualityinnandsuites.com

Le Quality Inn & Suites Downtown est un petit établissement commodément situé près du Phoenix Art Museum et à seulement une rue du Heard Museum. Les chambres, quoique plutôt standards, sont confortables et donnent sur la cour plantée de palmiers où se trouvent un bain à remous surdimensionnée et une piscine extérieure chauffée. Service de navette gratuit pour le centre-ville et divers points du Midtown District.

Homewood Suites by Hilton
$$$
2001 E. Highland Ave.
602-508-0937 ou 800-225-5466
http://homewoodsuites1.hilton.com

Le Homewood Suites est un hôtel entièrement composé de suites avec cuisine complète et salle de séjour, et il bénéficie d'une popularité certaine auprès des visiteurs en quête d'un séjour prolongé dans la ville. La piscine repose au milieu de la cour centrale de cette construction de quatre étages, et n'est malheureusement ensoleillée qu'une partie de la journée. Copieux buffet au petit déjeuner, navette gratuite pour l'aéroport et transport de courtoisie à l'épicerie. Près du centre-ville et d'un grand nombre de commerces. Le personnel est on ne peut plus affable et serviable.

Arizona Biltmore Resort & Spa
$$$$
2400 E. Missouri
602-955-6600 ou 800-950-0086
www.arizonabiltmore.com

Bien qu'une certaine polémique entoure les origines de l'Arizona Biltmore, on attribue généralement sa conception architecturale à Frank Lloyd Wright et sa monumentale construction à Albert Chase MacArthur. Quoi qu'il en soit, il en résulte une véritable œuvre d'art, d'autant plus que l'Arizona Biltmore s'intègre on ne peut plus harmonieusement au désert qui l'entoure. Des cours d'eau sillonnent la propriété et semblent donner naissance à des milliers de fleurs épanouies. Les chambres, immaculées, se voient rehaussées de teintes terreuses, mais les amateurs de bains chauds et parfumés doivent savoir que plusieurs salles de bain en marbre ne sont en fait équipées que

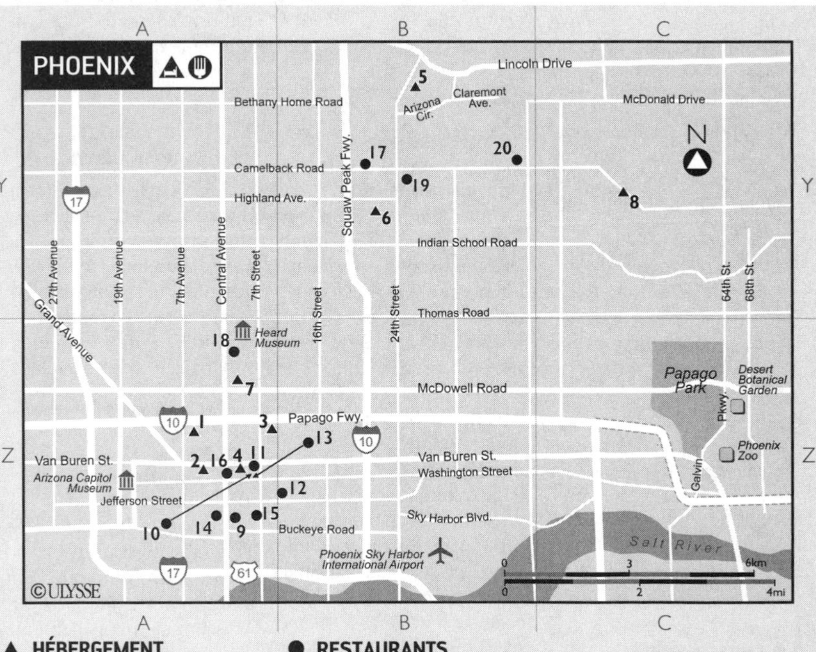

▲ HÉBERGEMENT

Le centre-ville

1. AZ Budget Inn Motel
2. AZ Hotel San Carlos
3. AZ Phoenix Hostel
4. AZ Wyndham Phoenix

Midtown District et Biltmore District

5. BY Arizona Biltmore Resort & Spa
6. BY Homewood Suites by Hilton
7. AZ Quality Inn & Suites Downtown
8. CY Royal Palms Resort & Spa

● RESTAURANTS

Le centre-ville

9. AZ Alice Cooper's Town
10. AZ Compass
11. AZ Focaccia Fiorentina
12. BZ Mrs. White's Golden Rule Cafe
13. AZ Pizzeria Bianco
14. AZ Sing High
15. AZ Tee Pee Tap Room
16. AZ Tom's Restaurant & Tavern

Midtown District et Biltmore District

17. BY Armadillo Grill
18. AZ Durant's
19. BY McCormick & Schmick's Seafood Restaurant
20. BY Vincent Guérithault on Camelback

d'une douche. Clark Gable, Marilyn Monroe, Michael Jordan et tous les présidents américains depuis H.C. Hoover ont tous, à un moment ou à un autre, résidé à l'Arizona Biltmore. Les installations qu'on y trouve sont d'ailleurs aussi impressionnantes que la liste de ses clients: huit piscines, six courts de tennis, trois bains à remous, deux terrains de golf et un immense échiquier dessiné à même la pelouse. Un centre de remise en forme (spa) complète le tout.

Royal Palms Resort & Spa
$$$$ ≡ P @
5200 E. Camelback Rd.
602-840-3610 ou 800-672-6011
www.royalpalmshotel.com

Le Royal Palms s'impose comme une des propriétés par excellence de la Valley of the Sun. Ayant à l'origine, en 1926, servi de retraite hivernale privée à Delos Cooke, des réputées Cunard Steamship Lines, cet hôtel a connu des jours tantôt fabuleux et tantôt miteux avant d'atteindre à la beauté intemporelle qu'on lui connaît aujourd'hui. À ses débuts, des artistes de la trempe de Frank Sinatra et de Dean Martin s'y donnaient en spectacle. Le bâtiment d'architecture coloniale espagnole abrite 120 chambres et *casitas* plus élégantes les unes que les autres, chacune pourvue de lits à colonnes, de murs aux revêtements imitant l'adobe et de plafonds aux poutres apparentes. Les meubles, faits main, sont uniques et diffèrent d'une chambre à l'autre. Toutes les chambres possèdent une terrasse donnant sur des jardins luxuriants, des fontaines du XVIe siècle et des allées piétonnières bordées de bougainvilliers qui serpentent au travers de la charmante propriété. Le service se veut exemplaire, et le restaurant T. Cook's se révèle fort prisé des habitants de la région en quête d'une sortie chic.

Scottsdale

Homestead Studios Suites
$ ≡ P @
3560 N. Marshall Way
480-994-0297 ou 800-804-3724
www.homesteadhotels.com

Le Homestead Studios Suites est sans contredit l'établissement qui offre le meilleur rapport qualité/prix à Scottsdale. Chacune de ses chambres renferme une cuisine complète avec réfrigérateur, four à micro-ondes, plaque de cuisson et ustensiles. Emplacement de choix.

La Quinta Inn & Suites Phoenix Scottsdale
$$ ≡ P @
8888 E. Shea Blvd.
602-614-5300 ou 800-642-4271
www.laquinta.com

Les petites chambres confortables de cet établissement sont décorées sans façon et pourvues de salles de bain spacieuses. Vous y bénéficierez en outre d'une piscine extérieure chauffée, d'un petit gymnase, d'un centre de détente et d'un solarium avec belvédère aménagé dans un jardin agréablement paysagé où vous attend par ailleurs une terrasse. Une navette gratuite vous conduira n'importe où dans un rayon de 8 km (5 mi), ce qui vous permettra d'atteindre facilement Scottsdale, Rawhide ou Westworld.

Country Inn & Suites
$$$ ≡ P @
10801 N. 89th Place
602-314-1200 ou 800-596-2375
www.countryinns.com

Bien que l'extérieur du Country Inn & Suites ne paie pas particulièrement de mine, son intérieur exsude tout le charme champêtre que présuppose son nom. En entrant dans le hall, vous serez aussitôt accueilli par un âtre dallé et une aire de séjour. Quant aux chambres, elles se révèlent lumineuses et librement rehaussées d'accents boisés, tandis que les suites renferment des cheminées et des baignoires à remous. En prime, vous aurez droit, chose rare, à un goûter gratuit à l'heure du coucher. Transport également gratuit vers Old Town Scottsdale, le Frank Lloyd Wright Museum et une variété d'autres points d'intérêt, y compris des boutiques et des terrains de golf.

FireSky Resort & Spa
$$$$ ≡ P @
4925 N. Scottsdale Rd.
480-946-4056 ou 800-528-7867
www.fireskyresort.com

Des murs d'adobes peints à la main s'étirant jusqu'aux plafonds aux poutres apparentes encadrent le hall bien aéré, la cheminée de grès haute de 12 m ainsi que le vaste et confortable salon du FireSky Resort & Spa. Un bar bien approvisionné, et d'ailleurs très fréquenté, sert de transition vers un luxuriant parc aquatique entièrement paysagé et pourvu d'un bassin aux berges sablonneuses ainsi que de recoins plus isolés où il fait bon se détendre. En 2010, le FireSky est devenu le premier hôtel «vert» de l'Arizona, notamment en adaptant ses aménagements extérieurs afin de réduire la consommation d'eau. Lorsque la nuit tombe et que le désert se refroidit, on allume plusieurs foyers en plein air pour favoriser les rencontres sous les étoiles. Les chambres sont confortables et bien aménagées, et restaurant de l'établissement, le Taggia, sert une cuisine italienne raffinée. Service de navette gratuit dans un rayon de 8 km (5 mi) du complexe hôtelier.

Hyatt Regency Scottsdale Resort and Spa at Gainey Ranch
$$$$ ≡ ≋ ◎ @
7500 E. Doubletree Ranch Rd.
602-444-1234 ou 800-492-8804
www.scottsdale.hyatt.com

Le Hyatt Regency Scottsdale Resort and Spa at Gainey Ranch vise l'éveil à l'environnement et à la culture dans un cadre de luxe. Un centre de récupération d'eau à la fine pointe alimente le complexe hôtelier en eau, et l'on offre sur place des visites de l'importante collection maison de plantes et d'animaux. Sur le plan culturel, le Hyatt commandite le centre d'études hopis, conçu en collaboration avec les Hopis eux-mêmes. On propose en outre des «vacances thématiques» gravitant autour de camps familiaux et de camps pour enfants axés sur l'acquisition de connaissances liées à la nature et à la culture. Plusieurs musiciens réputés se produisent presque tous les soirs au Lobby Bar. Les chambres se révèlent confortables et spacieuses, et le parc aquatique de 1 ha du complexe hôtelier enchante aussi bien les adultes que les enfants avec ses 10 bassins et ses cascades. Il est intéressant de noter que l'Alto Ristorante, le restaurant de l'établissement, propose des tables sous le niveau des canaux qui entourent la propriété, et qu'on trouve à ce Hyatt trois superbes parcours de golf à neuf trous.

Apache Junction

Tonto National Forest
gratuit-$
2324 E. McDowell Rd.
602-225-5200
www.fs.fed.us/r3/tonto

La Tonto National Forest recèle un certain nombre de terrains de camping aménagés où l'on pratique la politique du premier arrivé, premier servi, mais aussi d'innombrables possibilités de camping sauvage sur une étendue totale de 1,1 million d'hectares.

Lost Dutchman State Park
$
route 88, à 8 km (5 mi) au nord-est d'Apache Junction
480-982-4485

Le parc dispose de 70 emplacements, mais on n'y accepte aucune réservation.

Best Western Apache Junction Inn
$$ ≡ ≋ ◎ ❄ @
1101 W. Apache Trail
480-982-9200 ou 800-780-7234
www.bestwestern.com

Cet établissement inspiré des constructions en adobe renferme des chambres de bonnes dimensions équipées de réfrigérateurs et de cafetières. Les murs de certaines d'entre elles s'avèrent cependant quelque peu minces. Cela dit, vous apprécierez sans nul doute la petite piscine flanquée d'un bain à remous après une longue journée sur l'Apache Trail.

Tortilla Flat

Laguna Beach Campground
$
16802 NE Hwy. 88
602-944-6504

Les visiteurs d'un jour ayant entrepris d'explorer l'Apache Trail seront vraisemblablement intéressés par le Laguna Beach Campground, situé tout juste au-delà de Tortilla Flat. Ses emplacements donnent en effet sur une plage privée propre à la baignade, et il possède une aire de pique-nique. Réservations acceptées.

Globe

Noftsger Hill Inn
$$ @
425 North St.
928-425-2260 ou 877-780-2479
www.noftsgerhillinn.com

Perché au sommet d'une colline en surplomb sur Globe, le Noftsger Hill Inn a d'abord été en 1907 une école renfermant quatre salles de classe, la North Globe Schoolhouse. En 1917, on lui ajouta une aile, et elle devint la Noftsger Hill School jusqu'en 1981. De nos jours, ce bâtiment de style néogothique arbore des tapis d'Orient et des meubles victoriens recueillis au fil des ans. On y entre par un immense hall qui sert de salon principal, et les chambres se trouvent dans les salles de classe d'origine, dont elles ont conservé les tableaux noirs. On encourage d'ailleurs les hôtes à y inscrire leur nom avant de quitter. Les quatre chambres en question s'avèrent par ailleurs vastes (plus de 80 m², plafonds de 5 m) et renferment une cheminée de même qu'un coin séjour. De belles antiquités honorent toutes les pièces de la maison, et le somptueux petit déjeuner servi dans une salle à manger sans prétention ne manquera pas de vous réchauffer le cœur avant d'entamer votre journée.

Tucson et ses environs

Le centre de Tucson

University Inn

$ ≡ ❄ @

950 N. Stone Ave.

520-791-7503 ou 800-233-8466

www.universityinntucson.com

Ce motel propose des chambres propres et économiques à seulement 0,5 mi (800 m) du centre-ville. Une toute petite piscine jouxte le terrain de stationnement, et un parc public s'étend de l'autre côté de la rue.

Roadrunner Hostel & Inn

$ bc/bp ≡ ❄ @

346 E. 12th St.

520-628-4709 ou 520-940-7280

www.roadrunnerhostelinn.com

Le Roadrunner Hostel & Inn, aménagé dans une maison en adobe centenaire, fait le bonheur des randonneurs et des voyageurs soucieux de leur budget grâce à son personnel amical, à ses chambres propres et à sa situation privilégiée, tout près du centre-ville. Deux postes Internet sont mis à la disposition des clients, qui peuvent en outre y louer des vélos et profiter du téléviseur à écran géant de la salle commune. Les dortoirs renferment six lits chacun, et il est également possible d'obtenir une chambre privée.

Hotel Congress

$-$$ ≡ P @

311 E. Congress St.

520-622-8848 ou 800-722-8848

www.hotelcongress.com

Le hall pour le moins original de l'Hotel Congress se pare de motifs du Sud-Ouest et de photos qui témoignent du riche passé historique de cet établissement. Les couloirs qui mènent aux chambres sont d'ailleurs tout aussi originaux, tandis que les chambres s'avèrent simples, propres et pourvues de petits lits entourés de murs blancs plutôt austères. De vieux postes radio remplacent ici les habituels téléviseurs. Quant aux salles de bain, minuscules, elles n'offrent qu'une douche, et seules quelques-unes des chambres bénéficient de l'air conditionné. En 1934, un incendie a partiellement détruit l'hôtel, ce qui a d'ailleurs permis la capture du fameux John Dillinger et de sa bande au moment où ils cherchaient à fuir les lieux. Les randonneurs et les voyageurs soucieux de leur budget optent volontiers pour ce lieu d'hébergement.

Four Points by Sheraton University Plaza
$$-$$$ @
1900 E. Speedway Blvd.
520-327-7341
www.starwoodhotels.com

Tout juste au nord de l'université, le Four Points offre une qualité d'hébergement remarquable pour le prix. Des photos du vieux Tucson agrémentent les murs des espaces communs, des couloirs et des chambres, qui se révèlent lumineuses et pourvues de lits confortables ainsi que de longs bureaux assortis de fauteuils pivotants sur roulettes. Vue de la ville ou de la montagne. La piscine chauffée et le centre de détente du premier étage sont aussi fort appréciés, tandis qu'un modeste restaurant sert le petit déjeuner et le déjeuner, et que le Plaza Lounge attire beaucoup de monde en soirée.

Arizona Inn
$$$$ @
2200 E. Elm St.
520-325-1541 ou 800-933-1093
www.arizonainn.com

L'Arizona Inn vous propose d'arrêter le temps dans un bijou historique en adobe. Les immenses et luxueuses chambres témoignent en effet d'une époque révolue, et les vestiges du glorieux passé de cet établissement subsistent aussi bien dans le mobilier que dans la décoration des lieux. Créée par la député au Congrès Isabella Greenway dans les années 1930, cette auberge est restée aux mains d'une même famille depuis ce temps, et aucun détail n'y a été négligé, de sorte qu'il s'agit d'un endroit empreint de sérénité et d'intimité où il fait bon se détendre de tout son soûl. La propriété admirablement paysagée recèle un passage constellé de fleurs aux couleurs de l'arc-en-ciel menant à la piscine d'origine, à côté de laquelle on a plus récemment construit des saunas et une salle d'exercices. L'élégante bibliothèque permet en outre de jouir d'un bon feu de foyer ou d'échanger avec d'autres voyageurs en sirotant un bon thé l'après-midi. L'Audubon Bar comptait, quant à lui, à une certaine époque, parmi les favoris du regretté Frank Lloyd Wright avec son piano à queue, ses fauteuils en bambou et ses gravures originales d'Audubon.

Le nord de Tucson

Catalina State Park
$
11570 N. Oracle Rd. (route 77)
520-628-5798
www.pr.state.az.us

Immédiatement au nord de Tucson, le Catalina State Park compte 120 emplacements de camping, dont 95 avec l'électricité et l'eau courante, offerts suivant le principe du «premier arrivé, premier servi».

Best Western Inn Suites Tucson Foothills
$$-$$$ @
6201 N. Oracle Rd.
520-297-8111 ou 888-788-2766
http://oracle.innsuites.com

Ce Best Western offre, entre autres avantages, un petit déjeuner complet de type buffet, l'apéro l'après-midi et l'accès gratuit au Bally's Fitness Center (centre de conditionnement physique), situé un peu plus loin dans la même rue, sans parler des courts de tennis éclairés et du barbecue du mercredi soir. Le confortable salon de l'établissement se voit rehaussé d'une belle cheminée et équipé de postes Internet. Les chambres sont quant à elles propres et confortables, parées de marbre, dotées d'un divan-lit et pourvues d'un four à micro-ondes.

Westward Look Resort
$$$-$$$$ @
245 E. Ina Rd.
520-297-1151 ou 800-722-2500
www.westwardlook.com

Des sentiers pédestres sillonnent la propriété de 32 ha du Westward Look Resort, ponctuée de jardins à papillons et à oiseaux-mouches, et fréquentée par des monstres de Gila, des pécaris à collier et des lapins qu'il vous sera sans doute donné d'apercevoir avec un peu de chance. Les grandes chambres à aire ouverte sont décorées à la mode du Sud-Ouest et renferment une confortable salle de séjour, un petit bureau ainsi qu'une terrasse ou un balcon privé. Un centre de remise en forme (spa) complet propose sur place des traitements faciaux, des massages, des bains de boue et des séances d'aromathérapie (des forfaits d'une journée sont aussi offerts). Les bâtiments principaux, qui datent de 1912, révèlent des accents du Sud-Ouest d'autrefois. Conçu pour les vacanciers actifs, ce complexe hôtelier possède une écurie d'équitation, des courts de tennis et des bicyclettes à louer. Enfin, les soirs de fin de semaine, on ne se gêne pas pour danser au Lookout Bar & Grille.

Le centre-nord de l'Arizona

Sedona

Rancho Sedona RV Park
$
135 Bear Wallow Lane
928-282-7255 ou 888-641-4261
www.ranchosedona.com
Le Rancho Sedona RV Park compte une centaine d'emplacements pour les caravanes avec tous les raccordements nécessaires.

Matterhorn Inn
$$-$$$ ≡ ◎ ≋ P ❄ ◎ @
230 Apple Ave.
928-282-7176 ou 800-372-8207
www.matterhorninn.com
Situé en plein cœur du centre-ville, cet hôtel mise d'abord et avant tout sur sa commodité. Les chambres sont propres et spacieuses, et la plupart disposent d'un balcon ou d'une terrasse privée avec vue sur les montagnes rouges et le ravissant centre-ville de Sedona. Petits et grands apprécieront sans nul doute la piscine chauffée et le bain à remous. Prenez la peine de réserver à l'avance, car il s'agit d'un point de chute recherché par les voyageurs. Un excellent rapport qualité/prix!

Super 8 Motel
$$-$$$ ≡ ≋ P @ ♿
2545 W. Hwy. 89A
928-282-1533 ou 877-800-4746
www.sedonasuper8.com
L'un des moins chers établissements de Sedona, le Super 8 Motel propose néanmoins des chambres simplement décorées, mais très propres et confortables.

Best Western Inn of Sedona
$$$ ≡ ◎ P ≋ @
1200 W. Hwy. 89A
928-282-3072 ou 800-292-6344
www.innofsedona.com
Perché sur la colline immédiatement en marge de la route principale, cet établissement hôtelier revêtu d'adobe plaira aux voyageurs en quête d'une atmosphère reposante, ses grandes chambres propres étant parées de douces couleurs du Sud-Ouest et idéalement exposées aux merveilles de la nature environnante. Les terrasses ensoleillées qui prolongent les chambres sont par ailleurs garnies de mobilier confortable et vous permettront tout aussi bien de vous faire bronzer que de contempler les magnifiques formations de grès rouge. Le petit déjeuner est gargantuesque... et à volonté! Un service de navette gratuit permet de se rendre aux différents points d'intérêt de Sedona.

Briar Patch Inn
$$$$ ≡ △ @
3190 N. Hwy. 89A
928-282-2342 ou 888-809-3030
www.briarpatchinn.com
Cachés parmi les arbres de l'Oak Creek Canyon, les 18 cottages du Briar Patch Inn ont été construits dans les années 1930 et rénovés avec goût, de manière à leur conférer tout le charme de la région. Les cheminées dont disposent la plupart des maisonnettes vous garderont au chaud par les fraîches soirées, tandis que les terrasses privées et ombragées permettront de vous détendre en toute quiétude par les chaudes journées d'été. Très sympathique et attentionné, le personnel du Briar Patch Inn organise souvent des ateliers de yoga et de tai-chi, de même que des randonnées pédestres. Vous pourrez même vous faire donner un massage sous le pittoresque belvédère.

Amara Resort & Spa
$$$$ ≡ ≋ P Y @
310 N. Hwy. 89A
928-282-4828 ou 800-815-6152
www.amararesort.com
En plus de sa jolie vue sur les montagnes rouges de Sedona, l'Amara Resort & Spa constitue l'un des établissements les plus élégants et raffinés de la région. Les teintes chaudes des chambres et la qualité du mobilier invitent à la détente. Évidemment, le spa (massages, soins du corps, relaxation, etc.) jouit d'une forte popularité auprès des vacanciers. Bon accueil.

L'Auberge de Sedona
$$$$ ≡ ≋ ◎ Y @
301 L'Auberge Lane
928-282-1661 ou 800-905-5745
www.lauberge.com
Il s'agit là d'un des lieux d'hébergement les plus prisés de Sedona, et pour cause puisqu'il se trouve en bordure immédiate de l'Oak Creek et qu'il est entouré de lilas odorants. Les amoureux goûteront tout particulièrement l'atmosphère romantique de ce complexe hôtelier décoré à la française

dont chaque chambre se voit prolongée d'un balcon privé offrant une vue imprenable sur les fameux rochers de grès rouge. On propose également des cottages et des suites, de même que des forfaits vacances comprenant des parties de golf, des massages thérapeutiques et des dîners à six services.

Flagstaff

DuBeau International Hostel
$ bc @
fermé en hiver
19 W. Phoenix Ave.
928-774-6047 ou 800-398-7112
www.dubeauhostel.com

Cette auberge de jeunesse attire surtout ceux qui désirent se donner du bon temps. Installée dans l'ancien hôtel historique DuBeau, elle offre des chambres impeccables, et ses installations comprennent une laverie automatique, une cuisine commune et une table de billard. Le personnel amical est bien informé sur la région – n'hésitez donc pas à lui poser toutes les questions que vous pourriez avoir. L'auberge s'associe en outre avec la Grand Canyon International Hostel (voir ci-dessous) pour organiser des excursions au Grand Canyon et à Sedona.

Grand Canyon International Hostel
$ bc @
19 S. San Francisco St.
928-779-9421 ou 888-442-2696
www.grandcanyonhostel.com

Cette auberge de jeunesse a beaucoup à offrir. Elle est d'abord plus tranquille que l'autre auberge de jeunesse de la ville (voir ci-dessus), et elle dispose en outre d'une variété d'installations qui feront le plus grand bonheur des randonneurs: accès Internet, laverie automatique et deux cuisines. Le personnel se révèle tout à fait cordial et saura vous renseigner sur les plus grands atouts de la région. L'auberge organise par ailleurs avec la DuBeau International Hostel des visites guidées du Grand Canyon et d'autres attraits à des prix très raisonnables.

Super 8 Motel
$ ≡ P @
602 W. Route 66
928-774-4581 ou 800-800-8000
www.super8.com

Voici un des hôtels les plus économiques de Flagstaff. Ses chambres de dimensions moyennes se révèlent propres, si ce n'est que les salles de bain sont vraiment petites. La piscine intérieure et le bain à remous se trouvent dans le bâtiment central de cet hôtel en forme de fer à cheval et se prêtent on ne peut mieux à la détente. Assurez-vous de réserver à l'avance, car il s'agit d'un établissement très demandé.

Flagstaff KOA
$
5803 N. Hwy. 89
928-526-9926 ou 800-562-3524
www.koa.com

Le Flagstaff KOA propose des emplacements de camping pour les tentes et les caravanes. Diverses activités sont proposées aux vacanciers qui peuvent en outre louer des vélos sur place.

Hotel Monte Vista
$-$$ ≡ P @
100 N. San Francisco St.
928-779-6971 ou 800-545-3068
www.hotelmontevista.com

Après sa construction en 1926, le Monte Vista est vite devenu l'hôtel de choix des voyageurs internationaux de passage à Flagstaff. Son emplacement dans le centre historique de la ville, son cachet avec sa façade de briques rouges, son café et son bar surpeuplés en fin de soirée en font aussi un point de rencontre de la population locale. Les chambres sont certes petites, mais remplies d'histoire. De nombreuses vedettes sont passées par là: John Wayne y est venu et a même relaté la vision d'un fantôme. La plupart des hôtels de cette époque dans la région cultivent leur passé mouvementé et n'hésitent pas à surenchérir à qui mieux mieux. Que cela ne vous dissuade pas, ici on est dans l'authentique!

Hotel Weatherford
$-$$ ≡ P
23 N. Leroux St.
928-779-1919
www.weatherfordhotel.com

Inauguré en 1897, cet hôtel est un classique de Flagstaff, et il a, au fil des ans, accueilli plusieurs hôtes de marque, entre autres Zane Gray, qui y a écrit son livre *Call of the Canyon*, dont la description des chambres a même aidé le nouveau propriétaire à repérer des cheminées cachées et plâtrées de longue date. Cet établissement a abrité une auberge de jeunesse bon marché pendant un certain temps, mais il a depuis été entièrement rénové et a retrouvé son charme d'antan. Les chambres sont confortables et joliment décorées dans le style du tournant du XXe siècle. Celles du premier étage ont accès à une véranda couverte et ont une vue plongeante sur les rues de la vieille ville.

Starlight Pines Bed & Breakfast
$$
3380 E. Lockett Rd.
928-527-1912 ou 800-752-1912
www.starlightpinesbb.com

Voici un magnifique *bed and breakfast* de style victorien. Installé en périphérie du centre affairé de Flagstaff, il vous réserve une atmosphère reposante et trois superbes chambres personnalisées. Chacune d'entre elles porte le nom d'une des femmes de la famille du propriétaire et contient des objets leur ayant appartenu. Un des grands atouts de cet établissement tient à la gentillesse remarquable des hôtes, toujours prêts à satisfaire les moindres besoins des clients.

Little America Hotel
$$-$$$$
2515 E. Butler Ave.
928-779-2741 ou 800-865 1401
www.littleamerica.com

Situé juste assez en retrait du centre-ville pour offrir un cadre naturel, enchanteur et reposant, le Little America Hotel est en fait... le plus grand établissement hôtelier de Flagstaff. Et même si le premier coup d'œil n'a rien d'impressionnant, il suffit de visiter l'une des 247 chambres et suites pour comprendre que le luxe et le confort sont au rendez-vous (coin salon, grand lit douillet, téléviseur à écran plat, etc.). Bref, un hôtel très bien tenu où le personnel est dévoué et accueillant.

Inn at 410
$$$-$$$$
410 N. Leroux St.
928-774-0088 ou 800-774-2008
www.inn410.com

Ce gîte touristique est considéré comme le meilleur de Flagstaff, et vous n'aurez aucun mal à comprendre pourquoi. Les 10 chambres bénéficient d'un décor individuel et d'un style unique. Aussi le pavillon-jardin de Monet a-t-il sa propre baignoire à remous, une cheminée et un porche privé dominant la propriété soigneusement entretenue, tandis que la suite Dakota, décorée à la mode de l'Ouest d'antan, est suffisamment grande pour accueillir une famille de quatre personnes. Les petits déjeuners gastronomiques agrémentent merveilleusement bien vos réveils, et les délicieux casse-croûte servis l'après-midi calmeront sans nul doute vos fringales. Il est absolument nécessaire de réserver à l'avance et de savoir qu'un séjour d'au moins deux nuitées est exigé les fins de semaine.

Le nord-est de l'Arizona

Window Rock

Quality Inn Navajo Nation Capital
$-$$ P
48 W. Hwy 264
928-871-4108 ou 800-662-6189
www.qualityinn.com

Beaucoup de voyageurs en visite dans la région font de ce lieu d'hébergement leur port d'attache, dans la mesure où il se trouve au cœur même du territoire navajo. Les confortables canapés et fauteuils du hall vous assurent une détente bien méritée après une longue journée d'exploration, et les chambres se révèlent à la fois propres et suffisamment grandes pour accueillir une petite table et une chaise. Des meubles rustiques assortis contribuent par ailleurs à rehausser le décor contemporain des lieux, lequel reflète les traditions du Sud-Ouest.

Chinle

Cottonwood Campgrounds
$
Canyon de Chelly National Monument, à côté du Thunderbird Lodge (voir ci-dessous)
602-674-5436

Ouvert tout au long de l'année, ce camping de 75 emplacements peut également recevoir les autocaravanes (de moins de 10 m).

Holiday Inn Canyon de Chelly
$$
Indian Route 7
928-674-5000 ou 888-465-4329
www.holidayinn.com

Ce Holiday Inn revêt le style des anciennes maisons en adobe, ce qui le rend unique par rapport à la plupart des autres représentants de la chaîne. Et la propriété est elle-même distinctive avec ses murs paysagés faits de dalles empilées. Les chambres s'imprègnent quant à elles de l'atmosphère du Sud-Ouest et renferment des fers à repasser, des séchoirs et des cafetières. Mais la piscine demeure sans doute le principal attrait des lieux, dans la mesure où elle permet de se détendre au frais après une longue journée au grand air.

Thunderbird Lodge
$$-$$$
Canyon de Chelly National Monument
928-674-5841 ou 800-679-2473
www.tbirdlodge.com

Le principal atout de cet établissement tient au fait qu'il permet d'accéder facilement au Canyon de Chelly. Installé sur les lieux d'un ancien poste de traite, le Thunderbird Lodge compte aujourd'hui parmi les favoris des voyageurs en quête d'une bonne nuit de sommeil. Bien que la plupart des chambres révèlent de légers signes d'usure, elles restent propres, et leur décoration rustique vous mettra à l'aise. Toutes les chambres possèdent une entrée extérieure qui donne directement accès à la cafétéria et à la boutique de souvenirs.

Goulding

Hopi Cultural Center Restaurant & Inn
$$
Second Mesa, Hwy. 264
928-734-2401
www.hopiculturalcenter.com

Le seul lieu d'hébergement de la réserve hopi reçoit un flot continu de voyageurs, et ce, tout au long de l'année. L'établissement est d'ailleurs commodément situé au milieu de la réserve et constitue le point de départ logique des excursions d'un jour. En plus d'un restaurant et d'un musée, il abrite des chambres propres et modernes dont vous apprécierez les dimensions après une longue journée à parcourir le territoire. Le personnel se révèle sincèrement chaleureux et désireux de vous être utile par tous les moyens.

Monument Valley et ses environs

Goulding's Campground
$ @
Hwy. 163
435-727-3235
www.gouldings.com

Ce terrain de camping conviendra parfaitement aux randonneurs qui profitent de la sécheresse des mois d'été. Les emplacements sont plutôt rustiques, mais on y trouve néanmoins de l'eau. Et en prime, vous aurez gratuitement accès à la piscine intérieure du *lodge* (voir ci-dessous)!

Goulding's Lodge
$$-$$$ ≡ P @
Hwy. 163
435-727-3231
www.gouldings.com

Ce qui n'était au départ que le modeste lieu de résidence de Mike et Harry Goulding est aujourd'hui devenu une vaste propriété pourvue d'un confortable *lodge*. Le tout constitue en fait un petit village autosuffisant où il fait bon passer quelque temps, quoique son principal attrait demeure la proximité du Monument Valley Navajo Tribal Park. Les chambres se révèlent spacieuses et décorées à la mode du Sud-Ouest contemporain. Les personnes désireuses de prolonger leur séjour dans la région apprécieront sans nul doute sa station-service, son aire de restauration, sa laverie automatique et son épicerie.

Kayenta

Hampton Inn Kayenta
$-$$ ≡ P
Hwy. 160
928-697-3170 ou 800-426-7866
www.hamptoninn.com

Ce splendide hôtel a été conçu de façon à ce qu'il reflète les couleurs et les textures des environs. Son imposante collection d'objets d'art orne les murs de la maison, et des touches particulières, comme une cheminée en adobe à double ouverture, confèrent charme et chaleur au hall et au restaurant. Quant aux chambres spacieuses, elles se veulent propres et modernes; leurs lits en pin massif sont pourvus de bons matelas et vous procureront sans nul doute une bonne nuit de sommeil.

Holiday Inn Kayenta
$$-$$$ ≡ @
Hwy. 160
928-697-3221 ou 866-240-6312
www.holidayinnkayenta.com

Établi sur l'artère principale de Kayenta, cet établissement loue 160 chambres aux murs de briques, décorées à la mode du Sud-Ouest contemporain et récemment dotées de nouveaux meubles, 12 d'entre elles donnant sur la piscine. Leurs petites terrasses sont quant à elles garnies de meubles de jardin. Vous pouvez également louer l'une des trois suites familiales qui comptent trois lits doubles chacune. Il importe de réserver longtemps à l'avance.

Restaurants

Phoenix et ses environs

Voir carte p. 400.

La plupart des restaurants proposent de la cuisine classique des États-Unis, simple mais abordable. Les palais plus fins pourront certes s'aventurer jusqu'au Biltmore District ou à Scottsdale, plus cosmopolites.

Le centre-ville de Phoenix

Focaccia Fiorentina
$
lun-ven 6h à 14h
112 N. Central Ave.
602-252-0007
www.focacciafiorentina.com

Le Focaccia Phoenix est un agréable établissement où manger le matin ou le midi. Les sandwichs (sur pain *focaccia*, bien entendu) sont faits à partir de charcuteries et de fromages importés d'Italie. On y sert également des pâtes. Le choix est restreint mais les portions généreuses, une demi-portion étant normalement suffisante. Terminez votre repas en dégustant une tranche de tiramisu accompagnée d'un espresso.

Mrs. White's Golden Rule Cafe
$
tlj dès 10h30
808 E. Jefferson St.
602-262-9256
www.mrswhitesgoldenrulecafe.com

Le Mrs. White's Golden Rule Cafe est une institution du centre-ville de Phoenix. À l'intérieur, le décor fade aux murs blanc cassé consiste en de vieilles cabines téléphoniques à la peinture délavée et en des graffitis signés par des athlètes professionnels et des artistes connus ayant eu le plaisir d'y manger. La nourriture est celle de grand-mère White: beaucoup de poulet frit bien enrobé, côtelettes de porc accompagnées de pain de maïs et tarte aux pêches au dessert. On passe à la caisse pour l'addition, en veillant à exprimer les formules de politesse (en voie d'extinction de nos jours). En fin de soirée, la fin de semaine, le restaurant s'emplit: c'est Lolo, le petit-fils de grand-mère White, qui s'occupe alors de la cuisine.

Sing High
$
27 W. Madison St.
602-253-7848

Le Sing High, un restaurant américano-asiatique, est ouvert depuis 1928, et ce, sans interruption. Commandez le poulet du Général Tao ou le porc à la sauce aigre-douce, servis avec les traditionnels riz frit et *chow mein*. On aurait cru qu'après plus de 80 ans on investirait dans la décoration, mais les murs sont entièrement nus. Personne ne semble le remarquer toutefois, l'œil et les papilles étant plutôt attirés par la nourriture qui y est servie.

Tee Pee Tap Room
$
602 E. Lincoln St.
602-340-8787

Ce que le Tee Pee Tap Room manque en charme, il le compense grandement en nourriture. Ses clients loyaux ne jurent que par sa cuisine régionale simple, à base de *tamales* géants de maïs vert et de *chile rellenos* légers. Le jour, les gens d'affaires du quartier se massent dans ce resto-bar pour avaler une bouchée sur le pouce, tandis que, le soir, la foule d'amateurs de sport s'entasse autour des tables sur les fauteuils en vinyle orange. Il est préférable de profiter de cette bonne affaire le jour, puisque, après le coucher du soleil, il arrive qu'on attende en file de longues minutes.

Tom's Restaurant & Tavern
$
lun-ven 7h à 20h
2 N. Central Ave.
602-257-1688
www.tomstavernphoenix.com

Le Tom's Restaurant & Tavern a été fondé en 1929, lorsque le vieux Tom Higley convertit la morgue en comptoir de hamburgers et en distillerie de gin. L'établissement a depuis déménagé, accompagné de sa loyale clientèle, de son décor historique et de ses recettes fameuses de chili, hamburgers et sandwichs. Les portions généreuses qu'on y sert valent le détour; de plus, il y a une petite terrasse.

Alice Cooper's Town
$-$$
dim-jeu 11h à 20h30, ven-sam 11h à 21h
101 E. Jackson St.
602-253-7337
www.alicecooperstown.com

Alice Cooper's Town, fondé par le célèbre chanteur rock originaire de Phoenix, propose des grillades dans une ambiance de sport et de musique. Ici, on grille au barbecue tout ce qui peut se griller, et plus encore. Les portions ne vous décevront d'ailleurs pas. Une grande sélection de bières à des prix défiant toute concurrence est proposée au bar. Les vendredi et samedi soirs, l'établissement accueille des formations musicales connues, et moins connues.

Pizzeria Bianco
$-$$
fermé lun
Historic Heritage Square
623 E. Adams St.
602-258-8300
www.pizzeriabianco.com

La Pizzeria Bianco propose de la pizza cuite au four à bois, des salades et des pâtes, dans ce qui était anciennement le Baird Machine Shop (1929) de l'Historic Heritage Square. On y sert le déjeuner toute la semaine, mais le dîner n'y est servi que la fin de semaine.

Compass
$$-$$$
Hyatt Regency Phoenix
122 N. Second St.
602-440-3166

Le Compass offre, du haut du Hyatt Regency Phoenix, un ensemble harmonieux de vues panoramiques imprenables sur la ville et de plats qui donnent l'eau à la bouche. La cuisine américaine servie dans ce restaurant tournant est en effet de qualité supérieure. Il est recommandé de réserver tôt pour s'assurer d'avoir une table dans cet établissement aux riches tons de rouge et de laque noire mêlés aux accents du Sud-Ouest. La nourriture peut plaire ou non, mais on est du moins assuré que le panorama sera admirable.

Midtown District et Biltmore District

Armadillo Grill
$
1904 E. Camelback Rd.
☎ 602-287-0700

L'Armadillo Grill propose des plats américains classiques aux accents asiatiques et méditerranéens, et ce, jusqu'à minuit. Le décor éclectique rassemble des miroirs et des œuvres d'art.

McCormick & Schmick's Seafood Restaurant
$$-$$$
2575 E. Camelback Rd.
☎ 602-468-1200
www.mccormickandschmicks.com

Le McCormick & Schmick's Seafood Restaurant est superbement agrémenté de bois d'acajou et d'abat-jour en vitrail, et une petite terrasse ombragée le jouxte. On y trouve surtout une clientèle d'affaires. Le bar, sombre mais invitant, s'emplit après les heures de bureau.

Vincent Guérithault on Camelback
$$-$$$
tlj 17h à 22h
3930 E. Camelback Rd.
☎ 602-224-0225
www.vincentoncamelback.com

La cuisine française de ce restaurant combine plusieurs produits du Sud-Ouest américain. Au menu, *quesadillas* au saumon fumé, crêpes au canard, pâtes et fruits de mer. La carte des vins affiche plusieurs bouteilles françaises, américaines et australiennes. Voisin de ce prestigieux restaurant, le Vincent Market Bistro sert des petits déjeuners et des déjeuners, de même qu'il vend des plats cuisinés.

Durant's
$$$
tlj 11h à 23h
2611 N. Central Ave.
☎ 602-264-5967
www.durantsfinefoods.com

Depuis longtemps le temple des grillades en ville, le Durant's est un arrêt obligé pour les stars et autres personnes célèbres en visite dans la région de Phoenix. On y entre par l'arrière, en traversant la cuisine jusqu'à la salle sombre et sensuelle du restaurant au papier peint de velours rouge, avec ses sections isolées garnies de fauteuils spacieux en vinyle noir. Le service est excellent, et les biftecks sont si gros que l'assiette disparaît presque sous leur masse.

Scottsdale

Scottsdale est le cœur de la gastronomie dans la Vallée du Soleil. Les restaurants, qui ne cessent de se multiplier, y sont généralement plus chers qu'à Phoenix, mais la variété gastronomique est aussi plus marquée. La nourriture est le plus souvent saine, innovatrice et bien présentée. Il est recommandé de réserver en tout temps par l'intermédiaire du personnel de l'hôtel où vous logez ou en appelant directement.

Café Carumba
$
tlj dès 7h
7303 E. Indian School Rd.
☎ 480-947-8777
www.cafecarumba.com

Le Café Carumba est un festin pour les sens : odeur de cappuccino fraîchement servi et pâtisseries délicieuses. Achetez un muffin ou un sandwich pour emporter ou attablez-vous à la terrasse pour un repas.

Oregano's
$-$$
3622 N. Scottsdale Rd.
☎ 480-970-1860
7217 E. Shea Blvd., angle N. Scottsdale Rd.
☎ 480-829-0898
www.oreganos.com

Pour savourer des salades et des pâtes en tout genre ou une bonne pizza à croûte mince ou croûte garnie, rendez-vous chez Oregano's, ce populaire restaurant qui compte désormais plusieurs adresses en Arizona.

AZ88
$$
lun-ven 11h30 à 0h30, sam-dim 17h à 0h30
7353 E. Scottsdale Mall
☎ 480-994-5576
www.az88.com

L'AZ88 est un bon endroit où s'arrêter en chemin vers le Scottsdale Arts Center ou au retour. Vous serez saisi par le design de la terrasse et par la belle clientèle en fin de semaine. Le bar est en noir et blanc, mis en valeur par des éléments en chrome. Le menu est bien choisi et à prix raisonnable, mais il s'agit davantage d'un lieu fréquenté le soir. La carte des vins est plutôt limitée, mais on y trouve une grande variété de martinis. Ne manquez pas de faire un saut aux toilettes : elles sont un attrait du Mall.

Italian Grotto
$$
3915 N. Scottsdale Rd.
☎ 480-994-1489
www.italiangrotto.com

L'Italian Grotto se spécialise dans la cuisine italienne classique à base de fruits de mer.

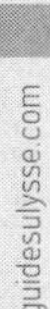

On y sert du poisson, des moules, des pétoncles et du calmar frais, de même que des spaghettis confectionnés sur place et des salades consistantes. Des peintures impressionnistes décorent les murs; les tables, recouvertes de nappes en lin écru, sont encadrées de banquettes en cuir noir. L'établissement est très fréquenté. Réservations recommandées.

Buca di Beppo
$$-$$$
3828 N. Scottsdale Rd.
480-949-6622
www.bucadibeppo.com

Le Buca di Beppo est un peu une parodie de la Petite Italie des années 1950. Buca di Beppo signifie le «sous-sol chez Joe», ce qui n'est pas si éloigné de la réalité. Les murs sont couverts de peintures aux couleurs tapageuses et de photos kitsch en noir et blanc, tandis que les serveurs s'efforcent de reproduire l'accent italien. Une fenêtre donnant sur la cuisine permet aux clients d'observer la préparation des pâtes et des sauces. Tous les aliments qui se trouvent dans votre assiette sont préparés sur-le-champ, ce qui vous assure une expérience gustative fort mémorable.

Cowboy Ciao
$$-$$$
dim-jeu 11h à 22h, ven-sam 11h à 23h ven-sam
7133 E. Stetson Dr.
480-946-3111
www.cowboyciao.com

Le Cowboy Ciao a reçu, à juste titre, de nombreux prix de revues culinaires. Les plats du Sud-Ouest à l'italienne sont servis par un personnel amical et sympathique. Le décor kitsch rassemble des images de cowgirls, un plafond étoilé et des chandeliers en toc, mais la nourriture y est tout simplement exquise.

Tempe

Pizzeria Uno Chicago & Grill
$-$$
dim-jeu 11h à 20h, ven-sam 11h à 23h
455 N. Third St., Suite L154
602-253-3355
www.unos.com

La Pizzeria Uno Chicago & Grill renferme un vieux bar en bois, et les murs sont en briques. On y sert de la pizza épaisse (*deep-dish pizza*), ainsi que des sandwichs et des pâtes.

Z'Tejas Grill
$-$$
20 W. Sixth St.
480-377-1170
www.ztejas.com

Le Z'Tejas Grill concocte une cuisine du Sud-Ouest transformée. Les *nachos* cèdent la place au saumon glacé, au poulet farci de homard à la cadienne (cajun) et à la salade de poulet épicé. Les plafonds hauts avec leurs poutres apparentes donnent un air spacieux à l'établissement, et le long bar bien garni attire aisément la clientèle.

Monti's La Casa Vieja
$$-$$$
dim-jeu 11h à 22h, ven-sam 11h à 23h
100 S. Mill Ave.
480-967-7594
www.montis.com

Le Monti's La Casa Vieja loge dans le plus ancien bâtiment de Tempe: la Hayden House. Le décor en bois foncé arbore des articles de journaux accrochés au fil des ans ainsi que des photos signées par des personnes célèbres y ayant déjà dîné. Le passage au sol inégal couvert de pierres mène à des salles intimes au plancher de céramique. Les spécialités comprennent les steaks et côtelettes grillés au feu de bois, le homard et les fruits de mer. La carte des vins est assez courte.

Apache Junction

The Village Inn
$-$$
575 W. Apache Trail
480-982-4579
www.villageinnrestaurants.com

Le Village Inn est l'endroit tout indiqué pour partir du bon pied à la découverte de l'Apache Trail. Au petit déjeuner: œufs et bifteck, pain doré (pain perdu) fourré de fromage à la crème, choix de sauces aux fruits et bien d'autres délices plus nourrissants les uns que les autres. Le midi et le soir: hamburgers, salades et, entre autres, un steak d'aloyau (*T-bone*) de 450 g (16 oz). Les amateurs de café seront heureux d'apprendre qu'on laisse ici la cafetière sur la table.

Mining Camp Restaurant & Trading Post
$$
lun-sam 16h à 20h, dim 12h à 20h
6100 E. Mining Camp Rd.
480-982-3181
www.miningcamprestaurant.com

Les mineurs affamés réclament des repas copieux, tant et si bien que le Mining Camp Restaurant vous invite à relâcher votre ceinture au moment de vous attabler dans sa salle à manger de type familial où l'on vous ressert à volonté. Vous y aurez le choix entre une montagne de côtes levées sauce barbecue de réputation mondiale, du poulet rôti avec force accompagnements, un rôti de bœuf garni d'à-côtés campagnards et d'autres plats gargantuesques du même genre. Après votre repas, si vous en avez encore la force, parcourez l'importante collection de cadeaux et souvenirs de la boutique.

Goldfiel

The Mammoth Steakhouse & Saloon
$$
tlj 10h à 17h, jusqu'à 21h pour le saloon
4650 N. Mammoth Mine Rd.
☎ 480-983-6402
www.goldfieldghosttown.com

Cette grilladerie propose un menu restreint de sandwichs consistants, quelques steaks géants et deux ou trois assiettes de fruits de mer. L'ambiance des lieux est en grande partie responsable de l'affluence, d'autant que les planchers de bois usés, les banquettes suspendues au plafond et les mélodies en sourdine des McNasty Brothers reflètent on ne peut mieux l'atmosphère de Goldfield. Quant au saloon, il vous permettra d'échapper agréablement à la chaleur du désert.

Tortilla Flat

Superstition Saloon
$-$$
lun-ven 9h à 17h, sam-dim 8h à 19h
1 Main St.
☎ 480-984-1776

Le Superstition Saloon est tapissé de billets de banque autographiés. Ce papier-tenture pour le moins coûteux est le fruit de la générosité des clients de la maison, fidèles à une tradition de longue date remontant à l'époque où, après avoir mangé, on laissait ici quelques pièces à l'intention d'éventuels voyageurs égarés. Le menu comporte de tout, des mets mexicains aux omelettes, en passant par les hamburgers géants, les biftecks et un chili ultra-piquant. Installez-vous sur une des selles du bar ou à l'une des tables encombrées, et profitez-en pour siroter une bonne bière froide.

Tucson et ses environs

Le centre de Tucson

Voir carte p. 403.

Chocolate Iguana
$
500 N. Fourth Ave.
☎ 520-798-1211
www.chocolateiguanaon4th.com

Cédez à votre penchant pour le café au Chocolate Iguana, qui propose, outre un petit assortiment de sandwichs et de salades, des *mokaccinos* chauds ou froids, des espressos et des *latte*.

The Little Cafe Poca Cosa
$
151 N. Stone Ave.
pas de téléphone

Un petit restaurant très dynamique où le menu, écrit sur une ardoise, change deux fois par jour. La cuisine proposée est d'inspiration mexicaine (*mole quesadillas*, *caldo de pollo* ou *cochinito en chile colorado*), et les boissons maison sont très rafraîchissantes. Un endroit unique! Paiement en espèces seulement.

Frog & Firkin
$-$$
dim-jeu 11h à 1h, ven-sam 11h à 2h
874 E. University Blvd.
☎ 520-623-7507
www.frogandfirkin.com

Ce pub à l'anglaise est bien connu pour ses pizzas novatrices et ses plats traditionnels. Vaste choix de bières importées, pression et en bouteille.

Gandhi
$-$$
150 W. Fort Lowell Rd.
☎ 520-292-1738
www.gandhicuisineofindia.com

C'est au Gandhi que vous trouverez la meilleure cuisine indienne de Tucson. Son impressionnant buffet du midi est particulièrement apprécié.

The Garland
$-$$
119 E. Speedway Blvd.
☎ 520-882-3999
www.garlandtucson.com

The Garland se spécialise dans les plats végétariens et ethniques. Ce restaurant à la fois attrayant et lumineux est surtout réputé pour ses petits déjeuners avec du bon pain maison et d'excellents œufs.

Cafe Poca Cosa
$$
110 E. Pennington St.
☎ 520-622-6400
www.cafepocacosatucson.com

Ce rafraîchissant restaurant, qui n'a rien à voir avec «The Little Cafe Poca Cosa» (voir ci-dessus), se révèle lumineux, coloré et pourvu d'un personnel amical. Son ardoise change tous les jours et propose un choix varié de plats végétariens et de mets mexicains dits expérimentaux qui vous changeront des menus traditionnels du Sud-Ouest. Il est recommandé de réserver.

Delectables
$$
dim-jeu 11h à 21h, ven-sam 11h à 23h
533 N. Fourth Ave.
☎ 520-884-9289
www.delectables.com

Le Delectables, qui laisse filtrer la lumière du jour par des verrières et des vitraux, est une institution de Fourth Avenue depuis 1973. Essayez ses sandwichs originaux, dont un au thon et au curry, ses salades généreuses et ses pâtes à toutes les sauces. Vous pourrez vous installer au bar, qui ne compte que deux places, ou à la petite terrasse.

Maya Quetzal
$$
429 N. Fourth Ave.
520-622-8207

Pour faire changement de l'omniprésente cuisine mexicaine, rendez-vous au Maya Quetzal, qui sert d'authentiques mets guatémaltèques, pour la plupart servis avec du riz et des haricots noirs. Profitez de son économique poulet à l'orange, de son assiette végétarienne ou de sa poitrine de poulet désossée sauce à la coriandre et au *tomatillo.*

Maynards
$$
dim-jeu 7h à 20h, ven-sam 7h à 22h
400 N. Toole Ave.
520.545-0577
www.maynardsmarket.com

Juste en face de l'hôtel Congress, dans l'ancienne gare entièrement réhabilitée, Maynards est un restaurant gourmet où l'on peut savourer, dans une ambiance raffinée et feutrée, de la bouillabaisse et du cassoulet, ce qui est peu courant aux États-Unis. Une boutique attenante propose des produits locaux, façon «Farmers Market»: du vin aux fruits, en passant par le café et les épices.

The Bum Steer
$$
1910 N. Stone Ave.
520-884-7377 ou 800-490-5358
www.bumsteer.com

Véritable institution de Tucson, le Bum Steer est décoré d'une collection disparate d'antiquités, d'objets de liquidation, de vitraux, d'enseignes au néon et de têtes de bison empaillées. La maison est surtout connue pour ses hamburgers géants d'une demi-livre (225 g) garnis selon vos souhaits, y compris de beurre d'arachide si le cœur vous en dit. Huit variétés de poulet grillé, quelques biftecks et plusieurs salades complètent le tout.

Caruso's
$$-$$$
mar-dim 11h30 à 22h
434 N. Fourth Ave.
520-624-5765
www.carusositalian.com

La famille Zagona élabore dans cette forteresse des spécialités italiennes traditionnelles depuis trois générations. Goûtez toute la perfection de ses spaghettis et de ses boulettes de viande maison, de son poulet *cacciatore* et de son veau ou de son poulet parmesan. Nombre de vins italiens peuvent par ailleurs accompagner votre repas.

El Charro Café
$$-$$$
311 N. Court Ave.
520-622-1922
www.elcharrocafe.com

Ouvert en 1922 dans un bâtiment qui appartient à la famille depuis 1895, le El Charro Café s'impose comme le plus vieux restaurant mexicain d'exploitation familiale du pays. À l'intérieur, des murs colorés, tendus d'œuvres d'art mexicaines, vous accueillent dans la salle à manger principale. Les longues années d'expérience de cette famille de restaurateurs ont donné naissance à des plats inoubliables, ainsi qu'en témoigne son fameux *carne seca*, composé de bœuf séché et haché, aromatisé à la limette et aux épices, et grillé avec des piments verts, des tomates et des oignons frais. Vous trouverez au menu tout ce que vous attendez d'un restaurant «sonoro-mexicain»; si vous n'arrivez pas à arrêter votre choix, essayez l'assiette de dégustation, qui regroupe huit des grands favoris de la maison. La «cave à vins» se trouve à l'étage inférieur. À la porte voisine se trouve le Toma!, un petit bar aux riches tons de rouge et de pourpre garni de confortables canapés où la clientèle s'installe volontiers dans l'attente d'une table, ou encore pour prendre un digestif en fin de soirée. Notez qu'il existe désormais quatre autres El Charro Café dans le grand Tucson.

La Cocina Restaurant
$$$
tlj dès 11h
201 N. Court Ave.
520-622-0351 ou 800-782-8072
www.oldtownartisans.com

L'accueillante salle à manger de La Cocina se voit rehaussée d'œuvres d'artistes locaux, que vous pouvez d'ailleurs acheter, mais vous pourrez aussi vous installer au patio, au cœur même du complexe historique d'**Old Town Artisans** (voir p. 379). Le menu change souvent, mais vous y trouverez toujours d'excellents plats du Sud-Ouest grillés sur bois de prosopis et des plats mexicains. Le service et la présentation sont dans tous les cas irréprochables. Le dîner n'est servi que du jeudi au dimanche en été, mais on peut y déjeuner tous les jours en hiver.

Le nord de Tucson

Gold Room

$$$-$$$$

Westward Look Resort

245 E. Ina Rd.

520-297-1151 ou 800-722-2500

Gold Room est le nom du principal restaurant du **Westward Look Resort** (voir p. 404). Dans un cadre enchanteur, avec vue sur la ville, on y sert une fine cuisine du Sud-Ouest aux accents européens. Le chef a même son propre potager, que l'on peut visiter derrière l'établissement. Tout est d'une grande fraîcheur, y compris les poissons et les viandes qui fondent littéralement dans la bouche. Un incontournable, choisissez comme entrée l'un des plats de dégustation qui vous permettra de goûter un peu de tout selon l'inspiration du chef. Très bon choix de vins et service impeccable. Petit déjeuner seulement en été, les trois repas le reste de l'année.

Kingfisher

$$-$$$

tlj dès 16h30

2564 E. Grant Rd.

520-323-7739

www.kingfishertucson.com

Le Kingfisher arbore un magnifique décor classique rehaussé de banquettes enveloppantes en cuir et de murs de briques nues. Il se spécialise dans les fruits de mer et la cuisine régionale, et nous vous recommandons tout particulièrement la truite rouge entière grillée et le thon *ahi* grillé sur bois de prosopis. Ce restaurant reste ouvert tard le soir et devient au fil des heures ni plus ni moins qu'un bar-salon au menu plus léger et plus conventionnel. On y présente d'ailleurs des concerts de jazz et de blues du lundi au vendredi.

L'est de Tucson

Millie's Pancake Haus

$-$$

fermé lun

6530 E. Tanque Verde Rd.

520-298-4250

Millie's est l'endroit par excellence où prendre le petit déjeuner avec ses gaufres belges, ses blintzes à la russe, ses œufs bénédictine et ses omelettes variées. Et ne manquez surtout pas de tartiner le pain maison de beurre de pomme! Le midi, vous aurez plutôt le choix parmi un vaste assortiment de salades et de sandwichs frais servis en généreuses portions.

Tubac

De Anza Restaurante

$$

14 Camino Otero

520-398-0300

Le style Mission de ce restaurant s'harmonise bien avec l'architecture de Tubac. Cet attrayant restaurant propose un menu composé, entre autres, d'*enchiladas*, de *chimichangas*, de biftecks de faux-filet grillés et de combinaisons laissées à votre choix. Sa terrasse chauffée est en outre des plus invitantes n'importe quel soir de l'année.

Shelby's Bistro

$$$

tlj 11h à 19h

Mercado de Baca

19 Tubac Rd.

520-398-8075

Équipée de brumisateurs, la merveilleuse terrasse du Shelby's repousse agréablement la chaleur, ce qui permet aux dîneurs de profiter pleinement de leur salade biologique au thon *ahi* flambé, de leurs crevettes à la noix de coco et au chutney d'abricot, ou de leur poulet en croûte au maïs à la mode du Sud-Ouest. Nous vous recommandons de réserver, surtout les fins de semaine.

Le centre-nord de l'Arizona

Sedona

Oaxaca Restaurant

$-$$

321 N. Hwy. 89A

928-282-4179

www.oaxacarestaurant.com

En franchissant l'arche d'entrée puis en gravissant l'escalier carrelé de l'Oaxaca, vous ne pourrez que saliver à l'idée de déguster les plats mexicains dont les effluves emplissent l'atmosphère. La popularité de l'établissement à l'heure du dîner, tant auprès des touristes que des habitants de la région, est telle qu'il y a souvent une file d'attente, mais le personnel fait tout pour vous assigner une place le plus rapidement possible, que ce soit dans la salle à manger du rez-de-chaussée ou sur la terrasse du premier étage. Quant au menu, il regorge de délices tels qu'*enchiladas* et *flautas*. Ajoutez à cela une vue à couper le souffle depuis la terrasse, et vous comprendrez qu'on vous réserve ici une soirée inoubliable.

El Rincon Restaurante Mexicano

$$

mar-sam 11h à 21h, dim jusqu'à 20h et lun jusqu'à 16h

Tlaquepaque Arts & Crafts Village

336 Hwy. 179

928-282-4648

www.elrinconrestaurant.com

Installé à l'intérieur de la fameuse villa reconstituée

(**Tlaquepaque Arts & Crafts Village**, voir p. 388), ce restaurant d'exploitation familiale propose un menu couvrant l'éventail complet des mets mexicains. Chaque repas se compose de produits frais et se voit apprêté de façon individuelle, ce qui demande parfois un peu de temps, mais vous ne le regretterez en aucun cas. L'intérieur d'adobes, rehaussé de poteries mexicaines et de poutres apparentes, ajoute à l'authenticité de l'expérience.

The Secret Garden Cafe
$$
336 Hwy. 179
928-203-9564

Ce restaurant ne manquera pas de vous ravir avec ses magnifiques vitraux et son portail en fer ornemental, qui lui confèrent une aura qui respire la fraîcheur. Quant à son patio à l'espagnole, recouvert d'épaisses dalles en terre cuite, il vous plongera d'emblée dans l'atmosphère du Vieux Continent. Le propriétaire, Candace Peterson, se montre fantaisiste, cordial et apte à renouveler sans cesse son menu imaginatif, offrant à ses clients l'occasion de déguster un choix varié de sandwichs, de salades et d'entrées. On ne sert que le petit déjeuner et le déjeuner.

Orchards Bar & Grill
$$-$$$
tlj 7h à 21h
254 N. Hwy. 89A
928-282-2405
www.orchardsinn.com

Les nouveaux arrivants auront un premier aperçu de la région en contemplant les photographies de canyons balayés par les vents et de rochers de grès cramoisi qui tapissent les murs de cet établissement. Et s'il vous semble que le décor est plutôt modeste, dites-vous bien que le menu ne l'est pas. Les plats les plus remarquables sont les sandwichs, notamment les hamburgers à la viande de bœuf de premier choix ou, encore mieux, à la viande de buffle: un délice! Et que dire de la terrasse où vous aurez l'occasion d'observer les rochers de plus près.

Picazzo's
$$-$$$
tlj 11h à 22h
1855 W. Hwy. 89A
928-282-4140
www.picazzospizzasedona.com

Pizzeria de luxe à la décoration très agréable et moderne, Picazzo's offre un grand choix d'excellentes pizzas, mais aussi des pâtes en tous genres et d'immenses salades qui font la réputation de cet établissement. Œuvres d'art aux murs, vaste bar et musique en direct les fins de semaine.

The Heartline Café
$$-$$$
1610 W. Hwy. 89A
928-282-0785
www.heartlinecafe.com

Au Heartline Café, que vous choisissiez l'agréable terrasse ou encore la salle à manger au décor feutré et chaleureux, vous serez charmé par une cuisine tout en saveurs où la fraîcheur est à l'honneur. Le menu étant passablement élaboré (salades, viandes, poissons, pâtes, etc.), on vous conseillera judicieusement. Le thon *ahi* enrobé de graines de sésame est particulièrement savoureux. Bon choix de vins et service empressé.

Joey's Bistro
$$$
160 Portal Lane
928-204-5639

Arrêtez-vous dans cet établissement italien pour y déguster «les boulettes de viande les plus épicées en dehors de la Sicile». Cette chic salle à manger aux éclairages tamisés vous promet en outre un dîner des plus intimes. La carte des vins est complète, les desserts sont irrésistibles, et le menu regorge de pâtes, de fruits de mer et de veau, tous frais à souhait. Et si d'aventure vous faites la grasse matinée par un beau dimanche, profitez du Bocce Ball Brunch, servi entre 10h et 14h.

René at Tlaquepaque
$$$$
Tlaquepaque Arts & Crafts Village
336 Hwy. 179
928-282-9225
www.rene-sedona.com

L'endroit est parfaitement choisi pour un décor et une atmosphère à la hauteur de la cuisine. Assurément l'un des meilleurs restaurants de la région, René at Tlaquepaque possède tous les ingrédients pour enchanter les papilles gustatives des plus fins gourmets. Vous y découvrirez une fine cuisine française laissant une large place aux viandes et aux poissons frais. Le canard rôti est tout simplement exquis. Bon choix de vins. Excellent accueil et service. Réservation recommandée. L'établissement fait partie du **Tlaquepaque Arts & Crafts Village** (voir p. 388).

Flagstaff

Black Bean Burrito Bar & Salsa Co.
$
12 E. Route 66
928-779-9905

Ce fabuleux petit restaurant a discrètement pignon sur rue dans le cœur même du centre-ville. Étudiants et résidents s'y retrouvent pour déguster une nourriture saine et apprêtée avec originalité, tandis que le personnel serviable approvisionne en roulades, en *burritos* et en *tacos* la clientèle pressée qui ne fait que passer. Les végétariens apprécieront les plats sans produit animal, et les personnes soucieuses de leur santé consulteront avec plaisir le menu à faible teneur en matières grasses. Et n'oubliez pas d'agrémenter le tout de la merveilleuse *salsa* maison, préparée sur place tous les jours.

Downtown Diner
$
lun-sam dès 5h30, dim à partir de 7h30
7 Aspen Ave.
928-774-3492
www.downtowndinerflagstaff.com
Établi en plein cœur du centre-ville, ce *diner* sert de nourrissants petits déjeuners économiques, mais aussi des déjeuners et des dîners à bon prix, le menu se composant principalement de hamburgers et de sandwichs. Ses banquettes en vinyle, son atmosphère bruyante et son personnel amical lui confèrent toutes les caractéristiques d'un authentique *diner*.

Mountain Oasis
$-$$
tlj 11h à 21h
11 E. Aspen Ave.
928-214-9270
Ce petit restaurant décoré de plantes luxuriantes et d'arbustes touffus est une oasis dans le centre-ville de Flagstaff. Il dispose même d'une fontaine, ce qui rafraîchit agréablement l'atmosphère lorsque s'y presse la clientèle affairée du midi. Le menu se compose surtout d'énormes sandwichs santé qu'accompagnent avantageusement d'excellentes salades, notamment un taboulé et une salade grecque. Et ceux qui aspirent à un regain d'énergie peuvent demander qu'on ajoute du pollen ou des algues à leur jus de fruits frais ou à leur lait fouetté au yogourt.

Charly's Pub & Grill
$$
tlj 8h à 22h (bar jusqu'à 2h)
Hotel Weatherford
22 N. Leroux St.
928-779-1919
www.weatherfordhotel.com
Ce restaurant attire nombre d'habitués de longue date, ce qui s'explique sans doute par le service courtois, à moins que ce ne soit par la qualité des tartes maison. Le Charly's est commodément situé au rez-de-chaussée de l'**Hotel Weatherford** (voir p. 406), et son menu se compose essentiellement de classiques américains tels que biftecks, hamburgers, sandwichs, mais également des salades grecques et des *gyros*.

Pasto Restaurant
$$-$$$
lun-sam dès 11h
19 E. Aspen Ave.
928-779-1937
www.pastorestaurant.com
Pour savourer des plats italiens dans un cadre fantaisiste, rendez-vous au Pasto, dont le décor vif, original et chic n'entrave en rien l'atmosphère décontractée des lieux. Si vous voulez vous régaler, optez pour une des spécialités de fruits de mer et de pâtes, et couronnez le tout d'un somptueux dessert. Il est fortement recommandé de réserver.

Cottage Place Restaurant
$$$-$$$$
126 W. Cottage Ave.
928-774-8431
www.cottageplace.com
Considéré par certains comme le meilleur restaurant gastronomique de Flagstaff, le Cottage Place propose une cuisine créative d'une qualité irréprochable. L'atmosphère s'y prête on ne peut mieux à un dîner romantique ou à une célébration spéciale, d'autant que les chefs comme les serveurs feront tous les efforts possibles pour rendre votre soirée mémorable. N'oubliez surtout pas de réserver à l'avance!

Le nord-est de l'Arizona

Window Rock

Quality Inn Navajo Nation Capital Restaurant
$-$$
Quality Inn Navajo Nation Capital
48 W. Hwy. 264
928-871-4108
Voici le seul véritable restaurant de Window Rock, les autres établissements appartenant surtout à la catégorie des comptoirs de restauration rapide. Sa salle à manger d'allure contemporaine peut accueillir au-delà de 50 personnes affamées le matin, le midi et le soir, et l'on y déguste des plats d'inspiration navajo tels qu'un délicieux ragoût de mouton servi avec du pain frit, comme l'exige la tradition. Les végétariens eux-mêmes y trouveront leur bonheur. Ce restaurant est situé dans le **Quality Inn Navajo Nation Capital** (voir p. 407).

Chinle

Thunderbird Lodge Cafeteria
$-$$
Canyon de Chelly National Monument
Thunderbird Lodge
928-674-5841 ou 800-679-2473
Les visiteurs en manque de casse-croûte dans le parc peuvent prendre la direc-

tion de cette cafétéria sans prétention. Ils y trouveront un choix de sandwichs, de hamburgers, de hot-dogs et même de biftecks à engloutir sur une banquette en vinyle. La décoration de l'établissement reste cependant son point fort, puisque ses murs sont rehaussés de créations artisanales du sol au plafond. Ce restaurant se trouve à l'intérieur du **Thunderbird Lodge** (voir p. 407).

Garcia's Restaurant
$$
Holiday Inn Canyon de Chelly
Indian Route 7
928-674-5000

Installé à l'intérieur du **Holiday Inn Canyon de Chelly** (voir p. 407), ce restaurant à service complet propose aussi bien des mets navajos traditionnels que de bons vieux favoris américains, et ce, toute la journée. Pourquoi pas de délicieuses brochettes au petit déjeuner, et que dire du buffet du soir! Le menu à la carte comprend pour sa part de fameux *tacos* navajos de même que des biftecks et du poulet.

La réserve hopi

Hopi Cultural Center Restaurant
$$
Hopi Cultural Center Restaurant & Inn
Second Mesa, Hwy. 264
928-734-2401
www.hopiculturalcenter.com

Si votre estomac crie famine, arrêtez-vous dans cet établissement pour commander un des *Tapkiqwnovas* (repas hopis) qui figurent au menu. Le *Noqkwiri* – un ragoût d'agneau et de maïs blanc servi avec des piments verts fraîchement rôtis ainsi que du pain frit – s'avère particulièrement délicieux en plus d'être économique. L'atmosphère de l'établissement est plutôt rustique, la grande salle à manger étant simplement garnie de banquettes et de tables en bois, quoique de subtiles touches amérindiennes ajoutent au décor, notamment ces gravures de katchinas encadrées qu'on a accrochées aux murs. Le personnel hopi se montre pour sa part affable, courtois et efficace.

Kayenta

Reuben Heflin Restaurant
$$
Hampton Inn Kayenta
Hwy. 160
928-697-3170
www.hamptoninn.com

Dans une salle à manger au décor unique rehaussé d'une cheminée à double ouverture et d'un lustre à plusieurs branches richement orné, le restaurant du **Hampton Inn Kayenta** (voir p. 408) sert des repas parmi les plus fins en ville, notamment du saumon grillé et un demi-poulet rôti sur bois de mesquite. Cela dit, les plats proposés au déjeuner et au petit déjeuner sont tout aussi délicieux. Compte tenu de la popularité de la maison, il est fortement recommandé de réserver pour le dîner.

Wagon Wheel
$$-$$$
Holiday Inn Kayenta
Hwy. 160
928-697-3221

Au cours de la saison estivale, ce restaurant propose un buffet de petit déjeuner complet et peu cher. Le reste de l'année, le menu du matin comprend un bon café, du jus d'orange fraîchement pressé et divers plats nourrissants, sans oublier les biscuits maison au babeurre. Un buffet de salades prend la relève le midi et complète fort bien le choix de sandwichs chauds ou froids. Le soir venu, le personnel courtois tamise l'éclairage et sert de délicieuses spécialités locales.

Monument Valley Navajo Tribal Park

Haskeneini Restaurant
$$
été seulement
Monument Valley Navajo Tribal Park Visitor Center
435-727-3288

Ce restaurant a l'avantage de se trouver à l'intérieur du centre d'accueil des visiteurs du Monument Valley Navajo Tribal Park, et les banquettes disposées sous les grandes fenêtres sont tout indiquées pour profiter du spectacle grandiose qu'offre ici la nature. Le menu du midi et du soir n'a pas grand-chose à offrir, mais les prix sont raisonnables. Le *taco* navajo constitue sans doute votre meilleur choix, dans la mesure où il est fait de produits frais. En outre, le personnel chaleureux se fera un plaisir de répondre à vos questions sur les attraits de la région.

Goulding

Stagecoach Dining Room
$$-$$$
Goulding's Lodge
Hwy. 163
435-727-3231
www.gouldings.com

Le restaurant du **Goulding's Lodge** (voir p. 408) compte parmi les grands favoris des visiteurs de la Monument Valley, d'autant plus qu'on y sert quotidiennement le petit déjeuner, le déjeuner et le dîner. Vous y dégusterez des *tortillas* au blanc de poulet, des pâtes, des mets asiatiques et des spécialités navajos à base de pain frit. Et attendez de voir les desserts! On se fait ici un point d'honneur d'en proposer 15 différents, de la délicieuse tarte à la meringue et au citron au gâteau au chocolat à faire mourir.

Sorties

› Activités culturelles

Phoenix

Le **Herberger Theater Center** *(222 E. Monroe St., ☎ 602-254-7399, www.herbergertheater.org)* occupe un quadrilatère entier à côté de la St. Mary's Basilica et en face du Symphony Hall. Ce complexe culturel avant-gardiste abrite deux scènes où ont lieu une grande diversité de spectacles à longueur d'année (voir ci-dessous pour une liste des troupes et leur numéro de téléphone).

Arizona Theater Company
☎ 602-256-6995

Ballet Arizona
☎ 602-381-1096

L'**Orpheum Theater** *(203 W. Adams St., ☎ 602-262-6225)* a accueilli des spectacles d'envergure tels que *Tommy* des Who, *Roméo et Juliette* et le Ballet d'Opéra de Bordeaux. Le style intérieur Art déco est saisissant, et les fauteuils et balcons sont luxueux.

Le **Celebrity Theater** *(440 N. 32nd St., ☎ 602-267-1600, www.celebritytheater.com)* présente des spectacles de musique blues, rock et country d'artistes renommés ou prometteurs.

Le **Great Arizona Puppet Theater** *(302 W. Latham St., ☎ 602-262-2050, www.azpuppets.org)* plaira autant aux enfants qu'aux adultes. Leur interprétation de fables connues est jouée de façon merveilleuse.

Le **Phoenix Symphony Hall** *(225 E. Adams St., ☎ 602-495-1999 ou 800-776-9080, www.phoenixsymphony.org)*, auquel se rattache le Phoenix Symphony Orchestra sous la direction de Michael Christie, est un bâtiment carré de stature imposante à côté du Civic Center. L'**Arizona Opera**, qui présente autant des pièces classiques que contemporaines, est aussi rattaché au Phoenix Symphony Hall.

Le **Cricket Pavilion** *(2121 N. 83rd Ave., ☎ 602-254-7200, www.cricket-pavilion.com)*, un amphithéâtre en plein air de 20 000 places, reçoit de nombreuses formations musicales ou artistes contemporains notoires. Il s'agit de la seule infrastructure de cette dimension conçue uniquement pour les concerts dans l'agglomération de Phoenix.

Scottsdale

Le **Scottsdale Center for the Performing Arts** *(7380 E. Second St., ☎ 480-994-2787 ou 480-874-4694, www.scottsdalearts.org)* est le pivot de la culture à Scottsdale. Les restaurants et bars entourant sa grande place s'emplissent régulièrement avant et après les spectacles. Le Museum of Contemporary Art de Scottsdale loge aussi dans l'enceinte de ce bâtiment. Il comprend deux galeries permanentes et six expositions qui changent plusieurs fois dans l'année. Le Scottsdale Arts Festival a lieu pendant la deuxième semaine du mois de mars; la grande place est alors animée de musique, de théâtre en plein air et de kiosques d'artisanat.

Tucson

Le **Temple of Music and Art** *(330 S. Scott Ave., ☎ 520-622-2823, www.arizonatheatre.org)* a été créé en 1907 par un groupe de femmes de Tucson réunies sous le nom de «Saturday Morning Musical Club». Sa fondatrice, Madeline Heineman Berger, l'a inauguré en 1927 à titre de maison des arts de Tucson, et il accueille aujourd'hui l'**Arizona Theatre Company**, entre autres troupes de théâtre, de même qu'une grande variété de spectacles, d'œuvres dramatiques et de concerts.

L'**Invisible Theatre** *(1400 N. First Ave., ☎ 520-882-9721, www.invisibletheatre.com)* présente des drames, des comédies et des *musicals* façon Broadway.

L'**Arizona Opera** *(3501 N. Mountain Ave., ☎ 520-293-4336, www.azopera.org)* monte cinq productions par année, les représentations ayant lieu les vendredi et samedi soirs de même que le dimanche après-midi.

Le **Tucson Symphony Orchestra** *(2175 N. Sixth Ave., ☎ 520-882-8585, www.tucsonsymphony.org)* propose, tout au long de l'année, une variété de concerts sous la direction de George Hanson.

Le **Gaslight Theatre** *(7010 E. Broadway Blvd., ☎ 520-886-9428, www.thegaslighttheatre.com)* présente d'hilarantes parodies de films et de séries télévisées. Il est impératif de réserver et de se procurer ses billets à l'avance.

Flagstaff

Flagstaff regorge de possibilités en matière de divertissement. Pour une soirée au théâtre, pourquoi ne pas opter pour **Theatrikos** *(11 W. Cherry Ave., ☎ 928-774-1662, www.theatrikos.com)*, une troupe sans but lucratif qui monte plus de 70 productions par année dans une salle située à proximité de tout? Le prix des billets varie selon les spectacles, mais demeure néanmoins raisonnable compte tenu de la qualité des pièces.

➤ Bars et boîtes de nuit

Phoenix

Que vous soyez dans l'esprit d'une élégante sortie au théâtre, d'une soirée détendue dans un pub, ou que vous souhaitiez danser toute la nuit au son enivrant de la musique, Phoenix et ses environs ont de tout pour vous divertir.

Après un tournoi sportif, le **Jackson's on Third** 9 *(245 E. Jackson St., ☎ 602-254-5303)* est l'établissement le plus fréquenté en raison des joueurs qui viennent parfois y faire un tour le midi ou après leur match. La musique varie en fonction de la clientèle. Une dizaine d'écrans géants permettent de suivre les matchs à la télévision. On sert le déjeuner du lundi au vendredi des grillades, où l'on offre une bonne sélection de vins accompagnant de succulents biftecks. Mais, en soirée, l'établissement ouvre ses portes seulement lorsqu'il y a un match.

Le **Char's Has the Blues** *(dim-mer 20h à 1h, jeu-sam 19h30 à 1h; 4631 N. Seventh Ave., ☎ 602-230-0205, www.charshastheblues.com)* est la boîte de blues la plus en vue dans la Vallée du Soleil. Anciennement une résidence, ce bar donne l'impression qu'on participe à une fête chez des amis. Il arrive souvent qu'on y soit à l'étroit s'il se produit un grand événement en ville. Le bar, la piste de danse et la scène sont dans une même pièce qui semble avoir été la salle à manger. La clientèle amicale et dynamique est de tous les âges. Aucune nourriture n'y est servie.

L'**Amsterdam** *(dim-jeu 16h à 2h, ven-sam 16h à 4h; 718 N. Central Ave., ☎ 602-258-6122, www.amsterdambar.com)* est un piano-bar gay distingué. Des murs de briques, des éléments de bois et des piliers de marbre mettent bien en valeur le décor chaleureux et tamisé. Les *Happy Hours* sont tous les jours de 16h à 19h. La plupart des clients s'arrêtent pour prendre un verre avant de traverser au Crow Bar.

Le **MercBar** *(2525 E. Camelback Rd., ☎ 602-508-9449, www.mercbar.com)* n'est indiqué que par une discrète enseigne au néon et une petite plaque avisant qu'une tenue vestimentaire adéquate est de mise. L'intérieur est sombre et porte à la discussion accompagnée d'un martini. La clientèle branchée provient surtout des hôtels des environs.

Le **Rhythm Room** *(1019 E. Indian School Rd., ☎ 602-265-4842, www.rhythmroom.com)* offre une ambiance de bar agréable. Vous y passerez une belle soirée à écouter des musiciens jouant du blues.

Scottsdale

Axis & Radius *(fermé dim-lun; 7340 E. Indian Plaza, ☎ 480-970-1112, www.axis-radius.com)* abrite en fait deux discothèques qui forment un complexe de bars. L'intérieur métallique est moderne et industriel, les couleurs sont riches, et l'on s'y sent à l'aise. La musique la plus en vogue dans la Vallée du Soleil tient le haut du pavé aux deux étages de chaque établissement. À l'Axis, plus porté vers la danse, on entend davantage de techno et de rythmes latins, tandis qu'au Radius on préfère les tubes des 30 dernières années. La terrasse est garnie de foyers. Il faut s'attendre à faire la file la fin de semaine.

Le **B.S. West** *(7125 E. Fifth Ave., angle Scottsdale Rd., ☎ 480-945-9028, ww.bswest.com)* est niché au milieu de boutiques et peut s'avérer difficile à trouver du premier coup. Cette boîte de nuit gay respire le dynamisme et la vie. Elle ne paie pas de mine tant à l'intérieur qu'à l'extérieur, mais le personnel et la clientèle y sont si innovateurs et enthousiastes que cela compense. Ne manquez pas le Studio 54 le samedi soir et le barbecue le dimanche.

Le **Kazimierz World Wine Bar** *(7137 E. Stetson Dr., ☎ 480-946-3004, www.kazbar.net)*, un agréable bar à vins, surnommé *Kazbar* par les gens du coin, propose également différents cocktails ainsi que des plats légers jusqu'à 2h du matin. Décoration très apaisante et feutrée qui rappellent les bars de jazz européens d'autrefois.

Le **Myst** *(7340 E. Shoeman Lane, ☎ 480-970-5000, www.mystaz.com)* est une boîte impressionnante sur le plan visuel, toujours bondée de jolies personnes privilégiées de la Valley of the Sun. On y trouve des salles décorées avec beaucoup d'effort. Il s'agit d'un festin pour les sens que le bar peut parfois émousser.

Le **Hops! Bistro & Brewery** *(Scottsdale Fashion Square, 7014 E. Camelback Rd., ☎ 480-946-1272)* est un beau pub distingué doublé d'un salon aux fauteuils de cuir pour les amateurs de cigares. De subtils reflets de néon sont réfléchis par des éléments en acier inoxydable. La carte affiche diverses bières pour accompagner les entrées et les plats principaux. Laissez-vous tenter par les fettuccinis au saumon fumé et détendez-vous au son du jazz.

Le **Martini Ranch** *(7295 E. Stetson Dr., ☎ 480-970-0500, www.martiniranchaz.net)* comprend une salle accueillante et détendue, la Shaker Room, où vous pouvez jouer au billard ou danser sur une petite piste de danse.

Tucson

The Rialto *(318 E. Congress St., ☎ 520-740-1000, www.rialtotheatre.com)*, construit en 1919, s'imposait à l'époque comme la salle de spectacles la plus élégante et la plus luxueuse à l'ouest du Mississippi, alors qu'on y présentait des pièces de théâtre, des films et des vaudevilles. Aujourd'hui, il s'agit plutôt de spectacles d'artistes locaux et internationaux.

IBT's *(616 N. Fourth Ave., ☎ 520-882-3053)* incarne la principale boîte de nuit gay de Tucson. Musique énergique et consommations à très petits prix tous les soirs.

Dans un édifice centenaire du Barrio Histórico District, on présente au **Cushing Street Bar & Restaurant** *(198 W. Cushing St., ☎ 520-622-7984, www.cushingstreet.com)* des concerts sur scène, le plus souvent de jazz, de blues et de rock-and-roll.

Aménagé dans l'historique Hotel Congress, le **Club Congress** *(311 E. Congress St., ☎ 520-622-8848, www.hotelcongress.com)*, un bar dansant pour le moins énergique et convivial, est surtout populaire pour ses soirées rétro des années 1980. Disques-jockeys et musiciens sur scène tous les soirs de la semaine. Surprise de choix à l'intérieur: la Tap Room, un bar à bières.

The Rock *(136 N. Park Ave., ☎ 520-629-9211, www.desertmoonsound.com/rocktucson.htm)* vous réserve des musiciens sur scène, une piste de danse, une terrasse fort appréciée et des consommations à rabais.

The Bum Steer *(1910 N. Stone Ave., ☎ 520-884-7377 ou 800-490-5358, www.bumsteer.com)* accueille disque-jockey et danseurs presque tous les soirs. Pinte de bière à un cent le mercredi. Soirée 18 à 21 ans le jeudi à l'étage inférieur, alors que les plus de 21 ans restent en haut. Pichet à 1$ le vendredi.

La **Maloney's Tavern** *(301 E. Stevens Ave., ☎ 520-388-9355, www.maloneystavern.com)* attire surtout une clientèle universitaire. Les murs sont tapissés de photos d'acteurs et de célébrités qui ont fréquenté les lieux au fil des ans. Pour peu que vous y alliez un soir tranquille, sachez qu'il y a même un bon choix de livres à lire!

Gentle Ben's *(865 E. University Blvd., ☎ 520-624-4177, www.gentlebens.com)* sert des bières de microbrasseries à une clientèle principalement composée d'universitaires.

The Shanty *(401 E. Ninth Ave., ☎ 520-623-2664)* se montre fier de ses quelque 300 variétés de bières et attire une large clientèle. Sa terrasse est particulièrement prisée les soirs d'été et est d'ailleurs désignée comme la meilleure en ville depuis de nombreuses années.

Le **Cactus Moon** *(5470 E. Broadway Ave., ☎ 520-748-0049, www.cactusmoon.net)* propose de la musique country-western et une grande piste de danse qui fera le bonheur des amateurs de *two-step* et de swing, dont on donne d'ailleurs des leçons sur place.

The French Quarter *(3146 E. Grant Rd., ☎ 520-829-9077)* organise des festivités rappelant le Mardi gras sept jours sur sept. Musique en direct et danse les fins de semaine.

Le **Laffs Comedy Caffé** *(2900 E. Broadway Blvd., ☎ 520-323-8669, www.laffscomedyclub.com)* présente du mercredi au dimanche des humoristes d'envergure aussi bien locale que nationale.

Tombstone

Le **Crystal Palace Saloon** *(angle Fifth St. et Allen St., ☎ 520-457-3611, www.crystalpalacesaloon.com)* est un vrai saloon de cowboys: dans une semi-obscurité, on trouve des tables et des chaises en bois, des photos anciennes des lieux, un bar bien garni et illuminé, un comptoir immense, des serveuses en frou-frou, et surtout des bières et toutes sortes de collations alcoolisées ou non, mais aussi des pizzas, des soupes et des salades pour se restaurer. Une table de billard à l'entrée est toujours occupée par la population locale...et de jolies filles. Tous les vendredi et samedi soirs, une chasse aux fantômes est organisée dans la ville à partir du *saloon (www.crystalpalaceghosthunt.com)*. De quoi bien finir la soirée!

Dans la rue principale de Tombstone, le **Big Nose Kate's Saloon** *(417 E. Allen St., ☎ 520-457-3107, www.bignosekates.info)* est sûrement l'endroit le plus intéressant et attachant de la ville, presque incontournable. On n'y vient pas pour la nourriture ou les boissons qui n'ont aucune originalité (pizza, bière...). L'endroit vaut le détour pour son décor en bois surchargé de photos et d'inscriptions. Un écran plat diffuse en boucle le film *Tombstone*. Une petit scène est réservée aux groupes de musique de passage; des costumes de prisonniers et un cercueil sont à la disposition des clients pour une photo; le bar est somptueux; une mini-exposition historique est proposée aux visiteurs dans l'arrière-saloon, et même les toilettes (du moins celles des hommes!) sont pittoresques. Un *saloon* qui est sûrement proche de son décor et de son atmosphère d'antan (à part l'écran plat): d'un goût discutable, mais très attachant et divertissant.

Sedona

Rendez-vous à l'**Oak Creek Brewing Company** *(2050 Yavapai Dr., ☎ 928-204-1300, www.oakcreekbrew.com)* pour déguster de merveilleuses bières brassées sur place. Ce lieu de rencontre décontracté attire nombre d'habitants de la région et accueille souvent des musiciens qui ne manquent pas d'égayer l'atmosphère encore davantage. *Happy Hour* du lundi au vendredi entre 16h et 19h.

Si vous êtes à la recherche d'un endroit plus intime et plus feutré, songez à l'**Orchards Bar & Grill** *(254 N. Hwy. 89A, ☎ 928-282-2405, www.orchardsinn.com)*, dont vous apprécierez sans nul doute l'atmosphère tranquille du bar ainsi que le choix de bières et de spiritueux. Seuls les barmans, plutôt loquaces, égaient la soirée.

Les amateurs de musique country seront comblés par l'atmosphère du **Rainbow's End Steakhouse & Saloon** *(3255 W. Hwy. 89A, ☎ 928-282-1593)*. Inauguré en 1946, le bar rustique qu'est le Rainbow's End a connu son lot de joyeuses soirées. On y sert de la bière et des spiritueux, et la musique entraînante incitera même les danseurs les plus malhabiles à monter sur la piste de danse.

Flagstaff

Le **Beaver Street Brewery** *(11 S. Beaver St., ☎ 928-779-0079, www.beaverstreetbrewery.com)* sert des bières artisanales à prix raisonnables. Le personnel pourra même vous faire visiter les installations et vous renseigner sur les méthodes de brassage utilisées ici.

Le **Museum Club** *(3404 E. Route 66, ☎ 928-526-9434, www.museumclub.com)*, dont la popularité ne se dément pas, accueille des gens de toutes les couches de la société. Son stationnement est d'ailleurs aussi bien envahi par des motos Harley-Davidson que par des Jaguar, des véhicules tout-terrains et des berlines familiales. On y présente tous les soirs des spectacles qui attirent une foule nombreuse, dans un décor western des plus classiques ponctué de roues de chariot et de têtes d'orignal et de puma. Si vous avez envie de vous amuser ferme, ne cherchez pas plus loin.

› Sports

Phoenix

Le **Chase Field** *(401 E. Jefferson St., Phoenix, ☎ 602-462-6000 ou 877-994-0471, www.azchasefield.com)*, qui peut accueillir 49 000 spectateurs, est le point d'attache de l'équipe de baseball professionnel de Phoenix, les **Arizona Diamondbacks** *(www.dbacks.com)*. Le toit du stade est rétractable et la surface de jeu naturelle. Une piscine et un bain à remous se trouvent au-delà du champ droit.

Le **US Airways Center** (*201 E. Jefferson St., Phoenix, ☎ 602-379-7900, www.phoenixsuns.com)* accueille les **Phoenix Suns** *(www.nba.com/suns)* de la National Basketball Association (NBA) de novembre à avril. On peut se procurer des laissez-passer à l'angle de Jefferson Street et de First Street. On peut aussi y assister à un match des **Phoenix Mercury** *(www.wnba.com/mercury)* de la Women's National Basket-ball Association.

Inauguré en 2006, l'**University of Phoenix Stadium** *(Maryland Ave., Glendale, ☎ 602-433-7100, www.universityofphoenixstadium.com)*, situé sur le campus de l'Arizona State University, est le stade auquel se rattachent les **Arizona Cardinals** *(www.azcardinals.com)* de la National Football League (NFL) de septembre à décembre.

Les **Phoenix Coyotes** *(http://coyotes.nhl.com)* de la Ligue nationale de hockey se lancent sur la glace de la **Jobing.com Arena** *(9400 Maryland Ave., Glendale, ☎ 623-772-3200, www.jobingarena.com)* dès le mois d'octobre et jouent jusqu'à la fin d'avril, ou même plus tard selon leurs performances au cours des séries éliminatoires de la coupe Stanley.

Prescott

C'est à Prescott, située à 56 mi (90 km) au sud-ouest de Sedona, que le plus vieux rodéo du monde a vu sa première édition se dérouler en 1888. Toujours en activité, le **World's Oldest Rodeo** *(☎ 928-445-3103 ou 800-358-1888, www.worldsoldestrodeo.com)* a lieu à tous les ans de la fin juin au début juillet.

Achats

La région de Phoenix abrite des centres commerciaux ultramodernes, des boutiques de mode renommées, des galeries d'art aux objets originaux et d'élégants magasins d'antiquités.

Phoenix

L'**Arizona Center** *(lun-sam 10h à 21h, dim 11h à 17h; angle Van Buren et Third St., ☎ 602-271-4000, www.arizonacenter.com)* est le plus grand centre commercial de la région. Ouvert sur l'extérieur, il sied parfaitement au climat de la ville. On y trouve divers restaurants, boutiques spécialisées et autres commerces, notamment quelques bars et discothèques, une boutique pour femmes Lerner New York et un complexe de salle de cinéma AMC ouvert 24 heures sur 24.

Le **Metrocenter** *(lun-sam 10h à 21h, dim 11h à 18h; 9617 Metro Parkway W., entre Dunlap Ave. et Peoria Ave., un peu en dehors du centre-ville, ☎ 602-997-8991, www.metrocentermall.com)* est constitué de 200 boutiques spécialisées entourant les grands magasins Macy's, Sears et Robinsons-May. Le décor est contemporain, et de vrais palmiers y poussent.

Un autre centre commercial, mais cette fois en plein air. En plus des achats dans les traditionnelles boutiques de vêtements et autres, familles et touristes viennent passer un moment au **Desert Ridge Market Place** *(lun-sam 11h à 21h, dim 11h à 18h; 21001 N. Tatum Blvd., ☎ 480-513-7586, www.shopdesertridge.com)* en se promenant, en se restaurant et en se reposant au gré des palmiers et des fontaines.

La Mecque des cowboys! **Sheplers** *(lun-sam 10h à 21h, dim 11h à 18h; 829 N. Dobson Rd., à l'ouest de Phoenix, dans le Mesa Riverview, ☎ 480-668-1211 ou 888-835-4004, www.sheplers.com)* est une chaîne de magasins qui propose un choix conséquent de jeans, de chemises à carreaux, de bottes de cuir et d'autres accessoires de circonstance pour hommes et femmes. Un arrêt indispensable pour ceux qui veulent rapporter un souvenir authentique, quoique un peu cliché, du sud-ouest des États-Unis.

Cowtown Boots *(2710 Thunderbird, ☎ 602-548-3009 ou 800-580-2698, http://store.cowtownboots.com)* est le spécialiste des bottes de cowboy en cuir! Une multitude de bottes est proposée, toutes magnifiques et originales. Elles sont artisanales et faites au Texas, à El Paso. La maison assure la qualité de ses produits, qu'elle propose au prix les plus raisonnables.

Indoor Swap Mart *(5115 N. 27th Ave., ☎ 602-246-9600, www.indoorswapmart.com)* est un marché aux puces où l'on peut acheter toutes sortes de produits, mais également un lieu d'échanges et de troc. L'endroit est fréquenté par la population locale et attire une foule venue chiner, flâner et trouver des solutions alternatives aux lieux de commerces traditionnels. Un autre marché du même genre existe : l'**American Park'n Swap** *(3801 E. Washington St., www.americanparknswap.com)*.

Le centre commercial le plus en vogue est le **Biltmore Fashion Park** *(lun-mer 10h à 19h, jeu-ven 10h à 20h, sam 10h à 18h, dim 12h à 18h; angle E. Camelback Rd. et 24th St., Biltmore District, ☎ 602-955-8400, www.shopbiltmore.com)*. Il comprend plus de 60 commerces de grande qualité, notamment Sak's Fifth Avenue et Macy's, ainsi que 12 bons restaurants, dans un décor qui ressemble à un parc paysager.

L'architecture traditionnelle asiatique du **Chinese Cultural Center** *(668 N. 44th St., près de l'aéroport, ☎ 602-273-7268, www.phxchinatown.com)* est agrémentée de jardins traditionnels chinois, de pagodes et de statues. On y trouve certains magasins et restaurants haut de gamme, et une variété de commerces allant de la bijouterie à la boutique de thés fins, en passant par les magasins d'objets décoratifs ou de meubles originaux d'Asie.

La boutique du **Heard Museum** *(2301 N. Central Ave., Midtown District,* ☎ *602-252-8344 ou 877-374-3273, www.heardmuseumshop.com)* vaut à elle seule la visite tellement on y trouve une grande quantité d'objets de collection et des souvenirs originaux.

Scottsdale

Le **Scottsdale Fashion Square** *(lun-sam 10h à 21h, dim 11h à 18h; 7014 E. Camelback Rd.,* ☎ *480-941-2140, www.fashionsquare.com)* est l'un des meilleurs centres commerciaux d'Arizona. Il compte plus de 225 commerces, dont 80 qu'on ne peut trouver ailleurs en Arizona. Il offre les services de voituriers, ainsi que d'assistants aux achats.

Les rues pavées et les allées verdoyantes du **Borgata** *(lun-sam 10h à 19h, dim 12h à 18h; 5155 N. Scottsdale Rd.,* ☎ *602-953-6538, www.borgata.com)* recréent l'ambiance médiévale. On y trouve une soixantaine de belles boutiques et galeries, et de bons restaurants.

Tempe

L'**Arizona Mills Mall** *(lun-sam 10h à 21h, dim 11h à 18h; 5000 Arizona Mills Circle,* ☎ *480-491-9700, www.arizonamills.com)*, qui regroupe 175 commerces, un cinéma de 24 salles, un cinéma IMAX et quelques restaurants, se trouve directement au sud de Tempe.

Tucson

Le secteur de **Fourth Avenue**, entre Ninth Street et University Boulevard, offre de nombreuses possibilités d'achats, qu'il s'agisse de magasins de vêtements branchés, d'échoppes d'antiquaires ou de boutiques d'objets de collection.

Situé à l'emplacement de l'historique El Conquistador Hotel, **El Con Mall** *(3601 E. Broadway Blvd.,* ☎ *520-795-9958, www.shopelcon.com)* renferme 75 commerces, entre autres JCPenny's, Robinson-May et une variété de boutiques spécialisées.

Preen *(210 N. Fourth Ave.,* ☎ *520-628-2991)* est une boutique très originale de vêtements vintage essentiellement, mais également de bibelots et d'œuvres d'art. Vous pouvez y faire raccommoder et personnaliser les vêtements que vous aurez achetés, ou même ceux de votre propre garde-robe.

Dans les années 1980, les seules personnes étrangères à la ville qui s'y aventuraient étaient perdues, et le nom de «quartier perdu» est resté. Depuis, le **Lost Barrio Warehouse District** *(100-200 S. Park Ave.)* a été rénové et abrite sept magasins différents offrant de tout, depuis le verre mexicain soufflé à la main jusqu'aux tissus, en passant par les poteries et les œuvres d'art.

Old Town Artisans *(tlj en été, lun-sam 10h à 16h le reste de l'année; 201 N. Court Ave.,* ☎ *520-623-6024 ou 800-782-8072, www.oldtownartisans.com)* est une structure en adobe des années 1850 qui abrite six galeries chargées de bijoux de qualité, de vêtements, d'objets décoratifs pour la maison, de pièces d'art amérindien et de produits d'importation latino-américains (voir p. 379).

La **Plaza Palomino** *(lun-sam 10h à 16h; angle Swan Rd. et Fort Lowell Rd.,* ☎ *520-320-6344, www.plazapalomino.com)*, un centre commercial de style hacienda, vous réserve des cadeaux faits main, des bijoux et des accessoires de mode toute l'année durant. Il se double en outre d'un marché à ciel ouvert de septembre à la fin de juillet.

Le **Tucson Mall** *(lun-sam 10h à 21h, dim 12h à 16h; 4500 N. Oracle Rd.,* ☎ *520-293-7330, www.tucsonmall.com)* propose plus de 200 magasins, plusieurs restaurants convenables et des aires de jeux pour les enfants.

La **Medicine Man Gallery** *(tlj en été, mar-sam 10h à 17h le reste de l'année; 7000 E. Tanque Verde Rd., Suite 16,* ☎ *800-422-9382, www.medicinemangallery.com)* expose de l'artisanat amérindien de même que des peintures et des sculptures contemporaines, sans oublier des antiquités américaines. Cette galerie se spécialise tout particulièrement dans les œuvres de Maynard Dixon, de la Taos Society of Artists et d'autres peintres du Sud-Ouest d'antan.

Tubac

À titre de colonie artistique, Tubac regorge de studios et de galeries d'art, entre autres le **Cloud Dancer** *(24 Tubac Rd.,* ☎ *520-398-2546, www.tubacclouddancerjewelry.com)*, l'**Otero Street Gallery** *(5 Hesselbarth Lane,* ☎ *520-398-8014)* et la **Rogoway's Turquoise Tortoise Gallery** *(5 Calle Baca,* ☎ *520-398-2041, www.rogowaygalleries.com)*.

Sedona

Le **Tlaquepaque Arts & Crafts Village** *(tlj 10h à 17h; 336 Hwy. 179, ☎ 928-282-4838, www.tlaq.com; voir p. 388)* s'impose comme l'établissement par excellence où faire des achats à Sedona. La construction de cette villa mexicaine entièrement reconstituée a débuté en 1971, et, depuis ce temps, des artisans et des artistes n'ont cessé d'embellir la propriété. Il s'agit d'un endroit merveilleux pour se procurer des cadeaux uniques en leur genre ou des souvenirs à rapporter chez soi. Parmi les 40 boutiques que vous y trouverez, retenons la **Gold Door Gallery** *(☎ 928-282-3370)*, qui vend des bijoux façonnés par des artistes de l'Arizona; **Ninibah** *(☎ 928-282-4256)*, qui présente des bijoux amérindiens, des katchinas hopis et des paniers tressés; et **Eclectic Image** *(☎ 928-203-4333)*, qui propose des photographies de qualité et un grand choix de gravures originales.

Garland's Navajo Rugs *(411 Hwy. 179, ☎ 928-282-4070, www.garlandsrugs.com)* expose d'authentiques œuvres artistiques et artisanales d'origine amérindienne, notamment de la vannerie, des poteries pueblos et des katchinas.

Le quartier général des médiums et des guérisseurs de Sedona n'est autre que le **Center for the New Age** *(341 Hwy. 179, ☎ 888-881-6651, www.sedonanewagecenter.com)*. Son personnel propose des plans des sites où l'on trouve des vortex, des séances gratuites de purification d'aura de même qu'une variété de cristaux et d'articles liés de près ou de loin au «nouvel âge».

Et n'oubliez pas de vous procurer le souvenir ultime de Sedona, soit un *Dirt Shirt*: un t-shirt teint en rouge avec de la terre des environs. Vous en trouverez dans tous les commerces de la haute-ville.

Flagstaff

Les possibilités d'achats sont innombrables à Flagstaff. Ceux qui ont l'intention de pratiquer des activités de plein air peuvent notamment tirer parti du large éventail d'articles proposé par **Babbitt's Backcountry Outfitters** *(12 E. Aspen Ave., ☎ 928-774-4775, www.babbittsbackcountry.com)*, qu'il s'agisse d'un attirail de pêche, d'équipement de rafting ou de quelque autre accessoire sportif.

La **Painted Desert Trading Company** *(2 N. San Francisco St., ☎ 928-226-8313, www.painteddeserttrading.com)* est une bonne source d'approvisionnement en artisanat amérindien: des poteries navajos, des bijoux zunis et un vaste choix d'œuvres du Sud-Ouest américain signés par des artistes autochtones parmi les plus en vue de l'État.

À l'**Arizona Handmade Gallery** *(13 N. San Francisco St., Suite 100, ☎ 928-779-3790, www.azhandmade.com)*, vous ne trouverez que des ouvrages (peintures, sculptures, céramiques, bijoux, photographies, objets de décoration et autres articles utilitaires) fabriqués à la main par des artistes de l'Arizona.

Pour des œuvres d'artistes locaux, rendez-vous à **The Artists Gallery** *(17 N. San Francisco St., ☎ 928-773-0958, www.theartistsgallery.net)*, une coopérative de métiers d'art qui présente de l'artisanat contemporain de qualité, notamment d'exquises poteries confectionnées à la main. Cette magnifique boutique se trouve en plein centre-ville.

Ganado

S'arrêter au **Hubbell Trading Post Store** *(Hubble Trading Post National Historic Site, Hwy. 264, ☎ 928-755-3254, www.nps.gov/hutr)* constitue une occasion d'achat de tout premier ordre. Bien qu'on y trouve aussi des carpettes navajos moins coûteuses, attendez-vous à payer plusieurs milliers de dollars pour les plus grandes aux motifs les plus complexes. Et il en va de même pour les bijoux exquis. Pour ne pas repartir les mains vides, vous aurez toujours la possibilité de vous rabattre, en dernier recours, sur les cartes postales et les souvenirs plus communs.

Chinle

Depuis 1941, **Navajo Arts & Crafts Enterprise** *(angle des routes 191 et 7, ☎ 928-674-5338)*, une entreprise à but non lucratif vise à faire connaître l'artisanat navajo (bijoux, poteries, tapis, etc.) aussi bien traditionnel que contemporain. Autre adresse au sud-est de Chinle, à Window Rock.

Le **Thunderbird Lodge** *(Canyon de Chelly National Monument, ☎ 928-674-5841 ou 800-679-2473, www.tbirdlodge.com)* est le seul concessionnaire du Canyon de Chelly National Monument. Sa boutique contient une abondance de souvenirs du canyon, y compris des t-shirts, des bijoux, des sacs et des livres. Une pièce entière est en outre consacrée aux carpettes navajos. Vous serez peut-être même intéressé par les fibres naturelles teintes en écheveau.

La réserve hopi

Le poste de traite le plus couru du territoire hopi est **Tsakurshovi** *(Second Mesa, à 1,5 mi ou 2,4 km à l'est du Hopi Cultural Center Restaurant & Inn, ☎ 928-734-2478)*. Les artisans de la région y vendent leurs créations, qu'il s'agisse de paniers, de sculptures ou de bijoux, et y achètent les matériaux dont ils ont besoin, notamment des teintures naturelles et du bois de peuplier deltoïde. Un des articles les plus populaires reste le fameux t-shirt sur lequel on peut lire *Don't Worry, Be Hopi* (Ne t'en fais pas, sois Hopi – un jeu de mot sur *happy*, mot anglais qui veut dire «heureux»); pour vous en convaincre, il vous suffira de regarder les nombreuses photos de célébrités qui s'en sont procuré un!

Hopi Fine Arts *(Second Mesa, Hwy. 264, ☎ 928-737-2222)* vend des bijoux et des poteries de qualité moyenne à supérieure. Beaucoup des artistes locaux qui exposent leurs œuvres ici ont d'ailleurs vu leurs créations primées.

Gentle Rain Designs *(Second Mesa, Hwy. 264, ☎ 928-737-9434)* compte parmi les grandes réussites de la réserve hopi. Cette petite entreprise tenue par des intérêts locaux s'efforce de n'utiliser que des matériaux recyclés pour la production de ses créations. Son personnel hopi vous proposera ainsi des chapeaux, des gilets et des vestes, le tout fabriqué en fibres de plastique provenant de bouteilles de boisson gazeuse et orné de magnifiques motifs traditionnels aux couleurs vives. Les articles sont fabriqués sur place par des femmes hopis.

Kayenta

La **Kayenta Trading Company** *(Hampton Inn Kayenta, Hwy. 160, ☎ 928-697-3170)* propose une grande variété de produits artisanaux fabriqués par les Amérindiens et les laisse partir à bon prix. Le propriétaire se fait un point d'honneur de dénicher des créations uniques, qu'il s'agisse de simples cadeaux, de vêtements ou de bijoux de qualité. Les visiteurs qui s'arrêtent ici ne manqueront sûrement pas d'y trouver des articles intéressants à rapporter.

Goulding

Ceux qui cherchent à se procurer un souvenir de la Monument Valley devraient songer à **Goulding's Arts & Crafts** *(à côté du Goulding's Lodge, Hwy. 163, ☎ 435-727-3231, www.gouldings.com)*, dont la vaste salle d'exposition bourdonne d'ailleurs le plus souvent de touristes en quête d'un objet à rapporter à la maison. On y trouve notamment d'authentiques bijoux navajos en argent et en turquoise, des katchinas de même que des pièces richement ornées et perlées, sans oublier nombre de gravures des paysages de l'Ouest.

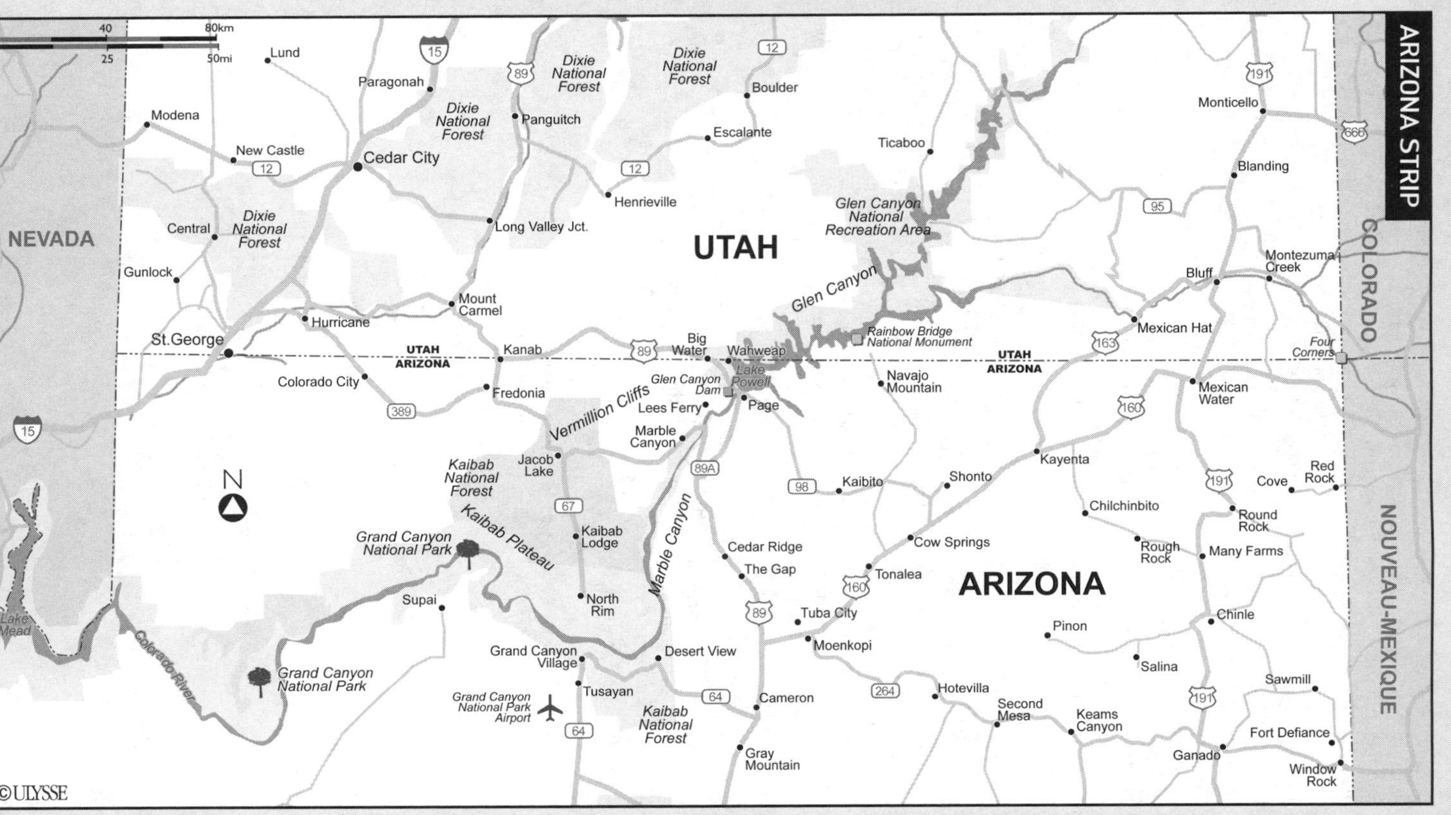
ARIZONA STRIP
NEVADA
UTAH
ARIZONA
COLORADO
NOUVEAU-MEXIQUE
UTAH
ARIZONA
UTAH
ARIZONA
0 40 80km
0 25 50mi
Lund
Paragonah
Modena
New Castle
Cedar City
Panguitch
Dixie National Forest
Dixie National Forest
Dixie National Forest
Dixie National Forest
Boulder
Escalante
Henrieville
Long Valley Jct.
Central
Gunlock
Mount Carmel
Hurricane
St.George
Kanab
Colorado City
Fredonia
Big Water
Wahweap
Lake Powell
Glen Canyon Dam
Page
Lees Ferry
Vermillion Cliffs
Marble Canyon
Jacob Lake
Kaibab National Forest
Kaibab Plateau
Grand Canyon National Park
Kaibab Lodge
North Rim
Supai
Lake Mead
Colorado River
Grand Canyon National Park
Grand Canyon Village
Tusayan
Grand Canyon National Park Airport
Desert View
Kaibab National Forest
Marble Canyon
Cedar Ridge
The Gap
Cameron
Gray Mountain
Tuba City
Moenkopi
Tonalea
Cow Springs
Kaibito
Shonto
Kayenta
Navajo Mountain
Rainbow Bridge National Monument
Glen Canyon
Ticaboo
Glen Canyon National Recreation Area
Monticello
Blanding
Bluff
Montezuma Creek
Mexican Hat
Four Corners
Mexican Water
Chilchinbito
Rough Rock
Round Rock
Cove
Red Rock
Many Farms
Chinle
Pinon
Salina
Hotevilla
Second Mesa
Keams Canyon
Sawmill
Fort Defiance
Ganado
Window Rock
N
©ULYSSE

Le Grand Canyon

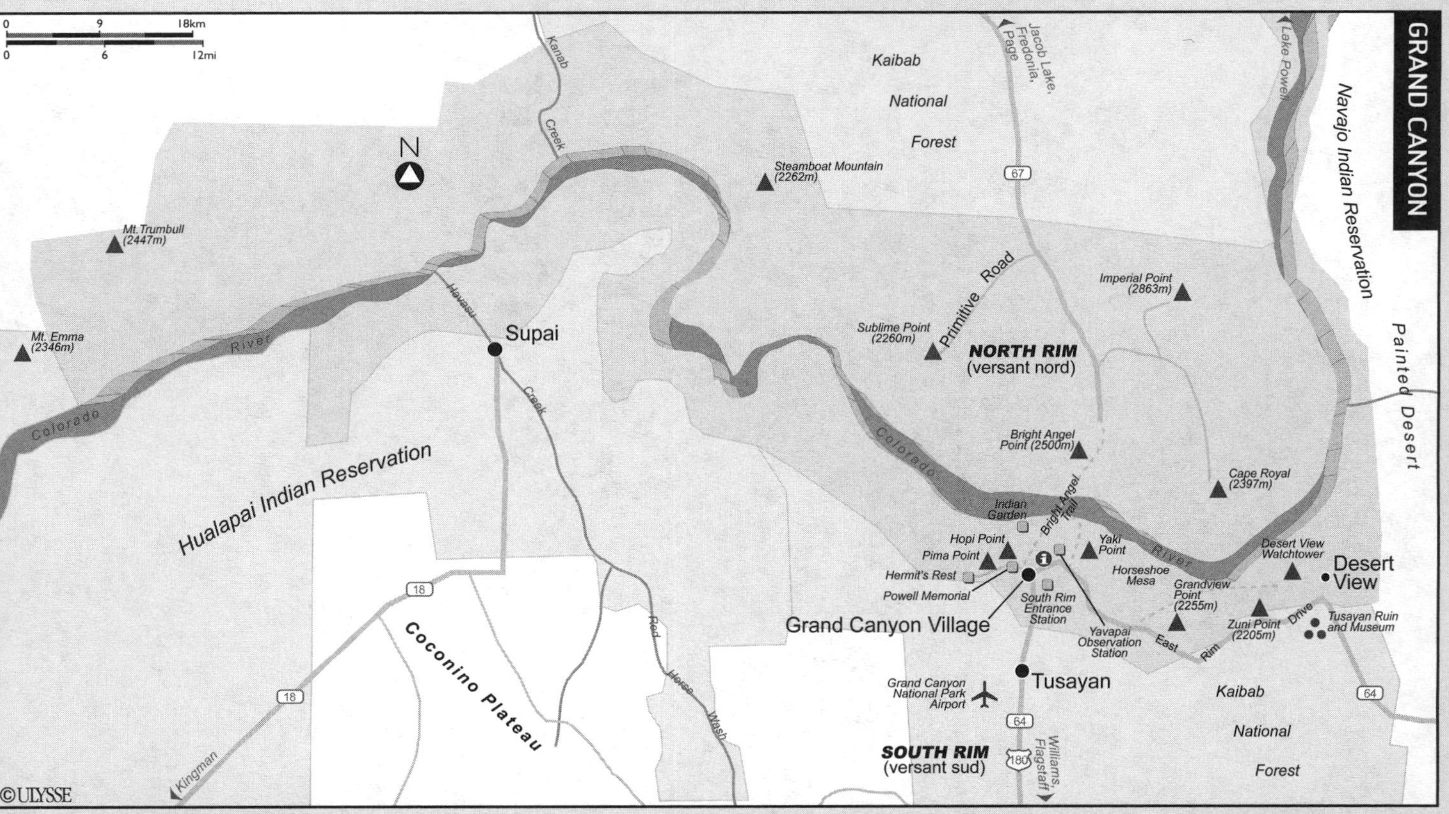
GRAND CANYON
Painted Desert
Navajo Indian Reservation
Lake Powell
Jacob Lake, Fredonia, Page
67
Kaibab National Forest
Steamboat Mountain (2262m)
Kanab Creek
N
0 9 18km
0 6 12mi
Mt. Trumbull (2447m)
Mt. Emma (2346m)
Colorado River
Havasu Creek
Supai
Primitive Road
Sublime Point (2260m)
Imperial Point (2863m)
NORTH RIM
(versant nord)
Bright Angel Point (2500m)
Cape Royal (2397m)
Indian Garden
Bright Angel Trail
Hopi Point
Pima Point
Yaki Point
Hermit's Rest
Powell Memorial
South Rim Entrance Station
Grand Canyon Village
Yavapai Observation Station
Horseshoe Mesa
Grandview Point (2255m)
Zuni Point (2205m)
Desert View Watchtower
Desert View
Tusayan Ruin and Museum
East Rim Drive
Tusayan
Grand Canyon National Park Airport
64
180
Williams, Flagstaff
SOUTH RIM
(versant sud)
Hualapai Indian Reservation
18
Coconino Plateau
Red Horse Wash
Kingman
©ULYSSE

Joyau le plus réputé de l'Arizona, le Grand Canyon ne cesse de fasciner les visiteurs depuis que les premiers pionniers, dans les années 1880, ont découvert ses merveilles et, du coup, pris conscience de ce qu'un site aussi spectaculaire se prêtait beaucoup mieux au tourisme qu'à l'exploitation de ses ressources cuprifères.

En 1908, les autorités fédérales ont officiellement entériné ce choix et déclaré le Grand Canyon monument national. Puis, en février 1919, elles ont rehaussé son statut en créant le Grand Canyon National Park, qui a une superficie plus grande que le canyon comme tel et englobe ses abords immédiats. Situé dans le coin nord-ouest de l'État dans une zone surnommée l'*Arizona Strip*, ce parc d'une étendue de 1 904 mi² (4 931 km²) avait reçu 44 173 visiteurs l'année de sa création et en accueille aujourd'hui plus de cinq millions par année.

On aurait beau recourir à des milliers d'adjectifs pour décrire le Grand Canyon, entre autres «spectaculaire», «imposant» et «superbe», il reste que la plupart des visiteurs demeurent tout simplement bouche bée devant tant de splendeur. Il a fallu plus de cinq millions d'années au vent et à la pluie pour sculpter ce chef-d'œuvre, et en faire le plus admiré de tous les États-Unis. Bref, le Grand Canyon, consacré site du patrimoine mondial par l'UNESCO, est tout à fait irrésistible.

Il convient toutefois de noter qu'une merveille telle que le Grand Canyon ne peut révéler tous ses charmes lors d'une seule et unique visite. On affirme par ailleurs qu'il faut observer le canyon sous tous les angles possibles pour en saisir toute l'énormité. De plus, bien qu'il soit possible de survoler le canyon, de le traverser en canot pneumatique, d'arpenter ses nombreux sentiers et de lire tout ce qui a trait à son histoire et à sa culture, nombreux sont ceux qui croient qu'une vie entière d'étude et d'exploration ne suffirait pas à en percer tous les secrets. Mais cela ne veut pas dire pour autant que vous devez renoncer à l'aventure, loin de là, car même les voyageurs les plus rompus aux beautés de ce monde s'avouent d'emblée conquis par la profondeur du gouffre et les énormes falaises striées qui s'offrent à la vue du visiteur, aussi bien du versant sud (South Rim) que du versant nord (North Rim).

Fort heureusement, les règlements du parc sont suffisamment stricts pour minimiser l'impact non seulement des visiteurs, mais aussi du développement des lieux. Le président Theodore Roosevelt avait un jour déclaré: *Laissez-le tel qu'il est; vous ne pourriez de toute façon l'améliorer en rien.* Aussi les lois qui protègent le Grand Canyon National Park l'ont-elles empêché de déborder du cadre du simple sanctuaire touristique qu'il est.

S'il est vrai que le Grand Canyon s'impose comme un attrait incontournable, ne le laissez cependant pas vous faire oublier les deux petites villes charmantes situées au-delà des limites du parc. Williams, au sud du South Rim du Grand Canyon, se révèle en effet être un endroit adorable, imprégné de traditions liées aux cowboys, au chemin de fer et à la fameuse «Route 66». Son pittoresque centre-ville voit s'affairer des gens on ne peut plus sympathiques qui ne demandent qu'à accueillir chaleureusement les visiteurs, et vous pourrez même y prendre un train à vapeur qui emprunte le Grand Canyon Railway jusqu'au Grand Canyon.

Quant à Page, une ville en plein développement établie sur les bords du lac Powell au nord-est du Grand Canyon, il s'agit d'un lieu très apprécié des amants de la nature pour les activités de plein air qu'elle offre. Les sports nautiques y sont sans doute les plus populaires, mais les occasions de jouer au golf ne manquent pas non plus. Les mordus d'histoire seront en outre heureux d'apprendre qu'on y propose des visites du barrage du Glen Canyon, et que le John Wesley Powell Museum regorge d'informations sur le premier homme à avoir dirigé une expédition sur le fleuve Colorado.

Peu importe le nombre de frontières que vous avez pu franchir à ce jour, ou le nombre de gorges et de vallées illustres qu'il vous a été donné d'admirer, le Grand Canyon du Colorado vous apparaîtra comme aussi inédit et aussi surnaturel, tant par ses couleurs que par sa grandeur et ses merveilles architecturales, que si vous l'aviez découvert après être passé dans l'au-delà, ou sur une autre étoile.
– John Muir

Accès et déplacements

➤ En avion

Les visiteurs qui souhaitent se rendre directement au canyon peuvent prendre un vol de **Phoenix** (voir p. 362), de **Flagstaff** (voir p. 362) ou de **Las Vegas** (voir p. 571). Le **Grand Canyon National Park Airport** *(✆ 928-638-2446)* se trouve à 6 mi (10 km) au sud du Grand Canyon Village, à Tusayan. **Scenic Airlines** *(✆ 800-634-6801, www.scenic.com)* y a son siège et propose différents vols pour aller admirer le Grand Canyon du haut des airs.

➤ En voiture

Williams se trouve à 35 mi (56 km) à l'ouest de Flagstaff, en marge de l'Interstate 40 sur la route 66. Le versant sud du Grand Canyon s'étire à 60 mi (97 km) au nord de Williams sur la route 64/180 et à 78 mi (126 km) de Flagstaff.

Location de voitures

Les visiteurs qui désirent louer une voiture pour visiter Williams devront le faire à Flagstaff.

Dans la région de Page, vous pourrez louer une voiture à l'aéroport municipal.

Avis: Page Municipal Airport, 238 10th Ave., ✆ 928-645-2024 ou 800-331-1212, www.avis.com

➤ En autocar

La compagnie d'autocars **Greyhound** *(✆ 800-231-2222, www.greyhound.com)* permet de se rendre à Flagstaff. De là, **Open Road Tours** *(✆ 928-226-8060 ou 877-226-8060)* prend le relais avec ses départs quotidiens en direction du Grand Canyon et propose également des excursions dans les environs.

Attraits touristiques

Grand Canyon National Park: accès au parc 25$ par voiture/7 jours; tlj 8h à 18h; à 6 mi ou 10 km au nord de l'entrée du South Rim, ✆ 928-638-7888, www.nps.gov/grca.

Williams et le versant sud du Grand Canyon ★★★

▲ p. 439 ◍ p. 443 ♪ p. 445 ▣ p. 445

Grand Canyon National Park Visitor Center (South Rim): tlj 8h à 18h; Village Loop Dr., à 10 km (6 mi) au nord de la South Rim Entrance, ✆ 928-638-7888.

Williams-US Forest Service Visitor Center: 200 W. Railroad Ave., ✆ 928-635-4061 ou 800-863-0546.

Williams ★★

Williams est une petite ville fascinante à proximité de plusieurs attraits qui offre en outre une foule d'activités, ce qui en fait un bon point de chute. Le versant sud du Grand Canyon se trouve si près d'ici que vous pourrez planifier une excursion d'un ou plusieurs jours.

Ainsi nommée en mémoire de Bill Williams, un trappeur et guide qui a vécu dans la région au XIXe siècle, la ville de Williams ramène les visiteurs à l'époque de l'Ouest sauvage. Dans cette ancienne ville d'éleveurs et de bûcherons, les conditions de vie étaient difficiles, surtout en hiver, mais la promesse d'un chemin de fer appelé à passer par ici nourrissait les espoirs de la communauté. La fameuse «Route 66», soit la route historique qui relie Chicago à la Californie, et dont la construction a été achevée en 1926, a par ailleurs contribué à revitaliser la ville. Aujourd'hui, la ville compte environ 3 200 habitants et fait tout ce qu'elle peut pour garder son passé vivant. Son centre historique figure d'ailleurs au registre national des lieux historiques, et nombre de boutiques de souvenirs et d'antiquités proposent des objets d'antan. Réputée être «la porte d'entrée du Grand Canyon», Williams a aussi vu son blason redoré ces dernières années grâce à la réfection de sa gare ferroviaire, et les visiteurs peuvent désormais monter à bord d'impressionnantes voitures des années 1920 du Grand Canyon Railway (voir plus loin) pour effectuer le trajet jusqu'au versant sud du parc national.

Le **Williams-U.S. Forest Service Visitor Center** ★ (voir plus haut) devrait être votre premier arrêt, pour peu que vous désiriez en apprendre davantage sur la région. L'histoire de la ville de Williams y est immortalisée dans une série d'étonnantes photos en noir et blanc de même qu'à travers des vitrines

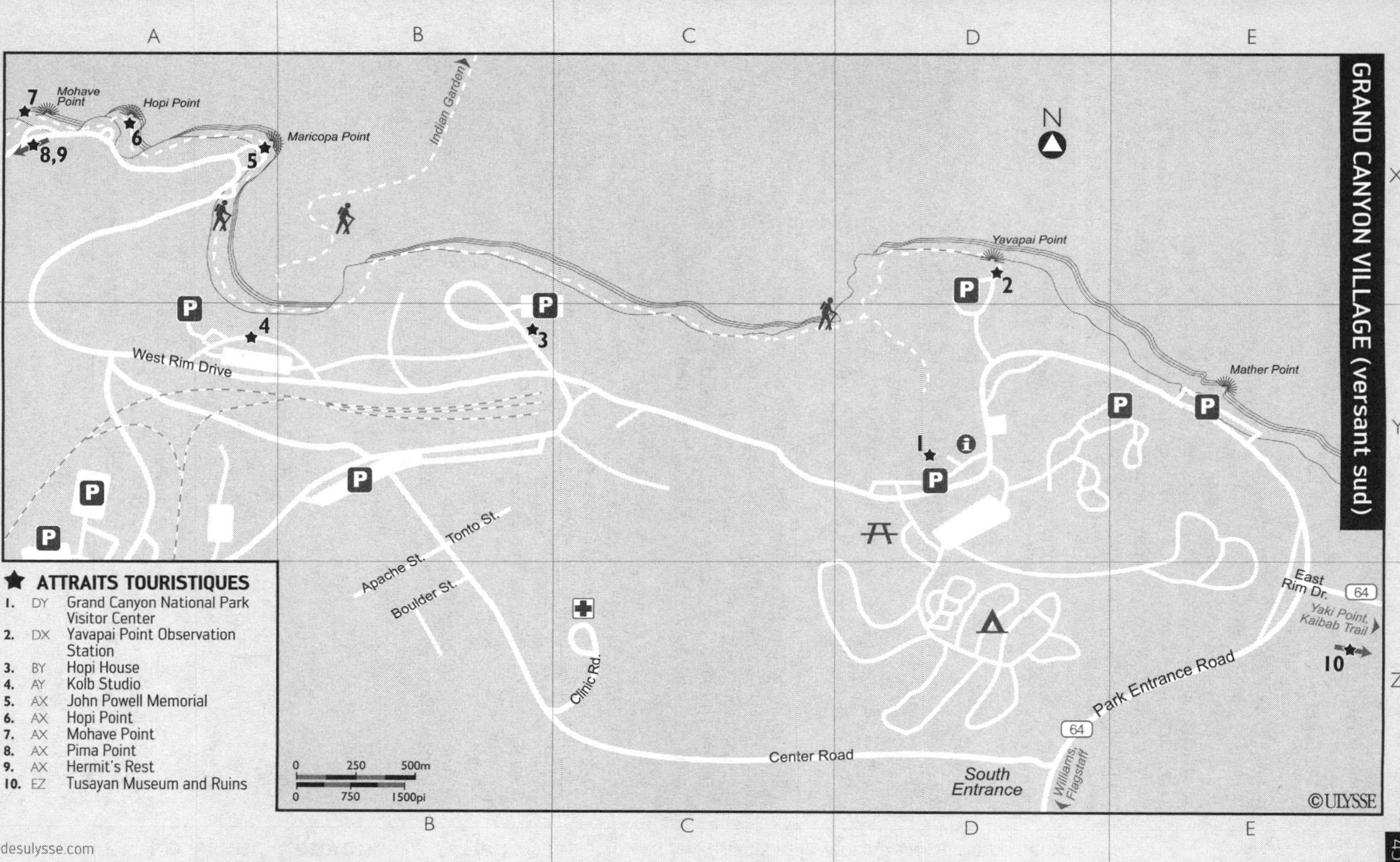

★ **ATTRAITS TOURISTIQUES**

1.	DY	Grand Canyon National Park Visitor Center
2.	DX	Yavapai Point Observation Station
3.	BY	Hopi House
4.	AY	Kolb Studio
5.	AX	John Powell Memorial
6.	AX	Hopi Point
7.	AX	Mohave Point
8.	AX	Pima Point
9.	AX	Hermit's Rest
10.	EZ	Tusayan Museum and Ruins

retraçant le périple des peuples yavapai et navajo qui habitaient jadis la région.

Le **Williams Historic Walking Tour** ★★ est l'occasion d'une agréable balade dans le passé. Vous devriez d'abord vous procurer un plan du circuit historique au centre d'accueil des visiteurs avant d'entamer votre exploration. Les 18 haltes au programme vous donneront un bon aperçu des beaux jours de la «Route 66» et vous aideront à comprendre pourquoi le quartier commercial du centre-ville figure au registre national des lieux historiques.

De Williams, il ne faut que 20 min pour atteindre le début du **Keyhole Sink Trail #114** *(I-40, sortie 171, puis 2 mi ou 3,2 km vers l'est sur la route 66)*, un sentier le long duquel vous verrez des pétroglyphes laissés par d'anciennes civilisations. Procurez-vous un plan du sentier au centre d'accueil des visiteurs qui se trouve à la sortie de la ville.

Montez à bord du train qui parcourt le **Grand Canyon Railway** ★★★ *(70$; départs quotidiens; Grand Canyon Blvd., ☎ 928-773-1976 ou 800-843-8724, www.thetrain.com)*, pour une randonnée inoubliable jusqu'au célèbre parc national de l'Arizona. D'une durée de 2h15, le voyage de 65 mi (105 km) enchantera quiconque aime les vieux trains, puisqu'il

La géologie du Grand Canyon

On a souvent dit du Grand Canyon qu'il témoigne du passage du temps. Les strates dont il se compose, et dont certaines datent de plus de deux milliards d'années, se sont en effet lentement érodées et permettent aujourd'hui aux géologues de mieux comprendre l'histoire de la Terre.

En étudiant les formations rocheuses et les vestiges géologiques de la région, les hommes de science ont découvert que celle-ci était jadis dominée par de hautes chaînes de montagnes peu à peu usées jusqu'à prendre l'aspect d'un terrain plat. Puis, lorsque l'océan en vint à envahir cette zone de plaines sous l'effet des changements climatiques, des couches de sédiments s'y sont graduellement déposées.

Bien que le vent, l'eau et la glace aient tous contribué à sculpter et à façonner le Grand Canyon, c'est à l'érosion engendrée par le fleuve Colorado qu'on accorde le plus grand rôle dans sa formation. Les premiers explorateurs espagnols ont ainsi baptisé le fleuve en raison de sa couleur, qui s'explique par le limon dissous de ses berges (colorado signifiant «de couleur rouge»). Coulant à l'est du Grand Canyon, il s'est formé en même temps que les Rocheuses, il y a de cela quelque 60 millions d'années.

Avant la construction du barrage du Glen Canyon en amont, le Colorado se gonflait chaque printemps des neiges fondantes descendues des Rocheuses, jusqu'à atteindre un débit de près de 3 000 m^3 par seconde. Aujourd'hui, le barrage en réduit l'impétuosité, et son débit n'est plus que de 225 à 550 m^3 par seconde. Et, bien que l'érosion poursuive son œuvre, il fut une époque où le fleuve charriait des débris et grugeait ses berges à un rythme beaucoup plus marqué.

Cela dit, peu importe le débit réduit du fleuve, reste un témoignage exceptionnel du passage des siècles dans les strates rocheuses qui s'offrent au regard sur les parois du canyon. Les plus anciennes, composées de schiste vishnouien et de granit zoroastrien, dateraient d'au moins deux milliards d'années et seraient les plus résistantes à l'érosion. Une couche épaisse de 150 m, constituée de roche brune aux tons de lavande, se superpose à cette strate sans âge, allant du grès tapéatien au calcaire du Redwall; désignée du nom de «strate mississippienne», elle révèle des formations buttales. Plus haut apparaît la formation dite de Supai, rutilante de grès rouge et de schiste, et riche en traces de fougères et de quadrupèdes primitifs. Plus haut encore apparaissent les couches supérieures de schiste hermitique rouge et de grès ocre, dit de Coconino. Enfin, la couche gris-crème de calcaire, dite de Kaibab, couronne le versant sud du Grand Canyon.

s'effectue entre autres à bord d'une voiture Pullman de 1923, sans oublier la vue des San Francisco Peaks et des fleurs sauvages qui émaillent le parcours.

Le versant sud du Grand Canyon ★★★

De Williams, prenez la route 64 en direction nord jusqu'au South Rim du Grand Canyon. Veuillez noter qu'on exige à l'entrée des droits de 25$ par voiture (valide pour sept jours).

Le versant sud (South Rim) du Grand Canyon attire plus de visiteurs que n'importe quel autre attrait de l'Arizona. Il s'élève à une altitude imposante de plus de 2 100 m au-dessus du fleuve Colorado et offre des panoramas à couper le souffle. Les formations rocheuses stratifiées du canyon réfléchissent la lumière du soleil à l'aube comme au crépuscule, pour le plus grand plaisir des spectateurs. Quant au **Grand Canyon Village**, situé à proximité de tout, il peut divertir les touristes pendant des semaines et servir de base à diverses excursions dans les profondeurs du canyon.

Avant d'arriver au poste d'entrée du Grand Canyon National Park, vous passerez par le village de **Tusayan**. C'est ici que se trouve le **Western Discovery Museum** *(route 64, www.westerndiscoverymuseum.org)*, en construction lors de notre passage à l'été 2010. Ce musée proposera des expositions où sera mise à l'honneur la culture de l'Ouest américain, aussi bien amérindienne qu'hispanique et européenne. En face se trouve le National Geographic Visitor Center, qui abrite le **Grand Canyon IMAX Theater** (voir p. 445), où est présenté un spectaculaire film IMAX sur l'histoire et la géologie du canyon.

Un bon endroit d'où entamer votre exploration du Grand Canyon est le **Grand Canyon National Park Visitor Center** (voir p. 430), où vous pourrez vous procurer un exemplaire de *The Guide*, soit un petit journal truffé de renseignements sur le Grand Canyon. On présente également dans l'auditorium du centre, aux 30 min, une projection de diapositives en guise d'introduction aux lieux, et vous trouverez dans sa librairie sans but lucratif des souvenirs et de la littérature reliés à ce fameux site du patrimoine mondial.

Du centre d'accueil des visiteurs, prenez vers l'est la Village Loop Road pour atteindre la Yavapai Observation Station.

Si vous ne disposez que de quelques heures pour explorer le canyon, vous ne devez pas manquer la **Yavapai Point Observation Station** ★★★ *(à 5 mi ou 8 km au sud de l'entrée du South Rim)*. Ce poste d'observation fournit en effet aux visiteurs une introduction détaillée à la géologie du Grand Canyon au fil d'intéressantes vitrines de fossiles. Prenez la peine de lire les panneaux explicatifs placés sous chaque grande fenêtre afin de mieux repérer les buttes, les crêtes et les canyons tributaires. Enfin, il s'agit là d'un des endroits favoris pour prendre d'incroyables photos des levers et couchers de soleil sur le canyon.

Du poste d'observation, poursuivez vers l'est par la Village Loop Road.

Le respect que portait l'architecte Mary Elizabeth Jane Coulter à l'architecture amérindienne est manifeste dans la **Hopi House** ★★ qu'elle a conçue pour la Fred Harvey Company. C'est en effet sous son œil vigilant que des bâtisseurs hopis de la région ont, en 1905, érigé cette structure en pierre et en bois. Elle a entièrement été rénovée en 1995, mais n'en conserve pas moins tous ses éléments d'origine. Déclarée monument historique national en 1987, elle sert toujours de poste de traite, et les visiteurs peuvent y acheter d'authentiques pièces d'artisanat amérindien ainsi que des souvenirs du Grand Canyon.

De la Hopi House, reprenez la Village Loop Road vers l'ouest.

Le fabuleux **Kolb Studio** *(mai à sept tlj 8h à 18h, oct à mai tlj 8h à 19h; Bright Angel Trailhead, Village Historic District)* a été construit en 1904 par deux frères, Emery et Ellsworth Kolb, qui désiraient en faire leur demeure et leur lieu d'affaires. Vous y verrez de belles expositions, notamment d'anciennes photos du Grand Canyon prises par les frères Kolb, et vous trouverez sur place une librairie bien garnie d'ouvrages sur le Grand Canyon.

Continuez vers l'ouest par la Village Loop Road et garez votre voiture là où commence la Hermit Loop Road. Cette dernière n'est pas accessible aux véhicules privés, mais vous pouvez prendre une navette en autocar à partir de ce point.

L'autocar vous entraînera sur la West Rim Drive en marquant des arrêts aux points d'intérêt qui jalonnent le parcours. Vous pourrez descendre où bon vous semble et vous balader à pied d'un attrait à l'autre en empruntant le Rim Trail, ou reprendre le car jusqu'à l'escale suivante. Le **John Powell Memorial** est consacré au premier homme à avoir officiellement traversé avec succès le Grand Canyon en bateau sur le fleuve Colorado. La West Rim Drive est en outre ponctuée de postes d'observation au **Hopi Point**, au **Mohave Point**, au **Pima Point** et, tout à fait à l'ouest, au **Hermit's Rest**. Chacun de ces endroits offre des panoramas à couper le souffle sur le Grand Canyon.

Ceux qui souhaitent en apprendre davantage sur l'antique culture anasazi devraient prendre vers l'est la Desert View Drive, aussi connue sous le nom d'«East Rim Drive». Bien que les ruines et le musée décrits ci-dessous soient quelque peu éloignés, cette route est ponctuée également de plusieurs postes d'observation, notamment le Grandview, le Moran et le Lipan, qui offrent des vues vraiment spectaculaires sur le canyon sous différents angles.

Les **Tusayan Museum and Ruins** ★★ *(entrée libre; tlj 9h à 17h; à 22 mi ou 35 km à l'est du village principal)* ne manqueront pas de vous fasciner. Visitez à votre guise les ruines vieilles de 800 ans qui se dressent à côté du musée, ou profitez de la visite guidée de 45 min quotidiennement offerte par les *rangers* à 11h et à 13h30. Quant au musée lui-même, vous y apprendrez comment les tribus anasazis ont pu survivre dans cet environnement hostile, et comment ils vivaient au jour le jour.

Notez que le **Grand Canyon Skywalk** *(www.grandcanyonskywalk.com)*, une passerelle à plancher de verre en forme de fer à cheval dominant un canyon latéral du Grand Canyon à plus de 1 200 m, se trouve à quelque 115 mi (185 km) à l'ouest de Williams, au nord de Kingman.

Page et le versant nord du Grand Canyon ★★★

▲ *p. 442* ● *p. 444* ☽ *p. 445* ◘ *p. 446*

Carl Hayden Visitor Center: été tlj 8h à 18h, hiver tlj 8h à 16h; US Hwy. 89, ☎ 928-608-6404, www.nps.gov/glca.

››› *À vol d'oiseau, 10 mi (16 km) séparent les versants nord et sud du Grand Canyon. Par la route, toutefois, il faut parcourir 216 mi (348 km) pour se rendre de l'un à l'autre! Page et le North Rim ont d'ailleurs tout autant sinon plus à offrir que le South Rim et Williams.*

Page ★★★

Page–Lake Powell Chamber of Commerce & Visitor Bureau: 644 N. Navajo Dr., Page, ☎ 928-645-2741 ou 888-261-7243, www.pagechamber.com

Vous serez sans doute surpris d'apprendre que Page, une ville grouillante de plus de 6 800 habitants, n'était à l'origine, dans les années 1950, qu'un simple campement érigé pour les ouvriers responsables de la construction du barrage du Glen Canyon. Le territoire qu'elle couvre faisait jadis partie de pâturages navajos, cédés au gouvernement des États-Unis en vertu d'une entente commune.

À une certaine époque connue sous le nom de «Manson Mesa», la ville fut par la suite rebaptisée en l'honneur de l'honorable John Chatfield Page, un commissaire du Bureau of Reclamation au service du président Franklin D. Roosevelt, si ce n'est qu'il n'a jamais eu lui-même la chance de se rendre sur les lieux pour apprécier le fruit de ses efforts. De fait, il est mort cinq ans avant le début des travaux et bien longtemps avant la mise en service du barrage en 1963.

En créant ainsi un passage facile entre les deux rives du fleuve Colorado, Page avait réussi à attirer entrepreneurs et colons désireux de se faire une nouvelle vie. La ville de Page a été officiellement reconnue comme telle en 1974, après quoi elle n'a cessé de grandir jusqu'à devenir la municipalité affairée qu'elle est aujourd'hui. Quant au lac Powell, créé par la construction du barrage, il est devenu une sorte de Mecque récréative pour les fervents des sports nautiques.

››› *Commencez votre journée en obtenant tous les renseignements voulus à la chambre de commerce de Page. Laissez votre voiture au centre d'accueil des visiteurs et rendez-vous au John Wesley Powell Museum qui se trouve un peu plus loin.*

La visite du **John Wesley Powell Museum** ★★ *(5$; mai à oct tlj 8h à 18h, nov à déc et fév à avr lun-ven 9h à 17h; 6 N. Lake Powell Blvd., ☎ 928-645-9496 ou 888-597-6873, www.powellmuseum.org)* permet de mieux connaître la ville et ses environs. Ses vitrines d'exposition renferment des documents relatifs à l'histoire de Page et s'entourent de vitrines vouées à la culture amérindienne de même que de peintures et de souvenirs ramenés par John Wesley Powell lors de son historique périple le long du fleuve Colorado.

Le **Carl Hayden Visitor Center** ★ (voir page précédente) se dresse tout à côté du **Glen Canyon Dam** (barrage) sur la route 89. Il offre gracieusement des visites du barrage aux 30 min et renferme des vitrines ainsi que des bornes interactives expliquant la construction et le fonctionnement du barrage.

Le **Rainbow Bridge National Monument** ★★★ *(☎ 928-608-6200, www.nps.gov/rabr)*, haut de 88 m et large de 84 m, s'impose comme un exemple renversant des merveilles que la nature peut créer. L'érosion du grès kayenta et navajo a ici formé un énorme «pont» tenu pour sacré par les Navajos. Façonné il y a de cela quelque 200 millions d'années, le Rainbow Bridge a été déclaré monument national le 30 mai 1910 par le président Taft, et les visiteurs sont priés de ne pas s'en approcher, ni de passer sous son arche par respect pour les croyances amérindiennes. On y accède en bateau depuis Page, et un ponton permet de débarquer pour l'admirer et le photographier à loisir d'une distance d'environ 60 m. Les **Lake Powell Resorts & Marinas** *(☎ 928-645-2433 ou 888-896-3829, www.lakepowell.com)* proposent des excursions en bateau d'une journée complète ou d'une demi-journée jusqu'au pont. Si vous préférez vous y rendre à pied, vous devez d'abord obtenir un permis de randonnée auprès du **Navajo Parks and Recreation Department** *(☎ 928-871-6647, www.navajonationparks.org)* à Window Rock.

L'**Antelope Canyon** ★★★ *(6$; mars à oct tlj 8h à 17h, horaire variable le reste de l'année, ☎ 928-698-2808, www.navajonationparks.org)*, qu'on surnomme «la cathédrale naturelle», se trouve à 5 min de route de Page. Il s'agit d'un canyon profond de 400 m (1 312 pi) sculpté par des milliers d'années de pluie et de vent, qui compte parmi les endroits favoris des visiteurs de la région. À seulement 2,5 mi (4 km) de Page, l'Antelope Canyon est un parfait exemple d'étroit canyon «en fente». En raison de sa beauté exceptionnelle, il fait d'ailleurs souvent l'objet de photographies cherchant à capturer la lumière que reflètent ses parois de grès chantournées. Il est à noter qu'on n'accède au canyon qu'en compagnie d'un guide autorisé (frais en plus du droit d'accès). **Navajo Tours** *(☎ 928-698-3384, www.navajotours.com)* met de tels guides à votre disposition au début du sentier, tandis qu'**Antelope Canyon Tours** *(☎ 928-645-9102 ou 866-645-9102, www.antelopecanyon.com)* peut cueillir les groupes intéressées directement à Page.

Le versant nord du Grand Canyon ★★★

››› *Prévoyez quelques jours pour bien explorer le North Rim du Grand Canyon.*

Bien que le North Rim se trouve à 216 mi (348 km) du South Rim en voiture, il n'est vraiment pas aussi fréquenté que son pendant méridional; pour tout dire, la plupart des gens qui visitent le Grand Canyon National Park ne se rendent jamais jusqu'au versant nord, pourtant tout aussi impressionnant. D'abondantes chutes de neige entraînent cependant la fermeture de cette portion du parc au cours de la saison froide, et il faut tout de même compter une journée complète de route pour passer du versant sud au versant nord, ce qui explique qu'on y trouve moins d'activités et d'installations. Situé au cœur même du Kaibab Plateau, ce versant s'entoure d'une dense forêt de pins ponderosas qui lui confère une aura et un parfum fort différents de ceux du versant sud. Par ailleurs, il affiche une altitude de plus de 2 400 m (7 874 pi), donc supérieure à celle de son homologue, et d'aucuns affirment qu'il offre de plus beaux panoramas. À vous d'en juger!

››› *De Page, prenez la route 89 jusqu'à la route 89A.*

Arrêtez-vous au **Navajo Bridge Interpretive Center** *(entrée libre; mi-mai à mi-oct 9h à 17h; Hwy. 89A, ☎ 928-355-2319, www.glencanyonnha.org)* pour une occasion unique de vous retrouver bien haut au-dessus du fleuve Colorado. Le **Navajo Bridge** original a été construit en 1929 et continue de servir comme passerelle piétonnière. Un autre pont, portant le même nom, a toutefois été érigé en 1995 aux côtés du premier pour permettre le passage des nombreux véhicules automobiles qui empruntent cette route. Le centre d'interprétation renferme une boutique de souvenirs et fournit des renseignements sur le pont et la région en général.

Du pont, poursuivez vers l'ouest par la route 89A.

Le **Lee's Ferry and Lonely Dell Ranch Historic District** *(entrée libre; Hwy. 89A, à 43 mi ou 69 km de Page)* est dit correspondre au «Mile 0» parce qu'il marque le point de départ de nombreuses expéditions audacieuses sur le fleuve Colorado. À ses beaux jours, il s'agissait du seul endroit où les colons pouvaient traverser le fleuve, et le traversier permettait alors aux mormons de transporter les matériaux dont ils avaient besoin pour construire leurs propriétés dans toute la région de Four Corners. Aujourd'hui, Lee's Ferry n'est plus qu'un paisible tremplin vers différentes attraits de la région. Le Lonely Dell Ranch se trouve également ici et peut être visité par ceux qui s'intéressent à la vie des premiers colons.

De Lee's Ferry, poursuivez vers l'ouest par la route 89A.

Peu après avoir repris la route, vous apercevrez les fabuleuses **Vermillion Cliffs**. Ainsi baptisées en raison de leur couleur rouge vif, ces parois verticales longent la route sur 40 mi (64 km). Les falaises (914 m) sont vraiment spectaculaires à toute heure du jour, mais c'est au crépuscule que vous les verrez à leur meilleur, lorsque le soleil couchant les embrase. Avec un peu de chance, vous verrez peut-être même un condor de la Californie, car on a choisi cet endroit pour tenter de relancer cette espèce en voie de disparition.

Par ailleurs, le président Clinton a déclaré les Vermillion Cliffs monument national en l'an 2000. Vous trouverez des sentiers pédestres et des aires de camping dans cette zone protégée de 119 000 ha.

Des Vermillion Cliffs, continuez vers l'ouest par la route 89A. Prenez ensuite la route 67 en direction sud jusqu'au North Rim.

Beaucoup moins fréquenté que le versant sud, le versant nord du Grand Canyon reste fermé la moitié de l'année (pendant l'hiver), et les attraits en sont moins nombreux, ce qui n'enlève toutefois rien aux panoramas! En suivant la **route du North Rim**, vous découvrirez en effet de magnifiques points de vue sur le canyon. Le **Bright Angel Point** est le plus rapproché du Grand Canyon Lodge, et de ce fait le plus visité; on peut y voir le Grand Canyon Village du versant sud de même que les Roaring Springs, quelque 1 100 m (3 609 pi) plus bas. Le **Point Imperial** est un autre grand favori dans la mesure où, à plus de 2 683 m (8 802 pi) d'altitude, il constitue le point le plus élevé du versant nord.

Activités de plein air

➤ Descente de rivière

Les amateurs de sensations fortes auront grand plaisir à faire du rafting dans le Grand Canyon. La descente du fleuve Colorado est en effet on ne peut plus stimulante et ne manque pas de faire monter l'adrénaline, sans compter que les guides bien informés qui vous accompagnent sauront vous captiver avec leurs commentaires sur la géologie et l'histoire du canyon. Bref, attendez-vous à une descente inoubliable à tous points de vue, que vous optiez pour une glisse d'une journée ou une expédition en bonne et due forme de 18 jours! Les prix varient en fonction de la durée de l'aventure, mais gravitent plus ou moins autour de 200$ par jour. On propose généralement ce genre d'activité sportive entre avril et octobre, quoique certaines entreprises restent ouvertes toute l'année. On dénombre plus de 15 entreprises autorisées à naviguer dans les eaux du fleuve Colorado, mais la demande est telle que vous devez réserver votre place longtemps à l'avance. Les sièges de ces entreprises ne se trouvent pas tous nécessairement dans le voisinage immédiat du Grand Canyon, mais toutes s'offrent à vous cueillir dans l'une ou l'autre des localités des environs pour vous amener au point de départ de la descente du fleuve. Parmi les plus réputées, retenons **Arizona River Runners** *(Phoenix, ☎ 602-867-4866 ou 800-477-7238, www.raftarizona.com)*, **Diamond River Adventures** *(916 Vista Ave., Page, ☎ 928-645-8866 ou 800-343-3121, www.diamondriver.com)*, **Outdoors Unlimited** *(6900 Townsend Winona Rd., Flagstaff, ☎ 800-637-7238, www.outdoorsunlimited.com)* et **Canyoneers** *(Flagstaff, ☎ 928-526-0924 ou 800-525-0924, www.canyoneers.com)*.

➤ Équitation

Williams et le versant sud du Grand Canyon

À ceux qui désirent plonger dans l'atmosphère de l'Ouest sauvage, les **Mountain Ranch Stables** *(I-40, sortie 171, ☎ 928-635-0706, www.moutainranch.com)* proposent des

Le puissant fleuve Colorado

Le fleuve Colorado prend sa source à environ 80 km au nord de Denver, où il ne s'agit que d'un mince filet de neige fondue des Rocheuses, et se jette, 2 160 km plus loin, dans le golfe de Californie. Il donne vie, le long de son parcours, au désert autrement complètement aride de l'ouest de l'Arizona et, dans cette région qui ne reçoit même pas 180 mm de pluie par année, on peut dire qu'il s'agit d'un véritable miracle de la nature, et sans nul doute de la ressource la plus précieuse qui soit.

Au cours des millénaires, le fleuve a lentement creusé le paysage jusqu'à créer une série de canyons stupéfiants, dont le Grand Canyon lui-même. La plus grande partie du sol aujourd'hui disparu sous l'effet de cette érosion a été emportée par le Colorado et déposée sur ses berges dans sa course. Yuma elle-même est construite sur le sable et la vase ainsi charriés vers le sud en direction du Mexique. Les premiers colons dépendaient à n'en point douter du Colorado, mais le redoutaient tout autant dans la mesure où de subites crues printanières risquaient chaque fois d'inonder les basses terres et de tout emporter sur leur passage, hommes, bêtes, récoltes et constructions. Puis, la fin de l'été venue, c'était tout le contraire, le fleuve se transformant pour ainsi dire en ruisseau au débit si faible qu'ils ne pouvaient même plus irriguer leurs champs.

La maîtrise de l'impétueux Colorado ne devint possible qu'avec la construction du non moins imposant barrage Hoover, achevé le 29 mai 1935 après qu'on y eut coulé cinq millions de barils de béton. Derrière ce géant titanesque, le lac Mead retient aujourd'hui une masse d'eau suffisante pour abreuver le sud-ouest des États-Unis pendant deux ans et, par le biais de ce barrage et de plusieurs autres répartis sur la longueur du fleuve, l'alimentation en eau de la région peut être réglée en fonction des besoins des cultivateurs. Ainsi maintient-on le niveau du fleuve élevé pendant l'été, pour permettre aux fermiers d'irriguer leurs champs, après quoi on réduit considérablement son débit tout au long de l'hiver, où il ne devient plus qu'un filet.

randonnées à cheval et des promenades en charrette à foin ponctuées de bonnes vieilles chansons de cowboys. Les cavaliers expérimentés du ranch sont à votre service tous les jours de 8h à la tombée de la nuit, et ce, de mars à octobre. Comptez environ 30$ l'heure.

Les **Apache Stables** *(Tusayan, ☎ 928-638-2891 ou 928-638-3105, www.apachestables.com)* de Tusayan organisent des randonnées de une à deux heures dans la Kaibab National Forest, au coût de 48,50$ l'heure.

➤ Excursions à dos de mule

Williams et le versant sud du Grand Canyon

Le **Bright Angel Lodge & Cabins** *(pour réservation: Xanterra, ☎ 888-297-2757, www.grandcanyonlodges.com; voir p. 440)* propose aux aventuriers, depuis le versant sud du canyon, des randonnées à dos de mule jusqu'à des points aussi reculés que le Phantom Ranch. Il importe de réserver de six à huit mois à l'avance.

Page et le versant nord du Grand Canyon

Vous trouverez un service semblable sur le versant nord du canyon, soit **Grand Canyon Trail Rides** *(mi-mai à mi-oct; ☎ 435-679-8665, www.canyonrides.com)*, qui entraîne les intéressés dans des aventures d'une journée ou moins.

➤ Excursions en véhicule tout-terrain

Page et le versant nord du Grand Canyon

Compte tenu de la popularité de l'Antelope Canyon, plusieurs entreprises organisent des excursions en véhicule tout-terrain et en utilitaire sport, notamment **Antelope Canyon Tours** *(Page, ☎ 928-645-9102, www.antelopecanyon.com)*.

➤ Golf

Williams et le versant sud du Grand Canyon

L'**Elephant Rocks Golf Course** *(2200 Golf Course Dr., Williams, ☎ 928-635-4935, www.elephantrocks.com)* ne se trouve qu'à 3 mi (4,8 km) à l'ouest de Williams. Récemment agrandi, il offre désormais 18 trous aux amateurs de verts dans un décor de pins.

Page et le versant nord du Grand Canyon

Pour prendre le départ sur un superbe terrain, rendez-vous au **Lake Powell National Golf Course** *(400 N. Clubhouse Dr., Page, ☎ 928-645-2023, www.golflakepowell.com)*, auquel la revue *Golf Digest* accorde quatre étoiles.

➤ Pêche

Williams et le versant sud du Grand Canyon

Pour pêcher à toute époque de l'année dans les environs de Williams, songez au **lac Kaibab** *(I-40, sortie 165, ☎ 928-635-4061)*, accessible en voiture et pourvu d'une rampe de mise à l'eau pour les embarcations de même que d'une jetée accessible aux fauteuils roulants.

Le **lac Cataract** *(I-40, sortie 161, ☎ 928-635-4061)* est un autre site de pêche favori des gens du coin. La truite arc-en-ciel et la truite brune y abondent, et n'attendent que les pêcheurs.

Page et le versant nord du Grand Canyon

Il y a beaucoup de poissons à pêcher dans le **lac Powell** de la Glen Canyon Dam National Recreation Area. Pour de plus amples renseignements sur les règlements de pêche et les permis requis, adressez-vous à la **Page–Lake Powell Chamber of Commerce & Visitor Bureau** (voir p. 434).

➤ Randonnée pédestre

Williams et le versant sud du Grand Canyon

L'**Overland Road Historic Trail** *(à 20 mi ou 31 km au sud de Williams)* est un sentier offrant une randonnée classique aux visiteurs qui désirent explorer la région de Williams et la Kaibab National Forest.

Le Grand Canyon regorge de possibilités de randonnées, aussi bien pour les débutants que pour les spécialistes en la matière. Adressez-vous au **Grand Canyon National Park Visitor Center** (voir p. 430) pour obtenir de plus amples renseignements de même que des cartes des sentiers. Bien que la plupart des tracés soient exigeants du fait de la déclivité marquée du canyon, il convient de savoir que les **Rim Trails** conviennent tout à fait à ceux qui recherchent une randonnée plus facile; aussi les tracés revêtus qui serpentent le long du versant sud se prêtent-ils on ne peut mieux aux promenades de 15 min à 1h30, tout en offrant de belles vues en contre-plongée sur le canyon.

Quant aux randonnées plus difficiles, elles nécessitent une excellente condition physique. Rappelez-vous d'apporter suffisamment d'eau pour la journée, un bon écran solaire et un chapeau à même de vous protéger du soleil. Les insolations n'étant pas rares, le Service des parcs nationaux recommande vivement aux visiteurs de se montrer prudents et de prendre toutes les précautions nécessaires avant d'entreprendre l'une ou l'autre de ces randonnées plus exigeantes.

La randonnée la plus populaire sur le versant sud est celle du **Bright Angel Trail**. Ce sentier débute à l'ouest du Bright Angel Lodge, descend jusqu'au Phantom Ranch et offre des panoramas spectaculaires sur le canyon. Ceux qui n'ont pas l'intention de passer la nuit au ranch peuvent tout de même profiter du sentier et tirer parti des nombreuses haltes qui ponctuent son tracé (et où vous trouverez de l'eau en été). La randonnée la plus courte est de 3 mi (4,8 km) et va jusqu'au 1½-Mile Resthouse; comptez de quatre à six heures de marche aller-retour.

Les randonneurs d'expérience que ne rebute nullement un sentier non entretenu peuvent aussi s'attaquer au **Hermit Trail**, qui débute à 500 pi (152 m) à l'ouest du Hermits Rest. Des bottes de randonnée sont nécessaires pour cette excursion, dont le tracé descend profondément dans le canyon. Deux options s'offrent à vous, soit un trajet de 4,5 mi (7 km) comportant une halte à la source Santa Maria et s'effectuant en cinq à huit heures, soit un trajet de 6,5 mi (10 km) jusqu'aux Dripping Springs qui s'effectue en six à neuf heures. Apportez de l'eau potable ou prévoyez le nécessaire pour traiter l'eau que vous trouverez en chemin.

Veuillez noter que les animaux de compagnie sont acceptés (en laisse) dans les sentiers du South Rim, mais qu'ils ne le sont pas dans ceux du North Rim.

Page et le versant nord du Grand Canyon

Une des randonnées les plus appréciées dans la région de Page est celle qui emprunte le sentier menant au **Rainbow Bridge**. Retenez cependant qu'il s'agit d'un tracé de 13 mi

(21 km) qui ne convient qu'aux randonneurs d'expérience en très bonne condition physique. Étant donné que le fameux monument se trouve en territoire navajo, seuls certains guides autorisés peuvent accompagner les visiteurs jusqu'au «pont». Pour obtenir la liste des guides accrédités, adressez-vous au **Navajo Parks and Recreation Department** *(✆ 928-871-6647, www.navajonationparks.org).*

Lee's Ferry offre également différentes possibilités de randonnées. Adressez-vous au Service des parcs nationaux à Lee's Ferry même *(✆ 928-608-6200)* pour obtenir les renseignements et les plans voulus. Le **River Trail**, qui fait 1 mi (1,6 km), se révèle le plus accessible des sentiers et croise le fort de Lee's Ferry de même que son bureau de poste historique, avant d'aboutir aux ruines de vieilles maisons en pierre. Bien que le **Spencer Trail** ne fasse que 2,2 mi (3,5 km), il est extrêmement exigeant dans la mesure où il grimpe de 1 700 pi (518 m)! Vos efforts seront toutefois récompensés par la vue du fleuve Colorado que vous aurez une fois parvenu au sommet. Ce même tracé était jadis emprunté par les ouvriers qui transportaient le charbon de la mine de Warm Creek jusqu'à Lee's Ferry, dans le canyon même.

➤ Survols en avion et en hélicoptère

Williams et le versant sud du Grand Canyon

Plusieurs compagnies d'hélicoptères proposent des vols passionnants. Toutes ont leur siège au Grand Canyon Airport de Tusayan, à 6 mi (10 km) au sud du Grand Canyon Village.

Toujours au Grand Canyon Airport de Tusayan, à 6 mi (10 km) au sud du Grand Canyon Village, vous trouverez de petits avions à même de vous emmener au-dessus du gouffre.

➤ Vélo

Williams et le versant sud du Grand Canyon

Bright Angel Bicyles *(www.bikegrandcanyon.com)* loue des vélos à l'entrée du **Grand Canyon National Park Visitor Center** (voir p. 430). Comptez 25$ la demi-journée. L'entreprise organise également des excursions guidées de 9 km *(40$)* à vélo au départ de **Hopi Point** (voir p. 434).

Hébergement

Williams et le versant sud du Grand Canyon

Williams

Canyon Gateway RV Park
$
1060 N. Grand Canyon Blvd.
✆ 928-635-2718 ou 888-635-0329
www.grandcanyonrvparks.com

Ce vaste terrain de camping loue 101 emplacements pourvus de tous les raccordements. Nombre d'installations y rehaussent par ailleurs la vie en plein air, que vous possédiez une tente ou un véhicule récréatif, entre autres des toilettes, des douches, une laverie automatique et des téléphones payants. On trouve même sur place une épicerie et un magasin d'accessoires pour véhicules récréatifs.

Grand Canyon Railway Hotel
$$ ≡ @
235 N. Grand Canyon Blvd.
✆ 928-635-4010 ou 800-843-8724
www.thetrain.com

Cet hôtel spectaculaire saura vous relaxer de votre horaire chargé. Ses grandes chambres arborent en effet des teintes apaisantes du Sud-Ouest américain, et son vaste hall est l'endroit tout indiqué pour flâner devant un bon gros feu de cheminée tout en admirant une immense peinture représentant le Grand Canyon.

Red Garter Bed & Bakery
$$ ≡
137 Railroad Ave.
✆ 928-635-1484 ou 800-328-1484
www.redgarter.com

Ancien bordel datant de 1897 et aujourd'hui superbement restauré, ce gîte touristique est un de ces petits établissements tout à fait charmants où l'on vous traite en roi. Il est inscrit au registre national des lieux historiques et constitue le seul et unique bâtiment de «l'allée des saloons» à avoir fait l'objet d'une réfection complète. La structure victorienne de deux étages se distingue par sa grande porte rouge, rappelant qu'elle faisait jadis partie du quartier chaud de Williams, à l'époque glorieuse de la «Route 66». Vous ne trouverez ici que quatre chambres, dont certaines portent encore la marque des graffitis d'origine laissés par les clients de cette ancienne maison close. Et que dire du petit déjeuner, entre autres composé de pains et viennoiseries fraîchement sortis du four dont les effluves vous tireront immanquablement du lit! Tout en vous régalant, vous pourrez même en profiter pour demander au propriétaire, John Holst, de vous parler des fantômes qui hantent l'établissement.

Le versant sud du Grand Canyon

Xanterra est le concessionnaire autorisé du Service des parcs nationaux et l'exploitant attitré de la majorité des Grand Canyon National Park Lodges du versant sud. Les lieux d'hébergement gérés par Xanterra sont identifiés ci-dessous.

Pour réservations:

Xanterra South Rim
☎ 303-638-2631 ou 888-297-2757
www.grandcanyonlodges.com

Desert View Campground
$
mi-mai à mi-oct
Hwy. 64, à 26 mi (42 km) à l'est du Grand Canyon Village
☎ 877-444-6777
www.recreation.gov

Les campeurs disposés à courir le risque de devoir s'adresser ailleurs peuvent malgré tout opter pour ce terrain de camping isolé. On s'inscrit soi-même à l'entrée, et les 50 emplacements se louent suivant le principe du premier arrivé, premier servi.

Mather Campground
$
Grand Canyon Village
☎ 877-444-6777
www.recreation.gov

Vous devriez d'abord téléphoner au National Park Reservation Service si vous projetez de camper ici en haute saison (début mars à fin novembre). Les réservations ne sont pas acceptées pour les autres mois de l'année, lorsque les 350 emplacements s'envolent au rythme des arrivants.

Phantom Ranch (Xanterra)
$
Grand Canyon
☎ 888-297-2757
www.grandcanyonlodges.com

Installé dans les profondeurs du Grand Canyon, ce lieu d'hébergement convient on ne peut mieux aux aventuriers en quête d'une perspective différente sur les environs. L'architecte Mary Elizabeth Jane Coulter en a conçu les petits chalets rustiques en 1922, et leur structure de pierre et de bois s'intègre merveilleusement bien à l'environnement. Pour tout dire, ce «ranch» s'avère un pur délice par rapport aux établissements bondés établis plus en hauteur. On y trouve des dortoirs à l'intention des randonneurs, de même que de petits chalets à l'intention de ceux qui prennent part aux excursions à dos de mule. Si vous désirez prendre vos repas sur place, vous devez en aviser la maison à l'avance.

Ten-X Campground
$
à 2 mi (3,2 km) au sud de Tusayan sur la route 64
☎ 877-444-6777
www.recreation.gov

Géré par le Service des forêts à l'intérieur même de la Kaibab National Forest, ce terrain de camping honore également le principe du premier arrivé, premier servi. Les emplacements sont rudimentaires, et il n'y a aucun raccordement ni douche.

Trailer Village RV Park (Xanterra)
$
Grand Canyon Village
☎ 888-297-2757
www.grandcanyonlodges.com

Les emplacements pour véhicules récréatifs du Trailer Village conviendront tout à fait à ceux qui disposent d'une autocaravane. Nombre d'emplacements offrent tous les raccordements et s'avèrent magnifiques sous les arbres. Ce «village» est souvent bondé de visiteurs, de sorte qu'il est prudent de réserver à l'avance.

Bright Angel Lodge & Cabins (Xanterra)
$-$$$
Grand Canyon South Rim
☎ 888-297-2757
www.grandcanyonlodges.com

Profitez d'un hébergement abordable dans le parc national grâce aux chambres et aux petits chalets du Bright Angel Lodge. Il importe toutefois de préciser, au moment de réserver, si vous voulez un lavabo, un cabinet de toilette ou une salle de bain, car toutes les unités n'en sont pas dotées. Le *lodge*, conçu par la célèbre architecte Mary Elizabeth Jane Coulter, ressemble à un grand chalet de montagne, et la cheminée massive qui rehausse le hall réchauffe non seulement les clients de la maison mais aussi l'atmosphère des lieux. Compte tenu de la popularité de cet établissement, il serait sage de réserver au moins un an à l'avance.

GRAND CANYON VILLAGE (versant sud)

▲ HÉBERGEMENT

1. BY Bright Angel Lodge & Cabins
2. DZ Desert View Campground
3. BX El Tovar Hotel
4. BX Kachina Lodge / Thunderbird Lodge
5. AZ Maswik Lodge
6. DZ Mather Campground
7. BX Phantom Ranch
8. DZ Ten-X Campground
9. EZ Trailer Village RV Park
10. EY Yavapai Lodge

● RESTAURANTS

11. AY Bright Angel Fountain
12. BY Bright Angel Restaurant
13. BX El Tovar Dining Room
14. AZ Maswik Cafeteria / Canyon Café

Maswik Lodge (Xanterra)
$$ ≡ 🍴
Grand Canyon South Rim
☎ 888-297-2757
www.grandcanyonlodges.com
Situé à l'extrémité sud-ouest du Grand Canyon Village, ce chalet a ainsi été baptisé en l'honneur d'un des katchinas ou esprits des Hopis. On y loue des chambres modernes à longueur d'année ainsi que de petits chalets rustiques moins coûteux mais fermés en hiver. Le Maswik Lodge exploite une cafétéria économique de même qu'un bar sportif pour ceux qui désirent suivre de près les matchs de l'heure.

Yavapai Lodge (Xanterra)
$$ ≡
Grand Canyon South Rim
☎ 888-297-2757
www.grandcanyonlodges.com
Cet établissement se trouve au cœur du Grand Canyon Village, parmi les forêts de pins pignons et de genévriers. Il dispose d'un chalet principal flanqué d'une aile est et d'une aile ouest, et s'impose comme le plus grand établissement du parc. Il constitue en outre un bon choix de dernière minute si vous n'avez rien trouvé ailleurs. Cela dit, aucune chambre n'a vue sur le canyon, et le style tout à fait ordinaire, genre motel, des unités d'hébergement ne convient pas à tout le monde. Si vous désirez une chambre plus confortable, réservez dans l'aile est.

Kachina Lodge/Thunderbird Lodge (Xanterra)
$$-$$$ ≡ ♿
Grand Canyon South Rim
☎ 888-297-2757
www.grandcanyonlodges.com
Ces deux chalets jumeaux ne retiennent pas nécessairement l'attention en entrant dans le parc, sans doute parce que leur conception contemporaine ne cadre pas vraiment avec les lieux spectaculaires qui les entourent. Néanmoins, les chambres sont propres et spacieuses, et vous pourrez même en louer une avec vue sur le canyon.

El Tovar Hotel (Xanterra)
$$$-$$$$ ≡ 🍴 P
Grand Canyon South Rim
☎ 888-297-2757
www.grandcanyonlodges.com
Ce merveilleux hôtel historique a été surnommé le joyau de la couronne des lieux d'hébergement du Grand Canyon. Construit par la Fred Harvey Company en 1905 et rénové en 2005, il domine le South Rim, et certaines de ses chambres offrent des vues imprenables sur le canyon. Le chaleureux style européen des lieux enchante les clients et est en grande partie attribuable à la pierre locale et au bois de pin de l'Oregon utilisés dans la construction. Le personnel se montre attentif et courtois, et l'exquise salle à manger de l'étage inférieur est un pur bonheur en soi.

Page et le versant nord du Grand Canyon

Page

Page–Lake Powell Campground
$
849 S. Coppermine Rd.
☎ 928-645-3374
www.pagecampground.com
Nonobstant le manque d'ombre, il s'agit là d'un excellent terrain de camping pourvu de nombreuses installations. Certains emplacements disposent de raccordements complets, y compris à la télévision par câble, alors que d'autres conviennent aux simples tentes. Vous trouverez sur place des toilettes, des douches et une laverie automatique, de même qu'une épicerie de dépannage où l'on vend même des attirails de pêche. Les inscriptions se font entre 7h et 20h.

Quality Inn
$-$$ ≡ ❄ 🍴 @
287 N. Lake Powell Blvd.
☎ 928-645-8851 ou 877-424-6423
www.qualityinn.com
La proximité du Lake Powell National Golf Course fait du Quality Inn un lieu d'hébergement de tout premier choix. Certaines des chambres donnent sur le terrain de golf de 18 trous, tandis que d'autres ont vue sur le lac Powell au loin. Les prix changent quatre fois l'an et sont au plus haut entre juillet et septembre. Cet établissement plus ancien ne présente sans doute pas le plus moderne des décors, mais ses chambres n'en demeurent pas moins spacieuses, confortables et propres.

Le versant nord du Grand Canyon

Lee's Ferry Campground
$
Lee's Ferry
☎ 928-608-6200
www.nps.gov/glca
Le Lee's Ferry Campground accueille aussi bien les véhicules récréatifs que les tentes, mais n'offre aucun raccordement. Des robinets d'eau courante ont été installés un peu partout, et chaque emplacement dispose d'une table de pique-nique et d'une fosse à barbecue. Le terrain se trouve en zone dégagée et n'offre aucune ombre.

Jacob Lake Inn
$-$$ ≡ @
à la jonction des routes 89A et 67
928-643-7232
www.jacoblake.com
Situés à 30 mi (48 km) du North Rim, les bâtiments du Jacob Lake Inn reposent en pleine forêt. Tous les petits chalets rustiques ont vue sur le versant, mais pas les chambres contemporaines. Réservez tôt car cet établissement est fort populaire.

Grand Canyon Lodge
$$
mi-mai à mi-oct
Hwy. 89A
Grand Canyon North Rim
928-638-2611 ou 877-386-4383
www.grandcanyonlodgenorth.com
Construit de grès et de pin ponderosa de la région dans les années 1930, le Grand Canyon Lodge a su préserver son caractère intime et se trouve désormais inscrit au registre national des lieux historiques. Le chalet principal domine le versant et possède une terrasse dallée, l'endroit rêvé pour se détendre tout en contemplant le canyon. Seulement quelques-unes des chambres ont vue sur le gouffre, si ce n'est que, dans l'ensemble, elles sont plus spacieuses que les petits chalets.

Kaibab Lodge
$$
mi-mai à mi-oct
Hwy. 67, North Rim Pkwy.
928-638-2389
www.kaibablodge.com
Ce chalet bâti dans les années 1920 s'entoure de 25 maisonnettes dispersées dans les bois. Il y a même une yourte (tente mongole à armature de bois) à même d'accueillir 16 personnes. Ce lieu d'hébergement sans prétention n'en a pas moins le téléphone et la télévision (tous deux dans le hall principal) et, comme la grande cheminée s'y trouve également, il n'y a pas meilleur endroit pour se mêler aux autres voyageurs.

Restaurants

Williams et le versant sud du Grand Canyon

Voir carte p. 441.

Williams

Pancho McGillicuddy's Mexican Cantina
$$
141 W. Railroad Ave.
928-635-4150
De hauts plafonds et de larges baies vitrées donnent un air plutôt imposant à cet établissement. Mais ce sont d'abord et avant tout les objets mexicains accrochés aux murs qui retiendront votre attention. Des cowboys mexicains immortalisés sur pellicule surveillent par ailleurs les convives savourant les mets épicés du sud. Menu de *burritos*, de *chimichangas*, de *quesadillas* et de mille autres délices.

Twisters 50's Soda Fountain
$$
The Route 66 Place
417 Route 66 E.
928-635-0266
www.route66place.com
Vous aurez une chance de remonter dans le temps en visitant cette buvette des années 1950. Les sols carrelés de rouge, de noir et de blanc, et rehaussés d'accents chromés, contribuent grandement à l'atmosphère des lieux. Le menu propose des flotteurs abordables et des sandwichs aux noms d'acteurs tels que James Dean et Marilyn Monroe. On peut prendre son repas sur la terrasse, à l'air frais des montagnes.

Max & Thelma's
$$$
231 N. Grand Canyon Blvd.
928-635-8970
Le menu de style buffet du restaurant Max & Thelma's attire aussi bien les familles de la région que les autocars de touristes de passage.

Le versant sud du Grand Canyon

Bright Angel Fountain
$-$$
tlj à partir de 11h
Bright Angel Lodge & Cabins
Grand Canyon South Rim
928-638-2631
Le petit Bright Angel Fountain est devenu l'un des restaurants les plus courus du versant sud. Il s'agit d'un endroit incomparable pour rencontrer d'autres voyageurs tout en dégustant une glace ou un casse-croûte après une longue promenade dans les sentiers.

Bright Angel Restaurant
$-$$
tlj 6h30 à 22h
Bright Angel Lodge & Cabins
Grand Canyon South Rim
928-638-2631
Le Bright Angel Restaurant constitue un bon choix pour les familles qui aiment manger dans un cadre informel et douillet. Dans un décor à la mode du Sud-Ouest, on y sert des repas à prix modérés à toute heure du jour, et aussi bien des *tacos* et des *fajitas* que des spaghettis et des biftecks.

Maswik Cafeteria / Canyon Café
$-$$
Grand Canyon South Rim
Respectivement situées à l'intérieur du **Maswik Lodge** (voir p. 442) et du **Yavapai Lodge** (voir p. 442), ces restaurants servent des repas peu coûteux aux voyageurs affamés.

L'une comme l'autre propose un menu de hamburgers, de frites, de pizzas et d'autres mets variés, y compris des plats végétariens. La Maswik Cafeteria ouvre ses portes de 6h à 22h toute l'année, tandis que le Canyon Café ouvre de 6h à 22h entre mars et décembre seulement.

El Tovar Dining Room
$$$
El Tovar Hotel
Grand Canyon South Rim
928-638-2631, poste 6432

Ce restaurant des plus distingués vous offre une expérience mémorable. La nourriture inspirée des traditions du Sud-Ouest y est servie sur de la porcelaine fine, sans parler de la carte des vins soigneusement choisis pour accompagner les différents plats. La rusticité du bâtiment du **El Tovar Hotel** (voir p. 442), les éclairages tamisés et la cuisine de prestige auréolent les lieux d'une atmosphère irrésistible et agrémentée de vues splendides du canyon. Rien d'étonnant à ce qu'on s'y presse en grand nombre, de sorte qu'il importe de réserver pour y manger entre 17h et 22h. On y sert par ailleurs des petits déjeuners nourrissants entre 6h30 et 11h et le déjeuner entre 11h30 et 14h.

Page et le versant nord du Grand Canyon

Page

Ranch House Grille
$$
5h à 15h
819 N. Navajo Dr.
928-645-1420

Les visiteurs en quête d'un petit déjeuner jusqu'au milieu de l'après-midi peuvent s'arrêter au Ranch House Grille, un restaurant sans artifice qui propose un très vaste menu de petits déjeuners à prix raisonnables. Vous vous y gaverez de classiques de l'Ouest américain. On y sert en outre des déjeuners de hamburgers et de sandwichs chauds ou froids.

Strombolli's Restaurant & Pizzeria
$$
711 N. Navajo Dr.
928-645-2605
www.strombollis.com

Le Strombolli est le restaurant italien décontracté de Page. Son menu de pâtes, de pizzas et de calzones s'enrichit de pizzas gastronomiques, et sa terrasse convient on ne peut mieux à la détente au cours de la belle saison.

Bella Napoli
$$$
dîner seulement
810 N. Navajo Dr.
928-645-2706

Pour un dîner élégant, rendez-vous au meilleur restaurant italien de Page. Décorée avec goût de vignes entrelacées de centaines de bouteilles de chianti, la salle à manger éclairée à la bougie ne manquera pas de vous rappeler la vieille Italie. Le service est professionnel et toujours attentionné, mais ce sont résolument les plats qui volent la vedette. Les délicieuses pâtes et sauces sont préparées sur place, et les vins sélectionnés complètent merveilleusement bien tous les repas.

Dam Bar & Grill
$$$
644 N. Navajo Dr.
928-645-2161
www.damplaza.com

Le nom de cet établissement devrait d'emblée vous mettre la puce à l'oreille, d'autant que son entrée a été conçue pour ressembler à la centrale électrique du barrage du Glen Canyon, avec béton et tout. Il exploite à fond le thème du barrage et regorge de photos historiques liées à la construction de la mégastructure. Quant au menu, composé de biftecks, de fruits de mer et de poulet, il s'offre à prix raisonnable compte tenu de la taille des portions. Le bar central pourrait même inciter les amateurs de sport à prendre leur repas devant les grands écrans de télévision. Ouvert le midi et le soir de mai à la mi-septembre, et le soir seulement en hiver.

Le versant nord du Grand Canyon

Marble Canyon Lodge Restaurant
$$
tlj 6h à 22h
Marble Canyon Lodge
Hwy. 89A, Marble Canyon
928-355-2225 ou 800-726-1789

À l'instar des chambres du Marble Canyon Lodge, la salle à manger arbore un décor quelque peu défraîchi. Néanmoins, certains plats du menu ne manqueront pas de vous étonner, entre autres le sandwich aux champignons portobellos et le «Héros grec», parfaitement délicieux. Le service cordial et les photos de rafting ajoutent au plaisir de manger ici. Ouvert matin, midi et soir, ce restaurant sert aussi des plats végétariens et propose un buffet de salades à l'heure du déjeuner.

Grand Canyon Lodge Dining Room
$$-$$$
tlj 6h30 à 21h45
Grand Canyon Lodge
Hwy. 89A, Grand Canyon North Rim
928-638-2611 ou 928-645-6865

Ouverte matin, midi et soir, cette salle à manger classique

offre les meilleures vues qui soient sur le canyon grâce à ses fenêtres qui s'étendent du sol au plafond. Sa structure de grès rehaussée de poutres apparentes en pin ponderosa crée un cadre rustique. Rappelez-vous toutefois qu'il s'agit là du seul et unique restaurant du versant nord, de sorte qu'il est absolument nécessaire de réserver à l'avance. Le menu de biftecks, de pommes de terre et d'autres plats sans grande originalité n'est pas plus inspirant qu'il le faut, mais les portions sont tout de même copieuses et délicieuses.

Sorties

› Activités culturelles

Le versant sud du Grand Canyon

Vous vous devez absolument d'aller voir le **Grand Canyon IMAX Movie** *(12,50$)*, un film de 35 min sur l'histoire et la géologie du canyon, présenté au **Grand Canyon IMAX Theater** *(mar à oct tlj 8h30 à 20h30, nov à fév tlj 10h30 à 18h30; National Geographic Visitor Center, route 64, Tusayan, ☎ 928-638-2468, www.explorethecanyon.com)*, à l'intérieur du National Geographic Visitor Center. Si ce «centre d'accueil des visiteurs» n'est en réalité qu'un prétexte pour vendre à gros prix des souvenirs aux touristes, le film IMAX vaut certainement un arrêt. Cette projection vous permettra, grâce à la magie du cinéma, de prendre part à une enivrante expédition de rafting dans le Grand Canyon et de faire connaissance avec les anciens habitants de la région, le tout sur un écran large de 25 m et haut de six étages. Représentations quotidiennes aux heures tout au long de l'année.

› Bars et boîtes de nuit

Williams

S'attabler à la **Pancho McGillicuddy's Mexican Cantina** *(141 W. Railroad Ave., ☎ 928-635-4150)*, cette cantine mexicaine animée (voir p. 443), permet de déguster les fameuses margaritas de Pancho McGillicuddy, à moins que ce ne soit les bières artisanales de l'établissement. Musique en direct tous les soirs d'été et spectacles occasionnels le reste de l'année. Les gens du coin y vont surtout en raison de son personnel amical et de son atmosphère confortable.

Le versant sud du Grand Canyon

Le bar sportif du **Maswik Lodge** *(Grand Canyon South Rim, ☎ 928-638-2631)* attire les amateurs avec son écran géant et son atmosphère animée.

Installé dans le somptueux El Tovar Hotel, le **El Tovar Lounge** *(Grand Canyon South Rim, ☎ 928-638-2631)* fait écho au raffinement du reste de l'établissement et permet de profiter au mieux des couchers de soleil sur le canyon. La structure de bois et de pierre s'imprègne de chaleur et d'intimité, et les barmans ne manquent pas de rehausser cette impression avec leurs délectables concoctions.

Page

La réputation du **Gunsmoke Saloon** *(mar-sam 19h à 2h; 644 N. Navajo Dr., ☎ 928-645-2161)*, ce saloon à l'ancienne et le plus grand bar de Page, attire dans cet établissement aussi bien les gens du coin que les touristes de passage. Il présente des spectacles cinq soirs sur sept et offre nombre d'autres distractions grâce, entre autres, à ses huit téléviseurs géants, ses jeux électroniques et ses quatre tables de billard. Il y a même une boule disco au-dessus de la piste de danse!

Achats

Williams

Vous pourriez fort bien découvrir des choses dont vous ne soupçonnez même pas l'existence chez **Colors of the West** *(201 Route 66 O., ☎ 928-635-9559)*, une boutique qui a discrètement pignon sur rue en plein centre-ville. La multitude d'objets hétéroclites qui l'encombrent semble sans limite et, si vous êtes en quête d'un trésor unique, vous le trouverez sans doute ici, sans parler des poteries, des bijoux et des souvenirs de la «Route 66».

The Route 66 Place *(417 Route 66 E., ☎ 928-635-0266, www.route66place.com)* est installé dans le même bâtiment que le **Twisters 50's Soda Fountain** (voir p. 443) et regorge d'objets de collection à faire rêver datant des années 1950, qu'il s'agisse d'articles à l'effigie de Coca-Cola ou de souvenirs de la «Route 66».

Le versant sud du Grand Canyon

Conçue par la célèbre architecte du Sud-Ouest américain qu'était Mary Elizabeth

Jane Coulter, la **Hopi House** *(Grand Canyon South Rim, ☎ 928-638-2631, poste 6383)* est devenue, en 1904, la première boutique de souvenirs du Grand Canyon. Vous y trouverez toutes sortes d'objets amérindiens authentiques, parmi lesquels des poupées katchinas, des bijoux et des carpettes navajos. Le Fred Harvey Waddell Trading Post, installé à l'étage, propose pour sa part des articles dignes des musées tels que peintures et bijoux de qualité.

Verkamp's *(Grand Canyon South Rim, ☎ 928-638-2242 ou 888-817-0806)* compte parmi les plus anciens commerces de détail en activité continue du Grand Canyon. Voisin de la Hopi House, il a ouvert ses portes en 1906 et servait alors aussi bien de demeure que de magasin. Il vend aujourd'hui de l'artisanat amérindien de qualité.

La **Desert View Watchtower** *(East Rim Dr., 25 mi ou 40 km à l'est du Grand Canyon Village, ☎ 928-638-2736)*, une tour haute de 21 m, a été conçue en 1932 par Mary Elizabeth Jane Coulter pour rappeler les tours d'observation jadis érigées par les Anasazis. Les visiteurs peuvent en gravir l'escalier et profiter de la vue spectaculaire du canyon, ou encore examiner à loisir les nombreux objets mis en vente sur place, qu'il s'agisse de carpettes, de bijoux, de poteries ou de souvenirs du Grand Canyon.

Page

Arrêtez-vous au **Pow Wow Trading Post** *(Pow Wow Plaza, 635 Elm St., ☎ 928-645-2140, http://powwow.sonictech.net)* pour vous offrir d'authentiques créations artisanales d'origine autochtone. Les vitrines du magasin sont remplis de bijoux et de katchinas, mais aussi de «roues de guérison» et de «capteurs de rêves». L'établissement est tenu par des Navajos, et tous les objets exposés sont véritablement fabriqués par des Amérindiens.

Le versant nord du Grand Canyon

Marble Canyon Trading Post

Sur la route du North Rim, vous verrez le **Marble Canyon Trading Post** *(route 89A, Marble Canyon, ☎ 928-355-2225 ou 800-726-1789)*. Étant donné qu'il s'agit du seul magasin à des kilomètres à la ronde, ne vous étonnez pas d'y trouver tout ce qui peut faire le bonheur d'un voyageur, du matériel de camping aux accessoires nautiques, en passant par les livres et les bijoux, sans oublier les souvenirs du canyon et les denrées alimentaires caractéristiques du sud-ouest des États-Unis. On y vend même des boissons alcoolisées.

Le Nouveau-Mexique

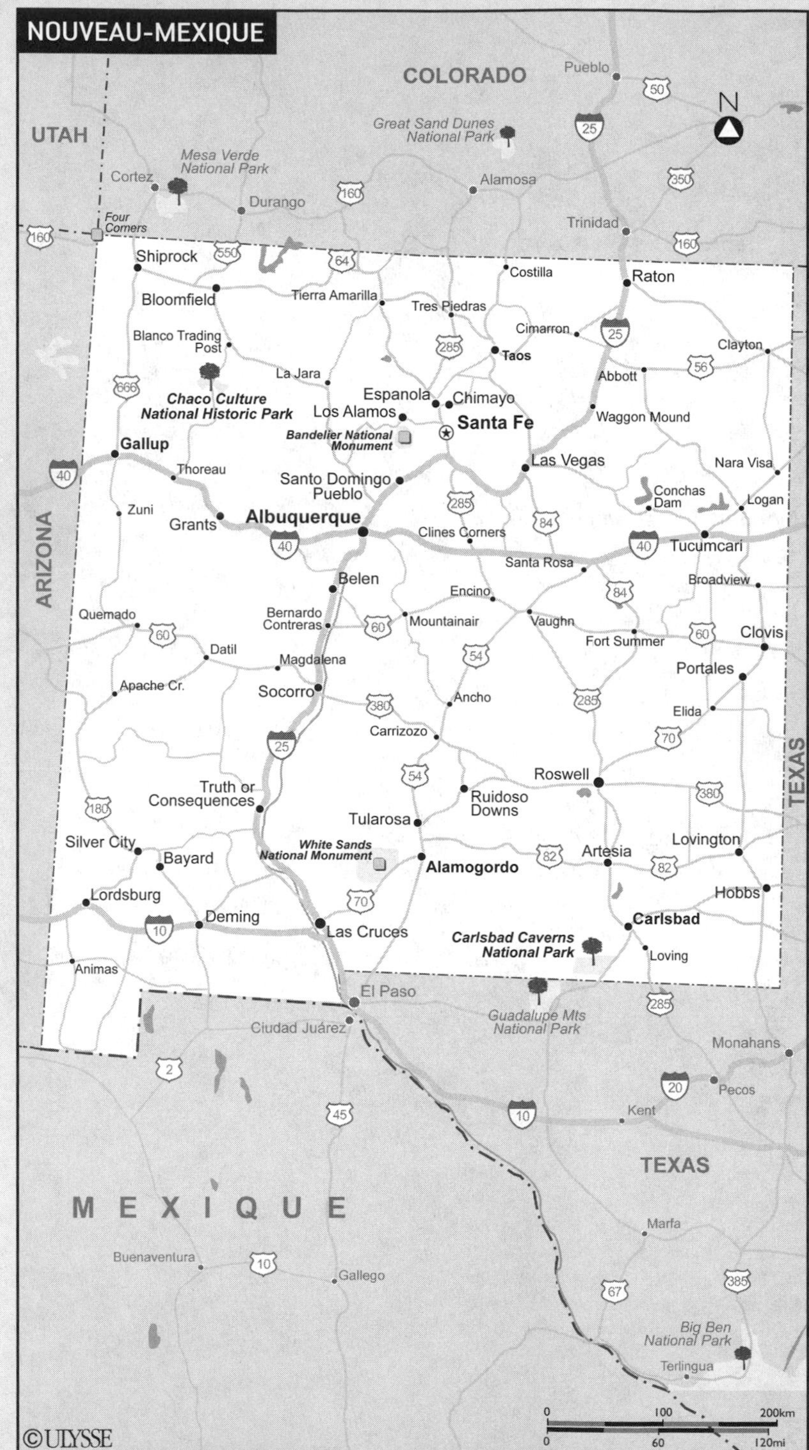
NOUVEAU-MEXIQUE
COLORADO
UTAH
ARIZONA
TEXAS
MEXIQUE
Pueblo
Great Sand Dunes National Park
Mesa Verde National Park
Cortez
Durango
Alamosa
Trinidad
Four Corners
Shiprock
Bloomfield
Tierra Amarilla
Tres Piedras
Costilla
Raton
Cimarron
Clayton
Blanco Trading Post
Taos
La Jara
Abbott
Chaco Culture National Historic Park
Espanola
Chimayo
Los Alamos
Santa Fe
Waggon Mound
Bandelier National Monument
Gallup
Las Vegas
Nara Visa
Thoreau
Santo Domingo Pueblo
Conchas Dam
Logan
Zuni
Grants
Albuquerque
Clines Corners
Tucumcari
Santa Rosa
Belen
Broadview
Encino
Quemado
Bernardo
Contreras
Mountainair
Vaughn
Fort Summer
Clovis
Datil
Magdalena
Portales
Apache Cr.
Socorro
Ancho
Elida
Carrizozo
Roswell
Truth or Consequences
Ruidoso Downs
Tularosa
Silver City
Bayard
White Sands National Monument
Alamogordo
Artesia
Lovington
Lordsburg
Hobbs
Deming
Carlsbad
Las Cruces
Carlsbad Caverns National Park
Loving
Animas
El Paso
Ciudad Juárez
Guadalupe Mts National Park
Monahans
Pecos
Kent
Marfa
Buenaventura
Gallego
Big Ben National Park
Terlingua
0 100 200km
0 60 120mi
N

Cinquième État américain par sa superficie (314 334 km^2), le Nouveau-Mexique ne compte pourtant que 0,6% de la population nationale avec tout juste 2 millions d'habitants. Terre des grands espaces solitaires, impitoyables, désertiques et aux horizons infinis: voilà l'image que s'en font généralement les étrangers.

Si cette vision reflète une réalité certaine, elle en cache toutefois une autre, soit celle du Nouveau-Mexique des montagnes Rocheuses, des forêts alpines recelant des lacs aux eaux cristallines, des cavernes aux formations géologiques extraordinaires et des plateaux aux spectaculaires et colorées mesas.

Envahi initialement par les Amérindiens il y a plus de 10 000 ans, conquis au XVIe siècle par les Espagnols et passé des mains du Mexique à celles des États-Unis en 1846, le Nouveau-Mexique s'enorgueillit aujourd'hui de son héritage «triculturel» (amérindien, hispanique et anglais).

Avec une présence beaucoup plus visible qu'ailleurs en Amérique du Nord, les Autochtones, qui comptent pour environ 10% de la population, se réclament de trois groupes culturels différents: les Navajos, les Apaches et les Pueblos. Quoique de nombreux Amérindiens aient été assimilés au fil des ans, beaucoup d'entre eux vivent toujours en harmonie relative avec leurs coutumes ancestrales dans des villages autonomes dont la fondation de certains, comme le spectaculaire Acoma Pueblo, remonte à quelques siècles avant l'arrivée des Espagnols.

De grandioses villes en ruine, comme celle du Chaco Canyon, parsèment le territoire du Nouveau-Mexique et témoignent encore aujourd'hui du génie architectural des ancêtres directs des Pueblos, aussi connus sous le nom d'Anasazis (mot navajo signifiant en fait les «anciens ennemis»).

Parti en 1598 de la Nouvelle-Espagne à la conquête des légendaires Sept Cités d'Or de Cibola, le père du Nouveau-Mexique, Don Juan de Oñate, a plutôt découvert des *pueblos* (villages) amérindiens en gradins avec des maisons en boue séchée superposées.

Face à l'échec de l'expédition, le vice-roi de la Nouvelle-Espagne charge Don Pedro de Peralta d'ériger une capitale afin de christianiser le plus grand nombre d'Autochtones possible. La fondation de Santa Fe en 1610, la plus ancienne capitale des États-Unis, marque le début de la colonisation espagnole du Nouveau-Mexique.

Les colons venus de México par le Camino Real apportent avec eux leurs technologies et leur système de croyances, pendant que les pères franciscains entreprennent la construction de missions à proximité des *pueblos*, entre autres les célèbres Salinas Pueblo Missions, et commencent la conversion massive des populations autochtones au détriment des croyances locales.

Les tensions accumulées pendant des décennies conduisent à la rébellion amérindienne la plus spectaculaire jamais menée sur le continent, la révolte des Pueblos de 1680. Bien organisés, des milliers d'Autochtones massacrent les Espagnols par centaines et chassent les survivants hors du Nouveau-Mexique tout en pillant, saccageant et brûlant tout sur leur passage. Après 12 ans de liberté durement acquise, les Amérindiens se trouvent finalement impuissants face aux soldats espagnols venus en 1692 reconquérir le Nouveau-Mexique.

Après plus de deux siècles de politique économique isolationniste, le Mexique gagne son indépendance des mains de l'Espagne en 1821 et ouvre les portes de la province du Nouveau-Mexique au commerce extérieur. Des coureurs des bois et des commerçants venus du Missouri par le Santa Fe Trail constituent l'essentiel de la première vague d'immigration américaine sur le territoire.

En 1846, les relations entre les États-Unis et le Mexique s'étaient détériorées à un point tel que les Américains, fidèles à leur politique expansionniste de l'époque, envahissent le Nouveau-Mexique ainsi qu'une bonne partie du Sud-Ouest.

L'arrivée du chemin de fer à la fin du XIXe siècle provoque une ruée massive de colons anglo-saxons qui transformera à tout jamais la configuration du Nouveau-Mexique. De nouvelles villes naissent, d'autres se développent; c'est une période de prospérité économique, mais également l'époque des hors-la-loi personnifiés par nul autre que Billy the Kid.

En 1926, le gouvernement fédéral inaugure officiellement la mythique route 66, qui relie Chicago et Los Angeles via le Nouveau-Mexique. Vu l'afflux d'un nombre sans cesse grandissant de voyageurs, des villes comme Albuquerque et Gallup vont progressivement construire des motels, des stations-service et des casse-croûte, qui rivalisent entre eux à grands coups d'enseignes publicitaires surchargées de néons et qui évoquent encore aujourd'hui les débuts de la passion qu'entretiennent les Américains pour l'automobile, la liberté de mouvement et la consommation.

Tout au long du XXe siècle, peintres, sculpteurs, écrivains, libres penseurs et intellectuels de toute allégeance viennent chercher liberté et solitude dans un des États les plus isolés des États-Unis. Beaucoup seront marqués à tout jamais par la magie des paysages tourmentés et l'incroyable luminosité qui emplit la région d'un spiritualisme presque palpable.

Au milieu des années 1960, dans la foulée du retour à la terre symbolisé par la culture autochtone, de nombreuses communautés hippies s'établissent dans des villes comme Taos et Santa Fe, dont la réputation libertine n'est plus à faire.

Ce microcosme des univers culturels amérindien, hispanique et anglo-saxon évoluant dans un environnement géographique sublime fait du Nouveau-Mexique un État farouche, exotique, magique, surprenant, et qui défie, à bien des égards, les grands stéréotypes américains.

La route 66

Dans *Les Raisins de la colère*, où John Steinbeck fait la chronique de la vie aux États-Unis à l'époque de la crise, il qualifie la route 66 de «Mother Road» (route mère), une désignation qui lui convenait très bien à une certaine période de l'histoire américaine. Officiellement baptisée à l'été de 1926, cette route devait relier Chicago et Los Angeles, en passant par des villes et villages autrement éloignés des grands axes de communication. De 1933 à 1938, la construction de cette route a fourni de l'emploi à des milliers de jeunes hommes et, au terme du projet, son tracé diagonal desservait de petites communautés rurales du Kansas, du Missouri, de l'Illinois et de l'Arizona, ce qui donna de la vigueur à l'industrie de camionnage, alors menacée par le chemin de fer. Après la Seconde Guerre mondiale, beaucoup de soldats originaires des États du nord-est du pays cherchaient en outre à échapper aux rigueurs de l'hiver, et empruntèrent ainsi la route 66 en quête de cieux plus cléments.

Mais l'adoption, en 1956, de la Federal Aid Highway Act, une loi visant à remplacer la vieillissante route 66 par un grand axe routier moderne, fit tomber en désuétude cette route historique. En 1970, presque tous les tronçons de la vieille route avaient déjà été remplacés par des segments de la route I-40, une route inter-États à quatre voies. Beaucoup de localités situées sur l'ancien tracé perdirent dès lors de nombreux visiteurs essentiels à leur survie et finirent par s'éteindre, tandis que d'autres parvinrent tant bien que mal à survivre à cette débâcle. C'est d'ailleurs dans ces villages de second rang, et toujours en vie, que la route 66 suscite le plus de fierté. Explorez la «Mother Road» pour connaître tous les secrets de cette fameuse porte vers l'ouest.

Malgré une cohabitation souvent marquée par l'incompréhension, le mélange des cultures amérindiennes et espagnoles dote aujourd'hui le Nouveau-Mexique d'un charme unique en Amérique du Nord, dont l'expression la plus frappante se trouve dans la splendide architecture en adobe et dans l'excellente cuisine néo-mexicaine qui combine saveurs autochtones et européennes. De nos jours, les habitants d'origine hispanique représentent 45% de la population de l'État, et leur présence se manifeste dans toutes les sphères de la société.

Accès et déplacements

› En avion

Albuquerque

L'**Albuquerque International Sunport** *(2200 Sunport Blvd. SE, ☎ 505-244-7700, www.cabq.gov/airport)* est desservi par la plupart des grandes lignes aériennes américaines et par plusieurs compagnies régionales comme **New Mexico Airlines** *(☎ 888-564-6119, www.flynma.com)*, qui assure la liaison entre Albuquerque et diverses agglomérations du sud-est du Nouveau-Mexique.

Le terminal se trouve à une quinzaine de minutes du centre-ville. Un taxi vous y mènera pour environ 15$, tandis qu'il vous en coûtera 1$ pour faire le trajet abord d'un autobus public (ligne 50) de la compagnie **ABQ Ride** (voir p. 452).

La plupart des agences de location de voitures sont représentées à l'aéroport, au sein du **Sunport Car Rental Center** *(3400 University Blvd. SE; navettes gratuites jusqu'à l'aéroport)*:

Alamo: ☎ 808-826-6893, www.alamo.com

Avis: ☎ 800-331-1212, www.avis.com

Budget: ☎ 800-527-0700, www.budget.com

Hertz: ☎ 800-654-3131, www.hertz.com

National: ☎ 800-227-7368, www.nationalcar.com

Le sud

New Mexico Airlines *(☎ 888-564-6119, www.flynma.com)* relie régulièrement Albuquerque au **Carlsbad Municipal Airport** *(☎ 575-887-1500)* ainsi qu'à l'**Alamogordo-White Sands Regional Airport** *(☎ 575-437-4330)*.

› En voiture

Albuquerque

Deux grandes routes desservent Albuquerque. La route I-40 traverse le Nouveau-Mexique d'est en ouest. Si vous venez du nord à partir du Colorado ou du sud depuis El Paso au Texas ou Ciudad Juárez au Mexique, la route I-25 vous mènera directement à destination. Convergeant au cœur d'Albuquerque, ces deux artères permettent, en suivant les indications, d'atteindre sans difficulté presque tous les centres d'intérêt de la ville.

Toutefois, la meilleure option pour visiter Albuquerque consiste à suivre la route 66, dénommée «Central Avenue», aisément accessible en plusieurs points par les routes I-40 ou I-25, et qui traverse d'ouest en est le vieil Albuquerque, le centre-ville, le campus de l'Université du Nouveau-Mexique ainsi que le chic quartier de Nob Hill.

Vous noterez également que les adresses d'Albuquerque s'accompagnent généralement d'une indication se rattachant aux points cardinaux (NE, NW, SE et SW), qui se réfèrent aux quatre quadrants délimités par le croisement du chemin de fer et de Central Avenue en plein centre-ville. Une fois les quadrants repérés sur la carte, il devient alors facile et rapide de localiser les endroits recherchés.

Santa Fe

D'Albuquerque, en prenant la route I-25 Nord, vous arriverez en un peu moins d'une heure à Santa Fe. Si vous optez pour la pittoresque route 14 (**Turquoise Trail**, voir p. 457) sans vous arrêter en chemin, vous atteindrez la capitale en 1h30.

De Taos, le chemin le plus rapide consiste à prendre la route 68 Sud, qui longe le Rio Grande jusqu'à Santa Fe. Vous pouvez également rejoindre Santa Fe par les montagnes en empruntant la route 518 Sud, puis la route 75 Est et finalement la route 76 Sud, qui aboutit à la route 68, laquelle mène à la capitale.

Taos

De Santa Fe, l'itinéraire le plus rapide consiste à prendre la route 68 Nord, mais cette route peut toutefois s'avérer assez encombrée en été. Vous avez alors le choix d'emprunter le chemin des montagnes, mais vous devrez alors compter environ 1h de route de plus.

Gallup

Gallup chevauche la route 40, qui relie entre autres le Nouveau-Mexique à l'Arizona. La ville se trouve à 224 km d'Albuquerque et à une trentaine de kilomètres de la frontière avec l'Arizona.

Le sud

D'Albuquerque à **Carlsbad**, la voie la plus rapide consiste à prendre la route 40 Est et à rejoindre la route 285 Sud pour se rendre à destination (environ 4h de route).

Pour vous rendre à **Alamogordo** à partir d'Albuquerque, empruntez la route 25 Sud, puis, après Socorro, prenez la route 380 Est et, finalement, suivez la route 54 Sud (environ 3h de route). Depuis Carlsbad, prenez la route 285 Nord jusqu'à Artesia et empruntez ensuite la route 82 Ouest (environ 2h30 de route).

› En autocar

Greyhound *(☎ 800-231-2222, www.greyhound.com)* assure les liaisons en autocar au Nouveau-Mexique et ailleurs aux États-Unis.

Albuquerque

L'**Alvarado Transportation Center** *(100 First St. SW)* est le centre multimodal des transports de la ville, regroupant les gares d'autocars et de trains.

Santa Fe

Greyhound dessert tous les jours la **Santa Fe Bus Station** *(858 St. Michael's Dr., ☎ 505-471-0008)* au départ d'Albuquerque et de Taos.

Taos

Greyhound dessert tous les jours la **Taos Bus Station** *(1384 Paseo del Pueblo Sur, ☎ 575-758-1144)* depuis Albuquerque et Santa Fe.

Gallup

Les autocars de Greyhound relient plusieurs fois par jour la gare routière de **Gallup** *(827 E. Montoya Blvd., ☎ 505-863-3761)* à Albuquerque ainsi qu'à Flagstaff, en Arizona.

Le sud

Greyhound dessert régulièrement plusieurs villes du sud-est du Nouveau-Mexique depuis Albuquerque, entre autres **Carlsbad** *(1000 S. Canyon Rd., ☎ 575-887-1108)* et **Alamogordo** *(601 N. White Sands Blvd., ☎ 575-437-3050).*

› En train

Albuquerque

Le *Southwest Chief* d'**Amtrak** *(☎ 800-872-7245, www.amtrak.com)* relie Chicago à Los Angeles via l'**Alvarado Transportation Center** *(100 First St. SW, ☎ 505-842-9650)* d'Albuquerque tous les jours.

Le **New Mexico Rail Runner Express** *(☎ 505-245-7245 ou 866-795-7245, www.nmrailrunner.com)* est un service de train qui relie le nord au sud de la grande région métropolitaine d'Albuquerque (Belen à Sandoval) en passant par l'Alvarado Transportation Center au centre-ville. Ce service fut prolongé vers le nord en décembre 2008.

Santa Fe

La gare ferroviaire la plus proche se trouve à **Lamy** *(52 Old Lamy Trail)*, à 29 km au sud de Santa Fe. Le *Southwest Chief* d'Amtrak s'y arrête quotidiennement, et le **Lamy Shuttle** *(☎ 505-982-8829)* propose un service de navette pour se rendre à Santa Fe.

Les trains du **New Mexico Rail Runner Express** (voir ci-dessus) offrent une liaison régulière entre Albuquerque et Santa Fe.

Gallup

Le *Southwest Chief* d'Amtrak s'arrête tous les jours à la gare ferroviaire de Gallup *(201 E. Hwy. 66).*

› En transport en commun

Albuquerque

Le réseau d'autobus d'Albuquerque, **ABQ Ride** *(www.cabq.gov/transit)*, dessert aussi bien les attraits du centre-ville que l'aéroport et l'ensemble de la région métropolitaine. Il en coûte 1$ par passage, mais vous pouvez aussi vous procurer un laissez-passer de trois jours avec accès illimité pour 6$.

Santa Fe

Les autobus de **Santa Fe Trails** *(☎ 505-955-2001, www.santafenm.gov)* couvrent l'ensemble de la ville. Le passage coûte 1$, mais un laissez-passer journalier est également offert au prix de 2$. Vous trouverez le plan du réseau sur leur site Internet ainsi que dans la plupart des hôtels de la ville et au bureau de renseignements touristiques.

Taos

Les autobus de la **Chile Line** *(0,50$ par passage; ☎ 575-751-4459, www.taosgov.com)* sillonnent les axes nord-sud et est-ouest de Taos toutes les 30 min du lundi au samedi. Il est toutefois fortement recommandé de louer une voiture afin de pouvoir profiter pleinement de la région.

> En taxi

Albuquerque

Yellow Cab: ☎ 505-247-8888

Albuquerque Cab Co.: ☎ 505-883-4888

Santa Fe

Capital Taxi Cab: ☎ 505-438-0000

Gallup

Luna's Cab: ☎ 505-722-9777

Attraits touristiques

New Mexico Tourism Department: ☎ 505-827-7400 ou 800-545-2070, www.newmexico.org.

New Mexico State Parks Division: ☎ 505-476-3355 ou 888-667-2757, www.nmparks.com.

Albuquerque et ses environs ★

▲ p. 469 ● p. 475 ☎ p. 478 ■ p. 480

⏱ *2 à 3 jours*

Localisation: à l'intersection des routes I-25 et I-40; 215 mi (346 km) au sud de Durango, CO; 323 mi (519 km) à l'est de Flagstaff, AZ.

Albuquerque Convention & Visitors Bureau: ☎ 505-842-9918 ou 800-284-2282, www.itsatrip.org.

Albuquerque, la métropole incontestée de l'État, regroupe aujourd'hui une population de quelque 522 000 habitants, alors que sa grande région métropolitaine en compte environ 858 000. Comme la plupart des grandes villes du Sud-Ouest américain, Albuquerque connaît, depuis le début des années 1990, une croissance économique et démographique ininterrompue et effrénée. Avec sa florissante industrie des hautes technologies et l'Université du Nouveau-Mexique, Albuquerque se vante de posséder un nombre de docteurs par habitant plus important qu'ailleurs aux États-Unis.

Albuquerque semble, à première vue, être dominée par l'asphalte et l'automobile, symptôme d'une agglomération qui grandit trop brusquement. Beaucoup de touristes considèrent d'ailleurs la ville comme un simple point de transit qu'il faut s'empresser de quitter au profit de la touristique Santa Fe ou de l'authentique Taos. Cependant, qui prend le temps de se glisser dans ses rues y découvre une métropole cosmopolite riche en histoire où s'entremêlent les influences autochtones, anglo-saxonnes et hispaniques, et ce, à l'intérieur d'un cadre géographique des plus spectaculaires.

Old Town Albuquerque ★★

Old Town Visitors Center: tlj 9h à 17h; 303 Romero NW, Plaza Don Luis

Habité initialement par une petite communauté d'agriculteurs, le vieil Albuquerque, troisième *villa* fondée par les Espagnols au Nouveau-Mexique après Santa Fe et Santa Cruz en 1706, s'impose rapidement comme un centre de négoce le long du Camino Real. Les colons construisent autour de la **Plaza** maisons, magasins et bureaux gouvernementaux selon le style architectural hispano-amérindien, caractérisé entre autres par l'utilisation de l'adobe. La concentration de la vie communautaire autour de la Plaza avait pour but de protéger les habitants contre les fréquentes incursions perpétrées par les Navajos et les Apaches. À l'approche d'une attaque, le bétail et les denrées étaient regroupés sur la Plaza; femmes et enfants se réfugiaient dans l'église; les hommes, après avoir fermé derrière eux la porte du village, montaient sur les toits, les armes à la main, prêts à défendre leur *villa* contre les agresseurs. Le dynamisme économique suscité par l'arrivée du chemin de fer autour de la gare centrale en 1880 se traduit par l'abandon progressif du vieil Albuquerque et, lorsque survient la crise économique en 1929, la cité se trouve en état de désolation et de décrépitude. Au milieu des années 1950, la Plaza historique renaît de ses cendres quand des esprits éclairés en découvrent le potentiel touristique.

Ayant relativement bien conservé son charme et sa quiétude coloniale, le vieil Albuquerque se laisse découvrir aujourd'hui d'un pas nonchalant. En vous baladant dans ses rues au gré de votre curiosité, la *villa* vous dévoilera ses superbes ruelles, jardins, vérandas et patios. Bien que pratiquement tous les bâtiments en adobe aient été transformés en boutiques de souvenirs, restaurants ou musées, leur architecture coloniale n'en demeure pas moins dans la majorité des cas authentique.

Puisque la Plaza représente le cœur et l'âme de la *villa*, elle constitue sans aucun doute le meilleur endroit où commencer la visite du vieux quartier. Avec ses bancs en fer forgé, elle est une oasis de tranquillité et procure ombre et fraîcheur avec ses arbres et son joli petit kiosque. Sous les vérandas des établissements encerclant la Plaza, se réunissent Autochtones et artistes qui y vendent leur artisanat à des prix souvent inférieurs à ceux pratiqués ailleurs au Nouveau-Mexique.

Du côté nord, face à la Plaza, se dresse la structure maîtresse de la *villa*, la **San Felipe de Neri Catholic Church** ★★ *(entrée libre; lun-ven 9h à 16h30, sam 9h à 13h, dim dès 7h; 2005 N. Plaza NW, ✆ 505-243-4628, www.sanfelipedeneri.org)*. Érigée en 1793 pour remplacer la première chapelle qui tombait en ruine, et malgré les maintes rénovations qu'elle a subies au fil des ans, l'église possède toujours ses murs en adobe originaux d'un mètre d'épaisseur et ses fenêtres construites à 6 m du sol, témoins de la défense du lieu de culte. Le couvent adjacent abrite un petit **musée** *(entrée libre; lun-sam 10h à 16h; ✆ 505-243-1242)* où sont exposées des peintures et des sculptures du XVIIe siècle.

Si vous envisagez de vous rendre dans le sud du Nouveau-Mexique, notamment aux cavernes de Carlsbad, vous risquez de vous retrouver sur le chemin d'un serpent à sonnette. Avant de prendre peur, rendez-vous plutôt au sympathique **American International Rattlesnake Museum** ★ *(5$; mai à sept lun-sam 10h à 18h, dim 13h à 17h; sept à mai lun-ven 11h30 à 17h30, sam 10h à 18h, dim 13h à 17h; 202 San Felipe NW, Suite A, au sud-est de la Plaza, ✆ 505-242-6569, www.rattlesnakes.com)*, où vous pourrez observer une soixantaine de serpents en captivité et où les guides prendront le soin de vous raconter plusieurs des mythes populaires liés à ces charmantes créatures.

Logeant dans un énorme bâtiment moderne qui contraste avec l'environnement architectural, l'**Albuquerque Museum of Art and History** ★★ *(4$, entrée libre le 1er mer du mois; mar-dim 9h à 17h; 2000 Mountain Rd., ✆ 505-243-7255, www.cabq.gov/museum)* retrace dans sa collection permanente les quatre siècles d'histoire de la métropole et du Nouveau-Mexique en se consacrant particulièrement à l'époque de la conquête espagnole. Le musée propose également des expositions thématiques sur des artistes néo-mexicains et organise des visites guidées du vieil Albuquerque *(mi-mars à mi-déc mar-dim à 11h)*.

Un peu plus à l'est, vous apercevrez deux imposants dinosaures de bronze qui marquent l'entrée du **New Mexico Museum of Natural History and Science** ★★★ *(7$, 14$ avec le cinéma; tlj 9h à 17h, fermé lun en jan et sept; 1801 Mountain Rd. NW, ✆ 505-841-2800, www.nmnaturalhistory.org)*. Ce musée des plus intéressants vous présentera, grâce à de nombreuses reconstitutions et à des technologies de pointe (cinéma 3D), l'histoire naturelle de la région.

Pour tous ceux qui pensent s'acheter des bijoux (turquoises) lors de leur séjour, il est fortement suggéré d'aller faire un tour au **Turquoise Museum** ★ *(4$; lun-ven 9h30 à 17h, sam 9h30 à 16h; 2107 Central Ave. NW, ✆ 505-247-8650, www.turquoisemuseum.com)* pour apprendre entre autres à distinguer le vrai du faux.

Le centre-ville

À moins que vous ne soyez un fidèle admirateur de la route 66 et que vous vous éblouissiez devant quelques enseignes au néon, sachez que le centre-ville d'Albuquerque, malgré les efforts déployés pour le rénover, offre peu d'attraits dignes de mention. Seul le **Kimo Theatre** ★ *(mar-ven 8h30 à 16h30, sam 11h à 17h; 423 Central Ave. NW, ✆ 505-768-3522, www.cabq.gov/kimo)* fait preuve d'originalité au milieu des édifices modernes sans âme. Construit en 1927 dans le rarissime style Pueblo Art Deco, qui fusionne l'esprit des cultures amérindiennes du Sud-Ouest

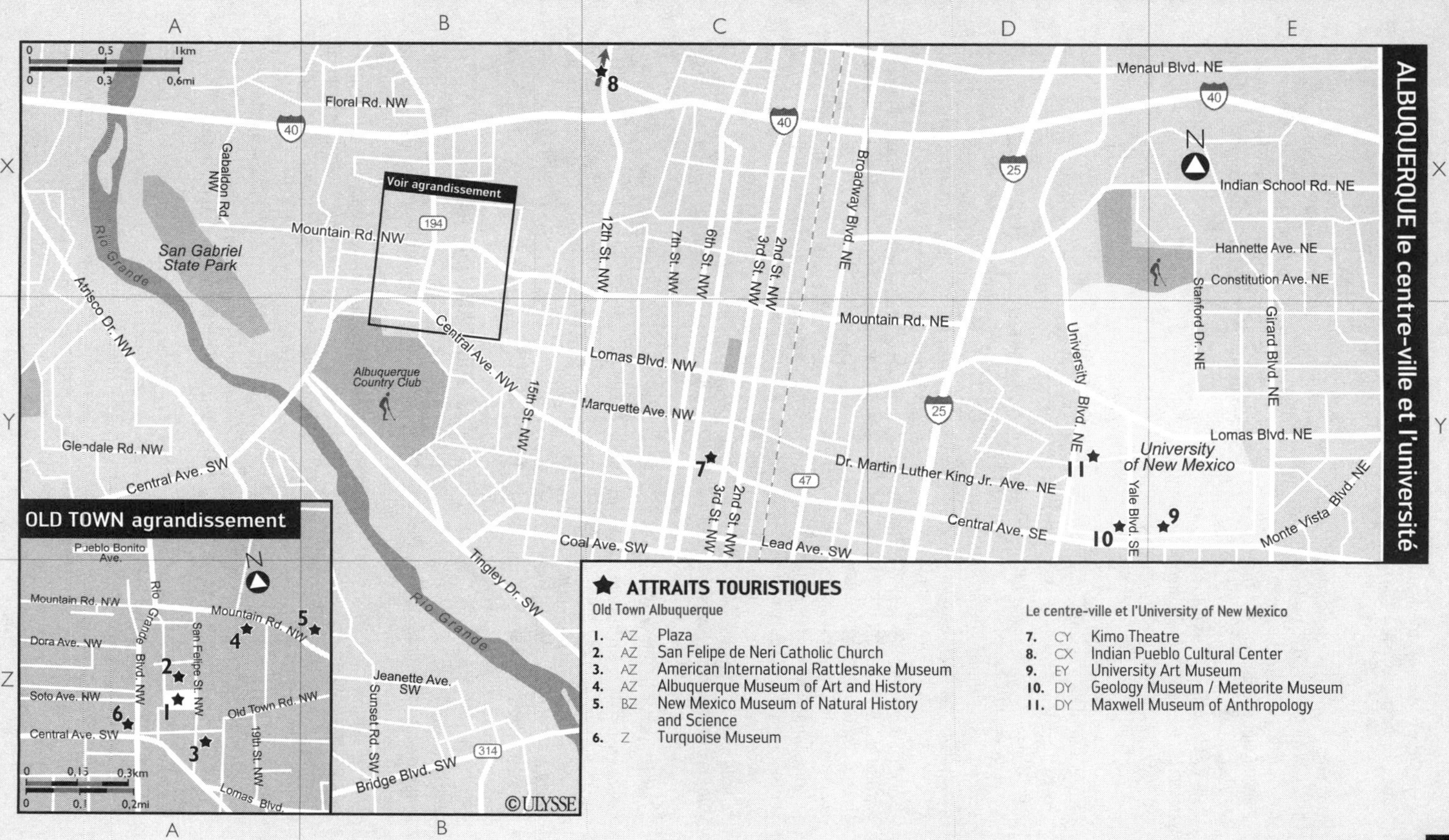
ALBUQUERQUE le centre-ville et l'université
OLD TOWN agrandissement
Voir agrandissement
ATTRAITS TOURISTIQUES
Old Town Albuquerque
1. AZ Plaza
2. AZ San Felipe de Neri Catholic Church
3. AZ American International Rattlesnake Museum
4. AZ Albuquerque Museum of Art and History
5. BZ New Mexico Museum of Natural History and Science
6. Z Turquoise Museum
Le centre-ville et l'University of New Mexico
7. CY Kimo Theatre
8. CX Indian Pueblo Cultural Center
9. EY University Art Museum
10. DY Geology Museum / Meteorite Museum
11. DY Maxwell Museum of Anthropology
Menaul Blvd. NE
Floral Rd. NW
Gabaldon Rd. NW
Mountain Rd. NW
San Gabriel State Park
Rio Grande
Atrisco Dr. NW
Albuquerque Country Club
Central Ave. NW
Central Ave. SW
Central Ave. SE
Glendale Rd. NW
12th St. NW
7th St. NW
6th St. NW
3rd St. NW
2nd St. NW
15th St. NW
Broadway Blvd. NE
Mountain Rd. NE
Lomas Blvd. NW
Lomas Blvd. NE
Marquette Ave. NW
Dr. Martin Luther King Jr. Ave. NE
Coal Ave. SW
Lead Ave. SW
Tingley Dr. SW
Jeanette Ave. SW
Sunset Rd. SW
Bridge Blvd. SW
Indian School Rd. NE
Hannette Ave. NE
Constitution Ave. NE
Stanford Dr. NE
Girard Blvd. NE
University Blvd. NE
University of New Mexico
Yale Blvd. SE
Monte Vista Blvd. NE
Pueblo Bonito Ave.
Mountain Rd. NW
Dora Ave. NW
Soto Ave. NW
Rio Grande Blvd. NW
San Felipe St. NW
Old Town Rd. NW
19th St. NW
Lomas Blvd.
0 0,5 1km
0 0,3 0,6mi
0 0,15 0,3km
0 0,1 0,2mi
©ULYSSE

avec l'exubérance américaine des années folles, le Kimo Theatre est aujourd'hui un centre d'art ouvert au public.

Dirigé par une association représentant les 19 *pueblos* du Nouveau-Mexique et situé tout juste au nord du centre-ville, l'**Indian Pueblo Cultural Center** ★★★ *(6$; tlj 9h à 16h30; 2401 12th St. NW,* ☎ *505-843-7270 ou 866-855-7902, www.indianpueblo.org)* offre une excellente initiation à l'univers amérindien du Sud-Ouest. Le musée principal souligne les particularités culturelles et artistiques de chacun des *pueblos* et retrace l'évolution culturelle des peuples autochtones du Nouveau-Mexique depuis l'époque des premiers chasseurs-cueilleurs jusqu'à nos jours. Un second musée permet aux enfants de s'initier à la culture Pueblo par la manipulation d'une gamme d'artéfacts tels qu'outils de pierre, poteries et tissus. Dans les boutiques, vous trouverez aussi des poteries, peintures, bijoux, sculptures et ouvrages de tissage de très grande qualité et, si la faim vous tenaille, vous pourrez déguster d'excellents mets amérindiens au restaurant du centre culturel à des prix raisonnables. Enfin, le centre présente des danses traditionnelles hautes en couleur *(avr à oct sam-dim à 11h et 14h, nov à mar sam-dim à 12h).*

L'University of New Mexico ★

Le campus de l'Université du Nouveau-Mexique, qui accueille plus de 25 000 étudiants, se présente comme un immense *pueblo* verdoyant de végétation et regroupe plusieurs petits musées, entre autres l'**University Art Museum** ★ *(entrée libre; mar-ven 9h à 16h, sam-dim 10h à 16h; Redondo Dr., angle Cornell Dr.,* ☎ *505-277-4001, http://unmartmuseum.unm.edu)*, qui expose notamment de superbes toiles de Georgia O'Keeffe et d'Ansel Adams; le **Geology Museum** ★ *(entrée libre; lun-ven 7h30 à 12h et 13h à 16h30; Northrop Hall,* ☎ *505-277-4204)* et juste à côté le **Meteorite Museum** *(entrée libre; lun-ven 9h à 16h; Northrop Hall,* ☎ *505-277-4204)*; enfin, l'intéressant **Maxwell Museum of Anthropology** ★★ *(entrée libre; mar-ven 9h à 16h, sam 10h à 16h; University Blvd., au nord de Martin Luther King Jr. Ave.,* ☎ *505-277-4405)*, qui retrace le mode de vie des Autochtones de la région.

La région métropolitaine d'Albuquerque ★★

Au nord-ouest de la ville *(prendre la route I-40 Est, sortie 154)*, vous découvrirez inscrite, sur le roc, une des plus fascinantes pages de l'histoire d'Albuquerque. Situé dans une coulée de lave pétrifiée, le **Petroglyph National Monument** ★★ *(2$/véhicule par jour la fin de semaine, 1$ en semaine; centre d'accueil des visiteurs tlj 8h à 17h;* ☎ *505-899-0205, www.nps.gov/petr)* comporte plus de 15 000 dessins représentant des hommes, des oiseaux, des serpents et d'autres animaux ainsi que des motifs géométriques. Certains pétroglyphes remontent à plus de 3 000 ans, mais la majorité ont été exécutés entre 1300 et 1680 apr. J.-C. par des Pueblos, dont les descendants s'y rendent d'ailleurs toujours en pèlerinage aujourd'hui.

À l'ouest de la métropole s'élèvent, dans leurs divers tons de rouge, les majestueuses **Sandia Mountains** ★★ (3 250 m). Véritable paradis pour les amateurs de plein air, hiver comme été, avec leurs sentiers de randonnée et leurs pistes de ski, elles font l'orgueil des habitants d'Albuquerque. Le **Sandia Peak Tramway** ★★★ *(17,50$; fin mai à début sept tlj 9h à 21h; début sept à fin mai mer-lun 9h à 20h, mar 17h à 20h; route I-40, sortie 167,* ☎ *505-856-7325, www.sandiapeak.com)*, un des téléfériques les plus longs du monde, vous permet pendant plus de 15 min d'admirer les environs spectaculaires (désert, canyons et forêts alpines) et de vous sustenter au sommet, le souffle coupé par la beauté du panorama.

Au sud d'Albuquerque ★★

En empruntant la route I-25 Sud jusqu'à Bernardo puis la route 60 Est, vous arriverez en un peu plus d'une heure au village de **Mountainair**, le siège du bureau d'information touristique du **Salinas Pueblo Missions National Monument** ★★ *(entrée libre; juin à sept tlj 9h à 18h, reste de l'année tlj 9h à 17h; angle Broadway et Ripley St.,* ☎ *505-847-2585, www.nps.gov/sapu)*, qui regroupe les sites de Gran Quivira Pueblo, de Quarai et d'Abo Pueblo.

Les ruines de **Gran Quivira Pueblo**, situées à 25 mi (40 km) au sud de Mountainair par la route 55, présentent plus de 300 structures de pierre, six *kivas* et deux églises. À l'époque du contact avec les Espagnols, vers 1540, quelque 3 000 Pueblos habitaient le village. En 1660, les raids de plus en plus fréquents menés par les Apaches coupèrent le village du monde extérieur et entraînèrent famine, misère et épidémies. Les derniers survivants ont abandonné définitivement l'établissement en 1675.

À 8 mi (13 km) au nord de Mountainair par la route 55, se dressent les impressionnantes ruines de **Quarai**. L'église, édifiée en 1628, a remarquablement bien survécu à l'usure du temps avec ses murs qui s'élèvent à une douzaine de mètres du sol dans un décor austère. Sous le règne des Franciscains qui administraient ce village de 658 habitants, elle était le siège de l'Inquisition espagnole au Nouveau-Mexique. Comme à Gran Quivira, le village fut déserté à la suite des attaques répétées des Apaches vers 1678.

Vous trouverez les ruines d'**Abo Pueblo** en suivant la route 60 à 9 mi (15 km) à l'ouest de Mountainair. Le site abrite les vestiges du *pueblo* habité par les Tompiros qui s'y établirent en 1150 apr. J.-C. À leur arrivée, les Espagnols convertirent les habitants au christianisme et construisirent l'église de San Gregorio en 1620, dont les vestiges peuvent encore être admirés aujourd'hui.

Au nord d'Albuquerque ★★★

Si vous allez à Santa Fe depuis Albuquerque et que votre temps est limité, vous pouvez emprunter l'encombrée et monotone route I-25 Nord, qui vous y mènera en moins d'une heure. Toutefois, si vous en avez le temps, prenez sans hésiter le **Turquoise Trail** ★★★ *(route 14, ✆ 505-438-8711, www.turquoisetrail.org)*, surnom touristique donné à cette pittoresque route qui caresse les versants des Sandia Mountains et qui croise d'anciens villages miniers ressuscités depuis quelques années grâce à des artistes et à de jeunes entrepreneurs.

Pour y accéder, prenez la route I-40 Ouest jusqu'à la sortie 175 (Tijeras-Cedar Crest) et empruntez la route 14, sur laquelle vous croiserez les petits villages de Cedar Crest, de Sandia Park et de San Antonito. Après une quinzaine de kilomètres, vous atteindrez le village de **Golden** ★, où l'on découvrit de l'or en 1825. Celui-ci ne compte plus qu'une centaine d'habitants et prend l'allure d'une ville fantôme avec quelques-unes de ses maisons tombées en ruine.

En poursuivant votre chemin encore sur une quinzaine de kilomètres, vous aboutirez à **Madrid** ★★★ *(www.visitmadridnm.com)*, un village qui connut la prospérité au début du siècle dernier grâce à ses riches gisements de charbon. Complètement abandonnée après la Seconde Guerre mondiale à cause de l'effondrement des cours pour le minerai noir, Madrid reprit vie vers les années 1970, après que s'y furent établis hippies et artistes. Les bâtiments de bois qui abritent aujourd'hui boutiques et cafés confèrent au village un charme poussiéreux typique des agglomérations du Sud-Ouest du début du XXe siècle. L'atmosphère y est des plus agréables, et ses habitants sont fort sympathiques. À l'entrée sud du village, vous apercevrez l'**Old Coal Mine Museum** ★★ *(5$; tlj 9h30 à 17h30; ✆ 505-438-3780)*, qui vous transporte dans le passé minier de Madrid. L'**Engine House Theatre** ★ *(✆ 505-438-3780)*, qui occupe un bâtiment de la vieille mine, présente des mélodrames auxquels les spectateurs sont invités à participer à l'intérieur d'un décor des plus authentiques et où, durant la journée, ils peuvent se faire prendre en photo vêtus d'habits d'époque. Malheureusement, le bâtiment était fermé lors de notre passage pour des raisons de non-conformité aux normes de protection contre l'incendie. Il est en attente de réouverture; appelez donc avant de vous y rendre.

À quelques kilomètres de Madrid, toujours par la route 14, vous atteindrez **Cerrillos** ★★, un autre petit village qui doit sa création grâce à son sous-sol jadis riche en turquoise, en zinc, en argent et en or. À son époque la plus florissante, autour de 1880, le village comptait quelque 2 000 habitants, 21 *saloons* et quatre hôtels. L'architecture en adobe domine les rues en terre battue où se trouvent quelques boutiques de souvenirs et la chapelle San José, construite en 1922. Vous y trouverez également le **Turquoise Mining Museum** ★ *(2$; tlj 9h à 17h; ✆ 505-438-3008)*, qui ressemble plus à un entrepôt de brocanteur qu'à un musée.

À l'ouest d'Albuquerque ★★★

En vous dirigeant vers l'ouest à partir d'Albuquerque sur la route I-40, vous aurez tôt fait d'apercevoir une série de mesas aux parois multicolores qui viennent briser violemment l'horizon paisible des plaines. Sur une d'elles, à plus de 360 m du sol, se dresse l'**Acoma**

Pueblo ★★★ *(20$ visite guidée; nov à mars tlj 10h à 15h, avr à oct tlj 9h à 17h; ☎ 505-552-7888 ou 800-747-0181, www.skycity.com)*, l'un des plus mystérieux établissements humains qui soient. Il y a plus de 900 ans, des Indiens Acoma s'installèrent sur ce plateau presque inaccessible et sans source d'eau potable. En 1599, l'Espagnol Oñate et ses hommes se frayèrent un chemin par le seul accès menant au sommet, un escalier escarpé taillé dans le roc. Oñate exécuta 70 guerriers, coupa un pied au reste des hommes et condamna les femmes et les enfants à 20 ans d'esclavage. L'église San Esteban del Rey, terminée en 1640 et encore active de nos jours, marqua symboliquement la fin des hostilités entre les Espagnols et les Autochtones. Malgré la tragique histoire et l'isolement d'Acoma, une douzaine de familles y vit encore actuellement sans eau courante ni électricité, et des centaines d'Amérindiens s'y réunissent lors de fastes cérémonies. Pour visiter l'Acoma Pueblo, vous devez participer à une visite guidée qui part en minibus du Sky City Cultural Center, au pied de la mesa.

Activités de plein air

➤ Golf

La municipalité gère quatre terrains de golf, dont le parcours à 18 trous de l'**Arroyo del Oso** *(22,50$; 7001 Osuna NE, ☎ 505-884-7505, www.cabq.gov/golf)*. Le **Championship Golf Course** *(60$; 3601 University Blvd. SE, ☎ 505-277-4546, www.unmgolf.com)* est un parcours à 18 trous de grande qualité appartenant à l'Université du Nouveau-Mexique.

➤ Montgolfière

La région bénéficiant d'un ciel dégagé quelque 300 jours par année, une envolée en montgolfière au-dessus des paysages accidentés promet de vous faire vivre une expérience inoubliable. Les prix sont établis en fonction de la durée du trajet et du nombre de passagers. Voici l'adresse la plus près du vieil Albuquerque :

Discover Balloons: 205-C San Felipe NW, ☎ 505-842-1111, www.discoverballoons.com

➤ Randonnée pédestre

Le **Crest Trail** fait partie du vaste réseau de sentiers de la **Sandia Mountain** *(☎ 505-281-3304, www.sandiahiking.com)*, située dans la **Cibola National Forest** *(☎ 505-346-3900, www.fs.fed.us/r3/cibola)*, à seulement 19 mi (30 km) au nord-est d'Albuquerque. À partir du stationnement (accueil, boutique), le sentier longe sur près de 3 km (aller seulement : comptez 1h de marche) le sommet de la Sandia Mountain, pour aller rejoindre l'Upper Tram Terminal de la station de ski alpin dénommée **Sandia Peak Ski Area** *(☎ 505-856-7325, www.sandiapeak.com)*, où se trouve un restaurant. Presque tout le long du parcours, la vue porte à l'infini et embrasse la ville d'Albuquerque. De plus, des panneaux d'interprétation jalonnent le sentier et permettent d'en apprendre plus sur la faune et la flore de la région. Vu que ce sentier se trouve à plus de 3 250 m d'altitude, il ne faut pas oublier d'apporter des vêtements chauds, car la température y est en moyenne de 20°F (environ 12°C) inférieure à celle d'Albuquerque.

➤ Ski alpin

À une trentaine de minutes d'Albuquerque s'élève la **Sandia Peak Ski Area** *(50$/jour, 35$/demi-journée; mi-déc à début jan tlj 9h à 16h, mi-jan à mi-mars mer-dim 9h à 16h; 10 Tramway Loop NE, ☎ 505-242-9052, www.sandiapeak.com)*, qui offre aux skieurs tout comme aux planchistes une trentaine de pistes pour débutants ou de niveau intermédiaire. Vous trouverez sur place une boutique de location d'équipement ainsi qu'une cafétéria.

Santa Fe et ses environs ★★★

▲ *p. 471* ◍ *p. 476* ♪ *p. 478* ▣ *p. 480*

⏱ *2 jours*

Localisation : 64 mi (103 km) au nord d'Albuquerque par la route I-25, 75 mi (120 km) en passant par le Turquoise Trail.

Santa Fe Convention & Visitors Bureau : ☎ 505-955-6200 ou 800-777-2489, www.santafe.org.

Aux confins septentrionaux du royaume de la Nouvelle-Espagne, le gouverneur Don Pedro de Peralta n'aurait pu choisir une plus belle contrée en 1609 pour fonder ce qui est aujourd'hui la plus ancienne capitale des États-Unis. Nichée dans une vallée s'élevant à 2 190 m au-dessus du niveau de la mer, entre le Rio Grande et la Sierra Sangre de Cristo, Santa Fe bénéficie d'un climat

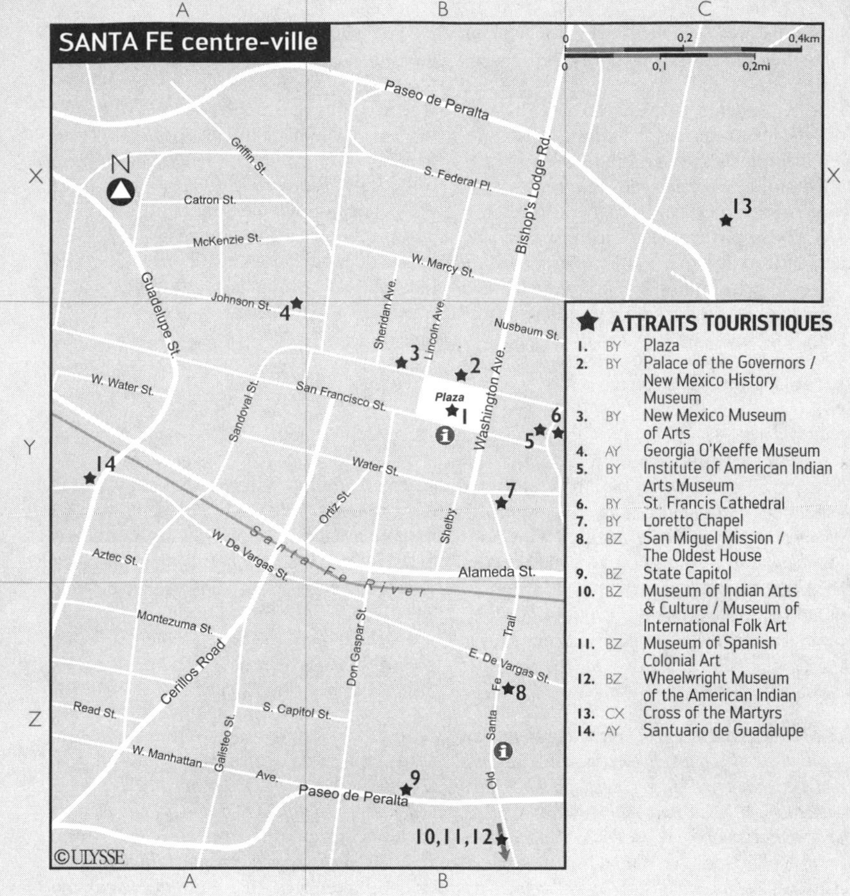

exceptionnel et se trouve environnée d'écosystèmes diversifiés avec ses montagnes multicolores, sa forêt de conifères, son désert et ses nombreux ruisseaux.

Santa Fe se présente aujourd'hui comme *the city different* (la «ville différente»), et différente, elle l'est à bien des égards. Forte de ses 400 ans d'histoire, la cité dévoile, au rythme de vos pas, ses charmantes rues étroites où domine l'harmonieuse architecture de style hispano-amérindien. Véritable paradis pour les créateurs, la ville semble être une immense galerie d'art et, malgré sa petite taille (environ 72 000 hab.), Santa Fe célèbre avec faste son savoir-faire gastronomique.

Aujourd'hui, Santa Fe accueille des millions de touristes chaque année, ce qui en fait l'une des destinations les plus prisées d'Amérique du Nord. Toutefois, un tel flot de visiteurs entraîne inévitablement son lot de conséquences néfastes. Jadis spirituelle, elle est devenue de nos jours plutôt superficielle. Les habitants de la région la surnomment d'ailleurs mesquinement «Fanta-Se», pour *fantasy* (fantaisie): à vous d'en juger!

Santa Fe ★★★

Pourquoi ne pas commencer l'exploration de Santa Fe par la **Plaza**, le cœur et l'âme même de la capitale depuis sa fondation. Les bancs sous les arbres en font un bon endroit pour se détendre et pour observer les vieilles demeures en adobe aux jolies vérandas sous lesquelles se rassemblent les Autochtones pour vendre leur artisanat. De plus, la plupart des musées et attraits historiques de Santa Fe sont situés près de la Plaza.

Le **Museum of New Mexico** *(www.museumofnewmexico.org)* gère cinq musées (le Palace of the Governors/New Mexico History Museum, le New Mexico Museum of Arts, le Museum of Indian Arts & Culture, le Museum of International Folk Art et le Museum of Spanish Colonial Art), tous ouverts du mardi au dimanche de 10h à 17h; vous pouvez vous procurer un laissez-passer au coût de 20$ qui vous permet de visiter les cinq musées, sinon vous devrez débourser 9$ pour les quatre premiers et 6$ pour le dernier.

Le **Palace of the Governors** ★★★ *(9$; 105 W. Palace Ave., ☎ 505-476-5100, www.palaceofthegovernors.org)* fait face à la Plaza du côté est. Ayant servi de résidence à une centaine de gouverneurs depuis le règne des Espagnols, la demeure, construite en 1610, représente le plus ancien édifice public des États-Unis et accueille depuis 1909 le **New Mexico History Museum**. L'exposition permanente retrace les quelque 400 ans d'histoire de l'État. Le musée propose également des visites guidées de Santa Fe *(10$; mai à oct lun-sam à 10h15)*.

Le **New Mexico Museum of Arts** ★★ *(9$; fin mai à début sept tlj 10h à 17h, ven jusqu'à 20h; début sept à fin mai fermé lun; à l'ouest du Palace of the Governors, 107 W. Palace Ave., ☎ 505-476-5072, www.mfasantafe.org)* possède une impressionnante collection d'œuvres contemporaines d'artistes célèbres du Sud-Ouest.

Le **Georgia O'Keeffe Museum** ★ *(10$; tlj 10h à 17h, ven jusqu'à 20h; 217 Johnson St., ☎ 505-946-1000, www.okeeffemuseum.org)* célèbre l'œuvre de l'une des peintres américaines les plus encensées. Pionnière du modernisme américain, Georgia O'Keeffe s'est inspirée de l'éclatante nature du Nouveau-Mexique entre 1917 et 1980.

Une rue à l'est de la Plaza, vous trouverez l'**Institute of American Indian Arts Museum** ★★ *(5$; lun-sam 10h à 17h, dim 12h à 17h; 108 Cathedral Pl., ☎ 505-983-8900, www.iaia.edu/museum)*. Ce musée convie les visiteurs à prendre conscience de la place importante qu'occupe l'art dans le mode de vie des communautés autochtones actuelles, en exhibant une impressionnante collection d'art contemporain inspiré des traditions les plus anciennes.

En face du musée de l'Institut se dresse majestueusement la **St. Francis Cathedral** ★★★ *(entrée libre; tlj 6h à 18h; 131 Cathedral Pl., ☎ 505-982-5619)*, qui contraste merveilleusement avec l'architecture en adobe prédominante dans la capitale. À l'intérieur de cette cathédrale, fondée en 1884 pour rivaliser avec celles du Vieux Continent, se trouve une partie de La Parroquia, une église en adobe détruite lors de la rébellion des Pueblos en 1680, où niche la *Conquistadora*, la plus vieille madone de bois en Amérique du Nord.

En vous dirigeant sur l'Old Santa Fe Trail au sud-ouest de la cathédrale, vous aurez tôt fait d'atteindre la **Loretto Chapel** ★★ *(juin à sept lun-sam 9h à 18h et dim 10h30 à 17h; oct à mai lun-sam 9h à 17h, dim 10h30 à 17h; 207 Old Santa Fe Trail, ☎ 505-982-0092, www.lorettochapel.com)*. Inspiré de la Sainte-Chapelle de Paris, ce petit lieu de culte érigé en 1878 est célèbre pour son escalier de bois en colimaçon qui serait le fruit d'un miracle divin. La chapelle est régulièrement réservée pour des mariages et n'est donc pas toujours disponible pour une visite.

En poursuivant votre chemin vers le sud, vous arriverez à la **San Miguel Mission** ★★ *(1$; lun-sam 9h à 17h, dim 9h à 16h; 401 Old Santa Fe Trail, ☎ 505-983-3974)*, la plus ancienne église des États-Unis, construite en 1626. Juste à côté, profitez-en pour jeter un coup d'œil à ce qui est considéré comme la plus vieille maison aux États-Unis: **The Oldest House** *(1$; lun-sam 9h à 17h, sam 10h à 18h, dim 12h à 17h; 215 E. De Vargas St.)*, une maison en adobe qui daterait de 1646.

Toujours sur l'Old Santa Fe Trail, quelques rues plus bas, s'élève le **State Capitol** ★★ *(lun-ven 8h à 17h, visites guidées juin à août lun-ven à 10h et 14h; Old Santa Fe Trail, angle Paseo de Peralta, ☎ 505-986-4589)*, qui accueille depuis 1966 les élus et les fonctionnaires de l'État, et qui renferme une belle galerie d'art.

À 3 km au sud-est de la Plaza, dans le quartier dénommé Museum Hill, le **Museum of Indian Arts & Culture** ★ *(9$; 710 Camino Lejo, ☎ 505-476-1250, www.indianartsandculture.org)* se voue à la promotion des cultures amérindiennes du Nouveau-Mexique.

Occupant le même bâtiment que le musée précédent, le spectaculaire **Museum of International Folk Art** ★★★ *(9$; 706 Camino Lejo, ☎ 505-476-1203, www.internationalfolkart.org)* abrite la plus grande collection d'art folklorique au monde, avec ses quelque 125 000 objets provenant d'une centaine de pays et de la région.

Le **Museum of Spanish Colonial Art** ★ *(6$; 750 Camino Lejo, ☎ 505-982-2226, www.spanishcolonial.org)*, aménagé dans une belle demeure en adobe de 1930, renferme neuf salles expliquant l'évolution de la culture coloniale espagnole et du mode de vie unique au Nouveau-Mexique (architecture, objets traditionnels, bijoux, etc.).

Quant à lui, le **Wheelwright Museum of the American Indian** ★ *(entrée libre; lun-sam 10h à 17h, dim 13h à 17h; 704 Camino Lejo, ☎ 505-982-4636 ou 800-607-4636, www.wheelwright.org)* présente diverses expositions (poteries, paniers, photos, etc.) liées à l'art des premiers habitants du Sud-Ouest américain. Certaines expositions comportent des objets ou des œuvres historiques, alors que d'autres mettent l'accent sur l'art contemporain.

Si vous suivez le Paseo de Peralta vers le nord-est (de préférence en voiture), vous atteindrez au bout d'environ 3 km le sentier pédestre qui mène à la **Cross of the Martyrs** ★. Perchée sur une petite colline, la «croix des martyrs» rend hommage aux 21 moines franciscains massacrés lors de la révolte des Pueblos de 1680. Le site présente également de splendides panoramas de Santa Fe ainsi que des montagnes Jemez, Sangre de Cristo et Sandia.

Situé à trois rues au sud-ouest de la Plaza dans Guadalupe Street, le **Santuario de Guadalupe** ★ *(lun-sam 9h à 12h et 13h à 16h; 100 Guadalupe St., angle Agua Fria St., ☎ 505-983-8868)*, une modeste église en adobe construite en 1795, serait le plus ancien lieu de pèlerinage voué à la Vierge de Guadalupe aux États-Unis. À l'intérieur, vous verrez une peinture baroque signée en 1793 par le peintre mexicain José de Alizbar.

À l'ouest de Santa Fe ★★★

Une fascinante excursion dans la nature au milieu de spectaculaires sites archéologiques vous attend au **Bandelier National Monument** ★★★ *(12$/véhicule, 6$/piéton ou cycliste, valable pour 7 jours consécutifs; juin à août 8h à 18h, sept à mai 8h à 17h; pour vous y rendre de Santa Fe, prenez la route 285 ou 84 Nord vers Pojoaque, ensuite empruntez la route 502 Ouest et enfin la route 4 Sud jusqu'au monument, ☎ 505-672-0343 ou 505-672-3861, www.nps.gov/band)*. Situé sur un territoire de 21 200 km² dans le canyon de Frijoles, à 77 km à l'ouest de Santa Fe et à 30 min au sud de Los Alamos, le site comprend des dizaines de sentiers de randonnée pédestre guidant les visiteurs aux ruines anasazis (*Pueblo Peoples*) datant du début du XIVe siècle.

À une soixantaine de mètres du centre d'accueil des visiteurs, qu'il vous faut visiter préalablement, se trouve le sentier le plus intéressant et le plus accessible, le Main Loop Trail, une boucle de 1,9 km. Il vous conduit à une grande *kiva*, puis au village circulaire de Tyuonyi, et enfin à plusieurs habitations troglodytiques des plus spectaculaires que vous pouvez visiter en escaladant des échelles de bois.

Ceux qui disposent d'un peu plus de temps et qui n'ont pas le vertige peuvent emprunter un sentier de 800 m à partir du Main Loop Trail pour se rendre à l'Alcove House, qui abrite une *kiva* accessible à l'aide d'une série d'échelles installées le long des falaises. Le monument propose également, aux aventuriers en santé, de nombreuses pistes assez longues et éprouvantes qui traversent d'impressionnants paysages et des sites anasazis isolés.

À noter que c'est dans la ville voisine, **Los Alamos**, qu'a été conçue la première bombe atomique (*The Manhattan Project*) durant la Seconde Guerre mondiale. La ville abrite d'ailleurs toujours le **Los Alamos National Laboratory**, l'un des plus importants laboratoires américains de recherches multidisciplinaires (nucléaire, nanotechnologie, médicale, sécurité intérieure, spatiale, énergie renouvelable et superordinateurs). Nous sommes ici loin de l'art rupestre des Anasazis!

Le laboratoire abrite le **Bradbury Science Museum** *(entrée libre; mar-sam 10h à 17h, dim-lun 13h à 17h; angle 15th St. et Central Ave., derrière le Visitor Center, ☎ 505-667-4444, www.lanl.gov/museum)*, qui ne manquera pas d'intéresser les férus de science. Les visiteurs peuvent déambuler dans trois différentes galeries thématiques (Histoire, Défense et Recherche), participer à des démonstrations interactives et visionner un documentaire sur l'histoire de la première bombe atomique.

À l'est de Santa Fe ★

Nichées sur un monticule rocheux dans une vaste vallée fertile à 40 km à l'est de Santa Fe, les **Pecos Ruins** ★★, qui font partie du **Pecos National Historical Park** *(3$; juin à août tlj 8h à 18h, sept à mai tlj 8h à 17h; pour vous y rendre, prenez la route I-25 Nord jusqu'à la sortie Pecos-Glorieta et suivez les indications, ☎ 505-757-7200, www.nps.gov/peco)*, recèlent un grand intérêt historique.

Bien que les vestiges de Pecos se trouvent en état de décrépitude, ces imposantes ruines sont admirables, et vous pouvez descendre à l'aide d'une échelle dans une superbe *kiva* restaurée. Assurez-vous toutefois, en premier lieu, de vous rendre au Visitor Center, qui gère un joli musée relatant l'histoire passionnante de Pecos, et qui propose de nombreuses visites guidées thématiques.

Activités de plein air

➤ *Équitation*

Pour monter en selle quelques heures ou une journée entière et vous offrir des paysages qui rappellent ceux des westerns, rendez-vous au **Bishop's Lodge** *(mi-avr à fin oct; 1297 Bishop's Lodge Rd., 5 km à l'est de Santa Fe, ☎ 505-983-6377 ou 800-419-0492, www.bishopslodge.com)*.

➤ *Golf*

Marty Sanchez Links de Santa Fe: 32$; 205 Caja del Rio Rd., ☎ 505-955-4400, www.linksdesantafe.com

Santa Fe Country Club: 30$; Airport Rd., ☎ 505-471-2626, www.santafecountryclub.com

Towa Golf Resort: 49$; 17746 Hwy. 84/285, ☎ 505-455-9000 ou 877-465-3489, www.citiesofgold.com

➤ *Randonnée pédestre*

Tout près du centre-ville, au sein de la **Santa Fe National Forest** *(☎ 505-438-5300, www.fs.fed.us/r3/sfe)*, le **Dale Ball Trail System** offre plus de 50 km de sentiers de randonnée reliés les uns aux autres. Des cartes sont disponibles au **Santa Fe Convention & Visitors Bureau** (voir p. 458), et pour vous y rendre, suivez Hyde Park Road vers l'est.

Un peu plus haut, les **Sangre de Cristo Mountains** offrent des sentiers un peu plus difficiles, mais avec de très belles vues sur la vallée, tel l'**Aspen Vista Trail** (16 km aller, mais peut facilement être fractionné; difficulté moyenne), qui débute au Mile 13 de Hyde Park Road.

D'intéressants sentiers de randonnée se trouvent aussi au **Bandelier National Monument** (voir p. 461).

➤ *Vélo*

La piste de terre qui longe l'Old Santa Fe Trail se prête merveilleusement bien aux excursions en vélo de montagne. D'ailleurs, les environs de Santa Fe comptent de nombreux sentiers accessibles aux cyclistes et présentant différents niveaux de difficulté. Vous pouvez vous procurer une carte suggérant différents itinéraires au **Santa Fe Convention & Visitors Bureau** (voir p. 458). **Mellow Velo** *(638 Old Santa Fe Trail, ☎ 505-995-8356, www.mellowvelo.com)* loue des vélos de montagne *(à partir de 35$/jour)* et propose des aventures guidées à bicyclette.

En direction de Taos ★★★

une demi-journée

Si vous partez de Santa Fe pour vous rendre à Taos, plutôt que d'emprunter la voie la plus rapide (NM 68), envisagez de prendre la **High Road to Taos** ★★★. Pour la rejoindre, engagez-vous sur la route 285 Nord, puis sur la route 76 Nord-Est, ensuite sur la route 75 Est et finalement sur la route 518 Nord jusqu'à Taos. Bien que cet itinéraire prenne environ une heure de plus sans compter les arrêts, il vous mènera néanmoins à travers d'impressionnantes falaises rocheuses, vallées fertiles et forêts de conifères, et vous permettra surtout de visiter plusieurs agréables villages pittoresques.

Une fois sur la route 76 Nord-Est, qui traverse un environnement désertique, vous aurez tôt fait d'arriver à **Chimayo** ★★, un petit village célèbre pour sa communauté de tisserands dont le savoir-faire remonte au XVIIe siècle. Mais les gens se rendent à Chimayo d'abord et avant tout pour vénérer le **Santuario de Chimayo** ★★ *(oct à avr tlj 9h à 16h, mai à sept tlj 9h à 18h; ☎ 505-351-4889)*, une petite chapelle en adobe construite en 1816 qui accueille jusqu'à 30 000 pèlerins chaque Vendredi saint. La chapelle est surnommée la «Lourdes des Amériques», car de nombreuses guérisons miraculeuses se seraient produites ici.

En poursuivant votre route, vous ferez une tranquille ascension des montagnes Sangre de Cristo, troquant les paysages désertiques pour la forêt de conifères, jusqu'à ce que vous atteigniez le village de **Truchas** ★★, perché à 2 500 m d'altitude sur le bord d'un impressionnant canyon. Rien de particulier à faire dans ce hameau de 600 habitants à majorité hispanique, sinon de se laisser pénétrer par l'air frais de l'altitude et les extraordinaires paysages qui apportent plénitude et sérénité.

Quelques kilomètres plus loin sur la route NM 76, vous atteindrez le village de **Las Trampas**, fondé en 1751 par 12 familles qui bâtirent, 10 ans plus tard, une superbe petite chapelle en adobe, **San José de García** ★★, qui a servi de forteresse lors des raids perpétrés par les Apaches et qui abrite encore de superbes pièces d'art baroque typiques du XVIIIe siècle au Nouveau-Mexique.

Taos et ses environs ★★★

p. 473 *p. 477* *p. 479* *p. 480*

2 jours

Localisation: 70 mi (113 km) au nord de Santa Fe.

Taos Visitor Center: route 68, angle Paseo del Cañon, route 64, ☎ 800-348-0696.

Taos ★★★

Est-ce le ciel étincelant, les couchers de soleil couvrant la gorge du Rio Grande de teintes multicolores, ou encore l'air pur des montagnes qui ont convaincu, en 1898, les artistes Bert Phillips et Ernst Blumenschein en route vers le Mexique de s'arrêter définitivement à Taos?

Quelle qu'en soit la raison, bon nombre d'écrivains, de penseurs, de peintres et de sculpteurs aussi célèbres qu'Aldous Huxley, Carl Jung, D.H. Lawrence et Georgia O'Keeffe emboîtèrent le pas migratoire vers Taos, qui se poursuit encore de nos jours. Dans les années 1960, la communauté amérindienne du Taos Pueblo, symbolisant le mythe du bon Sauvage, ainsi que la réputation libertine de Taos auront tôt fait d'attirer plusieurs hippies en quête d'un monde meilleur. Aujourd'hui, de jeunes bohèmes se regroupant autour de la paisible Plaza cherchent tant bien que mal à recréer l'esprit d'une époque révolue.

L'histoire a fait de Taos un village (environ 6 000 hab.) orgueilleux, magique et fort surprenant. Ce que Santa Fe était il y a quelques décennies, Taos l'est aujourd'hui: une petite ville nonchalante, sans prétention, et regorgeant de culture. Toutefois, à l'image de la capitale, de plus en plus de touristes se rendent chaque année à Taos, attirés par son charme, mais surtout par les innombrables activités de plein air qu'offrent les vastes espaces vierges de la région, ce qui ne va pas sans affecter progressivement l'esprit même de ce village montagnard.

Laissez donc votre voiture dans un des stationnements du village et dirigez-vous vers la **Plaza** ★. De là, votre curiosité vous guidera nonchalamment dans le charme du Sud-Ouest au gré des petites rues où foisonnent maisons en adobe, librairies, galeries d'art et sympathiques cafés. Si quelques attraits particuliers se trouvent à proximité de la Plaza, d'autres sont situés en périphérie de Taos et nécessitent un moyen de transport pour s'y rendre.

Pour 25$, la **Museum Association of Taos** *(www.taosmuseums.org)* vous offre un forfait donnant accès à cinq des plus beaux musées de la ville où vous pouvez aussi vous le procurer: le Blumenschein Home & Museum, le Harwood Museum of Art, l'Hacienda de los Martinez, le Taos Art Museum et le Millicent Rogers Museum.

Situé au sud-ouest de la Plaza, le **Blumenschein Home & Museum** ★ *(8$; mai à oct tlj 9h à 17h, nov à avr tlj 11h à 16h; 222 Ledoux St., ☎ 575-758-0505, www.taosmuseums.org)* permet d'admirer la maison du pionnier de la communauté artistique de Taos et cofondateur de la Taos Society of Artists, E.L. Blumenschein, où vous retrouverez son œuvre et une collection d'antiquités coloniales.

À proximité, le **Harwood Museum of Art** ★ *(8$; mar-sam 10h à 17h, dim 12h à 17h; 238 Ledoux St., ☎ 575-758-9826, www.harwoodmuseum.org)* expose des peintures, sculptures et photographies des meilleurs artistes ayant travaillé à Taos depuis le début du siècle dernier et une importante collection d'art hispanique du XIXe siècle.

Une rue à l'est de la Plaza, explorez le domicile du plus notoire coureur des bois, militaire, guide et éclaireur du Sud-Ouest, le célèbre Kit Carson (1809-1868), au **Kit Carson Home & Museum** ★★ *(5$; juin à oct tlj 9h à 18h, nov à mai tlj 9h à 17h; 113 Kit Carson Rd., ☎ 575-758-4945,)*. La maison en adobe, construite en 1825, illustre remarquablement bien la vie de l'homme mais aussi celle du Taos du XIXe siècle.

Campé tout juste au nord de la Taos Plaza, le **Taos Art Museum** ★★ *(8$; mar-dim 10h à 17h; 227 Paseo del Puerto Norte, ☎ 575-758-2690, www.taosmuseums.org)* est aménagé dans la demeure du défunt artiste russe de renommée internationale Nicolai Fechin (1881-1955), émigré à Taos en 1927. Constituant, hors de tout doute, la plus belle demeure de Taos ouverte au public, le musée présente une belle collection de peintures de l'artiste russe et rend aussi hommage à quelque 50 artistes de Taos, dont plusieurs membres fondateurs de la Taos Society of Artists, en exposant plus de 300 de leurs œuvres.

Le **Governor Bent House and Museum** ★ *(1$; mai à sept tlj 9h à 17h, oct à avr tlj 10h à 16h; 117 Bent St., ☎ 575-758-2376)* est un autre musée intéressant. Situé à une rue au nord de la Plaza, ce musée relate la triste histoire de Charles Bent. Nommé premier gouverneur américain du Nouveau-Mexique en 1846, Bent fut scalpé vivant en 1847 en raison du mécontentement suscité par la nouvelle juridiction américaine du territoire chez certains citoyens amérindiens et hispaniques.

Les environs de Taos ★★★

À 3 km au sud-ouest de Taos, l'**Hacienda de los Martinez** ★★ *(8$; mai à oct tlj 9h à 17h et nov à avr tlj 10h à 16h; Ranchitos Rd., ☎ 575-758-1000, www.taosmuseums.org)*, une imposante demeure en adobe de 21 pièces construite en 1804, vous fera découvrir l'austère vie quotidienne à l'époque coloniale, et vous pourrez assister à des démonstrations d'artisanat traditionnel.

Fille d'un riche baron du pétrole, Millicent Rogers fut séduite par le Sud-Ouest et s'y établit en 1947. Passionnée de culture amérindienne, elle accumula l'une des plus imposantes collections de bijoux en argent, de turquoises, de tissus, de poteries, de tableaux et de photographies provenant de différents groupes autochtones de la région, que l'on peut admirer aujourd'hui au **Millicent Rogers Museum** ★★ *(8$; mar-dim 10h à 17h; 1504 Millicent Rogers Rd., ☎ 575-758-2462, www.millicentrogers.org)*.

Après la visite du Millicent Rogers Museum, à l'intersection des routes 64 et 522, prenez la route 64 Ouest, qui vous mènera sur le plateau de Taos. Les vastes et plates étendues ne laissent pas encore deviner qu'à quelques kilomètres le plateau se trouve littéralement coupé en deux par une immense crevasse de 190 m de profondeur, produite par l'érosion des eaux du Rio Grande.

Le **Rio Grande Gorge Bridge** ★★★, le deuxième plus haut pont suspendu des États-Unis, relie les deux parties du plateau et offre des vues vertigineuses d'une splendeur indescriptible.

Pour plusieurs voyageurs, Taos rime d'abord et avant tout avec le **Taos Pueblo** ★★★ *(adultes 10$ plus 5$ pour filmer avec une caméra vidéo ou pour prendre des photos; tlj, sauf lors de certaines cérémonies, mars à oct 8h à 17h30, nov à fév 8h à 16h; à 3 km au nord de Taos, prenez le Paseo del Pueblo Norte et tournez à droite après le Best Western Kachina Lodge, ☎ 575-758-1028, www.taospueblo.com)*, un village édifié au pied des montagnes Sangre de Cristo où vivent quelque 150 Amérindiens de langue tiwa, auxquels s'ajoutent les 1 900 Autochtones résidant sur les terres ancestrales environnantes. Fondé vers la moitié du XIVe siècle, ce *pueblo*, tout comme l'Acoma Pueblo à l'ouest d'Albuquerque, représente le plus ancien établissement humain habité sans interruption en Amérique du Nord. Le village illustre mieux que tout autre *pueblo* du Nouveau-Mexique l'architecture traditionnelle en adobe, avec ses impressionnantes maisons superposées s'agglutinant sur quatre ou cinq étages, dont plusieurs ne sont accessibles qu'à l'aide d'échelles. Aujourd'hui, le *pueblo* conserve tant bien que mal son mode de vie ancestral; il ne possède ni eau courante ni électricité, on y cuit encore le pain dans des *hornos* (fours extérieurs de forme conique), et les artisans produisent de la superbe poterie, des bijoux en argent

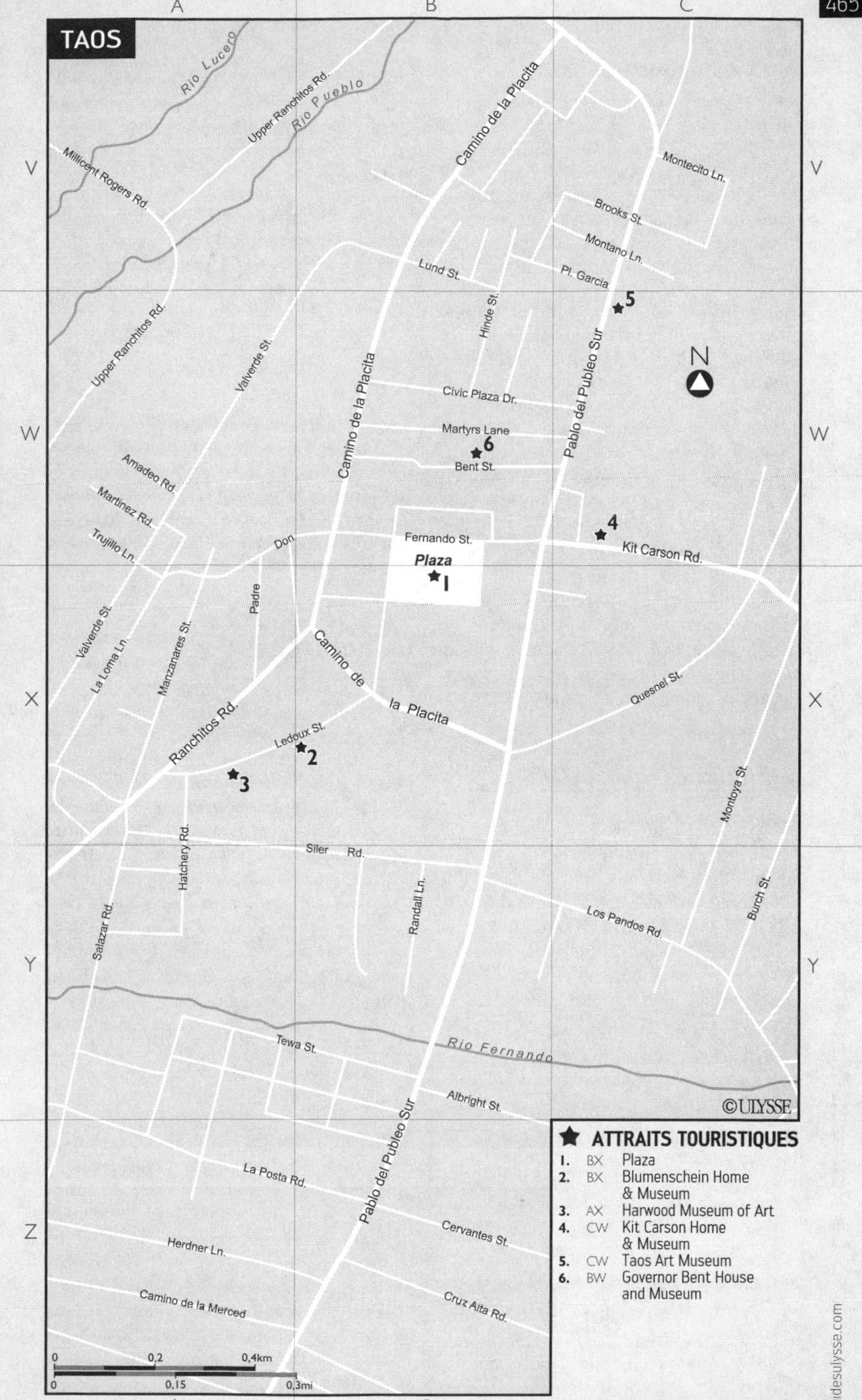
TAOS
A
B
C
V
W
X
Y
Z
Rio Lucero
Rio Pueblo
Upper Ranchitos Rd.
Millicent Rogers Rd.
Camino de la Placita
Montecito Ln.
Brooks St.
Montano Ln.
Lund St.
Pl. Garcia
Hinde St.
Pablo del Publeo Sur
N
Upper Ranchitos Rd.
Valverde St.
Civic Plaza Dr.
Martyrs Lane
Bent St.
Amadeo Rd.
Martinez Rd.
Trujillo Ln.
Don
Fernando St.
Kit Carson Rd.
Plaza
Padre
Valverde St.
La Loma Ln.
Manzanares St.
Camino de la Placita
Quesnel St.
Ranchitos Rd.
Ledoux St.
Montoya St.
Hatchery Rd.
Siler Rd.
Randall Ln.
Burch St.
Salazar Rd.
Los Pandos Rd.
Tewa St.
Rio Fernando
Albright St.
©ULYSSE
La Posta Rd.
Cervantes St.
Herdner Ln.
Camino de la Merced
Cruz Alta Rd.
0 0,2 0,4km
0 0,15 0,3mi
ATTRAITS TOURISTIQUES
1. BX Plaza
2. BX Blumenschein Home & Museum
3. AX Harwood Museum of Art
4. CW Kit Carson Home & Museum
5. CW Taos Art Museum
6. BW Governor Bent House and Museum

et des vêtements de cuir. En plus d'être ouvert pendant les jours de visite, le *pueblo* convie également le public à assister à certaines danses cérémonielles (1er et 6 janvier; 3 mai; 13 et 24 juin; 25, 26 et deuxième fin de semaine de juillet; 29 et 30 septembre; 24 et 25 décembre). Rappelez-vous cependant qu'il ne s'agit pas de spectacles mais bien de cérémonies religieuses: soyez respectueux en tout temps et suivez à la lettre les règles de conduite qui vous seront données.

L'**Enchanted Circle** ★★★ désigne une route pittoresque qui fait une boucle autour du Wheeler Peak (4 112 m), le plus haut sommet du Nouveau-Mexique. Le parcours de 134 km (au moins 4h de route) traverse de splendides paysages alpins ainsi que quelques stations de ski et villages touristiques. Pour vous y rendre, en sortant de Taos, prenez la route 522 Nord jusqu'au petit village de Questa. De là, empruntez la route 38 Est, qui vous conduira à la station de ski de Red River, puis jusqu'au minuscule village d'Eagle Nest, avec de splendides panoramas sur les montagnes comme en offre, par exemple, le lac Eagle Nest. Finalement, suivez la route 64 Ouest, qui traverse la Carson National Forest jusqu'à Taos.

Activités de plein air

➤ *Descente de rivière*

Avec leurs eaux tumultueuses à la hauteur de Taos, le Rio Grande et le Rio Chama se prêtent merveilleusement bien à la descente de rivière en plus d'offrir de splendides vues sur la région. Plusieurs entreprises proposent des excursions guidées allant d'une demi-journée à une journée, entre autres **Los Rios River Runners** *(✆ 575-776-8854 ou 800-544-1181, www.losriosriverrunners.com).*

➤ *Golf*

Taos Country Club: 72$; 54 Golf Course Dr., ✆ 575-758-7300, http://taoscountryclub.com

Valle Escondido Golf: 19$; 28 Lodge Rd., ✆ 575-758-3475, www.eveha.com

➤ *Randonnée pédestre*

Que ce soit sur le Wheeler Peak aux environs de la Taos Ski Valley, aux abords de la gorge du Rio Grande ou encore dans la Carson National Forest, les randonneurs trouveront nombre de sentiers offrant des panoramas spectaculaires. Vous pouvez obtenir des cartes et des guides détaillés sur les différentes pistes de la région au centre d'accueil des visiteurs.

➤ *Ski alpin*

La **Taos Ski Valley** *(69$; nov à avr; 32 km au nord-est de Taos sur la route 150, ✆ 866-968-7386, www.skitaos.org)* a la réputation d'être un des centres de ski offrant le plus haut niveau de difficulté en Amérique du Nord avec une majorité de pistes pour experts.

➤ *Vélo*

Tout comme pour la randonnée pédestre, les environs de Taos présentent de nombreuses possibilités d'excursions à vélo de montagne. Le **Gearing Up Bicycle Shop** *(129 Paseo del Pueblo Sur, ✆ 575-751-0365, www.gearingupbikes.com)* loue des vélos et donne de précieux renseignements.

Le nord-ouest ★★

▲ *p. 475* ● *p. 478* ◘ *p. 480*

1 à 2 jours

Plusieurs millions d'années nous séparent de l'époque où les mouvements répétés de l'écorce terrestre et l'intense activité volcanique laissèrent derrière eux des cicatrices tourmentées qui, façonnées par le labeur de l'érosion, formèrent des plateaux et des mesas aux chaudes couleurs. Là où le magma ne parvint pas à perforer la barrière sédimentaire, s'érigèrent au milieu de plaines désolées des colonnes rocheuses aux formes ciselées. C'est dans ces paysages bouleversés, isolés et brûlés par le soleil, que les producteurs d'Hollywood mystifièrent à jamais l'esprit du Far West.

Mais cette terre est d'abord et avant tout le royaume des Navajos, la seconde nation amérindienne la plus populeuse en Amérique du Nord, qui compte près de 300 000 habitants dispersés essentiellement entre les frontières de l'Arizona et du Nouveau-Mexique. Aux merveilles géologiques et à l'exotisme culturel du Nord-Ouest, il faut ajouter les énigmatiques ruines du Chaco Canyon, qui figurent parmi les plus impressionnantes du continent.

Gallup ★★

Localisation: 140 mi (225 km) à l'ouest d'Albuquerque

Gallup Visitors Center: 103 W. Hwy. 66, ☎ 505-722-2228 ou 800-380-4989, www.gallupnm.org

Gallup (22 000 hab.) se présente comme la capitale autochtone du Sud-Ouest, et elle est sans aucun doute la plus amérindienne des villes hors réserve au Nouveau-Mexique. On estime que plus de 80% des bijoux et des produits artisanaux autochtones fabriqués aux États-Unis transitent par Gallup chez les *traders* (marchands), dont plusieurs s'adonnent au *pawning* (prêts sur gages), une forme d'économie qui constitue une importante source de revenus pour plusieurs familles navajos et zunis.

Sans être la ville la plus attrayante du Nouveau-Mexique, elle possède néanmoins un charme rude et illustre peut-être mieux que toute autre ville l'esprit de la route 66, qui la traverse de long en large. De plus, sa situation privilégiée dans une région sous-peuplée en fait une base idéale pour explorer les nombreux attraits du nord-ouest du Nouveau-Mexique.

Le **Red Rock State Park** ★★ *(11 km au nord-est de Gallup par les routes 66 Est et 566 Nord, ☎ 505-722-3839)*, situé sur les terres navajos, offre d'innombrables possibilités pour la randonnée pédestre au milieu d'intrigantes colonnes de grès particulièrement flamboyantes au lever et au coucher du soleil. Le parc présente durant l'été plusieurs rodéos et l'**Annual Inter-Tribal Indian Ceremonial** (voir p. 479) au mois d'août. Vous y trouverez également le joli **Red Rock Museum** ★ *(dons appréciés; lun-ven 8h à 17h)*, qui expose de l'artisanat autochtone.

Chaco Culture National Historical Park ★★★

Localisation: de Gallup, prenez la route 40 Est jusqu'à Thoreau et empruntez la route 57 Nord jusqu'aux ruines (89 mi ou 144 km). Le dernier tronçon de la route n'est pas pavé et peut devenir infranchissable après un orage. Renseignez-vous sur les conditions météorologiques auprès du parc.

Chaco Culture National Historical Park Visitor Center: 8$/véhicule, 4$/piéton ou cycliste, valable pour 7 jours consécutifs; tlj 8h à 17h; ☎ 505-786-7014, www.nps.gov/chcu.

L'environnement désertique du Chaco Culture National Historical Park semble à première vue hostile à tout établissement humain. Pourtant, c'est dans cette vallée flanquée de mesas que se retrouvent les plus grandioses sites archéologiques d'Amérique du Nord. Le Chaco Canyon comprend 10 villes anasazis et des centaines de ruines secondaires d'habitations érigées entre les VIIIe et XIIe siècles.

Les plus notables d'entre elles, **Pueblo Bonito** et **Chetro Ketl**, comptent plus de 500 unités architecturales ordonnées autour d'une *plaza* ornée d'imposantes *kivas*. Construites avec des dalles de grès taillées avec précision, les habitations de la culture Chaco, dont certaines s'élevaient sur cinq étages avec des murs atteignant un mètre d'épaisseur, sont sans égales nulle part ailleurs sur le continent.

Le Chaco Canyon réunissait des centaines de groupes d'Anasazis jadis beaucoup plus hétérogènes, ce que reflète le complexe réseau de routes sur le territoire. Bien que de nombreuses fouilles aient été menées dans la région, les archéologues ne parviennent toujours pas à éclaircir la fonction des villes du Chaco Canyon: servaient-elles de centres d'échanges économiques ou de centres cérémoniels inhabités?

Au sud de Gallup ★

Le **El Morro National Monument** ★ *(3$; mi-mai à mi-sept tlj 8h à 18h, mi-sept à mi-mai tlj 9h à 17h; à 54 mi ou 87 km de Gallup par la route 602 Sud puis la route 53 Est, ☎ 505-783-4226, www.nps.gov/elmo)* est une impressionnante falaise de grès avec un point d'eau à son pied, où furent gravées de nombreuses inscriptions figuratives et abstraites par des communautés amérindiennes qui y trouvaient refuge, puis par des Espagnols et des Américains entre les XVIIe et XIXe siècles.

Le **El Malpais National Monument** ★★ *(tlj; centre d'accueil des visiteurs 8h30 à 16h30, le monument ne ferme pas; route 53, à l'est d'El Morro, ☎ 505-783-4774, www.nps.gov/elma)*, un territoire de 320 km^2, présente de superbes falaises de grès offrant de splendides panoramas sur les environs, des cavités de lave remplies de glace, de nombreux pétroglyphes amérindiens ainsi que la **La Ventana Natural Arch**, la plus grande arche naturelle du Nouveau-Mexique. La région s'avère idéale pour la randonnée pédestre et la photographie.

À l'ouest de Gallup ★★

Plusieurs sites d'un grand intérêt historique, culturel et naturel se trouvent en Arizona à moins d'une cinquantaine de kilomètres à l'ouest de Gallup. Les plus intéressants sont la communauté navajo de **Window Rock**, le **Hubbell Trading Post National Historic Site** et le **Canyon de Chelly National Monument** (voir le chapitre «Arizona», p. 394).

Le sud ★★

p. 475 *p. 478*

1 à 2 jours

Aux confins australs d'une terre désertique brûlée par le soleil aux horizons infinis parsemés sporadiquement de ranchs et de tours de forage, niche dans une chaleur écrasante l'une des merveilles géologiques du continent: les cavernes de Carlsbad.

En vous dirigeant vers le centre à partir du sud-est, vous serez surpris de quitter abruptement les étendues arides pour vous retrouver dans les luxuriantes montagnes Sacramento. La descente vertigineuse du versant ouest sur 30 km jusqu'à Alamogordo compte parmi les plus spectaculaires routes du Nouveau-Mexique. Au pied occidental de ces montagnes s'étend, comme par magie, un autre chef-d'œuvre géologique de l'État, le White Sands National Monument, un irréel ruban de dunes de gypse blanc.

Carlsbad

Localisation: 277 mi (445 km) au sud d'Albuquerque.

Fondée en 1888, Carlsbad, une ville des plus banales, compte aujourd'hui 27 500 habitants vivant essentiellement d'agriculture, d'élevage, d'extraction minière mais aussi de tourisme, car la ville profite de la proximité des cavernes de Carlsbad, une des merveilles naturelles des États-Unis figurant depuis 1995 sur la liste du Patrimoine mondial de l'humanité (UNESCO). Les 5h de route que dure le trajet depuis Albuquerque seront largement récompensées à la vue de ce spectaculaire univers souterrain.

Carlsbad Caverns National Park ★★★

Localisation: 23 mi ou 37 km au sud de Carlsbad, par la route 62/180 Sud jusqu'à White City, qui marque l'entrée du parc.

Carlsbad Caverns National Park Visitor Center: 6$; fin mai à début sept tlj 8h à 19h, reste de l'année tlj 8h à 17h; la dernière descente se fait généralement 1h30 avant la fermeture; ☎ 575-785-2232, www.nps.gov/cave; réservation pour les visites guidées: ☎ 877-444-6777, www.recreation.gov.

Au sud-est du désert de Chihuahua, les **Carlsbad Caverns** forment un important et fascinant réseau de galeries souterraines ornées de fantastiques stalagmites et stalactites. On sait qu'avant l'arrivée des Européens les Amérindiens vouaient un culte particulier à ces grandioses cavernes; par la suite, les galeries souterraines, tombées dans l'oubli jusqu'au début du XXe siècle, furent redécouvertes par un cowboy qui avait vu des millions de chauves-souris tournoyer au-dessus d'une cavité.

Aujourd'hui, les visiteurs peuvent emprunter à pied trois itinéraires différents. La **Big Room Route** fait une boucle qui mène à plusieurs galeries et aboutit à la spectaculaire Big Room. Un ascenseur y conduit depuis le centre d'accueil des visiteurs, ce qui en fait un itinéraire idéal pour tous. La **Natural Entrance Route** exige, quant à elle, un effort physique plus soutenu. Finalement, le **King Palace Tour** *(ajoutez 8$ au prix d'entrée; sur réservation seulement)*, contrairement aux deux autres itinéraires, est une visite guidée par les *rangers* du parc et dure environ 1h30. Les guides éteignent parfois les lumières afin de vous plonger dans les ténèbres des galeries. Cet itinéraire exige une bonne condition physique et est interdit aux enfants de moins de quatre ans. Le centre d'accueil des visiteurs propose aussi aux spéléologues amateurs d'autres visites guidées à pied dans le désert qui mènent à des cavernes isolées caractérisées, entre autres, par des passages beaucoup plus ardus *(sur réservation seulement)*.

Les cavernes servent également de refuge au début du printemps jusqu'à la fin d'octobre à des centaines de milliers de chauves-souris (*Mexican free-tail bats*) migratoires qui viennent s'y reproduire. C'est aux mois d'août et de septembre qu'on y retrouve la plus grande concentration de chauves-souris, alors que les petits accompagnent les adultes pour se nourrir. Le **Bat Flight Program** *(575-785-3012)* vous donne l'occasion, le soir venu, d'assister à l'envol spectaculaire de ces animaux méconnus, qui dure de 20 à 150 min.

Alamogordo

Localisation: 146 mi (235 km) à l'ouest de Carlsbad; 209 mi (336 km) au sud d'Albuquerque.

Située au pied des montagnes Sacramento, la ville d'Alamogordo (37 800 habitants), relativement moderne et sans charme, a eu «l'honneur» d'être le lieu du premier essai d'une bombe atomique en 1945. Elle se trouve à seulement quelques kilomètres du White Sands National Monument, le plus gros dépôt de sable de gypse au monde.

Au nord d'Alamogordo, par les routes 54 Nord puis 70 Nord, on rejoint la **Billy the Kid National Scenic Byway**, une route panoramique qui offre un véritable retour dans le passé, à l'époque où Billy the Kid sévissait dans la région: de vastes ranchs, des villes fantômes, des mines désaffectées et des villages amérindiens sont restés figés au milieu de pâturages et de paisibles vallées. Un arrêt au **Billy the Kid Interpretive Center** *(route 70 à la hauteur de Ruidoso Downs)* permet de comprendre la rude vie de l'époque et de se procurer une carte des différents sites historiques à découvrir en voiture.

White Sands National Monument ★★

Localisation: 16 mi (26 km) d'Alamogordo par la route 70/82 Sud.

White Sands National Monument Visitor Center: 3$/pers., valable pour 7 jours consécutifs; tlj 8h à 19h; 575-679-2599, www.nps.gov/whsa .

Le bassin de Tularosa compte près de 440 km² de dunes de gypse d'une blancheur étincelante. Véritable paradis pour les photographes, cette mer de sable immaculée, qui croît à raison de 40 cm par année, se transforme à l'aube et au crépuscule en une symphonie de couleurs. Commencez votre visite par le centre d'accueil des visiteurs, qui explique la formation géologique des dunes ainsi que l'adaptation particulière qu'ont subie les quelques mammifères et reptiles vivant dans cet environnement hostile. Les visiteurs sont conviés à se promener en voiture ou à pied au milieu des dunes dont certaines atteignent 20 m de hauteur.

Hébergement

New Mexico Lodging Association *(811 St. Michael's Dr., Suite 107, Santa Fe, 87505, 505-983-4554, www.nmlodging.org)*

New Mexico Bed and Breakfast Association *(P.O. Box 70454, Albuquerque, 87157-0454, 800-661-6649, www.nmbba.org)*

Albuquerque

Ceux qui désirent camper dans la région d'Albuquerque pourront opter pour les deux campings KOA ci-dessous, situés à proximité de la ville. Tous deux comptent des emplacements pour les tentes et les véhicules récréatifs et proposent plusieurs services et installations.

Albuquerque Central KOA *($; 12400 Skyline Rd. NE, à 12 km de la ville, 505-296-2729 ou 800-562-7781, www.albuquerquekoa.com)*

Albuquerque North KOA *($; 555 South Hill Rd., Bernalillo, à 30 km de la ville, 867-5227 ou 800-562-3616, www.koa.com)*

Old Town Albuquerque

Econo Lodge Old Town
$$ ≡ @
2321 Central Ave. SW
505-243-8475 ou 888-811-4477
www.econolodgeoldtown.com
À proximité du secteur historique, l'Econo Lodge Old Town, avec son architecture en adobe, offre un excellent rapport qualité/prix avec sa piscine intérieure chauffée et ses spacieuses chambres, somme toute décorées avec goût pour une chaîne de motels.

Böttger Mansion of Old Town
$$$ ≡ P @
110 San Felipe St. NW
505-243-3639 ou 800-758-3639
www.bottger.com
Inscrit au National Register of Historic Landmarks, le Bottger Mansion est aménagé dans un manoir anglais construit en 1912. La propriété compte sept chambres élégantes de style victorien (kitsch à souhait). Au cœur du vieil Albuquerque, l'établissement est pourvu d'un paisible jardin ombragé qui contraste avec l'animation urbaine à proximité.

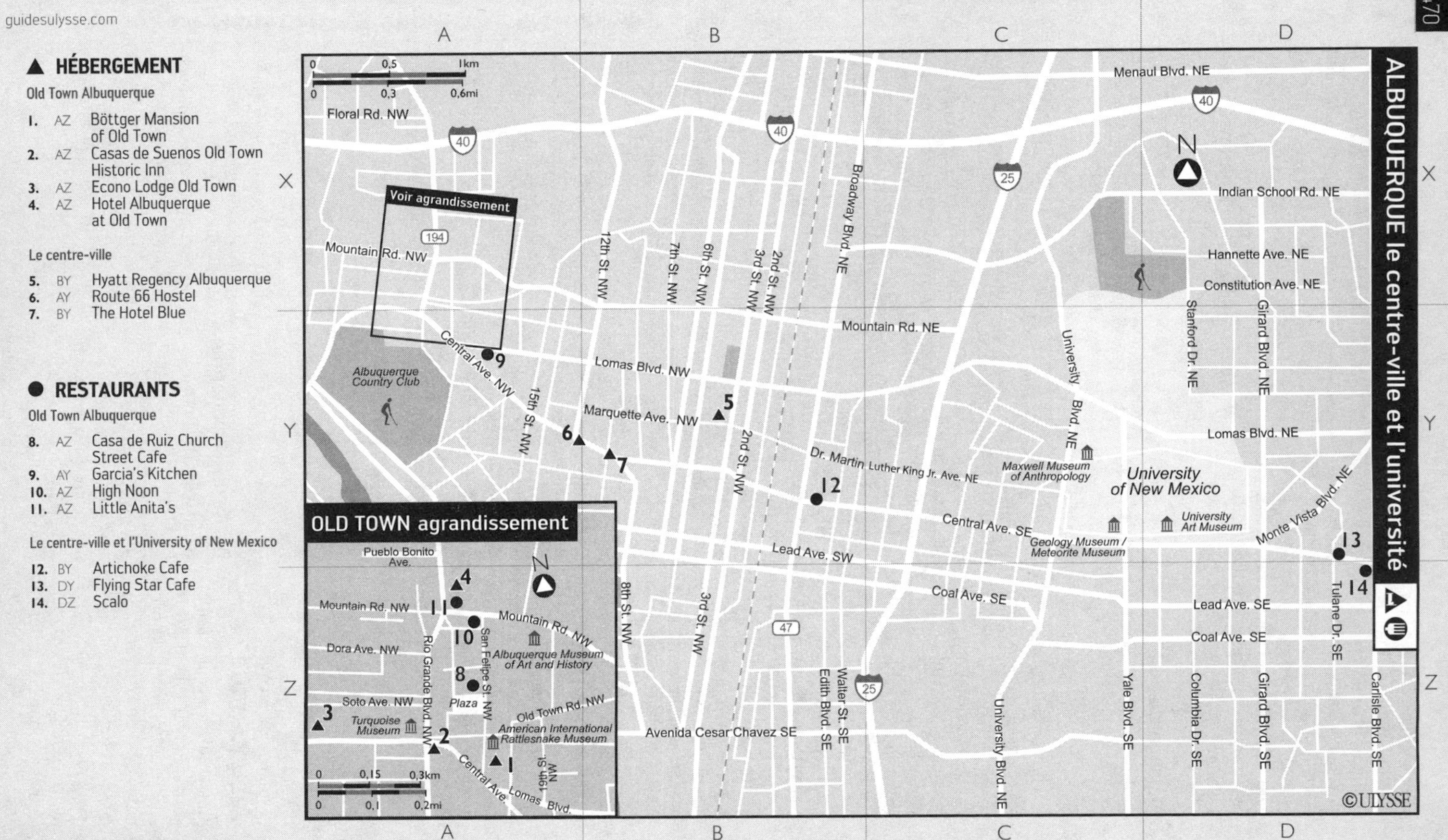

ALBUQUERQUE le centre-ville et l'université
▲ HÉBERGEMENT
Old Town Albuquerque
1. AZ Böttger Mansion of Old Town
2. AZ Casas de Suenos Old Town Historic Inn
3. AZ Econo Lodge Old Town
4. AZ Hotel Albuquerque at Old Town
Le centre-ville
5. BY Hyatt Regency Albuquerque
6. AY Route 66 Hostel
7. BY The Hotel Blue
● RESTAURANTS
Old Town Albuquerque
8. AZ Casa de Ruiz Church Street Cafe
9. AY Garcia's Kitchen
10. AZ High Noon
11. AZ Little Anita's
Le centre-ville et l'University of New Mexico
12. BY Artichoke Cafe
13. DY Flying Star Cafe
14. DZ Scalo
Menaul Blvd. NE
Floral Rd. NW
Voir agrandissement
Mountain Rd. NW
12th St. NW
7th St. NW
6th St. NW
3rd St. NW
2nd St. NW
Broadway Blvd. NE
Mountain Rd. NE
Lomas Blvd. NW
Marquette Ave. NW
Central Ave. NW
15th St. NW
Albuquerque Country Club
Dr. Martin Luther King Jr. Ave. NE
Central Ave. SE
Lead Ave. SW
Coal Ave. SE
8th St. NW
3rd St. NW
Avenida Cesar Chavez SE
Edith Blvd. SE
Walter St. SE
University Blvd. NE
University of New Mexico
Maxwell Museum of Anthropology
Geology Museum / Meteorite Museum
University Art Museum
Indian School Rd. NE
Hannette Ave. NE
Constitution Ave. NE
Stanford Dr. NE
Girard Blvd. NE
Lomas Blvd. NE
Monte Vista Blvd. NE
Lead Ave. SE
Coal Ave. SE
Tulane Dr. SE
Yale Blvd. SE
Columbia Dr. SE
Girard Blvd. SE
Carlisle Blvd. SE
OLD TOWN agrandissement
Pueblo Bonito Ave.
Mountain Rd. NW
Dora Ave. NW
Soto Ave. NW
Rio Grande Blvd. NW
San Felipe St. NW
Plaza
Albuquerque Museum of Art and History
Old Town Rd. NW
American International Rattlesnake Museum
Turquoise Museum
Central Ave.
Lomas Blvd.
19th St. NW
©ULYSSE

Casas de Suenos Old Town Historic Inn
$$$
310 Rio Grande Blvd. SW
505-247-4560 ou 800-665-7002
www.casasdesuenos.com
Érigé dans de grands et magnifiques jardins aux portes de la *villa*, le Casas de Suenos est une véritable institution à Albuquerque. Construites à l'origine pour accueillir des artistes à la recherche d'inspiration, des *casitas* (maisonnettes) avec cour privée abritent des chambres luxueuses (œuvres d'art et antiquités) dont certaines possèdent une cuisinette, un foyer de type amérindien et une baignoire à remous.

Hotel Albuquerque at Old Town
$$$
800 Rio Grande Blvd. NW
505-843-6300 ou 800-237-2133
www.hotelabq.com
Parmi les hôtels ceinturant le vieil Albuquerque, l'Hotel Albuquerque at Old Town est le mieux situé de tous. Toutes les chambres sont spacieuses et décorées dans le style du Sud-Ouest, mais celles des étages supérieurs ont l'avantage d'offrir des vues imprenables sur les environs. En plus de sa vaste gamme de services, cet établissement compte deux restaurants et un bar.

Le centre-ville

Route 66 Hostel
$ bc/bp
bureau ouvert tlj 7h30 à 10h30 et 16h à 23h
1012 Central Ave. SW
505-247-1813
www.rt66hostel.com
Pour les petits budgets, le Route 66 Hostel propose des lits dans son dortoir et, si vous désirez un peu plus d'intimité, vous pouvez louer une chambre avec ou sans salle de bain privée. Installé sur la route 66 (Central Avenue) entre le vieil Albuquerque et le centre-ville, l'établissement constitue un endroit idéal pour faire la rencontre de voyageurs solitaires et, quoique rudimentaire, l'hébergement y atteint tout de même un niveau de propreté acceptable.

The Hotel Blue
$$
717 Central Ave. NW
505-924-2400 ou 877-878-4868
www.thehotelblue.com
Situé à l'extrémité ouest du segment historique de la route 66 au centre-ville, The Hotel Blue permet de profiter de la vie nocturne de la métropole. Aménagé dans un style inspiré de l'Art déco, cet établissement propose de grandes chambres modernes, un service agréable et une rafraîchissante piscine extérieure.

Hyatt Regency Albuquerque
$$$-$$$$
330 Tijeras Ave. NW
505-842-1234 ou 888-591-1234
www.albuquerque.hyatt.com
Le Hyatt Regency Albuquerque, avec ses 22 étages, est un des hôtels les plus luxueux de la métropole et présente sans aucun doute la plus vaste gamme de services, tant pour les voyageurs d'affaires que pour les touristes.

À l'aéroport

Best Western Airport Albuquerque InnSuites Hotel & Suites
$$
2400 Yale Blvd. SE
505-242-7022
www.bestwestern.com
Pratique et confortable, le Best Western est meilleur marché que la plupart des hôtels entourant l'aéroport. En plus des nombreux services offerts, une navette fait la liaison avec l'aéroport.

Hyatt Place Albuquerque Airport
$$-$$$
1400 Sunport Place SE
505-242-9300 ou 888-492-8847
www.albuquerqueairport.place.hyatt.com
Situé tout juste à côté de l'aéroport international d'Albuquerque et à quelques minutes du centre-ville, cet établissement offre tout le confort souhaité. Les chambres sont spacieuses, et les installations de l'hôtel sont pratiques pour les voyageurs. Stationnement sur place.

Santa Fe

L'hébergement à Santa Fe peut se révéler très cher, surtout si vous planifiez de rester près de la Plaza. Les motels bon marché s'alignent le long de la Cerrillos Road, et les campeurs peuvent opter pour les deux terrains ci-dessous.

Rancheros de Santa Fe *($; mi-mars à oct; 736 Old Las Vegas Hwy.; 505-466-3482 ou 800-426-9259, www.rancheros.com)*

Santa Fe KOA *($; mars à nov; 934 Old Las Vegas Hwy., 505-466-1419 ou 800-562-1514, www.santafekoa.com)*

Santa Fe International Hostel
$ bc/bp
1415 Cerrillos Rd.
505-988-1153
www.hostelsantafe.com
Le Santa Fe International Hostel est de loin le lieu d'hébergement le moins cher de la capitale. Occupant un bâtiment en adobe semblable à un motel, l'auberge est envahie chaque été par de jeunes voyageurs venus des quatre coins de la planète. Hébergement en dortoir ou en chambre privée.

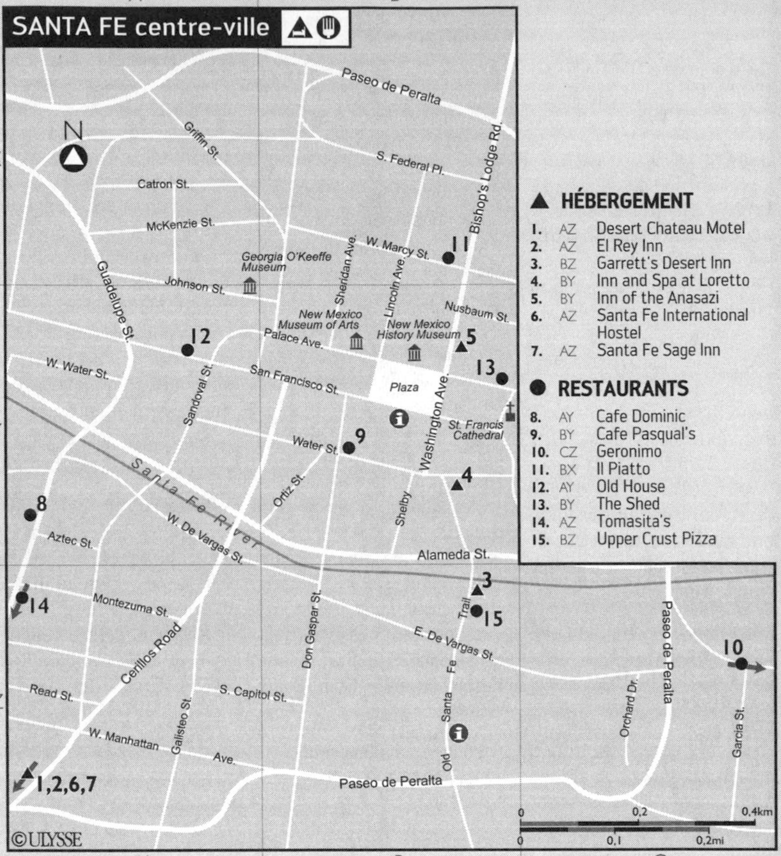

SANTA FE centre-ville

▲ HÉBERGEMENT

1. AZ Desert Chateau Motel
2. AZ El Rey Inn
3. BZ Garrett's Desert Inn
4. BY Inn and Spa at Loretto
5. BY Inn of the Anasazi
6. AZ Santa Fe International Hostel
7. AZ Santa Fe Sage Inn

● RESTAURANTS

8. AY Cafe Dominic
9. BY Cafe Pasqual's
10. CZ Geronimo
11. BX Il Piatto
12. AY Old House
13. BY The Shed
14. AZ Tomasita's
15. BZ Upper Crust Pizza

©ULYSSE

Desert Chateau Motel
$
1622 Cerrillos Rd.
505-983-7976

Le Desert Chateau Motel, situé à proximité de l'auberge de jeunesse (voir ci-dessus), offre des chambres rudimentaires, mais propres, à des prix somme toute raisonnables pour Santa Fe.

El Rey Inn
$$-$$$
1862 Cerrillos Rd.
505-982-1931 ou 800-521-1349
www.elreyinnsantafe.com

L'El Rey Inn présente sans aucun doute le meilleur rapport qualité/prix de la capitale. Au milieu de grands et somptueux jardins, la propriété de style espagnol se compose de plusieurs ensembles d'habitations munies de vérandas et de balcons fleuris. Les spacieuses chambres agréablement décorées, la grande piscine qui se fond harmonieusement dans le décor et la courtoisie des employés font de l'El Rey Inn une valeur sûre.

Santa Fe Sage Inn
$$-$$$
725 Cerrillos Rd.
505-982-5952 ou 866-433-0335
www.santafesageinn.com

Le Santa Fe Sage Inn représente un choix intéressant en raison de son rapport qualité/prix avantageux pour un établissement situé non loin de la Plaza. Une particularité intéressante: une navette vous conduit où vous souhaitez en ville, et revient vous chercher – pratique pour aller au restaurant en soirée!

Garrett's Desert Inn
$$-$$$
311 Old Santa Fe Trail
505-982-1851 ou 800-888-2145
www.garrettsdesertinn.com

Le Garrett's Desert Inn s'adresse aux voyageurs au budget modéré, car il se trouve à quelques rues seulement de la Plaza. L'aspect extérieur de l'établissement n'a rien de charmant, mais les chambres sont grandes et confortables.

Inn and Spa at Loretto
$$$-$$$$
211 Old Santa Fe Trail
505-988-5531 ou 800-727-5531
www.innatloretto.com

Situé juste à côté de la **Loretto Chapel** (voir p. 460), à deux pas de la Plaza, l'impressionnant bâtiment en adobe du Inn and Spa at Loretto ne passe pas inaperçu. Cet établissement de luxe a très bien su conjuguer une architecture et une décoration typiques de la région avec un confort des plus modernes. Les chambres sont spacieuses, équipées d'un foyer *kiva* et d'une terrasse pour profiter des soirées fraîches, et la literie s'avère très confortable. Service impeccable.

Inn of the Anasazi
$$$$
113 Washington Ave.
505-988-3030 ou 800-688-8100
www.innoftheanasazi.com

Un massif portail de bois sculpté à la main marque l'entrée de l'un des hôtels les plus ravissants et agréables de Santa Fe: l'Inn of the Anasazi. Véritable chef-d'œuvre architectural de style du Sud-Ouest, ce palace, situé à quelques pas de la Plaza, se distingue par ses innombrables œuvres d'art commémorant l'héritage historique des cultures amérindienne, hispanique et anglo-saxonne. Chacune des séduisantes chambres comporte un foyer *kiva*, de colorés tissus amérindiens, des plafonds avec poutres de bois ainsi que des meubles invitant à la détente. Une merveille!

Taos

Taos offre un éventail de lieux d'hébergement (du motel standard à l'hôtel le plus luxueux), mais, de façon générale, les *bed and breakfasts* et les auberges représentent certainement le meilleur choix en raison de leur grande qualité, de leur chaleur et de leur excellent rapport qualité/prix. La **Taos Association of Bed and Breakfast Inns** *(www.taos-bandb-inns.com)* peut vous aider à dénicher l'établissement qui vous conviendra le mieux.

Adobe Wall Motel
$
227 E. Kit Carson Rd.
575-758-3972

Situé à l'est du **Kit Carson Home & Museum** (voir p. 464), l'Adobe Wall Motel offre un des meilleurs rapports qualité/prix à Taos. Plus une auberge qu'un motel, la propriété, ceinte de murs en adobe, est érigée au milieu d'un grand terrain aux gigantesques saules. Très tranquille et reposant, le motel compte 19 chambres joliment décorées dont certaines comportent un foyer *kiva*.

Taos Valley RV Park and Campground
$
120 Estes Rd.
575-758-4469 ou 800-999-7571
www.taosrv.com

Ce beau terrain de camping offre des emplacements pour tentes et véhicules récréatifs, au milieu d'arbres, buissons et plantes.

Laughing Horse Inn
$$
729 Paseo del Pueblo Norte
575-613-3951
www.laughinghorseinn.com

Malgré ses allures d'auberge de jeunesse, le Laughing Horse Inn n'en demeure pas moins très confortable, sympathique et fort original. Située à 1 km du Taos Pueblo sur les berges du Rio Pueblo, l'hacienda, construite en 1887, propose des petites chambres coquettes (salles de bain communes), et un grandiose *penthouse* qui peut loger jusqu'à huit personnes à un prix défiant toute concurrence.

Adobe and Pines Inn
$$-$$$
4107 Rd. 68, Ranchos de Taos
575-751-0947 ou 800-723-8267
www.adobepines.com

Entouré de verdure où s'ébattent quelques animaux de ferme, et offrant le calme à seulement 6 km au sud de la Taos Plaza, l'Adobe and Pines Inn se love dans une splendide et historique hacienda érigée en 1830. Les chambres s'alignent autour d'une agréable cour intérieure. Chacune est décorée de façon originale et chaleureuse, avec poutres au plafond, tapis de la région, coussins moelleux et lumières tamisées. Le matin, vous aurez droit à un copieux petit déjeuner. Dans le salon commun où trône un foyer, de multiples objets d'art et de beaux livres invitent à la détente. Accueil attentionné.

Inn on the Rio
$$-$$$
910 E. Kit Carson Rd.
575-758-7199 ou 800-737-7199
www.innontherio.com

L'Inn on the Rio, avec ses chambres colorées de style du Sud-Ouest, sa piscine et ses vues sur les montagnes Sangre de Cristo, constitue un endroit idéal pour un séjour paisible et agréable. De plus, l'accueil est très sympathique et le petit déjeuner généreux.

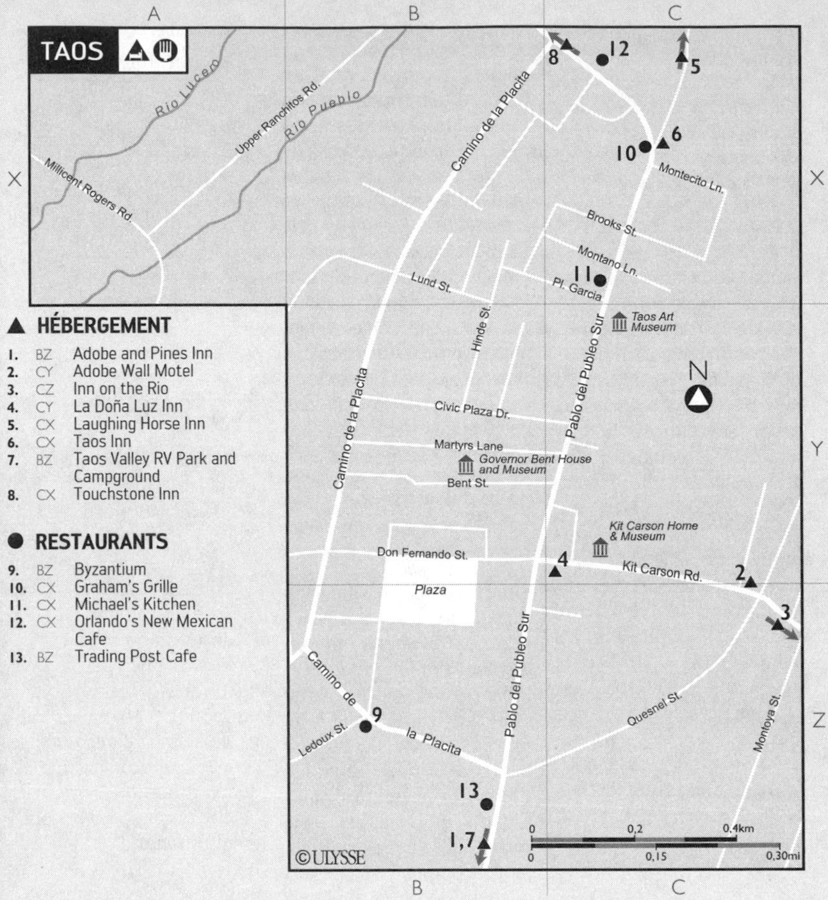

TAOS

▲ HÉBERGEMENT

1. BZ Adobe and Pines Inn
2. CY Adobe Wall Motel
3. CZ Inn on the Rio
4. CY La Doña Luz Inn
5. CX Laughing Horse Inn
6. CX Taos Inn
7. BZ Taos Valley RV Park and Campground
8. CX Touchstone Inn

● RESTAURANTS

9. BZ Byzantium
10. CX Graham's Grille
11. CX Michael's Kitchen
12. CX Orlando's New Mexican Cafe
13. BZ Trading Post Cafe

Taos Inn
$$-$$$$ ≡ P @
125 Paseo del Pueblo Norte
575-758-2233 ou 888-518-8267
www.taosinn.com

Le Taos Inn, inscrit au National Register of Historical Places, est un hôtel assez luxueux, plaisant et sans prétention. À deux pas de la Plaza, vous y trouverez des chambres très confortables et décorées dans le style du Sud-Ouest, dont plusieurs sont munies d'un foyer. À noter cependant que celles situées dans le bâtiment principal sont plutôt petites.

La Doña Luz Inn
$$$ @
114 Kit Carson Rd.
575-758-9000 ou 888-758-9060
www.ladonaluz.com

Non loin de la Plaza se trouve le La Doña Luz Inn, un merveilleux *bed and breakfast* baignant dans une ambiance des plus joviales. L'art vous interpelle dans chaque recoin de la maison, les chambres sont décorées somptueusement en fonction de différents thèmes artistiques locaux, et la plupart d'entre elles comportent un foyer *kiva*. Les patios et les salles communes invitent à la détente et aux rencontres, dans une ambiance des plus sympathiques. Les propriétaires possèdent un savoir approfondi du Nouveau-Mexique et ont toujours beaucoup de plaisir à le partager.

Touchstone Inn
$$$ @
110 Mabel Dodge Ln. (1 mi ou 1,6 km au nord de la Plaza)
575-758-0192 ou 800-758-0192
www.touchstoneinn.com

Ce *bed and breakfast* installé dans une vaste et ancienne maison en adobe entourée de jardins luxuriants invite à la relaxation. Les chambres, très confortables, profitent d'une terrasse et d'un foyer, et sont décorées de nombreuses œuvres d'art réalisées par les propriétaires. D'ailleurs, le petit déjeuner se prend dans une belle pièce lumineuse qui sert aussi de salle d'exposition.

Le nord-ouest

Gallup

El Rancho Hotel
$$
1000 E. Hwy. 66
505-863-9311 ou 800-543-6351
www.elranchohotel.com
L'El Rancho Hotel, construit en 1937, propose une atmosphère de western hollywoodien et a compté parmi ses clients des personnalités comme Ronald Reagan, John Wayne, Humphrey Bogart, Katharine Hepburn et Kirk Douglas. De loin l'hôtel le plus agréable de Gallup, El Rancho possède des chambres intéressantes et confortables. Administré par les mêmes propriétaires, l'**El Rancho Motel** *($; mêmes coordonnées)*, situé tout juste à côté, vous permet de bénéficier de la même plaisante ambiance pour quelques dollars de moins.

Hampton Inn and Suites
$$-$$$
1460 W. Maloney Ave.
505-726-0900
www.hamptoninn.hilton.com
Pratique et convivial, le Hampton Inn and Suites propose des chambres classiques, spacieuses et confortables, mais sans beaucoup de charme. Une adresse tout de même plus agréable que la plupart des autres hôtels en ville.

Le sud

Carlsbad

La plupart des hôtels de Carlsbad se trouvent le long de South Canal (National Park Highway) au sud de la ville en direction des cavernes.

Stage Coach Inn
$
1819 South Canal
575-887-1148
Le Stage Coach Inn possède de grandes chambres ainsi qu'une petite piscine. Pour un petit budget, ce motel représente certainement la meilleure option.

Executive Suites
$$
601 South Canal
575-885-8500
www.executivesuitescarlsbadnm.com
Sans être luxueux, l'Executive Suites offre de nombreux services et propose les chambres les plus confortables de Carlsbad.

Alamogordo

Satellite Inn
$
2224 N. White Sands Blvd.
575-437-8454 ou 800-221-7690
www.satelliteinn.com
La plupart des hôtels et des restaurants d'Alamogordo longent le White Sands Boulevard, qui traverse la ville du nord au sud. Le Satellite Inn propose de grandes chambres agréables et propres à des prix fort abordables, en plus de sa piscine.

Best Western Desert Aire Motor Inn
$$
1021 S. White Sands Blvd.
575-437-2110 ou 800-780-7234
www.bestwestern.com
Le Best Western Desert Aire offre le meilleur confort d'Alamogordo avec sa piscine, son sauna et ses belles chambres dont certaines sont munies d'une baignoire à remous.

Restaurants

Albuquerque

Voir carte p. 470.

Old Town Albuquerque

Casa de Ruiz Church Street Cafe
$
tlj 8h à 21h
2111 Church St. NW
505-247-8522
www.churchstreetcafe.com
Imprégnez-vous de l'histoire du vieux quartier en vous rendant au Casa de Ruiz Church Street Cafe, aménagé dans une superbe maison en adobe construite dès le début de la colonie. Dans un environnement colonial des plus chaleureux, comptant beaucoup d'antiquités, savourez une attrayante cuisine néo-mexicaine ou prenez simplement un café sur la paisible petite terrasse.

Garcia's Kitchen
$
1736 Central Ave.
505-842-0273
www.garciaskitchen.com
Avec son comptoir, ses tabourets et ses banquettes, la Garcia's Kitchen vous plonge dans l'atmosphère de la route 66 des années 1950. Très populaire auprès des citadins, ce restaurant propose dans une ambiance détendue d'excellents *huevos rancheros, burritos, fajitas, carnes adovadas* et autres spécialités du Nouveau-Mexique. Vous pouvez également y prendre un petit déjeuner à toute heure de la journée.

Little Anita's
$
2105 Mountain St. NW
505-242-3102
www.littleanitas.com
Le secret d'un bon restaurant néo-mexicain, vous diront les résidents d'Albuquerque, se trouve dans la qualité de son *green chile* (purée de piments forts). C'est la clé du succès de Little Anita's, un restaurant sans prétention qui offre de généreuses portions de mets régionaux tant le matin que le soir, et ce, à des prix très abordables.

High Noon
$$$
425 San Felipe St. NW
505-765-1455
Jadis occupé par un casino, le High Noon est aujourd'hui un restaurant chaleureux, fréquenté par une clientèle locale qui s'attable dans les trois grandes salles à manger décorées somptueusement. L'alléchant menu de ce romantique et cordial établissement propose de savoureuses grillades de gibier, des fruits de mer et de la fine cuisine mexicaine. De plus, un musicien assure une légère musique de fond à la guitare.

Le centre-ville

Artichoke Cafe
$$$
424 Central Ave. SE
505-243-0200
www.artichokecafe.com
Cette très bonne table d'Albuquerque propose une cuisine internationale de grande qualité, dans un cadre des plus agréables. Le menu est très varié et créatif, sans laisser de côté les plats plus simples tels que les artichauts à la vapeur et les *crab cakes*. La carte des vins est bien fournie, et au final, l'addition s'avère assez élevée, mais sans regret. *Happy Hour* de 15h à 18h en semaine.

Le secteur de l'université

Flying Star Cafe
$-$$
3416 Central Ave. SE
505-255-6633
www.flyingstarcafe.com
Le va-et-vient des étudiants, les nombreux cafés et les librairies confèrent une ambiance des plus agréables au quartier ceinturant l'université. Si vous désirez en profiter, alors rendez-vous au très animé Flying Star Cafe, où vous pourrez, tout en feuilletant des magazines, savourer un bon café et déguster de tendres pâtisseries.

Scalo
$$$
3500 Central Ave. SE
505-255-8781
www.scalonobhill.com
Le Scalo est l'une des bonnes tables italiennes d'Albuquerque avec son éclectique carte des vins, ses calmars grillés, son carpaccio et ses succulents plats de pâtes, de saumon et d'agneau. Baignant dans une agréable ambiance méditerranéenne, le restaurant possède une belle mezzanine et une attrayante terrasse.

Santa Fe

Voir carte p. 472.

Tomasita's
$
500 S. Guadalupe St.
505-983-5721
Installé dans une ancienne gare ferroviaire en briques rouges, le Tomasita's est très populaire auprès des étrangers, mais aussi auprès des habitants de Santa Fe, qui lui ont d'ailleurs attribué le prix du meilleur restaurant pour petit budget. Le Tomasita's propose une appétissante cuisine régionale et sert probablement le meilleur *green chile* de la capitale. Attention, certains plats peuvent être très épicés! Service en salle ou au bar. Réservations vivement recommandées.

Upper Crust Pizza
$
tlj 11h à 23h
329 Old Santa Fe Trail
505-982-0000
www.uppercrustpizza.com
Contrastant avec les chics restaurants de la capitale, l'Upper Crust Pizza camoufle derrière son apparence modeste les meilleures pizzas en ville, que vous faites apprêter à votre goût avant de les savourer dans un des deux patios.

Cafe Dominic
$-$$
320 S. Guadalupe St.
505-982-4743
C'est dans un décor simple et chaleureux que l'on vous accueille au Cafe Dominic. Au menu, des plats inspirés de la cuisine du Nouveau-Mexique et plus généralement du Sud-Ouest américain. Petits déjeuners copieux, servis dès 7h30.

Il Piatto
$$
95 West Marcy St.
505-984-1091
www.ilpiattosantafe.com
Pour ses prix, le petit bistro italien d'une quinzaine de tables qu'est Il Piatto représente une véritable aubaine à Santa Fe, aussi bien le midi que le soir. Ce restaurant intime sans prétention possède une excellente sélection de vins italiens et prépare, entre autres, de succulentes pâtes maison. Par temps chaud, les quelques tables placées sur la minuscule

terrasse donnant sur la rue se remplissent rapidement. Excellent accueil et service attentionné. Réservations recommandées.

The Shed
$$
fermé dim
113-½ E. Palace Ave.
505-982-9030
www.sfshed.com
Situé à une demi-rue à l'est de la Plaza, The Shed comprend cinq salles à manger très intimes à la décoration folklorique colorée, donnant sur une splendide terrasse. Se spécialisant dans la gastronomie néo-mexicaine et proposant une attrayante carte des desserts, ce restaurant bénéficie d'une grande renommée grâce à son agréable ambiance et à son chaleureux service.

Cafe Pasqual's
$$-$$$
121 Don Gaspar Ave.
505-983-9340 ou 800-722-7672
www.pasquals.com
Bien que réputé pour ses copieux petits déjeuners et son fameux *burrito de chorizo*, le Cafe Pasqual's propose une table tout aussi alléchante tant au déjeuner qu'au dîner. Ce charmant petit bistro sert une cuisine mexicaine traditionnelle ainsi que des plats contemporains savoureux. Tous les plats fondent littéralement dans la bouche! Il est fortement recommandé de réserver pour le dîner.

Geronimo
$$$
724 Canyon Rd.
505 982-1500
www.geronimorestaurant.com
Romantique, élégant et sophistiqué, le Geronimo constitue sans aucun doute une des meilleures tables de gastronomie californienne à Santa Fe avec ses grillades de gibier, ses fruits de mer, son imposante carte des vins et ses somptueux desserts. Cher et peut-être un peu prétentieux, ce restaurant de haute qualité en vaut toutefois la peine pour ceux qui en ont les moyens.

Old House
$$$-$$$$
dîner seulement
309 W. San Francisco St.
505-988-4455 ou 800-955-4455
www.eldoradohotel.com
L'Old House est un autre restaurant qui offre une cuisine californienne de qualité supérieure. Situé à l'intérieur de l'hôtel El Dorado dans un décor pittoresque, ce restaurant propose un menu éclectique habilement conçu. Foie gras, canard, crabe et autres produits succulents sont au menu.

Taos

Voir carte p. 474.

Michael's Kitchen
$-$$
7h à 20h30
304-C N. Pueblo Rd.
575-758-4178
www.michaelskitchen.com
Très populaire à tout moment de la journée, la Michael's Kitchen est tout d'abord reconnue pour ses petits déjeuners américains typiques, mais propose aussi des hamburgers et des biftecks juteux, ainsi que de bons pains frais et des viennoiseries succulentes, tout droit sorties de leur four. Un endroit convivial où la nourriture n'est pas forcément des plus équilibrées...

Orlando's New Mexican Cafe
$-$$
tlj 10h30 à 21h
114 Don Juan Lane, El Prado
575-751-1450
www.orlandostaos.com
On se rend au Orlando's New Mexican Cafe afin de déguster de bons plats mexicains dans un décor chaleureux, vieillot et tout en couleurs. L'établissement est situé en bordure de la Paseo del Pueblo Norte (route 64), soit à moins de 3 km au nord de la Taos Plaza. La terrasse ombragée se veut le lieu idéal durant les chaudes journées d'été.

Byzantium
$$-$$$
jeu-lun dès 17h
112 La Placita St., angle Ledoux St.
575-751-0805
Comptant sur ses huit tables, sa décoration colorée et sa cuisine à aire ouverte, le Byzantium, une des meilleures adresses en ville, propose un menu californien aux arômes asiatiques qui varie de semaine en semaine selon la créativité du chef.

Graham's Grille
$$-$$$
lun-sam
106 Paseo del Pueblo Norte
575-751-1350
www.grahamstaos.com
Le Graham's Grille a su s'attirer les meilleures critiques grâce à sa cuisine simple mais recherchée, ses prix abordables et son cadre agréable, avec une terrasse très tranquille donnant sur la rue piétonne qu'est Bent Street, à deux pas de la Plaza. Côté menu, place à une cuisine inventive, inspirée autant par le Mexique que l'Italie et les États-Unis. Les propriétaires se font une fierté de proposer des produits frais: aussi bien les légumes de saison, la viande de choix et les poissons que les fromages locaux et les œufs de poules élevées en plein air. Une excellente adresse!

Trading Post Cafe
$$-$$$
fermé lun
4179 route 68, au croisement de la route 518, Ranchos de Taos
575-758-5089

Ce restaurant est considéré à juste titre comme l'une des meilleures tables de Taos depuis de nombreuses années. On y sert une cuisine californienne et italienne, accompagnée d'une bonne liste de vins de Californie, d'Italie et de quelques vignobles locaux. Vous pourrez choisir de vous installer dans la chic salle à manger, ou profiter de l'agréable terrasse.

Le nord-ouest

Gallup

Jerry's Cafe
$
406 W. Coal Ave.
505-722-6775

Le Jerry's Cafe est un endroit tout simple mais convivial où l'on mange de la véritable cuisine mexicaine, fraîche et sans prétention. Les portions, copieuses et savoureuses, ne déçoivent pas les connaisseurs.

Earl's Cafe
$-$$
1400 E. Hwy. 66
505-863-4201

L'Earl's Cafe, en plus de proposer de succulents biftecks, côtelettes de porc et plats néo-mexicains, vous procure une expérience culturelle à ne pas manquer, qui ne va pas sans rappeler l'ambiance animée de certaines régions du Mexique et de l'Amérique du Sud. Le soir venu, des dizaines d'Autochtones s'installent à l'entrée du restaurant pour y vendre leur artisanat.

Le sud

Carlsbad

El Cortez
$
fermé sam
506 S. Canal
575-885-4747

Loin d'être la Mecque de la gastronomie néo-mexicaine, Carlsbad compte tout de même quelques restaurants honnêtes. El Cortez a bonne réputation auprès des habitants et sert de la cuisine néo-mexicaine depuis 1937.

The Flume
$$
1829 S. Canal
575-887-2851 ou 800-730-2851

The Flume est probablement la meilleure adresse en ville. Ce restaurant propose entre autres un brunch au petit déjeuner et de la cuisine américaine pour le déjeuner et le dîner.

Alamogordo

Margo's
$
tlj dès 11h
504 E. First St.
575-434-0689

Tout le monde, tant les habitants que les gens de passage, s'arrête le midi comme le soir chez Margo's, un restaurant familial qui sert des plats régionaux des plus traditionnels dans un décor de bout du monde.

Memories
$$-$$$
lun-sam 11h à 21h
1223 New York Ave.
575-437-0077
www.memories-restaurant.com

Installé dans une maison victorienne construite en 1907, Memories contraste avec la majorité des restaurants du sud du Nouveau-Mexique. Dans une ambiance vieille école, on y mange de succulents poissons, fruits de mer et viandes.

Sorties

› Activités culturelles

Albuquerque

Pour connaître les événements de la scène culturelle et artistique d'Albuquerque, procurez-vous l'***Alibi*** *(www.alibi.com)*, un hebdomadaire distribué gratuitement dans la plupart des restaurants et des musées, ou consultez l'***Albuquerque Journal*** *(www.abqjournal.com)*.

Sante Fe

Dans un amphithéâtre situé au pied des montagnes Sangre de Cristo, le **Santa Fe Opera** *(début juil à fin août; 16 km à l'est de Santa Fe sur la route 84/285, 505-986-5900 ou 800-280-4654, www.santafeopera.org)* s'est bâti au fil des ans une solide réputation internationale. Attirant des interprètes de haut calibre et présentant des pièces classiques et modernes, l'opéra, qui fait la fierté des habitants de la région, représente le point culminant de la vie artistique au Nouveau-Mexique.

Depuis une trentaine d'années, le **Maria Benitez Teatro Flamenco** *(début juil à mi-sept mar-dim 20h; The Lodge at Santa Fe, 750 N. San Francis Dr., 505-955-8562 ou 505-470-7828, www.mariabenitez.com)* électrise les foules grâce à la fougue andalouse de la troupe dirigée par le génie chorégraphique de sa fondatrice, Maria Benitez.

Le **Santa Fe Playhouse** *(toute l'année; 142 E. De Vargas St., 505-988-4262, www.santafeplayhouse.org)* présente des comédies à longueur d'année ainsi qu'une amusante satire de la vie politique, culturelle et sociale de Santa Fe, de la fin août au début septembre de chaque année.

Bars et boîtes de nuit

Albuquerque

La vie nocturne d'Albuquerque est essentiellement concentrée sur Central Avenue entre Eighth Street et Second Street. Pour jouer au billard et prendre un verre en compagnie d'une clientèle bigarrée dans la trentaine, rendez-vous au populaire **Anodyne** *(409 Central Ave. NW, ☎ 505-244-1820)*. Le **Sunshine Theatre** *(120 Central Ave. NW, ☎ 505-764-0249)*, envahi par une jeune foule survoltée les fins de semaine, propose des soirées thématiques et présente à l'occasion des spectacles de reggae très courus.

Le **Launch Pad** *(618 Central Ave. SW, ☎ 505-764-8887)* attire surtout une clientèle excentrique qui vient écouter de la musique alternative dans une atmosphère animée ou voir des groupes locaux les fins de semaine. Enfin, l'**El Rey Theater** *(620 Central Ave. SW, ☎ 505-242-2343)* convie une clientèle éclectique qui partage l'amour du rock, du blues et du jazz. Les vendredis et samedis, les deux immenses pistes de danse sont littéralement prises d'assaut.

Santa Fe

Les fêtards de Santa Fe se rendent chez **El Paseo** *(208 Galisteo St., angle Water St., ☎ 505-992-2848, www.elpaseobar.com)*, qui présente certains soirs de la semaine des groupes de musiciens qui jouent des airs variant du jazz au punk. L'endroit peut devenir assez tumultueux les vendredis (le *Happy Hour* est le fer de lance de la soirée de 16h à 18h) et samedis soir.

Taos

L'**Alley Cantina** *(121 Teresina, à quelques pas de la Plaza, ☎ 575-758-2121, www.alleycantina.com)*, qui occupe une des plus anciennes maisons en adobe de Taos (XVIe siècle), s'anime tous les soirs aux rythmes du reggae, du jazz et du rock.

L'**Adobe Bar** *(125 Paseo del Pueblo Norte, ☎ 575-758-2233, www.taosinn.com)*, situé dans le Taos Inn, est un haut lieu de rencontre de la faune artistique de Taos. On y présente presque tous les soirs des spectacles de jazz, de flamenco, de country ou des futures célébrités locales.

Pour boire un verre entre amis, l'**Eske's Brew Pub and Eatery** *(106 Des Georges Lane, au sud-est de la Plaza, ☎ 505-758-1517, www.eskesbrewpub.com)* est tout désigné avec ses bières maison et son *Beer Garden*. Si la faim vous tenaille, vous pourrez aussi y prendre une bouchée. Concerts certains soirs.

Fêtes et festivals

Juillet

Le **Taos Pueblo Pow Wow** *(5$; ☎ 575-758-1028, www.taospueblopowwow.com)* a lieu au Taos Pueblo autour de la deuxième fin de semaine de juillet et rassemble un grand nombre de communautés amérindiennes d'Amérique du Nord qui rivalisent amicalement pour l'élection des meilleurs danseurs et musiciens traditionnels.

Août

L'**Indian Market** *(sur la Plaza, Santa Fe, ☎ 505-983-5220, www.swaia.org)*, qui se tient au cours de la troisième fin de semaine d'août, est l'événement le plus attendu de Santa Fe année après année. Des centaines d'artistes amérindiens parmi les plus talentueux y exposent leurs œuvres devant jury, et des milliers de collectionneurs du monde entier viennent y trouver des pièces uniques achetées à prix fort. Des milliers d'étrangers assistent à l'événement chaque année; vous avez donc intérêt à réserver une chambre d'hôtel plusieurs mois à l'avance.

L'**Annual Inter-Tribal Indian Ceremonial** *(☎ 505-863-3896, www.theceremonial.com)* a lieu à Gallup, au Red Rock State Park chaque année pendant la deuxième semaine d'août. Durant les cinq jours de festivités, une trentaine de tribus des États-Unis, du Canada et du Mexique se réunissent pour exécuter des danses cérémonielles hautes en couleur. Durant l'événement, les Autochtones offrent leur artisanat dans les rues de Red Rock et préparent la meilleure gastronomie amérindienne. On y présente également des rodéos et un spectaculaire défilé. Le festival attire des milliers de touristes chaque année; il est donc fortement recommandé de réserver une chambre d'hôtel à Gallup, et ce, bien à l'avance. Si vous ne pouvez assister à l'événement, vous pouvez toujours vous consoler au **Cultural Center** *(201 E. 66th Ave., Gallup)*, qui présente chaque soir dès 19h, de juin à septembre, des danses autochtones traditionnelles.

Septembre

Pendant la fin de semaine du Labor Day (fête du Travail), au début du mois de septembre, Santa Fe célèbre avec faste depuis 1712 la

Santa Fe Fiesta *(☎ 505-988-7575, www.santafefiesta.org)*, qui commémore la reconquête espagnole de la capitale en 1692 face aux Pueblos. La fête comprend des défilés et des bals en plein air qui attirent des milliers de curieux.

Octobre

Albuquerque accueille, au cours des deux premières semaines d'octobre, le plus gros rassemblement de montgolfières au monde – plus de 700 – lors de l'**Albuquerque International Balloon Fiesta** *(4401 Alamada NE, Albuquerque, ☎ 505-821-1000 ou 888-422-7277, www.balloonfiesta.com)*, qui se tient au nord-ouest de la ville dans le Balloon Fiesta Park.

Achats

Albuquerque

Si vous cherchez d'authentiques paniers apaches, des turquoises et des bijoux en argent, des couvertures de laine de style Zuni tissées à la main ou de magnifiques poteries Pueblo, vous les trouverez assurément dans une des nombreuses boutiques du vieil Albuquerque ou au très recommandable **Indian Pueblo Cultural Center** *(tlj 9h à 16h30; 2401 12th St. NW, ☎ 505-843-7270 ou 800-766-4405, www.indianpueblo.org)*.

Santa Fe

Santa Fe regroupe un nombre incalculable de galeries d'art et de boutiques de souvenirs de qualité supérieure. On y trouve entre autres de l'artisanat amérindien, des antiquités, des artéfacts coloniaux ainsi que de l'art contemporain.

Afin de dénicher de superbes bijoux fabriqués par des artisans autochtones des environs qui, dans la grande majorité des cas, les vendent eux-mêmes sur place, vous devez absolument vous rendre devant le **Palace of the Governors** *(Palace Ave., entre Washington St. et Lincoln St.)*, situé du côté nord de la Plaza. Chaque jour, de 10h à 17h, des dizaines d'artisans étalent leurs bijoux sur des couvertures, directement sur le long trottoir surmonté d'un porche. On y admire les différents bracelets, colliers et autres boucles d'oreilles. Ici, la turquoise est à l'honneur, mais également la serpentine et l'argent. Le choix est vaste et les prix plus qu'honnêtes.

Les plus belles boutiques se trouvent autour de la Plaza ainsi que sur la **Canyon Road**, qui accueille environ 250 galeries d'art sur toute sa longueur. Si vous êtes prêt à investir une somme rondelette pour une pièce unique, vous la trouverez là; mais ceux qui recherchent un joli collier ou une belle poterie devraient plutôt songer à se les procurer à Gallup, Albuquerque ou Taos. Ce sont les vendredis et samedis soir qu'ont lieu l'inauguration de nouvelles expositions. Vous en trouverez la liste complète dans la section *Pasatiempo* de l'édition du vendredi du journal *Santa Fe New Mexican*.

Taos

Taos compte un très grand nombre de bijoutiers et de boutiques en tous genres. De plus, les différents musées de la ville *(www.taosmuseums.org)* disposent d'une boutique où le choix est vaste (bijoux, vêtements, tapis, poteries, livres, etc.) et la qualité assurée. C'est notamment le cas au **Millicent Rogers Museum**.

À **Taos Pueblo**, vous trouverez des poteries et des bijoux réalisés par des artisans de l'endroit et vendus à bon prix. Les **John Dunn House Shops**, entre la Plaza et Bent Street, proposent des boutiques plus chics, un café et un marchand de livres.

Chimayo

Depuis 300 ans et huit générations, la famille Ortega fabrique des vêtements et des tapis en laine. La boutique **Ortega's de Chimayo** *(route 76, ☎ 575-351-4215 ou 877-351-4215, www.ortegasweaving.com)*, ouverte depuis 1900, poursuit cette tradition et propose différentes collections. S'y trouvent aussi des objets et des bijoux, ainsi que divers souvenirs de la région.

Gallup

Gallup compte de nombreuses boutiques d'artisanat autochtone qui proposent généralement les meilleurs prix au Nouveau-Mexique. On y trouve entre autres de superbes tissus navajos ainsi que des bijoux en argent et des turquoises ciselés par les maîtres zunis. Les plus belles boutiques et *pawn shops* (prêteurs sur gages) se trouvent sur le tronçon historique de la route 66.

Le **Flea Market** du samedi *(à partir de 8h)* rassemble plus de 300 vendeurs, dont de nombreux artisans et bijoutiers. Le marché se tient au début de la route 66 (sortie 26 de la route I-40).

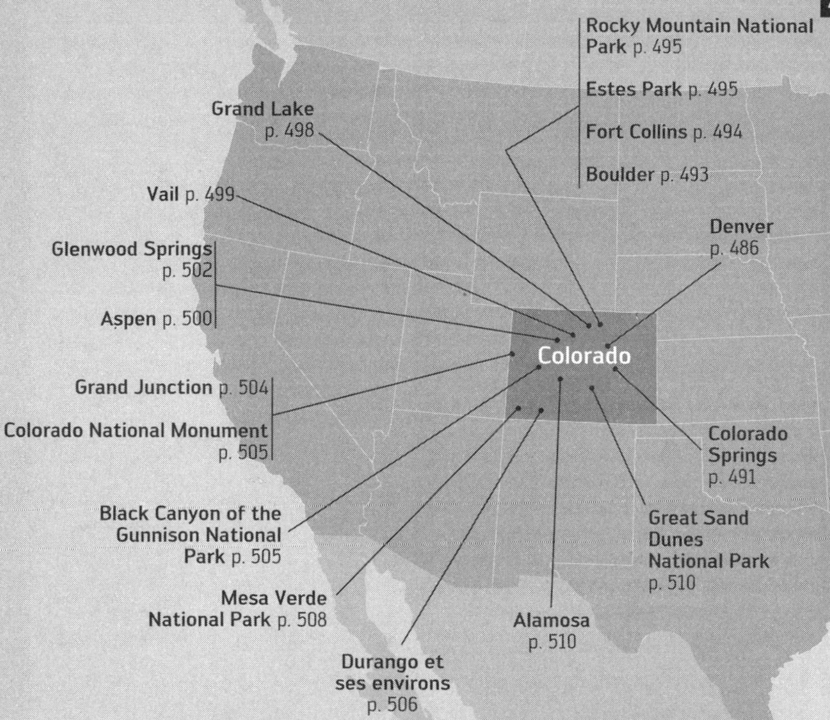

Rocky Mountain National Park p. 495
Estes Park p. 495
Fort Collins p. 494
Boulder p. 493
Grand Lake p. 498
Vail p. 499
Glenwood Springs p. 502
Aspen p. 500
Denver p. 486
Colorado
Grand Junction p. 504
Colorado National Monument p. 505
Colorado Springs p. 491
Black Canyon of the Gunnison National Park p. 505
Great Sand Dunes National Park p. 510
Mesa Verde National Park p. 508
Alamosa p. 510
Durango et ses environs p. 506

Le Colorado

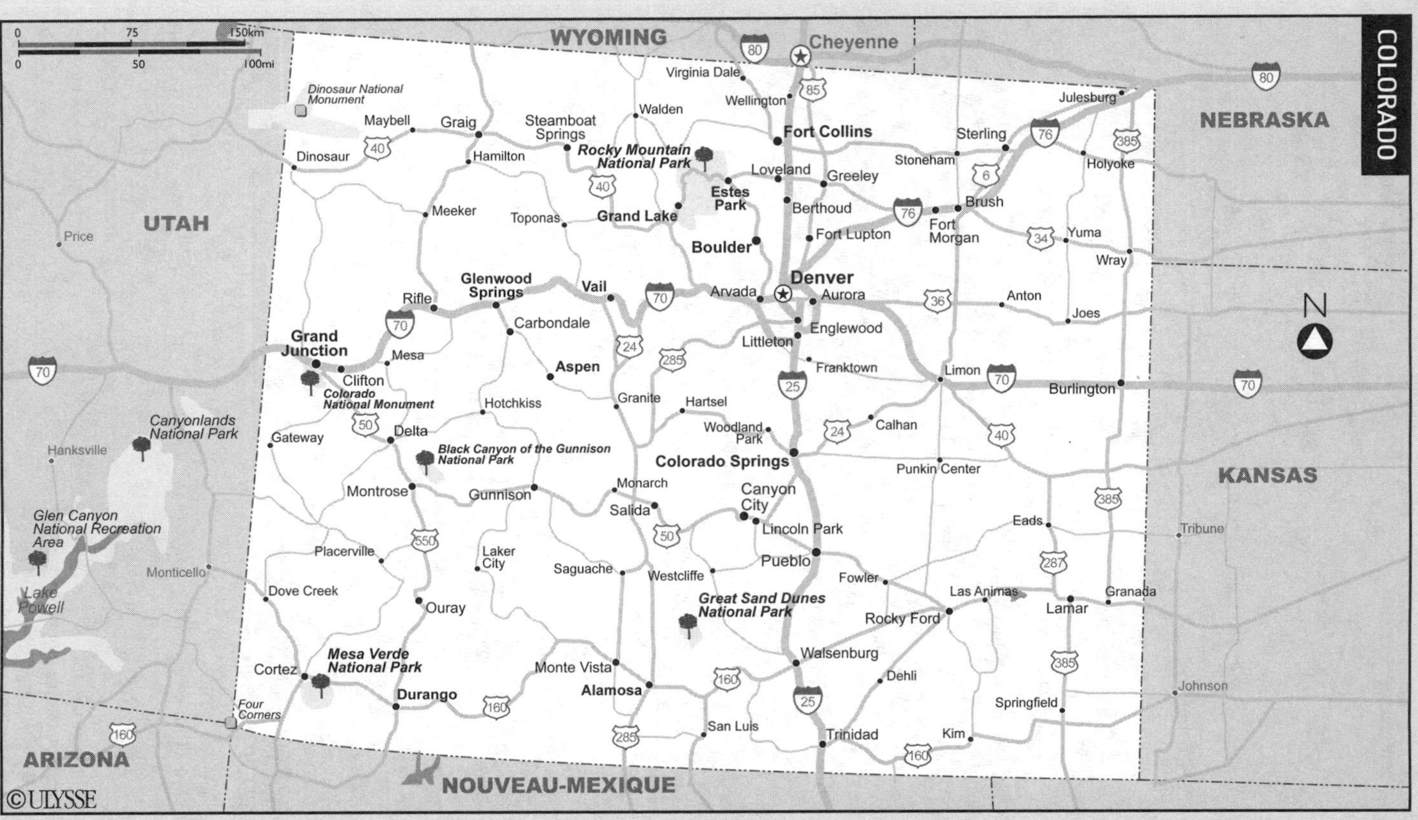
COLORADO
WYOMING
NEBRASKA
KANSAS
UTAH
ARIZONA
NOUVEAU-MEXIQUE
N
Cheyenne
Virginia Dale
Wellington
Fort Collins
Walden
Maybell
Graig
Steamboat Springs
Dinosaur National Monument
Dinosaur
Hamilton
Rocky Mountain National Park
Loveland
Greeley
Estes Park
Berthoud
Fort Lupton
Meeker
Toponas
Grand Lake
Boulder
Julesburg
Sterling
Holyoke
Stoneham
Brush
Fort Morgan
Yuma
Wray
Denver
Aurora
Arvada
Glenwood Springs
Vail
Rifle
Carbondale
Englewood
Littleton
Franktown
Anton
Joes
Grand Junction
Mesa
Clifton
Colorado National Monument
Aspen
Limon
Burlington
Granite
Hartsel
Hotchkiss
Woodland Park
Calhan
Delta
Gateway
Black Canyon of the Gunnison National Park
Colorado Springs
Punkin Center
Monarch
Montrose
Gunnison
Salida
Canyon City
Lincoln Park
Pueblo
Eads
Placerville
Laker City
Saguache
Westcliffe
Fowler
Dove Creek
Ouray
Great Sand Dunes National Park
Las Animas
Rocky Ford
Lamar
Granada
Mesa Verde National Park
Cortez
Monte Vista
Alamosa
Walsenburg
Dehli
Durango
Four Corners
San Luis
Trinidad
Kim
Springfield
Tribune
Johnson
Price
Hanksville
Canyonlands National Park
Glen Canyon National Recreation Area
Monticello
Lake Powell
80
85
76
385
40
6
34
36
70
24
285
25
50
550
287
160
0
75
150km
50
100mi
©ULYSSE

Rectangle quasi parfait tracé au cœur de la mosaïque américaine, le mythique Colorado, jadis terre d'aventure et d'espoir, ne renie en rien aujourd'hui cette réputation, loin de là! Bien que les aventuriers des temps modernes, chaussures dernier cri aux pieds et bâton de marche design à la main, aient remplacé les chercheurs d'or du XIXe siècle, ils parcourent toujours les mêmes lieux magiques qui ont séduit leurs prédécesseurs; et les milliers de nouveaux arrivants, jeunes et diplômés, qui affluent chaque année dans l'État pour combler sa soif insatiable de main-d'œuvre, sont toujours en quête d'un sort meilleur qu'ils savent pouvoir trouver ici.

Le Colorado ne peut décevoir les uns et les autres, grâce surtout à la spectaculaire variété de sa topographie. Celle-ci se décline en une large palette: vastes plaines à l'est, montagnes colossales au centre, immenses plateaux à l'ouest, le tout entrecoupé de canyons vertigineux et de fleuves au cours sans cesse changeant!

Qu'il s'agisse du Rocky Mountain National Park aux cimes enneigées, du Colorado National Monument avec ses canyons d'ocre et de feu, du sombre Black Canyon ou des tranquilles mesas du sud-ouest de l'État, la montagne est omniprésente. Partout elle revendique l'admiration béate que ne manque pas de lui témoigner le voyageur ébahi: peu souvent aura-t-il vu réunies avec autant de panache la force de la nature et l'insolente beauté de ses attributs.

Car, bien sûr, le Colorado (268 658 km^{2}), c'est avant tout le paradis des amateurs de plein air. Randonneurs, cyclistes, skieurs et rameurs du même genre y trouveront largement leur compte, tant est vaste la panoplie de sentiers, pistes et cours d'eau qui s'offre à eux.

Une fois rassasiés de plein d'air, les sportifs tourneront leur regard vers l'autre facette de l'État: les nombreuses villes semées au pied des montagnes et reliées entre elles par un lacis de routes toutes plus vertigineuses les unes que les autres.

Au premier rang d'entre elles et centre névralgique de l'État, Denver se targue d'être la «Mile-High City» (elle est située à une altitude de 1 609 m au-dessus du niveau de la mer). Dynamique et en pleine croissance, elle s'articule autour d'un centre-ville formé de deux pôles reliés entre eux par un mail piétonnier, le 16th Street Mall.

Située un peu au sud de Denver, la ville de Colorado Springs, naguère hôte de nombreux sanatoriums en raison de son air pur et sec, est aujourd'hui vouée en grande partie au tourisme. On y trouve, en plus de ses admirables Gardens of the Gods (un ensemble de rochers en saillie qui ont essaimé dans un parc verdoyant), le Pikes Peak, deuxième sommet le plus élevé du Colorado, qu'on peut escalader à bord d'un tramway à crémaillère, le Pike's Peak Cog Railroad.

Juste au nord de Denver, les villes universitaires de Boulder et de Fort Collins se distinguent l'une de l'autre à leur façon: la première par son mail piétonnier harmonieusement aménagé dans la partie historique de la ville, et la seconde par la route panoramique qui longe la rivière Cache La Poudre et le Poudre Canyon – tous deux magnifiques! – juste à l'extérieur de l'agglomération.

Porte d'entrée, côté est, du Rocky Mountain National Park, Estes Park se pose comme le village touristique typique, avec restaurants et boutiques de souvenirs à l'avenant. De l'autre côté du parc, à l'extrémité ouest de la Trail Ridge Road, qui le traverse à des hauteurs inégalées, se trouve Grand Lake, un autre petit village au charme suranné.

À l'ouest de Denver, les stations de sports d'hiver de Vail et d'Aspen, à la renommée planétaire, déroulent leurs pentes tentaculaires du sommet des Rocheuses jusqu'au cœur des villages, assurément très harmonieux, chacun dans son style. Glenwood Springs compose avec Vail et Aspen un triangle presque parfait; ses sources d'eau chaude souterraines ont fait sa réputation comme station thermale de premier plan.

Toujours plus à l'ouest, près de l'Utah, Grand Junction, comme son nom le suggère, sert de plaque tournante entre les sites nationaux du nord de l'État – entre autres l'impressionnant Colorado National Monument – et le chapelet de jolies petites villes du sud-ouest égrenées tout au long de la route des mesas qui mène à Durango et au Mesa Verde National Park, tout près. Il faut faire, à Durango, le périple jusqu'à Silverton à bord d'un train à vapeur d'antan qui, pendant près de 4h, tout en s'accrochant aux flancs de montagnes abruptes, se fraie péniblement un chemin à travers des paysages époustouflants! Et enfin, à mi-chemin entre Durango et Colorado Springs, le Great Sand Dunes National Park présente l'un des plus étonnants paysages de la région avec ses grandes dunes, les plus hautes en Amérique du Nord, posées au pied de pics enneigés.

Histoire

Les premiers véritables habitants du Colorado, il y a 2 000 ans, furent les ancêtres des Pueblos, ces Amérindiens connus aussi sous le nom d'«Anasazis». Ces derniers s'étaient établis dans la région du sud-ouest de l'État actuel dite des «Four Corners», entre autres dans ce qui est connu aujourd'hui comme étant le Mesa Verde National Park.

Peu à peu, ils commencèrent à cultiver la terre et à bâtir des habitations de plus en plus sophistiquées qui culminèrent avec les extraordinaires *cliff dwellings*, ces maisons de pierre construites dans les falaises de Mesa Verde. Pour une raison inconnue, les Anasazis désertèrent les lieux et émigrèrent vers le sud dans les années 1300.

Jusqu'à l'arrivée de l'homme blanc, le territoire resta le fief de différentes bandes amérindiennes tels les Utes, Cheyennes, Arapahoes et Navajos, entre autres. Par la suite, les années 1500 à 1800 virent les explorateurs européens, espagnols et français se disputer le territoire jusqu'à la cession par la France à l'Espagne des territoires à l'ouest du fleuve Mississippi en 1762. Mais comme chacun sait, l'histoire est faite de rebondissements: avant la fin du siècle, les Espagnols durent céder le territoire aux Français… qui le revendirent aux Américains en 1803 par l'entremise du «Louisiana Purchase», doublant ainsi la superficie des États-Unis!

À partir de ce moment, l'exploration et le développement de la région furent l'affaire des Américains; le gouvernement fédéral y dépêcha plusieurs expéditions de reconnaissance dont celles de Zebulon Pike, du côté de Colorado Springs, et du major Stephen H. Long, dans les Rocheuses, comptent parmi les plus célèbres. Par la suite, les conséquences de diverses péripéties entre le Mexique et les États-Unis firent que le sud et l'ouest du pays virent leurs superficies s'agrandir considérablement, y compris le sud du Colorado.

La ruée vers l'or du milieu du XIXe siècle, y attirant population et capitaux, fut véritablement à l'origine du développement accéléré que connut le Colorado Territory. À sa suite, le chemin de fer arriva vers 1870, amenant avec lui richesse, progrès et civilisation. En 1876, le Colorado devint l'un des États de l'Union. Mais avant la fin du siècle, la fièvre de l'or s'était éteinte, et le nouvel État n'en menait pas large. Heureusement, la découverte d'un autre précieux métal – l'argent, en l'occurrence – relança l'économie, et la prospérité revint à nouveau... jusqu'au krach de Wall Street de 1929, qui annonça la grande dépression des années 1930 à la grandeur de l'Amérique.

Ce fut malgré tout un mal pour un bien, car les gouvernements profitèrent de cette période noire pour accélérer le développement des parcs, routes et infrastructures dans le but d'occuper les milliers de chômeurs désemparés. La Seconde Guerre mondiale devait provoquer l'invasion (pacifique!) des militaires, dont les installations massives relancèrent une nouvelle fois l'économie.

L'or blanc prit ensuite le relais au début des années 1960, alors que s'accélérait l'établissement de plusieurs stations de ski entraînant avec elles le tourisme à grande échelle. Les années récentes ont vu Denver et le Colorado prendre le train des nouvelles technologies et de la société des loisirs, ruées vers l'or des temps modernes!

Climat

Le Colorado bénéficie d'un climat que d'aucuns qualifieraient d'idéal : les étés y sont chauds et secs, alors que la température hivernale demeure relativement douce bien qu'on puisse s'adonner – dans les Rocheuses – à la pratique des activités de neige dans les meilleures conditions. En outre, le soleil est un visiteur très assidu : il honore le Colorado de sa présence presque 300 jours durant l'année!

Accès et déplacements

➤ En avion

Le **Denver International Airport (DIA)** *(☎ 303-342-2000, www.flydenver.com)*, situé à 23 mi ou 37 km de Denver, ne manque pas d'allure avec la membrane synthétique toute blanche qui le recouvre telle une gigantesque tente : les 34 pointes acérées de celle-ci font écho aux pics abrupts des Rocheuses visibles à l'horizon.

Toutes les grandes compagnies aériennes américaines desservent l'aéroport, de même que plusieurs lignes aériennes internationales telles que Air Canada, British Airways, Lufthansa et Mexicana.

De l'aéroport, il faut compter environ 35 min pour se rendre en voiture au centre-ville de Denver, via la route I-70, soit avec une voiture de location (toutes les agences de location de voitures sont représentées à l'aéroport), soit avec un des nombreux taxis disponibles *(comptez environ 50$)*. Il existe également un service de transport en commun pour le centre-ville, le **skyRide** *(8$ à 12$; ☎ 303-299-6000, www.rtd-denver.com)*.

Boulder Super Shuttle *(25$/trajet; ☎ 800-258-3826, www.bouldersupershuttle.com)* offre un service de navette depuis l'aéroport de Denver jusqu'à Boulder.

➤ En voiture

Le réseau routier du Colorado s'articule autour de Denver, la capitale. Les deux principales routes qui traversent l'État dans les deux sens s'y rencontrent : la route I-25, du nord au sud, et la route I-70, qui court d'est en ouest. À de rares exceptions près, il n'y a pas de péage sur les routes.

Le Colorado étant de par sa nature un pays de montagnes, beaucoup de routes doivent franchir des cols vertigineux. Cela occasionne durant la saison froide la fermeture de certaines routes devenues impraticables en raison de conditions hivernales trop rigoureuses. C'est le cas entre autres de la Trail Ridge Road (route US 34), qui relie Estes Park et Grand Lake à très haute altitude, au sommet des Rocheuses.

Afin de connaître l'état des routes, contactez le **Colorado Department of Transportation** *(☎ 877-315-7623 depuis le Colorado ou ☎ 303-639-1111, www.cotrip.org)*.

➤ En autocar

Au Colorado, les autocars de la compagnie **Greyhound** *(☎ 800-231-2222, www.greyhound.com)* desservent les villes de **Denver** *(1055 19th St., ☎ 303-293-6555)*, **Fort Collins** *(250 N. Mason St., ☎ 970-221-1327)*, **Vail** *(241 S. Frontage Rd. E., ☎ 970-476-5137)*, **Glenwood Springs** *(51171 Hwy. 6, ☎ 970-945-8501)*, **Grand Junction** *(230 S. Fifth St., ☎ 970-242-6012)*, **Durango** *(275 E. Eighth Ave., ☎ 970-259-2755)* et **Colorado Springs** *(120 S. Weber St., ☎ 719-635-1505)*.

➤ En train

Le *California Zephyr* de la compagnie **Amtrak** *(☎ 800-872-7245, www.amtrak.com)* s'arrête à **Denver** *(1701 Wynkoop St.)*, **Glenwood Springs** *(413 Seventh St.)* et **Grand Junction** *(37 S. First St.)* alors qu'il effectue la liaison quotidienne entre Emeryville (région de San Francisco) et Chicago.

➤ En transport en commun

Denver

La compagnie responsable des transports en commun à Denver, le **Regional Transport District (RTD)** *(☎ 303-299-6000, www.rtd-denver.com)*, exploite une flotte d'autobus à travers la ville et sa banlieue ainsi qu'une ligne de tramway au centre-ville. Le tarif de base à l'intérieur des limites de la ville est de 2$. En outre, un autobus gratuit circule le long du 16th Street Mall toutes les 5 min.

Boulder

Boulder a le même service régional d'autobus que Denver (**RTD**), lesquels autobus parcourent les rues au coût de 2$. De plus, la ville dispose d'une navette spéciale: le **HOP** *(☎ 303-447-2848 ou 303-441-3266)*, qui relie les campus universitaires au centre-ville.

Fort Collins

Le réseau d'autobus de Fort Collins a pour nom **Transfort** *(1,25$; ☎ 970-221-6620, www.ci.fort-collins.co.us/transfort)*.

Vail

Le cœur de Vail a la particularité d'être un mail piétonnier, ce qui contribue grandement à son charme; par contre, le **Vail Transit Department** *(☎ 970-479-2178)* offre un service d'autobus gratuit qui dessert le centre-ville et les stations de ski.

Aspen

La **Roaring Fork Transit Agency** *(☎ 970-925-8484, www.rfta.com)* offre un service gratuit d'autobus à l'intérieur des limites de la ville.

Glenwood Springs

La compagnie de transport en commun **Ride Glenwood Springs** *(☎ 970-925-8484)* offre plusieurs circuits gratuits entre les différents attraits et places publiques de la ville.

Durango

Les autobus de la société de transport en commun **Durango Transit** *(1$; ☎ 970-259-5438)* sillonnent la ville. De plus, un autobus aux allures de tramway, le **Durango Trolley** *(gratuit)*, fait la navette le long de la rue principale, Main Street.

Colorado Springs

Le **Colorado Springs Transit Ride** *(☎ 719-385-7433)* assure un service de transport en commun à l'intérieur de la ville.

› En taxi

Denver

Les principales compagnies de taxis desservant Denver sont **Metro Taxi** *(☎ 303-333-3333)* et **Denver/Boulder Yellow Cab** *(☎ 303-777-7777)*.

Boulder

Les taxis de la compagnie **Denver/Boulder Yellow Cab** *(☎ 303-777-7777)* sillonnent les rues de la ville de Boulder.

Fort Collins

Shamrock Yellow Cab *(☎ 970-482-0505, www.rideshamrock.com)* offre ses services à travers la ville de Fort Collins.

Vail

À Vail, les taxis circulent sous la bannière de **High Mountain Taxi** *(☎ 970-524-5555, www.hmtaxi.com)*.

Aspen

Les services de taxi à Aspen sont assurés par **High Mountain Taxi** *(☎ 970-925-8294, www.hmtaxi.com)*.

Glenwood Springs

À Glenwood Springs, les services de taxi sont offerts par **DD Taxi** *(☎ 970-384-1116)*.

Grand Junction

Les taxis de **Sunshine Taxi** *(☎ 970-245-8294)* sillonnent la ville de Grand Junction.

Durango

À Durango, les services de taxi sont proposés par **Durango Transportation** *(☎ 970-259-4818)*.

Attraits touristiques

Colorado Travel and Tourism Authority: ☎ 800-265-6723, www.colorado.com.

Denver ★

p. 511 *p. 516* *p. 520* *p. 521*

1 jour

Localisation: à l'intersection des routes 70 et 25; 244 mi (392 km) à l'est de Grand Junction; 234 mi (377 km) au nord d'Alamosa.

Denver Visitor Information Center: 1600 California St., angle 16th St., ☎ 303-892-1505 ou 800-233-6837, www.denver.org.

Édifiée dans la frénésie de la ruée vers l'or du Colorado il y a un siècle et demi, Denver (610 000 hab.) perpétue encore aujourd'hui sa relation privilégiée avec l'argent sous toutes ses formes: au cours des deux dernières décennies, des milliards de dollars ont été investis dans cette ville prospère, sous forme de gratte-ciel imposants, de stades sportifs, d'un aéroport international ultramoderne, d'un agrandissement du centre de congrès ou encore d'un système de transport urbain sur rail. Conséquence de ce déluge d'investissements: le centre-ville s'en est retrouvé complètement transformé, et la ville s'est donné un air de jeunesse qui est l'un des moteurs de son dynamisme actuel.

Bien qu'elle eût servi de poste de traite à différentes époques, ce n'est pas avant 1859 que la ville prit son nom actuel de «Denver», baptisée ainsi en l'honneur du gouverneur James Denver par William Larimer, un militaire venu du Kansas voisin, qui y fut attiré par la fièvre de l'or naissante. Cette dernière n'allait cependant pas faire long feu et, quelques années plus tard, elle était remplacée par une nouvelle ruée, vers l'argent celle-là, dans une région montagneuse, à l'ouest de la ville. Déjà quartier général des prospecteurs, industriels et fournisseurs d'équipement minier, c'est tout naturellement que Denver prit ce nouveau train et en profita au passage pour devenir, au tournant du siècle dernier, une ville bien établie et diversifiée. Denver continua de prospérer ainsi jusqu'à la fin des années 1920, alors que le creusement du tunnel Moffat à travers les Rocheuses mit fin à son relatif isolement et qu'elle put enfin prétendre à la notoriété nationale. Mais la route est longue vers l'abolition des préjugés, et son image de ville du *Far West* perdurera jusqu'au début des années 1980, alors que le boom énergétique fit subir à son centre-ville une mutation radicale et qu'elle commença à prendre le visage qu'on lui connaît aujourd'hui, soit celui d'un centre financier et commercial de premier plan, moderne et tourné vers l'avenir. La transformation du Lower District, lors de l'édification, en 1995, du stade de baseball local, le Coors Field, achèvera d'asseoir sa réputation.

Tout cela, additionné aux 200 parcs municipaux, à l'aménagement parfois génial de certaines artères – le mail piétonnier de la 16th Street, par exemple – et, surtout, au formidable levier que constituent les Rocheuses voisines, participe à la qualité de vie qui a fait de Denver le centre d'intérêt qu'elle est devenue aujourd'hui. Pourtant, d'aucuns ne considèrent Denver, encore aujourd'hui, que comme un tremplin vers le Rocky Mountain National Park ou les destinations plus touristiques de Vail et d'Aspen: ce n'est plus tout à fait exact. Sa revitalisation, menée avec un souci évident d'harmonie et d'intégration, a façonné une ville des plus attrayantes mariant avec bonheur urbanisation moderne et mise en valeur de lieux historiques.

Étant donné que la plupart des sites touristiques de Denver parsèment le centre-ville, il est relativement facile de s'y retrouver et même d'en effectuer le parcours à pied. Ainsi, en prenant pour point de départ le Civic Center Park, à l'angle de 16th Street et de Broadway, on peut, d'un côté, explorer le Golden Triangle District et, de l'autre, se diriger vers le «LoDo» (Lower Downtown) et Larimer Square en empruntant le 16th Street Mall, qui sert de trait d'union entre les deux quartiers.

Golden Triangle ★★

Délimité par Colfax Avenue, Speer Boulevard et Lincoln Street, ce secteur regroupe une grande partie des attraits culturels et historiques de Denver.

Le **Colorado State Capitol** ★ *(entrée libre; sept à mai lun-ven 9h15 à 14h30, juin à août lun-ven 9h à 15h30; deux visites guidées d'une durée de 45 min: l'une pour l'observatoire et l'autre pour le bâtiment; 200 E. Colfax Ave., ☎ 303-866-2604, www.colorado.gov)*, au dôme recouvert de feuilles d'or, ressemble en tout point à son homonyme de Washington puisque son architecte s'en est inspiré. On a porté un soin jaloux à sa construction, en n'utilisant que des matériaux de la région, allant même jusqu'à vider la seule et unique carrière mondiale d'onyx rose! Après avoir gravi les 93 marches menant à l'observatoire situé sous la rotonde, on est récompensé par une vue imprenable sur la ville et les Rocheuses à l'horizon. N'oubliez pas de faire une pause à la 15ᵉ marche: elle est située exactement à 5 280 pi (1 609 m) du niveau de la mer, soit un mille, d'où l'appellation de «Mile-High City» dont s'est affublée la ville de Denver.

Face au Capitol s'étire le **Civic Center Park** ★, un immense havre de verdure au cœur de la ville où des statues d'Amérindiens et de chevaux sauvages cohabitent avec des fontaines, des jardins floraux et d'autres ornementations paysagères, notamment un amphithéâtre grec.

Le **Colorado History Museum** *(droit d'entrée; lun-sam 10h à 17h, dim 12h à 17h; angle 12th St. et Broadway, ☎ 303-866-3682, www.coloradohistory.org)*, fermé lors de notre passage en attendant l'ouverture de son tout nouveau bâtiment, se consacre à l'histoire du Colorado et des peuples qui l'ont habité. Au moment de mettre sous presse, sa réouverture était prévue pour 2012.

Le **Molly Brown House Museum** ★★★ *(8$; lun-sam 10h à 16h, dim 12h à 16h; 1340 Pennsylvania St., ☎ 303-832-4092, www.mollybrown.org)* est aménagé dans la résidence de Molly Brown, une des seules survivantes du *Titanic*, ce qui lui valut son surnom d'« insubmersible » (*unsinkable*). La visite parcourt les 14 pièces de cette demeure victorienne où vécut cette femme exceptionnelle qui, en son temps, a fait de la politique, a défendu les droits des enfants et des animaux et a voyagé autour du monde, à une époque où les femmes n'avaient pas les mêmes droits que les hommes.

Le remarquable édifice du **Denver Art Museum** ★★ *(13$; mar-sam 10h à 17h, ven jusqu'à 22h, dim 12h à 17h; 100 W. 14th Ave., ☎ 720-865-5000, www.denverartmuseum.org)*, œuvre de l'architecte italien de renom Giò Ponti, se démarque des constructions avoisinantes par son architecture singulière. Sa façade complexe se compose de 26 faces recouvertes d'un million de plaques de verre gris hérissées de pointes. Au crépuscule, ce mur de ceinture étincelant confère au musée l'allure d'une forteresse médiévale. L'intérieur n'en est pas moins intéressant avec, entre autres, au deuxième étage, une collection unique d'art amérindien – la plus importante au monde – où toutes les tribus nord-américaines sont représentées avec leurs costumes, leurs poteries, leurs fétiches ... y compris l'incontournable tipi de l'Amérindien des plaines! Le musée compte également de nombreuses autres collections : asiatique, précolombienne et espagnole par exemple ou encore africaine et océanienne. La section d'art asiatique recèle quant à elle une curiosité fort intéressante : un mandala, symbole tantrique hindou, que des moines tibétains ont créé ici en 1997. La tradition veut que cet objet, fait de poudre de marbre, soit détruit sitôt achevé, mais, dans le cas présent, le musée a obtenu une dérogation afin de pouvoir l'exposer en permanence.

L'argent étant l'un des symboles les plus puissants de l'Amérique, il est fascinant de le voir fabriquer à l'**United States Mint** ★ *(entrée libre; lun-ven 8h à 14h; réservation conseillée sur le site Internet; 320 W. Colfax Ave., ☎ 800-872-6468, www.usmint.gov)*. Cantonné à l'origine dans la fonte de l'or des prospecteurs, cet Hôtel de la Monnaie, un des quatre aux États-Unis, aménagea en 1904 dans l'édifice actuel de style Renaissance italienne, vague copie du Palazzo Riccardi de Florence. Bien qu'on n'y frappe plus de pièces d'or depuis belle lurette, il constitue aujourd'hui le deuxième dépôt de lingots d'or en importance aux États-Unis! Des presses infernales y crachent annuellement 5 milliards de pièces de monnaie! Au cours d'une visite guidée de 40 min, le visiteur peut observer la transformation de banals lingots de cuivre et de nickel en pièces rutilantes étalées un peu partout dans des sacs, sur des plateaux ou sur des convoyeurs : fascinant! Pour ceux que l'histoire de l'argent intéresse, un instructif musée de la monnaie est intégré à l'ensemble.

16th Street Mall ★

Ce mail piétonnier d'un kilomètre et demi, superbement aménagé au cœur du centre-ville, est jalonné tout au long de son parcours d'arbres, de bancs publics et de fontaines. Les travailleurs des immeubles de bureaux voisins et les touristes de passage se mèlent pour insuffler à la rue une animation trépidante et en faire le cœur vivant de Denver. Des navettes gratuites (*Free Mallride*) le parcourent dans les deux sens toutes les 5 min. Le mail est bordé de cafés, de bureaux et de restaurants, ainsi que de centres commerciaux s'harmonisant très bien avec les autres établissements.

Situé à l'extrémité nord du mail, à l'angle de Larimer Street, **Writer Square** ne manque pas de charme avec sa série d'édifices en briques rouges agréablement intégrés dans un ensemble de terrasses fleuries, ornées de sculptures de bronze d'une grande beauté.

Un passage piétonnier relie Writer Square et le **Larimer Square** ★ adjacent, soit la partie restaurée de la rue du même nom. On y a transformé un ensemble de 18 maisons victoriennes historiques en restaurants et

DENVER

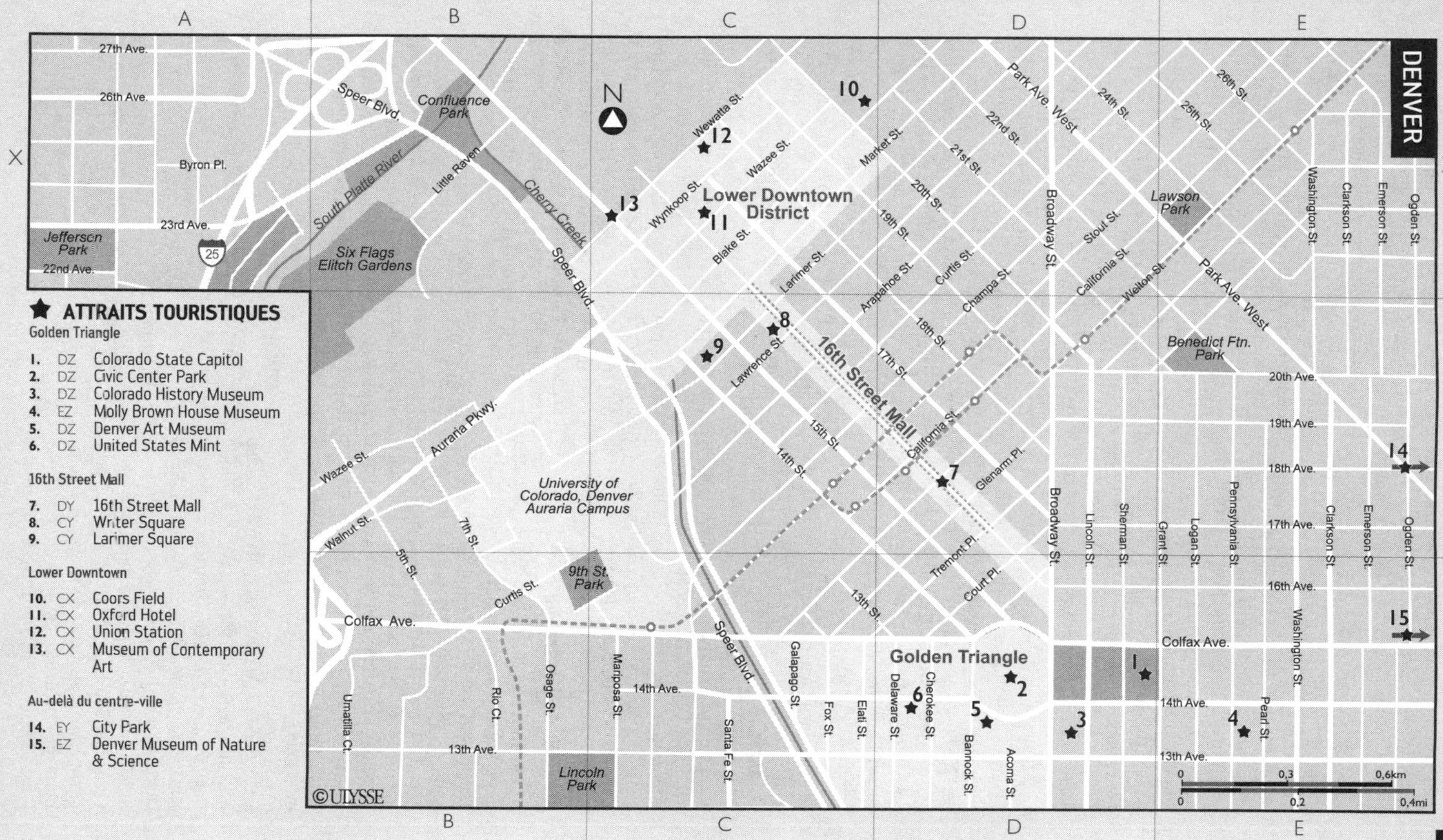

★ ATTRAITS TOURISTIQUES

Golden Triangle

1. DZ Colorado State Capitol
2. DZ Civic Center Park
3. DZ Colorado History Museum
4. EZ Molly Brown House Museum
5. DZ Denver Art Museum
6. DZ United States Mint

16th Street Mall

7. DY 16th Street Mall
8. CY Writer Square
9. CY Larimer Square

Lower Downtown

10. CX Coors Field
11. CX Oxford Hotel
12. CX Union Station
13. CX Museum of Contemporary Art

Au-delà du centre-ville

14. EY City Park
15. EZ Denver Museum of Nature & Science

boîtes de nuit, avec auvents colorés et terrasses fleuries qui donnent à l'ensemble un cachet d'autrefois mâtiné d'un modernisme de bon aloi.

Lower Downtown ★★

Ce quartier est situé entre Larimer Square et le stade de baseball **Coors Field**. C'est à la faveur de la construction, en 1995, de ce stade à l'architecture remarquable que le quartier s'est métamorphosé : autrefois jalonné d'entrepôts vétustes et de manufactures abandonnées, il s'est enrichi d'autant de cafés, bars et restaurants à la mode qui y drainent une faune vivante et enthousiaste.

Le Lower Downtown (ou «LoDo») est truffé d'édifices historiques, entre autres un hôtel centenaire superbe, l'**Oxford Hotel**, à l'angle de 17th Street et de Wazee Street, ainsi que l'historique gare de trains **Union Station**, de l'autre côté de la rue, encore utilisée aujourd'hui par la compagnie ferroviaire nationale Amtrak.

Le **Museum of Contemporary Art** ★ *(10$; mar-dim 10h à 18h, ven jusqu'à 22h; 1485 Delgany St., angle 15th Ave., ✆ 303-298-7554, www.mcadenver.org)* loge depuis 2007 dans un tout nouveau bâtiment aux lignes épurées, œuvre de l'architecte anglais David Adjaye. Vous y trouverez des expositions et installations temporaires d'artistes en résidence ou d'invités, résolument modernes.

Au-delà du centre-ville

Le **City Park** *(bordé par 17th Ave. E., 26th Ave. E., York St. et Colorado Blvd., ✆ 303-964-2500)* s'étend sur 125 ha, ce qui en fait – et de loin! – le plus grand parc à l'intérieur de la ville. Parmi ses aménagements, on retrouve notamment deux lacs, un golf, des courts de tennis et plusieurs aires de pique-nique. Le parc est sillonné un peu partout par de nombreux sentiers propices à la marche et au jogging.

Situé au cœur du City Park, le **Denver Museum of Nature & Science** ★ *(musée: 11$, forfait incluant l'accès au planétarium et au cinéma IMAX: 21$; tlj 9h à 17h; 2001 Colorado Blvd., ✆ 303-370-6000, www.dmns.org)* fait partie des musées majeurs dont s'enorgueillit Denver. Ce musée d'histoire naturelle, l'un des principaux aux États-Unis, décrit, par le truchement de plusieurs dizaines de dioramas, l'histoire de la vie sur Terre à différentes époques. Il met en particulier l'accent sur la période préhistorique américaine et sur l'habitat faunique du Colorado. L'ajout du *Prehistoric Journey*, une présentation multimédia retraçant l'origine de la vie à l'aide de dioramas et d'une exposition de squelettes de dinosaures d'un réalisme saisissant, vient compléter favorablement ce voyage dans le temps. Le musée comporte également un planétarium et un cinéma IMAX.

Activités de plein air

La ville de Denver a la particularité de posséder un réseau de 47 parcs situés à l'extérieur de la ville, appelés **Denver Mountain Parks** ★ *(✆ 303-697-4545, www.denvermountainparks.com)*. C'est le maire visionnaire de l'époque, Robert W. Speer, déjà soucieux de conservation, qui les créa en 1912. Dans ces véritables paradis de plein air, les randonneurs et cyclistes trouveront toute une variété de sentiers présentant divers niveaux de difficulté. Le plus grand, le **Genesee Park**, situé à 20 mi (32 km) à l'ouest de Denver, à la sortie 254 de la route I-70, abrite un très beau camping, le **Chief Hosa Campground** *(✆ 303-526-1324, www.chiefhosa.org)*.

Un des plus beaux lacs de montagne du Colorado, l'Echo Lake (vedette de cartes postales!), situé sur la route 103 à 44 mi (70 km) à l'ouest du centre-ville de Denver, repose à 5 000 m au-dessus du niveau de la mer, au pied du mont Evans. Le lac est protégé par l'**Echo Lake Park**. La pêche y est excellente, et la multitude de sentiers qui le sillonnent en fait le rendez-vous idéal des randonneurs.

➤ *Golf*

Le Colorado compte plus de 250 terrains de golf, dont près d'une centaine dans la grande région de Denver. Distribuée gratuitement, la brochure ***Colorado Golf*** présente la plupart de ces terrains.

Colorado Golf: ✆ 303-688-5853, www.coloradogolf.com

Colorado Golf Association: ✆ 303-366-4653 ou 800-228-4675, www.cogolf.org

➤ *Ski alpin*

Le **Winter Park Resort** *(✆ 303-316-1564 ou 970-726-1564, www.skiwinterpark.com)* est une gigantesque station de ski située à 70 mi (112 km) à l'ouest de Denver.

Colorado Springs ★★

▲ p. 513 ◍ p. 517 ◘ p. 522

⏱ *1 jour*

Localisation: 70 mi (112 km) au sud de Denver; 170 mi (274 km) au nord du Great Sand Dunes National Park.

Colorado Springs Downtown Visitors Information Center: 515 S. Cascade Ave., ☎ 719-635-7506 ou 800-368-4748, www.visitcos.com.

S'il est une ville du Colorado qui sied bien à l'idée qu'on se fait du mot «tourisme», c'est bien Colorado Springs! Dans cette ville de quelque 380 000 habitants, tout est au service de cette vocation, du paysage béni des dieux aux attraits dits «touristiques» (bien terrestres ceux-là!), en passant par un climat idéal.

La fondation de la ville remonte à 1871, alors que le général William Jackson Palmer fait d'une pierre deux coups et inaugure du même souffle le Rio Grande Railroad et Colorado Springs, dont il entrevoyait la vocation touristique, à l'image des grandes stations de villégiature de l'Est américain. D'ailleurs, le château qu'il y fit construire, «Glen Eyrie» (nid d'aigle), existe encore aujourd'hui, témoin silencieux des rêves de grandeur du général. Auparavant, un autre visionnaire – moins devin celui-là –, le lieutenant Zebulon Pike, s'était aventuré dans la région en 1806 et avait estimé la montagne infranchissable, lui donnant à cet effet le nom de Grand Peak, rebaptisée depuis «Pikes Peak» en son honneur. Finalement, un troisième homme vint compléter ce trio de bâtisseurs en 1892; c'est à cette date que débarqua à Colorado Springs Spencer Penrose, qui y fit rapidement fortune grâce à de judicieux investissements liés à la ruée vers l'or de Cripple Creek, situé tout près. Dans la foulée, il construisit, avec ses propres fonds, une route menant au sommet de Pikes Peak, réputé infranchissable un siècle plus tôt! On lui doit également l'érection, au cours de la Première Guerre mondiale, de l'extravagant et luxueux hôtel Broadmoor au pied de la Cheyenne Mountain. La région bénéficia aussi des retombées de la Seconde Guerre mondiale, alors qu'elle vit le complexe militaro-industriel étendre peu à peu ses tentacules jusqu'à la construction, en 1958, de l'immense Air Force Academy, point d'orgue de cette présence appuyée. Fondée à l'origine dans le but d'en faire un lieu de villégiature, la ville de Colorado Springs demeure encore aujourd'hui – et ce n'est pas un hasard – une des destinations les plus courues du Colorado. Elle offre en effet un cocktail équilibré d'attraits naturels des plus spectaculaires jumelés à maintes attractions touristiques alléchantes. Le **Colorado Springs Downtown Visitors Information Center** (voir ci-contre) distribue le dépliant *Downtown Walking Tour*, qui permet de visiter à pied la ville sans manquer le moindre point d'intérêt.

Certes l'un des sites naturels les plus originaux du Sud-Ouest américain, le parc urbain **Garden of the Gods** ★★ *(toute l'année; 1805 N. 30th St., sortie 146 de la route I-25, ☎ 719-634-6666, www.gardenofgods.com)* s'impose d'emblée comme l'attrait le plus spectaculaire de la région, un paradis pour les photographes! Imaginez une succession de saillies géantes en grès rouge jaillies des entrailles de la Terre; donnez-leur une multitude de formes biscornues et suggestives; disposez-les de façon aléatoire dans un immense écrin de verdure, et vous avez là un site unique, d'une beauté brute rarement égalée. Serpentant à travers le parc, une route pavée réserve à chaque tournant un point de vue nouveau sur ces formidables formations rocheuses. Chacune d'entre elles possède un nom et une personnalité propre, tellement leurs silhouettes sont évocatrices. On peut d'ailleurs se procurer une carte les répertoriant à l'intérieur du splendide **Visitor and Nature Center** situé près de l'entrée du parc. Celui-ci présente également un spectacle multimédia très bien conçu expliquant la naissance de ces rochers et leur évolution dans le temps.

On ne peut manquer le **Pikes Peak** ★ : il est visible à des kilomètres à la ronde! Ce sommet majestueux, qui culmine à 4 500 m et contre lequel est adossée Colorado Springs, est l'image de marque de la ville: on ne compte plus les calendriers, cartes postales et publicités qui le mettent en vedette! Avec raison d'ailleurs, puisqu'il s'agit d'une des plus belles et des plus imposantes montagnes du Colorado. C'est une aventure en soi que d'en faire l'ascension en voiture via la **Pikes Peak Highway** *(40$/voiture; les horaires d'ouverture et de fermeture des barrières d'accès varient, vérifiez-les avant de vous y rendre; sortie Cascade de la route US 24, ☎ 719-684-9383,* *www.pikespeakcolorado.com)*: cette route panoramique dont seul le premier tiers est pavé offre des points de vue sensationnels tout au long de ses 150 courbes menant au sommet! Toutefois, il existe une façon beaucoup plus originale de gravir la montagne: il s'agit de prendre le **Pikes Peak Cog Railway** *(33$; toute l'année; 515 Ruxton Ave., Manitou Springs, ☎ 719-685-5401, www.cograilway.com)*, un pittoresque tramway à crémaillère qui vous déposera sur le sommet au terme d'une montée abrupte de 75 min durant laquelle le panorama changeant de la montagne se déroule de chaque côté, avec, à l'occasion, une vue sur les mouflons. Le train effectue une pause de 30 min au sommet pour permettre aux voyageurs de s'offrir la vue grandiose sur Denver et les Rocheuses, visibles à 150 km à la ronde! Il faut se munir toutefois de vêtements chauds: la différence de température au sommet est assez marquée!

Parmi les attraits touristiques du Colorado autres que naturels, l'**United States Air Force Academy** *(visites guidées gratuites toute l'année, 8h à 17h; sortie 156-B de la route I-25, ☎ 719-333-2025, www.usafa.af.mil)* est le plus visité. Inaugurée en 1958, cette école de formation des cadets de l'air américains est bien représentative du gigantisme du système militaire du pays et, à ce titre, elle vaut le déplacement, ne serait-ce que pour sa **Cadet Chapel ★**, merveille architecturale et cathédrale moderne, dont les 17 flèches d'aluminium s'élancent audacieusement à 46 m du sol, éloquent symbole de l'union sacrée du sabre et du goupillon...

Aménagé dans l'ancien palais de justice du début du XXe siècle, le **Colorado Springs Pioneers Museum** *(visites guidées gratuites; mar-sam 10h à 16h; 215 S. Tejon St., ☎ 719-385-5990, www.cspm.org)* possède, outre des plafonds richement décorés, une vaste collection d'objets et d'antiquités retraçant l'histoire de la ville, de ses débuts à aujourd'hui. On a restauré la salle du tribunal d'époque.

Colorado Street mène vers l'ouest directement à la ville historique de **Manitou Springs**, qui est en quelque sorte le prolongement de Colorado Springs, et la ville voisine du Garden of the Gods (voir page précédente). Toutefois, c'est une ville à part entière, distincte de la précédente. Le nombre et la qualité des édifices historiques que compte la ville en font l'un des plus importants «National Historic Districts» du pays. C'est notamment à cet endroit que s'élève l'imposant **Miramont Castle Museum** *(8$; mai à sept tlj 9h à 17h, sept à mai mar-dim 10h à 16h; 9 Capitol Hill Ave., Manitou Springs, ☎ 719-685-1011, www.miramontcastle.org)*, très impressionnant car il est également situé au sommet d'une colline dominant le paysage environnant. Cette extravagante construction amalgamant un nombre incroyable de styles architecturaux fut édifiée à la fin du XIXe siècle par un original – et riche – prélat d'origine française. Après avoir servi de sanatorium, la maison est devenue un musée représentatif des différents styles dont elle est parée.

Activités de plein air

➤ Vélo

Comme beaucoup d'endroits au Colorado, Colorado Springs regorge de sites naturels exceptionnels propices aux activités de plein air. Par exemple, le **Pikes Peak** offre un défi de taille aux randonneurs et cyclistes sérieux; le **Barr Trail**, qui mène au sommet après une montée ardue de 19 km, en est un bon exemple.

Par ailleurs, les amateurs de marche et de vélo trouveront au **Garden of the Gods** un site d'une beauté exceptionnelle qui possède en outre l'avantage d'être idéalement situé aux limites de la ville. Bien sûr, il ne faut pas s'attendre à y retrouver le défi qu'offre la montagne, mais le simple fait de se promener dans un tel environnement est un régal pour les sens.

La Ville de Colorado Springs publie un excellent guide avec cartes des différentes pistes cyclables environnantes. On peut se le procurer dans les boutiques de sport. Location d'équipement chez **Criterium Bicycles** *(à partir de 30$/jour; 6150 Corporate Dr., ☎ 719-599-0149, http://criterium.com)*.

Boulder ★

p. 513 p. 518 p. 521 p. 522

1 à 2 jours

Localisation: 30 mi (48 km) au nord-ouest de Denver par la route 25 Nord et la route 36.

Boulder Convention and Visitors Bureau: 2440 Pearl St., 303-442-2911 ou 800-444-0447, www.bouldercoloradousa.com.

Comme beaucoup de villes au Colorado (dont sa voisine Denver), Boulder (94 000 hab.) doit sa création, au XIXe siècle, à la ruée vers l'or du Colorado. C'est un tout autre filon, plus durable celui-là, qui fait aujourd'hui la fortune de la ville. En plus d'être le siège de l'Université du Colorado (CU), elle est en effet l'hôte de nombreux instituts de recherche et d'une pléthore d'industries de haute technologie. Ajoutez à cela la proximité des Rocheuses, et vous avez réuni les conditions voulues pour attirer ici une population jeune, instruite et à l'aise financièrement, dont l'influence sur l'esprit et la qualité de vie de Boulder est déterminante. D'où sa réputation de ville de plein air par excellence, soucieuse de l'environnement et axée sur les arts et la culture. Les multiples festivals et concerts qu'elle présente tout l'été participent d'ailleurs à cette aura de «ville branchée» dont on l'affuble parfois.

À part les quelques sites touristiques «commerciaux» décrits brièvement ci-dessous, Boulder ne compte pas vraiment d'attraits touristiques dignes de mention. Tout l'intérêt qu'elle peut avoir auprès du visiteur réside dans son environnement naturel qui se prête admirablement bien à la randonnée ou au cyclotourisme.

Le **Pearl Street Mall** ★, comme son nom l'indique, est un mail piétonnier situé au centre-ville dans la partie historique. On y a restauré les édifices anciens pour y aménager divers restaurants, commerces et boutiques, et ce, dans un effort évident d'authenticité. Et c'est tout à fait réussi!

Insolite dans ce coin de pays, la **Boulder Dushanbe Teahouse** ★ *(1770 13th St., 303-442-4993, www.boulderteahouse.com)*, un don de la Ville de Douchanbe au Tadjikistan, a dormi de nombreuses années dans un entrepôt avant que la Ville ne lui trouve un emplacement digne de sa magnificence en 1998. Il a fallu pas moins de 40 artisans tadjiks pour compléter sa décoration de motifs éclatants de couleur et d'exubérance. En tout point identique aux maisons de thé qu'on retrouve dans ce lointain pays, la Boulder Dushanbe Teahouse est vite devenue un attrait incontournable. Un restaurant – où, bien sûr, le thé est servi! –, s'ajoute à l'ensemble (voir p. 518).

Activités de plein air

➤ *Randonnée pédestre*

Boulder s'enorgueillit, à juste titre, d'avoir plus de 200 km de sentiers de randonnée aménagés autour de la ville. Vous trouverez des cartes et des conseils auprès du **Boulder Visitors and Convention Bureau** (voir plus haut) ainsi que sur le site Internet *www.bouldercolorado.gov.*

Le **Chautauqua Park** *(entrée principale à l'angle de Baseline St. et Grant St.)* offre de beaux sentiers de randonnée pour tous les niveaux, et de très belles vues sur la ville.

Le **Boulder Creek Path** *(entre Arapahoe Ave. et Canyon Blvd., 303-442-2911)*, un magnifique sentier qui longe le cours d'eau du même nom, s'étire jusqu'au Boulder Canyon, 22 km plus loin. Tout au long du parcours, plusieurs parcs publics offrent leur quiétude aux randonneurs et cyclistes qui y cohabitent en toute harmonie.

➤ *Vélo*

Que ce soit pour une promenade le long du Boulder Creek Path ou pour vous aventurer sur des pistes plus sportives, les occasions de faire du vélo ne manquent pas à Boulder. Pour louer votre équipement, contactez **University Bicycles** *(à partir de 15$/jour; angle Ninth St. et Pearl St., 303-444-4196 ou 800-451-3950, www.ubikes.com)*, qui pourra aussi vous fournir des cartes et des conseils sur les meilleurs endroits où pédaler.

Fort Collins

▲ p. 514 ⓘ p. 518 ▣ p. 522

1 à 2 jours

Localisation: 46 mi (74 km) au nord de Boulder par les routes 119 Nord et 287 Nord; 64 mi (103 km) au nord de Denver par la route 25 Nord.

Fort Collins Convention and Visitors Bureau: 19 Old Town Square, Suite 137, ☎ 970-232-3840 ou 800-274-3678, www.visitftcollins.com.

Fort Collins (136 500 hab.) n'est pas idéalement située sur le parcours obligé vers le Rocky Mountain National Park: il faut, à partir de Boulder, emprunter une route vers le nord pour l'atteindre. Mais elle vaut le détour, ne serait-ce que pour son pittoresque Poudre Canyon, qui longe la rivière Cache La Poudre.

Fort Collins fut fondée à l'origine (1862) pour protéger les environs de cette rivière des assauts amérindiens. Son évolution s'est faite, comme beaucoup de villes de l'Ouest, avec la progression du chemin de fer, et Fort Collins doit à l'établissement du Colorado Agricultural & Mechanical College en 1879 – rebaptisé en 1937 Colorado State University (CSU) – d'être devenue «l'autre» ville universitaire de l'État, avec Boulder.

La partie historique de Fort Collins, appelée simplement **Old Town**, est située au centre-ville entre Mountain Avenue, College Avenue et Jefferson Street. On y trouve plusieurs édifices historiques, notamment l'**Avery House** *(mer et dim 13h à 15h; 328 W. Mountain Ave., ☎ 970-221-0533, www.poudrelandmarks.com)*, restaurée et meublée pour retrouver sa splendeur victorienne. Le quartier possède une belle unité avec ses maisons en briques rouges et son aménagement fait dans les règles de l'art, en plus des réverbères d'époque, des boutiques et des restaurants à l'avenant.

La gigantesque brasserie **Anheuser Busch** *(entrée libre; juin à sept tlj 10h à 16h, oct à mai jeu-lun 10h à 16h; 2351 Busch Dr., sortie 271 de la route I-25, ☎ 970-490-4691, www.budweisertours.com)* offre au badaud un spectacle ahurissant: le remplissage de 2 000 canettes de bière par minute! On dit que c'est la brasserie qui possède la chaîne automatisée la plus rapide au monde, et la tournée des lieux comprend bien sûr une dégustation du produit final. La visite de l'écurie où sont logés les fameux chevaux Clysedale, symboles de la brasserie depuis des lustres, fait partie de la tournée.

La ville abrite par ailleurs de nombreuses brasseries artisanales, heureusement à l'échelle plus humaine. La plus intéressante est sans conteste la **New Belgium Brewing Company** *(entrée libre; mar-sam 10h à 18h; 500 Linden St., ☎ 970-221-0524 ou 888-622-4044, www.newbelgium.com)*. Son originalité réside dans le fait qu'on y brasse des bières à la belge, entre autres la Fat Tire, vedette de la maison. À la fin de la visite, il y a une sympathique dégustation des différents produits maison.

Situés à l'extérieur de la ville, en direction de Walden *(prenez la route US 287 jusqu'à la route CO 14)*, le **Poudre Canyon** ★ et la **Cache La Poudre River**, qui serpente à son pied, forment un ensemble unique d'une grande beauté. La majesté des paysages, constitués en grande partie de canyons, de falaises et de pics gigantesques n'a d'égal que la fascination qu'exerce la rivière, tantôt calme, tantôt tumultueuse, épousant étroitement les caprices de la nature. La route, tout aussi sinueuse, serpente le long de la rivière.

Activités de plein air

➤ *Descente de rivière*

Plusieurs sections de la rivière **Cache La Poudre** sont dévolues à la descente en eau vive, soit en kayak solitaire ou en groupe dans un radeau pneumatique. Plusieurs entreprises proposent ces services, notamment **Rocky Mountain Adventures** *(1117 N. Highway 287, Fort Collins, ☎ 800-858-6808, www.shoprma.com)*, un pourvoyeur polyvalent qui offre un service de guide pour pêche à la mouche en plus d'organiser des excursions de rafting et de faire la location de kayaks.

➤ *Pêche*

La rivière **Cache La Poudre** se prête aussi à merveille à la pêche. Facilement accessible de la route, elle offre ses eaux immaculées aux adeptes de la pêche à la mouche *(permis requis)*. **Rocky Mountain Adventures** (voir ci-dessus) peut vous guider vers les meilleurs endroits.

➤ Vélo

La ville de **Fort Collins** publie et distribue gratuitement une carte fort bien faite (*Fort Collins Bike Map*) destinée aux adeptes de la bicyclette. En plus de répertorier les pistes cyclables situées tant à l'intérieur qu'à l'extérieur de la ville, la carte contient une foule de conseils pratiques concernant cette activité. Elle est disponible au bureau de tourisme et dans les magasins spécialisés. Pour louer un vélo, passez chez **Recycled Cycles** *(25$/jour; 4031-A S. Mason St., Fort Collins, ☎ 970-223-1969, www.recycled-cycles.com).*

Estes Park

▲ *p. 514* ◍ *p.518*

Localisation: 42 mi (68 km) au sud-ouest de Fort Collins par les routes 287 Sud puis 34 Ouest; 36 mi (58 km) au nord de Boulder par la route 36 Nord.

Estes Park Visitors Center: 500 Big Thompson Ave., ☎ 970-577-9900 ou 800-443-7837, www.estesparkcvb.com.

Résolument tournée vers le tourisme depuis sa fondation par Joel Estes (d'où son nom) au milieu du XIXe siècle, la ville d'Estes Park (6 000 hab.) est surtout connue pour être le camp de base du Rocky Mountain National Park, tout près. En conséquence, s'y est développée une infrastructure touristique essentiellement estivale comprenant des établissements d'hébergement et de restauration, car la route panoramique qui traverse le parc est fermée durant l'hiver.

En arrivant à Estes Park par l'est, ne manquez pas d'admirer au passage le spectaculaire **Big Thompson Canyon**, dont les parois de granit noir s'élèvent jusqu'à une hauteur de 1 600 m.

Au cœur du village, on peut monter dans l'**Estes Park Aerial Tramway** *(10$; mi-mai à mi-sept tlj 9h à 18h30; 420 E. Riverside Dr., ☎ 970-586-3675, www.estestram.com)* pour découvrir le panorama époustouflant des Rocheuses que ce téléphérique offre lors de son ascension jusqu'au sommet.

Rocky Mountain National Park ★★★

▲ *p. 514*

⏱ *1 à 2 jours*

Localisation: bordé à l'est par la ville d'Estes Park (deux entrées: Beaver Meadows Entrance par la route US 36 et Fall River Entrance par la route US 34) et à l'ouest par la ville de Grand Lake (entrée par la route US 34 Nord).

Centres d'accueil des visiteurs: du côté est, le **Beaver Meadows Visitor Center** *(tlj 8h à 17h; route 36, à l'ouest d'Estes Park, ☎ 970-586-1206)*, propose les habituelles cartes et brochures et renferme une maquette du parc. À l'ouest, le **Kawuneeche Visitor Center** *(tlj 8h à 16h30; route 34 Nord, près de Grand Lake, ☎ 970-627-3471)* offre également de l'information sur le parc. Par ailleurs, l'**Alpine Visitor Center** *(été tlj 10h30 à 16h30; Trail Ridge Rd., Fall River Pass, ☎ 970-586-4927)*, situé au cœur du milieu alpin à une altitude de 3 500 m, dispose entre autres d'un restaurant avec vue imprenable sur les paysages.
Droit d'entrée: 20$/véhicule, 10$/piéton ou cycliste, valable pour sept jours consécutifs.
Information: ☎ 970-586-1206, pour réservations de camping ☎ 877-444-6777; www.nps.gov/romo.
Transport: pour se déplacer dans le parc, un système de navettes gratuites permet de relier Bear Lake et le Moraine Park de la fin mai à la fin septembre. Les départs s'effectuent en face du camping de Glacier Basin. De plus, de la fin juin au début de septembre, un autre service de navette gratuite relie la ville d'Estes Park, au départ de son Visitors Center (voir ci-contre), au Rocky Mountain National Park. Pour connaître les conditions routières dans le parc, composez le ☎ 970-586-1206.

Avec ses innombrables pics dont certains dépassent les 3 700 m, ses vallées verdoyantes et ses lacs limpides, il n'est pas surprenant de constater que le Rocky Mountain National Park accueille au-delà de 3 millions de visiteurs par an. Cette armée de touristes, l'une des plus disciplinées qui soit (les *rangers* imposent – avec raison – des normes de respect de l'environnement draconiennes), parcourt à pied, à cheval et en voiture les routes, pistes et sentiers qui sillonnent le parc. En voiture, l'automobiliste est confronté à un environnement très distinct au fur et à mesure qu'il progresse vers le sommet. La forêt touffue de pins, sapins et épinettes du début se raréfie peu à peu, pour s'estomper complètement aux plus hautes altitudes et laisser toute la place à la toundra alpine, à la flore si particulière. En effet, les grands écarts de dénivellation que l'on rencontre dans le Rocky Mountain National Park favorisent, on s'en doute bien, l'apparition d'écosystèmes tout aussi variés.

On peut en distinguer trois au fil des différences de niveau. Les vallées ensoleillées du versant sud, tout de même situées à une altitude de 2 100 m à 2 800 m, sont parsemées de pins ponderosas, alors que celles du côté nord, plus humides, abritent, outre cette espèce, le sapin de Douglas. Vient ensuite le milieu «sous-alpin», à une hauteur de 2 800 m à 3 600 m, avec ses forêts d'épinettes et de pins déjà plus tordus et rachitiques. Finalement, au-dessus de 3 600 m, au sein du milieu alpin, alors que l'air commence à se raréfier et que l'environnement hostile ne permet plus la croissance d'arbres, seuls quelques rares arbustes et les lichens réussissent à survivre.

Le parc recèle une grande variété d'animaux dont les plus connus sont l'élan, le cerf-mulet (des montagnes Rocheuses) et le mouflon. L'élan se tient, en été, dans la région alpine du parc, au sommet des montagnes; il n'est pas rare d'en voir un s'aventurer d'assez près pour qu'on puisse bien l'observer. Par contre, le mouflon, dont la silhouette caractéristique est devenue le symbole du parc, se tient lui, beaucoup plus à l'écart, à flanc de montagne. Souvent, les hordes de cerfs-mulets montent, le matin et le soir, près des routes dans le but de s'alimenter; on peut alors les observer à souhait.

Il est difficile de croire malgré tout que cet ensemble de sommets frôlant la démesure, fruit d'une évolution s'étendant sur deux milliards d'années, fût à l'origine une mer plate et uniforme! Pourtant, ce qui s'offre à nos yeux aujourd'hui remonte à 75 millions d'années, alors que les mers intérieures se retirèrent et que prit fin l'ère des dinosauriens. Bien sûr, il y eut depuis quelques bouleversements à la suite, notamment, d'éruptions volcaniques, et les montagnes prirent peu à peu l'aspect qu'on leur connaît aujourd'hui.

Sans doute le sommet le plus renommé du parc puisque visible à des lieues à la ronde, le **Longs Peak** culmine à plus de 4 200 m, ce qui en fait la plus haute montagne du parc. Durant la saison estivale, plus de 15 000 personnes téméraires en tentent l'escalade par le sentier Keyhole, le seul accessible aux non-initiés. Seuls les deux tiers persistent jusqu'au sommet, tant l'exploit est difficile (voir p. 498).

Du côté est du parc, la **Bear Lake Road** ★★ est l'une des rares routes pavées menant directement au bord d'un lac des Rocheuses. Attendez-vous donc à rencontrer beaucoup de monde, notamment sur le très populaire **Bear Lake Trail** *(boucle de 0,9 km; facile)*, qui contourne le lac du même nom. Le site de Bear Lake est ouvert toute l'année, même en hiver, alors que les amateurs de ski de fond et de raquette s'y côtoient.

Au sud de Bear Lake, le **Glacier Gorge Trailhead** est le point de départ de plusieurs sentiers très intéressants. Le **Mills Lake Trail** *(4 km aller; modéré)* mène à ce lac très touristique avec, en toile de fond, le magnifique Longs Peak; c'est un sentier relativement facile, et le panorama y est extraordinaire. L'**Alberta Falls Trail** *(0,94 km aller; facile)* donne accès à une chute d'eau d'une époustouflante beauté. Le **Bierstadt Lake Trail** *(2,4 km aller; modéré)* représente pour sa part un beau défi, puisque les montées et descentes y sont nombreuses, tempérées, il est vrai, par le décor grandiose des monts Longs Peak et Glacier Gorge.

La traversée du parc par la **Trail Ridge Road** ★★★, bien que ce soit la façon la plus facile d'apprécier la splendeur du panorama, n'est pas pour autant une promenade du dimanche! Jugez-en par vous-même: vous passez, au cours des 76 km du trajet, d'une altitude de 1 500 m à plus de 4 000 m, pour redescendre à nouveau de l'autre côté à 1 500 m. Ce parcours en «montagnes russes», accessible uniquement en été, s'effectue toutefois au sein d'un panorama époustouflant de pics enneigés et de précipices abyssaux entre lesquels s'étirent de vertes vallées où paissent tranquillement cerfs-mulets, élans et mouflons. Ne manquez pas de vous arrêter souvent aux multiples points d'observation disséminés stratégiquement sur la route, à la fois pour faire une pause et pour contempler la majesté du paysage. D'ailleurs, plusieurs de ces haltes marquent le point de départ de sentiers de randonnée pédestre fort intéressants.

L'**Alpine Visitor Center**, à mi-parcours mais au sommet du parc, est un arrêt obligé: outre la toundra environnante d'une beauté dépouillée, on peut y voir à l'intérieur une intéressante exposition sur la vie au cœur de cette même toundra. Un conseil: faites le trajet tôt le matin ou tard l'après-midi; vous éviterez ainsi la foule et aurez beaucoup plus de chances d'apercevoir les troupeaux de

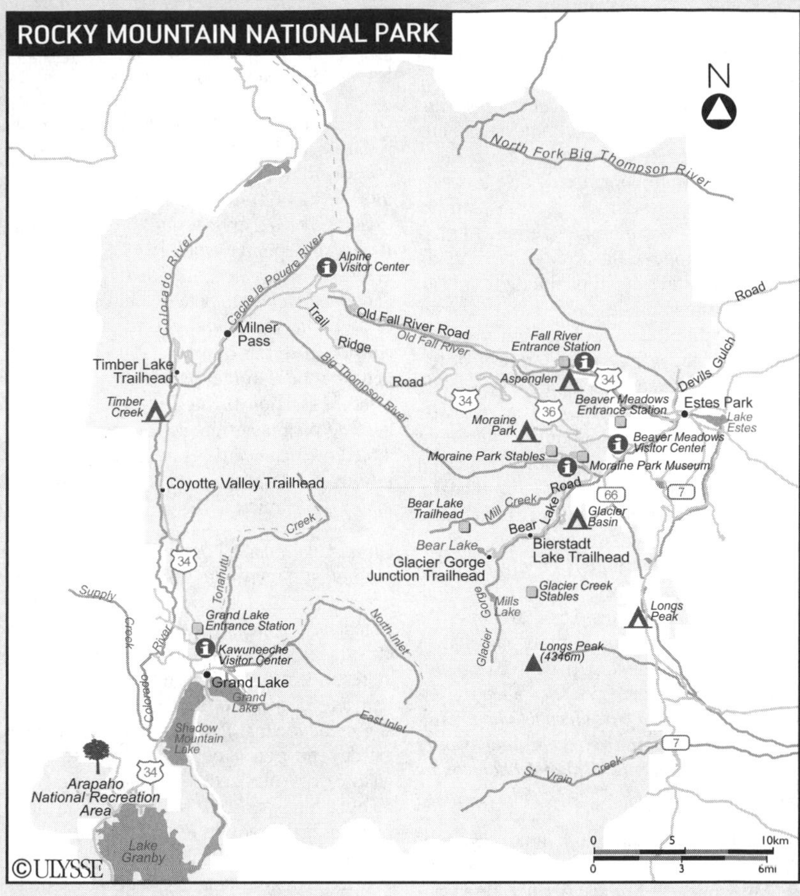

cerfs-mulets qui, à ces heures de la journée, montent des vallées pour aller s'alimenter.

Un peu passé l'Alpine Visitor Center, le **Milner Pass**, outre la vue imprenable qu'il offre, marque précisément la ligne continentale de partage des eaux, c'est-à-dire que toutes les eaux partant du côté ouest des Rocheuses s'écoulent vers l'océan Pacifique, alors que celles partant du versant est aboutissent dans l'océan Atlantique ou le golfe du Mexique.

À quelques kilomètres au sud-ouest de l'Alpine Visitor Center, les randonneurs expérimentés se délecteront à arpenter le **Timber Lake Trail** *(7,7 km aller; difficile)*, un parcours d'une dénivellation de 627 m.

Un peu plus au sud, le **Coyote Valley Trail** *(0,84 km aller; facile)* suit les contours du fleuve Colorado et est accessible aux fauteuils roulants; c'est donc une petite marche facile, mais non dépourvue d'intérêt.

Activités de plein air

➤ Équitation

La randonnée équestre est une façon très reposante de découvrir la nature du parc. Il existe deux comptoirs de location de chevaux à l'intérieur du parc, du côté est: **Glacier Creek Stables** *(✆ 970-586-3244)* et **Moraine Park Stables** *(✆ 970-586-2327)*. En outre, plusieurs centres d'équitation offrent les mêmes services à l'extérieur du parc, à Estes Park ou à Grand Lake. Des randonnées avec guide conduisent les cavaliers jusqu'à Mill Creek, aux Beaver Meadows et à l'Ute Trail, entre autres destinations.

➤ Randonnée pédestre

Évidemment, le **Rocky Mountain National Park**, de par sa nature, est le royaume des activités de plein air. Parmi celles-ci, la randonnée pédestre est sans conteste la plus pratiquée (les petits sentiers qui permettent d'accéder aux attraits naturels du parc sont décrits plus haut, dans la section «Attraits touristiques»). La randonnée permet au marcheur d'échapper à la foule compacte de touristes qu'attire immanquablement un site d'une telle renommée. On ne saurait rêver d'un plus propice environnement pour s'y adonner: avec ses dénivelés tantôt doux, tantôt abrupts et ses vallées surplombées de paysages de rêve, le parc offre en effet une variété inouïe de sentiers qui le sillonnent sur plus de 577 km. Ces sentiers sont à peu près également répartis quant aux niveaux de difficulté. Et l'attrait de beaucoup d'entre eux réside dans le fait qu'ils sont accessibles directement de la route. Renseignez-vous auprès des *rangers* pour trouver les sentiers adaptés à vos capacités. Les marcheurs les plus expérimentés qui voudront s'aventurer plusieurs jours dans le parc devront obtenir un **Backcountry Permit** *(15$, réservation possible sur le site Internet du parc ou en téléphonant au ☎ 970-586-1242, ou directement aux centres d'accueil des visiteurs de Beaver Meadows ou de Kawuneeche).*

La randonnée menant au sommet du **Longs Peak** est une épreuve qui ne s'improvise pas. Seul le sentier de **Keyhole** permet, de la mi-juillet à la mi-septembre, de s'attaquer à ce pic sans équipement ni expérience de haute montagne. D'une longueur de 13 km aller, ce sentier accuse un dénivelé de 1 478 m, et doit être entrepris avant le lever du soleil afin d'être redescendu avant l'après-midi, typiquement avant que les conditions météo ne se dégradent. Il est de toute façon conseillé de bien se renseigner auprès des *rangers* avant de considérer cette randonnée.

➤ Ski de fond et raquette

Le ski de randonnée et la raquette sont pratiqués de préférence en janvier et février, car c'est la période où les conditions d'enneigement sont les plus favorables à ces activités. Des randonnées guidées sont proposées les fins de semaine au Kawuneeche Visitor Center, du côté ouest du parc, et au site de Bear Lake, à l'extrémité est.

Grand Lake

Localisation: 46 mi (74 km) à l'ouest d'Estes Park; 109 mi (175 km) au nord-est de Vail.

Grâce à la proximité du Rocky Mountain National Park, Grand Lake reçoit chaque été un nombre considérable de touristes que ne justifierait pas, a priori, sa seule existence près d'un lac, si pittoresque soit-il. Il est vrai cependant que le village, avec sa grande rue dans le plus pur style *Far West*, flanquée de chaque côté de trottoirs de bois et de bâtiments de bois rond disposés en enfilade, n'est pas dépourvu d'un charme un peu suranné... Toutefois, son principal atout reste sa situation privilégiée qui en fait une base de plein air stratégique: on peut partir à pied ou à cheval de la rue principale et se retrouver à l'intérieur du parc national en moins de 15 min.

Grand Lake était à l'origine partie prenante d'un vaste territoire vierge amérindien occupé par les Utes, les Cheyennes et les Arapahoes, avant qu'une autre ruée vers l'or (1879), sur les rives du fleuve Colorado, n'y attire un flot de prospecteurs qui en firent leur tête de pont et leur tremplin vers les sommets voisins. Par la suite, Grand Lake est devenu peu à peu un centre de villégiature voué aux activités de plein air. C'est aujourd'hui encore sa seule vocation qu'il partage également entre les lacs qui la bordent et le parc national, tout près. Seul des trois lacs environnants qui soit l'œuvre de la nature, le Grand Lake forme avec ses voisins, le Shadow Mountain Reservoir et le Granby Reservoir, un réseau lacustre propice aux activités nautiques.

Activités de plein air

➤ Équitation

On peut, tel que mentionné plus haut, monter à cheval à l'orée du village de **Grand Lake** pour se rendre au cœur du Rocky Mountain National Park, où des pistes sont aménagées spécialement pour cette activité. Parmi les quelques écuries, mentionnons **Sombrero Ranch** *(à la limite ouest du village, ☎ 970-627-3514, www.sombrero.com)*, qui loue des chevaux avec guide à destination du parc national.

➤ *Motoneige*

Considérée comme la capitale de la motoneige du Colorado, la région de **Grand Lake** met à la disposition des adeptes de cette activité un réseau bien entretenu de 500 km de pistes. Une partie du **Rocky Mountain National Park**, du côté ouest, est accessible aux motoneigistes. Location et conseils auprès de **On the Trail Rentals** *(1447 County Rd. 491, Grand Lake, ☎ 970-627-0171 ou 888-627-2429, www.onthetrailrentals.com)*.

➤ *Randonnée pédestre*

En plus des pistes qui mènent au Rocky Mountain National Park, **Grand Lake** compte de nombreux sentiers qui mènent à l'Indian Peaks Wilderness Area, à l'est du lac Granby, tout à côté.

Vail ★

▲ p. 514 ◉ p. 518 ☕ p. 521 ◘ p. 522

Localisation: sur la route 70, à 96 mi (154 km) à l'ouest de Denver et 61 mi (98 km) à l'est de Glenwood Springs.

Parmi les nombreux centres de villégiature (*resorts*) qui parsèment l'Amérique, ces communautés de luxe axées sur une activité sportive, en l'occurrence le ski, Vail détient la palme de la popularité: sans cesse classé au premier rang des stations de ski nord-américaines par la presse spécialisée, c'est aussi la destination la plus fréquentée dans ce même créneau. Rien de surprenant à cela, car l'endroit est tout simplement irrésistible avec son village alpin blotti au fond d'une vallée flanquée d'impressionnants massifs au dénivelé idéal pour la pratique des sports de glisse. Bien qu'elle soit considérée avant tout comme une station de sports d'hiver – après tout, on y pratique le ski sept mois par année! –, on y propose, durant l'été, une gamme d'activités sportives et récréatives exploitant à bon escient la montagne et ses installations.

Dans les années 1950, Vail et ses environs n'étaient qu'un ensemble de montagnes, certes avec beaucoup de potentiel récréatif mais encore relativement vierge. C'est un vétéran de la Seconde Guerre mondiale, Peter Siebert, qui allait trouver le filon pour exploiter un centre de ski haut de gamme au début des années 1960 en y construisant un village et les premières remontées. Il connaissait bien les lieux pour s'y être entraîné avec les troupes alpines de l'armée américaine durant la guerre. En quelques années seulement, Vail allait devenir la station de ski la plus importante des États-Unis. Aujourd'hui encore, elle demeure le centre de sports d'hiver le plus renommé d'Amérique, avec Whistler, en Colombie-Britannique.

Activités de plein air

➤ *Descente de rivière*

Située entre les deux fleuves Colorado et Arkansas, sans oublier l'Eagle River qui la traverse, **Vail** offre suffisamment de corridors propices au rafting, particulièrement en mai et juin, où la fonte des neiges vient gonfler les cours d'eau. Plusieurs entreprises spécialisées organisent des excursions pour tous les niveaux, de la classe 1 à la classe 6, entre autres **Lakota River Guides** *(☎ 970-845-7238, www.lakotariver.com)* et **Timberline Tours** *(☎ 800-831-1414, www.timberlinetours.com)*.

➤ *Randonnée pédestre*

Ponctuée de nombreuses montagnes et entourée de la **White River National Forest** *(US Forest Service, 900 Grand Ave., Glenwood Springs, ☎ 970-945-2521, www.fs.fed.us)*, la région de Vail offre l'embarras du choix aux adeptes de cette activité fort à la mode qu'est la randonnée pédestre. Beaucoup de ces sentiers, tout comme les pistes cyclables, débutent au sommet d'Eagle's Nest, accessible par l'Eagle Bahn Gondola (voir page suivante).

Cependant, sauf exception, ces sentiers sont exclusivement réservés à la randonnée pédestre. C'est le cas du **Lower Fireweed**, un sentier de 1,6 km qui relie les deux sommets d'Eagle's Nest et de Mid-Vail au sein d'un magnifique environnement boisé. De là, la piste du **Berry Picker**, la bien nommée (cueilleur de baies), offre une descente de 7,4 km vers le village; on peut y observer de nombreux petits animaux et des fleurs sauvages, et faire une halte à mi-chemin pour pique-niquer à Minnies Deck.

➤ *Ski alpin*

Bien sûr, avec son domaine skiable s'étendant sur plus de 1 880 ha, il va sans dire que le ski alpin est la discipline reine de la station de **Vail Mountain** *(☎ 970-476-5601 ou 877-204-7881, www.vail.snow.com)*. On peut tout faire à pied: prendre les remontées, fréquenter les nombreux restaurants et boutiques, et retourner à son hôtel.

La montagne, quant à elle, propose ses pistes du côté du village (nord) aux skieurs de tous calibres avec cependant un net penchant pour les débutants et intermédiaires. Les skieurs experts, eux, se lanceront à l'assaut des célèbres **Back Bowls**, ainsi appelés parce que situés sur l'autre versant de la montagne. En tout, la station compte près de 200 pistes et une trentaine de remontées mécaniques de toutes sortes dont la télécabine d'Eagle's Nest.

En prenant justement, au centre du village, l'Eagle Bahn Gondola (voir ci-dessous), qui grimpe au sommet d'Eagle's Nest, on accède à l'**Adventure Ridge** *(☎ 970-476-9090)*, un centre de plein air qui propose de multiples activités hivernales: descente en chambre à air, patin, traîneau à chiens, luge, etc.

➤ *Ski de fond et raquette*

Les amateurs de ski de fond et de raquette ont le loisir de pratiquer ces sports au sein d'un réseau de 33 km de pistes, en montagne à **Golden Peak** *(☎ 970-479-3210)* et en ville au **Vail Nordic Center** *(1778 Vail Valley Dr., Vail, ☎ 970-476-8366, www.vailnordiccenter.com)*.

➤ *Vélo*

De multiples pistes pour le vélo de montagne ont été aménagées sur le territoire de la station **Vail Mountain** *(☎ 970-476-5601 ou 877-204-7881, www.vail.snow.com)*; elles offrent différents défis selon l'habileté et l'endurance de chacun. On y accède en prenant l'**Eagle Bahn Gondola** *(20$, 25$ avec vélo; ☎ 970-476-9090, www.vail.snow.com)*, un téléphérique qui emmène les cyclistes au sommet d'Eagle's Nest, point de départ des pistes de randonnée. Les cyclistes débutants s'offriront l'**Eagle's Loop**, une piste de 1,6 km offrant une vue superbe sur le mont Holy Cross, ou encore l'**Upper Fireweed**, qui mène d'Eagle's Nest au sommet voisin de Mid-Vail, couvrant 1,9 km.

La boucle **Grand Traverse/Grand Escape**, réservée celle-là aux cyclistes plus entraînés, déroule ses 4,8 km de pistes à partir d'Eagle's Nest jusqu'au sommet le plus haut de Vail, Wildwood, en passant par Game Creek, pour revenir à son point de départ.

Enfin **Lion Down**, comme son nom l'indique en anglais, est une descente continue sur 9,7 km à partir d'Eagle's Nest; elle se dirige vers le village de Vail à travers les forêts de trembles et d'épinettes du versant ouest de la montagne. On peut louer bicyclettes et équipement à la base ou au sommet de la montagne; de nombreuses boutiques proposent ce service, entre autres **Vail Bike Tech** *(555 E. Lionshead Circle, Vail, ☎ 970-476-5995 ou 800-525-5995, www.vailbiketech.com)*.

Aspen ★

▲ *p. 515* ● *p. 519* ☽ *p.521* ■ *p. 522*

Localisation: 41 mi (66 km) au sud de Glenwood Springs par la route 82.

Comme sa consœur Vail, à qui elle ressemble à bien des égards, Aspen attire une clientèle internationale en quête d'une expérience de ski à nulle autre pareille. Sauf qu'elle est, si cela était possible, encore plus chère et plus exclusive! Il suffit de se promener en ville et d'y observer la pléthore de restaurants et boutiques de grand luxe pour se rendre compte que cette planète-ci n'est pas celle du commun des mortels! Mais malgré cela – ou peut-être à cause de cela –, la ville est d'une beauté telle, avec ses édifices de brique si bien alignés et sa montagne qui la lèche littéralement, qu'il est difficile de lui en tenir rigueur. Rien, en effet, ne vient ternir l'harmonie voulue par son principal promoteur au milieu des années 1940. Ce dernier, un dénommé Paepcke, venu de Chicago pour consolider dans cette ville le centre de ski actuel, avait d'Aspen la vision d'une communauté où la belle société cultiverait aussi bien le côté physique qu'intellectuel de sa personnalité. Cet esprit s'est quelque peu altéré au fil des ans et de la démocratisation des loisirs, mais il est toujours palpable tant l'endroit attire irrésistiblement le gotha et les nantis.

L'histoire de la ville débute en 1879, alors que de larges filons d'argent sont découverts dans la montagne par des prospecteurs venus de Leadville, pas très loin de là. Baptisée à l'origine «Ute City», celle qui allait devenir Aspen l'année suivante connut un essor fulgurant, freiné net cependant en 1893, alors que l'argent connut une brutale dévaluation. La ville vivota tant bien que mal jusque dans les années 1940, soit au moment où quelques visionnaires anticipèrent l'avenir prometteur que l'« or blanc » laissait miroiter. La suite des événements allait leur donner raison.

Activités de plein air

➤ *Descente de rivière*

Inutile de dire que la région d'Aspen se prête admirablement bien au rafting: les trombes d'eau écumantes des rivières **Colorado**, **Arkansas** et **Roaring Fork** suffiront à vous en convaincre! D'ailleurs, les entreprises spécialisées dans ce genre d'excursion pullulent, au nombre desquelles **Blazing Paddles** *(Snowmass Village, Aspen, ☎ 800-282-7238, www.blazingadventures.com)* et **Colorado Riff Raft** *(555 E. Durant Ave., Aspen, ☎ 970-925-5405, www.riffraft.com)* figurent en bonne place.

➤ *Randonnée pédestre*

La proximité de la **White River National Forest** *(US Forest Service, 900 Grand Ave., Glenwood Springs, ☎ 970-945-2521, www.fs.fed.us)* offre à Aspen un réseau sans fin de sentiers de randonnée. Tous possèdent un cachet particulier et offrent partout des vues splendides sur la nature environnante. Mentionnons, entre autres, la **Smuggler Mountain Road**, qu'on atteint à partir de la mine Smuggler à Park Circle. Le parcours, bien qu'assez exigeant, vous récompense par une vue superbe de la ville et des montagnes environnantes.

Les photographes amateurs se délecteront, pour leur part, à arpenter le sentier dénommé **Maroon Bells/Crater Lake**, accessible par autobus (gratuit) à partir de Ruby Park; le panorama déjà superbe se pare l'été venu de fleurs sauvages magnifiques. On se procure cartes et équipement chez **Ute Mountaineer** *(308 S. Mill St., Aspen, ☎ 970-925-2849, www.utemountaineer.com)*.

➤ *Ski alpin*

En termes de ski, le nom d'Aspen recouvre en réalité quatre montagnes distinctes... et bien différentes! Toutes sont cependant exploitées par une entreprise d'investissement unique, l'**Aspen Skiing Company** *(☎ 800-525-6200, www.aspensnowmass.com)*, et le billet de remontée est accepté aux quatre stations. En tout, le domaine skiable couvre au-delà de 1 900 ha desservis par une quarantaine de remontées et propose plus de 300 pistes variées.

La montagne éponyme au cœur de la ville, **Aspen Mountain**, n'est pas pour les débutants: ceux-ci seraient bien avisés de se diriger plutôt vers l'une ou l'autre des trois montagnes restantes! En effet, elle compte pas moins de 23 pistes réservées aux experts! Le reste (53 pistes) convient cependant aux skieurs intermédiaires et avancés; les pistes d'Aspen possèdent en outre la particularité d'être longues et étroites. Une des huit remontées que compte la station, la **Silver Queen Gondola** (téléphérique), accueille les skieurs au cœur de la ville pour les hisser jusqu'au sommet.

La station de ski d'**Aspen Highlands**, située du côté nord de la ville, reçoit relativement plus de neige que ses voisines. Des quatre stations qui forment Aspen, c'est elle qui présente le ratio de pistes le plus équilibré; alors que les novices, à leur sortie de la première remontée, dévaleront les pistes de mi-montagne, les skieurs experts et intermédiaires continueront jusqu'au sommet, par la deuxième remontée, pour skier sur les pistes correspondant au niveau de chacun. On dénombre à Aspen Highlands 125 pistes desservies par cinq remontées.

Buttermilk, grâce à ses pentes douces, fait office de station-école à la fois pour le ski et la planche à neige. C'est la station familiale d'Aspen avec, entre autres, une section dévolue à la planche à neige. Par ailleurs, la section Tiehack est réservée aux skieurs intermédiaires et avancés. Buttermilk compte 44 pistes auxquelles on accède grâce à neuf remontées.

La quatrième station, **Snowmass**, située à 19 km de la ville, fait un peu bande à part. Du fait de son isolement, elle ne subit pas l'attraction d'Aspen et, par conséquent, tout y est plus calme et moins guindé. C'est la dernière-née du groupe des quatre stations, mais non la moindre avec ses 91 pistes et ses 24 remontées. Divisée en quatre secteurs bien distincts, la proportion de pistes intermédiaires y est de 51%, alors que les pistes pour débutants et experts se chiffrent respectivement à 10% et 39%.

➤ Ski de fond et raquette

Bien que renommée surtout pour le ski alpin, la ville d'Aspen n'en demeure pas moins une destination de choix pour la pratique du ski nordique ou de la raquette. Un organisme du nom d'**Aspen/Snowmass Nordic Trail System** *(☎ 970-925-2145, www.aspennordic.com)* entretient un réseau gratuit de 80 km de pistes entre Aspen et Snowmass. Renseignements et location d'équipement à l'**Aspen Cross Country Center** *(route 82, sur le terrain de l'Aspen Public Golf Course, renseignements auprès de Ute Mountaineer ☎ 970-925-2849, www.utemountaineer.com)*.

➤ Vélo

Tout comme à Vail, la montagne et sa vallée assurent à **Aspen** nombre de pistes avec montées et descentes convenant parfaitement à cette activité. Une des favorites parmi les cyclistes du dimanche est sans conteste le **Rio Grande Trail**, facilement accessible depuis le bureau de poste de Puppy Smith Street; on y parcourt tranquillement les trois premiers kilomètres, pour ensuite monter doucement en direction de Woody Creek. Il existe par ailleurs maintes pistes de montagne pour les cyclistes plus expérimentés dont le **Government Trail**, une piste très technique qui sillonne un environnement des plus variés; on y accède en gravissant l'Aerobic Nightmare par l'Owl Creek Road. On peut obtenir une carte des pistes cyclables et louer vélos et équipement dans une des nombreuses boutiques, notamment l'**Aspen Velo Bike Shop** *(465 N. Mill St., Aspen, ☎ 970-925-1495, www.aspenvelo.com)*.

Glenwood Springs ★

▲ *p. 515* ◉ *p. 519*

 *1 jour*

Localisation: sur la route 70, à 89 mi (143 km) à l'est de Grand Junction et à 157 mi (252 km) à l'ouest de Denver.

Ce n'est pas d'aujourd'hui que cette charmante petite ville de quelque 9 000 habitants de la **Roaring Fork Valley**, située au confluent de la rivière du même nom et du fleuve Colorado, séduit les visiteurs, attirés là par ses sources thermales. La tribu amérindienne des Utes, jadis omniprésente au Colorado, en avait découvert les vertus thérapeutiques. Et ils continueront à fréquenter l'endroit jusqu'en 1887, alors qu'à la suite du massacre de Meeker ils furent confinés à vivre dans une réserve. Dès lors, la ville de Defiance, nom original de Glenwood Springs, fut l'hôte, avec ses dizaines de sources thermales, de toute une cohorte d'aventuriers, de mineurs et de prostituées confirmant sa solide réputation de ville sulfureuse! Rebaptisée «Glenwood Springs» en 1885 par une certaine dame Cooper, nostalgique de son patelin natal en Iowa, la ville commença sa reconversion civilisée, accélérée l'année suivante avec l'arrivée du chemin de fer et de la prospérité accrochée à ses wagons. La construction, trois ans plus tard, par Walter Devereux, de l'**Hotel Colorado** *(526 Pine St.; voir p. 515)* et du Glenwood Hot Springs Pool, d'un flamboyant style Renaissance italienne, consolidera cette métamorphose. À partir de ce moment, Glenwood Springs fut connue comme «la» station thermale des Rocheuses, fréquentée par les présidents et les vedettes. Aujourd'hui, elle demeure cette station thermale de premier plan, mais accessible à tous et à vocation définitivement touristique.

Principale attraction et phare touristique de la ville, le complexe **Glenwood Hot Springs Pool** ★ *(13,25$, 18,25$ les fins de semaine en été; été tlj 7h30 à 22h, reste de l'année tlj 9h à 22h; 401 N. River Rd., ☎ 970-945-6571 ou 800-537-7946, www.hotspringspool.com)* comprend deux piscines juxtaposées dont l'une, dite «thérapeutique», est maintenue à une température de 40°C, alors que la seconde, un immense bassin de 32 m sur 130 m propice à la baignade, a une température de 36,5°C. Les Utes avaient reconnu il y a longtemps les vertus «magiques» de ces eaux chaudes bouillonnantes jaillies du cœur de la Terre: ils en avaient fait un site sacré où ils venaient effectuer leur pèlerinage annuel pour purifier le corps et l'esprit. Situés idéalement au cœur de la ville, le long du fleuve Colorado, les édifices de briques rouges édifiés il y a un siècle forment un ensemble d'une grande harmonie avec leurs piscines attenantes et les montagnes en toile de fond. Destination immensément populaire en été, la station thermale offre une expérience unique en hiver, alors que la rencontre de l'air chaud des piscines et de l'air froid ambiant forme un halo de brume des plus pittoresques qui recouvre les piscines.

Un peu plus à l'est, les **Yampah Spa and Vapor Caves** *(12$ pour la visite des grottes; tlj 9h à 21h; 709 E. Sixth St., ☎ 970-945-0667, www.yampahhotsprings.com)* portent le nom que les Utes donnaient à ces sources chaudes bienfaisantes. La descente dans les grottes naturelles de pierre grise offre une expérience unique. Une fois que vous serez assis sur les bancs de marbre, les bains de vapeur naturels alimentés par des sources souterraines vous envelopperont d'une chaleur torride, apaisée au besoin par des jets d'eau froide disponibles sur place. Les douches sont situées à l'étage, de même que les services de massage et de soins du corps *(à partir de 35$)*.

Les **Glenwood Caverns and Historic Fairy Caves** ★ *(22$ pour l'accès au site et la visite des cavernes; mi-mai à août tlj 9h30 à 19h, jeu-sam 9h30 à 20h, dim-mer 9h30 à 17h30; 51000 Two Rivers Plaza Rd., ☎ 970-945-4228 ou 800-530-1635, www.glenwoodcaverns.com)*, ces grottes juchées au sommet d'une montagne, sont accessibles par l'**Iron Mountain Tramway**, avec ses télécabines modernes qui mettent 7 min à atteindre le faîte du mont Iron. Au tournant du XXe siècle, ces grottes bénéficiaient d'une telle renommée que les résidents les qualifiaient de «huitième merveille du monde»! Depuis lors, de nombreuses chambres vierges ont été découvertes, et les visiteurs parcourent l'une d'entre elles au cours de la visite d'une heure. Celle-ci comprend deux parties entrecoupées d'une halte à **Exclamation Point**, un point d'observation au bord d'une falaise offrant une vue superbe sur la ville de Glenwood Springs, en contrebas. La première partie reprend pour l'essentiel le trajet original du XIXe siècle, alors que, dans la deuxième étape, le visiteur parcourt des formations jusqu'ici inexplorées, notamment, «The Barn», une immense grotte d'une hauteur de cinq étages dont la voûte et les parois sont tapissées d'énigmatiques concrétions cristallines. Le clou de la visite reste toutefois l'arrivée au sein de **Kings Row**, une envoûtante caverne d'Ali Baba remplie de stalactites et de stalagmites étincelantes. Pour les mordus en bonne condition physique, des visites plus élaborées sont organisées pour explorer des cavernes beaucoup moins visitées, dans des conditions proches de la spéléologie.

Activités de plein air

➤ Descente de rivière

On peut faire du rafting en pleine ville sur le fleuve **Colorado** qui traverse **Glenwood Springs**. Toutefois, ce dernier procurera de bien meilleures sensations aux aventuriers dans sa partie plus spectaculaire du **Glenwood Canyon**. Parmi les entreprises organisant des excursions, citons **Whitewater Rafting** *(2000 Devereux Rd., Glenwood Springs, ☎ 970-945-8477 ou 800-993-7238, www.coloradowhitewaterrafting.com)* et **Rock Gardens Rafting** *(1308 County Rd. 129, Glenwood Springs, ☎ 970-945-6737 ou 800-958-6737, www.rockgardens.com)*.

➤ Ski alpin

Située à 16 km au sud de **Glenwood Springs**, la station de sports d'hiver **Sunlight Mountain Resort** *(30$; 10901 County Rd. 117, ☎ 800-445-7931, www.sunlightmtn.com)*, à l'encontre de ses voisines Vail et Aspen, convient plus à la famille et aux skieurs de tous les jours. Elle possède ce charme rural sans prétention qui permet de s'y trouver immédiatement à l'aise, sans cette obsession du «bien paraître» trop souvent associé aux stations de ski à la mode. Ce qui ne veut pas dire que la montagne ne pose pas de défis aux skieurs; en fait, sa soixantaine de pistes offrent plus de 25% de leur surface aux experts.

➤ Vélo

Le spectaculaire **Glenwood Canyon**, aux portes de la ville de **Glenwood Springs**, compose un décor grandiose pour le **Recreation Trail**, un sentier pavé de 26 km le long de la Roaring Fork River, réservé aux cyclistes et aux amateurs de patin à roues alignées. En outre, de nombreux sentiers de randonnée rayonnent de part et d'autre de la piste, s'enfonçant dans des canyons étroits remarquables, enjolivés de lacs, de criques et de chutes d'eau.

D'autre part, on peut se procurer un dépliant répertoriant plusieurs sentiers régionaux auprès de la **White River National Forest Office** *(900 Grand Ave., ☎ 970-945-2521, www.fs.fed.us)*. On trouve en ville de nombreuses boutiques de sport et d'équipement de plein air, notamment **Canyon Bikes** *(24$/jour; 319 Sixth St., ☎ 970-945-8904 ou 800-439-3043, www.canyonbikes.com)*, qui fait la location de vélo.

Grand Junction

▲ p. 515 ● p. 519 ■ p. 522

1 jour

Localisation: sur la route 70, à 245 mi (395 km) à l'ouest de Denver; 113 mi (180 km) à l'est de Moab, Utah (voir p. 533).

Grand Junction Visitor and Convention Bureau: 740 Horizon Dr., ☎ 970-256-4060 ou 800-962-2547, www.visitgrandjunction.com.

Peu de villes portent un nom aussi significatif que Grand Junction, située très à l'ouest, près de l'Utah. Car la ville est un carrefour qui fait aussi bien office de liaison entre Denver au Colorado et Salt Lake City dans l'Utah que vers le Colorado National Monument et le Dinosaur National Monument au nord (dont l'attrait principal, The Quarry, est malheureusement fermé indéfiniment depuis juillet 2006), et le Black Canyon au sud.

L'origine de la ville remonte à 1882, alors que le chemin de fer allait relier Denver et Salt Lake City, dans l'Utah. On trouva naturel d'établir un point de jonction à cet endroit dont les fertiles terres environnantes se prêtaient bien à l'agriculture. Depuis, la ville de Grand Junction est devenue un centre de commerce très actif dans le pôle ouest du Colorado.

Au centre-ville, ne manquez pas d'aller vous balader dans la rue principale pour y admirer l'**Art on the Corner** *(Main St., de First St. à Seventh St., ☎ 970-254-3865, www.gjarts.org)*, une exposition permanente de plus de 100 sculptures extérieures intégrées au **Downtown Shopping Park**, dont les fontaines et les imposants édifices historiques composent, avec les multiples restaurants et boutiques, un ensemble fort réussi.

Les nostalgiques ne manqueront pas de s'arrêter à la **Cross Orchards Historic Farm** *(4$; mai à fin oct mar-sam 9h à 16h; 3073 F Rd., ☎ 970-434-9814, www.wcmuseum.org/crossorchards)*, une reconstitution vivante d'une ferme telle qu'on en trouvait au début du XXe siècle. Des guides en costumes d'époque accompagnent les visiteurs à travers les bâtiments originaux et les vergers. On peut y voir également une collection unique de trains et d'instruments aratoires.

La région de Grand Junction est de plus en plus renommée aussi pour sa production vinicole, avec une quinzaine de vignobles, situés pour la plupart autour de la ville de Palisade, 15 mi (24 km) à l'est de Grand Junction. Plusieurs de ces vignobles proposent des visites et des dégustations, notamment **Carlson Vineyards** *(461 35 Rd., Palisade, ☎ 970-464-5554, www.carlsonvineyards.com)*, qui fut l'un des premiers vignobles de la région, et **Canyon Wind Cellars** *(3907 North River Rd., Palisade, ☎ 970-464-0888, www.canyonwindcellars.com)*, la seule propriété des environs ayant une cave souterraine. Vous pourrez obtenir de l'information détaillée au **Grand Junction Visitor and Convention Bureau** (voir ci-contre), ou participer à une visite guidée, notamment avec **American Spirit Shuttle** *(☎ 970-523-7662, www.americanspiritshuttle.net)*.

Activités de plein air

➤ *Descente de rivière*

Le **Dinosaur National Monument** *(4545 E. Hwy. 40, Dinosaur, ☎ 970-374-3000, www.nps.gov/dino)*, situé à 140 mi (225 km) au nord de Grand Junction, à cheval sur l'Utah et le Colorado, a dû fermer, pour des raisons de sécurité et pour une durée indéterminée, son attrait principal situé en Utah, The Quarry, une paroi contenant de nombreux fossiles de dinosaures (1 500 en tout). Cependant, la partie du parc située au Colorado ne contient pas de traces de dinosaures, mais se trouve être un endroit de rêve pour le rafting. Les rivières Yampa et Green qui traversent le parc offrent en prime un environnement spectaculaire de gorges étroites et de canyons impressionnants. **Adventure Bound** *(2392 H Rd., Grand Junction, ☎ 800-423-4668, www.adventureboundusa.com)* et **Adrift Adventures** *(9500 East 6000 South Jensen, ☎ 719-395-2466 ou 888-723-8938, www.whitewater.net)* offrent toutes deux des excursions d'un ou plusieurs jours dans le parc.

➤ *Vélo*

En plus du Colorado National Monument (voir plus loin), la région de **Grand Junction** offre aux adeptes du vélo plusieurs pistes fort intéressantes, entre autres les **Colorado Riverfront Trails**, le **Tabeguache Trail** et le **Kokopelli's Trail**. Cette dernière piste présente un défi intéressant aux cyclistes aguerris: ses 227 km, de Grand Junction à Moab (Utah) serpentent entre les canyons au rythme de montées et de descentes vertigineuses.

Les cyclistes voulant s'offrir une randonnée plus paisible effectueront une balade bucolique dans les vergers, nombreux aux alentours de **Grand Junction**. On peut obtenir cartes et renseignements au **Bureau of Land Management** *(2815 H Rd., Grand Junction, ☎ 970-244-3000)*.

Colorado National Monument ★★

 *1 à 2 jours*

Localisation: entrée est à 5 mi (8 km) à l'ouest de Grand Junction; entrée ouest à 3 mi (5 km) au sud de Fruita.

Centre d'accueil des visiteurs: le **Colorado National Monument Visitors Center** *(Saddlehorn, dans le parc, à 6 km de l'entrée ouest; été tlj 8h à 18h, hiver tlj 9h à 17h)*, présente également une intéressante exposition sur la géologie et l'histoire du parc.
Droit d'entrée: 7$/véhicule, 4$/cycliste ou piéton, valable pour sept jours consécutifs.
Information: ☎ 970-858-3617, www.nps.gov/com.
Camping: 80 emplacements pour tentes et véhicules récréatifs à Saddlehorn, pas de réservation.

Un des secrets les mieux gardés du Colorado, le **Colorado National Monument** vous en mettra plein la vue avec ses canyons à la patine chatoyante et ses monolithes d'un ocre saisissant (visite impérative en fin d'après-midi alors que la lumière rasante du soleil exalte les orangés!). Formés au rythme des caprices d'une érosion complexe pendant des millions d'années, les impressionnants décors du Colorado National Monument se déroulent tout au long des 37 km de la **Rim Rock Drive**, la route construite lors de la crise des années 1930, qui le traverse de part en part, empruntée par les automobilistes et les nombreux cyclistes qui se la partagent.

Le paysage se renouvelle constamment à mesure qu'on progresse de la Grand Valley vers les sommets du parc et le contour des plateaux. On peut constater que la nature ici s'en est donné à cœur joie: une grande variété de dômes, arches, corniches et monolithes s'offrent au regard, faisant de ce parc naturel un Grand Canyon à l'échelle réduite! Ils sont tellement évocateurs, ces rocs de grès, que plusieurs parmi les plus impressionnants possèdent une identité propre, tels les Balanced Rock, les Coke Ovens ou l'Independence Monument, tous ainsi baptisés en raison de leur forme. L'Independence Monument reflète justement, de façon éclatante, le travail de l'érosion: au départ, cette flèche de 160 m de hauteur était un mur massif de roc séparant deux canyons; au fil de l'élargissement de ces canyons, le mur rétrécit, et des parties s'affaissèrent pour ne laisser debout finalement que cet évocateur monolithe. D'ailleurs, on peut apprécier la singulière variété de ces monolithes grâce aux multiples belvédères aménagés dans les endroits les plus spectaculaires.

Activités de plein air

➤ *Randonnée pédestre*

Pour l'explorer plus en profondeur, le **Colorado National Monument** offre de nombreux sentiers de randonnée accessibles par la route; la gamme habituelle s'y retrouve, des courts sentiers aux expéditions plus musclées. Parmi les sentiers faciles, accessibles à tous, mentionnons l'**Otto Trail**, qui offre, au bout d'une demi-heure de marche tranquille, une vue splendide sur plusieurs monolithes. Le sentier dénommé **Coke Ovens**, quant à lui, descend graduellement vers le rocher du même nom, avec sa masse arrondie si particulière. Un peu plus ardu mais des plus intéressants, le **Serpent's Trail**, qui fut à l'origine la principale route du parc, dessinée par le «père du parc», John Otto, grimpe assidûment d'est en ouest pour offrir, au bout de 2h de marche, une vue spectaculaire sur la Grand Valley. Enfin, de nombreux sentiers réservés aux randonneurs aguerris sillonnent le parc jusqu'au fond des canyons, entre autres le **Monument Canyon**, une descente abrupte vers le canyon du même nom qui offre, après 3h de marche, une vue imprenable au pied des principales sculptures naturelles du parc, à savoir l'Independence Monument, le Kissing Couple et les Coke Ovens.

Black Canyon of the Gunnison National Park ★★

 *1 jour*

Localisation: 80 mi (129 km) au sud-est de Grand Junction; 15 mi (24 km) à l'est de Montrose.

Centre d'accueil des visiteurs: South Rim Visitors Center *(été tlj 8h à 18h, reste de l'année tlj 8h30 à 16h; South Rim Rd., 2 mi ou 3,2 km après l'entrée du parc; ☎ 970-249 1914, poste 423)*.
Droit d'entrée: 15$/véhicule, 7$/cycliste ou piéton, valable pour sept jours consécutifs.
Information: ☎ 970-641-2337, www.nps.gov/blca.

Bien sûr, il existe de nombreux canyons dans le Sud-Ouest américain, plus grands, plus gros aussi, mais aucun ne réunit les caractéristiques uniques de celui-ci: des minces pics abrupts, longés de crevasses étroites et profondes où coule la sinueuse **Gunnison River**, se dressent orgueilleusement tout au long de ses 19 km. Cet enchevêtrement de sombres stalagmites géantes, dont la plus grande partie des parois ne voit jamais la lumière du soleil en raison de leur hauteur et de leur finesse, apparaît dans toute sa troublante démesure aux visiteurs empruntant la **South Rim Road**. De nombreux belvédères se succèdent et présentent une vue saisissante de la profondeur et de l'étroitesse incroyables du canyon; les plus impressionnants sont **Gunnison Point** (à côté du Visitors Center), **Pulpit Rock Overlook** et surtout **Chasm View** ★★★. À partir du Visitors Center, une balade sur le **Rim Rock Nature Trail** *(1,6 km aller-retour; facile)* permet aux visiteurs de se rendre au bord même du gouffre et d'observer de nombreuses variétés de plantes.

Une autre route panoramique, l'**East Portal Road** ★, permet de descendre jusqu'à la Gunnison River. Cette route très pentue, fermée en hiver, débute juste après l'entrée du parc et permet d'arriver à de bons endroits pour pique-niquer. Par contre, ne comptez pas vous baigner, la rivière à cette hauteur étant particulièrement tumultueuse.

Pour accéder à la partie nord du parc, le **North Rim** ★★, empruntez depuis Montrose la route 50 Nord jusqu'à Delta, puis la route 92 jusqu'à Crawford et enfin la North Rim Road (fermée en hiver); comptez 2h pour effectuer ce trajet de 65 mi (104 km). Cette partie du parc, beaucoup moins fréquentée et aussi plus sauvage, comporte elle aussi une impressionnante route longeant la falaise, avec des points de vue spectaculaires, dont **The Narrows View** ★★★, qui donne sur la section la plus étroite du canyon: les falaises ne sont séparées ici que de 345 m, pour une profondeur de plus de 500 m.

À l'ouest du parc, la ville de **Montrose** est l'hôte de l'**Ute Indian Museum** *(4,50$; lun-sam 9h à 16h; 17253 Chipeta Dr., ☎ 970-249-3098)*, un tout petit mais intéressant musée dédié à l'histoire des Utes et, en particulier, de son chef le plus renommé: Ouray. On y présente une collection d'objets et de vêtements ayant appartenu à ce grand chef; en outre, des maquettes et dioramas proposent un panorama des us et coutumes de cette grande tribu amérindienne. De plus, le musée abrite le Visitor Center de la région.

Durango et ses environs ★

▲ *p. 515* ● *p. 519* ◆ *p. 521* ■ *p. 522*

1 à 2 jours

Localisation: à l'intersection des routes 160 et 550; 107 mi (172 km) au sud de Montrose.

Durango Area Tourism Office: 111 S. Camino del Rio, ☎ 800-525-8855 ou 970-247-3500, www.durango.org.

Depuis Montrose, la route US 550 qui mène à Durango traverse en partie les superbes San Juan Mountains. Ce parcours jalonné de villes pittoresques, et offrant des panoramas éblouissants, est un attrait touristique en lui-même. **Ouray**, située à mi-chemin, a conservé son cachet du XIXe siècle. Dans ce lieu de villégiature, on trouve, comme dans quelques agglomérations voisines, une charmante station thermale; et la vue tout autour est tout simplement renversante! Silverton (voir plus loin) se trouve aussi le long de cette route.

Durango, la plus grande ville du sud-ouest du Colorado avec ses quelque 15 500 habitants, est née grâce au chemin de fer en 1880. C'est en effet à cette date que la compagnie ferroviaire Denver & Rio Grande Railroad édifia la ville à cet endroit pour en faire la tête de pont de sa nouvelle destination de Silverton, où les métaux précieux étaient exploités. Baptisée du même nom que la ville mexicaine, Durango ne tarda pas à attirer maints travailleurs des alentours, si bien qu'au tournant du XXe siècle elle était devenue le centre culturel, administratif et touristique du sud-ouest de l'État. Peu à peu, cependant, les mines s'épuisant les unes après les autres, sa vocation touristique s'imposa. L'ouverture dans les années 1960 du centre de ski voisin, **Purgatory**, constitua un autre pas dans cette direction. Finalement, la mise en service au début des années 1980 – cette fois dans un but touristique – du légendaire Durango & Silverton Narrow Gauge Railroad remit définitivement la ville sur ses rails!

Le **Durango & Silverton Narrow Gauge Railroad** ★★ *(81$ aller-retour, tarif réduit en hiver; toute l'année; 479 Main Ave., ☎ 970-247-2733 ou 888-872-4607, www.durangotrain.com)* est sans conteste l'attraction principale de Durango! Et il est facile de comprendre pourquoi en voyant ce train historique quitter la gare dans sa rutilante livrée jaune et noire, son imposante locomotive crachant des montagnes de fumée dans un vacarme assourdissant mais ô combien agréable à l'oreille! Car là réside en grande partie l'attrait que ce train exerce sur les gens: l'aura irrésistible de nostalgie qui le transcende. Mais la seule possibilité de monter à bord d'un authentique train à vapeur du XIXe siècle ne suffirait pas à expliquer l'engouement des touristes (plus de 170 000 par année) pour cette attraction. C'est le trajet qu'il effectue, de Durango à Silverton à travers les San Juan Mountains, qui fournit la réponse. En effet, la particularité qu'a ce train – grâce à des rails plus étroits que la normale – d'épouser des courbes très prononcées résulte en un parcours des plus spectaculaires. Le périple jusqu'à Silverton se déroule sur 83 km dans un décor de cinéma à nul autre pareil! Peinant et toussotant, littéralement accroché aux flancs des montagnes, le vénérable train se fraie un chemin à travers une enfilade de cols vertigineux au sein de la San Juan National Forest, avec la rivière Animas en contrebas; çà et là, les vestiges des anciennes mines désaffectées se dressent, insolites et anachroniques dans ce milieu verdoyant. Après 3h30 de labeur, le valeureux train arrive finalement à destination. Il prend alors une pause de 2h durant laquelle les voyageurs sont invités à visiter **Silverton** ★, une ancienne ville minière qui a gardé tout le charme de ses origines, notamment dans Blair Street, la rue principale, bordée de façades du *Far West*, vitrines de commerces bien d'aujourd'hui.

Étroitement relié au train touristique, le **Durango & Silverton Narrow Gauge Railroad Museum** ★ *(5$, entrée libre si vous prenez le train; tlj 7h à 19h; 479 Main Ave., Durango, ☎ 970-247-2733 ou 888-872-4607, www.durangotrain.com)* se dresse dans la cour de triage de ce train mythique. Le musée, qui ne manque pas de charme avec son mur de briques rouges, recrée, à partir d'une collection d'objets authentiques, la vie à bord des trains à vapeur du début du XXe siècle (le visiteur peut d'ailleurs monter à bord de l'une ou l'autre des voitures et locomotives exposées) et le développement de Durango, qui a suivi celui du chemin de fer.

De nombreux bâtiments historiques parfaitement conservés bordent Main Avenue entre la gare et 12th Street. Le Tourism Office distribue un dépliant, l'***Historic Walking Tour***, décrivant chacun des immeubles et leur histoire.

Activités de plein air

➤ Descente de rivière

La section de la rivière **Animas** située à Durango offre tout l'éventail d'émotions propre au rafting. Accompagnés par un guide chevronné, les pagayeurs passent d'une eau relativement calme à une succession de tourbillons de plus en plus tumultueux au fur et à mesure qu'ils progressent vers les rapides de classe 2 et 3 au pied de la Smelter Mountain. Plus de 10 entreprises organisent de telles expéditions sur la rivière, notamment **Durango Rivertrippers** *(à partir de 28$/2h; 720 Main Ave., ☎ 970-259-0289 ou 800-292-2885, www.durangorivertrippers.com)* et **Southwest Whitewater** *(à partir de 28$/2h; 1430 Main Ave., ☎ 970-259-8313 ou 800-989-9792, www.swwhitewater.com)*.

➤ Ski alpin

Situé à 25 mi (40 km) au nord de la ville de **Durango** en suivant la route 550, le centre de ski du **Durango Mountain Resort** *(60$; ☎ 970-247-9000 ou 800-982-6103, www.durangomountainresort.com)* est une véritable station familiale avec ses pistes variées pouvant aussi bien accueillir les skieurs débutants ou expérimentés que les planchistes, toujours plus nombreux chaque année.

➤ Vélo

Le **Colorado Trail**, une gigantesque piste hybride de 1 200 km, parcourt une grande partie du Colorado par monts et par vaux, depuis Denver jusqu'à Durango, qui en constitue l'extrémité ouest. C'est donc dire que Durango est un centre névralgique pour les randonnées à vélo et à pied.

Si cela n'était pas suffisant, des pistes fort intéressantes sont accessibles où le **Durango & Silverton Narrow Gauge Railroad** fait halte, et ce, en plusieurs endroits dans les **San Juan Mountains**. Les boutiques spécialisées abondent en ville proposant itinéraires et équipement; citons entre autres **Mountain Bike Specialists** *(949 Main Ave., Durango, ☎ 970-247-4066, www.mountainbikespecialists.com)* et **Boarding Haus** *(2607 Main Ave., Durango, ☎ 970-259-8182)*.

Mesa Verde National Park ★★★

▲ *p. 515* ● *p. 520*

1 jour

Localisation: 40 mi (64 km) à l'ouest de Durango; 15 mi (24 km) à l'est de Cortez.

Centre d'accueil des visiteurs: le **Far View Visitor Center** *(mi-avr à mi-oct tlj 8h à 17h)* se trouve à 15 mi (24 km) après l'entrée du parc. Exposition et vente des billets pour les visites guidées.
Droit d'entrée: fin mai à début sept 15$/véhicule, 8$/cycliste ou piéton, sept à fin mai 10$/véhicule, 5$/cycliste ou piéton; valable pour sept jours consécutifs. Le **Cliff Palace**, la **Balcony House** et la **Long House** ne sont ouverts qu'aux visiteurs munis de billets *(3$ chacun)* que l'on se procure exclusivement au Far View Visitor Center.
Visites guidées: Des visites guidées de 4h commentées par un *ranger* du parc, à bord d'autobus, sont proposées à partir du **Far View Lodge** *(45$; ☎ 800-449-2288)*.
Information: ☎ 970-529-4465, www.nps.gov/meve ou www.visitmesaverde.com.

Il existe dans le Sud-Ouest américain nombre de sites historiques avec *cliff dwellings* (littéralement: maisons construites à même la falaise). Aucun cependant n'est aussi célèbre et remarquable que le Mesa Verde National Park, un regroupement éblouissant d'habitations troglodytiques construites il y a plus de 700 ans. Observées à distance, ces maisons apparaissent comme de complexes châteaux de sable enchâssés dans le roc.

Ce site est demeuré inexploré jusqu'à ce jour d'hiver, il y a environ 100 ans, où deux cowboys en firent la découverte au hasard d'une promenade. Mason et Wetherill étaient loin de se douter qu'ils venaient de mettre au jour ce qui allait devenir un des sites archéologiques les plus importants du pays.

C'est en 550 que les ancêtres des Pueblos, appelés aussi «Anasazis» (nom navajo qui signifie «les anciens ennemis»), ont commencé à établir des villages sur le plateau de Mesa Verde («table verte» en espagnol). Après plus de 600 ans de vie sur le plateau, ces Amérindiens se mirent à ériger de complexes structures de brique et de pierre à même les interstices des falaises de grès. Malgré l'ampleur des travaux et le nombre important des constructions, les Anasazis ne les occupèrent qu'une centaine d'années, après quoi ils délaissèrent les lieux pour une raison à ce jour inconnue.

Ce sont les touristes et archéologues qui jouissent aujourd'hui de la beauté indéniable de cet endroit unique, patrimoine mondial de l'UNESCO. On compte plus de 600 sites de *cliff dwellings* (habitations troglodytiques) à l'intérieur du parc, la vaste majorité d'entre eux étant demeurés à l'État et, donc, inaccessibles au public. Cependant, depuis que Mesa Verde est devenu un parc national en 1906, le National Park Service y a effectué un travail remarquable, consolidant et restaurant les sites les plus importants. Les secteurs du parc dont l'accès est public se répartissent en deux parties distinctes comprenant chacune un sentier d'interprétation des ruines, suivant l'ordre chronologique.

Chapin Mesa ★★★

Le **Chapin Mesa Archeological Museum** ★★ *(entrée libre; avr à oct tlj 8h à 18h30, nov à mar tlj 8h à 17h; 5 mi ou 8 km du Visitors Center)* est un premier arrêt recommandé pour comprendre la vie des Pueblos. Juste à côté, la **Spruce Tree House** ★★★ regroupe les seules ruines importantes accessibles librement. Se rendre à ces ruines de maisons en pierres jaunes vaut amplement l'effort, tant l'harmonie et la magnificence qui s'en dégagent impressionnent. Le sentier qui mène aux ruines se prolonge et devient le **Petroglyph Point Trail** *(facile; boucle de 3,8 km; enregistrement obligatoire à l'entrée du sentier ou au musée)*, une agréable balade qui permet d'observer des pétroglyphes et de profiter de belles vues sur le Spruce Canyon et le Navajo Canyon.

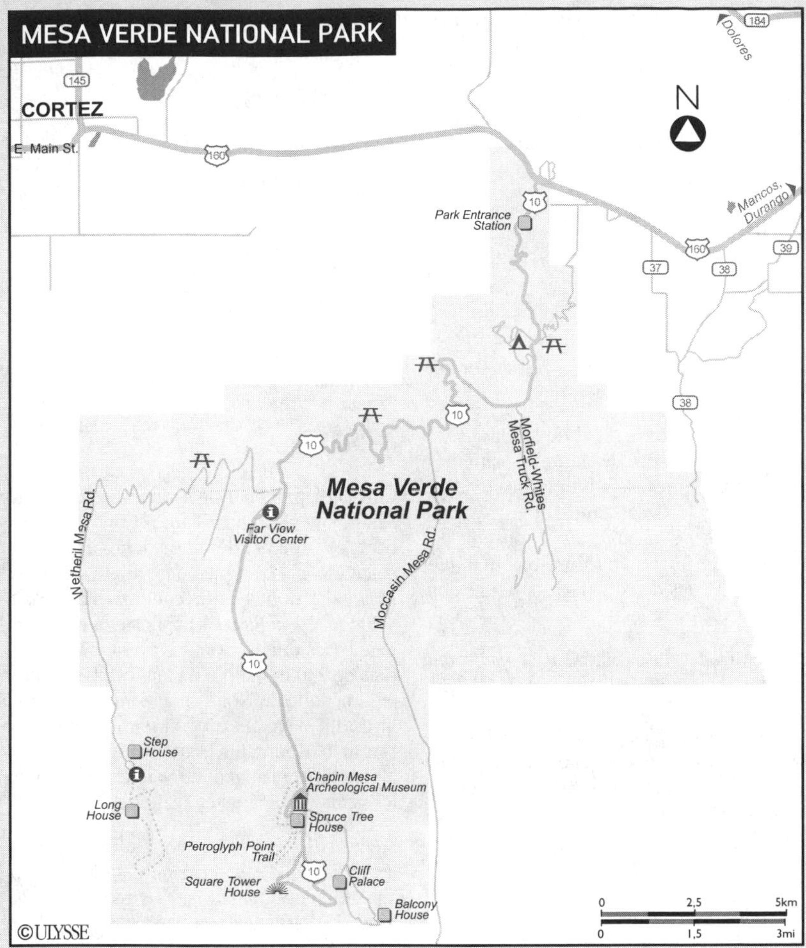

Cette section du parc renferme aussi le **Cliff Palace** ★★★ *(visite guidée uniquement, voir plus haut)*, le plus grand ensemble du genre en Amérique du Nord ainsi que le plus populaire; ses maisons, murs et *kivas* (pièce circulaire consacrée aux cérémonies) sont entièrement bâtis sous les rochers. Moins grande mais tout aussi spectaculaire, la **Balcony House** ★★★ *(visite guidée uniquement, voir plus haut)* mérite les efforts requis pour l'atteindre, tant la vue de ce groupe de maisons suspendues au-dessus du canyon est impressionnante. Enfin, cette même Chapin Mesa offre également de spectaculaires points de vue, notamment sur la **Square Tower House**.

Wetheril Mesa ★★

Cette partie du parc, ouverte en été seulement, domine la magnifique Montezuma Valley et se trouve à environ 30 min en voiture du Far View Visitor Center. Le site de la **Long House** ★★★ *(visite guidée uniquement, voir plus haut)*, auquel on accède à bord d'un petit train, est comparable à celui du Cliff Palace, mais reçoit nettement moins de visiteurs. Quant à la **Step House**, située à côté du stationnement, il est intéressant de noter qu'elle comporte côte à côte deux lieux d'occupation datant de différentes époques: de très anciennes maisons souterraines ainsi que des maisons de pierre pueblos classiques, plus récentes.

Alamosa

▲ *p. 516* ● *p. 520*

une demi-journée

Localisation: 149 mi (240 km) à l'est de Durango; 165 mi (265 km) au sud de Colorado Springs.

Même si l'attrait principal de la ville d'Alamosa (8 700 hab.) demeure sa situation géographique qui en fait un centre pratique pour visiter le Great Sand Dunes National Park (voir ci-dessous), les amoureux des chemins de fer ne voudront pas manquer d'emprunter les deux trains historiques dont les lignes passent ici.

Le **Rio Grande Scenic Railroad** *(58$ aller-retour; mi-mai à mi-oct tlj; 601 State Ave., ☎ 877-726-7245, www.riograndescenicrailroad.com)* propose des balades dans une locomotive à vapeur à travers de belles vallées et au-dessus du légendaire col de La Veta, sur une centaine de kilomètres de rails historiques. Des embranchements vous permettent aussi de profiter du train pour visiter le Great Sand Dunes National Park (voir ci-dessous) et de rejoindre l'autre ligne historique de chemin de fer de la région, la Cumbres & Toltec Scenic Railroad.

Un peu plus loin, la **Cumbres & Toltec Scenic Railroad** *(75$ aller; mi-mai à mi-oct tlj; ☎ 888-286-2737, www.cumbrestoltec.com)* est le chemin de fer à voie étroite le plus long et le plus haut du genre aux États-Unis. Datant de 1880, ce train à vapeur parcourt un trajet de près de 110 km en 6h environ au départ d'Antonito, au sud d'Alamosa, à destination de Chama, au Nouveau-Mexique, traversant sur sa route le col de Cumbres à plus de 3 000 m d'altitude.

Great Sand Dunes National Park ★★

▲ *p. 516* ● *p. 520*

une demi-journée

Localisation: 34 mi (55 km) au nord-est d'Alamosa.

Centre d'accueil des visiteurs: le **Great Sand Dunes National Park Visitors Center** *(mai à sept tlj 8h30 à 18h30, horaire variable le reste de l'année; ☎ 719-378-6399)* renferme une intéressante exposition sur la formation des dunes.
Droit d'entrée: 3$ adulte, valable pour sept jours consécutifs.
Information: ☎ 719-378-6300, www.nps.gov/grsa.
Camping: le camping de **Pinyon Flats** (88 emplacements, pas de douche) n'accepte pas les réservations.

Consacré parc national en 2004, le Great Sand Dunes National Park est un lieu étonnant: ce véritable désert de dunes à 2 300 m d'altitude, posé au pied des Sangre de Cristo Mountains dont les pics enneigés s'élèvent à 4 200 m, est un lieu de contrastes à nul autre pareil. Ces dunes, dont les plus élevées font près de 230 m, ce qui en fait les plus hautes en Amérique du Nord, sont le fruit d'un cycle incessant: le sable produit par l'érosion des San Juan Mountains et des Sangre de Cristo Mountains est acheminé vers les dunes par les vents dominants et l'eau.

Même si le parc est ouvert toute l'année, les mois d'août et septembre sont les plus agréables pour une visite; d'avril à juin, le ruisseau (**Medano Creek**) se prête bien à la baignade, mais le vent qui souffle dès la fin de la matinée rend pénible les balades sur les dunes.

Pour accéder aux plus grandes dunes en été, il faut traverser à pied le **Medano Creek**, qui n'apparaît au-dessus de la couche de sable qu'à partir du printemps, pour disparaître à nouveau au milieu de l'été. Autre particularité de ce ruisseau: la force du courant produit des petites dunes sous l'eau, qui se rompent quand la pression de l'eau est trop forte, produisant ainsi de petites vagues. En été, la baignade y est rafraîchissante. Monter au sommet des principales dunes – **High Dune** (198 m) et **Star Dune** (229 m) – n'est pas une partie de plaisir, surtout quand le vent se met à souffler, mais la vue panoramique depuis ces sommets de sable embrasse toute la vallée.

Hébergement

➤ Camping

Publiée par la **Colorado Campground and Lodging Owners Association**, le magazine ***Camp Colorado*** est distribué gratuitement. Vous pouvez aussi vous le procurer directement sur le site Internet *www.campcolorado.com*.

Denver

Puisque l'activité touristique et culturelle est concentrée au centre-ville, il est souhaitable d'y demeurer. Cependant, le coût de l'hébergement y est en général très élevé. Il existe cependant quelques établissements – surtout de type *bed and breakfasts* (gîtes touristiques) – à prix relativement raisonnables.

Denver International Youth Hostel
$ bc
630 E. 16th Ave.
303-632-9996
www.youthhostels.com/denver

Les voyageurs à petit budget se plairont fort bien à la Denver International Youth Hostel. Très bien située à quelques minutes du centre-ville, l'auberge compte plus de 120 lits. Chacun des dortoirs loge jusqu'à 10 personnes et comprend une cuisine, une salle de bain et deux chambres.

Castle Marne B&B
$$-$$$ P @
1572 Race St.
303-331-0621 ou 800-926-2763
www.castlemarne.com

Ce vieux manoir aux allures de château vous réserve un véritable retour vers le passé. Les chambres, la salle à manger et toutes les autres pièces de cette grande demeure ont gardé le charme et la décoration de l'époque de sa construction, en 1889. Le luxe et le confort des chambres, en plus des dîners aux chandelles, en font une adresse romantique à souhait.

Queen Anne Bed and Breakfast
$$$ P
2147 Tremont Place, angle 21st St.
303-296-6666 ou 800-432-4667
www.queenannebnb.com

Plus cher que la moyenne mais incontournable, le Queen Anne Bed and Breakfast offre une atmosphère unique. Le charisme de ses hôtes y est sans doute pour beaucoup. Le vénérable Tom King et ses deux fils officient de main de maître au sein de cette auberge dont rien ne vient troubler l'ambiance feutrée et romantique qui émane de chaque recoin. Les deux maisons jumelées qui forment l'ensemble comptent en tout 15 chambres très confortables, toutes différentes et avec pour certaines une cheminée ou une baignoire à remous. Dégustation de vins et fromages chaque jour entre 17h et 19h.

Lumber Baron Inn & Gardens
$$$-$$$$ @
2555 W. 37th Ave., angle Bryton
303-477-8205
www.lumberbaron.com

Avec sa masse imposante et son apparence de maison hantée, le Lumber Baron Inn & Gardens détonne au milieu du quartier banal de Highland, au nord-ouest de Denver. Qu'on ne s'y trompe pas cependant: il s'agit là de l'exemple magnifique d'une restauration très réussie respectant scrupuleusement le style victorien de l'époque. On n'y trouve que cinq chambres, mais toutes possèdent leur propre caractère, avec meubles antiques et confort moderne, notamment une baignoire à remous. L'environnement immédiat, très cosmopolite, offre une multitude de restaurants et boutiques, exotiques à souhait!

Hotel Teatro
$$$-$$$$ ≡ P ✻ @
1100 14th St.
303-228-1100 ou 888-727-1200
www.hotelteatro.com

L'Hotel Teatro, c'est à la fois le raffinement et l'efficacité d'un hôtel de centre-ville. Tout est pensé pour accueillir la clientèle d'affaires, mais aussi les amoureux en voyage de noces. Les chambres insonorisées donnent sur les rues animées de Denver et offrent une vue sur les montagnes du Colorado au loin. Le confort est optimal: la literie est parfaite, les lourds rideaux assombrissent les chambres pour en faire des nids douillets, et le personnel est aux petits soins. L'hôtel domine la charmante Larimer Street et le Lower Downtown (LoDo), et le 16th Street Mall est à deux rues.

The Curtis
$$$-$$$$ ≡ @
1405 Curtis St.
303-571-0300 ou 800-525-6651
www.thecurtis.com

The Curtis Hotel a été complètement rénové ces dernières années, et chaque étage est animé selon des thèmes très colorés, avec une décoration épurée des chambres. Le tout donne un air des plus sympathiques et des moins conventionnels à cette adresse qui s'élève dans le cœur même du centre-ville, à deux rues à l'ouest de l'animé 16th Street Mall.

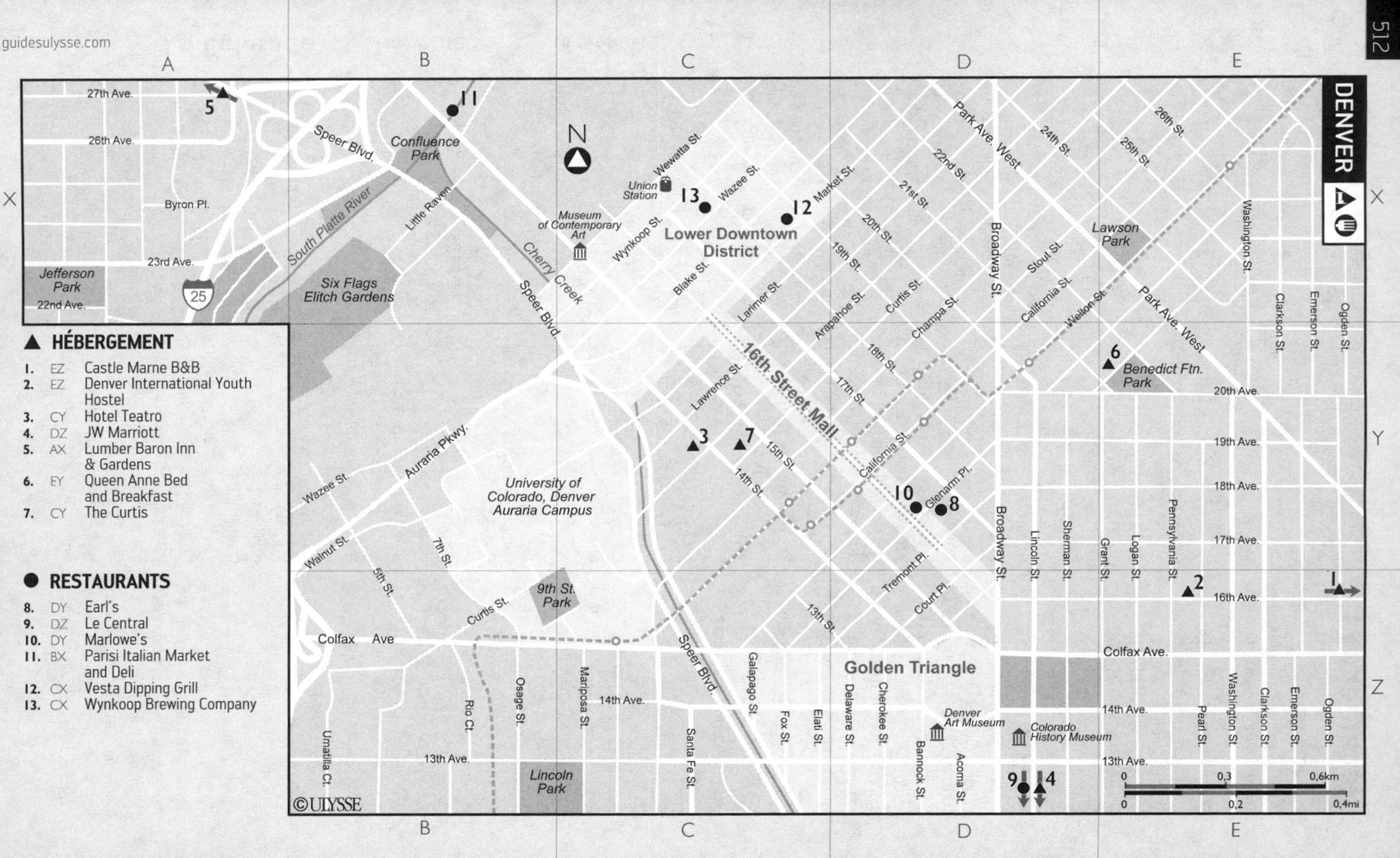
DENVER
HÉBERGEMENT
1. EZ Castle Marne B&B
2. EZ Denver International Youth Hostel
3. CY Hotel Teatro
4. DZ JW Marriott
5. AX Lumber Baron Inn & Gardens
6. EY Queen Anne Bed and Breakfast
7. CY The Curtis
RESTAURANTS
8. DY Earl's
9. DZ Le Central
10. DY Marlowe's
11. BX Parisi Italian Market and Deli
12. CX Vesta Dipping Grill
13. CX Wynkoop Brewing Company
Lower Downtown District
16th Street Mall
Golden Triangle
University of Colorado, Denver Auraria Campus
Confluence Park
Six Flags Elitch Gardens
Jefferson Park
Lawson Park
Benedict Ftn. Park
9th St. Park
Lincoln Park
Union Station
Museum of Contemporary Art
Denver Art Museum
Colorado History Museum
South Platte River
Cherry Creek
Speer Blvd.
Park Ave. West
Broadway St.
Colfax Ave.
Auraria Pkwy.
©ULYSSE

JW Marriott
$$$$
150 Clayton Lane
Cherry Creek
303-316-2700 ou 866-706-7814
www.jwmarriottdenver.com
Situé dans une banlieue chic de Denver dénommée Cherry Creek, l'hôtel de grand luxe JW Marriott se trouve à seulement 5 km du centre-ville. Ses chambres et suites se révèlent aussi spacieuses que confortables. Leur ameublement ainsi que la décoration de tout l'hôtel se veulent modernes et feutrées à la fois. Personnel courtois et attentionné.

Colorado Springs

La vocation traditionnellement touristique de la ville fait que les lieux d'hébergement y sont nombreux et variés. On peut trouver à s'y loger suivant une très large gamme de prix, du motel bas de gamme à l'extravagant (et hors de prix!) hôtel cinq-étoiles.

Garden of the Gods Campground
$-$$
3704 W. Colorado Ave.
719-475-9450 ou 800-248-9451
www.coloradocampground.com
Ce camping, situé tout près du Garden of the Gods, est principalement destiné aux véhicules récréatifs, mais plusieurs emplacements pour tentes et quelques chalets rustiques sont aussi proposés.

Holden House Bed & Breakfast
$$-$$$
1102 W. Pikes Peak Ave.
719-471-3980 ou 888-565-3980
www.holdenhouse.com
Les maisons victoriennes abondent dans ce coin de pays, et l'une d'elles abrite le Holden House Bed & Breakfast. Encore ici, on a jalousement pris soin de meubler et décorer l'établissement dans le style victorien de l'époque. On y sert un copieux petit déjeuner dans la salle à manger commune.

Antlers Hilton Colorado Springs
$$$
4 S. Cascade Ave.
719-955-5600
www.antlers.com
Ceux qui préfèrent le service plus traditionnel d'un hôtel conventionnel iront à l'Antlers Hilton Colorado Springs, un édifice historique construit à la fin du XIXe siècle mais grandement rénové depuis. Service impeccable dans un décor superbe de riches boiseries et de fer ornemental.

Boulder

Golden Gate Canyon State Park
$
accès par la route 119 au départ de Boulder ou par la route 93 et la Golden Gate Canyon Road au départ de Golden
303-582-3707
En raison de la proximité de plusieurs forêts et parcs nationaux, les fervents de camping trouveront aux alentours de Boulder un nombre incroyable de campings publics et privés qu'il serait trop long d'énumérer ici. Mentionnons cependant le terrain de camping particulièrement intéressant du Golden Gate Canyon State Park, qui propose aussi des chalets et des yourtes *(800-678-2267 ou 303-470-1144)*, rustiques mais disponibles toute l'année.

Boulder University Inn
$$
1632 Broadway
303-417-1700
www.boulderuniversityinn.com
Au centre-ville, le Boulder University Inn mérite surtout d'être mentionné pour ses tarifs modestes et sa situation privilégiée entre l'université et le Pearl Street Mall. Bon rapport qualité/prix.

Boulder Mountain Lodge
$$
91 Four Miles Canyon Dr.
303-444-0882 ou 800-458-0882
www.bouldermountainlodge.com
Il en va de même du Boulder Mountain Lodge, un charmant motel sans prétention situé au nord du Boulder Canyon. De plus, certaines chambres sont équipées de cuisinettes, et l'on y trouve aussi des emplacements de camping pour véhicules récréatifs.

Best Western Boulder Inn
$$-$$$
770 28th St.
303-449-3800 ou 800-233-8469
www.boulderinn.com
Le Best Western Boulder Inn se trouve non loin de l'Université du Colorado et à proximité de la route 36. La grande majorité des chambres donnent sur la piscine extérieure et bénéficient d'un balcon. Très propres et confortables, les chambres se révèlent accueillantes. Un sauna et un bain à remous intérieurs invitent à la détente.

Hotel Boulderado
$$-$$$$
2115 13th St.
303-442-4344 ou 800-433-4344
www.boulderado.com
Le splendide Hotel Boulderado, qui a ouvert ses portes en 1909, est érigé au centre même de Boulder, à deux pas du célèbre Pearl Street Mall. Les quelque 160 chambres, d'inspiration victorienne, offrent pour la plupart un point de vue sur les montagnes Rocheuses. Tout l'hôtel a été soigneusement rénové afin de lui redonner son cachet d'antan qui a fait la fierté des résidents de Boulder durant plusieurs décennies.

Fort Collins

L'**Arapahoe National Forest** et la **Roosevelt National Forest** comptent plusieurs campings publics avec services. Renseignements au *877-444-6777.*

The Sheldon House
$$-$$$
616 W. Mulberry St.
970-221-1917 ou 877-221-1918
www.bbonline.com/co/sheldonhouse
Tout juste à l'écart de la rue principale, la maison ancienne qui abrite The Sheldon House impressionne par l'harmonie de ses lignes. Cette harmonie se retrouve à l'intérieur, où l'hôtesse a su utiliser à bon escient toutes les ressources des arts décoratifs: rien n'est de trop et tout est à sa place. L'assiette du petit déjeuner, accompagnée d'une montagne de petits fruits, constitue un régal autant pour les yeux que pour le palais.

Estes Park

Un des deux seuls accès au Rocky Mountain National Park, Estes Park recèle un grand nombre d'hôtels et surtout de motels offrant différents niveaux de confort.

Estes Park Center/YMCA of the Rockies
$-$$
2515 Tunnel Rd.
970-586-3341 ou 800-777-9622
www.ymcarockies.org
L'Estes Park Center/YMCA of the Rockies étonne par sa variété de types d'hébergement. En plus du *lodge* (auberge avec chambres), le centre comprend des maisonnettes individuelles pouvant loger de deux à quatre personnes. Très fréquenté, cet immense complexe propose toute la panoplie d'activités extérieures que la proximité du célèbre parc voisin suggère.

Stanley Hotel
$$$$ @
333 Wonderview Ave.
970-586-3371 ou 800-976-1377
www.stanleyhotel.com
Le très chic Stanley Hotel n'est pas à la portée de toutes les bourses, mais, depuis sa fondation, en 1909, par le concepteur d'automobiles E.O. Stanley, cet élégant établissement domine Estes Park de son observatoire. Rénovée à grands frais, cette splendeur architecturale est un attrait en soi.

Rocky Mountain National Park

On dénombre cinq terrains de camping à l'intérieur du parc où il est possible de séjourner jusqu'à sept jours consécutifs. Quatre d'entre eux sont situés du côté est du parc, à savoir **Moraine Park**, **Glacier Basin**, **Aspenglen** et **Longs Peak**; le dernier, **Timber Creek**, se trouve du côté ouest.

Bien que les réservations ne soient pas obligatoires (sauf pour les campings de Moraine Park et de Glacier Basin), il est fortement suggéré de réserver sa place longtemps à l'avance tant l'afflux de visiteurs est important. Il faut savoir toutefois qu'il n'y a ni douches ni raccordements pour véhicules récréatifs dans ces campings bien qu'on y trouve des points d'eau. Ils offrent en tout 590 emplacements répartis entre tentes et véhicules récréatifs. Renseignements au *800-365-2267, www.rocky.mountain.national-park.com* ou *www.recreation.gov.*

Vail

En raison du caractère même de Vail, cette station de ski haut de gamme, le coût de l'hébergement y est la plupart du temps très coûteux. C'est un euphémisme de parler de prix modéré: le coût modéré ici correspond ailleurs à un prix élevé! Cela étant dit, il est possible, si l'on cherche bien, de se loger à un coût relativement raisonnable. Il faut noter, en outre, que les prix baissent substantiellement en été. Pour trouver à se loger à bon prix ici, mieux vaut s'en remettre aux quelques motels environnants tels le **Lionshead Inn** *(**$$**; 701 W. Lionshead Circle, 970-476-2050 ou 800-283-8245, www.lionsheadinn.com)* ou encore le **Comfort Inn** *(**$$-$$$** @; 161 W. Beaver Creek Blvd., Avon, 970-949-5511, www.comfortinn.com).*

Park Meadows Lodge
$$-$$$ P @
1472 Matterhorn Circle
970-476-5598
www.parkmeadowslodge.com
Le Park Meadows Lodge pratique des prix relativement modérés en offrant la formule d'hébergement qu'est la location de copropriétés, du studio à l'appartement de deux chambres. Situé à Vail West, il n'est qu'à quelques minutes du centre-ville.

The Lodge at Vail
$$$$ @
174 E. Gore Creek Dr.
970-476-5011 ou 877-528-7625
www.lodgeatvail.rockresorts.com
Parmi les hôtels aux «normes» tarifaires de Vail, mentionnons The Lodge at Vail, situé en plein cœur du

village au pied des pentes. Doté de restaurants réputés, cet établissement offre tout ce qu'on est en droit de s'attendre d'un hôtel de grand luxe.

Aspen

Le coût du logement étant, si cela est possible, encore plus cher qu'à Vail, le voyageur moyen n'a d'autre choix que de se tourner vers les *ski lodges*, ces auberges conçues pour les adeptes du ski. Sans posséder le luxe et le raffinement des grands hôtels, ces établissements ont le charme typique des petits hôtels suisses sans prétention. C'est le cas du **Mountain House Lodge** *($$-$$$ P @; 905 E. Hopkins Ave., 970-920-2550, www.mountainhouselodge.com)*, dont le style tyrolien sied à merveille aux lieux. Le **Mountain Chalet Aspen** *($$-$$$ ≡ P @; 333 E. Durant Ave., 970-925-7797 ou 888-925-7797, www.mountainchaletaspen.com)* est du même acabit, avec en plus une piscine extérieure chauffée ouverte toute l'année.

Glenwood Springs

Sunlight Mountain Inn
$$
10252 County Rd. 117
970-945-5225
www.sunlightinn.com
Pour un dépaysement assuré, logez au Sunlight Mountain Inn, situé au sommet d'une montagne voisine, au pied du centre de ski du même nom. Outre l'air pur et la vue imprenable, le charme sans prétention de l'auberge et l'amabilité de ses propriétaires vous séduiront à coup sûr.

Hotel Colorado
$$-$$$ @
526 Pine St.
970-945-6511 ou 800-544-3998
www.hotelcolorado.com
L'imposant et splendide Hotel Colorado est revêtu des mêmes briques rouges que le «Hot Springs» et la gare historique; construit à la même époque à la fin du XIXe siècle, cet édifice fut jadis fréquenté par plusieurs présidents américains. Aujourd'hui, on peut profiter de ses chambres au décor suranné à des prix tout à fait corrects. Ne manquez pas, en saison, de prendre un repas ou deux dans les magnifiques jardins.

Grand Junction

Grand Vista Hotel
$$-$$$ @
2790 Crossroads Blvd.
970-241-8411 ou 800-800-7796
www.grandvistahotel.com
Le bien nommé Grand Vista Hotel contemple du côté sud le Colorado National Monument, alors que sa façade nord fait face à Grand Mesa: admettons qu'il serait difficile de trouver un hôtel mieux situé! Les chambres au confort douillet sont classiques mais bien insonorisées, et cet établissement est doté en outre d'un restaurant et d'un bar très animé en soirée.

Durango

Siesta Motel
$$ ≡ @
3475 N. Main Ave.
970-247-0741 ou 877-314-0741
www.durangosiestamotel.com
Comme la plupart des options d'hébergement bon marché à Durango, le Siesta Motel se trouve un peu en dehors du centre, mais demeure accessible par la ligne de tramway. Ce charmant motel familial de style mexicain renferme des chambres très bien garnies, chacune ayant sa propre atmosphère. Un kiosque, dans le jardin, renferme un bain à remous où les clients viennent en fin de soirée se relaxer dans l'eau bouillonnante. Les réservations sont conseillées en été.

General Palmer Hotel
$$-$$$ ≡ P @
567 Main Ave.
970-247-4747 ou 800-523-3358
www.generalpalmerhotel.com
Voisin de la gare du Durango & Silverton Narrow Gauge Railroad, le General Palmer Hotel offre encore l'ambiance de luxe qui en faisait l'un des deux palaces de l'époque. Belle terrasse avec vue sur la gare.

Strater Hotel
$$$-$$$$ ≡ P @
699 Main Ave.
970-247-4431 ou 800-247-4431
www.strater.com
Il en est de même au Strater Hotel, un des plus beaux édifices historiques du Sud-Ouest. Sa façade de briques rouges ornementée de corniches blanches constitue un écrin de choix pour les trésors d'antiquités qu'il recèle. Chaque chambre est garnie du mobilier d'acajou original. L'hôtel abrite, en outre, comme à l'époque, un théâtre et un *saloon* (voir p. 521), tous deux authentiques.

Mesa Verde National Park

Si vous ne séjournez pas dans le parc, Cortez (15 mi ou 24 km à l'ouest) compte de nombreux motels, mais Mancos, à seulement 7 mi (11 km) à l'est de l'entrée du parc, est un choix plus agréable.

Enchanted Mesa Motel
$ ≡ ❄ @
862 W. Grand Ave., Mancos
☎ 970-523-7729 ou 866-533-6372
www.enchantedmesamotel.com
Situé juste à l'entrée de Mancos et en retrait de la rue principale, ce motel aux chambres claires et bien aménagées offre un bon rapport qualité/prix. En soirée, les clients se retrouvent à discuter dans un patio couvert mis à leur disposition.

Morefield Campground
$
début mai à mi-oct
6 km au sud de l'entrée du parc
☎ 970-533-7731 ou 800-449-2288
Le Morefield Campground, un immense terrain de camping de 435 emplacements dont 15 pour véhicules récréatifs (les réservations sont obligatoires pour ceux-ci), propose tous les services (eau, douches, toilettes, etc.). Pour ceux qui n'ont pas d'équipement de camping, les tentes en location pouvant loger deux personnes s'avèrent très pratiques. Épicerie et sentiers de randonnée à proximité.

Far View Lodge
$$$ ❄ @
mi-avr à mi-oct
☎ 602-331-5210 ou 800-449-2288
La visite de cette merveille archéologique qu'est le Mesa Verde National Park ne serait complète sans un séjour au Far View Lodge, idéalement situé au cœur du parc, près du Far View Visitors Center. Chacune de ses chambres, au décor spartiate mais confortables, offre un point de vue imprenable sur l'une ou l'autre des parties du parc. Le soir venu, après un dîner à la **Metate Room** (voir p. 520) contemplez de votre balcon le parc endormi dans le calme absolu qui s'installe alors. Rien ne viendra troubler votre réflexion, si ce n'est quelque éclair de chaleur fugace zébrant le ciel à l'horizon.

Alamosa et Great Sand Dunes National Park

Il existe peu de lieux d'hébergement près du Great Sand Dunes National Park, mais vous trouverez à Alamosa la plupart des chaînes hôtelières.

Pinyon Flats
$
Great Sand Dunes National Park
☎ 719-378-6399
www.nps.gov/grsa
Le camping du parc est ouvert toute l'année et ne prend pas les réservations. Les emplacements sont simples et ne possèdent pas de services particuliers. Les sanitaires n'ont pas de douche, mais malgré cela, il vous faudra arriver tôt le matin pour vous assurer une place en haute saison. À noter aussi qu'il est possible de camper parmi les dunes et dans divers sites non aménagés, mais il faut alors se procurer un Backcountry Permit au Visitors Center.

Holiday Inn Express
$$ ≋ ❄ @
3418 Mariposa St.
Alamosa
☎ 719-589-4026
www.hiexpress.com
Parmi les nombreux hôtels et motels d'Alamosa, l'Holiday Inn Express se distingue par son confort moderne, bien que sa situation en fasse plus une adresse pratique que charmante.

Great Sand Dunes Lodge
$$ ❄ @ ≋
mi-mars à mi-oct
7900 Hwy. 150 N.
☎ 719-378-2900
www.gsdlodge.com
Situé à seulement quelques kilomètres de l'entrée du parc national, le Great Sand Dunes Lodge a des allures de motel, mais ses chambres simples et confortables jouissent d'une vue imprenable sur les dunes. Les 12 chambres sont rapidement comblées en haute saison; les réservations sont donc conseillées. Restaurant et épicerie juste à côté.

Restaurants

Denver

Voir carte p. 512.

Malgré le nombre de chaînes de restaurants aseptisés qui ont envahi Denver ces dernières années, il est toujours possible de trouver en ville de fort convenables restaurants.

Parisi Italian Market and Deli
$-$$
mar-jeu 11h à 21h, ven-sam 11h à 22h
4401 Tennyson St.
☎ 303-561-0234
www.parisidenver.com
Les effluves et l'ambiance de l'Italie nous assaillent dès qu'on franchit la porte du Parisi Italian Market and Deli. On n'y entre pas pour le décor, certes, mais la nourriture y est tout simplement délicieuse! Il propose le menu typique d'un *deli*, mais apprêté avec une touche parfaite par le maître de céans et ses acolytes dans un tohu-bohu bon enfant. Son panini Napoli, entre

autres, est un régal épicé qui vaut le détour.

Wynkoop Brewing Company
$$
tlj 11h à 2h
1634 18th St., angle Wynkoop St.
303-297-2700
www.wyncoop.com
Denver regorge de brasseries artisanales qui se doublent souvent de restaurants de belle facture. On les appelle *brewpubs*, et l'un des plus courus est certainement celui de la Wynkoop Brewing Company, installé dans un des anciens entrepôts historiques du quartier en vogue du «LoDo» (Lower Downtown). La faune jeune et bigarrée du coin le remplit constamment malgré ses dimensions éléphantesques. Les avant et après matchs du Coors Field voisin y contribuent aussi. La nourriture y est décente à défaut d'être originale. On y vient surtout pour l'ambiance et... le liquide houblonné, omniprésent avec ses 12 variétés.

Earl's
$$-$$$
1600 Glenarm Place, entrée sur le 16th Street Mall
303-595-3275
www.earls.ca
Un restaurant très branché de Denver où un décor à la fois raffiné et décontracté accueille une jeunesse dorée et les joueurs de l'équipe de baseball locale. Le bar central laisse la place, sur les côtés, à des banquettes de cuir où l'on savoure, au calme, une cuisine très basique: de la pizza aux hamburgers en passant par les grillades. L'animation est assurée par les écrans plats qui diffusent des matchs de baseball, l'agitation des cuisiniers derrière la baie vitrée et les charmantes serveuses.

Le Central
$$-$$$
tlj 11h30 à 22h
112 E. Eighth Ave., angle Lincoln St.
303-863-8094
www.lecentral.com
Un restaurant français abordable? Ça existe ici et de belle façon! Le Central est un restaurant sans prétention de type bistro dont la cuisine est tout à fait convenable. Le menu propose les classiques de la cuisine française, avec de nombreuses spécialités du sud de la France. Poissons et crustacés (dont le homard en saison) sont ici une véritable aubaine. Le restaurant est divisé en plusieurs salles, ce qui rend les repas calmes et agréables.

Marlowe's
$$-$$$
501 16th St.
303-595-3700
www.marlowesdenver.com
Le Marlowe's est définitivement l'un des restaurants les plus populaires de Denver, notamment en raison de son emplacement central sur l'artère principale de la ville. La clientèle locale est constituée d'hommes d'affaires, de jeunes branchés et d'amoureux. Tout le monde veut y être vu! C'est à la fois un restaurant et un bistro dont certaines parties sont bruyantes et d'autres plus feutrées. Le menu comme le personnel sont efficaces: la viande est à l'honneur (nous sommes bien au Colorado), mais les fruits de mer et les salades ont également la part belle. Une bonne halte en découvrant le cœur de la ville.

Vesta Dipping Grill
$$$
dim-jeu 5h à 10h, ven-sam jusqu'à 11h
1822 Blake St., entre 18th et 19th St.
303-296-1970
www.vestagrill.com
Sans doute le restaurant le plus original de Denver et assurément l'un des meilleurs, le Vesta Dipping Grill impressionne de prime abord par son décor résolument moderne et curviligne, comme le bar et les banquettes pour groupes, ou arborant fer forgé et verre façon Art déco. Sa spécialité demeure les brochettes de viande ou de fruits de mer servies avec diverses sauces ou trempettes au choix du client.

Colorado Springs

Edelweiss
$-$$
tlj 11h30 à 21h
34 E. Ramona Ave.
719-633-2220
www.edelweissrest.com
Peu commun au Colorado, le restaurant allemand Edelweiss connaît les classiques de la cuisine germanique: *wiener*, *sauerbraten* et autres spécialités sont préparées de façon impeccable. Bien sûr, l'atmosphère y est bavaroise à l'envi!

Ritz Grill
$-$$
dim-jeu 11h à 24h, ven-sam jusqu'à 1h
15 S. Tejon St.
719-635-8484
www.ritzgrill.com
Le Ritz Grill, avec son bar central trônant au centre de la salle à manger, reste le favori de la gent professionnelle de la ville. Son style Art déco, alliée à une cuisine à la mode comportant principalement des plats végétariens, est fait sur mesure pour cette clientèle sélective.

Phantom Canyon Brewing Company
$$
2 E. Pikes Peak Ave.
719-635-2800
www.phantomcanyon.com
À l'exemple de toutes les villes du Colorado, Colorado

Springs possède sa brasserie artisanale, en l'occurrence la Phantom Canyon Brewing Company, installée dans un édifice des années 1900. Endroit des plus populaires où l'on peut choisir une des nombreuses bières brassées sur place, la Phantom propose elle aussi le menu typique de ces établissements, mais qui pourra en étonner (agréablement) plus d'un.

Boulder

Sherpa's Adventurers Restaurant & Bar
$$
825 Walnut St.
303-440-7151
www.sherpaascent.com
Le Sherpa's Adventurers Restaurant & Bar propose une cuisine népalaise authentique, mais également des plats inspirés de la cuisine indienne et tibétaine. Sur place, vous pourrez feuilleter des livres et des guides portant sur la vaste région de l'Himalaya et ainsi préparer un éventuel voyage dans ce coin du monde ou simplement en rêver en sirotant une bière.

The Boulder Dushanbe Teahouse
$$-$$$
tlj 8h à 21h
1770 13th St.
303-442-4993
www.boulderteahouse.com
Installé dans une magnifique maison de thé du Tadjikistan, la **Boulder Dushanbe Teahouse** (voir également p. 493) vous promet une expérience mémorable, tant pour les yeux que pour les papilles, car même si le décor somptueux suffisait à vous attirer, le menu vous ferait revenir. Ouvert pour les trois repas de la journée, c'est surtout le soir que le menu est le plus séduisant: vous pourrez vous laisser tenter par des spécialités culinaires traditionnelles perses et tadjiks, ou d'autres plus osées à base de thé. Vous pourrez aussi bien sûr déguster de fameux thés à toute heure de la journée.

John's Restaurant
$$$
mar-sam à partir de 17h30
2328 Pearl St.
303-444-5232
www.johnsrestaurantboulder.com
Un tout autre genre de cuisine est servi au John's Restaurant. Le chef ratisse large: il propose des plats de France, d'Espagne et d'Italie. Mais ce virtuose sait jouer habilement de ces diverses saveurs. Le menu change régulièrement, et le service est professionnel.

Fort Collins

CooperSmith's Pub & Brewing
$-$$
dim-jeu 11h à 23h, ven-sam jusqu'à 24h
5 Old Town Square
970-498-0483
www.coopersmithpub.com
La ville de Fort Collins est renommée pour ses nombreux *brewpubs*, et le plus ancien d'entre eux, le CooperSmith's Pub & Brewing, est aussi le plus fréquenté. Avec raison, car le menu typique de brasserie y est préparé selon les règles de l'art, et le service est prompt et efficace. On peut y observer le processus de fabrication de la bière tout en mangeant. L'établissement est également réputé pour sa salle de billard qui attire beaucoup de monde.

Jay's Bistro
$$-$$$
dim-jeu 11h à 21h, ven-sam jusqu'à 22h
135 W. Oak St.
970-482-1876
www.jaysbistro.net
La cuisine du Jay's Bistro se réclame du style contemporain américain mâtiné de mexicain et de méditerranéen au passage. Cela donne un assortiment hétéroclite de mets épicés du Sud, de fruits de mer et de steaks.

Estes Park

Baldpate Inn
$$
tlj 11h30 à 20h
4900 S. Hwy. 7
970-586-6151
www.baldpateinn.com
Parmi les nombreux restaurants que compte la ville d'Estes Park, celui du Baldpate Inn fait partie des plus traditionnels. Le buffet de salades est très apprécié, et il s'accompagne très bien des soupes et desserts maison. Le cadre de la salle à manger est plutôt défraîchi, mais offre une très belle vue sur les montagnes.

Vail

Il en va des restaurants comme des hôtels: ils sont en général chics et chers. Cependant, on peut dénicher ici et là quelques trouvailles offrant un bon rapport qualité/prix.

Los Amigos
$$
400 Bridge St.
970-476-5847
Dans le genre mexicain, Los Amigos tire bien son épingle du jeu. Au sein d'un décor sobre et typique, il sert

toute la panoplie des mets piquants propres à ce genre de cuisine, notamment de délicieuses *enchiladas*.

Montauk Seafood Grill
$$$
tlj à partir de 17h
549 W. Lionshead Mall
970-476-2601
www.montaukseafoodgrill.com
Le Montauk Seafood Grill se distingue par ses arrivages quotidiens de poissons frais qui sont illico cuits à la perfection, tel ce thon *ahi* apprêté à la japonaise: un pur délice! Les carnivores trouveront aussi quelques plats à se mettre sous la dent.

Sweet Basil
$$$$
tlj à partir de 11h30
193 Gore Creek Dr.
970-476-0125
www.sweetbasil-vail.com
Parmi les bons et chers restaurants de Vail, Sweet Basil est une adresse sophistiquée et à la mode, mais dont la cuisine ne déçoit jamais. Celle-ci se veut innovatrice et se nourrit de nombreuses influences, pour créer un menu alléchant qui affiche entre autres de nombreux plats d'agneau et de fruits de mer. La carte des vins comporte plus de 500 variétés, et le service est impeccable. Bar ouvert toute la journée.

Aspen

Woody Creek Tavern
$-$$
tlj 11h à 23h
Upper River Rd., Woody Creek
970-923-4585
www.woodycreektavern.com
Il subsiste dans les faubourgs d'Aspen un établissement peu commun du nom de «Woody Creek Tavern». Si la nostalgie des tavernes d'antan vous habite, voilà l'endroit rêvé pour s'y retremper. En outre, on y a conservé le menu type de ces dinosaures: steaks, hamburgers et rougets qu'on vous sert sans parcimonie.

Takah Sushi
$$-$$$
tlj à partir de 17h30
320 S. Mill St
970-925-8588
www.takahsushi.com
Les amateurs de sushis ne manqueront pas de faire une halte au Takah Sushi, un des meilleurs restaurants de ce type au Colorado où l'on peut savourer cette spécialité autour du comptoir à sushis ou dans la salle à manger feutrée.

Glenwood Springs

Glenwood Canyon Brewing Company
$$
dim-jeu 11h à 23h, ven-sam 11h à 24h
402 Seventh St.
970-945-1276
www.glenwoodcanyon.com
Siroter une bière fraîchement brassée tout en étant accoudé au bar de la Glenwood Canyon Brewing Company fait partie des petits plaisirs de la vie. L'établissement dégage un je-ne-sais-quoi de magique qui fait durer le plaisir. La cuisine, honnête, est celle des brasseries: steak frites et compagnie.

Italian Underground
$$-$$$
715 Grand Ave.
970-945-6422
Parangon du restaurant italien typique, l'Italian Underground saura amadouer le palais le plus blasé avec ses pâtes et ses sauces divines, entre autres les spaghettis sauce tomate et basilic. Arrivez tôt: l'endroit se remplit rapidement.

Grand Junction

Les restaurants de qualité ne sont pas légion à Grand Junction! On peut tout de même se sustenter de belle façon dans quelques établissements, principalement dans Main Street.

Main Street Cafe
$
504 Main St.
970-242-7225
On va au Main Street Cafe pour son ambiance des années 1950, fort bien recréée avec photos, disques en vinyle, etc. Le menu reprend les favoris de l'époque, comme les sandwichs, les hamburgers et les *banana splits*.

Rockslide Brew Pub
$-$$
401 Main St.
970-245-2111
www.rockslidebrewpub.com
Au Rockslide Brew Pub, outre la bière, excellente, de délectables steaks cuits à la perfection satisferont les appétits les plus sélectifs. Le menu comporte de nombreux autres choix, et l'atmosphère y est des plus sympathiques. Soirées animées de karaoké (jeudi) et pour étudiants (mardi).

Durango

Steamworks Brewing Co.
$-$$
dim-jeu 11h à 24h, ven-sam jusqu'à 2h
801 E. Second Ave.
970-259-9200
www.steamworksbrewing.com
Le décor éclaté du *brewpub* Steamworks Brewing Co. s'articule autour de l'aire de brassage qu'on peut apercevoir au centre de la pièce derrière une surface vitrée. En plus d'une variété de hamburgers et de sandwichs, le menu propose toute la

panoplie de mets du Sud, *burritos* en tête. Les portions sont, comme le décor, généreuses à souhait.

Jean Pierre
$$-$$$
tlj 7h à 22h
601 Main Ave.
970-247-7700 ou 800-742-4863
www.jeanpierrebakery.com
Pâtisserie, boulangerie, restaurant et bar à vin, Jean Pierre c'est tout ça à la fois. L'ensemble est situé dans la principale rue historique de Durango. Tout est fait sur place, et les plats au menu font honneur à la cuisine traditionnelle française.

The Kennebec Café
$$-$$$
mar-dim 11h à 21h
4 Country Rd. 124
Hesperus (10 mi ou 16 km à l'ouest de Durango)
970-247-5674
www.kennebeccafe.com
N'hésitez pas à faire le chemin pour aller au Kennebec Café, qui a gagné sa popularité grâce à une cuisine méditerranéenne de qualité, servie dans un cadre agréable. Bonne liste de vins et service attentif. Réservation conseillée.

Mesa Verde National Park

Pour se sustenter rapidement et à moindre prix, deux cafétérias, l'une à Far View Terrace et l'autre près du musée, proposent des salades, soupes, sandwichs et *tacos* (dont des *Navajo Tacos*).

Absolute Bakery Café
$
110 S. Main St., Mancos
970-533-1200
Située dans une vieille maison en bois à quelques kilomètres du parc, cette sympathique boulangerie sert, dans une ambiance détendue, des petits déjeuners et des déjeuners appréciés par les résidents. On se laisse aussi facilement tenter par les pains, biscuits et gâteaux proposés, que l'on arrose d'un délicieux café ou d'une limonade à la lavande.

Metate Room
$$$-$$$$
tlj 17h à 21h30 (petit déjeuner 7h à 10h d'avr à oct)
Far View Lodge
970-529-4422
www.visitmesaverde.com
Ce splendide restaurant, en plus d'une vue sur le parc, vous offre une fine cuisine contemporaine alliant plats traditionnels et produits régionaux, tels que cactus et maïs, pour célébrer les ancêtres pueblos qui vécurent ici. La viande et le gibier sont prédominants sur la carte, la liste des vins comporte entre autres quelques bouteilles du Colorado, et nombreux sont les convives qui se réservent une petite faim pour savourer les desserts maison.

Alamosa et Great Sand Dunes National Park

Great Sand Dunes Oasis
$
5400 Hwy. 150 N., Mosca
719-378-2222
www.greatdunes.com
Situé à quelques kilomètres avant l'entrée du parc, cette oasis renferme une station-service, une épicerie et un restaurant sans prétention qui sert les trois repas de la journée, mais qui est surtout spécialisé dans de délicieux gâteaux qu'il serait dommage de ne pas goûter. Un livre des recettes maison est d'ailleurs vendu sur place.

San Luis Valley Brewing Company
$$
tlj dès 11h30
631 Main St., Alamosa
719-587-2337
www.slvbrewco.com
Cette grande brasserie est un incontournable d'Alamosa. Les bières brassées sur place, tout comme la nourriture, attirent une clientèle nombreuse, qui se mélange dans cette grande salle aux allures de loft urbain, dans une ambiance un peu bruyante. Le menu, en plus des soupes et salades, propose des petites bouchées à grignoter, et des plats plus élaborés aux saveurs asiatiques et italiennes.

Sorties

› Activités culturelles

Denver

Pour une sortie artistique à Denver, rendez-vous au **Denver Performing Arts Complex** *(1101 13th St., 303-893-4100 ou 800-641-1222, www.denvercenter.org)*, où vous trouverez certainement de quoi vous satisfaire au sein de ce complexe qui réunit pas moins de 10 théâtres, le Colorado Symphony Orchestra, le Colorado Ballet et l'Ellie Caulkins Opera House.

Le célèbre **Red Rocks Amphitheatre** *(720-865-2494, www.redrocksonline.com)*, situé à 15 mi (24 km) de Denver (depuis le centre-ville, prenez la route 70 Ouest jusqu'à la sortie 259), près de la ville de Morisson, est le théâtre de nombreux concerts en plein air grâce à la perfection de son acoustique et à son exceptionnelle situation, entre deux monumentales falaises de roc rouge.

Aspen

Star des belles soirées d'Aspen, la **Wheeler Opera House** *(320 E.Hyman St., ☎ 970-920-5770, www.wheeleroperahouse.com)* est une splendide salle de spectacle érigée à la fin du XIXe siècle. Elle est l'hôte de maints concerts, pièces de théâtre et autres activités artistiques.

Pour des concerts un peu plus remuants, rendez-vous au **Belly Up** *(450 S. Galena St., ☎ 970-544-9800, www.bellyupaspen.com)*, qui propose de très bons concerts rock plusieurs soirs par semaine.

Durango

Le **Strater Hotel** *(699 Main Ave., ☎ 970-247-4431 ou 800-247-4431, www.strater.com)* abrite au rez-de-chaussée deux attractions fort courues en soirée. Dans le décor d'époque de son **Henry Strater Theatre**, la troupe **Durango Melodrama & Vaudeville** *(19$ à 27$; ☎ 970-375-7160, www.durangomelodrama.com)* présente des spectacles de vaudeville certifiés authentiques! Pour sa part, le **Diamond Belle Saloon** recrée sans difficulté l'ambiance des *saloons* du XIXe siècle, avec pianiste et costumes comme dans le bon vieux temps.

› Bars et boîtes de nuit

Denver

À Denver, la vie nocturne s'active autour du **LoDo** (**Lo**wer **Do**wntown), quartier branché où abondent les brasseries et les bars.

El Chapultepec
1962 Market St., angle 20th St.
☎ 303-295-9126
El Chapultepec, une boîte de nuit tout ce qu'il y a de traditionnel, offre une ambiance unique, bien décrite dans le slogan peint sur son mur extérieur: *Cold Beer, Hot Jazz.*

Sing Sing
1735 19th St., angle 20th St.
☎ 303-291-0880
www.singsing.com
L'ambiance est rock-and-roll au Sing Sing, qui se présente comme un piano-bar bruyant où la clientèle, composée principalement d'étudiants, se défoule à l'unisson en essayant tant bien que mal de suivre le rythme des pianistes présents. Amusant et convivial!

Beta Nightclub
1909 Blake St.
☎ 303-383-1909
www.betanightclub.com
Près du stade de baseball, le Beta Nightclub fait partie de ces adresses à la mode du quartier LoDo avec sa musique électronique et ses DJ invités. L'endroit est très fréquenté la fin de semaine.

Boulder

West End Tavern
926 Pearl St.
☎ 303-444-3535
www.thewestendtavern.com
Aussi incroyable que cela puisse paraître, Boulder est demeurée une ville sans alcool jusqu'à la fin des années 1960! Depuis, tout de même, la ville a vu s'ériger quelques bars, entre autres la West End Tavern, chouchou des habitués qui ont adopté son ambiance détendue et bon enfant, relayée par un orchestre de jazz et blues.

Vail

The Red Lion
304 Bridge St.
☎ 970-476-7676
www.theredlion.com
En plus des hôtels qui possèdent pour la plupart un bar avec musique et animation, la vie nocturne s'active principalement dans Bridge Street, notamment au Red Lion, un populaire rendez-vous «après-ski» en hiver.

› Fêtes et festivals

Juin

À Fort Collins, le festival **Colorado Brewfest** *(☎ 970-484-6500, www.downtownfortcollins.com/festivals.php/brewfest)* a lieu à la fin juin et permet de déguster de nombreuses bières brassées au Colorado. Mets culinaires, musique et bonne ambiance accompagnent ces boissons alcoolisées. Vente de tickets limitée: réservations conseillées!

Juillet

Le festival **Music in the Mountains** *(☎ 970-385-6820, www.musicinthemountains.com)* s'est taillé une bonne réputation auprès des amateurs de musique classique. Pendant trois semaines à partir de la mi-juillet, c'est pas moins de 300 musiciens d'envergure internationale qui viennent mettre les montagnes en musique dans plusieurs superbes endroits de la région de Durango.

Achats

Denver

Un des magasins les plus originaux du Sud-Ouest américain se trouve à Denver. Il s'agit du **Tattered Cover Book Store** *(lun-ven 6h30 à 21h,* *sam 9h à 21h, dim 10h à 18h; 1628 16th St., angle Winkoop, ☎ 303-436-1070 ou 800-833-9327, www.tatteredcover.com)*, une librairie qui offre de nombreux services et qui compte plusieurs salles, le tout aménagé dans l'ancien entrepôt désaffecté du même nom. On y trouve sur trois étages des dizaines de milliers de titres, en plus d'un café, d'une aire de lecture et même d'un salon où les auteurs de passage viennent faire leur tour.

Colorado Springs

Les aires de magasinage les plus intéressantes se trouvent dans la partie historique de la ville, dans Colorado Street (aussi appelée «Colorado City»), et à Manitou Springs, pas très loin. La première regroupe sur une portion de rue aux édifices historiques un ensemble de boutiques, galeries et cafés du meilleur goût. À Manitou Springs, par contre, il faut faire le tri: d'intéressantes boutiques avoisinent les trappes à touristes classiques.

Le **Garden of the Gods Trading Post**, au milieu du parc du même nom, est une mine de souvenirs: t-shirts, casquettes, mocassins, artisanat amérindien (poteries, flûtes, tapis, bijoux, sculptures...), etc. C'est aussi un lieu où l'on peut prendre un maximum d'information sur la région. Un café-restaurant complète l'ensemble.

Boulder

Le **Pearl Street Mall** est «la» place pour faire ses emplettes à Boulder, où les boutiques à la mode cohabitent avec les succursales régionales des grandes chaînes, ellesmêmes flanquées de cafés et bistros des plus accueillants. Les musiciens de rue, acrobates et amuseurs publics participent à cette fête des sens bien spéciale qu'offre une promenade sur ce site.

Fort Collins

Comme à Boulder, **Old Town Square** se veut l'endroit de choix si l'on désire déambuler tout en étant en quête de marchandises originales. Ce square rénové en plein cœur du centre-ville possède un charme fou, et ses restaurants et boutiques offrent toute la variété souhaitable.

Vail

Vail offre tout ce qu'on peut imaginer de boutiques de vêtements griffés, de galeries d'art et autres bijouteries exclusives qu'une telle concentration de richesse attire immanquablement. Pour le commun des mortels, c'est une excellente occasion de faire du lèche-vitrine...

Aspen

On prend un plaisir fou à déambuler dans les rues d'Aspen en jetant un coup d'œil sur les façades huppées des boutiques à la mode. Elles sont toutes là, bien sûr, et plus d'un touriste sera charmé par leurs atours irrésistibles... pour être vite ramené à l'ordre à la lecture des prix titanesques!

Grand Junction

Il n'y a guère qu'au **Downtown Shopping Park**, dans Main Street au centre-ville, qu'on puisse magasiner de façon un tant soi peu intéressante. Là, de sympathiques boutiques se dressent à l'ombre des arbres parmi les sculptures de l'Art on the Corner, ce qui rend la promenade très agréable.

Durango

Une balade dans **Main Avenue** entre Fifth Street et 14th Street s'impose pour apprécier la variété des innombrables boutiques et restaurants qu'on trouve à Durango. À peu près rien n'est bon marché, cependant, eu égard à la réputation très touristique de la ville. On y découvre aussi d'intéressantes galeries d'art ainsi que plusieurs bijouteries spécialisées dans la bimbeloterie amérindienne.

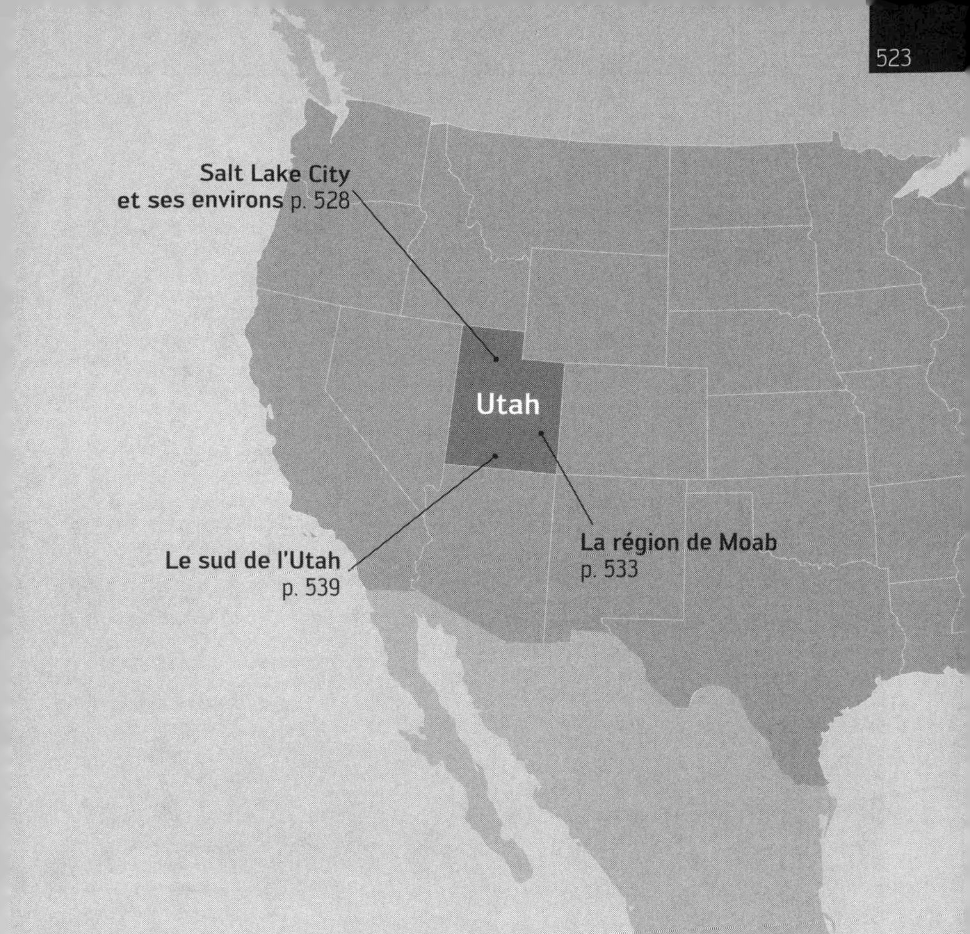

Salt Lake City et ses environs p. 528

Utah

La région de Moab p. 533

Le sud de l'Utah p. 539

L'Utah

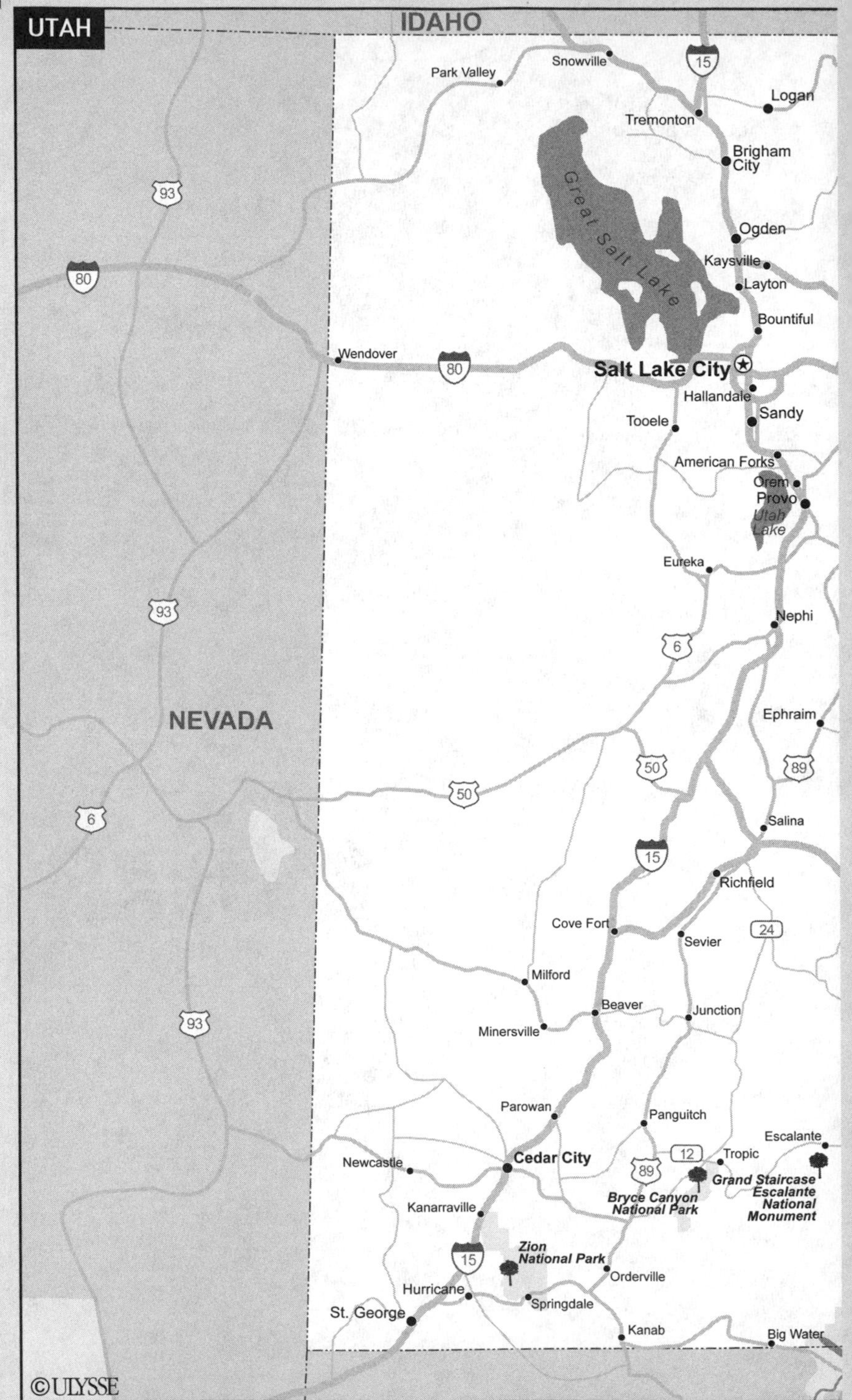
UTAH
IDAHO
NEVADA
Snowville
Park Valley
Logan
Tremonton
Brigham City
Great Salt Lake
Ogden
Kaysville
Layton
Bountiful
Wendover
Salt Lake City
Hallandale
Sandy
Tooele
American Forks
Orem
Provo
Utah Lake
Eureka
Nephi
Ephraim
Salina
Richfield
Cove Fort
Sevier
Milford
Beaver
Junction
Minersville
Parowan
Panguitch
Escalante
Tropic
Newcastle
Cedar City
Grand Staircase Escalante National Monument
Bryce Canyon National Park
Kanarraville
Zion National Park
Orderville
Hurricane
Springdale
St. George
Kanab
Big Water
15
93
80
6
50
89
24
12
©ULYSSE

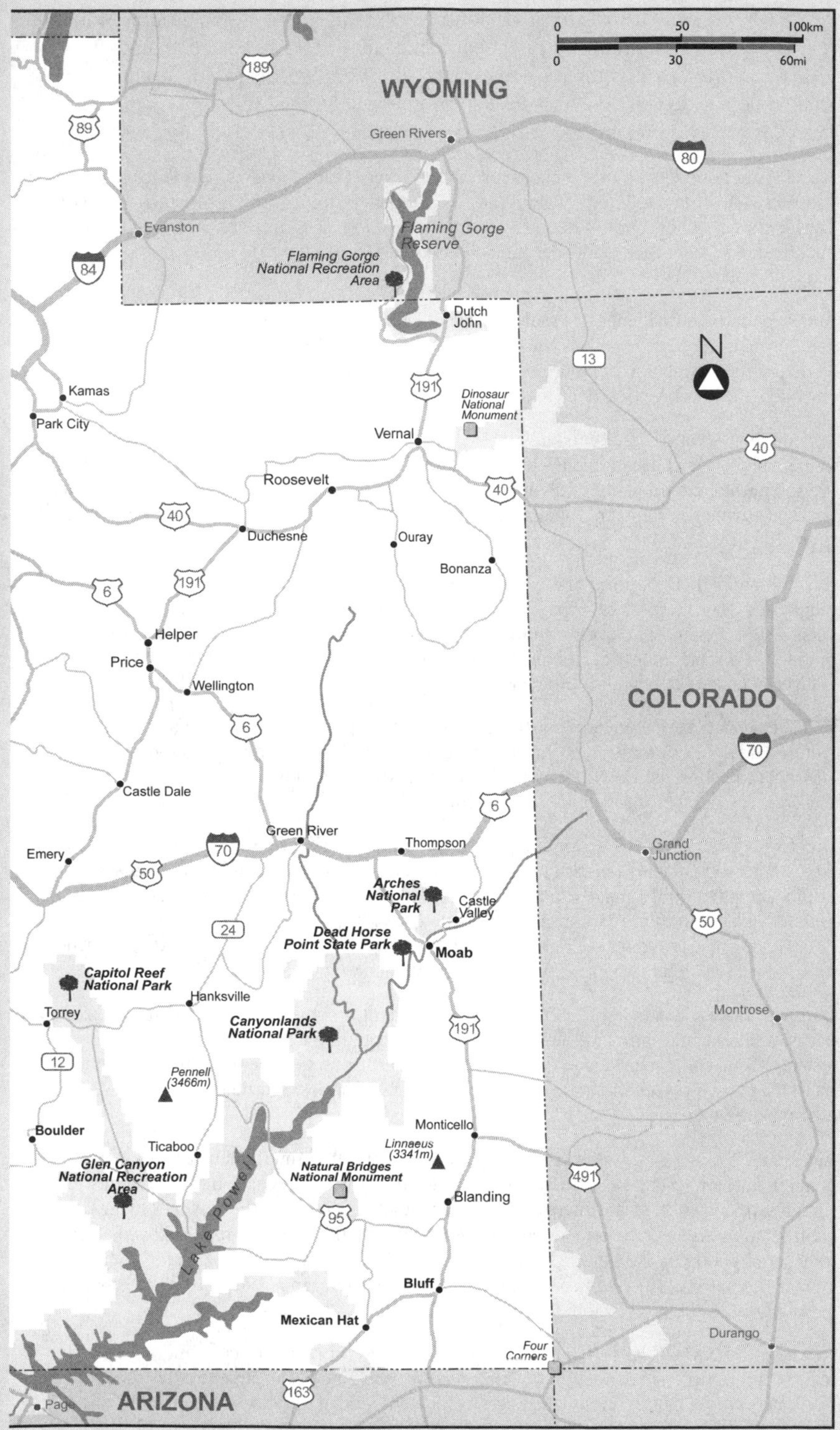

0
50
100km
0
30
60mi
WYOMING
189
89
Green Rivers
80
Evanston
84
Flaming Gorge Reserve
Flaming Gorge National Recreation Area
Dutch John
N
13
Kamas
Park City
191
Dinosaur National Monument
Vernal
40
Roosevelt
40
40
Duchesne
Ouray
Bonanza
6
191
Helper
Price
Wellington
COLORADO
6
70
Castle Dale
6
Green River
70
Thompson
Grand Junction
Emery
50
Arches National Park
Castle Valley
24
50
Dead Horse Point State Park
Moab
Capitol Reef National Park
Hanksville
Torrey
Canyonlands National Park
Montrose
191
12
Pennell (3466m)
Monticello
Boulder
Ticaboo
Linnaeus (3341m)
Glen Canyon National Recreation Area
Natural Bridges National Monument
491
Blanding
95
Lake Powell
Bluff
Mexican Hat
Durango
Four Corners
Page
ARIZONA
163

C'est avec les westerns de John Ford et l'industrie cinématographique que l'Utah, un des plus beaux États du Far West, a accédé au mythe. Qui n'a pas un jour rêvé dans son enfance de fouler, coiffé d'un Stetson, le sol de ces déserts ou de se promener à cheval le long des magnifiques canyons de grès s'élevant dans des variations de couleurs infinies?

Car, si l'Amérique des grands espaces fait encore rêver, il faut reconnaître que les beautés naturelles de l'Utah reflètent le sublime de cet univers pétré du Far West. La preuve? Canyonlands, Arches, Capitol Reef, Bryce Canyon et Zion, soit cinq des plus grands parcs nationaux des États-Unis, sont regroupés dans ce cœur de pierre de l'Amérique qu'est le sud de l'Utah.

Autrefois un territoire immense, l'Utah, bordé par l'Idaho, le Wyoming, le Colorado, l'Arizona et le Nevada, se présente sous la forme d'un rectangle de 212 816 km² tronqué au nord-est. Sa densité de population demeure extrêmement faible (près de 2,8 millions d'habitants) et essentiellement concentrée dans les agglomérations qui bordent le Grand Lac Salé.

Devenu le 45ᵉ État de l'Union en 1896, l'Utah était à l'origine davantage reconnu pour son potentiel agricole et ses industries minières que pour ses attraits touristiques. Cette région tire son nom d'une tribu amérindienne appelée les «Utes» qui peuplait la partie est de l'État jusqu'à l'arrivée des premiers Espagnols en 1540, puis des Mexicains qui en revendiquèrent la propriété.

Il faut attendre 1847 pour qu'une communauté de mormons, qui fuyaient les persécutions religieuses dont ils faisaient l'objet en Ohio, au Missouri et en Illinois, décident de partir vers l'Ouest. Persuadés d'avoir enfin trouvé leur terre promise, près de Salt Lake City, les mormons s'installèrent et effectuèrent immédiatement d'importants travaux d'irrigation pour cultiver la terre et survivre au premier hiver.

Les États-Unis n'exercèrent leur souveraineté sur cette région qu'en 1848, au traité de Guadalupe Hidalgo, qui marque la fin de la guerre américano-mexicaine. L'Union n'y ayant cependant pas installé de gouvernement, ce fut aux prêtres mormons que revint la tâche d'exercer les premières fonctions gouvernementales.

Une fois la première constitution adoptée, les mormons envoyèrent un de leurs représentants auprès du Congrès américain, afin d'y présenter une requête d'admission au sein de l'Union, requête qui fut rejetée parce que l'«Église de Jésus-Christ des saints des derniers jours» (l'Église mormone) autorisait à l'époque la polygamie. Au lieu de devenir un État, l'Utah fut désigné territoire, et Brigham Young, qui dirigeait l'Église en sa qualité de président du «Conseil des douze apôtres», fut nommé gouverneur.

Dans les années qui suivirent, la découverte d'importantes richesses minières dans la région occasionnèrent une immigration massive de prospecteurs et de colons de religion protestante. Leur cohabitation avec les mormons ne se fit pas sans heurts, car ces derniers, marqués par les persécutions qu'ils avaient autrefois connues, voyaient en ces nouveaux arrivants une menace.

Ainsi, en 1857, un groupuscule armé formé de mormons et d'Amérindiens attaquèrent une communauté protestante et assassinèrent tous les membres à l'exception de 17 enfants. Le Congrès américain décida d'envoyer des troupes militaires pour mettre fin à ces tueries. La confrontation armée fut évitée de justesse et l'ordre rétabli, mais, en représailles, le territoire fut réduit de moitié afin de former les territoires du Nevada et du Colorado. Il faudra attendre que les mormons interdisent officiellement la polygamie pour que l'Utah ne soit enfin admis au sein de l'Union, le 4 janvier 1896.

Au début du XXᵉ siècle, l'Utah connaît un rapide développement économique basé sur les activités agricoles, l'extraction de l'or, du cuivre, du zinc et de l'argent et les fonderies. Après la Seconde Guerre mondiale, le gouvernement fédéral, qui possédait 60% des terres, y installa de vastes complexes militaires. C'est ainsi que, dans les années 1960, l'Utah joua un rôle important aux États-Unis dans la production de missiles.

Par la suite, l'économie continua de prospérer lorsqu'on découvrit dans le sous-sol des gisements d'uranium et de pétrole, puis quand on créa les parcs nationaux, qui marquèrent l'avènement de l'ère du tourisme.

Ainsi cet État entièrement situé dans les montagnes Rocheuses, avec des sommets supérieurs à 4 000 m, est-il devenu, en raison de la diversité de ses paysages grandioses, un véritable paradis pour les amoureux de la nature et les nostalgiques de ce lieu de légende qu'est le Far West.

Accès et déplacements

> En avion

Le **Salt Lake City International Airport** *(776 N. Terminal Dr., Salt Lake City, ✆ 801-575-2400 ou 800-595-2442, www.slcairport.com)* est situé à 8 mi (13 km) à l'ouest de Salt Lake City. Les transports aériens sont assurés aussi bien par des compagnies régionales que par des compagnies internationales telles **American Airlines** *(✆ 800-433-7300, www.aa.com)*, **Delta Air Lines** *(✆ 800-221-1212, www.delta.com)*, **Delta Connection-Sky West** *(✆ 800-453-9417)*, **Southwest Airlines** *(✆ 800-435-9792, www.southwest.com)* et **JetBlue Airways** *(✆ 800-538-2583, www.jetblue.com)*.

Pour rejoindre Salt Lake City au départ de l'aéroport, il faut emprunter la route I-80. Les autobus urbains de l'**Utah Transit Authority (UTA)** *(2$; durée du trajet jusqu'à l'aéroport: 25 min; ✆ 801-287-4636, www.rideuta.com)* relient le **Salt Lake City Intermodal Hub** *(300 South 600 West)* du centre-ville (d'où partent également les autocars Greyhound et les trains d'Amtrak) à l'aéroport toutes les 30 min en journée, et toutes les heures après 19h. Une course en **taxi** vous coûtera environ 20$ pour rejoindre le centre-ville au départ de l'aéroport.

Adressez-vous aux agences suivantes pour louer une voiture à l'aéroport:

Avis: Salt Lake City International Airport, ✆ 801-575-2847 ou 800-331-1212, www.avis.com

Hertz: Salt Lake City International Airport, ✆ 801-575-2683 ou 800-654-3131, www.hertz.com

National: Salt Lake City International Airport, ✆ 801-575-2277 ou 800-227-7368, www.nationalcar.com

Thrifty: Salt Lake City International Airport, ✆ 801-265-6677, www.thrifty.com

> En voiture

Il existe principalement quatre grandes artères en plus des routes principales. La route I-15 traverse l'État du nord au sud et permet de rejoindre Salt Lake City à partir de St. George en moins de 5h. Les routes I-80 et I-84 relient entre elles les villes du nord de l'Utah, et la route I-70 se dirige vers les parcs au sud-est.

Les grandes distances séparant les points d'intérêt de la région font de la voiture le meilleur moyen pour se déplacer, afin de profiter au maximum de la grande diversité des paysages. La majorité des routes traversant le désert sont parfaitement rectilignes, tout en suivant le vallonnement du terrain, contrastant ainsi avec la sinuosité des routes de montagne qui demeurent en excellent état.

> En véhicule tout-terrain

Les routes des grands parcs de l'Utah requièrent parfois un véhicule adapté, notamment dans les régions de Moab et du Capitol Reef National Park. Si votre véhicule n'est pas adapté aux routes de la région, vous pourrez louer un véhicule tout-terrain confortable auprès des agences mentionnées ci-dessous.

Farabee's Jeep Rentals: à partir de 150$/jour; 1125 route 191 S., Moab, ✆ 435-259-7494 ou 877-970-5337, www.moabjeeprentals.com

Thousand Lakes RV Park: 95$/jour; route 24, à 1 mi (1,6 km) à l'ouest de Torrey, près du Capitol Reef National Park, ✆ 435-425-3500 ou 800-355-8995, www.thousandlakesrvpark.com

> En autocar

Salt Lake City

Peu chers, les autocars couvrent la majeure partie du territoire américain. Les autocars de la compagnie **Greyhound** *(✆ 800-231-2222 ou 801-355-9579, www.greyhound.com)* et de quelques transporteurs régionaux (voir ci-dessous) desservent le **Salt Lake City Intermodal Hub** *(300 South 600 West)*.

La région de Moab et le sud de l'Utah

Pour vous rendre à Moab et dans le sud de l'État au départ de Salt Lake City, le **Bighorn Express** *(Moab 69$; ☎ 801-417-5191 ou 888-655-7433, www.bighornexpress.com)* assure quatre liaisons par semaine. Notez toutefois que le reste de l'État est assez mal desservi par autocar, ce qui fait de ce moyen de transport un outil peu pratique pour les visiteurs.

› En train

La gare ferroviaire de Salt Lake City est située dans le **Salt Lake City Intermodal Hub** *(300 South 600 West St.)*. Le train *California Zephyr* d'**Amtrak** *(☎ 800-872-7245, www.amtrak.com)* dessert les villes de Salt Lake City, Provo et Green River, sur la ligne Chicago-Emeryville (San Francisco).

› En transport en commun

Un autobus permet de relier toute la région des Wasatchs Mountains, de Provo à Ogden. Pour cela, adressez-vous à l'**Utah Transit Authority (UTA)** *(☎ 801-743-3882 ou 888-743-3882, www.utabus.com)*.

Le service d'autobus et de tramways (**TRAX**) à Salt Lake City est également géré par l'**Utah Transit Authority (UTA)** *(2$; ☎ 801-287-4636, www.rideuta.com)*. La zone du centre-ville, délimitée au nord par North Temple, au sud par 500 South, à l'ouest par 400 West et à l'est par 200 East, est gratuite, aussi bien en autobus qu'en tramway. Depuis le centre-ville, les deux lignes de tramways TRAX desservent l'université et la ville de Sandy, au sud de Salt Lake City.

À **Moab**, les navettes de **Roadrunner Shuttle** *(197 West Center, ☎ 435-259-9402, www.roadrunnershuttle.com)* offrent un service de transport vers de nombreuses destinations avoisinantes, et les autobus sont adaptés pour transporter des vélos et même des canots vers les points de départ des sentiers cyclables ou des descentes de rivière.

› En taxi

Salt Lake City

City Cab Company: ☎ 801-363-5550, www.itycabslc.com

Ute Cab Co.: ☎ 801-359-7788, www.utecabco.com

Yellow Cab Company: ☎ 801-521-2100, www.yellowcabutah.com

Attraits touristiques

Utah Travel Council: lun-ven 8h à 17h, sam-dim 10h à 17h; Council Hall, 300 North State St., Salt Lake City, UT 84114, ☎ 801-538-1030 ou 800-200-1160, www.utah.com.

Utah State Parks: 1594 W. North Temple, Salt Lake City, UT 84114, ☎ 801-538-7220 ou 877-887-2757, www.stateparks.utah.gov.

Salt Lake City et ses environs ★★

▲ *p. 550* ● *p. 556* ♪ *p. 561* ▣ *p. 563*

⏱ *1 jour*

Localisation: 420 mi (675 km) au nord de Las Vegas; 230 mi (370 km) au nord-ouest de Moab.

Salt Lake Convention & Visitors Bureau: lun-ven 9h à 18h, sam-dim 9h à 17h; 90 S. West Temple, ☎ 801-534-4900 ou 800-541-4955, www.visitsaltlake.com.

Utah Valley Convention & Visitors Bureau: lun-ven 8h30 à 17h, sam-dim 9h à 15h; 111 S. University Ave. Provo, UT 84601, ☎ 801-851-2100 ou 800-222-8824, www.utahvalley.org.

Salt Lake City, ville enclavée entre les Wasatch Mountains et le Grand Lac Salé, occupe le bassin de l'ancien lac Bonneville. Capitale de l'Utah, elle fut fondée le 24 juillet 1847 par un groupe de pionniers mormons conduit par Brigham Young. En voyant cette vallée, jusque-là occupée par un peuple amérindien, les Anasazis, Brigham Young s'exclama: *This is the right place* (Voici l'emplacement idéal). Loin des persécutions, ces pionniers pouvaient enfin y pratiquer librement leur religion et s'adonner à l'agriculture. Rapidement, des mormons du monde entier et surtout d'Europe rejoignirent le siège de l'« Église de Jésus-Christ des saints des derniers jours » (c'est-à-dire l'Église mormone), venant augmenter ainsi les effectifs de la ville. Avec la ruée vers l'or californienne, les immigrants attirés par l'Ouest américain vinrent s'ajouter à cette population sans cesse croissante; ils furent bientôt rejoints, lors de la guerre de Sécession, par les soldats américains en poste à Salt Lake City. Aujourd'hui, on recense quelque 182 000 habitants *intra-*

SALT LAKE CITY

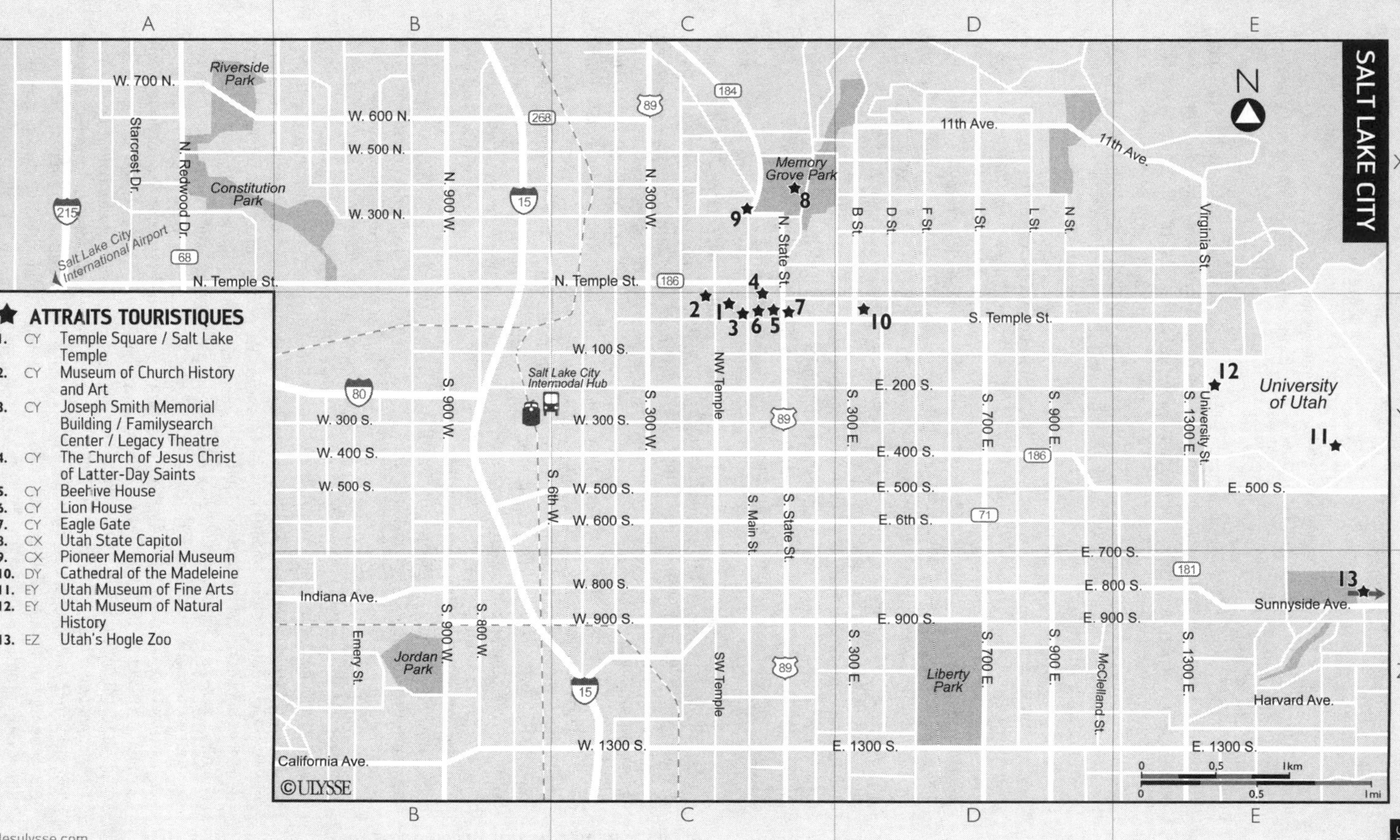

★ ATTRAITS TOURISTIQUES

1. CY Temple Square / Salt Lake Temple
2. CY Museum of Church History and Art
3. CY Joseph Smith Memorial Building / Familysearch Center / Legacy Theatre
4. CY The Church of Jesus Christ of Latter-Day Saints
5. CY Beehive House
6. CY Lion House
7. CY Eagle Gate
8. CX Utah State Capitol
9. CX Pioneer Memorial Museum
10. DY Cathedral of the Madeleine
11. EY Utah Museum of Fine Arts
12. EY Utah Museum of Natural History
13. EZ Utah's Hogle Zoo

muros, ce qui en fait le premier centre urbain de l'État.

L'économie de la région est essentiellement basée sur l'industrie pétrolière, les industries métallurgiques et les services. À cela s'ajoutent d'importantes exploitations de gisements de cuivre, d'argent, de zinc, de plomb, de charbon et de fer qui débutèrent avec la construction de la ligne de chemin de fer transcontinentale en 1869.

Le cœur de la ville de Salt Lake City est desservi gratuitement par les autobus et le réseau de tramways **TRAX** (voir p. 528).

Haut lieu touristique de la ville, **Temple Square** ★★ *(entrée libre; tlj 8h à 19h; 50 W. North Temple, ☎ 801-240-2534, www.visittemplesquare.com)* est un site incontournable pour saisir la signification des croyances mormones. Des visites guidées gratuites permettent de découvrir le Salt Lake Temple ainsi que le Tabernacle, l'Assembly Hall, le Museum of Church History and Art, le Joseph Smith Memorial Building, le quartier général de l'Église mormone et la Beehive House, tous regroupés sur ce site.

Construit entre 1853 et 1893, le **Salt Lake Temple** se dresse au milieu de Temple Square: son édification a nécessité 40 années de labeur durant lesquelles des attelages de bœufs ont amené des blocs de granit provenant d'une carrière située à 30 km de là. L'accès au temple est malheureusement interdit au public et réservé aux fidèles. Vous pouvez simplement admirer l'architecture externe de cet imposant monument. Le temple est surmonté d'une statue représentant l'ange Moroni qui permit à Joseph Smith de retrouver les «Tables d'or» traduites dans le *Livre de Mormon*.

Le **Tabernacle**, érigé entre 1863 et 1867, possède une qualité acoustique extraordinaire en raison de son toit voûté. Entouré de 44 piliers, il a été entièrement construit en bois de pin, et le plafond est fixé par des lanières de cuir et des chevilles de bois. À l'intérieur se trouve un orgue magnifique de plus de 11 000 tuyaux; 6 500 personnes peuvent écouter quotidiennement un récital d'orgue ou, chaque dimanche matin *(9h)*, le **Mormon Tabernacle Choir** ★. Le Tabernacle sert également de lieu de rassemblement, deux fois par année, pour écouter l'allocution radiodiffusée du prophète.

Construit entre 1867 et 1880, l'**Assembly Hall**, qui faisait autrefois office d'église, accueille aujourd'hui des concerts de musique. Les colonnes sont également en bois de pin, et le plafond est orné de fleurs de Sego, un des emblèmes de l'État.

Au nord de Temple Square, le **North Visitors Center** *(tlj 9h à 21h)* est dédié à la Bible. Des peintures murales, qui datent des années 1970, évoquent, le long d'un escalier, l'Ancien Testament. Cet escalier débouche sur une statue en marbre représentant le Christ debout au centre de l'univers.

Le **Museum of Church History and Art** *(entrée libre; lun-ven 9h à 21h, sam-dim 10h à 19h; 45 N. West Temple, ☎ 801-240-3310, www.lds.org/churchhistory/museum)* retrace, quant à lui, l'histoire complète des mormons à travers les XIXe et XXe siècles. Il expose également différentes pièces d'art mormones.

Anciennement un magnifique hôtel, le **Joseph Smith Memorial Building** *(lun-sam 9h à 21h; 15 E. South Temple St., angle Main St., ☎ 801-240-1266)*, baptisé ainsi en l'honneur du premier prophète des mormons, renferme actuellement le **Familysearch Center** *(☎ 801-240-4085, www.familysearch.org)*, qui permet à tous les visiteurs passionnés de généalogie de trouver leurs ancêtres grâce à des supports informatiques, et le **Legacy Theatre** *(entrée libre; lun-sam 9h à 21h, projection toutes les 90 min; ☎ 801-240-4383)*, où est projeté un film de 1h sur le prophète Joseph Smith. Il abrite également des restaurants et des salles de conférences. Rénové, ce bâtiment, construit en 1909, comporte un magnifique hall très élégamment aménagé.

Quartier général de l'Église mormone, **The Church of Jesus Christ of Latter-Day Saints** ★ *(lun-ven 6h à 17h; 50 E. North Temple St., ☎ 801-240-2190)* est installé dans un gratte-ciel où le béton domine. Un joli jardin de fleurs, de cascades et de jets d'eau adoucit néanmoins l'aspect sévère du bâtiment. En vous promenant le long des allées du jardin, il n'est pas rare de voir de nombreux jeunes mariés qui viennent poser devant le temple pour une photo-souvenir. Près des jets d'eau qui font face à l'entrée se trouve une sculpture en bronze du père fondateur de l'Église mormone et de sa femme, Joseph et Emma Smith; elle est signée Florence Peterson Hansen. De chaque côté de l'immeuble, une carte du monde a été gravée dans le béton pour commémorer les fins évangéliques de l'Église mormone. Au dernier étage, vous pourrez jouir d'un intéressant point de vue sur la ville et les Wasatch Mountains au loin.

La **Beehive House** *(entrée libre; lun-sam 9h à 21h; 67 E. South Temple St., ☎ 801-240-2671)*, construite en 1854, fut la résidence de Brigham Young, deuxième prophète des mormons. Des visites guidées, organisées toutes les 10 min, vous font découvrir ce bâtiment rénové dans le style Nouvelle-Angleterre. La Beehive House fut le quartier général de l'Église mormone jusqu'en 1917, date à laquelle a été construite The Church of Jesus Christ of Latter-Day Saints.

Attenante à la Beehive House, la **Lion House** *(on ne visite pas; 63 E. South Temple St.)* tire son nom du lion sculpté par William Ward qui orne sa façade. Elle fut construite pour loger la famille de Brigham Young, soit ses 19 femmes et 56 enfants, de 1855 jusqu'à sa mort, en 1877. Par la suite, cette maison fut convertie en école, puis en centre d'activités éducatives pour les femmes.

Située dans State Street, l'**Eagle Gate**, érigée en 1859, marque l'ancienne entrée de la Beehive House, autrefois entourée de murs. Originellement en bois, l'aigle fut dans un premier temps recouvert de bronze. Cela n'empêcha pas la structure en bois de se dégrader, aussi fut-il nécessaire par la suite de reproduire cette sculpture en bronze massif. L'original est désormais conservé au Pioneer Memorial Museum (voir ci-dessous).

En remontant State Street vers le nord, vous arriverez au pied de l'**Utah State Capitol** ★ *(entrée libre; lun-ven 8h à 20h, sam-dim 8h à 16h, visite guidée toutes les heures entre 9h et 16h; 123 State Capitol, ☎ 801-538-1800, www.utahstatecapitol.utah.gov)*, siège du gouvernement de l'Utah. Ce capitole, construit d'après les plans de Richard Kletting entre 1912 et 1916, est le second à avoir été érigé dans l'Utah, le premier se trouvant dans la ville de Fillmore, ancienne capitale du territoire de l'Utah. Cinquante-deux colonnes corinthiennes supportent ce monument dont les façades extérieures sont en granit. Le bâtiment ouvre ses portes sur une jolie rotonde s'élevant à 50 m dont les murs sont en marbre de Géorgie. Quatre fresques y représentent des scènes historiques dont une dépeint l'expédition Domínguez-Escalante en 1776, et une autre, l'arrivée, en 1847, de Brigham Young et du groupe de pionniers mormons. Des statues rappelant les personnages éminents qui ont marqué l'histoire de l'État trônent le long des couloirs. Vous pourrez visiter la **Gold Room**, soit la salle de réception réservée à l'accueil des hommes politiques illustres. Immédiatement à l'ouest de cette pièce se trouvent les bureaux du gouverneur. La **Chambre des représentants**, composée de 75 représentants élus pour deux ans qui participent à l'élaboration des lois, ainsi que la chambre du **Sénat**, qui regroupe 29 sénateurs élus pour quatre ans, sont toutes deux accessibles au public. Enfin, le capitole abrite en son sein la **Cour suprême**, garante du respect de la Constitution de l'État. En vous promenant dans les jardins qui bordent le capitole, vous pourrez admirer plusieurs sculptures, telles celles du Mormon Battalion Monument, à côté du Date Garden, ou du Chief Massasoit, qui trône devant le capitole.

À côté du capitole et géré par l'association Daughters of Utah Pioneers, le **Pioneer Memorial Museum** *(entrée libre; lun-sam 9h à 17h, en été également dim 13h à 17h; 300 N. Main St., ☎ 801-532-6479, www.dupinternational.org)* retrace l'histoire de l'Utah. Un bâtiment adjacent, la **Carriage House**, expose des véhicules d'un autre âge ainsi que d'anciennes machines agricoles. Lors de notre passage, le musée était fermé pour cause de rénovation (réouverture prévue courant 2011), mais la Carriage House n'était pas concernée par les travaux.

D'architecture extérieure romane, la **Cathedral of the Madeleine** *(331 E. South Temple St., ☎ 801-328-8941, www.saltlakecathedral.org)*, construite en 1909, présente un intérieur très coloré d'inspiration gothique et moyenâgeuse. Au fond, on peut admirer un bel autel de marbre blanc dont l'austérité contraste avec les murs chargés de fresques et les magnifiques vitraux.

L'**Utah Museum of Fine Arts** ★ *(7$; tlj 10h à 17h, mer jusqu'à 20h; University of Utah, 410 Campus Center Dr., ☎ 801-581-3580, www.umfa.utah.edu)* expose tout au long de l'année des peintures, des sculptures et différentes antiquités provenant d'Europe, d'Asie, d'Afrique et des Amériques.

Proche de l'université d'Utah, l'**Utah Museum of Natural History** ★ *(7$; lun-sam 9h30 à 17h30, dim 12h à 17h; 1390 E. President's Circle, ☎ 801-581-6927, www.umnh.utah.edu)* permet de découvrir l'histoire naturelle et minéralogique de l'Utah. Trois expositions retracent respectivement l'origine géologique, l'origine minéralogique et la formation volcanique de l'Utah. Quelques ossements de dinosaures sont également présentés, et une salle entière est réservée à l'histoire des Utes, peuple amérindien qui a donné son nom à l'État.

Salt Lake City possède un très joli zoo, l'**Utah's Hogle Zoo** ★ *(9$; mars à oct tlj 9h à 17h, nov à fév tlj 9h à 16h; 2600 E. Sunnyside Ave., ☎ 801-582-1631, www.hoglezoo.org)*, où vous pourrez observer une faune diversifiée composée d'éléphants, de chameaux, de primates et de félins en provenance des quatre coins du monde. Une partie du zoo comporte des jeux interactifs permettant aux enfants de découvrir différentes espèces animales et de comprendre leurs modes de vie et de reproduction.

À proximité de Salt Lake City se trouve la **Kennecott Utah Copper Mine** *(5$/voiture; avr à oct tlj 8h à 20h; 25 mi ou 40 km au nord-ouest de Salt Lake City, prenez la route I-15 vers le sud jusqu'à la sortie 7200 South, puis suivez la route 7800 South vers le sud, ☎ 801-204-2025, www.kennecott.com)*, une des mines les plus productives de l'Utah, d'où l'on extrait essentiellement du cuivre. Au centre d'accueil des visiteurs de la mine, une exposition et une vidéo expliquent la géologie, l'histoire et les procédés utilisés pour l'extraction.

Sur le Grand Lac Salé, l'**Antelope Island State Park** *(9$/véhicule, 3$/vélo; 7h à 22h; depuis Salt Lake City, prenez la route I-15 vers le nord puis la sortie 332, ☎ 801-773-2941, http://stateparks.utah.gov)*, qui protège la plus grande des îles du lac, est devenu le rendez-vous privilégié des familles qui viennent faire des promenades à pied ou à bicyclette. Une partie du site est réservée aux bisons.

Activités de plein air

➤ Golf

La vallée de Salt Lake City compte près d'une trentaine de terrains de golf, dont une dizaine relèvent de la **Salt Lake City Golf Division** *(2375 South 900 East St., ☎ 801-485-7730, www.slc-golf.com)*. Notez que plusieurs terrains demeurent ouverts durant tout l'hiver.

➤ Ski alpin et ski de fond

Les sports d'hiver pratiqués dans la région de Salt Lake City ont acquis aux États-Unis une solide réputation, tant pour la qualité des domaines skiables que pour leur enneigement. Vous trouverez une liste complète de toutes les stations aux alentours de Salt Lake City, Provo, Ogden et Park City en contactant **Ski Utah** *(☎ 800-754-8824, www.skiutah.com)*.

Utah Ski and Golf *(134 West 600 South St., ☎ 801-355-9088 ou 800-858-5221, www.utahskigolf.com)* propose des vélos de montagne, de l'équipement pour le golf et le ski, afin de bien profiter des Wasatch Mountains qui encadrent Salt Lake City.

L'**Alta Ski Area** *(54$; 8920 S. Collins Rd., 27 mi ou 43 km au sud-est de Salt Lake City, ☎ 801-359-1078, www.alta.com)*, une des plus anciennes stations de ski aux États-Unis, propose une centaine de pistes bien entretenues.

Le **Brighton Ski Resort** *(58$; 12601 E. Big Cottonwood Canyon, Brighton, 35 mi ou 56 km de Salt Lake City, ☎ 801-532-4731 ou 800-873-5512, www.skibrighton.com)* est le paradis de la planche à neige.

The Canyons *(150$/2 jours; 4000 The Canyons Resort Dr., Park City, 25 mi ou 40 km à l'est de Salt Lake City, ☎ 435-649-5400 ou 888-226-9667, www.thecanyons.com)* est le plus grand domaine skiable de l'Utah.

Le **Deer Valley Resort** *(86$; 2250 S. Deer Valley Dr., Park City, 36 mi ou 58 km à l'est de Salt Lake City, ☎ 800-424-3337, www.deervalley.com)* compte 100 pistes. Les amoureux de la neige poudreuse y trouveront un site très apprécié.

Le **Park City Mountain Resort** *(170$/2 jours; Park City, 36 mi ou 58 km à l'est de Salt Lake City, ☎ 800-514-3417, www.parkcitymountain.com)* fut l'hôte, lors des Jeux olympiques de 2002, des épreuves de planche à neige. Il s'agit d'une des plus belles stations nichées dans les Wasatch Mountains.

Le **Snowbird Ski and Summer Resort** *(72$; Snowbird, 25 mi ou 40 km au sud-est de Salt Lake City, ☎ 800-232-9542, www.snowbird.com)* est la station la plus proche de Salt Lake City. Gratuit pour les enfants de moins de 12 ans accompagnés d'un adulte.

Le **Solitude Mountain Resort** *(62$; 12000 Big Cottonwood Canyon, Solitude, 34 mi ou 55 km au sud-est de Salt Lake City, ☎ 800-748-4754 ou 801-534-1400, www.skisolitude.com)* est situé dans le très beau canyon de Big Cottonwood. En plus de la soixantaine de pistes de ski alpin, on y trouve un excellent centre de ski de fond dont les sentiers s'étendent sur plus de 20 km.

Powder Mountain *(58$; Eden, ☎ 435-745-3772, www.powdermountain.com)* est située à 55 mi (88 km) au nord de Salt Lake City par la route I-15, sortie 12th Street à Ogden, en direction est. Cette très belle station nichée dans le canyon d'Ogden compte une centaine de pistes.

Le **Sundance Resort** *(47$; Sundance, ☎ 866-259-7468 ou 877-831-6224, www.sundanceresort.com)* bénéficie d'un site naturel d'une exceptionnelle beauté. Créé en 1969 par l'acteur Robert Redford pour devenir une communauté où les arts, l'environnement et les loisirs seraient harmonieusement développés, le Sundance Resort est situé près de Provo, à 55 mi (88 km) au sud de Salt Lake City.

➤ Survols en hélicoptère

Park City Helicopter Tours *(☎ 435-654-0755)* vous propose de découvrir sous un angle nouveau Salt Lake City et ses environs. Le vol en hélicoptère vous permettra de prendre des photographies uniques.

➤ Vélo de montagne

Une carte des pistes cyclables de Salt Lake City est disponible au bureau de l'**Utah Travel Council** (voir p. 528) ainsi qu'au **Salt Lake Convention & Visitors Bureau** (voir p. 528).

Pour arpenter les rues de Salt Lake City ou sillonner les Wasatch Mountains, **Utah Ski and Golf** *(à partir de 10$/h et 25$/jour; 134 West 600 South, ☎ 801-512-0246 ou 800-858-5221, www.utahskigolf.com)* loue des vélos de montagne.

La région de Moab

▲ p. 552 ● p. 558 ☽ p. 562 ■ p. 563

Moab Information Center: angle Center St. et Main St., Moab, ☎ 435-259-8825 ou 800-635-6622, www.discovermoab.com.

En route vers Moab, prenez, si vous en avez l'occasion, la **Scenic Byway 128** ★★. Le panorama y est fantastique, et les jeux de lumière sur les parois rocheuses sont tout simplement magnifiques: le ciel bleu et la végétation (herbes et arbustes) contrastent avec le rouge orangé intense des falaises qui surplombent le fleuve Colorado.

Moab et ses environs ★★★

Une demi-journée

Localisation: 234 mi (377 km) au sud-est de Salt Lake City; 130 mi (209 km) au nord-ouest du Mesa Verde National Park (Colorado).

Moab ★ est une agréable petite ville de quelque 5 000 habitants coincée entre les montagnes et le fleuve Colorado, et où règne à longueur d'année une certaine ambiance de vacances. Elle constitue une étape incontournable de votre voyage. En plus d'être située à proximité de trois parcs majeurs (Arches National Park, Dead Horse Point State Park et Canyonlands National Park), cette localité, bien que touristique, est charmante et particulièrement bien entretenue. La beauté des sites des alentours, les nombreuses installations aménagées pour les touristes, ses hôtels et restaurants de qualité, ses habitants très accueillants, tout concourt à rendre votre séjour agréable. Au fil des ans, Moab est devenue l'une des villes les plus dynamiques de l'Utah où activités de plein air riment avec art de vivre. Ainsi, de nombreuses activités y sont proposées, attirant les adeptes du vélo de montagne, de la descente de rapides sur le Colorado, de l'escalade et de la randonnée pédestre. De plus, la ville de Moab est devenue, en raison de la beauté de sa région, un point de ralliement pour les photographes amateurs ou professionnels qui arpentent les sentiers des parcs avoisinants.

Les Fremonts et les Anasazis furent les premiers occupants de la région. On y a d'ailleurs retrouvé quelques vestiges et artéfacts amérindiens. À l'arrivée des premiers missionnaires mormons, en 1855, les lieux étaient dès lors habités par les Utes, qui ne leur réservèrent pas un très bon accueil. Après quelques échauffourées entre les deux communautés, les mormons durent s'enfuir. Ce n'est que dans les années 1870 que de nouveaux missionnaires revinrent dans la région et fondèrent cette petite localité, qu'ils baptisèrent «Moab» en référence au personnage biblique. Il faut cependant attendre le milieu du XXe siècle pour que la ville connaisse son heure de gloire, avec la découverte d'importants gisements d'uranium dans les environs. La fièvre de la prospection passée, Moab retrouva une certaine tranquillité jusqu'à ce que l'attrait des parcs nationaux avoisinants attire un très grand nombre de touristes venus du monde entier. Aujourd'hui, l'activité de Moab repose, en plus du tourisme, sur l'exploitation des mines de potasse à ciel ouvert dont les couleurs d'un bleu soutenu, bordées de lignes blanches, contrastent avec l'ocre et le rouge des falaises qui les bordent.

Connaissez-vous le point commun entre des films tels que *Rio Grande*, *Thelma and Louise*, *Mission Impossible II* ou *Indiana Jones and the Last Crusade*? Eh bien, tous et bien d'autres encore ont été tournés (en partie ou en totalité) dans les environs de Moab. Les cinéphiles pourront repérer les lieux des différents tournages en se procurant au **Moab Information Center** (voir p. 533) la brochure ***Moab Area Movie Location Auto Tour***. Pour encore plus d'informations et pour visionner un diaporama sur ces tournages, rendez-vous au **Film Museum at Red Cliffs Ranch** *(entrée libre; tlj 8h à 22h; Scenic Byway 128, Mile Marker 14, ☎ 866-812-2002).*

Arches National Park ★★★

1 à 2 jours

Localisation: 5 mi (8 km) au nord de Moab.

Arches National Park Visitor Center: mars à oct tlj 7h30 à 18h, nov à fév tlj 8h à 16h30; à l'entrée du parc.
Droit d'entrée: 10$/véhicule ou 5$/cycliste ou piéton, valable pour sept jours consécutifs.
Information: ☎ 435-719-2299, www.nps.gov/arch.

Les Utes appelaient leur région «le pays des arches gelées». Il faut dire que l'Arches National Park constitue la plus grande concentration connue d'arches de grès (plus de 2 000) et de formations rocheuses remarquables. Cette roche, appelée «grès Entrada», remonte à environ 150 millions d'années, soit au jurassique.

La majeure partie de ce parc se visite en voiture. Votre premier arrêt se doit d'être le centre d'accueil à l'entrée du parc, où vous trouverez une intéressante exposition expliquant la formation des arches. C'est aussi ici que vous pourrez réserver votre place pour la visite guidée de Fiery Furnace (voir ci-dessous).

Environ 2 mi (3,2 km) après le centre d'accueil se trouve, à gauche de la route, un petit sentier de randonnée de 3,2 km aller-retour appelé **Park Avenue**. De difficulté moyenne en raison d'une courte colline à gravir, il vous offrira une très belle vue sur la formation rocheuse dénommée **Courthouse Towers**. En poursuivant votre route, vous croiserez bientôt **Balanced Rock** ★★, un rocher en équilibre qui est l'une des attractions les plus connues du parc.

En prenant la route à droite, vous parviendrez au **Garden of Eden**, puis à la **Windows Section** ★★, d'où vous pourrez emprunter la **Windows Loop**, un chemin de 1,6 km ne présentant aucune difficulté, qui vous mènera aux arches appelées **North Window**, **South Window** et **Turret Arch**. Juste au nord de celles-ci, toujours depuis le stationnement, un autre chemin facile vous mènera à l'une des arches les plus spectaculaires du parc, la **Double Arch**.

De retour sur la route principale vers le nord, prenez à droite pour vous rendre à la **Delicate Arch** ★★★, la plus belle de toutes. Cette arche de la perfection n'est pas la plus grande, mais la plus gracieuse. Il faut d'ailleurs la voir au lever ou surtout au coucher du soleil, alors que la lumière joue un ballet de couleurs pourpres et violettes qui évoluent à mesure que s'égrènent les minutes. Cette arche est un véritable miracle de finesse dans cette contrée où la rudesse des paysages prédomine, et elle est devenue le symbole de l'Utah. Le sentier qui y mène grimpe sur près de 2,5 km (comptez 1h pour l'aller), et sa principale difficulté réside dans le fait que vous ne trouverez aucune ombre pour vous protéger des rayons du soleil. Évitez donc de vous y rendre aux heures les plus chaudes de la journée. Pour les moins courageux, elle peut être admirée du **Delicate Arch Viewpoint**, que vous rencontrerez en

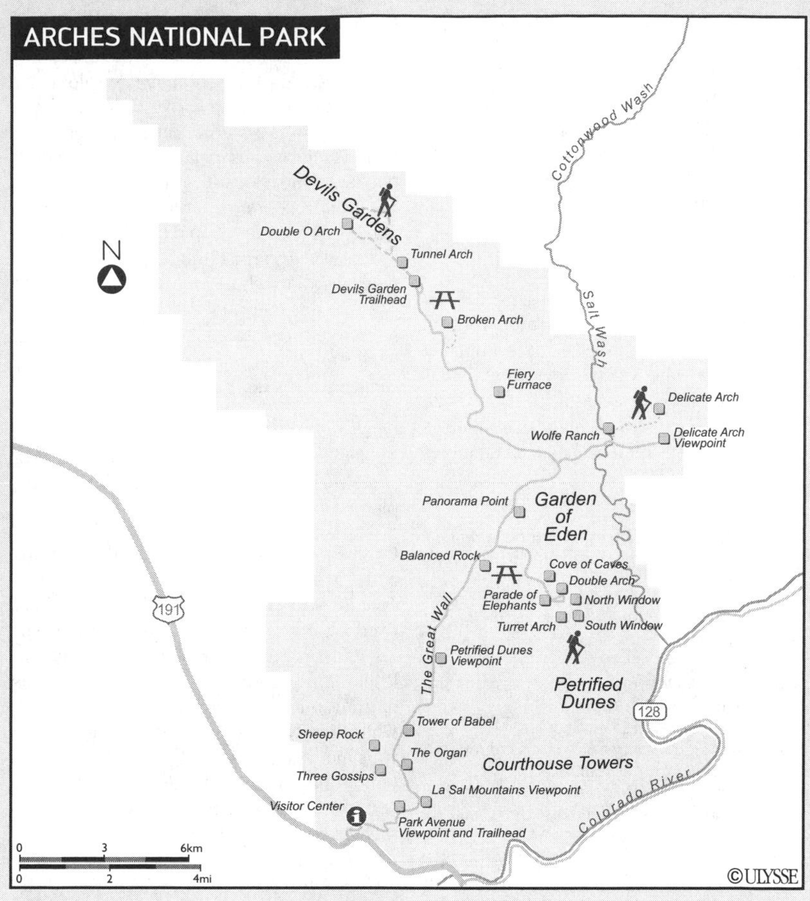

continuant sur la même route vers l'est sur 1 mi (1,6 km).

En revenant sur vos pas pour reprendre la route principale vers le nord, vous atteindrez **Fiery Furnace** ★★★, que vous ne pourrez visiter qu'en participant à une visite guidée *(10$; durée de 3h, deux départs par jour; réservation au centre d'accueil)*. Sachez que les visiteurs qui désirent «se perdre» dans ce labyrinthe d'étroits canyons sont nombreux et, bien souvent en haute saison, il vous faudra réserver votre place plusieurs jours à l'avance.

Enfin, en poursuivant toujours plus au nord, vous parviendrez au **Devils Garden Trail** ★★. Ce sentier de randonnée (comptez de 3h à 4h pour boucler cette boucle de 11,6 km) qui débute au nord du camping du même nom vous conduira jusqu'à la **Landscape Arch**; large de près de 90 m et haute de 30 m, c'est la plus grande arche de tout le parc. Vous atteindrez ensuite la **Double O Arch** et pourrez prendre, pour le retour, le **Primitive Trail**, dont le tracé vous permettra d'admirer la **Private Arch**. À noter que la Wall Arch, autrefois l'une des plus grandes arches du parc, s'est effondrée en août 2008.

Dead Horse Point State Park ★★

Une demi-journée

Localisation: 32 mi (51 km) de Moab par la route 191 Nord puis la route 313; la bifurcation vers le parc se trouve quelques milles avant l'entrée «Island in the Sky» du Canyonland National Park.

Dead Horse Point State Park Visitor Center: mai à sept tlj 8h à 18h, oct à avr tlj 9h à 17h.
Droit d'entrée: 10$/véhicule.
Information: 435-259-2614, www.stateparks.utah.gov.

Le Dead Horse Point State Park offre des points de vue spectaculaires, notamment depuis le **Dead Horse Point Overlook ★★★**, sur les méandres dénommés **Colorado Gooseneck** du fleuve Colorado, qui coule 610 m plus bas. Dead Horse Point est une sorte de péninsule de roc rattachée à la mesa par une mince bande rocheuse appelée *the neck*.

Une légende ancienne raconte que cette péninsule aurait servi de corral aux cowboys qui y rabattaient les mustangs sauvages, où il était alors facile de les enfermer. Tout un troupeau aurait été laissé là et y serait mort de soif, d'où le nom de «cheval mort». Vous pourrez apercevoir, au loin, des mines de potasse à ciel ouvert, aisément identifiables aux larges taches bleu vif bordées de lignes blanches.

Canyonlands National Park ★★★

2 jours

Localisation: 32 mi (51 km) de Moab par la route 191 Nord puis la route 313.

Island in the Sky Visitor Center: mars à oct tlj 8h à 18h, nov à fév tlj 9h à 16h30.
Needles Visitor Center: même horaire.
Droit d'entrée: 10$/véhicule ou 5$/piéton ou cycliste, valable pour sept jours consécutifs.
Information: 435-719-2313, www.nps.gov/cany.
Note: attention, il n'y a aucun point d'eau courante dans le secteur d'Island in the Sky.

Le Canyonlands National Park, sillonné par la rivière Green et le fleuve Colorado, offre un spectacle désertique creusé de vastes canyons. L'eau a érodé au fil des années la roche meuble pour y dessiner des aiguilles, des arches et des mesas, et faire apparaître des strates de sédiments.

Les Anasazis y avaient élu domicile pour chasser le daim, l'antilope et le bouquetin, et pour cultiver le maïs et les haricots. Ils y laissèrent de nombreux pétroglyphes. Peu d'explorateurs s'aventurèrent par la suite dans cette contrée aride qui longtemps resta en grande partie inexplorée. Lors de la ruée vers l'uranium, de nombreux prospecteurs arpentèrent la région, y traçant des pistes de terre encore visibles aujourd'hui. Ce n'est qu'à partir de 1964, date de la création du parc et de la fin de l'exploitation de l'uranium, que les visiteurs purent en apprécier les paysages.

Island in the Sky ★★★

Ce secteur, le plus visité du parc, est certainement le plus impressionnant. Surplombant la rivière Green et le fleuve Colorado ainsi que les autres secteurs du parc, cette «île dans le ciel» vous promet de somptueux points de vue. Juste au sud de l'Island in the Sky Visitor Center, le **Shafer Canyon Overlook** permet de jeter un coup d'œil au **Shafer Trail**, cette saisissante piste qui descend abruptement vers Potash et Moab. Il est d'ailleurs possible de l'emprunter en véhicule tout-terrain, à vélo de montagne ou même à pied, mais informez-vous au préalable de l'état du sentier auprès des *rangers*.

Quelque 6 mi (9,6 km) plus loin, un petit sentier (facile, boucle de 1 km) vous mènera à la **Mesa Arch**, une très belle arche qui surplombe l'étonnant **Buck Canyon**.

C'est en continuant vers le sud que vous aurez accès aux plus beaux points de vue. Tout au bout de la route, le **Grand View Point Overlook** offre des vues panoramiques sur les canyons du **White Rim** et est l'endroit le plus fréquenté de ce secteur. Pour plus de tranquillité, prenez plutôt le sentier du **White Rim Overlook** (facile; 1 km aller), qui vous mènera à une pointe qui offre une vue panoramique sur le White Rim et le Buck Canyon. Attention, par temps de pluie les rochers sont glissants.

En empruntant la voie d'embranchement qui se dirige vers le nord-ouest, vous arriverez, tout au bout de la route, à une aire de stationnement qui marque l'entrée d'un petit sentier assez facile de 1,6 km aller-retour. Ce sentier vous conduira jusqu'à l'**Upheaval Dome**, un curieux cratère dont les géologues se demandent toujours s'il a été formé par la chute d'une météorite. Le chemin se prolonge et permet d'en faire le tour; malheureusement, ce sentier est assez mal délimité et facile à perdre de vue. Il est préférable de se doter de bonnes chaussures de marche, car le terrain est par endroits un peu abrupt et glissant par temps pluvieux.

The Maze ★★

À la différence d'autres secteurs du parc, la plupart des attraits du Maze requièrent un véhicule tout-terrain (pour la location, voir p. 527), et son exploration se fait généralement en deux ou trois jours, en autonomie

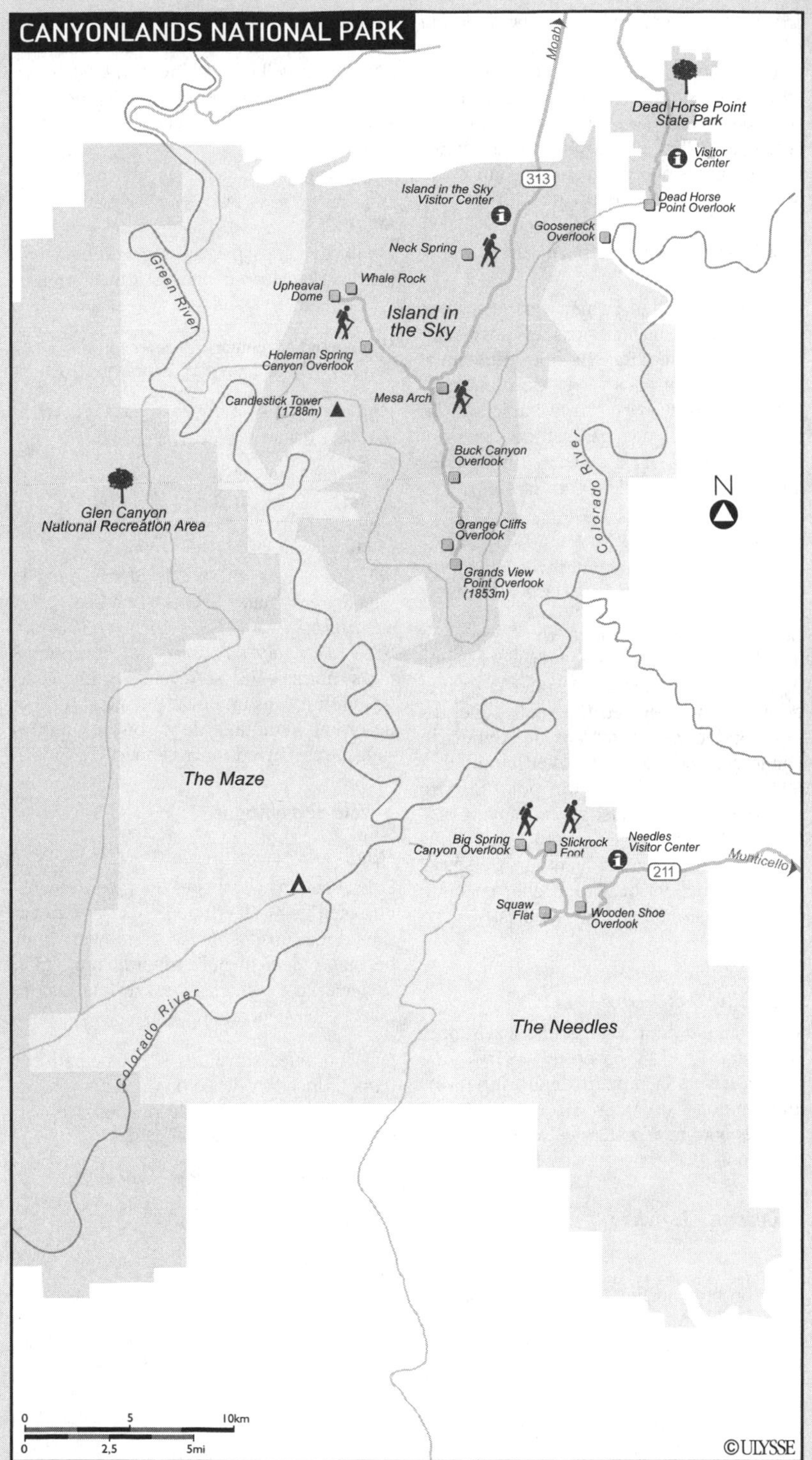
CANYONLANDS NATIONAL PARK
Moab
Dead Horse Point
State Park
Visitor
Center
313
Island in the Sky
Visitor Center
Dead Horse
Point Overlook
Gooseneck
Overlook
Neck Spring
Whale Rock
Upheaval
Dome
Island in
the Sky
Green River
Holeman Spring
Canyon Overlook
Candlestick Tower
(1788m)
Mesa Arch
Buck Canyon
Overlook
Colorado River
N
Glen Canyon
National Recreation Area
Orange Cliffs
Overlook
Grands View
Point Overlook
(1853m)
The Maze
Big Spring
Canyon Overlook
Slickrock
Foot
Needles
Visitor Center
Monticello
211
Squaw
Flat
Wooden Shoe
Overlook
Colorado River
The Needles
0
5
10km
0
2,5
5mi
©ULYSSE

complète. Contactez la **Hans Flat Ranger Station** *(☎ 435-259-2652)* pour connaître l'état des pistes et obtenir des cartes détaillées. Vos efforts vous permettront de visiter le **Horseshoe Canyon Unit** (accessible en automobile) et la **Great Gallery** avec ses nombreux pétroglyphes; et les plus aventureux se lanceront dans le **Maze**, un labyrinthe de canyons.

Newspaper Rock State Historical Monument ★

Sur la route 211, en chemin vers le secteur The Needles, ne manquez pas de vous arrêter au **Newspaper Rock State Historical Monument** *(entrée libre)*, où vous verrez de nombreux pétroglyphes de personnages, animaux en tous genres et figures géométriques qui ont été représentés par d'anciennes peuplades autochtones qui vivaient dans la région.

The Needles ★★

Localisation: 40 mi (64 km) au sud de Moab par la route 191, puis 29 mi (47 km) par la route 211.

Beaucoup moins fréquenté que l'Island in the Sky, ce secteur offre de belles occasions de randonnée pour aller admirer la chaîne de montagnes appelée **The Needles**. Depuis le **Big Spring Canyon Overlook**, le sentier du **Confluence Overlook** (18 km aller-retour, 4h à 6h) vous mènera jusqu'à un point de vue surplombant la confluence du fleuve Colorado et de la rivière Green. La plupart des sentiers se trouvent aux alentours de **Squaw Flat** et permettent de s'approcher de cette forêt d'aiguilles qu'est The Needles.

Activités de plein air

Très pratique pour les sportifs, **Roadrunner Shuttle** (voir p. 528) propose un service de transport vers la plupart des destinations aux alentours de Moab à bord d'autobus adaptés pour transporter des vélos et même des canots.

➤ Descente de rivière

Moab

Pour profiter du fleuve Colorado, **Canyon Voyages** *(211 N. Main St., ☎ 435-259-6007 ou 800-733-6007, www.canyonvoyages.com)* organise des sorties en raft et en kayak, en plus de faire la location d'équipement. Les paysages traversés sont d'une grande beauté, et le courant modéré des rapides permet à tous les membres de la famille de profiter pleinement des expéditions. Sans doute serez-vous ravi de l'accueil particulièrement chaleureux des guides et du personnel qui contribue à vous faire passer une excellente journée.

➤ Escalade

Moab

Moab, avec ses paysages grandioses, est l'endroit idéal pour débuter ou progresser en escalade.

Moab Desert Adventures: 415 N. Main St., ☎ 435-260-2404 ou 877-765-6622, www.moabdesertadventures.com

Cliffs and Canyons: 63 E. Center St., ☎ 435-259-3317 ou 877-641-5271, www.cliffsandcanyons.com

➤ Golf

Moab

Situé tout juste au sud de Moab, dans la jolie Spanish Valley, le **Moab Golf Club** *(2705 S.E. Bench Rd., ☎ 435-259-6488 ou 801-850-9359, www.golfmoab.com)*, qui compte 18 trous (normale 72), se révèle être une oasis de verdure dans un environnement aride et désertique, entourée de parois aux teintes rougeâtres. Ouvert toute l'année.

➤ Vélo de montagne

Moab

Si les chemins abrupts et les rayons acérés du soleil ne vous effraient pas, le vélo est sans doute un des meilleurs moyens pour découvrir pleinement l'extraordinaire région de Moab, car certaines vues restent encore inaccessibles en voiture.

Les boutiques suivantes sont spécialisées dans la location de vélos de montagne et pourront vous donner de précieux renseignements sur les sentiers:

Poison Spider: à partir de 40$/jour; 497 North Main St., ☎ 435-259-7882 ou 800-635-1792, www.poisonspiderbicycles.com

Rim Cyclery: à partir de 43$/jour; 94 West 100 North St., ☎ 435-259-5333 ou 888-304-8219, www.rimcyclery.com

Chile Pepper Bike Shop: à partir de 40$/jour; 702 South Main St., ☎ 435-259-4688 ou 888-677-4688, www.chilebikes.com

Moab: la Mecque du vélo de montagne

À juste titre considérée comme la Mecque du vélo de montagne, la région de Moab saura ravir autant les débutants que les experts. Plusieurs sentiers ainsi que de nombreuses routes non revêtues permettent d'explorer à fond cette région aride entourée de montagnes imposantes. Entre les mois de juin et de septembre inclusivement, il faut être très vigilant car la chaleur peut se révéler suffocante. Il faut donc prendre la bonne habitude de boire régulièrement afin d'éviter la déshydratation. N'hésitez donc pas à vous charger d'une deuxième, voire d'une troisième bouteille d'eau.

Parmi les sentiers difficiles de la région de Moab, le **Slickrock Bike Trail** (boucle de 20,4 km; très difficile) vole aisément la vedette au chapitre de la popularité. Et pour cause! Situé à seulement 5 km du centre de Moab, dans la **Sand Flats Recreation Area** *(droit d'entrée 5$ par voiture)*, ce sentier légendaire sillonne des dunes pétrifiées où l'adhérence des pneus se révèle presque magique... Et c'est tant mieux, car les pentes sont d'une raideur incroyable! Il faut donc s'y engager à fond si l'on veut tenter une montée ou une descente sans avoir à poser le pied au sol. De plus, il est primordial d'avoir un système de freinage en parfaite condition sur son vélo, sinon les descentes peuvent être carrément dangereuses. Or, avant de vous lancer corps et âme dans ce sentier de 20,4 km (entre 3h et 4h d'efforts, sans compter les arrêts), n'hésitez pas à parcourir d'abord la boucle de pratique (*practice loop*; 3,7 km) afin de tester votre habileté et votre condition physique. Le parcours principal, qui sillonne les recoins les plus arides et spectaculaires de la région, est indiqué par des traits de peinture à même la surface rocheuse pour vous permettre de retrouver votre chemin. Tout le long du sentier, les points de vue sur la région (monts La Sal, fleuve Colorado, parc national Arches, etc.) sont aussi nombreux qu'exceptionnels, pour ne pas dire hallucinants! Prévoyez une collation afin de vous arrêter à l'un de ces points de vue remarquables. Grandiose!

Autre sentier intéressant, le **Klondike Bluffs Trail** (25,1 km aller-retour; difficile) parcourt un terrain aride situé entre la route 191 (à 26 km au nord de Moab) et le parc national Arches. S'y trouvent également des sections de dunes pétrifiées. Le **Hurrah Pass Trail** (53,1 km aller-retour; facile), situé au sud-ouest de Moab, emprunte d'abord une route pavée jusqu'à un chemin non pavé qui longe le Kane Creek Canyon, puis conduit à divers points de vue sur le fleuve Colorado. Le sentier **Monitor and Merrimac** (boucle de 12,7 km; facile) permet de découvrir le Mill Canyon et offre de splendides points de vue sur cette région située à l'ouest de l'intersection des routes 191 et 313. Enfin, la **Bar M Loop** (boucle de 12,7 km; facile) conduit à de spectaculaires points de vue sur le parc national Arches, situé tout près.

Pour plus d'information, contactez le **Moab Information Center** (voir p. 533).

Le sud de l'Utah

▲ *p. 553* ● *p. 558* ■ *p. 563*

Bluff

Située au cœur de la région des **Four Corners**, nom donné au point de jonction des États de l'Utah, de l'Arizona, du Nouveau-Mexique et du Colorado, Bluff offre le spectacle majestueux du promontoire ocre qui surplombe la ville et qui lui a donné son nom. C'est une étape idéale pour se restaurer et se reposer avant de visiter les parcs du sud de l'Utah ou encore de poursuivre vers Monument Valley et le Grand Canyon, en Arizona.

Mexican Hat ★

C'est la dernière ville avant l'Arizona et Monument Valley. Cette petite localité a pris le nom du rocher en forme de «chapeau mexicain» qui se trouve à l'entrée de la ville. Moins de 100 personnes y vivent, ce qui ne gâche rien. Mexican Hat est peu connue des touristes et pourtant possède un charme fou avec son paysage exceptionnel: une falaise rougeoyante délimitant la Cedar

Mesa, un canyon où rugit la San Juan River et une vaste plaine désertique parsemée de roches rouges. L'atmosphère y est unique: désertique, avec ambiance de fin du monde, quelques hôtels et restaurants le long de la rue principale, une station-service et un pont métallique enjambant le canyon. Une expérience à vivre!

Natural Bridges National Monument

Une demi-journée

Localisation: 45 mi (72 km) au nord de Mexican Hat; 110 mi (177 km) au sud de Moab.

Natural Bridges National Monument Visitor Center: tlj 8h à 17h; à l'entrée du parc.
Droit d'entrée: 6$/véhicule, 3$/piéton ou cycliste, valable pour sept jours consécutifs.
Information: ☎ 801-692-1234, www.nps.gov/nabr.

Peu fréquenté, le Natural Bridges National Monument offre cependant quelques points de vue grandioses au visiteur qui se donne la peine de s'y promener longuement. Deux petites rivières de type désertique, qui, par moments, charrient des eaux tumultueuses et du sable, ont érodé la roche du White Canyon et de l'Armstrong Canyon. La roche – un grès à stratifications entrecroisées – présentait des joints et des fractures dans lesquels les eaux se sont projetées avec force pour creuser des ponts naturels (*natural bridges*) que l'on peut aujourd'hui admirer. Cass Hite, un prospecteur qui arpentait la région, fut le premier homme blanc à découvrir ces ponts en 1883. À la suite d'un article publié dans le magazine *National Geographic* en 1904, la région se fit connaître d'un public plus large. Il fallut néanmoins attendre quatre autres années avant que le président américain Theodore Roosevelt ne proclame le site monument national en 1908. Les Hopis ayant peuplé le sud de l'Utah, il fut naturellement décidé de donner aux trois ponts des noms qui rappellent cette présence amérindienne.

Le **Sipapu Bridge** tire son nom du trou à travers lequel les Hopis croient que leurs ancêtres émergent des ténèbres. Un sentier de 2,5 km aller-retour vous fera descendre le long d'un terrain abrupt ponctué de quelques échelles en bois: vous aurez une jolie vue sur les ponts naturels de pierre qui ont été sculptés par l'action du gel et la force du courant des cours d'eau qui drainent le White Canyon et l'Armstrong Canyon.

Un peu plus loin sur la route, un sentier (4,6 km) un peu raide vous fera aussi descendre jusqu'à un endroit d'où vous pourrez admirer le **Kachina Bridge**, que les flots du White Canyon érodent encore aujourd'hui. Ce pont doit son nom à certains de ses nombreux pétroglyphes préhistoriques dessinés sur une de ses culées, et qui ressemblent aux danseurs katchinas des Hopis.

Depuis le **Kachina Point of View**, vous pourrez emprunter le chemin qui mène à l'**Owachomo Bridge** (5 km). Celui-ci, le plus récent des trois ponts naturels, porte un nom qui signifie «butte rocheuse».

Glen Canyon National Recreation Area et Lake Powell ★

1 à 2 jours

Localisation: le secteur nord du parc se trouve à 90 mi (145 km) à l'ouest de Blanding par les routes 95 et 276. Vous prendrez le **Charles Hall Ferry** *(20$/voiture; mai à sept 5 départs/jour entre 8h et 17h, reste de l'année 4 départs/jour; ☎ 435-684-3088)* pour vous rendre à Bullfrog, où se trouve un centre d'accueil. L'accès sud du parc se trouve à Page, en Arizona (voir p. 434).

Bullfrog Visitor Center: mai à sept tlj 8h à 17h; ☎ 435-684-7420.
Escalante Visitor Center: avr à nov tlj 8h à 17h, déc à mars lun-ven 8h à 16h30; ☎ 435-826-4315.
Carl Hayden Visitor Center: situé à Page, en Arizona (voir p. 434).
Droit d'entrée: 15$/voiture ou 7$/piéton, valable pour sept jours consécutifs.
Information: ☎ 928-608-6404, www.nps.gov/glca.

Le fleuve Colorado et la rivière San Juan, avec leurs affluents, ont creusé les profonds canyons de la Glen Canyon National Recreation Area. Les premiers habitants de ces contrées semblent avoir été des tribus paléoindiennes nomades qui migrèrent dans le Glen Canyon il y a environ 11 000 ans. Par la suite, les Anasazis occupèrent la région qu'ils dotèrent d'un système d'irrigation afin d'y cultiver le maïs. Nul ne connaît exactement la raison de la disparition de ces Amérindiens. Peut-être faut-il y voir l'œuvre d'une catastrophe due à la surpopulation, aux maladies ou à l'épuisement des sols. Les premiers hommes blancs à avoir arpenté la région semblent avoir été deux prêtres de Santa Fe, Domínguez et Escalante, qui décrivirent leur voyage dans le canyon en 1776. Par la suite, un soldat du nom de John Wesley Powell organisa deux expéditions pour descendre le fleuve Colorado

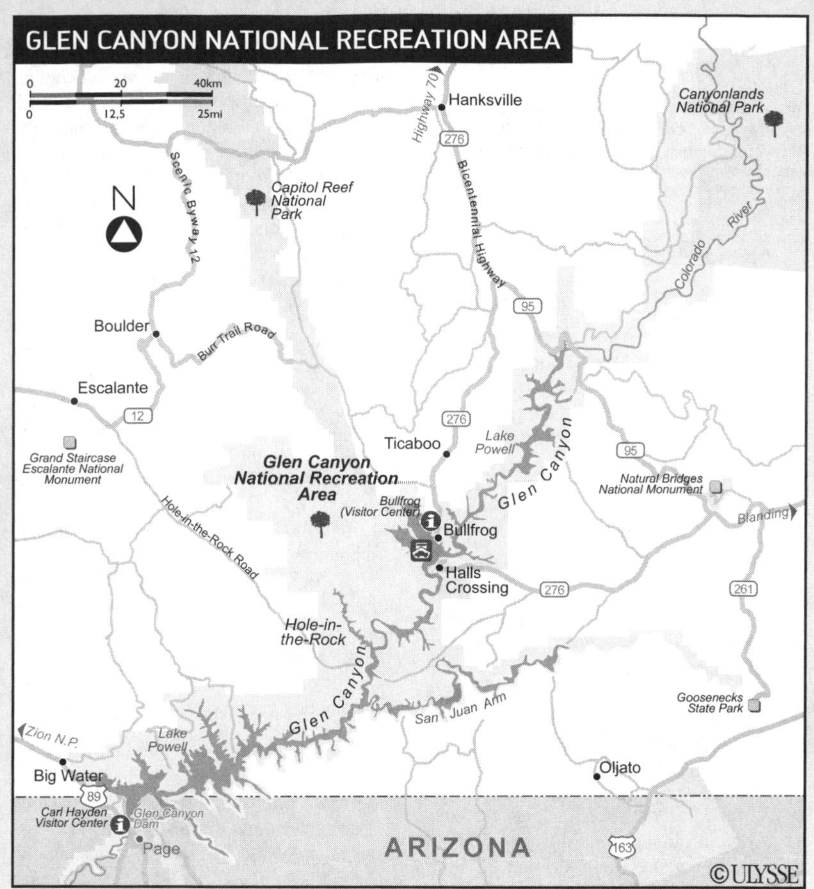

en 1869. Il fut véritablement le premier à l'avoir exploré dans ses moindres recoins et à l'avoir cartographié. Des hordes de prospecteurs s'y ruèrent lorsqu'on y découvrit de l'or en 1871.

Les 200 membres de l'expédition des mormons vers **Hole-in-the-Rock** ★ en 1879-1880, accompagnés de leurs 400 chevaux et de 83 chariots, espéraient descendre le canyon en direction du sud-est de l'État en six semaines. La route fut tellement longue et difficile qu'il leur fallut finalement plus de six mois pour tracer, à coups de pelle, de pioche et de dynamite, une piste escarpée que l'on peut admirer à Hole-in-the-Rock. Seuls les visiteurs munis d'un véhicule tout-terrain pourront s'y rendre en partant d'Escalante (voir p. 544).

Partie intégrante de la Glen Canyon National Recreation Area, le **Lake Powell** ★ en rassemble la plupart des attraits. Avec ses falaises de grès rouge et ses arches roses miroitant dans ses eaux turquoise, ce réservoir artificiel – l'un des plus grands au monde, 16 ans furent nécessaires pour le remplir – est surplombé par un immense barrage, le **Glen Canyon Dam**, construit en 1966 pour fournir en électricité les régions avoisinantes. Ce magnifique lac de retenue n'est accessible qu'aux adeptes de la randonnée pédestre et aux visiteurs munis de bateaux ou participant à des croisières (voir ci-dessous). Pour de l'information sur la partie sud du lac Powell, située autour de Page, en Arizona, voir p. 434.

Capitol Reef National Park ★★

1 à 2 jours

Localisation: Torrey (5 mi ou 8 km à l'ouest du parc) se trouve à 156 mi (251 km) à l'ouest de Moab par les routes 191 et 70 puis la route 24, et à 115 mi (185 km) au nord-est du Bryce Canyon National Park par la Scenic Byway 12.

Capitol Reef National Park Visitor Center: juin à sept tlj 8h à 18h, oct à mai tlj 8h à 16h30; Fruita, ☎ 435-425-3791.
Droit d'entrée: uniquement si vous empruntez la Scenic Drive, 5$/véhicule ou 3$/ piéton, valable pour sept jours consécutifs.
Information: ☎ 435-425-3781, www.nps.gov/care.

Également peu fréquenté, le Capitol Reef National Park se présente comme une longue chaîne de falaises à pic, émaillée de couches sédimentaires multicolores. Les Fremonts s'y établirent, dès les années 700 apr. J.-C., pour y cultiver le maïs et les haricots. Ces Amérindiens furent suivis des Paiutes et des Utes qui venaient y chasser le gibier. À la fin du XIXe siècle, une communauté de mormons s'installa à Fruita, et le dernier résidant quitta cet endroit en 1969. Le verger, l'école et les autres bâtiments historiques encore visibles aujourd'hui sont les vestiges de leur vie dans cette oasis isolée au milieu des falaises arides.

La **Cathedral Valley** ★, au nord, est une des parties les moins visitées du parc. L'accès n'est pas toujours évident, et bien que, par temps sec, vous puissiez emprunter en automobile les pistes qui sillonnent la vallée, prenez le temps de bien vous renseigner sur les conditions routières et, éventuellement, ne vous engagez dans ce secteur qu'avec un véhicule tout-terrain (pour la location, voir p. 527). Vous pouvez aisément faire une boucle en prenant la piste qui débute à Caineville (route 24, à 10 mi ou 16 km à l'est de la sortie du parc), pour revenir ensuite jusqu'à River Ford (route 24, à 5 mi ou 8 km plus à l'ouest). Après quelques kilomètres dans le désert, vous verrez se dresser devant vous les massifs et impressionnants **Temple of the Sun** et **Temple of the Moon.** Plus loin, des points de vue sur la Cathedral Valley vous permettront peut-être d'apercevoir quelques-uns des aigles royaux qui survolent les environs.

Le long de la route 24, plusieurs arrêts s'imposent. Pour vous dégourdir les jambes, prenez le sentier (facile; 1,6 km aller, comptez 1h aller-retour) qui mène au **Hickman Bridge** ★, une grande arche naturelle qui chevauche un petit canyon. Un peu plus loin, sur le bord de la route, de magnifiques **pétroglyphes** ★★ sont les seules traces laissées par les Fremonts qui vécurent ici. La minuscule **Historic Fruita School** ★★, construite en 1896 par les mormons, est encore dans le même état que lors de sa fermeture en 1941, avec ses pupitres d'écoliers, son poêle, son tableau noir et même son bonnet d'âne.

Le **Fruita Historic District** ★★ rassemble les vestiges de la communauté mormone. Les vergers donnent véritablement un aspect d'oasis à ce secteur, et sachez que, lorsque les fruits sont mûrs, vous êtes invité à les cueillir et à en consommer sur place; si vous voulez en emporter, une petite contribution vous sera demandée. La **Gilford Farmhouse** ★★ *(entrée libre; avr à oct tlj 9h à 16h30)* a été transformée en un musée rassemblant les divers objets du quotidien des pionniers qui vécurent ici. Le petit magasin attenant vend de délicieuses tartes, crèmes glacées, confitures et conserves faites à base des fruits des vergers de Fruita.

En vous engageant sur la **Scenic Drive** ★★, n'oubliez pas de payer votre droit d'entrée. Cette route panoramique de 16 km permet de s'enfoncer dans de très beaux paysages. La première piste sur la gauche vous mènera à **Grand Wash**, une gorge étroite d'où vous pourrez grimper jusqu'à la **Cassidy Arch** (difficile; 6 km aller-retour, comptez de 3h à 4h), qui doit son nom au célèbre hors-la-loi Butch Cassidy, lequel se planqua plusieurs fois dans ce canyon. En continuant votre route vers le sud, vous pourrez vous arrêter pour admirer une très belle vue au **Slickrock Divide** ★ puis à l'**Egyptian Temple**, une formation rocheuse qui doit son nom à sa ressemblance avec celles qu'on observe dans la Vallée des Rois, en Égypte. À l'extrémité sud de la route pavée, prenez à gauche vers **Capitol Gorge**. Ce sentier bordé de falaises de grès était jadis la route qui traversait le parc et qui a été abandonnée en 1962 à la suite de la construction de la route 24. Les visiteurs d'alors (mais pas ceux d'aujourd'hui!) laissaient la trace de leur passage dans le **Pioneer Register** ★, et vous pourrez remarquer parmi la multitude de signatures la plus ancienne, qui date de 1871.

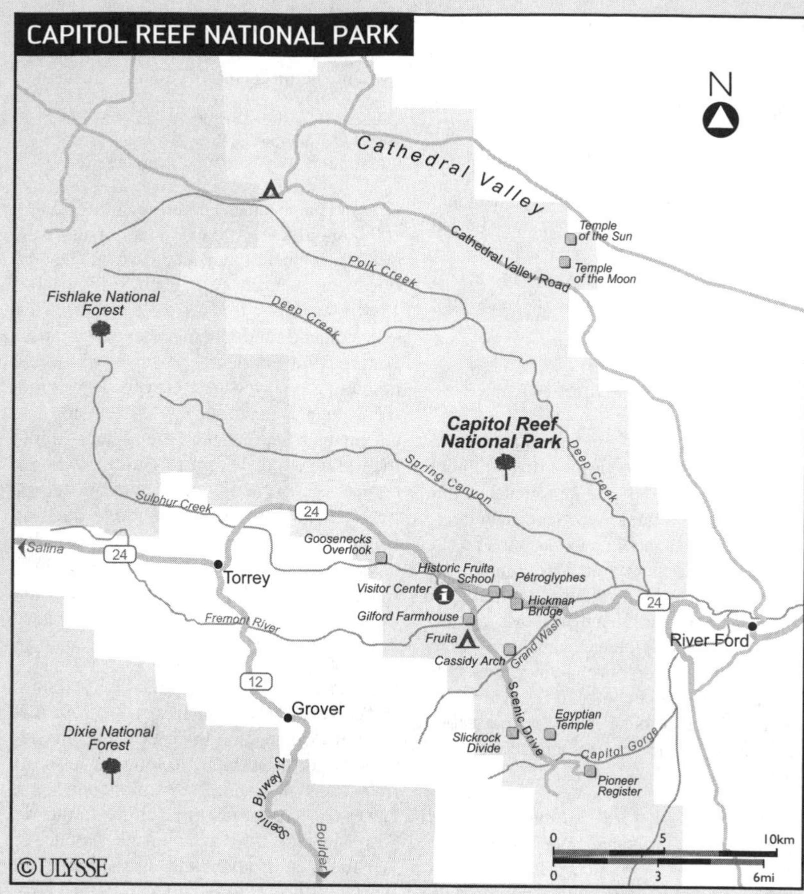

De retour sur la route 24 en direction de Torrey, les randonneurs ne manqueront pas de s'arrêter au **Gooseneck Overlook** ★, d'où partent quelques beaux sentiers.

On rejoint la partie sud du parc en prenant la Scenic Byway 12 (voir ci-dessous) vers le sud jusqu'à Boulder, puis en empruntant la **Burr Trail Road**. Cette route partiellement pavée continue jusqu'au lac Powell, mais un véhicule tout-terrain est nécessaire sur certaines portions. C'est dans cette partie du parc que les randonneurs expérimentés trouveront des sentiers à leur mesure, dans les canyons Upper et Lower Muley Twist et à Halls Creek. Allez d'abord au centre d'accueil de Fruita pour vous procurer des cartes topographiques et pour demander le permis nécessaire si vous comptez passer une nuit dans le parc. Enfin, sachez que les points d'eau sont rares; et si vous en trouvez, n'oubliez pas de la faire bouillir avant de la consommer.

Scenic Byway 12 ★★

1 à 2 jours

Localisation: circuit de 120 mi (194 km) entre Torrey et le Bryce Canyon National Park.

Reliant le **Capitol Reef National Park** (voir p. 542) et le **Bryce Canyon National Park** (voir p. 545), cette fantastique route panoramique traverse des paysages aussi divers qu'époustouflants: canyons, forêts de pins, falaises rouges, déserts et montagnes enneigées se succèdent sur moins de 200 km. Toutefois, sachez que, hormis à Torrey, Boulder, Escalante et Cannonville, la Scenic Byway 12 ne compte pas de stations-service, ni de magasins où se ravitailler, en eau notamment. De plus, les routes adjacentes ne sont pas revêtues et sont donc fortement déconseillées par mauvais temps ou après une averse, alors qu'elles sont à peine praticables par des véhicules tout-terrains. La vigilance et une bonne préparation sont donc de rigueur.

Boulder ★

Localisation: 37 mi (60 km) au sud de Torrey.

Ce charmant et paisible petit village fut le dernier à recevoir le courrier à dos de mulet. Boulder a su garder une simplicité et une tranquillité qui attire les voyageurs en quête de repos et de solitude, et cela, sans mettre de côté un certain confort, car vous y trouverez aussi l'un des meilleurs restaurants de la région, le **Hell's Backbone Grill** (voir p. 559). Un paysage bucolique et rocailleux (*boulder* signifie «rocher») entoure la ville, nichée au creux de massifs rocheux rougeoyants. Ici, les troupeaux de bétail paissent inlassablement dans un décor géologique de toute beauté.

L'**Anasazi State Park** ★ *(5$; mi-mai à mi-sept tlj 8h à 18h, mi-sept à mi-mai tlj 9h à 17h; Scenic Byway 12, ☎ 435-335-7308, www.stateparks.utah.gov)* expose les vestiges d'un village anasazi datant du XIIe siècle, qui comptait à l'origine une centaine de pièces réparties dans plusieurs bâtiments. L'**Anasazi State Park Museum** attenant présente des expositions d'objets découverts pendant les fouilles, ainsi que des films qui tentent de retracer la vie des Anasazis, qui ont gardé beaucoup de leurs secrets. À titre d'exemple, même si les Anasazis sont considérés comme les ancêtres du peuple Pueblo, on ne sait toujours pas comment ils se nommaient eux-mêmes, *anasazi* étant un mot navajo signifiant «les anciens ennemis».

Boulder est aussi le point de départ de la **Burr Trail Road** (voir p. 543).

Grand Staircase-Escalante National Monument ★★

Escalante Visitor Center: 755 W. Main St., Escalante, ☎ 435-826-5499.
Cannonville Visitor Center: 10 Center St., Cannonville, ☎ 435-826-5640.
Information: www.ut.blm.gov/monument.

Cet énorme espace désertique et protégé de 800 000 ha s'étend entre les parcs nationaux de Capitol Reef et de Bryce Canyon d'est en ouest, et du nord au sud entre les routes 12 et 89. Vous y trouverez de nombreuses occasions de randonnée et d'exploration en voiture à travers des paysages aussi monumentaux que diversifiés où vous risquez fort d'éprouver la solitude. Toute excursion sur les pistes nécessite une préparation minimale étant donné le caractère sauvage de ces contrées. L'eau, entre autres, peut poser un problème, aussi bien par sa rareté que par son abondance: en cas de fortes pluies, des crues peuvent surgir très rapidement. Ainsi, nous vous conseillons vivement d'aller vous informer à l'un des centres d'accueil du parc avant toute visite.

À mi-chemin entre Boulder et Escalante, la **Calf Creek Recreation Area** ★ *(2$/véhicule)* permet de faire une belle et facile promenade (boucle de 9 km) le long du ruisseau qu'est le Calf Creek. Le sentier mène aux **Lower Calf Creek Falls**, une chute haute de 38 m. Juste avant d'arriver à Escalante, sur la gauche se trouve route qui sillonne un paysage bucolique et qui conduit à l'**Escalante Petrified Forest State Park** *(6$; toute l'année; ☎ 800-322-3770, www.stateparks.utah.gov/parks/escalante)*, où les vestiges d'une forêt pétrifiée et une belle étendue d'eau bordée de peupliers, avec en arrière-plan les montagnes, permettent de se détendre, de se promener, et même de se baigner en saison.

C'est depuis **Escalante** que vous pourrez vous aventurer vers **Hole-in-the-Rock** (voir p. 541), dans la Glen Canyon National Recreation Area. Cette route de 57 mi (92 km) aboutit au **Lake Powell** (voir p. 541), et même si les cinq derniers milles (8 km) nécessitent un véhicule tout-terrain, vous pouvez tout de même rejoindre en automobile **Devil's Garden**, à 13 mi (21 km) au sud de la route 12. Cet étonnant «jardin» de *hoodoos* (cheminées des fées) et d'arches surgit en plein milieu du désert et constitue un endroit idéal pour faire un pique-nique.

Cannonville, à 34 mi (55 km) à l'ouest d'Escalante, est une des portes d'entrée principales de l'Escalante National Monument, avec deux routes se dirigeant vers le sud. Si vous n'avez pas de véhicule tout-terrain, empruntez Cottonwood Road, qui permet d'explorer au passage le **Kodachrome Basin State Park** *(6$; ☎ 435-679-8562, www.stateparks.utah.gov)* et ses grandes cheminées blanches dont les plus hautes s'élèvent à 52 m. Le nom du parc vient d'ailleurs de la multitude de couleurs de ses paysages rocheux, qui rappellent les fameuses pellicules couleur. En continuant vers le sud, vous passerez l'impressionnante **Grovesnor Arch** et le **Cottonwood Narrows**, un étroit canyon que vous pourrez explorer à l'ombre des falaises qui vous surplombent.

Bryce Canyon National Park ★★★

1 jour

Localisation: 78 mi (125 km) à l'est de Springdale et du Zion National Park; 50 mi (80 km) à l'ouest d'Escalante.

Bryce Canyon National Park Visitor Center: tlj 8h à 18h, en été jusqu'à 20h; à l'entrée du parc.
Droit d'entrée: 25$/véhicule, 12$/piéton ou vélo, valable pour sept jours consécutifs.
Information: ☎ 435-834-5322, www.nps.gov/brca.

Amphithéâtre de dentelles de pierre, parois rocheuses multicolores et hauts plateaux érodés sont autant de formations géologiques à couper le souffle que vous rencontrerez en arpentant ce qui est probablement le plus beau parc des États-Unis: le Bryce Canyon National Park. Les centaines de cheminées des fées (*hoodoos*) se parent au fil des heures de variations de couleurs infinies conférant à l'endroit une beauté magique. Pour les Paiutes, des Amérindiens qui occupaient la région du sud de l'Utah, ces cheminées des fées représentaient le «Peuple de la Légende», figé dans la pierre par le «dieu Coyote». C'est à Ebenezer Bryce, charpentier de son métier, qui s'était installé en 1875 dans la vallée creusée par la rivière Paria coulant au nord du parc, que l'endroit doit son nom. Aujourd'hui ouvert à longueur d'année, le parc reçoit près de 1,5 million de visiteurs qui viennent admirer la splendeur de son décor féerique.

Pour vous déplacer dans le parc, vous pouvez utiliser votre véhicule, mais de la mi-mai à la fin de septembre, vous pouvez aussi monter à bord des navettes, en service entre 9h et 18h aux 15 min. Le départ s'effectue au **Ruby's Inn** (voir p. 555), en face duquel vous pouvez stationner votre voiture. Les principaux attraits du nord du parc sont desservis par les navettes.

Le **Bryce Amphitheater** ★★★, au nord du parc, près du centre d'accueil et du **Lodge at Bryce Canyon** (voir p. 555), regroupe la plupart des attraits du parc. De superbes points de vue vous attendent tout au long du **Rim Trail** ★★, un sentier pédestre qui suit le bord de la falaise et surplombe l'amphithéâtre. Ne manquez pas **Sunrise Point**, **Sunset Point**, **Inspiration Point** et surtout **Bryce Point** ★★★, qui offrent de superbes points de vue sur d'incroyables formations rocheuses. Pour voir de plus près les *hoodoos*, il vous faudra emprunter l'un des sentiers qui descendent dans l'amphithéâtre. Ceux de **Queens Garden** et de **Navajo Loop** ★★★ peuvent être combinés (4,6 km, comptez 2h) et vous donneront un aperçu totalement différent de ces étranges cheminées des fées, et l'occasion de prendre de magnifiques photos. Les chutes intempestives de pierres peuvent forcer les *rangers* à interdire provisoirement l'accès de certains sentiers aux visiteurs: mieux vaut se renseigner au centre d'accueil.

Dans la partie sud du parc, les *hoodoos* sont moins nombreuses, mais vous pourrez admirer entre autres le **Natural Bridge**, une arche de 40 m de haut, et profiter depuis **Yovimpa Point** ★★ d'une vue panoramique sur les plateaux du Grand Staircase qui s'étendent jusqu'au Grand Canyon. Cette partie du parc est la plus prisée des randonneurs, qui cheminent sur l'**Under-the-Rim Trail** (difficile; 37 km, 2 à 3 jours). Il est obligatoire d'obtenir un permis *(5$)* au centre d'accueil si vous comptez passer la nuit dans le parc. Une carte des sentiers est aussi disponible, et notez que les points d'eau sont rares.

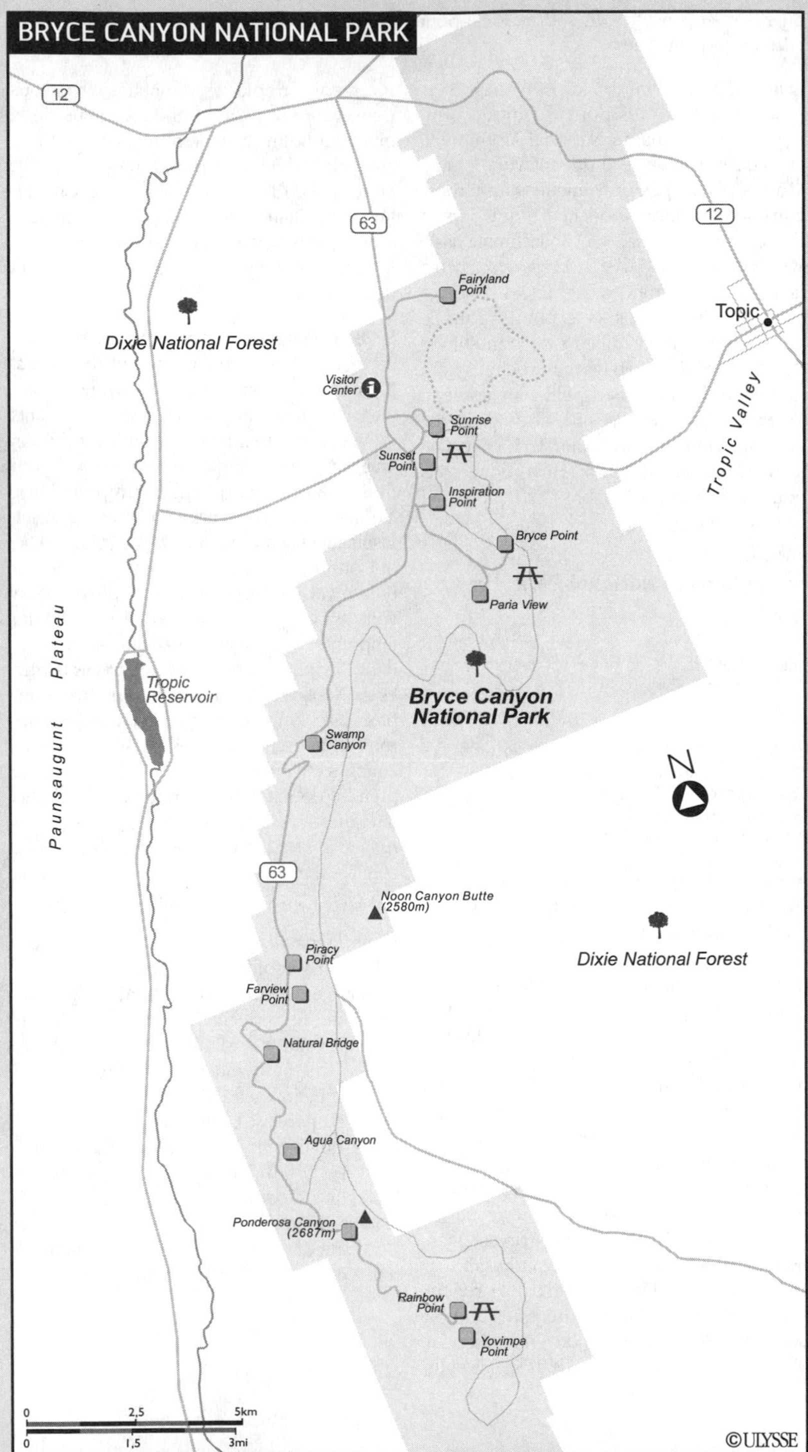
BRYCE CANYON NATIONAL PARK
12
63
12
Fairyland Point
Topic
Dixie National Forest
Visitor Center
Tropic Valley
Sunrise Point
Sunset Point
Inspiration Point
Bryce Point
Paria View
Paunsaugunt Plateau
Tropic Reservoir
Bryce Canyon National Park
Swamp Canyon
N
63
Noon Canyon Butte (2580m)
Dixie National Forest
Piracy Point
Farview Point
Natural Bridge
Agua Canyon
Ponderosa Canyon (2687m)
Rainbow Point
Yovimpa Point
0
2,5
5km
0
1,5
3mi
©ULYSSE

Zion National Park ★★

1 à 2 jours

Localisation: 158 mi (25 km) au nord-est de Las Vegas; 90 mi (145 km) au sud-ouest du Bryce Canyon National Park.

Zion National Park Visitor Center: tlj 8h à 18h, en été jusqu'à 20h; à l'entrée sud du parc.
Kolob Canyons Visitor Center: tlj 8h à 16h30; dans la partie nord du parc.
Droit d'entrée: 25$/véhicule, 12$/piéton ou vélo, valable pour sept jours consécutifs.
Information: ☎ 435-772-3256, www.nps.gov/zion.

Très différent d'autres parcs du sud de l'Utah, le Zion National Park présente un impressionnant paysage de falaises imposantes, que l'oxyde de fer a teintées de couleurs rougeâtres, et de gorges abruptes (certaines atteignent 900 m) creusées par la rivière Virgin. La diversité et la richesse de sa faune et de sa flore ont fait la réputation du parc. Les microclimats créés par les grandes variations d'altitude ont généré des microenvironnements exceptionnels où vivent 75 espèces de mammifères, 32 types de reptiles et près de 300 variétés d'oiseaux, sans oublier un escargot endémique, aujourd'hui en voie de disparition.

La partie la plus touristique est sans conteste le Zion Canyon (voir ci-dessous), situé à l'extrémité sud du parc, près de l'agréable bourgade touristique de **Springdale**. Depuis Springdale, un service très pratique de navettes gratuites (horaires indiqués dans le journal du parc) vous mènera jusqu'à l'entrée du parc, d'où vous pourrez emprunter d'autres navettes qui desservent les points d'intérêt le long de la **Zion Canyon Scenic Drive**. Ce service fonctionne d'avril à novembre; pendant cette période, cette route est interdite aux véhicules. Sachez aussi que d'importants travaux d'entretien des routes peuvent parfois ralentir la circulation dans le parc.

Que vous la preniez en arrivant du Bryce Canyon National Park ou en partant vers l'est, ne manquez pas la **Mount Carmel Highway** ★★ (route 9), qui serpente à flanc de colline et emprunte un tunnel de 1,8 km creusé dans les années 1930. Prouesse technique à l'époque, la taille de ce tunnel prenait en compte les dimensions des voitures d'alors. Les camions et les autobus modernes doivent toutefois rouler au milieu de la route, ce qui occasionne régulièrement des embouteillages. À la sortie est de ce tunnel, le sentier du **Canyon Overlook** ★ (facile; 1,6 km aller-retour, comptez 1h) vous mènera au-dessus d'une grande arche d'où vous pourrez admirer en contrebas les vallées encaissées du parc de Zion, la montagne East Temple, sur la droite, et un petit canyon encaissé, sur la gauche, soit le Pine Creek. Au lever du jour, le spectacle est grandiose!

Le **Zion Canyon** ★★ est particulièrement réputé pour la beauté de ses sentiers de randonnée pédestre qui serpentent dans les montagnes tout en offrant de spectaculaires points de vue sur les canyons et la vallée. L'une des randonnées les plus faciles à faire est probablement celle qu'offre le **Pa'Rus**, un petit sentier de 5,6 km sur terrain plat où les chiens et les bicyclettes sont également admis. Ce chemin débute au camping Watchman (voir p. 555), serpente le long de la rivière Virgin et offre quelques jolies vues sur les montagnes Watchman et Bridge. Un peu plus loin, débutant à la hauteur du **Zion Lodge** (voir p. 555), la boucle menant aux **Upper**, **Lower** et **Middle Emerald Pools** (facile; 4 km aller-retour, comptez 2h) vous conduira jusqu'aux petits réservoirs d'eau alimentés par des cascades; c'est un endroit populaire pour les pique-niques. Pour une vue plus globale du canyon et une randonnée plus difficile mais très intéressante, empruntez l'**Angels Landing Trail** ★★ (difficile; 8 km aller-retour, comptez 4h; au départ de l'arrêt «The Grotto» de la navette), qui est par contre déconseillée aux personnes sujettes au vertige: les derniers 800 m se font sur une crête avec le vide de chaque côté, en vous tenant à des chaînes. Mais en récompense, vous profiterez d'une vue imprenable sur tout le canyon. Tout au bout de la route, au Temple of Sinawava, empruntez le sentier de **Riverside Walk** (facile; 3,2 km aller-retour; comptez 1h) jusqu'au bout, puis vous pourrez remonter la **Virgin River** en marchant dans l'eau. Continuez cette promenade rafraîchissante jusqu'à Wall Street, l'endroit le plus étroit du canyon. Comptez au moins 4h aller-retour; les roches sont glissantes, gardez vos chaussures et munissez-vous d'un bâton de marche.

Moins fréquenté par les touristes et plus sauvage, le **Kolob Canyon** ★★, au nord du parc, est accessible depuis Cedar City *(prenez la route I-15 vers le sud, puis la sortie 40 vers le Kolob Canyon)*. Vous profiterez, le long

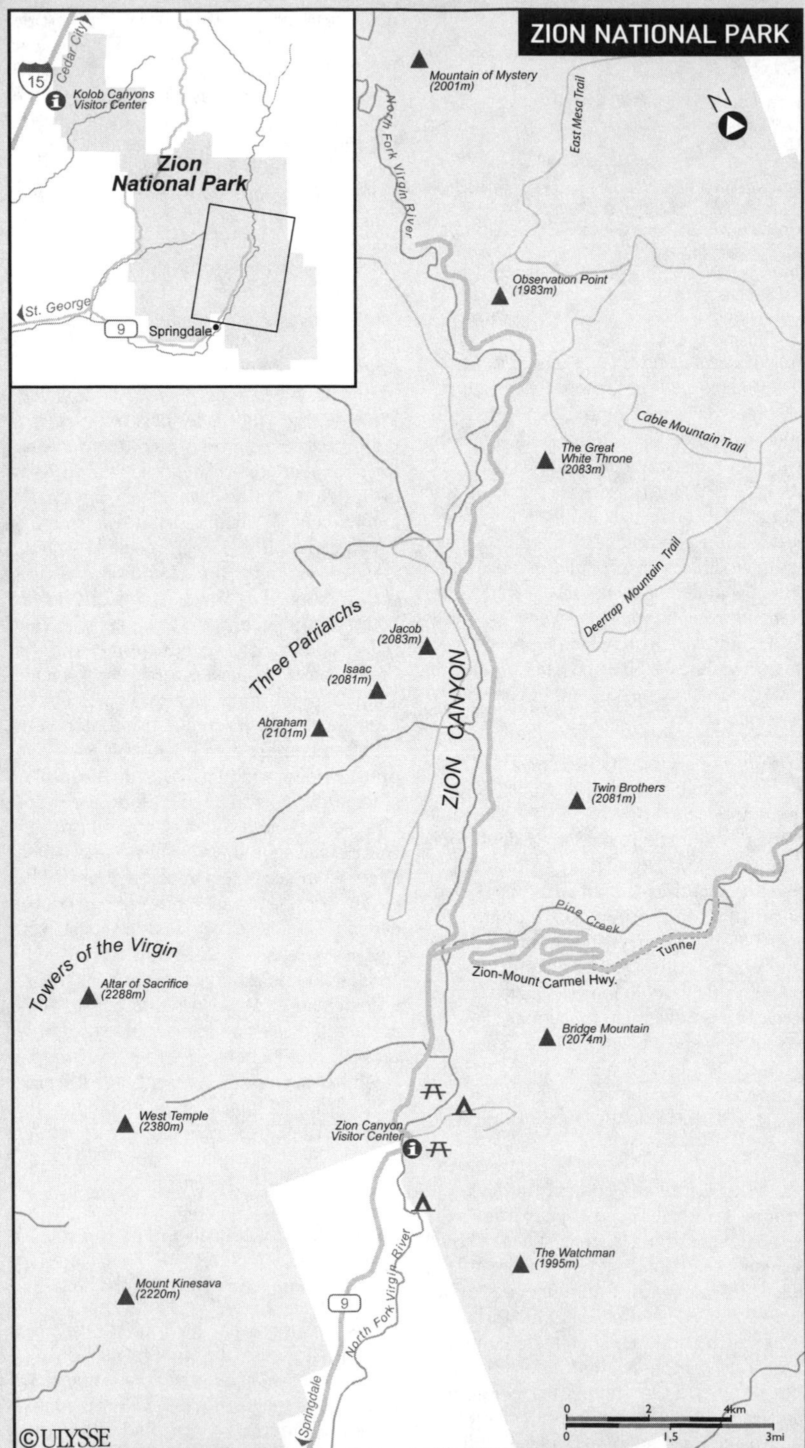
ZION NATIONAL PARK
Cedar City
15
Kolob Canyons Visitor Center
Zion National Park
St. George
9
Springdale
Mountain of Mystery (2001m)
North Fork Virgin River
East Mesa Trail
N
Observation Point (1983m)
Cable Mountain Trail
The Great White Throne (2083m)
Deertrap Mountain Trail
Three Patriarchs
Jacob (2083m)
Isaac (2081m)
Abraham (2101m)
ZION CANYON
Twin Brothers (2081m)
Pine Creek
Tunnel
Zion-Mount Carmel Hwy.
Towers of the Virgin
Altar of Sacrifice (2288m)
Bridge Mountain (2074m)
West Temple (2380m)
Zion Canyon Visitor Center
The Watchman (1995m)
Mount Kinesava (2220m)
9
North Fork Virgin River
Springdale
0
2
4km
0
1,5
3mi

d'une petite route de montagne, de points de vue spectaculaires. Ne manquez pas de vous arrêter au **Lee Pass** puis au **Kolob Canyon Viewpoint**.

Cedar City

Localisation: 56 mi (90 km) au nord de Springdale; 171 mi (274 km) au nord-est de Las Vegas.

Cedar City & Brian Head Tourism and Convention Bureau: 581 N. Main St., ☎ 435-586-5124 ou 800-354-4849.

Cette petite ville n'offre pas de grands attraits touristiques aux visiteurs, en dehors d'être la porte d'entrée nord du Zion National Park (voir plus haut). Par contre, si vous passez par ici entre les mois de juin et d'octobre, vous pourrez assister à l'excellent **Utah Shakespearean Festival** (voir p. 562), qui s'y tient chaque année.

Activités de plein air

➤ Croisières

Glen Canyon National Recreation Area et Lake Powell

Au cœur du Glen Canyon, sur le lac Powell, des visites guidées allant d'une heure à une journée complète sont organisées par les **Lake Powell Resorts & Marinas** *(100 Lakeshore Dr., Page, AZ, ☎ 928-645-2433 ou 888 896-3829, www.lakepowell.com)*. Les prix s'échelonnent selon la durée du parcours et l'itinéraire choisi. Il est également possible de louer des bateaux pour plusieurs jours, mais le coût du plein d'essence n'est pas compris dans les tarifs et peut faire doubler les prix. N'hésitez pas à appeler pour vous assurer du coût réel de la location.

➤ Équitation

Bryce Canyon National Park

Canyon Trail Rides *(à partir de 50$/2h; ☎ 435-679-8665, www.canyonrides.com)* vous propose de découvrir à dos de cheval le parc de Bryce Canyon et ses environs. Des groupes de 10 personnes et moins partent pour 2h ou la demi-journée du **Lodge at Bryce Canyon** (voir p. 555) à l'intérieur du parc, où les billets sont d'ailleurs en vente. Il est conseillé de réserver à l'avance.

Red Canyon

Pour profiter des beaux paysages du Red Canyon, situé juste à côté du Bryce Canyon, **Ruby's Red Canyon Horseback Rides** *(75$/3h; 1000 S. Hwy 63, Bryce, ☎ 435-834-5341 ou 866-782-0002, www.horserides.net)* propose des randonnées d'une demi-journée ou d'une journée. Les billets sont en vente au **Ruby's Inn** (voir p. 555).

Zion National Park

Canyon Trail Rides *(à partir de 40$/h; Zion Lodge, ☎ 435-679-8665, www.canyonrides.com)* organise des expéditions équestres dans le parc de Zion. Les randonnées d'une heure ou d'une demi-journée vous mèneront jusqu'aux jolis jardins de cactus. Le parcours d'une demi-journée ne s'adresse qu'aux adultes et aux enfants de plus de 10 ans.

➤ Randonnée pédestre et canyoning

Zion National Park

En plus des randonnées à la journée, il existe de nombreuses possibilités de sortir des sentiers battus dans le parc, pour marcher en autonomie pendant plusieurs jours. Si vous comptez rester une nuit dans le parc, vous devez obtenir un permis *(12$)* délivré au **Zion National Park Visitor Center** (voir p. 547). Le nombre de personnes qui peuvent emprunter un sentier en même temps étant limité, il est préférable, pour les randonnées les plus populaires (notamment le West Rim Trail), de s'enregistrer à l'avance sur le site Internet du parc *(www.nps.gov/zion)*.

La **Zion Adventure Company** *(36 Lion Blvd., Springdale, ☎ 435-772-1001, www.zionadventures.com)* loue de l'équipement pour toutes vos aventures, et organise des randonnées et des expéditions de canyoning.

➤ Survols en hélicoptère

Bryce Canyon National Park

Des vols en hélicoptère pour quatre personnes vous feront découvrir le splendide parc de Bryce Canyon. Le vol dure entre 25 min et 1h10, et vous permet de contempler les cheminées des fées du parc, le Rainbow Point et le Natural Bridge. Les billets sont en vente au **Ruby's Inn** (voir p. 555), à l'entrée du parc, où se trouve le comptoir de **Bryce Canyon Airlines** *(☎ 435-834-8060 ou 800-468-8660)*.

Hébergement

Salt Lake City et ses environs

Salt Lake City

Royal Garden Inn
$$
154 West 600 South St.
801-521-2930 ou 800-521-9997
www.royalgardeninnsaltlake.com
Composé de plusieurs bâtiments à deux étages, le Royal Garden Inn s'ouvre sur de jolis petits jardins très calmes composés de fleurs et d'arbustes. Les chambres sont grandes et décorées sobrement. Les salles de bain sont petites mais propres.

Carlton Hotel Inn & Suites
$$ P @
140 E. South Temple St.
801-355-3418 ou 800-633-3500
www.carltonhotel-slc.com
Le Carlton se trouve dans une des rues les plus importantes de la ville. L'ameublement un peu vieillot de l'hôtel ne gâche en rien son charme, et les chambres, assez spacieuses, sont propres. Accueil sympathique.

Little America Hotel
$$-$$$ @
500 S. Main St.
801-596-5700 ou 800-281-7899
www.littleamerica.com
Le Little America Hotel est un établissement étonnant scindé en trois parties et accessible à tout type de budget: tout d'abord, la partie motel propose des chambres petites quoique très correctes. Les Garden Lodges, des petits bâtiments bordés de fleurs et de cascades, renferment des chambres spacieuses et confortables face à la piscine extérieure. Enfin, les plus belles chambres, à la décoration très personnalisée, sont situées dans la Tower (tour). Dans cet édifice, un très beau hall en marbre, égayé d'énormes bouquets de fleurs, est illuminé par une grande verrière composée de panneaux de vitrail. Le grand lustre de cristal et les portes dorées contribuent également à donner à ce lieu un certain raffinement.

Marriott Residence Inn
$$$ P @
285 W. Broadway, angle 300 South St.
801-355-3300
www.marriott.com
Le Marriott Residence Inn se présente comme un grand bâtiment entouré de jardins fleuris impeccablement entretenus. Véritables petits appartements, les chambres spacieuses offrent un confort irréprochable. Les cuisines, équipées de lave-vaisselle, de grands réfrigérateurs, de fours à micro-ondes, de grille-pain et d'ustensiles, ainsi que les vastes salles de bain concourent à rendre ces chambres particulièrement pratiques et agréables.

Hilton Salt Lake City Center
$$$-$$$$ @
255 S. West Temple St.
801-328-2000 ou 800-445-8667
www.hilton.com
Les grandes chambres du Hilton Salt Lake City Center, à la décoration un peu impersonnelle mais tout confort, disposent notamment de sèche-cheveux, de machines à café, de planches et fers à repasser, en plus des commodités habituelles. L'accueil irréprochable, la piscine intérieure chauffée et les restaurants situés dans l'hôtel (notamment le **Spencer's**, voir p. 557) ajoutent une touche pratique à l'établissement.

Peery Hotel
$$$-$$$$ P @
110 W. Broadway
801-521-4300 ou 800-331-0073
www.peeryhotel.com
Le Peery Hotel, établi depuis 1910 au centre-ville, est le seul hôtel de l'Utah qui ait été classé monument historique. Rénové, c'est un établissement agréable où l'accueil est chaleureux. Les chambres au charme européen sont élégantes, bien que pas toujours très spacieuses. Le service est attentif.

Provo

Hines Mansion
$$$-$$$$ P @
383 West 100 South St.
801-374-8400 ou 800-428-5636
www.hinesmansion.com
Le *bed and breakfast* Hines Mansion est sans aucun doute le plus luxueux gîte touristique de Provo. Installé dans une maison construite en 1895, il compte neuf superbes chambres élégamment décorées selon des thèmes différents et équipées d'une baignoire à remous ainsi que d'une chaîne stéréo. Pour parfaire ce confort, certaines chambres ont leur entrée privée, et d'autres possèdent un téléviseur à écran géant. Les hôtes sont quant à eux charmants et feront tout pour que votre séjour soit des plus agréables.

Sundance Resort
$$$$ P @
13 mi (21 km) au nord-est de Provo par les routes 189 et 92
866-259-7468 ou 800-892-1600
www.sundanceresort.com
Le Sundance Resort, fondé en 1969 par Robert Redford,

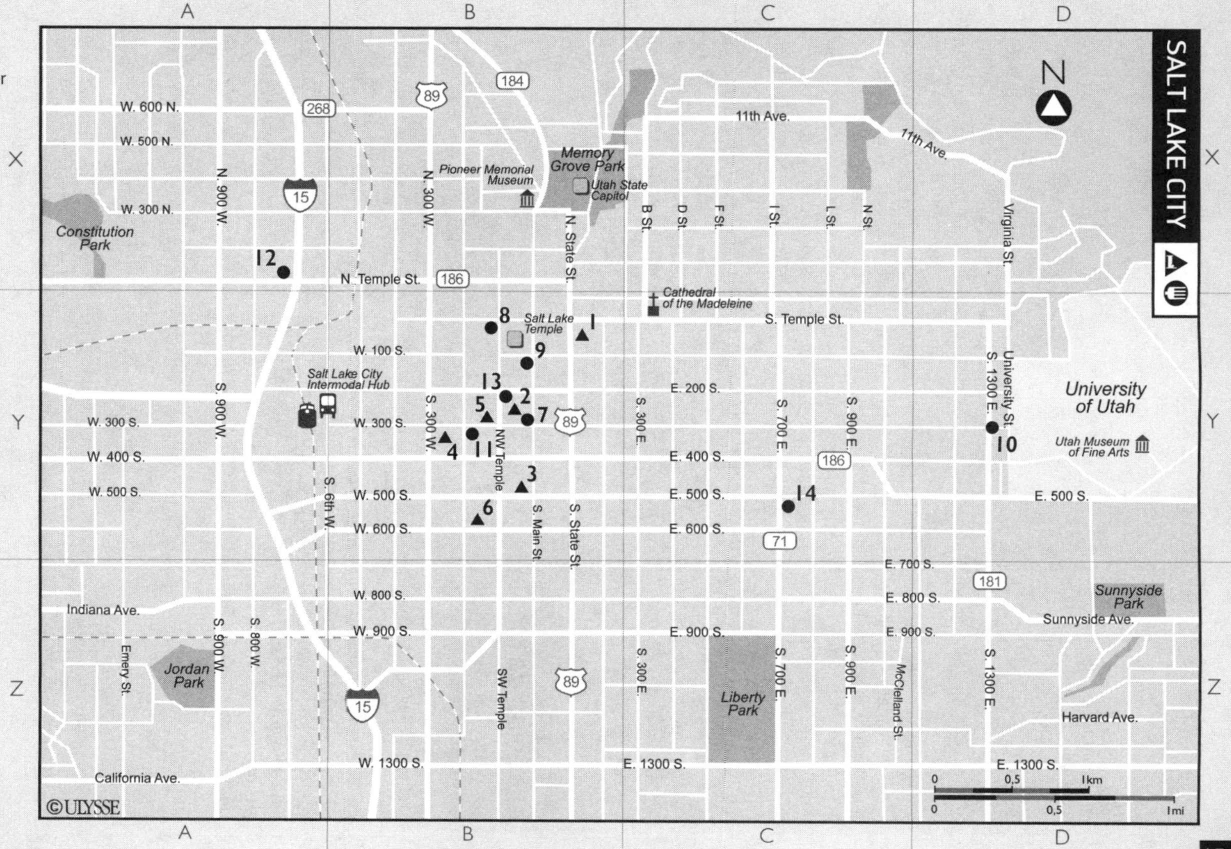

SALT LAKE CITY

▲ HÉBERGEMENT

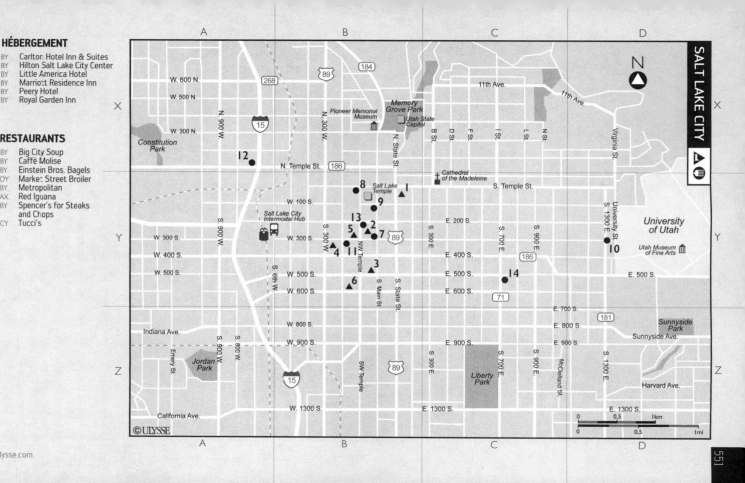

1. BY Carlton Hotel Inn & Suites
2. BY Hilton Salt Lake City Center
3. BY Little America Hotel
4. BY Marriott Residence Inn
5. BY Peery Hotel
6. BY Royal Garden Inn

● RESTAURANTS

7. BY Big City Soup
8. BY Caffè Molise
9. BY Einstein Bros. Bagels
10. DY Market Street Broiler
11. BY Metropolitan
12. AX Red Iguana
13. BY Spencer's for Steaks and Chops
14. CY Tucci's

constitue sans conteste un des plus beaux complexes hôteliers de la région de Provo. Un peu reculé dans les montagnes, il se présente comme un ensemble de petits chalets de bois dispersés dans la forêt, et comportant chacun de une à trois chambres. L'aménagement, bien que rustique, est luxueux, très confortable, et certaines chambres possèdent des cheminées avec foyer qui confèrent à la pièce une ambiance chaleureuse. Chaque été, dès la nuit tombée, un théâtre en plein air propose des représentations, à moins que vous ne préfériez profiter des étoiles depuis le patio privé que possède chacune des chambres.

La région de Moab

Les parcs nationaux de **Canyonland** (secteurs Island in the Sky et The Needles), **Arches** (Devil's Garden) et **Dead Horse Point** ont tous les trois des campings rudimentaires, mais ils n'acceptent pas les réservations. En haute saison, il faut vous présenter tôt le matin à leur centre d'accueil pour obtenir une place.

Moab

Malgré les nombreux lieux d'hébergement à Moab, il est recommandé de réserver à l'avance en haute saison.

Adventure Inn
$ ≡ P @
mars à oct
512 N. Main St.
435-259-6122 ou 866-662-2466
www.adventureinnmoab.com
L'Adventure Inn présente un décor simple mais agréable. Les chambres sont spacieuses et l'accueil chaleureux. Laverie.

Inca Inn Motel
$ ≡ P @
fév à nov
570 N. Main St.
435-259-7261 ou 866-462-2466
www.incainn.com
L'Inca Inn, dans la catégorie motel, est une des meilleures adresses de la ville. Simples mais confortables, les chambres sont essentiellement garnies de meubles en bois. Les propriétaires d'origine suisse sont charmants et parlent le français.

Lazy Lizard Hostel
$ bc
1213 S. Hwy. 191
435-259-6057
www.lazylizardhostel.com
Cette sympathique auberge de jeunesse est située à la sortie de la ville en direction de Monticello. On y retrouve des dortoirs, des chambres privées, un jardin fleuri très agréable, des emplacements pour le camping ainsi que des chalets pouvant accueillir des groupes.

Moab KOA
$ @
3225 S. Hwy. 191
435-259-6682 ou 800-562-0372
www.moabkoa.com
Camping familial avec jeux pour enfants, épicerie et laverie. Emplacements ombragés pour les tentes et les véhicules récréatifs.

Slickrock Campground
$ ≡ @
1301 ½ N. Hwy. 191
435-259-7660 ou 800-448-8873
www.slickrockcampground.com
Emplacements ombragés pour les tentes et équipés pour les véhicules récréatifs. Des maisonnettes climatisées pouvant accueillir jusqu'à quatre personnes sont également proposées. Épicerie sur place.

Aarchway Inn
$$ @
1551 N. Hwy. 191
435-259-2599 ou 800-341-9359
www.aarchwayinn.com
À l'entrée de Moab, par la route 128, on croise l'Aarchway Inn, un établissement moderne qui offre une très belle vue sur les montagnes avoisinantes. Dans les chambres, on trouve, accrochées au mur, des photographies de l'Arches National Park, situé à quelques kilomètres de là. Les bâtiments, disposés en forme de *U*, encadrent une piscine extérieure et une terrasse pourvue de tables, de chaises et de barbecues.

Nichols Lane Neighborhood Retreat
$$ ≡
543 Nichols Lane
435-259-5125 ou 800-505-5343
www.moabutahlodging.com
Situé tout juste en retrait du centre-ville, ce lieu d'hébergement propose quatre unités pouvant accueillir jusqu'à six personnes chacune. Il dispose aussi d'un stationnement. La cuisine est complète, et l'on a même pensé aux cyclistes en aménageant un abri pour les vélos ainsi qu'un bain à remous commun pour se détendre après une longue journée de pédalage!

Cali Cochitta B&B
$$-$$$ ≡ P @
110 South 200 East St.
435-259-4961 ou 888-429-8112
www.moabdreaminn.com
Situé à deux pas du centre-ville mais assez éloigné pour se préserver du bruit, le Cali Cochitta est un merveilleux *bed and breakfast* aménagé dans une jolie maison en brique datant du XIXe siècle et entourée d'un jardin luxu-

riant. Les quatre chambres sont décorées avec goût et ne manquent de rien. Le matin, vous pourrez savourer un petit déjeuner gastronomique servi dans le jardin si le temps le permet. Accueil chaleureux et tranquillité garantie.

Best Western Greenwell Inn
$$$ ≡ ≋ @ ◎ ❄
105 S. Main St.
✆ 435-259-6151
www.bestwesternmoab.com
Agréablement ombragé, le Best Western Greenwell Inn dispose de chambres spacieuses tout confort, avec téléviseur à écran plat. Bien que situé à proximité des commerces et des restaurants, l'hôtel a su préserver un environnement qui inspire le calme.

Gonzo Inn
$$$-$$$$ @ ◎ ❄
100 West 200 South St.
✆ 435-259-2515 ou 800-791-4044
www.gonzoinn.com
Le Gonzo Inn vous accueille avec des lézards de métal dispersés dans tout l'hôtel. Les grandes chambres sont très joliment garnies d'un mobilier très design mis en valeur par de nombreuses plantes vertes et des tableaux accrochés aux murs qui rappellent les couleurs bleue, verte et bordeaux de la chambre. La salle de bain est tout aussi moderne avec ses tons sable et violet. Les pièces du rez-de-chaussée s'ouvrent sur des terrasses privées, tandis que les autres étages possèdent des balcons. Le confort est poussé à l'extrême avec de superbes foyers et des chaînes stéréo qu'on retrouve dans toutes les catégories de chambres. Ce petit bijou est sans conteste la plus belle adresse de la ville.

Le sud de l'Utah

Bluff

Desert Rose Inn & Cabins
$$ ≡ ❄ ♿ @
701 Main St.
✆ 435-672-2303 ou 888-475-7673
www.desertroseinn.com
Le Desert Rose Inn se trouve à la sortie de la ville de Bluff (en direction de Moab). C'est un grand chalet en bois sur plusieurs étages avec des chambres spacieuses et très confortables: la literie est de qualité, les dessus-de-lit sont brodés, les salles de bain sont impeccables, les terrasses ont vue sur les magnifiques couchers de soleil de la région et les montagnes environnantes. Des chalets individuels sont aussi proposés pour un confort supérieur. Les prestations sont largement supérieures au prix des chambres.

Kokopelli Inn
$$ ≡ ♿ @
160 E. Main St.
✆ 435-672-2322
Ce petit motel sans prétention est parfait pour une courte étape pendant vos déplacements dans le sud de l'Utah. Les chambres sont propres, mais petites et sans caractère. Un simple petit déjeuner-buffet est proposé (5$) avec café, biscottes, jus et fruits. Une laverie se trouve de l'autre côté de la rue.

Mexican Hat

San Juan Inn
$$ ≡ @
route 163 (près du pont)
✆ 435-683-2220 ou 800-447-2022
www.sanjuaninn.net
Sûrement le plus beau motel de la ville, situé près du pont et de la San Juan River, le San Juan Inn propose des chambres confortables, mais doit son cachet aux points de vue sur le petit canyon et à son aire de détente le long de la rivière. Un restaurant et une épicerie complètent les installations et services.

The Hat Rock Inn
$$ ≡ @
route 163
✆ 435-683-2221
www.hatrockinn.com
Le Hat Rock Inn a pignon sur la rue principale, bien entendu, mais surtout, il domine le canyon à l'arrière avec une superbe vue sur la falaise et les rapides. Un spectacle à toute heure de la journée! Les chambres sont confortables et bien tenues. Une bonne surprise dans cet endroit perdu.

Ticaboo

Ticaboo Resort
$$-$$$ ≡ ≋ ♿
route 276, 12 mi (19 km) au nord de Bullfrog
✆ 435-788-2110 ou 866-538-0187
www.ticaboo.com
Au beau milieu du désert se trouve le Ticaboo Resort, un hôtel moderne situé à côté d'une station-service et d'un restaurant. Les chambres sont agréables et calmes. Pour supporter la canicule, la piscine extérieure semble être l'endroit le plus approprié.

Glen Canyon National Recreation Area et Lake Powell

Dans la Glen Canyon National Recreation Area, des campings ouverts toute l'année pour tentes et véhicules récréatifs se trouvent à **Wahweap**, **Bullfrog** et **Halls Crossing**. Sachez toutefois que seuls les emplacements pour véhicules récréatifs peuvent être réservés *(✆ 928-645-1059 ou 800-528-6154)*.

Defiance House Lodge
$$-$$$
Bullfrog Marina
435-684-3000 ou 888-896-3829
Surplombant la baie de Bullfrog, le Defiance House Lodge propose des chambres confortables mais sans charme particulier, mis à part la superbe vue sur le lac. Une adresse pratique pour profiter des attraits du lac Powell.

Torrey

Située à 5 mi (8 km) du Capitol Reef National Park, Torrey est une ville qui regroupe tous les services nécessaires aux visiteurs de ce parc.

Rim Rock Inn
$
mars à nov
2523 E. Hwy. 24
435-425-3398 ou 888-447-4676
www.therimrock.net
Ce motel tout simple situé sur la route du parc présente tout de même plusieurs avantages: un bon restaurant, des tarifs économiques,une splendide vue dégagée sur les falaises rouges et surtout un décor de Far West. Demandez d'ailleurs l'une des chambres avec vue: elles sont au même prix que les autres.

Austin's Chuck Wagon Motel
$
mars à oct
12 W. Main St.
435-425-3335 ou 800-863-3288
www.austinschuckwagonmotel.com
L'Austin's Chuck Wagon est un peu le centre de l'activité de la petite ville de Torrey. Le motel se trouve à l'ombre de majestueux arbres qui sont d'ailleurs l'image de marque de la ville. Vous trouverez sur place une épicerie (le **General Store**, voir p. 559), une boulangerie et un petit restaurant mexicain, et vous serez à proximité d'autres commerces du cœur de la ville. Les chambres du motel sont simples mais impeccables. Pour les familles ou les groupes de quatre personnes, des maisonnettes de deux chambres, aménagées dans le même style que le motel, sont aussi disponibles. L'emplacement, un peu en retrait de la route, assurera votre tranquillité.

The Lodge at Red River Ranch
$$$-$$$$
2900 W. Hwy. 24
435-425-3322 ou 800-205-6343
www.redriverranch.com
Splendide, historique, intime et charmant, ces qualificatifs ne sont pas excessifs pour décrire le Lodge at Red River Ranch. Cette grande demeure en bois abrite des chambres uniques, meublées d'antiquités, et ayant chacune une cheminée en pierre et un balcon. Les autres pièces sont à l'avenant, notamment l'énorme salon avec piano et mobilier d'époque. Pour parfaire le tout, The Lodge at Red River Ranch est entouré de verdure et se niche sur les hauteurs de Torrey.

Capitol Reef National Park

Le **Fruita Campground** ***($****; toute l'année)* est le seul camping aménagé à l'intérieur du parc et une véritable oasis dans le désert. Situé à côté du centre d'accueil, il comporte des emplacements ombragés pour tentes et véhicules récréatifs, des sanitaires et de l'eau courante. Pas de réservations.

Boulder

Boulder Mountain Lodge
$$-$$$
Hwy. 12
435-335-7460 ou 800-556-3446
www.boulder-utah.com
Pour savourer la tranquillité des environs, le Boulder Mountain Lodge s'avère parfait. Les bâtiments jouxtent un lac abritant de nombreux oiseaux, et la vue des environs est tout simplement splendide. Les chambres sont modernes et élégantes, le service agréable et, avantage non négligeable, vous logerez juste à côté du restaurant le plus réputé de la région, le **Hell's Backbone Grill** (voir p. 559).

Escalante

Prospector Inn
$
380 W. Main St.
435-826-4653
www.prospectorinn.com
À l'entrée du Grand Staircase-Escalante National Monument, le Prospector Inn renferme des chambres spacieuses comportant deux lits doubles. Bien qu'elles soient confortablement aménagées, leur isolation phonique laisse à désirer. Un café-restaurant et une boutique, kitsch à souhait, complètent le décor de l'« auberge du prospecteur ».

Slot Canyons Inn
$$$
North Creek Lakes (par la Hwy. 12)
435-826-4901 ou 866-889-8375
www.slotcanyonsinn.com
Située en plein désert à 5 mi (8 km) à l'ouest d'Escalante, cette grande maison moderne en adobe et en bois vous réserve une très belle expérience de *bed and breakfast*. Chacune des huit chambres possède son caractère particulier, et la plupart disposent d'une cheminée, d'une baignoire à remous et d'une terrasse. Chaque matin, l'excellent petit déjeuner vous comblera pour une bonne partie de la journée. L'accueil est très sympathique, et les réservations sont recommandées.

Tropic

Cette petite ville peut constituer un bon point de chute avant d'atteindre le parc national de Bryce Canyon, dont les hôtels et les campings regorgent de touristes. À Tropic, les tarifs sont généralement moins élevés, et la tranquillité est garantie.

Bryce Canyon Inn
$-$$
21 N. Main St.
435-679-8502 ou 800-592-1468
www.brycecanyoninn.com

Le Bryce Canyon Inn propose des chambres confortables et claires ainsi que de beaux chalets en rondins agréablement garnis de meubles en bois. Le restaurant sur place s'avère pratique et convivial.

The Bullberry Inn Bed & Breakfast
$$ @
412 S. Hwy. 12
435-679-8820 ou 800-249-8126
www.bullberryinn.com

Ce simple et charmant *bed and breakfast* abrite des chambres propres et confortables avec meubles rustiques, et sert un petit déjeuner copieux (avec une délicieuse confiture, la *bullberry jam)*. L'accueil est très sympathique, et les propriétaires se feront un plaisir de partager avec vous leur connaissance de la région. Calme garanti.

Bryce Country Cabins
$$ @
320 N. Hwy. 12
435-679-8643 ou 888-679-8643
www.brycecountrycabins. com

Beaucoup plus sympathiques qu'un motel, les Bryce Country Cabins sont de petits chalets de bois rond comportant deux lits doubles, un mobilier en rondins et une salle de bain équipée d'une douche. De plus grands chalets pour les familles sont aussi disponibles.

Bryce Canyon National Park

Il existe deux campings équipés de sanitaires dans le parc : le **North Campground** *($; toute l'année, quelques emplacements peuvent être réservés 240 jours à l'avance pour la période estivale; 435-834-5322 ou 877-444-6777, www.recreation.gov)* et le **Sunset Campground** *($; mai à oct; pas de réservations)*.

Ruby's Inn RV Park & Campground
$
avr à nov
300 S. Main St. (route 63)
435-834-5301 ou 866-866-6616
www.brycecanyoncampgrounds.com

À l'entrée du parc de Bryce Canyon, le Ruby's Inn RV Park & Campground est un camping tout confort pourvu d'eau, d'électricité et de douches. Ce camping est le paradis des randonneurs et des cyclistes qui peuvent savourer pleinement, dès l'aurore, les splendides paysages du parc. Et pour ajouter un peu de dépaysement à votre séjour, il est possible de dormir sous des tipis, ou pour plus de confort dans des refuges tout simples (apportez votre sac de couchage).

Best Western Ruby's Inn
$$-$$$ @
26 S. Main St. (route 63)
435-834-5341 ou 866-866-6616
www.rubysinn.com

Sur la route conduisant au magnifique parc de Bryce Canyon, on croise le Best Western Ruby's Inn. Ce grand complexe hôtelier abrite également des boutiques de souvenirs, des comptoirs d'information sur les diverses activités proposées dans les alentours ainsi que des restaurants. Les chambres sont spacieuses et confortablement aménagées. Vous pourrez choisir de passer vos journées à cheval dans les sentiers équestres de la région ou, plus simplement, plonger dans la jolie piscine intérieure.

The Lodge at Bryce Canyon
$$$ @
avr à nov
Hwy. 63
435-834-8700 ou 877-386-4383
www.brycecanyonforever.com

Ce magnifique *lodge* en bois construit dans les années 1920 est entouré de deux bâtiments abritant des chambres d'hôtel, et d'une trentaine de confortables et romantiques chalets en rondins avec foyer. C'est le soir venu, quand les touristes ont déserté le parc, que vous profiterez pleinement de votre séjour ici, les principaux attraits du parc se trouvant à quelques minutes de marche. Réservations requises pour cet établissement, au demeurant, assez cher.

Zion National Park

Deux campings équipés se trouvent dans le parc : le **Watchman Campground** *($; toute l'année, réservations acceptées de mars à oct; 877-444-6777, www.recreation.gov)* et le **South Campground** *($; mars à nov; pas de réservations)*.

Zion Lodge
$$$ P @
435-772-7700 ou 888-297-2757
www.zionlodge.com

Le Zion Lodge propose des chambres d'hôtel confortables, mais sans beaucoup de charme, et des chalets, plus rustiques mais aussi beaucoup plus charmants, dotés de foyers à gaz. Le principal attrait de cet établissement ouvert toute l'année reste cependant sa situation privilégiée dans le parc. Les réservations sont conseillées.

Springdale

Canyon Ranch Motel
$-$$ ≡ ≋ @
668 Zion Park Blvd.
☎ 435-772-3357 ou 866-946-6276
www.canyonranchmotel.com
Situé à moins de 1 km de l'entrée du Zion National Park, ce motel est sans doute la meilleure affaire à Springdale. À la place des typiques bâtiments de ranch, vous logerez ici dans de petites maisons entourant un grand jardin. Les chambres, bien que simples, sont propres et spacieuses. Une bonne adresse tranquille et sympathique.

Zion Park Motel
$$ ≡ ≋ ❄ @
865 Zion Park Blvd.
☎ 435-772-3251
www.zionparkmotel.com
En plein cœur de Springdale et à quelques minutes du Zion National Park, le Zion Park Motel possède des chambres assez simples de type motel dont certaines peuvent accueillir jusqu'à six personnes. Un marché et un restaurant sont adjacents à l'établissement, permettant ainsi de prendre un petit déjeuner continental.

Desert Pearl Inn
$$$ ≡ ≋ ❄ @
707 Zion Park Blvd.
☎ 435-772-8888 ou 888-828-0898
www.desertpearl.com
Le Desert Pearl Inn vous enchantera. Les chambres très modernes sont joliment décorées et garnies de meubles très originaux. Une véritable cuisinette est aménagée dans chacune des chambres. La salle de bain est tout aussi moderne et lumineuse. Vous pouvez choisir entre une chambre donnant sur la piscine et une chambre ayant vue sur la rivière. Entouré d'un grand jardin, l'hôtel se fond parfaitement dans le paysage, et le spectacle est tout simplement divin. Cet hôtel étant victime de son succès, de mai à juillet il faut s'y prendre trois mois à l'avance pour réserver! Une boutique d'artisanat et de souvenirs ainsi qu'un café sont attenants à l'hôtel.

Majestic View Lodge
$$$ ≡ ❄ ≋ @
2400 Zion Park Blvd.
☎ 435-772-0665 ou 866-772-0665
www.majesticviewlodge.com
Comme son nom l'indique, le Majestic View Lodge offre une vue magnifique sur les falaises ocre environnantes. Sa situation, un peu en retrait du centre de Springdale, assure calme et tranquillité. Les bâtiments en rondins, les belles chambres aux imposants meubles de bois brut, le hall et le restaurant avec les nombreux animaux sauvages empaillés, donnent véritablement une allure de pavillon de chasse à l'établissement. L'hôtel est desservi par les navettes gratuites du Zion National Park.

Cedar City

Motel 6
$ ≡ @ P ♿
1620 West 200 North St.
☎ 435-586-9200 ou 800-466-8356
www.motel6.com
Le Motel 6 semble offrir le meilleur rapport qualité/prix de la ville. Bien que les chambres soient de taille relativement petite, elles sont claires et très confortables. La salle de bain est quant à elle très propre et comporte une grande baignoire avec douche.

Best Western Town & Country Inn
$$ ≡ ≋ P ❄
189 N. Main St.
☎ 435-586-9900 ou 800-493-0062
www.bwtowncountry.com
Au centre de Cedar City, le Best Western Town & Country Inn dispose de chambres sobrement décorées, confortables et spacieuses, ainsi que d'une très belle piscine couverte (et une autre extérieure). Un service de limousine assurant le transport vers l'aéroport régional est offert aux clients de l'hôtel.

Restaurants

Salt Lake City et ses environs

Salt Lake City

Voir carte p. 551.

Big City Soup
$
lun-ven 11h à 15h
235 South 400 West St. (près du mail Gateway)
☎ 801-333-7687
Au Big City Soup, on vous servira une excellente soupe (un grand choix) accompagnée d'un savoureux sandwich ou simplement de pain. Si quelques tables se trouvent sur le trottoir, l'intérieur de ce petit restaurant se révèle plutôt moderne mais fonctionnel. Personnel très serviable.

Einstein Bros. Bagels
$
lun-sam 6h à 17h
240 South 1300 East St.
☎ 801-583-1757
481 E. South Temple
☎ 801-322-0803
www.einsteinbros.com
Des *bagels* sont proposés dès l'aurore chez Einstein Bros. Bagels, ce qui en fait une adresse fort utile pour

le petit déjeuner. Le midi, le touriste affairé pourra y commander une simple salade accompagnée d'un *bagel* ou d'un sandwich.

Caffè Molise
$-$$
55 West 100 South St.
801-364-8833
www.caffemolise.com
Le Caffè Molise prépare une bonne cuisine italienne de la région de Molise: pâtes, polenta, salades, paninis et plats plus recherchés sont notamment au menu. Une très belle terrasse, dans une cour intérieure, est particulièrement agréable: bordée de plans d'eau et garnie de tables et de parasols, c'est une véritable oasis de détente au cœur même de la ville.

Market Street Broiler
$$
260 South 1300 East St.
801-583-8808
www.marketstreetgrill.com
Le Market Street Broiler occupe les anciens bâtiments d'une caserne de pompiers datant de 1930, la deuxième construite à Salt Lake City. Cette caserne fut active de 1931 à 1980, puis convertie en restaurant en 1982. Les poissons, les crustacés et autres fruits de mer toujours frais sont la spécialité de l'établissement, et les salades de crevettes, de poulet ou de fruits frais sont excellentes et très variées. Le midi, on peut également déguster un sandwich.

Red Iguana
$$
736 W. North Temple
801-322-1489
www.rediguana.com
Si vous recherchez de l'authentique cuisine mexicaine, ou tout simplement un très bon restaurant à Salt Lake City, poussez la porte du Red Iguana, qui a déjà reçu de nombreuses récompenses. Vous pourrez vous laisser tenter par les *moles*, des plats habituels tels que les *nachos*, ou d'autres beaucoup moins connus qui sont les spécialités de la maison. L'atmosphère joyeuse et détendue, le décor sympa et le service impeccable sont aussi des atouts non négligeables de cet établissement.

Tucci's
$$
515 South 700 East St.
801-533-9111
www.tuccis.net
Dans un bâtiment où la brique rouge domine se trouve un ravissant restaurant italien: le Tucci's. Entre les arcades, des ventilateurs et des plantes vertes accrochés au plafond adoucissent l'atmosphère, les pots de marinade créant une ambiance toute méditerranéenne. Une belle sélection de pâtes et quelques pizzas sont concoctées dans la cuisine ouverte au milieu de la salle. Le restaurant jouxte une jolie terrasse bordée de fleurs qui donne sur la rue.

Metropolitan
$$-$$$
fermé dim
173 W. Broadway
801-364-3472
www.themetropolitan.com
L'une des meilleures tables de Salt Lake City est assurément le Metropolitan. L'établissement, au décor très moderne, abrite d'un côté un restaurant et de l'autre un bar. La cuisine, de type «nouvelle américaine», vous surprendra par son inventivité et sa fraîcheur. Le menu s'adapte aux saisons et favorise les produits biologiques. Côté bar, vous pourrez déguster de petites mais appétissantes bouchées tout en sirotant un verre.

Spencer's for Steaks and Chops
$$$$
Hilton Salt Lake City Center
255 S. West Temple St.
801-238-4748
www.spencersforsteaksandchops.com
Au sein du **Hilton Salt Lake City Center** (voir p. 550), on trouve un restaurant spécialisé dans les steaks: le Spencer's. Aménagé dans le style des clubs anglais, il profite de grandes banquettes à haut dossier et d'une lumière tamisée. On y mange des viandes de différentes coupes, notamment le *U.S. Prime beef*, que l'on peut accompagner d'un verre de vin choisi parmi une carte comptant plus de 300 bouteilles différentes.

Provo

The Foundry Grill
$$$
Sundance Resort
866-932-2295
www.sundanceresort.com
Au sein du **Sundance Resort** (voir p. 550), on trouve un délicieux restaurant utilisant pour concocter ses plats les produits régionaux directement issus de la ferme. On y sert une cuisine de style western avec notamment des viandes grillées sur feu de bois. La salle à manger, où se marient le bois et la pierre, contient des bibelots amérindiens de la collection personnelle de Robert Redford. Tout en mangeant, vous pourrez profiter du splendide paysage boisé des montagnes qui s'étalent tout autour du complexe hôtelier.

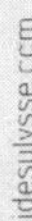

Moab

Veuillez noter que la plupart des restaurants de Moab ferment leurs portes vers 21h.

The Peace Tree
$
20 S. Main St.
435-260-9209
www.peacetreecafe.com

À emporter ou à consommer sur place, les sandwichs, jus de fruits frais et autres douceurs du Peace Tree raviront l'estomac du voyageur pressé. Il est particulièrement agréable de manger sur la terrasse ombragée.

Eddie McStiff's
$-$$
57 S. Main St.
435-259-2337
www.eddiemcstiffs.com

Restaurant de type familial, Eddie McStiff's offre une ambiance très sympathique. Les plats servis, tels que salades, viandes grillées, sandwichs et pizzas, peuvent également être emportés. Il est à noter que ce restaurant brasse et sert sa propre bière. Dans une pièce distincte du restaurant, il est possible de danser ou de prendre un verre au bar.

Jailhouse Cafe
$-$$
mer-lun 7h à 12h
101 N. Main St.
435-259-3900

Une petite maison en adobe rose entourée d'un parterre fleuri abrite le Jailhouse Cafe. C'est une bonne adresse pour le petit déjeuner.

La Hacienda
$-$$
fermé dim
574 N. Main St.
435-259-6319

Le seul véritable restaurant mexicain de la ville se nomme La Hacienda. Les *enchiladas especiales*, recommandées par le chef, sont délicieuses. Des poteries et des masques mexicains ornent la salle et confèrent au restaurant une ambiance des plus agréables.

Moab Diner
$-$$
fermé dim
189 S. Main St.
435-259-4006
www.moabdiner.com

Au Moab Diner, c'est l'ambiance des années 1950 qui domine. Bien installé sur des banquettes de cuir, vous pouvez commander de copieux petits déjeuners ou le fameux poulet au chili, spécialité de la maison reconnue depuis longtemps dans la ville. Le personnel est aimable.

Pasta Jay's
$-$$
4 S. Main St.
435-259-2900
www.pastajays.com

Au Pasta Jay's, un restaurant italien, on propose des sandwichs, des pizzas et des salades permettant de se sustenter rapidement. Bien que le décor ne soit pas très élaboré avec ses nappes cirées à carreaux rouges et blancs, la nourriture est bonne. Il est agréable de manger sur la terrasse ombragée, située au bord de la rue.

Sunset Grill
$$-$$$
lun-sam à partir de 17h
900 N. Hwy. 191
435-259-7146

On remarque de loin le Sunset Grill avec ses bâtiments bleu ciel qui surplombent la ville. Cette situation en hauteur permet d'avoir un magnifique aperçu de Moab et des montagnes qui l'encadrent. La maison appartenait à un riche prospecteur d'uranium à l'époque où l'activité économique de Moab était basée sur l'extraction de ce minerai. Le restaurant qui s'y trouve désormais propose une délicieuse cuisine, et le service est excellent. Le menu est classique : viandes, poissons, salades et desserts maison.

Le sud de l'Utah

Bluff

Comb Ridge Coffee
$
angle Main St. (route 191) et Seventh St. W.
435-672-9931
www.combridgecoffee.com

Le principal attrait de cet établissement est le café évidemment : le meilleur espresso de la région paraît-il! L'endroit est aussi un sympathique lieu de rencontre où l'on vient lire, discuter et déguster de savoureux petits déjeuners de crêpes (*pancakes*) ou de gaufres ou encore des quiches faites maison. Un endroit atypique pour rencontrer des habitants et des gens du monde entier.

Cottonwood Steakhouse
$$
avr à nov tlj 17h30 à 21h30
angle Main St. (route 191) et Fourth St. E.
435-672-2282
www.cottonwoodsteakhouse.com

Ce restaurant tout en bois est immanquable avec son nom sur le fronton. L'ambiance Far West est parfaite pour son menu typique de l'Ouest américain : des côtelettes et des steaks de premier choix cuits au barbecue, avec quelques salades. Un choix intéressant de bières locales et importées est aussi proposé. Une partie du restaurant est située à l'extérieur et se trouve ombragée par un majestueux peuplier (*cot-*

tonwood tree). Feu de camp en soirée.

Mexican Hat

Olde Bridge Grille
$$
tlj 7h à 21h
San Juan Inn
route 163 (près du pont)
435-683-2220
www.sanjuaninn.net

Près du pont en direction de Monument Valley, on rencontre le **San Juan Inn** (voir p. 553). Son restaurant traditionnel est parfait pour prendre un bon petit déjeuner, servi par un personnel très sympathique. L'endroit dispose également de tables de billard pour animer les fins de soirée.

Mexican Hat Lodge
$$$
route 163 (en face de la station-service)
435-683-2222
www.mexicanhat.net

C'était un bar fréquenté par les gens de l'endroit à partir des années 1960 jusqu'au jour où, en 1979, une famille de musiciens en tournée l'a acheté pour en faire un motel et un restaurant. Si le motel n'offre rien de plus que ses voisins du même genre, le restaurant vaut certainement une visite. Une terrasse venteuse et mal équipée accueille les visiteurs perdus et inquiets de ce qu'ils vont pouvoir manger ici. Pourtant la réponse est simple: du steak. Mais quel steak! Un *rib eye* (faux-filet) de premier choix grillé avec dextérité par le patron sur un feu de bois. Résultat: un délice servi avec des condiments de la région, dans l'ambiance surréaliste de Mexican Hat! Une viande délicieuse, mais certainement la plus chère de l'Ouest!

Bullfrog

Anasazi Restaurant
$$-$$$
Defiance House Lodge
Bullfrog Marina
435-684-3037

Au restaurant du **Defiance House Lodge** (voir p. 554), vous trouverez un menu sans surprise proposant les habituels viandes, poissons, hamburgers et sandwichs, mais bien cuisinés. De toute façon, vous risquez de passer plus de temps à profiter de la vue sur la marina de Bullfrog qu'à regarder votre assiette.

Torrey

Austin's Chuck Wagon General Store
$
Austin's Chuck Wagon Motel
12 W. Main St.
435-425-3335

Pour faire quelques emplettes en vue d'un pique-nique, rendez-vous à l'Austin's Chuck Wagon General Store, où vous pourrez acheter aussi bien de la charcuterie que du pain frais fait sur place, et même du fromage, des sandwichs et des *tacos*.

Rim Rock Restaurant
$$-$$$
Rim Rock Inn
2523 E. Hwy. 24
435-425-3388

Le restaurant du **Rim Rock Inn** (voir p. 554) propose une cuisine traditionnelle à base de viande, de poisson et de volaille. Le plafond voûté en bois, la décoration western, les deux cheminées en pierre et la splendide vue ne gâchent rien au repas.

Cafe Diablo
$$$
mi-avr à mi-oct, dîner seulement
599 W. Main St.
435-425-3070
www.cafediablo.net

Passer par Torrey sans s'arrêter au Cafe Diablo serait une erreur. Vous y mangerez une cuisine du Sud-Ouest très imaginative, avec une si jolie présentation que vous aurez du mal à entamer votre assiette. Mais n'hésitez pas trop longtemps et régalez-vous des Rattlesnake Cakes et du poulet aux pacanes, tout en gardant une place pour le dessert. Vous ne pourrez pas de toute façon résister à la sélection des tartes, gâteaux et crèmes glacées que l'on vous déploiera sur un plateau. Tout est fait sur place, le service amical est assuré par des gens du coin, et les résidents de Torrey ne s'y trompent pas: ils attendent chaque année avec impatience que le Cafe Diablo rouvre ses portes.

Boulder

Hell's Backbone Grill
$$$
mars à nov
Hwy. 12
435-335-7464
www.hellsbackbonegrill.com

Cette petite salle à manger sans prétention est l'une des meilleures tables de la région et est ouverte pour les trois repas quotidiens. On y prépare une cuisine contemporaine régionale à base de produits biologiques dont la plupart proviennent du jardin qui avoisine le restaurant. Si les recettes vous ont emballé, vous pourrez tenter de les essayer chez vous en achetant le livre de

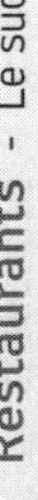

recettes de Jen et Blake, les deux femmes à la tête de ce restaurant primé plusieurs fois.

Escalante

Kiva Koffeehouse

$

avr à nov mer-lun 8h30 à 16h30

Hwy. 12, à 12 mi (19,3 km) à l'est d'Escalante

435-826-4550

www.kivakoffeehouse.com

Aménagé dans une maison ronde aux airs de *kiva* (une pièce ronde utilisée par les Pueblos pour des cérémonies), faite de pierres et de bois et surplombant les alentours, ce restaurant sans prétention sert de bons sandwichs, salades et plats mijotés. Si vous n'avez pas faim, arrêtez-vous pour un café, car la vue est splendide.

Georgie's Corner Cafe & Deli

$-$$

mar-sam

190 W. Main St.

435-826-4784

Georgie's est connu pour ses délicieux sandwichs et ses plats mexicains relevés d'une sauce verte dont beaucoup aimeraient avoir la recette. Laits fouettés (*milkshakes*) et cafés sont aussi disponibles dans ce tout petit restaurant coloré qui ne compte que cinq tables.

Tropic

The Pizza Place

$

Bryce Canyon Inn

Hwy. 12

435-679-8888

Ce restaurant familial sans prétention sert d'excellentes pizzas dans une ambiance décontractée. Salades, sandwichs et pâtes sont aussi au menu.

Bryce Canyon Pines

$-$$

Hwy. 12, à 3 mi (5 km) à l'ouest du croisement avec la route 69

800-892-7923

www.brycecanyonmotel.com/restaurant.php

Le Bryce Canyon Pines, avec son décor western, est le rendez-vous des gens du coin. La carte présente les habituels «quatre *S*» (salade, soupe, sandwich, steak), qui sont ici très bien réussis, mais surtout de fabuleux gâteaux faits maison. Si vous n'avez plus faim ou si ce n'est pas le temps de manger, ne vous en faites pas car vous pouvez aussi les acheter pour emporter.

Clarke's Restaurant

$-$$

tlj 7h30 à 22h

Bryce Valley Inn

Hwy. 12

435-679-8383

Le Clarke's est le restaurant attenant au supermarché et au Bryce Valley Inn. Il propose une cuisine typiquement américaine (salades, steaks et côtelettes au gril) dans une ambiance familiale.

The Lodge at Bryce Canyon

$$-$$$

avr à oct

Hwy. 63

435-834-8700

La belle salle à manger du **Lodge at Bryce Canyon** (voir p. 555) sert les trois repas de la journée, mais les réservations sont nécessaires pour le dîner. La cuisine, sans être extravagante, est néanmoins bien apprêtée. Outre les viandes et le poisson, vous y trouverez quelques options végétariennes et des spécialités mexicaines.

Springdale

The Whiptail Grill

$-$$

445 Zion Park Blvd.

435-772-0283

Le Whiptail Grill, installé dans une ancienne station-service, surprend quelque peu au premier abord, mais le décor du restaurant ne fait pas honneur à sa cuisine. Le chef prépare de délicieux plats, mexicains pour la plupart, à la présentation soignée, où la viande et le poisson sont à l'honneur. Quelques options végétariennes sont aussi disponibles, comme le *Goat Cheese Chili Relleno*, une spécialité qui vaut à elle seule qu'on s'attable ici.

Zion Pizza & Noodle Co.

$-$$

tlj dès 16h

868 Zion Park Blvd.

435-772-3815

www.zionpizzanoodle.com

Zion Pizza & Noodle Co. occupe une ancienne église. Situé à l'étage, le restaurant, dont les couleurs chaudes contrastent avec le bleu ciel du plafond, s'entoure de baies vitrées. De nombreuses plantes vertes ornent les comptoirs et les étagères. Il est également possible de manger à l'extérieur les pizzas, les pâtes et les salades qu'on y prépare. L'endroit est connu pour son *beer garden* où sont servies de succulentes bières pression (en semaine de 16h à la fermeture; la fin de semaine, à partir de midi).

Bit and Spur Restaurant
$$-$$$
dîner seulement
1212 Zion Park Blvd.
☎ 435-772-3498
www.bitandspur.com

Au milieu de la verdure, une maison de bois bordée d'une terrasse abrite le Bit and Spur Restaurant. On y prépare pour le dîner une cuisine épicée composée de chili, de salades et de *burritos*. Vous pourrez aussi grignoter au bar du restaurant, et même jouer au billard.

Switchback Grill
$$-$$$
1149 Zion Park Blvd.
☎ 435-772-3700 ou 877-948-8080
www.switchbackgrille.com

Le Switchback Grill, un restaurant moderne alliant le bois et le verre, est ouvert pour chacun des trois repas. Mis à part les soupes, salades et sandwichs, les plats de viande du Switchback sont particulièrement appétissants. Des tapis mexicains et amérindiens ainsi que des œuvres photographiques d'artistes locaux habillent les murs de la grande salle à manger; de larges baies vitrées procurent une vue sur deux belles terrasses latérales.

Spotted Dog Restaurant
$$$
428 Zion Park Blvd.
☎ 435-772-0700
www.spotteddogrestaurantzion.com

Le Spotted Dog est une adresse de choix pour déguster une fine cuisine internationale, inventive et magnifiquement présentée. Laissez-vous tenter par les poissons, entre autres la truite de montagne, ou par la sélection de mets italiens qui sont aussi une spécialité de la maison. La salle à manger est aérée et agréable sans être trop formelle, et le service est excellent. En saison, le petit déjeuner est aussi proposé à partir de 7h.

Cedar City

La Fiesta
$
890 N. Main St.
☎ 435-586-4646

Ce restaurant se trouve dans un bâtiment d'allure mexicaine, bordé d'une terrasse sous une pergola agrémentée de fleurs et de plantes vertes. Étrangement située au bas de la vieille ville, à côté d'un garage et en face du cimetière, La Fiesta propose cependant une bonne cuisine mexicaine, et sa terrasse, isolée de la route par un petit mur, est des plus reposantes.

Cedar Creek
$-$$
86 S. Main St.
☎ 435-586-6311

Le Cedar Creek est un restaurant familial à la décoration impersonnelle, comme on en rencontre fréquemment dans la région. Vous aurez le choix entre des hamburgers, des salades, des soupes et quelques plats plus soignés de viande, de poulet ou de poisson.

Sorties

› Activités culturelles

Salt Lake City

Pour vous aider à organiser vos soirées, un hebdomadaire gratuit appelée *City Weekly* publie chaque jeudi la liste des meilleurs bars, ainsi que les concerts et autres activités nocturnes qui se passent en ville. Cette publication est disponible dans de nombreux commerces ainsi que dans plusieurs bars.

Smith's TIX *(☎ 801-467-8499, www.smithstix.com)* a plusieurs kiosques en ville et met en vente de nombreux billets pour les concerts et les événements sportifs qui ont lieu partout dans l'Utah.

Au cœur de Salt Lake City, le **Capitol Theatre** *(50 West 200 South St., ☎ 801-355-2787, www.arttix.org)* se distingue facilement des autres bâtiments par sa façade de style rococo agrémentée, dans sa partie supérieure, d'une frise représentant des masques de tragédie grecque. L'**Utah Opera Company** *(information ☎ 801-533-5626, billets ☎ 801-533-6683, www.utahopera.org)*, le **Ballet West** *(☎ 801-323-6900, www.balletwest.org)*, au répertoire classique, et la **Ririe-Woodbury Dance Company** *(☎ 801-297-4241, www.ririewoodbury.com)*, au registre moderne, s'y produisent régulièrement.

Pour passer une agréable soirée, l'**Off Broadway Theatre** *(272 S. Main St., ☎ 801-355-4628, www.theobt.com)* accueille des troupes qui manient l'humour et l'improvisation, et qui jouent aussi bien des comédies musicales que des vaudevilles.

Vous pouvez assister aux excellents concerts de musique classique de l'**Utah Symphony**, considéré comme un des meilleurs orchestres du pays, au **Maurice Abravanel Hall** *(123 W. South Temple St., ☎ 801-533-5626 pour information, ☎ 801-533-6683 pour réservation de billets, www.utahsymphony.org)*.

Le **Brigham Young Memorial Park** *(angle State St. et Second Ave.)* propose, les mardis et vendredis de juin à août, des soirées musicales gratuites dont vous pourrez profiter une fois installé sur la pelouse.

Chaque dimanche, à partir de 9h15, la réputée chorale qu'est le **Mormon Tabernacle Choir** *(www.mormontabernaclechoir.org)* enregistre un concert télédiffusé accessible au public. Comme toutes les activités proposées dans le Tabernacle de Temple Square, ce concert est gratuit. Les répétitions, auxquelles le public peut également assister, ont lieu tous les jeudis soir au Tabernacle de 20h à 21h30. Cependant, durant les mois plus achalandés de juin, juillet, août et décembre, les enregistrements et les répétitions se déroulent au Conference Center (de l'autre côté de la rue), plus spacieux.

› Bars et boîtes de nuit

Salt Lake City

Le **Green Street** *(602 East 500 South St., ☎ 801-532-4200, www.greenstreetslc.com)* permet de prendre un verre sur une belle grande terrasse garnie de tables et de chaises en fer forgé. À l'intérieur, un bar occupe un long pan de mur, et le fond de la salle est agrémenté de tables de billard et d'un piano. Du jeudi au dimanche, les soirées sont animées par des DJ, et l'étage prend alors des allures de piste de danse.

The Tavernacle Social Club *(201 E. Broadway, ☎ 801-519-8900, www.tavernacle.com)* est un endroit parfait pour se mélanger à la faune locale et nombreuse autour d'un verre de bière tout aussi locale, en écoutant jouer les pianistes (quand l'ambiance n'est pas trop bruyante).

Moab

La **Woody's Tavern** *(221 S. Main St., à côté du Moab Diner, ☎ 435-259-9323)* accueille chaque soir, généralement dans une ambiance très animée, des groupes de musiciens. Un droit d'entrée est demandé pour écouter la musique ainsi que pour accéder au bar. C'est un endroit convivial où le personnel est particulièrement sympathique.

La microbrasserie **Eddie McStiff's** *(57 S. Main St., ☎ 435-259-2337, www.eddiemcstiffs.com)* est établie depuis 1991 à Moab. On y sert une douzaine de bières maison ainsi que divers vins et cocktails. La pizza est également excellente. Des tables de billard animent l'endroit et, si vous possédez un ordinateur portable, vous pourrez accéder gratuitement à Internet.

The Moab Brewery *(686 S. Main St., ☎ 435-259-6333, www.themoabbrewery.com)* propose près d'une dizaine de bières fraîches, entre autres la Derailleur Ale, la Scorpion Pale Ale et la Raven Stout. En plus d'y boire une bière maison, on peut prendre une bouchée ou jouer au billard.

› Fêtes et festivals

Janvier

Bien connu des amateurs de cinéma, le **Sundance Film Festival** *(www.sundance.org/festival)* se déroule en janvier à Park City. C'est le plus important festival de cinéma indépendant aux États-Unis, et sa réputation ne laisse malheureusement pas beaucoup d'occasions aux visiteurs n'ayant pas réservé leurs places à l'avance d'y participer (les billets et laissez-passer sont mis en vente dès la fin septembre).

Juin

L'**Utah Arts Festival** *(10$; Salt Lake City, ☎ 801-322-2428, www.uaf.org)* attire de nombreux spectateurs à Salt Lake City pendant quatre jours à la fin de juin, avec de nombreux spectacles de musique et d'acrobatie, des expositions d'arts visuels et plusieurs kiosques offrant différentes spécialités culinaires.

Chaque année, de juin à octobre, l'**Utah Shakespearean Festival** *(351 West St., angle Center St., Cedar City, ☎ 435-586-7878 ou 800-752-9849, www.bard.org)* attire à Cedar City un grand nombre de visiteurs. Plusieurs tragédies du célèbre dramaturge anglais William Shakespeare ainsi que des pièces d'auteurs contemporains sont jouées par les troupes de l'**Adams Memorial Shakespearean Theatre** *(angle 300 West St. et Center St.)*, un théâtre en plein air situé sur le campus de la Southern Utah University, et du **Randall L. Jones Theatre** *(angle 300 West St. et College Ave.)*.

Juillet

Aux alentours de Salt Lake City, le **Deer Valley Music Festival** *(☎ 801-533-5626, www.deervalleymusicfestival.org)* sert en fait de terrain de jeu d'été à l'Utah Symphony et à l'Utah Opera. Se tenant chaque année dans une station de ski différente de la vallée, ce festival se déroule de la mi-juillet à la mi-août, avec de nombreuses représentations de qualité, la plupart en plein air, avec les montagnes en toile de fond.

Achats

Dans les centres d'accueil des visiteurs situés à l'entrée de chaque parc, vous trouverez de magnifiques livres de photos sur la région, ainsi que de belles cartes postales et diverses affiches.

Salt Lake City

La majorité des boutiques de la ville sont regroupées dans de grandes galeries marchandes.

En plein centre-ville, la **Crossroads Plaza** *(50 S. Main St.)* permet d'acheter toutes sortes de choses parmi la centaine de commerces où l'on trouve plusieurs grandes chaînes de magasins de vêtements et d'accessoires de mode.

Le **Gateway** *(le long de 400 West St., entre West 200 South St. et South Temple St.)* est probablement l'endroit le plus agréable pour se promener tout en faisant des achats: un grand mail à ciel ouvert avec 130 magasins et 15 restaurants.

Dans le même style, on trouve le centre commercial de **Trolley Square** *(600 South 700 East St., www.trolleysquaremerchants.com)*. Ses nombreuses boutiques et restaurants sont installés dans des bâtiments de briques rouges qui abritaient autrefois des entrepôts ou des manufactures.

De juin à octobre, tous les samedis matin de 8h à 13h, le **Farmers Market** prend ses quartiers à l'**Historic Pioneer Park** *(300 South 300 West St.)*. Vous y trouverez 200 kiosques, aussi bien de fruits et légumes frais que d'artisanat, et vous pourrez aussi y prendre de très bons brunchs.

Moab

Outre les descentes du fleuve Colorado en raft qu'il propose, **Canyon Voyages** *(211 N. Main St., ☎ 435-259-6007 ou 800-733-6007)* est aussi un magasin d'articles de sport. Les produits en vente concernent surtout les sports nautiques, mais on y trouve également du matériel de camping.

Les articles de sport sont également à l'honneur dans le magasin des **Red Canyon Outfitters** *(23 N. Main St., ☎ 435-259-3353)*. Il s'agit d'une bonne adresse pour se procurer un bon sac à dos (pour les longues heures de marche à venir).

Le **Gearheads Outdoor Store** *(471 S. Main St., ☎ 435-259-4327 ou 888-740-4327)*, la boutique de plein air offrant le plus vaste choix d'équipement et de matériel dans la région, loue également des chaussons d'escalade à petit prix.

Pour quelques idées de souvenirs à rapporter, vous pouvez vous rendre à l'**Arches Trading Post** *(50 S. Main St., ☎ 435-259-4070)*, où l'on vous proposera un vaste choix d'artisanat amérindien: sculptures à accrocher au mur ou figurines de métal, chapeaux de cowboy, tapis autochtones, etc.

Mexican Hat

Historiquement construit pour le commerce avec les tribus navajos, le **Trading Post** *(tlj 7h à 21h; San Juan Inn, route 163, ☎ 800-447-2022)* est une épicerie avec boissons fraîches, en-cas et cartes de la région. Des produits artisanaux comme des poteries, ainsi que des vêtements et des livres, y sont également vendus. Pour une bonne halte avant (ou après) la très touristique Monument Valley.

Springdale

Pour admirer ou acheter de splendides photographies du Zion National Park, et de bien d'autres endroits de rêve, rendez-vous à la **David J. West Gallery** *(801 Zion Park Blvd., ☎ 435-772-3510, www.davidjwest.com)*.

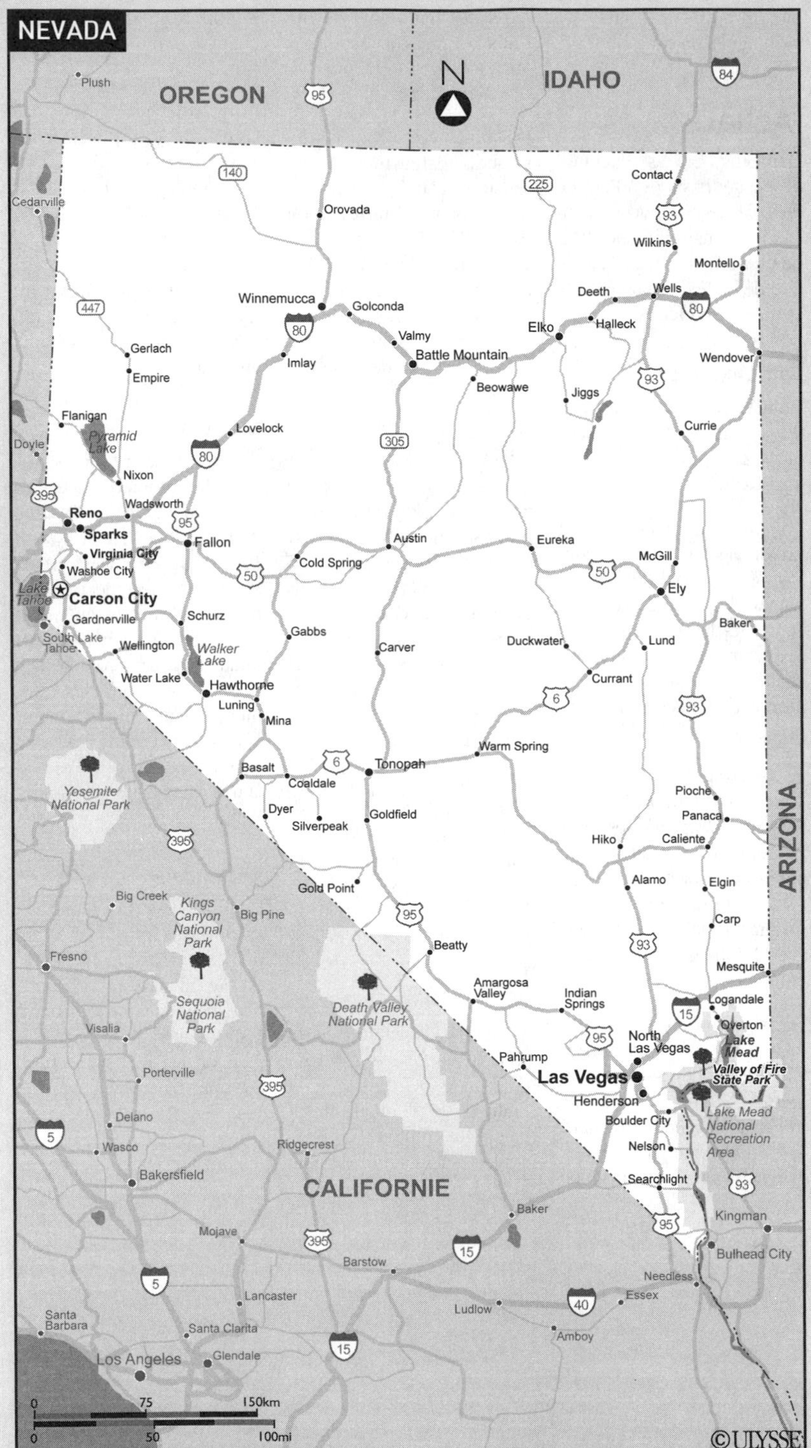
NEVADA
OREGON
IDAHO
N
ARIZONA
CALIFORNIE
Plush
Cedarville
Orovada
Contact
Wilkins
Montello
Winnemucca
Golconda
Deeth
Wells
Elko
Halleck
Valmy
Battle Mountain
Wendover
Gerlach
Imlay
Empire
Beowawe
Jiggs
Flanigan
Pyramid Lake
Doyle
Lovelock
Currie
Nixon
Wadsworth
Reno
Sparks
Virginia City
Fallon
Austin
Eureka
Washoe City
Cold Spring
McGill
Lake Tahoe
Carson City
Ely
Gardnerville
Schurz
Gabbs
Baker
South Lake Tahoe
Wellington
Walker Lake
Carver
Duckwater
Lund
Water Lake
Hawthorne
Currant
Luning
Mina
Warm Spring
Basalt
Coaldale
Tonopah
Yosemite National Park
Pioche
Dyer
Silverpeak
Goldfield
Panaca
Hiko
Caliente
Alamo
Elgin
Gold Point
Big Creek
Kings Canyon National Park
Big Pine
Carp
Beatty
Fresno
Mesquite
Amargosa Valley
Indian Springs
Logandale
Sequoia National Park
Death Valley National Park
Overton
Lake Mead
Visalia
North Las Vegas
Pahrump
Valley of Fire State Park
Porterville
Las Vegas
Henderson
Lake Mead National Recreation Area
Boulder City
Delano
Nelson
Wasco
Ridgecrest
Bakersfield
Searchlight
Baker
Kingman
Mojave
Bulhead City
Barstow
Needless
Lancaster
Essex
Ludlow
Santa Barbara
Santa Clarita
Amboy
Los Angeles
Glendale
95
84
140
225
93
80
447
305
395
50
6
15
5
40
0
75
150km
50
100mi
©ULYSSE

Las Vegas et le Nevada

Par euphémisme, il suffit de prononcer le nom de «Las Vegas» pour susciter aussitôt moult réactions parmi les plus vives et les plus diverses. Ville tape-à-l'œil, *Sin City*, capitale du jeu, lieu de déchéance pour les uns, source intarissable de divertissements, paradis du kitsch et du grandiloquent pour les autres, Las Vegas étonne, dérange, émerveille, choque, côtoie le burlesque le plus fou, mais parvient bizarrement à regrouper dans une même fresque, à la fois grandiose et dantesque, des pièces disparates de l'immense puzzle de l'histoire humaine.

Pour parvenir à ce grand déploiement, Las Vegas érige, les uns à la suite des autres, des hôtels-casinos thématiques qui caractérisent à grands traits et juxtaposent diverses civilisations, toutes dessinées à leur apogée et de façon très schématique; cela va de l'Empire romain à l'époque mythique où régnaient les chevaliers de la Table ronde du roi Arthur, en passant par l'époque non moins mythique des grandes pyramides d'Égypte, sans oublier de dépeindre l'aura qui baigne la romantique ville de Venise ou les grandes mégalopoles modernes que sont devenues New York ou Paris.

De petit bled paumé dans le désert à l'atmosphère virile et tapageuse qu'elle était il y a moins d'un siècle, Las Vegas rivalise victorieusement aujourd'hui avec les grandes métropoles du globe et semble toujours prête à hausser d'un cran la barre du défi en imaginant de bâtir le prochain méga-hôtel sur le seul critère de sa capacité à impressionner encore plus le visiteur.

Bien sûr, on ne peut parler de Las Vegas sans employer de superlatifs, autant pour évoquer ces fameux casinos thématiques qui laissent les badauds pantois que pour mieux les attirer dans l'antre fastueux et délétère du divertissement le plus échevelé. De plus, il n'y a pas d'horloges fixées aux murs des casinos, et encore moins de fenêtres. Car, peu importe les moyens employés pour attirer et séduire, le but ultime est d'amener les gens à se lancer avec plus de frénésie dans la fièvre du jeu jusqu'à en oublier le monde réel dans lequel ils vivent, comme des gamins pris au jeu qui oublieraient l'heure de rentrer à la maison. Ici, en effet, le long du *Strip*, principale artère qui s'allonge sur environ 5 km et qui canalise nuit et jour la circulation en tout sens de ces foules en délire à la recherche de divertissements, tout est mis en œuvre et savamment orchestré pour retenir l'attention de ces milliers de badauds et en même temps pour les étourdir: des millions de néons criards scintillant et brûlant des millions de watts, des battages publicitaires de rue aussi étourdissants qu'assourdissants, d'innombrables chapelles de mariage stéréotypées où le garçon d'honneur ressemble à un clone d'Elvis, sans oublier, bien sûr, les nombreux méga-hôtels thématiques tombant tous dans la démesure.

Voilà donc Las Vegas dans toute sa truculence multiforme et outrancière, oasis isolée sous le flamboyant soleil du Nevada, ville qui ne dort jamais et où l'on s'amuse jusqu'à en perdre haleine à parier sur à peu près tout et n'importe quoi.

Au nord-ouest du Nevada, non loin de la Californie et du magnifique lac Tahoe, se nichent les villes de Reno, deuxième ville en importance de l'État, Sparks, voisine de Reno, Carson City, capitale du Nevada, ainsi que Virginia City, une petite ville de montagne qui a peu changé depuis l'époque du Far West.

Géographie

Las Vegas se trouve à l'intérieur du comté de Clark, dans le sud-est de l'État du Nevada. Les caractéristiques géologiques actuelles du Nevada sont le résultat de l'ensemble des mouvements qui ont affecté la croûte terrestre dans cette région du globe dans son lointain passé et des anciens climats ou paléoclimats qui ont façonné sa géographie telle qu'elle se présente aujourd'hui sous le nom de *range*, car les cours d'eau ne se déversent pas dans l'océan, mais plutôt dans des lacs.

La présence de profondes fissures, de régions vallonnées et de nombreuses petites chaînes montagneuses parallèles, séparées par d'innombrables vallées plus ou moins comblées de sédiments, sont aujourd'hui le résultat de la combinaison de ces phénomènes. Le relief est tantôt ondulé, tantôt accidenté mais désertique, donc très faiblement peuplé.

Las Vegas n'est qu'à 662 m d'altitude et est située à l'extrémité sud de l'État dans une large cuvette plate bordée de montagnes désertiques. Elle forme une énorme oasis dans cette vallée déserte. Cette prolifération de verdure dans le désert lumineux n'est possible que grâce à l'eau amenée depuis un lac artificiel tout proche dénommé Mead, résultat de la construction du Hoover Dam (barrage hydroélectrique).

Histoire

Comment s'écrit l'histoire d'une ville comme Las Vegas? Pour décrire la naissance presque shakespearienne de Las Vegas, au milieu du gangstérisme de quelques mafiosi et de la pusillanimité d'un peuple de rudes pionniers qui se livre (ou qu'on livre) soudain au jeu pour en venir à s'aplatir et à idolâtrer follement le dieu Argent, prenez d'abord un rêveur obsédé, beaucoup d'argent, faites vos jeux et lancez les dés. Mais avant tout, rappelons les faits.

› Les origines

Avant l'arrivée des premiers colonisateurs, les Indiens Paiute s'étaient installés dans l'actuelle région de Las Vegas. En 1819, un traité entre le Mexique et les États-Unis fixe la frontière entre les deux pays au 42e parallèle. Peu de gens se sont aventurés dans le sud du Nevada avant le XIXe siècle. Les chroniques de l'histoire rapportent qu'en 1829 un certain Rafael Rivera fut l'un des premiers descendants européens à avoir foulé cette lointaine contrée désertique et sans nom qu'il nomma *Las Vegas*, un mot espagnol qui signifie «les prés». En 1844, l'explorateur John Fremont écrit au sujet de Las Vegas, ce qui contribue à la faire connaître. C'est ainsi qu'autour de 1845 le nom de «Las Vegas» s'inscrit sur les cartes.

Alors que les colons, lors de la ruée vers l'or de 1849, se rendaient à San Francisco, la découverte d'un gisement aurifère au sud de Reno en 1859 déclencha une ruée frénétique de colons en quête de futures richesses. De nombreuses villes champignons jaillirent alors soudainement du désert aride, mais, lorsque les richesses furent épuisées, beaucoup d'entre elles disparurent aussi rapidement qu'elles étaient apparues. Toutefois, grâce à ses sources d'eau pour se ravitailler, Las Vegas devient un lieu de passage idéal sur le Spanish Trail, ce chemin allant de la Californie jusqu'au Nouveau-Mexique en passant par l'Utah et contournant le désert de l'Arizona. Le Spanish Trail est alors parcouru par des aventuriers qui, mus par la convoitise et la cupidité, et le cœur enflammé par la fièvre de l'or, alimentent la «ruée vers l'Ouest» en trimballant leurs sacs dans des chariots bâchés.

› L'arrivée des mormons

Toujours vers le milieu du XIXe siècle, le tronçon du Spanish Trail reliant Los Angeles et l'Utah est surnommé *Mormon Trail* en raison de l'affluence des mormons qui parcourent sans cesse ce chemin. Certains d'entre eux décident de quitter Salt Lake City pour se mettre à la recherche de nouveaux territoires. Ils s'installent donc à Las Vegas en 1855 et y établissent un fort en adobe, sur le chemin reliant Los Angeles et Salt Lake City, qui servira de refuge et bientôt de retranchement pour propager leur doctrine en pays païen.

Les mormons tentent en effet de convertir à la foi chrétienne les Indiens Paiute et de domestiquer leur nouvel environnement hostile en y cultivant des fruits et des légumes, mais sans grand succès. La maigre récolte que la terre aride du désert parvenait à grand-peine à leur fournir, conjuguée à l'épuisement et à leur incapacité de se défendre efficacement contre les attaques incessantes des Amérindiens, obligea les mormons à baisser pavillon devant eux et à délaisser leur fort. Plus tard, toutefois, certains d'entre eux reviendront sur le théâtre des événements, et c'est ainsi qu'ils compteront parmi les tout premiers habitants de Las Vegas.

› Le «cheval de fer»

Comme dans bien d'autres endroits à cette époque, le train est à l'origine de la croissance d'une ville. Dix ans avant la fin du XIXe siècle, en 1890, les magnats du chemin de fer de l'Union Pacific Rail Road se concertent et décident de construire une nouvelle voie ferrée pour relier la Californie au Nevada. Mais ce n'est que le 15 mai 1905 que ce projet voit officieusement le jour, avec l'arrivée à Las Vegas d'un petit train brinquebalant dans l'actuel Downtown Area, pétaradant et crachant des nuages de fumée noire et opaque, véritable héros de la conquête de l'Ouest.

Mais c'était déjà beaucoup d'honneur pour Las Vegas, qui, à l'époque, n'était toujours qu'un petit village de cowboys frustes habité par une poignée d'hommes au visage mal rasé, brûlé par un soleil de plomb, portant ostensiblement le pistolet à la ceinture, qui passaient le plus clair de leur temps à jouer aux cartes tout en épanchant leur soif dans les fameux *saloons* mythiques qu'on voit dans les westerns.

À l'instar de bien des villes, Las Vegas se moque de la Prohibition en s'affichant tolérante face aux problèmes de l'alcool, de la prostitution et de la contrebande de toutes sortes. Le krach boursier de 1929 et la grande dépression qui s'ensuit secouent la nation tout entière et n'épargnent pas Las Vegas. Durant toute cette période de troubles économiques successifs, plusieurs riches et moins riches personnages voient soudain s'écrouler leur fortune et se retrouvent ruinés sans préavis.

En 1931, le président Franklin D. Roosevelt s'attache à mettre en œuvre une série de travaux publics visant à relever le pays de ses ruines grâce à son plan de redressement, le *New Deal*. Entre-temps, l'*Assembly Bill 98*, mieux connu sous le nom de *Wide Open Gambling Bill*, est voté en 1930 par l'État du Nevada; dès lors, les jeux d'argent redeviennent légaux dans cet État du Far West. De plus, les divorces sont aussi légalisés dans tout l'État, la prostitution est florissante, et l'alcool coule à flots dans les *saloons*.

Après l'arrivée du train, Las Vegas passe en seconde vitesse en 1931 avec la construction du Hoover Dam, qui fournit du travail à bien des gens en cette période tumultueuse. Merveille de l'ingénierie moderne, le Hoover Dam (barrage hydroélectrique) changera à tout jamais le visage du Sud-Ouest américain. Les travaux de construction ne s'achèvent que quatre ans plus tard, en 1935. À l'époque, Las Vegas compte un peu moins de 10 000 habitants.

› La naissance du *Strip*

Il faut toutefois attendre 1941 avant que ne soit construit, à quelques kilomètres au sud du Downtown Area, le premier chic hôtel-casino, le El Rancho, situé à l'angle de Sahara Avenue et de Las Vegas Boulevard. À l'époque, cet hôtel dont le style imitait celui des établissements de Miami Beach totalisait 63 chambres. Sans le savoir encore, la première pierre de ce qui allait devenir le célèbre *Strip* était posée.

Cinq ans après l'inauguration du El Rancho, l'histoire de Las Vegas prend une tournure inattendue lorsque le gangster notoire Benjamin *Bugsy* Siegel inaugure le 26 décembre 1946 le désormais célèbre Flamingo Hotel, qui s'affiche d'emblée comme le premier hôtel-casino de luxe créé pour satisfaire les besoins des rupins avides de lucre et de plaisir. Ce fut comme une traînée de poudre, et l'apparition du Flamingo Hotel eut un effet sans précédent sur l'avenir de Las Vegas, mais sonna en même temps le glas de son créateur et propriétaire, Benjamin *Bugsy* Siegel: il fut assassiné moins d'un an après l'ouverture de l'hôtel.

Par ailleurs, quand la Seconde Guerre mondiale éclate, la base militaire de Nellis sert à former des pilotes de chasse américains. Plusieurs d'entre eux s'installeront définitivement à Las Vegas après la guerre, ce qui contribuera d'autant à accroître la population de la ville.

› Les folles années de *Sin City*

Au cours des années 1950, dans l'allégresse de la mort de Siegel, la mafia s'infiltre dans les maisons de jeux et prend le contrôle de la ville; l'anarchie s'installe, et tous les démons

Benjamin *Bugsy* Siegel

De toute évidence, le destin de Las Vegas a basculé vers le futur scintillant des villes américaines les plus prospères grâce à la persévérance du gangster notoire Benjamin *Bugsy* Siegel. Traînant avec lui une réputation de dur au passé louche ponctué de détails scabreux, ce gangster avéré à l'âme teigneuse fut obsédé par l'indicible désir de construire un casino de luxe au sein de l'aride désert du Nevada. Fort en gueule, la gâchette facile, il se bâtit une réputation de téméraire sanguinaire, affichant une rare cruauté face à tous ceux qui ne partageaient pas son opinion et ne tolérant aucune remarque impertinente venant d'autrui. Siegel ne recula devant rien pour assurer son omnipotence et fut pratiquement accusé de tous les vices imaginables qui noircissent le code criminel, mais ne fut jamais pris au piège. Vers le milieu des années 1930, il quitte New York pour aller «travailler» à Los Angeles, à la demande de ses patrons. L'histoire raconte qu'autour de 1945 cet illustre individu aux épaules carrées et à la coiffure gominée impeccable rêvait d'ériger un hôtel-casino pour séduire le gratin de la société et être admis en son sein. Il parvint à emprunter un million de dollars à quelques-uns de ses acolytes du monde interlope (entres autres Lucky Luciano et Meyer Lansky) pour financer son mégaprojet. La Seconde Guerre mondiale se terminait; par conséquent, les matériaux de construction nécessaires à l'érection de son palace étaient des denrées rares et coûteuses. Le projet initial devait coûter un million de dollars. Lorsque les travaux furent presque achevés, la facture s'élevait déjà à six millions de dollars, une bagatelle!

Il va sans dire que les associés de Siegel n'étaient pas entièrement satisfaits du montant qu'il avait fallu débourser. Malgré tout, l'hôtel déroule le tapis rouge le 26 décembre 1946 pour la brochette de célébrités invitées à parader au gala d'ouverture du Flamingo Hotel. Il fallut toutefois quelque temps avant que d'autres clients ne viennent ici injecter leurs billets verts pour faire marcher l'hôtel.

En effet, la ville de Las Vegas n'était pas encore tout à fait prête pour ce type d'établissement. Ainsi, le Flamingo ferma ses portes au début de janvier 1947, pour les rouvrir trois mois plus tard, au mois de mars. Évidemment, l'argent tardait à entrer. La patience n'étant pas une vertu majeure parmi les mafiosi, ces derniers décidèrent de régler définitivement son compte à Siegel.

Dans la nuit du 20 juin 1947, quelqu'un muni d'une arme à feu s'infiltra à l'intérieur de la maison de la copine de Siegel, Virginia Hill, et tira plusieurs projectiles en direction de *Bugsy* Siegel. Quelques secondes plus tard, son corps roidi par la mort gisait dans une mare de sang. À ce jour, ce meurtre n'a jamais été élucidé.

sortent de leurs boîtes. De plus, Las Vegas tisse des liens avec la délurée localité ouest-américaine du célèbre quartier de Los Angeles devenue la «Mecque» du cinéma américain: Hollywood. Par conséquent, Las Vegas voit défiler dans ses salles de spectacle une kyrielle de stars comme Frank Sinatra et son *Rat Pack*, Ella Fitzgerald, Bill *Bojangles* Robinson, Clark Gables, Marilyn Monroe et Lana Turner. Toutes ces grandes vedettes du septième art, du music-hall ou de renommée quelconque accouraient ici pour se donner en spectacle ou parader et accroître ainsi leur visibilité aux yeux des fans, mais surtout pour avoir du plaisir, beaucoup de plaisir.

Dans la même décennie, plusieurs casinos ouvrent leurs portes. En 1955, deux casinos déroulent le tapis rouge: le Dunes et le New Frontier. Quatre années se sont écoulées lorsqu'en 1959 le premier casino «gratte-ciel», le Riviera Hotel, s'élance sur neuf étages. Incapables de louer leur pléthore de chambres d'hôtel, les propriétaires décident d'offrir des nuitées gratuites à toute personne munie de billets verts à dépenser en s'adonnant librement au jeu dans leur casino. Le système des *comps* (gratuités) vient d'être inventé.

En outre, les années 1950 à Las Vegas sont fertiles en événements mondains et en amourettes plus ou moins frivoles ou voluptueuses voguant au gré des lubies des gens fortunés et frisant parfois le stupre. Bref, à cette époque, on a les mœurs plutôt dissolues et relâchées à Las Vegas, et dès lors il ne faut pas s'étonner que des scandales à répétition tiennent souvent l'avant-scène, alimentés par des gens sans scrupules ne cherchant qu'à éblouir par l'appât du gain et l'argent facile. En effet, tous les moyens sont bons pour inciter les joueurs fortunés à fréquenter le plus longtemps possible les casinos de la ville. Dans ce dessein inavouable, on va jusqu'à fournir gratuitement de l'alcool au client ou encore des repas plantureux, et l'on n'hésite pas non plus à placer artificiellement sur son chemin des prostituées aguichantes aux regards concupiscents, aux mains véloces et à la robe outrageusement décolletée. C'est à cette époque, donc, au milieu de tous ces artifices, et de ce tumulte mondain bien entretenu par ceux qui en tiraient le plus de profit, que la ville fut publiquement affublée du sobriquet de *Sin City*: la «ville du péché». Toujours à la même époque, des bases militaires furent construites au nord-ouest de la ville, qui n'a aucune peine à s'étaler dans le désert environnant et à prendre ainsi des allures de ville champignon.

Les années 1960 représentent une période noire pour la nation entière. La crise des missiles éclate, Kennedy est assassiné, le mouvement des droits civiques prend de l'ampleur. Las Vegas poursuit toutefois cahin-caha sa croissance et accède à une autre étape significative de sa courte histoire lorsqu'en 1966 elle élève encore la barre d'un cran avec l'érection de l'opulent Caesars Palace.

› Les années 1970

Lorsque Atlantic City, au New Jersey, décide à son tour d'obtenir sa part du gâteau de l'argent facile en légalisant en 1976 le jeu sur son territoire, Las Vegas remet rapidement les pendules à l'heure et n'hésite pas à surenchérir en construisant de nouveaux casinos plus tape-à-l'œil que jamais.

Las Vegas se réveilla toutefois brutalement le 21 novembre 1980, lorsque 84 personnes périrent et 679 autres furent blessées dans un incendie à l'intérieur du MGM, aujourd'hui le Bally's.

› Le Las Vegas contemporain

À l'ère des extrêmes, Las Vegas donne une nouvelle dimension à la formule bien connue qu'est *bigger is better*. En 1989, le Mirage, avec son désormais célèbre volcan géant crachant ses entrailles, ouvre ses portes et va donner à la ville un essor fulgurant qu'elle n'a pas encore connu. Les années 1990 verront un boom important de projets d'hôtels-casinos.

L'année suivante, l'Excalibur voit le jour et modifie encore le visage de la ville en reproduisant la cour du roi Arthur et la quête chimérique du Saint-Graal. En 1993, le Luxor dresse son imposante pyramide de verre gardée par un gigantesque sphinx. Le 15 octobre 1998, on accède à une autre étape avec l'érection du méga-complexe hôtelier Bellagio, qui a coûté non moins de 1,7 milliard de billets verts américains. En 1999, c'est au tour de l'hôtel-casino The Venetian d'être inauguré en grande pompe. La même année, le Paris Las Vegas déroule le tapis rouge grâce aux 760 millions insufflés par les propriétaires. Las Vegas a souligné l'arrivée du nouveau millénaire avec une version améliorée et fastueuse de l'Aladdin. En 2003, le Mandalay Bay ouvre THEhotel, une tour supplémentaire qui n'offre que des suites comme possibilités d'hébergement.

En 2005, la ville célèbre le 100e anniversaire de sa fondation. Pour souligner cet anniversaire, le dernier-né de Steve Wynn parvient à surpasser tout ce qui avait été créé auparavant: le Wynn Las Vegas, un hôtel de 60 étages construit au coût de... 2,7 milliards de dollars!

Puis, en 2009, un gigantesque complexe hôtelier de plus de 5 000 chambres, le CityCenter, ouvre ses portes. Érigé au coût astronomique de 8 milliards de dollars, il compte quatre hôtels dont le premier Mandarin Oriental de Las Vegas.

Accès et déplacements

➤ En avion

L'aéroport international de Las Vegas, le **McCarran International Airport** *(☎ 702-261-5211, www.mccarran.com)*, est l'un des aéroports les plus achalandés des États-Unis. Il est situé à 1 mi (1,6 km) au sud du *Strip* et à 3 mi (5,6 km) du centre de congrès. Il s'agit d'un aéroport moderne qui est desservi par un très grand nombre de compagnies aériennes et qui abrite des bureaux de change, plusieurs petits restaurants sans prétention ainsi que de nombreuses machines à sous (sans doute le seul casino du globe qui ait pour thème un aéroport!).

Accès à la ville depuis l'aéroport

Par navette: des navettes circulent toutes les 15 min entre l'aéroport et les différents hôtels du *Strip* (comptez environ 6,50$). Comptez 8$, si vous logez dans le Downtown Area.

Par taxi: la course vous coûtera environ 10$ pour rejoindre un hôtel de la partie sud du *Strip*, environ 15$ pour un établissement du centre du *Strip* et environ 20$ pour rejoindre le nord du *Strip*. Prévoyez environ 25$ pour rejoindre le Downtown Area.

Location de voitures

La plupart des grandes agences de location de voitures sont représentées à l'aéroport. Cependant, veuillez noter que, en ce qui concerne la location de voitures, plusieurs exigent que leurs clients soient âgés d'au moins 25 ans et qu'ils soient en possession d'une carte de crédit reconnue.

Avis: ☎ 702-531-1500, www.avis.com

Budget: ☎ 702-736-1212, www.budget.com

Dollar: ☎ 866-434-2226, www.dollar.com

Hertz: ☎ 702-262-7700, www.hertz.com

Thrifty: ☎ 877-283-0898, www.thrifty.com

National: ☎ 702-263-8411, www.nationalcar.com

➤ En voiture

La **I-15** est l'autoroute principale qui mène à Las Vegas. La grande majorité des visiteurs en provenance du sud de la Californie, de l'Utah et du nord-ouest de l'Arizona empruntent cette voie d'accès. Les voyageurs en provenance du nord de la Californie ou de Reno empruntent la route **95**. Environ 300 mi (480 km) séparent Los Angeles de Las Vegas. Le trajet au départ de Los Angeles s'effectue en 5h environ, mais le retour s'étire sur près de 10h en raison de la dense circulation automobile.

➤ En autocar

Au départ de Montréal, adressez-vous à la **Station centrale** *(☎ 514-842-2281, www.stationcentrale.com)* afin d'obtenir des renseignements sur les départs pour Las Vegas. Pour des renseignements sur les départs à partir d'autres points au Canada, vous pouvez vous renseigner auprès de **Greyhound** *(☎ 800-661-8747, www.greyhound.ca)*.

Pour quitter Las Vegas en autocar, contactez la succursale régionale de la compagnie **Greyhound** *(200 S. Main St., ☎ 800-231-2222, www.greyhound.com)*.

➤ En transport en commun

Bien organisé, le réseau d'autobus couvre la majeure partie de Las Vegas. Les autobus du **Regional Transportation Commission of Southern Nevada (RTC)** *(www.rtcsouthernnevada.com)* circulent 24 heures sur 24 le long du *Strip*. Ils effectuent une boucle à partir du sud du *Strip* jusqu'au Downtown Area. On demande 2$. Prévoyez la monnaie exacte.

Le **Las Vegas Strip Trolley** *(2,50$; ☎ 702-382-1404)* est un bon moyen de visiter le *Strip* dans toute sa longueur. Il relie le Stratosphere, au nord, au Mandalay Bay, au sud, en proposant plusieurs arrêts tout le long de son trajet. Il ne faut cependant pas être pressé, puisqu'il est relativement lent.

Attraits touristiques

Las Vegas Convention and Visitors Authority: 3150 Paradise Rd., ☎ 702-892-0711 ou 877-847-4858, www.visitlasvegas.com.

Las Vegas ★★★

p. 584 p. 592 p. 597 p. 601

Las Vegas n'est décidément pas une ville américaine comme les autres. En fait, Las Vegas n'est résolument pas un lieu comme un autre.

Inutile de chercher les petites rues tortueuses dallées de pierres composant le dédale d'un sympathique quartier historique parsemé de spécimens architecturaux du XIXe siècle pour y flâner paisiblement et s'adonner au plaisir de la découverte. On n'y trouvera pas vraiment non plus de musées qui fassent la synthèse de l'histoire américaine ou qui exposent des œuvres d'art, hormis les expositions temporaires du Bellagio, du Wynn Las Vegas ou du Guggenheim Hermitage Museum. Parlons franchement: la culture n'est pas la raison première qui incite les visiteurs à débarquer ici. On ne vient pas à Las Vegas pour s'imprégner de culture comme on le fait communément en Europe, en Asie ou en Amérique latine. On vient à Las Vegas pour jouer dans les casinos et s'en mettre plein la vue, comme si l'on allait voir un film de série B à gros budget. C'est divertissant, léché, ça ne demande pas trop d'efforts et ça coule tout seul.

Produit éminent de l'impérialisme américain, le ***Strip***, centre névralgique de Las Vegas, est en effet un bric-à-brac architectural qui semble sorti tout droit d'une bande dessinée pour adultes et constitue le pôle central de l'univers débridé et alambiqué qu'on trouve au cœur d'une des grandes villes les plus étranges des États-Unis.

Mis à part quelques attraits situés à l'écart du *Strip*, tout est regroupé sur cet espace d'environ 5 km. Le meilleur moment pour déambuler sur le *Strip* est en fin de journée, au moment où la ville baigne dans une lumière crépusculaire. C'est en effet l'heure où les casinos allument un à un leurs néons comme une voie lactée qui s'illumine et rassemble encore davantage une foule captive qui grossit toujours, et c'est le moment magique que choisit chaque soir l'excentrique Las Vegas pour dévoiler véritablement tous ses charmes. Les touristes s'engouffrent alors dans la foule qui circule à pas lents sur des trottoirs très encombrés et s'arrêtent souvent en se grattant la tête pour admirer ces monstres qui brillent désormais de tous leurs feux.

Ceux qui désirent se soustraire pour la journée au cirque ambiant qui égaie de ses flonflons le quartier centré autour du *Strip* peuvent aller visiter la merveille technologique directement responsable du changement de visage du Sud-Ouest américain: le Hoover Dam. Il y a encore d'autres possibilités d'excursions, comme celle de sillonner le lac Mead ou de s'envoler en hélicoptère pour admirer du haut du ciel le Grand Canyon tout proche, ou encore d'emprunter un sentier de randonnée pédestre au cœur du Red Rock Canyon ou de la Death Valley (la Vallée de la Mort) en n'oubliant pas d'emporter principalement d'abondantes provisions de boissons fraîches, car sans cela vous risquez la déshydratation.

★ ATTRAITS TOURISTIQUES

Au sud du Strip

1. BZ Welcome to Fabulous Las Vegas!
2. AZ Mandalay Bay
3. AY Luxor
4. AY Excalibur
5. AY New York-New York / The Roller Coaster
6. BY MGM Grand / The Lion Habitat
7. BY GameWorks
8. AY Monte Carlo
9. BY CityCenter

Au centre du Strip

10. BX The Auto Collections
11. AX Caesars Palace
12. BX The Fountain Show In The Forum Shops
13. BX Paris Las Vegas / The Eiffel Tower Experience
14. AX Bellagio / Fountains of Bellagio
15. BX The Venetian / Gondoles
16. BX Madame Tussaud's Wax Museum
17. BX Mirage / Volcan
18. BX Siegfried & Roy's Secret Garden and Dolphin Habitat / Secret Garden
19. BW Treasure Island / Sirens of TI
20. AW Erotic Heritage Museum

Au nord du Strip

21. BV Stratosphere Tower / Belvédère
22. BV Big Shot
23. BV Insanity, the Ride
24. BV X Scream

À l'est du Strip

25. CX Hard Rock Hotel

À l'ouest du Strip

26. AX Show in the Sky

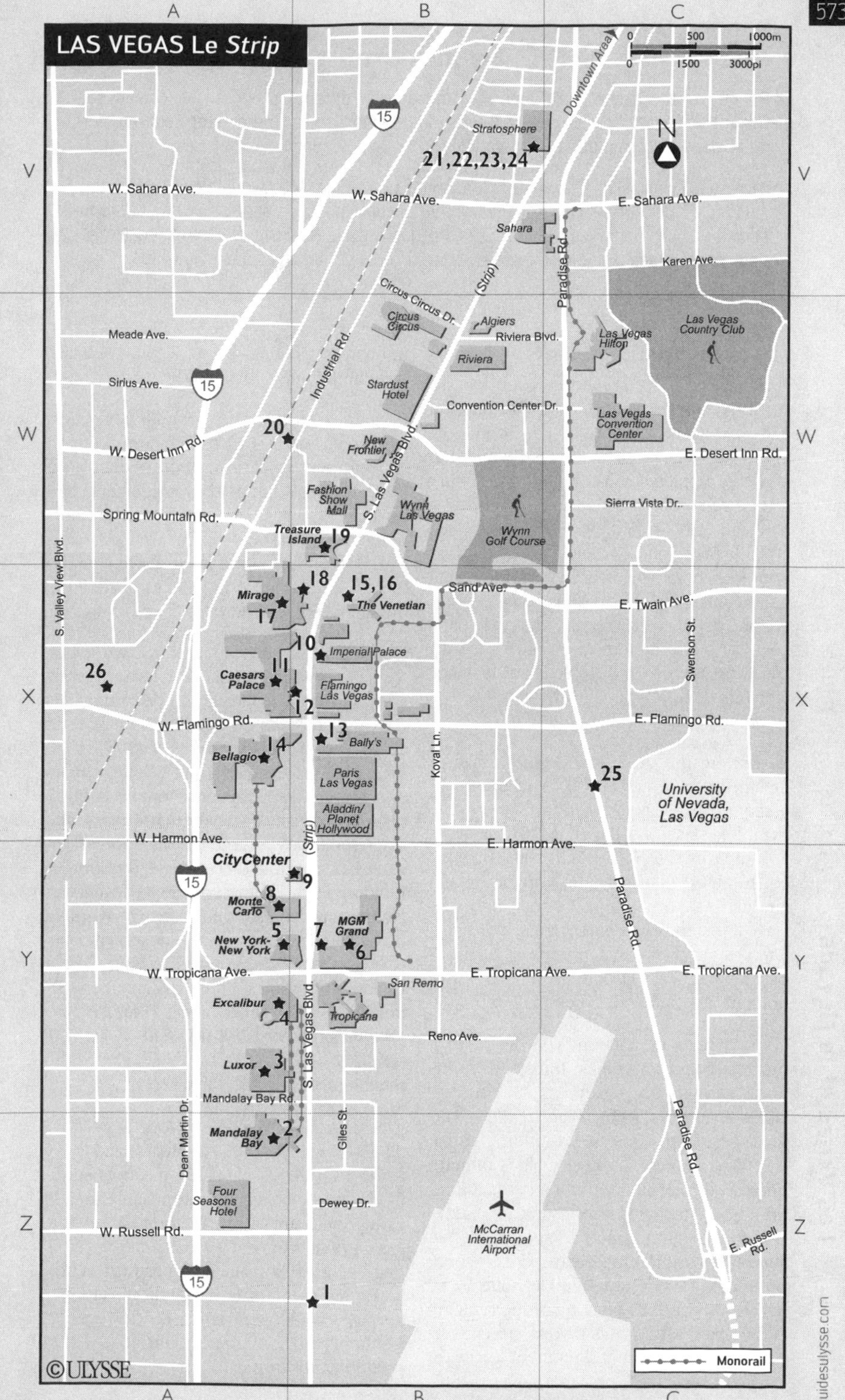

LAS VEGAS Le Strip
Stratosphere
21,22,23,24
Downtown Area
W. Sahara Ave.
E. Sahara Ave.
Sahara
Paradise Rd.
Karen Ave.
(Strip)
Circus Circus Dr.
Circus Circus
Algiers
Riviera Blvd.
Las Vegas Hilton
Las Vegas Country Club
Riviera
Meade Ave.
Sirius Ave.
Industrial Rd.
Stardust Hotel
Convention Center Dr.
Las Vegas Convention Center
W. Desert Inn Rd.
20
New Frontier
E. Desert Inn Rd.
S. Las Vegas Blvd.
Fashion Show Mall
Wynn Las Vegas
Sierra Vista Dr.
Spring Mountain Rd.
Wynn Golf Course
Treasure Island
19
S. Valley View Blvd.
18
15,16
Sand Ave.
Mirage
The Venetian
E. Twain Ave.
17
10
Imperial Palace
Swenson St.
26
11
Caesars Palace
Flamingo Las Vegas
12
W. Flamingo Rd.
E. Flamingo Rd.
13
Bally's
14
Bellagio
Koval Ln.
25
Paris Las Vegas
University of Nevada, Las Vegas
Aladdin/ Planet Hollywood
W. Harmon Ave.
E. Harmon Ave.
CityCenter
9
8
Monte Carlo
Paradise Rd.
MGM Grand
5
7
New York-New York
6
W. Tropicana Ave.
E. Tropicana Ave.
E. Tropicana Ave.
San Remo
Excalibur
4
Tropicana
Reno Ave.
Luxor
3
Mandalay Bay Rd.
Dean Martin Dr.
Mandalay Bay
2
Giles St.
Four Seasons Hotel
Dewey Dr.
W. Russell Rd.
McCarran International Airport
E. Russell Rd.
15
1
Monorail
©ULYSSE
0 500 1000m
0 1500 3000pi
N
A B C
V W X Y Z

Le monorail

Pour éviter de marcher et de suer à grosses gouttes durant les journées de chaleur torride à Las Vegas, il existe différents réseaux de monorail qui permettent aux visiteurs de se déplacer commodément dans *Sin City*.

Le réseau principal, le Las Vegas Monorail *(5$/passage, 12$/1 jour, 28$/3 jours; lun-jeu 7h à 2h, ven-dim 7h à 3h, www.lvmonorail.com)*, possède sept stations qui proposent un circuit parmi les hôtels-casinos et les attraits du *Strip*. On trouve également deux petits réseaux secondaires de monorail gérés par d'autres hôtels-casinos.

Au sud du *Strip*

Pourquoi ne pas commencer votre balade par le commencement? C'est-à-dire dans la partie la plus méridionale du *Strip*, pour voir une des icônes emblématiques de *Sin City*, le **célèbre panneau** ★ où l'on peut lire, depuis des lustres, *Welcome to Fabulous Las Vegas!* Le panneau étant un peu excentré, il est préférable de prendre un taxi plutôt que l'autobus pour s'y rendre. Rares en effet sont les films qui, s'étant servis de Las Vegas comme toile de fond, n'ont pas choisi une vue où le panneau de bienvenue en question n'apparaît pas. Ainsi, vous voilà d'emblée dans le décor d'un film de fiction où le mythe et la légende tiennent l'avant-scène.

Restez ensuite du côté ouest du *Strip* et marchez vers le nord en passant devant le luxueux Four Seasons, pour arriver au chic complexe **Mandalay Bay** ★ *(3950 Las Vegas Blvd. S.; voir p. 585)*. Le Mandalay Bay est conçu autour d'un paradis tropical inexistant de l'Asie du Sud-Est. Le soir venu, vos yeux seront inexorablement rivés sur les différentes statues hybrides bizarres, éclairées par des torches à la flamme vacillante qui donnent à cet hôtel des airs mystérieux.

Poursuivez votre chemin vers le nord, à pied ou par un mode de transport moins éreintant. Le prodigieusement étrange **Luxor** ★★★ *(3900 Las Vegas Blvd. S.; voir p. 584)* est impossible à manquer, à cause du colossal sphinx aux yeux bleus prenant une pause ostentatoire tout en gardant l'imposante pyramide de verre noir du Luxor. Une fois la nuit tombée, le sphinx semble auréolé d'énergie mystérieuse, et l'on serait porté à croire que la pyramide noire va se transformer en base intergalactique futuriste balisée par de puissants rayons qui convergent vers le sommet et illuminent le ciel, et qui constitueraient, dit-on, le plus puissant faisceau lumineux du monde.

Continuez ensuite vers l'**Excalibur** ★ *(3850 Las Vegas Blvd. S.; voir p. 584)*, une version drolatique et un brin farfelue d'un coloré château médiéval rappelant vaguement celui du légendaire roi Arthur et de ses chevaliers poursuivant leur quête chimérique du Saint-Graal. Son illumination nocturne retient l'attention en raison de la palette de couleurs qui enjolivent ses tourelles et ses remparts.

De l'Excalibur, si toutefois vous décidez d'enjamber la passerelle vers le nord, vous vous retrouverez devant l'un des attraits les plus retentissants de Las Vegas, le spectaculaire **New York-New York** ★★★ *(3790 Las Vegas Blvd. S.; voir p. 585)*, qui, à notre humble avis, mérite d'être reconnu comme la quintessence des casinos thématiques grâce à ses répliques réduites, mais impressionnantes, de la statue de la Liberté, du Chrysler Building et du Brooklyn Bridge. L'intérieur mérite sans conteste une visite. On y trouve un dédale de petites rues (Bleeker, Hudson, etc.) ponctuées de bouches d'égout d'où la vapeur s'échappe comme à Manhattan. S'y trouve aussi **The Roller Coaster** *(14$, 25$ pour un laissez-passer; tlj 10h30 à 24h; ☎ 702-740-6969)*, des montagnes russes excitantes qui roulent à près de 115 km à l'heure.

À l'est du New York-New York et au nord du Tropicana, le colossal **MGM Grand** *(3799 Las Vegas Blvd. S.)*, chaussé de sabots surdimensionnés, dresse son imposante façade verte. Son antre abrite **The Lion Habitat** ★★ *(entrée libre; tlj 11h à 19h; ☎ 702-891-7777)*. L'emblème de la maison de production hollywoodienne étant le lion, faut-il s'étonner de voir ici une cage vitrée où des lions et des lionceaux évoluent «à l'étroit» dans un pseudo-décor tropical?

Aménagé à l'intérieur du Showcase Mall, **GameWorks** ★★ *(20$/1h, 25$/2h ou 30$/3h; dim-jeu 10h à 24h, ven-sam 10h à 1h; 3785 Las Vegas Blvd., ✆ 702-432-4263, www.gameworks.com)* est le produit du partenariat entre Steven Spielberg et Sega. Résultat: des gamins et des adolescents surexcités s'amusent comme des fous au milieu de plus de 200 jeux vidéo de tout poil qui s'étalent sur une surface de plus de 5 000 m².

En sortant de l'univers du GameWorks, votre regard se portera immanquablement vers l'ouest et tombera sur la silhouette du **Monte Carlo** ★ *(3770 Las Vegas Blvd. S., voir p. 584)*, casino inspiré de celui de la principauté de Monaco, sur la Côte d'Azur. Ses entrées sont ornées d'arches, de statues callipyges et de fontaines clapotantes.

Juste à côté se trouve le **CityCenter** *(entre Tropicana Ave. et Harmon Ave.; voir p. 586)*, un méga-complexe inauguré en 2009 qui compte plusieurs hôtels, dont le premier Mandarin Oriental de Las Vegas. Contrairement aux autres établissements à thème du *Strip*, le CityCenter comprend de nombreux bâtiments à l'architecture contemporaine.

Au centre du *Strip*

The Auto Collections ★★ *(8,95$; tlj 10h à 18h; 3535 Las Vegas Blvd. S., ✆ 702-794-3174, www.autocollections.com)* propose un florilège de voitures anciennes, singulières et hors série. Parmi les quelque 250 véhicules exposés, on remarque la Chrysler Royal Sedan de 1939 qui appartenait à Johnny Carson et une Jaguar XKSS datant de 1957 d'une valeur de 7 millions de dollars américains.

Pour ceux qui désirent s'imbiber d'une ambiance gréco-romaine, il leur est possible de jeter un coup d'œil sur le **Caesars Palace** ★ *(3570 Las Vegas Blvd. S.; voir p. 588)*, casino décoré dans le style de l'empire décadent. On pourrait affirmer sans ambages que le Caesars Palace a largement contribué au rêve des iconolâtres de Las Vegas lorsqu'il fit son apparition en 1966.

Vous croyez avoir tout vu? Au chapitre du bizarre et du clinquant, **The Fountain Show In The Forum Shops** ★★ *(entrée libre; tlj aux heures entre 10h à 23h; 3500 Las Vegas Blvd. S., ✆ 702-731-7110)* ajoute à l'incongru et mérite sans conteste une place de choix dans le genre. Même si vous n'achetez rien au centre commercial The Forum Shops, vous avez là une attraction touristique en soi. On s'enfonce dans une reconstitution d'avenues parsemées de statues de dieux grecs et romains et de fontaines à l'architecture inspirée de l'époque romaine. Parmi ce panthéon de copies de statues antiques, on retrouve celle de Bacchus entouré de quelques dieux romains. Tout à coup, on tamise les lumières, le tonnerre gronde et, contre toute attente, les statues s'animent et parlent, donnant un spectacle son et lumière étrange qui plonge pendant une dizaine de minutes le spectateur dans une sorte de cité légendaire virtuelle qui aurait surgi de l'Atlantide. Bref, c'est un spectacle haut en couleur qui en met plein la vue.

Initiation au jeu

Plusieurs casinos offrent gratuitement à leurs clients des cours pour qu'ils se familiarisent avec les nombreux jeux proposés. N'oubliez pas toutefois qu'on vous enseigne comment jouer, mais qu'on ne vous explique pas comment gagner.

Le casino **Paris Las Vegas** ★★★ *(3655 Las Vegas Blvd. S.; voir p. 588)* n'a pas besoin de présentation et veut être un digne représentant de la Ville lumière. Impossible de manquer la réplique de la tour Eiffel qui dresse sa silhouette caractéristique à l'horizon. S'y trouvent aussi l'Arc de triomphe de l'Étoile, le palais Garnier, le parc Monceau et la sympathique rue de la Paix, pour tenter de capter et restituer l'atmosphère caractéristique de Paris, France. L'intérieur est décoré de sculptures Art nouveau et de copies de tableaux d'impressionnistes français.

La ville de Las Vegas s'est une fois de plus surpassée en créant une réplique de la tour Eiffel dont l'authenticité atteint de nouveaux sommets. S'élevant à une hauteur de 150 m, soit la moitié de la vraie tour Eiffel, la tour éponyme de la capitale du jeu est d'un réalisme déconcertant. **The Eiffel Tower Experience** ★ *(10$ jusqu'à 19h15, 15$ en soirée; tlj 10h à 1h; ✆ 702-946-7000)* permet de se rendre sur la plateforme d'observation qui offre une vue magnifique.

Le **Bellagio** ★★★ *(3600 Las Vegas Blvd. S.; voir p. 588)* n'est pas sans rappeler le village italien qui porte ce nom en bordure du lac de Côme. Son créateur, Steve Wynn, a imposé sa griffe en dictant les nouveaux standards pour les futurs casinos thématiques de Las Vegas: une touche de classe, pas d'enfants et beaucoup d'argent.

Sous aucun prétexte, il ne faut manquer le spectacle des **Fountains of Bellagio** ★★ *(entrée libre; lun-ven aux 30 min 15h à 20h et aux 15 min 20h à 24h, sam-dim aux 30 min 12h à 20h et aux 15 min 20h à 24h; ☎ 702-693-7111)*, donné sous les airs de 10 chansons jouant à tour de rôle qui, à coup sûr, vous fera tomber des nues et vous charmera.

Autre morceau d'Italie transposé à Las Vegas, **The Venetian** ★★★ *(3355 Las Vegas Blvd. S.; voir p. 589)* s'offre avec élégance à votre regard. Un pont enjambant un cours d'eau, où circulent des gondoles, mène à sa magnifique façade ornée d'arcades qui évoquent admirablement bien l'architecture de Venise. Ceux qui ont toujours voulu voguer allègrement

Les mariages

À Las Vegas, plus de 120 000 couples s'échangent mutuellement chaque année un «oui» consentant tout en se mettant l'anneau au doigt. Pour vous donner une petite idée de l'ampleur de ce chiffre, disons qu'environ 16 800 mariages ont lieu chaque mois. Donc, à peu près 560 par jour ou, si vous préférez, un mariage toutes les 10 minutes 34 secondes...

Pourquoi cet engouement? C'est bien simple, se marier au Nevada demande très peu de démarches ennuyeuses et coûte relativement peu cher si l'on considère toutes les dépenses que peut entraîner un mariage «normal». Qu'est-ce que ça prend? D'abord, il faut présenter une pièce d'identité qui atteste que vous avez au moins 18 ans (passeport ou extrait de naissance). Il faut prévoir 60$ pour vous faire délivrer une autorisation officielle par le **Clark County Clerk Marriage Services Division** *(tlj 8h à 24h; 201 E. Clark Ave., ☎ 702-671-0600)*. Finalement, il faut se diriger vers une des nombreuses chapelles se dressant sur le *Strip* ou se rendre dans l'une de celles qui se trouvent dans les grands hôtels-casinos.

Bien sûr, si vous souhaitez avoir un garçon d'honneur qui ressemble à Elvis ou que vous préférez échanger vos vœux dans le ciel à bord d'une montgolfière ou d'un hélicoptère, ou encore vous draper dans un costume médiéval pour créer une atmosphère champêtre et moyenâgeuse, les fantaisies et les petits extras qu'il vous prendra envie de vous offrir pour la cérémonie n'ont de limite que l'épaisseur de votre portefeuille.

A Special Memory Wedding Chapel *(800 S. Fourth St., ☎ 702-384-2211 ou 800-962-7798, www.aspecialmemory.com)* organise de nombreuses cérémonies à thème. Et si vous faites partie des couples trop fatigués pour descendre de leur voiture pour se rendre à l'autel, sachez que vous pouvez échanger vos vœux au *drive-in*. C'est tout simple: payez à la caisse, baissez la fenêtre de votre voiture, écoutez l'officier de cérémonie, embrassez-vous, et le tour est joué!

Comme son nom l'indique, vous pouvez vous marier à la **Graceland Wedding Chapel** *(619 Las Vegas Blvd. S., ☎ 702-382-0091 ou 800-824-5732, www.gracelandchapel.com)* dans la thématique du *King*.

The Little White Wedding Chapel *(1301 Las Vegas Blvd. S., ☎ 702-382-5943 ou 800-545-8111, www.alittlewhitechapel.com)* a acquis une belle réputation en raison de la notoriété des personnages qui s'y sont mariés. On compte notamment Demi Moore et Bruce Willis (mariés en 1987 et divorcés en 2000), de même que Michael Jordan et Juanita Vanoy (mariés en 1988 et divorcés en 2007) ainsi que Joan Collins et Peter Holm (leur mariage a duré un an: 1985-1986).

sur des **gondoles** *(16$/30 min; dim-jeu 10h à 23h, ven-sam 10h à 24h; ☎ 702-414-4300)*, dirigées par un mec coiffé du traditionnel feutre italien et habillé du chandail rayé noir et blanc, peuvent s'épargner ici un billet d'avion pour l'Italie (charme en moins).

The Venetian abrite aussi le **Madame Tussaud's Wax Museum** ★ *(25$; dim-jeu 10h à 21h, ven-sam 10h à 22h; ☎ 702-862-7800, www.mtvegas.com)*. Frère jumeau de celui de Londres, mais en plus petit, il est divisé en différentes salles d'exposition thématiques qui présentent plus de 100 modèles en cire de personnalités connues.

Le **Mirage** *(3400 Las Vegas Blvd. S.; voir p. 588)* a projeté Las Vegas dans l'orbite hollywoodienne grâce à son **volcan** ★★★ *(entrée libre; tlj 19h à 24h, éruption toutes les heures)* qui crache ses entrailles une fois la nuit tombée. De nombreux badauds incrédules se grattent la tête devant ce spectacle qui leur en met résolument plein la vue.

Autre attrait digne de mention à l'intérieur du Mirage, le **Siegfried & Roy's Secret Garden and Dolphin Habitat** ★ *(15$; tlj 10h à 19h; ☎ 702-791-7188, www.miragehabitat.com)* n'est pas un spectacle aquatique de dauphins; il s'agit plutôt ici d'une visite guidée visant à mieux familiariser les visiteurs avec ces sympathiques mammifères marins qui font irrésistiblement sourire petits et grands. Les dauphins se donnent toutefois en spectacle malgré eux. Passé l'immense piscine des dauphins, on pénètre dans le **Secret Garden** ★★. Muni d'un audioguide, on se balade dans un environnement tropical pour observer les animaux exotiques des illusionnistes Siegfried & Roy, entre autres les tigres blancs, la panthère noire, le léopard et les lions.

Le **Treasure Island** *(3300 Las Vegas Blvd. S.)* a décidé de se mettre au goût du jour en changeant la formule de sa fameuse bataille de la baie des Boucaniers. Dans le spectacle ***Sirens of TI*** ★★ *(entrée libre; tlj 19h, 20h30, 22h et 23h30; ☎ 702-894-7111.)*, les pirates patibulaires et corsaires baraqués succombent désormais au charme de sirènes affriolantes qui exsudent un charme mystérieux. Sans trop vendre la mèche (ce qui gâcherait sans doute votre plaisir), voici un bref aperçu de ce qui vous y attend: musique tonitruante, explosions spectaculaires et mise en scène qui prend des allures de vidéoclip pour adolescents en quête d'identité. Bref, c'est plus sexy et plus tendance, et c'est toujours gratuit. Arrivez tôt pour bénéficier d'une bonne vue ou attablez-vous au restaurant de l'hôtel pour vous sustenter tout en admirant le spectacle.

Terminez ce circuit en faisant un arrêt à l'**Erotic Heritage Museum** *(15$; mer-jeu 18h à 22h, ven 15h à 24h, sam-dim 12h à 24h; 3275 Industrial Rd., ☎ 702-369-6442, www.eroticheritage.org)*. Ouvert en 2008, il expose des œuvres d'art chargées d'érotisme qui sauront vous titiller. Réservé aux 18 ans et plus.

Au nord du *Strip*

La **Stratosphere Tower** *(dim-jeu 10h à 1h, ven-sam et jours fériés 10h à 2h; Stratosphere Las Vegas, 2000 Las Vegas Blvd. S., ☎ 702-380-7711 pour billets et information, www.stratospherehotel.com)* revendique le titre de la plus haute tour d'observation des États-Unis et mérite qu'on prenne l'ascenseur jusqu'à son **belvédère** ★ *(15,95$, enfants 10$, comptez un surplus pour l'accès aux manèges)* pour la splendide vue qu'elle offre. Non satisfaite de figurer au palmarès du plus haut, la tour d'observation s'est dotée des trois plus hauts manèges de la planète: le **Big Shot** ★★ *(13$)*, où l'on s'attache fermement à un siège qui est catapulté vertigineusement à 55 m dans les airs, avant de redescendre comme le mercure d'un thermomètre plongé soudainement dans la glace carbonique; l'**Insanity, the Ride** *(12$)*, les montagnes russes les plus élevées de la planète qui filent à plus de 70 km à l'heure; et **X Scream** ★ *(12$)*, qui porte très bien son nom. Devons-nous ajouter que les personnes souffrant de troubles cardiaques, les femmes enceintes et toute autre personne allergique aux hauteurs ou sujette au vertige devraient s'abstenir?

À l'est du *Strip*

Arrêt obligatoire pour la vieille garde du rock, le **Hard Rock Hotel** ★★★ *(4455 Paradise Rd.; voir p. 590)* prend des allures de véritable musée consacré au rock-and-roll. Produit dérivé des Hard Rock Cafe, le Hard Rock Hotel se targue d'être le premier établissement hôtelier consacré aux stars du rock. On y trouve plusieurs instruments de musique (surtout des guitares électriques) d'artistes de renom ainsi que des paroles de chansons de Jim Morisson, de Bruce Springsteen et de Bob Dylan.

À l'ouest du *Strip*

Le **Show in the Sky** *(entrée libre; jeu-dim toutes les heures entre 19h et 24h; Rio Suite Hotel & Casino, 3700 W. Flamingo Rd., ☎ 702-252-7776)* vous plonge dans une atmosphère sensuelle où des danseurs ne demandent qu'à vous divertir. Mieux vaut venir entre adultes: plusieurs danseuses sont habillées par Victoria's Secret, donc très légèrement vêtues, et certaines chorégraphies sont plutôt suggestives.

Downtown Area

Un des classiques de Las Vegas est la **Fremont Street Experience** ★★ *(entrée libre; projections tlj à 20h, 21h, 22h et 23h; ☎ 702-678-5600 ou 877-834-2748, www.vegasexperience.com)*. Lorsque les gros casinos thématiques ont fait leur apparition sur le *Strip* en 1990, le Downtown Area fut relégué à l'arrière-plan. Le quartier s'est revigoré en 1995 grâce aux 70 millions de dollars insufflés pour créer la Fremont Street Experience. Qu'on aime ou que l'on déteste, il s'agit d'un spectacle visuel auquel nul ne peut rester indifférent: quatre quadrilatères fermés à la circulation automobile et recouverts d'une immense arcade dotée de plus de 12,5 millions de lumières DEL qui s'allument et s'éteignent en une fraction de seconde pour former des images étranges, dans une ambiance sonore éclectique. Mis à part l'étonnant spectacle son et lumière, Fremont Street est flanquée de casinos et de magasins de souvenirs clinquants.

Nouvel attrait majeur prévu pour la mi-2011, **The Mob Museum** *(300 Stewart Ave., www.themobmuseum.org)* relatera l'histoire du crime organisé à Las Vegas et à travers les États-Unis. Ce musée est perçu comme un élément important dans les récents efforts de revitalisation du Downtown Area.

Les environs de Las Vegas ★★

Hoover Dam ★★★

Hoover Dam Visitor Center: stationnement 7$; tlj 9h à 18h; ☎ 702-494-2517, www.usbr.gov/lc/hooverdam.

À 55 km de Las Vegas, chevauchant le Nevada et l'Arizona, la merveille technologique qui changea à tout jamais le visage du Sud-Ouest américain, le barrage Hoover, est l'aboutissement fabuleux d'un effort collectif quasi surhumain de persévérance et de courage. Bâti durant la grande dépression des années 1930 pour dompter le furieux fleuve Colorado, qui se faufile à travers quelques États avant de se tarir dans le désert, le Hoover Dam a une histoire qui s'inscrit dans la lignée des brillantes réalisations modernes et s'ajoute à la liste des œuvres de génie civil les plus remarquables, classées au chapitre des *Nine man-made wonders of the 20th century*.

Pour vous donner une petite idée de la force dévastatrice du fleuve Colorado à l'époque de la colonisation de l'Ouest américain, précisons seulement à titre d'exemple digne de mention qu'il est directement responsable d'avoir creusé au cours des millénaires de son histoire le passage naturel d'une grande beauté, quoique austère, qu'on appelle le «Grand Canyon».

Le Hoover Dam avait pour objectif premier d'empêcher les inondations dues aux crues printanières et de contrôler le débit du fleuve Colorado afin de fournir une source d'eau potable sûre et régulière pour l'irrigation des terres. On oublie souvent le long travail, fastidieux, pénible et dangereux qui se cache derrière une grande œuvre comme le barrage Hoover, laquelle s'inscrit parmi les merveilles de l'ingénierie moderne.

En effet, des milliers d'hommes ont sué sang et eau, ont travaillé sans relâche, jour et nuit, avec ardeur, diligence et opiniâtreté pour parvenir à dompter le cours du fougueux Colorado à sa sortie de l'impressionnant canyon. Certains y sont malheureusement morts à la tâche. Les archives officielles racontent que 96 personnes périrent lors des travaux de construction, tandis que d'autres affirment que ce nombre de victimes n'est pas représentatif, car il tient compte uniquement de ceux qui moururent sur le site même, et non de ceux qui furent transportés d'urgence à l'hôpital et qui expirèrent plus tard, victimes d'accidents du travail.

Une chose est toutefois certaine et indéniable: de nombreuses personnes ont collaboré fièrement à l'érection du Hoover Dam. Depuis les *high scalers*, dont le travail éminemment dangereux consistait à descendre les flancs éventrés du canyon accrochés à des cordes pour y insérer des bâtons de dynamite ou faire tomber les grosses pierres à l'aide de marteaux-piqueurs, jusqu'aux travailleurs qui creusèrent les tunnels dans les parois du canyon, en passant par les ingénieurs qui tracèrent les plans du site, ou les machinistes qui manœuvraient la machinerie lourde, ou encore ceux qui coulaient le béton pour solidifier le barrage, tous ces hommes méritent d'être honorés pour ce travail colossal qui dura presque cinq ans, soit deux ans de moins que prévu par l'échéancier du projet, et coûta environ 60 millions de dollars.

Haut de 218 m, d'une épaisseur à la base de 200 m, et d'un volume d'enrochement qui a nécessité un total de quatre millions de mètres cubes de béton, le Hoover Dam fut solennellement inauguré le 30 septembre 1935 par le président Franklin Roosevelt. Le Hoover Dam fut entièrement payé en 1987 grâce à la venue de plus de 33 millions de visiteurs et à l'électricité qu'il a générée depuis près de 70 ans. En fait, pratiquement toute l'électricité utilisée au Nevada et une bonne partie de celle utilisée en Californie proviennent d'ici grâce à la capacité de production de ses 17 puissants générateurs, qui produisent annuellement cinq milliards de kilowattheures.

Le **Hoover Dam Visitor Center** (voir page précédente) renferme une salle d'exposition, projette un documentaire sur la construction du barrage et dispose d'une terrasse d'observation. C'est également le point de départ des **visites guidées** *(2h; 30$; tlj)* à l'intérieur des entrailles du monstre de roches et de béton, qui permettent de mieux comprendre l'ampleur de cette fantastique réalisation technique.

Lake Mead ★★

En 1935, lorsque les valves du Hoover Dam furent ouvertes pour laisser couler docilement le fleuve Colorado et alimenter les turbines de la centrale électrique, la masse d'eau retenue derrière le barrage commença tranquillement à former ce qu'on appelle aujourd'hui le «lac Mead». L'un des plus grands lacs artificiels des États-Unis, le lac Mead couvre près de 0,6 million d'hectares et s'allonge sur environ 175 km, alors que le vaste réservoir ainsi créé découpe 885 km de rives. Des **croisières** *(24$; tlj départs à 12h et 14h; Boulder City, ☎ 702-293-6180, www.lakemeadcruises.com)* sont proposées sur des bateaux qui sillonnent ses eaux afin que les visiteurs qui s'y rendent puissent jouir tout à leur aise du magnifique paysage environnant qui s'offre à leur vue.

Red Rock Canyon ★★

Red Rock Canyon Visitor Center: entrée libre; tlj 8h à 16h30; ☎ 702-363-1921.

Curieuse formation géologique du Mojave Desert, situé à environ 10 mi (16 km) à l'ouest de Las Vegas et qui s'étend sur 80 000 ha de territoire rocailleux et aride, le **Red Rock Canyon** *(7$/voiture; avr à sept 6h à 20h, mars et oct 6h à 19h, nov à fév 6h à 17h; www.redrockcanyonlv.org)* sert de refuge à une faune et à une flore aussi étranges que fascinantes. Plus de 31 mi (50 km) de sentiers pédestres, des aires de pique-nique et un Visitor Center y ont été aménagés. Le **Visitor Center** (voir ci-dessus) offre des brochures et de l'information sur le canyon, et organise des randonnées conduites par des guides naturalistes certifiés.

Valley of Fire State Park ★★

Valley of Fire State Park Visitor Center: tlj 8h30 à 16h30; ☎ 702-397-2088, www.parks.nv.gov.

Créé en 1935, le **Valley of Fire State Park** *(10$)* est le plus vieux parc national du Nevada, et sa formation géologique ressemble un peu à celle du Red Rock Canyon. Situé au nord du lac Mead, à environ 1h de voiture au nord-est de Las Vegas, le parc a une superficie de 11 500 ha et abrite des pétroglyphes intéressants. Le **Visitor Center** (voir ci-dessus) offre des brochures et de l'information sur les sentiers pédestres du parc.

L'ouest du Nevada ★

▲ *p. 591* ⊕ *p. 597*

Reno

Reno-Sparks Convention & Visitors Association Visitor Center: 4001 S. Virginia St., Reno, ☎ 800-367-7366, www.visitrenotahoe.com.

S'étant autoproclamée *The Biggest Little City in the World*, Reno a subi moult changements depuis les premiers balbutiements de ses colonisateurs. Alors que Las Vegas n'était même pas un point sur l'échiquier géographique du Nevada, Reno revendiquait jadis l'«honneur» d'être surnommée *Sin City* (la «ville du péché») avant de perdre ce titre et d'être ultérieurement distancée à tout jamais par la capitale du jeu.

La folle époque à l'ambiance chamarrée qui enveloppait Reno n'est plus qu'un souvenir étrangement distant. Aujourd'hui, la ville jongle avec la question de savoir quelle voie emprunter en cette période charnière. Elle ressemble un peu à l'adolescent en crise d'identité qui éperonne le temps avant de redémarrer vers l'avenir.

D'un côté, Reno se complaît avec son rythme de vie détendu et ses casinos à l'atmosphère de bon aloi, où les résidents et les retraités débarquant des autocars tentent d'assurer leurs vieux jours en misant leur chèque de paie ou leur pension. De l'autre, elle attend fébrilement l'aval des investisseurs qui hésitent avant d'insuffler d'abondant billets verts afin d'ériger de nouveaux casinos et commerces au nom de l'avenir et du progrès.

Nommée en l'honneur d'un héros de la guerre civile, le général Jesse Lee Reno, dont le nom français Renault avait été auparavant anglicisé, et qui, d'ailleurs, n'a jamais combattu dans l'Ouest, la ville de Reno compte plus de 220 000 habitants. Elle est située près de la Californie à environ 1 380 m d'altitude et bénéficie de 290 jours ensoleillés par année.

Tout a commencé en 1859 lorsqu'un pont payant fut construit pour enjamber la Truckee River et faciliter ainsi le passage des pionniers voyageant en chariots bâchés avec l'espoir de faire fortune en Californie. Avant la fin du siècle, la découverte de gisements aurifères combinée à l'arrivée du train éleva Reno au rang de ville, laquelle profita du développement de sa sœur jumelle et mitoyenne, Sparks, pour s'agrandir parallèlement.

En 1927, juste avant la grande dépression des années 1930, l'autoroute transcontinentale atteint Reno en grande pompe. Pour célébrer et commémorer cet événement, une arche enjambant Virginia Street fut construite avec le slogan qui souhaitait la bienvenue à *The Biggest Little City in the World*. Afin d'essayer d'apporter une solution aux problèmes économiques engendrés par la crise de 1929, le Nevada prit une chance et lança les dés en 1931, devenant ainsi le premier État à légaliser les maisons de jeux. Il va sans dire que Reno en tira grandement profit, ce qui lui permit de croître dans l'opulence des billets verts perdus par les joueurs compulsifs.

À la même époque, une loi de l'État autorisa les couples à divorcer en deux temps, trois mouvements. Alors que les autres États exigeaient de longues démarches fastidieuses pour rompre un mariage, le Nevada permettait à quiconque de le faire en seulement six semaines. Instantanément, Reno devient la capitale mondiale des divorces. Il n'en fallait pas plus pour attirer ici bon nombre de célébrités de tout acabit prêtes à annuler leur contrat de mariage avec, en prime, le plaisir de s'adonner au jeu, ce qui, par le fait même, contribua à accroître encore davantage la notoriété naissante de Reno. La nation tout entière en fut choquée. Les médias déversaient leur fiel en conspuant les mœurs licencieuses et corrompues du Nevada. À titre d'exemple, le *Los Angeles Times* décrivit le Nevada comme étant une *Vicious Babylon*, et c'est à cette époque que Reno fut la première gratifiée du surnom de *Sin City*.

Un peu plus tard, en 1945, lorsque *Bugsy* Siegel inaugura à Las Vegas le désormais célèbre Flamingo Hotel, ce nouveau casino déplaça complètement à son profit l'activité des principales maisons de jeux de Reno. Dans les années 1970, Reno connut un regain de vie lorsque plusieurs nouveaux casinos y furent érigés. Aujourd'hui Reno profite d'une relance économique.

Sans nul doute le fleuron des attraits touristiques de Reno, le **National Automobile Museum** ★★★ *(10$; lun-sam 9h30 à 17h30, dim 10h à 16h; 10 Lake St. S., angle Mill St., ☎ 775-333-9300, www.automuseum.org)* présente dans différentes salles d'exposition une collection d'environ 200 voitures antiques et rutilantes datant pour certaines de 1892. Petits et grands pourront ouvrir bien grand les yeux et se divertir en observant les magnifiques vieilles bagnoles exposées dans ce musée situé à quelques minutes de marche du centre-ville. Profitez de votre visite pour faire une halte aux garages qui jouxtent les salles d'exposition; vous pourrez y faire un brin de causette avec les mécaniciens qui s'affairent à retaper ces engins. S'y trouvent aussi un petit magasin qui vend différents bouquins sur les voitures anciennes et un petit restaurant où il est reposant de siroter un café.

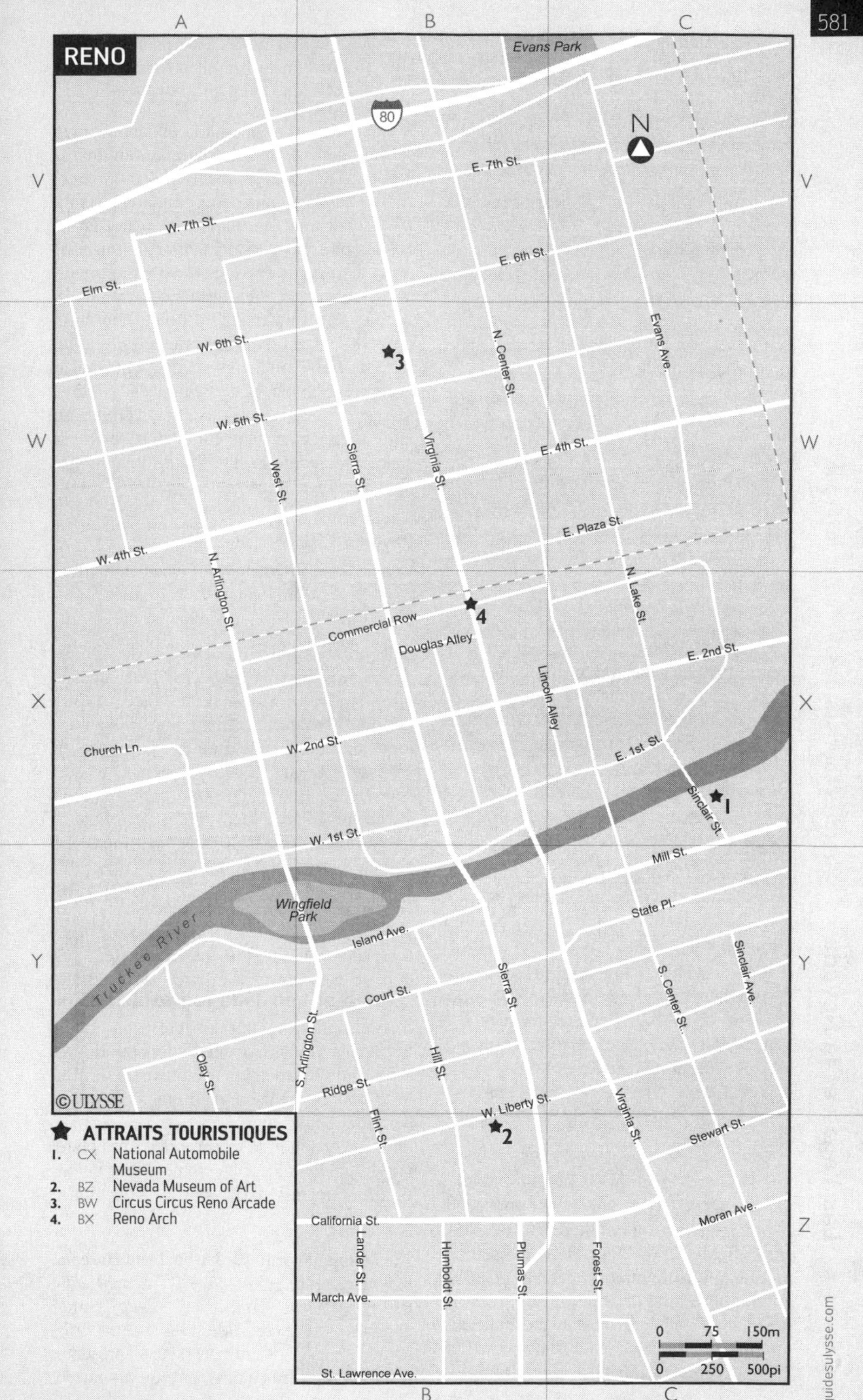
RENO
A
B
C
V
W
X
Y
Z
Evans Park
80
N
E. 7th St.
W. 7th St.
E. 6th St.
Elm St.
W. 6th St.
W. 5th St.
E. 4th St.
W. 4th St.
E. Plaza St.
Evans Ave.
N. Center St.
Virginia St.
Sierra St.
West St.
N. Arlington St.
N. Lake St.
Commercial Row
Douglas Alley
E. 2nd St.
Lincoln Alley
Church Ln.
W. 2nd St.
E. 1st St.
Sinclair St.
W. 1st St.
Mill St.
State Pl.
Wingfield Park
Truckee River
Island Ave.
Sinclair Ave.
S. Center St.
Court St.
S. Arlington St.
Olay St.
Hill St.
Ridge St.
W. Liberty St.
Flint St.
Stewart St.
Moran Ave.
California St.
Lander St.
Humboldt St.
Plumas St.
Forest St.
March Ave.
St. Lawrence Ave.
0 75 150m
0 250 500pi
©ULYSSE
ATTRAITS TOURISTIQUES
1. CX National Automobile Museum
2. BZ Nevada Museum of Art
3. BW Circus Circus Reno Arcade
4. BX Reno Arch
guidesulysse.com

Le **Nevada Museum of Art** *(10$; mer-dim 10h à 17h, jeu 10h à 20h; 160 Liberty St., angle Sierra St. W., ☎ 775-329-3333, www.nevadaart.org)* propose des expositions temporaires classiques et contemporaines. Des œuvres de Warhol et de Rodin y ont déjà été présentées.

Vos gamins adoreront la **Circus Circus Reno Arcade** *(500 N. Virginia St., ☎ 775-329-0711, www.circusreno.com)*, qui regroupe sous un même toit des jeux d'arcade et de foire ainsi que des amuseurs publics. Profitez-en pour gagner le gros toutou en peluche offert à tout joueur qui réussit avec une balle à faire tomber les bouteilles.

Au début du XXe siècle, alors que la ville attendait fébrilement l'arrivée de l'autoroute transcontinentale, les autorités de la ville organisèrent un concours doté d'un prix de 100$ pour trouver un slogan original qui caractériserait bien Reno. Un certain G.A. Burns de Sacramento, en Californie, fut le vainqueur grâce à son slogan qui est devenu l'enseigne emblématique de la ville, *The Biggest Little City in the World*, et qui l'est aujourd'hui encore grâce à la construction le 25 juin 1929 de la **Reno Arch**, une arche décorative. Cette arche enjambe Virginia Street à l'angle de Commercial Street. Une autre arche, plus ancienne cependant, se trouve au-dessus de Lake Street, près du National Automobile Museum.

Sparks

Sparks et Reno sont deux villes distinctes du Nevada, mais elles se ressemblent comme deux sœurs, l'une grande et l'autre petite. Il est en effet difficile de définir où commence et où se termine la frontière qui sépare les deux villes. La ville de Sparks fut fondée en 1904 grâce à l'arrivée du train et à la construction d'une gare. Lorsque les terrains alentour furent mis en vente à des prix qui défiaient toute concurrence, plusieurs personnes s'en portèrent acquéreurs: Sparks était sur sa lancée.

Sparks s'est développée parallèlement à Reno, mais de façon totalement opposée. Si, durant ses folles années de débauche, Reno faisait figure de diablotin de la conscience morale d'une communauté, Sparks était au contraire le petit ange qui s'efforce de ramener sa consœur dans le droit chemin. En effet, de 1907 jusqu'au début de 1950, Sparks s'objecta à suivre le chemin mouvementé et tumultueux de Reno, en refusant de laisser construire sur son territoire des bars et en interdisant la venue de casinos.

À l'instar du chemin de fer, elle poursuivit cahin-caha sa croissance, mais en 1955, lorsque Dick Graves décide d'ouvrir une chaîne de restaurants, le Sparks Nugget, son destin prit une tournure inattendue. Trois années plus tard, en 1958, John Ascuaga se porta acquéreur du Nugget, se vit octroyer une licence pour exploiter un casino et agrandit l'établissement au point d'en faire un véritable gratte-ciel. Dès lors, un exode local de population vers Sparks s'enclencha et entraîna l'implantation de nouvelles industries, la création de manufactures, d'entrepôts et de sociétés de transport. Malgré tous ces chambardements, la ville parvint à maintenir une ambiance détendue.

Virginia City ★

Virginia City Convention and Tourism Authority: 86 S. C St., Virginia City, ☎ 775-847-4386 ou 800-718-7587, www.virginiacity-nv.org.

Jadis une des plus grandes villes de l'Ouest américain, Virginia City n'est plus qu'une ville fantôme, auréolée du faste d'une époque révolue, dont les mines des alentours aidèrent à construire San Francisco et à financer la guerre de Sécession. On vous suggère de louer une voiture et d'arriver avant que les autocars bondés de touristes ne viennent envahir les rues et rompre le charme désuet de Virginia City.

Le nom du **Bucket of Blood Saloon** *(1 S. C St., ☎ 775-847-0322, www.bucketofbloodsaloonvc.com)* veut tout dire. Il s'agissait en effet d'un lieu de rencontre pour gros buveurs de tord-boyaux qui y jouaient aux cartes avant d'être impliqués dans des rixes sanglantes et parfois fatales. La décoration intérieure a été bien conservée, et l'on peut y faire halte pour se désaltérer en écoutant les notes démodées mais agréables que joue le pianiste sans risquer de recevoir derrière la tête une bouteille d'alcool, comme celles qu'on voyait souvent voler bas en ce lieu plutôt mal fréquenté.

The Historic Fourth Ward School and Museum *(5$; mai à oct tlj 10h à 17h; 537 S. C St., ☎ 775-847-0975, www.fourthwardschool.org)*, aménagé dans un splendide bâtiment en bois de trois étages construit en 1876, se présente comme un centre culturel ainsi qu'un musée portant principalement sur l'histoire de la ville et de la région.

Érigé en 1860 pour John Mackay, le **Mackay Mansion** *(4$; tlj 10h à 18h; 129 D St., ☎ 775-847-0373, www.uniquitiesmackaymansion.com)* conserve des meubles d'origine ainsi que divers objets liés aux mines environnantes.

En 1862, un certain Samuel Langhorne Clemens arriva à Virginia City. Il travailla alors pour le journal local *Territorial Enterprise* et se mit à signer ses articles du nom de Mark Twain… L'édifice actuel fut bâti en 1876 et renferme désormais le **Mark Twain Museum at Territorial Enterprise** *(3$; avr à oct 9h à 18h, nov à mars 10h à 17h; 47-53 South C St., ☎ 775-847-7950)*, un musée sur ce célèbre auteur.

Le **Way it Was Museum** *(3$; tlj 10h à 18h; 113 North C St., ☎ 775-847-0766)* présente plusieurs objets liés au monde des mines ainsi que des photos d'époque, des cartes et des lithographies anciennes.

Pour découvrir les alentours, rien ne vaut l'excursion proposée par le **Virginia and Truckee Railroad** *(9$; durée 35 min; fin mai à oct tlj 7 départs entre 10h30 et 16h; angle F St. et Washington St., ☎ 775-847-0380, www.virginiatruckee.com)*. Ce train à vapeur, jadis utilisé pour transporter l'or et l'argent, mène les voyageurs vers Gold Hill et les ruines de la mine Comstock Bonanza.

Carson City ★

Carson City Convention and Visitors Bureau: 1900 S. Carson St., Suite 100, Carson City, ☎ 775-687-7410 ou 800-638-2321, www.visitcarsoncity.com.

Carson City (55 000 hab.) ne possède ni la réputation de Reno ni la truculence de Las Vegas, mais elle revendique toute de même le titre de «capitale du Nevada», et s'y rendre depuis Reno constitue une excursion agréable. Fondée en 1858, la ville doit son nom à la rivière Carson qui coule tout près de là, mais son existence à un homme d'affaires new-yorkais, Abraham V. Curry. Sur les lieux désolés qui allaient devenir Carson City, Curry achète une terre en 1858, alors que le Nevada n'avait pas encore le statut d'État. Un an plus tard, en 1859, lorsqu'on découvre un riche filon au Comstock Lode, Carson City devient un carrefour commercial en pleine effervescence économique. Cinq années s'écoulent lorsqu'en 1864 le Nevada reçoit le statut d'État et Carson City celui de capitale.

Une balade dans les rues de son quartier historique permet de flâner paisiblement au hasard de la découverte. La ville abrite également plusieurs musées intéressants, notamment le **Nevada State Museum** ★★★ *(8$; mer-sam 8h30 à 16h30; 600 N. Carson St., ☎ 775-687-4810)*, qui comprend plusieurs salles fort intéressantes et diversifiées dont les expositions portent sur les premiers occupants de la région, l'histoire du Nevada, celle de la ville, la vie dans les mines ainsi que l'impression de la monnaie.

Au **Nevada State Railroad Museum** ★★ *(5$; ven-lun 8h30 à 16h30; 2180 S. Carson St., ☎ 775-687-6953)*, vous pourrez admirer plusieurs locomotives à vapeur ainsi que plusieurs wagons et divers équipements provenant, entre autres, de la compagnie ferroviaire Comstock Era's Virginia & Truckee Railroad.

Le **Children's Museum of Northern Nevada** ★ *(5$ adultes, 3$ enfants; tlj 10h à 16h; 813 N. Carson St., ☎ 775-884-2226, www.cmnn.org)* saura amuser autant les petits que les grands, notamment avec son piano géant…

Le **Nevada State Capitol** ★ *(entrée libre; tlj 8h à 17h; 101 N. Carson St., angle Carson St. et Musser St., ☎ 775-687-4810)*, dont la construction s'est achevée en 1871, témoigne de cette époque florissante. Le bâtiment est facilement reconnaissable par son dôme argenté.

Activités de plein air

Les visiteurs de passage à Las Vegas passent tellement de temps à l'intérieur des casinos qu'ils oublient que la ville et ses alentours comptent de multiples endroits propices aux activités de plein air.

➤ Golf

Le golf fait sans cesse de nouveaux adeptes au Nevada. Las Vegas est entourée d'une douzaine de terrains de golf. Vous en retrouverez même en plein cœur de la ville!

Voici quelques terrains dans les environs de Las Vegas:

Bali Hai Golf Club: 5160 Las Vegas Blvd. S., ☎ 888-427-6678, www.balihaigolfclub.com

Desert Rose: 5483 Club House Dr., ☎ 702-431-4653, www.desertrosegc.com

Las Vegas National Gold Club: 1911 E. Desert Inn Rd., ☎ 702-734-1796 ou 866-695-1961, www.lasvegasnational.com

› Navigation de plaisance

Si vous avez envie de sillonner les eaux du lac Mead à bord d'une embarcation colorée, montez à bord du ***Desert Princess*** *(24$; Boulder City, ☎ 702-293-6180, www.lakemeadcruises.com)*. Il s'agit d'un bateau qui ressemble aux anciens navires à aubes qui voguaient jadis sur le fleuve Mississippi.

› Randonnée pédestre

Le **Valley of Fire State Park** (voir p. 579) et le **Red Rock Canyon** (voir p, 579) sont sillonnés de sentiers pédestres. Pour plus de détails, arrêtez-vous aux postes d'information situés à l'entrée de ces parcs: vous y trouverez des cartes et des renseignements qui vous permettront de vous orienter.

› Tennis

Quelques hôtels possèdent des courts de tennis où les amateurs peuvent s'échanger la balle. La plupart proposent également des leçons de tennis.

Bally's: 3645 Las Vegas Blvd. S., ☎ 702-967-4598

Hébergement

Las Vegas

Las Vegas regroupe quelques-uns des plus grands hôtels de la planète. La ville compte en effet plus de 140 000 chambres d'hôtel. En moyenne, un établissement «normal» sur le *Strip* abrite près de 2 000 chambres. Vous saisissez? Ici, on privilégie la quantité par rapport à la qualité.

Au sud du *Strip*

Excalibur Hotel and Casino
$$-$$$
≡ ♠ ≋ ♛ ≋ Y ♿ ❄ ⛴ @
3850 Las Vegas Blvd. S.
☎ 702-597-7777 ou 877-750-5464
www.excalibur.com

Le gigantesque Excalibur semble sorti tout droit d'un film de Monthy Python et s'inscrit parfaitement dans la lignée des énormes casinos thématiques du *Strip*. Ce complexe hôtelier aux dimensions impressionnantes regroupe tous les services et installations nécessaires afin de divertir les clients sans qu'ils aient à sortir dehors. Parmi les nombreux services offerts, mentionnons, entre autres, l'animation des amuseurs publics qui font sourire les gamins. La plupart des quelque 4 000 chambres, décorées dans un style d'inspiration médiévale, offrent une vue sur le *Strip* et de plus sont propres, bien équipées, mais sans plus.

Luxor Hotel and Casino
$$-$$$ ≡ ♠ ⛴ ♛ ≋ Y ❄ ♿ @
3900 Las Vegas Blvd. S.
☎ 702-262-4000 ou 877-386-4658
www.luxor.com

Le Luxor est taillé sur mesure pour la ville de la démesure. Un gigantesque sphinx garde l'entrée d'une imposante pyramide de verre qui, le soir, prend des allures de vaisseau spatial dont les rayons convergent vers le sommet et percent le ciel, ce qui lui vaut le titre du plus puissant faisceau lumineux au monde. Ouvert depuis le 15 août 1993 et ayant coûté la modique somme de 375 millions de dollars, le Luxor est doté d'ascenseurs panoramiques qui desservent plus de 4 000 chambres décorées sur le thème de l'Égypte pharaonique.

Tropicana
$$-$$$ ≡ ♠ ⛴ ♛ ♿ ◎ ≋ @
3801 Las Vegas Blvd. S.
☎ 702-739-2222 ou 888-826-8767
www.troplv.com

Subissant jusqu'en 2011 une cure de rajeunissement de plus de 160 millions de dollars, le Tropicana troque ses airs de paradis polynésien pour un *look* South Beach (Miami). Ses chambres, redécorées dans des tons chaleureux qui tentent de refléter l'atmosphère de la célèbre métropole floridienne, offriront tout le confort moderne.

Monte Carlo
$$-$$$$ ≡ ♠ ⛴ P ≋ ♛ ♿ @
3770 Las Vegas Blvd. S.
☎ 702-730-7777 ou 888-529-4828
www.montecarlo.com

Vous ne saurez manquer l'élégant Monte Carlo grâce à sa jolie façade crème, ses fontaines qui clapotent, ses arches romaines et ses statues callipyges au regard figé dans l'éternité. Incarnant le luxe et le prestige, cet établissement inspiré du ravissant casino de Monte Carlo, sur la Côte d'Azur, loue près de 3 000 chambres et quelque 225 suites spacieuses, chics, dallées de marbre et bien équipées. Pour plus d'"intimité, les visiteurs peuvent également louer de petites loges aux abords de l'une des piscines de cet établissement.

Mandalay Bay
$$$-$$$$
≡ @ P Y @
3950 Las Vegas Blvd. S.
702-632-7777 ou 877-632-7800
www.mandalaybay.com

Inauguré à la fin du XXe siècle, le Mandalay Bay se dresse à l'emplacement du défunt Hacienda, qui fut détruit sous les yeux des badauds la veille du jour de l'An 1996. Contrairement aux autres *resort hotels* thématiques aux noms de lieux géographiques connus, cet établissement haut de gamme doit son nom à un lieu inconnu évoquant tantôt l'Asie du Sud-Est, tantôt la Polynésie, ou même une contrée chimérique. La présence de statues d'êtres hybrides, étranges et mythiques, conjuguée à la décoration du hall de réception où l'on voit des perroquets en cage poussant des cris à côté d'un aquarium géant où folâtrent des requins en compagnie de poissons colorés, donne une bonne idée du lieu exotique mais volontairement ambigu auquel se réfère le nom de l'hôtel. L'établissement comprend une grande terrasse qui s'étend au milieu de 4,4 ha de végétation luxuriante, au sein de laquelle une lagune est encerclée par une piste de jogging de 800 m. Ses vastes chambres sont toutes impeccables.

MGM Grand
$$$-$$$$ ≡ P @
3799 Las Vegas Blvd. S.
702-891-1111 ou 877-880-0880
www.mgmgrand.com

À n'en point douter, le MGM Grand occupe une place importante parmi les plus grands hôtels de la planète, grâce à une capacité hôtelière de plus de 5 000 chambres, impeccables, modernes et spacieuses. Des copropriétés sont également disponibles dans ce complexe hôtelier. Ce mastodonte dresse la masse de sa façade vitrée verte aux dimensions colossales au sud-est du *Strip*, où l'on peut facilement apercevoir le lion doré, icône emblématique de la maison de production hollywoodienne qui fait ici 21,5 m de hauteur et qui semble surveiller les passants.

Four Seasons Hotel
$$$$
≡ P Y @
3960 Las Vegas Blvd. S.
702-632-5000 ou 800-819-5053
www.fourseasons.com/lasvegas

Le luxueux Four Seasons prend les allures d'un petit havre de paix et fait incontestablement partie des meilleurs hôtels du Nevada. Le Four Seasons, qui n'abrite aucun casino, apporte une touche d'élégance et de distinction parmi la pléthore d'établissements plus spacieux, mais à l'architecture douteuse, et de plus noyés dans le bruit incessant que génèrent le cliquetis des pièces de monnaie et les sonneries stridentes des machines à sous dont chaque hôtel-casino est véritablement submergé partout en ville. Cet établissement de qualité remarquable, au contraire, ne dispose que de quelque 338 chambres et 86 suites, toutes installées entre les 35e et 39e étages d'une des tours du complexe mitoyen Mandalay Bay (voir plus haut). Les chambres et les suites conjuguent luxe et raffinement européen. Si vous avez des enfants, le personnel leur portera une attention particulière; entre autres, on placera dans les chambres du caoutchouc mousse sur les coins des meubles pour éviter que les gamins se blessent et on leur servira du lait et des biscuits. Après avoir passé une journée sur le *Strip*, les clients aiment bien se reposer tranquillement sur la terrasse de la piscine, où l'on vient doucement leur vaporiser le visage de gouttelettes d'eau pendant qu'ils s'adonnent avec délectation au plaisir du farniente. L'accueil est chaleureux, et le service empressé se veut sans faille. Enfin, le personnel parle plusieurs langues et déploie bien des efforts pour rendre votre séjour le plus agréable possible.

New York-New York
$$$$ ≡ P Y @
3790 Las Vegas Blvd. S.
702-740-6969 ou 800-689-1797
www.nynyhotelcasino.com

Le New York-New York semble sorti tout droit de l'imagination débridée d'Andy Warhol. Ce mammouth de l'infrastructure hôtelière de Las Vegas totalise environ 2 000 chambres, propres et bien équipées mais sans grande originalité. Toutefois, le décor extérieur est digne de figurer sur la liste des réalisations de la ville qu'il faut cataloguer à la rubrique du spectaculaire et de l'excessif avec assaut de superlatifs. En effet, on ne peut passer devant l'hôtel sans voir les répliques géantes de la statue de la Liberté ou du Brooklyn Bridge, ce dernier s'étendant sur un peu plus de 90 m de longueur. De plus, des montagnes russes extérieures filent à vive allure, font des boucles et donnent aux jeunes visiteurs des sensations fortes.

CityCenter
Las Vegas Blvd. S., entre Tropicana Avenue et Harmon Avenue
www.citycenter.com

La société MGM Mirage, en collaboration avec des architectes de renommée internationale, a érigé le City Center, un projet dantesque situé entre le Monte Carlo et le Bellagio, et qui occupe une superficie d'environ 44,5 ha. Le CityCenter abrite l'**Aria Resort & Casino** *($$$$; ≡ @ ♆ ⛴ ♠ Y; 3730 Las Vegas Blvd. S., ☎ 866-359-7757, www.arialasvegas.com)*, un hôtel-casino de 4 000 chambres, trois hôtels-boutiques sans casino de 400 chambres chacun: le premier **Mandarin Oriental** *($$$$; ♆ ≡ Y @ ≋ ⛴; 3752 Las Vegas Blvd. S., ☎ 702-590-8888, www.mandarinoriental.com/lasvegas)* de Las Vegas, le **Vdara Hotel & Spa** *($$$-$$$$; ♆ ≡ ≋ ● @ Y ⛴; 2600 W. Harmon Ave., ☎ 702-590-2767 ou 866-745-7767, www.vdara.com)* et **The Harmon Hotel** *($$$$; ♆ ≡ @ Y ⛴ ≋; 3720 Las Vegas Blvd. S., www.theharmon.com)*, des copropriétés luxueuses, ainsi qu'une zone commerciale et de loisirs où l'on présente, entre autres, *Viva ELVIS*, un spectacle du Cirque du Soleil. Le CityCenter est doté de technologies écologiques qui en font un des plus grands complexes du globe qui respecte les principes du développement durable: terrasses-jardins, eau recyclée, centrale d'énergie locale.

Au centre du *Strip*

Bally's Resort
$$-$$$
≡ ♠ ⛴ P ≋ Y ♆ ♿ @
3645 Las Vegas Blvd. S.
☎ 702-739-4111 ou 888-742-9248
www.ballyslv.com

Jadis connu comme le MGM de Las Vegas, le Bally's fut en effet, à une certaine époque, le plus grand hôtel du monde. En 1980, le complexe inscrit son nom sur l'une des pages les plus noires de la courte histoire de Las Vegas, lorsqu'un terrible incendie y éclate soudain et fait périr 84 personnes. Cette époque est fort heureusement révolue et, après s'être refait une beauté, il totalise aujourd'hui près de 3 000 chambres,

▲ HÉBERGEMENT

Au sud du Strip

1. BY City Center
2. BY Excalibur Hotel and Casino
3. AZ Four Seasons Hotel
4. AY Luxor Hotel and Casino
5. BZ Mandalay Bay
6. BY MGM Grand
7. BY Monte Carlo
8. BY New York-New York
9. BY Tropicana

Au centre du Strip

10. BX Bally's Resort
11. AX Bellagio
12. AX Caesars Palace
13. BX Flamingo Las Vegas
14. BX Mirage
15. BX Paris Las Vegas
16. BW The Palazzo
17. BX The Venetian
18. BW Trump International Hotel Las Vegas

Au nord du Strip

19. BW Circus Circus
20. CV Sincity Hostel
21. CV Stratosphere Las Vegas

À l'est du Strip

22. CX Hard Rock Hotel and Casino
23. BY Motel 6

À l'ouest du Strip

24. AX Palms Casino Resort
25. AX Rio All-Suite Hotel and Casino

● RESTAURANTS

Au sud du Strip

26. BZ Brio Tuscan Grille
27. AZ Burger Bar
28. BY Diego
29. AX Guy Savoy
30. BZ Red Square
31. AZ Rick Moonen's RM Seafood
32. BY SEABLUE
33. BY Shibuya
34. BZ The Grape
35. BY Wichcraft

Au centre du Strip

36. BX Battista's Hole in the Wall
37. AX Bradley Odgen
38. BX Hyakumi
39. BX Mon Ami Gabi
40. BX Pinot Brasserie

Au nord du Strip

41. BW RA Sushi
42. BW Red 8
43. BW Wing Lei

À l'est du Strip

44. CX Nobu
45. CX Pink Taco

À l'ouest du Strip

46. AX Little Buddha
47. AX N9NE Steakhouse

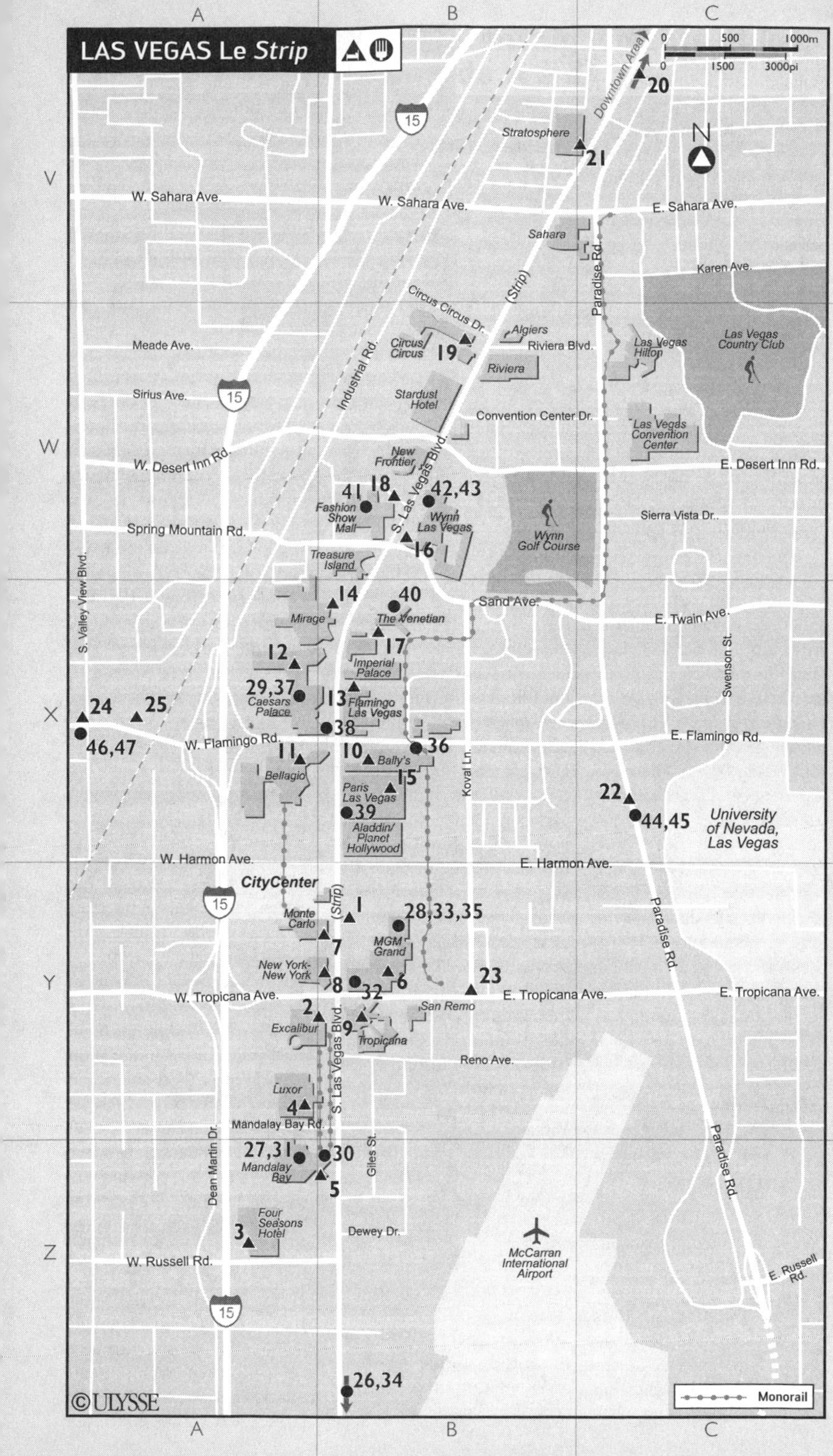

LAS VEGAS Le *Strip*

A B C

V W X Y Z

0 500 1000m
0 1500 3000pi

N

Downtown Area
20
Stratosphere
21
W. Sahara Ave.
E. Sahara Ave.
Sahara
Paradise Rd.
Karen Ave.
(Strip)
Circus Circus Dr.
Algiers
Riviera Blvd.
Circus Circus
19
Riviera
Las Vegas Hilton
Las Vegas Country Club
Meade Ave.
Sirius Ave.
Industrial Rd.
Stardust Hotel
Convention Center Dr.
Las Vegas Convention Center
W. Desert Inn Rd.
E. Desert Inn Rd.
New Frontier
S. Las Vegas Blvd.
41
18
42,43
Fashion Show Mall
Wynn Las Vegas
Sierra Vista Dr.
Spring Mountain Rd.
16
Wynn Golf Course
Treasure Island
S. Valley View Blvd.
14
40
Sand Ave.
Mirage
The Venetian
E. Twain Ave.
17
12
Imperial Palace
Swenson St.
29,37
Caesars Palace
13
Flamingo Las Vegas
24
25
38
46,47
W. Flamingo Rd.
E. Flamingo Rd.
11
10
Bally's
36
Bellagio
15
Koval Ln.
Paris Las Vegas
22
39
44,45
University of Nevada, Las Vegas
Aladdin/ Planet Hollywood
W. Harmon Ave.
E. Harmon Ave.
CityCenter
15
(Strip)
1
28,33,35
Paradise Rd.
Monte Carlo
7
MGM Grand
New York-New York
6
23
8
32
W. Tropicana Ave.
E. Tropicana Ave.
E. Tropicana Ave.
2
San Remo
Excalibur
9
Tropicana
Reno Ave.
S. Las Vegas Blvd.
Luxor
4
Mandalay Bay Rd.
27,31
30
Mandalay Bay
5
Giles St.
Dean Martin Dr.
Paradise Rd.
Four Seasons Hotel
3
Dewey Dr.
McCarran International Airport
W. Russell Rd.
E. Russell Rd.
15
26,34
Monorail

confortables, spacieuses et sécuritaires, qui lui permettent de toujours figurer parmi les mammouths de l'industrie hôtelière de Las Vegas. Un centre commercial relie l'établissement au Paris Las Vegas.

Bellagio
$$$-$$$$
≡ ♠ P ♒ Y ♆ ≀≀≀ ♿ @
3600 Las Vegas Blvd. S.
702-693-7111 ou 888-987-6667
www.bellagiolasvegas.com

Le Bellagio est l'un des nombreux triomphes de l'imaginaire de son ancien propriétaire, le milliardaire Steve Wynn. Le Bellagio fut ouvert en grande pompe le 15 octobre 1998 grâce à la bagatelle de 1,5 milliard de dollars. L'établissement ressemble au petit village italien de Bellagio, construit en bordure du lac de Côme. Mentionnons que le lac de Las Vegas s'étend sur près de 5 ha devant l'hôtel et offre un joli spectacle de cascades sous les airs de 10 chansons rotatives. Les 4 000 chambres sont à la hauteur du chic que l'on peut s'attendre d'un établissement de catégorie supérieure et offrent d'intéressants points de vue sur le *Strip* et ses alentours. On y présente aussi le merveilleux spectacle *«O»* du Cirque du Soleil. L'hôtel est interdit aux personnes âgées de moins de 21 ans.

Caesars Palace
$$$$ ≡ ♠ P ♒ Y ❄ ♆ ♿ @
3570 Las Vegas Blvd. S.
702-731-7110 ou 866-227-5938
www.caesarspalace.com

Véritable institution au cœur du *Strip*, l'opulent Caesars Palace, inauguré en 1966, parvient à soutenir et à défier le poids des ans malgré la très forte concurrence. En plus de ses quelque 3 000 chambres, on y retrouve quatre chapelles et un centre commercial tout à fait unique, The Forum Shops, qui n'a pas terminé de séduire sa clientèle.

Flamingo Las Vegas
$$$$
≡ ♠ P ♒ ◎ ≀≀≀ Y 🔒 ♆ ♿ @
3555 Las Vegas Blvd. S.
702-733-3111 ou 888-902-9929
www.flamingolv.com

Intimement lié à son fondateur, *Bugsy* Seigel, le Flamingo Las Vegas fut racheté par la chaîne hôtelière Hilton, qui ne se gêna pas pour le remodeler de façon plus respectable. En effet, depuis son inauguration en 1946, des travaux d'agrandissement successifs ont permis l'ajout de nombreuses chambres, tant et si bien qu'aujourd'hui les quelque 3 650 chambres sont spacieuses et aménagées avec goût et distinction. Évidemment, pour se dissocier du passé scabreux qui entachait sa réputation, on s'empressa de détruire l'aile qui jadis abritait la suite du gangster notoire. En fait, il n'y a pas grand-chose d'original qui subsiste, mais, si vous souhaitez loger dans un établissement vénérable, au passé riche mais révolu, il s'agit d'une adresse à retenir. Derrière l'établissement, des sentiers aménagés dans une végétation luxuriante ponctuée d'étangs où se trouvent des flamants roses et des pingouins mènent à une jolie piscine.

Mirage
$$$$
≡ ♠ P ♒ Y ♆ ≀≀≀ ◎ ♿ @
3400 Las Vegas Blvd. S.
702-791-7111 ou 800-627-6667
www.mirage.com/hotel

Lorsque Steve Wynn inaugura le Mirage en grande pompe le 22 novembre 1989, le concept d'un méga-hôtel thématique se situant autour d'un paradis tropical semblait farfelu et voué à l'échec. Non seulement ce fut l'élément déclencheur qui a mené par la suite à l'érection d'une succession de méga-casinos, mais le Mirage parvient toujours à se maintenir dans le peloton de tête, même s'il s'est vu déclassé par d'autres complexes encore plus gros et que Wynn n'en est plus propriétaire. Érigé au cœur du *Strip*, cet établissement de 30 étages abrite environ 3 000 chambres qui offrent toutes les commodités qu'on peut s'attendre d'un grand hôtel. Reconnu surtout pour son volcan qui crache son fiel enflammé une fois la nuit tombée, le Mirage abrite une végétation luxuriante et des cascades d'eau. À signaler, l'énorme aquarium derrière la réception et le spectacle du Cirque du Soleil: *LOVE*.

Paris Las Vegas
$$$$ ≡ ♠ P ♒ Y ♆ ♿ @
3655 Las Vegas Blvd. S.
702-649-7000ou 877-796-2096
www.parislv.com

En septembre 1999, Las Vegas a franchi un nouveau seuil d'incongruité en érigeant le Paris Las Vegas. Construit au coût de 800 millions de dollars, ce palace comprend une réplique à 50% de la tour Eiffel dont trois des quatre pieds enjambent le casino et qui est dotée d'un restaurant et d'un splendide belvédère. S'y trouvent aussi l'Arc de triomphe de l'Étoile, le palais Garnier, le parc Monceau et la sympathique rue de la Paix, pour tenter de capter et restituer l'atmosphère caractéristique de la Ville lumière. Le complexe abrite plus de 2 500 chambres et suites réparties sur 33 étages. L'intérieur est décoré de sculptures Art nouveau et de reproductions de tableaux d'impressionnistes français. Un centre commercial, une piscine olympique, des courts de tennis et quelques très bons restaurants complètent les installations de l'établissement.

The Palazzo
$$$$ ≡ @
3255 Las Vegas Blvd. S.
702-607-7777 ou 877-444-5777
www.palazzolasvegas.com

Ouvert en janvier 2008 au coût de 1,9 milliard, le Palazzo est un hôtel-casino qui respire le luxe et l'opulence. Construit en annexe du Venetian par la Las Vegas Sands Corp., cet établissement propose environ 3 000 suites spacieuses, au confort impeccable, réparties sur 50 étages. Grâce à cette expansion, le complexe Venetian/Palazzo est devenu le plus grand hôtel du monde avec plus de 7 000 chambres. Cette propriété se targue également d'être le plus grand bâtiment de la planète à recevoir la certification LEED (Leadership in Energy and Environmental Design) du Green Building Council. S'y trouvent également une zone commerciale, The Shoppes at The Palazzo, qui abrite plus de 50 boutiques de luxe, ainsi que le premier concessionnaire Lamborghini du *Strip*. Bref, une adresse idéale pour les personnes bien nanties qui veulent donner un coup de pouce à la planète sans pour autant renoncer au luxe et au confort.

The Venetian
$$$$ ≡ P @
3355 Las Vegas Blvd. S.
702-414-1000 ou 866-659-9643
www.venetian.com

Occupant l'emplacement où se dressait jadis le célèbre Sands, l'ancien lieu de rencontre du *Rat Pack*, le Venetian fut inauguré avec panache en 1999 pour rivaliser de beauté et de prestige avec le Bellagio. Les plafonds de l'hôtel sont décorés de peintures italiennes. Ayant pour thème Venise, ce complexe hôtelier ne compte que des suites élégantes (parmi les plus spacieuses du *Strip*). Au total, on trouve quelque 3 100 suites, à la décoration qui s'inspire évidemment du style italien. Les sanitaires sont dallés de marbre. Et comme à Venise, des gondoles sillonnent le petit canal devant l'hôtel. Les gastronomes seront ravis puisque l'établissement abrite quelques-uns des fleurons culinaires de Las Vegas.

Trump International Hotel Las Vegas
$$$$ ≡ @
2000 Fashion Show Dr.
702-982-0000 ou 866-939-8786
www.trumplasvegashotel.com

Ouvert en mars 2008 au coût de 500 millions de dollars à côté du Fashion Show Mall, ce poids lourd de l'hôtellerie haut de gamme appartient au magnat de l'immobilier Donald Trump *himself*. Au premier coup d'œil, une tour de 64 étages enrobée de vitres teintées d'or 24 carats s'élance de façon ostentatoire et abrite 1 282 chambres d'une fonctionnalité américaine mâtinées d'une finesse européenne. Il s'agit de l'un des rares établissements du *Strip* sans casino. Toutefois, on y trouve de nombreux services comme un spa pour les clients souhaitant éliminer leurs toxines et faire provision d'énergie. Un restaurant gastronomique complète les installations. Le service est assuré par un personnel de haut niveau pour une clientèle réputée exigeante.

Au nord du *Strip*

Sincity Hostel
$ bc ≡ P @
1208 Las Vegas Blvd. S.
702-868-0222
www.sincityhostel.com

Bien que située dans un quartier un peu douteux, l'auberge de jeunesse loue des chambres à des prix qui défient toute concurrence et qui sont généralement occupées par des touristes voyageant sac au dos. L'établissement propose des chambres partagées, un peu glauques, qui conviendront parfaitement aux baroudeurs. Quelques chambres privées sont également disponibles. L'établissement dispose également d'une aire commune avec cuisine et zone d'accès à Internet. Cette adresse est très populaire auprès des globe-trotters venus des quatre coins du monde pour jouer dans les casinos dans l'espoir de pouvoir se payer une meilleure chambre. Les réservations sont vivement suggérées.

Circus Circus
$-$$ ≡ P @
2880 Las Vegas Blvd. S.
702-734-0410 ou 800-634-3450
www.circuscircus.com

Le vénérable Circus Circus a vu le jour en 1968, mais uniquement à titre de casino. À l'époque, il s'agissait du seul complexe à viser une clientèle familiale grâce à son énorme chapiteau sous lequel clowns et amuseurs publics divertissaient les gamins pendant que les parents dilapidaient leur argent au casino. Il fallut attendre l'année 1972 pour que les propriétaires se décident à faire construire les premières chambres. Aujourd'hui, il compte près de 4 000 petites chambres économiques au confort moderne, mais légèrement défraîchies.

Stratosphere Las Vegas
$$$-$$$$ ≡ ♠ ≈ Y @
2000 Las Vegas Blvd. S.
702-380-7777 ou 800-998-6937
www.stratospherehotel.com

La tour d'observation du Stratosphere est la plus élevée à l'ouest du Mississippi. Ses 2 400 chambres offrent des vues spectaculaires sur le *Strip* et ses environs. L'établissement est doté d'un belvédère et d'un parc d'attractions qui ravira les petits... comme les grands en quête de frissons vertigineux! Surveillez le site Internet, il arrive régulièrement que les prix chutent à moins de 100$ la nuitée.

À l'est du *Strip*

Motel 6
$-$$ ≡ P ≈ @
195 E. Tropicana Ave.
702-798-0728 ou 800-466-8356
www.motel6.com

Avec ses quelque 600 chambres, le Motel 6 de Las Vegas présente un excellent rapport qualité/prix pour sa catégorie. Les chambres standardisées sont décorées sans artifices, mais elles se révèlent confortables et bon marché. Il faut avoir 21 ans et plus pour pouvoir réserver une chambre.

Hard Rock Hotel and Casino
$$$$ ≡ ♠ P ≈ @
4455 Paradise Rd.
702-693-5000 ou 800- 693-7625
www.hardrockhotel.com

Au Hard Rock Hotel, faisant fi de la mode techno et de la *house* bourdonnante, la vieille garde du rock-and-roll ne baisse jamais les bras. D'ailleurs, quel autre style musical peut se vanter d'avoir un hôtel qui lui soit dédié? Situé à quelques minutes de l'aéroport, mais à l'est du *Strip*, cet établissement propose plus de 1500 chambres décorées avec des éléments du rock et réparties dans trois tours. L'hôtel dispose aussi d'une salle de spectacle, The Joint, où des musiciens d'allégeance rock viennent brûler les planches.

À l'ouest du *Strip*

Palms Casino Resort
$$-$$$$
≡ ♠ P ≈ Y @
4321 W. Flamingo Rd.
702-942-7777 ou 866-942-7770
www.palms.com

Inauguré avec panache en novembre 2001 et ayant coûté 265 millions de dollars, le Palms se dresse sur 42 étages où s'échelonnent environ 700 chambres soigneusement décorées avec des tons apaisants, et qui offrent des vues magnifiques sur le *Strip*. L'établissement est prisé d'une clientèle jeune, chic et belle. Ceux qui souhaitent se faire bichonner noteront que l'hôtel est pourvu d'un superbe spa d'une superficie d'environ 1 675 m². Les visiteurs désirant une plus grande intimité y trouveront des copropriétés. Le personnel est avenant.

Rio All-Suite Hotel and Casino
$$$-$$$$
≡ ♠ P ❄ Y ≈
3700 W. Flamingo Rd.
702-252-7777 ou 888-746-7671
www.riolasvegas.com

Le Rio se dresse à l'écart du *Strip*, un peu à l'ouest. Malgré son éloignement, l'établissement s'attire la faveur d'une clientèle fringante grâce aux millions de dollars injectés par ses propriétaires, qui lui ont conféré une atmosphère festive aux allures carnavalesques et y ont construit l'une des boîtes de nuit les plus branchées de Las Vegas et environ 2 600 suites joyeusement colorées. Trois piscines sont entourées de cascades et d'une petite plage qui donne une fausse mais agréable impression d'être près de la mer.

Downtown Area

Main Street Station
$-$$ ≡ ♠ ≈
200 N. Main St.
702-387-1896 ou 800-713-8933
www.mainstreetcasino.com

Situé à deux minutes à pied de Fremont Street, le charmant Main Street Station s'inspire de l'ère victorienne et propose 406 chambres plutôt jolies. S'y trouvent aussi quelques restaurants et un petit bar qui brasse sa propre bière. Si vous désirez loger dans le quartier, sachez qu'il s'agit d'un hôtel qui présente un excellent rapport qualité/prix.

Plaza Hotel & Casino
$-$$ ≡ ♠ ≈ ❄ @
1 Main St.
702-386-2110 ou 800-634-6575
www.plazahotelcasino.com

Le Plaza ferme Fremont Street à l'ouest et propose à ses clients des chambres spacieuses et convenables qui offrent une vue sur la Fremont Street Experience, mais dont la décoration est quelconque.

Golden Nugget
$$-$$$ ≡ ♠ ≈ Y @
129 E. Fremont St.
702-385-7111 ou 800-846-5336
www.goldennugget.com

Sans nul doute l'établissement hôtelier ayant le plus de classe dans le quartier, le Golden Nugget dispose de 2 300 chambres et suites élégantes, dotées d'une décoration contemporaine. Astiqué de partout, le hall est enjolivé de lustres étincelants, et le plancher est dallé de marbre. S'y trouvent aussi une piscine olympique et une immense salle de banquet.

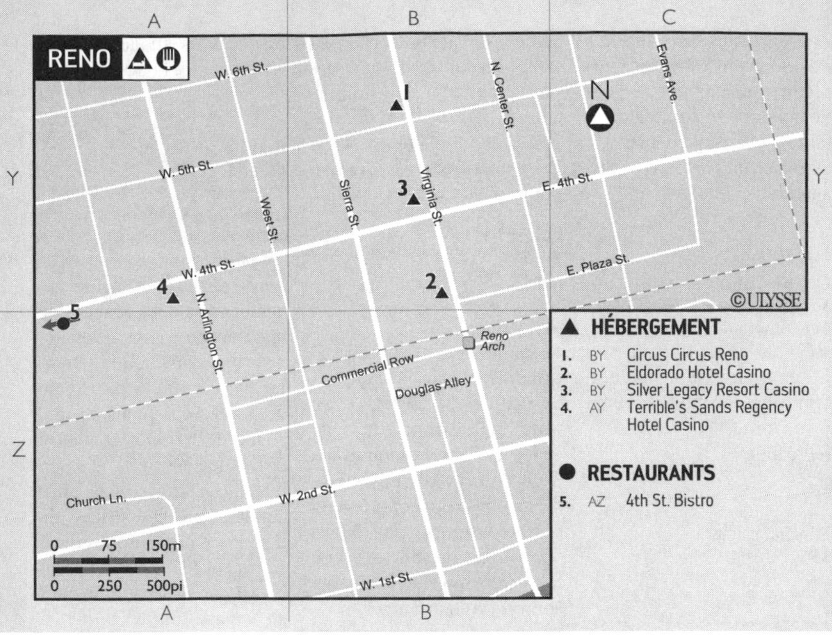

L'ouest du Nevada

Reno

Terrible's Sands Regency Hotel Casino
$-$$
345 N. Arlington Ave.
775-348-2264 ou 866-386-7829
www.sandsregency.com

Adresse intéressante pour ses prix et sa situation, au centre-ville de Reno, le Terrible's Sands Regency propose près de 1 000 chambres qui, sans être luxueuses, procurent un confort tout à fait honorable. L'établissement est populaire auprès des Canadiens. Et pour les intéressés, on y retrouve une chapelle pour la célébration des mariages.

Circus Circus Reno
$-$$$
500 N. Sierra St.
775-329-0711 ou 800-648-4010
www.circusreno.com

Petit frère du Circus Circus de Las Vegas, le Circus Circus Reno dispose d'environ 1 500 chambres sans surprises mais tout à fait correctes. S'y trouve aussi un chapiteau sous lequel les enfants peuvent se divertir.

Eldorado Hotel Casino
$$-$$$ @
345 N. Virginia St.
775-786-5700 ou 800-879-8879
www.eldoradoreno.com

Situé au centre-ville, l'Eldorado fait sans conteste partie des meilleurs hôtels de Reno. Ses quelque 815 chambres sont élégantes et spacieuses, avec une décoration aux accents d'Europe. Le personnel est avenant, et l'établissement est pourvu d'un centre d'affaires.

Silver Legacy Resort Casino
$$-$$$ @
407 N. Virginia St.
775-325-7401 ou 800-687-8733
www.silverlegacyreno.com

Les quelque 1 700 chambres du Silver Legacy Resort Casino sont de style «San Francisco Victorian». L'hôtel est coiffé d'un énorme dôme de plus de 55 m qui abrite une jolie réplique d'un *mining rig* (installation de forage) de 1890 s'élevant à 37 m au-dessus du plancher du casino.

Virginia City

Virginia City RV Park
$-$$
355 North F St.
775-847-0999 ou 800-889-1240
www.vcrvpark.com

Ce camping compte près de 50 emplacements pour les autocaravanes et d'autres emplacements pour les tentes ainsi qu'une épicerie.

Cobb Mansion Bed and Breakfast
$$-$$$ @
18 S. A St.
775-847-9006 ou 877-847-9006
www.cobbmansion.com

Parmi les nombreux *bed and breakfasts* en ville, le Cobb Mansion figure en très bonne position. L'élégance, autant extérieure qu'intérieure, de cette grande maison datant de 1876 charme instantanément les clients. Les meubles d'époque et toute l'histoire

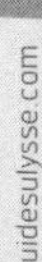

de cette demeure, que les hôtes savent très bien partager, sans oublier le petit déjeuner servi sur la grande table de la salle à manger, assurent un séjour des plus agréables.

Carson City

Camp-N-Town
$ @
2438 N. Carson St.
775-883-1123
Ce camping dispose d'une centaine d'emplacements pour tentes et véhicules récréatifs.

Bliss Bungalow
$$$ ❄ @
408 W. Robinson St.
775-883-6129
www.blissmansion.com
Ce «bungalow» est en fait une somptueuse demeure construite en 1914, entourée d'un beau jardin et avec un porche où il fait bon se détendre. Les cinq chambres sont chaleureusement décorées, tout comme le reste de la maison qui préserve son cachet d'antan. Petit déjeuner libre-service.

Restaurants

Las Vegas

Voir carte p. 587

Au sud du *Strip*

Wichcraft
$
MGM Grand
3799 Las Vegas Blvd. S.
702-891-7777
Petit restaurant au décor contemporain et à l'esthétique minimaliste, Wichcraft est une très bonne adresse pour se remplir la panse sans vider son porte-monnaie. On y propose une belle sélection de sandwichs généreusement farcis au thon ou au porc grillé et servis dans des pains faits maison. Muffins, scones, soupes et salades complètent le menu. Vraiment très bon, décidément copieux et pas cher du tout!

Burger Bar
$-$$$$
Mandalay Bay
3950 Las Vegas Blvd. S.
702-632-7777
Restaurant «branchouillard» qui fait courir le tout Las Vegas, le Burger Bar est un établissement à la déco stylée et contemporaine qui a eu son lot d'articles élogieux dans toute la presse et qui ne désemplit pas depuis son ouverture. Son menu à la carte permet de composer son propre hamburger «nouveau genre» à partir de plusieurs suggestions du cuistot. Les plus excentriques opteront pour le Fleur Burger 5000 (5000$; non il ne s'agit pas d'une erreur d'impression), un hamburger préparé avec le célèbre bœuf de Kobe, fourré de foie gras et nappé d'une sauce aux truffes maison onctueuse… Et pour arroser le tout, on offre une bouteille de Château Petrus 1990. Parfait pour combler un petit creux ou satisfaire un gros appétit.

The Grape
$$
Town Square
6605 Las Vegas Blvd. S.
702-220-4727
Petit restaurant à la décoration épurée, The Grape est un refuge apaisant au cœur de la frénésie de Las Vegas qui propose un menu centré sur la Méditerranée. Parfait pour prendre une bouchée rapide ou un repas complet aux saveurs méditerranéennes, ou bien simplement savourer un verre de vin. Plus de 120 vins sont disponibles au demi-verre, au verre et à la bouteille.

Brio Tuscan Grille
$$-$$$
Town Square
6653 Las Vegas Blvd. S.
702-914-9145
www.brioitalian.com
Pour se mettre à l'heure italienne entre deux séances de magasinage à Town Square, pointez-vous chez Brio. En entrée, un carpaccio de bœuf relevé à point ou une soupe de morilles crémeuse et raffinée assure la mise en bouche. Comme plats principaux, l'ardoise affiche de nombreux plats inspirés de la Toscane. Jetez votre dévolu sur les garganellis aux crevettes et homard (pâtes courtes et tubulaires qui ressemblent aux pennes). C'est délicieusement gourmand et léger! Les carnivores peuvent choisir entre l'escalope de veau milanaise et les côtelettes d'agneau grillées. Côté décor, une réplique de 10 m du Colisée de Rome trône au fond de la salle à manger. Au rayon des desserts, profitez-en pour vous sucrer le bec avec un tiramisu crémeux ou un gâteau au fromage. Service impeccable et débordant de gentillesse.

Diego
$$$
MGM Grand
3799 S Las Vegas Blvd. S.
702-891-7777
Sur l'ardoise de ce restaurant d'un très bon calibre culinaire, les grands classiques de la cuisine mexicaine sont remis au goût du jour et côtoient d'autres créations délicieusement riches en cholestérol, bien exécutées et joliment présentées dans un espace résolument attrayant. Bon choix de tequilas, mescals et bières pour étancher votre soif. Service empressé et courtois.

Buffets

Las Vegas revendique à bon droit le titre de la capitale du jeu, mais la ville se targue également d'être la Mecque des buffets. D'ailleurs, Las Vegas étant surnommée *Sin City* (la «ville du péché»), il n'est guère étonnant qu'elle ait fini par succomber à l'un des sept péchés capitaux: la gourmandise... L'idée d'introduire des buffets à Las Vegas remonte à 1941, lorsque le propriétaire du premier casino du *Strip*, El Rancho Grande, décida d'innover en proposant le Midnight Chuck-Wagon Buffet, un buffet plantureux pour seulement 1$, afin d'inciter les joueurs compulsifs à rester au casino le plus tard possible, sans égard aux fatidiques 12 coups de minuit. Cette initiative remporta un vif succès, et l'idée fut vite reprise par les autres casinos. Il n'en fallut pas plus pour que la formule soit étendue au petit déjeuner, au déjeuner et au dîner, afin de satisfaire la fringale des joueurs à toute heure du jour. L'époque des buffets à 1$ est hélas révolue, mais il est toujours possible de se rassasier copieusement à des prix étudiés qui n'allégeront pas trop votre portefeuille. Par ailleurs, même si les plats préparés exclusivement sans viande sont denrée rare, les végétariens trouveront sûrement de quoi se rassasier, en faisant attentivement le tour du buffet et en piochant à droite et à gauche. Sachez que certains buffets servant des œufs ou des saucisses baignant dans l'huile ou dans des sauces onctueuses deviennent des lieux de choix pour ceux qui veulent se gaver de matières grasses ou qui ne craignent pas le cholestérol. De plus, les files d'accès sont souvent longues et l'attente fastidieuse. Tentez donc d'arriver avant l'ouverture officielle des comptoirs, car la plupart des buffets n'offrent pas de places réservées à leurs clients.

Le **RoundTable Buffet** *($-$$; Excalibur, 3850 Las Vegas Blvd. S., ☎ 702-597-7777)* conviendra parfaitement à ceux qui préfèrent s'empiffrer à satiété, au détriment de la qualité, et ce, sans trop se ruiner. L'immense salle à manger est vaguement inspirée de l'époque médiévale.

Une autre option économique est le **MORE the Buffet at Luxor** *($$; Luxor, 3900 Las Vegas Blvd. S., ☎ 702-262-4000)*. Un tant soit peu plus cher que le RoundTable Buffet, il propose l'assortiment habituel de plats sans imagination. La salle à manger énorme est une version drolatique de ruines égyptiennes.

L'un des plus grands buffets de Las Vegas, le **Circus Buffet** *($; Circus Circus, 2880 Las Vegas Blvd. S., ☎ 702-734-0410)* est aussi l'un des moins chers et, par conséquent, l'un des plus fréquentés. L'ambiance qui y règne s'apparente un peu à celle d'une cafétéria scolaire où les gamins et les gamines s'excitent comme des puces.

Pour vous rassasier dans une atmosphère festive et truculente à souhait sans pour autant alléger votre portefeuille, pointez-vous au **Carnival World Buffet** *($$; Rio All-Suite Hotel & Casino, 3700 W. Flamingo Rd., ☎ 702-252-7777)*. Le même établissement propose également un buffet très couru, composé uniquement de fruits de mer apprêtés de différentes façons: **The Village Seafood Buffet** *($$$)* saura convaincre les inconditionnels de crustacés malgré les prix.

Dans un registre supérieur, le buffet du **Monte Carlo** *($-$$; 3770 Las Vegas Blvd. S., ☎ 702-730-7777)* est servi dans une élégante salle à manger séparée par des arcades et décorée sur le thème de l'Afrique du Nord.

Pour un repas dans un décor somptueux, rendez-vous au buffet du **Wynn Las Vegas** *($$$; 3131 Las Vegas Blvd. S., ☎ 702-248-3463)*, où vous trouverez 16 «stations-cuisine» proposant une variété de spécialités culinaires. Par contre, attendez-vous à payer le prix...

Au **Paradise Garden Buffet** *($$; Flamingo, 3555 Las Vegas Blvd. S., ☎ 702-733-3333)*, on retrouve les mêmes plats traditionnels que dans la plupart des buffets.

Le **Bayside Buffet** *($$-$$$; Mandalay Bay, 3950 Las Vegas Blvd. S., ☎ 702-632-7402)* ravira à coup sûr les papilles gustatives des convives en leur servant un bon choix de mets frais bien présentés. De plus, ce buffet jouit d'une situation privilégiée, avec vue sur la piscine de l'établissement.

Le décor du buffet ***Cravings*** *($$$; The Mirage, 3400 Las Vegas Blvd. S., ☎ 702-791-7111)* donne dans l'exotisme avec ses palmiers et ses fleurs colorées. Les plats sont variés, et la cuisine tente de maintenir la qualité et la fraîcheur des aliments aussi élevées que possible.

Pour un dimanche royal, gâtez-vous en vous offrant l'un des brunchs les plus coûteux de la ville: le **Sterling Brunch** *($$$$; Bally's, 3645 Las Vegas Blvd. S., ☎ 702-967-7999).*

Les clients apprécient particulièrement le ***Village Buffet*** *($$; Paris Las Vegas, 3655 Las Vegas Blvd. S., ☎ 702-946-7000)* pour goûter à la gastronomie des provinces françaises (Alsace-Lorraine, Bretagne, Bourgogne, Provence, Normandie). Le Village Buffet offre un excellent rapport qualité/prix.

Plusieurs considèrent qu'on retrouve le meilleur rapport qualité/prix au **Garden Court Buffet** *($; Main Street Station Hotel, 200 N. Main St., ☎ 702-387-1896),* dans le Downtown Area. On y sert une cuisine honnête (pizzas cuites au four à bois, fruits de mer, spécialités mexicaines, hawaïennes, chinoises et du sud des États-Unis) à prix raisonnable.

Red Square
$$$-$$$$
Mandalay Bay
3950 Las Vegas Blvd. S.
☎ 702-632-7407
Le Red Square est facilement reconnaissable grâce à la statue de Lénine sans tête de 3 m de hauteur qui garde l'entrée de l'établissement. Chandeliers à la forme du Kremlin et plafond très élevé rendent la salle à manger, d'un rouge écarlate, élégante et romantique. Le menu propose du bœuf Strogonoff, du steak tartare et du caviar à des prix variables, le tout arrosé bien sûr d'une des nombreuses vodkas (plus de 200) qui figurent sur la carte des alcools. Il n'est pas rare que plusieurs clients décident de digérer leur repas au *vodka bar*.

Rick Moonen's RM Seafood
$$$-$$$$
Mandalay Bay
3950 Las Vegas Blvd. S.
☎ 702-632-9300
Ce restaurant de poissons et de fruits de mer se vaut une place au palmarès culinaire de la ville puisqu'il connaît un véritable succès auprès d'une clientèle fidèle qui apprécie une cuisine pour les personnes en faveur de la gastronomie durable. La salle à manger est baignée d'une douce lumière et d'une musique de circonstance.

Guy Savoy
$$$$
Caesars Palace
3570 Las Vegas Blvd. S.
☎ 702-731-7845
Ce restaurant français au décor d'un grand raffinement s'impose sur l'échiquier culinaire de la ville grâce au savoir-faire sidérant du chef éponyme triplement étoilé au guide Michelin, Guy Savoy. Il propose une carte revisitant avec maestria les grands classiques de la cuisine française et élabore des assiettes présentées tout en beauté avec un équilibre des saveurs remarquable. La cave des vins est à la hauteur des saveurs du restaurant. Tout simplement exquis!

SEABLUE
$$$$
MGM Grand
3799 Las Vegas Blvd. S.
☎ 702-891-3486
Si la rivalité des grands casinos passe aussi par le prestige de la table, il va sans dire que le MGM Grand a eu la main heureuse en embauchant le chef Micheal Mina. Celui-ci n'a pas tardé à placer le SEABLUE sur la carte gastronomique de Las Vegas. Sa passion pour les poissons et les crustacés explique la subtilité de saveurs parfumant ses astucieuses combinaisons qui réservent aux convives bon nombre d'agréables surprises et de bonheurs. Dans une salle à manger contemporaine au décor épuré, les clients peuvent choisir parmi un délectable assortiment d'entrées, entre autres le *ceviche* de pétoncles et la bisque de homard. Comme assiette de résistance, la morue de la mer du Nord ou le plat de fruits de mer sont vivement suggérés. La cave renferme une excellente sélection

de vins dont plusieurs sont vendus au verre. Bref, cette adresse est incontournable pour tout gastronome qui se respecte.

Shibuya
$$$$
MGM Grand
3799 Las Vegas Boulevard S.
702-891-3001
À la recherche de saveurs japonaises aériennes dans un environnement moderne ultra-séduisant? Shibuya est le nom à retenir. Sur la carte, un impeccable assortiment de sashimis, de tempuras et de sushis côtoie les teppanyakis cuits à point et autres japonaiseries alléchantes. L'établissement propose l'une des plus vastes sélections de sakés des États-Unis, ainsi qu'un bon choix de bières japonaises. Kampai!

Au centre du *Strip*

Battista's Hole in the Wall
$$-$$$
4041 Audrie St.
702-732-1424
Petite gargote à la rusticité italienne, le Battista's Hole in the Wall dresse sa façade derrière le Flamingo. On ne vient pas ici pour une soirée mondaine, mais, si prendre un bon vieux repas maison italien dans un local qui ne paie guère de mine ne vous rebute pas trop, allez-y. L'établissement existe depuis 1970 et, au dire des habitués, la qualité de la nourriture n'a jamais fléchi. De vieilles photos rappelant une époque révolue tapissent les murs de ce vénérable restaurant.

Hyakumi
$$$-$$$$
Caesars Palace
3570 Las Vegas Blvd. S.
702-731-7731
Pour s'entrechoquer les baguettes avec classe, le Hyakumi s'avère l'un des meilleurs en son genre. Côté cuisine, ce sont évidement les fleurons de la cuisine nippone qui sont à l'honneur. Les amateurs de sushis, de makis et de tempuras ne seront certainement pas déçus. Dans la salle à manger élégante, le service est assuré par des serveuses souriantes vêtues de kimonos.

Mon Ami Gabi
$$$-$$$$
Paris Las Vegas
3655 Las Vegas Blvd. S.
702-946-3918
Ne vous attendez pas à parcourir *Le Monde* au restaurant Mon Ami Gabi. Si l'on se rend ici, c'est avant tout pour s'installer sur sa terrasse qui s'ouvre sur le *Strip*, afin d'observer le flux et le reflux de la foule. Le service ne s'effectue pas toujours dans la langue de Molière, mais le choix des plats s'approche véritablement de celui offert dans les brasseries parisiennes. Outre le sempiternel steak frites, le menu affiche entre autres une soupe à l'oignon, une salade maison et une crème brûlée. Côté décor, on se croirait également dans une brasserie de la Ville lumière : carreaux de céramique, boiseries, grands miroirs, va-et-vient incessant des serveurs et conversations bruyantes. Vous pouvez aussi déguster votre repas à l'intérieur de la salle à manger cossue.

Bradley Odgen
$$$$
Caesars Palace
3570 Las Vegas Blvd. S.
877-346-4642
Bradley Odgen se taille une place de choix dans les sphères culinaires de la restauration biologique et locale puisqu'il fait directement ses provisions auprès de petits producteurs agroalimentaires pour garantir des produits frais et nutritifs dans la préparation de sa cuisine californienne. Des tables dressées avec goût, un décor raffiné, un service impeccable, tout est mis en œuvre pour offrir aux convives une agréable parenthèse. Excellente adresse pour les mordus de bonnes tables épris de fraîcheur. La carte des vins est bien fournie et soigneusement choisie. Service diligent et courtois, et prix en conséquence. Cuisine inventive orchestrée par l'un des meilleurs chefs de la ville.

Pinot Brasserie
$$$$
The Venetian
3355 Las Vegas Blvd. S.
702-414-8888
Des portes massives en bois ayant jadis appartenu à un vénérable hôtel du XIXe siècle à Monte Carlo, des chaises capitonnées en cuir, des murs lambrissés et un éclairage tamisé confèrent au restaurant branché du nom de Pinot Brasserie une atmosphère de bistro parisien un tantinet guindé. Les convives s'offrent du confit de canard, du homard, des moules et des frites ou encore la prise du jour. La carte des vins fera le bonheur des amis de Bacchus.

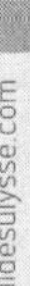

Au nord du *Strip*

RA Sushi
$$-$$$
Fashion Show Mall
3200 Las Vegas Blvd. S.
702-696-0008

Pour d'excellents échantillons de la cuisine nippone, rendez-vous au RA Sushi pour picorer des sushis joliment ficelés. La cuisine concocte une belle palette de plats tendance truffés de saveurs qui s'expriment avec raffinement et servis avec une belle dose d'originalité. Au rayon des desserts, mention spéciale pour la crème glacée à la cannelle enrobée de pâte à tempura délicatement plongée dans un bain de friture, et servie aussitôt avec un coulis de chocolat et framboise.... Tant pis pour la ligne! Les habitués et les touristes apprécient aussi bien la nourriture que l'addition raisonnable. Service efficace et professionnel.

Red 8
$$$
Wynn Las Vegas
3131 Las Vegas Blvd. S.
888-352-3463

Le Red 8 est un petit bijou. Contrairement aux autres grandes tables de la ville, le chef Hisham Johari est une figure quasi inconnue du monde de la gastronomie. Il vous accueille dans un décor tout de rouge et de noir, qui rappelle la terre qui influence son menu, dédié aux délices de la cuisine asiatique et adapté au goût du jour. La carte des thés ravira les amateurs.

Wing Lei
$$$$
Wynn Las Vegas
3131 Las Vegas Blvd. S.
702-770-3388

Dans la cartographie culinaire de Las Vegas, le Wing Lei est une escale culinaire chic, zen et feutrée. Le menu propose des assiettes distinguées et débordantes de saveur, ainsi qu'une belle sélection de plats préparés à la vapeur. À souligner, le canard à la peau croustillante accompagné de fines échalotes et nappé de sauce *hoisin*, digne de l'art culinaire pékinois. Le service est assuré par un personnel réglé au quart de tour. Une adresse à retenir pour les grandes occasions.

À l'est du *Strip*

Pink Taco
$-$$
Hard Rock Hotel
4455 Paradise Rd.
702-733-7625

Le Pink Taco est un restaurant mexicain branché qui sert des plats bien relevés accompagnés de piments qui mettent le feu à la bouche. En attendant d'être servi, sirotez donc une tequila en observant la dame qui s'affaire à préparer devant vous la pâte des *tortillas* ou des *tacos*.

Nobu
$$$-$$$$
Hard Rock Hotel
4455 Paradise Rd.
702-693-5090

Après avoir fait craquer New York et Londres, Nobu reste dans le sillage des célèbres cuistots qui s'installent dans la capitale du jeu. Le local est plus petit qu'à Manhattan, et l'on ne retrouve pas les célèbres «bancs baguettes», mais la nourriture est irréprochable. Le buffet de sushis vous laissera pantois d'admiration par sa fraîcheur et sa qualité. Bon choix de sakés, froids ou chauds.

À l'ouest du *Strip*

Little Buddha
$$$-$$$$
Palms Casino Resort
4321 W. Flamingo Rd.
702-942-7778

Voilà un restaurant pour les fidèles de l'emblématique Buddha Bar de Paris, version Las Vegas. La cuisine prépare des mets éclectiques, résultat d'un mélange de recettes asiatiques et françaises. Le décor, à la fois exotique et contemporain, est agrémenté de petits bouddhas. La clientèle se veut zen, belle et branchée.

N9NE Steakhouse
$$$-$$$$
Palms Casino Resort
4321 W Flamingo Rd
702- 933-9900
www.n9negroup.com

Repaire culinaire branché au décor léché, le N9NE Steakhouse est le temple des carnivores en manque de protéines qui attire les grosses pointures du showbiz et une clientèle tout ce qu'il y a de plus chic. En entrée, les calmars frits, enrobés d'une panure légère et bien relevés, fondent littéralement dans la bouche. La carte des vins est étoffée et offre un vaste choix de vins au verre.

Downtown Area

Hofbräuhaus
$-$$
4510 Paradise Rd.
702-853-2337

Pour casser la croûte dans une ambiance de bon aloi, rendez-vous au Hofbräuhaus, qui récrée l'ambiance de la plus grande brasserie traditionnelle située au cœur de Munich. Au menu, une cuisine sans esbroufe, mais roborative: soupe maison aux pommes de terre, ham-

burgers juteux et une variété de saucisses bavaroises.

Hugo's Cellar
$$$-$$$$
Four Queens
202 E. Fremont St.
☎ 702-385-4011
Si vous êtes à la recherche d'un restaurant pour un tête-à-tête romantique, sachez monsieur que chaque dame reçoit une rose en guise de bienvenue au Hugo's Cellar. On suggère aux convives de jeter leur dévolu sur les steaks tendres et juteux. La salle à manger en brique au plafond voûté exhale une atmosphère sereine dans laquelle il fait bon se restaurer.

L'ouest du Nevada

Reno

Voir carte p. 591.

4th St. Bistro
$$$-$$$$
mar-sam
3065 W. 4th St.
☎ 775-323-3200
S'approvisionnant dans les fermes avoisinantes, le 4th St. Bistro propose une cuisine santé à base de produits frais et biologiques. La carte présente un bel assortiment de plats de viande mais aussi des mets végétariens. Bonne sélection de vins. On peut décider d'acheter sur place une bonne bouteille pour 20$ avant de retourner chez soi.

Carson City

Red's Old 395 Grill
$$
1055 S. Carson St.
☎ 775-887-0395
www.reds395.com
Cet énorme restaurant peut paraître un peu trop touristique au premier abord, mais vous y rencontrerez de nombreux résidents qui viennent profiter de la bonne ambiance, des nombreuses bières et d'une nourriture aussi variée que bonne. Les carnivores se sentiront à leur aise: viandes cuites sur le gril et steaks sont servis généreusement; les autres pourront choisir parmi des pizzas, des salades et de nombreuses autres options, dont quelques-unes sont végétariennes.

Adele's
$$$-$$$$
lun-sam
1112 N. Carson St.
☎ 775-882-3353
Ouvert depuis plus de 30 ans, le restaurant Adele's propose une fine cuisine américaine savoureuse dans une jolie demeure ancienne. On s'y sent accueilli comme des amis, et le service est attentionné. Vaste choix de vins.

Sorties

S'étant autoproclamée un peu sentencieusement l'*Entertainment Capital of the World*, Las Vegas ne se fait décidément pas de complexe, mais elle est toutefois capable de soutenir pareille prétention.

Éden nocturne incomparable, à la fois captivant et déconcertant, Las Vegas offre sans doute à ses habitants un éventail de choix de divertissements capables de satisfaire les goûts les plus diversifiés, les plus étranges, voire les plus fous.

➤ Activités culturelles et divertissements

Las Vegas

Spectacles de production

Très différent des autres spectacles du Cirque du Soleil, mais non moins intéressant, ***LOVE*** *(The Mirage, 3400 Las Vegas Blvd. S., ☎ 702-792-7777 ou 800-763-9634)* est un spectacle haut en couleur qui rend hommage aux *Fab Four*. Les artistes déjantés du Cirque du Soleil incarnent une kyrielle de personnages tirés du répertoire des Beatles (entre autres Father McKenzie, Lucy in the Sky, Sergeant Pepper et The Walrus) pour évoquer des pans marquants de l'histoire: la Liverpool bombardée de l'après-guerre, la *Beatlemania* et les années psychédéliques. Le son est tout simplement remarquable! Les aficionados des Beatles se laisseront tenter par l'expérience Tapis Rouge, un forfait qui permet d'assister à une réception exclusive dans le Beatles REVOLUTION LOUNGE, de déguster des petites bouchées et un choix exclusif de boissons, puis de profiter des meilleures places pour le spectacle. Mise en scène du Québécois Dominic Champagne.

Trois personnages chauves et bleutés font vibrer la salle de spectacle du Venetian grâce à leur habileté à ne rien dire de façon éloquente. D'une grande originalité, le ***Blue Man Group*** *(The Venetian, 3355 Las Vegas Blvd. S., ☎ 702-262-4400)* allie comédie, humour et effets spéciaux. Le clou du spectacle arrive lorsque ces têtes bleues trouvent un manuel dans lequel on enseigne comment devenir une star

du rock pour ensuite livrer des pulsations rythmiques étonnantes, doublées d'un visuel surprenant et spectaculaire. Excellent spectacle qui plaira autant aux adultes qu'aux enfants.

Jubilee! *(Bally's, 3645 Las Vegas Blvd. S., ☎ 702-967-4567)* s'inscrit dans la lignée des productions issues de la pure tradition des spectacles de cabaret. Une pléiade de *showgirls* à la poitrine dénudée et aux jambes fuselées dansant sur des airs classiques partage l'énorme scène avec des magiciens et des acrobates. Durant le spectacle, on trouve même le moyen de couler le *Titanic*! *Only in Las Vegas...*

Avec l'aide du réputé scénographe Mark Fisher (Rolling Stones, Pink Floyd et U2), le célèbre metteur en scène québécois Robert Lepage signe la production de ***KÀ*** *(MGM Grand, 3799 Las Vegas Blvd. S., ☎ 702-796-9999 ou 877-264-1844)*, un spectacle du Cirque du Soleil à couper le souffle, où se mêlent ombres chinoises, marionnettes, multimédia et arts martiaux.

Depuis 1993, ***Mystère*** *(Treasure Island, 3300 Las Vegas Blvd. S., ☎ 800-392-1999)*, autre production du Cirque du Soleil, est une véritable figure de proue dans l'industrie du spectacle de Las Vegas et reçoit un concert d'éloges de la part de tous ceux qui ont assisté à ce spectacle avant-gardiste de grande classe. Au total, 72 artistes plongent le spectateur dans un monde à la fois magique, féerique et fabuleux, où des saltimbanques pimpants, des musiciens aux allures de troubadours modernes, des clowns sympathiques et des acrobates de haute voltige suscitent l'intérêt et dérident les spectateurs en exécutant des numéros à la fois drôles, merveilleux et fascinants. Un *must* lorsqu'on parle d'un spectacle qui nous fait passer 90 min de pures délices visuelles et auditives.

Fleuron de l'imagination débridée des concepteurs du Cirque du Soleil, ***«O»*** *(Bellagio, 3600 Las Vegas Blvd. S., ☎ 888-488-7111)* continue à repousser dans l'imaginaire les frontières de l'univers des spectacles pour réaliser une fresque iconoclaste, spectaculaire et inénarrable. *«O»* se déroule dans une fabuleuse salle de spectacle ressemblant étrangement à une énorme salle d'opéra européenne du XIVe siècle avec une touche de contemporanéité, spécialement conçue pour ce spectacle unique. La scène contient environ 5 610 000 litres d'eau dans lesquels 82 artistes présentent des numéros à couper le souffle, tant dans l'eau et sur l'eau qu'au-dessus de l'eau. Le tout se termine par une salve d'applaudissements retentissants et des bravos. Sans doute le meilleur spectacle à Las Vegas.

Spectacles d'humour et spectacles de magie

Si vous êtes à la recherche d'un très bon divertissement qui coûte moins que la moitié d'une grosse production, **Mac King Comedy and Magic Show** *(Harrah's, 3475 Las Vegas Blvd. S., ☎ 800-427-7247, www.mackingshow.com)* en vaut la chandelle. Mélange d'humour et de magie, ce spectacle figure sans conteste parmi les spectacles offrant le meilleur rapport qualité/prix de Las Vegas.

Dernier opus du Cirque du Soleil à Las Vegas, **CRISS ANGEL** ***Believe*** *(Luxor, 3900 Las Vegas Blvd. S., ☎ 702-262-4400 ou 800-557-7428)* plonge les spectateurs dans le monde onirique de la magie et de l'illusion. Magicien au style gothique, Criss Angel incarne un prince de la nuit sibyllin qui enchaîne des numéros à couper le souffle dans un décor surréaliste aux allures du XIXe siècle. Bref, un spectacle ensorcelant et insaisissable à l'image de la personnalité rebelle du prestidigitateur. La mise en scène est signée par le Québécois Serge Denoncourt.

› Bars et boîtes de nuit

Las Vegas

Au sud du Strip

Les propriétaires du **Nine Fine Irishmen** *(New York-New York, 3790 Las Vegas Blvd. S., ☎ 702-740-6463)* ont littéralement réussi à transposer un morceau du patrimoine irlandais dans la capitale du jeu. Ce pub a été effectivement transporté pièce par pièce et reconstruit dans l'antre du New York-New York. La clientèle d'habitués se montre très accueillante envers les visiteurs, qu'elle intègre rapidement dans ses rangs. Ambiance très cordiale avec des discussions interminables entre deux pintes de Guinness. Des musiciens enthousiastes viennent égayer les soirées.

Au **Tabú Ultra Lounge** *(MGM Grand, 3799 Las Vegas Blvd. S., ☎ 702-891-7129)*, certains noctambules chevronnés viennent simplement faire un tour pour siroter un cocktail bien dosé, alors que d'autres préfèrent y passer une nuit blanche à danser sous les rythmes en vogue. L'établissement est également très populaire pour ses serveuses ultra-sexy qui poussent à la consommation. La politique de limitation des entrées répond évidemment à un souci d'esthétique.

Les aficionados de vins californiens doivent absolument pousser la porte de **The Grape** *(Town Square, 6605 Las Vegas Blvd. S.)*. Il s'agit d'une excellente adresse pour s'adonner aux plaisirs bachiques tout en grignotant un petit plat d'accompagnement de circonstance. Plus de 120 vins sont disponibles au demi-verre, au verre et à la bouteille. Des musiciens se donnent en spectacle les fins de semaine. Certains épicuriens font bloc le long du bar et prennent l'apéro avant de se diriger vers leur restaurant préféré. Ambiance feutrée.

Derrière le MGM Grand, passé les piscines réservées à la clientèle de l'hôtel, **Wet Republic** *(MGM Grand, 3799 Las vegas Blvd. S.)* est la cour de récréation des belles créatures de la ville, des stars de passage et des touristes à la page qui veulent faire la fête durant le jour dans un lieu privilégié. Ce complexe abrite plusieurs piscines dont deux impressionnantes piscines d'eau salée, ainsi qu'un «ultra *lounge*» à aire ouverte avec bar et DJ retranché derrière ses platines. Les serveuses contribuent à l'environnement visuel puisqu'elles sont sélectionnées pour des caractéristiques très précises: une formation de mannequin, une silhouette avenante, un joli minois et un je-ne-sais-quoi dans l'œil qui fait toute la différence. Les clients doivent être âgés d'au moins 21 ans. Adresse idéale pour les *beautiful people* qui se laissent inspirer par l'ambiance festive à souhait.

Au centre du Strip

Le créateur des marques Ed Hardy et Smet a inauguré le **Christian Audigier The Night Club** *(Treasure Island, 3355 Las Vegas Blvd. S.)* en 2008. La décoration élégante et éclectique est à l'image du designer français. Les serveuses au sourire immense et ravageur portent des uniformes spécialement conçus par Audigier *himself*. L'établissement est peuplé par le gotha de la mode, le milieu du showbiz et les touristes en vacances qui dégustent des vins de spécialité ou des cocktails euphorisants.

Avec un design éclectique créé par le Cirque du Soleil, le **Beatles REVOLUTION LOUNGE** *(The Mirage, 3400 Las Vegas Blvd. S.)* fait revivre l'esprit des Beatles avant ou après le spectacle LOVE. Il va sans dire, il s'agit d'un passage obligé pour les fans du *Fab Four*.

Au nord du Strip

Le **Blush Boutique Nightclub** *(Wynn Las Vegas, 3131 Las Vegas Blvd. S., ☎ 702-773-3663)* est un *lounge* feutré infiniment contemporain, mis en valeur par plus de 300 lanternes chinoises en papier accrochées au plafond, qui distillent un éclairage chatoyant pour mettre en valeur le visage d'une faune élégante raffinant ses techniques d'approche du sexe opposé. Le DJ aux platines ouvre des sessions de musique électronique aux rythmes vivifiants. Les barmans préparent des élixirs sulfureux et envoûtants.

Le **Tryst Nightclub** *(Wynn Las Vegas, 3131 Las Vegas Blvd. S., ☎ 702-770-3375)* propose des soirées loin d'être ennuyantes, pendant lesquelles vous aurez peut-être la chance de croiser plusieurs visages connus du monde du spectacle ou de la scène hollywoodienne. Les fins de semaine, vous pourriez attendre fort longtemps dans la file d'attente. Rendez-vous de belles gens, service impeccable et DJ déchaînés.

À l'est du Strip

Dans le quartier universitaire, le **Crown and Anchor** *(1350 E. Tropicana Ave., ☎ 702-739-8676)* s'inscrit dans la tradition de ce type d'établissement avec sa vaste sélection de bières européennes. Pour sortir de l'atmosphère plus grand que nature de la ville et revenir à une échelle plus humaine.

À l'ouest du Strip

Discothèque branchée, **Rain** *(Palms Casino Resort, 4321 W. Flamingo Rd., ☎ 702-942-6832)* attire des clients qui sourient à pleines dents et font sagement la queue devant le portier au regard de glace. Bien sûr, si vous êtes jeune, beau et célèbre, ou bien *on the list*, vous serez accueilli à bras ouverts. Les *happy few* pénètrent dans cet antre nocturne de prédilection par un tunnel étincelant pourvu de miroirs. Sur la piste de danse, des *clubbers* hystériques balancent violemment la tête au rythme émergeant des excellents DJ qui se relaient aux platines. Les *VIP* *rooms* sont le rendez-vous des *beautiful people* et des hédonistes qui s'humectent les lèvres entre deux bouchées de hors-d'œuvre.

Vous avez toujours voulu assister à une fête organisée par Hugh Hefner et frayer avec les *bunnies* qui répondent haut la main aux diktats de l'esthétique de la *Girl Next Door* (La fille d'à côté)? Pointez-vous au 52e étage du Palms, au **Playboy Club** *(Palms Casino Resort, 4321 West Flamingo Rd., ☎ 702-942-6900)*, où vous attendent une cohorte de filles en costumes de lapin et des téléviseurs plasma qui diffusent en boucle des images des *playmates* du célèbre magazine de charme. Pour changer d'ambiance, prenez l'ascenseur qui mène à la boîte de nuit **Moon** (le prix est inclus dans le droit d'entrée du Playboy Club), où les papillons nocturnes

Casinos

L'effet est résolument étrange. En descendant de l'avion, avant même d'avoir pu récupérer vos bagages sur le carrousel, des machines à sous disposées bien en vue vous souhaitent la bienvenue à l'aéroport et attendent que vous y glissiez un jeton.

De toute évidence, Las Vegas doit sa notoriété et sa fulgurante popularité aux casinos qui y règnent en maître et qui l'ont propulsée au zénith des grandes villes américaines. Las Vegas sans casinos serait un peu comme Paris sans la tour Eiffel, New York sans la statue de la Liberté ou Londres sans *Big Ben*.

Comme le temps change inexorablement sur son passage tout ce qui vit, l'allure des casinos a grandement changé depuis les *saloons* d'antan aux planchers de bois usés sur lesquels des gaillards torves jouaient aux cartes, le dos au mur, dans l'ambiance créée par les rengaines à la mode d'un pianiste au regard placide. On tentait de divertir les clients avec des filles emplumées et girondes qui dansaient sur scène afin de les garder sur place le plus longtemps possible. De nos jours, les *saloons*, ces curieux fantômes du passé, ont fait place à d'immenses surfaces modernes où se côtoient et se mêlent étroitement le merveilleux (le large sourire esquissé d'un gagnant s'extasiant devant la quantité d'argent soudain gagnée), le cocasse ou le pathétique (la vieille dame fumant cigarette après cigarette, bière dans une main tandis que l'autre glisse machinalement des pièces dans les machines à sous) et le pitoyable (les cheveux ébouriffés et l'œil hagard de celui qui vient soudain de perdre l'argent du loyer). Par ailleurs, il y a toujours le spectacle offert par de jolies femmes aux jambes fusiformes, mais il se déroule dans une salle attitrée.

Chaque casino cherche à afficher une identité propre et déploie bien des efforts, et souvent même une stratégie bien élaborée, pour attirer, séduire et retenir les visiteurs. C'est pourquoi, de l'extérieur, chaque casino essaie de vous en mettre plein la vue et fait assaut de séduction pour vous attirer vers l'intérieur. Grosso modo, cependant, tous les casinos se ressemblent et proposent sensiblement les mêmes jeux: roulette, keno, blackjack, etc. Chaque casino est un immense champ clos replié sur lui-même qui ne voit jamais la lumière du jour ou de la nuit et qui, dans un vain effort pour s'affranchir du temps, se garde bien d'afficher le moindrement l'heure présente. Bref, les tenanciers mettent tout en œuvre pour garder le plus longtemps possible les joueurs dans leurs établissements.

Assurez-vous d'avoir 21 ans et de pouvoir le prouver si vous décidez de jouer car, même si la chance est de votre côté et que vous gagnez le gros lot, il vous sera cruellement enlevé s'il s'avère que vous êtes mineur.

Sachez que les casinos investissent des sommes faramineuses dans des systèmes de sécurité perfectionnés. Au-dessus des tables et partout dans l'établissement, des caméras presque invisibles font la sentinelle et vous gardent étroitement à l'œil; de surcroît, des employés de sécurité, en uniforme ou non, sont à l'affût des tricheurs.

se comportent comme des électrons libres à l'affût de plaisirs grisants ou d'un flirt sans lendemain. Le toit rétractable, le décor un brin futuriste et le DJ aux platines qui fait danser toute l'assemblée jusqu'au bout de la nuit confèrent à l'établissement une atmosphère résolument électrisante.

Si vous êtes assez patient pour attendre en file afin de recevoir l'aval du portier au regard de glace, le **VooDoo Lounge** *(Rio All-Suite Hotel & Casino, 3700 W. Flamingo Rd., ☎ 702-777-6875)* mérite résolument une visite, ne serait-ce que pour la vue splendide qu'il offre sur le *Strip* illuminé. Au 51e étage du Rio Hotel, les mecs au charme caustique sirotent un nectar ambrosiaque en écoutant des musiciens d'allégeances musicales variées tout en admirant les attributs physiques des serveuses girondes. S'y trouve aussi une piste de danse pour bondir et se déhancher sur des airs entraînants. Rectitude politique oblige, drapez-vous de vos plus beaux atours.

➤ Bars gays

Las Vegas

Situé à l'est du *Strip*, le **Las Vegas Eagle** *(3430 E. Tropicana Ave., ☎ 702-458-8662)* est un bar où un DJ fait jouer un mélange de musiques variées tandis que la foule pimpante vêtue de cuir en profite pour s'éclater et faire ribote.

Situé au sud du *Strip*, **Krave** *(3663 Las Vegas Blvd. S., ☎ 702-836-0830)* est l'un de ces bars qui sait plaire à sa clientèle de prédilection. Cette discothèque est toujours pleine à craquer.

Si vous êtes de ceux qui favorisent le *look* jeans serrés ou pantalon-blouson-casquette de cuir, **The Buffalo** *(4640 Paradise Rd., ☎ 702-733-8355)*, situé à l'est du *Strip*, est l'adresse tout indiquée. Dans une ambiance particulière, les mâles jouent au billard, draguent et boivent.

Achats

➤ Centres commerciaux

Las Vegas

Après avoir subi d'importants travaux de rénovation, le **Fashion Show Mall** *(3200 Las Vegas Blvd. S., ☎ 702-784-7000, www.thefashionshow.com)* constitue désormais l'un des plus grands centres commerciaux des États-Unis. Il compte sept grands magasins de renommée internationale (entre autres Nordstorm, Neiman Marcus, Macy's et Saks Fifth Avenue), ainsi que plus de 250 boutiques qui plairont à tous (Gap, Victoria's Secret, etc.).

Ode au mercantile postmoderne, **The Forum Shops at Caesars** *(Caesars Palace 3500 Las Vegas Blvd. S., ☎ 702-893-3807, www.forumshops.com)* est non seulement un mégacentre commercial, mais aussi une attraction touristique en soi ainsi qu'un établissement pour se ravitailler et se divertir. Les allées sont construites sur le modèle des voies de la Rome antique : elles sont en effet dotées de fontaines, couvertes d'un faux ciel et bordées de chics boutiques branchées et de restos. Même si vous n'achetez absolument rien, l'endroit vaut résolument le déplacement. Parmi ses boutiques à succursales multiples, mentionnons Banana Republic, Gap, Diesel, Guess, Armani, DKNY, Versace et Gucci.

Si l'argent ne vous pose aucun problème, et si vous désirez déambuler le long du Grand Canal de Venise, allez aux **Grand Canal Shoppes** *(The Venetian, 3377 Las Vegas Blvd. S., ☎ 702-414-4500, www.thegrandcanalshoppes.com)*, qui proposent une vingtaine de chics boutiques à écornifler, entres autres Ca'd'Oro, Davidoff, Kenneth Colc, et Sephora. L'expérience culmine à la place Saint-Marc, une piazza sous un plafond d'une hauteur de plus de 20 m qui prend des airs de ciel vénitien.

The Shoppes at the Palazzo *(www.theshoppesatthepalazzo.com)* constitue la quintessence du luxe puisqu'il abrite une soixantaine de boutiques exclusives, entre autres Diane von Furstenberg et Billionaire Italian Couture, ainsi qu'une succursale du grand magasin Barneys de New York. Parfait pour les «shopoholics» qui ne sont pas intimidés par les prix prohibitifs et qui désirent actualiser leur style vestimentaire.

Lorsque l'hôtel Aladin est devenu le Planet Hollywood Resort & Casino, le centre commercial The Shops at Desert Passage a été rénové au goût du jour, puis renommé **Miracle Mile Shops** *(3663 Las Vegas Blvd.S., www.miraclemileshopslv.com)*. Cette galerie marchande au décor agréable abrite plus de 170 boutiques de gamme moyenne et élevée sur près de 2 km (1,2 mi) pour combler les besoins des coureurs de magasins impénitents. Le Miracle Mile abrite aussi 15 restaurants pour satisfaire tous les appétits. Côté attraction touristique, ne manquez pas d'assister au Rainstorm, un orage pluvieux avec grondement de tonnerre et éclairs qui zèbrent les lieux. Ce spectacle gratuit dure quelques minutes et éclate aux heures.

Inauguré en novembre 2007, **Town Square** *(6605 Las Vegas Blvd. S., www.townsquarelasvegas.com)*, un centre commercial à ciel ouvert situé au sud-est du *Strip*, regroupe plus de 150 boutiques de qualité. L'architecture des lieux présente un mélange insolite et agréable qui reflète différents styles allant du méditerranéen au colonial. Les rues sont éclairées par des réverbères antiques qui distillent une ambiance feutrée la nuit tombée. Les cinéphiles peuvent s'asseoir dans une des 18 salles de projection du Rave Motion Pictures. S'y trouve aussi une belle brochette de restaurants pour satisfaire tous les goûts. Les enfants ne sont pas en reste, puisqu'un parc a été aménagé spécialement pour eux.

Références

Index

Les numéros de page en **gras** renvoient aux cartes.

B

C

D

E

F

G

H

I

J

K

L

M

N

O

P

Q

R

S

T

U

V

W

X

Y

Z

Lexique français-anglais

Salut!	*Hi!*
Comment ça va?	*How are you?*
Ça va bien	*I'm fine*
Bonjour	*Hello*
Bonsoir	*Good evening/night*
Bonjour, au revoir	*Goodbye*
À la prochaine	*See you later*
Oui	*Yes*
Non	*No*
Peut-être	*Maybe*
S'il vous plaît	*Please*
Merci	*Thank you*
De rien, bienvenue	*You're welcome*
Excusez-moi	*Excuse me*
Je suis touriste	*I am a tourist*
Je suis Canadien(ne)	*I am Canadian*
Je suis Belge	*I am Belgian*
Je suis Français(e)	*I am French*
Je suis Suisse	*I am Swiss*
Je suis désolé(e), je ne parle pas l'anglais	*I am sorry, I don't speak English*
Parlez-vous le français?	*Do you speak French?*
Plus lentement, s'il vous plaît	*Slower, please*
Comment vous appelez-vous?	*What is your name?*
Je m'appelle...	*My name is...*
époux(se)	*spouse*
frère, sœur	*brother, sister*
ami(e)	*friend*
garçon	*son, boy*
fille	*daughter, girl*
père	*father*
mère	*mother*
célibataire	*single*
marié(e)	*married*
divorcé(e)	*divorced*
veuf(ve)	*widower/widow*

■ Directions

Est ce qu'il y a un bureau de tourisme près d'ici?	*Is there a tourist office near here?*
Il n'y a pas de...	*There is no...,*
Nous n'avons pas de...	*We have no...*
Où est le/la ...?	*Where is...?*
à côté de	*beside*
à l'extérieur	*outside*
à l'intérieur	*into, inside, in, into, inside*
derrière	*behind*
devant	*in front of*
entre	*between*
ici	*here*
là, là-bas	*there, over there*
loin de	*far from*
près de	*near*
sur la droite	*to the right*
sur la gauche	*to the left*
tout droit	*straight ahead*

■ Pour s'y retrouver sans mal

aéroport	*airport*
à l'heure	*on time*
aller-retour	*return ticket, return trip*
aller simple	*one way ticket, one way trip*
annulé	*cancelled*
arrêt d'autobus	*bus stop*
L'arrêt, s'il vous plaît	*The bus stop, please*
arrivée	*arrival*
autobus	*bus*
autoroute	*highway*
avenue	*avenue*
avion	*plane*
bagages	*baggages*
bateau	*boat*
bicyclette	*bicycle*
bureau de tourisme	*tourist office*
coin	*corner*
départ	*departure*
est	*east*
gare	*train station*
horaire	*schedule*
immeuble	*building*
nord	*north*
ouest	*west*
place	*square*
pont	*bridge*
quartier	*neighbourhood*

rang	*rural route*
rapide	*fast*
en retard	*late*
retour	*return*
route, chemin	*road*
rue	*street*
sécuritaire	*safe*
sentier	*path, trail*
sud	*south*
train	*train*
vélo	*bicycle*
voiture	*car*

■ La voiture

à louer	*for rent*
un arrêt	*a stop*
Arrêtez!	*Stop!*
attention	*danger, be careful*
autoroute	*highway*
défense de doubler	*no passing*
essence	*gas*
feu de circulation	*traffic light*
impasse	*no exit*
limitation de vitesse	*speed limit*
piétons	*pedestrians*
ralentir	*to slow down*
stationnement	*parking*
stationnement interdit	*no parking*
station-service	*service/gas station*

■ L'argent

argent	*money*
banque	*bank*
caisse populaire	*credit union*
carte de crédit	*credit card*
change	*exchange*
chèques de voyage	*traveller's cheques*
Je n'ai pas d'argent	*I don't have any money*
L'addition, s'il vous plaît	*The bill please*
reçu	*receipt*

■ L'hébergement

ascenseur	*elevator*
auberge	*inn*
auberge de jeunesse	*youth hostel*
basse saison	*off season*
chambre	*bedroom*
climatisation	*air conditioning*
déjeuner	*breakfast*
eau chaude	*hot water*
étage	*floor (first, second...)*
gérant	*manager, owner*
gîte touristique	*bed and breakfast*
haute saison	*high season*
hébergement	*dwelling*
lit	*bed*
logement	*accommodation*
piscine	*pool*
propriétaire	*owner*
rez-de-chaussée	*main floor*
salle de bain	*bathroom*
toilettes	*restroom*
ventilateur	*fan*

■ Le magasinage

acheter	*to buy*
appareil photo	*camera*
argent	*silver*
artisanat local	*local crafts*
bijouterie	*jewellery*
blouse	*blouse*
blouson	*jacket*
cadeaux	*gifts*
cassettes	*cassettes*
chapeau	*hat*
chaussures	*shoes*
C'est combien?	*How much is this?*
chemise	*shirt*
le/la client(e)	*the customer*
cosmétiques	*cosmetics*
coton	*cotton*
crème solaire	*sunscreen*
cuir	*leather*
disques	*records*
fermé(e)	*closed*
J'ai besoin de...	*I need...*
Je voudrais...	*I would like...*
jeans	*jeans*
journaux	*newspapers*
jupe	*skirt*
laine	*wool*
lunettes	*eyeglasses*
magasin	*store*
magasin à rayons	*department store*
magazines	*magazines*
marché	*market*
montres	*watches*
or	*gold*
ouvert(e)	*open*

pantalon	*pants*
parfums	*perfumes*
pellicule	*film*
pierres précieuses	*precious stones*
piles	*batteries*
revues	*magazines*
sac	*handbag*
sandales	*sandals*
tissu	*fabric*
t-shirt	*T-shirt*
vendeur(se)	*salesperson*
vendre	*to sell*

■ Divers

bas(se)	*low*
beau	*beautiful*
beaucoup	*a lot*
bon	*good*
chaud	*hot*
cher	*expensive*
clair	*light*
court(e)	*short*
étroit(e)	*narrow*
foncé	*dark*
froid	*cold*
grand(e)	*big, tall*
gros(se)	*fat*
J'ai faim	*I am hungry*
J'ai soif	*I am thirsty*
Je suis malade	*I am ill*
joli(e)	*pretty*
laid(e)	*ugly*
large	*wide*
lentement	*slowly*
mauvais	*bad*
mince	*slim, skinny*
moins	*less*
ne pas toucher	*do not touch*
nouveau	*new*
Où?	*Where?*
pas cher	*inexpensive*
petit(e)	*small, short*
peu	*a little*
pharmacie	*pharmacy, drugstore*
plus	*more*
quelque chose	*something*
Qu'est-ce que c'est?	*What is this?*
rien	*nothing*
vieux	*old*
vite	*quickly*

■ La température

Il fait chaud	*It is hot outside*
Il fait froid	*It is cold outside*
nuages	*clouds*
pluie	*rain*
soleil	*sun*

■ Le temps

année	*year*
après-midi	*afternoon*
aujourd'hui	*today*
demain	*tomorrow*
heure	*hour*
hier	*yesterday*
jamais	*never*
jour	*day*
maintenant	*now*
matin	*morning*
minute	*minute*
mois	*month*
janvier	*January*
février	*February*
mars	*March*
avril	*April*
mai	*May*
juin	*June*
juillet	*July*
août	*August*
septembre	*September*
octobre	*October*
novembre	*November*
décembre	*December*
nuit	*night*
Quand?	*When?*
Quelle heure est-il?	*What time is it?*
semaine	*week*
dimanche	*Sunday*
lundi	*Monday*
mardi	*Tuesday*
mercredi	*Wednesday*
jeudi	*Thursday*
vendredi	*Friday*
samedi	*Saturday*
soir	*evening*

■ Les communications

appel à frais virés (PCV)	*collect call*
appel outre-mer	*overseas call*
attendre la tonalité	*wait for the tone*

bottin téléphonique *telephone book*
bureau de poste *post office*
composer l'indicatif régional *dial the area code*
enveloppe *envelope*
fax (télécopieur) *fax*
interurbain *long distance call*
par avion *air mail*
tarif *rate*
télécopieur *fax*
télégramme *telegram*
timbres *stamps*

■ Les activités

baignade *swimming*
centre culturel *cultural centre*
cinéma *cinema*
équitation *horseback riding*
faire du vélo *cycling*
musée *museum, gallery*
navigation de plaisance *sailing, pleasure-boating*
pêche *fishing*
plage *beach*
planche à voile *windsurfing*
plongée sous marine *scuba diving*
plongée-tuba *snorkelling*
se promener *to walk around, to stroll*
randonnée pédestre *hiking*
vélo tout-terrain (VTT) *mountain bike*

■ Tourisme

atelier *workshop*
barrage *dam*
bassin *basin*
batture *sandbank*
belvédère *lookout point*
canal *canal*
chenal *channel*
chute *waterfall*
cimetière *cemetery*
colline *hill*
côte sud/nord *south/north shore*
couvent *convent*
douane *customs house*
écluses *locks*
école secondaire *high school*
écuries *stables*
église *church*
faubourg *neighbourhood, region*
fleuve *river*
gare *train station*
grange *barn*
hôtel de ville *town or city hall*
jardin *garden*
lieu historique *historic site*
maison *house*
manoir *manor*
marché *market*
moulin *mill*
moulin à vent *windmill*
palais de justice *court house*
péninsule *peninsula*
phare *lighthouse*
pont *bridge*
porte *door, archway, gate*
presqu'île *peninsula*
réserve faunique *wildlife reserve*
rivière *river*
voie maritime *seaway*

■ Gastronomie

agneau *lamb*
beurre *butter*
bœuf *beef*
calmar *squid*
chou *cabbage*
crabe *crab*
crevette *shrimp*
dinde *turkey*
eau *water*
fromage *cheese*
fruits *fruits*
fruits de mer *seafood*
homard *lobster*
huître *oyster*
jambon *ham*
lait *milk*
langouste *scampi*
légumes *vegetables*
maïs *corn*
noix *nut*
œuf *egg*
pain *bread*
palourde *clam*
pétoncle *scallop*
poisson *fish*
pomme *apple*
pomme de terre *potato*
poulet *chicken*
viande *meat*

■ Les nombres

1	*one*
2	*two*
3	*three*
4	*four*
5	*five*
6	*six*
7	*seven*
8	*eight*
9	*nine*
10	*ten*
11	*eleven*
12	*twelve*
13	*thirteen*
14	*fourteen*
15	*fifteen*
16	*sixteen*
17	*seventeen*
18	*eighteen*
19	*nineteen*
20	*twenty*
21	*twenty-one*
22	*twenty-two*
23	*twenty-three*
24	*twenty-four*
25	*twenty-five*
26	*twenty-six*
27	*twenty-seven*
28	*twenty-eight*
29	*twenty-nine*
30	*thirty*
31	*thirty-one*
32	*thiry-two*
40	*forty*
50	*fifty*
60	*sixty*
70	*seventy*
80	*eighty*
90	*ninety*
100	*one hundred*
200	*two hundred*
500	*five hundred*
1 000	*one thousand*
10 000	*ten thousand*

Mesures et conversions

Mesures de capacité

1 gallon américain (gal) = 3,79 litres

Mesures de longueur

1 pied (pi) = 30 centimètres
1 mille (mi) = 1,6 kilomètre
1 pouce (po) = 2,5 centimètres

Mesures de superficie

1 acre = 0,4 hectare
10 pieds carrés (pi^2) = 1 mètre carré (m^2)

Poids

1 livre (lb) = 454 grammes

Température

Pour convertir des °F en °C:
soustraire 32, puis diviser par 9 et multiplier par 5.

Pour convertir des °C en °F:
multiplier par 9, puis diviser par 5 et ajouter 32.

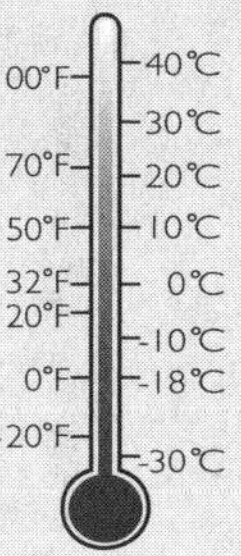

Commandez au www.guidesulysse.com

La livraison est gratuite si vous utilisez le code de promotion suivant : **GDESOA**
(limite d'une utilisation du code de promotion par client)

Les **guides Ulysse** sont aussi disponibles dans toutes les bonnes librairies.

GUIDES DE VOYAGE ULYSSE

Arizona et Grand Canyon
34,95 $ 27,99 €

Boston
24,95 $ 19,99 €

Cancún et la Riviera Maya
24,95 $ 19,99 €

Cape Cod, Nantucket, Martha's Vineyard
24,95 $ 19,99 €

Chicago
24,95 $ 22,99 €

Costa Rica
34,95 $ 24,99 €

Disney World
19,95 $ 22,99 €

Floride
29,95 $ 24,99 €

Hawaii
37,95 $ 29,99 €

Las Vegas
19,95 $ 19,99 €

Los Angeles
24,95 $ 19,99 €

Miami, Fort Lauderdale
24,95 $ 19,99 €

www.guidesulysse.com

GUIDES DE VOYAGE ULYSSE

Montréal
24,95 $ 19,99 €

New York
24,95 $ 19,99 €

Ouest canadien
32,95 $ 24,99 €

Panamá
29,95 $ 22,99 €

Toronto
24,95 $ 22,99 €

Le Québec
34,95 $ 24,99 €

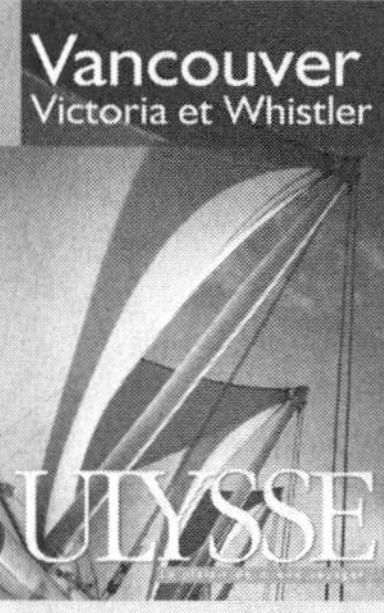

Vancouver, Victoria et Whistler
19,95 $ 19,99 €

Ville de Québec
24,95 $ 19,99 €

ESPACES VERTS

Marcher à Montréal et ses environs
22,95 $ 19,99 €

Le Québec cyclable
19,95 $ 19,99 €

Randonnée pédestre au Québec
24,95 $ 22,99 €

100 Campings coups de cœur au Québec
24,95 $ 22,99 €

HORS COLLECTION

Terroir et saveurs du Québec
24,95 $ 19,99€

Guide des longs séjours
24,95 $ 19,99€

Le tour du monde à Montréal
24,95 $ 22,99€

Le tour du monde en 250 questions
9,95 $ 7,50€

Montréal en métro
24,95 $ 19,99€

Montréal en tête
12,95 $ 9,99€

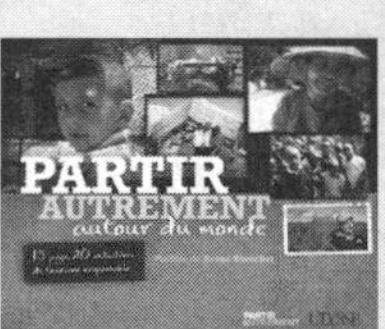

Partir autrement autour du monde
34,95 $ 27,99€

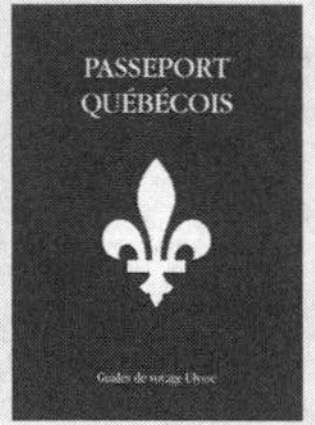

Passeport québécois
9,95 $ 7,99€

Le Québec à moto
24,95 $ 22,99€

Québec, je me souviens
12,95 $ 9,99€

Stagiaires sans frontières
19,95 $ 18,99€

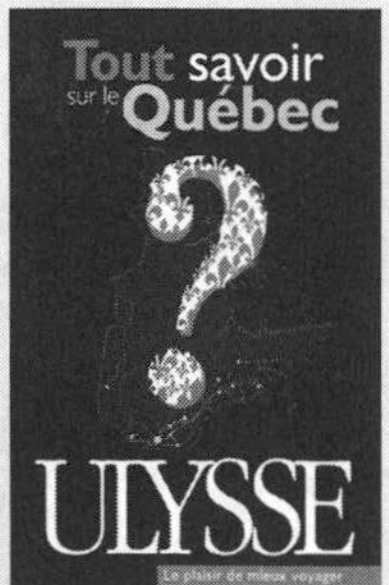

Tout savoir sur le Québec
12,95 $ 9,99€

GUIDES DE CONVERSATION

L'anglais pour mieux voyager en Amérique
9,95 $ 6,99€

L'espagnol pour mieux voyager en Amérique latine
9,95 $ 6,99€

Le québécois pour mieux voyager
9,95 $ 6,99€

L'italien pour mieux voyager
9,95 $ 6,99€

COMPRENDRE

Comprendre la Chine
16,95 $ 14€

Comprendre Cuba
17,95 $ 14.99€

Comprendre le Japon
16,95 $ 14€

Comprendre la Thaïlande
16,95 $ 14€

FABULEUX

Fabuleuse Argentine
34,95 $ 27,99€

Fabuleux Ouest canadien
29,95 $ 24,99 €

Fabuleux Ouest américain
29,95 $ 24,99€

Fabuleux Alaska et Yukon
29,95 $ 27,49€

Disney World
Les Keys
Tampa
et St. Petersburg
Floride
PDF